国际贸易法

公约·法律·惯例·实务·案例

王英波 ◎ 著

INTERNATIONAL TRADE LAW

CONVENTION·LAW·CUSTOM·PRACTICE·CASES

图书在版编目(CIP)数据

国际贸易法 / 王英波著. -- 北京：北京大学出版社, 2024. 11. -- ISBN 978-7-301-35769-9

Ⅰ. D996.1

中国国家版本馆 CIP 数据核字第 2024586WU1 号

书　　　名	国际贸易法 GUOJI MAOYI FA
著作责任者	王英波　著
责 任 编 辑	周子琳　王建君
标 准 书 号	ISBN 978-7-301-35769-9
出 版 发 行	北京大学出版社
地　　　址	北京市海淀区成府路 205 号　100871
网　　　址	http://www.pup.cn　http://www.yandayuanzhao.com
电 子 邮 箱	编辑部 yandayuanzhao@pup.cn　总编室 zpup@pup.cn
新 浪 微 博	@北京大学出版社　@北大出版社燕大元照法律图书
电　　　话	邮购部 010-62752015　发行部 010-62750672　编辑部 010-62117788
印 刷 者	南京爱德印刷有限公司
经 销 者	新华书店
	720 毫米 × 1020 毫米　16 开本　57.25 印张　1119 千字 2024 年 11 月第 1 版　2024 年 11 月第 1 次印刷
定　　　价	168.00 元

未经许可，不得以任何方式复制或抄袭本书之部分或全部内容。
版权所有，侵权必究
举报电话：010-62752024　电子邮箱：fd@pup.cn
图书如有印装质量问题，请与出版部联系，电话：010-62756370

谨以此书献给我敬爱的已故父亲母亲

序　言

　　贸易给国家带来不同种族之人,也给这个国家带来无数买卖契约、财富以及致富途径。所以,贸易城市法官少而法律多。贸易必然结果乃和平。两国通商就会相互依存:一方买进获利,另一方卖出获利,故两国关系建立在互相需要基础上。

——孟德斯鸠

　　人们日益认识到,国际贸易以具有不同经济制度和文化传统的国家间的和平共处原则为基础,作为国际贸易核心内容的和平竞争是唯一的选择,而不能通过类似战争那样的冒险行为而使国家之间相互毁灭。

——施米托夫

　　国际贸易的发展,必然给国家和国民带来福祉。而国际贸易法的普及,必然促进国际贸易的兴盛。20世纪80年代初,北京大学邀请对外经贸大学冯大同教授讲授《国际贸易法》课程,我选修后对这一法律体系产生极大兴趣,同时,深感国际贸易法知识浩如烟海。其复杂性在于,其不仅囊括不同的法学学科,如国际货物销售、国际货物运输、国际货运保险、国际结算和争议解决等,而且这些学科既相互独立又相互关联和交叉,每一学科都有若干国际公约和惯例,加之国际私法规则的运用等,构成一个庞大而有机联系的法律体系。要想准确理解和掌握这一法律体系实属不易,我对这一博大精深、奥妙无穷的法律体系产生了深深的敬畏。好在这些年我一直服务于国际贸易及其相关领域,每份代理意见或法律意见书,就是一篇微型法学论文,每次开庭都是一场头脑风暴。经年累月,我积累了些经验,对这一法律体系有了更深的理解。

　　在大型国际运输公司和律师行业的几十年工作经验告诉我,要搞懂国际贸易法,理论知识和实操经验缺一不可。然而现实是,国际贸易从业者由于有关法律知识相对不足,遇到法律问题,尤其是涉及各领域法律相交叉的案件时往往不知所措。而境外交易相对方在处理争议时似乎更具优势,手段更为老辣。因此,普及国际贸易法知识显得尤为重要。我曾在不同场合举办国际贸易法讲座,也曾有撰文著书的冲动,然自感学识浅陋,加之平日忙于工作琐事,始终未敢下笔。

突如其来的新冠疫情,使我们不得不闭门在家。疫情期间,以举办国际贸易法线上讲座为契机,我开始了本书的写作。读书是排解孤独和烦闷的良药;而写作是参悟国家运势和法治变迁的过程,是探究睿智的立法者立法意图的过程,是汲取博学的裁判者和专家学者的智慧精华的过程,更是总结自己执业经验和不足、填补知识库存的过程。

本书的主要目标读者是国际贸易从业人员,他们可能来自国际贸易公司、国际运输及物流仓储公司、港航企业、保险公司、银行等单位,当然,也希望有对国际贸易业务感兴趣的律师同行关注本书。因此,本书注重可读性和实操性,对法律问题的解读尽量辅以对案例的评析,使读者能通过案例深刻理解法条本意和适用,探究隐藏在裁判规则背后的内在法理逻辑,以弥补理论与实务的脱节。为此,本书参考权威资料,选录了近500个案例。重要案例因裁判者说理精辟、逻辑严密,虽篇幅较长,但尽量保留核心部分,对实务中使用的合同条款,也适当引录,使读者能够对合同和法律建立直观联系,真切领悟法律的应用与合同条款的法律含义。

学术和实践相互促进,共同发展。本书不是纯学术著作,但兼顾学术问题,力争对相关问题的学术概念和观点作适当介绍,以满足更多读者的需要。在校学生可以把本书作为辅助读物或者考研、法考的参考资料,如通过阅读本书,能够提高考试成绩,实现更高的人生目标,或者增加对国际贸易法的兴趣,加入国际贸易从业队伍,对我而言都是倍感欣慰之事。当然,本书因涉及多学科知识,案例经典,资料翔实,也可作为法官、检察官、仲裁员、律师、法学教师等法律共同体人士的参考资料。

本书虽名为《国际贸易法》,却是一部汇集各相关领域法律的"全书"。国际货物销售法、海商法、航空法、保险法、信用证国际惯例以及争议解决中的国际民商事诉讼、国际商事仲裁和国际调解、国际司法协助,等等,涉及多个独立的法学学科,其中又可细分为不同法学专业。本书参照传统做法,把这些学科的相关内容汇于一书。虽体量较大,也难以面面俱到,但如果这本国际贸易法"全书",能给读者带来使用上的便利,便可聊以自慰。

本书选录的案例中,所引法条皆为当时的法律条款,因我国法律修订较频繁,新法条与案件中的法条序号或有变动,有的法律内容也有修订,请读者注意辨别。另外,所涉国际公约的官方中文版本，法律用语与现行法律不尽相同，甚至艰涩难读，本书尽量以通俗语言解读，读者也可结合英文版本理解。

虽然我已尽最大努力，但书中仍难免有疏漏和纰缪，诚望读者不吝批评指正。

王英波

2024 年 2 月 21 日

于北京顺义潮白河畔寓所

目　录

第一编　国际贸易法概述

第一章　国际贸易的概念 003
第一节　国际贸易的产生和特点 003
一、国际贸易的产生 003
二、国际贸易的特点 003
第二节　国际贸易的分类 004
一、国际货物贸易 004
二、国际技术贸易 005
三、国际服务贸易 007

第二章　国际贸易法的渊源 009
第一节　国际条约 010
第二节　国际贸易惯例 010
一、国际习惯和国际商事惯例 010
二、国际贸易惯例 011
第三节　国内立法和判例 013
一、国内立法 013
二、判例 014

第三章　国际贸易统一私法活动 017
第一节　国际贸易统一私法活动概况 017

一、国际贸易统一私法活动主要成果 ·· 017
二、国际商会及其成果 ··· 018

第二节　中国参与国际贸易统一私法活动简况 ······························ 018
一、我国积极参加国际立法活动 ·· 018
二、我国加入的相关国际公约 ·· 019
三、我国国际私法立法和司法实践 ·· 019

第二编　国际货物销售法

第一章　国际惯例——INCOTERMS ······································ 025

第一节　INCOTERMS 的演进 ·· 025
一、INCOTERMS 的制定 ·· 025
二、INCOTERMS 的修订 ·· 025
三、INCOTERMS 的性质及与销售合同的关系 ······························ 028

第二节　INCOTERMS 2020 术语介绍 ···································· 029
一、EXW（EX Works...named place,工厂交货……指定地点）············· 029
二、FCA（Free Carrier,货交承运人）······································ 030
三、CPT（Carriage Paid to...named place of destination,运费付至……指定目的地）·· 031
四、CIP（Carriage and Insurance Paid to...named place of destination,运费和保险费付至……指定目的地）·· 031
五、DAP（Delivered at Place,目的地交货）································ 032
六、DPU（Delivered at Place Unloaded,卸货地交货）······················ 032
七、DDP（Delivered Duty Paid,完税后交货）····························· 032
八、FAS（Free Alongside Ship,船边交货）································· 033
九、FOB（Free on Board,船上交货）······································ 033
十、CFR（Cost and Freight,成本加运费）·································· 038
十一、CIF（Cost, Insurance and Freight,成本、保险费加运费）············· 039
十二、正确适用 INCOTERMS ··· 040

第二章　《销售合同公约》主要内容 ······································ 042

第一节　公约的制定、体例及在中国的适用 ······························ 042

一、公约的制定 ·· 042

　　二、公约的体例 ·· 043

　　三、公约在中国的适用 ·· 044

第二节　公约的适用范围 ·· 044

　　一、公约的适用范围 ·· 044

　　二、营业地的认定 ··· 050

　　三、对特定标的物的排除适用 ·· 051

　　四、对加工和劳务、服务合同的排除适用 ···························· 053

　　五、对某些法律问题的排除适用 ······································ 054

　　六、对人身损害的排除适用 ··· 056

第三节　排除适用公约和减损其效力 ··································· 057

　　一、当事人可协议排除公约适用或减损其效力 ······················ 058

　　二、排除公约的适用或减损其效力受到限制 ························· 059

　　三、公约适用的基本逻辑 ··· 059

第四节　公约适用的时间效力 ·· 060

第五节　公约的解释 ··· 062

　　一、公约解释的概念 ·· 062

　　二、公约解释的原则 ·· 063

第六节　对当事人声明和行为的解释 ··································· 068

　　一、依当事人主观意图解释 ··· 068

　　二、依客观标准解释 ·· 068

　　三、考虑所有客观情况 ··· 069

　　四、依习惯做法和惯例解释 ··· 069

　　五、标准交易条件的地位 ··· 070

　　六、第8条所涉其他问题 ·· 074

第七节　商业惯例和习惯做法的效力 ··································· 076

　　一、当事人之间约定的惯例和确立的习惯做法 ······················ 076

　　二、通用惯例或商业惯例 ··· 077

　　三、习惯做法和惯例的适用与举证责任 ····························· 079

第八节　合同订立的形式 ·· 079

　　一、合同形式自由原则 ··· 080

　　二、对合同形式的声明保留 ··· 081

三、何谓书面形式 …………………………………………………………… 082

第九节 合同的订立和生效——要约 …………………………………… 083
一、要约的概念 …………………………………………………………… 083
二、价格不确定的要约 …………………………………………………… 083
三、包含标准交易条件的要约 …………………………………………… 084
四、要约与要约邀请 ……………………………………………………… 084
五、要约的生效 …………………………………………………………… 085
六、要约的撤回、撤销和终止 …………………………………………… 086

第十节 合同的成立和生效——承诺 …………………………………… 089
一、承诺的方式 …………………………………………………………… 089
二、承诺的期限和生效时间 ……………………………………………… 090
三、修改要约对承诺效力的影响 ………………………………………… 090
四、成交确认书对承诺效力的影响 ……………………………………… 093
五、承诺的迟延和撤回 …………………………………………………… 094

第十一节 合同的成立 …………………………………………………… 095
一、合同成立的时间 ……………………………………………………… 095
二、投邮主义或送达主义 ………………………………………………… 096
三、合同成立和生效地点 ………………………………………………… 096

第十二节 货物销售——总则 …………………………………………… 097
一、根本违约 ……………………………………………………………… 097
二、通知合同无效 ………………………………………………………… 103
三、法院对违约方实际履行的判决 ……………………………………… 106
四、合同的变更和终止 …………………………………………………… 107

第十三节 货物销售——卖方的基本义务 ……………………………… 108
一、卖方的三项基本义务 ………………………………………………… 109
二、卖方交货地点 ………………………………………………………… 111
三、涉及运输时卖方的其他义务 ………………………………………… 115
四、卖方交货时间 ………………………………………………………… 117
五、贸易单据的移交和修改 ……………………………………………… 119

第十四节 货物销售——卖方交付相符货物的义务 …………………… 122
一、货物须符合合同规定 ………………………………………………… 122
二、货物数量或重量 ……………………………………………………… 123

三、货物质量 ································ 123
　　四、合同无特别规定时的认定 ···················· 125
　　五、卖方免除责任的情形 ······················ 134
　　六、确定卖方交货不符的时点 ···················· 135
　　七、提前交货时的补救措施 ····················· 137
第十五节　货物销售——买方检验和通知义务 ·············· 138
　　一、买方检验货物 ·························· 138
　　二、对交货不符的通知义务 ····················· 144
　　三、卖方无权抗辩买方检验和通知义务的情形 ············ 148
第十六节　货物销售——卖方对货物权利的瑕疵担保义务 ········ 150
　　一、第三方权利的属性和买方的抗辩 ················ 150
　　二、卖方排除权利瑕疵的时点 ···················· 151
　　三、免除卖方权利瑕疵担保义务的情形 ··············· 151
　　四、交付附带知识产权瑕疵的货物 ·················· 152
　　五、买方对权利瑕疵的通知义务 ··················· 155
　　六、买方未发通知是否丧失所有权利 ················ 156
第十七节　货物销售——对卖方违约的救济 ··············· 158
　　一、买方的救济方法 ························ 158
　　二、要求卖方实际履行 ······················· 161
　　三、要求卖方交付替换货物 ····················· 163
　　四、要求卖方修理货物 ······················· 164
　　五、给予卖方履约宽限期 ······················ 165
　　六、卖方对违约的自行补救 ····················· 168
　　七、买方减低价格 ·························· 171
　　八、部分货物不符时买方的救济 ··················· 174
　　九、提前交货和超量交货 ······················ 176
第十八节　货物销售——买方的基本义务 ················ 177
　　一、买方的基本义务 ························ 177
　　二、履行付款义务应遵守相关规定 ·················· 178
　　三、合同价款的确定 ························ 179
　　四、货款支付方式 ·························· 182
　　五、未足额支付货款 ························ 183

六、货款支付地点 ························· 184
　　七、货款支付时间 ························· 187
　　八、买方收取货物的义务 ····················· 197
第十九节　货物销售——对买方违约的救济 ············ 199
　　一、卖方的救济方法 ······················· 200
　　二、选择不同救济方法 ······················ 201
　　三、要求买方实际履行 ······················ 201
　　四、给予买方履约宽限期 ····················· 202
第二十节　货物风险转移 ······················· 203
　　一、货物风险转移的原则 ····················· 203
　　二、货物风险的界定 ······················· 204
　　三、货物风险转移时点 ······················ 205
　　四、涉及货物运输时的风险转移 ·················· 206
　　五、移交承运人时的风险转移 ··················· 206
　　六、卖单据对风险转移的影响 ··················· 207
　　七、卖方保留单据对风险转移的影响 ················ 209
　　八、合同标的物特定化与风险转移 ················· 209
　　九、在途货物的风险转移 ····················· 210
　　十、合同无效或终止时风险转移 ·················· 213
　　十一、其他情况下的风险转移 ··················· 213
　　十二、风险转移的举证责任 ···················· 215
　　十三、风险转移对双方的后果 ··················· 215
　　十四、卖方根本违约、风险转移与买方的救济措施 ········· 216
　　十五、货物风险转移与所有权的关系 ················ 218
第二十一节　买卖双方共性的义务 ·················· 218
　　一、中止履行义务的权利 ····················· 219
　　二、预期根本违约与宣告合同无效 ················· 222
　　三、预期根本违约时的充分保证 ·················· 225
　　四、宣告分批交货合同无效 ···················· 226
第二十二节　违约损害赔偿 ······················ 229
　　一、损害赔偿的基本规则 ····················· 230
　　二、如何理解利润 ························· 232

三、违约损害赔偿,以违约方合理预见为限 …………………………… 233
四、当事人对损害赔偿的约定 …………………………………………… 234
五、宣告合同无效与替代交易 …………………………………………… 235
六、宣告合同无效而无替代交易 ………………………………………… 237
七、第74条、第75条和第76条的关系 ………………………………… 238
八、未违约方的减损义务 ………………………………………………… 239
九、利息问题 ……………………………………………………………… 241
十、公约咨询委员会对损害赔偿的意见 ………………………………… 244

第二十三节 免除损害赔偿责任 245

一、免责与不可抗力 ……………………………………………………… 245
二、不履行义务的范围 …………………………………………………… 246
三、免除损害赔偿责任的条件 …………………………………………… 246
四、因第三方原因不履行义务 …………………………………………… 247
五、免除损害赔偿责任仅适用于障碍存在期间 ………………………… 248
六、未履约方的通知义务 ………………………………………………… 248
七、免除损害赔偿责任的法律后果 ……………………………………… 248
八、第79条和不可抗力条款 ……………………………………………… 249
九、另一方造成的不履行 ………………………………………………… 250
十、公约咨询委员会关于损害赔偿的咨询意见 ………………………… 251

第二十四节 宣告合同无效及其后果 252

一、卖方违约时,买方宣告合同无效 …………………………………… 253
二、买方违约时,卖方宣告合同无效 …………………………………… 256
三、宽限期与宣告合同无效 ……………………………………………… 259
四、不能原状归还货物对宣告合同无效的影响 ………………………… 259
五、"障碍"对宣告合同无效的影响 …………………………………… 260
六、宣布合同无效的法律后果 …………………………………………… 260
七、宣告合同无效与请求继续履行 ……………………………………… 264
八、宣告合同无效与损害赔偿 …………………………………………… 264
九、与中国法关于合同无效和解除规定的比较 ………………………… 265

第二十五节 货物的保全 270

一、卖方保全货物的义务 ………………………………………………… 270
二、买方保全货物的义务 ………………………………………………… 271

三、如何保全货物 ·· 272
　　四、保全货物的处置 ·· 272

第三章　跨境电子商务法律问题 ·································· 276
第一节　电子商务国际立法概况 ·································· 277
　　一、《电子商务示范法》 ·· 277
　　二、《电子签名示范法》 ·· 280
　　三、《联合国国际合同使用电子通信公约》 ·························· 280
　　四、其他电子商务国际立法活动 ·································· 281
第二节　中国电子商务立法 ······································ 283
第三节　跨境电子商务若干法律问题 ······························ 284
　　一、跨境电子商务的概念和经营主体分类 ·························· 284
　　二、《电子商务法》的适用与合同履行 ······························ 285
　　三、电子商务合同的订立 ······································ 285
　　四、货物交付时间 ·· 286
　　五、电子商务平台责任 ·· 287
　　六、跨境电商经营者和平台经营者责任承担 ························ 288
　　七、货物运输风险承担 ·· 289
　　八、电子商务买卖合同纠纷管辖权 ································ 290

第三编　国际货物运输法

第一章　国际海上货物运输 ······································ 297
第一节　国际海上货物运输公约 ·································· 297
　　一、《海牙规则》简介 ·· 298
　　二、《维斯比规则》简介 ·· 302
　　三、《汉堡规则》简介 ·· 304
　　四、《鹿特丹规则》简介 ·· 308
第二节　《海商法》的相关规定 ···································· 317
　　一、《海商法》调整范围 ·· 317
　　二、运输合同 ·· 319
　　三、承运人责任制度 ·· 322

四、托运人的义务 ··· 340
　　五、运输单证 ··· 350
　　六、承运人与提单持有人之间的法律关系 ··· 360
　　七、承运人的留置权 ··· 365
　　八、航次租船合同的特别规定 ·· 366
　　九、多式联运合同的特别规定 ·· 375
　　十、时效期间 ··· 380

第二章　国际航空货物运输 ·· 397
第一节　国际航空运输法简史 ·· 397
　　一、国际航空立法探索期 ··· 397
　　二、国际航空立法活跃期 ··· 398
　　三、国际航空立法成熟和完善期 ··· 399

第二节　《华沙公约》体系和《蒙特利尔公约》 ·· 400
　　一、《华沙公约》体系和《蒙特利尔公约》 ··· 400
　　二、《华沙公约》的适用范围 ·· 401
　　三、《蒙特利尔公约》的适用范围 ··· 404
　　四、航空运输凭证 ··· 405
　　五、承运人责任制度 ··· 408
　　六、货方的权利义务 ··· 417
　　七、索赔和诉讼时效 ··· 419

第三节　《民用航空法》相关规定 ·· 429
　　一、《民用航空法》与国际公约 ·· 429
　　二、公共国际航空运输法律体系 ··· 430
　　三、国际公约优先适用实证简析 ··· 430
　　四、公约的优先适用和直接适用 ··· 435
　　五、当事人合同自由和公约的强制适用 ··· 436

第三章　国际铁路和公路运输 ··· 439
第一节　国际铁路货物运输 ·· 439
　　一、《国际货约》和《国际货协》体系 ··· 439
　　二、2016年《国际货约》有关规定 ·· 441
　　三、2018年《国际货协》有关规定 ·· 444

四、统一运单的使用 ························· 457
　　五、铁路运单与铁路提单 ······················ 457
第二节　国际公路运输 ·························· 460
　　一、公约适用范围 ························· 460
　　二、托运单 ···························· 465
　　三、承运人的责任 ························· 465
　　四、争议解决 ··························· 467

第四章　国际多式联运与货运代理 ················· 470

第一节　国际多式联运公约 ························ 470
　　一、国际多式联运定义和公约适用范围 ················ 471
　　二、多式联运合同和单据 ······················ 471
　　三、国际多式联运合同当事人 ···················· 473
　　四、多式联运经营人的责任 ····················· 474
　　五、争议解决 ··························· 476
第二节　《民法典》对国际多式联运的规定 ················· 477
　　一、多式联运经营人 ························ 478
　　二、多式联运单据 ························· 478
　　三、托运人的责任 ························· 478
　　四、多式联运经营人的赔偿责任 ··················· 479
　　五、多式联运经营人与区段承运人责任分担 ·············· 479
　　六、多式联运经营人的识别 ····················· 480
第三节　国际货运代理 ·························· 481
　　一、国际货运代理人法律地位识别及其责任 ·············· 482
　　二、FOB卖方的法律地位 ······················ 487
　　三、货代公司单证留置权 ······················ 489
　　四、货代公司为仓储保管人 ····················· 490
　　五、货代公司的归责原则 ······················ 490
　　六、货代公司标准交易条件的适用 ·················· 491
第四节　进出口货物的场站及仓储保管 ··················· 496
　　一、国际立法简介 ························· 496
　　二、国内立法 ··························· 498

第四编　国际货物运输保险法

第一章　保险立法简述 ... 511
第一节　国际保险立法 ... 511
一、大陆法系国家保险立法 ... 511
二、英美法系国家保险立法 ... 512
第二节　中国保险立法 ... 513

第二章　保险法的基本原则 ... 515
第一节　保险利益原则 ... 515
一、对"法律上承认的利益"的理解和适用 ... 515
二、财产保险利益可有不同分类 ... 517
三、保险利益存在的时间和特征 ... 517
四、保险利益的识别 ... 518
五、不同贸易术语下保险利益及其转移 ... 518
六、同一保险标的不同保险利益 ... 521
第二节　最大诚信原则 ... 523
一、投保人如实告知义务 ... 524
二、投保人的保证义务 ... 525
三、保险人的提示和明确说明义务 ... 526
四、保险人的弃权与禁止反言 ... 527
第三节　近因原则 ... 529
一、近因与近因原则 ... 529
二、我国的司法实践 ... 530
第四节　损失补偿原则 ... 532
一、定义 ... 532
二、赔偿以保险金额和保险利益为限 ... 532
三、重复保险分摊原则 ... 532

第三章　保险合同 ... 535
第一节　保险合同的订立、转让和解除 ... 535
一、保险合同的定义和特征 ... 535

二、保险合同的主体与客体 ……………………………………… 537
　　三、保险合同的成立与生效 ……………………………………… 538
　　四、保险单的法律属性 …………………………………………… 540
　　五、预约保险 ……………………………………………………… 541
　　六、保险合同格式条款及其解释规则 …………………………… 543
　　七、保险合同的变更 ……………………………………………… 547
　　八、保险合同的解除 ……………………………………………… 549
　第二节　货物运输保险合同主要内容 ………………………………… 552
　　一、保险标的 ……………………………………………………… 552
　　二、保险价值与保险金额 ………………………………………… 554
　　三、保险责任 ……………………………………………………… 555
　　四、保险合同的除外责任 ………………………………………… 556

第四章　国际货物运输保险标准条款 …………………………………… 558
　第一节　协会保险条款简介 …………………………………………… 558
　　一、1982年协会货物保险条款 …………………………………… 558
　　二、1982年协会条款的责任范围和除外责任 …………………… 559
　　三、1982年协会条款保险责任期间 ……………………………… 561
　　四、索赔 …………………………………………………………… 562
　　五、2009年协会条款对1982年条款的修改 ……………………… 563
　第二节　中国版保险标准条款 ………………………………………… 567
　　一、海洋运输货物保险基本险 …………………………………… 568
　　二、海洋运输货物保险附加险 …………………………………… 572
　　三、海洋运输货物保险的除外责任 ……………………………… 575
　　四、保险责任起讫 ………………………………………………… 579
　　五、保险人的主要义务 …………………………………………… 585
　　六、投保人、被保险人的主要义务 ……………………………… 585
　　七、保险索赔 ……………………………………………………… 586
　　八、索赔期限 ……………………………………………………… 586

第五章　保险索赔和理赔 …………………………………………………… 587
　第一节　保险索赔和理赔概述 ………………………………………… 587
　　一、保险索赔 ……………………………………………………… 587

二、保险理赔 ·················· 587
　　三、法院裁判逻辑 ·············· 588
　　四、举证责任分配 ·············· 589
第二节　索赔权主体资格 ············ 589
　　一、保险索赔权人 ·············· 589
　　二、索赔权不等同于获赔权 ······ 589
第三节　保险价值、保险金额与赔偿金额 ·· 591
　　一、保险价值 ·················· 591
　　二、保险金额和赔偿金额 ········ 591
第四节　加成保险和免赔额 ·········· 593
　　一、加成投保问题 ·············· 593
　　二、免赔额问题 ················ 594
第五节　推定全损与委付 ············ 595
　　一、推定全损 ·················· 595
　　二、委付及其法律后果 ·········· 596
第六节　代位求偿权 ················ 598
　　一、代位求偿权的概念 ·········· 598
　　二、代位求偿权的特征 ·········· 599
　　三、保险人行使代位求偿权的条件和限制 ·· 599
　　四、被保险人在代位求偿中的主要义务 ·· 600
　　五、代位求偿权主体资格认定 ···· 601
　　六、行使代位求偿权程序问题 ···· 601
　　七、其他类型代位求偿案件 ······ 606
第七节　时效期间 ·················· 608
　　一、《保险法》诉讼时效 ········ 608
　　二、海上保险诉讼时效 ·········· 608
　　三、代位求偿权的诉讼时效 ······ 609
　　四、共同海损分摊诉讼时效 ······ 610
第八节　出口信用保险 ·············· 610
　　一、出口信用保险概述 ·········· 610
　　二、出口信用保险合同法律关系 ·· 612
　　三、出口信用保险合同"纠纷先决条款"的效力 ·· 612

四、基础交易真实性问题 ... 613
五、不同法律关系中管辖权冲突问题 ... 614
六、融资银行的索赔权问题 ... 616

第五编　国际贸易货款结算

第一章　货款支付工具 ... 621
第一节　支付工具 ... 621
一、以货币结算 ... 621
二、以票据结算 ... 622
第二节　票据立法简介 ... 625

第二章　货款支付方式 ... 627
第一节　买方直接付款 ... 627
一、订货付现 ... 627
二、见单付款 ... 627
第二节　银行托收 ... 628
一、托收的概念和种类 ... 628
二、跟单托收的当事人及权利义务 ... 628
三、跟单托收的种类 ... 628
四、托收属商业信用 ... 629
第三节　跟单信用证 ... 630
一、信用证与 UCP ... 630
二、中国关于信用证的立法 ... 631
三、信用证操作流程 ... 632
四、信用证当事人 ... 633
五、信用证各方之间的法律关系 ... 634
六、信用证的种类 ... 639
七、信用证的主要内容 ... 640
八、处理信用证关系的基本原则 ... 644
九、信用证交易中的风险防范 ... 660

第六编　国际贸易争议解决

第一章　国际民商事诉讼 ································ 665
第一节　国际民商事诉讼基本原则 ························ 666
　　一、国家主权原则 ···································· 666
　　二、同等原则和对等原则 ······························ 667
　　三、国际条约优先适用和国际惯例参照适用原则 ·········· 668
　　四、便利诉讼原则 ···································· 669
第二节　国际民商事诉讼管辖权 ·························· 672
　　一、国际民商事诉讼管辖权分类 ························ 673
　　二、涉外民商事诉讼管辖权分类 ························ 680
第三节　国际民商事诉讼管辖权冲突及其解决 ·············· 685
　　一、管辖权冲突的成因和种类 ·························· 685
　　二、解决管辖权冲突的途径 ···························· 686
第四节　国际民商事诉讼法律适用 ························ 696
　　一、法律适用概述 ···································· 696
　　二、当事人合意选择法律 ······························ 699
　　三、最密切联系原则 ·································· 706
　　四、域外法律的查明 ·································· 707
第五节　国际民商事诉讼时效 ···························· 713
　　一、《时效公约》 ····································· 713
　　二、中国法律关于诉讼时效的规定 ······················ 714
第六节　国际民商事诉讼的保全 ·························· 716
　　一、保全的概念及其分类 ······························ 716
　　二、涉外保全的申请和条件 ···························· 719
第七节　海事案件的保全 ································ 722
　　一、海事审判概况 ···································· 722
　　二、海事保全的特殊性 ································ 722
　　三、海事请求保全 ···································· 723
　　四、海事强制令 ······································ 735

五、海事证据保全 ································ 735
　　六、海事担保 ···································· 737
第八节　国际民商事司法协助 ··························· 738
　　一、国际司法协助的依据 ························ 739
　　二、域外送达 ···································· 740
　　三、域外调查取证 ································ 742
　　四、外国法院民商事判决的承认与执行 ············ 745
第九节　区际民商事司法合作与互助 ····················· 754
　　一、我国区际民商事司法协助的法律依据与基本原则 ···· 755
　　二、内地与香港特区民商事司法协助制度 ·········· 757
　　三、内地与澳门特区民商事司法协助制度 ·········· 762
　　四、大陆与台湾地区民商事司法协助制度 ·········· 764

第二章　国际商事仲裁 ································ 771
第一节　国际商事仲裁概述 ····························· 771
　　一、国际商事仲裁的概念 ·························· 771
　　二、"国际性"的界定 ······························ 772
　　三、"商事性"的界定 ······························ 773
　　四、国际商事仲裁类型 ···························· 774
　　五、国际商事仲裁的特点和优越性 ················ 777
　　六、国际商事仲裁的性质 ························ 779
第二节　《纽约公约》的适用 ····························· 780
　　一、公约适用范围 ································ 781
　　二、缔约国声明保留事项 ························ 792
　　三、承认与执行的含义 ···························· 793
第三节　国际商事仲裁协议 ····························· 793
　　一、常见仲裁条款示例 ···························· 794
　　二、公约下的仲裁协议 ···························· 795
　　三、对仲裁协议效力的认定 ························ 800
　　四、仲裁条款的独立性 ···························· 806
第四节　国际商事仲裁程序 ····························· 809
　　一、法律选择和适用 ······························ 809

二、国际商事仲裁程序 ··· 811
第五节　国际商事仲裁的司法监督 ····································· 822
　　一、我国仲裁司法审查规定和特点 ································· 823
　　二、对仲裁协议效力的司法审查 ··································· 823
　　三、仲裁裁决的撤销 ··· 826
　　四、不予执行仲裁裁决 ··· 828
　　五、我国仲裁司法审查案件报核制度 ······························· 829
　　六、审查范围涵盖非涉外涉港澳台案件 ····························· 831
　　七、司法审查案件的管辖权 ······································· 831
　　八、司法审查裁定的终局性与可上诉情形 ··························· 832
第六节　仲裁裁决的承认与执行 ······································· 832
　　一、不同裁决的执行依据 ··· 833
　　二、当事人申请和法院审查 ······································· 834
　　三、对外国仲裁裁决的承认与执行 ································· 834
　　四、对港澳台仲裁裁决的认可和执行 ······························· 845

第三章　国际民商事争议的和解与调解 ································· 847
第一节　当事人自行和解 ··· 847
　　一、国际民商事争议和解的原则 ··································· 847
　　二、和解协议的种类和效力 ······································· 848
第二节　国际调解公约 ··· 849
　　一、调解公约适用范围 ··· 849
　　二、营业地、书面协议和调解 ····································· 850
　　三、和解协议的效力 ··· 851
　　四、申请执行和解协议需满足的条件 ······························· 852
　　五、缔约国拒绝准予执行 ··· 852
　　六、并行申请或者请求 ··· 853
　　七、"更优权利条款" ··· 853
　　八、保留条款 ··· 853
第三节　调解公约与我国法律的衔接 ··································· 854
　　一、调解公约的可执行性与我国现行立法的冲突 ····················· 854
　　二、对和解协议的执行审查 ······································· 854

三、调解员制度的建立 ································· 855
参考文献 ································· 857
主题词索引 ································· 863
主要案例索引 ································· 869
后　　记 ································· 889

第一编　国际贸易法概述

第一章 国际贸易的概念

国际贸易(international trade),也称通商,是不同国家及地区之间资本、货物、技术和服务等生产要素的交换,是各国(地区)在国际分工的基础上相互联系的主要形式,反映世界各国(地区)在经济上的相互依赖关系。从一国角度而言,国际贸易又称对外贸易(foreign trade),因对外贸易包括进口和出口贸易,所以俗称进出口贸易(import and export trade)。

第一节 国际贸易的产生和特点

一、国际贸易的产生

国际贸易是社会生产发展的必然结果,其产生须具备两个条件:一是有可供交换的剩余产品,二是政治实体的出现。国际贸易是一国国民经济的重要组成部分,国际贸易额、顺差或逆差、国际贸易依存度、国际贸易结构等指标,反映一国的经济实力、技术水平、企业竞争力和经济结构。国际贸易的地区分布,对国际贸易多边公约、双边条约、区域性协定等的参与程度,可以反映一国的对外贸易开放度和政治、外交地位。

国际贸易的早期表现形式主要是货物进出口贸易。在国际货物贸易发展的同时,技术转让和服务贸易也随之发展起来。因此,狭义的国际贸易仅包括国际货物贸易,广义的国际贸易还包括国际技术贸易和服务贸易。无论是人类早期不同民族和部落之间的消费品易货贸易,15—16世纪的地理大发现,19世纪60年代以蒸汽机为代表的工业革命,还是20世纪50年代集装箱的发明和广泛应用,抑或兴起于20世纪90年代、至今方兴未艾的数字技术,都对国际贸易产生了巨大影响,同时推动国际贸易法的不断变革。

二、国际贸易的特点

与国内贸易相比,国际贸易是营业地位于不同国家和地区的当事人之间的交易,属于跨境贸易,具有国际性;贸易合同不可避免地涉及不同国家和地区的法律、文化和政治制度,这使交易更容易受到地缘政治、法律制度和文化传统的影响;货物处于不同国家或地区,涉及复杂的运输、货款支付、保险安排及商品检验等一系列活动,使得国际贸易涵盖不同业务门类和法律领域,构成复杂而不可分割的系统工程。其所涉及的合同,至少包括货物销售合同、国际运输合同(海运、航空、公路和铁路以及国际多式联运等)、保险合同、国际结算协议和信用证等,而其中每个领域都构成独立的学科和法律体系,与国内贸易相比,其法律适用更为复杂。正是基于业务领域的多元性和复杂性,在国际贸易合同中,对任何合同的制订、审核、签署和履行,都需要相关领域的专业知识和法律背景。任何一个合同出现问题,都会牵连其他合同,各种法律关系交织在一起,对当事人妥善处理这些问题提出巨大挑战。国际货物贸易的交易数量和金额大,运输距离远,履行时间长,因而交易双方承担的风险远大于国内贸易。这些风险除自然灾害风险外,还包括不同法律制度和文化环境带来的风险,以及信用风险、商业风险、汇兑风险、运输风险、保险以及市场波动风险等;同时,对于国际贸易争议的解决,无论是国际民商事诉讼、仲裁抑或调解,不仅涉及管辖权、法律适用等问题,还涉及域外送达、调查取证,以及生效法律文书的域外承认和执行等。这些特点决定了国际贸易从业者必须谙熟国际贸易各环节的法律知识和操作流程,以应对国际国内市场及法律变化等因素带来的巨大挑战。

第二节 国际贸易的分类

一、国际货物贸易

国际货物贸易(international trade of goods),是指有形商品(tangible commodity)的国际交易。由于货物作为最早和最主要的交易标的物,其交易在国际贸易中最早形成国际惯例,得到多边贸易体制调整,是目前国际贸易法律制度中最为成熟和完善的领域。

(一)联合国对货物的分类

《联合国国际贸易标准分类》(Standard International Trade Classification, SITC)将国际货物分为10大类:0类为食品及主要供食用的活体动物;1类为饮料及烟类;2类为除燃料以外的非食用原料;3类为矿物燃料、润滑油及有关原料;4类为动植物油、脂及蜡;5类为未列明的化学品及相关产品;6类为主要按原料分类的制成品;7类为机械及运输设备;8类为杂项制品;9类为没有分类的其他商品。

(二)《关税与贸易总协定》

《关税与贸易总协定》(GATT,以下简称《关贸总协定》)及世界贸易组织对货物贸易作出相关规定。1948年1月1日,《关贸总协定》生效;1995年1月1日,世界贸易组织(WTO)正式成立;2001年12月11日,中国加入世界贸易组织,成为其第143个成员。世界贸易组织的管辖范围包括:(1)有关货物贸易的多边协议,如《关贸总协定》《农业协定》等;(2)《服务贸易总协定》及其附件;(3)与贸易有关的知识产权协定;(4)贸易改革审议机制,即负责审议各成员的贸易政策法规是否与世界贸易组织的相关协议、条款规定的权利相一致;(5)关于贸易争端与解决的有关协议及程序。货物贸易制度是《关贸总协定》和WTO的核心制度,调整国际货物贸易的主要法律文件有:1994年《关贸总协定》及其"谅解议定书";第八回合谈判中形成的《农产品协议》《纺织品和服装协议》《与贸易有关的投资措施协议》《贸易技术壁垒协议》《反倾销协议》《实施卫生与植物检疫措施协定》《装运前检验协议》《原产地规则协议》《进口许可程序协议》《补贴与反补贴措施协议》《保障措施协议》等"其他货物贸易多边协议"。WTO法律具有国际贸易组织法性质,属于国际公法范畴,其所包括的所有法律文件涉及国际贸易各个领域,不仅包括国际货物贸易,还包括服务贸易、知识产权、与贸易有关的投资措施等,其规则虽然不直接约束成员方的自然人和法人,但必然对国际货物贸易业务和交易主体产生直接影响。成员方可以通过立法或引入规则等方式,使其成为国内法,从而对自然人或法人等从业主体具有约束力。此外,国际贸易私主体在具体交易中遇到的问题和其他成员方履行WTO规则的情况,必然会反馈到成员方当局,从而影响其对规则的决策态度。

(三)《联合国国际货物销售合同公约》的适用范围

1980年通过的《联合国国际货物销售合同公约》(CISG,以下简称《销售合同公约》)第2条对适用公约的货物作出限定,排除适用六种类型的货物销售。其中,(a)项从购货的目的方面排除,即供私人、家人或家庭使用的货物;(b)(c)(d)项从交易的方式上排除,即经由拍卖销售的货物、根据法律执行令状或其他令状销售的货物,以及交易的公债、股票、投资证券、流通票据或货币;(e)(f)项从所销售货物的类别上排除,即船舶、船只、气垫船或飞机,以及电力。当然,上述类型货物的销售虽被公约排除适用,但并不影响其相关交易,也不影响当事人根据合同约定或根据冲突规范适用一国国内法律。

二、国际技术贸易

世界知识产权组织(World Intellectual Property Organization, WIPO)在1977年版的《供发展中国家使用的许可证贸易手册》中,对技术作出定义:"技术是制造一种产品的系统知识,所采用的一种工艺或提供的一项服务,不论这种知识是否反映在一项发明、一项外形设计、一项实用新型或者一种植物新品种中,或者反映在技术情报或技能中,或者反映在专家为设计、安装、开办或维修一个工厂或为管理一个工商业企业或其活动而提供的服务或协助等方面。"可见,世界知识产权组织把世界上所有能带来经济效益的科学知识都定义为技术。

(一)国际技术贸易的概念

国际技术转让(international transfer of technology),是营业地处于不同国家(地区)的自然人、法人及其他主体之间的技术转让行为。有偿跨境技术转让即为国际技术贸易(international trade of technology),其主要内容包括各种工业产权,如专利、商标;各种专有技术或技术诀窍;工程设计,工厂的设备安装、操作和使用;与技术转让有关的机器、设备和原料的交易等。总之,技术贸易既包括技术知识产权的交易,也包括与技术转让密切相关的机器设备等货物的买卖。国际技术贸易的方式,有许可证贸易、技术服务、国际技术合作、国际工程承包、特许经营,以及含有知识产权和专有技术的设备买卖等。

(二)国际技术贸易与货物贸易的联系

国际技术贸易与货物贸易有着十分密切的联系。各国(地区)间自然禀赋和发展阶段的差异,除导致原材料及其他自然资源的差异外,也反映在多数国际货物贸易上。由于产品的质量及企业的生产效率不同,而生产效率的差异又决定了生产成本和产品价格不同,因此,质优价廉的商品在国际市场上具有较强的竞争力。一方面,技术进步促进国际货物贸易的发展;另一方面,各国(地区)为了提高本国(地区)商品的竞争力,积极进行技术研究开发,或通过引进国际先进技术来改造劣势产业,从而改变本国(地区)贸易结构。国际技术贸易成为疏通国际货物贸易的手段,主要表现在三个方面:一是发达国家(地区)以先进技术换取发展中国家可靠、稳定的原材料供给;二是基于竞争需要,进口商向出口商或制造商提供先进技术;三是跨国企业绕过贸易壁垒,通过提供技术与当地企业合资生产产品,高品质的合资产品又促进货物的进出口。但是,也应该注意到,由于知识产权是具有地域性特征的无形财产权,这一特征使得知识产权具有分割市场、阻碍国际贸易发展的内在本质。

(三)国际技术贸易与货物贸易的区别

国际技术贸易与货物贸易有着明显的区别,具体表现在:(1)贸易标的形态不同。与有形财产相比,知识产权是一种无形财产权。无形财产源于古罗马法。公元2世纪,罗马法学家盖尤斯在其著述《法学阶梯》中将物分为"有体物"和"无体物"。前者是可触摸的物品,如土地、衣物等;后者则指不可触摸的物品,是某种权利的体现,如继承权、债权和用益权等。[①] 国际技术贸易的标的是没有固定形状、不可用标尺度量的知识成果,而国际货物贸易的标的是有形的、可用具体标准衡量的物品。(2)贸易标的所有权存在差异。技术作为商品出售时,其所有权可以不随之转移,卖方可仅出售技术的使用权而保留技术的

---

① 参见万鄂湘主编:《国际知识产权法》,湖北人民出版社2001年版,第7—13页。

所有权,技术一经开发,可以多次出售而不必重复开发。而货物在出售后,卖方即失去对货物的所有权,无法继续支配和使用该货物,更无法对同一货物多次出售或转让。(3) 贸易双方当事人的权利与义务关系不同。首先,国际技术贸易当事人之间的权利与义务关系不因付款或交货的结束而中止,因技术传授和交流的需要,双方的关系会持续一段时间,而国际货物贸易双方的债权与债务关系一般随着完成付款和交货而结束;其次,技术贸易的供方作为技术的开发者,其开发的目的不一定是转让,也可以是自用,而国际货物贸易的卖方作为货物的生产者,其生产的目的主要是销售;最后,技术贸易的双方大多数情况下是同行,受让方对技术有所了解,能够使用技术生产商品,转让方在转让技术的同时,也担心受让方会在技术和产品上与自己形成竞争,因此,双方既存在合作,也存在竞争。(4) 贸易所适用的法律不同。首先,国际技术贸易涉及工业产权保护,技术风险,报酬的确定,支付方式的选择,贸易双方的责任、权利和义务,贸易限制等特殊而复杂的问题,这些问题在合作存续期间始终存在;其次,国际技术贸易所适用的法律不同,包括与专利法、商标法等有关的国际公约和国内法,而国际货物贸易所适用的法律多为销售合同公约及运输公约、国际惯例或国内法;最后,政府对技术贸易的干预较多,大多数国家都规定,重要的、尖端的、保密的技术转让项目要经过审查、批准。技术的引进不仅关系到相关企业的利益,而且与国家宏观调控有密切联系。因此,技术受让方通常采用立法和行政手段加强对国际技术贸易的管理和干预,以维护本国的经济发展和政治稳定。

三、国际服务贸易

(一) 国际服务贸易的概念

国际服务贸易(international service trade),是指服务提供者从一国(地区)境内通过商业主体或自然人主体向消费者提供服务,并获取外汇收入的交易。狭义的国际服务贸易仅指发生在国家之间的服务的输入和输出活动。广义的国际服务贸易包括有形的劳动力的输入和输出以及无形的提供者与使用者在没有实体接触的情况下的交易活动,其内容涵盖:(1) 国际运输;(2) 国际旅游;(3) 跨国银行、国际融资公司及其他金融服务;(4) 国际保险和再保险;(5) 国际信息处理和传递、电脑及资料服务;(6) 国际咨询服务;(7) 建筑和工程承包等劳务输出;(8) 国际电讯服务;(9) 广告、设计、会计管理等项目服务;(10) 国际租赁;(11) 维修与保养、技术指导等售后服务;(12) 国际视听服务;(13) 教育、卫生、文化艺术的国际交流服务;(14) 商业批发与零售服务;(15) 其他官方国际服务等。①

---

① 从不同角度理解,服务贸易有多种定义。参见李圣敬等编著:《WTO 与国际货物贸易法律实务》,吉林人民出版社 2001 年版,第 2—5 页。

(二) 国际服务贸易的分类

国际服务贸易可分为国际追加服务和国际核心服务两大类。国际追加服务指附随商品实体出口而提供的追加服务。国际核心服务是消费者单独购买,能为消费者提供核心效用的服务。《服务贸易总协定》是 WTO 体系的一个重要组成部分,按服务的部门(行业),把全球服务贸易分为 12 大类:(1)商业服务;(2)通信服务;(3)建筑及相关工程服务;(4)分销服务;(5)教育服务;(6)环境服务;(7)金融服务;(8)健康与社会服务;(9)旅游及与旅行相关的服务;(10)娱乐、文化与体育服务;(11)运输服务;(12)其他服务。该 12 大类下分 143 个服务项目。

(三) 国际服务贸易的方式

国际服务贸易有四种方式:(1)跨境交付(cross-border supply):从一国(地区)境内向任何其他国(地区)提供服务(这种服务不构成人员、物质或资金的流动,而是通过电讯、邮电、计算机网络实现的,如视听、金融信息等)。(2)境外消费(consumption abroad):在一国(地区)境内向任何其他国(地区)的消费者提供服务,如接待外国游客,提供旅游服务,为国外病人提供医疗服务。(3)商业存在(commercial presence):一国(地区)的服务者在任何其他成员境内通过商业主体提供服务,如允许一国的企业和经济实体到另一国开业、提供服务,包括投资设立合资、合作和独资企业;又如外国公司到中国来开办银行、商店,设立会计师事务所、律师事务所等。这是服务贸易的最主要形式。(4)自然人流动(presence of natural persons):一国(地区)的服务提供者在任何其他成员境内通过自然人主体提供的服务,如一国的医生、教授、艺术家到另一国境内从事个体服务,但有别于移民。①

(四) 国际服务贸易与货物贸易的区别

国际服务贸易与货物贸易的区别在于:(1)服务是无形商品,国际服务贸易是国家(地区)间无形商品的交换活动,其生产、交易、消费具有直接的同一性,同时进行,不用储存;(2)货物贸易的监管手段主要是关税、许可证、配额等,而服务贸易的监管手段则主要是国家法律法规等;(3)与货物贸易不同,服务贸易的国民待遇不自动获得,而是根据谈判结果取得,也可不作承诺。我国的国际贸易长期以来以货物贸易为主,服务贸易为辅,将来要转变为以服务贸易为主,货物贸易为辅。

本书仅阐述与国际货物贸易相关的公约、法律及惯例等。

---

① 参见中国服务贸易指南网(http://tradeinservices.mofcom.gov.cn/article/zhishi/jichuzs/200710/21614.html),访问时间:2022 年 4 月 23 日。

第二章 国际贸易法的渊源

关于法的渊源(sources of law),学界有不同理解。通常认为广义上法的渊源包括多个方面:历史渊源,即形成法律的历史材料;理论渊源,即法理;文献渊源,即对法律规则作出权威性说明的文件;文学渊源,即有关法律的参考资料;本质渊源,来源于君主意志、神的意志或者特定社会的物质生活资料等;形式渊源,又称效力渊源,即具有法的效力的外部表现形式,如宪法、法律、地方性法规等。狭义上的法的渊源仅指法的形式渊源,又称为法的创制方式和表现形式,通常包括制定法、习惯法、判例法和国际条约等。① 关于国际法的渊源,学界存在争议,但多数学者认为应视《联合国国际法院规约》第38条规定的五项内容为国际法的渊源:国际条约、国际习惯、一般法律原则、司法判例,以及各国权威公法学家的学说。②

国际贸易法是调整跨国贸易活动的法律制度和法律规范的总和,主要包括调整平等主体间的商业交易活动的私法规范和国家对贸易活动进行管理的公法规范。③《联合国国际法院规约》第38条的规定虽是针对国际公法的法律渊源而言,但同样适用于国际贸易法。针对国际贸易法的渊源,有不同理解。国际贸易法的渊源主要有两个,一个是国际公约,一个是国际惯例。国际公约分为两种,一种是属于实体法规则的国际公约,一种是属于冲突法规则的国际公约。在某些情况下,还要适用有关国家的国内商法。另有人认为,某些国际组织制定的标准合同也可以作为统一的国际贸易法的渊源。从这个意义上来说,在国际贸易法发展的现阶段,以国际条约和国际贸易惯例为主要渊源的、统一的国际贸易法律,对于各国的国内商法虽然具有相对独立性,但两者又是相互补充的。④ 多数学者认为,判例(司法判决和仲裁裁决)也是国际贸易法的渊源。在许多国家的法律制度中,法院判例是最重要的法律渊源之一。而仲裁裁决是否可作为独立的法律渊源,对此问题学界有不同的看法,如果国际仲裁庭公布其裁决理由,则仲裁裁决很可能发展为国际贸易法的判例法渊源。国际法院有关贸易纠纷

---

① 参见沈宗灵:《比较法总论》,北京大学出版社1987年版,第132页、第143—144页。
② 参见万鄂湘主编:《国际知识产权法》,湖北人民出版社2001年版,第38页。
③ 参见郭寿康、韩立余编著:《国际贸易法》(第4版),中国人民大学出版社2014年版,第1页。
④ 参见沈达明、冯大同编:《国际贸易法》,北京大学出版社1983年版,第7页。

的判例,也是这种判例法渊源的组成部分。① 也有学者认为,国际组织制定的国际示范法虽不是国际公约,不具有当然约束力,但其毕竟融合了各种法律体系的多种法律原理、规则,也吸收了国际商事活动中的某些惯例,可被用于解释和补充国际统一法律文件,也可作为国内立法的范本,定能"成为国际贸易法统一进程中的一个至关重要的贡献"。因此,国际示范法也是国际贸易法的重要渊源之一。同时,有学者把国际组织决议也归为国际贸易法的渊源之一。②

第一节 国际条约

国际条约(international treaty),是在国际法主体之间缔结、确立相互之间权利义务的书面协议,是国际贸易法的重要渊源。国际条约包括换文、协定、议定书、条约、公约、宪章、联合声明等。国际条约有双边条约和多边条约(international convention,又称国际公约)之分,还有造法性条约和契约性条约之别。造法性条约是指规定国家一般行为规范,对各国普遍开放的条约。契约性条约主要是规定双边关系中特定具体事项的条约。国际条约有的属于国际公法,如《联合国海洋法公约》;而有的属于国际私法范畴,如《销售合同公约》。有的国际条约属于实体法规范,旨在促进成员方之间就某领域法律实现统一,减少法律冲突;而有的属于冲突法规范,旨在达成管辖权或法律适用方面的统一,向当事人指明应在哪国解决争议,以及适用哪国国内法来解决争议。无论是何种形式的国际条约,除声明保留的条款外,对缔约国都具有约束力。

第二节 国际贸易惯例

一、国际习惯和国际商事惯例

人们通常所称"国际惯例"包含两类习惯规则:一类是调整国家间关系的"国际习惯"(international custom),另一类是调整商人之间交易关系的"国际商事惯例"(international commercial custom and usage)。国际习惯是国际公法的主要渊源之一。按照《联合国国际法院规约》第 38 条的规定,国际习惯有两项构成要素:一是物质要素,即国家的惯常实践;二是心理要素,即国家认为其应该被作为法律而加以遵守("法律确

---

① 参见郭瑜:《国际贸易法》,北京大学出版社 2006 年版,第 4 页。
② 参见沈木珠:《国际贸易法研究》,法律出版社 2002 年版,第 6—7 页。

信")。国际商事惯例则是商业实践中所形成的规则。这种规则严格意义上而言并非法律,也不需要以"法律确信"作为其构成要件,但却可以基于当事人之间的约定或法律的认可而对当事人产生法律约束力。由于国际习惯是国家之间的规则,而国家之间的争端通常不会提请一国的国内法院来加以解决,因此,一国法院所适用的"国际惯例"只能是"国际商事惯例",而不可能是"国际习惯"。[①] 施米托夫教授把由国际组织制定的惯例称为国际商业惯例,而非由国际组织制定的惯例称为习惯性做法。他认为,国际商业惯例由国际习惯做法发展演变而成。商业惯例具有相当程度的肯定性,而习惯性做法则不具备这样的特性。因此,其认为商业惯例是造法渊源。[②]

二、国际贸易惯例

(一)国际贸易惯例的概念

国际贸易惯例(customs and usages of international trade)属于国际商事惯例的范畴,指在长期国际贸易实践中形成并普遍通行的、具有确定内容并被广泛认可的交易规则。此类交易规则有的是存在于某个特殊领域或区域的不成文惯例,如近年在某些国家港口存在的某项特殊收费、装卸货物的特殊规定等,而更多的是被某些国际组织、商业自治团体或协会等机构精心制定、编纂为成文规则,供当事人选择。如今,精心制定商业惯例的机制已得到完善和发展。其真正的区别在于成文惯例与不成文惯例之间的区别。国际贸易法上,国际立法和国际惯例两个法律渊源的本质区别在于,前者最终由主权国家的权力机构适用,而后者的适用则以当事人的意思为基础,是由当事人在他们的具体交易中自愿适用的制度。因此,国际贸易惯例与国际条约或国内法最大区别的在于,前者对当事人没有当然法律约束力。其对当事人具有约束力的前提是,当事人在合同中明确表示选用某项国际惯例;或者没有明确约定时,当事人没有排除对其已知道或应当知道的某项惯例的适用,而该惯例在国际贸易中为同类合同的当事人所广泛知晓并经常遵守,此时应视为当事人已默示地同意适用该项惯例。

(二)国际贸易惯例的作用

国际贸易惯例在国际交易中的作用越来越大。有的国家法律规定,法院或仲裁机构在国内法律或国际公约未明确规定的情况下,可以根据国际惯例解释合同。如我国《民用航空法》第184条第2款规定,我国法律和我国缔结或者参加的国际条约没有规定的,可以适用国际惯例。最高人民法院《关于审理信用证纠纷案件若干问题的规定》

[①] 参见车丕照:《〈民法典〉颁行后国际条约与惯例在我国的适用》,载《中国应用法学》2020年第6期。
[②] 参见〔英〕施米托夫:《国际商法:新的商人习惯法》,载〔英〕施米托夫:《国际贸易法文选》,赵秀文选译,中国大百科全书出版社1993年版,第22页;〔英〕施米托夫:《国际贸易法的发展、制定与实施》,载〔英〕施米托夫:《国际贸易法文选》,赵秀文选译,中国大百科全书出版社1993年版,第150页。

(以下简称《审理信用证案件规定》)第 2 条规定：

> 人民法院审理信用证纠纷案件时，当事人约定适用相关国际惯例或者其他规定的，从其约定；当事人没有约定的，适用国际商会《跟单信用证统一惯例》或者其他相关国际惯例。

最常用的国际贸易惯例有《国际贸易术语解释通则》《跟单信用证统一惯例》《托收统一规则》等。

值得注意的是，对于某些在某领域影响较大的国际条约(如国际运输领域的《海牙-维斯比规则》等)，虽然我国非其成员国，但实务中当事人往往在合同中引用以确立各方权利义务，司法审判中或将其作为国际惯例对待，或受到其不同程度的影响。对此，最高人民法院《关于适用〈中华人民共和国涉外民事关系法律适用法〉若干问题的解释(一)》(以下简称《涉外法律适用法解释(一)》)第 7 条规定，当事人在合同中援引尚未对我国生效的国际条约的，法院可以根据该国际条约的内容确定当事人之间的权利义务，但违反我国社会公共利益或我国法律、行政法规强制性规定的除外。

另外，国际上各行业协会制订了大量标准合同或交易条件，此类标准合同经当事人选择使用后，成为具有约束力的法律文件。标准合同虽不足以构成国际贸易法的渊源，却有助于国际贸易法的统一，而国际贸易法的统一活动又会使国际标准合同更加规范化。如《国际商事合同通则》(Principles of International Commercial Contracts, PICC)，金康航次租船合同(GENCON 1994)，定期租船合同(NYPE 1993)，康金提单(CONGENBILL 1994)，1993 年《航次租船合同装卸时间解释规则》(Voyage Charterparty Laytime Interpretation Rules 1993)等。

对此类我国未加入的国际公约和标准交易条件等是否可以作为国际惯例，学界存在不同看法。有学者在谈到国际惯例的适用时认为，将我国尚未参加但已被许多国家批准的公约中的规定视为国际惯例，将不具有立法权的国际组织制定的某些规则视为国际惯例，或者将各种标准合同格式中的规定不加区分地视为国际惯例的做法，存在认识误区，并提出了适用国际惯例的限制条件，即适用国际惯例不能违背国际法的一般原则、不能有悖一国的公共秩序、不能违背当事人意思自治的原则，以及适用的国际惯例不能超越特别法的框架体系。[①] 施米托夫教授曾精辟地论述作为国际贸易法渊源的国际立法和国际惯例：国际立法是指将政府间签署的公约或示范法，由签约国引入该国国内法，进而事实上统一了这些国家的国内法。国际惯例是指各国际组织制订的供商界采用的标准合同和共同条件。国际立法和国际惯例的本质区别在于，前者对调整范围内的交易具有法律效力，而后者的文本只供当事人在其合同中采用。

---

① 参见傅廷中：《国际海事惯例的适用之反思》，载《社会科学辑刊》2020 年第 5 期。

第三节 国内立法和判例

一、国内立法

国内立法(national legislation),是指由特定的国家创制的,适用于本国主权所及范围内的法律。国内立法是国际立法的对称,是从法的创制和适用主体的角度对法所作的分类。国内立法所调整的是一国内部各种社会关系,并在本国主权所及领域范围内有效,如宪法、刑法、民法、行政法等。各国民商事及国际贸易立法是国际贸易法的重要渊源。如我国改革开放以来陆续制定了《民法通则》《经济合同法》《涉外经济合同法》《对外贸易法》《海商法》《合同法》《民法总则》《民法典》《货物进出口管理条例》《技术进出口管理条例》,以及《民事诉讼法》(以下简称《民诉法》)、《海事诉讼特别程序法》(以下简称《海诉法》)和《涉外民事关系法律适用法》(以下简称《涉外法律适用法》)等。我国现在已改变了过去在国际贸易方面无法可依,或者国内、国际贸易分别适用不同法律的状况,统一由《民法典》进行调整。这符合世界上大部分国家的立法模式。在民商合一的国家,买卖法作为债编的组成部分编入民法典,如《瑞士债务法典》《意大利民法典》等。这些法典把货物买卖视为动产买卖的一种,统一加以规定。在民商分立的国家,除民法典外,还制定单独的商法典,作为针对商业行为的补充规定。如《法国民法典》和《法国商法典》,《德国民法典》和《德国商法典》。英国《1893年货物买卖法案》经过多次修改,现行的版本是1995年1月生效的《1979年货物买卖法》。《美国统一商法典》是美国统一州法全国委员会(NCCUSL)和美国法学会(ALI)联合组织制定的一部示范法,1952年正式对外公布,现行的是2007年修订本,已为美国50个州所采纳,对世界各国的民商事立法及国际商事公约产生了深远的影响。[①]

至于国际贸易法与国际商法的关系,学者们从不同角度加以论证,提出不同观点。大致可归纳为:国际商法是调整跨境商事关系的法律规范的总和。这种法律在习惯、一般法律原则、统一法的基础上建立起来,是商人们自己发展起来的法律,是一个包括实体规范和程序规范的自足的法律体系。国际贸易法则是传统的商法加上国家干预贸易活动的全部法律的总称。二者最大的区别是,各国政府对国际贸易的管理体制、世贸组织管理国际贸易的多边法律体制,均属国际贸易法的专有内容;而约束跨国公司的设立、经营、破产,规范票据的流通和证券的买卖等的涉外法规,则属国际商法范畴。国际商法的调整对象是具有私法性质的商事组织的行为,包括商事组织之间的

---

① 参见王传丽主编:《国际贸易法》,法律出版社2022年版,第42页。

买卖行为,但国际贸易法的调整对象还包括政府对贸易的管理行为,因此不能将国际贸易法理解为国际商法的一部分,二者存在交叉,并不存在隶属关系。①

二、判例

(一)判例的概念

判例(case),是指法院先前的某一具有法律效力的判决,其可以作为同级或下级法院以后审理相同或同类案件的依据(precedent,又称先例)。传统观点认为,英国和美国是典型的普通法即判例法(case law)国家,而欧洲大陆国家为成文法即大陆法(statutory law/civil law)国家。在英美法系国家或地区,司法判例是重要的法律渊源,先例判决本身就是法律,与制定法相对称,是一项基本原则。法官须以演绎的方式,将从先例判决中抽取出来的一般性规则或原则适用到待决案件中,并推导出不与先例判决相冲突的结论。对于判例在成文法系中的作用,著名比较法学家沈宗灵教授借用法国比较法学家勒内·达维德的分析法,认为可以从两个方面分析。1804年《法国民法典》第5条规定,法官对其审理的案件,不得用确立一般规则的方式进行判决。就是说,法官针对具体案件仅有权适用立法机关制定的法律,而无权创制法律,否则就篡夺了议会的权力。从理论上和法律上而言,法官不受判例约束,有权作出与判例背离的判决。法律虽然没有禁止法官在判决中援引判例,但法官不能不以法律而以判例作为判决的基础,否则判决可能被上级法院撤销。即使最高法院,一般也不会在自己的判决中引用本院以前的判决,以避免受前例约束或违反《法国民法典》第5条的规定。但从法院实践来看,判例在法律发展中有重大说服作用。法院强烈地倾向遵从判例,特别是上级法院的判例,以贯彻平等适用法律的原则,维护司法职业的尊严,节省法官时间,使他们集中时间研究没有判例的案件,同时也有利于减少诉讼时间,这也符合当事人的期望。由于上诉制度的存在,法院一般在判决时也不能不考虑上级法院对类似案件的态度。对于大陆法系国家出版的官方或民间的判例汇编,律师和学者都加以研究和引用。总之,在大陆法系国家,从法律上或理论上来说,判例没有约束力(binding effect),不是法律渊源;但在实践中,其有说服力(persuasive effect),从这一意义上讲,可以作为法律渊源之一。② 我国是成文法国家,先例判决并不具备正式法律渊源的地位,故而难以直接充当裁判的依据,只能成为强化判决结论或所持立场的一个理由,适宜在判决书中的说理部分援引或参照。

---

① 参见郭瑜:《国际贸易法》,北京大学出版社2006年版,第3页;沈木珠:《国际贸易法研究》,法律出版社2002年版,第2—4页;王传丽主编:《国际贸易法》,法律出版社2022年版,第19—20页。
② 参见沈宗灵:《比较法总论》,北京大学出版社1987年版,第144—145页。

(二) 类案同判制度

判例法和成文法原本清晰的划分正在变得模糊,普通法系国家或地区也在制定成文法,而成文法系国家或地区对判例的作用也日渐重视。如在法国,国际私法的主要渊源至今还是最高法院及其下属法院的判例。① 我国是典型的成文法国家,司法实践中虽有法律明文规定,但仍有必要赋予法官一定的自由裁量权,以在事实认定、法律适用及程序处理等问题上综合个案因素作出合理的判断,这就会带来裁判尺度的不统一。为合理制约裁量权从而保证司法的可预期性与稳定性,指导性案例和类案检索制度应运而生。近年来,我国司法审判领域对判例的研究和应用已引起业界的高度重视。最高人民法院先后颁布一系列关于案例研究和应用的文件,以推行"类案同判"制度。如 2010 年最高人民法院《关于案例指导工作的规定》第 7 条规定,最高人民法院发布的指导性案例,各级人民法院审判类似案例时应当参照。根据最高人民法院《〈关于案例指导工作的规定〉实施细则》第 9 条的规定,各级人民法院正在审理的案件,在基本案情和法律适用方面,与最高人民法院发布的指导性案例相类似的,应当参照相关指导性案例的裁判要点作出裁判。该细则第 10 条还规定,各级法院审理类似案件参照指导性案例的,应当将指导性案例作为裁判理由引述,但不作为裁判依据引用。可见,虽不能直接作为裁判依据引用,但指导性案例作为准法律渊源,必将对各级法院在审判实践中统一法律的理解与适用产生重要影响。此后最高人民法院相继出台一系列司法文件,推动该项制度的落实和完善。2017 年最高人民法院《关于落实司法责任制完善审判监督管理机制的意见(试行)》(法发〔2017〕11 号)原则性地提出了各级法院要建立类案及关联案件强制检索机制。最高人民法院《司法责任制实施意见(试行)》(法发〔2017〕20 号)规定,在最高人民法院层面试点"类案与关联案件检索"机制。该意见提出了一些制度构想,比如规定承办法官要制作类案与关联案件检索报告;拟裁判案件将形成新的裁判尺度的,要提交法官会议讨论。2018 年最高人民法院《关于进一步全面落实司法责任制的实施意见》(法发〔2018〕23 号),正式要求各级法院建立"类案及关联案件强制检索机制",以确保"类案裁判标准统一、法律适用统一"。2021 年最高人民法院专门针对专业法官会议发布《关于完善人民法院专业法官会议工作机制的指导意见》(法发〔2021〕2 号),这是专业法官会议实现制度化的标志。自此,专业法官会议的组织形式、人员组成、讨论范围、召开程序、议事规则、衔接机制、配套保障等工作机制有规可循。2021 年最高人民法院《统一法律适用工作实施办法》(法〔2021〕289 号),明确了法官在审理过程中进行类案检索的情形和范围,类案检索正式制度化,在法律界引起了巨大轰动。

---

① 参见何其生:《国际私法》,北京大学出版社 2023 年版,第 12 页。

有法律从业者将目光锁定至"同判",认为我国司法领域终于建立了如判例法国家那样的"遵循先例"制度,诸多包含"同案同判"关键词的媒体宣传一时间"铺天盖地"。最高人民法院发布的检索层级指导有两个:一是 2020 年最高人民法院《关于统一法律适用加强类案检索的指导意见(试行)》第 4 条规定的检索范围:"(一)最高人民法院发布的指导性案例;(二)最高人民法院发布的典型案例及裁判生效的案件;(三)本省(自治区、直辖市)高级人民法院发布的参考性案例及裁判生效的案件;(四)上一级人民法院及本院裁判生效的案件。除指导性案例以外,优先检索近三年的案例或者案件;已经在前一顺位中检索到类案的,可以不再进行检索。"二是 2021 年最高人民法院《统一法律适用工作实施办法》第 6 条第 2 款,将检索范围缩小到可以只检索最高人民法院发布的指导性案例和最高人民法院的生效裁判。据此,有学者归纳为:最高人民法院发布的指导性案例具有约束力,审判人员应参照指导性案例的裁判要点作出裁判;最高人民法院公报案例与典型案例要优先于最高人民法院其他案例被参考,这一规则应同样适用于省高级人民法院发布的参阅案例、典型案例与省高级人民法院的其他生效裁判;省高级人民法院发布的典型案例或生效裁判,应劣后于最高人民法院发布的公报案例、典型案例与生效裁判被参考。① 最高人民法院在 2013 年 7 月开通的"中国裁判文书网"(www.wenshu.court.gov.cn)的基础上,于 2024 年 2 月 27 日正式上线"人民法院案例库"(www.rmfyalk.court.gov.cn),收录了最高人民法院经审核认为对类案具有参考示范价值的权威案例,包括指导性案例和参考案例,旨在给法官办案提供更加权威、规范、全面的指引。② 上述法律文件的相关规定,加上最高人民法院针对某个条文或具体问题作出的"解答""批复"和"答复",共同反映出我国已经初步建立类案检索和类案同判的法律制度。

---

① 参见魏志强、苗雨鹤:《"类案同判"系列研究(一):聊一聊类案检索制度的前世今生》,载搜狐网(http://www.sohu.com/a/559550070_121123759),访问时间:2022 年 6 月 22 日;魏志强、苗雨鹤:《"类案同判"系列研究(二):我国类案检索制度的现状与类案的范围》,载搜狐网(http://www.sohu.com/a/635992922_121123759),访问时间:2023 年 2 月 1 日。

② 截至 2024 年 2 月 29 日,"人民法院案例库"共收录案例 3711 件,其中民事案例 1643 件。以"国际货物"为关键词检索,有指导性案例 1 件,参考案例 19 件;以"销售合同公约"为关键词检索,有指导性案例 1 件,参考案例 6 件;以"CISG"为关键词检索,有参考案例 1 件;以"合同公约"为关键词检索,有指导性案例 4 件,参考案例 11 件。

第三章 国际贸易统一私法活动

由于历史、文化和国情不同,各国国内法律千差万别,法律差异和冲突给国际贸易造成极大困难。尤其是英美法系与大陆法系国家之间,在某些问题上差别巨大。国际贸易当事人以哪国法律为依据起草和解释合同,争议发生后法官或仲裁员以哪国法律为依据作出裁判,诸如此类,都是现实的问题。为解决法律冲突带来的困难,促进国际私法的统一与和谐以及国际贸易的发展,19世纪后期和20世纪初期,国际社会开始探索制定一套与国际贸易特点相适应、统一的国际贸易法律规范。在这方面,海牙国际私法会议(HCCH)、国际统一私法协会(UNIDROIT)、联合国国际贸易法委员会(UNCITRAL)、国际商会(ICC)、国际海事组织(IMO)、国际海事委员会(CMI)等机构作出了重要贡献。

第一节 国际贸易统一私法活动概况

一、国际贸易统一私法活动主要成果

1893年成立的海牙国际私法会议、1926年成立的国际统一私法协会及1966年依联合国大会决议设立的联合国国际贸易法委员会是促进国际贸易发展的先驱者,其他政府间和非政府间国际组织也作出了重要贡献。这些机构先后制定了《销售合同公约》《国际商事合同通则》《海牙国际商事合同法律选择通则》(HCCH Principles)、《联合国国际合同使用电子通信公约》(UECIC)、《国际货物销售时效期公约》(Convention on the Limitation Period in the International Sales of Goods,以下简称《时效公约》)、《代理法律适用公约》(Convention on the Law Applicable to Agency)、《国际货物买卖合同法律适用公约》(Convention on the Law Applicable to Contracts for the International Sale of Goods)及《贸易法委员会电子商务示范法》(UNCITRAL Model Law on Electronic Commerce)等。

就国际贸易法统一而言,《销售合同公约》为国际货物销售合同的成立、当事人的权利义务等制定了统一规则,这些规则具有中立性、可预见性、确定性和灵活性的特点,可指

导当事人认识其权利义务的内容和边界,增加合同履行的确定性,降低交易成本。《国际商事合同通则》是不具有约束力的合同法规则,旨在推广适用于全球范围的商事合同,其作为"软法"(soft law)可以向当事人、法律从业者及裁判人员提供灵活的选择。

二、国际商会及其成果

在国际贸易统一私法活动中,国际商会的努力十分突出。国际商会是为世界商业服务的非政府间国际组织,是联合国等政府间国际组织的咨询机构。该机构于1919年在美国发起,1920年正式成立,总部设在法国巴黎。国际商会的主要贡献有:《国际贸易术语解释通则》(INCOTERMS)、《托收统一规则》(URC)、《跟单信用证统一惯例》(UCP)、《关于审核跟单信用证项下单据的国际标准银行实务》(ISBP)等。其中最著名的当属 INCOTERMS 和 UCP。

以国际贸易法委员会和国际商会为代表的国际组织制定的公约、示范法、规则、惯例等,有实体性的(如 CISG),也有程序性的(如《国际货物销售时效期公约》《代理法律适用公约》等),已为世界各国普遍接受和采用,对国际贸易法的和谐、统一起到重要作用。

第二节 中国参与国际贸易统一私法活动简况

一、我国积极参加国际立法活动

海牙国际私法会议于1893年由托比亚斯·阿赛尔(Tobias Asser)在荷兰海牙成立(1991年阿赛尔因此获得诺贝尔和平奖)。自1955年起该组织主持制订了38个国际公约、议定书等,涉及管辖权、法律适用、承认和执行外国法院判决书,以及司法协助等领域,最近的是于2019年7月2日通过、2023年9月1日生效的《承认和执行外国民商事判决公约》。截至2022年3月,海牙国际私法会议已发展成为90个国家和一个区域组织(欧盟)参加的政府间国际组织。其中65个成员签署其制定的一个或多个公约,被称为联系成员方(connected parties),中国于1987年7月3日成为其成员,并于1986年正式成为1926年成立的国际统一私法协会的成员。1994年11月8日,国际商会在巴黎总部召开理事会,一致通过决议,决定接纳由中国国际商会牵头组建的中国国家委员会(ICC China)。中国作为联合国成员,积极参加了1966年成立的联合国国际贸易法委员会的各项立法活动。2013年,中国成为其成员。2023年5月,中国海事仲裁委员会作为非政府间国际组织正式成为其观察员。

二、我国加入的相关国际公约

据不完全统计,中国加入的与国际贸易有关的民商事领域的公约及议定书等国际文件有:(1)《销售合同公约》;(2)1910年《统一船舶碰撞某些法律规定的国际公约》和1952年《船舶碰撞中民事管辖权方面某些规定的国际公约》;(3)1972年《国际海上避碰规则公约》;(4)1989年《国际救助公约》;(5)1969年《国际油污损害民事责任公约》及2001年《国际燃油污染损害民事责任公约》;(6)1993年《船舶优先权和抵押权国际公约》;(7)1974年《海上旅客及其行李运输雅典公约》及其1976年《议定书》;(8)《华沙公约》《海牙议定书》《蒙特利尔公约》;(9)《国际铁路货物运输公约》;(10)《承认及执行外国仲裁裁决公约》;(11)《关于向国外送达民事或商事司法文书和司法外文书公约》(以下简称《海牙送达公约》);(12)《取消外国公文书认证要求的公约》;等等。另外,有些国际公约,我国虽然没有加入,但在国内立法中,参考了其内容,如《海牙-维斯比规则》《汉堡规则》《联合国国际货物多式联运公约》和1976年《海事索赔责任限制公约》等。我国还与众多国家签署了通商航海条约、司法协助条约等。

三、我国国际私法立法和司法实践

在国际私法立法方面,关于国际民商事诉讼管辖权的争议及国际司法协助,我国除在《民诉法》《海诉法》中作了规定外,最高人民法院还单独制定或与外交部、司法部等部门联合制定了一系列司法解释、司法文件等,如《关于涉外民商事案件诉讼管辖若干问题的规定》《关于我国法院和外国法院通过外交途径相互委托送达法律文书若干问题的通知》《关于涉外民事或商事案件司法文书送达问题若干规定》《关于执行海牙送达公约的实施办法》等。另外,在内地与香港特别行政区、澳门特别行政区和台湾地区在区际民商事诉讼和商事仲裁的管辖、委托送达、调查取证、保全、相互承认和执行商事裁判文书等方面,也作了相应安排。

在法律适用方面,《涉外法律适用法》第2条明确规定:

> 涉外民事关系适用的法律,依照本法确定。其他法律对涉外民事关系法律适用另有特别规定的,依照其规定。本法和其他法律对涉外民事关系法律适用没有规定的,适用与该涉外民事关系有最密切联系的法律。

这里的"其他法律",包括《民用航空法》《海商法》和《票据法》等,均对涉外民事关系法律适用作出了特别规定。

关于国际公约和国际惯例的适用,原《民法通则》第142条规定:

> 涉外民事关系的法律适用,依照本章的规定确定。中华人民共和国缔结或者参加的国际条约同中华人民共和国的民事法律有不同规定的,适用国际条约

的规定,但中华人民共和国声明保留的条款除外。中华人民共和国法律和中华人民共和国缔结或者参加的国际条约没有规定的,可以适用国际惯例。

该规定确立了国际公约的自动适用原则,对我国生效的国际公约无须转化为国内法,国内司法机关和行政机关可直接适用。对国际惯例,规定了补缺适用原则。《民法通则》之后,2010 年公布的《涉外法律适用法》和 2017 年公布的《民法总则》,以及如今的《民法典》均未就国际条约和国际惯例的适用作任何规定,仅在个别其他法律中保留了《民法通则》上述关于国际条约和国际惯例适用的规定。如《民用航空法》第 184 条、《海商法》第 268 条均规定:

中华人民共和国缔结或者参加的国际条约同本法有不同规定的,适用国际条约的规定;但是,中华人民共和国声明保留的条款除外。中华人民共和国法律和中华人民共和国缔结或者参加的国际条约没有规定的,可以适用国际惯例。

《票据法》第 95 条也作了同样的规定,仅在表述上略有不同。虽然宪法并未规定国际条约属于中国法律体系的组成部分,且上述立法留有空白,但在国际民商事争议中,我国法院优先适用对我国生效的国际条约是一项国际义务,且相关司法解释也对国际公约优先适用原则作出规定。① 因此,《涉外法律适用法》和《民法典》对此保持沉默并不影响公约在具体案件中的优先适用地位。(2020)最高法民申 5041 号案中,最高人民法院认为,该案系国际货物买卖合同纠纷,程序方面应当适用中国《民诉法》关于涉外部分的规定。双方当事人的营业地分别在意大利及中国,两国均为《销售合同公约》缔约国,故该案纠纷应适用上述公约审理,且双方当事人对该案适用公约及中国《民诉法》审理均无异议。因此,维持了原审法院的判决。

对于尚未对我国生效的国际条约,如果当事人在合同中加以引用,我国法院该如何处理,学界存在不同认识。一是认为可以将其作为当事人约定适用的外国法律,二是可以将其视为国际惯例予以适用,三是视为当事人合同的组成部分,据以确定当事人的权利义务。我国司法解释采纳了第三种观点。依据《涉外法律适用法解释(一)》第 7 条的规定,应根据条约的内容认定当事人的权利义务,但违反我国社会公共利益或我国法律、行政法规强制性规定的除外。(2022)粤 01 民终 5586 号案中,关于送达问题,二审法院认为,我国和比利时王国均已加入《海牙送达公约》,根据该公约第 10 条的规定,"如送达目的地国不表异议,本公约不妨碍:(一)通过邮寄途径直接向身

---

① 如 1995 年外交部、最高人民法院、最高人民检察院、公安部、国家安全部、司法部《关于处理涉外案件若干问题的规定》,2000 年最高人民法院《关于充分发挥审判职能作用为经济发展提供司法保障和法律服务的意见》和 2000 年最高人民法院《关于审理和执行涉外民商事案件应当注意的几个问题的通知》等,都对国际公约的自动适用和优先适用作出了规定。

在国外的人送交司法文书的自由"。根据最高人民法院《关于适用〈中华人民共和国民事诉讼法〉的解释》（以下简称《民诉法解释》）第534条第1款和第2款的规定，一审法院通过邮寄方式直接向住所地位于比利时的被告送达民事诉状、开庭传票等司法文书，并无不当。关于管辖权问题，二审法院认为，虽然被告与原告签订的《冷链服务合同》约定该协议引起的争议由比利时法院管辖，但是一审法院受理该案后，被告并未在提交答辩状期间提出管辖权异议，其上诉主张一审法院对该案无管辖权，超过了提出管辖权异议的法定期间，故二审法院不予采纳。关于准据法的适用，案涉《冷链服务合同》约定，合同适用《国际公路货物运输合同公约》（以下简称CMR），并约定服务提供商应按照CMR的规定承担责任。二审法院认为，根据《涉外法律适用法解释（一）》第7条的规定，虽然我国并未加入CMR，但仍可根据该公约的内容确定被告应向原告承担的责任，因此对一审判决中的不当之处予以纠正。

对于国际惯例的适用，司法实践也遵循了原《民法通则》的基本原则，如《审理信用证案件规定》第2条对国际惯例的适用作出规定：

> 人民法院审理信用证纠纷案件时，当事人约定适用相关国际惯例或者其他规定的，从其约定；当事人没有约定的，适用国际商会《跟单信用证统一惯例》或者其他相关国际惯例。

(2020)浙02民初1142号案中，针对准据法的适用问题，法院认为，该案争议为信用证欺诈纠纷，根据《涉外法律适用法》第44条的规定，适用侵权行为地法律即中国法律。又因该案涉及信用证各方关系人的地位问题，根据《审理信用证案件规定》第2条的规定，法院审理信用证案件时，当事人约定适用相关国际惯例或者其他规定的，从其约定；当事人没有约定的，适用国际商会《跟单信用证统一惯例》或者其他相关国际惯例。而案涉信用证明确约定受国际商会《跟单信用证统一惯例》最新版本约束，因该案信用证开立时的最新版本为国际商会第600号出版物即UCP600，因此有关该案信用证问题应适用UCP600。

为进一步明确国际公约和国际惯例的适用，填补原《民法通则》后的立法空白，2023年12月28日，最高人民法院《关于审理涉外民商事案件适用国际条约和国际惯例若干问题的解释》（以下简称《适用国际条约和惯例解释》）发布，该司法解释共9条，其中实质条款共7条，其内容包括：人民法院审理《海商法》《票据法》《民用航空法》和《海上交通安全法》调整的涉外民商事案件，涉及适用国际条约的，分别按照《海商法》第268条、《票据法》第95条、《民用航空法》第184条、《海上交通安全法》第121条的规定予以适用。人民法院审理上述法律调整范围之外的其他涉外民商事案件，涉及适用国际条约的，参照上述法律的规定。国际条约与我国法律有不同规定的，适用国际条约的规定，但我国声明保留的条款除外。该规定有效破解了原《民法通则》之后，上述四部部门法之外，涉外民商事领域适用国际条约裁判依据不足的问题,同时承继了原《民法通则》的精神,明确我国缔结或参加的国际条约与我国法律有不同规定的,适用国际条约的规定,但我国声明保留的条款除外。针对司法实践中存在的同一争议涉及两个或者两个以上国际条约的情况(如国际多式联运可能涉及国际航空运输公约和国际铁路运输公约),该解释规定,我国法院应当根据国际条约中的适用关系条款确定应当适用的国际条约。有的国际条约允许当事人根据合意排除适用或减损条约的效力(如《销售合同公约》),而有的国际条约的适用具有强制性,不允许当事人合意排除适用或减损其效力(如《蒙特利尔公约》),对此,司法解释明确了国际条约适用与当事人意思自治之间的关系,即只有在国际条约允许的范围内,当事人才可以通过约定排除或部分排除国际条约的适用。针对当事人在合同或诉讼中援引尚未对我国生效的国际条约的情况(如海事诉讼案件中,当事人经常援引《海牙-维斯比规则》),《适用国际条约和惯例解释》在《涉外法律适用法解释(一)》第 7 条的基础上规定,对于尚未对我国生效的国际条约,人民法院不能将其作为裁判的法律依据,但可以根据该国际条约的内容确定当事人之间的权利义务,前提是该国际条约不得违反我国法律、行政法规强制性规定或者损害国家主权、安全和社会公共利益。针对国际惯例的适用,该司法解释持更加明确和开放的态度,针对当事人明示选择适用国际惯例的情形,规定法院可以根据国际惯例确定合同当事人之间的权利义务。针对当事人没有明示选择适用国际惯例,且我国法律和我国缔结或者参加的国际条约均没有相应规定的情况,该司法解释规定,法院可根据补缺原则适用国际惯例。当事人仅以未明示选择为由主张排除适用国际惯例的,法院不予支持,国际惯例被提升到前所未有的法律地位。当然,当事人举证证明以及法院确认存在某项国际惯例的规则,需要司法实践的进一步验证。该司法解释同时强调,国际条约和国际惯例损害中国主权、安全和社会公共利益的,法院不予适用。该司法解释体现了涉外民商事审判中适用国际条约和国际惯例应遵循的三项原则,即善意履行条约义务原则,尊重国际惯例原则,维护国家主权、安全和社会公共利益原则。①

总之,对于国际私法领域的国际公约,除声明保留的内容外,应自动适用和优先适用,但在具体案件中的适用情况可能不尽相同。有的是无国内法规定时才自动适用;有的是国内法有不同规定时也自动适用;有的是自动适用而不考虑国内法;也有的是依当事人或法院的选择适用。对于未对我国生效的国际公约,当事人选择适用的,可以依公约内容确定当事人的权利义务,而不将其作为裁判的法律依据;对于国际惯例,依当事人选择和补缺原则适用。如果国际公约和国际惯例损害国家主权、安全和社会公共利益,则不予适用。

---

① 参见《最高法发布涉外民商事案件适用国际条约和国际惯例典型案例》,载最高人民法院国际商事法庭网站(https://cicc.court.gov.cn/html/1/218/621/163/2432.html),访问时间:2024 年 1 月 21 日。

第二编 国际货物销售法

国际货物销售(international sale of goods),又称国际货物买卖(international sale and purchase of goods),是指营业地处于不同国家(地区)的买卖双方当事人之间,一方提供货物、收取价金,另一方接受货物、支付货款的商业活动。当事人就国际货物销售订立的合同,是确定当事人权利义务的依据。国际货物销售合同中的供货方称为卖方(出卖人,seller)或出口商(exporter),收货方称为买方(买受人,buyer)或进口商(importer)。

国际货物销售,是广义的国际贸易概念的核心部分。先有国际货物销售,才有国际货物运输、保险和货款结算,也才可能有与国际货物销售有关的争议及其解决。当然,还会有国际贸易组织对各国国际贸易的规范,以及国家(地区)对国际贸易的管制,从而制定出反倾销、反补贴、保障措施以及许可证、配额等规则。

国际货物贸易涵盖的内容十分广泛,而国际、国内针对国际贸易管制及交易所制定的规范浩如烟海。受能力所限,本书取沧海一粟,仅对与国际货物贸易相关的国际公约、国际惯例和法律的主要内容作介绍,对国际技术贸易、国际服务贸易法律的内容,以及国际货物贸易所涉贸易管理的多边法律体制,国内行政、法律管制措施等,不加论述。

第一章 国际惯例——INCOTERMS

第一节 INCOTERMS 的演进

一、INCOTERMS 的制定

商业交易惯例起于商人之间的实践,人们试图对交货时间、买卖双方的权利义务、风险承担、货物运输和保险安排等作出约定,形成相对固定的规则,供行业参与者共同遵守,以使交易更加简便、成本更加低廉,对风险的评估更具确定性。资料显示,贸易术语可溯源到1812年出现的首个 FOB 术语及1895年出现的首个 CIF 术语。但早期贸易术语给交易带来便利的同时,也往往因内容或表述混乱而造成困惑,甚至阻碍交易。如人们习惯把 FOB 称为目的港交货,其实并非如此。国际商会主导的国际贸易术语统一解释,旨在给每个术语作出清晰明确的定义,合理分配买卖双方之间的义务、风险和费用,并根据时代和科技发展,不断输入新的内容。如集装箱运输方式的应用、"门到门"及多式联运的发展、信用证的普及、货运代理人的介入、电子通信和信息网络的快捷,甚至将来区块链技术的广泛应用等,都促使术语的内涵不断更新,形成明确、固定、可预知的"交易模块",供当事人选择使用。后来,形成了三个影响较大的国际贸易术语体系:国际法协会《1932年华沙—牛津规则》(Warsaw-Oxford Rules 1932)、美国一些商业团体制订的《1941年美国对外贸易定义修订本》(Revised American Foreign Trade Definition 1941)和国际商会制订的《国际贸易术语解释通则》(即 INCOTERMS 系列版本),其中以国际商会的 INCOTERMS 最为普及。

二、INCOTERMS 的修订

(一)历次修订简况

一百多年前的1921年,国际商会开始尝试对商界使用的贸易术语进行研究和解释,并于1923年公布研究成果——《贸易价格条件定义》(第1版),其中包括当时被13个国家使用的6种常用贸易术语。1928年公布的第2版中涉及30个国家使用的贸易术语。1936年,正式以INCOTERMS命名公布,之后在1953年、1967年、1976年等陆续进行补充,并更新出版。1953年版加入了三种非海运运输术语,即DCP(Delivered Costs Paid)、FOR(Free on Rail)和FOT(Free on Truck)。1967年版增加了两个新的贸易术语,即DAF(Delivered at Frontier)和DDP(Delivery Duty Paid)。1976年版引入了航空运输的内容,即FOB Airport(Free on Board Airport,后成为FCA),同时明确买卖双方风险在货交承运人时转移。1980年版为适应海运集装箱运输方式的需求,增加了FRC(Free Carrier...named at Point),指不在船边交货,而是在岸上其他地点(如集装箱堆场)交接货物的情形。

(二)INCOTERMS 1990 的修订

该版内容相对全面,简化了Free Carrier条款,删除了术语中运输方式的限定,如:FOR(Free on Rail)、FOT(Free on Truck)和FOB Airport(Free on Board Airport),统一使用FCA(Free Carrier...named place of delivery)术语。随着多式联运和电子信息使用的增加,允许当事人通过电子数据交换各种单证。

INCOTERMS 2000简化了装货与卸货费用分担,修订了FAS和DEQ术语中关于清关等程序性事项的规定,改进了在报关责任方面的分配。INCOTERMS 2010术语由前两版的13个减少到11个,合并了D系列术语,删除了DAF、DES(Delivered Ex Ship)、DEQ(Delivered Ex Quay)和DDU(Delivered Duty Unpaid),增加两个"实质性交货"术语,即DAT(Delivered at Terminal)和DAP(Delivered at Place),明确货物运至目的地过程中的所有费用和风险由卖方承担。此术语适用于任何运输方式,因此也适用于之前的DAF、DES、DEQ,以及DDU使用过的各种情形。贸易术语分类由四级变为两类,使用范围扩大至国内贸易合同,电子通信方式被赋予与纸面方式完全等同的效力。另外,该版本还增加了买方和卖方在连环销售(string sales)中互相合作、分享信息等义务。在货物销售,尤其是大宗商品交易中,与直接销售方式不同,货物往往在运输途中被多次转售。此种情况下,处于中间的销售商并不参与货物的装船,而由这一销售链条中的首端销售商负责装船。因此,中间销售商对其买方应承担的义务不是"将货物装船",而是"设法获取已装船货物"(procure the goods so delivered),因此该版本中规定了"设法获取已装船货物"和"将货物装船"的义务。INCOTERMS 2010针对适用于海运的FOB、CFR和CIF术语中货物风险转移,不再使用"越过船舷"(pass the ship's rail)的概念,而代之以"货物装上船舶"(deliver the goods on board)。

(三)INCOTERMS 2020 的变化

该版本的修改内容主要是对个别术语的细节进行改进,使国际贸易术语更具操作性和实用性。具体体现在以下六个方面:

1. DAT变更为DPU。INCOTERMS 2010的DAT(这里的Terminal指海、陆、空运

输路线的起点、终点，如港口、车站、航站楼等运输终端），是指由卖方在指定港口或目的地运输终端交货（不负责卸货）；INCOTERMS 2020 的 DPU（Delivered at Place Unloaded），是指由卖方将货物运至买方指定的任何地方，而不必限定在运输终端，而且卖方要负责卸货，承担卸货费用和风险。该术语通常用于有多个收货人的集装箱（拼箱），也是唯一一个由卖方完成卸货的术语。

2. CIF 和 CIP 下保险范围的变化。INCOTERMS 2020 对 CIF 和 CIP 中的保险条款分别作了规定。CIF 和 CIP 是仅有的两个由卖方购买保险的术语。根据 INCOTERMS 2010 的规定，这两种条款下，卖方负责购买伦敦保险协会（Institute of London Underwriters）货物保险条款（Institute Cargo Clause C，以下简称 ICC C 条款）规定的最低承保范围的保险。INCOTERMS 2020 下 CIF 没有变化，但 CIP 术语对保险作了修改，即如果没有特别约定，卖方负责购买最大承保范围的保险，即以货物价值 110% 投保协会货物保险 A 条款（以下简称 ICC A 条款）。在 INCOTERMS 2020 中，使用 CIP 术语时卖方承担的保险义务增加，而买方的利益会得到更多保障。

3. FCA 术语下签发提单的变化。随着集装箱的使用和"门到门"运输服务的普及，卖方交付货物的方式不再限于在港口、码头交与负责国际运输的承运人并获取已装船提单，现实是卖方可能在自有场地（如工厂、仓库）或另外指定的地点 [集装箱货运站（CFS）或集装箱堆场（CY）] 向承运人交货。这种情况下，使用货交承运人（FCA）条款更为便利。但问题是，承运人只有在货物装上船后才签发已装船提单，对装船前收到的货物（由卡车公司而非卖方直接交运的货物、收妥待运的货物等）往往不予签发已装船提单。国际贸易下，无论是信用证还是托收等结算方式，已装船提单都是最重要的单据。对买方而言，接受已装船提单才意味着卖方交付货物；对于卖方而言，由于银行只接受已装船提单，卖方不能提供已装船提单便无法结汇收取货款。因此，INCOTERMS 2020 修改了 FCA 提单签发规则，即双方可以在合同中约定，由买方指示海运承运人在收到货物后、实际装船前向卖方签发已装船提单，卖方有义务向买方提交该提单。

4. 承运人的修改。INCOTERMS 2010 假定货物由第三方承运人完成运输，INCOTERMS 2020 规定卖方或买方既可以委托第三方承运，也可以自己承担运输。在 D 组术语 DAP、DPU、DDP 及 FCA 中，卖方被允许使用自己的运输工具。

5. 安保费用。在运输义务和费用中列入与安全有关的要求，即将安保费用纳入运输费用，承担运输费用的一方承担运输中的安保费用。

6. 费用承担更加明确。在 INCOTERMS 2010 中，买卖双方承担费用的划分不太明确，往往造成困惑，如面对承运人不断变化的报价，双方对额外增加的费用会产生争议，如码头装卸费（Terminal Handling Charge，THC）的收取。INCOTERMS 2020 在 A9

和 B9 项中规定得更加明确。

7. 用户解释说明取代使用指南。INCOTERMS 2020 中的用户解释说明,取代了上一版的使用指南,以帮助用户在交易中更加准确、高效地选择不同术语,并为正确处理贸易纠纷提供解决方案。

三、INCOTERMS 的性质及与销售合同的关系

(一)INCOTERMS 对当事人的效力

INCOTERMS 是国际商会召集全球贸易、银行、法律等领域的专家精心设计的交易"模块",使得买卖双方不必掌握复杂的法律知识,便可以信手拈来地将其"安装"在纷繁复杂的国际贸易合同体系内,从而引导和约束当事人正确履行合同,承担风险和费用。INCOTERMS 不是国际公约,而是国际惯例,但不是当然具有约束力的国际惯例,只有当事人在合同中约定选择,才可以作为合同条款对当事人具有约束力。[1] 因为其特点是新版不当然取代旧版,所以双方有权选择适用哪一版的贸易术语,或者不选择适用。如选择适用,必须明确适用的是哪一年的版本。如果当事人仅约定适用 INCOTERMS,但没有明确哪一年的版本,则应适用最新版本,如 2021 年订立的合同仅约定"FOB 上海",则应适用 INCOTERMS 2020。

(二)INCOTERMS 不解决合同的所有问题

在《销售合同公约》下,INCOTERMS 被认为是当事人之间形成的习惯做法和惯例,以及商业惯例。在交付货物、风险转移以及支付方面,《销售合同公约》和 INCOTERMS 的规定相互交融,但 INCOTERMS 关于风险转移的规定不能完全替代《销售合同公约》的相关规定。再者,INCOTERMS 并未涉及《销售合同公约》的其他问题,如合同的成立、所有权转移、买方付款义务、违约责任、争议解决等。这些问题还需双方在合同中另行约定。INCOTERMS 与合同约定有违背或不符时,应以合同的具体约定为准。对于 INCOTERMS 贸易术语没有规定的内容,应根据合同、公约或国内法作出解释。关于贸易术语与《销售合同公约》的关系,中国国际经济贸易仲裁委员会(以下简称"贸仲")有案例指出,合同所约定的国际商会的 INCOTERMS 只是对一些贸易术语的统一解释,并不构成一个完整的法律体系。因此,此项约定不能等同于合同准据法规定的条款,当事人所约定的贸易术语解释通则不能达到排除公约适用的效果。[2]

---

[1] 根据《适用国际条约和惯例解释》第 6 条的规定,当事人未明示选择适用国际惯例的,法院亦可适用。
[2] 参见中国国际经济贸易仲裁委员会编:《〈联合国国际货物销售合同公约〉在中国仲裁的适用》,法律出版社 2021 年版,第 22 页。

第二节　INCOTERMS 2020 术语介绍

2020年1月1日生效的 INCOTERMS 2020,共 11 个术语,其中 7 个术语(EXW、FCA、CPT、CIP、DAP、DPU 和 DDP)适用于各种运输或联运运输方式;4 个术语(FAS、FOB、CFR 和 CIF)适用于海运和内水(沿海、内河)运输。

一、EXW (EX Works…named place,工厂交货……指定地点)

该术语是卖方义务范围最小的条款,也是唯一由买方承担出口清关义务的条款,可用于各种运输方式,包括多式联运。根据该术语,卖方应按照合同约定或者没有约定时按照通常的适当方式包装货物[①],备妥出口清关单据,在其自己的场地(factory/warehouse/premises)将货物交给买方处置,通知买方,即完成交货义务。买方负责安排运输工具、自己装货并运输至其目的地。装货、运输及路途中的一切费用和风险由买方承担。买方还负责申领出口和进口许可、办理清关手续等。风险和责任转移时点为卖方将货物置于指定交货地点,可供买方处置之时(不包括装货)。之后的风险由买方承担,如果货物因不可抗力或其他原因发生灭失、损坏,则由买方承担后果。即使卖方在协助其装货的情况下造成货损,风险仍应由买方承担,但买方可以根据装货协议向责任方索赔。买方对货物投保时应特别注意,保单承保范围需包括起运地的装货。

在国际贸易中,EXW 常用于指定货(Routing Order Cargo),即买方(通过本国货运代理)指示其在出口地的货运代理,到卖方地点提货。此时可能出现的问题是,货运代理提货后签发何种单证,如果是可被银行接受的提单(如 FIATA 单据)自无问题,否则可能存在因提单不被接受而无法结汇之虞。另一问题是,卖方将货物备妥而买方并未按通知日期提货,逾期费用和风险由买方承担。另需注意的问题是,通常买方不可能携带装货设备到卖方地点提货并自己完成装货,买方可在合同中约定卖方负责装载货物(EXW LOADED),买方仍应承担装载货物的全部费用和风险。卖方若委托装卸公司完成装货,由此产生的费用,由买方另行支付。在其他术语下,出口国要求的装船前强制检验费用由卖方承担,但 EXW 下,该费用及进口国要求的装船前检验费用均由买方承担。

可见,该术语下,卖方义务最小,除通知、准备出口报关文件和交付货物外几乎无

[①] 包装可根据目的分为:(1)为满足买卖合同要求对货物进行的包装;(2)为适应运输需要对货物进行的包装;(3)在集装箱或其他运载工具中装载包装好的货物。此处应为第(1)(2)种情况。对于第(3)种情况,各方需另行约定。

其他义务,而买方几乎承担所有义务,包括派遣运输工具、装货、出口清关、出口检验、运输、进口报关和检验等。如果在出口国没有得力的合作方,如货运代理公司协助,买方不可能完成这些工作。因此,买方不能直接或间接地完成这些工作和手续时,不应使用 EXW 术语,而应使用 FCA。由于中国法律的特殊规定,中国卖方出口货物时使用 EXW 术语,可能面临如何办理出口报关、出口退税和核销、汇付、托收,以及是否适用信用证支付方式等问题。对于清关,卖方有协助提供商业发票、报关单、核销单等单据的义务,其应向买方提供相应的报关单据并协助其报关,但相关费用由买方承担。对于电汇、托收和信用证支付方式,如果不能满足银行关于结汇所需单证的要求,买卖双方需在合同中约定,当卖方把货物交给买方处置时,买方应当付清货款。

二、FCA(Free Carrier,货交承运人)

FCA 指卖方在自己的场地或买方指定的其他地点,将货物交给买方指定的承运人或其他人。该术语可用于各种运输方式,包括多式联运。卖方应备妥出口、海关、运输等文件,完成清关手续,在其场所负责将货物装上买方派来的运输工具,或将货物运至约定的其他地点(如承运人场站、买方货运代理仓库)。如果没有具体明确的交货点或有几个交货点可供选择,卖方可从中选择其认为完成交货义务最合适的交货点。卖方不负责在约定交货地点卸货。买方负责完成自卖方交货地点至目的地的运输,因此买方需要与国际区段承运人订立运输合同,如向海运承运人订舱、签订租船合同,与航空承运人或多式联运经营人订立国际运输合同。买方承担货物自卖方交运地点至最终目的地的风险,并负责进口后的内陆运输和清关。至于风险转移时点,根据交货地点不同,或在卖方在其场所将货物装上买方运输工具时,或在卖方运输工具抵达指定地点或卖方选定的交货点可供买方卸货时转移。这些地点可能是买方场所、承运人场站、买方货运代理仓库或者船舶等。

该术语下,卖方不负责安排国际运输,而买方不必办理出口国的清关手续。如上文所述,FCA 允许买方通知承运人向卖方签发已装船提单,以满足货款结算的要求。但在 F 组术语下,买方系与承运人订立运输合同的托运人,卖方虽不与承运人订立合同,但系向承运人交运货物的人。承运人究竟应向买方还是卖方签发提单,实践中常引发争议。买方认为,国际运输承运人对卖方没有义务,包括向卖方签发提单的义务;而卖方则坚持认为,依据有关公约(如《汉堡规则》)和法律(如我国《海商法》),卖方是实际托运人,承运人有义务向卖方签发提单。该术语试图解决此难题,允许双方在销售合同中约定,由买方通知承运人向卖方签发可满足国际结算要求的已装船提单或其他运输单证。承运人是否按买方指示签发提单,由承运人决定。如果承运人仍坚持在货物实际装船后才签发已装船提单,卖方也只能接受可能因此不能及时收到货款的结果。卖方应注意到,其有权要求承运人将自己列为提单托运人,根据相关法律享受托运人的权利,避免货款两空。该术语下所有交运地点和风险起始点均在出口国,买方无法控制卖方交货的过程,因此买方需谨慎选择交货地点和监督交接货流程。

三、CPT(Carriage Paid to... named place of destination,运费付至……指定目的地)

CPT 指卖方将货物运至双方约定的地点(通常为外国目的地,如港口、内陆集装箱堆场或"门到门"运输的地点等)。卖方负责申领出口许可、配额等出口手续,完成清关等手续,负责与承运人订立自起运地开始的全程运输合同,并支付自起运地至目的地约定地点的运费,承担起运地的装货费和约定目的地的卸货费,购买货交第一承运人前的保险。买方负责货到目的地后的运输,承担货交第一承运人后的风险,办理此时点后的保险,并办理所有进口手续和进口清关手续。该术语可用于各种运输方式,包括多式联运。

该术语容易引起混淆的是,虽卖方承担至目的地的所有费用,但买卖双方风险转移时点,是卖方交运货物,即将货物交给第一承运人之时,而非货物抵达目的地之时。CIP、CFR 和 CIF 术语也都有此共性。卖方需确认在其实际交运货物或签发提单之前,买方已支付货款。而买方应注意在货物交付第一承运人前购买保险,并在合同中约定承运工具(尤其是船舶)的安全要求。

四、CIP(Carriage and Insurance Paid to... named place of destination,运费和保险费付至……指定目的地)

该术语指卖方在买卖双方约定的地点,将货物交给其指定的承运人或其他人,卖方订立运输合同并支付自起运地至目的地的运费。该术语可用于各种运输方式,包括多式联运。卖方除负责办理出口和清关手续,在指定地点交付货物外,还应为货物购买运输期间的保险,以保障买方的风险。同样,该术语的风险转移也在卖方向第一承运人交运货物之时,而卖方承担的费用直至货物在目的地约定地点。值得注意的是,INCOTERMS 2010 中,卖方所购买的保险为最低承保范围,因此,买方若认为 ICC C 条款不足以保障其风险,应及时与卖方协商,或自行提升险别,将其提升为 ICC B 条款或 ICC A 条款(由平安险提升到水渍险或一切险,及其他附加险),额外增加的保险费用由买方承担。而 INCOTERMS 2020 将该条款的保险险别作了修改,将卖方购买保险的最低承保范围提升为最高承保范围,即由 ICC C 条款提升为 ICC A 条款(由平安险提升到一切险)。该术语与 CPT 的相同之处在于,卖方负责全程运输,风险转移时点相同。但 CPT 是卖方和买方分别购买各自风险区段的保险,而 CIP 是卖方负责购买全程保险,包括应由买方承担的货交第一承运人后的风险。但如果买方需对货物增加保险险别或附加险,应自行购买。

五、DAP(Delivered at Place,目的地交货)

该术语指卖方将货物运至指定目的地,将还在运输工具上的货物交由买方处置时,即完成交货。该术语可用于各种运输方式,包括多式联运。卖方有义务完成出口和清关手续,订立运输合同,支付运费将货物运至双方约定的目的地(不限于终端或场站,可以是终端以外的买方或其代理、客户的场所)。卖方不承担卸货费用,但如果根据国际运输合同应由卖方承担,则卖方不得要求买方承担,除非买卖双方约定应由买方偿付卖方。卖方承担货物运至约定目的地卸货前的一切风险,对此期间发生的货损货差承担赔偿责任,因此卖方需确保运输合同中写明避免转运等条款,采用适合运输方式的货物包装,还需购买此间的货物保险。买方承担货物在约定目的地运输工具上处于其处置后的所有风险,有义务办理进口清关手续。需注意的是,有时买方须先完成进口国的进口和清关手续,卖方才能将货物交付至目的地,在此情况下,买方应及时履行此义务,因此发生的额外费用由买方承担。对于买方要求的装运前的检验(pre-shipment inspect)和进口国要求的检验费用,应由买方承担,除非装货港另有强制性规定。

六、DPU(Delivered at Place Unloaded,卸货地交货)

该术语是指卖方在指定目的地或某约定地点卸货后,将货物交给买方处置,即完成交货,卖方承担将货物运至指定的目的地的运输和卸货费用和风险。交货地点与运抵目的地相同。该术语是唯一由卖方负责在目的地卸货的术语。DAP 术语下,卖方将货物运至目的地,将货物交由买方处置而不负责卸货,而 DPU 术语延伸了卖方的义务,要求其不仅运到目的地,还要卸下货物置于买方处置之下。卖需确保其在目的地的卸货能力,否则应采用 DAP。可见,卖方需安排运输、支付运费,负责完成出口和清关手续、提交单证等。而买方需安排卸货后的运输、承担卸货后的风险,完成进口和清关手续等。还需注意的是,该术语并未涉及由哪方购买保险的问题,此问题可由双方在买卖合同中约定。如果没有约定,应由承担货物风险的当事人自行安排风险期间的保险。如卖方承担由起运地装货至目的地卸下货物期间货物的风险,其应负责购买该期间的保险;而卸货后的风险由买方承担,买方应负责购买卸货后的保险。

七、DDP(Delivered Duty Paid,完税后交货)

该术语是指卖方在指定的目的地,办理完进口清关手续,将在运输工具上尚未卸下的货物交给买方处置,即完成交货。DDP 术语下,卖方必须承担将货物自起运地至指定的目的地的一切风险和费用,包括在出口地、目的地办理海关手续,交纳的任何税费(包括办理海关手续的责任和风险,以及交纳手续费、关税、税款和其他费用)。如果卖方与承运人的合同约定卸货费由卖方承担,则卖方承担后不得向买方主张该费用,除非买卖双方约定应由买方偿付卖方。该术语可与 EXW 反向比较,EXW 术语下卖方承担责任最小,而 DDP 术语下卖方承担责任最大。该术语可用于各种运输方式,包括多式联运。该术语看似买方在目的地静等卸货后运离即可,但为顺利履行合同,双方都必须考虑卖方在目的地所在国的进口手续和关税能否顺利完成,成本费用是否比买方更高,因为最终这些费用也要由买方承担。如果卖方无此能力或其在目的地所指定的代理公司不能承担这些任务,双方最好不选择此术语,而选择 DAP。当然,买方可以根据约定协助卖方完成一定义务,但卖方应承担相关风险和费用。对于买方要求的装运前的检验和进口国要求的检验费用,应由买方承担,除非双方另有约定。

八、FAS(Free Alongside Ship,船边交货)

该术语是指卖方在指定装运港将货物交到买方指定的船边(例如码头上或驳船上),以备装船,即完成交货。货物灭失或损坏的风险在货物交到船边时转移,由买方承担此后发生的包括装船费用在内的所有费用。该术语仅用于海运或内河运输。船边交货既包括卖方将货物交到买方指定的船边,也包括在连环交易时(中间的)卖方"获取已交付船边待运的货物",此情形在大宗货物交易时更为普遍。卖方需完成货物抵达船边的所有工作,承担港口费、码头堆存费。但因"船边"的概念十分模糊,由于起运地港口可能有复杂的地方规定,不同港口或码头情况不同,程序和产生的费用不同,因此,双方应尽量明确指定装货港内具体装货地点,卖方应确保货物抵达船边。船边,应为货物备妥可装船之地。如为集装箱货物,则该术语不适用,此时 FCA 更为合适,因为卖方通常将货物交到集装箱堆场而非船边。

FAS 术语下,卖方应负责出口和清关手续,承担货物运抵船边前的风险和费用。买方应确保熟悉这些规定,能够顺利完成装货港的货物处置和装船前的工作,比如指定强有力的装货港代理公司负责完成,否则应选用其他术语(如 FCA)。买方负责订立国际运输合同,负责装货到船上,承担货交船边后的风险,并完成进口和清关手续。同样,该术语未涉及的保险问题,由双方在买卖合同中约定,或根据风险分配,各自购买货物保险。

九、FOB(Free on Board,船上交货)

(一)定义和解释

FOB 术语是国际贸易中使用最多的术语之一,经常被对国际运输业务不熟悉的中国卖方所采用。该术语指卖方以在指定的装运港将货物装上买方指定的船舶，或通过取得已交付至船上的货物的方式交货，也就是既包括卖方将货物交到买方指定的船上，也包括在大宗商品连环交易时，(中间商)卖方"获取已交付船上的货物"。有观点认为，连环交易中，除第一手交易可以适用FOB外，中间商转售货物不适用FOB，只能适用CIF，因为不存在中间商买方派船装货问题。① 该运输方式仅适用于海运或内河运输，但适用于海运和内河运输的术语，不一定适用于集装箱货物，因为集装箱货物的交货地点和风险转移时点，与这些海运或内河运输术语并不一致。因此，如果不以货物装上船舶为交货地点，应适用FCA。货物的风险在货物装上船舶完成交付之时转移至买方，买方承担其后的所有风险。卖方负责出口和清关手续，安排运输并支付货物装上船舶的运费。买方负责与国际承运人订立运输合同，派船到装运港装货，办理进口和清关手续。该术语未涉及保险问题，国际运输区段的保险通常由买方购买，或由双方在买卖合同中约定由卖方代为办理保险。也可根据风险分配，各自购买其货物保险。

(二)关于风险转移时点的修改

自INCOTERMS 2010开始，为更明确地划分功能、风险和费用，FOB、CFR和CIF三个常用术语将风险转移时点从越过船舷修改为货物装上船舶，不再用一个虚构的垂直于船舷的直线作为分界线。依此规定，FOB卖方在指定的装运港将货物装到买方指定的船上，或(中间商)取得已交付至船上的货物并通知买方，即完成交货。这就消除了以往版本中货物风险以"越过船舷"为界而货物交运和费用分担以"装上船舶"为标志的细微差别。新的划分意味着货物全部装上船舶时，风险才转移，如果仅部分装上船后，船舶沉没，应认定为未完成交货义务，已装上船的货物的风险仍由卖方承担。在FOB术语下，除风险转移于装上船舶之时的正常情形外，还可能存在风险提前转移问题。如果买方未按照买卖合同约定派船到装运港受领货物或没有给予卖方完成交货的必要指示，即未尽到合同义务，风险将提前到双方约定的交货期限届满之日转移至买方。而且，风险的转移均应以货物已经特定化为前提，即已将货物划归至买卖合同项下。通常货物风险随物权转移而转移，但有时二者转移时间并不同步，如在买卖合同约定所有权保留时，或者货物尚未特定化时，抑或卖方仍持有提单时，货物风险已经转移，但物权并未转移。这是一个复杂的问题，应根据买卖合同、提单合同的法律关系分别处理。

(三)FOB术语下卖方提单权利困惑

FOB下，经常遇到承运人究竟应向谁签发提单以及卖方是否享有提单权利的困惑。如前文所述，承运人向卖方或买方签发提单，导致的法律后果是不同的。中国卖

---

① 参见杨大明：《国际货物买卖》，法律出版社2011年版，第44页、第151页。

方需注意到,FOB下其未与承运人订立运输合同,如果提单托运人(shipper)栏记载为买方(契约托运人)并将提单交与买方,一旦货物出运而买方不支付货款,卖方难以持有提单向承运人发出指示或主张权利,将面临货款两空的境地。卖方应要求承运人将自己记载为提单托运人,根据相关法律享受托运人的权利,如对承运人发出关于处置货物的指令、起诉承运人等。在(2014)青海法海商初字第646号案中,FOB卖方未与承运人订立运输合同但被记载为提单托运人。青岛海事法院根据《海商法》第42条第3项规定认定卖方为实际托运人,与承运人之间存在海上货物运输合同关系,承运人应对持有全套正本提单的卖方承担无单放货的责任。如提单未将卖方记载为托运人,但卖方持有全套正本提单,则其作为实际托运人的权利并未消灭,其仍可依法向承运人主张权利。如在(2015)鄂民四终字第00132号案中,南非买方与武汉卖方订立FOB买卖合同,由南非买方与承运人订立运输合同,武汉卖方未被记载为记名提单托运人,但持有该提单。法院认定卖方为将货物交给承运人的人,系实际托运人,承运人无单放货,给持有全套正本提单的实际托运人造成损失,应承担赔偿责任。最高人民法院针对该案再审申请作出(2016)最高法民申2284号民事裁定书,维持原审判决,认定FOB武汉卖方将货物交给承运人,为实际托运人。根据最高人民法院《关于审理无正本提单交付货物案件适用法律若干问题的规定》(以下简称《审理无单放货案件规定》)第12条的规定,持有指示提单的实际托运人有权要求承运人依据海上货物运输合同承担无单放货的责任。该条规定排除了不持有指示提单的实际托运人主张相应权利的情形,并非否定记名提单下实际托运人有权要求承运人承担无单放货的责任。据此,若FOB卖方被记载为提单托运人且持有正本提单,其持提单向承运人主张提单权利自无问题。若FOB卖方虽未被记载为提单托运人却持有提单,因其确系向承运人实际交付货物的人,故其为实际托运人,且持有提单证明其与承运人成立运输合同关系,则其有权向承运人主张提单权利,而不论持有的是指示提单还是记名提单。(2018)闽72民初868号案中,原告系接受FOB卖方委托代为安排出口运输的代理人,其将货物交给了承运人而不是记名提单托运人(托运人为FOB卖方),法院以相同的理由认为,原告尽管持有的是记名提单,但仍然有权主张承运人承担无单放货责任。但若FOB卖方虽被列为提单托运人,构成实际托运人,却不持有正本提单(承运人直接把提单交给买方),则其对承运人主张提单权利将不被支持。因此,中国FOB卖方在交货环节应特别注意自己的托运人身份以及持有提单的重要性,避免向承运人交运货物后,既不被记载为提单托运人也不持有提单所带来的风险。同时需注意,享有权利就要承担义务。某些情况下,卖方要承担实际托运人的义务。如(2008)广海法初字第227号案中,中国FOB卖方未被提单记载为托运人,法院仍判决其应向未收到全额运费的承运人承担支付运费的义务。

(四) FOB 术语下船货衔接问题

涉及租船合同时,出租人会向承租人收取超过约定装卸时间的额外费用,即滞期费(demurrage)。如滞期费产生在派船方在买卖合同下自己负责有关装卸作业的港口,如 FOB 术语下的卸港与 CIF 术语下的装港,则延误风险应该由派船方自负。派船方会有一定的主动权和控制权,如安排工人加班以减少延误,从而减少滞期费的产生。如果滞期费产生在非派船方应负责的港口,如 FOB 术语下的装港与 CIF 术语下的卸港,派船方无法控制船舶的速遣,这将对其造成严重的不利影响,因为租船合同中的船东仍会盯着承租人,不论滞期费产生在装港还是卸港。所以,买卖合同下派船方应以条文形式要求非派船方作出某些承诺,如在多少天内装卸完,或是承担支付给船东的滞期费,或是与船东直接结算(特别是 CIF、CFR 买卖下的卸港滞期费)。否则,派船方向船东支付滞期费后,向非派船方追偿,会遇到困难。① 因此,买卖双方应注意船货衔接问题,尤其卖方要严格按照买卖合同约定的时间交货。如果卖方超过买卖合同约定的装运期(time of shipment),则可能导致提单日期出现不符点,无法收款,进而构成违约,遭到买方解除合同、索赔损失。即使不构成违约,也可能因迟延交货产生装港的滞期费,该费用虽由买方与承运人约定,但买卖合同都会引入滞期条款,超过允许装卸时间产生的滞期费由卖方根据买卖合同承担。而买方需要注意,如果船舶迟延抵达装运港或货物已到船边却无法装船,可能会产生额外费用(如堆存费),严重时可能导致风险提前转移或合同解除。反之,如果船舶提前到达装运港,发生不能归因于卖方的滞期费,则应由买方自行承担滞期风险。在班轮运输(liner service)的情形下,班轮公司的费用相对固定,可能由卖方应买方要求代为订舱,此时仅为代理性质,如因舱位紧张无法完成订舱或订舱后发生货损等情况,卖方不承担风险和费用。

(五) FOB 术语的变形

通常情况下,班轮公司收取的运费包括货物装船和卸船费用,订立运输合同的托运人支付的运费中包含了装卸费,买卖双方无须另行约定装卸费用的承担。租船合同中,承运人不负担装卸费用。为明确费用承担,常订立变形条款(variants)。FOB 卖方不与承运人订立运输合同,无须承担装船费用,用 FOB 班轮条件(FOB Liner Terms)表示。该条款并非要求班轮运输,而是明确装船费用由负责订立运输合同并支付运费的一方承担,排除卖方承担装船费用。如双方约定卖方将货物交到买方指定船舶的吊钩所及之处,不承担吊装入舱及装船等费用,就构成了 FOB 吊钩下交货(FOB Under Tackle)。航次租船情况下,尤其在大宗散货(如粮食、铁矿砂等)运输中,买卖双方常订立 FOB 变形条款,如 FOB 理舱费在内(FOB Stowed, FOBS)、FOB 平舱费在内(FOB

---

① 参见杨大明:《国际货物买卖》,法律出版社 2011 年版,第 592 页。

Trimmed, FOBT）以及 FOB 理舱和平舱费在内（FOB Stowed and Trimmed, FOBST），明确除装船费外的其他费用的承担。理舱费是货物装入船舱后为合理利用舱位和安全装载，对货物进行的整理、垫隔和堆置等发生的费用。在 FOBS 条款下，卖方负责将货物装入船舱并承担装船费用和理舱费用。平舱费是为保持船舶平衡和安全航行，对货物尤其是干散货物进行整理、填平等产生的费用。FOBT 指卖方负责将货物装入船舱并承担装船费用和平舱费用。而 FOBST 指卖方除承担装船费用外，还承担理舱费用和平舱费用。

这些变形条款的运用，可能因国家、港口规定或习惯的不同而有差异。此类变形条款只是装船前后费用承担的变更，还是会影响卖方交货和风险转移时点？对此问题学界有不同认识。一种观点是，FOBST 只是装船前后费用承担的变更，支付海运费的主体仍为买方，货物风险转移时点也不发生变化，仍为装上船舶之时（2010 年以前的版本为越过船舷）。另一观点认为，FOBST 条款下的交货时间应推迟，风险应延迟转移至买方，直到堆货（理舱）或/与平舱完成。这样，卖方交货给承运人至完成理舱或/与平舱期间的货损风险将由卖方承担，这也会影响保险利益的开始，以及提单签发日期。① 国际商会曾经针对 INCOTERMS 2010 下取消"船舷"概念后的交货时间和变形术语，有过倾向性意见，认为在没有港口和当事人惯例的情况下，默示的状态是卖方交货时间在货物完好地"首先停放在甲板上"时（the default position would be when the goods are "first at rest on deck" in an undamaged condition）。其认为，FOBST 条款下，最应该理解为卖方完成理舱和平舱之后，买方才开始承担费用，而风险转移的时间也因此相应延后发生。但同时表示，该观点仅提供一般解释性指导，不作为权威意见。因此，其意见并非最终结论，买卖双方最好就变形术语下的交货时间、费用承担和风险转移作出明确约定。②

（六）卖方代买方安排事项

在 FOB 术语下，买方因为获取运输合同和保险合同的困难，或出于规避进口税的考虑，可能会要求卖方提供附加服务，如代为订立运输合同，购买货物保险，将获取的提单、保险单提交买方，获取买卖合同下的货款。FOB 合同报价不变，卖方产生的运费和保险费仍由买方承担，类似 CIF 价，但不完全相同。当然，买方会按照约定向卖方支付一定佣金。

（七）注意国别规定差异

值得注意的是，INCOTERMS 虽由 ICC 精心制定，力图摆脱一国法律之局限，制定

---

① 参见杨大明：《国际货物买卖》，法律出版社 2011 年版，第 385—387 页。
② See J. Coetzee, Incoterms Variants: Greater Precision or More Uncertainty?, De Jure Law Journal, Vol. 2, pp. 583–591(2013).

全球广泛适用的中立条款,但各国法律或贸易惯例难免对 INCOTERMS 的适用带来影响。比如1941年《美国对外贸易定义修订本》(RAFTD)对 FOB 的定义与 INCOTERMS 的定义有很大不同,在与美国商户的贸易中,当事人需特别注意。经过修订,目前的版本是1990年《美国对外贸易定义修订本》(Revised American Foreign Trade Definitions 1990),其中规定的贸易术语共有6种,分别为:(1)EXW(Ex Works,工厂交货);(2)FOB(Free on Board,在运输工具上交货);(3)FAS(Free Along Side,在运输工具旁边交货);(4)CFR(Cost and Freight,成本加运费);(5)CIF(Cost, Insurance, Freight,成本加保险费和运费);(6)DEQ(Delivered Ex Quay,目的港码头交货)。《1990年美国对外贸易定义修订本》与 INCOTERMS 差异较大,特别是对第(2)种和第(3)种术语的解释存在明显差异。所以,在同美洲国家进行交易时应加以注意。美国曾将该定义修订本的内容并入美国《统一商法典》(UCC),但于2004年修订 UCC 时又将其删除。近年来,美国许多贸易界人士放弃《1990年美国对外贸易定义修订本》,而采用国际上更为通行的 INCOTERMS。

十、CFR(Cost and Freight,成本加运费)

(一)定义和解释

CFR(原名 C&F)是指卖方需订立运输合同,支付运费,把货物运至指定目的港。卖方在船上交货,或以取得这样交付的货物的方式交货(连环销售时)。货物交至船上后,货物的风险由买方承担。该术语仅适用于海运或内河运输,如果不是在装运港将货物交给承运人,应使用 CPT 术语。按 CFR 条件成交时,由卖方办理货物的出口和清关手续,订立运输合同,承担运费和装卸货费用,由买方办理货运保险。买方承担货物装上船舶以后的风险,办理进口和清关手续。

(二)卖方通知义务

CFR 术语下,卖方向买方发出的装船通知特别重要,因为买方需要在风险转移前向保险公司投保,如果不能及时得到卖方的装船信息,则无法向保险公司报告货物重量、提单信息等,无法办理保险。通常进出口商作为被保险人,与保险公司订立长期预约保险协议(Open Policy/Open Cover),载明保险货物的范围、险别、保险费率、每批运输货物的最高保险金额以及保险费的结付、赔款处理等项目,凡属于此保险单范围内的进出口货物,一经起运,即自动按保险单所列条件承保。但被保险人在获悉每批保险货物起运时,应立即将货物装船的详细情况,包括货物名称、数量、保险金额、运输工具的种类和名称、航程起讫地点、开船日期等情况通知保险人。因此,如果 CFR 卖方违反装船通知义务导致买方未能及时安排保险,发生保险责任事故致使买方无法自保险公司获得赔偿,卖方应承担相应赔偿责任。

(三)卖方应安排的保险

以 FOB 或 CFR 术语成交的货物,卖方无办理保险的义务,但卖方在完成交货之前,仍承担货物自仓库到装船区间内可能遭受意外损失的风险,需要自行安排此区间的保险事宜。

(四)CFR 术语下船货衔接问题

散货运输时,CFR 术语同样涉及滞期费问题,通常在租船合同中约定在装货港和卸货港发生的滞期费均由卖方向承运人支付,其中,在卸货港发生的滞期费,由卖方向承运人支付后,最终由买方根据买卖合同约定偿付卖方。因此,在适用 CFR 术语的情况下,买卖双方均应注意装卸港所允许的装卸时间(laytime)。

(五)CFR 术语的变形

为明确划分卸货费用分担,买卖双方可约定 CFR 术语的变形。CFR 术语下,装货港的装货费和理舱费、平舱费均由卖方承担。如果对卸货港的费用有特别约定,可以订立 CFR 变形条款。CFR 班轮条件(CFR Liner Terms),表明卸货费由负责订立运输合同并支付运费的卖方承担。CFR 舱底交货(CFR Ex Ship's Hold),表明卖方费用付至船舶抵达目的港,不负责卸货,而由买方负责卸货并承担费用。CFR 卸到岸上(CFR Landed),此条款要求卖方不仅将货物运至目的港,还要承担货物自船上卸到岸上的费用,包括驳船费、码头费。CFR 吊钩下交货(CFR Ex Tackle),则要求买方承担卸货费用。关于 CFR 术语的变形对费用承担、交货时间和风险转移的影响,通说认为,术语变形只会影响双方的费用承担,不影响其他。

十一、CIF(Cost, Insurance and Freight,成本、保险费加运费)

(一)定义和解释

CIF、FOB 和 CFR 是我国进出口商最广泛使用的三个贸易术语。根据 CIF 术语,卖方在船上交货,或以取得这样交付的货物的方式交货(连环销售时)。货物风险在货物装到船上时由卖方转移至买方。在 CIF 术语下,卖方需办理出口和清关手续,订立运输合同,支付运费和装卸费,把货物运至指定目的港,必须办理货物在运输途中灭失或损坏风险的海运保险。

(二)保险金额

INCOTERMS 2020 规定,此保险仅为最低承保范围的保险(通常为 ICC C 条款),对海运而言远远不够,买方应自行加保,或约定由卖方安排最高承保范围的保险(如 ICC A 条款),买方承担额外费用。合同双方往往约定加成保险,即保险金额为

CIF 价格的 110%。CIF 和 CIP 是仅有的两个由卖方为买方利益购买保险的术语（以自己名义或以买方名义）。按 CIF 和 CIP 术语成交的出口货物，卖方一般应在货物从装运仓库运往码头或车站之前办妥投保手续。买方负责进口和清关手续，承担货物装上船舶后的风险。

（三）CIF 术语下船货衔接问题

此术语下的散货运输，也会涉及租船合同及其滞期费的承担问题，买卖双方应注意船货衔接，避免滞期费的发生。参见上文 CFR 术语的相关介绍。

（四）CIF 术语的变形

参见上文 CFR 术语的变形。同样，CIF 术语的变形只为解决卸货费用的承担问题，并不改变海运费支付主体以及 CIF 的交货地点和风险划分。

十二、正确适用 INCOTERMS

INCOTERMS 术语虽简便快捷，但如不全面了解其内涵，使用不当也会给当事人带来不利后果。

（一）根据实际情况选择术语

当事人应根据己方履约能力以及买卖双方就价格、交货期、支付方式和时间等协商情况，确定采用哪个版本、哪个术语。作为卖方，如只想在己方工厂交货就选择 EXW；作为大宗货物的买方，如熟悉国际航运和保险业务，就选择 FOB。F 组术语对买方和卖方而言可能更简单，但有经验的出口商更愿意选择 C 组术语，可以利用熟悉国际运输市场的优势，在备货、装船方面占据主动，在运费、租金方面节省成本，赚取更多利润。因为新版本都是根据国际贸易的发展和现实情况更新的，因此应以最新版本为首选。

（二）审核并更新合同条款

业务中经常发现，贸易商选择贸易术语比较随意，有的还在使用很久远的版本，有的习惯于某个版本而不对合同其他条款进行更新，不能体现新版本的优势。贸易商应关注版本修订情况，对合同作全面审核，对不符合新版本的条款进行更新。

（三）结合付款方式选择 FCA 或 FOB

如果买卖合同约定付款方式为信用证，建议使用 FCA 而非 FOB 术语，这样可以利用买方通知承运人签发已装船提单的规定，提前办理结汇。但同时需考虑承运人和卖方的信誉，避免提前签发已装船提单后装货出现问题，造成已结汇但不能安全收取货物的情况。

(四)结合保险安排选择术语

业务中,应根据新贸易术语对所有贸易单证和合同作出修改,如与保险公司的预约保单应体现 CIP 术语的承保范围变化。如果买方对保险不熟悉或不愿办理保险,可以选择 CIF 术语,由卖方办理保险后转让保险单。如果买方希望卖方对整个运输的风险负责,可以选择 DAP 或 DPU 术语。

(五)结合运输方式和货物类型选择术语

洽谈贸易合同前要调查装货港、卸货港及承运人收费情况,根据是否需要转船及相关费用情况,确定选择的术语。如对大宗散货、非集装箱货物,卖方可以选择 CFR、CIF 术语,以便对装货实施监督,其他出口可以选择 CPT 术语。

(六)适当选择装卸货费用条款和变形条款

业务中,应合理约定装卸货费用条款,正确使用变形条款。

(七)C 组术语属于象征性交货

实际交货(physical delivery)要求卖方按照约定的时间和地点将符合约定的货物实际交给买方;而象征性交货(symbolic delivery)只要求卖方按照合同约定的地点完成装运(shipment),向买方交付包括物权凭证在内的贸易单证,即完成交货义务。卖方凭单证交货,买方凭单证付款。交货后至付款前,货物发生灭失或损坏,承担风险的买方不可拒付货款,而是应在付款赎单后向承运人等责任方索赔,或持保险单向保险公司索赔。相反,如果卖方交付的货物符合合同约定并完好无损地抵达目的地,而单证不符合约定,也不视为按约定交货,买方有权拒付货款。因此,C 组术语——CPT、CIP、CFR 和 CIF,属于单证买卖。当然,如果交货不符,即使单证相符,买方付款后仍可要求解除合同并索赔损失。象征性交货术语,风险由卖方转移至买方的时点,在卖方交货端,而卖方承担的费用终点是货物到达目的地时,因此其与风险转移时点不一致。

第二章 《销售合同公约》主要内容

《销售合同公约》由联合国国际贸易法委员会(UNCITRAL)主持制定,于1980年在维也纳举行的外交会议上获得通过,并于1988年1月1日正式生效。截至2024年2月,缔约方达到99个。

第一节 公约的制定、体例及在中国的适用

一、公约的制定

国际货物销售合同中,当事人常约定法律适用条款,当一国法律被当事人选择适用于合同,该法律将被用来解释合同并解决出现的争议。而当事人对所适用的法律难以达成一致,或因疏忽未选择所适用的法律时,如果发生争议,法院将根据国际私法冲突规范确定合同所适用的法律。但是,国际货物销售合同涉及不同国家当事人和不同国家的法律,各国在这方面的法律千差万别,尤其是大陆法系(成文法)和普通法系(判例法)等不同的法律体系,对当事人权利义务的规定可能截然不同,这时就会出现法律冲突。因此,国际社会在19世纪末、20世纪初开始,试图通过制定一套减少各国法律差异、消弭法律冲突,以及适用性更强的现代、统一、公正的规则,以促进国际贸易的发展。《销售合同公约》就是国际贸易法统一活动的重要成果之一。

《销售合同公约》被誉为UNCITRAL最成功的立法,拥有"全球销售法"的地位。这项立法工作最早于20世纪30年代由罗马国际统一私法协会开始,第二次世界大战期间中断。1964年在海牙通过了《国际货物买卖统一法公约》(Convention on Uniform Law for the International Sale of Goods, ULIS)和《国际货物买卖合同成立统一法公约》(Convention Relating to a Uniform Law on the Formation of Contracts for the International Sale of Goods, ULFIS),两个公约虽因参加国家太少未能达到理想预期,却为后来UNCITRAL制订《销售合同公约》铺平了道路。UNCITRAL委员会1969年成立工作组,1978年完成起草工作,将《国际货物买卖统一法公约》和《国际货物买卖合同成立统一法公约》合并,即为《销

售合同公约》(CISG)，又称《维也纳公约》。公约①起草者旨在赋予公约以真正的、被广泛接受的国际实体法地位，进而实现和谐和确定的根本目标，因此并未采纳单一法系的原则，而是争取以折中办法，使基于不同法系或经济背景的各方均能接受。有人形象地称其为"社会主义、第三世界、普通法系和大陆法系法律原则大联姻"。公约由于具有代表性、广泛性、灵活性和实用性，生效至今得到多数国家和地区的认可。截至2024年2月，公约成员已达99个，贸易量达到全球总贸易量的80%以上，涵盖90%的主要制造大国。据CISG-online统计，已有70个法域的法院、仲裁机构提供了大约6770个涉及CISG的判决和裁决，涉及30多种语言。尽管主要工业大国英国尚未加入，但其国内外加入公约的呼声渐高。该公约的成功还可以从国内法将其作为示范法的数量得到佐证。很多斯堪的纳维亚国家，如荷兰，将公约作为其国内立法修法的蓝本。很多此前实行社会主义的东欧国家，如爱沙尼亚、捷克共和国、克罗地亚，借鉴公约修订其国内民事和商业立法。我国在20世纪80年代实施的《经济合同法》《涉外经济合同法》和《技术合同法》订立于改革开放初期，受多年的计划经济约束，其内容不能适应市场经济的要求。1999年施行的《合同法》使三法合一，其中大量内容借鉴了公约的原则和条款。现行《民法典》继承和完善了原《合同法》的相关内容。

不仅国内法，各区域性立法也参照公约，如《国际商事合同通则》和《欧洲合同法原则》(Principles of European Contract Law)中都可寻得公约的痕迹。由17个非洲国家组成的非洲商法协调组织(OHADA)在制订非洲统一商法时也采纳了公约的许多内容。②

二、公约的体例

公约分为四个部分，共101条。

公约提出了建立国际经济新秩序的原则，平等互利原则，兼顾不同社会、经济和法律制度的原则。这些基本原则是执行、解释和修订公约的依据，也是处理国际货物买卖关系和发展国际贸易关系的准绳。

第Ⅰ部分规定了公约的适用范围和总则。该部分规定：第一，公约只适用于国际货物销售合同，即营业地在不同国家的当事人之间订立的货物销售合同，限制某些货物的国际销售合同的适用。第二，如果当事人营业地不是缔约国，但根据冲突规范适用某一缔约国的法律，也可以适用公约。对此，规定缔约国在批准或者加入时可以声明保留(中国已声明保留)。第三，双方当事人可以在合同中明确规定不适用该公约(适用范围不允许缔约国保留)。

第Ⅱ部分规定合同的订立，包括合同的形式，发价(要约)与接受(承诺)的法律效力。

---

① 为行文简洁，如无特别说明，本章中的"公约"均指《销售合同公约》。
② 参见联合国国际贸易法委员会网站(https://uncitral.un.org/en/texts)，访问时间：2022年4月1日。

第Ⅲ部分规定当事人的权利义务。第一,卖方的主要义务为三项:交付货物、移交一切与货物有关的单据及转移货物的所有权。第二,买方的主要义务为两项:支付货物价款和收取货物。第三,详细规定卖方和买方违反合同时的补救办法。第四,规定了风险转移的几种情况。第五,明确了根本违反合同和预期违反合同的含义。以及当这种情况发生时,当事人双方所应履行的义务。第六,对免责所依据的条件作出明确规定。

第Ⅳ部分为最后条款:公约第92条(1)款允许缔约国声明不受第Ⅱ部分或第Ⅲ部分的约束,体现了其灵活性和广泛适用性。

三、公约在中国的适用

我国政府于1981年9月30日在公约上签字,于1986年12月11日交存核准书,同时提出了两项保留意见:第一,不同意扩大公约的适用范围,只同意公约适用于缔约国的当事人之间签订的合同;第二,不同意用书面以外的其他形式订立、修改和终止合同。1988年1月1日公约生效,同时对我国生效。1999年,我国新制定的《合同法》允许当事人以书面以外的形式订立合同;2013年1月,我国政府正式通知联合国秘书长,撤回对公约的第二项保留,即撤回对"不受公约第十一条及与第十一条内容有关的规定的约束"的声明。该撤回通知生效后,公约所适用的国际贸易合同可以用书面以外的其他形式(如口头)订立。2022年5月5日,中国向联合国秘书长交存声明,将公约的领土适用范围扩大至中国香港特别行政区(以下简称香港特区),根据公约第97条(3)款的规定,公约自2022年12月1日起无保留地适用于中国香港特区。

公约在中国法院和仲裁机构的裁判中得到广泛适用。目前尚无公开资料显示中国法院适用公约的案件数量,但2022年贸仲副主任兼秘书长撰文指出,在中国,大多数适用公约的仲裁案件均提交贸仲仲裁。一直以来,货物买卖争议是贸仲审理的主要争议类型之一。早在公约于中国生效的第一年即1988年,贸仲就开始了对公约相关案件的审理。自1988年起至2022年,贸仲已经审结了近千件适用公约的案件。[①]

第二节 公约的适用范围

一、公约的适用范围

公约第1条(1)款规定:

[①] 参见王承杰:《〈联合国国际货物销售合同公约〉在贸仲仲裁中的适用》,载《人民司法》2021年第31期。

本公约适用于营业地在不同国家的当事人之间所订立的货物销售合同：(a)如果这些国家是缔约国；或(b)如果国际私法规则导致适用某一缔约国的法律。

(一)合同须为货物销售合同

公约并未对货物销售合同作出定义,但其第30条规定：

卖方必须按照合同和本公约的规定,交付货物,移交一切与货物有关的单据并转移货物所有权。

第53条规定：

买方必须按照合同和本公约规定支付货物价款和收取货物。

根据当事人的义务特征可以解释,公约下的货物销售合同是：卖方(出卖人)交付货物、获取货款,而买方(买受人)提取货物并支付货款的合同。公约中的"货物"(goods),仅指可移动及有形货物,即在交付货物之时可移动的有形之物,不论是天然资源还是人工制造,不论是制成品还是半成品,不论是活动物还是动物制品,抑或石油、天然气等物理形态各异的货物。显然,货物不包括劳务、技术和服务,也不包括被公约排除适用的某些货物或软件、数据等。

(二)销售合同须具有国际性

具有国际性(internationality)的销售合同,根据公约第1条第(1)款的规定,指营业地(places of business)分处不同国家的当事人之间所订立的货物销售合同。但是,根据公约第1条第(2)款的规定,如果从订立合同前任何时候或订立合同时,当事人之间的任何交易或当事人透露的信息,均无法看出当事人营业地在不同国家的事实,应不予考虑。虽然公约并未明确要求当事人必须知道双方分处不同国家,合同才具国际性,但如果双方当事人基于合同内容,或从当事人订立合同前或订立时的交易或所披露的信息,均不知道营业地分属不同国家(即使为缔约国)的事实,即当事人明显未意识到合同的国际性,则合同不具国际性,公约不适用。如A代理C与B订立买卖合同,但未披露C所处另一国的事实,则该合同不具国际性,公约不适用。要想适用公约,当事人需要通过合同条款(如注册地址、营业地址等信息),或订立合同前的交易情况或当时彼此披露的信息,相互知道营业地分处不同国家的事实。上述规定的货物销售合同及其国际性,属于实体性适用(substantive application)问题。

(三)适用公约的两种情形

解决法律冲突的方法主要是国际私法方法,具体分为直接调整方法和间接调整方法。直接调整方法,是指直接适用某一实体规范来调整国际民商事法律关系当事人之间的权利义务的方法。间接调整方法主要是冲突法方法,即针对不同性质的国际民商事法律关系,通过制定国内的冲突规范,来指定应适用的法律,从而解决国际民商事法律冲突。① 公约对当事人合同关系的调整,也可以理解为采用了直接和间接两种方法。在满足前述第 1 条第(1)(2)款两个实体性适用条件的情况下,根据地域性适用(territorial application)条件,公约有两种适用情形:

1. 直接适用。直接适用(direct application),是指若满足公约规定的要求,则无须诉诸国际私法规则(Private International Law Rules,PIL Rules)就可以适用公约。根据第 1 条第(1)款(a)项,营业地所在的国家均为缔约国时,公约直接适用。该款不仅适用于双方当事人的合同,还适用于三方或多方当事人的合同。关于公约的直接适用,最高人民法院 2021 年发布的《全国法院涉外商事海事审判工作座谈会会议纪要》(以下简称《2021 年涉外审判会议纪要》)第 19 条规定:"营业地位于《联合国国际货物销售合同公约》不同缔约国的当事人缔结的国际货物销售合同应当自动适用该公约的规定,但当事人明确约定排除适用该公约的除外。人民法院应当在法庭辩论终结前向当事人询问关于适用该公约的具体意见。"该纪要中的"自动适用",可理解为同时包含了自动适用(无须转化为国内法)和直接适用(无须冲突规范指引)的双重含义。因公约成员已达 99 个,大部分案件属于直接适用。(2022)粤 01 民终 5133 号案中,法院认为,案涉买卖合同当事人的营业地分别在西班牙和中国,两国均为公约缔结国,双方当事人未明确约定排除该公约的适用,故该案应优先适用公约,对公约未规定的部分,再根据《涉外法律适用法》第 41 条的规定,适用中国法律。②

2. 间接适用。间接适用(indirect application),是指根据公约第 1 条第(1)款(b)项,虽在地域上不能满足营业地分处不同缔约国的条件,但根据国际私法规则可进行公约的适用。其含义为,双方营业地分处不同国家,一方或双方不是缔约国,但根据法院地的国际私法规则,如果合同将适用某一缔约国的法律(实体法),则公约适用于该合同。国际私法规则又称冲突规范或者法律适用规范,是指一项国际交易,如果当事人已选择合同(法律关系)所适用的法律,法院则审查该法律选择条款的效力,如未选择所适用的法律或选择法律条款被认定为无效,则法院根据其国内法中的国际私法规则确定合同所适用的法律,被确定的法律即为准据法(proper law/lex causae)。间接适用是第 1 条第(1)款(a)项直接适用的例外。如果说第 1 条第(1)款(a)项客观上限制了公约的适用,则第 1 条第(1)款(b)项旨在尽量扩大公约适用范围。

随着公约缔约方数量的增加,其直接适用的范围在扩大,间接适用的重要性在减

---

① 参见何其生:《国际私法》,北京大学出版社 2023 年版,第 6 页。
② 另参见浙江省宁波市中级人民法院(2021)浙 02 民初 1653 号民事判决书、浙江省台州市中级人民法院(2020)浙 10 民初 603 号民事判决书等。

弱。例如,营业地在中国(声明缔约国)的 C 公司与营业地在泰国(非缔约国)的 T 公司订立买卖合同,双方就合同发生争议起诉至日本(非声明缔约国)法院,日本法院将根据公约判断是否适用。根据公约第1条第(1)款(a)项的规定,因 T 公司所处的泰国为非缔约国,公约不能直接适用。再根据第1条第(1)款(b)项的规定,依法院地日本的国际私法规则确定合同所适用的法律,如确定适用越南法律,而越南是公约缔约国,则根据第1条第(1)款(b)项的规定,公约可适用于该合同。可见第1条第(1)款(b)项通过国际私法规则确立的间接适用,明显扩大了公约的适用范围。

但是,间接适用因为缺少法律适用的明确性和确定性,受到不少国家的批评。为解决此问题,避免因此影响公约的通过,公约在第95条规定:

> 任何国家在交存其批准书、接受书、核准书或加入书时,可声明它不受本公约第一条第(1)款(b)项的约束。

允许各国在加入公约时依据该条对第1条第(1)款(b)项作出保留声明。我国加入公约时依此作出保留声明。①

根据第95条对第1条第(1)款(b)项的适用作出保留声明,因至少涉及声明缔约国、未声明缔约国,以及准据法缔约国(声明或未声明)和非缔约国,在间接适用方面造成比较复杂的法律效果。根据公约第1条第(1)款(b)项和第95条规定,结合公约咨询委员会第15号咨询意见,可以归纳出几种情况。

第一,法院地缔约国和准据法缔约国均未作出声明保留的,第1条第(1)款(b)项应适用,公约适用。或者,该二缔约国均作出声明保留,第1条第(1)款(b)项不适用,公约不适用。

第二,缔约国的保留声明从国际公法上排除了该缔约国依照第1条第(1)款(b)项适用公约的义务。但是,保留声明本身并不妨碍声明国法院在不符合公约第1条第(1)款(a)项条件的情况下适用公约。在实践中,常见的情况是,公约不能直接适用,但当事人选择公约适用于合同。多数国家法院认为,该问题不由公约本身解决,而系合同解释问题,属于当事人以参照合并的方式将公约并入合同,从而认为应尊重当事人意思自治,接受当事人对公约的选择。以中国法律为例,《涉外法律适用法》第3条规定:"当事人依照法律规定可以明示选择涉外民事关系适用的法律。"若民商事合同具有涉外因素,允许当事人选择适用域外法律,没有理由否定当事人选择适用公约。因此,在第1条第(1)款(b)项的情形下,当事人在合同中明示选择适用公约时,公约应予适用。当公约不能直接适用,而当事人选择某缔约国法律时,多数国家法院亦承认该项选择的效力,并依此确定

---

① 根据 UNCITRAL 网站信息,目前根据公约第95条对第1条第(1)款(b)项作出保留的国家和地区有:亚美尼亚、中国、老挝、圣文森特和格林纳丁斯、新加坡、捷克斯洛伐克、美国等。德国没有根据公约第95条作出保留声明,但就其他缔约国所作保留的某些影响作出解释性声明。

适用公约。此时可视公约为准据法国家法律的组成部分,而且当事人的明示选择与根据冲突法规范适用该国法律相比,更应尊重当事人意思自治。

第三,有的国家就保留声明特别在国内法中作出规定,如声明国新加坡进一步立法,明确排除在第1条第(1)款(a)项不适用的任何情况下适用公约。美国至少有三个地方法院采取了同样的立场,并认为美国法院可以适用公约的唯一情况,是合同的所有当事人都来自缔约国。荷兰虽未声明保留,但其国内法规定,如声明国的法院根据冲突规范将荷兰法律作为准据法,其不应适用荷兰民法典关于销售的规定,而应适用公约。这一立法当然对外国法院没有约束力,但通过颁布这一法律,荷兰立法机构表明,根据荷兰法律,其更倾向于一种提高公约统一性的解决方案,而不是依赖于荷兰当地的销售法。

第四,公约第95条规定不影响第1条第(1)款(a)项的适用,声明国继续受本条款的约束。即使合同一方或双方的营业地位于声明缔约国,公约仍然适用。

第五,当法院地位于非声明缔约国时,即使国际私法规则导致适用声明缔约国的法律,也应根据第1条第(1)款(b)项适用公约,而不适用该声明国国内法。因为,声明保留并不影响其缔约国地位。这从公约第92条第(2)款、第93条第(3)款和第94条第(2)款与第95条的措辞不同,可以得到印证。前者都规定,根据这些条款作出的声明剥夺了声明国就公约第1条而言的"缔约国"地位,而后者并无类似规定。

第六,法院地所在国为非缔约国时,因为第1条第(1)款(b)项和第95条规定仅针对缔约国,因此,非缔约国法院自始没有国际法义务考虑第95条的规定,因为其没有义务适用第1条第(1)款(b)项。这样,公约第95条的保留声明所能产生的任何影响,都必须来自法院地的国际私法规则,而且仅仅是一种间接影响。当非缔约国的国际私法规则导致适用声明缔约国法律时,通常会产生这种间接影响。此时,法院很可能适用该声明缔约国的国内法而不是公约。而该声明缔约国的法官也会认为第1条第(1)款(b)项不适用,而适用其国内法。

第七,第95条在仲裁程序中的效力与其在非缔约国法院中的效力类似,因为公约既没有对仲裁庭(无论其仲裁地是否位于公约缔约国)、也没有对仲裁地所在的缔约国创设任何义务。因此,公约第1条第(1)款(b)项的适用(以及影响此种适用的公约第95条)只能是间接适用,由仲裁程序法和当事人商定的仲裁规则赋能和管辖,而不是由公约本身规定。仲裁庭所适用的实体法规则在内容上往往比法院所遵守的国际私法规则更为灵活。在仲裁中,当事人的营业地不在缔约国,或缔约国的国际私法规则不导致适用公约时,仲裁庭甚至可以不经国际私法规则就可以认定公约仍然适用。如果当事人一方营业地在非缔约国,而法院所在国为声明缔约国,当事人未明确选择合同适用该国法律或公约,则法院应该受保留声明的约束,没有义务适用第1条第(1)款(b)项。① 故上述案例中,如果日本法院确认适用新加坡法律,虽然新加坡作为缔约国对该款声明保留并通过立法进一步排除第1条第(1)款(b)项的适用,但因其并未丧失缔约国地位,因此公约可以适用。如果越南法为准据法,因越南和日本均非声明缔约国,公约可以适用。假设,该案在中国、新加坡或美国法院审理,因这些国家对第1条第(1)款(b)项作出保留,上述几种情况,合同不适用该公约,而应适用依法院地国际私法规则确定的国内法,除非当事人明确约定适用公约。(2002)苏民三终字第086号案中,原告和被告营业地分别位于韩国和中国,当时韩国尚未加入公约,中国法院根据公约第1条第(1)款(b)项和第95条,认定争议不适用公约,而适用中国法律。

贸仲案例表明,如果当事人明确选择公约为准据法,仲裁庭严格按照当事人的选择来适用公约。其中既有一方当事人营业地不在缔约方的情形,也有双方当事人营业地均不在缔约方的情形。由于中国对第1条第(1)款(b)项作出保留,中国版本的公约就是,当某份合同是由在不同国家有营业地的当事人签订且只有一个国家是缔约方时,如果国际私法规则应适用该缔约方的法律,则适用该缔约方的国内法而非公约。② 在(2013)民四终字第35号案中,最高人民法院二审认为,签订采购合同时的中国《民法通则》第145条规定:"涉外合同的当事人可以选择处理合同争议所适用的法律,法律另有规定的除外。涉外合同的当事人没有选择的,适用与合同有最密切联系的国家的法律"。该案双方当事人在合同中约定应当根据美国纽约州当时有效的法律订立、管辖和解释,该约定不违反法律规定,应认定有效。由于该案当事人营业地所在国新加坡和德国均为公约缔约国,美国亦为公约缔约国,且在一审审理期间双方当事人一致选择适用公约作为确定其权利义务的依据,并未排除公约的适用,江苏省高级人民法院适用公约审理该案是正确的。而对于审理案件中涉及的公约没有规定的问题,应当适用当事人选择的美国纽约州法律。

(四)不影响适用的因素

公约第1条第(3)款规定:

---

① See CISG-AC Opinion No. 15, Reservations Under Articles 95 and 96 CISG. Rapporteur: Professor Doctor Ulrich G. Schroeter, University of Mannheim, Germany. Adopted by the CISG Advisory Council Following its 18th Meeting, in Beijing, China on 21 and 22 October 2013. 公约咨询委员会(CISG Advisory Council)于2001年成立,旨在促进对《销售合同公约》的统一解释,其意见是各国著名学者针对公约中的主要问题以报告形式提出的意见、分析的汇总。公约咨询委员会所出具的文件并不具有强制效力,但对理解和解释公约具有很高的参考价值。See https://cisgac.com/opinions/; UNCITRAL Legal Guide to Uniform Instruments in the Area of International Commercial Contracts, pp. 10–11, https://uncitral.un.org/sites/uncitral.un.org/files/media-documents/uncitral/en/tripartiteguide.pdf. Accessed 2022-04-23. Same as below.

② 参见中国国际经济贸易仲裁委员会编:《〈联合国国际货物销售合同公约〉在中国仲裁的适用》,法律出版社2021年版,第23页、第28页。

在确定本公约的适用时,当事人的国籍和当事人或合同的民事或商业性质,应不予考虑。

公约适用的条件具有"客观性",除非当事人明示排除适用,否则满足规定的条件即可适用,即使当事人并未在合同中明示选择适用公约。例如,在澳大利亚设有营业地的卖方 A 与在中国设有营业地的买方 C 订立买卖合同,因澳大利亚和中国均为公约缔约国,当事人事先和订立合同时均知晓对方处于不同国家的事实,且未约定排除公约的适用,公约自动并直接适用于该合同。对于公约未规定的问题,根据约定或国际私法规则确定所适用的法律。至于买卖合同当事人的国籍,不予考虑。国籍主要是对当事人为自然人而言,分处不同缔约国的相同国籍的自然人之间订立货物买卖合同,仍然适用公约。而不同国籍的两个人均在同一缔约国,其之间订立的买卖合同,不适用公约。

二、营业地的认定

(一)公约未定义营业地

当事人营业地(place of business)的定义对判断公约是否适用至关重要,但公约对营业地未具体定义。自然人的居所问题,公司营业地是根据公司注册地还是运营地、主要决策地或合同履行地确定,以及公司拥有不同营业地时如何适用公约等,这些问题给司法实践带来困惑。按通常理解,营业地为当事人从事业务活动的地点,起码应具有长期性和稳定性的特征,不能仅为临时性地点,如某外国公司在中国进出口商品交易会的展台与中国公司订立合同,不能将展台作为其营业地。同时,业务活动也应为公司或企业的实质性业务而非仅为辅助性业务。如某外国注册的公司在中国租用仓库作为临时发货地,仓库所在地也不构成其营业地。

(二)一个以上营业地的情形

公约第 10 条规定了当事人有一个以上营业地时如何适用的情形:

(a)如果当事人有一个以上的营业地,则以与合同及合同的履行关系最密切的营业地为其营业地,但要考虑到双方当事人在订立合同前任何时候或订立合同时所知道或所设想的情况;(b)如果当事人没有营业地,则以其惯常居住地为准。

跨国公司通常在一国注册有主要营业地,在其他不同国家拥有若干分支机构或者区域中心,一个买卖合同可能由不同分支机构参与完成,有的负责订立合同,有的负责履行合同。此情况下,考虑的因素可能包括合同约定的内容及当事人之间是否曾约定惯例和习惯做法。如果没有约定习惯做法,就要考察客观上哪个营业地与合同以及合同的履行联系最密切,如合同签订地、成立地、生效地、履行地,订单或报价发出地,合同使用的文字等。如合同载明"The Seller, a company incorporated in Switzerland and acting through its branch in Singapore located at..., Singapore",该合同卖方公司虽在瑞士注册,但合同的订立和履行由其新加坡公司执行,应以新加坡为其营业地。即使没有显示"acting through its branch in ...(country)",但如果能判断出哪个机构与合同本身和履行情况有最密切联系,则应认定其所在地为营业地。总之,在判断公约是否适用时,并不总是以公司注册地或其总部所在地为营业地。如果没有营业地,应参考其惯常居所(habitual residence),而非(法定)居住地(domicile)[①]。

(三)我国法律未定义营业地

公约对营业地没有定义时,需依管辖法院或仲裁机构所在地法律认定当事人营业地。但我国法律和指导案例对"营业地"的概念没有明确界定,通常以注册地为营业地,除非能证明另有营业地。(2018)粤民终1424号案中,法院认为,买方和卖方分别是在美国和我国登记设立的公司。没有证据显示买方和卖方有除登记地之外的主营业地或不同于登记地的惯常居所,因此,应认定买方和卖方的登记地为其营业地。美国和中国均为公约的缔结国。根据公约第1条第(1)款(a)项的规定,双方争讼的买卖合同应适用该公约的规定,除非双方当事人明确排除该公约的适用。虽然买方与卖方选择适用我国法律,但双方并没有明确排除公约的适用,故该案买卖合同的处理应首先适用公约,公约没有规定的,再适用我国法律的有关规定。贸仲有案例认为,在被申请人未就申请人的注册地并非其营业地进行充分举证的情形下,仲裁庭认定申请人营业地与其注册地一致,即注册地为其营业地。虽然被申请人以该案仲裁申请书、案涉合同、授权委托书、案涉有关退运协议中的联系地址为香港特区地址为由,主张香港特区为申请人营业地,但营业地通常是当事人从事经营活动的惯常活动场所,被申请人的主张尚不足以证明香港特区是申请人从事经营活动的惯常活动场所,即营业地。[②]

三、对特定标的物的排除适用

公约第2条规定,依据购货目的、交易形式或标的物的种类,对公约的适用作出排除:

> 本公约不适用于以下的销售:(a)购供私人、家人或家庭使用的货物的销

---

① 住所(domicile),是一个人保有其真正的、固定的、永久的家及主要住宅的住处,并且即使该人目前不在该地居住,其仍有返回该住处的打算。住所(domicile)与居所(residence)虽在大多数情况下指的是同一地点,但在法律意义上两者有明显区别。See UNCITRAL Legal Guide to Uniform Instruments in the Area of International Commercial Contracts, p. 30.

② 参见中国国际经济贸易仲裁委员会编:《〈联合国国际货物销售合同公约〉在中国仲裁的适用》,法律出版社2021年版,第30页。

售,除非卖方在订立合同前任何时候或订立合同时不知道而且没有理由知道这些货物是购供任何这种使用;(b)经由拍卖的销售;(c)根据法律执行令状或其它令状的销售;(d)公债、股票、投资证券、流通票据或货币的销售;(e)船舶、船只、气垫船或飞机的销售;(f)电力的销售。

(一)私人、家人或家庭使用货物的销售

从公约第2条(a)项可以看出,公约不适用于私人、家人或家庭消费物品的销售,因为国内消费者保护法往往具有强制性,且对买方的保护更加充分,对卖方出售货物和提供服务的质量要求更为严格,各国规定的保护力度不同,难以达成国际层面的统一规定。如中国自然人自澳大利亚购买红酒用于个人消费,则不适用公约。但如果其购买是为了个人消费之外的用途,如向商场供货,则适用公约。虽买方确系用于私人或家庭消费,但卖方在订立合同前或当时不知道也不可能知道此事实,则仍然适用公约,这就将排除适用的范围作出限制。其实,很多情况下难以区分私人或家庭目的还是商业目的,如某中国自然人自美国公司购买一辆奔驰汽车,供个人使用但用于日常开展业务。买方如果希望排除适用公约,而适用国内的关于消费者保护的法律,就应提前声明其购买系用于私人或家庭目的,否则适用公约。卖方对适用公约的主张承担举证责任,证明其在订立合同前或当时不知道或不应该知道买方购买系用于私人或家庭目的。若买方希望援引某国消费者保护法索赔损失,则应对排除适用公约承担举证责任。在(2021)鲁14民终1052号案中,法院认为,买方主张其进行交易的收货地址是家庭住址,购货物用于家庭使用,不应适用公约。但其购买大宗农机设备的目的不仅仅是满足个人和家庭需要,而系用于自家农场生产和经营所需,具有商业目的,故不符合公约第2条中规定的"(a)购供私人、家人或家庭使用的货物的销售……"的情形。双方之间系国际货物买卖合同关系,双方营业地所在国(中国和加拿大)均是公约成员,故该案应优先适用公约。

(二)依照特定程序销售的货物

依据国内法强制规定,以拍卖或法定程序出售的货物,往往难以确定合同成立时买方所处的营业地,排除此类货物的适用在情理之中。而公债、股票、投资证券、流通票据或货币的销售,均有其国内交易规则,难以由公约调整。但货物买卖中涉及的单证买卖,如CIF下的单证(提单或保险单转让等),不在此列。对于特定货物,如船只、飞机等的销售,因多数国家将其作为不动产对待,涉及产权登记程序,故公约难以应对。而对船只或航空器部件的买卖,如发动机,因为不像船只或航空器一样要求特殊登记,公约应予适用。对销售船舶、航空器合同排除适用,主要是因为其受到制造、转让或抵押登记制度的制约,而对无须登记的游艇、小船或无人机的销售,公约应适用。

而对电力销售,因往往由国家垄断或需要政府特殊批准,通常由国家间订立双边协议,也不宜由公约调整。但公约并未对同样可能涉及垄断的石油、天然气的销售排除适用,此类货物的国际销售适用公约的情形也相当普遍。

四、对加工和劳务、服务合同的排除适用

在国际供应链中,处于上下游的买卖双方,往往存在买方自卖方订购货物,同时向卖方提供用于生产或制造货物的原材料的情况,如来料加工、进料加工模式。公约第3条规定了对加工和劳务、服务合同的排除适用:

(1)供应尚待制造或生产的货物的合同应视为销售合同,除非订购货物的当事人保证供应这种制造或生产所需的大部分重要材料。(2)本公约不适用于供应货物一方的绝大部分义务在于供应劳力或其他服务的合同。

(一)买方提供大部分原材料

根据第3条第(1)款前半句的规定,针对将来制造或生产的货物订立的销售合同,公约适用于该供应合同自不待言。但如果买方提供大部分原材料,显然改变了货物买卖合同的性质,属于加工类合同,所以应将其排除出公约适用范围。如,营业地在南非的买方向中国钢厂订购钢材,公约适用于双方订立的钢材买卖合同,但如果南非买方为制造或生产该批货物提供了大部分必要材料(铁矿砂),则公约不适用于该钢材买卖合同。对于如何认定"大部分"(a substantial part),以重量还是价值确定,公约留下空白,实务中由法院或仲裁机构根据情况认定。有判例认为,买方提供的原料价值接近或超过合同约定价值的50%的,可以认定为不适用公约。但标的物为机器设备的买卖合同,如果买方提供了高价值的软件、程序、技术等,通常认为此种情况下公约仍适用于该买卖合同。

(二)货物与服务相混合

根据该条第(2)款的规定,在货物买卖合同追加服务的情况下,如果卖方交付货物的同时,还提供劳务和服务,属于混合合同(mixed contract)。有的是货物和服务规定在同一个合同内的单一混合合同,也有货物与服务分别订立的混合合同。不论哪种混合合同,在对合同作出解释时,考量的标准包括合同名称、全部内容、价格构成、双方在合同中义务的分量。解释"绝大部分"(preponderant part)义务时应先考量经济价值标准,如果不可能或不适合用经济价值标准,应采用基本标准,不能用预定的百分比值量化,而应在评估整个案件的基础上作出决定。总之,只要其提供的劳务和服务不构成"绝大部分",合同就应被视为一个完整的货物销售合同,公约应予适用。

(三) 对销售合同适用范围的争议

学界和实务界对公约适用范围的讨论始终是热门话题。比如，对于何谓"销售合同"，多数观点认为，货物销售最大的特点就是卖方交付货物以换取价金，而非其他。而少数观点认为，公约第 14 条第(1)款第二句、第 53 条、第 55 条中的"price"，不必限定为金钱，据此公约亦适用于易货贸易(counter trade/barter trade)合同。另一争议是，公约是否适用于某些特殊融资合同，如融资租赁合同或售后回租合同。有观点认为，如果融资租赁合同当事人的终极目标是取得货物所有权，则该合同适用公约，即使合同还包括其他融资条件。融资租赁合同中的回购合同(Repurchase Contract)适用公约。公约是否适用于框架协议(Framework Agreement)、长期分销协议(Distribution Agreement)，亦素有争议。通常认为，公约不适用于框架协议、总包协议或长期分销协议。国际商会仲裁院(ICC International Court of Arbitration)曾裁决公约适用于分销协议(ICC No. 11849/ 2003, UNILEX)。① 贸仲有案例认为，仲裁庭应从合同名称、内容、双方权利义务等多个方面考察，以确定合同的实际属性。在一份裁决书中，卖方认为案涉合同项下的设备有多处是根据买方特别要求设计、测试并制造的，因此主张合同应属定做承揽合同。买方则认为，在合同签订前卖方已向外出售合同项下的同种设备，即合同项下的设备为通用设备，合同应为买卖合同。仲裁庭认为，合同的性质应由其内容决定。案涉合同上明确写明为购买合同(Purchase Contract)，而且内容明确约定由买方向卖方购买，不能认定设备为特制设备，合同也不能定性为定做承揽合同。因此，仲裁庭认定合同仍然属于买卖合同，符合公约的适用条件。②

五、对某些法律问题的排除适用

公约第 4 条规定：

> 本公约只适用于销售合同的订立和卖方和买方因此种合同而产生的权利和义务。特别是，本公约除非另有明文规定，与以下事项无关：(a)合同的效力，或其任何条款的效力，或任何惯例的效力；(b)合同对所售货物所有权可能产生的影响。

一旦确定公约适用于纠纷，就要确定公约管辖哪些方面的内容。该条第一句从正

---

① See ICC No.11849 of 2003, https://www.unilex.info/cisg/case/1160., commentary on Art. 3. Accessed 2022-03-15；CISG-AC Opinion No. 4, Contracts for the Sale of Goods to Be Manufactured or Produced and Mixed Contracts (Article 3 CISG). Rapporteur, Professor Pilar Perales Viscasillas, Universidad Carlos Ⅲ de Madrid. Adopted by the CISG Advisory Council Following its 7th Meeting on 24 October 2004.

② 参见中国国际经济贸易仲裁委员会编：《〈联合国国际货物销售合同公约〉在中国仲裁的适用》，法律出版社 2021 年版，第 31 页。

面确定,公约适用的实体问题包括两个方面,一是合同的订立,二是合同下买卖双方的权利义务。合同的订立主要规定在公约第Ⅱ部分(第14条至第24条),合同双方的权利义务规定在第Ⅲ部分(第25条至第88条),也是公约的主要内容。然后就需明确公约不管辖哪些方面。第二句明确,公约不管辖合同及其条款、惯例的效力和货物所有权问题。该条把合同订立与效力分离,分别由公约和国内法解决。而且是非穷尽式列举,公约不予适用的其他法律问题,还包括民事行为能力、民事法律行为的效力、当事人过错、违法性、欺诈、胁迫、代理关系、对价、因果关系、标准交易条件、惩罚、和解、法律或管辖权选择条款、合同转让、第三方的权利义务、债务承担等,这些难以通过公约达成一致的复杂问题留给国内法解决。

因为公约规定卖方的义务之一就是转移货物所有权,因此该条排除适用的只能是具体的时间、条件,以及如何转移等具体事项。实践中,货物所有权转移的时间和条件,可以通过当事人明确约定来确定。常见的货物所有权转移条款,如铁矿石买卖合同中经常规定"Title to the Goods shall not pass to the Buyer until the Goods have been delivered and the Seller has received provisional payment",而其他合同规定,如"The Goods shall remain the property of Seller until the complete payment of the price by Buyer in accordance with the stipulation of this Contract"。合同中没有规定或者对规定发生争议的,需根据国内法解决。此问题可能涉及十分复杂的所有权转移的时间、善意取得制度、所有权保留制度等,各国法律规定各异,难以达成一致。如《民法典》物权编第224条规定:"动产物权的设立和转让,自交付时发生效力,但是法律另有规定的除外。"同时在其他条款规定了象征性交付,如简单交付和指示交付等情形。另有《海商法》对代表货物所有权的提单(指示提单)作了规定。这些国内法关于所有权转移的规定,应与销售合同中象征性交货的特征同时考虑。在INCOTERMS的C组术语中提交相符单证即完成交货的情况下,卖方向买方或议付行提交代表货物所有权的提单时,所有权转移。而国际货物销售合同中约定的所有权保留条款,使得所有权的转移问题变得复杂。其通常要求买方履行了主要义务,如支付全部或绝大部分货款后,所有权才自卖方转移至买方。所有权保留条款引发的争议,公约无法解决,当事人需诉诸国内法。

理解公约第4条时,需要注意"本公约除非另有明文规定"的表述。如果公约有明文规定,则上述被排除适用的事项,还可以受公约调整。如,某国内法规定货物质量与合同的要求不符可导致合同无效,但因公约第35条已规定卖方交付与合同不符的货物的责任,则公约应优先适用,排除国内法关于合同效力的适用。

最高人民法院《2021年涉外审判会议纪要》针对国际条约未规定事项和保留事项的法律适用问题规定:"中华人民共和国缔结或者参加的国际条约对涉外民商事案件中的具体争议没有规定,或者案件的具体争议涉及保留事项的,人民法院根据涉外民事关系法律适用法等法律的规定确定应当适用的法律。"因此,中国法院审理涉外案件,若不能适用公约或公约没有明确规定,则应根据《涉外法律适用法》规定的国际私法规范,确定所适用的法律。如适用中国法律,可根据《民法典》第143条的规定认定民事法律行为的效力,根据第146条的规定认定通谋虚伪行为的效力,根据第147条和第148条的规定认定可撤销民事法律行为,等等。在(2019)粤0104民初40741号案中,法院认为,依照公约第1条第(1)款(a)项之规定,该案应优先适用公约作为解决该案争议的准据法;又因公约第4条(a)项之规定,该公约不适用于合同的效力或其任何条款的效力或任何惯例的效力,因此应依照中国《涉外法律适用法》第41条的规定确定准据法。鉴于原告住所地及该案合同签订地、履行地均在中国境内,依照最密切联系原则,法院确认适用中国法律作为解决该案销售合同及其条款的效力问题的准据法。(2022)粤01民终5133号买卖合同纠纷案中,买方S公司和卖方C公司(一人有限公司)分别在西班牙和中国登记成立,S公司向C公司索赔,并请求C公司股东承担连带责任。法院认定,该案应优先适用公约,对公约未规定的部分,再根据《涉外法律适用法》第41条的规定适用中国法律。由于公约未对合同效力问题作出规定,故应适用我国法律确定该案合同效力。案涉合同不存在中国原《合同法》第52条规定的无效情形,C公司与S公司通过采购订单订立的买卖合同应认定有效。法院同时根据中国《公司法》,认定C公司股东对C公司经营期间产生的案涉债务承担连带清偿责任。[①]

六、对人身损害的排除适用

公约第5条规定:

> 本公约不适用于卖方对于货物对任何人所造成的死亡或伤害的责任。

这是基于卖方交货不符造成的人身损害(death or personal injury)作出的适用除外,也是公约第74条规定的直接损失完全赔偿原则的例外。交货不符导致的人身损害赔偿责任,实为产品责任问题。产品责任法属于社会法且各国对卖方责任规定宽严不一,对买方或消费者保护力度不同,难以在公约中达成共识。该条对死亡或伤害的规定,是仅限于买方本人还是也包括买方之外的任何第三者,对此问题有不同认识。有观点认为公约第5条的措辞是"对任何人"(to any person),因此应包括买方本人及任何第三者(如雇员、买方客户甚至买方家庭成员),卖方货物对任何人员造成伤亡,由此产生的损害赔偿都被公约第5条排除适用。另有观点认为,死亡或人身损害指买方或任何其他人,但同时认为买方对卖方的追索权不应被排除适用,即因卖方货物缺陷造成买方外的第三者人身伤亡时,买方不得不对第三者承担赔偿责任,买方因此遭受

---

① 另参见天津市高院(2019)津民终143号民事判决书。

财产利益损失，其向卖方追偿此损失系基于公约第 74 条规定的间接损失，而不是根据公约第 5 条的规定要求卖方承担货物造成的人身伤亡责任。因此，这种追索权不应被公约第 5 条排除适用。该条对公约是否适用于因产品缺陷造成的财产损失没有明确规定。主流观点认为，公约可以调整产品侵权责任，其损害赔偿可依据公约第 74 条计算。①

就卖方因货物或服务造成的人身伤害或财产损害责任，公约咨询委员会在其第 12 号咨询意见中提出如下观点：(1)卖方交付不符货物给买方造成损失，卖方根据公约第 45 条第(1)款(b)项承担责任，买方有权索赔全部损失，但其责任须受第 74 条"合理预见"规定的限制。(2)根据公约第 5 条的规定，公约不适用于卖方交付的货物给买方或任何其他人所造成的死亡或人身伤害的赔偿责任纠纷。此种损害赔偿责任纠纷由所适用的国内法管辖，正如公约虽适用于合同但不管辖合同效力、货物所有权转移问题一样。(3)当一个含有劳务或服务内容的合同依公约第 3 条第(2)款被认定为买卖合同时，根据其第 5 条的规定，公约不适用于卖方因提供劳务或服务给买方或任何其他人所造成的死亡或人身伤害的责任。(4)买方因卖方提供货物或服务造成第三者死亡或人身伤害而向卖方行使追索权，属于买方的金钱利益损失（pecuniary loss），不属于公约第 5 条规定的"卖方对于货物对任何人所造成的死亡或伤害的责任"。该索赔属于公约所调整的索赔，排除依据有关国内法提起的索赔，不论该索赔是基于合同还是侵权。(5)公约适用于卖方因提供货物或服务给买方造成的财产损害责任。(6)公约适用于卖方给货物本身造成损害引起的买方损失，排除依国内法提起的索赔，不论是基于合同还是侵权。(7)公约同样适用于卖方对附着于货物的财产或与其结合、混合之物造成损害，从而导致的买方的损失，或货物正常加工或正常使用过程中给买方造成的损失。(8)但如果买方损失系因卖方给买方其他财产造成损害所引起的，公约并不排除卖方根据相关国内法应承担的责任。②

第三节 排除适用公约和减损其效力

公约对其适用范围作了限制，对特定种类的货物、合同所涉某些法律问题等排除

---

① See Ingeborg Schwenzer, Christiana Fountoulakis & Mariel Dimsey, International Sales Law: A Guide to the CISG (3rd Edition), Hart Publishing, 2019, commentary on Art. 5; UNCITRAL Legal Guide to Uniform Instruments in the Area of International Commercial Contracts, p. 30.

② See CISG-AC Opinion No. 12, Liability of the Seller for Damages Arising Out of Personal Injuries and Property Damage Caused by Goods and Services under the CISG, Rapporteur: Professor Hiroo Sono, School of Law, Hokkaido University, Sapporo, Japan. Adopted by the CISG Advisory Council Following its 17th Meeting, in Villanova, Pennsylvania, USA, on 20 January 2013.

适用。公约同时规定，合同当事人可以约定排除公约的适用或减损其效力。

一、当事人可协议排除公约适用或减损其效力

公约第 6 条规定：

> 双方当事人可以不适用本公约，或在第十二条的条件下，减损本公约的任何规定或改变其效力。

可见，公约同时具有强制性和任意性。强制性是针对缔约国遵守国际义务而言，体现在如果公约适用于案涉合同，缔约国法院在审理案件时应根据公约的原则和具体规定作出裁判，公约有明确规定的不得适用本国国内法。公约没有明确规定，且不能根据第 7 条的填补原则作出裁判的，才可以适用冲突规范所指向的准据法。就公约本身而言，其更鲜明的特点是当事人意思自治原则和条款的任意性或非强制性。当事人可协商约定合同所适用的法律，当然也允许约定排除公约全部或一部分的适用，即使公约根据其规定可以适用于具体合同。除公约第 12 条外，所有条款都不具有强制性。当事人约定排除公约适用的条款可以简洁明了，如"This contract is not subject to the Vienna Convention 1980"；也可在买卖合同的法律选择条款中一并约定，如"This Agreement and any contractual obligations, non-contractual obligations or obligations otherwise arising out of or in connection with it shall be governed by and construed exclusively in accordance with ... law. The parties agree that the United Nations Convention on Contracts for the International Sale of Goods of Vienna, 11th April 1980, shall not be apply to this Agreement"。

当事人还可以约定减损公约的规定或改变其效力。如合同成立，不适用公约而适用某一方当事人所在国甚至第三国法律。抑或虽然公约适用于合同，但合同条款不必与公约规定相一致。对于当事人关于适用缔约国的国内法的约定是否有效的问题，曾有争论。位于缔约国意大利的卖方与位于当时还不是缔约国的瑞典的买方订立合同，根据第 1 条第（1）款（a）项的规定，公约不能自动适用。双方约定适用意大利法律。仲裁庭裁决不适用公约第 1 条第（1）款（b）项，而适用意大利法律。裁决引起争议，有观点认为意大利是缔约国，其法律应包括公约，因此应适用公约。另一案中，位于缔约国奥地利的一方与位于非缔约国德国的一方，约定合同适用奥地利法律。仲裁庭多数意见认为，奥地利法律应理解为奥地利国家的法律，包括作为其国际销售法律的公约，不仅仅适用其国内销售法律。[1] 在（2016）豫民终 466 号案中，河南省高级人民法院认为，该案纠纷的处理应优先适用公约。但根据公约第 6 条"双方当事人可以不适用本公约，或在第十二条的条件下，减损本公约的任何规定或改变其效力"的规定，鉴于

---

[1] See Indira Carr & Peter Stone, International Trade and Law (6th Edition), Routledge, 2017, pp. 70–71.

双方当事人对原审法院将中国法律作为该案准据法均无异议,该院予以确认。最高人民法院(2016)最高法民申 2532 号民事裁定书确认了原审判决,驳回了当事人的再审请求。

二、排除公约的适用或减损其效力受到限制

当事人该项任意性权利受到公约第 12 条的限制,且第 12 条具有强制性。如果某缔约国已经根据公约第 96 条就第 11 条(订立形式)、第 29 条(合同修改或撤销)或第Ⅱ部分(第 14 条至第 24 条,合同订立)以书面以外的形式作出保留声明,营业地位于该缔约国的当事人就不得约定排除、减损该条或改变其效力,即当事人不得约定排除缔约国就此作出的保留声明。当然,公约的最后条款,属于国际公法内容,当事人亦不得约定减损或改变其效力。第 12 条针对当时实行计划经济的苏联等社会主义国家禁止口头合同的法律作出,以协调与西方市场经济国家法律的冲突。

公约咨询委员会在其第 16 号咨询意见中,针对第 6 条的排除适用,认为:(1)如果根据第 1 条至第 3 条公约适用,第 6 条的当事人意思自治原则允许当事人在订立合同时或合同成立后约定排除公约的适用。(2)公约管辖排除适用的方式。排除公约适用的协议,受第 11 条、第 14 条至第 24 条和第 29 条关于合同订立和合同修改条款的约束。(3)当事人约定排除公约适用的意图,应根据第 8 条确定。其意图应清晰地表述,不论在合同成立时或成立后任何时间,包括在法律程序中的排除适用。(4)总之,构成清晰的排除适用意图,应从以下几点判断:第一,明示的排除公约适用;第二,合同选择所适用的法律为非缔约国法律;第三,合同明示选择适用具体的国内立法或法典,否则将适用公约;第四,不能仅从合同约定适用缔约国或缔约国领土单位的法律来判断。(5)在法律程序中,判断当事人排除公约适用的意图,不能仅看一方或双方当事人基于公约的主张或陈述,而且与当事人是否意识到公约的适用性无关。(6)国内法弃权原则不可用于判断当事人关于排除公约适用的意图。[①]

三、公约适用的基本逻辑

综合公约关于适用范围的规定和我国司法实践,公约适用有关争议的基本逻辑是:第一,根据第 1 条第(1)款判断案涉合同是否属于公约所调整的国际货物买卖合同,再根据第 1 条第(1)款(a)项判断公约是否自动或直接适用;如果答案是肯定的,则依据第 2 条和第 3 条,从货物和销售的角度,并依据第 4 条和第 5 条从事项角度判断案

[①] See CISG-AC Opinion No. 16, Exclusion of the CISG Under Article 6. Rapporteur: Doctor Lisa Spagnolo, Monash University, Australia. Adopted by the CISG Advisory Council Following its 19th Meeting, in Pretoria, South Africa on 30 May 2014.

涉合同具体的系争事项是否在公约调整范围之内;如果答案依然是肯定的,则最后依据第6条判断合同当事人是否有效排除了公约适用,以最终确定公约是否适用。第二,在不符合第1条第(1)款(a)项客观条件时,根据当事人约定或根据国际私法规则确定所适用的准据法,以确定是否适用公约,同时考虑该国是否根据公约第95条对第1条第(1)款(b)项作出保留。第三,在符合第1条第(1)款(a)项或第(1)款(b)项时,当事人明确排除适用公约的,应被允许,公约不适用。如果符合第1条第(1)款(a)项或第(1)款(b)项,但当事人约定适用某国国内法,则认定该约定有效,同时认定公约优先适用(也有案例认定适用国内法,即使该国为缔约国,如上例),公约管辖范围外的事项适用约定的法律。相反,在不符合时,当事人明确约定适用公约的,应被允许。第四,涉及公约管辖范围外的事项的争议。如合同效力、所有权转移等,适用当事人约定或根据国际私法规则确定的准据法。第五,如果当事人明确选择公约适用于非货物销售合同,基于当事人意思自治原则,其选择应得到尊重。

公约各条款之间相互关联,全面理解适用范围条款需同时参考其他条款的规定,如第2条至第5条、第7条、第91条、第92条、第94条、第95条、第99条和第100条等。

第四节 公约适用的时间效力

前文介绍了公约适用的地域效力和对相关特定问题的排除适用,以及效力减损问题。关于公约适用的时间效力问题,公约第91条规定了成员国对公约签字、批准、接受或核准的必经程序。第99条第(2)款规定了一国成为公约第1条第(1)款(a)项的规定的缔约国的时间,也是公约在该国时间效力的起点。第100条规定了公约对特定合同的时间适用性,即公约何时适用于销售合同。第100条第(1)款规定,如果公约已在第1条第(1)款(a)项或第(1)款(b)项规定所指向的国家生效,营业地分处于这些国家的当事人在公约生效之日或其后发出要约的,其合同的订立就适用公约。如果说第100条第(1)款是根据要约发出的时间考察合同成立,该第(2)款则是强调公约生效时间对合同成立的影响。如果公约在第1条第(1)款(a)项或第(1)款(b)项所指向的国家已经生效,且买卖合同是在该生效之日或其后订立,国际销售合同应适用公约。

反观公约第92条和第93条,分别允许缔约国声明不受公约某些规定的约束,或公约不适用于其领土的某区域。如果一国根据公约第92条第(2)款声明保留,在声明保留部分所管辖事项的范围内(公约第Ⅱ部分和第Ⅲ部分),该国不能被视为公约第1条第(1)款所称的缔约国。如,中国当事人与越南当事人订立合同,就公约第Ⅱ部分(即合同订立)发生纠纷,虽然双方均为缔约国,但越南对第Ⅱ部分声明保留,故该案不能依据公约第1条第(1)款(a)项直接适用。因为根据公约第92条第(2)款的规定,越南在合同成立问题上,不被视为缔约国。双方争议只能依据国际私法规则确定的法律解决。另如,因为沙特阿拉伯在2023年8月3日加入公约时,声明对公约第Ⅲ部分作出保留,营业地分别位于中国和沙特阿拉伯的当事人于2024年9月1日(公约对沙特阿拉伯生效的时日)以后订立的合同,公约第Ⅲ部分不适用于该合同。公约第93条是联邦条款,主要解决联邦制国家公约的适用问题。如加拿大在加入公约当时或之后,陆续声明将公约适用范围扩大至阿尔伯塔、英属哥伦比亚等省或领地。我国于1986年12月11日核准加入公约,公约于1988年1月1日对我国生效。我国不是联邦制国家,对公约是否适用于香港特区曾经有适用和不适用两种观点。司法实践中,境外不同国家对此问题有支持和反对两种态度,甚至同一国家不同地区的法院判决(如美国)也截然相反。我国内地法院的判决普遍排除公约对香港特区的适用。在(2005)粤高法民四终字第293号案(CISG-online No.1966)中,对营业地分处香港特区和内地的公司之间的买卖合同争议,上诉人主张适用公约,被上诉人主张因为香港特区并非独立的国家,也未加入公约,因此公约不应适用。被上诉人的观点得到广东省高级人民法院支持。浙江省高级人民法院认为,涉港商事纠纷案件是否适用公约应按照公约的适用范围来确定,香港特区并未正式加入该公约,中国在香港特区回归后亦未宣布公约适用于香港特区,且中国政府至今未根据公约第93条第(1)款发表声明,故不能认为公约适用于香港特区;再者,香港特区属于中国的行政区域,并非一个独立的国家,故营业地分处香港特区与内地的当事人之间的货物买卖合同不应适用公约。对此,最高人民法院认为,公约适用于营业地在不同国家的当事人之间订立的货物销售合同,即使考虑该案发生在香港特区回归前这一因素,但英国不是该公约的缔约国,故该案不应适用公约。当事人同意适用公约的,公约的条款构成当事人之间的合同内容。① 基于同样的理由,贸仲仲裁庭对该问题的基本观点是,除非当事人明确约定公约为适用的法律,否则公约不适用于我国内地与香港特区当事人之间的争议。②

2022年5月5日,中国政府通知联合国秘书长香港特区加入公约。公约于2022年12月1日对香港特区生效。值得注意的是,中国对第1条第(1)款(b)项的保留不延伸适用于香港特区。这意味着香港特区不仅依第1条第(1)款(a)项直接适用公约,而且还依第1条第(1)款(b)项间接适用公约。对公约在我国内地与香港特区之间的适

---

① 参见广东省高级人民法院(2005)粤高法民四终字第293号民事判决书、浙江省高级人民法院(2010)浙商外终字第99号民事判决书、最高人民法院(2016)最高法民再373号民事判决书和青岛市中级人民法院(2021)鲁02民初1280号民事判决书等。
② 参见中国国际经济贸易仲裁委员会编:《〈联合国国际货物销售合同公约〉在中国仲裁的适用》,法律出版社2021年版,第29页。

用问题,相信随着制度的进一步落地,基于《粤港澳大湾区发展规划纲要》和《内地与香港关于建立更紧密经贸关系的安排》(CEPA)的实施,公约在内地与香港特区之间的适用问题将得到妥善解决。①

第五节 公约的解释

公约制定后的执行问题,远比一国国内法的执行更为复杂。因公约涉及众多缔约方、不同国家和地区的法律文化背景、不同语言以及不同价值和利益取向,合同当事人、司法裁判者甚至缔约方政府对公约的基本原则、条款含义等的理解和解释,可能大相径庭。法国法学家勒内·罗迪埃在谈到统一法在解释上的统一时指出,"法律的统一在特定法的某一部分可以因其他法律的不一致而受阻碍。此外,只有在各个国家对该法律的解释一致的情况下才能达到法的统一"。"所有法律的统一本身不能保证法律规范的完全统一。两个法律相同的国家由于它们的习惯思想不同或者受这样或那样的解释方法的重大影响,它们的判例会出现分歧"。② 如果不能确立并遵守公约解释的统一规则,公约所追求的弥合各国在国际货物销售合同问题上的差异,实现实体法的和谐统一,减少国际私法规则的适用等目标就无从实现。因此,公约在第7条规定了公约解释的基本原则和填补原则。公约第8条规定了司法裁判者对当事人的声明和其他行为进行解释时应遵循的原则。两个条款规定的解释性质不同,一个是对公约进行解释时应遵守的基本原则,旨在增强公约的和谐性和确定性,维护公约的适用范围;一个是对当事人的声明和行为进行解释时应遵守的原则,旨在探究当事人真实的意思表示,以正确裁判案件。

一、公约解释的概念

对于国际公约的解释,从不同角度分类有不同学派,主要有主观解释学派、客观解释学派和目的解释学派。1969年《维也纳条约法公约》③第31条至第33条规定了对国际公约的解释原则和方法,因其规定的解释原则和方法主要是针对国际公法,而《销售合同公约》为调整私法领域的公约,有其特殊性,且两个公约的缔约国不一定完全相

---

① 参见黎奇、郑宇航:《〈联合国国际货物销售合同公约〉在香港适用的特殊法律问题分析》,载"大成律师事务所"微信公众号,2023年7月20日。
② [法]勒内·罗迪埃:《比较法导论》,徐百康译,上海译文出版社1989年版,第119—120页。
③ 《维也纳条约法公约》于1969年5月23日订立于维也纳,中国于1997年5月9日递交加入书,同年10月3日公约对中国生效。参见《维也纳条约法公约》第31条解释之通则、第32条解释之补充资料、第33条以两种以上文字认证之条约之解释等内容。

同,故二者不能等同。但《销售合同公约》具有国际公约的共性,对其所作的解释,应在依照第 7 条条文、公约序言、公约立法目的和宗旨进行解释的同时,参考《维也纳条约法公约》的相关规定。解释公约,应避免歪曲的解释,避免按照国内法、判例法和学说解释,避免对公约适用造成损害。

二、公约解释的原则

根据公约第 7 条规定,在解释公约时,当事人或裁判者应适用自治解释标准(autonomous interpretative criterion),遵守公约追求的国际性、统一性和诚实信用原则。同时还应体现自动填补方法(autonomous gap-filling method),避免以国内法、判例法或教条干扰、扭曲或背离这些原则和方法。应通过解释尽量适用公约,而减少国际私法规则和国内实体法的适用。如果争议所涉问题约定不明,但属于公约适用范围内的事项,则应在公约原则和条文里寻找答案,根据公约规定的基本原则对其进行解释,而不应避开公约用国内法解决,也即以自动填补方法体现公约适用的统一性原则。只有在公约没有这些原则的情况下,才应诉诸由国际私法规则选定的国内法。因此,诉诸国内法是最后的选择。

(一)遵循国际性特点原则

遵循国际性特点(international character)原则,是公约立法目的和宗旨所决定的,即减少当事人为适用自己喜好的法律而择地诉讼,减少诉诸国际私法规则的必要,提供一部适合国际交易的现代销售法,减少国际贸易的法律障碍,促进国际贸易的发展。一国法院或仲裁庭在审理国际货物销售合同争议时,往往习惯以本国法的视角作出解释和判断,很少站在公约角度参考其他国家的案例和裁判规则。各国法院或仲裁庭对公约作出解释时,应考虑其国际性,参考外国裁判案例所适用的原则。对此,在缺乏类似"联合国终审法院"这样的权威机构对公约作出统一解释的情况下,UNCITRAL 尝试搜集和发布各国法院或仲裁庭作出的相关判例(Case Law on UNCITRAL Texts, CLOUT)[①],为各国法院或仲裁庭审理类似案件提供示范。2001 年设立的公约咨询委员会旨在对公约解释和适用中遇到的争议问题提出咨询意见。各国法院和仲裁庭要跳出本国国内法的局限,参考其他缔约国的相关判例。如,在 1924 年《统一提单的若干法律规则的国际公约》(以下简称《海牙规则》)没有解释规定的情况下,英国上议院在 *Stag Line v. Foscolo, Mango and Co., Ltd.* 案中所持的态度是,对国际公约的解释不能拘泥于本国先例的控制,其语言应以被普遍接受的广义原则加以解释。在 *Corocraft*

---

① CLOUT 是 Case Law On UNCITRAL Texts 的缩写,汇集世界各地关于 CISG 的法院判决和仲裁裁决。截至 2023 年 8 月 20 日,数据库共有 CISG 案例 2058 个(其中我国内地案例 129 个,香港特区案例 99 个)。

Ltd. v. Pan American Airways Inc.案中,丹宁勋爵指出,"即使我不同意,我将允许(其他国家法院的判决)以国际关注的角度存在。所有国家的法院在解释华沙公约时应用相同的方法"①。事实上,缔约国法院或仲裁庭在审理案件时,引用和参考其他国家法院判决的情况日益普遍。如美国一个法院在审理关于买方对合同不符的通知义务时,认识到一些外国法院也面临如何解决买方根据《销售合同公约》在多长时间内必须检查货物或发现缺陷的问题。于是大量引用了德国和意大利法院或仲裁庭的案例论证公约第38条和第39条。② 当然,外国法院或仲裁庭针对公约管辖事项的裁判案例和规则,仅为有说服力的参考,不具约束力。

（二）遵循促进公约适用统一原则

影响公约统一适用的因素很多,如各国历史文化背景、法律传统、公约官方语言的差异、解释方法的不同,以及对一方当事人不公正的保护等。在众多解释方法中,文义解释似乎最为重要,因为解释首先从其语言文字开始。文义解释不仅涉及公约所使用的六种官方语言如何对公约规定有相同的意思转换,还涉及如何将其准确地转换为国内法中的法律用语。如合同无效(avoid),在中国法律中,合同无效指自始无效,对当事人不具约束力。公约中的合同无效,包括在不同条款中,如第49条、第51条、第64条、第72条和第73条。一种属于一方违约另一方宣告合同无效,这实为中国法律中的合同解除。另一种为合同成立后遇到履行不能,依据法律而导致合同不存在或者解除,这类似于中国法律中不可抗力导致的法定解除。中国法院或仲裁庭在解释和适用公约时,需要特别注意区别公约和中国法律在用词上的差异,不能按照中国法律解释公约。促进统一适用性原则(Principle to Promote Uniformity of Application)要求,在解释公约时,除文义解释外,还应考察公约订立经过,结合其宗旨和目的,参考权威机构的说明和咨询意见,从公约本身的基本原则中解释公约。这也在1969年《维也纳条约法公约》中得到支持,其第31条第(1)款规定:"条约应依其用语按其上下文并参照条约之目的及宗旨所具有之通常意义,善意解释之。"第32条规定:"为证实由适用第三十一条所得之意义起见,或遇依第三十一条作解释而:(a)意义仍属不明或难解;或(b)所获结果显属荒谬或不合理时,为确定其意义起见,得使用解释之补充资料,包括条约之准备工作及缔约之情况在内。"

（三）遵循诚信原则

诚信原则(Principle of Good Faith)是民商法中最重要的原则。解释公约不仅要考

---

① See Indira Carr & Peter Stone, International Trade Law (6th Edition), Routledge, 2017, p. 72.
② See Clout Case 577, Chicago Prime Packers, Inc. v. Northam Food Trading Co. et al., US Dist Ct (ND IL), 21 May 2004. Accessed 2022-04-23.

虑公约的国际特点,促进统一适用性,还要遵循诚信原则。公约涉及诚信原则的条款众多,如第16条第(2)款(b)项关于要约不可撤销,受要约人有理由相信要约有效的问题;第21条第(2)款关于逾期承诺的问题;第29条第(2)款但书部分;第37条卖方对交货不符的补救权利、第40条卖方在对交货不符知情时无权援引第38条和第39条的规定;第49条第(2)款、第64条第(2)款、第82条第(2)款关于当事人宣告合同无效的权利;第85条至第88条当事人保全货物的规定等。诚信原则作为一项普遍原则适用于整个公约,贯穿公约第Ⅰ部分至第Ⅲ部分,包括公约解释和应用的各个方面,可具体到第8条规定的对合同当事人声明和其他行为的解释。贸仲曾有裁决书认为,申请人发给被申请人告知函,邀请其到申请人处协商对货物安排复检,被申请人不顾及该邀请,又单方面委托另一公司出具检验报告,不符合诚实信用原则,被申请人应承担于其不利的法律后果。[①]

(四) 自动填补原则

公约第7条第(2)款规定了适用范围,但公约并不能解决合同所涉及的所有问题。有些问题在公约适用范围内而没有具体规定,属于公约内部缺省(internal gap)。而另有一些问题,公约对其排除适用,如合同缔约过失责任、第三方权利义务、货物所有权转移、代理、侵权责任等,属于外部缺省(external gap)。内部缺省由公约第7条第(2)款填补,而外部缺省由其他法律或公约解决。争议中所遇到的内部缺省问题,应依照第7条第(2)款规定的填补原则,根据公约的基本原则在公约中寻找解决路径,即法院或仲裁庭应依托公约本身内容所衍生出的原则解决,而不应跳过此环节直接求诸国内法或其他国际公约。公约本身仍无法解决的,才能适用国内法或其他国际公约。内部缺省的填补成功与否,决定是否有必要启用外部缺省填补规则。

公约第7条规定的基于公约的国际性原则、统一适用原则和诚信原则,以及填补原则,被称为自治解释原则(Principle of Autonomous Interpretation),即解释公约应参考其他国家法院或仲裁庭的案例,引用公约自身条款解释,不得以国内法解释。如,损害赔偿中的冲抵(set off)问题,公约并未明确规定,CISG咨询委员会根据公约规定就该问题出具了第18号咨询意见:(1)公约下的金钱索赔,无论是否由同一个合同引发,根据公约所蕴含的基本原则,任何一方当事人可以冲抵;(2)冲抵与金钱支付义务的履行具有同等效力;(3)若一方以通知的方式宣告冲抵,该通知应送达对方,但双方索赔均到期时才生效;(4)实现冲抵权不要求双方的索赔额已经确定,也不要求为同一币种;(5)公约适用于冲抵,不影响既判事项,也不影响反请求。咨询委员

[①] 参见中国国际经济贸易仲裁委员会编:《〈联合国国际货物销售合同公约〉在中国仲裁的适用》,法律出版社2021年版,第36页。

的其他咨询意见也充分体现出自治解释原则。① 实践中,在内部缺省和外部缺省之间划出清晰的界限,并非易事。如卖方的禁止反言是内部缺省从而依公约的基本原则解释,还是外部缺省从而由其他法律或公约解决,对此曾出现不同的裁判结果(CLOUT Case No. 93、94、230)。②

(五)其他原则的适用

公约包括的其他原则有:第8条、第16条、第18条、第25条、第33条等规定的合理性原则;第6条的当事人意思自治原则;第11条的合同形式自由原则;第25条、第35条和第42条的可预见性原则;第34条、第37条和第48条的信息沟通和合作原则;第74条的全部赔偿原则;第81条第(2)款的同时履行返还义务原则;第25条和第77条的减损原则和第79条第(1)款的举证责任原则等。根据CISG-DIGEST-2016《判例法摘要汇编》,各国法院或仲裁庭在裁判中确立的公约基本原则,包括:(1)当事人意思自治原则,如公约第6条允许当事人约定排除公约的适用或减损公约的效力。(2)诚信原则,不同法院针对具体情况从不同角度对诚信原则作出裁判。如有法院认为,一方主张其提供的标准交易条件具有约束力,但在合同成立之前或成立之时未提供其内容给对方当事人,违背公约规定的诚信原则。另一法院判决合同背面的管辖权条款因为违反公约的诚信原则而无效。该原则要求合同应以符合当事人合理期待的方式规定其内容,如果法院认定合同背面管辖权条款有效,将违反此原则。也有的案例裁判认为,诚信原则要求双方当事人在履行各自义务时,应互相配合,互通信息。(3)举证责任原则,相当多的案例认为,当事人承担举证责任的事项属于公约适用范围,但因公约没有明确解决,因此应按照公约所依据的基本原则来解决。根据各项决定,第79条第(1)款和第2条(a)项证明此类基本原则存在。该原则可归纳为:一方试图从条款中获得有利的法律后果,则其有责任证明存在援引该规定所需的事实条件。另一方主张一个例外,则其必须证明它的事实条件。一些裁判认为,对于举证责任的分配,必须考虑各方与争议相关事实的接近程度,即一方收集和提交证据的能力。然而,根据一些法院的说法,举证责任是完全不受公约管辖的事项,应留给国内法解决。各国案例涉及的公约基本原则还有禁止反言原则、合同相对性原则、现金支付义务履行地原则、支付币种原则、全面赔偿原则、合同形式自由原则、尽速通讯原则、减损原则、冲抵原则、

---

① See CISG-AC Opinion No. 18, Set-off Under the CISG. Rapporteur: Professor Doctor Christiana Fountoulakis, University of Fribourg, Switzerland. Adopted by the CISG Advisory Council Following its 24th Meeting in Antigua, Guatemala, on 2 February 2018.

② 参见CISG-DIGEST-2016《判例法摘要汇编》关于公约第7条的判例汇编。CISG-DIGEST-2016《判例法摘要汇编》,全称为UNCITRAL Digest of Case Law on the United Nations Convention on Contracts for the International Sale of Goods,是联合国国际贸易法委员会对CISG在各缔约国适用情况的整理,其以法条为框架,整理了各缔约国法院或仲裁机构在适用CISG时涉及的问题、具体的做法。

撤销履行权及同时履行原则、利息原则、义务费用自担原则、情势变更及重新协商权原则、利于合同成立原则等。①

我国司法实践中,最高人民法院要求严格依照《维也纳条约法公约》的规定,根据条约用语通常所具有的含义,联系上下文并参照条约的目的及宗旨进行善意解释,增强案件审判中国际条约和惯例适用的统一性、稳定性和可预见性,并且积极探索建立与域外国际商事法庭的案例交换分享机制、法律适用交流机制、法官培养合作机制,增进对彼此法律制度的了解与信任,减少法律冲突,不断提升准确适用国际商事规则、运用司法审判参与国际商事规则制定的能力。② 在(2019)津民终90号案中,天津市高级人民法院认为,国际货物买卖合同纠纷案的买方和卖方营业地分别位于中国和罗马尼亚,两国均系公约缔约国,公约自动适用。对于该案中公约未明确规定、亦无法按照公约所依据的一般原则来解决的相关事项,依照公约第7条第(2)款的规定,应按照国际私法规定适用的法律即一国国内法来解决。因案涉合同及其补充协议对准据法均未作约定,而当事人均选择适用中国法律,故在上述情形下,依照《涉外法律适用法》第41条的规定,应适用中国法律作为相关事项的准据法。故此,一审判决在未确定公约是否应适用于该案的前提下,直接适用当时有效的《合同法》等我国国内法律,存在不当,应予以纠正。关于损害赔偿责任,案涉合同第9条明确约定了迟延履行的违约金,买方公司亦依据约定提出了由卖方公司支付违约金的诉请,对此,由于公约并未就违约金问题作出明确规定,依照该公约第7条第(2)款之规定,应按照国际私法规定适用的法律来解决,即应适用我国《合同法》等中国国内法律(解决违约金问题)。③ 可见,该案例二审判决针对公约内部缺省和外部缺省问题,纠正了一审判决中的不当之处,适用了公约第7条第(2)款规定的填补原则,较好地解决了公约未明确规定的相关问题。对于违约金是否适用公约的问题,请参阅本章第二十二节关于违约金的论述。

我国法院审理涉外案件时,不仅力图遵守公约规定的解释原则,以维护公约适用的国际统一性,而且在对中国法律的解释方面,也努力与公约保持一致。对此,最高人民法院在《2021年涉外审判会议纪要》中特别规定:中国法院审理涉外商事案件所适用的中国法律、行政法规的规定存在两种以上合理解释的,应当选择与中国缔结或者参加的国际条约相一致的解释,但中国声明保留的条款除外。④ 这就要求,对国内法律的

---

① See Schlechtriem & Schwenzer, Commentary on the UN Convention on the International Sale of Goods (4th Edition), Oxford University Press, 2015, commentary on Art. 5.
② 参见最高人民法院《关于人民法院为"一带一路"建设提供司法服务和保障的若干意见》(法发〔2015〕9号)和最高人民法院《关于人民法院进一步为"一带一路"建设提供司法服务和保障的意见》(法发〔2019〕29号)。
③ 该案判决书系第三届全国法院百篇优秀裁判文书之一。
④ 最高人民法院在2002年就曾提出该解释原则。参见最高人民法院《关于审理国际贸易行政案件若干问题的规定》。

理解和解释,需要更加国际化,以促进涉外审判与相关国际条约的和谐统一,利于中国法律的域外适用。而国内审理的涉外案例,也会提供公约适用的中国经验和裁判规则,二者相辅相成。

第六节 对当事人声明和行为的解释

公约第 8 条对如何解释当事人声明和行为,以逐层递进、穷尽列举的方式作出规定。从该条规定可以得出主观和客观标准的解释原则。

一、依当事人主观意图解释

公约第 8 条(1)款规定,以主观标准解释一方当事人声明和其他行为(statements made by and other conduct of a party)时,应根据其主观意图(intent)解释。该标准也适用于解释整个合同——如果合同包括在一个单一的文件中。一方当事人的声明和其他行为,必须是有关公约适用范围内的事项,而不论该事项属于第Ⅱ部分(合同订立)还是第Ⅲ部分(货物销售),如合同的订立、当事人权利义务,合同形式或合同的无效等。如果属于公约不管辖的外部缺省事项,应依照其他相关国内法或公约处理。根据第 8 条第(1)款的规定,应以另一方当事人必须知道或不可能不知道对方的意图为前提。如果一方当事人的意图不能清晰地表达出来,则无法作为主观标准加以考察。如果合同用语清晰地表明了其意图,即应按照此用语的意思解释,不能以当事人未曾明确表达的意图解释其声明和行为。该款体现了合同解释时,大陆法系国家普遍采用的意思说,即强调当事人的内心真实意思,不拘泥于合同中的文字和字面意思。

二、依客观标准解释

如果不能通过第 8 条第(1)款的规定从主观意图解释其声明和其他行为,应进而根据第 8 条第(2)款的规定,以客观方法得出结论。现实中,根据主观标准考量一方当事人的声明和行为的意思,不仅要探究其主观意图,并且要符合另一方当事人已知道或者不可能不知道的前提条件。但是,主观意图、已知道或不可能不知道,常常捉摸不定,合同解释可能因此陷入困境。这就需要以客观标准来解释,即采纳英美法系国家普遍采用的表示说,强调文字和语义解释,按照当事人所表现出来的外部情况,按其行为解释合同,而淡化当事人的本意。这样做的目的是维持正常秩序,保护当事人的合理期待。第 8 条第(2)款假设了三个客观标准来解释一方的声明和其他行为:与另一方当事人具有相同资格(of the same kind as the other party)、通情达理之人(a reasonable person,理性之人)和与其处在同等情况下(in the same circumstances),该人对所涉声明和其他行为的理解和解释,又被称为"合理解释"(reasonable interpretation)。何谓相同资格,通常要考察其是否是商人,是否是业内人士,有无从业资格证书或从业经验等。通情达理之人,应该是处理相关业务谨慎稳重,诚实守信,公平合理,不鲁莽不偏执的理性人士。相同的情况,可以理解为这样的人处在对方的位置时,该如何理解行为人的声明或其他行为。在 CLOUT Case No.877(Bundesgericht, Switzerland, 22 December 2000)案中,针对合同标的物的质量问题,瑞士最高法院判决认为,双方当事人对合同有不同理解,其语言应根据公约第8条第(2)款解释,法院注意到买方是一位专家并且知道卖方提供的并不是一台新的机器,而是一台在合同成立前14年制造的旧机器。虽然货物不符合最新的技术标准,但买方在完全知晓机器及其附件的技术局限的情况下订立合同。因此,根据公约第8条第(2)款的规定,该法院判决卖方交付的机器符合合同约定。在另一个案例 CLOUT Case No.215 中,法院根据第8条第(2)款的规定,推断买方的意图应受合同约束,并且买方希望购买货物的数量也应受合同约束。法院认为,在合同成立时,双方当事人之间没有任何有关约定或惯例,买方的意图以及在合同下购买货物的数量应受合同约束,这可以从买方要求卖方就已交付的货物出具发票这一情况推断出。根据相关缔约国提交的案例,考察第8条第(1)款中的当事人意图时可以考虑的客观因素包括:当事人先前的洽商、事后的行动;合同中的具体措辞用语及上下文关系;合同成立时当事人的合同利益所在、合同目的等。针对第8条第(2)款,需考察当事人措辞用语的合理意思、合同内容以及诚信原则。依据诚信原则作出解释,旨在确认规范的共识,而决定性因素是从收到声明或其他行为一方的角度解释。①

三、考虑所有客观情况

公约第8条第(3)款,是对该条第(1)款和第(2)款的补充,要求法院或仲裁庭审理案件时应考虑与案件有关的所有客观情况,如洽谈过程、双方之间确立的习惯做法和惯例以及随后的行为。有的法院根据第8条第(3)款的规定,归纳出还需考虑的因素,包括接收货物(未提出异议)、支付价款、卖方发送发票或买方签收发票等。

四、依习惯做法和惯例解释

习惯做法(practices)和惯例(usages)在国际贸易中被普遍采用。当事人在法律允许的范围,可依据合同自由和意思自治原则订立合同,根据具体交易特点和各自利益确定合同内容。国际货物销售合同在表现形式上,大致可分为无洽商且无书面形式的合同(如国际电商交易)、多次反复使用的格式合同(如一方提供自己的版本,或双方选

---

① 参见 CISG-DIGEST-2016《判例法摘要汇编》关于公约第8条的判例汇编。

择通用版本)以及经过协商正式订立的书面合同。这些合同,即使是后两种书面合同,其条款不可能包括交易的各个方面,因此就给合同的解释留出空间,其中双方当事人之间业已形成的习惯做法或约定的惯例是考察的重要方面。

根据公约第8条第(3)款的规定,当事人之间确立的习惯做法,可以约束当事人。在持续、重复的交易中,虽无书面约定但已经被各方遵守的做法,如卖方开出发票后买方10日内付款,或合同成立后买方15个银行工作日内开立信用证、买方提供的由著名检验机构出具的品质检验报告可视为有效索赔依据等。需要特别注意,习惯做法的限定条件是"当事人之间确立的",而公约并未明确,要想构成具有约束力的习惯做法,双方所需要的交易时间,或某种做法经常被遵守的次数。通常认为,双方的交易应持续一定时间,并曾经订立若干合同。有法院认为某种做法仅出现两次不足以被认定为在当事人之间确立的习惯做法。该标准注重双方当事人之间的独特做法,而非普遍适用的做法。如果双方之间的习惯做法与公约规定不符,习惯做法优先于公约适用。对习惯做法的解释也应该遵循自治解释原则,从公约内容或依国际私法规则所适用的国内法解释,而不得直接以解释者、裁判者所在国之法律解释。

惯例(usages)亦为解释当事人声明和其他行为时需考量的因素。需结合公约第9条理解,请见下文对公约第9条的分析。

确定一方当事人的声明和其他行为、意图,以哪个时间为准?作出声明或其他行为时,合同成立时还是争议发生后的协商阶段,或者案件审理阶段?根据条文和相关案例,可以理解为,第8条第(1)(2)款中所提及的声明和其他行为、意图的时间,应为该声明或行为生效时间,通常为合同成立时间。第(3)款提及的当事人其后的行为,应为合同成立后的履行阶段或争议发生后的协商、救济阶段的行为(如开具发票、支付货款、接收货物并转运给第三方最终用户、同意支付违约赔偿金等)。

五、标准交易条件的地位

国际贸易中,一方当事人尤其是在市场上具有强势议价地位的一方,常常在订立合同时将其公司制订的标准交易条件(Standard Terms and Conditions)或通用交易条件(General Terms and Conditions)作为附件或并入合同,以期约束双方当事人。如规定"The General Terms and Conditions of Sale and Purchase (the GTCs) are incorporated into and shall apply to this Agreement. If there is any inconsistency between the provisions of this Contract (not including the GTCs) and the GTCs, the provisions of this Contract shall prevail to the extent of any inconsistency"。

(一)标准交易条件属合同订立范畴

虽公约对标准交易条件未有特别规定,但标准交易条件的并入问题,显然包括在第4

条第一句所规定的"销售合同的订立"之中。标准交易条件是要约或承诺的一部分,应根据公约第 8 条、第 9 条关于合同解释的规定解决。并入的形式,也要根据公约的规定解决,包括另一方获取标准交易条件的方式、语言等。对于双方当事人提供的相互冲突的标准交易条件即合同格式之战(battle of the forms),同样可以由公约规定解决。

(二)标准交易条件并入的效力

标准交易条件,通常包括标准格式合同和共同条件,可统称为标准合同。其有两种类型,一种是示范合同格式(model contract forms),另一种是定型化合同(contract of adhesion)。前者供人们起草合同时参考,当事人可以协商修改。而后者由一方当事人向另一方提供,一般不得就其条款进行谈判和修改,即"或者接受,或者拒绝"(take it or leave it)。二者的这种区别在瑞士大西洋海上装备公司诉鹿特丹煤炭中心一案中,得到里德(Reid)法官的认可。① 国际贸易中的标准合同通常为前者,如谷物销售合同、成套设备供应安装共同条件、租船合同等,但有些格式合同则属于后者,如提单、保险单等。我国法律中的格式条款,多指后者。在标准交易条件的效力方面,特别是如何公平地解释其内容,需考虑不同因素,如标准交易条件的公开度。如果当事人对其内容有不同理解,公约第 8 条及其所蕴含的解释原则,尤其是对格式合同提供方作出不利解释原则,应予适用。需要注意的是,国内法对条款内容的解释,不予适用。但国内法针对标准交易条件内容因不公开或不明确而无效的相关规定,应予适用。因为此类不公开或不明确的规定,涉及标准交易条件的效力问题,根据公约第 4 条(a)项的规定,应由国内法解决。

标准交易条件并入的效力,需依据公约第 8 条和第 14 条的规定解决。标准交易条件的有效并入,至少需要当事人以明示方式规定在合同中,且应足够清晰明确。否则,不能实现公约第 8 条第(2)款所规定的结果,或者不能根据第 8 条第(1)款确定"已知道"或"不可能不知道",因此不能有效并入合同。明确拒绝可以排除有效并入,而明示同意则导致其适用于合同,即使明示同意的一方并不知道或理解标准交易条件的内容。在有相反通用条款(格式条款之争)的情况下,合同基于当事人协商条款和通用条款中的任何标准条件而成立,除非一方事先,或事后但不迟延地,清晰明确地提出反对。最重要的是,实践中一方当事人对此不明确提出反对而是保持沉默,根据公约第 4 条(a)项的规定,标准交易条件的效力问题已被明示地排除出公约适用范围。因此,其效力问题应由第 8 条、第 9 条和第 14 条解决。常发生争议的问题是,是否可以从第 8 条推断出,标准条件的提供者负有将其提供给另一方的一般责任,还是仅仅引用标准交易条件就足够了。德国联邦法

---

① 参见〔英〕施米托夫:《通过标准合同与共同条件统一与协调国际贸易法》,载〔英〕施米托夫:《国际贸易法文选》,赵秀文选译,中国大百科全书出版社 1993 年版,第 202—204 页。

院采普遍观点,要求提供标准交易条件的一方应将其提供给另一方当事人。但有两种例外情形,即已拥有标准交易条件知识,以及习惯做法或国际惯例与标准交易条件相同。如果标准交易条件被普遍接受成为国际贸易惯例,其并入合同系基于第9条,而非第8条。此外,仅将标准交易条件提供给合同另一方的财务结算部门不足以构成有效并入,因为不属于向另一方有效提供了文本。决定性的因素是,对标准交易条件的引用,应足以使第8条第(2)款规定的通情达理之人,能够理解并且对这些标准交易条件有合理注意的机会。至于何谓合理注意,可从多方面考察:一方向另一方提供这些条款,是明显提供了合理注意机会;在合同协商过程中,把这些条款置于谈判桌之上,提供标准交易条件的当事人提及该标准交易条件,也足以满足合理注意的条件;经询问,可以容易地熟悉这些标准交易条件,也构成提供合理注意机会。标准交易条件的有效并入,以合同协商中至迟在合同成立时被引用为条件。有判例认为,合同正面提及背面印有的标准交易条件,可以构成有效并入;但仅在合同背面印制标准交易条件,而正面没有提及,则不足以构成有效并入。对于在一方当事人互联网主页上获取标准交易条件是否足以有效并入合同存在争议。需注意,这不符合德国联邦法院的标准。标准交易条件所使用的语言,如果对方不理解或不应该理解,也会影响其有效并入。同理,如果引用时的用语与合同语言不同,也可能影响有效并入。默示并入或以双方之间已确立的习惯做法并入,只能在另一方当事人对该标准交易条件有明确的认知的情况下才构成有效并入。如果当事人之间对拟并入的标准交易条件不明确,仅提及"通常条件""合同基础",则不足以构成有效并入。如果代理人能够理解标准交易条件所使用的语言,则推定其所代理的当事人也能够理解该标准交易条件。标准交易条件提供方应证明其标准交易条件的可理解性(perceivability),但如果另一方明示同意并入,即使标准交易条件有不可理解性,也构成有效并入。

(三)标准交易条件的解释

标准交易条件的解释,通常根据公约总则的规定进行。但很多案例认为,考虑标准交易条件的文本提供者在第8条第(1)款中的主观意图,是不恰当的,而对提供文本一方作出不利解释原则特别重要。然而,标准交易条件的使用越普及,该规则的应用就越少。在解释被广泛使用的标准交易条件时,法院会考虑其他因素。在一定范围内,第8条被赋予了规范标准交易条件的功能,而且其适用优先于那些旨在规范合同内容的标准交易条件的国内解释规则。[①]

---

① See Schlechtriem & Schwenzer, Commentary on the UN Convention on the International Sale of Goods (4th Edition), Oxford University Press, 2015, commentary on Art. 8; CISG-AC Opinion No. 13, Inclusion of Standard Terms Under the CISG. Rapporteur: Professor Sieg Eiselen, College of Law, University of South Africa, Pretoria, South Africa. Adopted by the CISG Advisory Council following its 17th meeting, in Villanova, Pennsylvania, USA, on 20 January 2013. 另参见 CISG-DIGEST-2016《判例法摘要汇编》关于公约第8条的判例汇编。

在前文引用的(2019)津民终 90 号案中，天津市高级人民法院对公约的解释问题作出精辟论述。就补充协议增加总价款后，预付款是否相应增加的问题，判决认为该问题系属合同解释问题。判决引用公约第 8 条认为，该条规定虽从字面而言仅仅提及对"声明"和"行为"的解释，但同样也适用于对"合同条款"的解释。依照该条规定：第一，第 8 条第(1)款采取主观标准原则，即对双方当事人订立合同的主观意旨做实质性的探询。但是，该案双方当事人对案涉钢材买卖合同相关条款反映的主观意旨各持己见，故该案难以适用第 8 条第(1)款规定，而应适用第 8 条第(2)款规定。第二，第 8 条第(2)款采取客观标准原则，在确定何为"一个与另一方当事人同等资格、通情达理的人处于相同情况中，应有的理解"时，应结合当事人实际使用文字的含义、上下文脉络、商业合理性等因素，并应适当考虑第 8 条第(3)款规定的"与事实有关的一切情况"，予以综合考量。首先，按照文字含义，该案中的补充协议对合同总价款予以增加，同时约定"所有原合同的条款保持不变"，而合同中的预付款条款也属于"所有原合同的条款"之一。故文字含义不能得出案涉"钢材买卖合同预付款应按补充协议增加总价款予以相应增加"这一肯定的、唯一的结论。其次，按照上下文脉络，补充协议在约定增加 68000 美元后，明确提及增加后的合同总金额为 781713 美元，但并未对 68000 美元还应追加支付 30% 预付款作出明确约定。相反，该补充协议一方面明确原合同的预付款 214114 美元已经通过电汇支付(按照原合同第 2 条的约定)，另一方面明确"所有原合同的条款保持不变"。故按照上下文脉络亦难以认定案涉钢材买卖合同预付款按补充协议增加总价款予以相应增加系属补充协议应予调整的事项。再次，按照商业合理性，如果当事人就案涉钢材买卖合同"增加总价款，预付款也应相应增加"这一事项协商一致，则应在补充协议中对此予以明确约定，特别是在补充协议已经明确原合同预付款已经支付，即当事人在签订《补充协议》时已经充分注意、考虑到原合同预付款金额及其支付情况的情形下，为避免理解歧义，更应作出明确约定。但补充协议并未对此作出明确约定。故按照商业合理性不能认定案涉钢材买卖合同预付款应按补充协议增加总价款予以相应增加。最后，按照与事实有关的情况，特别是当事人其后的行为，现有证据不能看出补充协议签订后，卖方就买方未支付与补充协议增加总价款对应的预付款作出任何催告。双方当事人往来的电子邮件中亦不能看出卖方拒绝发货是因买方未支付与补充协议增加总价款对应的预付款。故按照与事实有关的情况，亦不能认定案涉钢材买卖合同预付款应按补充协议增加总价款予以相应增加构成双方当事人合意内容。综上，法院认为，买方未再支付与补充协议增加总价款对应的预付款，不构成根本违反合同，卖方以此主张买方未完成其先合同义务的上诉理由不能成立。

六、第8条所涉其他问题

(一) 口头证据规则

口头证据规则(Parole Evidence Rule)是英美法规定的证据规则。根据《布莱克法律词典》的解释,口头证据规则是普通法上的一项原则,当事人意在构成各方最终协议的书面约定,不被该协议订立前或订立时的其他协议的证据所补充、变更或抵触。通常用于防止当事人使用与最终书面形式的合同订立前或订立时的谈判相关的证据,旨在拒绝先前形成的与之后的书面合同相悖的外部证据,以保持书面合同的完整性。其适用需符合三个条件,即存在一个当事人之间的最终书面合同;一方当事人提出其他口头或书面外部旁证(extrinsic evidence);一方当事人欲利用该外部旁证推翻、修改或补充书面合同。该规则在美国的适用存在很大差异,且经常受到诟病。《美国第二次合同法重述》的态度是,在判断双方是否希望该书面文件成为其义务的完整和最终陈述时,可考量所有外部旁证,包括洽商证据。美国货物销售法也持相同态度。公约咨询委员会针对该问题出具第3号咨询意见指出,该口头证据规则未引入公约。原因是:首先,大多数国家的法律制度允许合同争议中采纳所有有关证据解释合同;其次,口头证据规则的适用,尤其是在美国的适用,存在多样性和极端复杂性的特点,一直是诟病对象;最后,因为公约具体已经解决了普通法下的口头证据规则的管辖问题,公约不存在漏洞,没有理由求诸并不统一的国内法,因此公约在解释当事人的陈述和其他行为时,可以参考洽谈、起草过程中的内容。该规则虽名为"口头",但所排除的先前证据不限于口头,也包括洽商阶段的书面证据。虽为"证据规则",但不是程序法中的证据规则,而是合同解释规则。在著名美国案例 *MCC-Marble Ceramic Center, Inc. v. Ceramica Nuova D'Agostino, S. P. A.*案中,意大利卖方同意向美国佛罗里达的买方出售瓷砖。在买方拒绝按约支付货款后,卖方拒绝履行剩余的订单。买方起诉卖方违约,卖方以买方付款违约抗辩。卖方根据合同背面预先印制的条款主张在买方没有付款的情况下,卖方有权取消合同。买方援引双方在洽商阶段的证据证明合同不包括预先印制的条款。初审法院适用口头证据规则支持了卖方的主张。第十一巡回法院推翻原判,认为在公约适用于合同的情况下,口头证据规则不予适用。①

(二) 普通词义规则

普通词义规则(Plain Meaning Rule)是英美法国家合同解释规则之一,指如果一个

---

① See CISG-AC Opinion No. 3, Parol Evidence Rule, Plain Meaning Rule, Contractual Merger Clause and the CISG, 23 October 2004. Rapporteur: Professor Richard Hyland, Rutgers Law School, Camden, NJ, USA. Footnote 16, Case MCC-Marble Ceramic Center, Inc. v. Ceramica Nuova D'Agostino, S.P.A., 114 F.3d 1384,1388-89 (11th Cir. 1998); E Allan Farnsworth, supra note 11, §7.2 at 428-30.

书面法律文件或规定的措辞,其字面意思是明确无误的,则应以该措辞本身的字面意思确定其含义,而不应使用外部证据解释。该规则基于这样的假设,即如果语言足够清晰,其意思可自我确定,就不必求助其他外部证据解释。该规则在美国的适用并不统一,《美国第二次合同法重述》和《美国统一商法典》拒绝该规则。UPICC 也没有采纳该规则,其认为即使存在合并条款,先前的陈述或协议也可以被用来解释书面合同。公约咨询委员会第 3 号咨询意见指出,该规则没有被引入公约。

(三)合同合并条款

根据公约咨询委员会的解释,合同合并条款(Contractual Merger Clause)又称完整协议条款(Entire Agreement Clause)或完整合同条款(Integration Clause),在于阻止一方当事人利用书面合同之外的陈述或约定来补充或否定书面合同。当事人如果想将所有约定全部体现于最终的书面合同中,排除任何之前的证据,则可以根据公约第 6 条明确订立完整协议条款,减损公约的效力。此举可以达到两个目的,一是排除以书面合同的外部旁证补充或否定合同,二是排除以此类外部旁证解释合同。该条款又被形象地称为"四角条款"(Four Corners Clause),假设每项内容均书写于一张完整的兽皮的四角以内,则双方意图仅根据四角以内的内容解释。当然,此类合并条款或完整协议条款的效力是否足以阻止援引外部旁证,也要根据公约第 8 条的标准而不能根据国内法认定。根据公约,一个合并条款或完整协议条款并非统统具有排除外部旁证的效力,只有当具体措辞及其他相关因素十分清晰地表明当事人减损第 8 条关于解释合同的效力时才有效。常见的完整协议条款如"This Agreement together with its Annexes and any amendment(s) shall constitute the entire agreement between the Parties in connection with the sales and purchase of the Goods supplied under the Agreement and shall supersede and extinguish all prior or contemporaneous understandings, draft agreements, agreements, negotiations, representations, warranties, promises, assurances, and communications, both written and oral in connection with such sale and purchase of the Goods the subject of the Agreement"。合同订立此条款,任何一方当事人不得援引之前的任何口头或书面约定、陈述等补充、否定或解释合同。合并条款通常不排除习惯做法和惯例。当然,关于合并条款本身的效力争议,根据公约第 4 条(a)项的规定,公约并不管辖,由合同所适用的国内法解决。

(四)异常条款

异常条款(Surprising Clause)又称意外条款或不寻常条款,指根据客观情形,尤其是从合同外观(内容、语言和表现形式)衡量,显示过于异常,以至于相对人不能合理预见,而出现的合同条款,该条款被视为未订入合同。由于异常条款超出相对人的预期,作为标准条款的一部分,不能作为合同条款约束相对人。如果标准交易条件含有此类条款,则该部分条款不能有效并入合同,但不影响其他条款的并入。因为,另一方当事人可能会误解其作出此陈述的意图[第8条第(1)款],此类条款也不符合一个通情达理之人在与另一方当事人相同情况下应理解其意图的条件。另外,该条款还必须依其本身的内容、语言等判断。当然,如果相对人明示地表示接受,则另当别论。

(五)单独商定条款效力优先

单独商定条款优先于标准交易条件,这取决于合同上下文,以及当事人意图的重要性,因为存在的假设是,单独商定的条款比标准条款更能准确反映当事人的意图。①

总之,根据公约立法文件及判例,通常而言,公约第8条的适用范围非常广泛,不仅适用于在谈判阶段的当事人声明以及行为的解释,如要约、要约撤回、要约的拒绝等,从而确定一份合同是否成立,也适用于解释合同成立后当事人在履行过程中的声明和行为,以便对合同条款或词语作出解释,并且应当排除国内法合同解释规则的适用。贸仲的一些仲裁裁决阐述了相同的观点。②

第七节 商业惯例和习惯做法的效力

公约第9条将惯例分为当事人之间约定的惯例(usage agreed)和确立的习惯做法(practices established),以及通用惯例(general usage)或商业惯例(commercial usage),并赋予其不同的解释规则和效力。

一、当事人之间约定的惯例和确立的习惯做法

此类惯例和习惯做法,包括国际惯例、区域性惯例、地方惯例、交易中心或港口惯例等。只要当事人约定该惯例,不论明示或默示,都对他们具有约束力。明示(express),指当事人明确将某惯例并入合同。默示(imply),是指没有书面约定而是根据当事人行为推测出其表示同意和接受。惯例和习惯做法对双方具有约束力,仅在某种程度上反映当事人在业务关系或各种合同关系中的惯常行为。在(2016)最高法民再373号国际货物买卖合同纠纷案中,双方当事人对争议适用INCOTERMS 1980无异议。最高人民法院认为,案涉合同采用C&F.FO价格术语,根据该解释通则的规定,该价格术语的含义是"卖方必须支付成本费和将货物运至指定目的地的运费,但是有关

---

① See CISG-AC Opinion No. 3, Parol Evidence Rule, Plain Meaning Rule, Contractual Merger Clause and the CISG, 23 October 2004. Rapporteur: Professor Richard Hyland, Rutgers Law School, Camden, NJ, USA.

② 参见中国国际经济贸易仲裁委员会编:《〈联合国国际货物销售合同公约〉在中国仲裁的适用》,法律出版社2021年版,第37页。

货物灭失或损坏的风险和所增加的费用则自装运港货物越过船舷后即由卖方转移至买方承担",FO 意为"在目的港船上交货,不包括卸货费"。案涉合同采用 C&F 价格术语则意味着货物风险自越过船舷时转移至买方。而"鱼粉不得含有任何活昆虫"和"买方保留卸货港复验权"的约定并没有改变原有价格术语的构成,货物自越过船舷时的风险以及投保义务仍然属于买方。如果一方当事人主张在双方之间业已确立某种习惯做法,则应举证证明该习惯做法的存在。(2020)鲁 02 民初 872 号案中,双方争议适用公约。原告提供了大量证据证明,其他所有合作项目的价格确定方式均为先行商定价格而后进行实际交易。双方已形成的交易惯例模式为:商定价格后,原告按照商定价格报关、租船和出具发票,并以邮件方式将提单、发票及装箱清单等材料发送给被告,被告按照提单、报关单、发票金额确认合同价款并实际履行。案涉项目中,原告按照双方交易惯例,向被告提交了货物发票、提单、装箱单等材料,原告已经履行合同义务,被告应当按照双方交易习惯支付货款。法院认为,原告和被告未签订书面的国际货物买卖合同,双方均认可他们之间的交易惯例为先行商定价格,而后进行实际交易。最终确认在双方之间已确立该习惯做法并据以确定货物的总价。

双方在交易中确立的习惯做法,可以由法院根据双方交易的事实和本国法律认定。2023 年 12 月 5 日起施行的最高人民法院《关于适用〈中华人民共和国民法典〉合同编通则若干问题的解释》(以下简称《民法典合同编通则解释》)第 2 条将"当事人之间在交易活动中的惯常做法"列为交易习惯的一种。

二、通用惯例或商业惯例

公约第 9 条第(2)款规定了在当事人没有约定具体惯例时,通用惯例或商业惯例的适用问题。通用惯例或商业惯例是在国际贸易中被广泛遵守的惯例,其适用与第 9 条第(1)款中的约定惯例有明显区别。如弗兰考·费拉利(Franco Ferrari)教授强调,不能将第 9 条第(1)款和第(2)款的惯例相混淆,区分其差别很重要。依第(1)款规定,只要惯例被明示或默示接受,即对该当事人具有约束力。而依第(2)款规定,不论当事人最终是否接受或将其并入合同,只要符合一定条件,即对他们具有约束力[1]。适用第 9 条第(2)款所规定的惯例,并非以当事人明示或默示约定为前提,而是以某些客观条件为前提。这些条件为:第一,当事人知道或应当知道。此条件不要求当事人必然确实知道该惯例,因为与第 9 条第(1)款规定的双方约定的具体惯例不同,确立已久的国际上公认的通用惯例或商业惯例的强制性来源于其影响力和普遍适用性,它们享有常识性推定和默认接受的效力,因为其存在并不与特定的商业操作相关。在国际

---

[1] See Jorge Oviedo Albán, Usages and Practices in Contract for the International Sale of Goods, Vniversitas, Vol. 135, pp. 255-282(2017).

贸易的各个领域都存在此类被广泛接受的惯例,如国际货物销售、海运、保险、结算和融资等领域,尽管当事人可能并不十分熟悉和精通,但通常会将其列为第9条第(2)款中约束当事人的惯例。有的法院根据第9条第(2)款将 INCOTERMS 认定为约束当事人的惯例,也有的法院将《国际商事合同通则》第1.9条列为商业惯例,中国法院也将 UCP600 列为此类惯例。这就要求国际贸易从业人员对交易中可能涉及的商业惯例,不仅知晓,还应精通。第二,该惯例广为人知且经常被遵守。该惯例应为国际层面以及国际贸易领域被广泛知晓并采用的惯例,不应是国内惯例或与国际贸易无关的惯例。此惯例不必要求在所有商业领域都广为人知,可以为区域性或地方惯例,只要是源于国际贸易操作或与国际贸易直接关联即可。如在一个案件中,德国卖方与奥地利买方就木材买卖合同发生争议,德国卖方主张区域性惯例适用于本合同,约束当事人。奥地利一审法院、上诉法院和最高法院认为,这些惯例是德国与奥地利当事人之间在木材买卖合同中的做法,根据公约第9条第(2)款适用于合同。因此支持德国卖方的主张。另有案例认定,只有要约国和受要约国都存在的、广为人知的惯例才可以具有第9条第(2)款所规定的约束力。该案件中,德国买方主张的惯例是,如果以"确认书"的方式确认一个合同,另一方未作出回应,即视为接受。但法国卖方所在地并无此惯例。该案件的审理法官认为,此惯例不能适用于所争议的合同。只有当事人所在的缔约国都有此惯例,且该惯例的效力必须为双方所理解时,才对当事人具有约束力。①

从以上论述可以发现,公约第8条第(3)款规定的习惯做法和惯例,强调其解释功能,而第9条的规定强调其规范功能,强调习惯做法和惯例对当事人的约束力。需要注意的是,第9条规定的习惯做法或惯例的约束力与其效力不同,只有有效的习惯做法和惯例才约束当事人,但依据公约第4条的规定,习惯做法和惯例的效力不属于公约调整范围。若双方当事人因对其效力发生分歧而主张其无效,不适用公约,而应依据准据法解决。与销售合同的订立及双方当事人的权利和义务相关的意图,仍适用公约第8条解释。

在双方确立的习惯做法与公约规定冲突时,习惯做法优先适用,而当惯例与习惯做法不一致时,惯例优先适用。

INCOTERMS 作为国际贸易领域最广为人知的国际惯例,既可以根据公约第9条第(1)款由双方约定适用于合同,也可以依照第9条第(2)款在符合主观和客观条件的情况下由法院或仲裁庭裁判适用。INCOTERMS 术语和公约在交货、风险转移和货款支付方面相互影响。贸易术语不涉及合同成立、支付义务以及违约损害赔偿,其风险转移的规定

---

① See Schlechtriem & Schwenzer, Commentary on the UN Convention on the International Sale of Goods (4th Edition), Oxford University Press, 2015, commentary on Art. 8; UNCITRAL Legal Guide to Uniform Instruments in the Area of International Commercial Contracts, p. 33, https://uncitral.un.org/sites/uncitral.un.org/files/media-documents/uncitral/en/tripartiteguide.pdf. Accessed 2022-04-23.

也不能完全取代公约的规定,因为其仅系根据公约(第6条)对公约效力的部分减损。美国有法院已经判决,INCOTERMS 的定义根据公约第9条第(2)款并入公约,适用于合同,即使合同中并未明示引用其术语。另有俄罗斯仲裁庭、瑞士法院和中国法院持相同态度,即合同引用了 INCOTERMS 贸易术语,其解释规则就适用于解释合同。① 但有观点认为,各国对贸易条件的缩略语并非均与 INCOTERMS 所赋予的含义相同,因此 CIF 或 FOB 等术语并不能当然适用于合同。②《民法典合同编通则解释》第2条规定的交易习惯之一是:在交易行为当地或者某一领域、某一行业通常采用并为交易对方订立合同时所知道或者应当知道的做法。可以理解为,该规定相当于公约第9条第(2)款规定的通用惯例或商业惯例。只要当事人在订立合同之时知道或应当知道该交易习惯的存在,该当事人即应受其约束。《适用国际条约和惯例解释》第6条所指国际惯例,应属此类。

三、习惯做法和惯例的适用与举证责任

根据弗兰考·费拉利教授的观点,首要问题是能否勾勒出一个或多个举证责任原则以根据第7条第(2)款排除国内法的适用。虽有观点反对公约适用于举证责任问题,但主流观点认为公约能够适用于举证责任。原则上,自某项规定获取利益的当事人,应承担证明该项规定所确立的实际先决条件。因此,援引习惯做法或惯例的当事人,应证明其存在。至少在国内法院将习惯做法或惯例界定为事实问题,或法院没有义务依职权调取惯例的情况下,该当事人通常会被要求承担举证责任。未经证明的习惯做法或惯例,对双方当事人无约束力。③

第八节　合同订立的形式

公约第11条规定:

> 销售合同无须以书面订立或书面证明,在形式方面也不受任何其他条件的限制。销售合同可以用包括人证在内的任何方法证明。

根据该条规定,当事人订立国际货物销售合同的过程(如要约、承诺等)以及合同

---

① See Leonardo Graffi, Remarks on Trade Usages and Business Practices in International Sales Law, Journal of Law and Commerce, Vol. 29, pp. 102-123(2011); CISG-DIGEST-2016《判例法摘要汇编》关于公约第9条的判例汇编。

② See Franco Ferrai, Relevant Trade Usage and Practices Under UN Sales Law, The European Legal Forum, Vol. 5, pp. 273-277 (2002).

③ See Schlechtriem & Schwenzer, Commentary on the UN Convention on the International Sale of Goods (4th Edition), Oxford University Press, 2015, commentary on Art. 8.

形式,可以是书面形式,也可以是书面以外的形式,如口头形式、以行为达成的协议等。同样,证明合同的存在也不限于书面形式,可以是包括证人在内的其他形式。

一、合同形式自由原则

合同形式自由原则在公约的前身《海牙公约》(Hague Conventions)中即已确立,在公约起草过程中该原则受到一些国家的反对,尤其是当时的社会主义国家基于计划经济对国际贸易合同形式的严格限制,这些国家认为外贸合同应限于书面形式,不应规定口头形式。为照顾各方诉求,争取更多国家加入公约,公约在规定当事人可以任何形式订立合同的同时,允许缔约国根据第12条和第96条对合同形式提出保留。公约第11条规定的合同形式要求,仅限于公约适用范围内的事项,不适用于根据公约第4条排除适用的事项。公约适用范围内的事项的合同形式要求也不适用国内法,除非缔约国根据第12条和第96条对第11条提出保留。为避免国内程序法对公约确立的合同形式自由原则的削弱,公约第11条第二句明确规定,销售合同的存在(当事人的合同陈述)可以用任何形式证明。

公约首先规定了合同形式自由原则,同时根据公约订立时通讯科技的发展情况赋予书面概念以非常开放和现代的形式,除纸质载体外,还包括使用(当时)现代通讯方式,即电报和电传(第13条)。自公约订立至今,以数据电文为技术支持的现代通讯方式被大量使用,比如传真、电子邮件、即时聊天、视频会议或其他电子通讯方式。公约所规定的书面、电传和电报形式应为原则性规定,其没有包括的书面形式应根据第7条第(2)款的填补原则加以扩展。只要该通讯方式能够显现或通过打印显现、能够读取和理解,以及在必要时可以作为证据使用,就可以被视为书面形式。2002年公约咨询委员会针对国际货物销售合同中现代通讯方式的使用,签发了第1号咨询意见,对相关问题提出指导性观点。①

合同形式自由原则,适用于合同的修改、解除、执行中的沟通等。有法院判决当事人口头约定或以行为表示合同成立的,即使未在合同上签字,合同也成立。甚至口头通知可以变更书面合同的内容,如关于合同不符合约定的通知,可以是书面也可以是口头形式。但如果当事人以明示或默示方式约定了特定形式,一经约定就应满足该特定形式的要求。公约第11条就证明合同的存在作出规定,免于当事人提供证据证明国内法的有关的规定。适用于公约的合同,可以用任何方式加以证明,包括书证、人证、行为等多种方式。国内法关于合同必须以书面证据证明的规定,不再适用。

---

① 2002年8月15日,公约咨询委员会第1号咨询意见针对电子通讯若干问题提出的观点,涉及公约第11条、第13条、第15条、第16条第(1)款、第17条、第18条第(2)款、第20条第(1)款、第21条第(1)(2)款、第22条、第24条、第26条第(2)款、第27条、第32条第(1)款、第39条、第43条、第47条、第63条、第65条、第67条、第71条、第72条、第79条和第88条。

公约第 11 条限制和削弱了合同书面形式的要求,即公约第 11 条、第 29 条和第 Ⅱ 部分的条款(第 14 条至第 24 条)规定合同成立、变更、终止,或任何要约、承诺或其他意图可以用书面以外的形式,但并非绝对的,要受公约声明保留条款的约束(第 12 条)。同时要注意到,公约关于合同形式要求的规定是基于"或书面或口头"二选一的方式,对近年来电子商务交易带来的合同形式新问题没有涉及。而根据合同形式自由规则,合法的电子商务沟通形式是有效的,公约也因此适应总体发展趋势。

二、对合同形式的声明保留

公约第 12 条规定:

> 本公约第十一条、第二十九条或第 Ⅱ 部分准许销售合同或其更改或根据协议终止,或者任何发价、接受或其他意旨表示得以书面以外任何形式做出的任何规定不适用。如果任何一方当事人的营业地是在已按照本公约第九十六条做出了声明的一个缔约国内,各当事人不得减损本条或改变其效力。

也就是说,如果一方当事人营业地所在的缔约国,已根据公约第 96 条对公约第 11 条、第 29 条及第 Ⅱ 部分作出保留,则这些条款中关于销售合同或其更改或根据协议终止,或者任何要约、承诺或其他意图的表示,就必须用书面形式作出,而不得以书面以外的任何形式作出。并且第 12 条的规定是强制性的,当事人不得根据公约第 6 条排除适用,也不得减损或变更其效力。这是公约唯一一项强制性规定。但声明保留的效力不及于这些条款之外的条款,如,当事人仍然可以根据第 39 条以书面以外的形式通知货物不符、根据第 47 条和第 63 条通知履行宽限期等。

若一方当事人的营业地位于声明保留的缔约国,判断合同形式所涉问题以哪个国家的法律为准存在争议。一种观点认为,不应以声明保留的缔约国的法律为依据,而仍以国际私法规则指向的准据法为依据。另一种观点认为,应以声明保留的缔约国的法律为依据。如,中国政府在 1986 年批准公约时根据第 96 条声明保留,不承认非书面合同的效力。当时,如果营业地位于中国的当事人与营业地位于另一缔约国(未声明保留)的当事人之间订立国际货物买卖合同,按照第一种观点,不能直接适用《涉外经济合同法》关于对外贸易合同必须以书面形式订立的规定认定合同在形式方面无效,而应根据国际私法规则确立合同的准据法,再根据准据法确定合同形式是否符合要求。如果准据法是中国法律或其他声明保留的缔约国的法律,则认定合同形式无效;如果准据法是另一没有声明保留的缔约国的法律,则应根据该国法律认定合同形式有效。按照第二种观点,可以直接适用《涉外经济合同法》认定合同无效。应该认为,第一种观点更为合理。1999 年中国颁布《合同法》,其第 10 条规定当事人订立合同的形式,有书面形式、口头形式和其他形式。《合同法》的施行使《涉外经济合同法》自动废止,从而废止了合同必须以书面形式订立的规定。2013 年 1 月,中国政府正式通知联合国秘书长,撤回对公约所作"不受公约第十一条及与第十一条内容有关的规定的约束"的声明,该撤回于 2013 年 8 月 1 日正式生效。故营业地位于我国的当事人对外订立国际货物销售合同,可以不限于书面形式,适用中国法时导致合同形式无效的情况将不会再发生。这就要求当事人在订立国际贸易合同时,应充分认识合同形式的意义。在合同中尽量明确订立法律适用条款,选择所适用的法律。在自动适用或选择适用公约时,要考察相关缔约国是否有保留声明。[①] 如有保留声明,则书面形式以外的其他形式如口头、行为等可能被认定为无效,否则可能均对当事人构成约束。在作出意思表示时需采用适当方式,避免风险,同时不仅要注重保留和搜集书面证据,还需时时保留非书面证据。

三、何谓书面形式

公约没有定义"书面"本身,仅在第 13 条规定:

> 为本公约的目的,"书面"包括电报和电传。

通常"书面"(writing)应指用铅笔、钢笔或毛笔等传统书写方式在纸质媒介上书写形成的文本,以及该条所提及的电报和电传。公约咨询委员会第 1 号咨询意见指出,公约所指"书面"还包括各种能够有形地表现所载内容的电子通讯。因此,咨询意见将书面形式扩大到电报和电传外的其他电子通讯方式,同时根据公约第 6 条的规定,还可以扩大到当事人约定的任何其他书面形式。任何电子通讯书面形式的应用,同样适用于与书面形式、通知有关的其他条款。如根据咨询意见,公约第 24 条可以解读为,在电子通讯中,第 24 条中的"送达"指电子通讯进入收信人之服务器的时刻,前提是收信人已明示或默示地同意用指定的电子通讯类型于指定的地址接收指定格式的电子通讯。与书面形式对应的"口头"形式,包括经由电子通讯传输的声音和即时电子通讯,前提是收信人已明示或默示地同意用指定的电子通讯类型于指定的地址接收指定格式的电子通讯。该咨询意见不影响缔约国根据公约第 12 条和第 96 条对合同形式作出的保留。在(2018)津 0116 民初 38 号案中,法院认为,根据公约第 11 条的规定,综合双方提交的证据,原告提交的往来邮件及其他证据能够相互印证,且符合正常交易习惯,每笔交易形成的材料之间具有高度的一致性,因此对于原告主张其与被告之间存在国际货物买卖合同关系的事实,法院予以采信。

---

① 截至 2023 年年底,根据公约第 12 条和第 96 条对合同形式作出保留声明的国家有:阿根廷、亚美尼亚、白俄罗斯、智利、朝鲜、巴拉圭、俄罗斯、乌克兰和越南等。

第九节　合同的订立和生效——要约

公约第Ⅱ部分就国际货物销售合同的订立作出规定。其中第14条至第17条规定要约,第18条至第22条规定承诺。第23条和第24条对合同成立时间、送达的含义等作出规定。

一、要约的概念

国际货物买卖合同是营业地在不同国家的当事人之间就货物买卖订立的合同。与其他合同一样,其成立需借助要约(offer)与承诺(acceptance)。[①] 国际贸易实务中,要约又称发价、发盘,是要约人(offeror)向相对人(受要约人,offeree)发出的要缔结合同的意思表示。英美法系将要约视为一种允诺,一经相对人接受,合同即告成立,允诺的内容成为合同义务。《美国第二次合同法重述》第24条对要约的定义解释为,要约是愿意成立一个交易的意思表示,要约的作出意在使他人明确,其对该交易的同意是受到意思表示作出人的邀请且其同意会缔结该项交易。《欧洲合同法原则》第2.201条规定一项提议构成要约需:(a)旨在经另一方当事人承诺,即令合同成立,并且(b)包含成立合同应具备的充分、确定的条款。

公约兼顾不同法系、不同法律文化背景的国家或制度体系,其合同成立条款更具包容性和广泛适用性。根据公约第14条规定,构成一项有效要约需具备四个要素:第一,要约人向一个或一个以上特定的人发出;第二,要约人发出的是与相对人订立合同的明确建议;第三,要约所提出的交易条件应足够确定,即应包含拟订合同的主要内容,如写明货物名称,明示或默示地订明货物数量和价格,或订明确定数量和价格的方法;第四,要约应明确,一经相对人作出承诺,要约人即受约束的意愿。

二、价格不确定的要约

根据公约第Ⅲ部分第55条的规定,一个没有明示或默示订明价格或确定价格方法的合同,可以通过该条规定的方式确定。可见价格不确定的要约,仍然可能使合同

---

① 公约官方中文文本将"offer"译为发价,将"acceptance"译为接受,分别对应现行中国法中的要约和承诺。同理,"seller"译为卖方,"buyer"译为买方,分别对应出卖人和买受人,等等。本书本应使用公约用语,考虑到概念相同,为照顾阅读习惯而使用现行法律用语。对公约其他不同于现行法律用语之处,叙述中尽量加以区别。另外,《纽约公约》的中文本用语也需注意,如把"parties"译为各造而非当事方,把"reciprocity"原则译为交互原则而非对等原则或互惠原则,把"agreement in writing"译为书面协定而非书面协议,等等。为叙述便利,本书亦使用现行法律用语。

成立。这种情况可能是双方之间存在关于价格或确定价格方法的默示约定，通过第 8 条的解释原则可以确定价格，或存在第 9 条规定的惯例或习惯做法。合同成立后，按照解释原则和惯例、习惯做法仍无法确定价格时，依据第 55 条确定，即"在没有任何相反表示的情况下，双方当事人应视为已默示地引用订立合同时此种货物在有关贸易的类似情况下销售的通常价格"。

三、包含标准交易条件的要约

上文已论及标准交易条件并入的效力问题。该问题在订立合同初期的发出要约阶段经常遇到。要约人提出要约建议的同时，提供未经双方协商的标准交易条件，欲使其成为合同的一部分。对该问题，大部分缔约国的法院或仲裁庭都按照公约第 Ⅱ 部分规定以及第 8 条关于公约解释、第 9 条关于惯例和习惯做法的规定，裁判标准交易条件是否有效并入合同，理由是标准交易条件属于要约的一部分，其并入问题属于合同订立范畴，应根据公约而非国内法认定当事人是否一致同意将标准交易条件并入合同。但也有案例认为，根据公约第 4 条(a)项，此问题属于国内法调整范围，可根据所适用的准据法认定并入的效力。无论如何应该认识到，标准交易条件是否有效并入，与标准交易条件作为国内法定义的格式合同的效力，是两个问题。前者应根据公约判断，后者根据公约第 4 条(a)项留给所适用的国内法认定。

关于商业确认书(Commercial Letters of Confirmation)的法律性质，根据其所具备的要约或承诺的要素，可将其定性为要约或承诺。如果商业确认书或订单(Purchase Order)的内容是经过双方当事人协商过的，经双方签署后合同成立。跨国网上拍卖、商品交易所的销售、投标公告等销售，属于公约管辖范围，其合同成立也适用公约第 Ⅱ 部分第 14 条至第 24 条关于合同订立的规定，但因为这些交易形式有其特殊的规定和惯例，现实中适用公约的案例并不多见。而通过跨境电子商务进行的交易，其合同成立也适用公约该部分的规定，且案例已经十分常见。①

四、要约与要约邀请

现实商业活动纷繁复杂，并非所有缔结合同的建议或提议均构成要约，也并非所有要约都为有效要约。英国法中，通过判例确定商店里的陈列(包括橱窗里陈列和展示的货物、超市和自助商店里展示的商品)、一般广告，以及招标、拍卖，都属于要约邀请(invitation for offer，又称虚盘)，不是要约(又称实盘)。在 1953 年的 *Pharmaceutical Society v. Boots* 案中，英国上诉法院判决，超市货架陈列的药品只构成一种要约邀请，而不是要约，只有顾客选好拟购的货物放入购物篮后到收款台交款时才由顾客提

---

① 参见 CISG-DIGEST-2016《判例法摘要汇编》关于公约第 9 条的判例汇编。

出要约,收款员收款后才属于接受要约,并完成交易。而自动售货(票)机有所不同,出售方安装好售货机并准备接受顾客的钱,就等于发出要约。顾客把钱投入投币孔时即为承诺。① 公约第 14 条第(2)款规定:

> 非向一个或一个以上特定的人提出的建议,仅应视为邀请做出发价,除非提出建议的人明确地表示相反的意向。

通常认为,要约与要约邀请的区别主要在三个方面:第一,要约是当事人自己主动愿意订立合同的意思表示,以订立合同为直接的目的;而要约邀请是当事人希望对方主动向自己提出订立合同的意思表示。第二,要约须包含将来订立合同的主要内容,且含有要约人表示愿意接受要约约束的意思;而要约邀请则不含有当事人接受约束的意思。第三,要约大多是针对特定的相对人;而要约邀请往往通过大众媒介如电视、报刊或小视频等手段宣传,一般是针对不特定相对人。国际贸易中一方向相对人发出的报价单(quotation)、商品目录(catalogues)等,属于要约邀请。意向书(letter of intention)、谅解备忘录(memorandum of understanding)等类似文件,是要约还是要约邀请,或者是订约协议还是合同,需根据其所记载的内容、当事人意图,以及第 8 条第(2)(3)款的解释原则作出认定。卖方在其网页上的展示商品介绍,通常是要约邀请,但如果其内容和意图明确,符合要约的构成要素,则为要约。

五、要约的生效

公约第 15 条第(1)款规定:

> 发价于送达被发价人时生效。

实践中,要约是否对当事人具有约束力,涉及合同是否成立,常引发争议。对要约生效问题应从多个方面加以考察。根据民法原理,可以分为有相对人的意思表示和无相对人的意思表示。要约属于有相对人的意思表示。要约只有被送达相对人时才生效,未送达不生效。至于送达的方式,根据公约第 24 条及相关规定,送达对方本人的方式可以是口头或面对面商谈,或者采用电报、电传或其他数据电文形式。实践中何为"送达"又常发生争议,通常认为,不仅其本人(就自然人而言)接收为已送达,还包括其代理人接收、送达其营业地或通讯地址,如无营业地或通讯地址,则送交对方惯常居住地,进入其邮箱或收发室,即为送达。在使用现代通讯方式时,公约咨询委员会对此的意见是,在电子通讯中,第 15 条的"送达"指电子通讯进入受要约人之服务器的时刻。

---

① 参见何宝玉:《合同法原理与判例》,中国法制出版社 2013 年版,第 21—25 页。

要约人以代理人或分支机构的名义为自己发出要约,根据所适用的代理法,可能受该要约约束。同样,在发出要约时,也要核实接受要约的人是其本人或是其代理人,避免要约不能有效送达相对人而不发生效力。要约人或受要约人的行为能力、代理关系效力等问题,涉及要约是否生效,而这些问题需要根据各自所适用的法律解决。在中国,当事人通常委托具有国际贸易经验的公司代理进出口业务,委托人事先与境外当事人联系或协商合同内容,再由代理公司对外订立外贸合同。此时出现多个中国当事人,要特别注意各自的分工和权利义务,主体清晰,避免要约混乱或无效。如果一项意思表示同时载明不受约束(non-committed)或待董事会批准生效(subject to approval of BOD),则不构成要约。从内容看,公约不要求要约必须包括合同所应具备的所有条款,如装运期、目的地、保险安排等。但如果卖方仅发送了样品,或者要约没有数量或确定数量的方法、没有价格或确定价格的方法,则不能满足构成有效要约的条件,通常不能导致合同成立。公约第 55 条是解决合同成立后价格无法确定的问题,其不能替代第 14 条第(1)款规定的要约应具备的要素问题。除非当事人另有约定或根据他们之间的惯例或习惯做法,能够确定合同成立。(2013)海民初字第 25538 号案中,法院认为,案涉争议适用公约。美国买方提出的发价已送达中国卖方并生效,中国卖方接受发价的通知亦已送达美国买方并生效,双方之间国际货物买卖合同的订立符合公约规定的合同订立程序,内容不违反公约的规定,合同依法成立。

六、要约的撤回、撤销和终止

(一)要约的撤回

公约第 15 条第(2)款规定:

一项发价,即使是不可撤销的,得予撤回,如果撤回通知于发价送达被发价人之前或同时,送达被发价人。

如要约人发出要约后因各种原因需要撤回要约,其撤回通知应早于或与要约同时送达受要约人,即要采取更加快捷的方式"拦截"要约,阻止其生效。公约咨询委员会关于撤回要约的意见是,以电子通讯方式撤回要约的前提是,受要约人已明示或默示地同意用指定的电子通讯类型在指定的地址接收指定格式的电子通讯。实践中,以面谈、电话、视频方式发出要约,或者以电报、电传等现代通讯方式(如电子邮件)发出的要约,迅即被受要约人收到,要想撤回以阻止其生效,难度较大。

(二)要约的撤销

如果不能撤回,如何使已生效的要约失去法律效力?这就是要约的撤销问题。英美法系对撤销要约规定得较为宽松,除个别限制外,要约在承诺作出前不具约束力,任何时间均可以撤销,即使要约人许诺不撤销。而大陆法系对要约撤销持严格限制态度。公约吸纳两大法系的不同规定,得出较合理的解决方案。根据公约第 16 条规定,对要约是否可以撤销的问题,基本采纳了英美法系做法,但对撤销的条件作出较为严格的限制。《国际商事合同通则》第 2.1.4 条作出与此相同的规定,根据其注释可理解为:第一,要约原则上可以撤销,但前提是撤销要约的通知必须在受要约人发出承诺前送达受要约人。第二,只有在相对人口头承诺要约或通过某种行为表示同意而无须书面通知要约人时,撤销要约的权利才可持续到合同订立之时。第三,要约以书面的方式作出承诺时,要约人撤销要约的权利将提前到受要约人发出承诺时终止。第四,某些情况下要约不得撤销:(1)要约中含有不可撤销的表示;(2)受要约人有充分理由认为该要约不可撤销,并且已依赖该要约行事。

当事人应注意,受要约人对要约的内容作出实质性变更,则构成新的要约(或称反要约,counter-offer),从而使原要约失效,原要约人不再受其约束。大部分合同都是在要约邀请—要约—反要约—反要约—承诺的过程中反复磋商达成一致的。针对电子通讯方式订立合同,公约咨询委员会对第 16 条第(1)款的意见是,在电子通讯中,该条的"送达"指电子通讯进入受要约人之服务器的时刻。要约可以被撤销,只要撤销通知在受要约人发出承诺之前进入受要约人之服务器。以电子通讯方式撤销要约的前提是受要约人已明示或默示地同意用指定的电子通讯类型于指定的地址接收指定格式的电子通讯。在电子通讯中,该条的"发出"指承诺离开受要约人之服务器的时刻。要约人可以通过撤销通知撤销要约,但撤销通知要在受要约人的承诺离开受要约人之服务器以前进入受要约人之服务器。以电子通讯方式发出承诺的前提是,要约人已明示或默示地同意用指定的电子通讯类型于指定的地址接收指定格式的电子通讯。因为第 16 条第(1)款规定撤销通知必须在受要约人"发出"承诺前到达,即要约撤销权在受要约人发出有效承诺之时终止。

公约第 16 条第(2)款对要约人不得撤销要约的情形作出规定:首先,要约人在要约中表明受要约人作出承诺的期限,在该期限内要约不得撤销,或者在要约中直接表明该要约不可撤销或用其他方式表示其受该要约约束。实践中,由于不同法系对撤销要约的规定以及对所设期限届满后要约的效力理解不同,要约人应尽量在要约中清晰表明是否受要约约束,对期限届满后要约是自动失效还是仍然有效但可撤销,作出表示。而受要约人在收到要约后应明晰要约有效期并及时作出承诺。其次,受要约人相信要约是不可撤销的,对要约的不可撤销性及其对要约人具有约束力产生合理信赖。并且,受要约人基于该种信赖而采取了某种行为,如开始根据要约安排生产,增招员工,开始采购原材料,与运输商订立合同,申请开立信用证,与下游客户订立销售合同等。行为既可以为积极行为,也可以是消极不行为(如买方不再向其他供应商寻求报价,或卖方不再向其他客户寻求订单)。(2021)沪 0117 民初 13437 号案中,法院认为案涉六份订单为"不可撤销不可退回"订单,被告取消上述六份订单,显属违约,应当向原告承担赔偿责任。另在(2020)粤 0191 民初 2906 号案中,针对取消订单、延缓发货等问题,法院认为,首先,买卖合同已经成立并生效,不存在取消订单事宜。根据公约第 15 条的规定,订单项下虽然有四批次货物,但案涉合同作为一个整体合同,中国买方向美国卖方发出要约,美国卖方已经承诺且履行了第一部分,并即将履行第二部分,案涉合同已经成立并生效,不存在撤回要约的情形。其次,买方邮件是要求取消该批次订单,不是其抗辩所称的迟延发货。如果买方要取消订单,需要征得卖方的同意,双方未就取消该批次订单达成新的合意,故买方应继续按照原合同履行。再次,买方即使要求迟延发货,也应该在对方发货之前提出,而不是在对方确定发货之后再提出。该案中,买方在对方明确发货后,再次提出更改货物的需求,其单方认为已经告知对方,取消订单就生效,但这不符合商业规则和常理。因此,美国卖方根据订单按时发货,不存在过错,中国买方应当按照约定按时支付货款。

(三)要约的终止

公约第 17 条规定:

> 一项发价,即使是不可撤销的,于拒绝通知送达发价人时终止。

同样,拒绝可用明示或默示方式作出。受要约人可以在要约规定的有效期内作出拒绝的通知,或者对要约作出实质性修改(反要约)。拒绝要约通知需送达要约人生效。公约咨询委员会对第 17 条的意见是,该条中的"送达"指电子通讯进入要约人之服务器的时刻。拒绝要约的通知进入要约人之服务器时,要约终止。以电子通讯方式拒绝要约的前提是,要约人已明示或默示地同意用指定的电子通讯类型于指定的地址接收指定格式的电子通讯。发送要约、撤回或撤销要约,可以明示表述,也可以通过行为默示地表达。在出现争议时,应根据公约第 8 条规定的解释原则,解释当事人在合同成立前的声明或其他行为的真实意图,以确认合同是否成立。尤其是根据第 8 条第(3)款的规定,通过考虑到与事实有关的一切情况,包括合同磋商阶段和订立后的所有声明或其他行为,来解释当事人的真实意图。拒绝要约的通知在承诺作出后发出的,其必须在承诺到达要约人之前或同时到达要约人,才能产生拒绝要约、否定承诺并阻止合同成立的效果。此时拒绝要约的通知与第 22 条撤回承诺的通知具有同样效果。

第十节 合同的成立和生效——承诺

就合同成立而言,与发价或要约对应的是接受或承诺。承诺是受要约人(被发价人)接受要约内容和条款并同意受要约约束的意思表示。公约第18条第(1)款规定:

> 被发价人声明或做出其他行为表示同意一项发价,即是接受,缄默或不行动本身不等于接受。

可见,承诺须由受要约人向要约人作出,且承诺的方式对合同的成立至关重要。

一、承诺的方式

承诺以何种方式作出并送达要约人,关乎合同是否有效成立。承诺可以明示或以行为即默示方式作出,比如卖方收到要约后以书面形式明确回复接受该要约,或者买方收到要约后签署销售确认书、按照要约中的价格和支付方式支付预付款,或者卖方在买方的订单上签章、发货、签发形式发票等。也可以根据交易习惯,或者依据要约中表明行动的表述,以行为作出承诺,如要约中表明"如接受本要约,请在10日内向本公司支付10%预付款",买方直接在要求的期限内支付该预付款的行为构成承诺。以行为表示的承诺同样应送达要约人,否则可能不约束要约人。卖方以发货行为表示承诺时,如果通知承运人中途停运或者货物在运输途中灭失,则该行为对买方无约束力。同样,如果买方以付款行为表示承诺,但又通知银行撤销汇款或款项错汇给他人,也不对卖方产生约束力。这些情况下,合同不成立。

受要约人收到要约后不以明示或默示的方式作任何表示,即缄默或不行为(silence or inactivity),是否构成承诺? 公约规定缄默或不行为本身不构成承诺。但解释具体合同时,还应考虑更多因素,不能简单认定。根据公约第9条的规定,当事人受他们之间的惯例和习惯做法的约束。如双方当事人为多年的商业合作伙伴,在他们之间已形成"10日内不作任何表示即为接受"的惯例,则缄默或不行为本身构成承诺。但要约人不可以在要约中规定"不回复即为接受"。现实中,有时受要约人对要约的态度并非清晰明确,如何判断其是否同意接受要约约束,常为争议焦点。此时应根据公约第8条第(1)款和第(2)款的原则解释,并根据该条第(3)款的规定将所有因素考虑在内,包括双方以往交易情况、该合同谈判情况等。如果得出的结论是受要约人同意接受要约约束,则合同成立,否则合同不成立。贸仲仲裁庭在一份裁决中认为,被申请人变更开证时间构成对要约的实质性变更,构成新要约。此时,必须得到申请人的接受,合同方才成立。没有证据证明申请人曾声明或作出其他行为表示同意该新要约。根据公约

第18条第(1)款的规定,在被申请人的回复构成反要约的情况下,申请人并未在合理时间内表示接受,因此合同没有成立。①

二、承诺的期限和生效时间

承诺的期限,是要约有效存续的期限、受要约人有资格作出并送达有效承诺的期限,也是影响到承诺是否有效、合同是否成立的期限。公约第18条第(2)款的规定,区分了作出承诺的三个时间,即设定承诺期限时的承诺、没有设定期限时的承诺,以及对口头要约的承诺。三种情形下,承诺都应送达要约人,即承诺应在要约规定的承诺期限内送达要约人,没有规定期限时应在收到要约后的一段合理期限内送达要约人,对口头要约应立即表示承诺(除非另有其他情形表明不可以立即作出承诺,如还需得到另一决定性信息、取得董事会决定等),否则承诺无效。公约规定"在一段合理的时间内","但须适当地考虑到交易的情况,包括发价人所使用的通讯方法的迅速程度"。理解"合理期限",应考虑当时的通讯方式、双方送达要约和承诺所需的时间、交易复杂程度、受要约人的资金和运输等资源的可获得情况、内部授权程序、政府审批等因素。根据第18条第(3)款规定的以行为作出的承诺,如买方收到货物并将其用于加工其他产品,受要约人不须另发通知表示接受要约。但因为受要约人的行为,可能构成也可能不构成承诺,为避免要约人出现误判,受要约人在作出行为时,应尽量向要约人发出通知。

三、修改要约对承诺效力的影响

承诺的内容应该与要约内容一致,双方才能对合同内容达成合意,合同也才能成立。普通法传统规则要求承诺与要约必须完全一致,达到镜像效果(Mirror Image Rule),任何添加、限制或修改都会导致承诺无效。②但现实中,买卖双方对合同内容的理解和需求并不能完全一致,受要约人通知改变要约内容的情况十分普遍。如果将所有限制、添加或修改都归于无效,未免过于古板和严苛,势必影响交易,法律必须在尊重要约内容和促成交易之间寻找平衡点。公约将受要约人所发的通知区分为对要约的实质性变更和非实质性变更,分别对其性质作出规定,并概括推定哪些事项的变更为实质性变更。公约第19条第(1)款规定,既表示接受要约又对要约提出添加、限制或修改内容的通知,为拒绝要约,构成还价(counter offer)。可见,该条第(1)款采取"镜像"原则,要求承诺与要约一致,否则即为拒绝要约,或构成反要约,以体现对当事

---

① 参见中国国际经济贸易仲裁委员会编:《〈联合国国际货物销售合同公约〉在中国仲裁的适用》,法律出版社2021年版,第59页。
② 参见何宝玉:《合同法原理与判例》,中国法制出版社2013年版,第46页;王秉乾:《英国合同法详论》,法律出版社2022年版,第63页。

人真实意思的尊重。但该条第(2)款同时规定,如承诺对要约的修改为非实质性的,且要约人对修改部分未予反对,则原要约内容和新修改部分构成承诺,即采取"实质"相一致原则。公约第 19 条第(3)款是对实质性变更的定义,但列举的事项并非穷尽。对这些要约事项的修改,应根据不同情况判断是否构成实质性变更。对一项要约的修改涉及诸如以下事项的,属于实质性变更,不构成承诺,或者构成反要约:如价格条款的变更、不可撤销信用证变更为托收、要求支付预付款、CIF 变更为 FOB、目的港或交货地点的变更、货物型号或产地的变更、合同所适用的法律和争议解决方式的变更(如仲裁变更为诉讼,或仲裁地由 A 国变更为 B 国)等。对要约的修改不足以构成实质性变更的,应认定为承诺而非反要约,如承诺中交货期不变仅修改装运期、货物总数量不变仅调整每批货的数量、开证时间变更、违约责任条款的修改等。此种情况下,非实质性变更的内容将作为承诺的一部分约束要约人,除非要约人对变更的内容及时提出反对。①

需注意的是,实质性和非实质性变更的界线并不十分清晰,出现争议时需根据公约第 8 条解释原则及第 9 条的惯例和习惯做法的规定、变更对要约人是不是更有利,以及变更内容与所发生的争议是否有实质联系等情形作出认定。总之,受要约人对要约的修改是构成承诺还是反要约,由第 19 条决定,构成承诺,则合同成立,而如果构成反要约,是否被原要约人接受,则由第 18 条决定。在(2013)杭滨商外初字第 2 号案中,法院认为,双方当事人通过发送邮件的方式签订了销售合同,虽然被告发给原告的合同中买方为 Dolin 公司而不是原告,但原告回复被告实际买方应为原告而不是 Dolin 公司,被告也回复表示已作修改,应视为双方对修改部分发出了新的要约并完成承诺。庭审中双方当事人均认可系原、被告之间签订上述合同,且由于该合同内容未违反法律规定,法院确认双方之间签订的销售合同合法有效。在贸仲京(沪)字第 003525 案中(CISG-online 5683),仲裁庭认为,根据 CISG 第 18 条第(2)款之规定,接受发价于表示同意的通知送达发价人时生效。显然,申请人同意发价的通知(即申请人签署后交付"6.28"备忘录)并未在 2018 年 7 月 11 日前到达被申请人。而在 2018 年 7 月 11 日,申请人向被申请人发送了"7.10"备忘录初稿,实际是拒绝了"6.28"备忘录,并形成了新的发价。之后,即使申请人的受托人向被申请人发送了"6.28"备忘录盖章稿复印件也已不构成对时效的"6.28"备忘录(发价)的同意通知。(2006)津高民四终字第 148 号案中,二审法院认定双方当事人于 2004 年 10 月 13 日签订了核桃仁买卖合同,后因国内核桃仁价格波动,双方遂通过电子邮件对核桃仁价格以及交货数量作了数次变更。2005 年 6 月 2 日,中国卖方给加拿大买方的电子邮件称"我们还能提供 24 吨 LP,但交货期要到 8 月份了,不知您是否可以接受",依据公约第 14 条第(1)款的规定,该陈述应视为要约。买方公司的回复称,8 月一个柜白三如果质量没问题,可以

---

① See Indira Carr & Peter Stone, International Trade and Law (6th Edition), Routledge, 2017, pp. 70-71.

装,但不能晚了。其虽然提到"质量",但只是强调卖方出口的核桃仁不能有质量问题,且保证货物具备其通常使用的目的,这也是公约第 35 条第(2)款规定的卖方的默示义务之一,故买方的表述不能视为是对货物质量提出的新要求。卖方在要约中称交货时间是 8 月,即 8 月一个整月的期间,而买方称"不能晚了"并非是对交货期限作出延长或变更,故买方的回复也没有对交货时间提出新要求。依据公约第 18 条第(1)款及第 23 条的规定,买方公司的回复构成承诺,双方关于 2005 年 8 月买卖 24 吨核桃仁白三路的合同成立,卖方公司负有向买方公司交货的义务。

《国际商事合同通则》第 2.1.11 条规定与此相同,并示例:(1)A 向 B 订购一台机器并提出在 A 的工地上调试。在订单确认书中,B 声明接受要约条款,但增加了希望参加检验机器的条款。该添加条款不是对要约的实质性变更,因此它将作为合同的一部分,除非 A 毫不迟延地拒绝。(2)事实与示例(1)相同,不同的是在订单确认书中,B 增加了仲裁条款。除非情况有相反的表示,这一条款构成了对要约的实质性变更,其结果是 B 的所谓承诺构成反要约。(3)A 向 B 订购一定数量的小麦。在订单确认书中,B 增加了一项仲裁条款,该条款是相关商品交易中的标准做法。因为 A 对这种条款不会感到意外,因此它不构成对要约的实质性变更。除非 A 毫不迟延地拒绝,否则该仲裁条款构成合同的一部分。① 在韩国上诉法院审理的一起案件中(CISG-online 2831),韩国买方向中国台湾地区卖方发出订单,要求买方制造和供应货物,价格条款为 FOB Factory,规定了货物数量和价格。卖方向买方发送形式发票,但将价格条款改为 FOB Taiwan Airport。买方随即按此价格术语开立了信用证。后来买方主张因未约定履行内容,故合同未成立,并提出其他抗辩。法院认为虽卖方不在公约缔约方,因合同双方约定适用韩国法律,而韩国是公约缔约方,因此该争议适用公约。公约第 14 条第(1)款、第 18 条第(1)款和第 19 条第(1)(2)款对要约和承诺作了规定。但第 19 条第(3)款规定的事项并不总是构成对要约的实质性变更。是否构成实质性变更需要结合总体情况认定。该案中,形式发票价格条款变更了要约内容,合同仍然成立。至于合同履行的时间和标准至少可以默示的方式确定。法院最终认定该合同在卖方发出形式发票之日成立。②

针对仲裁案件中涉及的信用证内容与合同不符的问题,贸仲仲裁庭会根据具体情况区分对待。若卖方收到与合同不符的信用证时,明确表示异议并要求买方修改信用证,此时自然不能改变合同条款,双方依然按照原合同约定履行义务。而如果卖方并未表示异议,根据新的信用证条款履行合同,并向相关银行提交单据,这意味着卖方默示接受对原合同的变更,变更后的内容形成新的合同条款,并取代原合同相关条款。

---

① See UNIDROIT Principles of International Commercial Contracts (UNIDROIT Principles 2016), Art. 2.1.11.
② See CISG-online.org, https://cisg-online.org/search-for-cases? caseId=8745. Accessed 2022-06-03.

依据公约第 29 条第（2）款的规定，卖方不得以未以书面形式变更为由否定新合同条款。①

四、成交确认书对承诺效力的影响

现实中常见的情况是：当事人经要约—承诺后合同成立，一方给另一方发一份书面确认书，以归纳双方已经达成合意的内容。如果确认书内容与洽商内容完全一致，自然不会改变承诺的效力。但若确认书中包含了与先前约定不一致的内容，对此变更该如何认定，公约没有规定。《国际商事合同通则》第 2.1.12 条采取了与承诺变更要约内容一致的态度，即原则上这些不符的内容有效，除非：（1）不符属于实质性变更；（2）要约人毫不迟延地拒绝这些不符之处。贸易实务中，当事人都习惯使用自己制订的标准订单（Purchase Order）、询价函（Requests for Prices）和确认书（Acknowledgment Form）、交货单（Delivery Order）等，并试图将其标准交易条件并入要约或承诺通知中，使其成为合同的不可分割的组成部分。前文已述及，若双方格式条款内容发生冲突，不仅会出现格式合同之争，也常与公约规定相左。这种情况下，会引发合同是否成立的争议（尤其在合同未履行的情况下）。对此，主流观点认为：首先，该问题属于合同订立范畴，应在公约框架内解决，而不应交由国内法解决；其次，公约没有就格式条款冲突问题作出特别规定，但第 19 条的规定可以解决此问题，即采用"最后一枪规则"（Last Shot Rule），后发出的格式版本为反要约，只要接收者（要约人）不提出反对，合同即以该最后发出的格式条款为内容。"最后一枪规则"的问题是，当事人为争取有利地位可能反复通讯往来，该规则可能不能反映当事人真实意图，尤其是最后接收方（要约人）可能以行为履行表示接受，或者因疏于审查冗长条款（尤其是载于格式文本背面的蚂蚁般的文字），而不得不接受本无意愿接受的合同条款。对此，可用"击倒规则"（Knock-out Rule）加以修正，即不同格式条款规定一致的部分构成合同内容，不一致的部分"被击倒"不予适用，而适用公约的规定，公约没有规定或不管辖的部分适用相应的国内法。因为该规则能够充分体现跨国买卖合同当事人协商一致原则，反映当事人真实意愿，已经被法国、德国等国法院在适用公约的案件中所采纳。《国际商事合同通则》第 2.1.22 条明确采纳此解决办法。② 因此，当事人在贸易实务中解决格式条款冲突比较好的方法是，双方除特别商定的内容外，同意选择由相关行业组织订立的标准交

---

① 参见中国国际经济贸易仲裁委员会编：《〈联合国国际货物销售合同公约〉在中国仲裁的适用》，法律出版社 2021 年版，第 62 页。

② See Schlechtriem & Schwenzer, Commentary on the UN Convention on the International Sale of Goods (4th Edition), Oxford University Press, 2015, commentary on Art. 19; UNCITRAL Legal Guide to Uniform Instruments in the Area of International Commercial Contracts, pp. 10–11, https://uncitral.un.org/sites/uncitral.un.org/files/media-documents/uncitral/en/tripartiteguide.pdf. Accessed 2022-06-03.

易条件(包括对某些条款做适当修改);或者选择某一方提供的标准交易条件并对修改内容达成一致,如达不成一致则适用公约或国内法;或者双方就合同主体内容达成一致,其余内容以某一标准交易条件为准,没有约定或没有涉及的内容适用公约或国内法。这种做法是十分常见的,如在涉外租船合同中,在定期租船合同或金康合同标准格式的使用中,当事人经常把原条文修改得面目全非,而增加新的附加条款,双方受原格式文本中保留条款和新增附加条款的约束。

公约咨询委员会第 1 号咨询意见针对第 19 条第(2)款指出,该条中的"口头"包括经由电子通讯传输的声音和即时电子通讯。"通知"可以电子通讯方式作出,前提是收信人已明示或默示地同意用指定的电子通讯类型于指定的地址接收指定格式的电子通讯。

公约第 20 条对接受要约的时间及其起算点作出规定。公约咨询委员会第 1 号咨询意见针对第 20 条第(1)款的意见是,要约人以即时电子通讯方式作出的要约中所规定的承诺期限,从该要约进入受要约人之服务器时起计算。要约人以电子邮件方式作出的要约中所规定的承诺期限,从该电子邮件发出时起计算。该款中的"快速通讯方法"包括即时电子通讯。在电子通讯中,该款的"送达"指电子通讯进入受要约人之服务器的时刻。

五、承诺的迟延和撤回

(一)承诺的迟延

第 18 条第(2)款规定,一项承诺通知未在约定期间内送达要约人,则被视为无效承诺。第 21 条可作为第 18 条第(2)款的例外情形。迟延送达分两种情形:第一,依第 21 条第(1)款规定,如承诺迟延发送导致迟延送达要约人,应视为无效,但如果要约人收到迟到的承诺后,明确通知受要约人其接受该承诺,则承诺有约束力。此种情况下,无论迟延发送的原因为何,也不论迟延是严重还是轻微,承诺是否被接受完全由要约人决定。如果要约人保持沉默,不能被视为接受承诺。第二,依该条第(2)款的规定,受要约人按时发送承诺,承诺本应在约定的期间内送达,但因路途运送(transmission)上的原因而迟到,该承诺视为有效,但如果要约人通知受要约人其不接受该迟到的承诺,则承诺对其无约束力。该款是基于对受要约人交易意愿和对合同期待利益的保护,另一方面要约人因未在规定期间内收到承诺,或许已放弃要约而另做他图,也应兼顾要约人的利益。运送造成承诺迟延的原因,除传统运送方式中的投递错误或丢失、邮电或运输职工罢工等外,还应包括电子通讯方式中的邮件被黑客攻击、服务器损坏、互联网系统瘫痪等。第 21 条使用了"毫不迟延地"(without delay)通知受要约人,意为不能因要约人自己的原因而迟延,比第 19 条第(2)款的"不过分迟延"(without undue delay)对要约人的要求更加严格。但第21条仅要求要约人发送即可,而不要求确保送达受要约人。承诺生效之日,为迟到的承诺送达之日,而非要约人发出同意接受之日。公约咨询委员会第1号咨询意见针对电子通讯中的"口头"和"送达"提出与上文条款相同的意见。对该条中"书面"的意见是:涵括各种能够有形地表现所载内容的电子通讯。以电子通讯方式作出的一项迟到的承诺,可依据第21条的规定生效。

(二)承诺的撤回

关于承诺的撤回,公约第22条规定与第15条第(2)款针对要约撤回作出的规定类似,要求撤回承诺的通知应在承诺送达要约人之前或同时送达,以起到"拦截"的作用。其实,在瞬时即达的电子通讯时代,这种拦截很难实现。而对于根据第18条第(3)款以行动表示承诺的情形,如何撤回该行动所表达的意思,更不好确定,只能设法在要约人知晓该行动前,通知其该行动不表示接受要约。这就需要受要约人在发送承诺或者以行动表示承诺时三思而行。

第十一节 合同的成立

一、合同成立的时间

公约第23条规定:

> 合同于按照本公约的规定对发价的接受生效时订立。

需结合其他条款理解该条规定的合同成立的准确时间。具体而言:第18条第(2)款规定承诺送达要约人时生效,即承诺送达要约人时合同成立;根据第18条第(3)款的规定,受要约人作出某种履行要约的行为时,合同成立;根据第21条的规定,承诺迟延送达要约人的,其迟到送达的时间为合同成立时间。在最高人民法院发布的经典案例(2016)苏11民初50号案中,针对当事人是否就501台割草机有效订立合同,法院从当事人邮件往来这一层面分析认为,原告与被告自2010年接触以来,一直就P公司在澳大利亚销售沃得割草机的经营模式进行磋商与沟通,但除8笔订单构成的买卖合同关系以外,未有任何书面证据证明双方就具体经销模式达成一致或存在被告同意销售案涉割草机给原告的事实。从合同订立所需法定要件的微观层面,根据公约第14条的规定认为,被告于2012年7月3日发送的电子邮件显然不能构成被告的"发价",该电子邮件中仅列明了割草机的型号和单价,缺少"数量"这一"十分确定"的要素,故该邮件应当系被告提出的订立合同的建议,而不构成被告的"发价"。在此基础上,原告主张 2012 年 7 月 24 日关于帕克兰零转割草机的价格及数量预报系对电子邮件的"接受",即"双方已达成 501 台割草机的销售合同"这一主张显然不能成立。进一步看,上述价格及数量预报也系原告提出订立合同的建议,根据该邮件"我们会在货物运送前一个月下订单。……这仅是预测,因此在未收到确认订单前无需寄出任何货物。若我们在九月末也需要货物,我们会进行修改"的内容看,其并未表明原告具有会在得到被告接受时承受该邮件内容约束的意旨,故该邮件亦不构成原告的"发价"。综上,原告并未提供充分的证据证明双方已就 501 台割草机订立了买卖合同。

二、投邮主义或送达主义

公约对以非对话方式作出的承诺的生效时间,采用送达主义,但各国对此规定并不一致。英美法系国家采投邮主义,而包括中国在内的大陆法系国家多采送达主义。当事人需根据合同所适用的法律,对承诺是否生效及何时生效作出判断,从而准确认定合同成立时间。承诺生效时间不仅直接决定合同成立时间和地点,对当事人的权利义务产生巨大影响,而且还可能影响准据法的选择、管辖法院的确定等程序问题。

三、合同成立和生效地点

公约没有对合同成立地点作特别规定,通常认为要约人收到承诺的营业地点为合同成立地点。因公约不管辖合同效力问题,故合同生效地点和时间,需根据合同所适用的准据法解决。合同生效地点和时间,通常与合同成立地点和时间一致,除非当事人有特别约定或所适用的准据法有特别规定。

准确认定合同成立地点,对当事人尤其是涉外民商合同当事人具有现实意义:首先,合同成立和生效地点可以影响合同争议法院管辖权。确定法院管辖权需考察法院是否"与争议有实际联系",而合同签订地为实际连接点之一,因此合同签订地法院对争议有管辖权。其次,对不具有涉外因素的合同,如果当事人约定将争议提交境外仲裁机构仲裁,中国法院将认定该约定条款无效。相反,如果合同签订地在境外,根据《民诉法解释》第 520 条第 4 项和《涉外法律适用法司法解释(一)》第 1 条第 4 项的规定,产生、变更或者消灭民事关系的法律事实发生在中国领域外的,为涉外因素之一。合同签订为产生民事关系的法律事实,如发生在境外,则约定在该国或地区仲裁的条款应为有效,甚至约定在其他国家或地区仲裁机构仲裁均应有效,如合同签订地在英国,争议解决条款约定在香港国际仲裁中心(HKIAC)仲裁,应属有效。同理,合同成立和生效地点,作为与争议有实际联系的因素,对确定争议所适用的准据法,也同样重要。

第十二节　货物销售——总则

公约第Ⅲ部分(第 25 条至第 88 条)是关于货物销售(Sale of Goods)的内容,规定了国际货物买卖合同当事人的权利义务,是这部国际货物贸易统一实体法的核心部分。其中总则部分由 5 个条款(第 25 条至第 29 条)组成。第 25 条规定了根本违约的概念,可以作为公约其他条款宣告合同无效的前提条件,如第 49 条第(1)款(a)项、第 51 条第(2)款、第 64 条第(1)款(a)项、第 72 条第(1)款和第 73 条第(1)(2)款,也可以作为买方根据第 46 条第(2)款要求卖方交付替代货物、当事人根据第 26 条通知合同无效的前提条件。根本违约的规定还影响第 70 条的货物风险的转移、第 26 条合同无效的通知、第 27 条通知的要求和瑕疵通知的效力、第 28 条允许法院根据国内法在某种情况下拒绝作出判决要求当事人实际履行一项请求、第 29 条合同的修改和终止。

一、根本违约

公约第 25 条规定了根本违约(fundamental breach of contract)制度:

> 一方当事人违反合同的结果,如使另一方当事人蒙受损害,以致于实际上剥夺了他根据合同规定有权期待得到的东西,即为根本违反合同,除非违反合同一方并不预知而且一个同等资格、通情达理的人处于相同情况中也没有理由预知会发生这种结果。

(一)根本违约制度是最大公约数

因各国对违约的规定及何种程度的违约可以导致合同无效有不同的规定,公约难以采纳某一国内法或某一法系的规定解决这个问题。如公约未采纳传统英国法中"违反合同条款(condition)构成根本违约,违反保证条款(guarantee)不构成根本违约"的规定。公约根据违约后果的严重程度,判断是否构成根本违约,这是公约起草专家们参考各国规定、历史文件等创制的新制度,是为公约的最广泛适用求得的最大公约数(之一)。根据公约第 25 条的规定,根本违约制度的构成要件是:第一,违约方有违约事实。第二,要求损害赔偿的一方(the aggrieved party)有损害(detriment)事实。损害超出损失(damage)和灭失(loss)范围。第三,违约使另一方当事人遭受损害达到某种严重程度,即实际上(substantially)剥夺了其根据合同规定有权期待得到的东西。因此,最重要的不是证明未违约方损失和灭失的具体金额,而是要证明该损害导致其不能实现合同目的。第四,违约方在订立合同时对其违约造成的损害结果是预知或可预见的。通常而言,违反合同主要义务或磋商中当事人特别强调的义务,违约方应预知或预见违约损害后果。在判断该问题时,可用另一标准即一个同等资格、通情达理之人处于相同情况时,也能预知会发生这种结果。

(二)判断根本违约的主客观标准

损害赔偿请求方是否因对方违约被剥夺了根据合同有权期待获得的东西,应采客观标准进行判断,根据具体合同内容、风险分配、习惯做法以及公约的规定认定。对一般轻微违约,能够补救的,如延长履行期限、补发短少货物,或虽不能补救也不影响另一方有权期待得到的利益,如服装原料与合同不符,但仍可以转售或用于生产另一款服装,同样可以通过补救措施以实现其所期待的利益,故该情形不构成根本违约,损害赔偿请求方不得宣告合同无效。(2019)苏 06 民初 429 号案中,法院认定案涉纱布的质量问题不属于重大质量瑕疵,该纱布依然具有使用价值,能够使用或转售,卖方并未达到根本违约的程度,买方无权宣告整个合同无效。违约行为可以是违反合同约定的义务,也可以是违反公约下的义务,甚至是附随义务。至于违约方是否存在主观过错则不影响根本违约的认定。当然,索赔方应举证证明损失的严重程度使其不能实现所期待的合同利益,如卖方交付的铁矿石,经约定的权威机构检验证明含铁量严重低于合同标准,买方无法投入钢厂生产,不得不另行采购替代货物。

违约方是否有理由预见损害结果是主观标准,而借用一个"通情达理之人"在同等情况下的判断,旨在用客观标准予以认定。尽管如此,实务中的案件常存在诸多不确定性,需要裁判者行使自由裁量权予以判断。在(2016)浙 0784 民初 8678 号案中,法院认为,原告作为买方已支付了合同价款,被告则交付了约定数量的三脚架。但原告认为,被告提供的货物存在严重质量问题,与样品不符,根据公约第 25 条、第 49 条第(1)款的规定,已构成根本违约。根据公约第 25 条的规定,判定根本性违约有主观和客观两方面标准。其第一重标准是"实质上蒙受损害(不利),(被)剥夺了期待得到的东西",对此应考察损害是否重大,例如违反合同造成的金额损失、违反合同对受害人其他活动的影响程度等。原告主张货物的质量缺陷已达到无法销售的地步,如果该主张成立,无疑是符合这一标准的。但是从原告提供的证据来看,首先,原告仅提供了前两次供货存在质量问题的证据,对此后的供货是否存在质量问题以及存在哪些问题未提供有效证据。所有供货至今仍在原告手中,原告陈述对收到的货物部分销毁、部分收入库存,但不能对此提供证据,货物状况不明。因此,即使被告的供货确实存在严重质量问题,但该损害所达到的合同比例不清楚。其次,针对前两次供货的质量问题,原告提供的证据也仅仅是列明了几个方面的质量问题,并声明无法销售,但被告未认可原告主张的所有质量问题。被告承认存在"表面处理问题",并提出了处理意见为"修理、减少货款"。因此,双方对质量问题的严重程度是存在分歧的。一般来说,该事实由专业技术鉴定机构出具具有说服力的鉴定结论进行确认为宜,但原告因鉴定费过高不作鉴定,故法院也无法认定质量问题引起了重大损害。再次,根据原告提供的证据,原告在发货前对货物进行了检验并发现了一些质量问题,但仍同意被告发货,这说明原告对货物存在瑕疵应当是"明知"的。最后,双方在发现质量问题后一直继续履行合同,原告在合同履行期间未明确提出解除合同、退货。综上,法院认为,被告的前两次供货虽然存在质量问题,但所提供的证据不足以认定以上质量问题严重到"实际上剥夺了他根据合同规定有权期待得到的东西"从而构成根本违约的地步。也就是说,原告以公约第 25 条为依据确定被告根本违约的主张不能成立。再看公约第 49 条的规定,该条主要针对的是当事人不履行合同义务、迟延履行义务的情形,而该案中原告对被告交货的时间并无意见,显然公约第 49 条的规定不适用于该案情形。据此,原告认为被告根本违约的诉讼主张缺乏事实支撑,法院不予采纳;原告要求解除合同、返还货款并赔偿其他经济损失的诉讼请求,法院不予支持。

"不可预见性"的举证责任应在违约方。违约方欲免除根本违约责任,除举证证明没有违约事实、未达严重程度外,还应举证证明不仅其本人不能预见,即使拥有相同资质的通情达理之人在相同情况下也无法预见。而未违约方应举证证明对方违约使其丧失了根据合同可期待的东西。

(三)根本违约制度的功能

该制度的功能,在于判断损害请求方是有权在得到适当救济后继续履行合同,还是有权宣告合同无效。只有违约行为构成根本违约,损害请求方才被赋予宣告合同无效的权利。如铁矿石价格大幅下跌,CIF 卖方在交货日后 3 个月才通知买方其仍在和上游供应商洽谈合同,还需推迟交货时间,德国法院认定卖方构成根本违约。如果市场波动大,或者时令、季节性食品(如圣诞节礼盒、奥运会纪念礼物等)超过交货期的,也构成根本违约。在(2019)粤 0104 民初 40741 号案中,法院认为,根据公约第 30 条"卖方必须按照合同和本公约的规定交付货物……"的规定,原告已依约支付全部货款给被告,但被告一直未能交付货物给原告,根据公约第 25 条规定,被告已构成根本违反合同,依据公约第 45 条第(1)款(b)项的规定,原告可以要求被告承担损害赔偿责任。根据原告与被告自愿达成的《协议补充与附件》《补充协议(二)》,原告要求解除与被告签订的购销合同,并要求被告返还货款。该主张符合上述公约的规定,亦符合双方的约定,法院予以支持。

(四)司法实践对根本违约的认定

根据 CISG-DIGEST-2016 汇总的各缔约方判例情况,可以发现法院或仲裁机构在认定根本违约时,十分重视违约损害的严重程度。大致有以下考量因素:当事人全部不履行合同基本义务,如不履行交货义务、不履行付款义务,构成根本违约;最终且不合理宣布不履行合同义务,被认定为根本违约;买方发生清算,根据公约第 64 条的规定构成根本违约,因为其剥夺了未收到货款的卖方根据合同所期待的东西,即全部货款;同样,买方拒绝按照合同开立信用证被认定为根本违约;也有判决认定,在分期销售合同中,卖方不交付首期货物,买方有理由认为后期货物也将不会交付,可以构成第 73 条第(2)款的预期根本违约。在经典案例(2020)沪 0115 民初 42206 号案中,法院认为被告(卖方)在 2020 年 6 月 13 日提出涨价,违反了双方在 2020 年 6 月 3 日达成的约定,被告在原告(买方)不同意其涨价要求后擅自将货物转卖给第三方,不向原告履行交货义务,构成了根本违约。

但在多批次交货合同中,仅有一期没有交付,系轻微违约而非根本违约。通常迟延履行本身不构成根本违约,只有在履行时间十分重要时,如合同约定了履行期限或因明显不应迟延的情形(如季节性货物),才构成根本违约。虽然约定了履行期限,短时间的迟延履行,买方的利益没有受到损害,不构成根本违约。公约规定,卖方交付瑕疵货物,该交货不符足以构成根本违约时,买方可宣告合同无效。因此,交货不符达到何种条件可被认定为根本违约就变得十分重要。有法院认定,货物质量方面的不符,只要买方可以使用货物或转售货物(哪怕是折价出售),而没有不合理的不方便,就不构成根本违约。如在某案例中,冻肉过肥且过于潮湿,结果与合同价相比贬值 25.5%,法院认定卖方不构成根本违约,因为买方有机会以低价转售货物,或加工使用货物。但如果买方经合理努力不能转售或使用货物,则卖方构成根本违约。添加物导致货物不符合合同约定,而该添加物在买卖双方的国家均为非法的,构成根本违约。当交付的货物虽在某种程度上可以使用,但瑕疵严重且不可修复,也构成根本违约。货物缺陷是否可以修复,是否构成根本违约往往难以认定。有法院判决,对于容易修复的缺陷,排除根本违约的认定。有些法院对卖方及时修复而没有给买方带来任何不方便的情况,不轻易认定为根本违约。如果买方自行修复并使用了缺陷货物,表明其没有丧失合同项下的利益,不应认定卖方构成根本违约。还有的法院甚至认为,即使卖方在一年内没有成功修复货物缺陷,也不构成根本违约。在最高人民法院发布的第 107 号指导案例(2013)民四终字第 35 号案中,江苏省高级人民法院一审认为,根据公约的有关规定,卖方提供的石油焦 HGI 指数远低于合同约定标准,导致石油焦难以在国内市场销售,买方签订买卖合同时的预期目的无法实现,故卖方行为构成根本违约。卖方向最高人民法院提出上诉。最高人民法院根据公约的规定认为,卖方交付的货物与合同约定不符,构成违约,但该货物能够以合理价格予以转售,不构成公约规定的根本违约情形。据此,最高人民法院作出终审判决,撤销原判,改判卖方承担部分货款及堆存费损失。最高人民法院总结案件的典型意义指出,该案准确适用国际条约,并对于国际条约没有调整的事项,依法支持当事人选择的准据法。该案明确了适用公约认定根本违约的标准,增强了我国司法实践中公约适用的统一性、稳定性和可预见性,有力保障了国际贸易的有序进行。

在(2018)粤0391民初2728号案中,法院遵循该指导案例确立的原则,参考CISG-DIGEST-2016裁判要点,根据公约第25条的规定全面和详细地论述了卖方的瑕疵交付行为是否构成根本违约问题。该案中,原告主张被告构成公约第25条规定的根本违约,法院对其观点不予采纳,理由如下:

1. 是否构成根本违约应视合同方的违约程度而定。不交货或者不付款是对合同的根本违反,构成根本违约。在卖方已经交货但货物存在瑕疵的情况下,交付与合同约定不符的货物在何种情况下构成根本违约成为问题的关键。从国际生效判例的角度来看,联合国国际贸易法委员会对适用公约所公布的案例数据库中的案例,对此类问题的判决主要形成了如下的裁判观点:(a)如果所交付的货物质量不符合同约定,只要在不给买方带来不合理的不便的情况下,货物仍然可以使用或者打折转售,就不应认定为根本违约;(b)如果所交付的货物存在严重缺陷或者该缺陷不可修复,但在某种程度上仍然可以使用,就不应视为根本违约;(c)当交付的货物存在主要缺陷或者需要厂家生产替代货物时,便不需要再参考是否能依然使用或打折转售,而是认定为根本违约;(d)当交付的货物出现瑕疵但可以修复,或者卖方提供了及时的修复和挽救措施,应不视为根本违约。法院认为,上述裁判观点对根本违约中"实质剥夺守约方对合同的预期权利"这一抽象概念提供了具体的裁判要点,也体现了鼓励交易和慎重认定根本违约的精神。在卖方交付的货物未丧失其基本功用或者卖方能够及时补救的情况下,应尽量使买卖合同不因认定一方根本违约而被宣告无效。

2. 从公约的体系解释来看,公约第25条、第46条第(2)款、第48条第(1)款、第49条第(1)款(a)项、第51条第(2)款、第82条第(1)款均涉及根本违反合同,从以上条款可知,在卖方根本违约的情况下:(a)买方可以宣告合同无效或者要求卖方继续履行合同,交付替代货物,那么要想认定卖方构成根本违约,其违约行为应达到"不交付货物"或者"交付的货物存在不可修复的缺陷需要予以替代"的程度,这一程度呼应第25条中的"实际上剥夺了他根据合同规定有权期待得到的东西";(b)卖方在不使买方遭受不合理的不便或延迟时,仍然可以自费采取补救措施。从公约对守约方的救济来看,在不确认根本违约的情况下,守约方仍可援引公约主张因违约造成的包括利润在内的各种损害赔偿,对其利益已有充分保障。即使在合同可以被宣告无效的情形下,守约方仍可援引公约主张违约方继续履行合同。这些均充分体现了公约鼓励交易的精神。

3. 从该案案情来看,被告交付的平衡车内充电器因伪造UL认证标志已被销毁。而充电器系与平衡车可分离的一个零部件,充电器的销毁不影响其他部件功能的发挥,在补救措施上不需要整机的替代交付,仅更换充电器便具备实现和保证平衡车的功能性和安全性的可能,充电器被销毁不会完全剥夺原告根据合同所预期得到的产品。事实上,充电器被销毁后被告已向原告补寄了充电器并在美国和加拿大市场进行了销售,该补救措施无论是出于对其瑕疵履行行为的补救目的还是与原告达成其他合意,均可说明瑕疵履行行为的可及时补救性,而交易的完成具有实现买方合同目的的可能性,也符合公约鼓励交易的精神。

4. 从双方交易的贸易背景来看,原告下达案涉订单时,美国电商亚马逊尚未强制下架平衡车产品,美国消费品安全委员会尚未对平衡车的质量新规进行公告,原告亦未对平衡车的质量标准提出明确要求。案涉平衡车的充电器因存在伪造 UL 标识在美国清关时被销毁虽系事实,但清关期间中美平衡车贸易出现摩擦,大量平衡车因安全等问题被禁售导致平衡车市场急剧下滑亦是原告希望退货的关键原因,而该因素并非被告原因所致亦非被告所能预料。原告主张在平衡车清关耽误的期间,平衡车市场下滑,导致其无法再销售平衡车,这与被告已实际在美国销售平衡车的事实相悖,且即使平衡车清关时未受拖延,从平衡车的入关时间来看,该类产品也已遭受亚马逊电商平台下架及市场下滑影响,该政策或产品标准变化的风险不应由被告承担。

贸仲的一份裁决书指出,公约要求的根本违约后果是,剥夺了一方根据合同有权期待得到的"东西",英文表述是"deprive him of what he is entitled to expect under the contract"。而一方当事人根据合同有权得到的"东西",并不等同于合同的标的,而是具有更广泛的含义,包括一方当事人根据合同达成的所有合意所享有的期待,如履行时间、履行方式等。因此,仅交付合同标的不能得出合同另一方没有被剥夺其根据合同有权期待得到的"东西"的结论。①

(五)违反其他义务亦可构成根本违约

根据公约的规定,根本违约以损害达到某种程度为判断标准,因此,违反合同其他义务,也可构成根本违约。然而,根本违约仍以违约剥夺了未违约方在合同下的主要利益,并且该损害结果必须由违约方预见或可预见为前提。如果卖方提交的货物证书不正确,但货物仍具有可适销性或买方很容易获取正确的证书(如卖方承担费用重新寄送),则卖方不构成根本违约。提单上的书写错误(如 2023 误写为 2022),不构成根本违约,买方不得拒付货款。不合理拒绝对方当事人的合同权利,如拒绝承认卖方所有权保留条款的有效性和卖方占有货物的权利,或者占有货物的样品后,不合理拒绝承认合同效力,可以构成根本违约。同样,明显违反排他供货义务或转售限制义务,或

---

① 参见中国国际经济贸易仲裁委员会编:《〈联合国国际货物销售合同公约〉在中国仲裁的适用》,法律出版社 2021 年版,第 72 页。

FOB 买方拒绝履行租船义务致使卖方不能将货物交到船上,都构成根本违约。迟延接收货物,通常不构成根本违约,尤其是仅迟延几天的情形。违反多项合同义务,构成根本违约的可能性增加,仍需根据案件具体情况以及违约是否使未违约方丧失了合同项下的主要利益而认定。①

从以上可以看出,根本违约必然导致宣告合同无效,这是针对违约最严厉和最后的救济手段。各国法院普遍的态度是,将违约区分为违约和根本违约,并对根本违约进行限制性解释和认定,以促进合同履行,尽量避免当事人动辄主张根本违约而宣告合同无效。

二、通知合同无效

公约第 26 条规定:

> 宣告合同无效的声明,必须向另一方当事人发出通知,方始有效。

《国际货物买卖合同成立统一法公约》②规定,如果未违约方认为对方构成根本违约,其无须通知,合同即自动归于无效。这虽对未违约方有利,但使合同处于不确定状态,也令违约方无所适从,尤其对合同于哪天失效感到困惑。因此 CISG 采纳现在的内容,规定宣告合同无效的声明须经通知才有效。(2013)海民初字第 25538 号案中,法院认定,卖方产品未适用于订立合同时买方曾明示地通知卖方的特定目的。买方在发现货物不符情形后的一段合理时间内将货物不符的情形通知了卖方,说明了货物不符情形的性质。卖方在已知道这种违反合同的情形后的一段合理时间内所提出的解决方案,未能解决问题,使买方蒙受损害,导致实际上剥夺了买方根据合同规定有权期待得到的利益,卖方根本违反合同,买方在此情况下可以宣告合同无效,且买方已向卖方发出宣告合同无效的声明。故买方要求法院确认其与卖方有关案涉货物买卖合同无效的诉讼请求,应予支持。

(一)通知的内容

通知的内容,不需表明"宣告合同无效"或援引公约有关规定,但必须清晰明确地包括合同无效或终止、不受合同约束之类的表述。如果仅是对违约方提出一些补救的要求或索赔损失的主张,没有包括合同无效的意思表示,则不发生合同无效的法律效果。但如果买方通知的内容中包含诸如"货物'立即并全部'处于卖方处置之下""卖方应返还货款""买方拒绝接受进一步交付货物"的表述,有的法院判决为有效通知。

---

① 参见 CISG-DIGEST-2016《判例法摘要汇编》关于公约第 25 条的判例汇编。
② 国际统一私法协会于 1964 年通过《国际货物买卖统一法公约》(又称《海牙第一公约》)和《国际货物买卖合同成立统一法公约》(又称《第二海牙公约》)。1968 年联合国国际贸易法委员会以这两个公约为基础着手草拟新公约,形成 1980 年《联合国国际货物销售合同公约》。

盖因为通知中包括了合同无效后的补救措施,如不再履行、恢复原状。如果索赔函包含终止合同、合同无效的内容,也具有宣告合同无效的效果。

(二)通知的时间

公约对未违约方通知合同无效的时间限制,并无具体规定。但可以区分不同情况,适用不同的通知时间。针对买方向卖方发出通知的时间,第49条第(2)款作了规定。无论是在卖方已经交货时,买方向卖方发出合同无效通知,还是在买方已经付款时,卖方向买方发出合同无效通知,均应在规定的一段合理时间内发出通知,否则丧失宣告合同无效的权利。

(三)通知的方式

关于通知的方式,公约第27条未作限定,仅规定"以适合情况的方法"。可理解为,通知方式需适当。何谓适当,应根据当时的情况、当事人所在国某种通讯方式的普及程度等综合认定。有合同约定的应按合同约定的方式通知,如传真、电子邮件、国际快递等。实践中发现,很多合同沿袭旧版,约定的通知方式老旧,常不能体现现代通讯方式的特点。现在的通知方式除包括传统的信函、快递、传真外,也包括数据电文,如电子邮件、短信、视频会议等即时通讯方式。如有合同规定"Without prejudice to anything in this Agreement to the contrary, any notice or other communication under or in connection with this Agreement may be sent by courier, fax or email in the English language to the address, fax number or email address specified in the Agreement"。

如果合同约定的通知方式因客观情况无法完成,可以改变通知方式,对此公约第27条没有特别限制,而是赋予通知发送方较大灵活性。如约定为国际快递,但因客观情况限制(如战争、罢工、自然灾害等导致快递业务中断),改为电子邮件或其他方式,应为适当通知。口头或电话通知是否有效,存在不确定性。从"传递"(transmission)和"未能到达"(failure to arrive)的用词看,第27条不包括口头或电话通知形式。事实上,口头或电话与信函、传真、快递等形式存在较大差异,口头或电话等即时通讯方式,可以由发送者监控通知效果,或至少可以询问对方是否理解其意思,而信函、传真或快递等方式,发送者一经发出就不能影响或控制其传递;口头或电话通知必须确认接收方可以听到,如果发生歧义,举证责任在发送者,否则应认定为不合适的方式,以减轻接收方的风险。但当下即时通讯盛行且可以下载保存和记录,电话、视频、微信等语音通讯方式应被接受。至于未违约方能否以默示的方式即以行为表明通知,存在争议。有观点认为,根据公约第11条规定的订约形式自由原则,应该允许,前提是未违约方的行为清晰表明其终止合同的意图并且传递给违约方,否则不能认定为有效默示通知。如,买方仅仅购买替代货物,或卖方仅仅将货物另售他人的行为不能被视为清晰明确地通知对方合同无效的意思表示。而买方将货物退回给卖方而不附加任何主张,也不能构成合同无效的有效通知,因为此类未表明合同无效主张的退运行为本身是不明确的,既可以理解为根据第49条宣告合同无效,也可以理解为根据第46条要求卖方替换货物。通知须发给对方当事人即违约方,至于通知发出后在传递上发生耽搁或错误,或者未能送达,根据公约第27条的规定,并不影响未违约方依赖该项通知的权利,也即未违约方仍可以根据通知主张合同因对方根本违约而无效。但需注意,"以适当方式通知"是免除发送者承担耽搁、错误或未能送达风险的前提。当然,"适当"的举证责任在通知发送方。① 针对当事人未按照合同约定的通知方式发出通知的后果,贸仲有仲裁裁决认为,应根据公约第29条第(2)款的规定作出变更。该案中,卖方认为,买方解除通知发送的邮件不符合约定的方式,因此通知无效。仲裁庭注意到,当事人没有任何一方按照合同约定,即以书面形式通过挂号航空邮寄所谓"正式文件"。因此仲裁庭认为,双方均信赖采用电子邮件以中文或英文进行联系,根据公约第29条第(2)款的规定,双方可以通过行为对合同项下的联系方式作出修改,卖方的观点不能成立。②

(四)投邮主义

如果说公约第Ⅱ部分在合同订立阶段的通讯联络,根据第24条采取送达主义的规定[第16条第(1)款例外],以充分体现当事人的意图,而合同成立以后的通讯联络,即第27条针对第Ⅲ部分规定的通知,总的原则是采取投邮主义,就是说任何通知、要求或其他通知,只要发送方以适当通讯方式发出,即产生通知效力,通知在路途中发生耽搁或错误,或者未能到达的风险由接收方承担,以侧重保护未违约方的利益。投邮主义原则,适用于交货不符通知(第39条)、第三方索赔通知(第43条)、索赔通知[第45条第(1)款(b)项]、要求具体履行通知(第46条)、减少货价通知(第50条)、收取利息通知(第78条)、宣告合同无效通知(第49条、第64条、第72条和第73条)、设定额外履行期限通知(第47条、第63条)、其他通知[第32条第(1)款、第67条第(2)款和第88条],等等。投邮主义还适用于其他通知,除非当事人明确约定适用送达主义。在(2019)津民终90号案中,法院认为,依照公约第26条"宣告合同无效的声明,必须向另一方当事人发出通知,方始有效"之规定,公约规定的宣告合同无效亦采取与中国合同法规定的解除合同相同的通知主义。但公约第27条同时规定,除非公约第Ⅲ部分另有明文规定,"当事人按照本部分的规定,以适合情况的方法发出任何通

---

① See Schlechtriem & Schwenzer, Commentary on the UN Convention on the International Sale of Goods (4th Edition), Oxford University Press, 2015, commentaryon Art. 27. 另参见 CISG-DIGEST-2016《判例法摘要汇编》关于公约第27条的判例汇编。

② 参见中国国际经济贸易仲裁委员会编:《〈联合国国际货物销售合同公约〉在中国仲裁的适用》,法律出版社2021年版,第74页。

知、要求或其他通知后,这种通知如在传递上发生耽搁或错误,或者未能到达,并不使该当事人丧失依靠该项通知的权利"。即除另有明文规定外,公约第Ⅲ部分的通知、要求或其他通知均采取发送生效原则而非到达生效原则。由于公约第 26 条规定的宣告合同无效也属于该公约第Ⅲ部分的内容,而该条与公约第Ⅲ部分中第 47 条第(2)款("除非买方收到卖方的通知,声称他将不在所规定的时间内履行义务")等规定不同,并未规定到达生效,故此,应认定该案中买方依照公约第 49 条规定作出的宣告合同无效的通知,应适用该公约第 27 条的规定,采取发送生效原则。因买方已于 2017 年 11 月 8 日经电子邮件发送了宣告合同无效通知,故此,无论卖方是否收到该通知,宣告合同无效的通知已于 2017 年 11 月 8 日发生法律效力。

如公约第Ⅲ部分有相反明文规定,排除适用投邮主义,则应按照该规定适用送达主义,如第 47 条第(2)款、第 48 条第(4)款、第 63 条第(2)款、第 65 条和第 79 条第(4)款。

三、法院对违约方实际履行的判决

根据公约,未违约方针对违约方可采取的救济措施,包括要求实际履行、宣告合同无效和请求损害赔偿。未违约方可以自行通知或者请求法院判决违约方实际履行(specific performance)。而公约第 28 条规定,允许缔约国法院根据本国法律对当事人关于实际履行的请求作出选择。该规定是基于这样的现实制订的,即大陆法系国家和英美法系国家关于一方违约时,另一方向法院主张实际履行的权利的规定存在很大区别。一方违约,除宣告合同无效外,在大陆法系国家,实际履行合同是理所当然的救济手段,而英美法系的救济手段主要是损害赔偿。为实现国际货物销售法的统一,只能兼顾不同制度规定,因此第 28 条在允许未违约方主张实际履行的同时,对该项权利在法律上的可执行性作出限制,即未违约方有权依据公约请求违约方实际履行合同,这些权利包括:买方请求交付货物、移交有关单据和转移所有权的权利(第 30 条、第 31 条和第 34 条);请求替换和修复不符货物的权利(第 46 条);卖方请求支付货款的权利(第 53 条)及请求买方收取货物的权利(第 53 条、第 60 条);双方协议解除合同时的权利,如返还货款的权利、返还货物的权利[第 81 条第(2)款];等等。法院或仲裁庭可以根据其所在地国内法,以对待其他类似销售合同的方式,自由裁量是否支持该项实际履行的请求,如根据其国内法裁判卖方交付合同约定的货物,或者裁判买方依合同支付货款等。需要注意的是,这里的国内法,不是合同准据法,而是指法院地法,即审理案件的法院或仲裁庭所在国的实体法律,不包括冲突法。如《民法典》第 577 条规定,承担违约责任的方式首先是继续履行,而第 580 条规定:"当事人一方不履行非金钱债务或者履行非金钱债务不符合约定的,对方可以请求履行,但是有下列情形之一的除外：（一）法律上或者事实上不能履行；（二）债务的标的不适于强制履行或者履行费用过高；（三）债权人在合理期限内未请求履行。有前款规定的除外情形之一，致使不能实现合同目的的，人民法院或者仲裁机构可以根据当事人的请求终止合同权利义务关系，但是不影响违约责任的承担。"因此，案件在中国审理时，裁判机构可依据公约和此规定，裁判是继续履行合同，还是不予履行。

可见，公约为解决实际履行难题，对其所追求的国际销售法律和谐统一的目标作出了让步。理论上，如果案件在大陆法系国家审理，实际履行得到支持的可能性较大，而在英美法系国家极可能不被支持。但实践中，因为国际货物买卖合同的实际履行，从经济的角度上看意义不大，即使裁判实际履行也难以强制执行，当事人较少单独提出该主张。因为公约并未排斥同时请求实际履行和损害赔偿，因此未违约方可以向法院或仲裁庭同时提出两项请求。

四、合同的变更和终止

合同成立后，常因客观情况发生变化，需要对合同内容进行变更，如调整供货数量、单价、付款方式或付款期限、交货期间或交货地点、保质期等，还可能因为信用证的修改、保函的签署等需要修改合同。因某种原因需要终止合同的情况也不少见。公约第29条是关于合同变更和终止的规定。根据第29条第（1）款的规定，对成立后的合同，仅需当事人协商一致即可变更或终止，无须任何形式要求，这是合同自由原则的体现，也符合公约第11条对合同不限于书面形式的规定。不过，其应受到保留适用原则的限制，即以缔约国未根据第96条、第11条和第12条对合同形式声明保留为前提。如果缔约国对此提出保留，以非书面形式修改或终止合同可能会被判为无效。第29条第（1）款旨在排除普通法关于合同变更或终止需有对价（consideration）的规定，仅需当事人协商一致即可变更或终止合同。但是，第29条第（2）款对形式加以限制，即如果书面合同中规定合同变更或终止也必须以书面形式进行，则不得以其他形式变更或终止。该款最后的但书，又对前一限制作出例外规定：即使书面合同规定变更或终止须以书面形式进行，但如果一方当事人的行为给对方以信赖，则其不应再坚持以书面形式进行从而否定其他形式的效力，否则会违背诚信原则。

贸易实务中，合同往往规定，合同成立前所有磋商内容均归入签署的合同书，排除任何口头约定，即所谓合并条款〔（Merger Clause）或称完整协议条款（Entire Agreement Clause）〕。据此，此前任何口头修改或终止协议的证据，均不被采信。关于变更或终止合同的协议，仍应以公约第14条至第24条关于要约和承诺的规定判断。解释当事人关于变更或终止合同的协议，也应根据公约所设定的解释原则，如第8条的规定。对方的缄默可否视为同意，需根据公约第18条第（1）款"缄默或不行为本身不等于接受"

的规定,确定缄默或不行为本身不构成接受。还应根据第 8 条第(2)款假设的一个同等资格的通情达理之人在相同情况下的状态,考察其接受与否。在(2015)沪高民二(商)终字第 S3 号案中,法院认为:关于双方约定的交货期以及买方主张的迟延交货违约金的认定问题,案涉订单上注明了开船日期,而没有交货日期的约定。在对交货日期无其他约定的情况下,双方当事人应以开船日期为合同履行的依据。合同履行过程中,卖方多次通过电子邮件与买方协商变更交货日期。在已履行的 40 份订单中,买方明确表示不接受卖方提出的 7 份订单的交货时间,其余订单则表示接受。卖方提出变更交货日期,买方表示接受的行为,可视为买卖双方协商一致,构成对合同的变更。卖方按照变更后的交货日期履行合同,不构成违约。因此,买方要求卖方公司支付迟延交货违约金的上诉请求没有依据,法院不予支持。

公约第 29 条规定的终止(termination)是经当事人协商同意终止合同,与第 49 条第(1)款或第 64 条第(1)款规定的合同无效不同。二者虽同为使合同不再具有约束力,但终止合同的前提是双方同意即可,而合同无效是一方当事人单方面宣告合同无效,尤其是在出现第 25 条规定的根本违约的情况时。我国《民法典》仅规定了合同权利义务终止,未规定合同终止。公约中的合同终止和合同无效,在中国法律下均属于合同解除范畴,公约中的合同终止对应《民法典》协商解除和约定解除,而合同无效属于法定解除。对当事人约定终止合同的法律后果,公约未作规定。此问题留待公约本身解决,如根据第 7 条第(2)款填补原则和第 81 条的规定等解决。当然,当事人可以约定根据国内法解决合同终止问题。在(2020)沪 0115 民初 42206 号案中,对于合同解除问题,法院认为,公约第 49 条的规定与我国相关法律规定不同,未对合同解除和无效加以区别并作出规定,第 49 条规定中的宣告无效实质上等同于我国法律中的解除合同。原告诉请解除合同应理解为请求法院依照公约的规定宣告销售合同无效。法院最终据此宣告销售合同无效,被告在收取原告货款后未能履行供货义务,被告应当向原告返还已收款项。

第十三节 货物销售——卖方的基本义务

公约第Ⅲ部分第二章用三节 23 个条款(第 30 条至第 52 条)规定了卖方的义务。这些条款,除第 30 条是对卖方基本义务的概括规定外,根据其功能可以分为三个部分:第一部分为交付货物和移交单据的义务(第 31 条至第 34 条),第二部分为交付相符货物和第三方要求(第 35 条至第 44 条),第三部分为卖方违约时买方的救济办法(第 45 条至第 52 条)。其中,第 38 条至第 44 条是对买方检验货物和通知义务的规定。

一、卖方的三项基本义务

公约第 30 条规定：

> 卖方必须按照合同和本公约的规定，交付货物，移交一切与货物有关的单据并转移货物所有权。

据此，卖方的基本义务是交付货物、移交单据（documents，常与"单证"一词混用）和转移货物所有权。卖方交付货物及相关单据的义务具体包含的内容，通常规定在国际惯例条款（如 INCOTERMS）中。如 CIF 和 FOB 等术语都规定，卖方必须提供符合买卖合同约定的货物和商业发票，以及合同可能要求的其他与合同相符的单据。一旦将 INCOTERMS 引入合同，其规定优先于公约条款适用。

（一）卖方的首要义务是交付货物

"交付"（deliver），仅指卖方将货物交给买方占有的行为。具体交付方式由公约第 31 条至第 34 条规定。如果在合同成立时货物已经由买方占有，则无需实际交付。此时，买卖合同默示货物所有权在合同成立时转移至买方。交付货物包括交付与合同相符以及不受第三方索赔或主张权利的货物。（2012）佛中法民四初字第 4、64 号案中，法院根据公约第 30 条的规定认为，该条规定位于公约第三部分第二章"卖方的义务"的第一条，其后设置了三节，共 22 个条文，可见，该条规定是对卖方义务的基本规定。在公约的调整下，卖方供货给买方是其在买卖合同中的首要性、特征性义务，而且该条款设置在"买方的义务"之前，在义务履行的默认顺序中也应考虑卖方对该项义务的履行先于买方对应义务的履行。此外，合同约定买方在货物发出后，到达目的港口前 7 天内向卖方付讫当批货物的全额货款。因此，无论是公约的规定还是合同约定，卖方均应先履行供货义务，买方在付款条件成就后再向卖方付款。卖方若没有先履行供货义务，则构成违约，除非其存在公约第 79 条、第 80 条规定的或合同约定的免责事由。

（二）移交单据与交付货物同等重要

卖方另一基本义务是向买方移交（hand over）与货物相关的单据文件。公约并未列明在一项交易中卖方需要提交的单据的范围，需根据具体交易以及所选定的 INCOTERMS 术语确定。国际贸易单据包括与货物本身有关的单据，如财务类单据有商业发票或领事发票；运输类和保险类单据有提单、海运单、多式联运提单、空运单、陆运单、仓单、保险单等；公证类单据有装箱单、重量检验证书、质量检验证书、装运港商品检验证书、外包装熏蒸证明，以及办理清关手续所需单据，如原产地证明、出口许可证明、配额文件等。在货款结算环节，主要根据有关单据办理货款结算。如在托收业务中,通常需要汇票、本票、支票等金融单据,付款收据等用于付款或收款的凭证,以及发票、运输单据、物权凭证等商业单据。在信用证结算中,当事人除在合同中约定具体单据外,还必须在信用证中详细列明所需商业单据,用于银行审单和付款。信用证开立申请书第46A栏(即 Documents Required 栏)专供开证申请人填写卖方所应提交的单据。公约咨询委员会第11号咨询意见指出,公约没有规定单据范围的,当事人可以自行约定,或者根据第9条解释有关的惯例,必要时可以根据所适用的国内法,确定与货物有关的单据范围。公约第30条所规定的单据与第34条相同,既包括第58条中"控制货物处置权的单据"(document controlling the disposition of the goods),也包括与货物有关的其他单据。具体可以参考第57条和第58条的规定办理。

卖方交付相符单据,在CIF和FOB等单证买卖交易中,与交付货物本身同等重要。单据买卖以交付单据替代交付货物,以换取买方付款,尤其在信用证(L/C)、托收(D/A、D/P)等交易中,对单据的要求更加严格,必须达到严格相符标准(单单相符、单证相符)。否则,可能被认定构成根本违约。同样,卖方迟延提交贸易单据也会构成根本违约。卖方超过约定的交单期交单,可能会遭到买方的拒绝,尤其在市场行情下跌时。在(2009)浙杭商外初字第38号案中,法院认为国际货物买卖不同于国内货物买卖,货物的流转与单据的处理是分开进行的。根据公约第30条的规定,卖方必须按照合同和公约的规定,交付货物,移交一切与货物有关的单据并转移货物所有权,其义务包括交付货物、货物相符、移交单据和权利担保。因此,卖方在交付货物之后或同时还必须交付发票、海运提单等单据,这些单据是卖方据以结算、买方据以付款的凭证。该案中,卖方在买方支付了10%的货款后,于2008年10月3日将货物移交给承运人,履行了CIF术语下货交第一承运人的交货义务,但按时交运货物本身并不表示卖方已经履行义务完毕,交付单据也是卖方应履行的义务,如果不交付单据,则意味着卖方的履行义务尚未完成。卖方上诉后,浙江省高级人民法院裁定维持原判。在(2019)最高法民申4108号案中,对于案涉货物相关单据的交付和交货问题,最高人民法院根据公约第30条认定:根据二审查明的事实,2015年11月5日,买方与报关行签订了代理报关委托书,该报关行系买方报关代理人,其向天津海关提交了案涉货物的相关单据以履行报关手续,可视为买方已掌握了案涉货物的相关单据,二审判决认定卖方已按约履行交付提单、装箱单、发票等附随文件的义务,并无不当。卖方先后申请了日本尼崎海关分署出具的收货行为买方的出口许可通知书、中国检验认证集团日本有限公司出具的检验证书、日本海事检定协会出具的水尺计重报告书,均可证明卖方履行了案涉合同约定的申报、检验等义务。二审判决认定卖方已经履行了案涉合同项下的交货义务,并无不当。

(三)卖方须转移货物所有权

卖方的第三项基本义务是,向买方转移货物所有权。传统上,所有权转移是买卖合同的核心问题。甚至有学者提出,货物买卖说到底就是买卖货物的所有权。货物买卖中,卖方的基本义务是将货物交给买方。但卖方将货物的实际占有转移给买方,并没有完成其在买卖合同下的所有义务。买卖的最终目的是将货物所有权从卖方转移至买方。占有权是关于货物的控制的,所有权是关于请求次序的,二者是不同的概念。[1]

虽然根据公约第4条(b)项的规定,公约不管辖货物所有权转移问题,但第4条指的是货物所有权是否发生转移,转移的时间、形式或效力等问题,而第30条指的是卖方为转移所有权应承担的义务,如完成必要的行为。在此义务下,判断货物所有权是否已经转移及其法律效力,不受公约管辖,而由审理法院或仲裁庭依其国际私法规则所指向的国内法即合同准据法决定。如合同适用公约,而所有权转移效力问题的准据法为中国法,中国法院或仲裁庭可根据《民法典》关于动产物权转移的相关法律,认定案涉货物所有权转移的效力问题。公约没有规定货物所有权保留问题,如合同中约定了所有权保留条款,也应按照合同准据法确认其效力。一个有效的所有权保留条款,可能影响买方在公约下的权利。实践中常遇到这样的情形:合同中没有约定所有权保留条款,一旦出现买方付款困难或卖方对货物失去控制的情况,卖方可能单方面作出所有权保留声明。问题是,根据准据法,卖方是否有权作出此声明,或者说卖方这样做是否构成违约。如果是简单的所有权保留,即仅声明货物所有权转移以支付所交付货物的价款为条件,则不属于卖方违约,其依据是公约第58条第(1)款第二句,即"卖方可以支付价款作为移交货物或单据的条件"。如果合同约定由卖方提前交付货物,卖方的义务应仅限制在提前交付货物,而不包括提前转移所有权。[2]

第30条并没有穷尽卖方的所有义务,其他义务规定在公约第71条至第88条当事人共同的义务中。同时,卖方义务还应包括根据公约第9条中的习惯做法和惯例应承担的义务,如FOB Stowed and Trimmed术语下,卖方不仅承担包括装船费在内的FOB术语下的所有义务,还要负责理舱费和平舱费。

二、卖方交货地点

卖方交货地点的确定十分重要,其可以决定卖方是否违约以及买方是否有权索赔、宣告合同无效、决定风险转移地点,还可以根据交货地点确定争议的管辖法院和准据法。第31条对交货地点规定:

如果卖方没有义务要在任何其他特定地点交付货物,他的交货义务如下:(a)如果销售合同涉及到货物的运输,卖方应把货物移交给第一承运

---

[1] 参见郭瑜:《国际贸易法》,北京大学出版社2006年版,第173页。
[2] See Schlechtriem & Schwenzer, Commentary on the UN Convention on the International Sale of Goods (4th Edition), Oxford University Press, 2015, commentary on Art. 30.

人,以运交给买方;(b)在不属于上款规定的情况下,如果合同指的是特定货物或从特定存货中提取的或尚待制造或生产的未经特定化的货物,而双方当事人在订立合同时已知道这些货物是在某一特定地点,或将在某一特定地点制造或生产,卖方应在该地点把货物交给买方处置;(c)在其他情况下,卖方应在他于订立合同时的营业地把货物交给买方处置。

(一)按约定地点交货

如果双方约定了交货地点,卖方就有义务在该特定地点交付货物。所谓约定,可以是合同约定,也可以根据习惯做法或合同引用的国际贸易惯例(如 INCOTERMS 术语)确定,如合同适用 EXW 术语,卖方的交货地点为其自己的场所(工厂、仓库等)。

(二)涉及运输时的交货地点

在国际货物销售中,绝大部分货物需要由买卖双方当事人之外的独立第三人承担运输,这就涉及卖方向承运人移交货物的问题。在涉及货物运输时,根据第 31 条(a)项的规定,卖方应将货物移交第一承运人,以运交给买方。该款仅适用于买卖双方均不自行完成运输的情况,且卖方的义务仅限于将货物移交给承运人,若有多个承运人则移交第一承运人。一旦卖方将货物交给承运人,即完成交货义务,但需根据第 32 条的规定履行通知义务。公约并没有为卖方设置必须安排运输或订立运输合同的义务,意味着安排运输的义务需另根据当事人的其他约定或根据习惯做法、惯例确定。INCOTERMS 中的术语均明示或默示由哪方当事人负责安排运输。具体而言,FOB 术语明示要求买方安排运输,CIF 和 CFR 术语则要求卖方安排运输,而 EXW 术语默示买方自行安排运输。合同约定卖方在买方营业地交货的,不属于涉及运输的合同,即使卖方委托第三方承运人完成送货。"移交"意为卖方将货物的占有移交给承运人,是履行交付义务的具体行为。移交时货物所处的具体位置,公约没有规定,合同也往往不作详细确定,依贸易术语的不同而不同。根据 INCOTERMS 2020 各贸易术语的规定,可将其交货地点归纳为:

1. EXW 术语下,卖方自己的场所为货物交付地点。

2. FCA 术语下,卖方自己的场所或其他指定地点为货物交付地点。卖方在该场所,将货物交给买方指定的承运人或其他人,即完成交货。移交货物的具体位置可以是卖方仓库、承运人仓库、买方在出口国货运代理人仓库、装货港码头或堆场,或双方约定的其他地点。

3. CPT 术语下,卖方自己的场所为货物交付地点。虽然卖方有义务订立运输合同,承担运费,将货物运至约定的目的地,但其交货地点为交给其指定的承运人或其他人。移交货物的具体位置为双方约定或根据习惯做法或惯例确定的地点。

4. CIP 术语下,卖方自己的场所为货物交付地点,与 CPT 术语相同。

5. DAP 术语下,卖方有义务在目的地交货,位置为买方场所或其他约定地点,或将卖方指派的运输工具上的货物置于买方处置时的地点。

6. DPU 术语下,卖方交货地点在目的地指定地点或该地点的约定位置,具体位置为卖方将货物卸下运输工具、置于买方处置时的地点。该术语下具体交货位置,比 DAP 术语增加了卖方卸货环节。

7. DDP 术语下,卖方负责安排运输并办理进口清关手续,其交货地点在目的地指定地点,具体位置为运输工具之上未卸下的货物置于买方处置时的地点。此术语比 DAP 术语增加了卖方的进口报关义务。

8. FAS 术语下,买方负责安排运输并支付运费,卖方交货地点在出口国指定的港口,具体位置为买方指定的船舶旁(即码头、驳船上)。

9. FOB、CRF 和 CIF 术语下,不论是卖方还是买方安排运输,卖方交货地点均为装货港船上,具体位置是买方或卖方指派的船舶货舱内。如果适用贸易术语的变形,通常仅涉及买卖双方费用的承担,并不改变卖方交货的地点和风险划分界限。

可见,当事人选择使用 E 组或 D 组术语时,在合同中约定了不同的交货地点,而且不涉及运输。在该地点将货物置于买方处置之时,即完成交付货物的义务。如无特别约定,卖方承担货物运至交货地点的费用。如果买方提货,应承担交货地点之后的费用。

(三)不涉及运输且处于特定地点或状态的货物的交货地点

根据第 31 条(b)项的规定,如果合同指的是特定货物或从特定存货中提取的不确定货物(如自码头仓库的 6 万吨铁矿石中提取 2 万吨),而双方当事人在订立合同时已知道这些货物是在某一特定地点,则该特定地点为交货地点。

(四)尚待制造或生产的未经特定化的货物的交货地点

若双方当事人在订立合同时已知道,货物将在某一特定地点被制造或生产,则卖方应在上述存放、制造或生产地点,把货物交给买方处置。

在第 31 条(b)项规定的情形下,不涉及运输,是指不涉及由独立第三方完成的运输,并非不需要运输,当事人需要亲自完成运输或自行订立运输合同完成运输。而且,运输是指销售合同约定的承运人自卖方交货地点至目的地,向收货人交付货物的运输区段(通常为国际运输区段),而非卖方为履行交货义务将货物运至交货地点的运输。在 INCOTERMS 2020 的 FCA、DAP、DPU 和 DDP 术语下,当事人既可以约定由独立第三方运输,也可以由当事人亲自运输。在第 31 条(b)项规定情形下,买方必须亲自取得对货物的占有,这些货物可以是已特定化的货物(identified goods),也可以是虽未特定化但将从特定存货中提取的货物,或者将要制造或生产的货物,只要双方当事人在订立合同时已知道其存放于某特定地点(如自仓库提取谷物、自码头堆场提取铁矿石等),或知道货物在某特定地点制造(制造设备或服装的工厂、车间等)或生产(如新鲜茶叶采摘地、木材采伐林地、铁矿石开采矿山等),则这个地点就是交货地点,卖方在此地点将货物交给买方处置,即履行交货义务。"交给买方处置"(at the buyer's disposal)通常理解为在交货地点,卖方将货物置于买方处置之下,买方无须其他行为(如另行包装、倒库等)即可占有货物的状态。货物置于买方处置的情况下,买方自行安排运输,符合适用 FCA、DAP、DPU 和 DDP 术语规定的情形。此时,承运人由买方所雇佣,承运人可能造成货物灭失或损坏的风险,由买方承担。

在第 31 条(b)项规定的情况下,"双方当事人在订立合同时已知道"很关键:必须是双方当事人已知道且为订立合同时已知道,如果订立合同后才知道,则只能适用(c)项不能适用(b)项的规定;必须是实际上知道,不适用"应该知道"或"不应该不知道"的推定。通常,只有在卖方通知买方的情况下,才构成货物置于"买方处置"。如果卖方的通知是以适当的方式发出的,则卖方就完成了将货物交给买方处置的义务,即使通知在传递中发生耽搁或错误。因为依据第 27 条的规定,通知在传递中的适当的风险由买方承担。但是,根据第 69 条第(2)款的规定,只有当买方知道货物已处于其处置的事实时,货物的灭失或损坏的风险才转移至买方,也即通知必须送达买方。只有通知送达买方时,才可以要求买方支付价款[第 58 条第(1)款第一句],因此,通知送达买方关系卖方的自身利益,卖方在知悉第一次通知丢失或延误后,应再次向买方发出通知,这也是诚信原则的要求。"交给买方处置"并不要求卖方负责将货物装至买方或其委托的承运人派来的运输工具上,卖方装货属于额外义务,应另行约定或根据公约第 9 条的规定按照习惯做法或惯例确定。①

第 31 条(b)项可能会涉及简易交付和指示交付问题。如果货物已在买方占有下,则无须物理上交付货物,买卖合同成立之时,卖方即完成交付。同样,货物存放于第三方时,如订立合同时双方都知道该货物存于第三方经营的保税区仓库,则经卖方通知第三方债权转让,或由买方向第三方行使取回权,第三方将货物交给买方处置时,卖方即完成交付。第三方将货物交给买方处置时不应附加条件,如要求买方支付仓储费。如果第三方不能将货物交给买方处置或附条件交付,则不能视为卖方履行了交货义务。国际贸易实务中,常见的情况是卖方将指示提单或仓单、提货单转让给买方,买方根据相关法律规定,持单向第三方提取货物。国际运输合同以及提单、仓单或提货单等提货凭证的转让,以及向第三方提取货物的问题,已经超出公约适用范围,这些问题应由运输合同所适用的国际公约或者国内法解决。

---

① See Schlechtriem & Schwenzer, Commentary on the UN Convention on the International Sale of Goods (4th Edition), Oxford University Press, 2015, commentary on Art. 31.

(五) 卖方营业地交货

根据第 31 条(c)项的规定,在其他情况下,卖方应在其订立合同时的营业地把货物交给买方处置。该款是补充条款,适用于(a)(b)项以外的情形,把订立合同时卖方的营业地点设定为交货地点。如果卖方有多个营业地点,则应按照公约第 10 条(a)项的规定,选择与合同的履行有最密切联系的营业地为交货地点。如果卖方没有营业地,应按照公约第 10 条(b)项的规定在其惯常居住地交货。

(六) 在途货物的交货地点

在订立合同时,货物处于运输途中的,属于在途货物(goods in transit)。此时,不论当事人是否知晓货物所处位置,均不能根据第 31 条(b)项或(c)项的规定交给买方处置,因此,双方需要另行约定交货地点。

通常,买卖双方的义务在合同中有详尽规定,包括通过习惯做法或惯例作出规定,只有合同没有规定的事项才由公约管辖。在这个意义上,公约是"候补适用"。卖方按照合同规定或公约上述规定履行交货义务后,即不再承担任何责任,包括不对交货后货物的损害或灭失负责。即使所交付的为不符合合同约定的货物,也属于履行了交货义务。至于与合同不符的索赔,可以由买方根据合同或公约规定另行解决。

三、涉及运输时卖方的其他义务

如果说公约第 31 条是关于在涉及运输和不涉及运输的情况下,卖方向买方交付货物以及交货地点的规定,那么第 32 条进一步规定了在交易涉及运输时,卖方根据合同或公约应履行的其他义务。这些义务包括三个方面:发送货物特定化通知、安排运输和协助买方办理保险。

(一) 卖方发送货物特定化通知

国际贸易实务中,卖方向承运人交货但未将货物特定化的情况时有发生,如没有在货物上标注收货人名称和地址或没有在运输单据上将买方列为收货人,或者在多个买方货物装载于同一散装船的情况下,没有在提单上列明货舱编号等,这都会导致买方收货困难。更为重要的是,根据公约第 67 条第(2)款的规定,货物特定化或向买方发出特定化通知前,货物的风险不转移至买方。因此,卖方就已经交运但尚未特定化的货物,向买方发送特定化通知,既是为买方收货提供便利,也是为卖方自己消除风险。关于通知的方式,公约并未限制,依公约第 27 条的规定和具体情况而定,以书面最好。通知的内容,应体现将货物特定化之目的,如拥有多个货舱的散货船承运分属不同收货人的相同货物时,应根据卸港顺序和船舶安全,除通知船名外还应通知不同买方具体货舱号。如果整船货物属同一买方,则通知船舶名称即可。

(二) 卖方安排运输

第 32 条第(2)款规定的卖方安排运输(arrange for carriage),系卖方与独立第三方承运人订立运输合同,由承运人完成运输。卖方应与承运人订立运输合同并根据约定承担运费,但不承担货物运输途中承运人过错造成货物灭失或损坏的责任。这与 FCA、DAP、DPU 和 DDP 术语下卖方选择亲自将货物运至指定地点不同。在这些术语下,承运人为卖方所雇佣,由卖方承担承运人过错造成的货物灭失或损坏责任。适当运输方式,要求卖方应安排合理路线和运输方式、运输工具。将货物运至指定地点,通常指合同约定或贸易术语规定的地点。在(2017)津民终 21 号案中,法院认为,买方向卖方发送了电子订单,卖方按照订单中载明的货物的种类、数量办理了运输手续。双方成立国际货物买卖合同关系。卖方向买方出具了商业发票和电子提单,但买方否认收到货物并拒绝支付货款。故该案的争议焦点为卖方是否向买方交付了案涉货物,买方应否支付案涉货物的货款及利息损失。卖方认可由其负责安排案涉货物运输事宜,因此,其应当依照买方的订单中载明的交货目的港将货物运往中国香港特区。但卖方出具的商业发票和电子提单中均载明交货地点为中国香港特区,并主张系买方更改了交货地点,但买方予以否认,且卖方对此未能举证证明。法院根据公约第 32 条第(2)款关于卖方有义务安排运输的相关规定,对卖方的主张不予支持。卖方主张买方收到案涉货物的商业发票和电子提单后未提出异议,从行为上表明买方系案涉货物的买受人。对此,法院认为,虽然买方未提出异议,但不能据此认定其认可案涉货物的交货地点已经发生变更,也不能认定其已实际收取货物,故法院认定卖方上述主张缺乏依据,不能成立。

(三) 卖方安排运输涉及的货运代理问题

涉及运输时,通常卖方会指定一家货运代理公司(又称货代公司)代其组织运输,包括向国际承运人订舱或订立运输合同,自卖方提取货物并向承运人交付货物,甚至向卖方签发运输单据等。根据货代公司的服务内容,可以区分卖方履行的义务类型:(1)货代公司不仅代理订舱和订立运输合同,还自卖方提货,代理卖方向承运人交付货物,一经向承运人交付货物,卖方即履行了公约第 31 条(a)项规定的向承运人移交货物的义务。(2)货代公司以卖方代理人身份向承运人订舱、订立运输合同,运输合同一经成立,卖方即履行了公约第 32 条第(2)款规定的义务。(3)卖方与作为契约承运人的货代公司订立运输合同,卖方即履行了第 32 条第(2)款规定的义务;而如果卖方将货物交给货代公司,后者以契约承运人或多式联运经营人的身份向卖方签发提单,卖方即履行了第 31 条(a)项规定的义务。在货代公司以卖方代理人身份行事时,卖方应根据公约第 79 条的规定对货代公司的行为向买方承担责任;而在货代公司以独立第三方即契约承运人或多式联运经营人行事时,卖方不对货代公司的行为向买方承担责任。若与货代公司订立运输合同的实际承运人的行为导致货物灭失或损坏,此事项不属公约管辖,应根据契约承运人或多式联运经营人与实际承运人之间的国际货物运输合同适用的准据法解决。

(四)卖方指示其上游供应商交货问题

在国际货物买卖中,转口贸易盛行,货物自卖方所在地或产地直接运至第三国买方所在地。如 A 国买方与 B 国卖方订立买卖合同购买货物,再转售给 C 国客户,货物由 B 国直接运至 C 国。若 A 国买方直接指示 B 国卖方将货物交给承运人运至 C 国,B 国卖方与承运人订立运输合同之时,A 国买方即向 C 国客户履行了第 32 条(2)款规定的义务;当 B 国卖方向承运人交付货物之时,B 国卖方即向 A 国买方履行了第 31 条(a)款规定的义务。如果 B 国卖方在订立运输合同、交付货物中的行为构成违约,则 A 国卖方应根据公约第 79 条向 C 国客户承担违约责任[违约责任的相关规定详见公约第 45 条第(1)款]。

(五)卖方协助买方办理保险的问题

在 INCOTERMS 术语中,CIP 和 CIF 术语由卖方安排保险,CPT、CFR 和 F 组术语由买方安排保险。第 32 条第(3)款规定,在买方提出要求时,卖方必须向买方提供一切现有的必要资料,以使其办理保险。在国际货物买卖合同中,买方办理保险需要的必要单据,如提单、商业发票、装箱单等,卖方必须向买方提供。

四、卖方交货时间

公约第 33 条规定了卖方在不同情况下的交货时间:

> 卖方必须按以下规定的日期交付货物:(a)如果合同规定有日期,或从合同可以确定日期,应在该日期交货;(b)如果合同规定有一段时间,或从合同可以确定一段时间,除非情况表明应由买方选定一个日期外,应在该段时间内任何时候交货;或者(c)在其他情况下,应在订立合同后一段合理时间内交货。

(一)按约定或推测日期交货

该条(a)项设定了两种情况,一是当事人明确约定或根据第 9 条规定的习惯做法或惯例确定了具体交货时间。如直接约定 12 月 1 日交货,或根据惯例在收到订单后 30 天交货。二是没有约定或不能从习惯做法或惯例得出具体时间,但可以从合同内容默示地推测出一个具体日期,则卖方应在该具体日期交货。如合同约定交货日期为"15 days after the Seller's receipt of a workable Letter of Credit by Buyer",则卖方应在收到买方开立的信用证后 15 天内交货。

(二)按约定期间交货

根据该条(b)项的规定,如有明确的交货期间或虽然没有具体交货期间但可以从合同内容确定一个交货期间,则卖方可以在该交货期间内的任何时间交货。实务中,交货期间可能是未来某个日期前或某个事件后若干天,或者一个浮动的期间。如规定"Delivery Period: March 2022 WM"(2022年3月整月),卖方可以在此期间内任何日期交货。如果买方要求在此期间内的某个具体日期交货,应另有约定或根据习惯做法或惯例,或根据合同可以确定该具体交货日期。卖方可以拒绝买方早于交货日期或期间的交货要求,但卖方晚于交货日期或期间交货的,构成违约。在(2017)浙民终789号案中,法院根据一审证据认定:买方分别于2016年1月29日、2月23日、5月9日支付预付款合计8862.96美元,已经履行订单和形式发票确认的合同义务。订单和形式发票中确认的交货时间为2016年3月30日,但卖方不能交货。双方经协商最后确定交货时间为2016年5月31日,但卖方仍不能交货,已构成违约,应当承担相应违约责任。在贸仲审理的案件中,仲裁庭认为,通常的FOB合同会规定卖方的交货日期或期限,卖方有权选择在规定日期内的任何一天交货,而案涉合同规定的装运期将原本用来约束卖方交货时间的装运条款,转变成约束买方派船收货的条款,只要买方向卖方发出派船通知,告知卖方具体指派船只的信息,卖方就有义务在买方告知的船舶到港期限前准备好货物,并将货物装至买方指派的船上。据此,仲裁庭对卖方依据公约第33条(b)项的规定认为卖方有权在约定期限的任何一天备妥货物的主张,未予认同。但仲裁庭同时认为,根据INCOTERMS的规定,买方未就派船履行通知义务,导致卖方未在约定期间内备妥货物,责任不完全在卖方。①

有的合同对交货日期规定附加条件,如规定"Shipment is subject to Seller's receipt of a workable Letter of Credit from Buyer",或者"The shipment shall be subject to production capacity and availability of vessel"。对此卖方应根据诚信原则履行交货义务,对不符合附加条件的主张承担举证责任。贸仲仲裁庭在审理的很多案件中都认为,如果合同约定信用证付款和卖方交货期,而没有规定买方开立信用证的时间,则买方开立信用证就是卖方履行其交货义务的先决条件。此时,可以给予买方在装运期前一个合理时间开立信用证,或者至迟应在开始装运的前一天给卖方开出信用证。否则,卖方同样有权拒绝交货并追究买方的违约责任,或者要求相应延长装运期。有仲裁庭明确指出,信用证作为付款手段,其主要作用在于以银行信用保证卖方在发货交单后能收到货款。而如果在卖方发货后,买方才有义务开立信用证,就会使信用证作为一种以银

---

① 参见中国国际经济贸易仲裁委员会编:《〈联合国国际货物销售合同公约〉在中国仲裁的适用》,法律出版社2021年版,第86页。

行信用为保障的支付手段失去其应有的作用。以信用证为付款条件的国际买卖合同中,要求卖方在信用证开立之前发货,不符合信用证交易惯例。①

（三）在合理时间交货

除公约第 33 条(a)(b)项之外的其他情况,该条(c)项规定卖方应在合同成立后合理时间内交货。合理时间应根据交易具体情况确定,如卖方在订立合同时知道因为备货困难或疫情防控等原因可能发生交货延误,应及时通知买方。如果买方在订立合同后因急需货物要求卖方加速交货,也应及时通知卖方。如果交货日正好是卖方的法定节假日,应根据双方约定、习惯做法或惯例确定交货日期,通常以法定节假日后第一个工作日作为交货日。对此,中国的当事人应特别注意,我国经常将法定节假日(如国庆节、春节)与前后周末时间合并、调休,遇此情形应及时通知对方当事人。

国际贸易合同中,经常使用"delivery"和"ship"或"shipment",如"Delivery Time: The Goods shall be delivered no later than the dates set out below: April 28, 2022",或"The Cathode Copper shall be shipped in February or March 2022",或"Shipment: Not later than March 12, 2022"。delivery 常用于交付货物和单据(有时用 dispatch),指卖方向买方转移货物占有权的行为,也指承运人向提单持有人或收货人交付货物的行为。ship 作为动词指装船、装运,尤指卖方向承运人交运货物,换取运输单据。而 hand over 是货物交至承运人、单据通过银行或其他途径移交买方的具体行为。hand over 完成通常意味着 delivery 或 dispatch 履行完毕,不论货物是否运抵目的地、买方是否提取或实际占有货物。而 take over the goods 通常指买方在约定地点自卖方提取货物,或者提单持有人或收货人自承运人提取货物的行为(take delivery of the goods)。

确定卖方交货日期,不仅能够使卖方按时履行交货义务,避免交货违约,进而避免买方判定卖方构成交货违约从而提出索赔甚至宣告合同无效,还可以确定买方是否履行接收货物的义务。

五、贸易单据的移交和修改

国际贸易中,各种单据具有不同功能,共同发挥作用使货物自卖方或第三方供应商所在国,装载到运输工具上运至买方或最终用户所在国。有的交易(CIF、FOB 或 CFR 等)就是单据买卖,移交单据就象征着交付货物。为了完成交易,卖方不可能只交付货物不交付单据,否则就无法完成货物的出售,收回货款。因此,卖方向买方移交单据与交付货物同等重要。公约第 34 条对卖方移交单据的时间、地点和方式,以及对单

---

① 参见中国国际经济贸易仲裁委员会编:《〈联合国国际货物销售合同公约〉在中国仲裁的适用》,法律出版社 2021 年版,第 86 页。

据的修改等问题作出规定:

> 如果卖方有义务移交与货物有关的单据,他必须按照合同所规定的时间、地点和方式移交这些单据。如果卖方在那个时间以前已移交这些单据,他可以在那个时间到达前纠正单据中任何不符合同规定的情形,但是,此一权利的行使不得使买方遭受不合理的不便或承担不合理的开支。但是,买方保留本公约所规定的要求损害赔偿的任何权利。

(一)移交单据的内容

对于该条第一句的规定,可理解为卖方提供单据的前提是其有此义务,而此项义务并非直接来源于公约,即公约并未规定卖方提供单据的义务。因为该句的表述是"按照合同所规定的时间、地点和方式移交这些单据",可见此义务是来源于合同,包括习惯做法和惯例。公约也未规定卖方需提交哪些单据,只规定"与货物有关的单据",具体单据应根据合同约定或习惯做法、惯例确定。

单据来源于货物及其销售,移交单据与交付货物同等重要,但移交单据的义务与交付货物的义务有明显不同,移交与交付的形式有明显差异。正因此,公约第 31 条(货物交付地点)和第 33 条(货物交付时间)的规定不适用于单据的移交。

(二)移交单据的时间

卖方移交单据的时间,因具体交易的不同而不同,如合同规定以信用证结算,信用证往往规定卖方在提单日后若干天移交单据。如果没有规定,按照 UCP600,为提单日后 21 天内交单,最迟不能晚于信用证有效期。如果是用于买方提货的单据,卖方应在货物到达交货地点之前或置于买方处置前移交单据,以使买方据以提取货物。卖方需要注意,向买方移交单据涉及较大风险,如买方要求卖方在付款前移交单据,尤其是具有物权凭证功能的可转让单据,卖方应拒绝。因为虽然卖方有移交单据的义务,但其在收到货款前有权控制单据。

(三) 移交单据的地点

在信用证结算时,根据 UCP600 第 6 条的规定,开证行或其在信用证中指定的代理行为交单地点,通常为卖方所在国的银行。以托收方式结算时,如 D/P 术语下,单据应在买方付款时交给买方,代收行营业地为交单地点。其他单据的移交地点,可以为提货现场、卖方或买方营业场所等。至于单据的形式,根据合同、习惯做法或惯例确定,如果合同要求卖方须提交空白背书已装船清洁指示提单,或经当地商会出具的证明等,卖方需满足这些要求。卖方移交单据的途径,既包括根据结算方式通过银行提交,也包括其向买方直接提供。至于这些单据可能涉及的效力(validity)、是否可转让(negotiable)、是否为物权凭证(document of title),由买卖合同准据法或适用于该单证的法律确定,如海商法、票据法及有关公约。如卖方未按照规定的时间、地点和方式移交单据,将构成违约,无法按预期收到货款,甚至构成根本违约招致买方宣告合同无效。因此,卖方在做好备货的同时,需精心缮制贸易单据,并严格遵照合同要求提交银行或买方。

(四)卖方修改单据

该条第二句,允许卖方对不符合要求的单据进行修改,前提是在合同规定的交单最后期限前修改,并且不使买方遭受不合理的不便或承担费用。与第37条规定的卖方提前交付货物后的补救措施相对应,该条是针对提前移交单据的补救规定。国际贸易中,不符合约定的单据可谓五花八门,如发票内容与合同不符、币种或金额不符、装箱单内容与提单货物描述或数量不符、指示提单错为记名提单、已装船提单错为收妥待运提单、海运提单错为货运代理人提单、保险单记载的保险条款与合同要求不符,等等。大多数情况下,贸易单据交由银行办理结算,也由银行负责审核,因此单据不符更多情况下由银行指出,卖方应遵循银行要求修改单据。单据不符,包括单据内容与合同约定不符,也包括单据与信用证要求不符,或者单据之间相互矛盾,还包括单证的丢失或缺失,不能达到单单相符、单证相符。因此,卖方的补救方式需根据不符情况,采取相应措施。对内容不符、有缺陷的单据,需纠正或替换,对丢失的单据,需重新提交。如卖方根据 INCOTERMS 2020 办理 CIP 保险,习惯性地办理了 ICC C 险,发现不符后应该重新办理 ICC A 险。卖方对自己所出具单证的补救,如发票、装箱单、出厂检验报告等较为容易,而对由第三方出具的单据,尤其是对承运人出具的运输单据的补救,可能十分困难。如,海运提单丢失,要承运人补签提单,程序极为严格,通常要求提供固定格式的银行保函甚至货值1~3倍的押金,担保时间为1~3年,要求申请人在发行量较大的报刊连续3天刊登提单丢失声明,甚至需要向法院申请公示催告等。如果卖方丢失提单需要补签,应考虑是否给买方带来不合理的不便或费用。如果承运人坚持要求买方作为提货人出具银行保函或押金,应属于给买方带来不合理的不便和费用。当然,若买方同意接受,则另当别论。

(五)买方的权利

该条第三句规定,买方有权就卖方所移交的任何不符单据导致的损失,提出索赔。该规定一方面促使卖方从开始就应提交符合规定的单据,另一方面限制买方收到不符单据后不给卖方任何修改机会就宣告合同无效,以维护合同的履行。如果超过交单期限,卖方对不符合约定的履约行为进行补救,只能按照公约第48条的规定进行,不论补救结果如何,不影响根据公约对其是否构成违约的认定,包括根据第25条的规定认定根本违约和根据第49条的规定宣告合同无效,买方的索赔权不受影响。如果提单丢失,买方不得不向承运人提交保函或押金才能提货,对于由此产生的损失,或者因不能提供提单导致货滞港口的港口费、仓储费等费用,买方有权利向卖方索赔。

第十四节 货物销售——卖方交付相符货物的义务

公约第Ⅲ部分第二章第二节,在第一节卖方交付货物和移交单据的基本义务的基础上,进一步规定卖方所交付货物应符合合同要求。各国对卖方交付相符货物的规定不尽相同,对卖方货物品质担保的要求也存在差异。公约没有拘泥于某一法系或国内法的规定,而是将货物在数量、质量、规格和型号、包装、品质瑕疵等方面的不符统归到"与合同不符"(lack of conformity/non-conformity)的概念下。第35条规定了卖方交付相符货物的义务:

(1)卖方交付的货物必须与合同所规定的数量、质量和规格相符,并须按照合同所规定的方式装箱或包装。(2)除双方当事人业已另有协议外,货物除非符合以下规定,否则即为与合同不符:(a)货物适用于同一规格货物通常使用的目的;(b)货物适用于订立合同时曾明示或默示地通知卖方的任何特定目的,除非情况表明买方并不依赖卖方的技能和判断力,或者这种依赖对他是不合理的;(c)货物的质量与卖方向买方提供的货物样品或样式相同;(d)货物按照同类货物通用的方式装箱或包装,如果没有此种通用方式,则按照足以保全和保护货物的方式装箱或包装。(3)如果买方在订立合同时知道或者不可能不知道货物不符合同,卖方就无须按上一款(a)项至(d)项负有此种不符合同的责任。

从这里可以看出,该条仅是关于所交付货物本身的不符,而将卖方交付权利瑕疵货物或侵犯第三方知识产权造成的合同不符,另外作出规定(第41条和第42条)。交付货物的数量、质量、规格、包装与合同相符,不存在权利瑕疵或知识产权侵权,构成卖方交付相符货物的全部义务。卖方交付相符货物的义务,涉及卖方对不符货物的责任期间和买卖双方责任划分(第36条)、卖方对不符货物的补救措施(第37条)、货物检验时间(第38条)、买方对不符货物的通知义务和索赔权的保全[第39条、第43条第(1)款],以及买方未履行通知义务时卖方对交付不符货物的责任免除[第40条、第43条第(2)款和第44条],等等。

一、货物须符合合同规定

根据第35条第(1)款的规定,卖方必须交付合同规定的货物,判断所交付货物是否与合同相符,首要标准是合同规定。合同规定包括合同明确约定或以行为默示达成的协议。在合同有规定但不甚明确时,应根据公约第 8 条规定的原则作出解释,并可以根据第 9 条规定的习惯做法、惯例和双方长期的业务合作关系,确定合同是否作出约定及其相关内容。合同规定形式多样,数量、质量、规格或包装的内容,可以是当事人在订立合同时逐项商定的,也可以是根据一方当事人的标准交易条款确定的。如双方约定按照卖方提供的标准条件履行,每期订货以确认书对当期货物予以确认。①

二、货物数量或重量

根据不同国家的度量衡制度和商品种类,可以用不同的计量单位表示,最常见的是货物数量(quantity)和重量(weight)。如表示数量的件、卷、捆、双、袋、包等;表示重量的吨、公吨、长吨、短吨、湿吨、干吨,或公斤、克、盎司等;表示长度的米、英尺、码等;表示面积的平方米、平方英尺、平方码等;表示体积的立方米、立方英尺、立方码等;表示容积的蒲式耳、公升、加仑等。各国度量衡制度不同导致计量单位存在较大差异,同一计量单位可能在不同国家所表示的数量不同。国际贸易从业者应务必搞清楚公制、英制、美制计量的差别,不同区域国家计量单位的差别,及其相互之间的换算关系,避免合同条款不明或存在错误表述而引发争议。如果合同标的物为机器设备,以件、台表述,通常数量是固定数额。而对大宗商品,由于货物特性、货源变化等原因,卖方难以准确控制交货数量,或者由于船舶平衡、船舱容量等原因受到船方的限制,通常在固定数量基础上约定增减幅度,表示为加或减一定百分比(10% more or less, 10% MOL)。交货数量在此增减幅度内的,不属于交货不符,超出该幅度的则构成交货不符。除非当事人另有约定,如规定"In the event that any vessel is overloaded such that the bill of lading quantity would otherwise exceed the maximum quantity contemplated by the Agreement after allowing for shipping tolerance (if any), then the parties agree that neither Seller nor Buyer shall be in breach of the Agreement as a result of such overloading, and each party agrees to deliver and to take delivery of the additional tonnage"。装船数量超出约定装船公差高限的情形,不属于卖方交货不符,卖方交货后买方应提取货物,并支付价款。对于货物实际重量相符但单据记载数量不符是否构成交货不符存在争议。有判决认为,仅单据记载错误同样构成交货不符。

三、货物质量

对货物质量(quality)不符,公约统一使用"交货不符"的概念,而没有采纳某些国

---

① See CISG-AC Opinion No. 19, Standards and Conformity of the Goods Under Article 35 CISG. Rapporteur: Professor Djakhongir Saidov, King's College London, United Kingdom. Adopted by the CISG Advisory Council Following its 25th Meeting, in Aalborg Denmark, on 25 November 2018.

内法中卖方对货物品质担保的规定。货物质量不符,同样表现为多种形式,如机器设备环保性能、生产能力不能达到合同设计要求、食品营养成分不能达到约定标准、铁矿石中铁的含量低于而硫的含量高于合同约定,等等。

(一)对质量的表示方法

合同对质量的约定,可以实物表示,包括看货买卖和凭样品买卖(sale by sample),样品又可分为卖方样品、买方样品和对等样品;可以说明(description)表示,又可分为凭规格(specification)表示和凭等级(grade)表示;可以标准(standard)表示;可以凭说明和图样(description and illustration),以及凭商标和品牌表示。[①] 对不符合合同要求的货物,不论标准是高于还是低于合同规定,都属于与合同不符,买方应根据公约第39条的规定通知卖方。如合同约定交付白糖1000吨,卖方却交付食盐1000吨,因食盐与白糖系完全不同性质的货物,构成交货不符。如合同约定交付白糖1000吨,卖方交付红糖1000吨,虽都属糖类但品质不同,也构成交货不符。对某些可以存在品质误差的商品,交货品质在误差之内的不构成交货不符。如铁矿类产品约定含铁量为55.00%~57.00%,检验报告显示含铁量在此区间内,即符合约定。贸仲曾有案例指出,凭样品买卖中,卖方的义务通常仅限于提交与样品相同的货物。凭样品买卖相当于某种卖方提供的明示担保,即样品本身相当于与公约第35条第(1)款规定类似的关于货物质量的明示约定。如样品存在某些潜在瑕疵,无法满足第35条第(2)款(a)项的规定,即不能满足同类货物的通常用途,而这种瑕疵又是在提交样品时不能为买方所发现的,则卖方依然要对这些潜在瑕疵承担责任。[②]

(二)货物质量说明

质量说明,也称商品描述、规格或种类(type)。有时规格又包括数量、质量、说明和包装。通常在商品名称(name of commodity)栏列明,有时与商品型号、标准共同组成货物名称,是买卖双方交付或接收货物的基本依据。如医疗防护用品出口合同中规定"Products: Surgical Mask Chinese KN95, Chinese Standard; Mask FFP2, EN149 Certificate of Conformity CE; Protective Goggles pvc Certificate of Conformity CE"。中国卖方要注意,有些区域标准和规格比较混乱。"CE"是欧盟安全认证标志,不是产品质量标志,也不是商品规格的统称。在上例中,个人防护眼镜(Protective goggles)另有欧洲协调标准EN 166:2002。出口合同仅规定"Certificate of Conformity CE",交货后容易产生争议。对铁矿石等货物,常见规定为"Name of Commodity: Iron Ore Fines, Specification

---

① 参见沈达明、冯大同编:《国际贸易法》,北京大学出版社1983年版,第54—57页;黎孝先主编:《国际贸易实务》,对外贸易教育出版社1994年版,第47—62页。

② 参见中国国际经济贸易仲裁委员会编:《〈联合国国际货物销售合同公约〉在中国仲裁的适用》,法律出版社2021年版,第101页。

and Quantity: Quantity: XX WMT (+/- 10% at Seller's Option), Chemical Composition (On Dry Basis): Fe 57.00% Basis (Minimum 55.00%), SiO_2 5.75% max. Al_2O_3 4.75% max. P 0.08% max. S 0.06% max. Moisture Content: 12.00% max. (Free Moisture Loss At 105 Degree Centigrade), Physical Specification (On Natural Basis) Below 10MM: 90.00% min. Above 10MM: 10.00% max. Below 150 Micron: 35% max"。卖方应按照合同对商品的描述交付货物,否则构成交货不符。当然,在大宗商品交易领域,对具体货物品位或成分的不符,不一定构成违约,当事人常常约定品位不符合合同约定时,按照品位调整单价。只有品位低于约定幅度,卖方才构成违约,买方有权拒收货物、另商单价或解除合同。常见类似规定如"Price Adjustment: For Fe Content: In respect of the shipment of Iron Ore Fines which does not meet the Fe content set forth above, the base price referred shall be adjusted as follows: (1)The base price shall be increased by Single Pro-rata〔(determined base price/57) x 1〕PDMT for each 1.00% Fe above 57.00%, fraction pro-rata. (2)The base price shall be reduced by Single Pro-rata〔(determined base price/57) x 1〕PDMT for each 1.00% Fe below 57.00% up to 56.00% and further by Double Pro-rata〔(determined base price/57) x 2〕PDMT for each 1.00% Fe below 56.00% up to 55.00%, fraction pro-rata. (3)Buyer has the right to reject the entire cargo or renegotiate the price if Fe goes below 55.00%"。

(三) 货物属性问题

对交付不同属性的货物(如约定白糖却交付食盐),是违反第35条的规定构成交货不符,还是违反第30条的规定构成未履行交货义务,学界有不同认识。通常卖方在交付明显不属于合同约定的货物的情况下,无法援引第38条或第39条的规定主张买方未有效通知而免除责任。根据公约第40条的规定,"如果货物不符合同规定指的是卖方已知道或不可能不知道而又没有告知买方的一些事实,则卖方无权援引第三十八条和第三十九条的规定。"例外情形是,如果卖方是基于善意,尤其是在货物明显不是合同约定之物的情况下,买方很容易发现其不符并予拒绝,但如果买方不作出有效通知,则卖方的利益也应得到保护。对交付不同属性的货物,适用第35条的规定更为适当。[①]

四、合同无特别规定时的认定

如果说"合同规定"是判定货物是否不符的首要标准,则公约第35条第(2)款是关于在没有合同特别规定时,认定货物质量的判断标准,即次要标准。依据次要标准规

---

① See Schlechtriem & Schwenzer, Commentary on the UN Convention on the International Sale of Goods (4th Edition), Oxford University Press, 2015, commentary on Art. 35.

则,可以从货物通常使用目的,特殊使用目的,样品或式样,装箱或包装等方面加以考量,认定是否达到相符交货。总体而言,达到所列的判断标准才可被认定为符合合同要求。这些标准是默示条款,是在没有明确规定的情况下,约束卖方的交货标准。如果当事人不愿受这些标准约束,可以另行约定其他标准。这里需要注意,"另行约定"即"另有协议"(agreed otherwise),如约定卖方对所售汽车在买方国家的登记获取牌照不作任何承诺,此类风险由买方承担。如买方不能在本国为所购车辆登记牌照,则卖方不构成交货不符。

公约第35条第(2)款由4项组成,其中(a)项和(d)项适用于所有合同,除非当事人另有约定。(b)项和(c)项仅适用于某些特定交易。这些标准是累加的,货物应符合所有4个标准,否则构成交货不符。从优先适用次序上,(c)项优先于(b)项,(b)项优先于(a)项适用,而(d)项具有普遍适用性。如果说第35条第(1)款是依据主观标准判断,而第(2)款所列4个标准则是从客观标准考察,是在没有合同约定或者约定不明确时,对主观标准的补充。

(一)通常使用目的

根据第35条第(2)款(a)项的规定,从货物的使用目的考量,要求适用于同规格货物的通常使用目的。如电冰箱不制冷、高清电视机没有高清的效果、茶叶因串味失去清香特点、铁矿石杂质含量过高钢厂无法直接用于生产等,都不能认为其符合通常使用目的。"通常使用"(ordinarily be used)仅要求正常的使用,而不要求完美无瑕,除非当事人约定这种通常的使用也必须完美无瑕。卖方没有合同前义务,去了解买方的具体使用目的或货物使用环境。只要货物达到"中等"(average)质量、"可销售质量"(marketable)或"合理"(reasonable)质量,即符合该款规定的标准。为了达到通常使用标准,卖方需要提供产品安装说明、使用说明,对具有危险性的货物作出警示。如家用热水机,需要有儿童安全解锁装置,电磁炉应有余热提示标识,易腐货物应标明储藏期等。另外,需要强调的是,货物除符合通常使用目的外,还需符合商业目的,具有可转售性(resaleability),使处于中间商地位的买方能够转售货物。对货物的质量存疑,也会影响可转售性。对于货物质量约定不明的,可以根据公约第9条的规定按惯例或习惯做法确定。在(2018)粤民终1424号案中,法院根据公约第35条第(2)款(c)项的规定认为,卖方所交付的货物质量须与样品质量和规格相符。双方确认卖方需交付与样品一样的女鞋,但双方均无法提供确认一致的样鞋以供比对,因此应认定双方对女鞋的交付质量标准约定不明。公约对质量标准约定不明时如何处理,没有规定,依据我国原《合同法》第61条的规定:"合同生效后,当事人就质量、价款或者报酬、履行地点等内容没有约定或者约定不明确的,可以协议补充;不能达成补充协议的,按照合同有关条款或者交易习惯确定。"依交易习惯以及合同目的解释,买方购买女鞋的目的是再次出售。因此,女鞋的质量标准应以当地通常可以售卖的普通标准确定。该案中,日本海事检定协会作出的调查报告和检验报告书显示,买方购买的 2100 双女鞋中有 1454 双损坏,不能在日本市场销售,因为很显然外观对买家来说是非常重要的。报告认定鞋子的受污和缺陷状况是由于卖方质量控制差而造成的。日本海事检定协会作为创立于 1913 年的国际综合鉴定机构,其所出具的鉴定报告曾为相关裁判所采用,具有一定的公信力,可予采纳。卖方虽抗辩认为调查报告和检验报告书不能作为认定质量存在问题的依据,但未提供任何证据否定该两份报告所得结论,二审法院对其抗辩不予采纳。从调查报告和检验报告书的结论可以认定,卖方交付的女鞋中有 1454 双不符合该产品基本的质量标准,缺乏商业价值。该案中,其实法院可以直接援引公约第 9 条的规定,按照惯例、习惯做法或当地惯例得出相同结果,维护公约适用的统一性,而无须援引国内法(中国法)。

对种类物的"通常使用目的"是否必须达到"中等质量",曾经有不同观点。有些国家对种类物的质量达到中等质量标准有明确规定。在维也纳外交会议上,加拿大代表建议将此规定明确纳入公约第 35 条中,后在咨询了其他普通法国家的代表后撤回了该建议。该建议的背景是,尤其是在英国法下,对货物"商销性"(merchantability)质量的解释有相当大的不确定性,作出澄清是必须的,但很可能存在解释上的差异。而欧洲大陆法国家和美国法院会自动将第 35 条第(2)款(a)项的意思理解为只有货物达到中等质量水平才符合合同约定。这就有个风险,没有达到中等质量的货物只要可以转售,英国法院就会认定符合合同约定。但同时,英国 1994 年《货物买卖和供应法》(Sale and Supply of Goods Act, SSGA 1994)已经用基于买方合理期待的"满意条件"(satisfactory condition)取代"商销性"概念。这可能导致解释分歧加深。对此,曾有仲裁庭裁决拒绝使用"中等质量"和"商销性"的概念,认为"合理质量"(reasonable quality)符合第 35 条第(2)款(a)项的规定,其他两个概念都不是公约体系的概念。仲裁庭侧重关注买方的合理预期,此种处理方式已经接近于第 35 条第(2)款(b)项规定的标准。一些观点进而认为,可销售性的标准仍应维持,作为"合理性"(reasonableness)的主要考虑因素,使合理性保持灵活性,同时使其更具确定性。①

在考察卖方交付的货物是否符合公约第 35 条第(2)(a)项规定的通常使用目的时,是否应适用买方所在国的法定标准,这一问题也常引起争议。德国联邦最高法院审理的贝类镉超标案件,卖方向进口国买方交付货物,且可以推断这些货物在进口国销售,但没有充足的理由以进口国通行标准确认货物是否符合第 35 条第(2)款(a)项规定的通常使用目的。如此,如卖方所交付的贝类中镉含量超过进口国卫生条例建议

---

① See Schlechtriem & Schwenzer, Commentary on the UN Convention on the International Sale of Goods (4th Edition), Oxford University Press, 2015, commentary on Art. 35.

的影响健康的标准,则不构成第 35 条第(2)款(a)项所规定的交货不符。法院指出,只有在卖方国家也存在与进口国相同的标准,或买方已经向卖方指明了其标准并依赖卖方的专业经验时,进口国的标准才适用。法院同时提出问题(但没有解答),即由于某些"特殊情形",如卖方在进口国有分支机构、与买方有长期业务关系、经常向出口国销售或促销货物,卖方因此知道或应该知道进口国的公共法律规定,卖方是否有义务遵守这些规定。而另一国法院引用上文德国贝类镉超标案件的判决,拒绝撤销一个仲裁庭作出的认定卖方违反公约第 35 条第(1)款(a)项的裁决,该裁决认定卖方交付的货物不符合买方所在国安全条例规定。该法院认为,仲裁庭认定卖方因为前文德国贝类镉超标案件所提及的"特殊情形",应该知道并应受到买方国家条例的约束的做法是适当的。另一法院判决认定,卖方事先已经在买方所在国发布广告并销售货物的行为,构成前文德国贝类镉超标案件的判决中提及的"特殊情形",卖方负有遵守买方所在国法规的义务。如果卖方已向买方阐明由买方负责货物在进口国的合规责任,卖方不承担交货不符的责任。另有案例,合同要求卖方保证所销售的奶酪符合进口国的标准,因为其已经与买方做数月的贸易,因此必须知晓这些奶酪必然会被运至买方所在国市场,故卖方未能按照进口国法规要求在交付的奶酪包装上标注成分构成,违反了公约第 35 条的规定。①

德国著名国际贸易法专家施莱希特里姆和施温茨(Schlechtriem & Schwenzer)在其评释中写道,为确定货物的特征是否符合通常目的,是依卖方所在国还是买方所在国的标准评判,存在争议。这可归结为买卖双方风险分配问题。两种观点都有支持者,但归根到底有关标准适用是合同解释问题。首先要关注的是是否存在第 35 条第(2)款(b)项所规定的"特定目的"。而确定通常目的时,可以考虑的参考因素包括:如果就货物的特殊性质存在国际惯例或制造标准,这些特殊性质必须作为质量要求的最低标准。如果存在一个在卖方和买方所在国通行的标准,如双方当事人的营业地均在欧盟成员国,当事人应遵守欧盟相关标准,除非在合同中约定的货物使用地国家的标准更为宽松,且能够根据情形辨别出当事人选择适用该较宽松的标准(如以货物价格判断)。如除此以外,没有通行的规则可以遵循,需根据具体案件的情形决定。如果买方所在国的标准高于卖方所在国的标准,而买方认为卖方不知道此事实,就应提醒卖方注意。此外,除非买方明确强调产品应符合卖方国家的通常质量(将反映在货物的价格上),否则如果货物不符合卖方国家的标准,但符合买方国家的标准或货物使用国家的标准,就不能认为货物不符合合同约定。对遵守公共法律标准(public law standards),有特殊规则可循,即国内法中的消费者保护法、劳工保护法、环境保护法、产品安全规定,以及基于对出口到某些国家限制的原产地规定。至今,这些法律都要求货物

---

① 参见 CISG-DIGEST-2016《判例法摘要汇编》关于公约第 35 条的判例汇编。

具有比基于商业用途的通常使用目的更高的标准。在欧盟内部情况也一样,无论是卖方还是买方所在国,不同法院或学者都提倡用卖方所在国的情况作为参考,因为不能期待卖方知晓买方或者货物使用地国家的特殊要求。仅凭买方通知了卖方有关目的地的事实,不能推断出卖方有义务遵守目的地国的法律法规的要求。应该是由买方确认货物使用地所在国公共法律对货物的特别规定,并将其订入合同,以符合第35条第(1)款或第(2)款(b)项的规定。如果买方没有明示引用特别立法要求,卖方仅在下列情况遵守这些特殊要求:通过双方先前的交易关系、卖方经常向有关国家出口货物、在有关国家做销售推广活动或在该国设立分支机构等,推定卖方已经知晓该特殊要求。然而,解决问题还需根据案件具体情况。荷兰的一个上诉法院曾作出判决:即使买方主张德国政府实施了严格监管规定,也不足以使卖方承担责任。施莱希特里姆和施温茨对此判决持不同意见,认为如果卖方已知晓货物使用地国家[第35条第(2)款(b)项规定的情况],其不仅必须适应货物在该国实际使用所要求的特性,还须遵守所适用的公共法律规定。对一个全球运营的公司而言,知晓这些规则是应该的。比如日本汽车交易商向中国出口汽车,就应知道右侧转向盘汽车在中国不被允许领取牌照,著名粮食供应商应遵守中国不得进口转基因玉米的有关规定。但在任何情况下,卖方有义务遵守仅是在合同成立时存在的标准,而不是后来颁布的或在风险转移时的规则。如果关系到货物在未来使用国的特定公共法律标准,而卖方从来不知晓也不可能知晓,很难证明买方依赖或合理地能够依赖"卖方的技能和判断力"。除非卖方所在国已有此类规定,或者有共同参与的国际公约,如关于危险废物转移的《巴塞尔公约》①。就货物质量要求而言,买方既不明示也不默示提供货物使用地所在国的质量标准,因此适用公约第35条第(2)款(a)项的规定认定货物通常目的的案件并不多。② 另有少数观点认为,此问题不是单纯的应当采用卖方营业地所在国抑或买方营业地所在国标准的问题,如果当事人的意思不明确,便应当从保护信赖卖方技术与判断力的买方的期待这一观点来把握;如果卖方知道货物的使用国之所在,则卖方不仅要使交付的货物具备符合在该国实际使用应有的特征,且须与在该国适用的公法上的规定相符。③

可见,对该问题各国法院和学者有不同认识,但主流观点是:在卖方不知情的情况

---

① 《巴塞尔公约》全称为《控制危险废料越境转移及其处置巴塞尔公约》(Basel Convention on the Control of Transboundary Movements of Hazardous Wastes and Their Disposal),1989年3月22日在联合国环境规划署于瑞士巴塞尔召开的世界环境保护会议上通过,1992年5月正式生效。1995年9月22日在日内瓦通过了《巴塞尔公约》的修正案。截至2023年7月12日,已有190多个国家签署了这项公约,中国于1990年3月22日在该公约上签字。

② See Schlechtriem & Schwenzer, Commentary on the UN Convention on the International Sale of Goods (4th Edition), Oxford University Press, 2015, commentary on Art. 35.

③ 参见〔日〕潮见佳男等主编:《〈联合国国际货物销售合同公约〉精解》,〔日〕小林正弘、韩世远译,人民法院出版社2021年版,第118页。

下,不能要求卖方提供的货物必须符合买方所在国的特定法律法规或法律标准,除非卖方所在国存在同样的标准和要求,或者卖方有理由知道买方所在国或最终消费国有此要求。在COVID-19疫情暴发后,我国卖方向国外出售大量防疫用品,有的合同仅简单标明诸如"CE"标志,而没有按进口国法规要求的标准提供货物,遭到索赔。如前文所举从中国销售到欧洲某国的个人防护眼镜的案例,不仅应符合合同约定的"CE"标志要求的参数,还应符合欧洲协调标准EN 166:2002要求的参数,而欧洲协调标准在某进口国又再次被其国内法规细化。尽管买卖合同规定,进口商应对商品在其本国的合规性负责,但无论中国的出口商还是进口商,都要对该问题加以重视。特别注意进口国的质量标准,尤其是关乎人身、交通、环境安全、药品、食品、儿童用品、车辆、化学和固体废物等的国家强制标准。如各国对食品的质量要求都极为严格,食品必须达到食用标准,即使仅仅是对食品受到污染存在怀疑,都会构成不符合通常使用目的,除非卖方能够消除怀疑。原则上,卖方交付的货物是否符合公约第35条第(2)款(a)项规定的"通常使用目的",应按照出口国的质量标准判断,但如果进口国的标准众所周知(如某些国家或地区汽车转向盘右舵),或按照前文德国贝类镉超标案件中提及的"特殊情形"认定卖方知道或应该知道进口国的标准,则有可能认定卖方所交付的货物应遵守进口国的标准。对于货物中的添加物,因为进出口双方国家都会有禁止性强制规定,卖方需特别注意,违反此类规定将被认定明知或应知,而给予买方宣告合同无效的权利。卖方希望免除此类风险,可以在合同中约定其不承担货物在进口国的合规义务。

贸仲在总结其仲裁庭对第35条第(2)款(a)项规定的裁决思路时指出,首先仔细审查合同中对品质及使用目的的专门规定,如合同未明确规定,则需考虑双方订立合同时,买方是否将货物使用的特殊用途通知卖方,该特殊用途是否在订立合同时为卖方所知。下一步,即使并不存在合同的明确约定,或者在订立合同时为卖方所知的特定用途,合同依然应满足公约第35条第(2)款(a)项规定的同类货物通常使用的目的。在2015年一个涉及进口玉米的案件中,贸仲仲裁庭裁决,卖方未尽到法定义务,违反中国法规的强制性规定,并且其知道或应该知道这种强制性法规存在,导致买卖合同项下的货物因含有中国禁止的转基因成分而被退运或销毁,属于卖方在买卖合同项下的根本违约。根据公约第49条的规定,买方有权宣告合同无效。①

(二) 买方特定目的

公约第35条第(2)款(b)项规定,货物适用于订立合同时买方曾明示或默示地通

---

① 参见中国国际经济贸易仲裁委员会编:《〈联合国国际货物销售合同公约〉在中国仲裁的适用》,法律出版社2021年版,第97页、第110页。

知卖方的任何特定目的。买方的通知行为,无论以明示还是默示方式作出,目的在于使卖方知道买方购买货物的特定目的。满足此条件即构成卖方对货物特定使用目的的担保,卖方交付的货物应符合该特定使用目的。如果买方在合同订立时没有向卖方通知其特定目的,则卖方不产生所交付货物必须符合此特定目的义务。特定使用目的的明示通知,可来源于合同约定、买方的订单、洽商过程中的披露,或根据当事人形成的习惯做法或约定的惯例。默示通知方式,可以是买方的行为或特殊货物规格等,以一个通情达理之人在当时的情况下对买方特殊使用目的的理解。如 COVID-19 疫情暴发后,国外买方紧急订购医用 KN95 口罩用于一线抗疫,卖方交付货物必须符合 KN95 口罩所具有的"医用防护口罩/防颗粒物口罩、适用于高暴露风险的医护人员"的特定目的,不能交付普通医用外科口罩。即使订单中没有约定 KN95 口罩的质量标准,卖方交付的货物也应达到该标准。对是否达到其通知的特定使用目的,买方负有举证责任,但只需证明没达到该特定目的即可,不必进一步证明其原因。

公约第 35 条第(2)款(b)项的适用有限制条件,即有情况表明,买方不依赖卖方的技能和判断力,或者买方对卖方的依赖是不合理的。通俗而言,如果买方没有通知卖方或没有在合同中约定所购买货物的特定使用目的,买方不能指望并依赖卖方(当然地)知道其特定使用目的或买方国家法规对货物的强制要求。货物特定使用目的的通知和进口后的合规责任在买方,买方不能依赖卖方对此的技能和判断力而将责任转嫁给卖方。或者说,若卖方已知悉买方购货特定使用目的,且买方合理信赖其技能和判断力,卖方交货应符合该特定目的,否则应依第 35 条第(2)款(b)项的规定承担责任。若卖方向买方声明其货物无法满足特定使用目的要求,买方仍然坚持购买,则卖方不承担责任。如上述德国贝类镉超标案件中,贝类进口后因镉超标不符合进口国法规提出的健康标准,法院判决卖方不违反公约第 35 条第(2)款(b)项的规定,因为买方并未通知卖方该规定。同样,欧洲买方不能依赖中国卖方知晓某防疫用品在欧盟的合规性和买方的特殊目的。当然也有相反判例认定卖方所交货物不符合进口国法规标准,构成对第 35 条第(2)款(b)项的违反。

(三)凭样品或样式交货

公约第 35 条第(2)款(c)项是关于凭样品(sample)或样式(model)交货的规定。货物品质可用不同方式表示,凭样品和样式表明质量是众多表示方法的一种。样品通常是从一批或一定时期生产的货物中随机抽出的少量货物,作为合同货物的质量样板,代表整批货物质量水平。样品是在将来交付货物中抽取的,代表将来交货质量标准;而样式是提前设计、制作出来以确定将来交付货物的质量或款式、花色等是否具备样式的质量。国际贸易中,样品或样式可以由卖方提供(quality as per Seller's sample / model)或买方提供(quality as per Buyer's sample / model),采用较多的是卖方根据买方提供的样品或样式,生产新的样品或样式,交买方确认后作为双方共同认可,卖方据以根据合同生产、交货的样品或样式,又称确认样品或样式(confirmed sample/model)。样品或样式应该由双方各持一份或若干份,避免单方面持有引发的争议。总之,凭样品或样式交货容易就质量问题产生纠纷,还需辅之以规格、标准等规定。公约仅规定了卖方提供样品或样式的情形,但同样适用于双方认可的确认样品或样式的情况。如果买方先尝试购买少量货物,而后另订合同购买大量货物,约定质量"如先前交货""同等质量",第35条第(2)款(c)项不适用,此时可以认定是根据第35条第(1)款的规定对质量的默示约定。

卖方提供样品或样式本身就构成合同约定内容的组成部分。卖方保证其交付的货物拥有所提供样品或样式的质量。对样式而言,可能仅款式或花色相同,需要对照样式和货物做对比。有时候卖方所提供的样品描述的标准与约定的质量标准不一致,对合同标准与样品或样式标准相同的部分,所交货物质量既要符合合同也要符合样品或样式的要求。对标准不一致的部分,就要解释合同,认定当事人的意图是优先适用哪个标准。如果样品是在违反合同规定的情况下提取的,卖方不得抗辩其交付的货物符合样品质量标准。

(四)货物装箱或包装标准

除无法包装或不必包装的货物外,大多数货物需要包装。货物包装分为销售包装(内包装)和运输包装(外包装),前者既可以保护商品还可以识别和促销商品,后者主要是加强对货物的保护,避免运输途中发生货物损坏。对有些特殊货物,如精密仪器、成套设备、易碎货物等,不仅需要对包装材料、包装强度等作出规定,还需要在运输包装上标识运输标志(唛头,如目的地、收发货人名称、批号等)、指示性标志(如小心轻放、由此吊起等图标)和警告标志(易燃固体、感染性物质等警告图标)等。合同应对货物包装作出具体而明确的规定,如通常规定"All goods shall be packed to prevent damage from and not limited to dampness, rust, moisture, corrosion, shock and leak, and shall be suitable for transport means fixed in this contract. The Seller shall be liable to pay for any damage and loss of the goods attributable to inadequate or improper packaging." "The Seller shall mark on each package with fadeless paint in English the package number, gross weight, net weight, measurement(L×W×H),and the wordings: HANDLE WITH CARE 、THIS SIDE UP, etc., when necessary, and the shipping mark: (2) Label(s) containing the contents of Article X above shall be attached to a conspicuous place of the unpacked Goods"。

1. 按同类货物通用方式装箱或包装。公约第35条第(1)款规定卖方交货义务包括按照合同要求装箱或包装货物,该条第(2)款(d)项是对该条第(1)款的补充,适用于合同没有对装箱或包装作出约定的情况。该条第(2)款(d)项首先规定货物应"按照同类货物通用的方式装箱或包装"。同类货物容易理解,而对"通用方式"的定义,公约未作规定,容易引发歧义。可以理解为,通用方式既包括货物销售包装也包括运输包装。通用方式可根据货物特性、用途、行业惯例、使用地所在国的法律和文化、运输方式和距离、路途中可能遇到的外来风险等具体情况确定。对于贵重和易碎物品需要用木箱包装,并且内置填充物以防挤压受损;对于可拆卸的家具,要用白膜和纸板包装;液体货物的容器内部需要留 5%～10% 的空隙,封盖必须平整密封,不得溢漏;精密易损、质脆易碎货物,每件货物毛重以不超过 25 千克为宜,包装可以采用多层次包装、悬吊式包装、防倒置包装;有不怕碰压的货物,可以不用包装,但是如果不易清点或是形状不规则,则需要使用绳、麻布包扎或外加包装;钢材、钢卷需要外包装和托盘运输;粉状货物需要用袋装,外层应使用塑料涂膜纺织袋作为外包装,确保货物不会漏出。如水泥用多层防潮袋装防止破损和受潮;茶叶需密闭包装避免受潮和串味;精密仪器需要纸板或木质框架加固外包装并装入集装箱;汽车通常用滚装船运输无须外包装,但需要固定在托盘上或装入集装箱等。装箱和包装还包括印制唛头、运输标志等。

2. 无通用方式时的装箱或包装。该条第(2)款(d)项进一步规定,在没有通用方式时,应采用"足以"(adequate)保全和保护(preserve and protect)货物的方式装箱或包装。如新型产品或为买方特别制造的产品等没有现成的包装规则和行业惯例,就需要卖方考虑货物特性和运输方式、时间、路途气候、治安等风险因素,满足"足以保全和保护"的要求。如国际海运方式要求货物包装应坚固、完好,防止在海运过程中出现破裂、漏出、散失,防止外部气候变化引起包装内部物品变质、损坏。应该说,货物买卖合同对货物装箱或包装的要求,应与国际货物运输中的相关标准一致。卖方在合同成立时知晓特定运输方式的风险,或者多式联运中因转运发生的特定风险(如转船中的损坏、被盗等),就应采用足以保全和保护货物的装箱或包装方式。

3. 装箱或包装不当造成货物损坏。卖方装箱或包装不当,可以构成对销售合同的违反。虽然根据 INCOTERMS 的规定,货物风险可能由买方承担,但卖方仍应依据公约履行妥善包装货物的义务,否则应对运输途中因包装不当造成的货损负责。根据海商法的规定,承运人将不对该项损失承担责任。公约将违反包装规定按违反合同处理,即属于交货不符,该规定有别于有些国内法将违反包装规定视为违反合同附随义务。涉及运输时,货物包装不当引发的货物灭失或损坏,与运输途中因承运人原因造成的灭失或损坏,往往难以区分。如果检验报告能够认定货物灭失或损坏系包装不当所致,包括造成货物销售包装受损,如盛装货物的玻璃瓶受损、纸袋破损影响货物使用和转售,卖方应承担公约第 35 条规定的交货不符的责任,即使灭失或损坏在货物风险已经转移至买方后发生。货物因包装不当而受损,承运人没有过错的,即使货物灭失或损坏发生在运输途中(承运人掌管期间),根据国际运输公约和法律,承运人不承担责任。如,1924年《海牙规则》第4条2(n)项和(o)项分别规定,承运人对包装不充分、标志不清或不当引起或造成的灭失或损坏不负责任;2008年《联合国全程或部分海上国际货物运输合同公约》(以下简称《鹿特丹规则》)第17条3(k)项规定,非因承运人或代其行事的人所做包装不良或标志欠缺、不清造成货物灭失、损坏或延误,免除承运人的赔偿责任;我国《海商法》第51条第10项规定货物包装不良或者标志欠缺、不清,造成货物灭失或损坏的,承运人不承担赔偿责任。但是,若保护货物的运输包装在运输途中受损而货物本身没有受损,或者虽然货物受损,但货物质量相符,卖方不承担责任。在处理包装缺陷引起的卖方责任和运输途中因承运人原因造成的包装破损或货物损坏责任时,容易发生争议,应按照不同法律关系和责任体系加以认定。

五、卖方免除责任的情形

公约第35条第(3)款规定,在符合条件的情况下,卖方对该条第(2)款(a)项至第(2)款(d)项规定的情形不承担责任,该条件是:在合同成立时,买方知道或不可能不知道货物不符合合同。该条第(3)款仅针对该条第(2)款所列情形,不适用于该条第(1)款中合同约定的数量、质量和规格。买方知道或不可能不知道的缺陷,应为其据以提出索赔的缺陷,并且仅限于一个同等资历通情达理的人所能够知道的明显缺陷,不包括通常难以发现或须经仪器检测才能发现的隐蔽缺陷或潜在瑕疵。通常,买方没有义务在合同成立前检验货物,但如果经卖方通知检验货物,而买方未实施检验,买方是否有权主张交货不符,答案是不确定的,需根据案件具体情况认定。如果卖方在通知买方检验时同时提到了货物可能存在缺陷,买方置之不理,则买方事后无权依据该条主张交货不符,因为该缺陷经过检验是显而易见的,即使其不检验也如此。但如果卖方要求买方检验仅是提供其一个检验货物的机会,卖方不能事后主张免除交货不符的责任。反过来,如果买方在合同成立前检验了货物,其不能事后对可识别的货物缺陷主张交货不符。

相对于欧洲大陆某些法律制度,公约第35条第(3)款并未明确设定卖方对货物品质保证的规则,尤其是要求卖方明确保证货物具有特定性能,或不得欺诈性隐瞒货物瑕疵。如果关涉具体保证条款,则属该条第(1)款所规定的合同约定之效力,而非该条第(3)款所管辖。如果涉及欺诈,公约第40条的原则是,在卖方未能以善意行事的情况下,其不得以买方的行为做抗辩,结合公约第7条第(1)款的规定,即使在买方不可能不知道货物缺陷的情况下,卖方仍应承担责任。仅因为重大过失而不知货物缺陷的买方,比故意实施欺骗行为的卖方更值得保护。

合同中订立的卖方交货不符时的责任免除或限制条款,对其效力需根据第14条、第8条或依照第9条第(2)款中规定的国际惯例确定。此类条款的效力,根据公约第4

条(a)项,不属公约管辖范围,由国际私法规则指向的国内法管辖。

"与合同不符"的概念,得到广泛采纳。① 我国《民法典》第610条、第615条至第617条等,沿袭原《合同法》相关规定,针对质量不符作出了规定。

六、确定卖方交货不符的时点

公约第36条规定了确定卖方交货不符的时点:即以风险转移时间为界限。风险转移时间依据公约第67条至第69条或者当事人约定的时间确定。

(一)对风险转移前的交货不符承担责任

根据第36条第(1)款的规定,卖方交货不符的时间界限是风险转移之时。首先,卖方对风险转移前货物存在的明显不符情形,承担交货不符责任;其次,这种不符情形在风险转移时未显露,而在风险转移后显现出来的,卖方仍然对此不符情形承担责任;最后,风险转移的时点根据双方当事人约定、当事人之间建立的习惯做法或约定的国际惯例(如INCOTERMS)确定,或者根据公约第Ⅲ部分第四章(第67条至第69条)确定。这是公约对卖方承担交货不符期间的原则规定。只要货物缺陷在风险转移时存在,不论是明显的,还是潜在未被发现或者在风险转移后被发现的,卖方均应承担交货不符的责任(尽管此责任期间也要受到买方交货不符通知及质保期的限制)。因此,考察卖方交货不符的时间标准,是货物缺陷存在的时间而不是其何时被发现的时间。而风险转移时点的划分,并非卖方是否完成交货义务的标志。如汽车发动机存在问题,风险转移时运行正常,但交付后一个月内因质量缺陷经常出现不能启动的现象,应认定为存在质量缺陷,卖方违反交付相符货物的义务,而不必然违反按期交货义务。

(二)区分质量缺陷和外来风险致损

通常,国际货物买卖合同中的货物风险,是指货物因外力因素遭受损坏和灭失的可能危险,外力因素可能是承运人原因,也可能是承运人之外的原因,如其他第三方、不可抗力事件等。总之,需要区分货物缺陷是源自货物本身,还是外来风险所致。如是前者,卖方需要根据公约第36条的规定对此缺陷承担责任,不论货物缺陷是在风险转移前还是转移后显露出来。如是后者,需考察是承运人还是其他人的责任或不可抗力,由相关方承担责任或者因不可抗力任何人不承担责任。卖方在向承运人托运货物时,承运人签发的清洁提单(clean bill of lading),是根据国际运输公约或合同行事,仅说明货物在风险转移时表面状况良好,是区分托运人和承运人责任以及承运人据以向提单持有人交付相同外表状况货物的保证,不涉及货物质量问题。如卖方交付的带

---

① See Schlechtriem & Schwenzer, Commentary on the UN Convention on the International Sale of Goods (4th Edition), Oxford University Press, 2015, commentary on Art. 35.

鱼,外包装和内包装均完好无损,表面状况良好,卖方作为货物托运人自承运人处取得已装船清洁提单,但货物因内在品质缺陷,在买方收到货物后经检验发现有部分腐烂变质。判断货物腐烂变质的原因,需要委托权威机构对货物进行检验。如果检验报告证明属于承运人掌控期间管货责任,如货舱制冷设备失灵导致货物损坏,应由承运人承担责任。根据公约第 66 条的规定,不影响买方支付价款的义务。如果承运人责任被排除,认定属于货物本身质量瑕疵,卖方应对交货不符承担责任。当然,有些情况下,卖方作为托运人交付的货物外表状况不佳,承运人签发不清洁提单(claused bill of lading),是否构成交货不符,需根据情况确定。如不符合第 35 条第(1)款和第(2)款(d)项规定的装箱或包装要求,卖方应承担交货不符的责任。如提单批注虽构成不清洁提单但不足以构成公约第 35 条第(1)款和第(2)款(d)项规定的情形,卖方不承担交货不符的责任。在不清洁提单情况下,如果买方同意接受卖方所交付的货物,通常需要卖方或买方向承运人出具保函换取清洁提单,或者接受不清洁提单作为付款单据,根据第 35 条第(3)款买方丧失主张交货不符的权利,应按照约定支付价款(当然可以协商减价)。在(2004)鲁民四终字第 44 号案中,挪威买方持有 SGS Norge 公司出具的检验报告证明货物存在质量问题。法院认为,根据公约第 36 条的规定,风险转移到买方时,对任何不符合合同的情形,卖方负有责任。该条是关于卖方履约保证责任的规定。根据公约的上述规定,如果中国卖方提供的货物确实存在质量问题,其应向挪威买方承担赔偿责任。

(三)对风险转移后的质量缺陷仍负责的情形

公约第 35 条第(2)款是对第(1)款基本原则的补充,根据该条第(2)款的规定,货物不符发生在风险转移至买方后,卖方仍应对此负责,但条件是"这种不符合同情形是由于卖方违反他的某项义务所致,包括违反关于在一段时间内货物将继续适用于其通常使用的目的或某种特定目的,或将保持某种特定质量或性质的任何保证"。公约对卖方违反义务的过错表现形式未作限定,可以是积极的作为,也可以是消极的不作为或疏忽。保证可以明示,如汽车制造商在出厂时在质保书中作出的 10 万公里/4 年无故障质量保证、蓄电池制造商在出厂说明书中明确保证的使用小时数。保证也可以为默示,根据同类商品的惯例确定。至于保证在何时做出才约束卖方,公约并未规定,可以为合同成立时、交付货物时,或风险转移时或转移后。卖方保证货物符合要求的期间,即符合通常使用目的、特定目的期间或保持特定品质或特性的期间(guarantee of durability)。因货物不同,各国法律规定不同,公约不可能作出具体规定,应取决于当事人的明示约定或根据货物特性作出的解释。

当事人主张公约第 36 条项下的权利或责任免除,所涉及的举证责任问题比较复杂。有的主张举证责任属于受理法院根据其国际私法规则指向的国内法的内容,另有观点认为公约本身就包括举证责任的内容[如第7条第(2)款],主张存在合同不符的买方应举证证明该不符在风险转移时或转移后的存在,尤其是其应当在提取货物时立即提出质量异议,否则应承担不利后果。如果买方能够证明货物在风险转移前或卖方保证的期间内存在不符的情形,举证责任转移到卖方,卖方须证明货物的不符情形不是因其责任引发,而是其他原因所致,如承运人或其他第三方的责任、买方或使用方的不当操作,或不可抗力等。①

七、提前交货时的补救措施

公约第37条规定,允许卖方对交货日期前所交付货物存在的任何不符或瑕疵,在交货日期到来前实施补救。卖方补救的对象可以是针对提前交付货物的任何违反合同的行为,包括对一般违约和根本违约的补救[第72条(a)项预期根本违约]。但该条仅适用对提前交付货物的补救。对提前移交单据的补救适用公约第34条的规定。对约定日期后所交货物的补救适用公约第48条的规定(该条仅限于对非根本违约的补救)。是否构成根本违约,不在第37条管辖范围内,而由第49条第(1)款(a)项管辖。

(一)买方可拒绝提前交货

公约第52条第(1)款规定,买方没有义务接收提前交付的货物。就是说,卖方提前交货也是违约,买方可以根据情况选择接收或拒绝接收货物。如果接收货物,就应允许卖方根据第37条的规定对不符合同的货物作出补救。但是,卖方对不符货物的补救权,不是无限制的。该条对卖方的补救行为作出了限制,即补救权利的行使不得给买方带来不合理的不便或不合理的费用。一般的不方便或费用不足以限制卖方的补救权,只能是"不合理"的不方便或费用才可以。哪些情况构成"不合理"需个案分析,如卖方的多次修理导致买方不得不停工,产生不合理费用;退换货物要求买方承担保险费等,应属不合理的不方便或费用。

(二)补救方法

卖方依据此条实施补救的方法,分为三类:根据情况可以是补交遗漏或短交的货物,或对不符合同的货物另交替代货物,或对任何质量不符作出修理等。用何种方式补救,通常由卖方选择,如果其选择的方式给买方带来不合理的不方便或费用,买方可以拒绝。卖方采取任何补救措施,都会带来派生的问题,比如,在买方已经支付预付款、货物风险已转移至买方的情况下,卖方选择交付替代货物,或者卖方选择将货物运回或在第三方场所修理货物,对货物的风险如何承担,如果卖方或者负责修理、运输的第三方原因造成货物损坏,不仅涉及交货不符,还涉及复杂的赔偿问题。

---

① 参见CISG-DIGEST-2016《判例法摘要汇编》关于公约第36条的判例汇编。

提前交货日期可以早于一个确定的日期,或者一段时间的首日。对于在一段时间的首日后至最后一日前或者一个限定期间内的交货,是否为该条的提前交货,卖方仍可以根据公约第37条的规定实施补救,还是只能根据第48条的规定进行补救,可能存在争议。但是根据公约第37条的规定和公约的基本精神,卖方应享有在最后交货期限到来前对合同缺陷作出补救的权利。为促进交易,公约尽量使合同继续有效,宣告合同无效仅限于构成根本违约的情形。如果卖方在一段时间内交付不符货物的情形由第48条而非第37条调整,则其有可能丧失补救根本违约的机会。然而,正确的理解应该是,只要卖方在一个合理期间内,通过事后的补救、替代交货,使自己处于补救任何不符合同的状态,就不应认定其构成根本违约。所以,对适用第37条还是第48条的争议,仅作理论探讨,最终根据两种标准卖方均有权补救货物的任何缺陷。

(三) 买方的索赔权

根据公约第37条第二句的规定,买方有权向卖方索赔与补救缺陷货物有关的所有损失,不论补救是否成功。包括补救不成功货物不符的损失、补救成功后仍有的损失、与补救有关的费用损失等,如补救期间停工的损失,使用替代货物产生的费用损失,寄回货物产生的运费、保险费等。但该条中,买方有权索赔的损失,只限于与卖方提前不符交货及其补救措施有关的损失。非提前交货时,与货物不符或补救措施有关的索赔,按照其他条款规定解决,如针对非提前交货的索赔适用第45条,针对提前交货的预期违约索赔适用第72条,针对非提前交货的损害赔偿适用第74条。对于买方能否拒绝卖方对不符货物的补救,公约并未明确规定,但根据第80条的精神,可理解为如果买方不同意卖方的补救,就丧失向卖方主张货物不符的权利。[1]

第十五节 货物销售——买方检验和通知义务

一、买方检验货物

无论国内法还是公约,都赋予买方对卖方交付不符合同规定的货物提出索赔,直至宣告合同无效的权利。同时对买方的索赔权提出限制,即如果不在一定时间内通知卖方货物不符,就丧失该权利。如何发现货物不符,除明显缺陷(如货物件数短少、组件缺漏等)通过表面初步检查即可发现外,需要买方对货物的数量和质量等做全面检

---

[1] See Schlechtriem & Schwenzer, Commentary on the UN Convention on the International Sale of Goods (4th Edition), Oxford University Press, 2015, commentary on Art. 37; UNCITRAL Legal Guide to Uniform Instruments in the Area of International Commercial Contracts, p. 47.

验。公约第 38 条是对买方开始实施检验时间的规定，第 39 条是对买方发现货物不符后履行通知义务的规定。

（一）检验条款示例

国际货物买卖合同通常都规定货物检验条款（Inspection Clause），根据不同情况，可以是制造商检验并由卖方提供检验报告，如"Inspection by Manufacturer: Seller, before the time of shipment, provide the inspection reports signed by the manufacturers on the quality, specification, quantity, weight, packaging and requirements for safety and sanitation / hygiene of the goods in accordance with the stipulations of this Contract, or standards. The aforesaid inspection reports shall be an integral part of the documents to be presented for payment"；可以是卖方装船前检验，如"Pre-delivery inspection: Seller shall, before the time of shipment, apply to the inspection organization for the inspection of the quality, specification, quantity, weight of the goods in accordance with the stipulations of this Contract, or standards. The inspection certificate issued by the aforesaid inspection organization shall be an integral part of the documents to be presented for payment"；或者买方到港检验，如"Buyer shall have the right to apply to the inspection organization for the inspection of the goods after the arrival of the goods at the port of unloading at the final destination"。买方可以坚持保留进口目的港复检权，但合同一定要明确以哪个检验结果为准，否则容易引发争议。对大宗商品的检验而言，约束双方的最终检验报告，是决定货物最后价格的依据，也是最终结算货款不可或缺的单据之一。某种元素含量比例的变化将会导致价格的调整，影响付款甚至导致合同解除。以哪个检验结果为准，双方可以作灵活的约定，约定在装货港和卸货港检验报告不一致时的解决方式，或由第三方重新检验，或者以不同检验结果平均值作为最终结果。如有铁精粉进口合同规定："At the loading port, the Seller has appointed at its expense, AAA Ltd. / BBB Limited / CCC Ltd. （出口国著名检验机构）to determine the specifications of iron ore Fines contents in each shipment and shall provide a certificate showing details of the determination of the chemical composition, physical specification and also the percentage of free moisture loss at 105 degrees centigrade. At the port of discharge, the Buyer shall at its expense, appoint CIQ（进口国著名检验机构）at Buyer's option to acquire samples from the shipment. CIQ shall analyze the sample for the Buyer and within 60 calendar days of completion of discharge issue a certificate to the Buyer. The CIQ will cover all element stated in the contract. Buyer shall promptly forward to the Seller by Fax or email at the address mentioned in contract a photocopy certificate showing the percentage of chemical content, the percentage of free moisture loss at 105 degree Celsius and the relevant screen analysis. CIQ's analysis shall be final except as otherwise provided for in paragraph (XX). If the difference in percentage of Fe and Moisture content between CIQ's and loading port's analysis does not exceed 0.50% and there exists no difference above 0.5% in respect of any one or more elements other than Fe and Moisture (0.05% for P & S), CIQ result shall be as final. If the difference in percentage or Fe or Moisture content between the CIQ's and loading port's analysis made under paragraph (a) of this clause exceeds 0.50% but not above 1.00% or if there exist difference above 0.5% respect of any one or more elements other than Fe and Moisture (0.05% for P&S), then the average of loading port results and CIQ results shall be as final for such elements. If the difference in percentage of Fe or Moisture content between the CIQ's and loading port's analysis exceeds 1.00%, then parties shall mutually discuss and try to agree amicably failing which Seller has right to request for resampling and reanalysis of cargo from a mutually agreed umpire which shall be final and binding. Cost of umpire shall be borne by the party whose results are farther from umpire, provided that if the analyses or the parties are equidistant, such cost will be borne one half by Buyer and one half by Seller."

根据公约第6条的规定,当事人可以通过合同条款减损公约的效力或约定不同于公约的条款,即合同条款优先适用。如合同没有约定检验条款,应适用第38条的规定。但必须注意,无论是上述合同条款规定的买方检验,还是公约第38条第(3)款规定的买方检验,一方面体现为买方检验货物的权利,不检验货物可丧失索赔的权利,另一方面体现为如果未获得检验货物的机会,其无义务支付货款。

(二)检验的必要性

公约第38条主要是对买方何时实施货物检验的规定,是买方开始检验货物义务的规定,也是决定买方依公约第39条的规定向卖方通知货物不符的时间起算点。一方面,买方收到货物后不实施检验、不通知卖方,卖方就无从知晓货物存在不符,无法协商索赔和理赔,卖方也无从向其上游供应商索赔,使当事人的权利义务处于不确定状态,不利于国际贸易的发展。另一方面,买方检验货物是其日后向卖方提出索赔的关键步骤,如果买方不及时检验货物,无法发现货物瑕疵,就无法根据第39条的规定向卖方发出不符通知,可能会丧失索赔权,甚至可能影响其根据公约第49条第(2)款(b)项规定的第一种情形宣告合同无效的权利。虽然不经检验即发送货物不符通知,并不影响其索赔权的成立,但毕竟这种情况极为少见。正常情况下,如果不实施检验、不发送货物不符通知而自行使用、加工或转售货物,卖方有理由相信买方已接受货物,放弃了索赔权。因此,买方检验货物不是一项强制性义务,而是任意性义务,买方不实施检验,并不会导致其承担其他责任,仅会丧失依赖不符货物提起索赔的权利而已。在(2004)鲁民四终字第44号案中,法院虽认为卖方有依据第36条交付货物的义务,但同时认为,挪威买方作为收货人提出质量索赔,需证明索赔是在合同约定的合理期限内提出的,何时收到货物理应由挪威买方承担举证责任。中国卖方虽发函承诺如果货物质量确有问题,将由其承担退赔责任。但关键问题是,挪威买方不能证明中国卖方货物有质量问题,反过来却能证明挪威买方没有在合同约定期限提出索赔。法院认为,中国卖方所供货物符合合同约定,不存在质量问题。(2004)大海长商外初字第1号案中,法院认为,原告在目的港鹿特丹港具有充分的时间和机会对货物进行检验,但是其在没有复验的情况下,即接收了货物并转运给下一买家波兰矿厂。原告在货物转运到波兰后才进行检验,不符合公约第38条第(1)款关于"买方必须在按情况实际可行的最短时间内检验货物或由他人检验货物"的规定。因此,原告在波兰进行的检验不符合合同的约定和公约的规定,不能作为确认货物质量的依据。贸仲案例显示,仲裁庭根据公约第39条第(1)款裁定,申请人未在合同约定的货物抵达目的港后30天内检验货物,并就发现货物不符情况及时通知卖方即被申请人,怠于行使合同权利,其后果只能由申请人承担。①

(三)检验的期间和起算

公约第38条第(1)款是对买方实施货物检验的总体规定,要求买方应按情况在实际可行的最短时间内,由自己或由第三方检验。公约咨询委员会第2号咨询意见,系针对货物检验和买方通知义务作出的。何谓"按情况在实际可行的最短时间内"(within as short a period as is practicable in the circumstances),需根据个案而定。既不能苛刻要求任何情况下买方收到货物后立即检验,也不能放任买方不合理拖延检验,否则时过境迁无法确定货物是否与合同相符、买方是否有权发送不符通知,影响对货物的补救、付款以及货物的使用等,也使双方的权利义务处于不确定状态。需要注意,公约规定的"period"是买方应开始并完成检验的期间。此期间,应尽量短,但具体多长时间需根据当时情况、货物特性、缺陷显露或隐蔽、货物技术复杂程度、数量、是否需要开箱包装或拆解设备、检验技术能力等确定,甚至需要考虑当地的文化和经济发展状况等。此期间可以是收到货物后立即或数小时(数量短少或表面质量缺陷的货物、易腐货物、季节性货物等),如对易腐烂变质或季节性货物,买方无论如何应根据货物特性以尽量短的时间实施检验;也可能是数天或数月(需要安装试车、试运行的成套设备等),如成套设备买卖合同往往规定试车(test run)、试运行(commissioning)和功能测试(performance test)等复杂的检验程序。裁判机构在确定检验期间时,根据案情行使自由裁量权,通常确定收到货物后立即检验或几天、几周后检验,也可能会认定更长时间。

---

① 参见中国国际经济贸易仲裁委员会编:《〈联合国国际货物销售合同公约〉在中国仲裁的适用》,法律出版社2021年版,第131页。

关于该期间的起算时点,就该条第(1)款的规定而言,通常是自卖方将货物交给买方之时,亦即风险转移至买方之时,起算买方应该实施货物检验的时间。此时点,与公约第36条第(1)款确立的卖方交付不符货物的责任时点相呼应。如果合同约定在某个地点交货,如 EXW 条件下,货物在处于买方处置后开始起算检验期间。如果是分批交货,买方应对每一批货物分别检验。若因检验前期交付的货物而推迟后交付的货物,可能不会得到法院的支持。如果首批次交货数量不足以开始生产全部产品,买方可以推迟检验至收到足够货量用于生产之时。如货物为机器设备、成套设备等需要卖方负责安装时,买方的检验应在安装完毕后开始。

(四) 涉及运输时的检验

实务中,根据公约第38条第(1)款的规定,在风险转移至买方之时买方很难立即对货物实施检验,尤其是涉及运输时,虽然货物风险已转移但买方收到货物前难以实施检验。第38条第(2)款是针对货物需要交由第三方承运人运输时,买方实施检验的期间如何确定问题。根据公约第31条(a)项的规定,货交承运人运输时,交货时间是卖方将货物交给承运人或第一承运人时,如 CFR、FOB 和 CIF 等术语下,交货时间为货物装上船舶时,交货地点也在船上。但货物可能是庞大而技术复杂的机器设备,也可能是冷藏货物或者集装箱运输的货物,即使是普通货物,要求买方在此时此地检验货物显然不现实,也难以操作。因此,该条第(2)款规定,在卖方需将货物交第三方承运人运输时,买方开始检验货物的时间可以延期到货物到达目的地后。具体而言,买方应在目的地收到货物后进行检验。当然,如果买方已在货物的发运地实施检验,该条第(2)款的规定就不适用。如合同约定了相反规定,该条第(2)款的规定也不适用。如,CLOUT Case No. 48 案例记载,买卖双方在合同中约定,货物(新鲜黄瓜)交付条件为"土耳其托尔巴勒装货泊位冷藏卡车交货"[free on refrigerated truck Turkish loading berth (Torbali)],再由承运人运送到买方所在国(德国)。法院认为,当事人的合同已排除公约第38条第(2)款的适用,买方应在土耳其而非在目的地检验货物。因为,合同规定买方将派出代表在土耳其码头检验货物,并且买方负责安排将货物运输至其所在国。如果根据公约第31条(b)项的规定,卖方将货物交到一个特定地点置于买方的处置之下,买方实施检验的时间自此时开始计算,而不必推迟到其将货物运至其场地。① 贸仲有裁决认为,根据国际贸易惯例,作为新加坡买方的申请人,在离岸港口无法或不方便享有对货物质量的检验机会,无法行使检验权的情况下,被申请人作为 CIF 卖方,必须负有对装船货物质量的担保责任,保证交付的货物符合约定。根据公约第38条第(1)款的规定,申请人并不因合同约定 CIF 价格条件而丧失对所收到货物行使

---

① 参见 CISG-DIGEST-2016《判例法摘要汇编》关于公约第38条的判例汇编。

质量检验的权利。① 在(2020)粤03民终18762号案中,双方约定的付款条件为:先付合同价款的20%作为定金,设备到达工厂后支付70%,设备验收后支付10%,贸易条款为CIF香港港口。法院援引公约第38条和第39条认为,根据双方的约定,卖方已经完成交货义务,设备已经到达买方,符合支付70%合同价款的条件。买方应及时对货物进行检验、验收。至卖方起诉时,案涉设备交付买方已经近半年的时间,已超过买方应完成验收的合理期限,因此认定货物不存在质量问题。

(五)涉及改运时的检验

第38条第(3)款规定:

> 如果货物在运输途中改运或买方须再发运货物,没有合理机会加以检验,而卖方在订立合同时已知道或理应知道这种改运或再发运的可能性,检验可推迟到货物到达新目的地后进行。

该款规定,允许买方在某些没有合理机会对货物实施检验的情况下,在货物到达新的目的地后,实施货物检验。一是,在运输途中货物被改运(be redirected),即运输途中的货物在抵达原定目的地前改变运输路线,被运至新的目的地,而不论改运是否买方作出;二是,货物被再次发运(be redispatched),即买方或者买方的客户收到货物后,将货物重新发送至最终客户。但是,适用该两种情况的前提是,卖方在订立合同时已知道或应当知道货物将被改运或再发运的可能性。有案例认为,如果卖方知道买方仅为中间贸易商,没有自己的仓储设施,将会再次发运货物至其客户,则适用该款规定,检验货物的时间可以延期至货物到达客户的场地。但有些案例对该款作出限制性解释,认为其仅适用于货物由卖方直接交付至买方的最终客户,或者买方仅为卖方与最终客户的中间商的情况。如果买方收货并用自有仓储储藏货物,而不知何时再转售货物,不涉及后续的运输问题,该条第(3)款也不适用。②"卖方在订立合同时已知道或理应知道这种改运或再发运的可能性",主要是指在买方为中间商的情况下,假定卖方知晓或应当知晓。为避免歧义,买方如果有改运或再发运的计划,应在订立合同时明确告知卖方此意图。仅为告知而已,无须经卖方同意改运或再发运。另外,该条第(3)款还有一个限制,即买方在改运或再发运时没有合理机会检验货物,才可以将货物的检验期间起算时间延期至到达新的目的地。如果买方有合理机会检验货物则无须延期。虽有此规定,但实际操作中可能很难有此机会检验改运或再发运的货物,因为在运输途中可能涉及在有限的时间和空间内拆箱、掏箱、打开外包装和内包装,还有可

---

① 参见中国国际经济贸易仲裁委员会编:《〈联合国国际货物销售合同公约〉在中国仲裁的适用》,法律出版社2021年版,第133页。

② 参见CISG-DIGEST-2016《判例法摘要汇编》关于公约第38条的判例汇编。

能移动商标标识等。如果该条第(3)款所规定的条件都得到满足,买方的检验期间可以延期到货物到达新的目的地。但是,仍应由买方负责实施检验,并根据公约第39条的规定通知货物不符。如果买方任由其客户检验、通知货物不符,则其应对其客户的行为负责。

买方主张其在当时的特定情况下不可能在更短时间内检验货物,或者当时即使采取适当方式也无法发现货物的潜在或隐蔽缺陷,应承担举证责任。根据该条第(2)款的规定,买方应证明因为涉及运输,其无法在更早的时间检验货物。针对该条第(3)款规定的情形,主张应延期检验的买方,应证明卖方已知晓或不可能不知晓货物在运输途中被改运或再发运,以及其在改运或再发运时没有合理机会检验货物。①

（六）实施检验的主体

根据该条第(1)款"cause them to be examined"的规定,买方可以自己检验、雇员检验,也可以聘用其他人,如专家、专家小组、独立检验机构等,对货物实施检验。也可以买卖双方共同聘请、共同参与检验。买方在选择检验机构时应考虑选择当地信誉卓著的专家或专业检验机构。但通常认为,买方需要对第三方检验负最终的责任。国际贸易中著名的商品检验机构有中国检验认证集团(CCIC)和中国出入境检验检疫局(CIQ)、瑞士通用公证行(SGS)和中国香港特区的天祥集团(Intertek)等。

（七）检验事项

根据公约第35条的规定,检验事项应该包括货物不符可能涉及的所有方面,如数量、重量、质量、性能、特征、附属于货物的资料以及其他事项,也包括对补交货物、修理后货物的检验。如果以样品或样式买卖,即使样品或样式没有缺陷,也应对所交付货物进行检验。但如果当事人约定,样品代表的全部货物,则只需对样品进行检验。检验地点,可以根据公约第31条的规定确定卖方履行交货义务的地点。检验方式可以根据合同约定,如没有约定可以根据货物用途、检验地技术条件,或者习惯做法或惯例确定。若仍缺乏这些规定,检验应由买方决定,但应符合合理、全面和专业的原则。需要注意,如果买方所在国或货物检验地所在国法律强制检验,其检验事项和方式等须依该国法律确定。

二、对交货不符的通知义务

货物缺陷可能存在三种情况,一是经外表检查或初步检验就可发现的明显缺陷,二是经适当技术检验才可发现的缺陷,三是经过初步或适当技术检验都不能发现

---

① See Schlechtriem & Schwenzer, Commentary on the UN Convention on the International Sale of Goods (4th Edition), Oxford University Press, 2015, commentary on Art. 38.

的潜在缺陷和隐蔽缺陷。第一种、第二种情况,比较容易解决,如果买方不实施初步检验或适当技术检验,未发现并通知卖方货物不符,将会丧失索赔权。而第三种即使经过适当技术检验也无法发现的潜在或隐蔽缺陷,情况就比较复杂。

公约第 39 条规定了买方对货物不符向卖方发出通知的义务。公约第 39 条第(1)款规定了何时发通知,第(2)款规定了买方就货物不符行使相关权利的最长期限。

(一)通知的时间

根据公约咨询委员会第 2 号咨询意见,各国针对卖方的交货不符通知义务有不同规定,基本可分为三种情形:一是买方必须在收到货物后短时间内向卖方发出通知,具体时间根据个案确定。二是买方必须在接受货物前发出通知,以拒绝货物、宣告合同无效。此时买方无须检验货物,且无须为索赔而在特定期间内发出通知。三是买方必须向卖方发出交货不符的通知,发通知的时间不必具体列明,但应在合理时间内发出。针对买方发出通知的时间,根据第 39 条第(1)款的规定,如果买方收到货物后经过第 38 条规定的检验,发现货物存在与合同约定不符或第 35 条规定的数量、质量或包装等不符的事项,意图提出索赔,其必须在发现或理应发现不符情形后的合理时间内向卖方发出通知,说明不符合同的性质。该规定旨在使卖方知晓所交付的货物不符并采取适当的措施补救,如派代表检查货物、获取有关货物的必要证据、准备交付额外货物或代替货物、对货物进行修理,或向上游供应商追索。公约第 38 条规定的买方检验货物的时间,可以作为"理应发现"时间的参照,即在没有对货物实施检验的情况下,确定第 39 条规定的"理应发现"的时间。"理应发现"可能有两种情况:一是货物不符显而易见,无需检验即可发现而买方未发现,该时点可能是收到货物之时;二是本可以通过适当技术检验即可发现的货物不符,买方没有实施检验,此时点为本应根据第 38 条实施检验届满之时。故买方"理应发现不符情形"是第 39 条规定下的概念,与第 38 条有关但并不取决于第 38 条。第 39 条第(1)款设定的"一段合理时间",系在第 38 条规定的货物检验期间之后,自发现不符或理应发现不符的情形时开始起算的一段时间。如果经过检验仍无法发现不符,则从货物缺陷显露以后起算。"合理时间"需根据双方之间的习惯做法或惯例,以及货物性质等确定。总之,应根据实际情况,尽快通知卖方,使其有相当的时间对货物实施修理、换货、退运,以及向其供应商发送通知等。如果买方实际已发现货物数量短少,应就此先通知卖方,至于质量是否有不符,待检验发现后再通知。

公约咨询委员会第 2 号咨询意见指出,尽管买方必须在实际情况下尽可能短的时间内检验货物,或委托他人检验货物,不这样做则不会招致对外承担责任。但是,如果货物存在不符而经过检验即可发现,但买方没有检验货物,则公约第 39 条规定的通知期从买方"理应发现"之时开始计算。对具有潜在缺陷货物的检验,应在不符的性质显露之时,开始计算检验货物的时间。除非不经检验即能明显看出货物不符,收货后发出通知的总的时间由两个时段组成,即第 38 条规定的货物检验期间和第 39 条规定的发出通知期间。[①]

(二) 通知的形式和内容

对于公约第 39 条和第 43 条规定的通知应采何种形式,公约未明确要求。当事人可以约定,没有其他约定时,根据公约第 11 条、第 39 条和第 7 条第(2)款的规定,买方可以选择通知的形式。发送方式可根据公约第 27 条确定,也可根据第 9 条规定的习惯做法和惯例确定。如为书面形式,可以是传真、电子邮件、快递等。通知内容应包括货物不符的性质描述,比如货物数量短少或超量、质量瑕疵、内包装或外包装不符、分批交货时具体批次不符等,并且应该是逐一说明各个不符事项。有些货物尤其是机器设备类货物,买方的不符通知仅说明不符的现象即可,不必详述其原因。如果卖方派代表参加了检验,买方通知中对货物不符的描述可以不必详尽。但买方必须明确表达其对这些不符货物的拒绝。如果仅表示货物有缺陷,对其不满意,笼统表示与合同不符,或者仅重新订货并索赔损失等,均可能得不到法院支持。但也有案例认为,在通讯发达的今天,若卖方对买方内容不明的通知没有询问清楚,其无权依赖买方内容不明晰的通知而主张免责。

(三) 通知的最长期间和起算

公约第 39 条第(2)款规定了 2 年的限制,作为买方通知货物不符的最长期间。该 2 年期间相当于国内法律中的除斥期间,不得中断、中止和重新计算。作为"一段合理时间"的补充,如果货物存在隐蔽缺陷,经适当的检验仍不能发现,或者买方根据公约第 44 条的规定,有合理理由未发送不符通知,则最迟应在实际收到货物后 2 年内发出。超过期间,买方就丧失主张货物不符的权利。实际收到货物,系指买方物理上收到货物(以能够对货物实施检验),与货物风险或所有权转移给买方的事实无关。如果货物直接自卖方交付给买方的客户,不论是否发生公约第 38 条第(3)款规定的改运,都从买方客户实际收到时起算。如果货物在运输途中灭失,自货物在正常情况下应该被买方客户实际收到时起算。对货物的潜在缺陷,买方发现或理应发现不符的时间,作为根据第 39 条第(1)款起算其发送通知的合理时间的时点,该时点可能在收到货物之后很久。这种情况下,如合同未约定更长的质量保证期限以保护买方的利益,依该条第(2)款的规定,买方发送货物不符通知的时间就截至货物被实际收到后 2 年。

---

① See CISG-AC Opinion No. 2, Examination of the Goods and Notice of Non-Conformity: Articles 38 and 39, 7 June 2004. Rapporteur: Professor Eric E. Bergsten, Emeritus, Pace University School of Law, New York.

（四）最长通知期限与卖方质保期

如果合同约定了卖方质量保证期限（质保期，contractual period of guarantee），且与 2 年不一致，长于或短于 2 年，则卖方就货物不符的最长通知期限应以质量保证期限为准。如某罐头食品质保期为 3 个月，买方发现罐头鼓包，应在 3 个月最长期限内通知卖方货物质量问题。如成套设备买卖合同规定"The period of warranty given by the Seller under Article 10.1 shall be 24 (Twenty Four) months from the date of Acceptance or 30 (Thirty) months from the date of Last Shipment, whichever comes earlier"，买方应严格按照此 24 个月的质保期通知卖方。问题是，如果合同约定了质保期，买方的通知是在发现或理应发现货物不符后的合理时间内发出，还是可以等到该质保期届满前发出？如无相反约定，应适用公约第 39 条第（1）款的规定，即买方应在发现或理应发现货物不符后的合理时间内发出通知。因为，质保期并不减损买方在合理期限内发出通知的义务，而且等到质保期届满之时货物质量可能进一步恶化。如果货物缺陷在临近合同约定的质保期届满前显现，是卖方必须在该期限届满前收到不符通知，还是买方仍有权在发现缺陷后一段合理时间内发出通知，哪怕此"一段合理时间"会超过合同约定的保证期限？虽理论上仍可适用第 39 条第（1）款的规定在合理时间内发出通知，但为避免引发争议，避免丧失依据交货不符提出主张的权利，建议买方在质量保证期限届满前将发现的货物缺陷先行通知卖方，待进一步检验后再通知最终结果。①

（五）未在规定期间内发出通知的后果

如果买方未能根据该条就发现或理应发现的货物不符向卖方发出通知，买方将丧失依赖这些不符所享有的权利，包括就货物不符提出索赔的权利，以及当卖方就支付货款提出索赔时提出反索赔的权利，因为买方必须按照合同约定支付价款。贸仲仲裁庭在一起合同约定买方装船前检验的案件中指出，公约规定的检验义务，从性质上并不强制买方履行此义务，但该义务关系当事人后续的权益。买方不履行该义务不是单纯的不作为，而是一种放弃权利的行为，并应就此产生的扩大损失承担责任。买方不依约履行装船前的检验义务，卖方为履行交货义务自行安排第三方装船前检验，买方拒绝卖方提交的检验报告，无合理理由和合同依据，其不仅不能免除违约责任，还应对扩大的损失承担相应责任。②

---

① 参见 CISG-DIGEST-2016《判例法摘要汇编》关于公约第 39 条的判例汇编。See Schlechtriem & Schwenzer, Commentary on the UN Convention on the International Sale of Goods (4th Edition), Oxford University Press, 2015, commentary on Art. 39. 关于凭样品检验及通知期限，另参见福建省高级人民法院（2014）闽民终字第 1454 号民事判决书。

② 参见中国国际经济贸易仲裁委员会编：《〈联合国国际货物销售合同公约〉在中国仲裁的适用》，法律出版社 2021 年版，第 134 页。

三、卖方无权抗辩买方检验和通知义务的情形

（一）卖方知道或不可能不知道货物不符

如果货物被发现与合同不符，但买方并未按照公约第 38 条的规定对货物进行检验，也未按照第 39 条的规定通知卖方，而这些不符合同的情况与卖方已知道或不可能不知道的事实有关，而卖方却未告知买方，卖方是否有权根据第 38 条和第 39 条的规定拒绝买方就不符提出的权利？公约第 40 条就是解决这个问题的。卖方在第 38 条和第 39 条的规定下对买方检验和通知义务的抗辩权，受到公约其他条款的制约。具体而言，如卖方交付货物明显不符合合同约定或者明知货物瑕疵而隐瞒事实继续交货，属于恶意，不应剥夺买方主张货物不符的权利。根据第 44 条，如果买方证明其有合理理由未按照公约第 39 条第(1)款和第 43 条第(1)款的规定发出通知，其仍可以按照公约第 50 条的规定，减低货价或要求利润以外的损害赔偿。当然，这些权利的行使，也受制于公约第 39 条第(2)款规定的通知期限。CLOUT Case No. 237 号案中，法院认为，公约第 40 条同样适用于合同约定的检验和通知，如果买方未能按照合同约定履行检验和通知义务，符合 40 条规定的卖方知道或不可能不知道的情形，买方主张货物不符的权利应得到支持。法院认为，即使第 40 条不直接适用于合同关于检验和通知的约定，根据第 7 条第(2)款的填补原则，其应间接适用于合同。如卖方依据公约第 35 条第(3)款主张买方在订立合同时知道或不可能不知道车辆的里程数和年龄，进而主张免除自己的责任。但法院依据公约第 40 条规定的原则，认为卖方知道并欺诈性陈述二手车的里程数和车龄，其不能免于担责。如果卖方自己承认其知道，或买方举证证明卖方知道或不可能不知道货物的不符，自然可以适用公约第 40 条作出对卖方不利的裁决。CISG-online No. 379 号案中，买方北京轻型汽车有限公司与卖方美国 Connell 就案涉 4000 吨压轨机质量问题发生争议，1997 年 2 月买方在斯德哥尔摩商会仲裁院提起仲裁，向卖方提出索赔。裁决书认为，毋庸置疑，买方通知货物不符的时间已超过公约第 39 条第(2)款规定的 2 年时限以及合同约定的 18 个月质量保证期间。因此，卖方需对货物的不符承担责任的情况只有一种，即这些不符与其不可能不知道的事实有关，并且其未披露给买方。买方成功举证证明卖方知道不符。在生产压轨机的过程中，卖方用以前从未用于这样应用程序的部件替换了一个关键的安全部件(锁板)；卖方钻了几个未使用的孔，将替代锁板固定在压轨机上。这证明卖方知道其临时使用了不合适的部件，同时证明卖方已认识到置换锁板的正确定位十分关键。然而，卖方从未试图确认买方已正确地安装锁板。仲裁庭多数认为，卖方有意识地忽视明显的、与合同不符显著相关联的事实，根据公约第 40 条的规定对买方未及时通知货物不符，不予追究。仲裁庭同时指出，如果相同或类似货物的不符在之前导致事故并

报告给卖方或其行业部门,也符合第 40 条"知道或不可能不知道"所要求的条件。① 可见,第 40 条旨在为买方设置一个安全阀。该条的适用,将导致卖方地位很大程度上被削弱,其将失去绝对的基于买方检验、通知瑕疵的抗辩地位,反而面临被索赔的风险。

(二)"知道或不可能不知道"的认定

如何认定公约第 40 条中卖方的"知道",涉及对卖方主观过错状态的认定,各种观点难以达成共识。有观点认为,卖方的重大过失甚至普通过失就足够了,而另有观点认为,略大于重大过失(接近故意疏忽)是必须的。卖方对其交货状况的疏忽、重大过失或恶意,往往被认定为知道或不可能不知道。考察"知道或不可能不知道"可以从几个方面着手:卖方是行业内著名交易商还是刚入行的新手,是否为行业内专家,是制造商还是分销商,货物的性质和特征,货物不符的具体情形等。如果货物不符显而易见或交错货物,稍加检查即可发现,就构成"不可能不知道";如果产品在市场上已被报道普遍存在问题,制造商或经销商未改进消除缺陷而继续销售,构成"知道或不可能不知道";如果分销商持有供应商出具的质量证书、货物包装完好,可能被认定为不构成"知道或不可能不知道"。如果卖方的雇员或外聘人员"知道或不可能不知道"货物不符,应由卖方承担后果;如果买方实施装船前检验,而买方指定检验人员检验货物并知晓不符,应由买方承担后果;但如果是买卖双方共同指定的检验人员实施装船前检验,不应由单方独立承担后果。有观点认为,要考察卖方的过错程度,但不能假定卖方有义务去调查货物不符的可能情形,也不能假定所有的商业卖家都心存恶意。另有观点认为,卖方不应疏忽不符的线索,且有些线索会提示卖方存在货物不符,至少在某些情况下其有义务检查货物,以确认是否与合同相符。

关于判定卖方应该在哪个时点"知道或不可能不知道",公约没有具体规定,通常认为该时点为卖方交付货物时。也有观点认为,应在合同成立之时。还有观点认为,应在买方通知不符的期限届满之时。有裁决认为,在交货后披露并不导致公约第 40 条的适用。而对于卖方对买方的披露,有裁决认为,卖方应通知买方货物可能造成的风险。前述 CISG-online No. 379 号案中,卖方用不同部件替换了关键安全部件(锁板),需要仔细安装才能正常发挥功能。仲裁庭裁决,卖方没能充分披露不符之处,依照公约第 40 条,向买方披露仅限于对部件和服务手册上标识的编号的差异,"即使卖方已通知买方部件的变更(没有就正确安装或变更部件带来的风险等进一步通知),披露也不充分"。还有案例认为,在买方代表在场的情况下装货发运,根据公约第 40 条的规定,也不构成充分披露,因为货物的不符并非显而易见的。此外,如果卖方以外形尺寸交付不锈钢板,卖方知道尺寸与合同不符,但卖方将交付货物的真实尺寸记载在

---

① See CISG-online No. 379, https://cisg-online.org/search-for-cases?caseId=6351. Accessed 2022-10-05.

随货物提交的发票上,根据公约第 40 条的规定就支持卖方,不能阻止其针对买方未按公约发出适当通知提出抗辩。当然,要求买方对卖方"知道或不可能不知道"承担举证责任的同时,卖方应对已"充分披露"不符,承担举证责任。①

第十六节 货物销售——卖方对货物权利的瑕疵担保义务

根据公约第 41 条的规定,货物所有权转移的法律问题,如所有权转移的时间、效力、善意取得、产权负担(encumbrances)和法律后果等,不在公约管辖范围,由管辖地法院根据其国际私法规则确立的国内法解决。但第 41 条仍对卖方规定了相应义务,即确保所交付货物的物权不能被第三方提出主张或要求。因为买方购买货物,是为完全拥有货物的所有权,或直接占有使用,或用于制造新产品,或转售获利,如果所购买货物没有完整的所有权权能,或者货物上设置了第三方担保物权,买方不可能实现合同目的。第三方对货物主张权利,将使买方卷入无谓的纠纷之中,不能安享货物的所有权。因此,公约第 41 条作出规定,旨在对卖方设置义务,确保交付的货物无物权方面的权利瑕疵,避免买方的权利受到第三方的干扰和损害。该条仅涉及货物物权方面的瑕疵,知识产权方面的权利瑕疵,由公约第 42 条规制。

一、第三方权利的属性和买方的抗辩

公约第 41 条下的"any right or claim of a third party",包括第三方对货物主张的所有权,如第三方对货物主张所有权保留,则收到全部货款之前所有权仍归第三方;或者"一货二卖"时,另一买家对货物所有权提出主张。也包括对货物主张的担保物权,如货物承运人基于运费、仓库经营人基于仓储保管费对货物的留置权;金融机构基于动产质押对货物的质权。还可能是影响买方取得或行使物权的其他限制,如破产管理人对货物的限制、国家依法对货物的强制征用等。因此,第三方行使权利可能是针对买方,也可能是针对货物。

如果卖方交付的货物原为第三方所有,而卖方并未自该第三方取得货物所有权,属于不能向买方转移所有权,违反公约第 30 条的规定。卖方是否自第三方善意取得货物,属另一法律关系。即使属于善意取得,如第三方仍基于其之前的权利对买方提出权利主张或要求,卖方也可能需要承担责任。而且,基于"第三方不能提出任何权利或要求"的规定,卖方承担该条项下的责任,并不以第三方真正拥有所主张的权利为前提。第三方毫无根据地向买方提出权利请求,仍可能导致卖方根据此条承担责任。

---

① 参见 CISG-DIGEST-2016《判例法摘要汇编》关于公约第 40 条的判例汇编。

第三方也无须对买方提起法律诉讼。交付货物前卖方与第三方发生的争议,导致卖方无法向买方交付货物,构成对第 30 条(交付货物)规定的违反。如第三方对买方已收到的货物提出权利主张,或对货物采取扣押等措施,卖方构成对第 41 条规定的违反。第 41 条第一句的宽泛措辞,正是为了减少买方以善意或无负担的方式获得所有权的不确定性风险和可能的法律诉讼。

如果买方以善意取得为由就第三方针对货物采取的法律行动提出抗辩,应根据管辖法院或仲裁机构确立的准据法解决。若第三方与中国买方就货物物权发生争议,由中国法院或仲裁机构管辖,需根据《涉外法律适用法》确定的准据法解决。如果第三方对货物提出主张,卖方为避免承担该条项下货物权利瑕疵责任,应出面向第三方提出抗辩。如果买方不得不出面抗辩,卖方应承担产生的结果和费用。

二、卖方排除权利瑕疵的时点

至于卖方免于被第三方提出权利主张或要求的时点,因货物交付时间不同而有所差别。原则上,该时点应为卖方向买方交付货物之时,EXW、FCA 术语下的交货比较简单,该时点在卖方处所将货物交给买方自行处置或交至买方指定的承运人处所或其他处所之时。如货物涉及国际运输,货交第一承运人之时完成交货,此时可能并无第三方权利人出现,而在目的地交货时可能有第三方提出权利主张或要求。如 CIF 或 CFR 术语下,卖方应预付运费而未付,导致承运人在目的地向买方(提单持有人)交货时对货物行使留置权,此时才发生第三方对货物的主张和索赔。公约第 41 条第一句的前提是,卖方就交货前产生的第三方权利或索赔对买方负责,因为货物在卖方的风险范围内。如果第三方的权利或索赔是在交货后产生的,或是买方自己的原因造成的,则卖方不承担任何责任,如货物在目的港被买方自己的债权人查封。

三、免除卖方权利瑕疵担保义务的情形

因卖方原因导致第三方对货物或者买方提出权利主张或要求,能够免除卖方权利担保责任的唯一情形是:"买方同意在这种权利或要求的条件下,收取货物"。需要注意的是,公约对货物质量瑕疵和权利瑕疵的规定不完全相同,而免除卖方质量瑕疵责任,是基于第 35 条第(3)款规定的买方知道或不可能不知道瑕疵存在,免除卖方权利瑕疵的责任的情形是基于买方同意接收存在权利瑕疵的货物。第 39 条规定的 2 年的通知期间,仅适用于货物瑕疵,而不适用于权利瑕疵。"同意"可以是买方明示同意,如知道存在权利瑕疵后书面通知卖方或者在订立合同时约定买方接收权利瑕疵货物。也可能通过默示认定买方同意接收货物。此时,买方可以与第三方解决争议,涉及的损失和费用在货款中抵扣,这也属于公约第 6 条规定的第三方可协议减损公约效力的

范围。如果买方不同意接收附带第三方权利的瑕疵货物,应通知卖方,否则就会丧失其根据公约第 43 条第(1)款享有的权利,但不丧失第 43 条第(2)款和第 44 条项下的权利。卖方交付被第三方主张权利或要求的货物,在买方不同意接收货物时,必然涉及买方的救济方式。卖方如何就交付权利瑕疵货物对买方进行赔偿,公约没有明确规定,但应理解为买方有权根据第 45 条的规定向卖方主张权利,即买方有权行使第 46 条至第 52 条规定的各项权利,并有权根据第 74 条至第 77 条的规定,请求赔偿,包括请求卖方交付"干净"的无权利瑕疵的货物,排除已交付货物的权利瑕疵,或重新交货替换已交付权利瑕疵货物,以及根据第 49 条第(1)款(a)项的规定构成根本违约时,宣告合同无效。但因为第 46 条第(2)款和第(3)款仅涉及买方根据第 39 条发出的通知,未涉及第 43 条的通知,第 46 条第(2)款和第(3)款仅适用于针对货物瑕疵的索赔权,不适用于针对权利瑕疵的索赔权。① 我国法院援引公约第 41 条的案例并不多见。在北海海事法院审理的(2001)海商初字第 119 号案中,法院根据该条推定原告(买方、租船人)申请扣押的货物属于被告(卖方)所有,以其变卖所得赔偿原告因被告违约而造成的滞期费、亏舱费等。该院认为,案涉载货船舶所装运的两万余吨铁矿石,是被告为履行原告与被告之间的买卖合同而装运的,从确定装运时间、装运地点,到安排实际的装运数量,自始至终都是奉被告指示而为,没有第三人参与其间。根据公约第 41 条"卖方所交付的货物,必须是第三方不能提出任何权利或要求的货物"的规定,被告对案涉船舶所装运货享有所有权。该买卖合同因被告违约而无法继续履行,且原告也未支付相应货款,故货物所有权并未转移给原告。基此缘由,原告提起追偿诉讼,被告依法承担相应责任的基础则可以是船舶所载运的货物本身或其被依法变卖后所得的价款。

四、交付附带知识产权瑕疵的货物

国际贸易的竞争是自然资源的竞争,更是科技的竞争。现代国际贸易中知识产权日益重要,在国际贸易竞争中起决定性作用。WTO 制定的《与贸易有关的知识产权协议》(TRIPS)第一部分第 1 条和第二部分第 1 节至第 7 节对协议所包括的知识产权范围作了界定,即版权与邻接权、商标权、地理标志权、工业品外观设计权、专利权、集成电路布图设计权,以及未披露的信息专有权。知识产权由工业产权(发明专利、实用新型、外观设计、植物新品种等和商标、服务标识、产地标志、原产地名称等)和版权(文学艺术、音乐、美术、照片、摄影、电影、录音,以及示意图、图表、设计图、模型等)组成。对知识产权包括的种类和范围应作宽泛解释。除上述知识产权外,还包括受方法类专利保护的货物、附有人格权或名誉权的货物、公共当局基于知识产权采取措施的货物。

---

① See Schlechtriem & Schwenzer, Commentary on the UN Convention on the International Sale of Goods (4th Edition), Oxford University Press, 2015, commentary on Art. 41.

而且,即使第三方知识产权人没有提起索赔程序,卖方也要承担责任。

知识产权除具有独占性和时间性外,另一重要法律特征是地域性,除签订有国际公约或双边、多边协定外,依一国法律取得的权利只能在该国境内有效,受该国法律保护。这也是知识产权与有形财产权明显的区别。财产所有权不受地域限制,一个有形物无论其处于哪国领域内,也无论其所有权人是否具有该国国籍,都会得到相关国家法律的承认和保护。而知识产权不同,一国国民对其知识产权在该国取得法律承认和保护,则该权利的有效范围只有该国领域,只有依照其他国家的法律申请登记,才能受到其他国家的承认和保护。①

(一)知识产权瑕疵担保责任的内容

与第 41 条卖方对货物本身的权利担保相对应,第 42 条规定了卖方对货物知识产权的担保,旨在规定卖方应在可预见的限度内,对第三方针对货物提出的知识产权主张或要求承担责任。同时,规定了区域性限制条件,另引入了在合同订立时的过错因素。具体而言,卖方交付的货物必须是不能由第三方根据知识产权享有任何权利或要求的货物。可以是第三方实际拥有该权利,也可以仅仅是声索该权利,至于是否真实合法拥有该权利以及该权利是否被侵犯,不由公约管辖。卖方承担责任有三个限制条件:第一,第三方提出的权利或要求,限于卖方在订立合同时已知道或不可能不知道;第二,卖方仅对第三方根据第 42 条第(1)款(a)项和第(1)款(b)项所列的国家的法律享有的权利或要求负责。具体是:(a)双方在订立合同时,预期货物将在某一国内转售或做其他使用,则根据该国法律享有的权利或要求;或者(b)在任何其他情况下,根据买方营业地所在国家法律享有的权利或要求。该条第(2)款规定的情形为第三个限制,即:(a)买方在订立合同时已知道或不可能不知道此项权利或要求;(b)此项权利或要求的发生是因为卖方遵照买方提供的技术图样、图案、程式或其他规格。

可见该条第(1)款(a)项和第(1)款(b)项明显体现了地域性。通常第三方在卖方所在国拥有的知识产权仅对卖方产生影响,如第三方针对卖方制造并拟交付的货物提出知识产权主张或要求,卖方可能在交货前就解决了争议,如不能解决将会影响卖方交货,构成公约 30 条规定的不能交付违约。但也不排除根据准据法或国际公约[如《马德里商标公约》第 4 条第(1)款],法院或仲裁机构承认第三方就其在卖方所在国的知识产权享有权利。有时会发生货物在运输途中被过境国海关或有关机构没收或销毁,如高仿名牌产品、侵犯专利商标产品被过境国没收。这可分为两种情况,一是过境国海关要求重新加工前不许销售,此情形下过境国为货物使用国,卖方责任依公约第 42 条确定;二是过境国直接没收货物,也是按照货物使用国的标准承担责任。过境国

---

① 参见万鄂湘主编:《国际知识产权法》,湖北人民出版社 2001 年版,第 9—11 页。

是哪个国家不重要,也不影响卖方的责任构成。但仍以卖方知道或不可能不知道过境国存在这样的法律或没收等措施为条件。在(2018)粤 0391 民初 2728 号案中,法院认为,虽卖方已经按照双方约定的交付方式 EXW(工厂交货)将平衡车交付至货运公司,风险转移至买方,但案涉平衡车在买方办理清关手续时,因充电器使用伪造的 UL 标识而被销毁,系卖方违反了保证不被第三方主张权利的规定所致。故即使卖方已按约定交付方式将平衡车交付,但因平衡车自身存在权利瑕疵,该风险不应由买方承担。卖方答辩还主张,其交付货物后,买方清关时,美国政府突然对平衡车进口发起贸易抵制政策,由此带来的风险属于买方应自行承担的市场风险。对此法院认为,一般而言,货物交付后,因货物购买方所在国的贸易政策或质量标准发生变化,该风险应由买方自行承担。但该案中,卖方应保证自己交付的货物不被第三方主张权利,这是公约规定的法定义务,无论美国政府是否对平衡车进口发起贸易抵制政策,被告均应保证平衡车所载充电器上 UL 标识的真实性,何况 UL 标识系来自购买方所在国(美国)的专业认证标识,卖方将平衡车清关时被查验充电器遭销毁的事实归于市场风险的抗辩意见,法院不予采纳。

(二)排除知识产权瑕疵的时点

与公约第 41 条相似,卖方排除第三方对货物享有知识产权的时间是交付货物之时。但是,此时第三方权利的有效法域与卖方所在国无关,而与使用货物的国家有关。第三方提出其在卖方交付货物时拥有所主张的权利即可。合同订立的时间,与卖方知道或不可能不知道该第三方的知识产权、双方预期合同将在某一国转售或使用有关,以及与买方知道或不可能不知道存在此项权利或索赔有关。如果订立合同之时,卖方确实知道第三方对货物享有某项知识产权,在交付货物之前通过获得使用许可或有效抗辩消灭了此项权利,则交付货物时该权利就不复存在,卖方对买方的该项担保义务随之消灭。第 42 条第(1)款(a)项中,订立合同之时双方当事人对货物被转售或使用的其他国家有预期,是卖方承担此项权利担保义务的前提,为此,买方应尽量在合同中订明货物被转售和使用的国家。当然,如果买方没有这样做,根据其他情形能够推断出双方知道货物将被转售和使用的国家,仍符合卖方承担义务的要求。如果在订立合同时不知道而在货物交付之后才知道该项权利的存在,卖方也应及时通知买方停止将货物运至该国转售或使用,否则可能违反合同诚信原则和附随义务而承担责任。该条第(1)款(b)项中买方营业地所在国的概念与公约第 10 条的概念相同,且以订立合同之时买方的营业地为准,合同订立后营业地址的变更在所不问。作为中国卖方,应注意在制造或采购货物时,检索、调查货物知识产权情况,尤其是相关专利、商标等在货物预期销售国、转售国、使用国以及买方营业地所在国的注册、公报情况,在合同中约定转售或最终使用限制。权利不明确时,应告知买方并请求买方协助调查,或在合同中约定货物所在国的知识产权问题由买方负责解决。

(三)卖方对知识产权瑕疵的免责

卖方对公约第42条规定的责任免除的条件之一是,在订立合同时买方知道或不可能不知道该项权利或索赔的存在。该条和第35条第(3)款均规定买方"知道或不可能不知道"的标准,可见买方接收不符货物和知识产权瑕疵货物的注意义务标准相同,在"知道或不可能不知道"的情况下接收货物的后果相同,买方不得再根据第35条第(3)款的规定主张卖方交货不符的责任,或根据第42条的规定主张卖方违反知识产权瑕疵担保责任。相比之下,公约第41条规定,买方只是"同意"接收权利瑕疵货物,才免除卖方交付权利瑕疵货物的责任。不论买方是否"知道或不可能不知道"货物权利瑕疵,只要其不同意接收货物,卖方就不得免除权利瑕疵担保责任。

对于另一个免责条件,即买方提供的技术图样、图案或程式或其他规格引起第三方提出知识产权主张或索赔,因系买方过错所致,自然应由买方负责。在该条下,买方虽无义务调查知识产权情况,但买方在提供上述资料时,有义务使该等资料免于侵犯第三方的知识产权,否则应赔偿给卖方造成的损失。反过来看,如果卖方超出买方提供的资料范围或没有精确按照买方资料制作生产,造成侵犯第三方知识产权,也应根据该条承担责任。如果卖方发现买方提供的资料有侵权问题,应通知买方纠正,否则可能构成违反合同附随义务。如果买方拒绝纠正或拒绝以其他方式消除侵权风险,卖方可以宣告合同无效。①

五、买方对权利瑕疵的通知义务

公约第39条第(1)款规定了买方对所交付货物本身与合同不符的通知义务,第43条则是规定买方对货物权利瑕疵或知识产权瑕疵的通知义务。

根据公约第43条的规定,买方应在通知中说明第三方主张权利或要求的性质,并且应该在知道或理应知道第三方的权利或要求后一段合理时间内提出。公约没有对合理时间作出定义,根据案情确定时,可考虑的因素至少包括:买方确定第三方的身份、主张或索赔的性质,第三方采取了哪些法律措施,第三方内部调查或聘请外部技术专家和法律专家的意见等所需的时间。第43条第(2)款是与第40条规定的卖方明知货物不符的后果对应,规定了卖方明知权利瑕疵或知识产权瑕疵的后果,即不得援引

---

① See Schlechtriem & Schwenzer, Commentary on the UN Convention on the International Sale of Goods (4th Edition), Oxford University Press, 2015, commentary on Art. 41, 42; CISG-AC Opinion No. 22, The Seller's Liability for Goods Infringing Intellectual Property Rights Under Article 42. Rapporteur: Dr. David Tebel, Rothorn Legal, Frankfurt am Main, Germany. Adopted Unanimously by the CISG Advisory Council Following its 30th meeting, in Rio de Janeiro, on 7–9 August 2022.

该条第(1)款的规定主张买方未适当通知而免除责任。但需注意,该款规定仅限于卖方"知道"第三方的权利或要求及其性质,而没有如第 40 条要求卖方"不可能不知道",因为货物权利瑕疵和知识产权瑕疵比货物本身的瑕疵更为隐蔽,如适用"不可能不知道"的标准,将不合理地加重卖方的注意义务。如卖方仅因其自己的过失不知道第三方的权利或要求,其仍可以依赖买方未适当通知权利瑕疵而主张免责。卖方不仅要知道第三方的权利或要求,还应知道相应权利或要求的性质。如买方不能证明卖方同时知道这两个内容,卖方可以援引该条第(1)款的规定提出抗辩。

从公约第 41 条和第 42 条使用"free from any right or claim of a third party"的字面意思看,卖方交付的货物,必须是不附带任何第三方权利或要求的"清洁"货物。附带第三方权利或要求,可能仅仅是第三方享有该权利(right)而未提出要求(claim),也可能是第三方基于该权利已明确提出了要求。至于第三方是否提出要求,不影响或免除卖方的相应担保义务。即使第三方没有提出要求,买方仍有权向卖方主张违反权利担保义务。如买方发现货物转售国公告的一项与货物有关的知识产权,权利人为第三方,其应根据公约第 43 条的规定通知卖方,并有权根据第 42 条的规定主张权利。

六、买方未发通知是否丧失所有权利

(一)缓解未发送通知的后果

买方未能根据公约第 39 条第(1)款的规定在合理期间后通知卖方货物不符,或者未能根据第 43 条第(1)款在合理期间内通知卖方第三方对货物的权利或要求,本应丧失依赖货物不符或货物权利瑕疵向卖方索赔的权利。但是,第 44 条的规定缓解了买方未履行相应通知义务的后果,即如果买方能够证明其未按照第 39 条第(1)款或第 43 条第(1)款在合理期间内通知卖方是基于合理理由,其仍然可以按照第 50 条规定减低价格,或根据第 74 条请求利润损失外的损害赔偿。亦即,买方即使有合理理由解释未能发出适当通知,虽不丧失索赔权,但也只能获得上述两项救济,而不能主张其他救济,如第 46 条第(2)款和第(3)款规定的交付替代货物或修理货物、第 49 条第(1)款规定的宣告合同无效以及第 74 条规定的利润损失等。同时,该条未提及第 39 条第(2)款规定的时间限制,如果买方未能在实际收到货物后 2 年或合同约定的质量保证期内发出通知,其将丧失向卖方主张货物不符或权利瑕疵的所有权利,即使买方就未发通知有合理理由。

(二)合理理由的认定

既然关乎买方部分索赔权的"复活",买方的"合理理由"就显得十分重要。公约第 44 条未规定合理理由的定义或具体标准,只能根据案件具体情形确定。第一,第 44 条并未要求买方未发出通知需基于其主观过错。不论是故意还是疏忽未发通知,均不能

否定其合理性。因为该条强调的是理由,而非主观过错。第二,其理由首先是公平的,兼顾买卖双方的利益。如要考虑卖方得不到及时通知,就无法获取货物不符或权利瑕疵的证据,丧失向其供应商索赔的权利,也可能无法合理处分所交付的货物,以减少买方通知疏忽给卖方造成的损失。对买方而言,如果货物确实存在不符或权利瑕疵,仅仅因为通知瑕疵(尤其是轻微疏忽,卖方并无损失)而丧失全部救济权利,也有失公平。尤其考虑到欠发达国家或者对国际贸易缺乏经验的买方,检验和发现货物或知识产权瑕疵的技术手段不足,或者通知方式落后,故该条规定是必要的。

影响买方未能或迟延通知的客观因素很多,如客观原因不能及时检验货物、不能及时发出通知(如严重疫情导致封锁道路或厂房)、买方非行业内人士等。主观上,是否合理谨慎、恪尽职责,按照合同或对货物实施检验是否容易发现的不符或权利瑕疵等因素考量。CLOUT Case No. 230 案中,法院认为,公约第 44 条未提及第 38 条规定的货物检验,所以买方只能就未及时通知主张合理理由,不能将未能按第 38 条检验货物作为未能及时通知的合理理由。但二审推翻了该判决,认为双方就卖方赔偿金额进行了协商并在 15 个月内支付了赔偿,此间卖方并未依据第 38 条和第 39 条提出权利保留,卖方已放弃依赖买方通知瑕疵提出抗辩的权利。对买方是否可以援引公约第 44 条的规定,法院未明确解决(expressly left open)。另有其他裁决认为,在装卸港检验货物,经济和技术上条件均不充分,而在抵达目的港后检验更为合理。买方有合理理由推迟检验货物,构成第 44 条规定的合理理由。[①] 在 2006 年德国联邦最高法院审理的一起案件中,原告系荷兰汽车经销商,1999 年 4 月向德国卖方购买一辆二手车。1999 年 8 月该车因系买卖合同成立前的被盗车辆而遭警方扣押。1999 年 10 月买方主张因货物系被盗车辆而合同无效并要求卖方退还价款。2000 年 5 月车辆原保险人致函买方要求归还车辆。买方拒绝该请求并提起诉讼。一审法院支持了原告诉请,但二审法院推翻了一审判决。联邦最高法院支持了二审判决结果,认为如果买方未能根据公约第 43 条第(1)款的规定在合理时间内发出交货不符的通知,其无权根据公约第 45 条获得赔偿。法院指出,第 43 条第(1)款规定的"合理时间"应根据具体案情而定,在这段时间内买方可以大致了解法律状况,而不应采取僵化的解释方法。联邦最高法院确认二审法院的观点,即 1999 年 10 月买方向卖方发出通知时,车辆已被扣押 2 个多月,超出了公约第 43 条第(1)款所规定的合理时间。另外,法院认定,买方不能从保险公司要求移交汽车的要求中获得任何权利,因为在收到保险人要求归还汽车的信件后,买方没有在合理时间内通知卖方。法院指出,就第三方提出的权利主张向卖方发出通知,应包含有关信息,如第三方名称及其所采取的索赔步骤,因为在收到该通知内

---

① See CLOUT Case No. 230, CLOUT Case No. 270, Tribunal of International Commercial Arbitration at the Russian Federation Chamber of Commerce and Industry, CLOUT Case No. 474.

容后,卖方才可以去联系第三方并拒绝第三方针对买方提出的权利主张。该案中,买方仅通知卖方车辆被扣押,而在 2000 年 5 月收到保险人的索赔函后没有再通知卖方。最后,联邦最高法院指出,公约第 44 条所规定的第 43 条的例外要求没有得到满足,因为买方没有在"合理时间"内发出所需的通知,买方获得赔偿缺乏合理的理由。①

卖方不能根据公约第 77 条的规定主张买方未按照第 38 条的规定及时检验货物发现不符、避免使用不符货物造成损失,并提出免责抗辩。因为对货物隐蔽瑕疵,注意和检查货物瑕疵的义务在卖方,其不能将此义务转移至买方。当然,如果货物存在明显瑕疵,买方仍然使用所导致损失,属于共同过失,买方应承担一定责任。至于卖方根据公约第 74 条的规定承担损害赔偿的范围,仍应以第 74 条规定的"可预见性"为界限。

公约各条款相互指引、相互制约。对各条款需综合考虑和适用。公约第 38 条规定买方对卖方的检验货物的"义务",仅为买方的预备行为,且其唯一目的是确立第 39 条第(1)款通知的起算时间以及货物不符的范围。第 39 条第(1)款并未规定买方必须通知卖方货物不符,而仅仅规定如果不通知,其将丧失就不符提出索赔的权利。如果买方有合理理由未及时通知不符,其仍享有向卖方索赔特定损失的权利,大大削弱了该条的目的。但并未消灭买方在 2 年期限或质保期内发出不符通知的义务。第 44 条旨在缓解此法律后果的不利影响,平衡双方利益。同样,如果买方主张降低价格,公约第 77 条规定的未违约方止损义务,也不能帮助卖方,因为第 77 条自始就不适用。如果卖方自行检验货物并发现瑕疵,其完全可以向其供应商索赔。如果其没有检验货物或仅指望买方检验货物,卖方应对其行为承担不利后果。②

第十七节 货物销售——对卖方违约的救济

该部分内容规定在公约第Ⅲ部分第二章第三节(第 45 条至第 52 条)。重点规定卖方违反合同时,买方有哪些救济方法,即:第 45 条第(1)款规定了买方获得救济的种类和运用方式,第 45 条第(2)(3)款、第 46 条、第 48 条和第 50 条规定了如何获得救济及救济方式的具体适用,第 47 条和第 49 条规定了买方给予卖方宽限期以及宣告合同无效的权利,而第 51 条和第 52 条规定了在特定情况下买方可以运用的具体救济方法。

一、买方的救济方法

公约第 45 条规定:

---

① See CISG-online No.1200, https://cisg-online.org/search-for-cases? caseId=7123. Accessed 2022-10-05.
② See Schlechtriem & Schwenzer, Commentary on the UN Convention on the International Sale of Goods (4th Edition), Oxford University Press, 2015, commentary on Art. 44.

（1）如果卖方不履行他在合同和本公约中的任何义务,买方可以:(a)行使第四十六条至第五十二条所规定的权利;(b)按照第七十四条至第七十七条的规定,要求损害赔偿。(2)买方可能享有的要求损害赔偿的任何权利,不因他行使采取其他补救办法的权利而丧失。(3)如果买方对违反合同采取某种补救办法,法院或仲裁庭不得给予卖方宽限期。

救济(remedy),根据《元照英美法词典》解释,是纠正、矫正或改正已发生的不当行为或业已造成的损害或损失的行为。其中,法律救济方法是救济的重要内容之一。这里指的是民事法律救济方法,即买方针对卖方违反义务造成的损害或损失,提出的权利要求。

该条是针对卖方不履行合同或公约中的义务的行为,赋予买方的救济途径的概括规定。该条第(1)款(a)项指明,买方可以根据第46条至第52条的规定寻求救济,即根据第46条要求卖方实际履行(以第28条为条件)、根据第49条宣告合同无效或者根据第50条降低价格。该条第(1)款(a)项仅是对其他规定特殊情形的补充,其中第47条是对卖方履行宽限期的规定,第48条是对卖方补救货物缺陷权利的规定,第51条是对部分货物不符时买方救济手段的规定,而第52条规定了买方对提前交货或超量交货的救济方法。第45条第(1)款(b)项规定,买方可以根据第74条至第77条请求损害赔偿,包括对所有履行不符请求赔偿,这也是买方作为无辜方提出损害赔偿的法律依据。同时根据第45条第(2)款,第(1)款(a)项和第(1)款(b)项规定的买方救济方法,可以累加行使,如同时主张卖方迟延交货、替换货物、修理货物和赔偿损失。当然,因各救济方法之间大部分不兼容,买方并非总是能够同时选择多种救济方式。如果卖方违反义务的情形同时:满足买方要求其实际履行、宣告合同无效和降低价格,买方只能选择一种。但损害赔偿的请求与其他救济方法兼容,可以同时选择。为了避免审理案件的法院或仲裁庭干扰公约的适用,该条第(3)款特别规定法院或仲裁庭不得给予卖方宽限期。

与此相关,如在合同缔结阶段,卖方违反关于说明货物质量及提供信息的义务,买方可否基于"合同缔约过失"追究卖方的损害赔偿责任,尚属问题。对此,由于公约已对货物质量等不符合合同约定的情形作出了规定,因此其救济仍应依公约,不应基于国内法中的缔约过失理论追究责任。另外,应注意该问题与合同谈判中的不当废弃情形之间的区别。对于后者,由于公约本身未规定合同订立前的义务违反,故依国内法处理。[①]

---

① 参见〔日〕潮见佳男等主编:《〈联合国国际货物销售合同公约〉精解》,〔日〕小林正弘、韩世远译,人民法院出版社2021年版,第127页。

(一)不履行的认定和救济的实施

从公约第 45 条的规定可以看出,第一,公约采用的是严格责任制(无过错责任),即只要卖方客观上不履行合同约定或公约规定的义务,就构成不履行,而不论是否主观上存在过错。即使有第 79 条规定的免责理由,仍构成不履行,买方有权根据第 46 条至第 52 条的规定主张权利,包括宣告合同无效。第二,违反任何一项义务是承担责任的前提,包括合同约定义务、公约规定义务,或者双方形成的习惯做法或约定惯例所确定的义务,既包括主要合同义务,也包括附随义务。第三,第 45 条只是概括规定买方可行使的救济方法,并未穷尽所有救济方法,买方还可以根据第 71 条至第 73 条或第 84 条第(1)款的规定寻求救济。第四,第 45 条规定买方的救济,并不当然免除买方依据合同或公约应满足的条件,如按照公约第 38 条检验货物,并按照 39 条、第 43 条向卖方发出通知。第五,该条不干预双方当事人就卖方的责任、买方的救济方法等另行达成协议。第六,虽然各种救济方法可以合并适用,但根据第 74 条至第 76 条计算损害赔偿金额时,需考虑其他救济方法的结果。如一台机器因质量不符,价值损失为 1 万美元,经卖方修理后损失降低为 4000 美元,买方只能就该损失金额请求损害赔偿。因为公约规定下的损害赔偿以"填平"和"补差"为原则,买方同时选择不同救济方法的结果,不得超过其损失金额。如买方选择要求卖方实际履行,或交付替代货物或修理货物,而卖方根据其要求重新履行了该项义务,买方只能就其他损失,如前次履约不符造成的损失、前次或本次履行延误造成的损失、附随义务下的损失或间接损失,请求损害赔偿。

(二)买方救济方法的选择

在认定买方的救济方法时,需综合考虑卖方不履行的情况和可能采取的补救方法。如果卖方在约定期间未能交付货物,构成根本违约,买方可以根据公约第 49 条第(1)款(a)项的规定直接宣告合同无效,也可以根据第 49 条第(1)款(b)项的规定给予卖方一定宽限期,如仍不能交货,再宣告合同无效。在其他违约情况下,是否可以宣告合同无效,需根据第 25 条的规定考察是否构成根本违约。在交货不符时,买方只能在违约程度严重,构成根本违约的情况下,根据第 46 条第(2)款的规定请求替换货物。有时卖方交付的货物非合同明确约定的货物,或约定货物为种类物时交付不同种类的货物,通常认为卖方构成交货不符,此时买方应按照交货不符寻求救济。

(三)买方救济权利限制

这些限制包括:买方行使救济权利需要满足检验货物、适当通知的前提条件。卖方不交货或交货不符,买方要求其实际履行,在给予的宽限期内买方不得采取其他补救措施,直到宽限期满或收到卖方不予履行的通知。买方提出某种救济要求后再次提出变更,如给卖方带来不合理的不便或损失,这种变更应受到限制。如买方收到不符合同的货物后通知卖方合同无效,卖方同意并已经安排货物退运或转售,买方又通知卖方修理货物,必定会给卖方造成损失。这种变更因违反公约第 7 条第(1)款规定的诚信原则,应受到限制。买方如果需要变更救济方法,应及时向卖方发出变更通知,以免给卖方造成不便和损失,从而避免自己的变更要求遭到拒绝。买方行使救济权利,受到公约第 39 条规定的适当通知以及第 79 条规定的卖方不能预见、不能克服的客观障碍的制约。

有些国家(如法国)国内法允许法院或仲裁庭在审理买方提出的救济请求时,给予卖方宽限期,这势必与公约所倡导的在国际范围内统一法律适用原则相悖。公约第 45 条第(3)款对法院或仲裁庭作出限制,也提醒当事人不得想当然地依赖国内程序法的规定解决公约问题。问题是,买方除根据公约第 45 条第(1)款主张救济外,是否还可以根据所确立的国内法主张其他救济。对此,公约有规定的适用公约,公约没有规定的首先根据第 7 条第(2)款的规定按照公约一般原则解决。没有一般原则的,适用根据冲突规则确定的国内法认定。也有观点主张,公约对救济方法已有规定,买方不可根据国内法主张公约之外的救济方法。

(四)救济协议

买方可以与卖方协商达成救济协议,协商不成可以通过法律途径解决。双方订立有效仲裁条款的,可依仲裁条款提起仲裁,否则需要向有管辖权的法院起诉。法院管辖权和诉讼时效问题,是买方面临的两个程序问题。法院管辖权通常根据法院地法律确定,而确定管辖权除考虑被告所在地外,重要的连接因素是合同履行地。就国际货物销售合同而言,货物交付地至关重要。卖方实际履行交货或应该交货之地(在没有交付时),常被认定为合同履行地。公约没有规定诉讼时效,买方需按照所适用的准据法或者《时效公约》确定诉讼时效。在(2019)粤 0104 民初 40741 号案中,法院认为,根据公约第 30 条的规定,卖方必须按照合同和公约规定交付货物。原告已依约支付全部货款给被告,但被告一直未能交付货物给原告,根据公约第 25 条的规定,已构成根本违反合同,依据公约第 45 条第(1)款(b)项的规定,原告可以要求被告承担损害赔偿责任。根据双方自愿达成的《协议补充与附件》《补充协议(二)》,原告要求解除与被告签订的购销合同,并要求被告返还货款。该主张符合上述公约的规定,亦符合双方约定,法院对此予以支持。

二、要求卖方实际履行

大陆法系国家将实际履行作为最主要的违约救济手段,英美法系国家则将损害赔偿作为主要救济手段,实际履行作为衡平法救济,仅在金钱赔偿不足以补偿受害方时适用。而在国际贸易中,受害方的实际履行主张因为空间和时间的限制而更加不现实。公约与众多大陆法系国内法相似,把实际履行合同列为无辜方各种救济手段的首位,以体现有约必守的普遍原则。① 公约第 46 条第(1)款规定:

>买方可以要求卖方履行义务,除非买方已采取与此一要求相抵触的某种补救办法。

该款是在公约第 45 条的基础上进一步规定的,如卖方不履行某项义务,买方有权要求其实际履行该项义务,该款适用于不交付货物和交付不符货物的情形。对此,买方必须适当通知卖方。卖方违反的义务,可以是合同约定或公约规定的义务,也可以是习惯做法或惯例确定的义务。如未按约定交货(第 30 条、第 31 条、第 33 条)、未交付单据(第 30 条、第 34 条)、未交付无权利瑕疵的货物(第 41 条)或违反其他义务。

实际履行的形态,取决于卖方违反义务的类型,如机器设备的零件不符,应予更换,而大宗货物重量短少,应予补足。但替换货物和修理货物,分别由该条第(2)款和第(3)款规定。与该条第(2)款和第(3)款不同,第(1)款没有明确规定买方向卖方提出实际履行要求的时间限制(除考虑受国内法或《时效公约》的诉讼时效限制外)。买方仍需注意,如果此要求未在合理期间内提出,可能被卖方拒绝,或被法院、仲裁庭驳回。买方要求实际履行的权利受到两个限制,一是第 28 条规定的限制,即如果法院所在地法律限制实际履行,受理法院根据案情和其国内法裁定不予支持买方实际履行的请求;二是该条第(1)款本身规定的"买方已采取与此一要求相抵触的某种补救办法",即买方不得先后要求内容冲突的救济方法。因为客观上这些救济方法各自独立并相悖,没有可操作性。再者这些救济方法都是买方单方面宣布,一经宣布再进行变更会给卖方带来不便和损失,有违诚信原则。如买方先宣告合同无效,又提出降低价格、修理货物、交付替代货物,这本身不可操作。但买方可以在要求实际履行的同时,一并提出索赔差额损失、其他损失的请求。当然如果实际履行后,仍不能满足合同约定,且达到根本违约程度,买方还可以宣告合同无效。另外,买方要求实际履行,还受到另外因素制约。如果卖方证明存在第 79 条第(1)款至第(3)款规定的障碍,且障碍是永久的、难以克服的(如货物灭失),卖方可以免除履行义务,买方不得要求卖方实际履行。当然,根据该条第(3)款的规定,如果障碍是非永久性的,该障碍消失后,买方仍可要求卖方实际履行。如果符合第 80 条规定的情形,即卖方的违约是由买方原因引起的,则买方也不得请求卖方实际履行。

从公约第 46 条第(1)款所处的位置看,请求实际履行的权利被置于第 45 条第

---

① 参见刘瑛:《国际货物买卖中的损害赔偿制度实证研究——以〈联合国国际货物销售合同公约〉的规则与实践为核心》,中国人民大学出版社 2013 年版,第 11 页。

(1)款(a)项规定的救济方法的首位,相对于第48条(卖方其他补救)和第49条(宣告合同无效)而言,公约显然是把实际履行放在优先地位。买方仅能在卖方构成根本违约,或在设立的宽限期内未能履约或声明不履约的情况下,才可以宣告合同无效及索赔损失。虽然买方可以选择其他符合条件的救济方法,但实际履行优先原则会影响法院或仲裁庭对买方提出的请求的裁判结果。如卖方为轻微违约,货物经修理后可以正常使用或者转售,法院或仲裁庭将会支持买方向卖方索赔损失,而不会支持买方认定合同无效的请求。公约将宣告合同无效作为未违约方最后的救济手段。

三、要求卖方交付替换货物

(一)要求交付替换货物的条件

根据公约第46条第(2)款的规定,如果买方认为卖方所交付的货物与合同约定不符,要求卖方交付替换货物,必须满足一定条件:一是有卖方交付不符货物的事实。该不符需根据公约第35条规定的标准加以认定。二是不存在该条第(1)款"买方已采取与此一要求相抵触的某种补救办法"的情形。三是货物不符必须构成根本违约。根本违约需根据公约第25条规定的标准认定。四是,买方必须向卖方发出交付替换货物的通知,而该通知需与公约第39条规定的不符通知一并发出,或在该通知发出后的一段合理时间内发出。根据公约第82条第(1)款的规定,买方要求卖方交付替换货物的同时,其必须将已收到的不符合同的货物按原状退还卖方,除非存在第82条第(2)款规定的情形。

(二)对要求交付替换货物的限制

公约对买方要求交付替换货物的条件,采用了与宣告合同无效相同的标准,即以卖方交付不符货物构成根本违约为前提,以尽量限制买方草率提出交付替换货物。因为交付替换货物对双方尤其是卖方的影响较大,其不得不支付运费和保险费从而将已交付的不符货物运回或紧急转售,此间还可能产生仓储费、市场价格损失等。故如果买方能够以自行修理、折价转售并请求损害赔偿的方式处理,则更为符合双方的利益,也符合实际履行优先的原则。如果不构成根本违约,买方只能根据第46条第(3)款的规定要求卖方修理、根据第45条第(1)款(b)项的规定请求损害赔偿,以及根据第50条的规定请求降低价格。另外,该条的交付替换货物,前提是不符货物已经自卖方工厂或第31条(b)项规定的指定地点交付买方,买方需根据第60条(b)项的规定接收货物。如果卖方交货前买方以货物不符为由拒绝该货物并要求卖方交付相符货物,或卖方根据第31条(b)项或(c)项的规定将货物置于买方处置,买方因货物不符拒绝提取货物,这都不符合交付替换货物的情形,而属于第35条第(1)款规定的违反交付相符货物义务的情形。如果交付的替换货物仍存在不符,买方还可以根据第45条和第46条的规定行使救济权利。如果在约定的时间内卖方未能通过实际履行、修理、交付替换货物等方法补救成功,达到根本违约的程度,买方仍可以宣告合同无效。

买方按照第46条第(2)款的规定要求卖方交付替换货物,前提是卖方交付的货物不符合合同约定,但不包括货物数量不符和权利瑕疵的情况。卖方虽然交货,但数量少于合同约定,该情形仍属于第35条第(1)款和第46条第(2)款规定下的不符交货。但根据第51条的特别规定,缺漏部分的货物因为没有交付,不涉及货物的运输和运费,也不涉及退回卖方的问题,因此缺漏货物不属于第46条第(2)款规定下的不符货物,而属于第45条第(1)款规定下的未履行交付(该部分)货物的义务。买方只能请求卖方交付这部分货物而不能请求替换这部分货物。对于卖方超量交货的情形,由第52条第(2)款调整。同时,第46条第(2)款也不适用于第41条和第42条规定的存在权利瑕疵的货物,因为货物相符仅限于第35条规定的概念,不包括第三方权利或要求。与此相对应,第46条第(2)款规定的通知,也只能是第39条规定的内容,而非第43条针对权利瑕疵的通知。因此,买方针对权利瑕疵货物的实际履行请求,只能依据第46条第(1)款而非第(2)款的规定提出。

四、要求卖方修理货物

根据公约第46条第(3)款的规定,卖方交付不符货物时,买方有权要求卖方修理货物,例外情形是买方综合考虑各种情况后,认为要求卖方修理货物是不合理的。要求修理的通知应与公约第39条规定的不符通知一并发出,或在该通知发出后的一段合理时间内发出。交付替换货物通常适用于种类物,而修理货物一般适用于特定物。要求卖方修理货物,并非如宣告合同无效或替换货物那样,以卖方达到根本违约的严重程度为前提,而是适用于非根本违约的情形。但关于通知的限制条件与替换货物相同。所谓"不合理",是指对卖方造成不合理的不便和费用。认定不合理可以从经济和便利方面权衡。从经济方面,首先要比较修理货物给买方带来的利益和卖方产生的费用。如果修理货物将会给卖方造成不合理的开支,或者修理费用大大高于交付替换货物所需的费用,就是对卖方的不合理。修理费用与交付替换货物的费用比较,是重要参考指标。从便利方面,如果买方自行修理既快捷又节省,而卖方派技术人员修理费用显著高企,买方就应自行修理,然后向卖方索赔相关损失。尤其是买方为行业专家,拥有较强技术资源,而卖方仅为中间商,缺乏技术力量时,坚持要求卖方派员修理,也不合理。

实务中,就机器设备类货物而言,对不符货物的修理与质保期(如2年)内的维修、寿命期(如20年)内的维修,往往因为合同约定不清楚而发生争议。应该明确的是,第46条第(3)款规定的修理,是对卖方交付不符货物的修理,是买方对不符货物的救济手段,救济成功后质保期才起算。质保期内的维修,是对交付的相符货物的质量维护,自收到货物、约定时点或救济措施成功后起算。而寿命期内的维修,应理解为假定货物使用寿命为20年,在此期间卖方有义务向买方另行提供有偿维修服务。

卖方因公约第46条第(3)款规定的"不合理",或者买方因第48条第(1)款规定的"不合理",而拒绝修理或修理失败,或货物严重不符无修复可能,买方可以在符合根本违约的前提下,根据第46条第(2)款的规定要求交付替换货物,或者根据第49条第(1)款(a)项的规定宣告合同无效。而卖方为避免合同无效,可以尽快交付替换货物。当货物不符程度不构成根本违约时,买方只能根据第45条第(1)款(b)项的规定索赔损失以及根据第50条的规定要求降低价格。另外,根据公约第6条的规定,买卖双方可以就救济方法的采用、优先顺序等,在合同中作出不同于公约的约定,如约定买方在某些情况下只能自行维修,限制买方要求交付替换货物,在符合特定条件时才允许买方宣告合同无效等。①

五、给予卖方履约宽限期

认定根本违约并宣告合同无效,将会带来严重的后果,也是未违约方采取的终极救济手段。从促进贸易发展和维护交易安全的角度,公约规定了宽限期这一机制。一方面,给予当事人挽救合同的机会,尽量继续履行合同;另一方面,当事人未在约定期间内履行主要义务,构成迟延履行,但不必然构成根本违约,设置宽限期可以避免未违约方贸然断定对方根本违约而给自己带来风险。公约第47条第(1)款和第63条第(1)款分别规定宽限期程序,允许未违约方指定一段合理的额外时间让对方履行义务。如果违约方在宽限期内仍不能履行其基本义务(如卖方不交货或买方不支付货款、不提取货物),或者未违约方收到违约方的通知,声称其将不在宽限期履行义务,则未违约方可以宣告合同无效。至于违约方的违约行为是否达到了第25条规定的根本违约的程度,在所不问。何为"一段合理的额外时间"需根据案情确定。通常应考虑卖方延迟交货的时间、性质、法律后果,继续履约的可能性,买方支付货款或接收货物所需时间等。

公约第47条适用于卖方在合同约定的期间内没有履行任何合同义务的情形。此时,买方有权选择(而非必须)给予卖方一个宽限期,卖方应在宽限期内履行其义务。但是,在宽限期内,买方不得提出其他救济要求(如宣告合同无效、降低价格等),以保

---

① See Schlechtriem & Schwenzer, Commentary on the UN Convention on the International Sale of Goods (4th Edition), Oxford University Press, 2015, commentary on Art. 46; CISG-AC Opinion No. 21, Delivery of Substitute Goods and Repair Under the CISG. Rapporteurs: Professor (em.) Dr. Ingeborg Schwenzer, LL.M., University of Basel, Switzerland, and Dr. Ilka H. Beimel, Germany. Adopted Unanimously by the CISG Advisory Council Following its 27th Meeting in Puerto Vallarta, Mexico, on 3 and 4 February 2020.

护接受宽限期并准备对违约作出补救的卖方的利益。宽限期届满,卖方仍未履行义务,或声明将不在宽限期内履行,买方可行使其他救济权利。不论卖方是否在宽限期内履行,都不影响买方就卖方的迟延履行提出损害赔偿的权利。该条是对第 46 条(实际履行)的补充,也与第 49 条第(1)款(b)项(宣告合同无效)和第 25 条(根本违约)等条款有密切关联。如果卖方在买方给定的宽限期内仍不履行交货义务,则买方有权立即宣告合同无效,而无须证明卖方构成根本违约。但该规定仅适用于卖方不履行交货义务的情形。对卖方迟延交货或违反其他义务的情形,买方宣告合同无效的权利受到一定限制,尤其对交付不符货物的情形,买方只能依据第 25 条的规定,在卖方构成根本违约时才可以宣告合同无效。①

(一) 宽限期通知的内容

买方为卖方规定宽限期,必须在通知中明确设置一个具体履约截止日期,而不能仅催促"尽快""越快越好"。设定宽限期的同时需声明,如果卖方不予履行,买方将宣告合同无效。宽限期的长短,要根据合同各方面的情况来确定,如货物数量、履约复杂程度、运输方式和距离、交货所需准备时间、造成不能履行的原因、市场变化情况等,具有合理性和可执行性。如宽限期过短,可能不被支持,买方仍需证明卖方不履行义务的行为构成根本违约。买方在没有绝对把握时,可在宽限期满后确定一个合理时间再宣告合同无效。买卖双方可以协商延长合同的履行期限,但需要注意,修改后的合同履行期限与买方单方面给予的宽限期性质不同,前者系双方协商对合同的变更,不具有一旦届满即可宣告合同无效的功能。在(2019)津民终 90 号案中,法院认为,在补充协议签订后,卖方再次提出"价格上调"要求。经双方当事人以电子邮件、买方工作人员来华访问等方式进行多次协商,买方虽同意接受卖方要求的补充价格,但同时要求卖方在 2017 年 10 月 15 日至 20 日期间交付部分货物,其余货物于 2017 年 10 月底前结束交付。由于此时已超过合同约定的交货期,故此,依照公约第 47 条第(1)款"买方可以规定一段合理时限的额外时间,让卖方履行其义务"之规定,买方要求卖方于交货期后特定日期交付货物,该要求具有买方规定的额外期间的性质。

(二) 宽限期对买方其他救济的限制

根据公约第 47 条第(2)款的规定,买方一旦为卖方的履行设置宽限期,相当于按下"暂停键",此期间其提出其他救济方法的权利被"冻结",包括:卖方不交付货物时,买方不得宣告合同无效和索赔损失,即使卖方不履行义务达到根本违约的程度。

---

① 参见 Schlechtriem & Schwenzer, Commentary on the UN Convention on the International Sale of Goods (4th Edition), Oxford University Press, 2015, commentary on Art. 47;CISG-DIGEST-2016《判例法摘要汇编》关于公约第 47 条的判例汇编。

卖方交付不符货物时,买方要求交付替换货物或者修理货物,此间不得宣告合同无效,也不得降低价格,而且买方不得自己修理货物后向卖方索赔修理费用。只要修理货物的宽限期未届满,哪怕符合第46条第(2)款规定的条件,亦不得再要求交付替换货物。而且,买方在宽限期届满或收到卖方不予履行的通知前,不得就卖方的违约行为提起法律行动。卖方的某些行为将解除"暂停",以使买方恢复救济权利。这些行为包括:宽限期届满卖方未履行义务、届满前卖方声明将不履行义务、卖方提出合同外的履行条件,或者宽限期内履行义务但仍构成根本违约等情形。

(三) 买方对迟延履行的索赔权

宽限期内买方提出其他救济方法的权利被"冻结",但并不意味其丧失依据公约第45条第(1)款(b)项的规定对迟延履行所享有的索赔权。因此,卖方在宽限期前和宽限期后,因迟延履行而给买方造成的损失,买方均有权索赔。在(2019)闽民终578号案中,法院认为:根据销售合同的约定,卖方交货总数量不足30%,显然构成了违约。在此情形下,买方给予卖方一定的宽限期,双方签订协议书约定,卖方分两批交付剩余全部货物。该约定符合公约第47条的规定。但此后,卖方仅发出部分货物,剩余大约70%的货物未能交付,再次违约。法院根据公约第49条第(1)款、第51条的规定认为,买方已委托律师向卖方发出律师函,告知未履行交货义务的部分合同无效,故买方在该案请求宣告双方所签订的销售合同和协议书中的未履行部分,于买方向卖方发出律师函之日起无效的主张,有事实和法律依据,应予支持。关于卖方违约应如何承担责任的问题,法院认为,公约第7条第(2)款规定:"凡本公约未明确解决的属于本公约范围的问题,应按照本公约所依据的一般原则来解决,在没有一般原则的情况下,则应按照国际私法规定适用的法律来解决。"公约未规定定金制度,亦未明确违约惩罚性的一般原则,在此前提下,根据《涉外法律适用法》第41条的规定,可适用合同履行地法即中国法律来解决。原《合同法》第115条规定了定金罚则,收受定金的一方不履行约定的债务的,应当双倍返还定金。故法院认为,买方要求卖方双倍返还剩余定金的主张合法有据,应予支持。此外,买方请求违约方支付利润损失和对下家的赔偿损失。公约第74条规定:"一方当事人违反合同应负的损害赔偿额,应与另一方当事人因他违反合同而遭受的包括利润在内的损失额相等。这种损害赔偿不得超过违反合同一方在订立合同时,依照他当时已知道或理应知道的事实和情况,对违反合同预料到或理应预料到的可能损失。"一审庭审中,卖方对买方与第三人(买方客户)签订的协议书的真实性没有异议,一审法院根据该协议书与案涉销售合同的差价来确定买方的利润损失,有合同和法律依据,二审法院据此确认了卖方应赔偿买方的利润损失。买方另依据其与第三人签订的赔偿协议书及银行付款凭证等证据要求卖方赔偿该部分损失,因赔偿协议书及相应证据体现的是买方与第三人之间的法律关系,第三人是否有继续与其他卖家进行相应货物买卖的必要性,以及是否实际完成了后续的采购交易,没有证据证实。法院认为,卖方在该交易中已承担双倍返还定金及赔偿利润损失的违约责任,在此前提下,应认定买方主张的利润损失和对下家的赔偿损失,超出了双方订立合同时卖方可以预见或应当预见的损失范围。因此对买方该项诉讼请求,法院不予支持。

对于买方发出通知的方式,公约没有强制要求,但为保留证据,避免争议,应以书面形式通知。根据公约第27条的规定,通知未送达或发生延误的风险由卖方承担。因此,宽限期的生效不以卖方收到通知为前提,而买方在宽限期内不得再寻求其他救济方法的时间,从卖方收到通知开始。

六、卖方对违约的自行补救

根据公约第48条第(1)款的规定,即使在交付合同约定的货物之后,卖方仍有权对其不履行或不符合同的任何错误进行补救或纠正。但前提是,该补救行为不得造成不合理的延误或使买方遭受不合理的不便,也不得影响买方享有的任何权利。根据该条第(2)款的规定,在卖方要求买方表明是否接受补救而买方未予以回应时,买方不得实施其他救济措施。该条第(3)款和第(4)款是对通知的要求,以及对买方产生约束力的时间的规定。

(一)实施补救的时间

公约第48条第(1)款规定,卖方实施补救的时间,可以是交货前也可以是交货后。卖方在交货前对货物数量、质量、规格或包装等的补救,可以避免其构成不能交货或交货不符,属于卖方全面履行合同义务的内容,通常不涉及买方,也不适用第48条,而第34条(交付单据补救)和第37条(提前交货的补救),属交货后的补救,必然涉及买方,由第48条专门规定。对此,第48条需与第34条和第37条规定综合考虑。这些条款为当事人提供尽量多的补救合同的机会,是公约遵循的维持合同有效原则和宣告合同无效为最终手段原则的体现。

(二)补救的标的和方式

卖方补救的标的,可以是其不履行合同约定或公约规定的任何义务,包括不交货、交货短少、超量交货、质量不符、包装不符、技术资料或单据不符、权利瑕疵,以及附随义务等。至于补救的方式,需根据货物的种类和缺陷性质而定,如大宗货物品位不符的可降低价格,补发未交付或短交的货物,对不符质量标准的机械类货物修理或更换零件,补交缺失的单据或技术资料,侵犯知识产权的货物被销毁后重新交付无瑕疵货物等。实施补救的方法、步骤,在不造成不合理延误、使买方遭受不合理不便的前提下,由卖方决定。有时卖方的补救方法与买方的要求不一致,如卖方提出修理而买方要求替换货物,以卖方的权利优先。补救的成效如何,能否达到合同或公约要求的标准,由卖方承担后果和风险。

(三)补救费用和买方损失

补救措施产生的直接费用由卖方承担自不必说,买方的其他费用和损失,如退回货物的运费和保险费、卖方技术人员的住宿费用、停机修理产生的损失等,也应由卖方承担。当然,卖方实施补救行为,需要买方根据诚信原则给予协助和配合。有些复杂而需要买方配合的情形最好特别约定,如需要在买方或第三方所在地修理设备,退回货物涉及的运费、仓储费和保险费等应明确约定,具体事项由买方安排,但费用由卖方承担。必要时应由卖方出具保函,以担保买方垫付的大金额费用和其他损失等。需要特别注意,不能混淆卖方补救需承担的费用和损失与买方根据公约第45条第(1)款(b)项、第48条第(1)款第二句、第74条第二句和第79条所规定有权索赔的损失。第48条第(1)款第二句所规定的买方保留索赔损失的权利,与第45条第(1)款(b)项规定的损害赔偿请求权一致,不仅包括卖方违反合同造成的损失,也包括补救本身造成的损失、费用,以及经补救仍无法挽回的损失。但是,买方损害赔偿请求权也会受到限制,根据第50条第二句,如果卖方按照第37条或第48条对不履行义务作出补救,或者买方拒绝接受卖方根据该两条履行义务,买方不得根据第50条第一句的规定降低价格。如果卖方立即修理货物,买方不得就货物因修理贬值提出索赔。只要卖方的补救权存在且愿意根据该条实施补救,买方就不得自行采取补救措施并根据第45条第(1)款(b)项的规定向卖方请求承担补救费用。

(四)补救措施受到适当限制

卖方的补救措施受到适当的限制,包括:不得造成不合理延误和不得给买方造成不合理不便,以及无法确定能够偿付买方预付后的费用。补救措施不得造成不合理延误,旨在限定一个合理期间,不能无限期也不能超出合理的时间。公约第48条可以与第47条第(1)款规定的宽限期结合,双方根据货物缺陷情况商定一个可接受的期限,如果卖方在此期间未能完成补救,则构成不合理延误。补救措施不得给买方造成不合理的不便,是基于这样的事实:即卖方的补救是在修正自己的履约错误,即使买方同意并协助,补救措施也不应给买方带来不合理的不便。轻微不便,如买方接待卖方派遣的技术人员、买方安排货物退回和保险、寄回不符质量要求的配件等,买方可以承受,这也是其协助义务。但如果严重不便将会给买方带来不合理的进一步损失,如修理生产线造成买方频繁停工停产、在节假日期间修理设备需要大量人员返厂,或者造成买方客户的抱怨和停止订货等,在买方看来可能构成不合理不便。

如果需要买方先行垫付费用,以配合卖方的补救行为,而该费用日后能否自卖方得到偿付,对买方至关重要。如果卖方不能就此给予买方充分保证,其无权实施补救。

因此,卖方需证明其偿付能力,或安排担保以消除不确定性和买方顾虑,然后才能实施补救,避免买方宣告合同无效和索赔损失。

(五)补救措施不影响买方相应权利

卖方实施任何补救,不得影响或剥夺买方根据公约第49条的规定宣告合同无效的权利。该项权利由买方根据卖方的违约程度,单方面决定行使,不受卖方补救措施的影响和制约。据此,如果卖方不履行义务构成第49条第(1)款(a)项规定的根本违约,或者存在该条第(1)款(b)项规定的宽限期内没能补救成功的情形,卖方就无权再根据第47条第(1)款的规定要求额外的宽限期进行补救。此时,买方拥有是否宣告合同无效的选择权。可见,买方宣告合同无效的权利优先于卖方的补救权。如果卖方想避免买方宣告合同无效,就应在第48条第(1)款规定的合理时间内消除根本违约(如交付替换货物),或补救成功(如完成修理),或者在第47条第(1)款规定的宽限期内补救成功。贸仲审理的一起案件中,仲裁庭根据卖方补救失败的情况,认为卖方未能依合同约定按时交货,而且所交付生产线存在缺件现象,而由于严重质量问题,至争议解决时仍未能通过调试,无法正常生产使用,卖方的行为已构成根本违约。另有裁决认定,卖方提交了不合格且不可替代的特定物,虽经多次检测和维修,仍无法生产出合格产品,使买方签订合同时所期望达到的合同目的落空,从而构成根本违约。[①]

(六)买方未回应卖方的补救请求

交货日后,卖方自知未按合同履行义务,或买方虽通知货物不符而未明确告知卖方补救的方法,使卖方不知是否应该进行补救、买方是否愿意接受补救,以及补救可能给买方带来何种程度的不便和费用等,导致卖方对下一步行动无所适从。公约第48条第(2)款对此予以明确:如果卖方的通知已经明确载明补救的方法、所用具体时间等信息,即使买方未作出回应,卖方的补救权仍然存在。至于是否可以或能够实施补救,需根据第48条第(1)款规定的标准确定。

第48条第(2)款规定中有两个时间概念,一是卖方在其通知中载明的实施补救所需时间(段),该时间(段)应根据货物种类和缺陷性质等因素确定;二是买方对卖方通知做出回应的一个合理时间,也要根据情况确定。如果买方收到通知后同意卖方的补救措施,则按照通知内容实施。如果买方不同意,则可在合理时间内通知卖方,并可选择根据第45条第(1)款(b)项的规定主张权利。如果买方在合理时间内不予回应,则卖方有权按照通知中的内容自行实施补救,此时可不受第48条第(1)款第一句规定的条件限制(补救不得造成不合理的迟延,也不得使买方遭受不合理的不便,或无法确定

[①] 参见中国国际经济贸易仲裁委员会编:《〈联合国国际货物销售合同公约〉在中国仲裁的适用》,法律出版社2021年版,第112页。

卖方是否将偿付买方预付的费用)。根据该条第(2)款第二句的规定,买方不得在卖方设定的补救时间内提出与上述补救措施相抵触的救济要求,如宣告合同无效、降低价格、替换货物等。如果卖方未在设定的时间内成功补救,则买方的这些权利恢复,包括第45条第(1)款规定的索赔权。(2009)浙杭商外初字第38号案中,法院认为,即使卖方在当时情况下无法确定买方是否愿意接受合同项下的货物,根据公约第48条第(2)款的规定,卖方在买方未予以回复的情况下,仍可以将货物有关单据直接寄交买方,完成全部的履行义务,从而要求买方支付余款。但该案中,卖方却在约定不明的情况下仅通过发送付款通知的形式要求买方限期支付,后又直接将货物转卖于第三方。其上述处理方式并不妥当,也违反了合同义务。因此,卖方自行单方解除合同所产生的货物转卖差价损失以及其他费用损失应自行承担,其要求买方赔偿损失的请求不应予以支持。

(七)对卖方通知的要求

公约第48条第(3)款规定的意图是,卖方仅仅通知买方其愿意在某具体时间内实施补救措施还不够,同时必须包括要求买方回复其决定(接受或者拒绝通知中的方案)的意思。而根据该条第(4)款的规定,卖方根据该条第(2)款规定提出的要求和该条第(3)款规定发出的通知,只有在到达买方时才生效。因为卖方处于违约状态而买方是无辜方,根据第27条规定的原则,应由违约方承担通知送达不到或迟延的风险。据此,该条第(2)款规定所提及的合理时间,应从买方收到卖方的通知之日起算。

七、买方减低价格

卖方交付且买方接收不符货物后,有多种救济方法可以选择,如果各救济方法之间兼容,可同时选择不同救济方法。针对卖方交货不符,欧洲大陆法普遍以减低价格(减价、打折)的救济方式解决,而英美法多规定损害赔偿。以减价对应交付货物不符,实为对合同做出的修改,买方不宣告合同无效,也不退换货物或者请求损害赔偿,而是收取货物并根据交付标的物的"不符"情况,支付新的价款。该救济方式更为简便、经济并容易操作。公约第50条规定的减低价格是买方实施救济的手段之一,而且减低价格仅适用于已接收不符货物的情形。根据第46条第(2)款和第(3)款的规定,不符货物仅指货物本身的不符(第35条)和交付不同货物,不包括交付权利瑕疵货物(第41条和第42条)。因为在货物侵犯他人权利的情况下,第45条第(1)款(b)项的规定已给买方提供了充分保护,且第79条规定列举的免除卖方责任的情形较少发生。第50条也不适用于迟延交货或者与交付不符货物无关的其他违约情形。货物数量不符(短量或超量),由第51条第(1)款和第52条特别规定,优先于第50条适用。

(一) 减低价格是买方的权利

买方减低价格是其单方面的权利,不必与卖方协商,或经卖方事先同意。该权利的存在不以买方是否已经支付货款为前提,如已足额支付货款,并不表明其放弃该项权利,其仍有权主张卖方退回应减少的金额。不论卖方交付不符货物是构成根本违约还是非根本违约,都不影响买方的该项权利。

(二) 减低价格的限制条件

买方行使减低价格的权利需满足一定条件,即买方应在收取货物并发现货物不符后,根据公约第39条的规定向卖方发出货物不符的通知,载明货物不符的性质以及减价意图,并且卖方没有按照第37条或第48条的规定采取补救措施,或者卖方提出补救而买方拒绝。可见,公约的价值取向是,第37条和第48条关于补救的规定,优先于第50条减低价格的适用。卖方的补救与买方的减低价格意图发生冲突,如交付不符货物后,卖方坚持补救而买方拒绝补救并坚持减价,应优先考虑卖方的补救。如买方在不符通知里同时声明减低价格,而没有为卖方的补救提供机会,卖方仍有权主张实施补救措施,买方应允许卖方补救。如果补救不成功,买方仍可以主张减低价格。通知中买方不必明确具体减价金额,而且以后可以放弃此项权利。根据第50条第一句的规定,即使买方已经付款,也享有单方面减价并请求返还多付金额的权利。减低价格,不影响对其他权利的行使,但请求修理、交付替代货物或宣告合同无效的权利被排除。而且如果请求其他损失,减少的金额不能与其他损失金额合并计算。

(三) 计算减低价格的时间和地点

依该条确定减低价格的比例时,应以实际交货时的价格作参照。实际交货时间,通常应按照公约第31条规定确定,即卖方将货物交由买方处置之时[第31条(b)项和(c)项]。至于第31条(a)项规定的涉及运输时卖方应将货物交给第一承运人,此交货方式是否属于第50条规定的实际交付货物,存在争议。主流观点认为,此种情况下有必要调整实际交货时间为货到目的地的时间,依此时的价格确定减低价格比例更能体现货物的真实价值。该调整适用于确定减低价格的时间(实际交货时间)与货物风险转移时间不一致的所有情况,如买方自行提货、涉及运输和在途货物销售。买方提货时,根据第69条第(1)款的规定,货物风险自买方实际提取货物时转移至买方,而根据第31条(c)项的规定卖方在其订立合同时的营业地将货物置于买方处置时即履行交货义务。如果货物在置于买方处置后至买方提取货物前发生不符,买方理论上有权对不符货物主张减低价格,但实际上其无法提出减价要求,因为货物在确定价格之时(置于其处置之时或称风险转移之时)是相符货物。对涉及运输的货物和在途货物,情况相反。货物在交给第一承运人时[第67条第(1)款]或者订立合同时

[第68条第(1)款],风险已转移至买方,但计算减低价格的时间(实际交付时间)是货物抵达目的地的时间。在计算货物在实际交付时的价格时,货物在风险转移时至实际交付时出现不符的情况,可以不予考虑,除非卖方根据第66条规定的但书条款仍对此间发生的不符承担责任。

除了时间,地点也会影响货物价格的认定。通常认为,根据公约第31条规定的交付货物地点确定不符货物价格的地点。涉及运输的货物或在途货物的价格确定地点为货物的目的地[非第31条(a)项]。其他交付模式下,对不符货物价格的确定,应以第31条(b)项和(c)项规定为准,即买方提货时,卖方在其场所将货物置于买方处置之地点;卖方送货时,在货物的目的地。买方实际提取货物的地点即为确定货物价格的地点。

(四)减低价格的计算方法

简而言之,合同价格与卖方所交付的不符货物的实际价格之间的差额,即为应减价金额。如果一批女士服装合同价格为20万美元,出现缩水褪色质量问题,买方以16万美元降价处理,可就损失的4万美元减低合同价格,实付卖方16万美元。但公约的规定并非如此简单,其计算方法把实际交付的瑕疵货物和完好货物的市场价值因素、货物修理费以及贬值因素考虑在内,更为复杂和合理。依公约第50条规定,有四个金额,即减价后实付金额(P)、交货时瑕疵货物价值(D)、合同约定价格(C)和交货时相符货物市场价值(M),计算公式为 $P = D * C/M$。上例中,如果瑕疵货物交付时价值(D)为16万美元,而此时相符货物市场价值(M)仍为合同价格(C),即20万美元,买方减价后应付16万美元。这是不符货物和相符货物在交货时的价格与合同价格持平的计算结果,未考虑订立合同时的价格与交货时的价格出现的浮动,以及不符货物价格与相符货物价格分别出现的不同比例的浮动(尤其是不同等级货物可能出现的逆向浮动)。如果考虑价格浮动,将会有不同的计算结果。例如,上述货物在交货时,相符货物市场价值为28万美元,买方应向卖方支付降价后货款金额为 $16 * 20/28$ 万美元,即约为11.423万美元。当事人可根据上述公式确立的基本方法和市场浮动情况,计算出具体的减低价格金额。为避免复杂的计算和市场价格的采集或评估,当事人还可以约定具体的减低价格的计算方法。可以约定,如果转售货物,以转售时降价金额作为向卖方主张减低价格的金额。[1]

在确定减低价格方面,法院往往根据货物价值和瑕疵严重程度,以及货物使用情况等因素酌情作出认定。在(2011)浙商外终字第16号案中,法院根据公约第50条的规定认为,韩国卖方供货不符合合同约定,中国买方有权要求韩国卖方承担退货或减

---

[1] See Schlechtriem & Schwenzer, Commentary on the UN Convention on the International Sale of Goods (4th Edition), Oxford University Press, 2015, commentary on Art. 50.

价的违约责任。法院考虑到案涉色选机确实存在质量瑕疵,且买方仍在使用该机器,酌情降低价款20万元。

实践中,买方往往利用货物在不同时间的市场价格,根据第45条第(1)款(b)项和第50条或第74条的规定,选择对自己有利的计算方法。但买方行使减低价格的权利时要注意:第一,买方不得通过减低价格与其他赔偿合并计算,获得重复的赔偿;第二,注意减低价格与货物本身价值降低的区别,买方只能依据第50条规定的计算比例主张减低价格,不能依赖其实际遭受的货物贬值损失减价,如根据第50条计算得出减低价格金额为500美元,而货物因与合同约定不符而贬值,所损失的金额为800美元,买方应以前者主张减低价格;第三,注意减低价格与索赔损失的区别,虽然减低价格与索赔损失可以并用,但性质不同,实施的难易程度不同。减低价格是公约赋予买方单方面的权利,可不经卖方同意而实施,但索赔损失可能因遇到卖方的抗辩而失败。如交付的货物没有价值,买方可根据第50条减低价格至合同价格为零,而如果根据第45条第(1)款(b)项的规定索赔损失,卖方可以根据第39条提出抗辩。如果买方宣告合同无效,则卖方可根据第49条第(2)款(b)项的规定抗辩。实务中,买方往往不按公约规定的计算方法减低价格,而是以简单或较随意的方法单方面减价,若卖方可以接受自无问题;若卖方不能接受,则可能引起争议。

八、部分货物不符时买方的救济

公约第51条针对卖方部分不履行,即部分交货或已交付货物中仅部分相符的情况,以"分割适用"的方式规定了买方的救济手段。公约第51条第(1)款规定:

> 如果卖方只交付一部分货物,或者交付的货物中只有一部分符合合同规定,第四十六条至第五十条的规定适用于缺漏部分及不符合同规定部分的货物。

即在这两种情况下,买方仅可针对未交付部分或不符部分实施第46条至第50条的救济手段。

(一)少交货问题

对于卖方少交货的问题,买方可根据公约第46条第(1)款规定的要求卖方补货或者根据第50条的规定主张减低价格。因为少交货不涉及交付替换货物或修理货物,因此买方不能根据第46条第(2)款第(3)款的规定提出这两项主张。买方可根据第47条就缺漏货物设定宽限期,如卖方未在此宽限期履行补交货物的义务,可以根据第49条第(1)款(b)项的规定就该部分宣告合同无效[该款优先于第51条第(2)款]。如果缺漏部分的货物本身就构成根本违约,可不必设立宽限期,直接就该部分宣告合同无效,而不影响合同其他部分的效力。买方可根据第50条的规定减低货物价格。但是,如果卖方坚持以补交货物作为补救,若不构成根本违约,则卖方补交货物的权利优先于买方要求减低价格的权利。

(二) 部分不符问题

针对货物部分不符的问题,买方可根据公约第45条第(1)款(a)项的规定,依照第46条至第52条的规定实施任何救济手段,每种救济手段都必须独立满足其条件。如要求交付替换货物、降低价格、索赔损失等。部分货物不符本身构成根本违约时,可就该部分宣告合同无效。第47条规定的宽限期,无助于买方针对部分不符宣告合同无效,因为第49条第(1)款(b)项规定的宽限期和合同无效仅适用于不交付货物,而不适用于交货不符的情况。第51条第(1)款虽仅提及第46条至第50条的救济手段,但不意味着排除第45条第(1)款(b)项规定的索赔损失的权利,买方仍可与其他救济手段合并实施。

(三) 宣告整个合同无效

公约第51条第(2)款规定:

买方只有在完全不交付货物或不按照合同规定交付货物等于根本违反合同时,才可以宣告整个合同无效。

买方只有在部分不履行导致整个合同构成根本违约时,才可以宣告整个合同无效。就是说,除满足适当通知和合理时间内行使权利外,部分不符的严重程度,不仅是部分不履行本身构成根本违约,而且该部分不履行致使整个合同构成根本违约。如卖方缺漏的核心部件致使整台机器无法安装使用,或者交付的整批货物中,部分不符致使其他货物全部被销毁。如果买方就部分不履行宣告合同无效,则按照公约第81条至第84条的规定处理。相符部分货物的价款应依约支付。贸仲一份有关设备买卖合同纠纷的裁决认为,锤头属于细碎机的关键部件,而被申请人提供的锤头不符合同约定,此种不符达到了设备重量公差的10%以上,而案涉合同许可的公差仅为±2%,被申请人的违约构成公约规定的根本违约。另有裁决认定,被申请人交付的104根钢管中,大部分(至少67根)不符合同质量标准,且根据检验报告,某些钢管多项指标检测结果均不符合同约定。此外,申请人再转售货物时亦被案外人拒绝收货。被申请人违约实际上剥夺了申请人根据合同约定有权期待得到的东西,构成根本违约。[1]

(四) 分批交货和货量加减条款

公约第51条仅就单批货物中的缺漏或部分不符情形作补充规定。若分批交

---

[1] 参见中国国际经济贸易仲裁委员会编:《〈联合国国际货物销售合同公约〉在中国仲裁的适用》,法律出版社2021年版,第112页。

货,即合同约定卖方需在一定期间内连续交付数批货物,则适用公约第 73 条的规定,其针对的是每批的货物。如买方根据某批货物中的缺漏或部分不符宣告该批货物合同无效,则适用第 51 条第(2)款的规定。如其打算就某批货物的缺漏或不符部分宣告将来交付或已经交付批次货物的合同无效,则需满足第 73 条第(2)款和第(3)款规定的条件。大宗货物交易中,当事人通常根据实际需要和惯例,在合同中订立数量或重量溢短装条款(+/-, More or less clause),若卖方交货数量或重量与合同约定的具体数额不符但在此区间内,不构成不符交货,第 51 条第(1)款不适用,买方应按照实际交货数量和重量支付货款。

九、提前交货和超量交货

卖方迟延交货和少交货构成违约,而提前交货和超量交货因偏离合同约定日期和数量,构成履行不符,也属违约。约束卖方的交货偏离行为,对要求零库存和准时化(Zero Inventory and Just in Time)的现代供应链而言十分重要,因为买方的生产或销售严格按预定工序进行,没有对提前或超量交货做好准备,也无该项预算。第 52 条对提前交货和超量交货作出规定。

(一)提前交货

实际交货日期早于合同约定的交货日期或区间的,为提前交货。但如果合同未约定具体交货日期,卖方根据公约第 33 条(c)项的规定交货,不构成提前交货。根据第 52 条第(1)款的规定,对提前交付的货物,买方可以选择接收或拒绝接收。买方接收货物,就应按照合同价格支付货款。买方拒绝接收,卖方应按合同约定日期重新交货。买方拒绝接收货物不需要说明理由,但应根据诚信原则行事。卖方提前交货,不能成为买方宣告合同无效的理由。如果买方拒绝收货,其应根据第 86 条对已到货物负责保管,发生的费用由卖方承担。此时买方是否有义务支付货款,应更多考虑无辜买方的利益。本来卖方提前交货已构成履约不符,给买方带来不便,不能要求买方因卖方的提前交货而提前支付货款。同样,也不应因此设置义务给买方,要求其提前检验货物及发出不符通知。根据该条第(1)款的规定,买方接收货物而未声明保留权利,并不意味着其丧失应有的权利。只有在接收提前交货,经明示约定或默示行为(如未在要求的时间内发出拒绝通知),构成对合同交货时间的修改时,才发生买方提前履行提前支付货款,检验货物及发出不符通知等义务的法律效力,此时买方亦丧失请求损害赔偿的权利。为避免争议,买方无论拒绝或接收提前交货,都应明确声明保留权利。

(二)超量交货

对卖方超量交货问题,买方同样可选择接收或拒绝超出合同约定部分的货物。如果合同规定交货数量、重量在短溢装区间内,如规定"Shipping Tolerance: To the extent that the Buyer receives Product under this agreement in a Shipment which is within the Shipping Tolerance of ±5%: (a) the Seller is deemed to have met its obligation to deliver Product; and (b) the Buyer must take all the Product actually tendered for delivery and pay for it at the prevailing price",实际交货数量或重量没有超出该区间上限,不构成超量交货,买方应按照合同约定接货付款。对超出约定交货区间的部分,如果接收货物就按合同付款。如果拒绝接收,就根据公约第39条的规定发出通知,根据第86条第(1)款的规定保全(储存、照料)货物,买方对因此发生的费用有权向卖方索赔。对于超量部分与整个合同货物不可分割或超量部分较少的情况,买方合理的处理方式是接收货物。通常不能因此宣告合同无效,除非出现少见的特殊情况,如买方有权拒绝所有货物并且卖方未在合理时间内交付合同约定数量的货物。

第十八节 货物销售——买方的基本义务

公约第Ⅲ部分第三章共13个条款(第53条至第65条),与第二章卖方的义务对应,规定了国际货物销售合同的买方在公约下的义务。第53条概括规定了买方的基本义务,即支付价款和收取货物,第54条至第65条分三部分具体规定了支付价款(第54条至第59条)、收取货物(第60条),以及违约补救措施(第61条至第65条)。

一、买方的基本义务

公约第53条规定:

> 买方必须按照合同和本公约规定支付货物价款和收取货物。

该条与公约规定卖方基本义务的第30条对应。根据第53条的规定,买方的基本义务有两项,一是支付价款,二是收取货物。公约没有区分主义务和附随义务,但不影响当事人自行约定,当事人可以在合同中约定更多的买方义务。合同没有约定的,适用公约。公约没有规定或不在公约管辖范围内的事项,适用合同准据法。买方违反支付价款和收取货物的义务,将导致卖方根据第28条的规定请求实际履行或索赔损失。在(2013)江开法民四初字第17号案中,法院认定:原告已按公约及有关国际贸易惯例的规定和双方签订的销售合同的约定交付了两批服装,并履行了FOB术语下的全部义务,被告却没有按约定支付该两批货物的货款给原告,根据公约第53条"买方必须按照合同和本公约规定支付货物价款和收取货物"的规定,被告应支付原告货款。

二、履行付款义务应遵守相关规定

公约第54条至第59条,是对第53条的细化,就买方付款可能涉及的几个问题作出规定。第54条、第57条至第59条规定付款义务范围和支付方式,第55条和第56条是针对付款金额的规定。这些条款对应卖方交付货物和移交单据的义务条款(第31条至第34条)。

买方须遵守合同约定、法律法规和银行规定的步骤和手续,以完成付款。公约第54条规定:

> 买方支付价款的义务包括根据合同或任何有关法律和规章规定的步骤和手续,以便支付价款。

合同通常规定买方付款义务,尤其是使用较广泛的电汇和信用证付款,买方必须完成一定步骤才能实现付款。根据该条规定,公约没有规定须根据冲突法规范确定该条所提及的法律和规章,也没有限定哪个国家的法律和规章。据此,应理解为,为完成付款须遵守任何与付款有关联、有效规范付款行为的国家的法律法规,至少包括付款和收款行为所在国的法律法规。考虑到美国等国家行使长臂管辖权对有关国家实施国际制裁,因此还应包括受此影响的当事人注册地所在国、营业地所在国、进口国、出口国、资金途经国家、目的地所在国等的法律法规。这些国家可能会因其本国需要遵守外汇管制法律法规,或为应对国际制裁而对外汇进出境实施管控,因此买方须遵守其法律法规和制裁措施。对此买方须对上述国家法律法规和制裁措施了如指掌。如果需要提前办理审批手续,买方应根据法律法规的要求执行。规章规定应包括付款行为所涉银行的规章规定,如汇款额度规定、交纳开证保证金规定、申请银行保函需提供反担保规定等。卖方对本国、营业地所在国或目的地的外汇管制法规或制裁措施,有义务通知买方。

公约没有对第53条规定的付款义务和第54条规定的相关义务作区分,因此,买方违反第54条的规定,构成违反合同义务,而非仅为预期违约。卖方的救济手段也无区别,可以根据第61条的规定实施救济。同时,如果买方准备履行合同或履行合同中的行为导致卖方确信其将不予履行主要义务,卖方可以依据第71条第(1)款(b)项的规定持货不发。买方不按约定开立信用证,构成根本违约。买方账户中外汇额度不足,不足以构成第79条规定的免责理由。买方的付款义务是绝对的,如原定付款方式不能完成付款,其应积极寻求其他方式履行付款义务。如果买方证明其不履行付款义务系因突发的外汇管制或其他在订立合同时无法预见、无法避免、无法克服的原因,买方可援引第79条的规定主张免责。但是,对于如何认定政府依法采取的行政措施对买方付款的影响,实务中存在争议。在第54条下,可以解释为买方面临两个性质的措施,一是商业性质的措施,即买方承诺实现合同规定的结果;二是行政性质的措施,买方的义务是只需尽自己最大努力,但不必对结果负责。区别是,后者买方的义务是只需要采取所需的步骤,不保证获得相关行政审批,例如,只管向行政当局提出用汇申请,不保证资金汇出。有观点反对这种区分,认为不论措施性质如何,只要买方未能满足付款的先决条件,就应自动承担责任,除非构成第79条规定的免责事由。[①] 因此,终归还是要由裁判机构对此作出自由裁量。而各国案例的主流意见是,买方付款义务是绝对的,其应采取步骤和遵守付款手续规定,并保证付款得以完成。

三、合同价款的确定

合同价款可以为固定价格和非固定价格。固定价格可以是一台(套)或数台(套)设备的价格,也可是固定单价与数量的总价格。例如:某不锈钢销售合同价格条款约定为:"Price Term: CFR Istanbul, U.S. Dollars Metric Ton Effective; Incoterms 2020; Grade 430, Quantity(M/T) 15, Unit Price(USD/MT) 1,275, Amount(USD)19,125.00,Total Amount in Words: ..."固定价格是在订立合同时把单价和总价确定,简单明确,但当事人需承担订约到付款期间的市场波动风险。为避免国际市场变化带来的不确定性及其对合同履行的冲击,当事人在定价时往往采用非固定价格(浮动价格),即先订立合同后确定价格。常见条款如:"The Unit Price shall be fixed by both parties on the date of the bill of lading... Price payable per Metric Ton shall be the average of daily official LME cash settlement quotation for copper grade A in US dollar over the quotation period adjusted by follows... Price: Base Price plus premium. Base Price LME copper Grade A cash settlement average during Q/P; premium (a) US $ 84/MT, (b)US $ 39/MT; Provisional Price: average of LME cash settlement price over the consecutive five LME business days prior to B/L date plus premium"。这些条款同时规定价格调整(Price Adjustment)内容,买方最终按照价格调整后的总金额支付。

(一)条款效力之争

合同大多都明确订立价格条款,当事人不会发生争议。但有时合同的价格条款并非明确或可以确定的,或者当事人订立的价格待定合同,此时,如何确定合同价格成为一个问题。公约第55条针对此种情况,规定了辅助解决方案:

> 如果合同已有效地订立,但没有明示或暗示地规定价格或规定如何确定价格,在没有任何相反表示的情况下,双方当事人应视为已默示地引用订立合同时此种货物在有关贸易的类似情况下销售的通常价格。

---

① 参阅 CISG-DIGEST-2016《判例法摘要汇编》关于公约第54条的判例汇编。

根据该规定,在不能确定价格的情况下,若当事人都不能证明有相反表示,应视为当事人已默示引用订立合同时此种货物在有关贸易的类似情况下销售的通常价格。但是因为公约第 14 条第(1)款规定,"一个建议如果写明货物并且明示或暗示地规定数量和价格或规定如何确定数量和价格,即为十分确定"。针对第 55 条所规定的合同已经有效成立而"没有明示或暗示地规定价格或规定如何确定价格"(价格待定)的情形,是否与第 14 条冲突,从而导致合同未有效成立,该条还能否适用,存在不同观点。第一种观点认为,即使合同未按第 14 条约定价格或确定价格的方法,合同仍然有效。如果一个未规定价格或确定价格的方法的合同已经开始得到履行,当事人意在减损公约对价格及其确定方法的要求,应适用第 55 条的规定确定价格。第二种观点给予第 14 条优先于第 55 条的地位,认为当事人未确定价格,要约不确定,合同无效,即使当事人已经履行合同。著名案例是 *Pratt and Whitney v. Malev Hungarian Airlines* 案。卖方提供了两台航空发动机并标明价格,后增加另一台作为额外选项但未标明价格。买方就该增加的发动机的维修和配件供应等,与卖方多次协商后,选择购买该发动机。但签署验收函 3 个月后,买方通知卖方不再购买。卖方起诉后,买方作出抗辩,主张因为卖方没有标明价格指数以作为计算价格的基础,因此属于价格不确定。而卖方主张价格可以精确的方式确定,增加发动机的销售建议中包括货名、数量和计算价格的数据。一审法院支持了卖方的索赔请求,认为双方之间存在有效的合同,因为即使一项要约没有明确的价格或货物数量,但若其包含了价格和数量的定义条款,则该要约有效。但匈牙利最高法院二审作出相反判决,驳回卖方的诉讼请求。理由是,双方之间没有成立有效合同。根据公约第 14 条的规定,要构成要约,一项建议应包含货名、数量和价格或包含如何定义这些术语的说明。因为增加发动机的销售建议没有标明价格,缺乏足够的价格条款,不构成公约下的要约。公约第 14 条和第 55 条不能同时解释,第 55 条只有在根据第 14 条规定成立有效合同的情况下才适用。[①] 该观点主张的死板的解释,显然不符合实际,未考虑可以根据相关数据确定价格,也未考虑公约第 14 条中有效要约的必备条件之一即当事人受要约约束的意图,以及公约第 8 条规定的诚信原则。因此该判决受到不少批评。第三种观点认为,未规定价格或确定价格方法的合同,其效力问题不由公约管辖,而由根据公约第 7 条确定的国内法管辖。首先要查明所适用的国内法对此类缺乏价格的合同效力的规定,然后确定是否适用第 55 条的规定。如合同有效,可适用第 55 条的规定,否则不适用第 55 条的规定。根据该观点,如果缔约国对公约第Ⅱ部分声明保留(如斯堪的纳维亚国家),判断合同是否成立要适用其国内法。如果按照其国内法,价格待定的合同有效成立,则不适用第 14 条的规

---

① See CISG-online No. 63(CLOUT No.53), https://cisg-online.org/search-for-cases? caseId=6043. Accessed 2022-10-15.

定,适用第55条的规定。张玉卿教授认为,第55条与第14条第(1)款的规定并不存在实质上的矛盾,因为只有合同有效成立时第55条才能发挥作用。第55条规定不过表明,一个国际货物买卖合同即便没有规定价格,也可以有效成立,同时该条帮助解决此时如何确定买方应予支付的价格的问题。高旭军教授同意上述第二种观点:首先,尽管第14条规定的是要约,但它同样影响着合同,若没有要约合同便不可能签订。其次,在第14条第(1)款和第55条规定之间不存在相互独立的关系,相反它们是互相补充的关系。只有合同已经订立但缺乏价格时,才会适用第55条。最后,条款在公约中的前后顺序,也说明第14条优先于第55条适用。[1] 笔者认为,首先,第14条和第55条有同时存在的必要,而且各具功能,解决不同的问题。第14条是为解决要约的确定性问题,而第55条解决价格不明时的定价问题。虽然价格或确定价格的方法系要约确定性的重要因素,但理解第55条的适用时,对两个条款应解释为相互补充,相辅相成的关系,不应理解为"零和博弈"的关系,否则第55条则无存在的必要和适用的空间。其次,即使优先依据第14条考察"要约—承诺"导致的合同效力问题,也应该适用当事人意思自治和减损公约效力的选择,适用第8条和第9条等确定的原则,结合个案作出合同生效的解释,给第55条的适用留出空间,即不因第14条的制约轻易使合同无效而导致第55条不能适用,否则将违背公约的原则。最后,虽有第14条的规定,但现实中总会存在合同成立后价格条款缺失的情形,应根据不同情况作出认定。具体适用中,如果合同依第14条和第18条的规定已经成立且约定的价格明确或包含可以确定价格的方法,则不必适用第55条的规定。如果合同根据第18条的规定已经成立,而价格并不明确或无确定价格的方法,则应适用第55条的规定确定价格。如果当事人在"要约—承诺"中约定价格留待以后确定(即公开价格合同,open-price contract),当事人事后不能协商确定价格,则应适用第55条的规定确定,不应根据第14条的规定认定合同无效从而导致不能适用第55条的规定确定价格。如果一方当事人发出的要约没有约定价格,而另一当事人开始履行合同,其价格也应适用第55条的规定并结合第8条、第9条规定的原则确定。总之,第14条不应成为第55条适用的障碍。[2] 在 CISG-online No. 1848 号案中,捷克一审法院、上诉法院和最高法院均认为,根据公约第55条的措辞,价格或确定价格的约定不必明确,只要合同根据公约第18条的规定有效成立

---

[1] 参见张玉卿编著:《国际货物买卖统一法——联合国国际货物销售合同公约释义》(第3版),中国商务出版社2009年版,第360—364页;高旭军:《〈联合国国际货物销售合同公约〉适用评释》,中国人民大学出版社2017年版,第319页。

[2] 参见 CISG-DIGEST-2016《判例法摘要汇编》关于公约第55条的判例汇编。See Amalina Ahmad Tajudin, Article 55 on Open-Price Contract: A Wider Interpretation Necessary?, Journal of Arts and Humanities, Vol. 3, pp. 38-49(2014); Schlechtriem & Schwenzer, Commentary on the UN Convention on the International Sale of Goods (4th Edition), Oxford University Press 2015, commentary on Art. 55.

即可。卖方不能证明合同有效成立,依据第55条的规定,买方无义务付款。①

(二)参照市场通常价格

如果公约第55条适用,则其确立的定价方法为当事人提供了解决方案。既然没有明示或暗示地规定价格或规定如何确定价格,也没有相反表示,只能从某些客观要素中,以默示方式推导出价格。即将"双方当事人应视为已默示地引用订立合同时此种货物在有关贸易的类似情况下销售的通常价格"的规定拆解为几个要素:一是订立合同时的价格,即公约第23条规定的对要约的接受(承诺)生效时的价格,而非交货时的价格;二是此种货物,即货物种类具有可比性;三是有关贸易的类似情况,即相似、类似、具有可比性的情况,这可能涉及货物的交付、支付条款、INCOTERMS条款、优惠条件等;四是通常价格,指市场价格,通常为交货所在地的市场价格,而非卖方提供的价格。如果有市场价格,第76条第(2)款的规定可以确定以何地市场价格为准,即交货地市场价格具有决定性。如果没有市场价格,则需要参考其他合理的替代地点价格,同时考虑运输费用。该规定以客观标准确立了合同价格,兼顾了双方利益,尤其是可以最大限度避免卖方随意涨价,但给当事人举证增加了难度。在(2021)鲁民终337号案中,法院认为,卖方与买方之间存在买卖合同关系,但卖方没有提交有效证据证明合同明示或暗示地规定价格或规定如何确定价格。法院根据公约第55条认定,卖方没有提交有效证据证明与该案交易类似情况下的通常价格,其提出的买方欠其货款的主张,没有事实依据。

(三)合同约定不明时按净重确定

公约第56条规定:

> 如果价格是按货物的重量规定的,如有疑问,应按净重确定。

根据该条,如果当事人在合同中约定按重量确定价格,但未明示或默示约定是毛重还是净重,按照双方之间形成的习惯做法或约定的惯例仍不能确定,则以净重,即毛重扣除包装的重量计算价格。通常以第31条规定的货物交付地点的净重为准。散装大宗商品买卖合同按行业惯例,分别以湿吨(Wet Metric Ton, WMT)和干吨(Dry Metric Ton, DMT)表示重量,并以干吨计价。如果出现以重量确定价格,但约定不明或价格待定的情况,参照该条规定,应以干重确定价格。

四、货款支付方式

支付方式由当事人在合同中约定。如以T/T方式支付,20%预付款,余款以信用证

---

① See CISG-online No.1848 (CLOUT No.1451), https://cisg-online.org/search-for-cases? caseId=7765. Accessed 2022-10-15.

支付:"Payment Term: T/T-20%(US $ ...) in advance and the balance against B/L";或全部以信用证支付:"100% by an irrevocable L/C at sight in favor of ... Co., Ltd." 国际贸易中,无论合同约定电汇支付(Telegraphic Transfer, T/T),还是托收(D/P、D/A)或者信用证(L/C)支付,买方均应按约定的方式付款。因故不能按约定方式付款,可约定改为其他付款方式。改变一批货物付款方式,不变更整个合同付款方式。合同约定的某付款方式不可行,并不免除买方的付款义务,应协商变更以其他付款方式履行该义务。如果不能确定付款方式,买方应以现金付款。跟单信用证是国际贸易中最安全的付款方式,信用证方式下,买方根据买卖合同应向卖方履行的开立信用证的义务,直到卖方对开证行的独立索赔权有效成立之时,才得解除。但开立信用证仅是买方履行付款义务的步骤,完成开证不必然解除买方的付款义务。相反,如果开证行未能将与合同价款等额资金汇付至卖方或其银行,卖方仍有权根据公约第62条的规定向买方索赔货款。甚至,买方银行账户资金确已被开证行借记,如买方银行未能支付卖方,买方仍应承担二次付款的风险。无论采用哪种付款方式,所付价款处于卖方处置之时,买方才解除偿付义务。

至于价款币种,当事人通常选择国际通用货币,如美元、欧元或特别提款权等。考虑到国际形势变化莫测,国际贸易制裁严重影响国际结算,为规避制裁,当事人须特别谨慎,必要时选择风险小的货币结算。如规定"Payment Term: In CNY by an irrevocable Letter of Credit payable at sight, issued in a major international or Chinese bank, ... USD/CNY exchange rate in the pro-forma invoice refers to the published middle rate of the Bank of China at the date of seller's pro-forma invoice issuance. Letter of Credit shall be payable upon presentation of the following documents: ..." 对某些国家的外汇管制政策,买卖双方需特别谨慎,避免因违反外汇管理法律法规而被认定合同无效,或阻碍卖方正常收取货款。

五、未足额支付货款

买方未按合同约定足额支付价款时,卖方对收到的部分价款是否有权拒绝,要看部分支付是否构成根本违约,如果不构成,卖方应接受已收到的部分价款。卖方未收到货款,有权依公约第61条的规定实施救济手段。还可以根据第63条的规定为买方设立宽限期,如买方未能在宽限期内履行所有付款义务,卖方可以根据第64条第(1)款(b)项的规定宣告合同无效。卖方可以针对未收到的货款留置货物或单证,直至收到全部货款。卖方为确保按时收到足额货款,除采用跟单信用证支付方式外,根据买方的资信情况,可以要求买方的关联企业作为第三人承担付款责任,也可以要求买方提供银行担保或根据UCP600开立备用信用证。卖方因买方未支付货款而产生的损失和费用,可根据第 74 条的规定索赔。

六、货款支付地点

公约第 31 条规定了卖方交货地点,与此对应,第 57 条规定了买方履行付款义务的地点。

(一) 付款地点的三项规则

公约第 57 条确立了买方付款地点的三项规则:一是双方当事人可以根据第 6 条确立的合同自由原则在合同中明示约定,或根据第 8 条的规定默示确立付款地点,或根据第 9 条的规定从双方形成的习惯做法或约定的惯例中确定付款地点,即第 57 条所说的"任何其他特定地点"。买方应按照此地点付款。二是如果凭移交货物或单据支付价款,则付款地点为移交货物或单据的地点。三是既没有"任何其他特定地点",也不是凭移交货物或单据支付价款,应在卖方的营业地点付款。可见规则二[第 57 条第(1)款(b)项]系基于交货与付款方式的特别规定,优先于规则三[第 57 条第(1)款(a)项]适用。从三个规则适用顺序可以推导出,第 57 条第(1)款(a)项确立的规则,即若没有相反的表示,金钱支付义务以债权人营业地为履行地,只有将金钱在债权人营业地置于其处置之时,该义务才解除。

国际货物销售合同通常不直接明确规定付款地点,更多是由合同约定的付款方式默示推导出付款地点。如交货付款(Cash on Delivery,COD),交货地即付款地;汇付方式(信汇、电汇和票汇),买方在其所在地自其银行取得单据时付款,买方所在地为付款地;如果是跟单托收中的付款交单(D/P),买方在其营业地取得卖方经托收行或代收行交付的单据后付款,买方营业地为付款地;以跟单信用证方式付款,卖方或其上游供应商将所要求的单据提交其营业地的议付行,银行所在地为付款地。在这些情况下,买方按约定的支付方式履行付款义务,可以得出付款的"特定地点",并不必然触发该条第(1)款的适用。

根据该条第(1)款(b)项的规定,如果买方付款以卖方交付货物或代表货物物权的单据为条件,交付货物或单据的地点就是付款地点。基于上文所述,该款的适用或者与上文所述默示得出的"特定地点"相同,或者很少有适用的机会。是否属于以交付货物或单据为条件的付款,需根据合同解释或根据公约第 58 条的规定确定。另外,公约没有对单据作出定义,需根据具体合同确定单据范围和记载事项。该条第(1)款(b)项所提及的单据与第 58 条第(1)款中的单据含义相同,即控制货物处置权的单据,主要是海运提单、多式联运提单和仓单等与转移货物所有权有关的单据。而第 30 条和第 34 条规定中的"与货物有关的单据"(documents relating to the goods)主要指原产地证明、商业发票、保险单、装箱单、货物检验报告等。根据第 57 条第(1)款(b)项的规定确定付款地点,与第 58 条第(1)款付款时间的确定相关联,即如果没有特别约定付款时间,总的原则是买方付款与卖方交付货物同时发生,即同时履行原则。这意味着第 57 条第(1)款(b)项的适用,必须是买方支付货款的义务和卖方将货物或单据交给买方处置的义务同时履行。其结果是,该条第(1)款(b)项不适用于双方非同时履行义务的情况。如在工业生产线销售中,订货时支付 30%,装配开始时和完毕时分别支付 30%,运营时支付剩余 10%,或者提交提单后 30 日付款,这不属于买卖双方分别同时履行付款和交货义务,只能适用第 57 条第(1)款(a)项的规定。根据第 58 条第(2)款的规定,卖方可以在买方付款前不交付货物或单证,即交货和付款需同时履行,第 57 条第(1)款(b)项适用。此原则同样适用于在途货物。

如果当事人没有约定付款地点或者不存在按照第 57 条第(1)款(b)项的规定依货物或单据的交换地点确定付款地点的情况,则适用该条第(1)款(a)项的规定,买方应在卖方营业地支付货款。即除非另有约定,买方在卖方营业地付款,仅适用于一方应先于另一方履行义务的情形,如买方在卖方发货后 14 天内或卖方提交发票后 30 天支付货款的情形。

(二)卖方营业地变更对付款的影响

公约第 57 条第(2)款规定,卖方因营业地址在合同订立后至买方实际付款前发生变更,造成买方付款费用的增加,包括利息和汇率损失等,该增加的费用应由卖方承担。根据该条第(2)款的规定,可以理解为买方应按照实际付款时卖方的地址履行付款义务,而卖方通知变更地址后,买方应按新的地址付款。需注意,买方按照新地址付款,以卖方及时通知买方为前提,否则买方无义务也不可能按新地址付款,且卖方未适当通知造成买方付至原地址、付款延误或不成功,卖方应承担未通知或通知未送达的风险,不得根据第 80 条对此提出主张。

(三)债权转让对付款地点的影响

为融资需要,卖方往往与银行、保理公司等机构订立融资协议,将国际贸易合同项下的应收货款转让给这些机构。此时,应以转让方还是受让方营业地,抑或买方营业地作为买方付款地址,存在不同认识。针对公约第 57 条第(1)款(b)项规定的情况,不论债权人的营业地在哪里,均应以货物或单据交换货的地点为付款履行地。而在该条第(1)款(a)项规定的情况下,即当事人未约定特定付款地点,也不存在该条第(1)款(b)项规定的情况,以卖方营业地为付款地点,而卖方将应收货款债权转移给第三方时,就出现了如何确定买方的付款地的问题。有判决认为,应收账款的转让导致买方支付货款履行地由卖方营业地变更为受让方营业地。[①] 公约仅规定卖方变更营业

---

① 参见 CISG-DIGEST-2016《判例法摘要汇编》关于公约第 57 条的判例汇编。

地时对付款额外费用的承担,没有涉及变更货款债权人问题,该问题所涉债权转让的效力,应受转让合同准据法的约束。如在一项保理合同下,韩国卖方 M 公司将其持有的对中国 C 公司出口货物的应收账款转让给韩国 K 银行,该债权转让合同适用韩国法律,因此应根据韩国法律认定债权转让合同的效力,包括债权人(卖方)通知债务人(买方)的义务,以及未通知对买方债权转让的效力问题。但卖方转让债权后通知买方的义务应同时受公约约束。由于变更债权人和付款地点完全基于卖方自己的利益,此处的通知应根据送达原则,通知在途中的延误、丢失、未送达的风险由卖方承担,而不应由买方承担。公约第 27 条的规定不适用于该款的通知。同样,卖方营业地不变更而是账号的变更,也可默示推理适用第 57 条第(2)款的规定。

(四)货款外费用的支付地点

履行货款外的其他金钱支付义务,如索赔损失金额、全部或部分货款返还或买方为卖方代垫的费用等,根据公约第 57 条第(1)款(a)项的规定,总的原则是以债权人营业地为付款地点。如卖方根据第 81 条第(2)款的规定返还货款、减价部分、预付款、最终结算款或者协商返款、临时返款等,应在买方营业地履行付款义务。无论付款性质,买方需要承担款项到达付款地点前延误和损失的风险。如果由第三方(如银行)代其付款,第三方造成的付款延误和货款损失,由买方承担。

(五)付款地点对案件管辖权的影响

公约系关于国际货物销售的实体性规范,并不解决国内诉讼程序问题。但公约可能会对国内法的程序产生影响。很多国家或国际公约规定,可根据合同履行地确立争议的管辖权。公约第 57 条关于确定付款地点的规定对争议案件管辖权产生的影响,自始就引起国际社会的讨论。有观点认为,若当事人就买方支付货款产生争议且公约适用于案涉合同,争议管辖地即为根据第 57 条确立的付款履行地。如果当事人无相反约定,可默示推定为卖方营业地,卖方有权在其营业地法院就索赔货款提起诉讼。另一观点认为,不应根据案涉合同所适用的法律或公约确定合同履行地,而应按法院地的程序法自动确定合同履行地。该观点强调,作为实体规范,公约确定合同履行地的目的不同于国内程序法赋予合同履行地法院管辖权的目的。特别是,根据公约第 57 条第(2)款的规定,如果卖方营业地变更为新的地址且可能在另一国家,买方的付款地点也不得不变更,这会导致令人担忧的结果。尤其是,在债权转让的情况下,买方付款地点在债权受让方营业地,那么受让方营业地的法院就享有付款争议管辖权。[1] 按照公约第 4 条适用范围和第 7 条解释原则的规定,公约本身不具有确立付款

---

[1] See Schlechtriem & Schwenzer, Commentary on the UN Convention on the International Sale of Goods (4th Edition), Oxford University Press, 2015, commentary on Art. 57.

争议案件法院管辖权的功能,法院管辖权应由法院地法确定,如付款地为合同履行地,合同履行地法院即拥有管辖权。否则,应根据其他连接点确定管辖权。实践中,因为各国法院的判决尚不能如国际仲裁裁决那样被广泛地互相承认和执行,卖方在其营业地起诉买方,即使法院拥有管辖权并作出有利于卖方的判决,在买方营业地法院或财产所在国法院得到承认和执行也并非易事。而且,国际货物买卖合同通常均订有仲裁条款,卖方在其营业地起诉买方的概率不会太高,因此付款地点对争议案件管辖的影响显得并不那么重要。

七、货款支付时间

公约第58条是在没有约定特定付款时间时,对买方应在何时履行付款义务的规定。

(一)约定付款时间

根据公约第6条的规定,当事人可以在合同中约定,或者由习惯做法或惯例确定买方的具体付款时间,如约定买方在收到商业发票的同时付款,或在收到货物后20天内付款。卖方在约定的付款时间届满前不得要求买方付款,也不得依据第58条的规定主张同时履行。付款时间可以不固定为某日或期间,但应该能够根据合同条款或习惯做法、惯例确定。需要注意,合同中约定的INCOTERMS贸易术语,仅规定买方的付款义务,并未规定具体付款时间。因此,买方付款时间,要么由合同特别约定或根据习惯做法或惯例确定,要么根据第58条确立的规则确定。

(二)无约定时的付款时间

根据公约第58条第(1)款的规定,买方应付款时间即货款到期时间(due date),同时也是利息起算时间,与卖方交付货物或控制货物处置权的单据的时间一致。在(2019)浙01民初3232号案中,法院根据公约第58条第(1)款的规定认为,双方当事人并未订立书面合同,亦无证据证明双方就价款支付时间进行过特别约定,因此中国买方应当在韩国卖方交付货物后支付价款。现卖方已向买方交付了约定货物,但买方仅支付部分货款,故卖方诉请买方支付欠付货款的主张,合理有据,应予以支持。该条第(1)款确定了买方付款时间的基本规则,即同时履行原则。买方付款义务与卖方交付货物或控制货物处置权的单据的义务,相互依存并互为条件,买方支付货款以卖方将货物或单据交与买方处置为交换,同时发生。然而,国际贸易买卖双方分处不同国家,可能远隔万里,尤其是国际贸易需借助国际运输,很难发生买卖双方当面一方交货一方付款的情形,所以实务中,付款与交货同时履行作为一项规则,仅为理想状态。如合同约定T/T付款而未明确汇款时间,通常在卖方信任买方时,卖方可以先交单,买方再依单付款。或者买方信任卖方时,买方可以先付款,而后卖方安排交单。因此,在T/

T付款方式没有约定汇款时间的情况下,不存在"先单后款"或"先款后单"的必然做法,而完全取决于买卖双方的商业信誉。①

关于货物或单据交与买方处置的具体情形,需根据合同约定或公约第31条规定的交货方式确定。大致可分为几种情况:

1. 货物在卖方营业地点或货物储存、生产地点,置于买方处置之下[第31条(b)项]。如无其他特别约定,买方付款时间为卖方将货物在上述地点交由买方处置之时。INCOTERMS 2020 EXW术语下,卖方在约定地点将货物交由买方处置之时(不负责装货),即完成交货义务。当然,货物应确定为合同标的物,且卖方应通知买方货物所处地点。至于买方是否实际占有货物,不影响卖方交货的效力。买方收到通知后应在尽量短的合理时间内提货,但根据第58条第(3)款的规定,买方提货前有权检验货物,检验完成之前,可以不付款。

2. 卖方将货物送至买方营业地或其他约定地点,置于买方处置之下(第31条,或依第6条另行约定)。卖方应将货物置于买方处置之下,如另约其他地点,则应通知买方。此时即为买方应付款时间。但仍以买方行使检验货物的权利为前提。

3. 涉及运输的情形[第31条(a)项]。卖方将货物送交第一个承运人即完成交货,如果其不行使第58条第(2)款规定的"持货不发以待付款"(the right of retention)的权利,买方应在卖方将货物交由其处置后付款。但此"处置地"并非卖方将货物交与第一个承运人之地,而是买方在目的地向承运人提取货物之地。在象征性交货术语下,卖方将货物交与第一个承运人以换取"控制货物处置权"的单据(如提单),此单据经银行流转到卖方时,即为买方应付款之时。该项原则适用于INCOTERMS下CIF、CFR、CIP和CPT等术语。如果货物在运输途中灭失,买方应依合同或公约第66条和第67条的规定付款,付款时间按照货物应当到达目的地的时间确定。

4. 在途货物销售。与涉及运输的交货一样,货物或者控制货物处置权的单据在目的地置于买方处置之下时,为买方应付款的时间。

5. 涉及第三方仓储的情形。具体付款时间是以卖方向买方交付仓单时,还是买方持仓单向仓库提货时,由合同约定。如无约定,适用于卖方营业地交货规则,付款时间应为买方于仓库提取货物之时。卖方应事先安排仓库经营人将货物备妥,供买方提取,并由卖方适当通知买方仓库地址和备妥时间。②

(三)付款方式对付款时间的影响

不仅交货地点和交货方式对付款时间有决定性作用,而且付款方式也会影响付

---

① 参见中国国际经济贸易仲裁委员会编:《〈联合国国际货物销售合同公约〉在中国仲裁的适用》,法律出版社2021年版,第116页。

② See Schlechtriem & Schwenzer, Commentary on the UN Convention on the International Sale of Goods (4th Edition), Oxford University Press, 2015, commentary on Art. 58.

时间。如果合同没有约定交单付款,公约第58条不赋予卖方以交单换取货款的权利,卖方只有将货物置于买方处置之下,才能换取货款。在付款交单条件下,卖方呈交合同规定的相符单据是其主要义务,只有这些单据符合合同约定,买方才产生付款义务。如果没有特别约定,卖方仅呈交控制货物处置权的单据即可。这些单据通常交与买方指定银行(付款交单)或卖方银行(信用证下的通知行或保兑行)。在跟单信用证付款方式下,卖方必须呈交信用证所要求的所有单据,而且必须在买方付款前被指定的银行或保兑银行所接受。这些单据既包括第58条第(1)款规定的控制货物处置权的单据(如提单等),也包括第30条和第34条规定的与货物有关的单据(如商业发票、检验报告等),卖方必须按信用证要求提交这些单据才能取得货款。从这个角度来看,第58条第(1)款的适用只在非信用证付款时才有实际意义。或者说,采用信用证付款,卖方交付货物或单据与付款之间存在时间差。当事人通过采用信用证的约定和信用证惯例规则改变了该条第(1)款规定的交付货物或单据与支付货款同时履行的规定。因此,讨论在信用证下的付款时间并无实际意义。无论如何,托收中的付款交单和信用证付款方式,均能体现控制货物处置权的单据能够代表货物,而交货与付款能够互为条件,同时履行。信用证下议付行或保兑行在单单相符和单证相符的情况下向卖方先行付款,而后再向开证行索偿,由开证行再通知买方付款赎单。该时间差,究其本质,正是买方根据合同和信用证规则要求,委托银行付款以履行义务的表现,而不是对同时履行原则的违背。

(四)付款地点与付款时间相互关联

根据同时履行原则,买方支付货款的时间,通常取决于卖方交付货物或控制货物处置权单据的地点。公约第31条规定的卖方交货地点,可为双方约定的货物交与买方处置的地点,或者货物的制造、生产地点,或者卖方营业地点,涉及运输时为将货物交与第一承运人的地点。这些关于交货的规定,可以作为确定买方付款时间的决定因素。如,卖方将货物送至买方营业地或其他地点,货物在处于买方处置之下时,即支付货款时间。FOB或其他由买方安排运输的术语下,卖方将货物交给第一承运人时,买方应支付货款。而在CIF或CFR术语下,买方应在最后一个承运人将货物交与其处置之时,支付货款。若无相反约定,卖方无权以买方提前付款作为其向承运人移交货物的条件。在(2009)浙杭商外初字第38号案中,双方争议的焦点是,合同项下货物到港后买方在卖方未交单的情况下,未支付余款的行为是否构成违约,以及卖方在买方未付余款的情况下转售货物的行为是否构成违约。法院认为,国际货物买卖不同于国内货物买卖,货物的流转与单据的处理是分开进行的。根据公约有关规定,卖方必须按照合同和公约的规定,交付货物,移交一切与货物有关的单据,并转移货物所有权,其义务包括交付货物、货物相符、移交单据和权利担保。因此,卖方在交付货物之后或同时还必须交付发票、海运提单等单据,这些单据是卖方据以结算、买方据以付款的凭证。该案中,卖方在买方支付了10%的货款后,于2008年10月3日将货物移交给承运人,履行了CIF术语下货交第一承运人的交货义务,但按时交运货物本身并不表示卖方已经履行义务完毕,交付单据也是卖方应履行的义务,如果不交付单据,则意味着卖方的履行义务尚未完成。根据公约第58条的规定,买卖双方对卖方交付提单及保险单的时间和买方支付90%剩余货款的支付时间无明确约定,这意味着根据公约的规定,买方没有义务在任何其他特定时间内支付价款。那么在一般情况下,买方仅需于卖方将货物或控制货物处置权的单据交给其处置时支付90%的剩余货款。即使该案涉及货物的运输,但由于合同在履行过程中,买方已先行向卖方付了10%的货款作为发运货物的条件,故此付款行为是买方预先履行部分债务,向卖方作出要求合同履行的意思表示,也体现了买方履行合同的诚意。在这一前提下,卖方应当在货交承运人后即将有关单据寄交买方。然而卖方直到货物到港后仍未交单,也未明确通知买方收货,却限期要求买方支付其余90%的货款,这在合同履行过程中过分加重了买方的履行义务,对买方是不公平的。卖方仅告知了买方货物已到港的事实,但证据未能显示其具有通知对方收货或把单据或货物交给对方处置的意思表示,通知的内容仅是催促买方支付余款。买方在卖方未将货物交由其处置,也未有机会检验货物的情况下,并不存在先付款的义务,其不予支付余款的行为并不构成违约。

(五)同时履行和付款地点对付款时间的影响

除同时履行原则外,公约第58条还确立了另外两个互补规则。第一,该条第(1)款第二句和第(2)款赋予卖方在买方不付货款的情况下,拒绝交付货物或控制货物处置权的单据的权利。该项权利并非担保法下的留置权,而类似于国内法双务合同中同时履行抗辩权,可称之为卖方"持货不发以待付款"的权利,对应该条第(1)款第一句买方"持款不付以待交货"的权利。该条第(1)款第二句和第(2)款均为卖方持货不发的权利,但略有不同。该条第(1)款第二句的"持货不发"适用于该条第(1)款第一句,即在卖方或买方的营业地,货物分拨地、制造地、生产地或其他约定地点交货的情形。该条第(2)款的"持货不发",适用于涉及运输、在途货物、第三方储存货物的情形。第二,该条第(3)款赋予买方在支付货款前检验货物的权利,除非检验货物的机会与约定的交货或支付程序相冲突。该款规定中的检验货物,主要是买方快速和简单地检验货物的数量和表面是否相符,其与公约第38条规定的买方对货物数量、质量或包装全面检验的义务不同。检验地点应理解为在第31条规定的交付货物的地点,如卖方或买方营业地,货物的制造或生产地点、储存地点等,与第58条第(1)款和第57条第(1)款(b)项规定的付款地点相符。但是,如果合同涉及运输,第31条(a)项规定的交货地点与第58条第(1)款规定的付款地点不一致,买方检验货物的地点应在目的地自承运人处提取货物的地点。这与第 38 条第(2)款涉及运输的货物检验(第 38 条的检验),可推迟到目的地进行的规定相吻合。需要注意的是,卖方根据第 58 条第(2)款的规定行使"持货不发以待付款"的权利,并不妨碍买方根据该条第(3)款的规定享有的付款前检验货物的权利。但前提是检验货物与双方约定的交货或付款程序没有抵触。国际贸易实务中,买方检验货物的时间往往前置,合同约定买方指定专业机构在装货前检验货物,且检验报告作为付款单据之一。如,一个使用信用证付款的钢材买卖合同约定,"Payment Terms: 100% by an irrevocable L/C at sight in favor of ... Co., Ltd; ... Shipping Documents Required: The third party pre-shipment inspection certificate issued by a beneficiary designated inspection company among CIQ, SGS, ... the seller shall inform the production date of buyer at least 7 days earlier so that buyer can arrange both pre-shipment inspection and loading supervision..."若检验结果表明货物存在数量、包装或质量严重不符,卖方无法提交相符单据,买方有权不付货款、拒收货物或宣告合同无效。如果不符并不严重,买方希望得到这批货物,可以先收下货物,根据第 38 条的规定进一步检验,并根据第 39 条的规定通知卖方,从而行使权利。另外,第 58 条并未规定买方检验货物后发现不符,是否有权中止支付,同样,在依据第 39 条发出货物不符通知后而货款尚未支付时,是否有权中止支付?对此,奥地利最高法院曾判决,依公约第 7 条第(2)款的规定确立的原则,买方有权中止支付。另有观点认为,只有买方在提货时经初步检验,发现货物明显不符,才可以中止付款,且仅中止不符部分的货款。只有当卖方交货不符构成根本违约时,买方才可以中止支付全部货款。公约第 71 条和第 58 条第(3)款确立了同时履行抗辩原则和买方检验货物的权利,如果经检验发现货物不符并要求卖方替换或修理货物,买方有权中止支付,同时履行将无意义。[1]

(六)"控制货物处置权的单据"

上文提到,公约第 57 条和第 58 条中的单据是一致的,均为"控制货物处置权的单据",其范围比第 30 条和第 34 条规定中"与货物有关的单据"更窄。公约咨询委员会第 11 号咨询意见对国际贸易中的常用单据作了分类,并作出精辟评释。[2]

1. 可转让提单(Negotiable Bill of Lading)。可由海运承运人(Ocean Carrier)签发,或货运代理人、多式联运经营人、无船承运人签发,根据该意见,可转让提单无疑属于控制货物处置权的单据。承运人有权利也有义务向正本提单持有人交付货物。该

---

[1] See Schlechtriem & Schwenzer, Commentary on the UN Convention on the International Sale of Goods (4th Edition), Oxford University Press, 2015, commentary on Art. 58.

[2] See CISG-AC Opinion No. 11, Issues Raised by Documents Under the CISG Focusing on the Buyer's Payment Duty. Rapporteur: Professor Martin Davies, Tulane University Law School, New Orleans, U.S.A. Adopted by the CISG-AC Following its 16th Meeting, in Wellington, New Zealand, on Friday, 3 August 2012.

单据控制对货物占有的权利(right to possession of the goods)，可以成为公约第58条规定中的"控制货物处置权的单据"。而日益普遍的由中介公司(intermediary)签发的可转让提单，如货运代理人提单、无船承运人提单、物流经营人提单、多式联运提单，功能略有不同。这些中介公司从事安排国际运输的业务，不直接完成运输，而是与从事海运、陆路、航空或铁路等运输的(实际)承运人订立运输合同。当卖方通过中介公司向第一个实际承运人交付货物后，中介公司通常向卖方签发自己的提单，而中介公司根据其与这些实际承运人之间的合同，取得实际承运人签发的运输单据。通过卖方流转到买方手中的运输单据是中介公司签发的单据，而不是实际承运人签发的单据，因为中介公司没有(或许从不会)占有货物本身，其只能向其提单持有人履行承诺，在实际承运人履行了交货义务后其也履行交货义务。结果是，中介公司的提单本身不能实际控制货物处置权，仅在狭义上赋予提单持有人占有货物的权利。其只能与海运承运人(或其他实际承运人)签发的运输单据相结合，才能赋予持有人货物占有权。以严格和狭义的概念解释第58条，中介公司签发的提单不是"控制货物处置权的单据"。然而，至少可以将该单据作为持有人与签发人之间的"控制货物处置权的单据"，其构成货物收据和安排运输将货物运至约定目的地的保证，尽管中介公司只有在目的地自实际承运人处取得占有权后，才能将该权利交给买方。根据该意见的描述，可以理解为可转让提单即为指示提单，中介公司签发的提单(货代提单等)就是通常所说的分提单(House Bill of Lading)，而实际承运人签发的提单乃主提单(Master Bill of Lading)。根据UCP惯例，此类提单可以作为卖方提交的单据被银行接受(另见第五编关于信用证单证的论述)。

2. 记名提单(Straight Bill of Lading)。记名提单属于不可转让单据，但需转让给记名收货人，使其据以向承运人呈交以取得货物占有权。因为承运人有权在交出货物前要求提货人出具正本记名提单，否则买方无法获取货物的占有，故记名提单也属于第58条规定中的"控制货物处置权的单据"。

3. 航空运单托运人联(The Consignor's Copy of an Air Waybill)。航空运单为记载收货人的不可转让运输单据。根据国际航空货物运输公约(如《蒙特利尔公约》等)，收货人有权在目的地请求承运人交货。当货物运输的起运地和目的地所在国均为1999年《蒙特利尔公约》的缔约国时，《蒙特利尔公约》适用。《蒙特利尔公约》第13.1条要求航空承运人在货到目的地后向收货人交货，除非托运人对货物行使处分权，即中途停运权或指示承运人将货物交给航空运单记载收货人外的其他人。但托运人行使此项权利的前提是，必须向承运人出示航空运单托运人联。《蒙特利尔公约》并未赋予收货人此项权利。虽然买方(收货人)不必向承运人出示托运人联据以自承运人处提取货物，但其在收到卖方(托运人)联之前，不能保证卖方(托运人)不会行使此权利将货物改交其他收货人。如此,航空运单托运人联虽然不能在向承运人请求提货方面起任何作用,但买方(收货人)在收到它前不能确定其能够占有货物。结果是,买方有权在获得该联航空运单前不予支付货款。故航空运单托运人联属于公约第58条规定中的"控制货物处置权的单据"。由于不同国家加入有关国际航空公约的情况不同,上述情况,同样适用于运输的起运地和目的地所在国均为1929年《华沙公约》、1955年《海牙议定书》和1975年《蒙特利尔第四号议定书》缔约方的情况,即基于托运人可以出示航空运单托运人联给承运人,以行使货物处置权,该联航空运单属于"控制货物处置权的单据"。如果航空运输的起运地和目的地任何一方都不是1999年《蒙特利尔公约》或1929年《华沙公约》(或其议定书)的成员,托运人货物处置权取决于航空运单的条款规定和相关国内法的规定。尽管航空运单不可转让,但UCP600规定,可以作为信用证项下的单据提交以收取货款。

4. 公路或铁路运单托运人联(The Consignor's Copy of a Road or Rail Consignment Note)。公路或铁路运单不能控制货物的占有,仅可以作为收到货物状况和运输合同的证明。当货物运输起运地和目的地所在国均为1980年《国际铁路货物运输公约》(COTIF,以下简称《国际货约》)缔约方时,《国际铁路货物运输合同统一规则》(CIM,COTIF附件B)适用于该铁路运输合同。当货物运输起运地和目的地所在国均为CMR缔约方时,该公约适用于该公路运输合同。根据上述国际铁路和公路运输公约,收货人有权要求货物抵达目的地后,承运人同时交付货物和运单。因为收货人向承运人提取货物和收取运单同时发生,所以运单不是公约第58条规定中的"控制货物处置权的单据"。国际公路运输公约和铁路运输公约赋予托运人通过发出后续指令变更运输合同的权利,尤其是将货物改交非运单记载收货人的权利。在CIM下,收货人享有处置货物的权利,除非发货人在托运单上相反地表示。在CMR下,只有托运人在运单上作了批注,收货人才有处置货物的权利。为行使货物处置权,托运人或收货人必须同时向承运人出示运单副本(CIM下)或运单首联(CMR下)。此时,托运人如果已将运单副本或首联交给收货人,其不再享有变更收货人的权利,而收货人在收到运单副本或首联前不能行使货物处置权。有人尝试性地建议,两个公约关于货物处置权的规定,使CIM下的运单副本和CMR下的运单首联具有第58条规定中的"控制货物处置权的单据"的效力。尽管运单本身不控制占有货物的权利,运单副本或运单首联赋予托运人变更收货人的权利。这样,托运人(卖方)在把运单呈交买方前无权根据公约主张买方支付货款。如果货物运输的起运地或目的地所在国一方不是COTIF的成员,或者任何一方均不是CIM的成员,托运人中途停运权和变更收货人的权利依据运单条款和相关国内法确定。同样,尽管上述运单并非可转让单据,UCP600规定,公路运单或铁路运单均可以作为信用证项下收取货款的单据。

5. 北美公路和铁路提单(Road and Rail Bills of Lading in North America)。在北美,公路和铁路运输单据称为提单。如在美国,国际公路或铁路承运人收到货物后,必须签发一份收据或提单,包括公路和铁路运输的所有提单,且分为可转让和不可转让。因为在美国签发的公路和铁路提单适用与海运提单相同的规定,因此属于公约第58条"控制货物处置权的单据",这不同于在CIM和CMR下的情形。

6. 仓单(Warehouse Receipts)。有的国家称仓单为入库单(Warehouse Warrants,仓库保证),其功能与提单类似,只是货物不在运输途中被承运人占有,而处于静止状态被仓库经营人占有。仓库经营人收到储存的货物后签发可转让或不可转让仓单。如果仓库经营人向特定人出具单据并承诺向其返还货物,则此单据为不可转让仓单。如果仓单规定,向不特定持有人交付或根据记名人的指示交付存储物,则该单据为可转让仓单。持有人可凭可转让仓单出售或抵押仓储。因其功能很像提单,仓单或入库单(仓库保证)属于公约第58条规定中的"控制货物处置权的单据"。仓储中的货物,可以成为公约下国际货物销售合同的标的物,因此,货物在呈交单据前仍存在仓库的事实并不重要。

7. 船舶提货单(Ship's Delivery Orders,D/O)。当货物以散装方式运输时,承运人通常会出具一份被称为船舶提货单的单据。对于一批未经区分的散货,持有整批货物唯一一份提单的卖方,必须将货物分割销售给不同买方。卖方/托运人将该提单交还给承运人,换取多份提货单,对应不同买方的交货数量,随后将这些提货单交与不同买方用以向承运人或其代理人提货。散货交易的标准合同通常明示排除公约的适用,那么,提货单是否属于公约第58条规定中的"控制货物处置权的单据",这一问题在实践中很少遇到。如果销售合同允许使用此类提货单,则其属于"控制货物处置权的单据"。从纯实务角度,提货单的功能与提单相似,只是其仅适用于船上货物的未区分的部分。每个买方须持有提货单获取其所购买货物的占有权。从咨询意见看,此处的D/O并非我国实践中买方在目的地提货时用提单向承运人换取的D/O,对此应予注意。

(七)非"控制货物处置权的单据"

1. 海运单(Sea Waybills)。海运单,是海上货物运输不可转让单据。收货人名称记载于海运单上。承运人保证将货物交给海运单载明的收货人。海运单无交回条款(surrender clause),不要求正本单据必须交回承运人以换取提货单或领取货物,这与提单不同。海运单的记名收货人不必呈交正本海运单给承运人提取货物,其只需向承运人证明自己是其应交付货物的人。因此,海运单很容易被制作成电子形式且通过电子邮件在托运人和收货人之间传递。基于海运单的特性,其不属于公约第58条规定中的"控制货物处置权的单据",仅为托运人向承运人发出的放货指示。与提单不同,海运单对处置货物没有影响,无论海运单发生什么情况,承运人都会将货物交给收货人。

在货物到达时，收货人有权占有货物，即使其未收到海运单，因为承运人的义务就是将货物交给适当验明身份的记名收货人。有些海运单保留了托运人在交运货物后变更收货人的权利，有些则规定托运人有权将货物控制权转让给收货人，但条件是该选择权须在海运单上批注，并在承运人收到货物前行使。这些变形允许一方或另一方，托运人或收货人，变更交货指示，将货物交给变更后的收货人。只要卖方(托运人)保留该项权利，买方(收货人)就不能确定卖方(托运人)是否会行使该权利变更收货人。然而，与国际航空公约下的航空运单或国际公路或铁路公约下的运单的情况不同，托运人仅需向承运人发送书面指示，而无须向承运人呈交任何海运单。因此，即使托运人行使了变更收货人身份的权利，海运单对处置货物也没有任何作用，仅说明托运人对自己保留了一项权利，或者向收货人转让了一项权利而已。新的收货人如果能够证明其是变更后的收货人(不是根据海运单本身证明)，就有权提货。并且(原)收货人收到一份海运单并不能证明托运人没有行使变更收货人的权利。与航空运单托运人联、铁路运单副本、首联公路运单不同，海运单从不是公约第58条规定中的"控制货物处置权的单据"。尽管海运单不是可转让单据，但UCP600仍规定其可以作为信用证项下的单据提交收取货款。

2. 码头收据或大副收据(Dock Receipts/ Quay Receipts or Mate's Receipts)。有时海运承运人或码头、场站经营人签发一份被称为码头收据的单据，确认在港口收到货物以备运输，而后承运人据此签发提单。现在此种做法不如以前普遍，因为多式联运提单的普遍使用，多式联运经营人在抵达装港之前多日就确认收到货物。还有，承运人在码头或场站签发收妥待运提单，日后只要标明"已装船"就可转化为已装船提单。目前，码头收据仍可以在运输非集装箱货物(件杂货)、拼装货(LCL)时签发。货物运到码头初次交至承运人时，为确认收货和货物表面状况，承运人会签发大副收据，日后据此记载事项而签发提单。有观点认为，如果该类码头收据转让给买方，其应作为第58条规定中的"控制货物处置权的单据"。此观点不可取，因为承运人的义务是根据码头收据或大副收据记载的托运人签发提单，而不论谁实际占有该收据。如果卖方呈交的码头收据或大副收据可以触发买方根据第58条第(1)款规定的付款义务，买方可能会处于这样的境况：承运人仍理所当然地签发提单给卖方，卖方通过提单背书将货物的占有权转售给他人时，而买方不得不支付货款。因为码头收据或大副收据本身不足以使持有人拥有占有货物的权利，所以其不能被归类为第58条规定中的"控制货物处置权的单据"。

3. 海关或检疫部门要求的单据。此类单据包括商业发票、检验报告、装箱单、原产地证书或质量证书等。很多关于货物质量或状况的其他单据可能在货物离开卖方所在国前签发。这些都属于公约第30条和第34条规定的"与货物有关的单据"，也是必须由卖方向买方交付的单据,而不是第58条规定的"控制货物处置权的单据"。买方以信用证支付货款时,开证行签发的信用证会要求卖方(受益人)呈交装运前检验报告(Pre-Shipment Survey Report)、集装箱货物的装箱单(Packing List)、标明生产国的原产地证书、粮食或植物的卫生或植物检疫证书、商业发票等。如上文所述,此种情况下公约第58条第(1)款不实际适用于这些单据,因为由哪些单据决定付款,以及何时呈交这些单据的是信用证。问题是,如果买方不是以信用证付款,此类单据是否属于第58条第(1)款规定的单据,使买方在收到这些单据前没有义务付款。有些学者认为,任何与货物有关的单据,包括原产地证书,均为第30条和第34条规定的卖方履约的一部分,因此必须在根据第58条第(1)款规定触发买方履行付款义务前呈交。另有学者不认同该观点,认为对要求买方支付货款而言,原产地证书或质量证书既非必要也不充分。通常情况下,原产地证书、质量证书和检验报告不控制货物的处置权,仅是与货物有关、根据第30条和第34条的规定必须呈交而已。而收到提单或其他赋予其货物占有权的单据的买方,不得仅因为其未收到类似原产地证书或检验报告之类的单据而拒付货款。也有学者主张,如果海关要求提货前提交原产地证书这类单据,其属于第58条规定的单据。如果海关当局要求商业发票,或者如果进口国检疫当局要求卫生或植物检疫证书,也是如此。如果买方在实际占有货物前必须向政府当局提交单据,在公约第58条规定,这些单据控制货物处置权。然而,也有学者对此不认同,认为第58条适用于如提单、仓单类的单据而非海关单据。海关单据可以指进口国海关要求的任何单据,如商业发票、原产地证书、植物检疫证书、出口国的出口申报单或出口许可、进口国进口许可证等。

有英国法专家认为,CIF或CFR买卖的付运单据必须是一份不记名或可转让的提单。在CIF或CFR买卖下,法律默示的地位是卖方必须交出一份已装船、不记名、可以转让与包括全程运输的提单。一份"记名提单"或注明"不可转让"的提单(non-negotiable bill of lading),"海运单"或"交货单"等都不属于"物权凭证"(document of title)。所以,除非买卖合同明示约定这类提单可作为交运单证交给买方,否则它们并不是"应接受的交单"(good tender)。即使是合同明示订明,也会带来这一买卖是否仍是CIF买卖的疑问。特别危险的是"交货单",因为这一份交运单证显示向买方交付货物的地点是卸港,这会被视为有关的买卖合同要求在卸港交货,是属于"岸上交货买卖"(on shore delivery sale)。① 中国海商法下,严格说来,只承认指示提单具有物权凭证功能,其他运输单据或货物有关的单据无此功能。当然,物权凭证与公约第58条规定的"控制货物处置权的单据"的内涵与外延并不完全一致。

---

① 参见杨大明:《国际货物买卖》,法律出版社2011年版,第92—93页。

（八）到期自应付款，无须催告规则

公约第 59 条规定：

> 买方必须按合同和本公约规定的日期或从合同和本公约可以确定的日期支付价款，而无需卖方提出任何要求或办理任何手续。

该规定意味着一旦确定付款日期，无论依合同约定还是通过交货方式等确定，抑或通过公约第 58 条的规定确定，买方必须在此时间支付价款，而无须卖方催告或履行其他任何手续。该规则适用于任何一方应履行的金钱支付义务，包括利息、拖欠金额、损失赔偿、货款返还、差价赔偿、减损价格等。在（2017）苏 01 民初 1106 号案中，法院根据公约第 59 条和第 78 条的规定认定，该案中，19 份合同约定的付款条件均为"以电汇形式先支付 30%，提单日起 180 日支付 70%"。原告中国卖方已按照合同约定完成了全部交货义务，被告境外买方未在约定的期限内履行全部付款义务。故原告要求被告支付所欠货款及相应利息的主张适用公约的规定，应予以支持。

八、买方收取货物的义务

公约第Ⅲ部分第三章第二节第 60 条规定了买方在第 53 条下的第二项基本义务，即收取货物的义务。第三节（第 61 条至第 65 条）规定买方违反合同义务时，卖方可以采取的救济方法。与第二章第一节和第二节卖方的基本义务以及第三节卖方违反合同义务时买方的救济手段相对应。买方收取货物的义务除由第 53 条概括规定外，由第 60 条具体规定，包括采取一切理应采取的行动，以期卖方能交付货物和接收货物。至于采取哪些措施，需根据具体情况而定。

（一）买方应履行配合义务

第 60 条规定买方收取货物的义务之一是，采取一切被合理期待的行动，以使卖方能交付货物，这是给买方设立的一项配合义务。但并未明确买方应履行哪些具体义务、采取哪些行动，以使卖方能够交付货物。这需要从合同、习惯做法或惯例，以及公约其他条款的规定中寻找答案。如申领进口许可证或配额；在 FOB 术语下，根据合同和惯例规定，安排运输并将船舶名称、抵达装港时间等通知卖方；通知卖方可以提取或接收货物的时间；为卖方送货上门提供场地和便利；完成货物交付前的初步检验并签发质量证书等。至于如何判断买方是否"采取一切理应采取的行动"，很大程度上要结合交易的具体情况。

（二）买方接收货物的义务

接收货物是买方支付货款外的另一项基本义务。买方接收（take over）货物是在物理上具体接管和受让货物的占有。公约第 31 条和第 33 条分别规定了卖方交付（make delivery)货物的地点和时间,但买方接收货物的地点和时间可能与上述规定不一致,也可能与第 57 条和第 58 条规定的支付货款的地点和时间不一致。但总的原则是,买方接收货物的地点往往是合同约定或公约规定卖方交付货物的地点。而涉及运输时,买方接收货物的地点不是卖方移交货物给第一承运人的地点,而是在目的地向承运人提取货物的地点。

买方接收货物或单据的时间,依据公约第 58 条第(1)款的规定确定,即卖方将货物或单据交给买方处置之时。根据合同采用的 INCOTERMS 价格术语不同,买方接收货物的具体地点和时点不同。如在 EXW 术语下,卖方在其营业地将货物置于买方处置之下,卖方不负责装货,买方接收货物应在该地点装上自己的运输工具开始。而在 DDP 术语下,买方接收货物应在自己的营业地自卖方运输工具上卸货开始。第 60 条同样适用于买方接收单据,即公约第 34 条规定的与货物有关的单据。

(三)买方拒绝接收货物的权利

买方接收货物的义务,并不否定买方根据合同或公约规定行使拒绝接收货物的权利。本条没有具体明确买方可拒绝接收货物的情形,但交付货物早于约定日期或者交付货物超量,买方可根据公约第 52 条的规定拒收全部或超出部分的货物。卖方构成第 25 条规定的根本违约时,买方有权拒收货物并根据第 49 条第(1)款(a)项的规定宣告合同无效,或根据第 46 条第(2)款的规定请求交付替换货物。卖方不得强迫买方先接收货物再主张交付替换货物或宣告合同无效。如果货物不符不构成根本违约,买方应接收货物,并可在接收货物后,根据不符的程度,行使救济的权利,如根据第 46 条第(2)款的规定要求换货。如果不构成根本违约但卖方在买方给予的宽限期内没有履约或表示不再履约,买方有权根据第 47 条的规定拒收货物并宣告合同无效。对于迟延交货,除非迟延交付时间过长构成根本违约,或在宽限期内没有交付或表明不再交付,致买方有权宣告合同无效,否则买方应接收货物。如果买方在知晓货物迟延交付后的合理时间内未宣布合同无效,其该项权利可能会丧失。

在 INCOTERMS 中,CIF 和 CFR 被认为是典型的单证买卖(象征性交货/凭单交货),买方有义务接受卖方交付的单据。如 INCOTERMS 2020 中的 CIF 和 CFR 术语下,卖方义务规定为"The buyer must accept the transport document provided as envisaged in A8 if it is in conformity with the contract"。如果卖方所提供的单据不符合约定,买方的权利如何界定,往往成为争议焦点。总体而言,任何单据的不符,可能导致买方拒收货物。尤其交易使用信用证付款,卖方呈交的单据不符合信用证规定,买方可以依据 UCP600 拒绝接受单据,达到拒收货物的目的。实务中,为避免盲目拒收货物造成违约,在卖方交付货物不符程度不明显或不能确定时,买方应谨慎行事,最好先接收货物,然后根据合同约定或公约规定及时检验货物,根据不符的性质决定采取的救济措施,如根据第46条第(2)款或第(3)款的规定要求换货或修理,根据第50条的规定要求减价,同时根据第74条等规定要求赔偿损失。

(四)买方代为收取货物的情形

实践中,买方行使拒绝收货的权利,并不影响其与卖方协商先行收货,而后待卖方通知处置货物。尤其在涉及货物运输或在买方营业地或所在国接收货物时,因货物不符拒绝收货,卖方不得不在目的地另寻买家转售货物,或做其他处置。此时,买方可以按照约定临时占有和保管货物。如果符合公约第86条第(2)款的规定,货物已在目的地置于买方处置但买方行使拒收的权利,且卖方或其授权处置货物的代表不在目的地,买方有义务代表卖方收取货物,除非其需支付价款或遭受不合理的不便或承担不合理的费用。期间发生的提货、码头、运输、仓储等费用由卖方承担。买方临时占有货物行为的性质,可能需要根据国内法认定。如果双方有委托约定,可能成立委托合同关系。如果双方没有约定,可能被国内法认定为无因管理。

(五)买方收货义务与其他义务的区分

在适用公约第60条时,需要注意与买方的其他义务相区分。

1. 与买方附随义务的区分。买方只有违反配合义务,卖方才可以宣告合同无效,而如果买方违反附随义务则卖方不可以宣告合同无效。如合同标的物为机器设备,交货地点为买方指定工厂。买方的配合义务是为卖方送货到工厂提供道路、场地,以使货物安全送达并交付。如买方在约定期间或卖方给予的宽限期内不能履行或明确表示不履行配合义务,卖方可以根据公约第64条第(1)款(b)项的规定宣告合同无效。如果涉及设备安装,买方应提供辅助,如为安装人员提供住宿和餐饮便利,买方未履行该附随义务,卖方不得宣告合同无效

2. 接收或提取货物与接受货物。接收或提取,是物理上的占有货物,是公约下自卖方或承运人处受让货物占有权。接收或提取后如果发现货物不符,可以根据第38条和第39条的规定对货物进行检验和通知卖方,亦即接收不影响对交货不符的救济和索赔。而接受是法律上的概念,是否构成有效接受,接受后是否仍有权索赔,需根据国内法判断。

第十九节 货物销售——对买方违约的救济

与第Ⅲ部分第二章第三节卖方违约时买方救济措施(第45条至第52条)相对应,公约第Ⅲ部分第三章第三节用5个条款(第61条至第65条),规定了买方违反合同时卖方的救济措施。第61条分列了卖方的各种救济措施,而其他条款具体规定了

不同救济措施:第62条规定了卖方有权要求买方实际履行;第63条规定了卖方给予买方宽限期;第64条规定了卖方宣告合同无效的权利;第65条规定了卖方订明货物规格的权利。

一、卖方的救济方法

公约第61条规定:

(1)如果买方不履行他在合同和本公约中的任何义务,卖方可以:(a)行使第六十二条至第六十五条所规定的权利;(b)按照第七十四条至第七十七条的规定,要求损害赔偿。(2)卖方可能享有的要求损害赔偿的任何权利,不因他行使采取其他补救办法的权利而丧失。(3)如果卖方对违反合同采取某种补救办法,法院或仲裁庭不得给予买方宽限期。

第61条同样体现了无过错责任原则。买方未履行其任何一项合同或公约义务,将导致卖方行使该条规定的救济措施,而卖方无须证明买方存在过错。即是否构成违约,仅考察客观结果而无须考察买方的主观状态。如,买方错误支付货款至其他人账户导致付款迟延,或因租不到合适的船舶不能及时派船至约定港口导致卖方损失,这些情形下,买方不可主张免责。

依据该条第(1)款(a)项和(b)项的规定,针对买方的违约,卖方可以行使公约第62条至第65条规定的各项权利,以及根据第74条至第77条的规定,要求损害赔偿的权利。但由于第74条至第77条仅规定了如何计算损害赔偿,所以卖方索赔权的基础仍是第61条,因此卖方提起索赔时应注意同时引用本条和计算损失的相关条款(第74条至第77条)。除该条规定的救济手段外,卖方还可以根据第71条至第73条、第78条和第88条的规定行使相关权利。还可根据第58条第(1)款和第(2)款的规定行使"持货不发以待付款"的权利。

该条规定适用于"买方不履行他在合同和本公约中的任何义务"的情形,可以是付款、收取货物的义务,或被合理期待能使卖方交货的义务,抑或合同或公约为其设置的其他义务。无论买方的违约是基于合同约定还是公约规定,只要违反义务,卖方即可依据该条行使救济权利。但是,该条并非在任何情况下均适用。如果买方违反的是公约第38条规定的检验货物的义务和第39条规定的通知不符的义务,则即使其不在卖方依第63条第(1)款提出的宽限期内履约,或声称不在宽限期内履约,卖方也不得宣告合同无效。因为这些义务是买方的任意性义务,不履行不导致其对卖方承担责任,而仅是丧失自己的权利。买方还可以根据第79条(因障碍而免责)和第80条(因对方不履行行为而免责)的规定主张免于承担责任。至于这些免责条款是否适用,其主张能否得到支持,需要结合案情认定。如买方处于实施外汇管制的国家,因外汇额度不足或无法获得外汇审批而无法支付货款,将被认定不适用第79条规定的免责。因为根据公约第54条的规定,买方应当完成任何法律法规所要求的步骤和手续,以便完成支付。除非合同明确列为免责事项,否则外汇管制不能构成免除支付义务的有效抗辩。

二、选择不同救济方法

公约第61条第(2)款规定,卖方享有不同救济权利,如各救济权利之间兼容,可以同时行使。如实际履行与索赔损失、宣告合同无效与索赔损失。如不兼容,则不得同时行使,如实际履行与宣告合同无效。总之,公约赋予卖方充分利益保障的同时,各救济手段须具有可行性。同时还须坚持损害填补原则,各种救济的结果不应超过其损失。如买方迟延付款违约后,卖方坚持继续履行合同并请求买方支付货款,其只能索赔迟延付款的损失,而不能索赔所有损失。如卖方基于买方根本违约宣告合同无效,其有权主张全部合同利益。如已交付货物,可请求返还货物或支付货款,并索赔损失、期得利益,以及违约金、罚款(如合同约定)等。如未交付货物,其可另行出售货物,并根据第75条或第76条的规定索赔替代销售差价损失。理论上,卖方可在诉讼时效期间内任何时间变更救济措施(诉讼或仲裁请求),但要受到救济措施相容性的制约,如卖方提出继续履行合同的要求后买方已经开始履行,卖方就不得宣告合同无效。另外,买方可享有的某些救济手段,卖方不一定能够同时行使,如减低价格、交付替代货物或修理货物等。

该条第(3)款规定,禁止法庭或仲裁庭根据国内法给予买方履行义务的宽限期。但如果基于国内法破产清算程序的规定,可能存在例外。

三、要求买方实际履行

与第46条买方要求卖方实际履行的权利相对应,第62条赋予卖方要求违约的买方实际履行合同的权利,主要是要求买方收取货物和支付货款的权利。卖方的这项权利可以不受任何形式手续的约束,也无须提前通知买方。但其必须明确提出买方应实际履行义务的内容。同时,卖方的此项权利受到该条"除非"条款的限制,即如果实际履行与卖方已经采取的其他救济办法相抵触,就不能要求买方实际履行。例如,卖方宣布合同无效后,不能再要求买方实际履行。卖方根据公约第88条的规定保全或另行出售货物时,其也不得要求买方实际履行(提取货物)。但实务中,卖方可以在另行出售货物的同时要求买方支付货物价款,如果出售货物价款低于原合同价款,卖方可以根据第88条第(3)款的规定请求买方支付差额部分。卖方请求实际履行的权利还可能受到第28条的限制,即卖方要求买方实际履行的请求可能被法院拒绝。但支付货款的请求通常会被支持。在(2020)粤 03 民终 18762 号案中,关于买方是否应向卖方支付剩余货款这一问题,法院根据公约第 53 条的规定认定:双方约定的付款条件为,"先付 20%定金,设备到达工厂后支付 70%,设备验收后支付 10%,贸易条款为 CIF 香港港口"。根据合同约定,卖方已完成交货义务,设备已经到达买方,符合支付 70%合同价款的条件。根据公约第 38 条和第 39 条之规定,买方应及时对货物进行检验、验收。至卖方起诉时,案涉设备交付买方已近半年时间,已超过买方应完成验收的合理期限,故法院判定符合支付剩余 10%货款的条件。

四、给予买方履约宽限期

与公约第 47 条对应,如果买方未按合同约定的期间履行义务,卖方可行使多种救济,如卖方希望继续履行合同以实现合同整体利益,其可根据第 62 条的规定主张实际履行;如不想继续履行可根据第 64 条的规定宣告合同无效,或者在另行销售货物后根据第 75 条的规定索赔差额损失等。但现实中,很多情形是卖方面临下行的市场行情,仍希望合同履行完毕,或无法准确判断买方的违约是否构成根本违约,为避免盲目宣告合同无效造成己方违约,因此希望继续履行合同。此时,卖方可以根据第 63 条第(1)款的规定提出一个宽限期,以使买方在此期间履行义务。

(一)给予宽限期是守约方的权利而非义务

如果买方构成根本违约,卖方可直接选择宣告合同无效而无须设置宽限期,买方也无权要求卖方设置宽限期。从公约第 63 条第(2)款规定字面上看,宽限期适用于买方违反的任何义务,包括提取货物、支付货款两项主要义务以及其他义务。在不设置宽限期的情况下,买方的违约必须达到第 25 条"真正"根本违约程度,卖方才可以宣告合同无效。在设置宽限期时,无论违约性质和程度,只要买方在宽限期内没有履行合同义务,或宣称将不在宽限期内履行义务,卖方就可以宣告合同无效。但卖方仍需注意,该款宣告合同无效的权利并非绝对的,会受到第 64 条第(1)款(b)项的制约,因为该宽限期制度仅适用于买方不履行支付货款或提取货物两项主要义务。买方在宽限期内未能履行两项主要义务外的其他义务,并不赋予卖方宣告合同无效的权利。任何情况下,违反非主要义务必须达到根本违约的程度,卖方才有权宣告合同无效。

(二)宽限期对卖方其他权利的限制

卖方设置宽限期后,其实施救济的权利受到限制,此间卖方的救济权利被"冻结",即不得采取其他任何救济措施,至宽限期届满买方仍未履约或发出不履行的通知之时,其救济权利始得"解冻"。但有一项例外,即向买方索赔迟延履行损失的权利自始不受影响,即宽限期的设置仅为卖方给予买方第二次履约机会,并不意味着合同约定的履行期限的变更和延长。买方迟延履行造成的损失不仅包括迟延付款损失,还包括迟延收取货物的损失。相当于索赔因迟延履行造成的所有损失,不限于迟延付款利息,还可能有汇率损失、保全或储存货物损失,以及迟延履行违约金和罚金。如宽限期届满时,买方依约履行了义务,卖方就不得主张除索赔迟延履行损失外的其他救济。

(三)给予宽限期的通知

卖方给予买方宽限期的通知,可以是单独通知,也可以在通知买方违约的同时提出。宽限期通知应该明确,或具体日期前或一段时间内,或可以推断出宽限期,且应将买方应履行的义务表述清楚,但不必说明如果不在宽限期内履行将采取何种救济措施。至于宽限期多长时间为合理,需根据履行义务的性质、类型及难易程度,以及可能适用的习惯做法或惯例等而定。比如支付货款的宽限期通常比提取货物的宽限期长,而如果信用证支付失败,需要改为其他支付方式,可能还需另定一个合理的宽限期。几万吨大宗散装货物的提货时间通常要比提取一个集装箱长。宽限期过短,可能无法执行或涉嫌违背诚信原则,裁判机构可能不予采纳而另指定一个期限。在(2019)津民终90号案中,法院认为,虽然公约第25条规定了根本违约制度,但就买方迟延付款而言,卖方依照公约第63条、第64条第(1)款的规定为买方确定宽限期后,除非买方在该宽限期结束后依然没有履行付款义务或声明其将不在宽限期内履行付款义务,否则买方实际付款晚于约定日期在通常情况下并不构成根本违反合同。

第二十节 货物风险转移

公约第Ⅲ部分第四章5个条款(第66条至第70条)对货物灭失或损坏的风险转移作了规定。第66条首先对货物风险转移至买方的后果作出规定,第67条至第69条规定了几种情况下货物风险转移的时间,而第70条是针对卖方根本违约时双方如何承担风险的规定。

一、货物风险转移的原则

公约第66条规定:

> 货物在风险移转到买方承担后遗失或损坏,买方支付价款的义务并不因此解除,除非这种遗失或损坏是由于卖方的行为或不行为所造成。

货物风险转移,决定谁将承担货物灭失或损坏的后果,卖方是否有权向买方主张货款或买方是否有权拒绝支付货款。如涉及货物的保险,谁对货物享有保险利益以及保险合同的效力,谁有权向责任方主张损害赔偿等。货物风险转移不仅涉及买卖双方的利益,而且与保险合同、运输合同等有密切联系。因此,风险转移,是货物买卖中最现实的问题,直接关系当事人的利益平衡。总体而言,如果卖方根据公约第 31 条至第 34 条的规定履行了交付货物及单据的义务,其不应再承担货物的风险,货物风险转由买方承担。因此,买方应履行支付货款的义务,除非买方能够证明货物的损失是由卖方的行为或不行为所致。

二、货物风险的界定

公约没有对货物风险(risk)下定义。货物风险,通常是指合同履行过程中,货物在运输、仓储中因外来原因遭受灭失或损坏的危险,即货物发生灭失或损坏的可能。风险转移,是指货物风险的承担由卖方转移至买方,而风险承担则是指由谁承担保障货物安全的义务,以及货物灭失或损坏的可能性成为现实后,由谁承担由此带来的法律后果。货物灭失或损坏的风险,自其成为货物之时即存在,且贯穿内陆运输、仓储、移交、装卸、海上/空中运输、交付、提取、检验等环节。但公约所指的风险,仅针对作为买卖合同标的物的风险,因此确认遭受风险的货物为合同标的物十分重要。风险必须是偶发、可现实发生的危险,主要包括货物在物理上的灭失或损坏。公约并未穷尽货物灭失或损坏的所有情形,除货物被挤压变形、腐烂变质、海水浸泡、混装串味、整件坠海、大火烧毁等情形外,还包括丢失、被盗、被错交他人、短重、邻近港口卸货损失等。风险事件可能由承运人、港口经营人、仓储经营人、装卸工人或与交易无关的人(如盗窃者)引发。但货物风险应独立于卖方,如果灭失或损坏由卖方的行为或不行为所致,则不属于风险。如货物违反过境国家的知识产权法律而被政府没收销毁,而卖方因之前的交易而熟知该国法律,则卖方应对该国政府的强制措施造成的货物灭失承担风险。卖方申领出口许可或买方申领进口许可被拒绝,是合同义务而不属于货物灭失或损坏的风险。若货物风险转移以移交第一承运人为界线,但卖方未获得出口许可,即使货物已移交给承运人,货物风险也并未发生转移,卖方构成第 66 条的"行为或不行为"。若风险转移前政府突然宣布出口禁令,此类政府干预行为属于卖方应承担的风险,卖方可以依据公约第 79 条的规定主张免除违约责任,当然其还应尝试克服该障碍,争取以其他合法途径获取出口许可。① 货物风险,不包括市场损失风险。买方因市场或汇率变动未能转售货物,此风险不属于货物本身遭受的灭失或损坏。对于海盗行为造成的货物灭失或损坏,其后果应由风险承担一方承受。尤其重要的是,货物风险需与货物质量缺陷相区别,也需与保险合同中的承保险别相区别。贸易合同下的风

---

① See Schlechtriem & Schwenzer, Commentary on the UN Convention on the International Sale of Goods (4th Edition), Oxford University Press, 2015, commentary on Art. 66.

险虽与保险行业承保的险别有关,但风险转移不受保险合同的影响,也不取决于保险人是否愿意承保此类风险。政府强制措施造成的货物灭失或损坏,是否属于公约所规定的风险,素有争议,多数认为应属于公约下的风险,但应以现实发生为限。如果政府仅对货物质量问题表示担忧或怀疑,不构成风险。① 在(2018)粤 0391 民初 2728 号案中,法院认定,虽卖方已经按照双方约定的交付方式 EXW 将平衡车交付至货运公司,风险转移至买方,但案涉货物在买方办理清关手续时,因充电器使用伪造的 UL 标识而被销毁,系卖方违反了保证不被第三方主张权利的规定所致。因平衡车自身存在权利瑕疵,该风险应由卖方承担。

三、货物风险转移时点

国际立法中,关于买卖合同下的货物风险转移时点,大致有三种规定:一是规定风险在买卖合同成立时转移,如瑞士、法国、意大利、荷兰及西班牙等国立法;二是规定风险在货物所有权转移时转移,如英国和我国香港特区立法;三是规定风险在货物交付时转移,如德国、我国内地立法。《美国统一商法典》区分了两种情况确定风险的划分,即双方均未违约时和违约时损失风险的承担。前一种情况下,以货物交付或类似所有权凭证的单据交付的时间为风险转移时间;后一种情况下,买方的有权拒收使风险由卖方承担,买方的无权毁约使风险由买方承担。② 公约第 67 条采纳以卖方移交货物给承运人或买方的时点,作为风险转移的时点(在途货物销售例外),即风险转移与卖方交出对货物的掌控相关联,而不是如其前身《国际货物买卖统一法公约》、INCOTERMS 2010,以及某些国内立法规定,与交付货物相关联。据此,考察货物风险转移时点,除无须考虑合同订立时间和货物所有权转移时间外,也无须考虑运费、保险费的分担。根据公约第 6 条规定的任意性原则,买卖双方当事人可以约定货物风险转移时点。当然,双方可以协议约定或使用一方提供的标准交易条款,也可以适用共同选定的统一规则、国际惯例等,如 INCOTERMS。如,合同可以规定"Delivery of, and transfer of risks in, the Material from Seller to Buyer shall be in accordance with the INCOTERMS 2020"。不同交货方式风险转移时点不同,具体可参考 INCOTERMS 2020 相关贸易术语。在(2002)宁民商终字第 36 号案(CISG-online No.867)中,法院认定,由于双方当事人均不能提供货物中存在的煤屑污染和水湿来源于何方的有力证据,根据公约和 INCOTERMS 2000 的相关规定,以及双方合同约定的交货方式为 FOB,该案所涉及的货物的风险转移应以货物在指定的装运港越过船舷为界。由于该批货物的风险没有转

---

① 参见 CISG-DIGEST-2016《判例法摘要汇编》关于公约第 66 条的判例汇编。
② 参见郭瑜:《国际贸易法》,北京大学出版社 2006 年版,第 176 页;郭寿康、韩立余编著:《国际贸易法》(第 4 版),中国人民大学出版社 2014 年版,第 43—44 页。

移给买方,卖方在货物装运前未尽妥善保管义务,致使货物遭受煤屑污染和水湿,对此,卖方应承担该案货物风险损失的全部责任。

四、涉及货物运输时的风险转移

公约第 67 条规定的原则是,货物由卖方移交给第一承运人时,风险转移至买方,而不论货物的权属如何、谁安排运输、货物保险,以及货物是否与合同约定相符。实践中,当事人往往以合同约定或选定的国际惯例 INCOTERMS 修改或替代该条,因符合公约第 6 条和第 9 条的规定,当事人的约定被法院或仲裁机构认定为优先适用,因此第 67 条直接适用的机会并不多。

公约第 67 条与第 31 条至第 34 条的用语相同,尤其是"承运人"一词,因此解释规则应一致。公约并未对运输方式及承运人作出限定,除常用的海、陆、空运输外,也可以是快递公司、邮政速递公司,或某些情形下的货代公司。第 67 条有三个要素:一是合同必须规定"运输"。该运输不要求起运地至目的地的距离,而要求必须由独立第三方承运。卖方送货上门或买方上门提货的运输,不构成该条的运输。运费由谁承担也不是风险转移的决定因素。二是完成运输者必是"承运人"。承运人通常是签发运输单证、完成运输并收取运费的独立第三方,包括不仅组织运输而且签发自己的运输单证、收取运费的货运代理人(无运输工具承运人)。将货物移交具有承运人地位的货代公司同样发生货物风险转移的效力。如果货代公司仅为安排租船订舱的代理人,不符合该条要求。三是货物必须已"移交"承运人。卖方把货物交给承运人掌管,由承运人实际占有和控制货物,即完成移交。为此,卖方将货物装上承运人的运输工具,装货完毕时完成移交,风险随即转移。如装货时货物落入买方安排的运输工具之外,如坠海、掉落地上,则货物灭失或损坏风险由卖方承担。依合同约定移交货物给承运人,并不要求所移交的货物必须符合第 35 条关于相符货物的规定。货物风险转移与货物相符的关系,另由第 66 条和第 70 条规范,而不属于第 67 条第(1)款的内容。因此,即使卖方依第 58 条第(2)款或第 71 条第(2)款保留对货物的权利,也不影响货物风险转移。

五、移交承运人时的风险转移

公约第 67 条第(1)款第一句和第二句分别规定了货物移交第一承运人的两种情况。该条第(1)款第一句是合同未约定在特定地点交付货物,卖方将货物交给第一承运人,即按第 31 条(a)项的规定移交第一承运人时,货物风险转移至买方。有的情况涉及多个承运人,如在多式联运或者货物需由卖方工厂运至附近运输终端(车站、港口、机场等),再由该终端运至目的地,此时货物移交第一承运人时买方即开始承担风险。该条第(1)款第二句是根据合同约定,卖方有义务在特定地点将货物移交承运人,货物在该特定地点移交承运人时风险转移。此特定地点的承运人,可能是唯一承运人也可能是第一承运人。运至该特定地点前的运输,不论是卖方自己完成或者委托第三方(承运人)完成,严格而言不是该条所说的运输,期间发生的风险应由卖方自行承担。如货物在卖方营业地至装运地点的路途中发生灭失或损坏,买方拒绝承担此风险,就应证明该装运地点为第 67 条第(1)款第二句规定的特定地点,该期间的风险由卖方承担。相反,卖方可证明合同或贸易术语没有约定特定地点(此情况少见),根据第 67 条第(1)款第一句的规定,货物移交第一承运人时风险已转移至买方。两种情况都是货物移交承运人时风险转移至买方,只是适用的情形不同。特定地点可为码头、集装箱场站等装运地点,但不是卖方或买方任何一方营业场所(适用第 68 条的规定)。特定地点可由合同约定,也可由贸易术语确定。如贸易术语中,CIF、CFR、FOB 和 FCA 风险转移时点,与第 67 条第(1)款规定相符。需注意的是,适用于海运的 FOB、CFR 和 CIF 术语风险转移的版本变化,自 INCOTERMS 2010 开始,风险转移时点的表述由过去版本中货物越过船舷(pass the ship's rail)改为装上船舶(placing them on board the vessel,之前的案例仍叙述为越过船舷,请注意),卖方需承担装船完毕前的风险。装上船舶是否需要装入船舱,公约和 INCOTERMS 2020 并未具体规定,通常理解为不需要装货入舱,也不需要卖方理货或平舱,除非另有约定。FAS 术语下,卖方将货物在船边交由承运人处置时,风险转移。FCA 术语下,无论是何种运输方式,货物装上承运人运输工具时即完成交付和风险转移。CPT 和 CIP 术语仅要求移交货物。而 D 组术语下,卖方送货上门将货物置于买方处置之下时,风险转移。DAP 和 DDP 术语下,卸货准备就绪时风险转移,买方承担卸货期间的风险。卖方向承运人交付货物是一个过程,包括向承运人移交货物的占有和取得承运人签发的运输单据。但该条仅规定把货物交付给承运人,并未规定以自承运人处取得运输单据为风险转移的条件。因此,在货物移交承运人占有至取得运输单据期间(如装船过程中)发生的损失,风险由谁承担、向谁索赔,依据哪个合同关系(运输合同或装卸作业合同),或者依何诉因索赔(违约或侵权)等问题,需要根据风险是否转移、装船作业由谁完成(承运人或第三方装卸公司)等因素确定。

六、卖方单据对风险转移的影响

在 CIF、CFR 等以象征性交货为特征的术语下,卖方交付单据与向承运人交付货物的时间并不完全一致,卖方向议付行提交信用证下的单据,如果不符合规定,对货物风险转移会产生很大影响。

在(2000)武海法商字第 91 号案(CISG-online No.1608)中,原告根据海上货运保险合同向保险公司索赔,被告保险公司以货物风险未发生转移、原告没有保险利益为由拒绝赔偿。法院认为,该案所涉国际海上运输货物保险合同纠纷涉及国际货物销售合同,故必须依据有关的调整国际货物销售合同的法律或者国际惯例来进行判断,即《销售合同公约》和 INCOTERMS 1990 应适用于该案。同时,所涉合同项下开立的信用证注明受 UCP500 调整,该 UCP500 亦应适用于该案。在国际贸易中,必须根据风险和货物所有权的转移来确定保险利益的有无,而货物的所有权和风险可能是分离的。公约规定了货物风险的转移而没有规定所有权的转移。风险的转移依据货物销售合同的约定而确定,货物所有权的转移在实践中则是根据提单的转让情况来确定。

根据 INCOTERMS 1990 的规定,在 CFR 价格条件下,货物的交付是象征性交付,即以交付提单、信用证、产地证明等单证来交付货物,而不是以货物在装货港或卸货港越过船舷这一实际交付形式来交付货物,以货物是否越过船舷来判断货物的风险是否由卖方转移给买方。在 CFR 价格条件下,付款条款与货物交付条款是买卖合同的重要条款,卖方不能有效地履行这些条款的约定而导致合同得不到履行,这并不意味着合同自动发生终止。即合同双方为了进一步履行合同,可以对付款方式与货物的交付方式进行重新约定。因此,从议付行拒绝付款时起,买方承担货物灭失或损坏的风险便发生中止,买方是否承担风险应视情况而定。在 CFR 价格条件下,货物的所有权与风险在货物越过船舷时发生分离,提单等单证与货款的交换顺利实现时,货物所有权与风险将重新结合在一起。如果单证与货款的交换不顺利,在货物灭失之前,若买卖双方对货物的交付方式以及付款方式不能达成一致,风险便转由卖方承担;若达成一致,风险仍由买方承担。但无论如何,在变更合同之前或当时,如果货物已经灭失,那么由于买卖合同所指的标的物已经不复存在,因此货物不可能被实际交付。同样,作为所有权凭证的提单也就丧失了其原有的所有权凭证与要求承运人交付货物的功能,因此货物的象征性交付也无意义。即此时的国际买卖合同自动终止,买方对货物的灭失不承担风险。该案中,这些情形表明卖方未依约履行合同约定和法律规定的毫不迟延地移交与货物有关的有效单证之义务,造成提单等单证与货款的交换不能顺利实现。根据 INCOTERMS 1990 的规定,在 CFR 价格条件下,买方本应承担自货物在装运港越过船舷之时起的货物灭失或损害的一切风险,但卖方上述违约致使风险转移受阻,货物风险转由卖方承担。双方当事人始终未就付款条款达成一致意思表示,故货物所有权和风险仍由卖方承担。此后,卖方虽然直接将提单交给买方,但因货物已经灭失,卖方不可能履行贸易合同,故其递交提单给买方之行为已无意义。另外,双方当事人对于信用证的修改以及对提单的转换均发生在船舶和所载货物出现海损事故之后,此时因货物已经灭失,承运人无权再签发转换提单,当事人对付款条款的修改也不能改变风险的承担。货物风险应由卖方承担。法院认为,该案中,被保险人(买方)与保险公司订立海上运输货物保险合同后,由于国际买卖合同的支付条款出现问题以及货物在变更合同之前灭失等原因,买方在货物灭失时不承担货物风险,亦不拥有货物所有权,无保险利益。最终,法院判决该案所涉海上货物运输保险合同无效,驳回了被保险人(买方)请求货物保险赔偿金及相关损失的主张。

七、卖方保留单据对风险转移的影响

公约第67条第(1)款第三句规定,卖方被赋予保留控制货物处置权的单据之权利,不影响风险的转移。卖方已将货物移交承运人,但其有权持有控制货物处置权的单据。如未在约定时间内将提单交付给信用证开证行,使单据无法移交买方,卖方未能转移货物所有权,但不影响货物在装上船后的风险转移至买方。普遍观点认为,单据也包括与贸易有关的其他单据,且不论卖方是否有权保留这些单据,该规定与公约风险转移和所有权互不关联的规定相契合。[①] 据此规定,若卖方在持有提单期间,货物风险已转移至买方且实际发生损坏,因承运人未丧失对货物的直接或间接占有,卖方再转让提单的效力不受影响。但如果货物已经发生灭失,其转让提单的效力可能不被承认,不能产生提单物权转让的效果。此时,卖方仍需承担货物风险。如前文所举(2000)武海法商字第91号案例,该案认定卖方持有提单等单证未交与买方,而且货物实际灭失,导致货物所有权和风险未转移至买方。因此,虽有公约第67条第(1)款之规定,即"卖方受权保留控制货物处置权的单据,并不影响风险的移转",但卖方持有提单等具有物权功能的单证,如若货物实际灭失,其仍需承担风险。

若卖方把货物移交承运人后,又转售他人并行使停运权、改变运输路线,货物风险不转移给原买方,而仍由卖方承担。但卖方根据公约第58条第(2)款和第71条第(2)款的规定保留单证时例外,因买方过错导致卖方行使此权利,买方仍应承担货物风险。

八、合同标的物特定化与风险转移

货物特定化(identification of the goods),是指通过一定方式将货物确定为买卖合同下的标的物。货物特定化具有重要意义,按照许多国家的法律,卖方将货物特定化,是货物的风险和所有权由卖方移转给买方的必要条件。在货物特定化之前,其风险和所有权原则上不移转至买方。公约第67条第(2)款将货物被清楚地识别为合同标的物,作为风险转移的前提。第69条第(3)款规定,虽然货物风险在卖方交给买方

---

① See Schlechtriem & Schwenzer, Commentary on the UN Convention on the International Sale of Goods (4th Edition), Oxford University Press, 2015, commentary on Art. 67.

处置时转移,但如果当时未曾将货物特定化到合同项下,不得视为已将货物交给买方处置。

货物特定化的识别方式,可以是制作货物唛头、运输单据记载货物信息、通知买方[公约第 32 条第(1)款]或其他方式。通常像机器设备类特定物容易识别,而种类物尤其以储罐、船舱运输的大宗散货,将受损或短交的货物特定化为某具体合同标的物并非易事。如卖方将一船散装铬矿通过签署若干买卖合同的方式,分别售与不同买方,在装运时未将货物特定化到具体合同项下,可能的结果是每个买方都有权根据合同约定的数量主张货物。在运输途中发生货物部分损坏或短缺,卖方无法向所有买方足量交货时,如何分配风险?是卖方承担所有风险,还是由某个买方承担不能收货或足量收货的风险?此时问题就比较复杂。如果全部或部分货物能够特定化到具体合同项下,该货物损坏或短少的风险应由该合同买方承担。如第 1 号买卖合同约定标的物为第 1 号船舱的全部货物,该合同买方需承担该舱货物的风险。对没有特定化到具体合同项下的货物风险的承担,因为卖方已将这些货物移交给承运人,风险转移至所有买方。有观点主张,卖方不足量交货时,可按各合同货量占整批货量的比例交货。但具体施行时可能出现很多复杂情况。① 贸仲案例中,有仲裁庭认为所谓"货物特定化"是指把处于可交货状态的货物无条件划拨至合同项下的行为,其根本目的是划分国际货物买卖合同的双方在交货方面的有关风险和费用承担界限。在货物已经划拨至合同项下(货物特定化)后,买方不受领货物的,应承担相应的货物灭失和损失风险,并承担由此产生的费用,对此可参照 INCOTERMS 相关规定。②

九、在途货物的风险转移

在途货物(goods in transit, goods en route, 或 goods sold afloat),又称路货。在途货物买卖,是指货物在运输途中被出售的交易方式。在途货物运输不限于海运,可以是任何运输方式。运输途中(in transit)并不要求货物必须装上国际运输工具或运输必须开始,只要货物已移交给独立承运人即可。卖方发运货物或中间商从其上游供应商处购进在途货物时,下游买方可能尚不存在,还没有与下游买方订立买卖合同,不符合买卖合同订立后卖方向承运人交货的情形。因此,公约第 67 条关于卖方向(第一)承运人移交货物并随之转移风险的规定,不适用于在途货物销售。除非承运人已经通知卖方,否则通常卖方对在途货物是否已经灭失或受损不知情,因此,对下游买方而言,仅根据卖方承诺、运输单据(已装船清洁提单等)与卖方订立合同购

---

① See Schlechtriem & Schwenzer, Commentary on the UN Convention on the International Sale of Goods (4th Edition), Oxford University Press, 2015, commentary on Art. 67.

② 参见中国国际经济贸易仲裁委员会编:《〈联合国国际货物销售合同公约〉在中国仲裁的适用》,法律出版社 2021 年版,第 127 页。

买在途货物,无异于购买"盲盒"。为平衡此类交易中买卖双方的风险,公约需对在途货物风险承担作出特别规定。提交维也纳外交会议讨论的公约最初版本规定,买方自货物移交给签发控制货物处置权单据的承运人时承担风险,即在途货物的买方需承担订立合同前的风险。该版本受到发展中国家尤其是货物进口国的反对,认为买方风险期间长,且订立合同前就承担货物风险,买方无法安排货物运输保险。即使想购买保险,因为买卖合同尚未订立,也不具有保险利益。公约最终版本第68条用三句话规定了在途货物风险转移问题。

(一)以订立合同时转移风险为原则

公约第68条第一句规定了在途货物销售时以买卖合同订立时转移风险的基本规则。该规定的前提是,假定在订立合同之时,货物未发生灭失或损坏,或卖方不知已发生灭失或损坏。卖方承担发生在订立合同前的货物灭失或损坏风险,买方承担订立合同后的货物风险。如运输单据证明货物在交运时完好无损,但买方提货后发现货物损坏,经检验发现货物损坏发生在买卖合同订立之前,则卖方应承担此风险。

(二)以货交承运人时转移风险为例外

实践中,很多情况下货物灭失或损坏发生的时间很难确定。如货物腐烂变质、串味、被其他货物污染等是个渐进的过程,即使检验也不可能准确认定损坏发生在订立合同之前还是之后。承担风险的主体不明,究竟谁有权向责任方或保险公司索赔就成了问题。解决此问题的最好办法是,利用买方可以快速发现货物灭失或损坏的便利,扩大买方承担风险的区间,把买方承担风险的时点上溯到货物移交给承运人之时(这也是支持最初文本的理由)。这样,由买方向责任方索赔在途发生的货物损失。公约第68条第二句规定,在特定情况下,货物风险在货物移交给承运人时转移。作为第一句基本规则的例外,该句将风险转移时点自合同订立之时前移至货物移交承运人之时。订立合同的时间作为风险转移分界线的功能失效。但该规定适用的前提是"如果情况表明有此需要",且承运人"签发载有运输合同单据"。理解第二句,需结合交易中可能涉及的风险承担、保险利益及保险合同等因素。至于是哪些"情况",需根据交易条款确定,如在CFR或FOB术语下,在途货物的买方在买卖合同订立时始有保险利益,才可以订立保险合同,以合同订立时作为买方承担货物风险的起点是合理的,应适用第一句而非第二句的规定。在这两个术语下,由卖方购买自货物移交承运人时至买卖合同订立时的保险,也是顺理成章。而在CIF或CIP术语下,由卖方购买货物全程保险(仓至仓条款)。如货物单据包括一份可转让保险单,卖方背书后将保险单转让给买方,买方取代卖方地位,承担自货物移交承运人后的风险。此种情形下,货物发生保险事故,只有买方才有权向保险人索赔。其实,该风险转移系买方基于保险单的受让而继受的风险,并非公约第67条、第69条等规定的风险转移的原意。如此解释第68条第二句未免牵强。但此解释无疑扩大了第二句的适用范围。此句中"签发载有运输合同单据",比公约第58条第(1)款和第(2)款和第67条第(1)款中"控制货物处置权的单据"的范围更广泛,不限于可转让单据,也包括不可转让单据。只要签发能证明货物运输合同存在的单据即可。如果涉及多个承运人,签发此类单据的承运人为相关承运人,如多个承运人签发此单据,则第一个签发的承运人为相关承运人。

(三)特定情况下风险不转移

公约第68条第三句规定,如卖方在订立合同时已知道或理应知道货物已经灭失或损坏,而不将该事实告知买方,则货物灭失或损坏的风险仍由卖方承担。可以引申理解为,在订立合同时卖方已知道或理应知道货物已灭失或损害,若卖方将此事实告知买方,买方有权选择是否订立此合同。若买方选择继续订立合同购买货物,则由买方根据该条第一句或第二句的规定承担货物的风险。若卖方未将此事实告知买方,买方在不知情的情况下签约购买已遭灭失或损坏的货物,此风险不能转移至买方,而仍由卖方承担。

需要注意的是,适用该条第三句规定时,存在不同理解。第一,如何理解灭失或损坏(the loss or damage)的范围,是仅限于订立合同时卖方知道或理应知道的部分(如已知20%货物损坏),还是包括实际发生但卖方不知道也没有理由知道的部分(如另30%的货物损坏),抑或还包括订立合同后继续损坏的部分(如最终货物达90%损坏)。从该规定的措辞讨论和修改过程看,其本意是卖方承担风险仅限于其恶意出售受损货物的部分,即上文中已知道或理应知道的受损20%的部分。另有一观点从便于风险划分、避免争议的角度认为,卖方不仅应对订立合同前发生且已知道或理应知道的损失承担风险,还应对合同订立后随之发生的损坏承担风险,即对上文中的90%的货物损坏承担风险。第二,该条第三句的规定,同时适用该条第一句和第二句,还是仅适用第二句。如第三句适用第一句,卖方仍应承担货物风险。公约第36条规定卖方对风险转移前的货物不符承担责任,如货损发生在合同订立前,属于卖方交货不符的责任问题,适用公约第35条、第40条、第43条、第70条等规定处理。如货损发生在合同订立后,应属于风险承担问题,此情况下仍由卖方承担责任,势必混淆交货不符和风险转移的界限。如第三句仅适用第二句的情形,则为第二句的例外,将货损风险自合同订立时上溯到移交承运人时由买方承担,再回转为仍由卖方承担。这对合同订立后发生的货损,由卖方承担(即从移交承运人时起,全程运输风险均由卖方承担)还是买方承担,并不明确,可理解为第三句否定了第二句的上溯规定,又回到第一句的规定,合同订立后发生的货损风险由买方承担。即第二句是第一句的例外,第三句是第二句的例外,否定之否定,最终回到第一句规定的效果。只有善意(订约时披露所知或应知货损)的卖方才可以从第二句的风险上溯机制中获得好处。①

十、合同无效或终止时风险转移

货物风险转移至买方后,如果当事人宣告合同无效或协商终止合同,公约第Ⅲ部分第五章第五节(第81条至第84条)关于合同无效后果的条款中蕴含的风险转移规则,包括返还货物时的风险转移,应优先于第四章关于风险转移的规定。合同终止导致返还货物,买卖双方权利义务发生反转,风险转移也发生变化。原合同应由买方承担的风险,在返还货物时,改由卖方承担。如原合同交货条件为EXW,买方承担运输期间的货物风险,当返还货物时,买方在其营业地交付货物给承运人,卖方承担买方将货物交付承运人后的风险。上述情况均发生在卖方违约时的案例中,买方违约时的案例尚未见到。

十一、其他情况下的风险转移

公约第67条和第68条分别对涉及运输和在途销售货物风险转移作了规定。但有些交易不涉及(独立承运人)运输,也并非路货,或虽涉及运输但不适用第67条的规定,如卖方在其营业地交货或买方在其他特定地点提货等,也都会涉及货损风险转移问题。公约第69条对其他情况下的风险转移作出规定:

(1)在不属于第六十七条和第六十八条规定的情况下,从买方接收货物时起,或如果买方不在适当时间内这样做,则从货物交给他处置但他不收取货物从而违反合同时起,风险移转到买方承担。(2)但是,如果买方有义务在卖方营业地以外的某一地点接收货物,当交货时间已到而买方知道货物已在该地点交给他处置时,风险方始移转。(3)如果合同指的是当时未加识别的货物,则这些货物在未清楚注明有关合同以前,不得视为已交给买方处置。

(一)卖方在其营业地交货时

公约第69条第(1)款与公约第31条(c)项和INCOTERMS 2020 EXW术语的规定相同,大多为在卖方(制造商)工厂交货。此情况下,买方自接收货物即开始装货时起承担风险,因为该款使用接收而不是公约第67条第(1)款规定中的交付。另外,EXW术语并不要求卖方交付货物至买方运输工具上,故装货过程中发生的货损风险,由买方承担。如果卖方提前移交货物,风险承担如何认定?有观点认为,买方当然有权拒

---

① See Michiel Buydaert, The Passing of Risk in the International Sale of Goods: A Comparison Between the CISG and the INCOTERMS, https://iicl.law.pace.edu/sites/default/files/cisg_files/buydaert.html. Accessed 2023-12-23; Schlechtriem & Schwenzer, Commentary on the UN Convention on the International Sale of Goods (4th Edition), Oxford University Press, 2015, commentary on Art. 68.

绝接收货物,但若其实际已接收货物,风险并不转移至买方。此时买方系根据公约第86条的规定保全货物。但买方接收货物后开始检验货物并就货物不符通知卖方,应视其以行为变更合同或公约规定,实现对货物的占有,相应地其应承担风险。

(二)买方迟延接收货物时

若买方不在适当时间内前往接收货物,则满足两个条件时货物风险转移至买方:一是货物已交给买方处置,二是买方不收取货物从而构成违约。若卖方移交的货物不符合合同约定,买方立即拒绝接收,自然不构成"不收取货物违约"。将货物交给买方处置(place at his disposal),不同货物有不同情形,但必须先根据公约第69条第(3)款的规定将货物特定化到合同项下,方可构成置于其处置之下。机器设备、件杂货等特定物,制造完毕后可置于卖方厂房供买方提取,而散装货物的特定化,尤其是船舱、油罐等储存的大宗货物的特定化并非易事。但通常并不要求必须先用其他容器分装,只要重量足够并处于可提取状态即可。卖方将货物置于买方处置后,是否需要通知买方,从条文不能得出肯定的结论,通常理解为卖方无须通知。因此,买方需要根据合同约定的时间和地点,及时提取货物。但根据公约第7条规定的公约解释和适用中的诚信原则,如果不通知买方就不可能提取货物时,卖方应予通知。但此通知传送中发生的丢失或错误的风险,应由买方承担。因为公约规定风险转移不与货物交付挂钩,而是根据卖方的移交和买方的接收货物确定风险转移。这样规定符合掌管货物者承担风险的法理,因其具有保管货物、购买保险并在遭遇货损时提起索赔的便利。因为公约第69条第(1)款规定,虽然货物在置于买方处置之时为交货之时,但货物风险并不必然立即转移至买方。即使卖方在自己的营业场所将货物交给买方处置,在买方尚未违反交付受领义务的阶段,风险并不转移到买方。[①]

(三)其他情况下的风险转移

公约第69条第(2)款是"兜底条款",包揽了所有其他情形,即买方有义务在卖方营业地以外的某一地点(包括买方营业地)接收货物,交货时间已到而买方知道货物已在该地点交给其处置时,由买方承担风险。适用该款的条件:一是买方有义务在卖方营业地以外的地点接收货物;二是货物已经特定化;三是货物已在该地点交给买方处置;四是买方知道货物已在该地点交其处置的事实。满足这些条件,货损风险在该地点、该时点转移至买方。

国际贸易合同标的物,尤其是大宗商品,常常是第三方物流公司、港口或保税仓库中的货物,此类货物风险转移适用该款更为普遍。卖方负责送货至买方营业地,合同

---

① 参见〔日〕潮见佳男等主编:《〈联合国国际货物销售合同公约〉精解》,〔日〕小林正弘、韩世远译,人民法院出版社2021年版,第115页。

履行地与卖方营业地不同的情形,都在该款的调整范围内。与此款规定相对应,IN-COTERMS 2020 中的 D 组术语,不仅可以确定当事人费用承担和安排运输的义务,还可以确定风险转移。买方需特别注意,公约第 69 条第(2)款将买方承担风险的起点前移至交货期满且买方知道货物已经交给其处置之时,即在其实际接收货物之前风险已转移,其不能再依赖掌管货物才承担风险的法理,抗辩接收货物前的货损风险。该条第(2)款还涉及如何认定买方"知道"(aware of the fact)的问题。应该理解为,买方实际确知货物已在该地点交给其处置,因其过失甚至是重大过失造成确实不知道的,不足以发生风险转移。对此,卖方为证明买方"知道",可从主观和客观方面举证,证明通知已送达其本人电子邮箱或公司地址并由其本人或雇员(收发室)签收,仓单等提货凭证载明了货物存储地址、仓储保管人通知买方提货等事实。另一个常见争议是,对存储于第三方仓库的货物,如何确定"在该地点交给买方处置"。简言之,只要买方能够对货物主张占有权,即构成交给其处置。但具体而言,其如何提取货物并实现对货物的占有,有不同情形且需求诸国内法关于仓储保管合同的规定。如买方持有可转让单证(仓单、提货凭证等),卖方通知仓储保管人向买方移交货物或仅通知其买方有权对相应货物享有占有权。卖方要注意,需要严格按照相关法律行事,否则不能产生风险转移的法律效力。中国的司法实践证明,在进出口领域,保税仓库货物买卖合同纠纷、港口货物保管合同纠纷频发,其根源在于合同条款不清或相互矛盾、货物权属不清、通知对象和内容错误、单证流转混乱以及对货物存在监管漏洞等原因,更有买卖双方、仓储方及其合同执行者,法律意识淡漠,对法律知之甚少的原因。

十二、风险转移的举证责任

实践中经常遇到由哪方证明货物风险已发生转移的问题,对此公约并未明确规定。这里需区分两个问题,即风险是否已经转移,以及风险转移时货物是否已被确定为标的物。这要根据诉辩双方的主张作出判断。如果货物灭失或损坏,卖方仍向买方主张支付货款,其应证明货物风险已转移至买方。相反,若买方以货物灭失或损坏为由拒付货款,就应证明货物灭失或损坏发生在风险转移时点前。卖方应有足够的证据证明货物已确定为合同标的物,如用货物唛头、装箱单或运输单据等表明货物买方就是收货人。对于散装货物,应在提单中表明不同货舱、提单号的货物分属不同收货人。

十三、风险转移对双方的后果

根据公约第 53 条和第 66 条的规定,如货物损坏或灭失发生在风险转移时点前,卖方应根据公约第 30 条、第 35 条和第 36 条的规定承担交货不符或不能交货的责任,买方因此而宣告合同无效的,可根据第 49 条和第 81 条的规定解除付款义务或根据第 50

条的规定减少价款。根据第66条规定的除外情形(但书条款),如买方能够证明在风险转移时点后发生的货物损坏或灭失系由卖方行为或不行为[注意不是第36条第(2)款规定的违约行为]所致,则买方付款义务解除。如活动物交易中,卖方未适当通知承运人适合的温度和正确的饲喂方法导致动物发病或死亡,即使发生在风险转移时点后,卖方也应承担责任。较为普遍的情形是,卖方因交付货物包装不良或唛头错误导致货物灭失或损坏,此为第36条第(2)款规定的违约而非风险转移问题,与第66条的规定无关,买方可依据第45条的规定寻求救济。可见,虽然第66条与第36条中的风险转移时点相同,但第66条规定的买方付款义务的除外情形(但书条款),不同于第36条第(1)款或第(2)款规定的情形,因为第66条但书条款是基于卖方行为或不行为对交货后货物灭失或损坏负有责任,是从买方应否支付货款角度所作的规定,而第36条是基于卖方交付相符货物的义务,或对货物品质、通常使用目的、特定目的、特定质量或性质的担保义务,从卖方履行交付相符货物角度作出的规定。公约第36条规定的判断卖方交付货物不符的时间界限,与风险分担界限相同。此时点之前已存在的货物本身的质量缺陷,包括此后才被发现的隐蔽缺陷,由卖方根据交货不符的规定承担责任,货物因外来原因遭受的灭失或损坏风险亦由卖方承担。对该时点前的货物损坏,卖方应及时作出补救,否则构成交货不符;而对于此时点前的货物灭失,如不能及时交付替代货物,卖方构成不能交货。除非具有可免责事由,否则卖方应承担违约责任。

风险转移时点之后发生的灭失或损坏风险,由买方承担,买方不能免除支付货款的义务。对此,买卖双方应根据风险分担规则,确定己方承担风险的起始时点和期间,从而确定己方是否应购买保险及其险别和保险期间。确定货物风险承担方,有助于确定谁作为权利人向造成货物灭失或损坏的责任方(如承运人、仓储经营人等)提起索赔,或者向保险人索赔。

十四、卖方根本违约、风险转移与买方的救济措施

公约解决风险转移问题的最后一条是第70条,该条解决风险转移与卖方根本违约时买方救济权之间的关系。该条规定:

> 如果卖方已根本违反合同,第六十七条、第六十八条和第六十九条的规定,不损害买方因此种违反合同而可以采取的各种补救办法。

据此,如果卖方构成第25条的根本违约,买方的各种救济手段不受风险转移规定的影响,包括宣告合同无效。因为,卖方违约而赋予买方救济权的规定,优先于货物风险转移规定。如合同约定卖方在10月5日交付10吨玫瑰香葡萄,卖方却延迟到11月10日才交货,构成根本违约。但货物在运输途中因集装箱制冷系统失灵而全部腐

烂，买方仍有权根据第 49 条第(1)款(a)项的规定宣告合同无效。又如，卖方依合同应交付 10 吨玫瑰香葡萄，却错交 10 吨巨峰葡萄，构成根本违约。如果该 10 吨巨峰葡萄在运输途中灭失，此时买方仍有权根据第 46 条第(2)款的规定要求卖方交付替代货物即 10 吨玫瑰香葡萄。若不能交付，卖方无权向买方主张支付货款，即使买方已经付款，其仍有权向卖方追索。实际上是，货物风险虽然已经依第 67 条、第 68 条或第 69 条的规定转移至买方，但因卖方的根本违约，致风险的承担主体回转为卖方。当然，买方宣告合同无效或主张交付替代货物须以第 82 条的规定为条件。

如卖方违约程度不构成根本违约，买方有权采取其他救济措施，如修理、减价或索赔损失等，当然不包括宣告合同无效或交付替代货物。如果买方认为货物严重不符构成根本违约，请求宣告合同无效或交付替代货物，此时风险回转至卖方，但货物可能仍在买方控制之下。若此期间发生灭失，难以认定货物是否确实不符。此时，举证责任至关重要。卖方和买方需分别对买方提取货物前后的货物状态承担举证责任。提前或超量交货构成违约，若买方提取货物则风险转移至买方。若买方不想承担风险，可以拒绝提货。另外，在公约第 70 条下，买方宣告合同无效和风险回转至卖方适用于第 49 条第(1)款(a)项规定的根本违约自无问题，但是否也适用于该条第(1)款(b)项即卖方在买方规定的宽限期内仍未交货或声称将不交货的情形，对这一问题存有争议。第一种观点认为第 70 条的规定不适用于第 49 条第(1)款(b)项规定的情形，因为公约并未将此情形定义为根本违约，买方宣告合同无效将不产生货物风险回转至卖方的效力，风险仍由买方承担。第二种观点认为，如果卖方迟延履行后，在买方依照第 47 条给予的宽限期内仍未履行，买方本应有权宣告合同无效。宽限期之后货物灭失，风险应回转至卖方。给两次迟延交货的卖方以特别优待、允许其对买方索赔货款，是没有道理的。有人解释为，第一种观点的理解仅是起草时的疏忽造成，买方在根据第 49 条第(1)款(b)项的规定宣告合同无效后，风险也应回转至卖方。从立法过程看，公约起草委员会指出，公约第 67 条的适用，应扩大至买方有权宣告合同无效的所有情形，而不应仅限于卖方根本违约的情形。但不知何故，公约条款并未表达出此意。公约第 82 条第(2)款(a)项规定，如果买方不能返还货物便丧失宣告合同无效的权利，这清楚地表明买方基于宽限期届满卖方未履约而宣告合同无效的情形，同样产生风险回转至卖方的效力。因此，第二种观点更为合理，即第 49 条第(1)款(a)项和(b)项规定的情形，买方宣告合同无效均产生风险回转至卖方的效力。①

其实，应结合公约相关条款理解第 70 条，如第 25 条根本违约的定义、第 36 条对卖

---

① See Michiel Buydaert, The Passing of Risk in the International Sale of Goods: A Comparison Between the CISG and the INCOTERMS, https://iicl.law.pace.edu/sites/default/files/cisg_files/buydaert.html. Accessed 2023-12-23; Schlechtriem & Schwenzer, Commentary on the UN Convention on the International Sale of Goods (4th Edition), Oxford University Press, 2015, commentary on Art. 70.

方交货不符责任时点的划分、第49条关于根本违约的分类、第66条风险转移后发生货损的后果等。综合分析，需特别注意几点：第一，对卖方根本违约考量的依据是第25条。第二，卖方根本违约后买方可采取的救济手段，应与根本违约相对应，即宣告合同无效或要求卖方交付替代货物，而行使这些救济权利应受到公约第49条第(2)款(b)项(在合理时间提出)、第46条第(2)款、第82条(按实际收到货物原状归还货物)等规定的约束。第三，第70条不妨碍在不构成根本违约时，依然分别适用货物风险转移和交货不符、迟延交货的相关规定处理，即货物风险依据第67条至第69条规定转移，买方救济手段依据第46条(修理)、第50条(减价)和第74条至第77条(损害赔偿)等规定处理。第四，第70条不阻止货物风险转移至买方，但因为卖方根本违约及买方行使救济权利，货损风险再次回转至卖方。假若卖方交货不符且达到根本违约程度，买方可宣告合同无效或要求卖方交付替代货物，卖方因而承担货损的风险，即使货物仍在买方的控制范围内。第五，买方基于卖方根本违约行使救济权(宣告合同无效或要求卖方交付替代货物)，与风险转移后发生货损针对致损责任方(如承运人)提出的索赔，性质不同，应分别根据买卖合同和其他合同(如运输合同、仓储合同等)不同规定处理。

十五、货物风险转移与所有权的关系

根据公约第4条(b)项的规定，公约不管辖货物所有权问题。货物风险转移与所有权转移是两个性质不同的问题。确定货物风险转移，不受货物所有权的影响。这一点可能与相关国家(如英国、法国等)国内法风险转移规定相左，后者常常规定货物风险随所有权转移。如在前文(2000)武海法商字第91号案中，合议庭采纳普遍观点，认为在国际贸易中，货物的所有权和风险是可能分离的。公约规定了货物风险转移而没有规定所有权的转移。根据公约的规定，风险转移依据货物销售合同约定而确定，所有权的转移在实践中则是根据提单的转让情况来确定。根据 INCOTERMS 1990 的规定，在 CFR 价格条件下，货物的交付是象征性交付，即以交付提单、信用证、产地证明等单证来交付货物，而不是以货物在装货港或卸货港越过船舷这一实际交付形式来交付货物。货物的风险则以货物是否越过船舷来判断是否由卖方转移给买方。

第二十一节 买卖双方共性的义务

公约第Ⅲ部分第五章对买方和卖方具有的共性的义务作了规定。该章第一节第71条针对合同订立后一方出现某些情况危及合同履行时，另一方当事人可行使的权利

作出规定,第72条规定了履行期满前宣告合同无效的权利,而第73条是针对分批交货合同违约,当事人宣告部分或整体无效的规定。三个条款虽针对不同情形,但共同点都是关于合同正常履行受到危害、将来可能出现违约或根本违约时,当事人有权行使的救济,也都涉及对违反未来义务造成合同履行损害的预测和评估。

一、中止履行义务的权利

公约第71条对当事人中止履行合同的权利作出规定。

(一)双方的中止履行权

结合公约第72条、第73条的规定理解,公约第71条第(1)款规定要解决的是合同正常履行受到一方当事人(债务人)出现的情形的危害时,另一方当事人(债权人)可采取的救济,相当于中国法中的不安抗辩权。严格说,该款不是针对预期违约(由第72条规定)和已然违约(由第45条、第61条规定)的规定。根据该款,在合同订立后,显然(it becomes apparent)债务人将不履行其大部分重要义务(a substantial part of his obligations),债权人有权中止履行其任何义务。"显然"不能仅凭主观判断,还需客观标准。不履行合同的危险必须已经显现,成为现实,考察的标准是其履行义务的能力或信用,或者其在履约准备或履约中的行为。该款中"substantial part"与第25条中"substantial deprivation"所使用的"substantial"标准不同,其门槛更低,因为中止履行仅是临时措施,不足以构成根本违约后的宣告合同无效。是否构成"substantial part",需结合该当事人整个合同义务、对债权人的重要性、合理期待及其履行期限等因素考察。如果是次要或轻微违约,不构成"substantial part"。这种妨碍或不能履行,可能在订约前就已存在,但必须在订约后显现出来,即成为很明显的迹象(become apparent)。该条第(1)款(a)项中的履约能力严重缺陷(serious deficiency),是指履行合同面临客观和法律障碍,如因疫情防控出现的工厂关闭、雇员严重短缺、外汇管制、工厂遭遇火灾、罢工、武装冲突等,还包括自然现象。信誉严重缺陷,如被采取财产保全措施、被列入失信被执行人名单、进入清算、被吊销营业执照、财务状况严重恶化、付款能力严重不足、欺诈等。但仅仅是市场变化可能引起的货源紧缺、付款迟缓等不构成该款履行合同的妨碍。该条第(1)款(b)项中准备履约或履约过程中的行为,如果使人对其到底是否有能力或有意愿履行合同产生合理怀疑,另一方可以中止履行。如卖方怠于申领出口许可、租船订舱、备货集港,或具有不当运输、不当包装、使用缺陷材料等行为,或者怠于向承运人移交货物、向银行提交单据等;买方怠于申请外汇额度、申请开立信用证、修改信用证、支付货款、安排运输工具等。这些情形不一而足,也不可能严格区分,但其效果是一样的,就是对合同的正常履行造成威胁。

实践中,守约方选择中止履行,需在作出决定前对整个合同尤其是对方的各项义务作全面梳理,对对方出现的各种显然将危及合同履行的情形作出准确预测和评估。否则,无依据的中止履行,可能导致己方违约。一旦决定行使中止履行权,其可以在合同订立后至债务人应履约日之间的任何时间行使。因公约第77条规定守约方减损义务,其应该在知道履约风险后立即行使中止履行权,并立即通知对方该决定。

(二)卖方的中止履行权

公约第71条第(2)款对守约卖方的权利作出规定。如果在第71条第(1)款所述的情况明显化以前,卖方已将货物发运,他可以阻止将货物交给买方,即使买方已经持有其有权获得货物的单据。在(2015)沪高民二(商)终字第S3号案中,法院认为,截至2011年7月底,买方尚欠卖方已至付款期限的货款50余万美元。卖方据此中止履行,阻止将已出运的货物交付给买方,符合公约的规定,并不构成违约。

该款规定只与买方和卖方之间对货物的权利有关。如果说第71条第(1)款是针对双方当事人的中止履行权而订立,那么第71条第(2)款就是对卖方的中止履行权而订立。对卖方而言,如果其在向承运人交运货物前中止履行,应适用第71条第(1)款的规定,而如果其将货物交给承运人后至货物由承运人交付给买方前行使中止履行权,即行使中途停运权(right of stoppage in transitu),应适用第71条第(2)款的规定。可见第71条第(2)款就是为中途停运权而量身定制的。如果说第71条第(1)款是双方有权中止将来义务的履行,那么第71条第(2)款仅是卖方在履行交货义务后行使的中止履行权,使其已履行的义务归于无效。因此,如果合同规定(或适用D组术语时)买方营业地或其他特定场所为合同履行地,卖方有义务将货物运输至该地点,卖方知道买方危及履行情形的时间,对适用第71条第(1)款或者第71条第(2)款至关重要。尽管适用的情形不同,但该条第(2)款规定的中途停运权不过是该条第(1)款规定的中止履行权的延伸,是专门针对卖方交货义务的特别中止履行权,所要求的标准是相同的。卖方停运权也适用于在卖方营业地交货的条款(买方尚未提货,卖方可将已交由买方处置的货物收回),以及买方指示卖方将货物直接交付下游客户的情形。货物所有权是否转移或者买方是否持有提货凭证,不影响中途停运权的行使。

(三)卖方中途停运权及其救济手段

卖方即使未按公约第71条第(3)款的规定就行使中途停运权通知买方,也不影响中途停运权的效力,但其可能面临被买方索赔损失的风险。中途停运权是卖方单方行使的权利,买方只能接受。卖方中途停运权是公约赋予卖方的私力救济手段,旨在使卖方通过私力救济实现对货物的保全,以避免履约后不可挽回的损失。但中途停运权并非灵丹妙药,其往往受到运输合同、运输单据或者仓储合同、仓储单据,以及第三方权利的制约。对私力救济失败后的补救,就是诉诸公力救济。卖方可根据法院所在地法或仲裁程序规定,通过保全程序行使中途停运权,如根据《海诉法》的规定申请海事强制令,禁止承运人向买方交付货物。当然法院作出禁令所依据的仍是公约第 71 条的规定。

但是,公力救济也并非包治百病,根据公约第 71 条第(2)款第二句的规定,卖方停运权只存在于买卖合同卖方和买方之间,其不能对抗第三方。国际贸易合同涉及的第三方包括承运人、仓储保管人或者买方下游客户、银行等。卖方、买方与第三方的关系,不在公约管辖范围内,只能依据所适用的国内法解决。根据合同相对性原则,买卖合同当事人约定的权利义务不得约束合同外第三方。因此,无论是私力救济还是公力救济,卖方的中途停运权必须仅约束买卖双方当事人。法院的强制令能否阻却承运人、保管人向买方交付货物,视情况而定。如卖方与承运人订立运输合同(如 CIF 条款),卖方为托运人,不论卖方是否持有物权凭证类单据(提单等),卖方都有权根据运输合同通知承运人停止交货给买方或买方的客户(收货人)。如买方与承运人订立合同(如 FOB 条款),而承运人签发的运输单据卖方不是托运人,则卖方行使中途停运权就会受到挫折,承运人可能拒绝执行卖方的指令。无论是哪种合同,尽管中途停运权的存在不取决于是卖方还是买方与承运人、保管人订立合同,也无论买方是否已持有可提取货物的单据,要行使中途停运权以阻止承运人、保管人向买方交付货物,就可能发生卖方中途停运权与买方(单据持有人)提货权的冲突。此时,即使法院也无法限制承运人、保管人根据其与单据持有人之间的法律关系,凭该单据向持有人交付货物。如不能成功行使中途停运权,卖方只能等到买方违约后依据公约第 61 条第(1)款(b)项的规定向买方索赔违约赔偿,此时其可能要面临无可挽回的损失。

(四)行使中止履行权的法律后果

中止履行义务一方当事人,相当于在合同订立后至对方履行日期前"冻结"了己方义务的履行,其法律后果是什么?换言之,何时终结这种冻结状态,持续冻结的结局如何?公约没有给出明确答案。可能有几种情况:一是债务人在履约期内履行合同,债权人中止履行的事实基础不复存在,应恢复履行义务;二是债务人在履行义务的范围内,向债权人提供充分保证,根据公约第 71 条第(3)款的规定,被债权人中止履行的义务"复活",应开始恢复履行;三是债务人既不履行合同义务也不提供充分保证,公约既没有明确规定债权人有权要求债务人提供充分保证,也没有规定在此情况下或者超过一定期间后,债权人有权宣告合同无效。债权人似乎可待债务人履约期间届满后,证明其构成根本违约,依据公约第 72 条的规定宣告合同无效,但是否确实构成根本违约而导致合同无效仍存在不确定性。债权人可能处于进退两难的窘境。这完全不能适应国际贸易瞬息万变的市场需要,也不是双方当事人所期待的结果。为此,近年来一些统一立法活动试图解决此难题。《国际商事合同通则》第 7.3.4 条和《欧洲合同法原则》第 8.105 条规定,只要债务人未在合理时间内提供充分担保,债权人就有权终止合同。《美国统一商法典》第 2-609 条第 4 款规定,债务人未在不超过 30 日的合理期限内提供保证的,构成违约。因此债权人可以在最长 30 日后终止合同。上述立法规定清晰明确,以防止出现债权人受制于债务人而进退维谷的窘境。规定债务人在合理时间内提供适当保证,符合公约所倡导的在限定时间内行使权利的原则[第 39 条、第 43 条、第 46 条第(3)款、第 47 条、第 48 条第(2)款、第 49 条第(2)款、第 63 条和第 64 条第(2)款]。①

正确理解公约第 71 条的规定,既需要主观判断和评估,也需要客观标准。第一,该条赋予债权人的中止履行权是暂时的,具有私力救济的性质。一旦债务人恢复履约能力、愿意履约、提供充分保证,债权人应恢复履行义务。第二,恢复履行义务的时间,可按原合同约定扣除中止履行的时间,重新起算。第三,卖方停运权仅在买卖双方之间有效,其行使受到运输、仓储合同或单证以及第三方权利的制约。第四,债务人提供保证方式不限,可以是债务人提供的不动产抵押、动产质押、留置、保证等,也可以是第三方提供的担保,如第三方财产抵押、银行保函等。只要债权人认为充分可接受即可。第五,保证是否充分需要从多方面考量。原则是未履行的全部义务得到经济补偿,确保在债务人实际上违约时,债权人得到的补偿等于债务人正当履约时所实现的经济利益。第六,对中止履行义务期间可能遭受的损失,如卖方恢复履行义务后采购原材料、买方恢复付款后购买外汇可能高于原价格从而产生的差价损失,可以向对方索赔。第七,一方错误行使中止履行权,给另一方造成损失的,应予赔偿。构成根本违约的,另一方有权宣告合同无效。第八,任何一方的中止履行合同,或者卖方行使中途停运权,均应通知对方。否则给对方造成损失的,应予赔偿。

二、预期根本违约与宣告合同无效

国际贸易中,经常遇到这样的情形:买方眼见市场下跌便在货物装运前不支付货款、不顾卖方多次请求迟迟不开立信用证且屡次要求卖方降价,超出合同约定提出额外的交货要求,不提供充分保证。这种情形下卖方怎么办?是否要继续备货、租船订舱?或者卖方以前交货的质量都存在严重瑕疵而其制造工艺或货源没有改进,卖方不认为自己有履约义务而将货物另售他人,卖方声称不可能寻到货源或寻得替代货源的可能性不大。这种情形下买方怎么办?是否继续支付货款?公约第 72 条对此类问题给出解决方案,该条规定:

---

① See Schlechtriem & Schwenzer, Commentary on the UN Convention on the International Sale of Goods (4th Edition), Oxford University Press, 2015, commentary on Art. 71.《国际商事合同通则》第 7.3.4 规定,若另一方当事人未在合理时间内提供此保证,则要求提供保证的一方当事人可终止合同。《欧洲合同法原则》第 8.105 条规定,如果此种保证在合理的时间内未被提供,只要要求保证的一方当事人仍然合理地认为另一方当事人将会根本性不履行,并且不曾迟延地发出了解除合同的通知,他就可以解除合同。《美国统一商法典》第 2-609 条第 4 款规定,一方在收到对方有正当理由的要求后,如果未能在最长不超过 30 天的合理时间内,按当时情况提供履约的适当担保,即构成毁弃合同。

(1)如果在履行合同日期之前,明显看出一方当事人将根本违反合同,另一方当事人可以宣告合同无效。(2)如果时间许可,打算宣告合同无效的一方当事人必须向另一方当事人发出合理的通知,使他可以对履行义务提供充分保证。(3)如果另一方当事人已声明他将不履行其义务,则上一款的规定不适用。

这就是公约规定的预期根本违约制度。

(一)预期违约

预期违约(Anticipatory Breach of Contract)制度源于英美法。这一制度最早由英国1853年 *Hochster v. Edgar Frederick De La Tour* 一案确立并发展。《美国统一商法典》在总结英美国家判例经验的基础上,明确采纳了预期违约制度。该法典第2-610条不仅规定了美国判例确立的明示毁约情况下债权人享有的选择救济措施的权利,还增加了债权人中止履行合同的权利。美国的预期违约制度,既包括债权人具有主观过错的情形,也包括了无过错的情形,对债权人的保护更加充分,因此被国际立法和其他国家普遍采用。根据《元照英美法词典》解释,预期违约是指在履行期限到来前,义务人以言辞、行为明确而清楚地表明其将拒绝履行义务的意图,则这些言行是对合同的放弃,另一方当事人可据此视合同已被终止。预期违约多发生在销售合同中。《布莱克法律词典》定义预期违约为:由一方当事人的预期拒绝行为(anticipatory repudiation)引起的违约,即当事人明确表示在到期时不会履行义务。这种情况下,未违约方可以选择将拒绝作为立即违约行为而提起诉讼,要求损害赔偿。[①]

预期违约制度是对大陆法系国家"契约必须遵守"的法律观念的挑战。该制度克服了成文法的局限性,使得僵化的法律适用所导致的不公正后果得以避免,赋予法官一定程度的自由裁量权,在处理具体案件的过程中可以对一般的法律规则予以变通,实现守约与效率的平衡。

根据公约第72条第(3)款和第(1)款的不同规定,构成预期根本违约的原因,除包括英美法下义务人言辞、行为所表现的主观意图,还包括与义务人无关的表明其预期根本违约的客观事件,即采用主观和客观二分法。预期根本违约的规定旨在保护债权人的利益,避免其在已看出债务人将来极可能根本违约的情况下继续履行合同,而在根本违约"生米已成熟饭"时遭受无法挽回的损失。

(二)相近条款的差别

根据公约第72条的规定,债权人可以在债务人履约日期临界前提前采取行动,宣告

---

① 参见薛波主编:《元照英美法词典》(缩印版),北京大学出版社2013年版,第78页;Bryan A. Garner ed., Black's Law Dictionary (11th Edition), Thomson Reuter, 2019, p. 232。

合同无效，而无需等待根本违约实际发生。公约在给予债权人尽快脱身以寻找更佳商机的机会，充分保护其利益的同时，并未忽视给予债务人履行义务的机会。这里有几个区别：第一，第72条仅适用于履约日期到来之前(prior to the date of performance)的预期根本违约，而第49条适用于在履约日期及其之后发生的根本违约。第二，一方出现预期违约时，另一方宣告合同无效仅是其诸多选项之一，其还可以根据第71条的规定中止履行合同义务或等到合同履约日期到来，根据违约情况依第45条、第49条或第61条的规定行使救济权利。第三，第71条、第72条和第73条对认定中止履行合同、预期根本违约或分批交货预期根本违约的标准不同。依这三个条款，未违约方都需对另一方的行为是否构成预期违约及其违约程度作出预判，但附设于第72条第(1)款规定宣告合同无效的前提条件是"明显看出"(it is clear)，这不仅要求债权人意识到合同履行将受到干扰，还强调根本违约实际发生的高度盖然性，比第71条第(1)款规定的"显然"(it becomes apparent)更为严格。而第71条第(1)款的"显然"也不同于第73条第(2)款的"充分理由"(good grounds)。从用语看，第72条第(1)款的"明显看出"是最严格的，是否满足前提条件需根据第8条第(2)款确立的同等资格、通情达理之人的客观标准衡量。第四，对通知的要求也不同，第72条第(2)款要求债权人只在时间允许时给予对方合理通知(reasonable notice)，且该条第(3)款规定在对方声明将不履行合同时，免除通知义务。而第71条第(3)款对中止履行通知的要求是立即通知并且没有豁免通知的规定。并且，二者的法律效力不同，第72条第(2)款的通知具有强制性，是宣告合同无效的前提条件。如果时间允许，根据第72条第(1)款宣告合同无效而未合理通知债务人，合同仍有效存在。第五，第72条的通知不同于第26条宣告合同无效的声明，前者的前提条件"时间允许"发出合理通知，且可以豁免；而后者是必须发通知，不可豁免，否则就不发生合同终止和获得救济的效力。从第49条第(1)款(b)项或第64条第(1)款(b)项得知，当事人宣告合同无效需根据第47条第(1)款和第63条第(1)款的规定发送两个通知，一个是给予履约宽限期的通知，另一个是违约方仍不能在宽限期履约时宣告合同无效的通知。依据第72条的规定，通常也需要两个通知，一个是债权人预判将发生预期根本违约且时间允许的情况下发出合理通知，告知债务人将宣告合同无效以使其为履行义务提供充分保证，另一个是在债务人没有履约或未提供充分保证时再发通知宣告合同无效。当然，若时间不允许，债权人可不发通知。若债务人接到第一个通知后履行合同或提供了充分保证，则合同继续履行，债权人无须发出宣告合同无效的通知。若债务人已声明其将不履行合同，债权人无须发出第一个通知即可直接宣告合同无效。同时，第72条对债权人通知的要求也不同。该条第(3)款中因债务人明确拒绝履行合同，债权人无须依该条第(2)款之规定通知其宣告合同无效。第六，第72条适用于交付单票货物而宣告合同无效，而第73条是针对分批交货合同下,未来交付货物无效的特别规定。

三、预期根本违约时的充分保证

公约第72条第(2)款规定的充分保证(adequacy of assurance)与第71条第(3)款中的"充分保证"的内容和标准相同。保证的形式、保证的范围,以及保证是否充分,主要取决于其能否充分担保合同的履行,即根本违约发生后债权人利益能否得到充分保护,因此决定权在债权人。如果双方对此争执不下诉诸法律,法院或仲裁庭将根据债务人违反合同义务的性质和可能造成的损害的范围、程度等情形,确定保证是否充分。如货物CIF价款为100万美元,买方在约定付款日期到来前显露出根本违约明显迹象,买方控股股东为著名跨国公司,该跨国公司为买方提供一份不可撤销的保函,保证范围为买方不支付货款给卖方造成的货款损失等,保证金额为100万美元,该保函可被视为充分保证,而不必包括债权人可能遭受的所有损失。债权人合理通知加上债务人的充分担保,就使得债权人宣告合同无效的权利不复存在。反之,如果债务人在接到通知后拒绝提供充分保证或在合理时间内没有回应,则债权人可以毫不迟疑地宣告合同无效。债务人提供保证并非易事,一方面,其自己提供保证可能财力和资信不足,并非所有债务人都可依赖实力雄厚的关联公司,而关联公司也不必然为其提供保证,银行或第三方提供保证也需要反担保。因此,买卖双方往往就保证的形式、范围和金额等反复协商。另一方面,债务人提供的保证往往存在瑕疵,如担保范围和金额不充分,或者虽然担保金额充分但未在规定或合理时间内提供保证,债权人该如何应对这种情况?如果债务人以积极行动响应债权人的通知,即使保证存在轻微瑕疵,债权人应接受该保证,断然拒绝而宣告合同无效似乎不合理。但前提是,根据公约第48条的规定,该保证应不存在不合理的延误并且不应给债权人带来不合理的不方便。对第72条第(2)款规定的通知的送达风险,考虑到债务人收到该通知后才可以安排保证事宜,因此该通知应适用送达主义,通知在送达债务人后始为生效。

债权人依据公约第72条宣告合同无效不影响其索赔损失。该损失范围仅限于债权人预期根本违约给债权人造成的损失,损失范围和金额依据第74条的规定计算。但在某些情况下,债务人可就债权人损失范围和金额提出抗辩。如债权人未根据公约第72条第(2)款在合理期间内提出通知、宣告合同无效超过合理时间、未按指示恢复原状或未根据第77条的规定及时止损,债务人可以主张减少赔偿金额。①

---

① See Schlechtriem & Schwenzer, Commentary on the UN Convention on the International Sale of Goods (4th Edition), Oxford University Press, 2015, commentary on Art. 72. 另参见 CISG-DIGEST-2016《判例法摘要汇编》关于公约第72条的判例汇编;张玉卿编著:《国际货物买卖统一法——联合国国际货物销售合同公约释义》(第3版),中国商务出版社2009年版,第458—461页。

四、宣告分批交货合同无效

分批交货合同与在途货物买卖合同一样，为非典型交货合同，其所涉法律问题历来被国际统一立法活动所重视。所谓分批交货合同(contract for delivery of goods by instalments)，就是一个独立合同项下，在一定期间内至少有两个批次的货物，在不同的时点交付。每批次货物之间具有可分割性和相对独立性的特点。各批次货物可以是同类货物，也可以是不同类货物，且每批次货物的数量、重量、质量、规格及价款等不必相同。分批交货合同不同于在一定期间内履行的系列独立合同，也不完全等同于分销合同或框架协议。公约第 73 条从三个方面对分批交货合同宣告合同无效作出规定，其中第(1)款和第(2)款适用于双方当事人，如卖方未依约定交付某批货物、对交付某批货物提出新附加条件，或者买方未能就某批次货物开立信用证，都构成单批次货物根本违约。而第(3)款仅适用于卖方违约导致买方宣告合同无效的情形。

(一)宣告单批次货物根本违约

公约第 73 条第(1)款规定：

> 对于分批交付货物的合同，如果一方当事人不履行对任何一批货物的义务，便对该批货物构成根本违反合同，则另一方当事人可以宣告合同对该批货物无效。

宣告合同无效是终极救济手段，尽量避免使合同无效是公约追求的理念。因此，如果仅仅是一批次货物的履行构成根本违约，未违约方只能宣告该部分货物的合同无效。单批次货物是否构成根本违约，判断标准依然是公约第 25 条的规定，该条规定既适用于单个合同也适用于分批交货合同的单批次。

因分批交货合同比单个独立合同的履行更为复杂，就单批次义务履行是否构成根本违约，须考察该批次货物的违约给整个合同造成的影响，关键是从其与整个合同的关系看是否构成根本违约。如某 16 万吨铁矿砂买卖合同约定分 6 批交货，其中一批货物未能交付但卖方事后完成补交，该批次未交付货物对整个合同影响轻微，不构成根本违约。但在分为 5 个批次交货的某成套设备合同中，因每批次货物的种类和重要性不同，某批次货物为可以替换或修理的通用零部件，未能交付不会影响整套设备的安装和使用，不构成根本违约。若特别定制的核心部件未能交付，使整套设备无法安装使用，该批次货物未交付，就构成根本违约。除公约第 25 条规定的根本违约[第 49 条第(1)款(a)项和第 64 条(1)款(a)项]外，未在额外宽限期内履约或声称将不履约的规定[第 49 条第(1)款(b)项和第 64 条(1)款(b)项]也适用于第 73 条。未违约方宣告合同无效通知时间(第26条)、货物检验(第38条和第39条)、权利瑕疵通知(第43条)所适用的条款与单个独立合同相同。宣告合同无效的法律后果是该批次无效,而不影响合同的其他批次。

(二)宣告将来某批次货物无效

公约第73条第(2)款规定:

> 如果一方当事人不履行对任何一批货物的义务,使另一方当事人有充分理由断定对今后各批货物将会发生根本违反合同,该另一方当事人可以在一段合理时间内宣告合同今后无效。

根据此规定,如中国买方自伊朗卖方购买5万吨硫磺,分5批次交货,卖方未交付首批货物,或在市场上涨时拒绝交付货物,买方有充分理由断定卖方对未来各批货物将构成根本违约,其可以宣告未来批次合同无效;相反,如买方未就先前批次开立信用证或支付货款,卖方有充分理由断定买方对未来各批货物将构成根本违约,可宣告未来批次合同无效。

宣告未来批次无效的判定对象是之前和当前任何批次的履行情况,并且不要求之前和当前批次的履行一定构成根本违约。如之前或当前批次频繁多次违约,虽不构成根本违约但足以给未违约方充分理由相信未来批次将构成根本违约,未违约方就可以宣告未来批次合同无效。之前或当前任何批次履行是否构成根本违约,要另行根据公约第73条第(1)款的规定来认定。(2018)津0116民初38号案中,对已到港的8个货柜,买方未提货但已支付其中4个货柜的预付款,并同意支付另外4个货柜的货款。对于卖方未装船的另外8个货柜,法院认为,因在案涉合同履行过程中,买方仅支付4个货柜的预付款后便未再向卖方支付任何款项,因此卖方在买方出现上述违约行为后,有权终止履行合同义务,且负有积极防止损失继续扩大的义务。

根据之前和当前批次履约情况准确预判未来批次的根本违约,需根据公约第8条第(2)款的规定以一个同等资历的通情达理之人的标准考量未违约方。为避免预判失误造成己方违约,未违约方可以就当前批次货物设定额外宽限期,要求另一方在限定的宽限期内履约。如果另一方未能在此期间内履约,则可依第49条第(1)款(b)项、第73条第(1)款或第64条第(1)款(b)项的规定认定根本违约,也可以依据第73条第(2)款的规定获得充分理由断定未来批次货物的根本违约。前文已述及,第73条的用语是"有充分理由",与同样针对预期违约的第71条"显然"和第72条"明显"的用语不同。从不同措辞分析,因为第71条规定的中止履行仅为临时救济措施,第73条第(2)款是宣告未来某批次合同无效,而第72条是宣告整个合同无效,这些救济权利对合同的颠覆性逐步升级。因此第72条规定对宣告预期根本违约的当事人要求最高,第 73 条第(2)款居中,第 71 条的要求最低。①

(三)宣告前后相互依存批次货物无效

如果一个合同项下各批次货物有相互依存关系,如特别定制的成套设备、量身定做的服装材料、特别建筑材料等的买卖合同中,不同批次货物相互依存形成不可分割的有机整体,不易用其他供应商的货物来替代,某一批次货物未交付或严重不符将使其他批次货物变得没有价值。这些批次中的一个批次无效即可使当事人在订立合同时的目的无法实现。未违约方可根据第 73 条第(3)款的规定在宣告当前批次无效的同时,宣告前后批次无效。

公约第 73 条第(3)款规定:

> 买方宣告合同对任何一批货物的交付为无效时,可以同时宣告合同对已交付的或今后交付的各批货物均为无效,如果各批货物是互相依存的,不能单独用于双方当事人在订立合同时所设想的目的。

该款仅适用于买方宣告前后批次交货无效的情形。宣告当前批次无效所依据的标准是第 73 条第(1)款规定的根本违约(第 25 条)。当前批次交货不构成根本违约,买方不得根据该条第(1)款的规定宣告该批次无效,也不得根据该条第(3)款的规定宣告已交付或未交付批次无效。如当前批次交货不符可以在合理时间内替换或修理货物、自第三方购买替代货物,已交付或未交付批次货物就不必然是无价值的。而且已交付或未交付批次的货物,不必同时构成根本违约,唯一条件是这些前后批次的货物因当前批次货物的未交货或货物严重不符导致变得对买方无价值,具体而言就是买方不能实现购买货物的目的。买方因货物无价值而无法实现购买目的,需根据双方在订立合同时共同设想的目的考察。

另外,买方援引第 73 条第(3)款的规定宣告已交付或未来交付的货物无效的前提是,除各批次货物相互依存,还有双方当事人在订立合同时所设想的目的,亦即卖方知晓或理应知晓买方购买货物的目的。判断卖方知晓或理应知晓需根据合同明确约定,或根据第 8 条第(2)款的规定以一个同等资质的通情达理之人的标准考量。如果合同目的不能实现,构成对整个合同的根本违约,其结果是买方有权针对已交付、未来交付批次的货物或者整个合同宣告无效。买方在宣告已交付或未来交付货物无效的同时,应宣告当前批次货物无效,也可以一次性宣告整个合同无效。根据第 73 条第(3)款的规定宣告已交付或未来批次货物无效或整个合同无效,应根据第 26 条的规定向卖方发出通知。

---

① See Schlechtriem & Schwenzer, Commentary on the UN Convention on the International Sale of Goods (4th Edition), Oxford University Press, 2015, commentary on Art. 73.

(四)合同的部分履行与分批交货的区别

公约第51条和第73条都调整部分履行问题,但二者的区别是明显的:第一,第51条针对整个合同下一次性交货义务中,卖方仅交付部分货物或仅部分货物符合约定,而第73条针对整个合同约定卖方以连续不同批次交货。第二,第51条仅涉及买方的权利,而第73条涉及双方的权利[该条第(3)款仅涉及买方权利]。第三,就单批次交货根本违约而言,两种情况规定的法律后果相同,不同之处在于债权人不仅可根据第51条第(1)款的规定行使所有救济权利,还可根据第73条第(1)款的规定行使救济权利,即有权宣告合同无效,并根据第45条、第61条、第71条和第72条实施救济。如果分批交货合同中的某批次货物中仅有一部分构成根本违约,而该批次剩余货物符合约定,则第51条第(1)款的规定就显得十分重要。此时,根据第51条第(2)款的规定只能对受到该根本违约货物影响的批次宣告无效。至于该批次宣告无效的效果能否扩大至其他批次交货,取决于各批次之间有无相互依存关系。第四,第73条第(3)款与第51条第(2)款措辞不同,但其原理无异。事先约定交货时间表的分批交货合同和单个但可分割交货合同的区别仅涉及第73条第(2)款的规定,即仅针对未来交付批次货物宣告无效。①

第二十二节 违约损害赔偿

损害赔偿,在公约的各项救济措施中占有核心地位。公约规定买方和卖方有权分别根据第45条第(1)款(b)项和第61条第(1)款(b)项的规定主张损害赔偿,这也是适用公约第Ⅲ部分第五章第二节中第74条至第77条损害赔偿规定和计算公式的前提。第74条是损害赔偿的总规则,而第75条和第76条是对第74条的补充。同时第77条规定的减损原则对第74条作出限制,而第44条规定,买方如果有合理理由未根据第39条第(1)款的规定对交货不符发出通知,仍不能就其利润损失部分得到赔偿。从中可总结出公约损害赔偿规定的特点:一是无过错责任原则,二是完全赔偿原则,三是合理预见原则,四是损害赔偿与其他救济措施合并行使原则,五是减少损失原则,六是无过错责任,受到第79条和第80条的有限制约。

---

① See Schlechtriem & Schwenzer, Commentary on the UN Convention on the International Sale of Goods (4th Edition), Oxford University Press, 2015, commentary on Art. 73. 另参见张玉卿编著:《国际货物买卖统一法——联合国国际货物销售合同公约释义》(第3版),中国商务出版社2009年版,第466—467页。

一、损害赔偿的基本规则

从比较法上观察,涉及赔偿范围限定问题时,存在着所谓"完全赔偿主义"与"限制赔偿主义"之分。前者以德国为代表,指赔偿范围不受过错程度的影响,责任范围与责任原因相分离,只以因果关系作为限定责任范围的唯一手段。后者以法国为代表,赔偿范围因有责程度而有不同。在故意或重大过失场合,损害赔偿限于直接损害,包括所受损失和所失利益;非故意或重大过失场合,损害赔偿在直接损害基础上又限定可预见的损失。公约的损害赔偿更接近完全赔偿主义,不以过错为前提或要素,但又以可预见的合理损害为限,是两种赔偿制度的妥协与融合。①

公约第 74 条规定:

> 一方当事人违反合同应负的损害赔偿额,应与另一方当事人因他违反合同而遭受的包括利润在内的损失额相等。这种损害赔偿不得超过违反合同一方在订立合同时,依照他当时已知道或理应知道的事实和情况,对违反合同预料到或理应预料到的可能损失。

可见,公约规定了完全赔偿原则(principle of full compensation),但并未对可赔偿损害明确作出定义和分类。通常认为,公约规定的损害赔偿仅限于金钱赔偿,不包括恢复原状。可赔偿损害应结合合同目的和公约规定的完全赔偿目标考量,要求损害赔偿的一方应被置于未发生违约时同样的财产状态,其获得的赔偿相当于因对方违约而遭受的损失。对此,其不仅可主张订立合同时各种现存财产的丧失,还可索赔合同得到适当履行后应获得的利润(财产增长部分)。第 74 条仅提到损失(loss)和利润(profit),而未对损失作出分类(如直接损失和间接损失等),各国法院往往根据本国法对损失分类加以裁判。

根据该条规定的完全赔偿原则,要求损害赔偿的一方因对方违约遭受的可赔偿损失大致包括直接损失(direct loss),如卖方未交货,导致买方付款损失或购买替代货物差价损失、买方接受瑕疵货物的贬值损失、迟延交货导致货物市场差损失等。买方不付款或迟延付款,导致卖方的利息损失、采购货物融资财务成本等。还包括附带发生的损失(incidental loss),即要求损害赔偿的一方为避免对方违约带来的额外不利结果而发生的费用。就买方而言,包括因货物不符发生的退运运费、仓储费或保全费、自行

---

① 参见刘瑛:《国际货物买卖中的损害赔偿制度实证研究——以〈联合国国际货物销售合同公约〉的规则与实践为核心》,中国人民大学出版社 2013 年版,第 49—50 页。关于不同法系的损害赔偿规定,另参见 CISG-AC Opinion No. 10, Agreed Sums Payable upon Breach of an Obligation in CISG Contracts. Rapporteur: Dr. Pascal Hachem, Bär & Karrer AG, Zurich, Switzerland. Adopted by the CISG-AC Following its 16th Meeting in Wellington, New Zealand on 3 August 2012。

修理不符货物发生的必要费用,FOB 卖方迟延交货导致买方发生的滞期费。就卖方而言,包括买方未能开立信用证或及时付款、提供的舱位不符导致卖方额外增加的仓储费、订舱费等。对中国卖方而言可能会发生汇率损失,如买方迟延付款导致中国卖方通过第三国货币(美元)结汇时因货币贬值发生额外损失,此损失应属于公约规定的可赔偿损害。可赔偿损害还包括某些间接损失(consequential loss),即违约造成的额外损失,主要是给第三方造成的损失。如因卖方交付货物不符,买方向其下游客户转售不符货物招致下游客户索赔损失。这类损失可能是财产损失,也可能是产品不符导致的人身伤亡损失,卖方对此是否应负责赔偿,存在争议。但普遍认为,买方因货物瑕疵向其客户支付的人身伤亡赔偿金应归入损害范围。如果买方无理由拒绝提货,导致卖方向其上游供应商承担违约赔偿责任,该损失应由买方承担。完全赔偿并非包括所有损失,对某些特殊损失,虽不可避免其发生,似乎具有合理性,但不必然得到支持。有观点把利润归入间接损失。①

在指导案例(2013)民四终字第 35 号案中,最高人民法院认定,在德国卖方交货不符不构成根本违约的情况下,仍应对此承担违约赔偿责任。在否定了卖方关于买方未在合理期限内提出质量异议,已丧失主张质量不符的权利的上诉理由的情况下,法院认定:卖方交付的石油焦 HGI 指数不符合合同约定,客观上造成买方不能及时转售。虽然买方经过努力予以转售,但受市场价格变动影响,产生损失。故对于货款差价损失及利息和堆存费损失,卖方应承担相应的赔偿责任。上述损失的产生,亦有市场风险的原因,故买方亦应自行承担相应的损失。税费、包干费均是合同履行中应由买方承担的费用,在其宣告合同无效的请求不能得到支持的情况下,税费和包干费均应由买方自行承担。有贸仲案例认为,一方当事人违约后,申请人提出的损害赔偿存在两种情况,一种情况是合同恢复到合同订立前的状态即恢复原状,另一种情况是使合同恢复到合同正常履行时的状态。受害方在申请恢复原状的过程中,所有的为履行合同所支出的相应费用,都构成为履行合同支出的信赖利益。在第二种情况下,则是给予受害方通过履行合同所有的应得利益。受害方不能同时获得这两种利益。但在特定情况下,若当事人未主张要求合同项下的期待利益,则可以主张赔偿履行合同所正常支出的所有信赖利益。根据公约第 74 条的规定,一般认为受损害方有权索赔为准备合同或因合同被违反而产生的合理支出,虽然公约并未明文规定支出必须合理,但各国判决基本认为在支出不合理时,应拒绝给予损害赔偿。②

公约第 74 条没有排除因违约造成的非物质损害、名誉或商誉损失能否得到支

---

① 参见张玉卿编著:《国际货物买卖统一法——联合国国际货物销售合同公约释义》(第 3 版),中国商务出版社 2009 年版,第 470—473 页。
② 参见中国国际经济贸易仲裁委员会编:《〈联合国国际货物销售合同公约〉在中国仲裁的适用》,法律出版社 2021 年版,第 154—155 页。

持,实践中有不同的认识,但主流观点认为,损害赔偿范围仅包括财产损失(直接损失、间接损失和附带损失)以及预期利润损失。由于存在模糊地带,争议发生后,索赔范围和抗辩理由,都有较大空间。要求损害赔偿的一方可就违约造成的商誉损失、人身伤亡、惩罚性损害赔偿等提出索赔,而违约方可根据公约规定提出抗辩。

实现债权费用包括追债费用、法律费用等,通常认为法律费用不属于公约第 74 条规定的损害,因为公约管辖的合同关系属于实体问题,而追债或法律费用、律师费等属于程序问题,需根据相关国内程序法解决。至于哪些损害属于该条所涵盖的可赔偿损害,往往引发争议,法院或仲裁庭也常会根据国内法规定的损害赔偿原则作出裁判。在(2013)海民初字第 25538 号案中,法院认定,加拿大卖方应对中国买方承担的违约损害赔偿额,应与买方因卖方违反合同而遭受的包括利润在内的损失额相等,包括:买方汇率变动损失、已缴纳的海关进口关税、海关进口增值税,为该案货物已支付的港杂费,为保全证据支付的公证费,诉讼中买方已支付的翻译费和为向卖方送达应诉手续缴纳的送达费等。在(2018)粤 0391 民初 2728 号案中,法院根据公约第 74 条的规定,判决买方对卖方为追索货款及运费所付出的费用予以赔偿,包括律师代理费、翻译费、公证和认证费等。贸仲案例中,多数仲裁庭支持当事人法律费用的主张,如合同没有规定,则根据公约第 74 条的规定或《贸仲仲裁规则》作出裁决。但也有当事人未能证明律师费的发生与案件有因果关系,仲裁庭不予支持的案例。①

二、如何理解利润

公约第 74 条对预期可得利润和现存财产损失赋予同等地位,二者均可获得赔偿。如买方因卖方未交付货物而无法向下游客户履约,因此丧失 50 万美元利润,买方有权向卖方主张损害赔偿。但第 44 条对买方的此项利润索赔权作出限制,即使买方有合理理由,未能依公约第 39 条第(1)款或第 43 条第(1)款的规定发出货物不符通知,其也不能对该笔交易的利润部分提出损害赔偿请求。公约对如何认定和计算利润未作出明确规定,在争议发生后,可能会求诸所适用的国内法解决。通常认为,利润损失是未违约方订立合同时预计合同得到履行后可实现的、但因对方的违约而未能获得的利益。预期可得利润是一种未来的利益,而且必须具有一定程度的确定性。计算利润时,通常固定成本不会从合同价格中扣除。有案例判决卖方未能转售货物,其利润损失为合同价格与现价之差额。甚至很多案例不涉及交易成本。② 在(2021)沪 0117 民初 13437 号案中,法院根据原告的成品、半成品、原材料的成本单价计算成本损失,而将

---

① 参见中国国际经济贸易仲裁委员会编:《〈联合国国际货物销售合同公约〉在中国仲裁的适用》,法律出版社 2021 年版,第 155—156 页。

② 参见 CISG-DIGEST-2016《判例法摘要汇编》关于公约第 74 条的判例汇编。

被告订购单价与原告采购单价之差价部分作为原告的可得利益。并结合半成品以及未生产产品所产生的加工成本显然低于成品的情形,酌情确定被告应赔偿原告的损失金额。贸仲亦有案例针对利润问题作出裁决,认为公约第74条规定的利润应为可得净利润。申请人关于各项恢复原状损失赔偿请求事项,与其预期利润损失的请求完全相悖,即使其对被申请人的违约主张成立,两项请求也不能同时得到支持。另案仲裁庭认为,申请人主张的预期利润损失是指被申请人的产品缺陷给企业在经营中造成的损失,无论是根据合同法还是公约的规定,卖方交货不符时,买方正常情况下可选择的损害赔偿方式是不包括产品质量问题给买方企业造成的经营性损失或经营中的预期利润损失的。因为买方在能够及时采取公约规定的损害赔偿救济方式的情况下,其在交易中预期利润损失的补偿一般可得到实现,如进行替代性补进货物等。仲裁庭同时根据可预见性的相关规定,以及申请人不能证明其预期利润损失的计算依据、与产品缺陷的因果关系等举证不利情形,认为申请人的此项预期利润损失赔偿请求不能得到支持。①

三、违约损害赔偿,以违约方合理预见为限

公约第74条第二句规定:

> 这种损害赔偿不得超过违反合同一方在订立合同时,依照他当时已知道或理应知道的事实和情况,对违反合同预料到或理应预料到的可能损失。

这是对第一句确立的完全赔偿原则的限制,也是对严格责任制度的再平衡。"依照他当时已知道或理应知道的事实和情况"作为"预料到或理应预料到"的前提对预料作出限定,客观上促使当事人在订立合同时尽量向对方提供充分信息,如购买货物的用途、向第三方转售或出租可获得的利益等,以利于确认违约方"预料到或理应预料到"损害的发生。

公约并未将赔偿责任限制在可能的因果关系上,而是凭借第74条第二句规定的可预见性规则判断,将违约方的责任范围限定在根据签约时的情况和合同目的,其可预见的风险范围内。可预见的风险,仅指违约方在订立合同当时预料到或理应预料到其一旦违约可能造成的后果,而不是指将会发生违约或违约的类型,也不包括订立合同后发生的风险引发的损害。而且,并不要求对损失细节或损失金额的精准预料。至于其可能的后果到达何种概率,需根据个案判断其可预见性。评估违约方是否已预料或理应预料到损害后果,不仅要依据违约方主观标准,更要考察其他情况,根据公约第

---

① 参见中国国际经济贸易仲裁委员会编:《〈联合国国际货物销售合同公约〉在中国仲裁的适用》,法律出版社2021年版,第153—154页。

8条第(2)款的规定以处在违约方相同情况的通情达理之人的客观标准判断。只有违约造成的损害才是可赔偿损害,违约是损害发生的前提,损害是因违约直接造成还是间接引发并不重要。因此,严格来说,已发生的可预见的损害才构成损害赔偿的请求权基础。在(2018)粤民终1424号案中,法院认定卖方违反合同义务,构成根本违约。依公约第45条的规定,买方享有请求损害赔偿的权利。关于损害赔偿的范围,根据公约第74条的规定,卖方违反合同约定,交付不合格的货物给买方,买方因此而实际支付的费用均应属于卖方订立合同时应该预见到的因其违约而可能给买方带来的损失,应由卖方赔偿给买方。在(2019)闽民终578号案中,法院认定卖方在该次交易中已承担双倍返还定金及赔偿利润损失的违约责任,在此前提下,应认定该×××美元的损失超出了双方订立合同时卖方可以预见或应当预见的损失范围。贸仲有案例认为,合同约定的目的地是南美的几个国家而非买方营业地所在的德国,案涉提单中的收货人亦非买方,可以认定卖方应当知晓买方所购货物将用于转售这一事实,也应当已经预料到其违约行为可能使买方损失转售货物的利润。另有案例针对正常市场及贸易中的预见,认为作为从事交易的人,无论是生产厂商还是贸易商,均将期待获得利益作为实现交易的重要目的,因此无论是卖方还是买方,必然会审慎评估和预测市场价格趋势,以保证获利或避免损失。所以,交易者在订约时,任何一方怠于对价格涨落因素进行预测和评估,导致在履约过程中因市场价格的上涨或下跌而与合同价产生差价,该差价是可预见的。因此,对被申请人关于订约时不能预见价格上涨的主张,不予支持。也有案例认定,买方未能证明卖方在签约时知晓买方与下游客户的买卖合同关系,并且预见一旦违约将导致买方向客户支付逾期交货违约金,因此不支持买方关于已支付违约金的请求。[①]

四、当事人对损害赔偿的约定

根据公约第6条规定的公约效力可减损原则,第74条的规定可由当事人约定变更,即当事人可以约定损害赔偿的标准、责任限制或免责事项。实践中常见当事人对违约责任及其赔偿的约定,尤以一方提供标准交易条款情形为多。至于标准交易条款对当事人的效力,需根据公约第14条规定的合同成立和第8条规定的合同解释原则确定。如某大宗货物买卖合同卖方标准交易条款约定:"Should there is a Buyer's Default (failure to pay the provisional payment or final payment under this agreement between the parties), the Seller shall be entitled to claim damages in the sum of 20% of the total value of the Goods sold or to be sold under this Agreement ("the Liquidated Damages"). The Seller'

---

① 参见中国国际经济贸易仲裁委员会编:《〈联合国国际货物销售合同公约〉在中国仲裁的适用》,法律出版社2021年版,第150—151页。

s right to payment of Liquidated Damages is not the Buyer's sole liability nor is it the Buyer's entire obligation to the Seller (nor is it the Seller's Sole right or remedy against the Buyer). The Seller may, in addition to its right to claim Liquidated Damages, elect to claim damages at large in excess of the Liquidated Damages, but such right is without prejudice to the Seller's right to receive the sum of 20% calculated in accordance with this clause in any event"。在(2021)粤03民终11125号案中,卖方在其出具的形式发票中约定:质量保证期间为装运之日起13个月,如果在装运之日起120天内,缺陷率超过2%,则买方有权将所有有缺陷的、已售的和未售的库存在带有或不带包装的情况下退还,并要求全额退款。形式发票对2%退货条款涵盖的缺陷要点逐一作了约定。法院依据独立第三方的检验结果,认定案涉货物中主要缺陷问题应在卖方交付时已存在,属于形式发票中约定的在装运之日起120天内缺陷率超过2%的情形;根据公约第74条的规定,认定因案涉货物存在质量缺陷造成买方的利润损失,卖方应予赔偿。买方在一定期间先后以不同价格降价销售货物,该商品存在缺陷与买方降价销售、尚有未售出库存商品具有相当的因果关系。法院针对货物缺陷、市场变化和竞争因素,确认卖方对买方已售出的货物以20%利润率赔偿,未售出的货物根据形式发票约定内容退还卖方,而卖方以深圳离岸价格退还货款给买方。同时根据形式发票约定,认定独立第三方对已售的、未售出的和有缺陷的库存进行检查所发生的费用由卖方承担。

五、宣告合同无效与替代交易

公约第75条规定了当宣告合同无效且存在替代交易时,未违约方可获损害赔偿的计算方法。根据该条,买方可索赔原合同价款与高价购买替代货物之间的差价,而卖方可索赔原合同价款与低价转售合同之间的差价。同时,要求损害赔偿的一方仍可根据第74条的规定主张其他损害赔偿权利。这些可统称为替代交易差价(substitute transaction difference)和其他损失(further damages)。

(一)替代交易及其适用条件

公约未对替代交易作出定义,但要求损害赔偿的一方达成的替代交易必须是针对已宣告无效的合同,与新的交易方达成交易以替代原合同的履行。如果新合同与原合同无关或者交易条款相差甚远,则不适用。公约第75条适用的条件是:宣告合同无效后在一段合理时间内、以合理方式与第三方达成替代交易。宣告合同无效需符合公约第26条、第49条和第64条的规定。要求损害赔偿的一方未有效宣告合同无效而达成替代交易,则不适用。但若违约方明确拒绝履行或声称将不履行,则要求损害赔偿的一方可以同时通知合同无效和提出替代交易索赔。公约适用条件仅要求与第三方达成替代交易,而不要求履行完毕。替代交易的达成是要求损害赔偿的一方出于自己的利益和考虑,这与第 88 条规定的保全货物时的自行出售不同,后者是保全方有权就出售货物所得扣除相关费用,余额归另一方。在替代交易中,卖方出售货物高于原价的部分与违约的买方无关,其遭受的损失也不得再要求买方补偿,因为这被认为已由所获利润填补。同理,买方转售货物所获利润也由其持有。贸仲有仲裁庭就替代交易指出,在买方拒绝履行付款义务的情况下,替代交易是指卖方将为该合同准备好的货物转卖给其他人。据此,卖方应具有替代原合同交易的意图,替代交易的货物须与原合同所规定的货物相符,通常就是为原合同而准备的。换言之,该符合合同的货物在宣告合同无效时应已被特定化或至少由卖方占有并被不迟延地划归至该合同下。如果货物不是原合同规定的标的,或与合同相符的货物本来就是为其他交易准备的,均不被视为转卖。也有仲裁庭认为,买方替代交易补进的货物,在同类产品的销售中很难使所有产品的成分比例完全一致,可以认定买方补进的替代物原则上与原合同项下的货物一致。①

(二) 替代交易应在合理时间达成

替代交易应在宣告合同无效(或声称不履行)后一段合理时间内达成。合理时间在宣告合同无效后起算,可能是几天或几个月,甚至更长时间,要根据个案的各种具体情况确定。若为大宗货物(种类物),替代交易成交时间可能会短。若为特定货物或者定制货物,则会需要较长时间,无法一概而论。贸仲曾有案例裁决买方在最后一次谈判后 1 个月进行替代交易并未超出合理时间。而另有仲裁庭认为,替代交易在合同宣告无效后 1 年进行则不属于合理时间。②

(三) 合理方式的认定

公约未对合理方式作出定义,可以从合同所涉的内容考察。其中替代交易价格,应与市场价格相适应,为该合理时间内的市场价格,只有这样才为合理。如超出合理时间达成替代交易,因市场变化出现不利,权利人应承担该风险带来的后果。如卖方在过长时间内转售货物,而此时市场价格大幅下跌,卖方应承担不合理迟延导致的该部分额外损失。因为在确定差价损失时,公约第 77 条规定的减损原则同样重要。要求损害赔偿的一方以合理方式达成替代交易,指在洽谈替代交易时,其应以一个认真、谨慎的商人在商谈同类货物时的态度行事,并遵守行业内形成的惯例和规则。

如何认定合理方式常引发争议,需根据要求损害赔偿的一方所处市场环境,同类货物市场供应是否充分,新交易对象是否易得,市场走势等作出判断。替代交易不必

---

① 参见中国国际经济贸易仲裁委员会编:《〈联合国国际货物销售合同公约〉在中国仲裁的适用》,法律出版社 2021 年版,第 160—161 页。
② 参见中国国际经济贸易仲裁委员会编:《〈联合国国际货物销售合同公约〉在中国仲裁的适用》,法律出版社 2021 年版,第 159—160 页。

与原合同完全相同,但应尽量与原合同在货物数量、质量、价格条件、交货期、交货地点、支付条款、质检、索赔等主要方面具有可比性。如果不完全相同,其差异也应根据当时情况有合理解释。卖方转售货物应寻求更高价格,而买方购买替代货物应寻求更低价格。如果替代交易与原合同无关或条款内容相差甚远,要求损害赔偿的一方可根据公约第 76 条的规定索赔。如果卖方以极低价格转售货物,或者买方以成倍价格购买替代货物,价格的严重偏离难以被认为具有合理性。如果交易对象为关联公司,更不会被接受。

(四)索赔进一步损失

公约第 75 条规定的差价赔偿,往往不能弥补违约给无辜方造成的所有损失,即达到合同适当履行时应得到的利益。对此,该条规定,要求损害赔偿的一方可根据第 74 条进一步索赔差价外的损失,如达成替代合同发生的费用、迟延交货造成的仓储费、租赁替代物的租金损失、迟延付款的利息损失、汇率损失等。但可索赔的进一步损失不包括利润损失,因为替代交易差价的赔偿,恰恰是为实现无过错方在履行原合同情况下应得的利润。如果其未通过替代交易获取利润,其应承担此风险。否则就出现双倍赔偿的结果。①

六、宣告合同无效而无替代交易

上文提到公约第 74 条是对损害赔偿的基本规则,第 75 条是在宣告合同无效且存在替代交易时损害赔偿的特殊规则,而第 76 条是另一特殊规则,即宣告合同无效但无替代交易时的损害赔偿。前者是以实际存在的替代交易价格为前提,而后者是以抽象的市场时价(current market price)为前提。

(一)适用条件

公约第 76 条的适用条件是,合同被宣告无效、货物有时价且要求损害赔偿的一方未进行替代交易。其宗旨是,合同无效时要求损害赔偿的一方有权以市场价格进行替代交易。如果不发生替代交易,本应承担替代交易费用的违约方不应获得利益。即使第 76 条不适用,要求损害赔偿的一方也可依第 74 条的规定计算损失,确保可获得最低赔偿。

(二)时价的确定

所谓时价(current price),可根据公约第 55 条的规定确定,即同类货物在特定时间

---

① See CISG-AC Opinion No. 21, Delivery of Substitute Goods and Repair Under the CISG. Rapporteurs: Professor (em.) Dr. Ingeborg Schwenzer, LL.M., University of Basel, Switzerland, and Dr. Ilka H. Beimel, Germany. Adopted Unanimously by the CISG Advisory Council Following its 27th Meeting in Puerto Vallarta, Mexico, on 3 and 4 February 2020.

和地点、在同行业中类似情形下的平均市场价格。通常为交货时和交货地点的价格,且为整批货物批发价格,而非包含零售商利润的零售价格。如果合同条款不完全相同,时价可以调整。权威行业杂志或网站上发布的货物报价,通常可被接受为确定时价的参考,但并非绝对。曾有仲裁庭拒绝使用此类公开报价,因为此报价由合同交货地之外的另一市场提供,且调整价格也不可能。如果有时价,按时价与原合同价格之差价计算损害金额,不必计算具体损害金额。如果没有时价,则应适用第74条,需要计算具体损害金额。同样,第76条要求存在一个合同约定价,如没有此合同约定价格,需根据第74条计算损害赔偿。

1. 确定市场时价的时点。根据公约第76条第(1)款的规定,该时点应为宣告合同无效的时点,即依第27条的规定向违约方发送宣告合同无效通知的时点。该时点不受宣告合同无效后市场变化的影响,即使市场时价出现有利变化时要求损害赔偿的一方获得意外利润。如果货物被买方提取,要求损害赔偿的一方宣告合同无效,市场时价以提取货物时的价格为准。从公约措辞看,此时的要求损害赔偿的一方仅指买方。该规定旨在防止买方出于投机心理,故意拖延宣告合同无效的时间,获取不当利益。如果索赔方依据第76条的规定索赔,仍可依据第74条的规定索赔其他额外损失,且第74条规定的合理预见原则同样适用。第76条不排除索赔方主张利润损失,但其应考虑通过替代交易避免利润损失。

2. 确定市场时价的地点。根据第76条第(2)款的规定,原合同约定的交货地点为确定市场时价的地点,没有约定时按第31条中规定的交货地点确定时价地点。有观点认为,在交货涉及运输合同[第31条(a)项]时,由于买方订立替代合同的地点通常不在原合同约定的向第一承运人交货的地点(原装运地),而是在原合同约定的目的地,此时以原交货地点作为时价确定地点可能不适用,以实际交货地点(原目的地)作为确定市场时价的地点可做另一选项。正是存在不同认识,裁判机构可能做出不同认定,如有的以CIF术语下的装运港确定时价,有的以CFR合同中的目的地港确定时价。如果没有市场时价,在适当考虑货物运费差额的情况下,可以选择另一合理替代地点的价格。选择原应交货地点或合理替代地点时,运费差额不应过大。如果存在几个合理替代地点,应选择最近地点的时价。

七、第74条、第75条和第76条的关系

公约第74条是损害赔偿的总规则。第75条规定了宣告合同无效时衡量损害赔偿的第一个规则,即以替代交易价格与原合同价格之差价衡量损失。而第76条规定了第二个规则,即在宣告合同无效但没有替代交易时,以市场时价与原合同约定价格之差价衡量损失。如果索赔方仅就合同货量的一部分达成替代交易,第75条和第76条

分别适用于替代交易部分和剩余部分。但如果替代交易的数量显著少于合同数量,或替代交易与原合同无关或相差甚大,通常被认为不能满足第 75 条的要求,应根据第 76 条计算损失。就是说索赔方不能满足第 75 条的要求,可适用第 76 条,或者适用第 74 条的规定索赔损失,甚至直接选择根据第 74 条的规定索赔。如果根据第 76 条已经完全得到赔偿,索赔方根据第 74 条的规定索赔其他损失就不应得到支持。①

八、未违约方的减损义务

公约第 77 条规定了当事人的减损义务,体现了本可避免的损失不应赔偿的基本原则。该条规定在公约第Ⅲ部分第五章第三节的损害赔偿中,可见其仅适用于损害赔偿,而不适用于公约规定的其他救济方式。如,违约方不能根据第 77 条的规定抗辩索赔方实际履行或者宣告合同无效的权利。

(一)减损义务的非强制性

减损并非一项强制性义务,而为任意性义务,索赔方不采取减损措施仅关乎其自身利益,并不产生对违约方的赔偿责任,也不丧失其就对方违约享有的索赔权,而仅仅是无权对采取措施后本可避免的那部分损失(扩大的损失)主张权利。索赔方应采取何种具体措施以减少因对方违约遭受的损失,公约没有具体规定,但应根据所处情形,以一个通情达理之人应有的谨慎态度和诚实信用原则,同时考虑在当事人之间形成的习惯做法和国际贸易惯例,采取合理措施。如卖方的下列行为可被认为是合理的减损措施:买方违约不提货时,卖方采取的运输、储存、保管和维护货物以及及时转售货物等措施。如卖方转售货物超过合理期限,或者转售价格低于买方为修改合同提出的报价,或者明知买方不会履行合同仍然采购原料制造合同标的物,可能不被视为合理减损措施。有些情况下可以免除卖方的减损义务,如货物系为买方特别定制,因规格和特别用途等限制而无法转售。对买方而言,合理减损措施包括在合理时间以合理价格购买替代货物,向其他供应商紧急采购加工原料以替代卖方未交付的货物,货物不符约定时说服下游客户减价接受货物等。买方未及时取消与下游客户的合同也未及时寻求替代合同,或者收到货物后未合理检验货物并通知卖方,可能被认为未采取合理减损措施。如果买方能证明难以通过替代交易采购货物,可能被认为未违反减损义务。

在(2015)浙商外终字第 50 号案中,货物自香港 D 公司自内地 T 公司购买并转售到阿根廷。卖方就七批货物的货款提出索赔,买方以卖方未及时转售货物以减轻损失

---

① See Schlechtriem & Schwenzer, Commentary on the UN Convention on the International Sale of Goods (4th Edition), Oxford University Press, 2015, commentary on Art. 74-76.

为理由抗辩。对于货物是否转售及卖方是否已减损,二审法院认为,卖方仅为生产商,买方并未举证证明T公司在阿根廷具有销售渠道可转售货物,说明文件中也表明货物积压时间长,费用高,处理难度大,相比而言,买方指定将案涉货物出运至阿根廷进行转售,其应当更具有在目的港处理货柜的能力,在买方时任股东陈某尚认为案涉货物处理难度大的情况下,一审法院认定卖方在阿根廷难以有合理措施及时减损并无不当。

贸仲有案例认为,烧结炉是买方购置的整条生产线的一个组成部分,其价值仅占整条生产线的一小部分。买方既不申请第三方检验又不购买替代货物进行补救,让整条生产线停产,从而导致损失进一步扩大,买方应承担此种扩大损失的责任。而另一案中,货物被海关退运,申请人延误通知被申请人,仲裁庭根据公约第77条规定认为,合同货物因市场价格下跌产生的跌价损失,应当从申请人索赔损失金额中扣除,因处置延误而增加的费用也应从中扣除。另有案例中,买方不合理进行替代交易导致损失扩大,仲裁庭未支持该部分损失。因原材料上涨,境外卖方协商调高价格,中国买方通知卖方在指定日期前交货否则将自其他供应商处补货。但未等指定日期届满买方就以高于卖方的价格与其他供应商签订了购买合同。仲裁庭认为,卖方承诺交付买方的货物价格较之其他供应商而言更低,作为商人买方应首先接受卖方的价格而非其他,但买方却既未回复也未与卖方磋商,且在买方给予卖方履行义务期限未届满的情况下,即与其他供应商签订了补货协议,在可以较低价格接受卖方货物的情况下而没有接受,致使买方所受损失扩大,应认定为买方的责任,应在损害赔偿中扣减相应差价。①

(二)索赔方采取减损措施的时间

公约对索赔方采取减损措施的时间无明确规定。通常认为,合同被宣告无效前不存在减损义务。减损措施可在损失发生后,甚至损失发生前采取。违约可能造成严重损害风险,在第72条第(1)款规定的预期违约即将发生时,未违约方可以提前发出警示通知,并采取减损措施。索赔方未采取减损措施以避免损失,违约方有权主张不赔偿该部分本可以避免的损失。卖方急于寻找新的买家,超过合理期限转售货物造成的损失,买方可主张不予赔偿。相反,卖方未能针对买方拒绝提货的违约行为及时采取退运、存储等措施,导致货物被海关没收,其损失可能不被支持。索赔方是否应就其可能采取的减损措施通知违约方,公约未明确规定。但从稳妥角度而言,索赔方应通知违约方,否则其索赔的损失可能不被支持。哪些行为属于合理减损措施,以及哪些措

---

① 参见中国国际经济贸易仲裁委员会编:《〈联合国国际货物销售合同公约〉在中国仲裁的适用》,法律出版社2021年版,第157页。

施导致的费用可依第 74 条的规定索赔,法院或仲裁庭有较大自由裁量权。

(三)当事人需提供相应证据

法院或仲裁庭通常依职权审查索赔方的损失。违约方可要求索赔方举证证明已采取减损措施,遵循了减损原则。索赔方依据公约第 74 条索赔为减损而发生的损失,应举证证明该损失确已发生。违约方抗辩对方未实施合理减损措施来避免损失从而主张扣减该部分金额,其应就该主张承担举证责任。

还需注意的问题是,考察索赔方应否采取减损措施,不考虑其主观状态,公约第 79 条(因障碍免责)的规定也不适用于免除履行减损义务。[①]

九、利息问题

利息问题看似简单,但在公约草案讨论会议上引起激烈争论,以至于会议几乎不欢而散。一方面有些国家因宗教原因,反对规定支付利息的义务,而有的国家反对适用债权人营业地现行利率。会议最后一分钟才就利息问题达成一致。公约专门在第 Ⅲ 部分第五章第三节,用一个条款即第 78 条对利息问题作出规定,即:

> 如果一方当事人没有支付价款或任何其他拖欠金额,另一方当事人有权对这些款额收取利息,但不妨碍要求按照第七十四条规定可以取得的损害赔偿。

(一)计息范围、条件和起息时间

根据公约第 78 条的规定,计息适用于所有金钱债务,包括到期应付货款、依公约第 50 条的规定减少的货款、预付款项和其他应付款项,以及依据第 74 条的规定可索赔损失、退还货款。除第 78 条规定利息外,其他条款如第 84 条第(1)款、第 74 条也涉及利息问题。从措辞看,依第 78 条主张利息仅有两个前提条件,即债务到期和债务人未支付。除此之外无其他条件。至于如何确定到期(due date),公约未作具体规定,该问题留给所适用的国内法解决。不能确定时,应推定一个到期日:如一旦提起索赔,应立即起算;退还减价金额,应自支付价款之日起算;根据第 75 条的规定计算损失利息,自替代交易达成日起算;根据第 76 条的规定计算损失利息,自宣告合同无效日或提取货物日起算。无论根据第 98 条还是第 84 条第(1)款,债权人只能获得一次利息赔偿。

根据公约第 59 条的规定,债权人无须另行通知债务人付款,也无须就计息特别发出通知。因此,利息自到期日后就自动开始起算,且债权人只基于债务到期的事实即

[①] 参见 CISG-DIGEST-2016《判例法摘要汇编》关于公约第 77 条的判例汇编。See Schlechtriem & Schwenzer, Commentary on the UN Convention on the International Sale of Goods (4th Edition), Oxford University Press, 2015, commentary on Art. 77.

可索赔利息,而无须证明遭受损失。即使应付金额尚未最终确定,也应开始计算利息。债务人不得依据第79条的规定主张免除利息。买方已按照合同约定支付货款,卖方应根据第84条的规定在返还货款时向买方支付对应的利息。根据第50条的规定减少价款,卖方在退还该部分货款时应支付利息。当然,根据第80条的规定,债务人未履行付款义务系债权人原因所致,债务人免于支付该部分款项的利息。债权人收到款项,实现主债权,利息即应停止计算。主债务终止履行,其对应的利息也应终止计算。合同依照公约第49条的规定宣告无效,卖方无权就付款到期日至合同无效日期间的利息提出主张。为了避免丧失主张利息的权利,债权人在收到主债权金额后,应声明保留对利息的权利,并尽快就利息提出索赔。

(二)利率、币种及支付地点和方式

公约仅规定债权人有权主张利息,没有规定应适用的利率,这也是维也纳外交会议上不同观点妥协的结果。主流观点认为,应以当事人约定,或者依当事人之间形成的习惯做法或惯例确定利率。没有约定或习惯做法、惯例时,应以合同的准据法确定利率。公约咨询委员会为最大程度避免争议,提出的解决方案是以债权人营业地所在国的利率为准。在(2017)浙02民初390号案中,法院认定,美国买方已依约支付预付款,但中国卖方未依约定时间履行交货义务,故买方要求解除买卖合同并要求卖方返还预付款以及以最后一次支付预付款的日期为起算日按年利率6%支付利息,理由正当,应予支持。在(2019)粤0104民初40741号案中,针对利息问题,法院认定:因被告卖方未能于2018年12月28日前退还货款,根据公约第78条规定,原告买方要求被告从2018年11月14日起给付利息,符合该公约的规定,亦符合双方的约定,法院对此予以支持。但因被告逾期付款给原告造成的损失主要是利息损失,而双方约定被告逾期退款按付款总额每日0.3%计付罚款,该罚款属于违约金性质,经折算年利率高达109.5%,该违约金标准明显过高;同理,原告要求自2019年8月1日起调整为按每日0.15%计付利息损失,该违约金标准也属明显过高,故根据《买卖合同案件司法解释》第24条第4款之规定,法院依法调整为被告应从2018年11月14日起,按照中国人民银行同期贷款基准利率上浮30%为标准计付利息损失给原告。又因自2019年8月20日起,中国人民银行已经授权全国银行间同业拆借中心于每月20日公布贷款市场报价利率,中国人民银行贷款基准利率已经取消,故自2019年8月20日起至被告实际付清款项之日止的利息损失,按全国银行间同业拆借中心公布的贷款市场报价利率上浮30%为标准计算支付。

公约没有对支付利息的地点、币种和支付方式等作出具体规定。因为利息是主债权的法定孳息收益,所以其应与主债权的支付地点、币种和支付方式等相同。

(三) 其他损失

公约第78条规定,除利息外,债权人有权主张其因债务人不支付款项而遭受的其他损失,如财务费用损失、不得不向银行贷款的损失等。但债权人索赔其他损失,应符合第74条的所有规定,并就损失的发生和金额承担举证责任。

公约没有明确规定违约金,但公约咨询委员会第10号咨询意见指出,根据公约第6条意思自治原则,当事人可以约定条款减损第74条至第79条损害赔偿规定的效力。当事人另行约定违约赔偿金额,公约管辖其效力及其解释。UNCITRAL《关于不履约情况下商定应付金额的合同条款的统一规则(1983年)》[Uniform Rules on Contract Clauses for an Agreed Sum Due upon Failure of Performance (1983)]对违约金也作了规定,试图就有关在国际商业交易中一方当事人因未能履行其合同义务而缴付一笔约定数额的金钱作为损害赔偿金的情形提出统一处理原则。其中,第5条规定,如果债务人对未履行义务无赔偿责任,则债权人无权收取约定的款项。这实为将违约金定义为当事方承担违约责任的一种方式。第6条规定,如合同规定因迟延履行义务债权人有权收取约定的款项,则债权人既有权要求履行义务,又有权收取约定的款项。如合同约定因除迟延履行外的不履行义务,债权人有权收取约定的款项,则债权人有权要求履行义务或者收取约定的款项。然而,如约定的款项不能合理地被视为对未履行义务的补偿,则债权人有权同时主张两项请求。根据第7条的规定,如债权人有权收取约定的款项,则他对约定的款项所能补偿的那部分损失不能提出损害赔偿。但是,如所受损失大大超过约定的款项,则他对约定的款项所不能补偿的那部分损失能提出损害赔偿请求。第8条规定,除非约定的款项与债权人所遭受的损失极度不成比例,否则约定的款项不得由法院或仲裁庭削减。① 可见,我国原《合同法》及《民法典》关于违约金的规定,借鉴了该统一规则的规定,与其基本原则保持了一致。

(四) 公约咨询委员会就利息问题的意见

公约咨询委员会就利息问题的第14号咨询意见的内容可归纳为:(1)裁判支持利息须遵循公约及其基本原则,并对不同条款有所区分:第84条(退还利息)有恢复原状的特点,体现追缴的意图,而第78条遵循损害赔偿原则,旨在补偿。(2)根据第78条,起息时间为:货款自逾期之日起,损害赔偿金自损失发生之日起,应偿付款项自逾期之日起。(3)任何已清算或未清算金钱债务(any monetary obligation, liquidated or unliquidated),均可产生利息。(4)与第59条对应,无须债权人通知违约或催告起息。

---

① 参见《关于不履约情况下商定应付金额的合同条款的统一规则(1983年)》,载联合国国际贸易法委员会官网(https://uncitral.un.org/sites/uncitral.un.org/files/media-documents/uncitral/zh/vol16-acn9-243annexi-c.pdf),访问时间:2023年9月26日。

(5)付款义务消灭时停止计息。即使债务人可以依第 79 条的规定免除支付损害赔偿金,也不影响依第 78 条的规定计付利息。但如果债务人未付金钱债务系由债权人的过错引起,或者系由债务人行使中止履行权,则不计利息。(6)利率可由当事人约定,如当事人没有约定,由债权人营业地法院依照审理公约外同类买卖合同所适用的利率确定。当事人可以约定复利,或者如债权人营业地法院审理公约外同类合同时允许适用复利,则可以计算复利。(7)支付利息币种、支付地点、付款手续等,应与支付主债权款项相同。(8)债权人遭受的损失不能依据第 78 条的规定作为利息得到赔偿的,可根据第 74 条请求损害赔偿。[①]

十、公约咨询委员会对损害赔偿的意见

鉴于公约损害赔偿的重要性和争议多发的特点,公约咨询委员会对此问题作出若干咨询意见。

(一)公约咨询委员会第 6 号咨询意见

该意见将公约的损害赔偿概括为以下规则:(1)第 74 条体现了完全赔偿原则。索赔方应举证证明已遭受某种损失及其损失范围,但无须证明精确的金额。(2)索赔方有权主张违约方未履约造成的损失,即以市场价值计算的利益丧失或为恢复到适当履行状态而采取措施所产生的合理费用:(a)索赔方为防止违约后果而产生的净收益损失;(b)裁判机构评估后又发生的损失;(c)索赔方因销售额下降导致的损失,因违约导致合理的额外损失和因止损而产生的损失。(3)索赔方因对方违约遭受第三方索赔的金钱损失。(4)索赔方可索赔因对方违约造成的商誉损失。(5)索赔方与下游客户订立转售合同,对方违约时其可索赔两个合同的差价。(6)索赔方不得就诉讼费用提出索赔。(7)索赔方不得获得比合同适当履行时更有利的状态:(a)计算赔偿金额时,其因对方违约而遭受的损失与其所获利益或产生的不必要的费用,应作冲抵;(b)第 74 条不包括惩罚性赔偿。

(二)公约咨询委员会第 8 号咨询意见

该意见对第 75 条和第 76 条的损害赔偿计算指出:(1)根据第 75 条的规定,索赔方有权索赔替代交易价格与原合同价格之差价。(2)合同价格是合同约定的价格或依据第 55 条确定的价格。(3)替代交易的价格可作为第 75 条计算损失的价格,但以索赔方在合理时间内以适当方式达成替代交易为前提。(4)如果替代交易不合理,索赔方

[①] See CISG-AC Opinion No. 14, Interest Under Article 78. Rapporteur: Professor Doctor Yesim M. Atamer, Istanbul Bilgi University, Turkey. Adopted unanimously by the CISG Advisory Council Following its 18th Meeting, in Beijing, China, on 21 and 22 October 2013.

的损失可依据第76条或第74条的规定计算。(5)索赔方根据第75条索赔时,还可依据第74条索赔其他损失。

(三)公约咨询委员会第10号咨询意见

该意见进一步归纳:(1)根据第6条确立的合同自由原则,当事人可另订条款修改公约第74条和第79条的规定。(2)如果当事人另有条款约定违约赔偿金额,公约该并入条款的效力及其解释。(3)除形式要求外,公约不排除所适用法律或规则对义务人权利的保护:(a)所适用法律对义务人权利的保护,所遵循的合理、非过度或均衡原则应符合国际标准,该标准应依公约所蕴含的原则确定;(b)从国际角度,不能脱离这些标准而强制债务人履行协议的金额。(4)某障碍是否免除义务人支付约定赔偿金额的义务,属于对第8条和第9条的解释,除另有约定外,第79条第(1)款可以免除义务人支付约定金额的义务。(5)如果权利人对义务人的违约负有责任,根据第80条的规定权利人应依其过错程度减少义务人的赔偿金额。(6)索赔方未根据第77条的规定采取合理减损措施,不影响约定赔偿金额。(7)约定赔偿金额与违约救济的关系,属于对第8条和第9条的解释。除非另有约定:(a)如果约定赔偿金额不构成替代履行,索赔方可以在约定赔偿金额外请求实际履行;(b)根据第81条第(1)款的规定,宣告合同无效不影响约定赔偿金额;(c)除约定赔偿金额外,不得索赔进一步损失。[1]

第二十三节 免除损害赔偿责任

一、免责与不可抗力

公约没有使用很多国家法律中所规定的不可抗力(Force Majeure)、履行不能(impossibility)等用语。但第79条的规定,同样解决当事人遇到某些障碍(impediment)致使不能履行合同时该如何处理的问题,即一方当事人未能履行或适当履行合同或公约义务,如何免除违约责任、赔偿义务以及如何施行救济等。其实,第79条本质上是关于不可抗力的规定。该条第(1)款规定了未履行义务的当事人享有免责权利的基本原

---

[1] See CISG-AC Opinion No. 6, Calculation of Damages under CISG Article 74. Rapporteur: Professor John Y. Gotanda, Villanova University School of Law, Villanova, Pennsylvania, USA; CISG-AC Opinion No. 8, Calculation of Damages Under CISG Article 75 and 76. Rapporteur: Professor John Y. Gotanda, Villanova University School of Law, Villanova, Pennsylvania, USA. Adopted by the CISG-AC Following its 12th Meeting in Tokyo, Japan, on 15 November 2008; CISG-AC Opinion No. 10, Agreed Sums Payable upon Breach of an Obligation in CISG Contracts. Rapporteur: Dr. Pascal Hachem, Bär & Karrer AG, Zurich, Switzerland. Adopted by the CISG-AC following its 16th meeting in Wellington, New Zealand, on 3 August 2012.

则,即遇到不能控制的障碍。第(2)款是对第(1)款的补充,对涉及第三方履行义务时,能否主张免责的问题。第(3)款规定的免责仅限于障碍存续期间。第(4)款规定了受到障碍影响而未履行义务的当事人的通知义务。第(5)款把因障碍而免责的范围,限制在损害赔偿,不及于其他任何权利。

二、不履行义务的范围

不履行义务,指违反合同的各种类型,包括不履行、不适当履行、部分不履行、迟延履行或瑕疵履行等。第79条规定专门适用于因不可控制障碍导致的不履行或不适当履行,其意义在于不履行一方是应根据第45条或第61条的规定向对方承担责任,还是根据第79条的规定免除责任。

三、免除损害赔偿责任的条件

根据公约第79条的规定,未履行义务的当事人主张免除责任,须满足规定的四个条件。

(一)障碍为其不能控制

此障碍仅限于客观存在的外部障碍,排除未履行一方自身的主观或内部障碍。虽然该条规定的履约障碍与当事人面临的风险环境有交叉并常常难以清晰辨别,但不能将二者画等号。只有那些超乎寻常、达到不可控制程度的风险事件,才构成履约障碍,否则势必混淆当事人风险分配的界限。如卖方不能将市场价格上涨引发的采购困难、人力不足或劳工纠纷、材料价格上涨等导致的不能履行,作为履约障碍而主张免责。同样,买方不能将自身资金不足、汇率上升、未找到下游客户等因素,作为履约障碍而主张免责。

(二)障碍为其不能预见

即使障碍超出当事人所能控制的范围,但如果在订立合同时其已经或应该预见到该障碍的存在或发生,并将此因素纳入其订约考虑范围,则该障碍不能作为免责的事由。相反,若不能预见或虽已预见但声明如若发生此情形将不承担责任,则该当事人可就该障碍造成的不能履行免除责任。不能预见的判断依据,仍应根据公约第8条的规定,以一个通情达理之人在订立合同之时面临类似情况应该或理应预见到为标准。

(三)障碍为其不能避免和克服

即使满足前两个条件,但如果当事人可以避免或克服障碍的发生或后果,则不能免除其不履行的责任。当事人为避免构成违约,应以约定或合理方式克服障碍,哪怕这样做的成本高于合同约定。如卖方所在地的恶劣天气使粮食减产而价格上涨,卖方应寻找其他货源履行交货义务,以克服天气带来的减产和涨价。又如,因战争爆发,航运市场运价暴涨,(FOB 术语下)负责安排运输的买方应克服涨价因素,寻求替代船舶或其他运输方式克服障碍。双方当事人均应注意的是,在判断障碍是否足以构成免责时,"商业合理替代"至关重要。在采取替代履行措施时,受到障碍影响的当事人应根据公约第 79 条第(4)款的规定给予对方通知。

(四)障碍与不能履行存在因果关系

除具备上述三个条件外,还应符合因果关系的要求,即该障碍是不能履行的唯一原因。现实中常遇到多因一果的情形,对此应区别对待。如果受障碍影响一方同时存在履约瑕疵,如因包装瑕疵导致货物在不可预见、不可控制和不可克服的障碍中灭失,亦应对此瑕疵承担违约责任。若在众多原因中,其中一个原因具有可预见性并能够避免或克服,不能免除该当事人的相应责任。

四、因第三方原因不履行义务

公约第 79 条第(2)款所指的第三方,是主张免责的当事人所聘任(engage)的履行合同全部或部分义务的人。这里"engage"并不等同于"employ",因此履行义务的当事人根据劳动合同雇佣的员工或者具有隶属关系的第三方,不属于该款中的第三方。如果劳工纠纷是当事人不能控制、不能预见和不能克服的,如大罢工导致工厂停产、关闭,则该当事人可根据该条第(1)款而不是第(2)款的规定主张免责。"engage"应为主张免责的当事人依据平等商业主体间的合同关系,支付费用聘任或委托其履行买卖合同全部或部分义务的独立第三方。如向卖方提供原材料的上游供应商或提供货物半成品的制造商,在 CIF、CFR 术语下履行运输义务的承运人,履行买方提货义务的下游客户,代为付款的银行,在 EXW 或 FOB 术语下履行运输义务的承运人等。如果第三方仅是协助当事人履行买卖合同义务,而不是以独立第三方的身份独立履行买卖合同当事人的义务,则其不是该条第(2)款所说的第三方,当事人不能以该第三方因障碍不履行而依据该条第(2)款的规定主张免责,而应根据该条第(1)款的规定承担不履行的责任。据此,有观点认为,上游供应商仅是为卖方提供履约条件或协助履约的人,不是该条第(2)款所规定的由卖方委托履行买卖合同义务的独立第三方,卖方是否可依据上游供应商遇到的障碍主张免责,此问题应根据该条第(1)款确定。但如果上游供应商在供应原材料或半成品领域具有垄断地位,卖方可能被认定根据该条第(2)款的规定享有免责的权利。同时,该条第(2)款规定的第三方,应该是买卖合同订立后当事人聘任或委托的第三方,且该第三方知晓其代相关当事人履行合同义务。如货代公司根据与卖方的货运代理合同自卖方工厂提取货物并送至装运港指定地点,海运承运人依据运输合同将卖方交付的货物运至目的港,买方指定的承运人依运输合同到卖方工厂提取货物,买方银行根据委托付款协议代买方支付货款等。当事人以第三方不履行义务为由主张免责,必须同时证明导致第三方不履行的障碍是其本人和第三方均不能控制、不能预见和不能克服的,否则不能享受免责的权利。该条第(2)款是对该条第(1)款的补充,旨在防止当事人以第三方的不履行为借口谋取不当利益。

五、免除损害赔偿责任仅适用于障碍存在期间

根据公约第 79 条第(3)款的规定,如果不能控制的障碍系临时存在,即该条第(1)款规定的障碍存在于一定期间内,阻碍了当事人履行义务,则当事人可就该临时障碍导致不能履行义务给对方造成的损失主张免除赔偿责任。当障碍消失,当事人应恢复履行义务。

六、未履约方的通知义务

根据公约第 79 条第(4)款的规定,未履约方应将遇到的障碍及其对履约能力的影响通知另一方。如果在其知道或理应知道的合理期间内对方未收到通知,造成对方损失的,未履约方应承担赔偿责任。该通知旨在使对方能够针对该障碍对合同履行的影响及其结局及时作出评估,并决定采取何种救济措施,包括协商修改合同、宣告合同无效等。通知的内容应包括障碍的性质、严重程度、持续时间等,并应在知道或理应知道障碍后的合理时间内发出。公约虽未明确规定,但如果障碍持续存在,未履约方应就克服障碍采取的措施及其效果等,持续作出通知。通知的形式并不重要,但需注意的是,该通知适用送达主义,即寄送不到或迟延到达的风险由未履约方承担。未履约方若不按照第 79 条第(4)款第一句的规定发送通知,通知未送达或超过合理时间送达,或未清楚准确说明障碍的性质、严重性及持续时间等,则仍可以主张免除责任,但如违反通知义务给对方造成损失,则未履约方应予赔偿。

七、免除损害赔偿责任的法律后果

因公约第 79 条第(1)款所规定的障碍导致免除未履约方的赔偿责任,仅限于受该障碍影响的合同未履行部分,不影响合同的合法存续和其他合同义务的履行。比如,因障碍导致迟延履行义务,虽事后恢复履行义务但因迟延履行构成第 25 条规定的根本违约时,不影响接受履行义务方宣告合同无效的权利。如合同的履行受到部分影响,未受到影响的部分应继续履行。严格而言,因障碍不能履行合同,亦为对合同的违反,只是可免于承担损害赔偿责任。对于可免除损害赔偿责任的范围是否包括罚金(penalty),公约并未明确,需在第 79 条规定的原则下,首先根据合同条款加以解释,考虑到公约允许当事人根据第 6 条的规定减损和改变公约效力,以及根据公约第 4 条规

定的适用范围,公约允许当事人约定违约金。对于具有惩罚性的赔偿金,往往以合同所适用的准据法为依据。在出现疑问时,应理解为合同约定的违约赔偿和罚金包括在免责范围内。

八、第79条和不可抗力条款

(一)不可抗力条款和艰难情势条款

在适用公约第79条的同时,合同往往同时约定不可抗力条款(Force Majeure Clause)。不可抗力条款的形式不同,有的仅是概括性规定,有的直接援引国内法律条款规定,有的以列举和兜底方式试图穷尽所有可免责障碍,有的则是各种方式的结合等。由于这些不可抗力条款具有更大的灵活性,可为当事人及时、合理地处理履约障碍带来的困境提供有效解决机制。如有的不可抗力条款规定,对临时障碍可以中止履行义务,对永久障碍则可以宣告合同无效、降低价格或重新协商合同条款。另外,有的合同同时规定艰难情势条款(Hardship Clause),约定一方若遇到订立合同时不能预见的艰难情势,导致其合同义务加重、权利义务失衡,则可以变更原合同,重新协商新的合同条款。① 艰难情势条款与第79条和不可抗力的规定有相似之处,都是在订立合同后出现履约障碍影响合同履行,但艰难情势包含的履约障碍范围更为广泛,而且遇到履约障碍的一方可以克服该障碍,只是会给该当事人造成不合理的履约负担。如战争爆发导致金属镍货源紧张,卖方因上游供应商不能交货而不能按时向买方履行交货义务,或者因汇率突然大幅度变化导致买方支付货款困难,都可能被认定为艰难情势。当事人可以根据情势的变化重新协商合同条款。在(2021)鲁民终1444号案中,二审法院针对合同解除是否构成公约第79条规定的情形,认为该案双方当事人之间的合同亦有"适用不可抗力条款"的约定。根据我国原《合同法》第117条的规定,当事人依据上述公约的规定免责,或依据有关不可抗力的规定免责,前提条件之一是存在该当事人不能控制的障碍或客观情况,导致该当事人不能履行合同义务,且其在订立合同时不能预见上述障碍或客观情况。该案中,买方主张合同解除系因新冠疫情的原因造成,其应当免责。法院认为,该案合同签订于2020年3月27日至3月31日之间,合同签订时新冠疫情已经开始流行,买方在签订合同时能够预见到新冠疫情对合同履行的影响。买方未履行案涉买卖合同,却在2020年7月另行购买了同类货物,其关于不履行该案合同系因新冠疫情的主张与该事实相悖。针对卖方损失范围,卖方主张的损失主要为其将案涉货物降价转卖其他人而产生的货物差价损失和因案涉合同未履行而

---

① See CISG-AC Opinion No. 20, Hardship Under the CISG. Rapporteur: Prof. Dr. Edgardo Muñoz, Universidad Panamericana, Guadalajara, Mexico. Adopted by the CISG Advisory Council Following its 27th Meeting, in Puerto Vallarta, Mexico on 2-5 February 2020.

产生的可得利益损失。卖方虽然提交了经过公证的付款及收款凭证,但未提交相关合同、装箱单、商业发票等的原件或者通过电子邮件发送的记录予以印证,因此不能确认其上述收款、付款行为与该案具有关联性。卖方所举证据不能证明其实际损失数额大于违约金数额,一审法院仅支持其关于违约金的诉讼请求,符合法律规定。

(二)公约咨询委员会的意见

针对公约第79条的问题,公约咨询委员会出具第7号咨询意见,其基本原则可归纳为:第79条免除未履约方的损害赔偿责任,该当事人未履行任何合同义务,包括卖方交付与合同相符的货物的义务。若当事人不履行或瑕疵履行系第三方的原因导致,在确认免责时规定了不同的要求,取决于第三方与该合同当事人关系的性质(nature of the engagement)。第79条第(1)款仍然是统领条款,即使当事人聘任第三方履行合同的全部或部分义务:(a)总体而言,卖方因其自身风险而不履行,如因其雇员、上游原料或半成品供应商的不履行,不能免除损害赔偿责任。同样,买方自身雇员或受聘用、委托履行合同义务的第三方的不履行,不能免除买方的责任。(b)特殊情况下,如不履行系因第三方的作为或不作为所致,而当事人不能选择或控制该第三方,则该当事人可以主张免责;当事人依据第79条第(2)款的规定主张免责,应同时证明其本人和第三方同时符合第79条第(1)款规定的条件;发生不能合理预见、订约时未作为考虑因素的情势变更,导致一方履约负担过于繁重(艰难),可作为第79条第(1)款中的"障碍"。第79条的措辞,并未明确将障碍等同于使履行绝对不可能的事件。因此,当事人面临艰难情形时,可以援引第79条的规定主张免除损害赔偿责任。针对第79条规定中的艰难情势,法院或仲裁庭可以根据公约的规定和基本原则作出进一步的救济裁判。①

九、另一方造成的不履行

实践中常见的情形是,一方不履行合同义务系由另一方的某种行为或不行为(act or omission)造成,此时就面临如何调整双方相互责任的问题。公约第80条规定:

> 一方当事人因其行为或不行为而使得另一方当事人不履行义务时,不得声称该另一方当事人不履行义务。

该条与公约第79条作为一节组成公约免责制度,是对第79条的补充,旨在防止一方当事人因自己的行为或不行为造成对方不履约时,仍然主张对方违约并行使救济

---

① See CISG-AC Opinion No. 7, Exemption of Liability for Damages under Article 79 of the CIGS. Rapporteur: Professor Alejandro M. Garro, Columbia University School of Law, New York, N.Y., USA. Adopted by the CISG-AC at its 11th Meeting in Wuhan, the People's Republic of China, on 12 October 2007.

权。只要一方当事人的行为或不行为系造成对方违约的原因,该当事人就不得主张对方违约,且不需要其具有过错。该当事人丧失救济权的范围与其行为或不行为的程度相当,也即与免除对方违约责任的范围相当。该方当事人丧失的救济权可能包括主张对方实际履行、支付价款、减少价款,索赔损失或宣告合同无效等。如向买方长期供应铝矿粉的卖方宣布将停止交付未来批次货物,买方因此扣留了已交付货物的货款。仲裁庭根据公约第 80 条的规定认为买方的不支付行为系因卖方拒绝履行未来交货义务造成的,因此拒绝了卖方关于买方违约的主张。又如,卖方与买方订立机器买卖合同,卖方与机器制造商订有分销协议。合同约定支付最后一笔货款时货物所有权转移至买方。货物交付前,制造商宣告终止与卖方的分销协议,并拒绝向卖方提供机器。同时,制造商将机器直接交付给买方,买方直接向制造商支付货款,并以卖方未转移货物所有权为由宣告与卖方的合同无效。法院根据公约第 80 条的规定驳回了买方关于合同无效的请求。认为买方在仍受买卖合同约束的情况下接收货物的行为,使卖方相信其已经履行交货义务。其后卖方的不履行交货义务系由买方的行为引发。① 在(1999)经终字第 448 号案(CISG-online No.1635)中,最高人民法院认定,案涉论争的 6 份合同相互独立、可分。其中 4 份合同,中国卖方已经生产出设备,具备交货能力。而新加坡买方多次推迟提货日期并最终未予提货,违反了合同约定,其主张卖方拒绝履行交货义务,构成对合同的严重违约的上诉理由没有事实依据。卖方主张该 4 份合同的解除是由于买方根本违约行为导致的,理由成立。买方对该 4 份合同的解除应承担违约责任,其无权要求返还该 4 份合同的定金。

十、公约咨询委员会关于损害赔偿的咨询意见

公约咨询委员会在其第 17 号咨询意见中,提出了赔偿责任限制和免除规则:(1)违约方赔偿责任限制和免责条款,属于公约适用范围;(2)根据公约第 6 条,当事人可以另行约定责任限制和免责条款,以减损公约的效力;(3)公约第 11 条优先于合同所适用的法律法规对责任限制和免责条款的形式要求;(4)公约不以故意或重大过失、违反基本条款、显失公平、不合理等概念,取代所适用的法律对权利人的保护。但是,在适用这些规定时,应考虑到合同的国际性特点,并遵守公约所蕴含的基本原则,包括合同自由原则和公平合理原则。②

---

① 参见 CISG-DIGEST-2016《判例法摘要汇编》关于公约第 80 条的判例汇编。
② See CISG-AC Opinion No.17 Limitation and Exclusion Clauses in CISG Contracts. Rapporteur: Prof. Lauro Gama Jr., Pontifical Catholic University of Rio de Janeiro, Brazil. Adopted by the CISG-AC Following its 21st Meeting in Bogotá, Colombia, on 16 October, 2015.

第二十四节　宣告合同无效及其后果

公约直接涉及合同无效的内容,包括第 25 条、第 26 条、第 49 条、第 51 条、第 64 条、第 72 条、第 73 条、第 81 条和第 82 条等。公约使用的"avoid",根据《元照英美法词典》的解释,有"无效"的意思,与"void"同义。在中国法语境下,合同无效系指合同自始不发生法律效力。结合公约条文内容理解,"avoid"并非合同自始无效,而是在履行中因为一方不履行或瑕疵履行达到根本违约的程度,或在宽限期内没有履行主要义务或声明将不在宽限期履行该义务,另一方宣告终止履行,并行使返还原物及索赔损失等救济权利。因此,"avoid"的性质和法律后果相当于我国法律中一方当事人违约另一方当事人单方解除合同。但公约的一项基本原则是避免用国内法解释公约,以维护公约自身的统一性。因此,在理解公约宣告合同无效制度时,需注意与中国法的区别,以公约所使用的词语和含义加以解释。

宣告合同无效(declare the contract avoided)是在合同履行中,因一方违约另一方采取的单方面行动。在国际贸易中,因交易跨越国界,涉及国际运输、支付和保险等不同合同,无论是买方还是卖方宣告合同无效,均会给对方带来巨大的影响,使合同陷入僵局。如果买方宣告合同无效,则卖方可能已完成出口报关手续,甚至已经完成进口清关手续,货物已在运输途中或抵达目的地存储于港口,卖方不得不改变卸货目的地或将货物转卖他人,办理退关和退运,并不得不修改与承运人、保险人等其他贸易参与方的合同条款,其损失将不可估量。同样,如果卖方宣告合同无效,买方可能已经开立信用证并支付货款、报关提货、缴纳关税,还可能已经将货物投入生产或消费,或已经与第三方订立买卖合同,将货物转售他人,此时买方也将面临进退两难的窘境。在合同被宣告无效的情况下,违约方甚至双方均有可能出现不仅不能获取预期利润,还不可避免地产生额外损失的情况。宣告合同无效会使原本处于供应链中的货物和资金被迫中断,影响国际经济贸易的正常开展。因此,宣告合同无效须谨慎行事,任何一方不能过于任性,草率为之。不论是公约还是国内法,都不鼓励当事人轻易宣告合同无效。公约一方面赋予当事人在特定情况下宣告合同无效并索赔损失的权利,另一方面又将宣告合同无效作为最后的救济手段,对之作出某些限制,以将其控制在较窄的适用范围。而各国法院也倾向于谨慎认定合同无效,未达必要条件不予支持,以平衡当事人的利益。如果一方的行为仅为轻微违约,另一方不仅不应直接宣告合同无效,也不应通过设置宽限期而宣告合同无效。如果违约性质严重,构成根本违约,无过错方有权直接宣告合同无效。或者,已设置宽限期,但违约方仍未履约,仍属于严重违约行为,无过错方无论如何都可以宣告合同无效,而无需特别证明对方的违约是一种根本违约行为。

对于双方当事人而言,均可根据合同规定宣告合同无效。如果适用公约,则买方可根据第49条第(1)款(a)项和(b)项以及第51条第(2)款的规定宣告合同无效。而卖方可根据第64条第(1)款(a)项和(b)项的规定宣告合同无效。同时,双方均可根据公约第72条和第73条规定,宣告合同无效。第81条至第84条仅涉及宣告合同无效的后果,不涉及宣告合同无效的权利是否存在的问题。其中第82条对宣告合同无效提出更多要求,对第49条、第51条、第64条、第72条和第73条进行补充,规定在某些情况下对宣告合同无效权利的限制。适用第81条至第84条的另一前提是,当事人应正确、有效地宣告合同无效,即符合第26条规定的要求。只有这样,第81条至第84条方得适用。①

一、卖方违约时,买方宣告合同无效

买方如何以及何时宣告合同无效,如何适用"通知""合理时间内通知"以及对其宣告合同无效的限制,集中规定在公约第49条。

(一)宣告合同无效的两种情形

根据公约第49条的规定,在两种情况下买方有权宣告合同无效。

1. 根本违约。依公约第49条第(1)款(a)项的规定,卖方不履行其在合同或公约中的任何义务,构成根本违约时,买方可以直接宣告合同无效。是否构成根本违约,依第25条规定的标准判定,关键考察违约行为是否实质上剥夺了买方有权期待的主要合同利益。根本违约可有多种形式,如事实表明卖方按时交货已不可能,或者卖方在交货日前或之后声明将无法或不愿交货,或者卖方无端指责买方违约而拒绝履行合同义务、不合理提高货价、不合理宣告解除合同、宣告遭遇不可抗力等。对于卖方表现出的不履行,买方经评估认为构成根本违约的,可以直接宣告合同无效。

2. 宽限期内不交货或声称将不交货。公约第49条第(1)款(b)项规定了与根本违约具有同等效力的情形,即如果发生不交货(仅限不交货或部分不交货,交付不符货物适用前款)的情况,买方依第47条第(1)款的规定给予卖方一段合理的宽限期,宽限期内卖方仍不交货,或声称其将不在宽限期内交货,买方有权宣告合同无效,而无须证明符合第25条根本违约的标准。而且,如果在买方发出的宽限期的通知中包含了期满自动无效,期满后将不接受履行等内容,宽限期满后合同自动无效,而无须再行宣告。买方也可以在收到卖方拒绝交货的声明后立即宣告合同无效,而无须等到宽限期

---

① See Schlechtriem & Schwenzer, Commentary on the UN Convention on the International Sale of Goods (4th Edition), Oxford University Press, 2015, commentary on Art. 81.

届满。在(2020)沪0115民初42206号案中,法院认定,卖方被告提出涨价,违反了双方此前达成的约定,被告在买方原告不同意其涨价要求后擅自将货物转卖给第三方,不向原告履行交货义务,构成了根本违约。依照公约第49条的规定,原告可以宣告合同无效。法院认为,该条规定与我国相关法律规定不同,未对合同解除和无效加以区别并作出规定,第49条规定中的宣告无效实质上等同于我国法律中的解除合同。原告诉请解除合同应理解为请求法院依照公约规定宣告销售合同无效,故据此判决宣告案涉五份销售合同无效。在(2020)陕01民初662号案中,法院援引公约第25条、第49条和第81条的规定认定,从公约文本看,公约仅规定宣告合同无效并明确其法律后果,并无关于解除合同的条款内容。关于解除合同的规定见于双方达成货物买卖合意时还在生效的我国原《合同法》第94条的规定。但是,从公约中关于合同无效的构成要件及法律后果看,其与《合同法》中关于合同解除的构成要件及法律后果存在一定的相似性。考察该案中原告买方的诉讼请求及诉讼目的,其关于解除合同的主张实质上即要求根据公约宣告合同无效,其事实基础为对方根本违约。被告并不构成公约规定的导致合同无效的违约行为,也不存在《合同法》中导致合同解除的违约行为。原告主张解除案涉合同,事实依据不足,法院依法不予支持。

(二)对宣告合同无效的限制

由于公约把宣告合同无效作为终极救济手段,因此在尊重买方行使宣告合同无效权利的同时,对买方的该项权利作了一定限制。

1. 已经交货时。根据公约第49条第(2)款的规定,如果卖方已经交付货物,原则上买方就丧失宣告合同无效的权利。如其仍想行使此项权利,必须根据不同情形符合相关条件:第一,迟延交货时,买方虽然可以根据需要继续等待卖方的交货,但若想宣告合同无效,其应在知道迟延交货后一段合理时间内这样做,否则丧失该项权利。迟延交货情形下宣告合同无效往往面临艰难选择。买方需要评估卖方是否构成根本违约,以及接收货物与宣告合同无效之间的利益得失。如果卖方仅是交货晚于合同约定日期而仍然可以交货,可不按根本违约处理。只有在规定的宽限期内仍未交货,才构成根本违约。如果合同特别约定交货日期或即时交易,或者是时令货物,交货时间为买方的核心要素,其对按时交货有特殊期待利益,卖方的迟延交货极可能构成根本违约。轻微的迟延交货连带其他违约行为,也可能构成根本违约。因此,无论何种情况的迟延交货,买方须在知道迟延交货的事实后,做好评估和权衡。如决定终止合同履行,应在合理时间内宣告合同无效。第二,对于迟延交货以外的任何违约(如货物或单证不符、权利瑕疵等),又分为三种情形:(1)买方应在已知道或理应知道这种违约后的合理时间内宣告合同无效;(2)买方在其按照第47条第(1)款规定的宽限期届满后,或在卖方声明他将不在此宽限期履行义务后,在合理时间内宣告合同无效;(3)如卖方依

第48条第(2)款的规定就自行补救缺陷设定一个时间,买方的宣告合同无效的权利被暂停。若该时间届满而补救不成功,或买方声明其将不接受卖方履行后续义务,则买方宣告合同无效的权利恢复,但其应在一个合理时间内这样做。

2. 交付货物以外的其他违约情形。其他情形可能是交付货物的数量、质量、规格、包装等与合同约定不符,也可能是货物存在权利瑕疵,如机器设备侵害第三人专利权等。对质量不符的违约,买方是否有权宣告合同无效,涉及公约第35条和第49条第(1)款(a)项的适用,是另一个棘手的问题。质量不符可以构成根本违约,但并非所有的质量不符均可构成根本违约。实践中,"非根本违约的质量不符"与"根本违约的质量不符"之间的界限并不清晰。就轻微质量违约而言,如经修复可以继续使用,或不影响其主要性能可以通过减价处理,或者在转售后索赔差额损失等,买方并未丧失其所期待的合同利益,宣告合同无效就不成立。相反,如果质量不符达到某种严重程度,以致买方丧失期待的合同利益,则构成根本违约,买方有权宣告合同无效。对严重不符情况下的宣告合同无效,可分两种情况:一是严重质量不符且根据其性质不可补救,如精密仪器核心部分质量瑕疵,买方可以直接宣告合同无效;二是严重质量不符而卖方未能在合理时间内实施补救,如修理或交付替换货物,买方可在合理时间后宣告合同无效。但如果买方无合理理由拒绝卖方的补救,其可能会丧失宣告合同无效的权利。

3. 单据不符是否构成根本违约。卖方提交的单据不符是否必然构成根本违约,以使买方有权宣告合同无效,要视单据不符的情况而定,与货物质量不符所适用的原则相似。对于权利瑕疵,如果卖方不能在合理时间内补救,消除瑕疵,则构成根本违约,买方可以宣告合同无效。

4. 交货日期后卖方主动补救。交货日期后,出现公约第48条第(2)款规定的情形,即卖方愿就任何履行义务不符主动作出补救,要求买方表明其是否接受该补救措施,而买方未在一段合理时间内对此要求作出答复,则卖方可以按照其要求中指明的时间履行义务(采取补救措施)。此情形下,买方不得在卖方"锁定"的该时间内采取与卖方履行义务相抵触的任何救济办法。如,中国卖方向境外买方出售不锈钢卷,短交付2吨货物。交货日后发现短交货并向买方发函提出将在10个工作日内补交货物。此时,可能的情况是:(1)买方答复同意且卖方完成补交货物,合同履行完毕;(2)买方在收到卖方的问询后在合理时间内不予答复,卖方开始实施补交货物的行动(如订舱、交货),买方不得在此期间采取宣告合同无效等与补交货物相抵触的救济办法;(3)在指明的时间届满后,卖方并未补交货物,买方可在合理时间内宣告合同无效,否则丧失宣告合同无效的权利;(4)买方收到卖方的问询函,在合理时间内答复不接受补交货物的提议,并在此后的一段合理时间内宣告合同无效,否则丧失宣告合同无效的权利。

5. 合理时间的认定。公约没有对第49条第(2)款规定的"合理时间"作出具体规定,需要根据具体情况确定。5个星期、2个月都可能被认为合理,而5个月可能不被接受。因为关乎买方是否仍有权宣告合同无效,以决定合同的命运和当事人权利义务关系,接受义务方应在可能的情况下尽早发出此通知,以免丧失宣告合同无效的权利。如果买方利用卖方的迟延交货或其他违约行为,不合理拖延宣告合同无效或不履行其合同义务,可能被认定为丧失该项权利。

(三)合同不会自动无效

买方拥有宣告合同无效的权利,但该权利不会使合同自动无效。买方须根据公约第26条的规定通知卖方宣告合同无效。通知的时间由买方决定,可以是其认为合理的任何时间。但根据诚信原则,时间不应过长。宣告合同无效的通知必须清晰明确,不应带有附加条件。通知不必经司法程序作出,但起诉请求裁判合同无效(解除合同),具有通知的效力。(2018)粤民终1424号案中,法院认定,公约没有关于解除合同的表述,只有宣告合同无效的规定。根据通常理解,公约规定的宣告合同无效与买方所称的解除合同的法律含义与法律后果相同,故买方请求解除合同应理解为请求法院依据公约的规定宣告合同无效。公约第45条赋予买方可依公约第49条第(2)款(b)项的规定,宣告合同无效,终止买卖合同。公约第49条第(2)款(b)项对买方行使宣告合同无效的权利进行了限制,即买方必须向卖方发出宣告合同无效的声明,而且该声明必须在公约规定的合理时间内发出。通常情况下,对公约中关于对合理时间的理解应综合考量相关因素,包括合同项下货物的性质和市场价格波动状况等,同时还应权衡买卖双方当事人利益,确定优先保护的对象。该法院还查阅了外国法院适用公约的相关案例,发现其对合理时间的理解均为较短的时间。该案无证据显示买方在一审起诉前曾向卖方发出宣告合同无效的声明,只是之后以诉讼方式向卖方提出解除合同。事实上买方在知道卖方违约事实后3年多时间才向其提出解除合同的请求,应认定为超出了合理时间,且该案讼争合同双方已履行完毕,已无解除必要,故对其请求应予驳回。

二、买方违约时,卖方宣告合同无效

与公约第49条相对应,公约第64条规定了卖方有权宣告合同无效的各种情形及其对该权利的限制。

(一)适用所有违约行为

根据公约第64条第(1)款(a)项的规定,无论买方违约性质为何,只要达到第25条规定的根本违约程度,卖方即可宣告合同无效。

(二)针对付款或收取货物违约

根据公约第64条第(1)款(b)项的规定,买方违反付款和收取货物的义务时,卖方可以规定宽限期,宽限期届满买方仍不履约或声明将不在宽限期内履约,卖方可宣告合同无效。如买方表示迟延支付若干天,卖方可以规定额外的宽限期,根据宽限期届满时的履约情况决定是否宣告合同无效。

(三) 对宣告合同无效的限制

买方已支付货款却存在其他违约时,公约对宣告合同无效作出了限制。

1. 买方迟延履行义务时。买方迟延履行义务,卖方应在知道买方履行义务前宣告合同无效。如买方迟延履行提取货物义务,卖方应在其知道买方履行收取货物义务之前宣告合同无效,否则丧失该权利。

2. 对迟延履行义务外的违约。对迟延履行义务以外的违约行为,卖方应在知道或应当知道买方违约的合理时间内宣告合同无效,或在规定的宽限期届满而买方仍未履行或收到买方将不履行的通知后的合理时间内,宣告合同无效,否则就丧失宣告合同无效的权利。(2020)豫民终 496 号案中,法院认定:在双方通过邮件达成不要求买方出具针对所有集装罐的 SGS 检验证明的合意的前提下,卖方多次要求买方修改信用证,买方均未修改,导致卖方出现"单证不符"的情况,无法收到货款,合同的根本目的无法实现,买方的行为构成根本违约,卖方有权拒绝将案涉货物的提单交付给买方,并有权取消案涉国际货物买卖合同。

(四) 付款时间和方式对宣告合同无效的影响

按约定时间和金额支付货款,是买方的主要义务。如买方已经支付货款,卖方不得宣告合同无效,除非符合规定的情形。(2020)沪 0115 民初 42206 号案中,法院认为,公约第 64 条中规定,如果买方已支付价款,卖方就丧失宣告合同无效的权利。原告如逾期支付款项,被告可以追究其逾期付款的违约责任,收取相应的逾期付款利息等,但不得以此为由主张原告构成根本违反合同。

如果卖方等到付款到期日仍未收到货款,或者在付款期届满前收到买方将不付款的通知,买方构成根本违约或逾期违约,卖方可宣告合同无效。当付款时间对卖方而言是核心要素,买方的迟延付款也会构成根本违约。如何认定付款时间为卖方的核心要素,并无统一标准,需根据公约第 8 条和第 9 条的规定加以解释。如易腐货物的交易条款为付款交货或付款交单,付款时间就是核心要素。合同使用大幅涨跌的币种(特别是买方的货币),或者货物市场价格波动较大,此时,卖方可能面临市场或汇市下行,按时付款就是核心要素。卖方应尽快宣告合同无效并转售货物,减少己方损失,同时也是考虑买方的利益。在使用跟单信用证付款时,合同会约定买方在某日之前开立卖方接受的有效信用证。如买方未按时开证,卖方有权中止履行合同义务,如交付货物或单据、通知买方船名等信息。问题是,卖方是否有权立即宣告合同无效,对此,有案例认为,应以谨慎的态度考量,不应赋予卖方此项权利。因为信用证通常是针对卖方的履约为其提供担保,如果卖方尚未开始备货、装船发货，就尚无可被担保的风险发生，其就无权立即宣告合同无效，因其风险尚不足以使其宣告合同无效。但如果买方开立信用证与卖方的备货、装船发货义务相关联，买方开证时间就是核心要素，卖方就有权立即宣告合同无效。无论如何，如买方未按约定时间开证，导致其未能支付货款，便构成根本违约。对某些市场或汇率变动大的货物，为约束买方的开证行为，明确权利义务，双方可约定只要买方未能按约定时间开立信用证，卖方就有权立即宣告合同无效。

(五) 不依法规、章程办理付款手续

根据公约第54条的规定，如果买方未能依照相关规定的步骤办理手续，使其能够支付货款，买方即已构成不付款。就是说，单纯不依照此类步骤，也能构成根本违约。申请开立信用证，是第53条规定的买方付款义务的一部分，还是第54条规定的为使其能够付款而应履行的义务，有时并不清晰。如果属于第54条规定的义务，买方不履行开证的行为可以构成根本违约。甚至在时间紧迫时，如果开证行已经向买方确认稍后将开立信用证，而买方未能将此确认信息通知卖方，都可达到根本违约的程度。若买方有义务提供银行担保以向卖方保证其付款义务，买方却未能提供该银行担保，则卖方有权中止履行义务，如果时间至关重要，卖方有权宣告合同无效。但买方未申请开立信用证或提供银行保函本身不被认为是根本违约，卖方就不能宣告合同无效，而可以规定一个宽限期，容许买方履行此项义务。如果买方在宽限期内仍未履约或声称其将不在宽限期内履约，卖方可以根据第64条第(1)款(b)项的规定宣告合同无效。

贸易实践中常见的情形是，买方开立的信用证条款与约定不符，如有效期、装运期条款等，卖方需要给予买方额外时间修改信用证。买方未能在宽限期内完成修改，则卖方可依据公约第64条第(1)款(b)项的规定宣告合同无效[参见上例(2020)豫民终496号案]。若政府行为使买方付款成为不可能，如限制使用外汇，卖方可以宣告合同无效。买方或可根据第79条的规定主张免除违约责任，但根据主流观点，买方因外汇额度原因不能付款，不构成免责事由(参见前文论述)。还有一种影响买方按约付款的情况，即买方公司清算导致不能付款，卖方知道破产登记后宣告合同无效为时已晚。合同中通常订入所谓的重大不利变动条款(Material Adverse Change Clause)，当任何一方登记破产时，合同自动终止。公约承认这类条款的效力，但国内破产法可能会规定相关限制内容。①

(六) 不依约提取货物对宣告合同无效的影响

无论买方实际未提货还是通知将不予提货，都会构成根本违约。在迟延提货

---

① See Schlechtriem & Schwenzer, Commentary on the UN Convention on the International Sale of Goods (4th Edition), Oxford University Press, 2015, commentary on Art. 64.

时,可参照迟延付款的原则来认定。只有卖方对买方的按时提货具有特殊利益时,才可能构成根本违约。如买方不按时提货将导致易腐货物的灭失,或导致卖方支付超期仓储费、港口费等情形。对长期合同中未履行某一批提货义务,是否构成根本违约,要看未提取部分占整个合同货量的比例和对整个合同的影响。在大宗商品交易中,合同往往约定若干年的有效期,买方就某一年的全部或部分货量未履行提货义务,卖方可根据不同情况,依公约第73条的规定宣告合同无效。

买方违约还可以表现为其他形式,如故意提出单证不符点而拖延付款、FOB 合同下迟延租船订舱、未按约定完成货物到港检验、违反转售限制等。卖方需根据买方的违约性质和严重程度,确定是否宣告合同无效。如果不能确定,可以充分利用宽限期的规定,避免买方不被认定构成根本违约带来的被动局面。

三、宽限期与宣告合同无效

为了给违约方提供补救的机会,公约规定了履约宽限期程序。但是,该程序并非强制性的,是否给予违约方宽限期完全取决于未违约方是否有意继续履行和对是否构成根本违约的判断。交货迟延、付款迟延或提货迟延,通常不会构成根本违约,公约允许未违约方给违约方设定一个额外履行期间,如果违约方在此期间仍未履行合同主要义务,未违约方可根据公约第49条第(1)款(b)项和第64条第(1)款(b)项的规定宣告合同无效。

四、不能原状归还货物对宣告合同无效的影响

公约第82条第(1)款规定:

> 买方如果不可能按实际收到货物的原状归还货物,他就丧失宣告合同无效或要求卖方交付替代货物的权利。

该款并不要求买方严格按镜像标准以卖方交付时或收到货物时的货物"原状"返还,而是按照其收到货物时大体状况返还(make restitution)。该条第(2)款规定了原状返还货物的例外情形。此款需注意下列情况:(1)如果不可能归还货物或不可能原状归还货物,并非因买方行为或不行为造成则不适用该条第(1)款的规定。如可能因为货物本身的缺陷、自然损耗或者公约第79条规定的不可抗力原因。(2)根据货物风险自交付时转移的原则,卖方交付货物后,货物灭失的风险转移至买方,而在货物返还时其灭失风险自买方交付时再反转至卖方。(3)原则上买方收到货物后依据公约第38条的规定实施检验是买方的权利和义务,实施检验造成货物损坏的,不影响其宣布合同无效的权利。但如果买方在此过程中对货物损坏存在过错,则不再享有此权利。如在送往检验场所途中货物损坏、未按合同约定或所在国法定标准检验、聘请技术不过关的检验机构实施检验

等,造成货物损坏的情形。(4)买方转售可能是收到货物后转售(公约的本意),也可能是国际离岸转手买卖(离岸贸易、转口贸易),依据背靠背合同将货物直接转售并运至第三国,此时买方无从检验和及时发现货物的不符。(5)如果买方收到货物后未发现也不可能发现货物不符,而对货物加以改进,如用最新技术加以改造,或安装最新版软件,确实是改变了货物形态,此后发现货物不符,买方不可能以货物原状返还卖方,该如何处理?如果因此使买方丧失宣告合同无效的权利似与该条目的相悖,故仍应赋予买方此项权利。至于买方改进货物使货物增值的部分,可由当事人协商解决。

五、"障碍"对宣告合同无效的影响

根据公约第79条第(5)款的规定,该条规定的各项免责,不妨碍任何一方行使公约规定的要求损害赔偿以外的任何权利。如果造成合同无效的行为系因不可预见和不能克服的障碍而根据该款免除赔偿责任,未违约方宣告合同无效的权利不丧失或不受到限制。各国法律对宣告合同无效的规定差异很大,公约尽最大努力协调并"寻找最大公约数",制订一套较完备的供各国商界选择适用的规则。然而很难清晰地在继续履行合同和宣布合同无效之间划出一条线,如果存在这样一条线,那么其核心标准就是违约方的违约行为是否足够严重以致剥夺了未违约方所期待的合同利益。其合同利益主要以主观标准衡量,而违约的严重程度、是否构成根本违约则以客观标准确定,以适应不同情形的需要。

六、宣布合同无效的法律后果

公约第81条至第84条规定了宣告合同无效的法律后果,主要有:解除履行义务(release from obligation)、恢复原状(restitution)、计算和赔偿损失(calculate damages)。同时第85条至第88条规定了当事人保全货物的义务。

(一)解除履行义务

合同无效,无论是基于一方根本违约或在给定的宽限期仍未履约,抑或由法院或仲裁庭裁判归于无效,直接后果就是双方不再履行合同义务。卖方不再交付全部或剩余货物和单据、转移所有权、提供技术服务,买方不再支付全部或剩余货款、接收货物等。但合同无效并不当然免除当事人应承担的损害赔偿责任,包括宣告合同无效一方的责任。宣告合同无效并不是合同全部条款均自始无效,而是终止合同义务的履行,将合同转变为清算关系。而且,有些内容因约定或法定而继续有效,其中争议解决条款即为法定的"幸存条款"(surviving provisions)。作为各国通例,争议解决条款被认为独立于合同其他条款,通常包括司法管辖权或仲裁条款,以及法律适用条款。还可包括违约金计算和支付、责任限制和免除、不可抗力、货物返还,甚至保密条款等。宣

告合同无效也不同于双方当事人协议约定终止履行。

(二)返还从履约中获取的利益

已经全部或部分履行合同后宣告合同无效的,卖方有权请求买方返还货物、买方有权请求卖方退还货款,使双方恢复到合同履行前的状态,即恢复原状。根据公约第82条的规定,若买方不能按实际收到货物的原状返还货物,则其无权宣告合同无效,但例外情况下即使不能返还货物,仍可以宣告合同无效(见上文的限制例外)。此时,应根据第84条的规定履行返还义务,即返还其所获的利益,如转售所得等。

公约仅规定了返还的程序,并未涉及货物或货款的所有权以及返还时间、地点、费用、风险承担等复杂问题。卖方退还的货款币种,应与账户和付款币种相同(账户币种与付款币种相同时)或与付款的币种相同(二者不同时)。就货物而言,不论哪方违约导致合同无效,买方均有权请求卖方接受返还的货物,而该货物应为卖方提供的货物。买卖合同通常会订有并不适用公约的所有权保留条款,约定在卖方收到全部货款后,货物的所有权方转移至买方,如一份煤炭买卖合同约定"Title of the goods shall pass from the Seller to the Buyer when the L/C issuing/confirming Bank has accepted the documentary presentation under the L/C and, in the case of sight payment, the payment has been received by the Seller"。如果货物到港时间早于付款时间,而货物已经被承运人交付给买方,因合同无效需要返还,可能遇到很多法律问题。比如,货物被投入生产或者已经转售,或因买方拖欠港口仓储费被留置、拍卖,或买方未足额支付开证行代垫货款导致银行留置提单并行使担保物权,或因买方进入破产清算程序被破产管理人申请查封,或者货物作为港口仓储合同标的物被监管等都会面临卖方与第三方权利人之间的权利冲突。① 此种情况下,卖方可能不得不选择放弃请求买方返还货物,转而请求损害赔偿。买方如基于国内法律或生效法律文书无法返还货物,其有义务继续支付货款或赔偿卖方损失。买方依国内法律取得货物所有权,其履行货物返还义务使卖方恢复货物所有权,系一项合同义务。买方未支付全部货款构成根本违约时,其有单方返还货物的义务,相应地卖方有义务接收退回的货物。对卖方而言,如因资金困难无法退还货款,其将无权请求返还货物。为妥善解决合同无效带来的复杂问题,当事人需订立一份协议,将宣告合同无效后双方应履行的相关内容加以清理和确认。(2021)浙02民初1653号案中,法院认为公约规定的卖方违反合同的补救办法与我国合同法不同,守约方在对方违约的情形下,可直接宣告合同无效,但应通知对方。该案原告在诉讼中明确告知三名被告其订单无效,应认定原告已按照公约要求进行了无效宣告。宣

---

① 参见大连海事法院(2015)大海商初字第487号民事判决书;辽宁省高级人民法院(2018)辽民终462号民事判决书;最高人民法院(2019)最高法民申3187号民事裁定书。

告合同无效解除了双方在合同中的义务,但双方对其应负责的任何损害赔偿仍应负责,宣告合同无效不影响合同违约责任条款的效力。故法院判决被告返还预付款,并支持原告关于未履行部分的违约金的主张。

1. 返还义务依公约履行。公约下的宣告合同无效,既非合同自始无效,亦非协议或约定无效,而是一方当事人单方面宣告合同无效。合同无效的法律效果,是终止履行原有效合同,使其进入清算阶段,当事人尚需履行相应义务。其中之一就是合同无效导致已履行利益的返还。返还意味着,合同无效这一法律事实创设了基于合同清算的新的权利义务关系,使以未来为导向的、正在履行的原合同关系转化为反向的返还关系或合同清算关系,其核心内容是买方返还货物,卖方退还货款。这种返还关系又可想象为原货物的反向销售,根据原合同约定的买卖双方权利义务,转换为反向履行返还权利义务。任何一方违反返还义务就如同违反原合同约定义务,需承担损害赔偿责任。尽管如此,返还货物或货款并未超出原合同框架。请求对方履行返还义务,必须明确提出。同时,请求实际履行返还义务,同样受到公约第28条(受理法院无义务裁判强制履行)的制约。因为第28条不仅适用于原合同下义务的实际履行,也适用于返还义务的履行,在合同完成清算并终止前,返还义务并未超出原合同权利义务框架范围。①

2. 未违约方保全货物的义务。公约没有对返还的地点、费用以及风险划分作出明确规定,但对合同无效后对货物的保全和处置作了规定。根据公约第85条(卖方保全货物)和第86条(买方保全货物)的规定,即使合同终止,占有或掌控应返还货物的一方当事人应为对方利益,合理保全货物。该义务并不因合同的无效而消灭。

3. 同时履行返还义务规则。实务中,一方当事人单方面违约的情形较多。如买方已支付部分或全部货款而卖方未交付货物,或者卖方已交付部分或全部货物而买方未支付货款。对此,仅需要一方当事人履行返还义务。在(2021)浙10民初75号案中,法院认定:原告买方已支付预付款,但被告卖方逾期未履行交货义务,故原告要求被告返还预付款以及利息,理由正当,应予支持。原告主张扣除被告已退还的部分货款及其他库存货物后,被告仍应返还其余货款,该主张不减损被告利益,法院予以确认。原告另要求被告赔偿其利息损失,利息从起诉之日起按全国银行同业拆借中心公布的贷款市场报价至实际履行完毕之日,该主张不违反法律规定,法院亦予以准许。

对双方当事人均需履行返还义务的情形,公约第81条第(2)款规定了同时返还规则(concurrent restitution rule)。该规则要求买卖双方同时履行返还义务,一方的履行以

---

① See Schlechtriem & Schwenzer, Commentary on the UN Convention on the International Sale of Goods (4th Edition), Oxford University Press, 2015, Commentary on Art. 81; CISG-AC Opinion No. 9, Consequences of Avoidance of the Contract. Rapporteur: Professor Michael Bridge, London School of Economics, London, United Kingdom. Adopted by the CISG-AC Following its 12th Meeting in Tokyo, Japan, on 15 November 2008. 另参见 CISG-DIGEST-2016《判例法摘要汇编》关于公约第81条的判例汇编。

另一方履行为前提。如买方不返还货物，卖方可以不退还货款。反之，如卖方因破产或外汇管制不能退款，则买方可以不返还货物。这相当于国内法律双务合同的同时履行抗辩权。(2014)浙商外终字第48号案(CISG-online No.3993)体现了公约规定的同时返还原则。(2015)津高民四终字第2号案中，法院援引公约第81条第(2)款规定认为，公约中关于同时返还的规定，系指合同被认定为无效后，合同当事人实际供应的货物及支付的价款均应得到返还，其旨在保护合同守约方的同时，使违约方的损失减至最低。同时返还，系合同无效后的处理结果，并未涉及具体的履行顺序。故此，法院认为，一审法院在对买方要求卖方退还案涉合同项下全部已付货款的诉讼请求予以支持的情况下，判令双方返还货物或价款并无不当。

4. 履行返还的地点。公约没有对履行返还的地点作出规定，双方可以在协议中约定。因卖方原因造成合同无效，货物返还地点通常为买方营业场所，卖方须自担费用办理货物的运输，当然也应承担货物返还途中灭失、损坏的风险。也有案例支持在卖方营业场所或根据原买卖合同规定确定返还地点。如果买方已合理地将货物办理仓储，则仓库为返还地点，即使提货仓单或类似单证在买方营业场所办理。因买方原因致卖方宣告合同无效，是否还应在买方营业场所返还，公约规定不十分明确，如确实在买方营业场所返还，则卖方有权根据公约第74条的规定索赔因此遭受的损失，如运输、保险费用等。同样，公约对退还货款的地点未作具体规定，如将原卖方视为返还货物的买方，货款应退还至原买方的营业场所，但需根据付款方式不同做灵活处理。

5. 履行返还的时间。对此公约没有规定具体时间限制，当事人应本着减少损失、合理尽速的原则处理。因为返还义务也是基于合同关系，任何不合理、不可免责的延误给对方造成损失的，都应根据公约第74条的规定承担赔偿责任。如买方可能会因卖方延误产生额外仓储费等，而卖方会因买方延误返还额外利息或收益，这些费用可作为损失得到补偿。在返还之前产生的费用，如因卖方不可免责的事由导致合同无效，买方对收到的货物有合理保管的义务，其可以对返还前的货物妥善保管，所发生的保管费、对货物支付的保险费，作为额外费用可以根据公约第74条的规定向卖方索赔。而如果合同无效系因卖方根据第79条规定的可免责事由导致，则不能由卖方承担此类额外费用，双方各自承担为宜。但是，如卖方未及时返还导致产生额外费用，则应由卖方承担，买方可依据第74条的规定索赔。

6. 合同无效后额外费用的承担。返还货物或货款，不可避免要产生额外费用及由哪方承担的问题。公约没有对返还产生的费用承担作出规定，总的原则是，额外费用由违约方承担。如货物已经运抵买方，但买方因不可免责的事由未能支付货款或接收货物，导致卖方宣告合同无效，买方应自担费用办理返还货物的运输并承担货物返还期间的灭失、损坏风险，这意味着买方要委托货代公司办理运输，支付代理费、运费和保险费等。如货物能够在买方当地处置和利用,根据及时止损原则,卖方可依据公约第 74 条的规定向买方索赔损失。如卖方因不可免责的事由违约,应由卖方承担这些费用。此种情况下,如未违约的买方已支付运费,是否属于原合同的违约损害结果,可否依据第 74 条的规定向卖方索赔,可能会有争议。另一种情况,一方宣告合同无效,如果不履行的一方有权根据第 79 条的规定免除赔偿责任(如不可抗力),返还产生的额外费用由不履行一方承担显然不符合公约第 79 条的规定,此费用由双方各自承担较为合理。

七、宣告合同无效与请求继续履行

如上文所述,宣告合同无效与请求继续履行合同属于互斥的救济措施,当事人只能择一行使,而不得同时行使两项权利。但问题是,当事人可否在各救济措施之间相互转换,如果可以,应在何时变更救济方式。已经宣告合同无效,能否再变更为继续履行合同,公约并未明确规定。除非当事人另行协商解决,通常此类情况会受到国内法的限制。一旦宣告合同无效,相当于对原合同的恢复原状,重新设立反向权利义务关系,其目的是保护未违约方利益及对未来行动的可预见性。未违约方在宣告合同无效的通知送达对方前,或在通知送达对方但其尚未依赖该通知采取恢复原状的行动前,可以撤回该通知。一旦违约方开始依赖宣告合同无效通知采取恢复原状的行动,未违约方就只能受其通知的约束,进入合同清算阶段,而不得再主张继续履行合同。

八、宣告合同无效与损害赔偿

合同被宣告无效后,当事人请求损害赔偿的权利不受影响。宣告合同无效将导致合同的清算,该权利在清算期间仍然存续,直至清算完毕。因此,当事人的损害赔偿请求权不仅包括合同无效产生的损害赔偿请求权,而且包括合同无效前产生的损害赔偿请求权。如债权人因合同无效产生的利润损失、无法转售或出租损失等,均可根据公约第 74 条的规定主张索赔。根据第 83 条的规定,买方虽然依第 82 条规定丧失宣告合同无效或要求卖方交付替代货物的权利,但是根据合同和公约规定,他仍保有采取一切其他救济手段的权利。其中包括提出损害赔偿、减低价款等权利。

对合同无效的法律后果问题,公约咨询委员会在第 9 号咨询意见提出了具体解决方案。[1]

---

[1] See CISG-AC Opinion No. 9, Consequences of Avoidance of the Contract. Rapporteur: Professor Michael Bridge, London School of Economics, London, United Kingdom. Adopted by the CISG-AC Following its 12th Meeting in Tokyo, Japan, on 15 November 2008.

九、与中国法关于合同无效和解除规定的比较

因公约制定的时代背景及我国立法的迅速发展,公约官方中文版本与我国现今有关法律的用语存在差异,中英文的翻译也与现今用语不尽一致,因此需要对有关问题加以区别。中国法律在合同的效力方面,规定了多种效力控制规则。除规定合同成立及生效、合同解除外,还规定了合同自始无效、撤销和权利义务终止的情形。如中国法中的合同无效,指合同自始不发生法律效力,因此不能将公约的宣告合同无效与中国法的合同无效混淆。公约规定的宣告合同无效,对应中国法律中的合同解除,但并不完全相同。在适用公约的案件中,可以主张"宣告合同无效",最好不使用"合同解除"的表述。为帮助读者对此加以区分,下面对中国法中合同无效和解除的相关规定作简单介绍。

(一)合同无效

《民法典》合同编未对合同无效情形作统一列举,仅对未办理涉及合同效力的审批手续的效力后果、无权代理的追认、超越代理权订立合同的法律效果、超越经营范围所订立合同的效力、免责条款(如第497条、第506条)及争议解决条款效力的独立性等作出规定,附生效条件和生效期限的合同、效力待定合同、无效合同、可撤销合同、无权代理和表见代理等由总则编解决。《民法典》合同编第508条规定,"本编对合同的效力没有规定的,适用本法第一编第六章的有关规定",即按照总则编第六章"民事法律行为"的规定来认定合同效力。据此,《民法典》下合同无效情形有五种:

1. 无民事行为能力人实施的民事法律行为无效(《民法典》第144条)。2004年7月1日前,国家对国际贸易主体严格限制,未经国家主管部门批准获得外贸经营权的企业或个人对外订立的国际货物销售合同无效。据此,相当数量的对外贸易合同被判无效。[①] 2001年12月11日,中国正式加入WTO,中国依据入世承诺应当在三年内取消对外贸易经营权的审批许可,放开货物贸易和技术贸易外贸经营权。2004年7月1日实施的《对外贸易法》确立了从事货物进出口或者技术进出口的外贸经营者的备案登记制,取代了长期以来外贸经营者外贸经营权的审批许可制,并首次将个人列为从事对外贸易经营活动的主体。至此,外贸经营权经历了从国家垄断到严格审批许可,再到分行业逐步备案登记放开的过程。因此,不仅对外贸易经营主体包括法人、非法人组织和自然人,而且仅根据要求备案即可从事国际贸易,国际贸易合同因主体经营资格原因而无效的情形得以解决。

2. 通谋虚伪表示行为无效。《民法典》第146条规定:

> 行为人与相对人以虚假的意思表示实施的民事法律行为无效。以虚假

---

① 参见最高人民法院(1998)经终字第171号民事裁定书。

的意思表示隐藏的民事法律行为的效力,依照有关法律规定处理。

对外贸易领域一个突出的现象是,以国际贸易合同的名义隐藏逃汇、套汇等非法套利行为或跨境融资行为。如果能够证明"通谋虚伪"成立,则可以认定国际货物买卖合同无效,至于其背后隐藏的法律关系是否无效或者是否构成其他法律关系,根据有关法律认定。

3. 违反法律、行政法规效力性强制性规定的行为无效。《民法典》第153条第1款规定:

> 违反法律、行政法规的强制性规定的民事法律行为无效。但是,该强制性规定不导致该民事法律行为无效的除外。

法律规范分为任意性规范和强制性规范,前者包括补充规定和解释规定,起示范和引导当事人行为的作用,不具强制力,当事人可以选择适用或不适用。而后者又分为效力性强制性规范和管理性强制性规范两种,并非违反强制性规定的行为均为无效,只有违反了效力性强制性规定才导致合同无效。但书中所谓"不导致该民事法律行为无效的"强制性规定,即指"管理性强制规定"。《民法典合同编通则解释》对"管理性强制规定"的适用作出进一步规定。①

4. 违背公序良俗的民事法律行为无效。《民法典》第153条第2款规定:

> 违背公序良俗的民事法律行为无效。

所谓公序良俗,是指公共秩序、善良风俗。违背公序良俗是指违背社会公共利益,如进出口合同标的物为色情书刊等非法出版物、依法被禁止进口的污染物等,该类合同应被认定为无效。

5. 恶意串通损害他人合法权益的行为无效。《民法典》第154条规定:

> 行为人与相对人恶意串通,损害他人合法权益的民事法律行为无效。

值得注意的是,行为人和相对人之间必须具有意思联络、共同恶意,方构成恶意串通。如果只有一方具有损害他人合法权益的主观恶意,另一方不知情或者虽然知情但并无主观恶意的,不构成恶意串通。

(二)合同解除

合同解除是指合同关系成立以后,当具备合同解除条件时,因当事人一方或双方的意思表示而使合同关系自始消灭或向将来消灭的一种行为。中国《合同法》英文版中,"解除"的用词是"dissolve",而不是"avoid"。通常认为,合同解除(dissolution)与终

---

① 参见《民法典合同编通则解释》第16条至第18条。

止(termination)有区别。两者都是使合同债权债务关系消灭的原因,但合同终止是使继续性的合同关系自终止之日起向将来消灭的行为,而合同解除是使权利义务关系自始消灭的行为;合同终止既可适用于违约的情形,也可适用于非违约情形,而合同解除在性质上是对违约的一种补救,是一种特殊的合同责任。① 因此合同终止是合同解除的上位概念,合同终止是合同解除的原因之一。《民法典》下的合同的效力规定在合同编通则部分(第502条),属于合同生效时间和特殊生效要件的规定。合同无效,是指因不具备合同生效要件,合同自始未生效,不发生法律效力。而合同解除,是针对已经生效的合同,使其效力自始消灭。合同解除包括协商解除、约定解除和法定解除。

1. 协商解除。根据《民法典》第562条第1款的规定,协商解除指在合同成立后、未履行或未完全履行之前,当事人双方通过协商解除合同,从而使合同效力消灭的行为,又称为事后解除。例如:合同适用中国法律。中国卖方A公司与日本买方B公司约定A向B出售塑胶手套1万副,但因中国国内需求增加不能按约定的装船期交货,经双方当事人协商解除合同。至于解除后A是否应赔偿B由双方另行商定。如果B不同意解除,则A应继续履行合同,否则应承担违约责任。

2. 约定解除。根据《民法典》第562条第2款的规定,约定解除是指当事人双方在合同中约定,在合同成立以后,没有履行或没有完全履行之前,当事人一方在某种解除合同的条件成就时享有解除权,并通过行使合同解除权使合同关系消灭。如合同适用中国法律,中国买方A公司与印度尼西亚B公司订立煤炭买卖合同,约定A公司购买B公司煤炭6万吨,同时约定如果印度尼西亚政府禁止煤炭出口,B公司不能在约定交货期履行交货义务,A公司有权解除合同。后印度尼西亚政府果然因其国内煤炭供应紧张发布出口禁令,导致B公司不能按时交货。A公司根据约定行使合同解除权。

3. 法定解除。根据《民法典》第563条的规定,法定解除指在合同成立以后,没有履行或者没有全部履行完毕之前,当事人一方通过行使法定的解除权使合同效力消灭的行为。其特点是法律规定了当事人享有法定解除权的情形,在该情形发生时通过行使解除权致使合同解除。在法定解除权条件成就时,解除权人可以直接行使解除权解除合同,无须征得对方当事人同意。法定解除的情形包括:

第一,因不可抗力致使不能实现合同目的。通常合同中直接约定战争为不可抗力作为解除合同的条件,条件成就时,受不可抗力影响的当事人可以直接按约定宣布因不可抗力解除合同。国际货物买卖合同通常约定的不可抗力情形包括"acts of God, flood, washout, storm, earthquake, hurricane, tornado sleet, hail, snow, war (whether declared

---

① 参见王利明:《合同法研究》(第2卷),中国人民大学出版社2003年版,第309页。转引自最高人民法院民法典贯彻实施工作领导小组主编:《中华人民共和国民法典合同编理解与适用》,人民法院出版社2020年版,第595页。

or undeclared), thread of or preparation for war, armed conflict, military actions, activities of public enemy, imposition of sanctions, embargo, break/ deterioration in/ suspension of diplomatic relations or similar actions..."如,卖方针对战争导致的不能按约交货向买方发出通知"Notice of Force Majeure under the Sales of Agreement No.xxx, ..., With great regret we must advise you of the occurrence of certain events on the territory of A(country) where we are sourcing the Products to be delivered to your company, which constitute Force Majeure events under our contract. As you may be aware, several territories in A(country) have suffered military attracts by the B(country) armed forces, and the military operations are ongoing. As a result, several ports, including loading ports under our Sales Agreement, are closing and/or are temporarily no accessible. The same apply to railway routes, roads and inland waterways, these may be blocked or inaccessible. As a direct consequence of these Force Majeure events it seems likely that we could be prevented from performing under the Sales Agreement and that our obligation may have to be suspended. We are unable to determine how long this Force Majeure will continue and regret any inconvenience these circumstances beyond our control caused you"。如果武装冲突的持续使双方合同目的无法实现,双方可解除合同。至于是否构成不可抗力,适用中国法律,应根据《民法典》第 180 条第 2 款认定。中国法与《销售合同公约》和《国际商事合同通则》一样,规定不可抗力不导致合同自动终止,而是赋予当事人合同解除权。

《民法典》第 533 条规定了"情势变更"情形,适用时要加以区分:合同成立后发生的某种情形使合同基础条件发生重大变化,而该变化不属于商业风险且订立合同时无法预见,如果继续履行合同会对一方当事人明显不公平,经该当事人请求,可适用"情势变更"规则。而如果致使合同目的不能实现,适用不可抗力规则。

另需要注意,在国际贸易中,遇到最多的不可抗力可能发生在国际运输环节尤其是远洋运输,承运人常以恶劣天气等造成货损为由发布海事声明,主张不可抗力免责。当事人要区分买卖合同下的不可抗力和国际运输合同下的不可抗力。另在保险合同中,当投保海运一切险附加战争险和罢工险时,货物承保人往往利用船舶险承保人发布的相关通知单方面解除战争险保单,货物投保人应区分二者的不同,不能轻易同意战争险无效。

第二,在履行期限届满前,当事人一方明确表示或者以自己的行为表明不履行主要债务。该款是关于预期违约的规定,一方可以以明确方式表明将不履行合同主要债务(明示预期违约),如卖方通过电子邮件明确通知买方其将不履行交货义务;或者用行为表明不履行主要债务,如卖方将买卖合同标的物(一台特制设备)售与第三人。此时作为救济手段,允许另一方解除合同。

第三,当事人一方迟延履行主要债务,经催告后在合理期限内仍未履行。此款需注意两个要件,一是一方迟延履行的是主要债务。在买卖合同中。卖方的主要债务即交付符合合同约定的货物和单据并转移货物所有权,买方主要债务是支付货款及接收货物。如果迟延履行的不是主要债务,如买方不及时对收到的货物进行检验,不退还保证金等,仅构成轻微违约行为,不构成此要件。二是经另一方催告后在合理期间内仍未履行。合理期间要根据具体合同性质和主要义务的内容而定。这一点与公约规定的宽限期有所不同。

第四,当事人一方迟延履行债务或者有其他违约行为致使不能实现合同目的。不能实现合同目的,意味着合同落空,当事人丧失其对获取合同利益的期待权,此时可不经事先通知而解除合同。如12月23日,圣诞节即将来临,法国买方获悉其自中国卖方订购的发运期为12月10日的圣诞节巧克力豆,卖方仍不能订舱发运,于是通知中国卖方解除合同。至于"其他违约行为"范围比较广,主要是围绕合同主要目的考量,如卖方提供的货物质量严重不符,买方未按约定的时间开立信用证等。此处的"不能实现合同目的"相当于公约第25条的"根本违约"。

第五,法律规定的其他情形。

4. 合同解除的程序。合同在符合约定或法定要件的情况下不产生当然解除的效力,只有通过未违约方行使解除权才能达到合同解除的效力。(1)《民法典》第565条对合同解除的程序规定:一方依法主张解除合同,应当履行通知对方的义务。解除通知到达对方时合同解除。如果通知载明债务人在一定期限内不履行债务则合同自动解除,债务人在该期限内未履行债务的,合同自通知载明的期限届满时解除。如果对方对解除合同有异议,任何一方当事人均可以请求人民法院或者仲裁机构确认解除行为的效力。一方未通知对方,直接以提起诉讼或者申请仲裁的方式依法主张解除合同,人民法院或者仲裁机构确认该主张的,合同自起诉状副本或者仲裁申请书副本送达对方时解除。(2)解除权的行使期限。解除权必须在规定的期限内行使。法律规定或者当事人约定了解除权行使期限,期限届满当事人不行使的,该权利消灭。法律没有规定或者当事人没有约定解除权行使期限的,解除权人自知道或者应当知道解除事由之日起1年内不行使,或者经对方催告后在合理期限(3个月)内不行使的,该权利消灭。实务中,认定合同解除通知的效力,要同时考察解除合同的实质要件和形式要件,既要符合《民法典》第562条、第563条规定的实质要件,又要符合通知合同相对人这一形式要件。如果当事人约定了异议期,异议期内对方当事人未向法院或仲裁机构提出异议,就可以认定合同解除通知有效。

5. 合同解除的法律后果。根据《民法典》的规定,合同解除的直接后果是合同的权利义务关系终止。合同解除后,尚未履行的,终止履行;已经履行的,根据履行情况和合同性质，当事人可以请求恢复原状或者采取其他补救措施，并有权请求赔偿损失。合同因违约解除的，解除权人可以请求违约方承担违约责任，但是当事人另有约定的除外。约定解除或法定解除条件不成就时，一方当事人单方面强行解除合同的，应承担违约责任。

第二十五节　货物的保全

在履行合同的过程中，货物所有权转移至买方后，卖方根据公约第 62 条的规定有权主张货物价款。如果不规定保全货物义务，可能使得卖方简单索赔价款而不顾货物的结果。或者，买方拒绝提货，必然使得货物处于脱离买方和卖方关照的状态。此时尚不能确定何方违约，为避免货物损失，相关当事人必须采取措施保全货物，待争议得到解决后再做处理。公约第 85 条至第 88 条针对货物的保全作出规定。第 85 条和第 86 条分别规定了卖方保全货物的情形和买方保全货物的义务，第 87 条和第 88 条强调双方当事人保全货物的细节。

一、卖方保全货物的义务

（一）卖方保全货物的两种情形

公约第 85 条第一句规定了卖方应采取合理措施保全货物的两种情形：一是买方没有及时提取货物，而卖方仍占有货物或控制货物的处置权；二是买方应该支付价款或付款与交货应同时履行时，买方没有支付价款，而卖方仍占有货物或控制货物的处置权。这些条件得到满足时，卖方应对货物采取合理的保全措施。迟延提取货物当然也包括买方明确表示拒绝提取货物。买方迟延提货须根据第 53 条和第 60 条认定构成违约，且货物风险已转移至买方。买方有权拒绝提货，而货物风险仍在卖方时，卖方保全货物只能是为其自身利益，而非为买方利益。但实践中，可能一时难以分清责任和风险是否转移，最稳妥的办法是卖方首先对货物实施保全，责任和风险问题留待日后解决。

未支付货款，包括公约第 54 条规定的未采取步骤以支付货款。占有货物，指卖方对货物的实际掌控，如在卖方营业地交货时或者卖方自行承担货物运输时对货物的占有。控制货物处置权，可能是货物由第三方占有而卖方持有货物的物权凭证，如凭卖方指示的可转让提单或仓单。货物所有权是否确已转移无关紧要，关键是货物风险已转移至买方。在货物尚未明确特定化为合同标的物时，货物风险不转移至买方，第 85 条不适用。

(二)合理措施的界定

公约对何为合理措施未予明确,需根据个案确定。通常包括两项措施,一是合理储存货物,避免遭受损失;二是必要时及时转售货物,避免损失扩大。需注意的是,公约第85条的保全措施比第79条规定的克服障碍措施要求的标准低,在占有货物或控制货物处置权时,如果采取的措施不合理或成本过高,可以不采取保全措施。保全措施的义务在买方提取货物时、卖方宣告合同无效或者转售货物时终止。如果买方提出提货,卖方有权持货不交,直至买方付清全部仓储费和其他保全费用。

二、买方保全货物的义务

如果买方收到货物但无意接受,或货物虽已抵达目的地并置于买方处置之下但其有权拒绝货物时,买方有义务保全货物。

(一)买方收到但打算拒绝接受货物

公约第86条第(1)款第一句指买方已收取并占有货物但并不想接受货物,而是根据合理理由拒绝、退回货物。合理理由包含的情形有:第49条、第51条第(2)款、第72条或第73条规定的宣告合同无效,第46条第(2)规定的替代货物,第51条规定的部分交货,第52条规定的提前交货,第71条第(1)款和第(3)款规定的拒绝货物。不符合上述条款规定情形的,买方不得拒绝接受货物,第86条第(1)款规定的保全货物不适用。即使采取保全措施,因为货物损坏或灭失风险已根据第69条的规定转移至买方,买方是为自己利益保全货物,买方应自行承担该期间内的风险和费用。第86条第(1)款第二句规定买方有权就保全和储存货物发生的合理费用向卖方索赔。

(二)置于买方处置但其拒绝接受货物

公约第86条第(2)款旨在规定由控制货物更有利的一方履行照管货物的义务。货物已抵达目的地且置于买方处置,买方尚未提取货物而宣告拒绝接受货物,满足该条第(2)款规定的条件,买方须在合理限度内采取必要措施保全货物。即使买方已经宣告合同无效也有义务保全货物。当然,如保全货物使买方不得不首先支付价款或遭受不合理的不便或需承担不合理的费用,则买方可以不实施保全。支付价款可能是买方为提取货物不得不向承运人支付价款或提供担保。如承运人不要求买方付款即可放货,或者买方已经支付过价款,则买方应提货并保全货物。至于何为不合理费用,需根据个案分析,也往往引发争议。比如对迅速腐烂变质货物的保全必然产生比较高的费用,买方是否应履行保全货物义务,要根据货物价值、保全措施的便利程度等,确认费用是否合理。另外,如卖方在该目的地有机构或雇员(如代表处、分支机构或业务代表),或者有授权代理人(如商业代理或中介),买方不必对货物采取保全措施。实践中,因货物权属争议可能出现第三方试图提取、查封货物等情形,买方是否应当采取适当措施以维护货物安全。对此,要根据情况而定,买方应尽力而为但可量力而行。如卖方没有机构、雇员或代理人在目的地,情况紧急时买方可以采取紧急保护措施,必要时可根据当地法律请求政府部门的保护。买方与卖方的沟通至关重要,必要时要获得卖方的同意并提前支付相关费用。卖方应支付买方保全货物产生的费用,包括提取、占有货物的费用以及其他必要费用。

买方需要注意的是,根据公约第 82 条的规定,如其不能按实际收到货物的原状归还货物,其将丧失宣告合同无效或要求交付替代货物的权利。如其没有根据第 86 条的规定履行货物保全义务导致货物损坏、不能按原状归还货物,卖方可以就买方宣告合同无效或要求交付替代货物的主张提出抗辩,并可就买方未保全货物造成的损失提出索赔。

三、如何保全货物

公约第 87 条对如何保全货物作出规定。第一,保全货物必须符合第 85 条或第 86 条的规定,有合理依据;第二,保全货物一方有权利(不是义务)选择将货物存储于第三方仓库,但前提是仓储费必须合理。货物保全方(存货方)在选聘第三方保管人时应谨慎行事,否则可能因选任不当承担责任。经谨慎选择的第三方在保管货物期间的行为或不行为对货物造成的损害,货物保全方不承担责任。至于货物保全方、买卖合同另一方和保管人之间的法律关系,公约没有规定,应根据合同约定或仓储所在地国内法确定。通常有两种情况,一是货物保全方作为存货人与第三方仓储保管人成立货物保管合同关系,支付仓储保管费,有权提取货物。二是货物保全方作为代理人与仓储保管人订立合同,费用和法律后果由买卖合同另一方承受。保全货物,不改变货物风险承担,也不因为保全费用不合理或货物遭受灭失或损害而转移风险。通常,保全方没有义务为货物购买存储期间的保险,除非当事人之间有协议约定或双方存在这样的惯例和习惯做法。

四、保全货物的处置

保全货物不是目的,避免损失并及时处置才是目的。公约第 88 条根据不同货物特性,为避免超高的保全费用和货物的快速变质,对保全货物一方规定了不同的权利和义务。

(一)自行销售货物的权利

公约第 88 条第(1)款规定,保全货物的一方可以在满足规定的条件下,行使自行销售货物的权利。何时触发保全货物的销售,需根据具体情况而定,通常是买方不合理迟延提取保全货物或支付货款,或者卖方不合理迟延提取并将保全货物运回,或者双方均不支付保全费用等。假设卖方想取回货物但迟延履行另一应同时履行的义务,如退还货款,买方可以销售货物以冲抵卖方应退回的货款。若卖方交付的货物不符合约定,买方在卖方交付替代货物前有权保留货物。如卖方想取回有瑕疵的货物却拒绝交付替代货物,买方也可根据第88条的规定选择变卖所保留的货物。不合理迟延的情形可能有多种表现形式,保全方需根据实际决定是否等待或者等待多长时间后销售货物。如果保全费不断增加而另一方迟迟不提取货物,或者保全方对获得保全费用没有信心等,可以尽快把货物销售,以结束不确定的状态。

(二) 紧急销售货物的义务。

该条第(2)款规定了保全货物一方针对迅速恶化或造成不合理费用时紧急销售货物的义务。货物迅速恶化多见于生鲜、易腐或季节性货物,因无法冷藏、冷冻或此类费用过高而不宜长期保存。而保全费用不合理通常理解为仓储保管费用、保全维护费用过高,甚至超过货物价值、超过原价值和变卖所得的差价。货物因恶化导致市场价格下跌不构成紧急销售的理由,紧急销售方仅需要尽可能给予对方关于销售货物的通知。

(三) 保全方的通知义务

保全方销售保全货物是处置保全货物的主要方式。销售前必须通知对方,以使对方履行义务避免货物被销售。至于销售方式,公约未作限定,根据个案情况,任何适当的销售方式均可。受让人可以是第三方,也可以是办理保全货物的一方。价格不论高或低,但必须经过合理努力获取最优价格,不应损害另一方的利益。保全方可以采用公开拍卖或网上竞价等方式,证明变卖程序公正,价格最优。有的货物没有市场价值或是为特别用途定制的货物,不得不以废品价格成交,但只要销售方式公开透明,废品价格亦为合理。[1] 在(2018)皖民终280号案中,二审法院认为,一审判决根据民事诉讼中高度盖然性的事实认定标准,认定巴拉圭买方提供的证据可以相互印证,形成证据锁链,能够证明中国卖方交付的货物不合格,并无不当。卖方在买方向其告知产品质量问题时,并未积极前往巴拉圭当地配合处理,买方为了降低损失而将案涉货物转售,亦无不妥,故卖方的相关上诉理由均不能成立。

(四) 相关费用扣除

根据该条第(3)款的规定,销售保全货物一方有权自销售所得中扣留发生的合理

---

[1] 参见 CISG-DIGEST-2016《判例法摘要汇编》关于公约第85条至第88条的判例汇编。See Schlechtriem & Schwenzer, Commentary on the UN Convention on the International Sale of Goods (4th Edition), Oxford University Press, 2015, commentary on Art. 85-88.

保全费用和销售费用,并对余额作出说明。这些费用通常是因保全或销售货物直接发生的费用,如必要的运输费、仓储保管费、拍卖或网络竞价佣金、公证费等。但是公约没有规定,销售保全货物一方是否可以同时扣除本应收取的合同项下的款项,如卖方扣留买方应支付的货款或者买方扣留卖方应退还的货款,现实中可由双方协商解决。销售保全货物一方可采取先发制人的方法,先行自销售所得中抵扣应收款项,发生争议后再通过协商或司法途径解决。

在实务中,处理国际贸易争议可能需要同时适用公约和相关国内法,也不限于适用公约某一条款,而可能是几个条款。尤其是在涉及多国当事人、转口贸易等复杂交易时,还可能适用不同的法律程序。在(2014)浙商外终字第48号案中,就韩国买方对销往印度的案涉不合格钢板是否负有返还义务、该义务是否应以中国卖方向其支付仓储费、保管费及相应利息损失为前提以及如返还不能,其应如何赔偿等问题,法院认为,根据公约第81条的规定,合同解除后,"已全部或局部履行合同的一方,可以要求另一方归还他按照合同供应的货物或支付的价款",故中国卖方在依照香港国际仲裁中心作出的裁决书对韩国买方的损失进行全额赔付后,有权要求合同买方返还其已收到的案涉不合格钢板。该请求系合同解除后买方对于卖方因该合同所取得的财产的一种返还请求,其目的是将双方当事人的法律状态恢复到签订合同前,其性质应属于债权请求权,故韩国买方关于卖方应基于物的所有权向案涉不合格钢板的保管人印度公司(韩国买方的客户)主张返还的抗辩不能成立,其对案涉不合格钢板负有返还义务。但是由香港国际仲裁中心先行作出的第一部分裁决书已确认买方通过信函拒收整批钢板并要求卖方自行从印度取回不合格钢板,买方这一做法符合公约第86条的有关规定,结合案涉销售合同的价格条款为 CFR,即卖方负责运输并承担运费的事实可知,买方的返还义务仅限于在印度公司船厂仓库将案涉不合格钢板交与卖方。如果卖方选择将该批钢板运回国内,则买方应履行协助清关等必要的附随义务,但相关费用应由卖方自行负担。关于上述返还义务是否应以卖方向买方支付案涉不合格钢板在印度发生的仓储费、保管费及相应利息损失为前提的问题。法院认为,公约第86条第1款规定:"如果买方已收到货物,但打算行使合同或本公约规定的任何权利,把货物退回,他必须按情况采取合理措施,以保全货物。他有权保有这些货物,直至卖方把他所付的合理费用偿还给他为止。"根据该条规定,在中国卖方被认定构成恶意毁约的情况下,韩国买方拒收货物后有义务采取合理措施保全案涉不合格钢板以避免损失扩大,同时,其也有权利继续保有这些钢板直至卖方将其所付的合理费用全部偿还。该案中,韩国买方已根据新加坡仲裁庭(针对其与印度客户的纠纷)作出的裁决将案涉不合格钢板存放于印度客户公司仓库,该行为虽不构成其主张的提存,但其已符合前述规定的"合理措施"的条件,故买方有权根据公约第86条的规定在返还案涉不合格钢板前要求卖方支付因其对货物进行保全所产生的合理费用。因卖方支付费用的义务在先而其至今未予履行，故其主张的因买方未及时返还货物造成无法回笼资金的利息损失，不应由买方承担赔偿责任。但是，由于案涉不合格钢板存放于印度客户公司仓库因而涉及向第三方支付仓储费的问题，且根据前述新加坡仲裁庭作出的裁决，印度客户公司移交钢板的对象为韩国买方而非中国卖方，故韩国买方应根据合同相对性的原则先行与印度客户公司结清仓储费、保管费等费用后，再就合理部分向中国卖方追索。现韩国买方仅提供了印度客户公司向其催收费用的邮件，而未能举证证明其已向该公司实际支付上述费用以及这些费用计算的合理性，故韩国买方反诉要求中国卖方支付不合格钢板的仓储费、保管费及相应利息损失、律师费的主张证据不足，其应对此承担举证不能的不利后果，即其仍应向卖方履行案涉不合格钢板的返还义务。关于返还不能时的赔偿等问题。法院认为，案涉不合格钢板作为有特殊标准要求的造船用特种钢板，其在性质上属于特定物，如果买方未如数返还，其应当赔偿卖方的相应损失。虽然案涉不合格钢板比照合同约定存在一定瑕疵，但韩国买方既未能证明瑕疵钢板的评估价格为多少，也未能提供同类钢板现在的市场价信息，在其无法证明案涉不合格钢板与合同约定的证书完备的钢板之间存在何种差价的情况下，原审法院从钢板无明显质量问题以及促使韩国买方积极返还钢板等角度按合同价格作为赔偿计算标准并无不当，应予以维持。法院进一步认定，如前所述，中国卖方就案涉不合格钢板负有自印度公司仓库取回的义务，其迟迟不予处理是造成该批钢板产生大量仓储费、保管费等费用的主要原因，故原判认定其不得因损耗原因拒收钢板有利于减少损失继续扩大，并无不当。至于该批钢板如因印度公司保管不善造成非正常损耗时，韩国买方是否应折价及如何折价赔偿等问题，则不属于该案审理范围，不予评述。针对利息计算问题，法院认为，虽然香港国际仲裁中心将 2008 年 12 月 30 日确定为买方有权向卖方追索损害赔偿的利息的起算日，但是该认定仅针对案涉双方的违约之诉，对于返还原物不能时的赔偿问题，仍应以法院确定的返还期限之最后一日的汇率为计算标准，原判对此认定无误，应予维持。

第三章　跨境电子商务法律问题

随着20世纪中后期信息技术(Information Technology, IT)的迅猛发展,尤其是以计算机软件、硬件以及电子数据交换(Electronic Data Interchange, EDI)等为基础的互联网(Internet)的兴起,使电子商务(Electronic Commerce, E-Commerce)成为国际贸易的重要形式。国际贸易参与人可以不经面对面商谈,即可瞬间进入全球国际市场,推销产品、获取产品信息和价格走势、交货条款等,并通过跨境电商进行各种合同的洽谈和签署,完成交易。而像海关、税务等政府监管部门、行业组织等也能够即时获取交易信息,进行实时监管。这些交易合同至少涉及货物买卖合同、运输合同、货物保险和国际支付等。另外,与这些合同相关的各种单证,如订货单、发票、提单、仓单、保险单、信用证等也会通过电子签名等方式签署。电子商务与传统线下交易业态相比,具有节省磋商和交易成本、减少单证差错和遗失、提高效率、倡导绿色贸易、加速资金周转,以及缩短贸易周期等优点。但跨境电子商务涉及不同法域的不同法律制度和交易习惯,其中交易行为的不规范和制度缺失,以及某些法律上的不确定性和障碍,不可避免地会影响电子商务的推广,国际立法的统一势在必行。这个问题已经引起国际社会的高度重视,近20年国际私法统一活动和各国立法对跨境电子商务的快速发展起到推动的作用。

电子商务是交易当事人或参与人用计算机技术和以互联网为基础的网络技术等现代信息技术,所进行的各类交易活动。跨境电子商务,即当事人或参与人营业地分处不同法域的电子商务活动,当前主要是跨境货物电子商务。电子商务法,是在计算机环境下开展的、以数据电文为交易手段而形成的电子交易形式法律关系的法律规范的总和。电子商务法调整的对象,是电子商务交易活动中发生的各种社会关系,它交叉存在于虚拟社会和实体社会之间,基于但又有别于实体社会中的各种社会关系,且相对独立于现行法律的调整范围。从本质上讲,电子商务仍是商务活动。电子商务法,旨在向电子商务的各类参与者提供一套虚拟环境下进行交易的规则,克服进行电子商务时所遇到的法律障碍,鼓励使用现代信息技术促进交易活动。因此,电子商务法需要涵盖电子商务环境下合同签订、物流配送、款项支付的操作规则,需要涵盖政府监管和当事人(通过行业组织)自律监管,以及交易双方、中间商和政府的地位、作用及运行规范等。电子商务法还涵盖某些现有民法、商法甚至刑事法律尚未涉及的特定领域。

第一节　电子商务国际立法概况

一、《电子商务示范法》

1996 年 12 月 16 日,UNCITRAL 通过了《联合国国际贸易法委员会电子商务示范法》(UNCITRAL Model Law on Electronic Commerce,以下简称《电子商务示范法》),该法是全球范围第一部电子商务统一立法,旨在向各国提供一套国际公认的电子商务法律规则,以供各国立法机构在制定本国电子商务法律规范时参考,促进在全球范围内使用现代通信和信息存储手段进行交易。

《电子商务示范法》分两个部分,共 17 条。第一部分为电子商务总则,共三章,第一章规定一般条款,即定义、解释和意思自治;第二章和第三章分别规定了数据电文适用的法律要求和数据电文的传递,涉及电子商务中数据电文、电子数据交换(EDI)的定义,数据电文的法律承认,电子合同、电子签字的效力,电子证据的原件、可接受性和证据力,数据电文的确认收讫,发出和收到数据电文的时间和地点等法律问题。第二部分包括一章,涉及电子商务的特定领域,即货物运输合同、运输单据、电子提单的效力和证据效力等问题。

(一) 适用范围

该法适用于商务活动,除货物买卖外,还包括商业关系,如代理协议、分销协议、保理、租赁、工业合作以及各种形式的货物运输等。由于各国在消费者保护方面的法律差别较大,该法并未包括该部分内容,但并不排除各国根据本国情况扩大该法的适用范围至消费者保护领域。另外,该法既包括一国国内电子商务活动,也包括跨境电子商务活动。各国立法机构可以根据本国情况,对本国内和跨境电子商务活动进行规范。

(二) 意思自治原则

电子商务交易主体对自己的电子交易行为拥有意思自治的权利。在电子商务交易过程中,当事人可以全面表达和实现自己的意思。

(三) 功能等同原则

《电子商务示范法》第 5 条至第 8 条对功能等同(functional equivalence)原则作了规定。第 5 条规定数据电文的法律承认:

> 不得仅仅以某项信息采用数据电文形式为理由而否定其法律效力、有效性或可执行性。

其法律意义在于，当事人可以采取数据电文的形式，订立具有法律效力的合同、协议或其他文件。使通过数据电文形式传输的信息与以传统书面形式传输的信息具有同等效力。虽然电传、电报和传真在半个世纪前就得到广泛应用，但这些科技方式传输的文件的法律效力一直有不确定性，况且实务中当事人可能使用电传、传真、复印件和电子邮件等多种方式传送文件，因此《电子商务示范法》也一并将其列入适用范围。

(四)数据电文的书面形式、签字和原件

在采用数据电文来拟定商业文件时，文件的签署问题有别于传统文件的签署。第6条对书面形式作出规定：

(1)如法律要求信息须采用书面形式，则假若一项数据电文所含信息可以调取以备日后查用，即满足了该项要求。(2)无论本条第(1)款所述要求是否采取一项义务的形式，也无论法律是不是仅仅规定了信息不采用书面形式的后果，该款将适用。

第7条规定，如法律要求要有一个人签字，则满足以下两个条件，在采用数据电文拟定商业文件时，就是符合法律对文件签署的要求：

(a)使用了一种方法，鉴定了该人的身份，并且表明该人认可了数据电文内含的信息；和(b)从所有各种情况看来，包括根据任何相关协议，所用方法是可靠的，对生成或传递数据电文的目的来说也是适当的。

很多情况下，法律要求提供正本(如承运人要求提货人呈交提单正本)，该法第8条第(1)款规定：

如果符合以下两个条件，则数据电文便满足法律对以正本提交或保存信息的要求：(a)在有关信息的最后文本首次编制完成时，对该信息与数据电文或其他信息的完整性有可靠的确信；(b)在需提交该信息的情况下，该信息能够被展示给信息接受者。

第6条至第8条内含的功能等同原则，仅针对"书面形式""签署"和"原件"等概念，并不针对《电子商务示范法》内涉及的其他法律概念。例如，第10条并没有为数据电文的留存要求适用功能等同原则。

(五)数据电文的证据效力

《电子商务示范法》第9条进一步规定了数据电文的证据效力。评估一份数据电文的证据效力，应考虑到生成、储存或传递该数据电文的办法的可靠性及保持信息完整性的办法的可靠性，用以鉴别发端人(originator)的办法，以及任何其他相关因素。有些情况下，需要保全、留存电子数据证据。

(六)合同成立、效力

《电子商务示范法》第11条对以数据电文形式订立的合同的有效性作出规定。该条第(1)款规定:

  (1)就合同的订立而言,除非当事各方另有协议,一项要约以及对要约的承诺均可通过数据电文的手段表示。如使用了一项数据电文来订立合同,则不得仅仅以使用了数据电文为理由而否定该合同的有效性或可执行性。

要约和承诺均可以通过数据电文的手段传输,以此方式成立的合同,其效力和可执行性不能被否定。第12条第(1)款规定:

  就一项数据电文的发端人和收件人之间而言,不得仅仅以意旨的声明或其他陈述采用数据电文形式为理由而否定其法律效力、有效性或可执行性。

若买方收到货物后以数据电文的形式向卖方发出货物不符的通知,该通知的效力应与常规通知的形式具有同等效力。根据这些规定,在当事人之间形成确信,即以数据电文形式发送的要约、承诺或其他通知、陈述等,均应按常规形式对待,不能仅因其是以数据电文的形式表达而拒绝承认其法律效力。需注意的是,数据电文传输仅是意思表示的表达形式,并不改变合同成立以及成立时间的规定,这些问题仍由所适用的公约或国内法确定。当事人可以按该法第11条和第12条履行,也可以对其作出修改。

(七)确认收讫

国际贸易中文件发送方通常要求接收方发送收讫回执,甚至要求对文件中的内容作出答复或同意。《电子商务示范法》第14条对确认收讫问题作出规定。

(八)数据电文发送和接收时间、地点

这些问题涉及合同成立的时间和地点,是重要的法律问题。《电子商务示范法》第15条对此作出规定,并规定在当事人没有特别约定时的默示规则。根据该条第(1)款的规定,数据电文进入发端人控制之外的信息系统时,即为发送。信息系统可以广泛地包括生成、发送、接收、储存系统,或其他数据电文处理系统。如通讯网络、电子邮箱或电传等。当数据电文进入这些系统服务器且该服务器非发端人所控制,发送即完成。至于数据电文的接收,根据该条第(2)款的规定,要看接收人是否为数据电文指定了一个特定信息系统用以接收数据电文。若已指定,则数据电文进入该指定的系统时即完成接收。如果卖方作为接收人指定其电子邮箱为接收买方报价的信息系统,买方的电子邮件作为数据电文进入卖方的电子邮箱时,即发生卖方接收。如果没有指定特定接收系统,则数据电文进入接收人任意一个信息系统即为接收。如数据电文发给了收件人的一个信息系统,但不是指定的信息系统,则以收件人检索到该数据电文的时间为收到时间；如收件人并未指定某一信息系统，则以数据电文进入收件人的任一信息系统的时间为收到时间。

(九)数据电文与货物运输

《电子商务示范法》第二部分，就货物运输所涉数据电文作出专门规定。国际运输是国际货物买卖交易的重要组成部分，运输单证如海运提单是核心贸易单证。无纸贸易、电子提单等的开发和应用，对国际贸易和运输有着重要意义。数据电文形式的运输单据的效力、可转让性等需要国际文件的规范。因此，《电子商务示范法》把国际货物运输作为特殊领域，作出框架规定。《电子商务示范法》不仅适用于海运单证，还适用于陆运、空运、铁路运输和多式联运。《电子商务示范法》鼓励各国对国际运输单证采用数据电文方式传送。就海运而言，《海牙规则》《海牙-维斯比规则》等国际海运公约被广泛接受，被强制适用于海运提单，但因时代不同，这些公约都没有涉及电子提单内容。《电子商务示范法》第17条第(6)款对此明确规定，如果这些国际公约适用于纸质合同，则不应以其为数据电文为由拒绝适用于电子合同。

《电子商务示范法》既不是国际条约，也不是国际惯例，仅仅是电子商务的示范性法律文本。但在公约制订尚不成熟、各国立法处于起步阶段时，其有助于各国制订、完善和健全有关传递和存贮电子信息的现行法规和惯例，并给全球化的电子商务创造出统一的、良好的法律环境。事实上，《电子商务示范法》确实大大促进了各国电子商务立法。

二、《电子签名示范法》

2002年1月，联合国第56届会议通过了UNCITRAL制定的《联合国国际贸易法委员会电子签名示范法》(UNCITRAL Model Law on Electronic Signatures,以下简称《电子签名示范法》)。《电子签名示范法》共12条，分别规定了电子签名的适用范围、定义、签名技术的平等对待、解释、经由协议的改动、符合签名要求、第6条的满足、签名人的行为、认证服务提供人的行为、可信赖性、依赖方的行为以及对外国证书和电子签名的承认。

"数字签名"是目前电子商务中应用最普遍、可操作性最强的一种电子签名方法，它主要用于鉴定签名人的身份以及对一项电子数据内容的认可。《电子签名示范法》的制定，是对《电子商务示范法》的补充，促进了电子签名法律效力的确定性和各国立法和谐，为尚无这种立法的国家提供参考。

三、《联合国国际合同使用电子通信公约》

《联合国国际合同使用电子通信公约》于2005年11月23日在纽约通过，并于2013年3月1日生效。公约共四章25条，内容包括适用范围、不适用的情形、当事人意思自治、定义、解释、当事人所在地的确定、对提供情况的要求、对电子通信的法律承认、形式要求、要约邀请、自动电文系统在合同订立中的使用、合同条款的备查、电子通信中的错误，等等。需特别注意的是，为弥补先前制定的公约未规定在合同订立和履行中使用电子通信的缺陷，该公约在第 20 条"根据其他国际公约进行的通信往来"中规定：

> 1. 本公约的规定适用于与订立或履行本公约缔约国已加入或可能加入的下列任何国际公约所适用的合同有关的电子通信的使用：《承认及执行外国仲裁裁决公约》(1958 年 6 月 10 日，纽约)；《国际货物销售时效期限公约》(1974 年 6 月 14 日，纽约)及其议定书(1980 年 4 月 11 日，维也纳)；《联合国国际货物销售合同公约》(1980 年 4 月 11 日，维也纳)；《联合国国际贸易运输港站经营人赔偿责任公约》(1991 年 4 月 19 日，维也纳)；《联合国独立担保和备用信用证公约》(1995 年 12 月 11 日，纽约)；《联合国国际贸易应收款转让公约》(2001 年 12 月 12 日，纽约)。2. 本公约的规定还适用于与订立或履行本公约一缔约国已加入或可能加入但未在本条第一款中具体提及的另一国际公约、条约或协定所适用的合同有关的电子通信，除非该国已根据第二十一条声明其将不受本款的约束。3. 根据本条第二款作出声明的国家也可声明，对于与订立或履行该国已加入或可能加入的已指明的国际公约、条约或协定所适用的任何合同有关的电子通信的使用，本国仍将适用本公约的规定。4. 任何国家均可声明，对于与订立或履行该国已加入或可能加入的而且在该国的声明中指明的任何国际公约、条约或协定，包括本条第一款中提及的任何公约所适用的合同有关的电子通信的使用，本国将不适用本公约的规定，即使该国尚未通过根据第二十一条作出声明的方式排除本条第二款的适用亦如此。

根据上述规定，如果当事人约定合同适用《联合国国际货物销售合同公约》且使用电子通信方式订立合同，当买方付款出现违约时，如果审理案件法院所在国是《联合国国际合同使用电子通信公约》成员，则《联合国国际合同使用电子通信公约》适用于该合同。

四、其他电子商务国际立法活动

除联合国有关机构制订的示范法、规则和公约草案等，其他国际组织或区域组织，如国际商会、经济合作与发展组织、世界贸易组织和欧盟等，电子商务立法活动也十分活跃。国际商会在其 INCOTERMS 1990 中就体现了电子商务的特征，许多条款中规定"如果卖方与买方约定使用电子通讯，前文所述的单证可以由相等的电子交换单证所替代"，明确 EDI 方式订立的合同被视为书面形式合同而被交易双方接受。国际商会为适应电子商务在国际贸易领域的广泛应用，2000 年 5 月 24 日提出在 UCP500 的基础上对电子交单等制订一个补充规则，2002年4月1日《UCP电子交单附则》即eUCP 1.0版生效。该规则明确规定，受eUCP约束的信用证也应受UCP的约束，而无须明确订入信用证中。但如果因适用eUCP和UCP而产生不同的结果，则优先适用eUCP。此外，如果eUCP信用证允许受益人在交单时选择纸质单据或电子记录，受益人选择仅提交纸质单据的，则该交单只适用UCP。同样，如果eUCP信用证只允许提交纸质单据，则该交单只适用UCP。2023年9月国际商会发布了eUCP 2.1版。该版本是在eUCP 2.0版的基础上，更新了电子记录的定义，并增加了电子可转让记录的定义，从而与《联合国贸易法委员会电子可转让记录示范法》（MLETR）保持一致。国际商会1997年制订了《国际数字保证商务通则》（GUIDEC）并于2021年制订了GUIDEC Ⅱ，试图消除不同法律体系的法律障碍，为电子商务提供一套指导性政策，统一国际贸易中的有关术语的含义。2019年7月，《国际商会托收统一规则关于电子交单的附则》（eURC 1.0版）正式生效，该规则旨在确保托收项下电子记录交单可持续的数字兼容性。2023年7月国际商会发布eURC 1.1版。国际商会2021年10月1日发布了《数字化贸易交易统一规则1.0》（Uniform Rules for Digital Trade Transactions, URDTT），同国际商会的其他惯例与规则一样，URDTT作为一项规则，不会禁止或限制使用现有的其他惯例与规则，URDTT将与其他规则（如eUCP和eURC等）共存，与个别服务提供商相关的专有规则手册以及与分布式账本一起开发的规则手册共存。在某些情况下，标明适用URDTT可以起到避免用户协议或专有规则手册中条款重复的作用。

  经济合作与发展组织（OECD）在1998年10月公布三个重要文件，即《OECD电子商务行动计划》《有关国际组织和地区组织的报告：电子商务的活动和计划》及《工商界全球电子商务行动计划》，作为该组织在全球范围内推动电子商务发展的重要指导性文件和规制框架文件。WTO于1997年达成的三项协议，即《基础电信协议》《信息技术协议》及《开发全球金融服务市场协议》，为电子商务和信息技术在全球贸易领域的快速发展奠定了基础。世界贸易组织还对贸易领域的电子商务提出一系列工作计划，立法范围包括11个方面，即跨境交易的税收和关税问题、电子支付问题、网上交易规范问题、知识产权保护问题、个人隐私问题、安全保密问题、电信基础设施问题、技术标准问题、劳动力问题、普遍服务问题和政府引导作用问题。

  另外，关于国际贸易中的核心单证海运提单的电子商务立法也积极开展。1990年6月国际海事委员会通过了《国际海事委员会电子提单规则》（CMI Rules for Electronic Bills of Lading）。该规则共11条，主要包括定义、程序规则、数据效力、运输共同条件、适用法律、签约时间地点、收货信息、控制和转让权、运输条件、密码、交货、诉权、要求文件选择权以及电讯效力等。目前，世界上许多国家在进行EDI立法时都对电子提单进行确认和调整。电子提单（E-B/L）是一种利用EDI系统对海运货物支配权进行确认和转让的规则。托运和承运行为都是通过 EDI 网络相连的计算机系统进行。货物装上船后,承运人使用计算机向托运人计算机发出确认信息,整个过程通过计算机完成,承运人向托运人签发的是电子提单。电子提单的使用,将大大减少保函的使用,易于分拆提单和更换提单,减少装卸货港口的迟延,以及减少虚假提单导致的错误交货的风险。目前,国际上使用的电子提单转让程序是利用 EDI 系统根据特定密码使用计算机实现的。收货人提货,只要出示有效证件证明身份,由船舶代理验明即可。后来在《国际海事委员会电子提单规则》以及其他方案的基础上,环球银行金融电信协会(SWIFT)和联运保赔协会(TT Club)等共同开发出电子提单登记组织(Bill of Lading for Electronic Registry Organization, BOLERO)。该平台以互联网为基础,支持包括进出口商、银行、保险公司、承运人、运输行、港务机构、海关和检验机构等传输、交换、核查电子单据与数据;同时,客户可以通过权利注册申请实现货物所有权的在线转让,银行可以通过该平台进行开证、信用证通知、审单等。该系统在贸易、金融、航运界、保险以及物流等领域得到广泛应用。

根据联合国贸易和发展会议的信息,网络立法包括电子商务、消费者保护、数据和隐私保护以及网络犯罪四个方面的法律。截至 2022 年底,在该组织 194 个成员中,完成上述四个方面立法的占总成员的比例分别为 81%、59%、71% 和 80%。如欧盟 2000 年 1 月通过《电子签名指令》(Directive on Electronic Signatures),2000 年 6 月通过《电子商务指令》(Directive on Electronic Commerce)等法律。美国公布《统一计算机信息交易法》,2000 年 6 月美国总统签署《全球与跨州商业电子签名法》。1998 年新加坡制定了一部全面系统的《电子交易法》。2000 年 1 月我国香港特区颁布《电子交易条例》。目前,全球绝大部分国家和地区已经完成电子商务立法。

前文已经提及,CISG 咨询委员会在其第 1 号咨询意见中,对电子商务在《销售合同公约》中的适用,提出了咨询意见。具体可参阅该咨询意见。①

第二节 中国电子商务立法

为规范电子商务行为,我国在政策和立法方面做出不懈努力,出台了一系列规范性文件。这些文件主要有:1999 年《合同法》引入了"数据电文"的概念(后被《民法总则》和《民法典》沿用),2005 年国务院公布《关于加快电子商务发展的若干意见》,2006 年原中国银行业监督管理委员会公布《电子银行业务管理办法》,2005 年 4 月 1 日《电

---

① See CISG-AC Opinion No. 1, Electronic Communications Under CISG. Rapporteur: Professor Christina Ramberg, Gothenburg, Sweden.

子签名法》开始施行(后经 2015 年和 2019 年修正),2009 年商务部公布《网络交易服务规范》,2010 年原国家工商行政管理总局公布《网络商品交易及有关服务行为管理暂行办法》、商务部公布《关于促进网络购物健康发展的指导意见》、中国人民银行公布《非金融机构支付服务管理办法(征求意见稿)》,2011 年中国人民银行公布《支付机构客户备付金存管暂行办法(征求意见稿)》,2012 年 1 月中国人民银行公布《支付机构互联网支付业务管理办法(征求意见稿)》,2013 年国务院办公厅转发商务部等部门《关于实施支持跨境电子商务零售出口有关政策的意见》,2014 年原国家工商行政管理总局公布《网络交易管理办法》,2015 年中国人民银行公布《非银行支付机构网络支付业务管理办法》,2018 年国务院公布《快递暂行条例》,2019 年《电子商务法》正式施行。

学界普遍认为,《电子签名法》是我国第一部电子商务法律,是中国首部真正意义上的"信息化法律",自此电子签名与传统手写签名和盖章具有同等的法律效力。而《电子商务法》是我国电子商务领域的一部基础性和综合性法律。与《电子签名法》一样,其制订过程充分借鉴了国际社会电子商务立法经验,以及一些大型电商平台业务规则和流程,体现了科学立法的价值取向,使我国电子商务立法水平达到新的高度。其中在空间适用范围上,除适用于双方都在我国境内的电子商务活动外,我国境内的电子商务经营者所进行的为消费者从境外采购商品的电子商务活动,按照我国《涉外法律适用法》的规定,也可以适用《电子商务法》关于消费者保护的相关规定。同时,根据《电子商务法》第 26 条规定,从事跨境电子商务活动还应当遵守我国进出口监管的法律、行政法规。境内消费者与境外经营者的纠纷,有管辖权的国家的准据法指向适用中国法时,也可适用《电子商务法》的相关规定。

第三节　跨境电子商务若干法律问题

一、跨境电子商务的概念和经营主体分类

《电子商务法》第 2 条对电子商务作出定义,即"通过互联网等信息网络销售商品或者提供服务的经营活动",并在第 9 条规定电子商务主体分为三类,其中,电子商务经营者是指,通过互联网等信息网络从事销售商品或者提供服务的经营活动的自然人、法人和非法人组织,包括电子商务平台经营者、平台内经营者以及通过自建网站、其他网络服务销售商品或者提供服务的电子商务经营者。该法没有对跨境电子商务作出定义。2017 年施行的《浙江省跨境电子商务管理暂行办法》第 2 条对此的定义是,"跨境电商是指分属不同海关境域的交易主体,通过电子商务平台达成交易、进行

支付结算,并通过跨境物流送达商品、完成交易的一种商务活动"。该办法第 4 条根据业务不同将跨境电商经营主体分成四类:第一类,自建跨境电子商务平台开展进出口业务的企业,简称"自建平台企业";第二类,利用第三方跨境电子商务平台开展进出口业务的企业(含个体工商户、个人网商),简称"电商应用企业";第三类,为电商应用企业提供交易服务、物流仓储、报关、报检、退税等专项服务或综合服务的跨境电子商务第三方平台或服务企业,简称"电商服务企业";第四类,为跨境电商应用企业提供网上交易服务的第三方电子商务平台,简称"第三方平台"。

二、《电子商务法》的适用与合同履行

《电子商务法》第 2 条第 1 款规定:

> 中华人民共和国境内的电子商务活动,适用本法。

该款明确了属地管辖原则。

《电子商务法》同样适用于跨境电子商务活动,其电子商务经营者应根据该法办理备案登记,否则无法办理对外贸易经营、报关、报检、退税和对外结汇业务。对跨境电子商务活动的适用,可根据不同情形,区别对待。第一,境外经营者通过境内电子商务平台从事的经营活动,应受《电子商务法》约束,除非境外经营者与境内平台经营者明确约定排除适用。第二,如果境外经营者直接使用境外电子商务平台或自建网站等向境内消费者提供商品或服务,需进一步区别对待。若境外经营者使用的语言文字、支付方式和配送等交易途径均明确指向我国境内消费者,应视为面向境内消费者从事相关电子商务活动,属于我国境内电子商务活动,需全面适用《电子商务法》。而对主要面向境外销售对象的境外电子商务经营者与境内消费者之间的交易行为,按照国际社会普遍接受的法律适用规则,从保护消费者的合法权益出发,民事法律关系应当根据《涉外法律适用法》第 42 条规定,适用消费者经常居所地法律,即民事法律关系应适用我国的《电子商务法》。第三,如果我国与其他国家和地区间缔结或参加的国际条约、协定规定适用《电子商务法》,应依其规定。

三、电子商务合同的订立

《电子商务法》第 47 条对电子商务合同订立所适用的法律作出规定。第 49 条对合同成立作出规定:

> 电子商务经营者发布的商品或者服务信息符合要约条件的,用户选择该商品或者服务并提交订单成功,合同即成立。

实践中,通过信息网络订立合同的流程是:经营者在跨境电商平台上发布商品或

者服务信息,并且提供商品或服务,买受人在平台上选择购买的商品或者服务后,与经营者成立跨境电子商务买卖合同,并以线上支付的方式将合同款项支付给经营者,经营者按照约定交付货物或提供服务,至合同履行完毕。买受人点击提交订单就被视为对商家要约的承诺,点击行为瞬时形成电子签名,合同成立。最终生成订单详情电子文件,由经营者与买受人保存,双方履行合同。在(2020)粤0192民初49517号案中,法院指出,该案系信息网络买卖合同纠纷,原被告均是某平台用户,被告在该平台经营小店。被告通过该平台"直播带货",向直播间用户销售商品,其行为属于《电子商务法》第2条规定的"通过互联网等信息网络销售商品"的经营活动,属于该法调整范围,原被告之间系信息网络买卖合同关系。关于案涉合同是否成立,法院认为,"直播带货"属于网络销售新业态,与传统电子商务存在明显差异。在"直播带货"模式下,相关商品信息的发布不再局限于以文字、图片、视频等方式展示在网络店铺的固定板块,如商品详情页面、标题处、主图位置等,更多的是以直播间主持人"口播"的方式将信息传递给网络用户,且主持人"口播"的信息通常是合同的重要内容,因此,当事人通过"直播带货"提交的订单,合同是否成立,还应根据直播间主持人"口播"的具体内容、内容是否符合要约条件进行综合判断。如主持人"口播"的内容符合要约条件,则属于《电子商务法》第49条第1款规定的"当事人另有约定"的情形。法院认为,该案中当事人提交的订单与要约不符,即使订单提交"成功",也不属于有效的承诺,买卖合同不成立。法院认定,原告下单时间早于直播间主持人公布的倒计时开始时间,原告自行提交案涉订单的行为,并非对被告要约作出的承诺,而是新的要约。法院依照《电子商务法》第2条的相关规定,判决驳回原告的全部诉讼请求。原告上诉后被二审法院裁定驳回。①

跨境电子商务买卖合同的成立,与境内电子商务合同并无本质区别。在贸仲审理的2022中国贸仲京裁字第0946号国际贸易纠纷案中,买方韩国T公司与卖方马绍尔群岛P公司于2020年12月31日至2021年1月15日间通过阿里巴巴国际站订立3份钢卷买卖合同,货物标的为中国生产的钢卷,装货港在中国,卸货港在土耳其。这是典型的B2B(Business to Business,企业间的电子商务)跨境电子商务活动,适用《电子商务法》《电子签名法》等规定,该3份买卖合同依法成立,合法有效。双方就货物质量和重量发生争议,仲裁庭根据《销售合同公约》作出裁决。

四、货物交付时间

买卖合同货物交付时间问题,《电子商务法》与《民法典》的规定不尽相同。因此适用《电子商务法》和适用《民法典》所导致的法律效果不同。就当事人之间通过微信达

---

① 另参见广东省广州市中级人民法院(2021)粤01民终21575号民事判决书。

成的买卖合同是否适用《电子商务法》而言,其裁判结果有明显差异。如在(2021)甘04民终388号案中,当事人通过微信达成车辆买卖合同,二审法院维持一审法院判决,认为根据《电子商务法》第2条适用范围的规定,双方当事人以微信方式达成车辆买卖协议,并通过网络完成款项支付,符合该法的适用条件。该法第51条第1款的规定:"合同标的为交付商品并采用快递物流方式交付的,收货人签收时间为交付时间。合同标的为提供服务的,生成的电子凭证或者实物凭证中载明的时间为交付时间;前述凭证没有载明时间或者载明时间与实际提供服务时间不一致的,实际提供服务的时间为交付时间。"上诉人作为案涉车辆出卖人虽主张已将车辆交付承运人,但未经买受人签收,应视为出卖人尚未完成交付义务,根据《民法典》第604条的规定,案涉车辆的毁损、灭失风险应由出卖人承担。① 而在(2021)粤06民终2241号案中,同样通过微信达成交易,但对于该买卖合同纠纷,法院没有适用选择《电子商务法》。法院认为双方并未签署书面合同,仅通过微信磋商就案涉货物的买卖达成了合意。法院认为,《电子商务法》第2条第2款规定:"本法所称电子商务,是指通过互联网等信息网络销售商品或者提供服务的经营活动。"而该案中,出卖人并非通过互联网等信息网络销售案涉货物,双方仅系通过微信磋商达成买卖合同,并不属于该款规定的电子商务,故案涉买卖合同关系不适用该法调整。

五、电子商务平台责任

买方在起诉平台内店铺经营者(卖方)的同时起诉电子商务平台公司,要求其承担连带责任的案件十分普遍。关于电子商务平台是否应承担责任,及其与销售者、服务者的责任承担问题,《消费者权益保护法》第44条规定,第一,权益受到损害的消费者有权向销售者或服务者要求赔偿。第二,如果网络交易平台不能提供销售者或者服务者的真实名称、地址和有效联系方式的,消费者也可以向网络交易平台提供者要求赔偿。第三,网络交易平台提供者作出更有利于消费者的承诺的,应当履行承诺。即如果平台承诺的条件较销售者或服务者的条件对消费者更为有利,则应对消费者履行承诺。第四,网络交易平台提供者赔偿后,有权向销售者或者服务者追偿。第五,网络交易平台提供者明知或者应知销售者或者服务者利用其平台侵害消费者合法权益,未采取必要措施的,依法与该销售者或者服务者承担连带责任。在(2019)浙08民终1085号案中,法院认定淘宝公司在介入买受人与出卖人的交易争议后,2017年9月26日对各方的通话进行录音并居中对双方的纠纷及时进行协商处理,后因出卖人未及时付款而导致纠纷未解决,故该案中淘宝公司不存在知道或应当知道平台内经营者侵害消费者合法权益,未采取必要措施的情形,买受人基于《电子商务法》第38条第1款规定要

---

① 参见甘肃省白银市中级人民法院(2021)甘04民终388号民事判决书。

求淘宝公司承担连带责任的依据不足,一审法院不予支持亦无不当。在(2021)京0491民初44066号案中,对J公司是否应承担责任的问题,法院认为,原告在被告开设的店铺购买案涉商品,其系与被告建立了信息网络买卖合同关系。而J公司作为电子商务平台经营者,并非案涉合同的相对方,与原告不存在信息网络买卖合同关系。现无证据显示J公司存在应承担连带责任的其他情形。故原告要求J公司承担连带责任的主张无事实和法律依据。法院对原告诉讼请求不予支持。

六、跨境电商经营者和平台经营者责任承担

跨境电商经营者和平台经营者的责任认定和承担问题,涉及海关监管、管辖权和法律适用问题,比境内电子商务买卖合同关系更为复杂。在(2021)沪0105民初9427号案中,法院适用中国法律认定原告在线向被告平台内经营者(出卖人)购买了案涉商品,双方之间的信息网络买卖合同关系依法成立。关于案涉化妆品是否有清关证明,是否符合安全标准,法院认为,境外商品不论采取保税区发货、BC直邮和CC行邮等何种方式入境,均应当符合我国海关相关入境规定,进行清关并提供清关文件。而出卖人针对买受人的询问回答几经反复,说明其根本无法提供案涉化妆品的来源、物流渠道及清关材料。案涉化妆品对外介绍的产地为美国,但实际收货地包括美国、英国及比利时等多地,说明出卖人对案涉化妆品的进货渠道存在欺诈。法院采信原告主张,认定案涉化妆品不符合相关安全标准。参照适用最高人民法院《关于审理食品药品纠纷案件适用法律若干问题的规定》。该司法解释规定销售明知是不符合安全标准的食品,消费者除要求赔偿损失外,还可以向经营者要求支付赔偿金。因此法院支持原告买受人要求被告出卖人支付商品价款十倍的赔偿金的请求。关于被告平台经营者是否尽到了相应的审查义务,法院根据原告与被告平台经营者用户协议的约定、交易过程及售后沟通情况,认为平台经营者仅作为电商平台提供相应网络平台服务,案涉商品系从被告出卖人处购买。平台经营者依法审核了案涉专营店铺的入驻资质,向原告披露了被告平台内经营者的主体信息,案涉商品亦已经下架,已履行注意义务。此外,平台经营者通过用户协议将法律关系明确告知了原告。因此,法院未支持原告对平台提出的诉讼请求。

另在(2020)沪03民终100号案中,争议焦点为:案涉奶粉交易模式是否属于跨境电商零售进口模式,是否符合跨境电商零售进口管理规定。二审法院认为,案涉奶粉监管方式为网购保税模式。被告跨境电商公司案涉网页包含店铺名称,且消费者告知书和买前必读中明确告知"依照国家财政部规定,跨境电子商务零售进口商品的单次交易限额为5000元,个人年度交易限额为2.6万元","商品本身可能无中文标签","境外商品符合原产地有关品质、健康、标识的相关标准,与我国产品标准或有所不同,因

此可能造成的危害、损失或者其他风险本商城不承担责任"等事项,被告跨境电商公司已经履行了对消费者的提醒告知义务。被告以及跨境仓储服务公司等跨境电商经营者均向当地海关登记注册,取得相关注册登记证书,具备相应经营业务的经营资质。故案涉奶粉交易模式为跨境电商零售进口模式。根据商务部、国家发展和改革委员会、财政部等发布的《关于完善跨境电子商务零售进口监管有关工作的通知》的相关规定,跨境电商企业应履行对消费者的提醒告知义务,告知事项包括:消费者通过跨境电商平台自境外购买的商品符合原产地有关质量、安全、卫生、环保、标识等标准或要求,但可能与我国标准存在差异,消费者自行承担相关风险;可能无中文标签;消费者购买的商品仅限个人自用,不得再次销售。跨境电商零售进口作为一种新兴贸易模式具有特殊性,其产品入境后既具有商品性质,也是终端消费者个人自用的物品。该案中,被告公司已经履行了对消费者的提醒告知义务,符合跨境电商零售进口管理规定。上诉人亦未提供证据证明案涉奶粉质量不符合原产地标准。据此,二审法院认为一审判决认定事实清楚,适用法律正确,遂判决驳回上诉,维持原判。

可见,根据商务部、发展改革委、财政部等《关于完善跨境电子商务零售进口监管有关工作的通知》等部门联合规章,跨境电子商务零售进口商品在海关监管方式、适用商品安全标准、外包装标识、能否市场流通以及交易限额等方面,不同于传统贸易进口商品。传统贸易进口商品,是境外出口商或代理商向我国境内出口商品,或者境内进口商从国外购买商品,首次进口需经海关许可批件、注册或备案,应当经海关检验检疫,符合我国商品安全国家标准,有中文标签,可以在境内市场流通且无交易限额;而跨境电商零售进口商品是消费者通过跨境电商平台自境外购买的商品,采用"网购保税进口"或"直购进口",符合原产地商品质量、安全卫生等标准,可能与我国标准存在差异,可能无中文标签,入境后仅限消费者个人使用,不得再次销售,单次交易及年度交易均有限额。消费者以通过跨境电商平台购买的跨境零售进口商品不符合我国相关标准为由,要求经营者承担赔偿责任的,法院不予支持。

七、货物运输风险承担

关于货物在运输途中遭受损坏和灭失的风险,《电子商务法》第20条规定:

> 电子商务经营者应当按照承诺或者与消费者约定的方式、时限向消费者交付商品或者服务,并承担商品运输中的风险和责任。但是,消费者另行选择快递物流服务提供者的除外。

在(2019)粤0192民初1605号案中,法院审理认为,买方在广州W公司经营的网络购物平台购买案涉商品并支付了对应价款,即与广州W公司之间成立网络购物合同关系。买方在线支付了案涉货款,履行了买受人的付款义务,广州W公司作为出卖人依约负有向买方交货的义务。法院根据《电子商务法》第20条认定,虽然广州W公司系按照买方提供的地址寄送案涉商品,但案涉商品被案外人领取,未有证据显示寄送商品的物流公司将案涉商品交付给案外人系经过买方的确认,故广州W公司尚未完成货物交付义务,构成违约。

关于货物风险转移,(2021)京0491民初44066号案中,法院认为,原告在被告经营的专卖店购买案涉商品,系与被告建立了信息网络买卖合同关系。被告应向原告提供符合合同要求的商品。根据《民法典》第604条规定,标的物毁损、灭失的风险,在标的物交付之前由出卖人承担,交付之后由买受人承担,但是法律另有规定或者当事人另有约定的除外。原告通过电子商务平台在被告处购买案涉商品,合同标的系采用快递物流的方式交付案涉商品。根据《电子商务法》第51条规定,原告在被告已通过商品图文及客服聊天提醒其在签前开箱验货的情况下,未履行及时查验义务即签收案涉商品,其签收时视为完成了案涉商品的交付,案涉商品的毁损、灭失风险即转移给原告承担。故对原告主张未看到验收提醒、快递员不让验收的意见,法院不予采纳。因此,对于原告主张解除买卖合同,并由被告承担退货退款的违约责任的诉讼请求,无事实和法律依据,不予支持。有案例判决,买方退货给卖方时,路途灭失风险应由卖方承担。在(2021)粤01民终22171号案中,法院认为卖方主张案涉买卖合同属于《电子商务法》调整的范畴,因卖方是在微信朋友圈售卖案涉物品,且其微信朋友圈显示其长期在微信朋友圈进行货物交易,故应认定该案买卖合同属于电子商务交易。虽然《电子商务法》规定货物毁损灭失风险应以收货人签收货物为转移节点,因该案涉及的物品毁损风险问题发生在买方退货环节,因退货是买卖双方在买卖合同履行完毕后双方自行商量的事项,故不适用《电子商务法》的上述规定,而应适用原《合同法》的规定,即货物毁损灭失风险应以发货人交付货物至快递公司为转移节点,故买方退货给卖方途中所遭受的损坏和灭失的风险,应由卖方承担。

八、电子商务买卖合同纠纷管辖权

(一)境内电子商务买卖合同纠纷管辖权

以信息网络达成的合同所引发的争议,其管辖权有别于常规案件争议。《民诉法》第24条对传统合同纠纷的管辖权作出原则性规定:

> 因合同纠纷提起的诉讼,由被告住所地或者合同履行地法院管辖。

《民诉法解释》第20条对涉及信息网络订立的买卖合同的管辖问题作出规定:

> 以信息网络方式订立的买卖合同,通过信息网络交付标的的,以买受人住所地为合同履行地;通过其他方式交付标的的,收货地为合同履行地。合

同对履行地有约定的,从其约定。

这是我国在网络购物合同中确定管辖权标准的首次尝试,具有一定前瞻性。

在(2020)云 07 民辖终 51 号案中,二审法院认定,上诉人(买方)与被上诉人(卖方)通过微信订立的买卖合同,属于以信息网络方式订立的买卖合同。上诉人、被上诉人对合同履行地没有约定,而上诉人提交的民事起诉状及被上诉人提交的管辖权异议申请书显示,合同标的物挖掘机是被上诉人代办托运、上诉人支付运费,由被上诉人在湖北省宜昌市交付给承运人以运交上诉人,可认定案涉挖掘机的交付地,即收货地为湖北省宜昌市,湖北省宜昌市为合同履行地;另外,被上诉人的住所地在江苏省灌云县。综上所述,被上诉人即原审被告的住所地及合同履行地均不在云南省玉龙县,云南省玉龙县法院对该案没有管辖权。一审法院裁定该案移送江苏省灌云县法院处理并无不妥,法院予以支持。上诉人关于该案收货地为云南省玉龙县长水路挖机停车场,云南省玉龙县为合同履行地的上诉理由依据不充分,不予支持。

(二)跨境电子商务合同纠纷的管辖权

跨境电子商务合同纠纷,指具有涉外因素的电商买卖合同纠纷、电商平台服务合同纠纷以及跨境电商物流合同纠纷等。合同中所提供的产品或服务,合同所涉交易主体、合同签订地、合同履行地、标的物所在地等均可能在境外。《民诉法》第 24 条规定,是以原告就被告和以合同履行地为标准的法定管辖权基本原则,但因过于简单并不能针对性解决跨境电子商务合同纠纷的管辖权问题,且跨境电商存在交易主体复杂、住所地和履行地存在难以确定的问题,要求消费者或买受人明确经营者的身份信息、住所地以确定管辖权实非易事。2023 年修正的《民诉法》第四编"涉外民事诉讼程序的特别规定"中,第 276 条也规定,因合同纠纷或者其他财产权益纠纷,可以由合同签订地、合同履行地、诉讼标的物所在地、可供扣押财产所在地、侵权行为地、代表机构住所地法院管辖。但对于通过跨境电子商务订立的买卖合同,因信息网络的虚拟性和交易的全球性,确定上述管辖权连接因素可能十分困难。从《民诉法解释》第 20 条的规定看,通过信息网络交付的标的物多为电子数据产品,如音像产品、电子图书等,以买受人住所地为履行地比较容易确定。而国际货物贸易中的货物仍由线下交付实现,线下交付收货地的不确定性可能导致合同履行地难以确定。虽然《民诉法》第 35 条和《民诉法解释》第 529 条对约定管辖作出规定,但跨境电子商务买卖合同当事人可能地处不同国家,对 B2B 和 C2C(Customer to Customer,个人间的电子商务)交易模式而言当事人达成管辖权协议或许相对容易,而对 B2C(Business to Customer,企业与个人间的电子商务)交易买卖合同可能难以达成管辖权协议。最大的问题是,国际网上销售平台经营者、自建平台经营者或平台内经营者往往预先订立包括管辖权在内的格式合同条款,不容买受人变更或修改,买受人要想购物只能点击接受。对此类格式合同中的管辖权条款效力的认定,正如多年来对海运提单背面管辖权条款的裁判一样,我国法院往往显得标准尚不统一,裁判结果相互矛盾。《民诉法解释》第 31 条规定:

> 经营者使用格式条款与消费者订立管辖协议,未采取合理方式提请消费者注意,消费者主张管辖协议无效的,人民法院应予支持。

出卖方以何种方式提醒消费者(买受人)才可以使协议中的管辖条款有效,也存在不确定性。如在(2015)民申字第 978 号案中,最高人民法院首先根据 X 公司自对方网站上获取含有选择美国管辖法院协议的标准条款的事实,认为该获取方式完全符合订单的约定,故标准条款属于合同的组成部分。X 公司作为具有理性判断力的商事主体,其有义务在与 F 公司订立合同的过程中全面审查合同内容并理解选择管辖法院条款的含义,亦有能力意识到订立合同的法律后果。根据订单的约定,X 公司实际履行订单的行为已经构成了其对 F 公司标准条款的接受,其关于 F 公司标准条款对其不具有法律约束力的理由不能成立。F 公司标准条款约定:"采购订单条款和条件的解释、效力及履行应适用伊利诺伊州本州法律。买方和供应商同意任何基于本协议或本协议项下的交易所引起的法律诉讼应当(shall)在美国伊利诺伊州北区联邦法院东部分院或伊利诺伊州库克郡巡回法院起诉,并同意上述法院在任何此类诉讼中对他们享有属人管辖权。买方和供应商放弃在任何按照规定在上述法院提起的诉讼或法律程序中提出不方便管辖的抗辩。"最高人民法院认为,上述约定系当事人的真实意思表示,且不违反相关法律的规定,原审法院认定该条款合法有效是正确的。该选择管辖法院的条款排除了我国法院的管辖权。原审法院认定江苏省中级人民法院对该案不具有管辖权并无不当。

在(2020)鲁 06 民辖终 79 号案中,法院认为卖家在店铺详情页的"拍前必看"中描述"买家购买本店产品发生任何交易纠纷,管辖法院为卖家注册地法院,拍下视为默认此条款"。该案中消费者购买的是国外代购商品,商品的特殊性质要求消费者应当仔细阅读商品的声明条款,且卖家已经用黑色字体等特别标识用以引起消费者的注意,因此应当认为卖家已经履行了提醒注意义务,且双方约定的管辖法院与案件有实际联系,因此管辖条款有效。

而在 (2019)京 01 民辖终 22 号案中,法院认定钱某是淘宝全球购的店铺卖家,其在商品详情中展示了海外产品特殊性声明,并在销售页面声明"如发生交易纠纷,管辖法院为卖家所在地(苏州市姑苏区人民法院),拍下视为默认此条款"。消费者吴某购买该店铺的商品后,在收货地北京市海淀区人民法院提起诉讼,钱某以销售页面已声明约定管辖法院为由提起管辖权异议。但法院认为卖家钱某未采取合理方式提请消费者注意,根据《民诉法解释》第 31 条的规定认定该协议管辖条款应属于无效条款,并按照该司法解释第 20 条的规定,认定买受人住所地法院有管辖权。

可见,虽然《民法典》第 496 条规定,提供格式条款的一方未履行提示或者说明义务,致使对方没有注意或者理解与其有重大利害关系的条款的,对方可以主张该条款不成为合同的内容。但法院在认定格式条款中跨境电商经营者对"免除或者减轻其责任等与对方有重大利害关系的条款"是否履行了明确的提示义务和必要的说明义务时,仍存在不确定性。因此,我国应针对跨境电子商务合同纠纷管辖权相关规定的缺失,作出更具体的专门规定,适当增加实际连接因素,如可以考虑增加以消费者住所地、网址所在地、服务器所在地等为确立管辖权的连接因素。《民法典合同编通则解释》第 10 条再次对电子商务格式合同的解释作出规定:

> 提供格式条款的一方对其已经尽到提示义务或者说明义务承担举证责任。对于通过互联网等信息网络订立的电子合同,提供格式条款的一方仅以采取了设置勾选、弹窗等方式为由主张其已经履行提示义务或者说明义务的,人民法院不予支持,但是其举证符合前两款规定的除外。

对当事人的举证责任作出划分,无疑会减少电子商务格式合同方面的纠纷。但整体而言,电子商务随着科技的发展在不断升级进步,法律关系更加复杂,法律仍需继续完善。

第三编　国际货物运输法

　　国际货物贸易合同成立后,货物需要从卖方所在地或货物生产地运到买方所在地或买方指定的目的地,不论卖方还是买方安排运输,都需要与承运人订立运输合同,完成货物的运输。可以说,不论国际货物贸易合同是线下成立还是线上成立,除了通过线上交付的物品(如软件、电子书籍等),均需要线下实现货物的运输。因此,国际货物运输是国际货物贸易不可分割的组成部分,而国际货物运输法律,是国际贸易法的重要组成部分。

第一章　国际海上货物运输

国际货物运输有海运、空运、陆运(铁路和公路)、多式联运等方式。在所有运输方式中,海运因其价格低廉以及对不同货物种类的广泛适用性,承担了90%以上的国际货物运输任务。国际海上货物运输,是承运人按照海上货物运输合同的约定,以海运船舶作为运载工具,以收取运费作为报酬,将托运人托运的货物经海路由一国港口运送至另一国港口的行为。由于货物种类和货量不同,托运人可以选择班轮运输或租船运输。班轮运输(liner service),是承运人提供的、公布固定船期、航线、停靠港口和相对固定运费率的海上运输服务。班轮承运货物的数量比较灵活,货主按需订舱,适合于一般件杂货和集装箱货物的运输。托运人支付的班轮运费中包括货物装、卸费,即班轮的港口装卸由船方负责并承担费用。租船运输(tramp shipping service),是指包租整船(或部分舱位)运送货物。因租船费用较班轮低廉,且可选择直达航线,故大宗货物一般采用租船运输。

第一节　国际海上货物运输公约

在国际海上货物运输法律体系中,国际公约占据重要地位。目前,与国际海上货物运输合同有关的重要公约有四部,即1924年《统一提单的若干法律规则的国际公约》(International Convention for the Unification of Certain Rules of Law Relating to Bills of Lading,简称Hague Rules,即《海牙规则》);1968年《修改统一提单的若干法律规则的国际公约》(Protocol to Amend the International Convention for the Unification of Certain Rules of Law Relating to Bills of Lading,简称Visby Rules,即《维斯比规则》,有时与《海牙规则》合称《海牙-维斯比规则》);1978年《联合国海上货物运输公约》(UN Convention on the Carriage of Goods by Sea,简称Hamburg Rules,即《汉堡规则》);以及2008年《联合国全程或者部分海上国际货物运输合同公约》(UN Convention on Contract for the International Carriage of Goods Wholly or Partly by Sea,简称The Rotterdam Rules,即《鹿特丹规则》)。另外,还有1980年《联合国国际货物多式联运公约》(United Nations Convention on International Multimodal Transport of Goods, 1980,《多式联运公约》)。目前《鹿特丹

规则》和《多式联运公约》均未生效。

一、《海牙规则》简介

（一）美国 1893 年《哈特法》

19 世纪后半期，航海技术得到快速发展。在国际海上货物运输领域，船方作为运输合同的强势一方，利用拥有船舶的优势和盛行的合同自由原则，恣意在提单中加入免责条款，以免除应对货方承担的货物损坏、灭失的责任。免责事项不仅包括海上风险，甚至连承运人照料货物的过失、船员的故意行为以及船舶不适航、不合理绕航等，都在免责之列。这些条款使得船方几乎不承担责任和风险，而货物风险全部由货方承担。这给以英国为代表的航运大国的船东带来巨大利益。而这些免责条款，引起当时代表货方利益的美国的不满。美国法院开始限制此类条款，认为承运人应承担最基本的责任。

美国国会于 1893 年通过《船只航行、提单及财产运输的某些义务、责任和权利法》(Harter Act 1893,《哈特法》)。该法限制船方滥用合同自由原则，规定提单中免除在美国港口、美国与外国港口之间航行的船舶所有人等应承担的在合理装载、积载、保管、照料或卸货、交付货物等事项上的疏忽或过失责任的协议无效，任何提单不得包含以任何方式减轻、减弱或免除船舶所有人谨慎处理、适当配备合格船员及供应品、使船舶适航和适货的义务，或船长等的谨慎处理、装载、照料和卸货、交货义务。如果船舶所有人谨慎处理，使船舶在各方面处于适航状态，并做到适员和适货，则其对因驾驶船舶或管理船舶中的过失造成的损失或因海上风险、天灾、公敌行为、司法扣押、海上救助人命及为此目的的绕航等造成的损失，以及因所载运货物的内在缺陷、不适当包装造成的损失，均不负责任。该法对《海牙规则》的制定和内容设置有重大影响。

（二）《海牙规则》的主要内容

受美国《哈特法》的影响，《海牙规则》在 1921 年至 1923 年起草，1924 年 8 月由主要贸易国家签署，并于 1931 年生效。《海牙规则》共有 16 条（第 1 条至第 10 条是实质条款，第 11 条至第 16 条是程序条款），主要借鉴《哈特法》的内容，规定了承运人的义务、承运人的免责和责任限制、货物灭失或损坏的通知时间与诉讼时效、托运人的义务等内容。世界上许多国家都加入了该公约。英国等国家通过国内立法使之国内法化。有的国家根据该公约的基本精神，另行制定其国内法。另有些国家虽未加入公约，但其船公司的提单条款采用了公约的内容。中国没有加入该公约，但在制定《海商法》时，参考了其相关内容，中国不少船公司的提单条款也采纳了该公约的规定。虽然后来的《维斯比规则》《汉堡规则》和《鹿特丹规则》等在不同方面作出修改，但以《海牙规则》为基础架构的国际海上运输中有关提单的法律体系，仍发挥着重要作用。所以，

《海牙规则》堪称海上货物运输中有关提单的最重要和仍被普遍采用的国际公约。

1. 《海牙规则》适用范围。根据《海牙规则》第10条规定，本公约的各项规定，应适用于在任何缔约国内所签发的一切提单。在非缔约国签发的提单，不属于《海牙规则》的强制适用范围。根据第5条第2款规定，公约不适用于租船合同本身。但如果提单是根据租船合同签发的，则它们应符合公约的规定。实务中，为扩大公约适用范围，承运人往往在提单上订有适用《海牙规则》的首要条款(paramount clause)，《海牙规则》作为当事人协议适用法律，适用于该提单。

2. 《海牙规则》的定义条款。《海牙规则》对承运人、运输合同、货物、船舶、货物运输等作出定义。根据《海牙规则》第1条(a)项的规定，承运人包括与托运人订立运输合同的船舶所有人或租船人(the owner or charterer)。该条(b)项对运输合同作出规定，即"运输合同"仅适用于以提单或任何类似的物权证件进行有关海上货物运输的合同；在租船合同下或根据租船合同所签发的提单或任何物权证件，在它们成为制约承运人与凭证持有人之间的关系准则时，也包括在内。即租船合同下签发的提单转让后，提单规定约束承运人与提单持有人，公约适用于该提单。该条(c)项规定，"货物"包括货物、制品、商品和任何种类的物品。但不包括活牲畜和舱面货(甲板货)。对活牲畜，如果承运人按托运人指示行事，则对因活牲畜本身性质引起的灭失或损坏不负责任。而对舱面货，只有运输合同上载明装载于舱面并且已经这样装运，才构成舱面货。

3. 承运人最低限度义务。为遏制承运人无限扩大免责范围，公约规定了承运人最低限度的义务。一是船舶适航义务。第3条第1款规定，承运人须在开航前和开航时恪尽职责：(a)使船舶适于航行(make the ship seaworthy)；(b)适当地配备船员、装备船舶和供应船舶；(c)使货舱、冷藏舱和该船其他载货处所能适宜和安全地收受、运送和保管货物。从内容看，履行适航义务的时间是船舶开航前和开航当时(before and at the beginning of the voyage)，适航内容包括"适船""适员"和"适货"。这是承运人的最高义务。如果承运人不能证明已尽到谨慎处理使船舶适航的义务，则其不得援引免责条款主张免责。二是妥善管货义务。内容包括第3条第2款规定的七个方面，即承运人应适当和谨慎地装载、搬运、配载、运送、保管、照料和卸载所运货物。"适当地"(properly)要求承运人以其对货物属性的所有认识，以妥善方式处理管货的各个环节。"谨慎"(carefully)要求承运人在管货中应尽到合理注意义务。管货义务的期间应是自货物装上船至卸下船由承运人掌管的期间，亦即其责任期间。

4. 承运人责任期间。责任期间是承运人运输货物应承担责任的期间。公约第1条(e)项对"货物运输"的定义是，包括自货物装上船时起，至卸下船时止的一段期间。具体操作中，可能涉及使用船上或岸上的装卸设备，因此"装上船时起至卸下船时止",通常可分为两种情况:一是在使用船上吊杆时,装货时货物挂上船舶吊杆的吊钩时起至卸货时货物脱离吊钩时为止,即"钩至钩"期间;二是使用岸上起重机装卸,则以货物越过船舷为界,即"舷至舷"期间。货物装船以前,承运人在码头仓库接管货物至装上船的期间,以及货物卸离船舶后到向收货人交付货物的期间,承运人对发生的货物灭失或损坏应承担的责任和义务,根据《海牙规则》第7条的规定,可由承运人与托运人订立任何协议、规定、条件、保留或免责条款。

5. 承运人免责和赔偿责任限制。为鼓励航运业,保护承运人的利益,《海牙规则》规定了对承运人造成货物灭失或损害的赔偿责任的全部和部分免除制度。承运人的免责是在发生货物灭失或损坏时,对承运人责任的全部免除,包括过失免责和无过失免责。公约第4条第2款(a)项规定了航海过失免责和管船过失免责,由于船长、船员、引航员或承运人的受雇人在航行或管理船舶中的行为、疏忽或过失所引起的货物灭失或损坏,承运人可以免除赔偿责任。随着现代航海技术和造船水平的提高,该过失免责规定受到后来公约的挑战。根据第2款(b)项至(q)项,承运人可享受无过失免责,主要有以下几类:(1)不可抗力或承运人无法控制的免责八项:即(c)海上或其他通航水域的灾难、危险或意外事故;(d)天灾;(e)战争行为;(f)公敌行为;(g)君主、当权者或人民的扣留或管制,或依法扣押;(h)检疫限制;(j)不论由于任何原因所引起的局部或全面罢工、关厂停止或限制工作;(k)暴动和骚乱。(2)货方行为或过失免责四项:即(i)货物托运人或货主、其代理人或代表的行为或不行为;(m)由于货物的固有缺点、性质或缺陷引起的体积或重量亏损,或任何其他灭失或损坏;(n)包装不善;(o)唛头不清或不当。(3)特殊免责三项:即(b)火灾,但由于承运人的实际过失或私谋所引起的除外;(l)救助或企图救助海上人命或财产;(p)虽恪尽职责亦不能发现的潜在缺点。(4)兜底免责:即(q)非由于承运人的实际过失或私谋,或者承运人的代理人,或雇佣人员的过失或疏忽所引起的其他任何原因。这是对上述具体免责外的其他免责事项的总括条款。援引这一条款要求享有此项免责利益的人应负责举证,证明货物的灭失或损坏既非由于自己的实际过失或私谋,也非其代理人或受雇人的过失或私谋所导致。

合理绕航,作为一项免责事由规定在《海牙规则》第4条第4款,即:

> 为救助或企图救助海上人命或财产而发生的绕航,或任何合理绕航,都不能作为破坏或违反本公约或运输合同的行为;承运人对由此而引起的任何灭失或损害,都不负责。

可见,承运人基本义务是按照约定航线航行,但有合理理由可以脱离约定航线(绕航)。除救助或企图救助海上人命或财产的绕航外,其他合理绕航需根据情况而定。承运人合理绕航不构成违约,对因此造成的货物灭失或损坏不承担责任。

承运人的赔偿责任限制是对承运人不能免责的原因造成的货物灭失或损坏,规定每单位最高赔偿额,将其赔偿责任限制在一定范围内。灭失或损害金额在此限额以内按实际金额赔偿,超过此限额按限额赔偿。《海牙规则》第 4 条第 5 款规定,承运人或是船舶,在任何情况下对货物或与货物有关的灭失或损害,每件或每计费单位超过 100 英镑或与其等值的其他货币的部分,都不负责;但托运人于装货前已就该项货物的性质和价值提出声明,并已在提单中注明的,不在此限。根据第 9 条的规定,该公约所提到的货币单位为金价。海运承运人免责和单位责任限制规定,被后来的海运和航空等运输公约所沿用。

6. 托运人的义务和责任。根据《海牙规则》,托运人的基本义务包括:(1)保证货物描述正确的义务。第 3 条第 5 款规定,托运人应向承运人保证他在货物装船时所提供的标志、号码、数量和重量的正确性,并在对由于这种资料不正确所引起或造成的一切灭失、损害和费用,给予承运人赔偿。(2)不得擅自装运危险品的义务。第 4 条第 6 款规定,如托运人未经承运人同意而托运属于易燃、易爆或其他危险性的货物,应对因此直接或间接地引起的一切损害和费用负责。(3)损害赔偿责任。第 4 条第 3 款规定,托运人对他本人或其代理人或受雇人因过错给承运人或船舶造成的损害,承担赔偿责任。可见,托运人承担赔偿责任适用过错责任原则。

7. 运输单据。《海牙规则》第 3 条第 7 款对承运人应托运人要求签发"已装船提单"的义务作出规定,货物装船后,如果托运人要求签发"已装船"提单,承运人、船长或承运人的代理人签发给托运人的提单,应为"已装船"提单。如果托运人事先已取得这种货物的物权单据,应交还这种单据换取"已装船"提单。但是,也可以根据承运人的决定,在装货港由承运人、船长或其代理人在上述物权单据上注明装货船名和装船日期。经过这样注明的上述单据,如果载有第 3 条第 3 款所指项目,即应成为本条所指的"已装船"提单。根据第 3 条第 3 款的规定,提单上应载明下列各项:(a)与开始装货前由托运人书面提供者相同的、为辨认货物所需的主要唛头,如果这项唛头是以印戳或其他方式标示在不带包装的货物上,或在其中装有货物的箱子或包装物上,那么该项唛头通常应在航程终了时仍能保持清晰可认;(b)托运人用书面提供的包数或件数、或数量、或重量;(c)货物的表面状况。但是,如果承运人、船长或承运人的代理人,有合理根据怀疑提单不能正确代表实际收到的货物,或无适当方法进行核对,那么其不一定必须将任何货物的唛头、号码、数量或重量表明或标示在提单上。

8. 索赔与诉讼时效。收货人向承运人索赔时,是否必须发出索赔通知,以及何种情况下免于发出索赔通知,《海牙规则》第 3 条第 6 款对此作了规定。收货人在承运人或其代理人在卸货港交付货物前或当时发现货物灭失或损坏,或者货物灭失或损坏不明显时在收到货物后 3 日内,应以书面向承运人或其代理人发出索赔通知。否则,将视为承运人按照提单记载交付货物的初步证据。收货人想要进一步索赔,应提供相反证据推翻初步证据。如果货物状况在收受时已经进行联合检验或检查,就无须再提交书面通知。

如果收货人通过法律途径向承运人索赔,那么其应在货物交付之日或应交付之日起 1 年内,向承运人和船舶提起诉讼或仲裁。否则,承运人和船舶对货物灭失和损坏的任何责任都相应解除。

9.《海牙规则》的范本效应。《海牙规则》的广泛适用,为日后的国际运输公约提供了范本,但也存在一些问题。第一,适用范围过窄,仅适用于在缔约国签发提单的国际运输,很多情况下不能满足适用条件;第二,仍较多地维护了承运人的利益,表现在免责条款过多以及单位赔偿责任限额偏低;第三,免责和责任限制没有扩大至承运人雇员和代理,责任限额也没有体现集装箱运输的特点;第四,诉讼时效期间过短,造成在风险分担上的不均衡。

二、《维斯比规则》简介

由于《海牙规则》的局限性,1968 年《维斯比规则》对《海牙规则》进行了修改。修改后的文本,通常与《海牙规则》合称为《海牙-维斯比规则》(Hague-Visby Rules)。并非所有《海牙规则》签约国都签署了《维斯比规则》,因此出现两个规则并行的局面。如加入《海牙规则》的美国并未加入《维斯比规则》,如果货物自美国运往英国,那么在美国签发的提单,可能适用《海牙规则》而不适用《维斯比规则》。《维斯比规则》共 17 条,前 6 条是实质性规定,对《海牙规则》的第 3 条、第 4 条、第 9 条、第 10 条进行了修改。

(一)扩大了适用范围

《维斯比规则》第 5 条规定,除适用在缔约国签发的提单外,还适用于:(1)货物在一个缔约国的港口起运;(2)提单载明或为提单所证明的合同规定,该合同受公约的各项规则或者使其生效的任何一个国家的立法所约束,不论船舶、承运人、托运人、收货人或任何其他有关人员的国籍如何。只要运输合同属于上述适用范围,无论该合同所适用的法律如何,公约必须适用于该合同,即规则具有强制适用的法律效力。

(二)运输单据

《海牙规则》对提单转让至第三人的证据效力,未作明确规定。《维斯比规则》在第 1 条第 1 款补充规定:"但是,当提单已经转给善意行事的第三者时,与此相反的证据不予接受。"明确了提单转让至善意行事的第三人持有时,提单载明的内容具有最终证据效力。所谓"善意行事"是指提单受让人在接受提单时并不知道装运的货物与提单的内容有何不符之处,而是出于善意完全相信提单记载的内容。据此,一旦收货人发现货物与提单记载不符,承运人只能负责赔偿,不得抗辩推翻提单记载内容,这有利于维持提单受让人或收货人的合法权益,也有利于促进提单的流通。

(三) 承运人责任限制主体范围扩大

1953年英国"阿德勒诉狄克逊"(Alder v. Dickson)一案中,游客阿德勒夫人搭乘P&O公司的名为"喜马拉雅号"的游轮,下船时因舷梯断裂而摔伤。由于阿德勒夫人持有的船票上载有承运人的疏忽免责条款,故阿德勒夫人利用英国法律允许乘客绕开承运人直接对雇员起诉的规定,转而以侵权行为对船长和水手提起诉讼。英国法院认为承运人的受雇人员或代理人无权援引承运人与他人签订的合同中的条款。阿德勒夫人获得全额赔偿。此案后,承运人纷纷在提单上规定承运人的受雇人员或代理人可以援引承运人的免责或责任限制条款抗辩,即为"喜马拉雅条款"。"喜马拉雅条款"的主要内容有两点:一是将承运人的抗辩事由和责任限制拓展适用于其受雇人、代理人和"独立合同人"(independent contractor);二是将承运人的抗辩事由和责任限制拓展适用于侵权之诉等非合同之诉。此后,包括《维斯比规则》在内的国际海上、航空运输公约,以及国内立法都引入该条款,以保护承运人的利益。《维斯比规则》第3条规定:

> 1. 本公约规定的抗辩和责任限制,应适用于就运输合同涉及的有关货物的灭失或损害对承运人提出的任何诉讼,不论该诉讼是以合同为根据还是以侵权行为为根据。2. 如果这种诉讼是对承运人的雇佣人员或代理人(而该雇佣人员或代理人不是独立的缔约人)提出的,则该雇佣人员或代理人适用按照本公约承运人所可援引的各项答辩和责任限制。3. 从承运人及其雇佣人员和代理人得到的赔偿总额,在任何情况下都不得超过本公约规定的限制。

根据以上规定,无论索赔人以违约之诉还是侵权之诉索赔,承运人责任限制所适用的主体扩大至其受雇人员和代理人,受雇人员和代理人都享有责任限制的权利。但该条第4款规定:

> 但是,如经证实,损失是由于该雇佣人员或代理人蓄意造成损失而作出的行为或不行为,或明知可能会产生损失,但仍不在意而作出行为或不行为产生的,则该承运人的雇佣人员或代理人不得适用本条的各项规定。①

---

① 该条款首次被国际海运公约吸收见于1968年《海牙-维斯比规则》第4条(《维斯比规则》第3条),之后相继见于1978年《汉堡规则》第7条(对非合同索赔的适用)、《鹿特丹规则》第19条(海运履约方的赔偿责任)。在航空运输公约方面,可见于1961年《瓜达拉哈拉公约》第5条(部分吸收"喜马拉雅条款")、1999年《蒙特利尔公约》第30条。同时,有些国家的国内运输法也相继吸收"喜马拉雅条款",如中国《海商法》第58条;《民用航空法》第131条和第133条;韩国1990年《海商法》第189条第2款至第4款;日本经1992年修改的《国际海上货物运输法》第20条之二第2款;瑞典1994年《海商法》第282条等。参见余晓汉:《运输合同的理解与适用》,载"第二巡回法庭"公众号,2020年10月27日。

(四)提高了承运人赔偿限额

《维斯比规则》第 2 条(a)项规定,每件或每单位的赔偿限额提高到 10000 金法郎,同时还增加一项以受损货物毛重为标准的计算方法,即每公斤为 30 金法郎,以两者中较高者为准。在《威斯比规则》通过时,10000 金法郎大约等于 431 英镑,与《海牙规则》规定的 100 英镑相比,这一赔偿限额大大提高。1979 年修改《维斯比规则》的决议,将金法郎修改为特别提款权(SDR),15 个金法郎折合一个特别提款权。这样,承运人的单位赔偿限额变为每件 666.67 个特别提款权或每公斤 2 个特别提款权。此赔偿制度计价方法以后《汉堡规则》、有关国际航空公约及《海商法》所采纳。此外,《维斯比规则》增加"集装箱条款",以适应国际集装箱运输发展的需要。如果提单上具体载明在集装箱内的货物包数或件数,那么计算责任限制的单位就按提单上所列的件数为准;否则,则将一个集装箱或一个托盘视为一件货物。

(五)诉讼时效可协议延长

《海牙规则》规定,货物灭失或损害的诉讼时效为 1 年,从交付货物或应当交付货物之日起算。《维斯比规则》第 1 条第 2 款则明确诉讼事由发生后,诉讼时效可经双方当事人协议延长。对于向第三人追偿时效,第 3 款规定即使在规定的 1 年期满之后,只要是在受诉法院法律准许期间之内,仍可向第三方提起索赔诉讼。但是准许的时间自提起诉讼的人已经解决索赔案件,或向其本人送达起诉状之日起算,不得少于 3 个月。

三、《汉堡规则》简介

《汉堡规则》是第二次世界大战后在发展中国家积极参与、在联合国主持下制定的公约,旨在通过修改《海牙-维斯比规则》体系建立船货双方合理分摊货运风险的责任制度,适应集装箱等现代运输方式的需要。公约共七章 34 条和 1 个共同谅解条款,于 1992 年 11 月 1 日生效。

(一)公约适用范围

依公约第 2 条规定,公约适用于合同约定的装货港或卸货港、或选卸港之一是实际卸货港,位于某一缔约国的海上运输合同。或者(a)提单或作为海上运输合同证明的其他单证在某一缔约国签发。(b)提单或作为海上运输合同证明的其他单证规定,本公约各项规定或使其生效的各国立法对合同适用。(c)公约不适用于租船合同,但如果提单根据租船合同签发,并约束承运人与第三方持有人时,公约适用于该提单。

(二)货物的适用

《海牙规则》不适用于舱面货和活牲畜,《汉堡规则》适用于一切货物。但关于舱面货,《汉堡规则》规定,承运人有权在舱面装货,但需符合合同约定、惯例或法律的要求,否则,承运人应对将货物装在舱面造成的损失负赔偿责任。关于活牲畜,规定活牲畜的受损如是因其固有的特殊风险造成的,承运人可以免责,但承运人须证明已按托运人的特别指示行事,并证明该灭失、损坏或迟延交付可归因于固有风险。

(三)承运人的责任基础

关于承运人的责任基础,《汉堡规则》取消了《海牙-维斯比规则》承运人对驾驶船舶和管理船舶过失的免责(航行过失免责),由不完全过失责任制修改为完全过失责任制。同时《汉堡规则》还采用了推定过失责任制,即在货损发生后,先推定承运人有过失,如承运人主张自己无过失,须承担举证责任。

(四)承运人的免责

《汉堡规则》取消了承运人对船长、船员等的航行过失免责及火灾中的过失免责。但在火灾的举证责任上,《汉堡规则》第5条第4款规定,承运人对火灾所引起的灭失、损坏或迟延交付负赔偿责任,但索赔人需证明承运人、其受雇人或代理人有过失。但现实中,因货物在承运人掌管之下,尤其火灾发生在船舶航行途中,加上火灾发生后扑救行为对现场的破坏,货方完成此项举证并非易事。因而,可以说承运人仍然可以有条件地享受火灾免责。

(五)承运人迟延交货的责任

《海牙-维斯比规则》没有规定承运人延迟交货责任。《汉堡规则》第5条第2款规定承运人应对延迟交货负责。延迟交货,指承运人未在合同明确约定的时间内交付,或在无此约定时,未在按照当时具体情况对一个勤勉的承运人所能合理要求的时间内,在约定的卸货港交付。并且规定,如果货物未能在该款规定的交付时间届满后连续60天内交付,则被视为已经灭失。《海商法》采纳了此规定,但未采纳在合理时间交货的规定。

(六)承运人的责任期间

《海牙-维斯比规则》规定的承运人的责任期间通常理解为"钩至钩"期间。此规定已不适应集装箱等现代运输方式,很多情况下承运人是在陆上收受货物,并在陆上仓库向收货人交货。在收受货物至装船及卸下货物至交付这两个期间内,货物在承运人掌管之下。而依照《海牙-维斯比规则》,承运人对装船前和卸货后的货物灭失或损坏不负责任。对此《汉堡规则》第4条第1款规定,承运人的责任期间包括货物在装货港、运输途中和卸货港处于承运人掌管下的全部期间。《汉堡规则》把《海牙-维斯比规则》"装前卸后"留给当事人约定、由国内法调整的内容,列入其强制适用的期间。

(七)承运人的单位责任限制

《汉堡规则》第6条提高了承运人的最高赔偿限额,其第1款(a)项规定,承运人对货物灭失或损坏所造成的赔偿责任,以受灭失或损坏的货物每件或每其他装运单位相当于835计算单位或毛重每公斤2.5计算单位的金额为限。二者之中以较高者为准。第1款(b)项规定,承运人对迟延交付的赔偿责任,以相当于所迟延交付货物应付运费的2.5倍为限,但不超过合同规定的应付运费总额。为解决货币贬值问题,《汉堡规则》采用特别提款权为计算责任限额的计算单位。此外,公约还规定,如货损是由于承运人、其雇用人或代理人故意造成的,则将丧失责任限制的权利。

(八)承运人与实际承运人的关系

《海牙-维斯比规则》只定义了承运人,没有关于实际承运人的概念,也没有对在转船、联运和租船进行班轮运输的情况下承运人的责任作出规定,以致与托运人订立运输合同的承运人和实际履行运输的承运人的责任主体和内容难以确定。承运人常常以自由转船等条款逃避在部分航程或全部航程中的赔偿责任,接受委托完成运输的实际承运人也常试图以非承运人为由拒绝货方的索赔。对此,《汉堡规则》第1条规定"实际承运人"是指承运人委托从事货物运输或部分货物运输的人,包括受托从事此类运输的任何其他人。第10条对承运人和实际承运人对货方的外部责任关系、承运人和实际承运人内部责任关系作出规范。第10条第1款规定:

> 如果将运输或部分运输委托给实际承运人执行时,不管根据海上运输合同是否有权这样做,承运人仍须按照本公约的规定对全部运输负责。关于实际承运人所履行的运输,承运人应对实际承运人及其受雇人和代理人在他们的受雇范围内行事的行为或不行为负责。

第10条第3款规定:

> 承运人据以承担本公约所未规定的义务或放弃本公约所赋予的权利的任何特别协议,只有在实际承运人书面明确表示同意时,才能对他发生影响。不论实际承运人是否已经同意,承运人仍受这种特别协议所导致的义务或弃权的约束。

第10条第4款规定:

> 如果承运人和实际承运人都有责任,则在此责任范围内,他们应负连带责任。

第10条第6款规定:

本条规定不妨碍承运人和实际承运人之间的任何追索权。

根据第2款和第5款的规定,公约制约承运人责任的规定,适用于实际承运人所履行部分。实际承运人的受雇人、代理人被起诉时,享有承运人、代理人同样的抗辩权。索赔人从承运人、实际承运人和他们的受雇人和代理人取得的赔偿金额总数,不得超过本公约所规定的责任限额。

(九) 关于保函的效力

保函是托运人为了换取清洁提单而向承运人出具保证赔偿承运人因此而造成的损失的书面文书。由于涉嫌托运人与承运人串通欺诈收货人或提单持有人,保函往往被认定为无效。《汉堡规则》首次在一定范围内承认了保函的效力,主要是考虑到在托运人与承运人对货物的数量等有分歧而又无从查验时,出具保函可暂时避免争议使货物顺利出运,也是商业上的一种变通做法。公约同时规定保函仅在托运人和承运人之间有效。《汉堡规则》第17条第2款规定:

任何保函或协议,据此托运人保证赔偿承运人由于承运人或其代表未就托运人提供列入提单的项目或货物的外表状况批注保留而签发提单所引起的损失,对包括收货人在内的受让提单的任何第三方,均属无效。

但并非任何情况下托运人都受其出具的保函约束。根据该条第3款的规定,如果承运人或其代表不批注本条第2款所指的保留是有意诈骗,相信提单的描述而行事的第三方(通常是收货人或提单持有人),而且未批注的保留涉及托运人提供的事项,那么承运人就无权按照本条第1款的规定,要求托运人给予赔偿。承运人应对其行为独自对该第三方承担责任。

(十) 索赔通知和诉讼时效

根据《汉堡规则》第19条的规定,索赔通知应在收货后的第一个工作日内提交,损害不明显时,在收货后15日内提交。延迟交付的索赔通知应在收到货后连续60日内提交。同时规定,如果货物由实际承运人交付,根据本条送达的任何通知具有如同送交承运人的同等效力,同样,送交承运人的任何通知具有如同送交实际承运人的同等效力。《汉堡规则》第20条将《海牙-维斯比规则》规定的1年诉讼时效,修改为2年诉讼时效和仲裁时效。且诉讼不仅包括货方(托运人、收货人或提单持有人)对承运人的诉讼,还包括承运人对货方的诉讼。时效期间自承运人交付货物或部分货物之日开始,如未交付货物,则自货物应该交付的最后一日开始。时效期间开始之日不计算在期间内。该条同样规定了当事人可约定延长诉讼或仲裁时效,且可以多次延长。

截至2022年年底,《汉堡规则》仅在35个国家生效。随着《鹿特丹规则》的制定,《汉堡规则》的适用将会受到冲击。

四、《鹿特丹规则》简介

在《海牙规则》问世以来的1个多世纪,国际海上运输领域出现《海牙-维斯比规则》和《汉堡规则》,各规则规定了不同适用范围和承运人责任体系,加之成员国不同,呈现不同强制性规则共存的局面。而对于国际多式联运,因为《多式联运公约》生效无望,尚无建立有效的统一责任体系。为建立一套包括国际多式联运在内的统一的现代国际海运规则,在联合国主持下,2008年《鹿特丹规则》应运而生。公约将在20个国家批准或者加入1年后生效,并且批准或加入公约的国家应同时退出上述3个公约(若已加入)。截至2022年年底,仅有5个国家批准,离公约生效尚需时日。① 但公约不仅涉及包括海运在内的国际多式联运,还增加了如电子运输单据、批量合同、控制权等新的内容,对现行的《海牙规则》《海牙-维斯比规则》及《汉堡规则》所建立的承运人责任体系作了大幅修改,力图重新平衡船货两方的权利义务。公约还特别增设了管辖权和仲裁的内容,与相关争议解决国际公约相呼应。可谓现代国际海运规则的集中体现。该公约一旦生效,将会给航运公司、货方、港口经营人、保险公司等国际海上货物运输相关方带来重大影响。从公约条文数量上看,公约共有96条,实质性条文为88条,是《海牙规则》的9倍,《汉堡规则》的3.5倍。因此,该公约被称为一部"教科书"式的国际公约。

(一)公约适用范围

为尽可能扩大公约在国际范围内的统一适用,公约在适用范围方面作了大的修改。公约第二章对适用范围的规定,包括一般适用范围、特定适用范围和对某些当事人的适用范围。第5条根据地域及国际性规定了一般适用范围,即收货地和交货地位于不同国家,且海上运输装货港和卸货港位于不同国家的运输合同,只需要运输合同约定的收货地、装货港、交货地或卸货港之一在缔约国。在考察公约适用时,不考虑船舶、承运人、履约方、托运人、收货人或其他任何有关方的国籍。这就将适用范围在地域上由传统的装货港和卸货港,扩大到装港前内陆收货地和卸货后的交货地,并不再把提单签发地作为适用的连接点,而是适用于所有运输单据,如海运单、可转让运输单据(提单)。第6条根据合同类型规定了适用的特定除外情形,即:不适用于班轮运输中的租船合同和使用船舶或其中任何舱位的其他合同;不适用于非班轮运输中的运输合同,除非当事人之间不存在使用船舶或其中任何舱位的租船合同或其他合同,并且运输单证或电子运输记录已签发。第7条规定了对某些当事人的适用,虽有第6条的规定,但如果收货人、控制方或持有人不是被排除在本公约适用范围之外的租船合同

---

① 这些国家是贝宁、喀麦隆、刚果、西班牙和汤加。

或其他运输合同的原始当事人,那么公约仍然在承运人与此等当事人之间适用。据此,公约适用的运输合同可以是海运,也可以是海运加其他运输方式的联运,使适用范围从"钩至钩"和"港到港",扩大到"门到门"运输。与《海牙-维斯比规则》规定的一样,公约不适用于班轮中的租船合同,或者舱位租船合同(如互租协议,slot agreement),也不适用于非班轮运输合同。但如果运输单据已签发转让给租船合同或舱位互租协议当事人之外的收货人、控制方或持有人(第三人),则适用于承运人和该等第三人,旨在保护未参与合同协商的当事人的利益。

(二)承运人责任期间的变化

根据公约第 12 条的规定,承运人或履约方责任期间是"收货-交货",并且不限定接收货物和交付货物的地点。与《海牙-维斯比规则》规定的"装货-卸货"和《汉堡规则》规定的"装港-卸港"相比,公约扩大了承运人的责任期间。

(三)加大了承运人的责任

承运人的责任基础是海上货物运输法律的核心问题。与现存法律制度相比,根据公约第 12 条、第 14 条和第 17 条的规定,其主要的变化为:

1. 采用承运人完全过错责任。与《汉堡规则》的承运人责任原则相同,比《海牙-维斯比规则》及《海商法》的不完全过失责任更加严格。

2. 废除航海过失免责和火灾免责。废除了航海过失免责和承运人的受雇人或代理人过失火灾免责,把承运人是否存在过错作为衡量其是否承担赔偿责任的首要准则。而这两项免责是《海牙-维斯比规则》及《海商法》规定的承运人责任体系的核心内容。

3. 扩大承运人船舶适航义务范围。把承运人谨慎处理使船舶适航的义务扩展至整个航程,而现行的《海牙-维斯比规则》及《海商法》要求承运人适航义务仅限于在船舶开航前和开航时。

《鹿特丹规则》的归责原则的变化,以及对货物的灭失、损坏或延误可享受免责事项明显减少,承运人对船舶适航义务期间的延长,大大加重了承运人的责任,必然对航运及海上保险等产生重大影响。

(四)承运人赔偿责任限额提高

根据公约第 59 条第 1 款的规定,公约大大提高了承运人赔偿责任限额。

1. 单位责任限额提高。公约规定,承运人对货物的灭失或损坏的赔偿限额为每件或者每一其他货运单位 875 个特别提款权,比《海牙-维斯比规则》和《海商法》的 666.67 个特别提款权提高 31%,比《汉堡规则》的 835 个特别提款权提高 5%;或货物毛重每公斤赔偿 3 个特别提款权,也分别提高了 50% 和 20%。

2. 扩大迟延交付赔偿责任。与《汉堡规则》及《海商法》不同,公约将迟延交付限定在未在约定时间在运输合同约定的目的地交付。根据公约第 60 条的规定,承运人迟延交付赔偿责任,不仅包括迟延交付对货物本身造成的灭失或者损坏,也包括迟延交付造成的其他经济损失。对前者按照第 22 条的规定计算,而对后者按照迟延交货应付运费的 2.5 倍计算。并且规定,如果同时发生货物灭失或损坏和其他经济损失,赔偿总额不超过所涉货物全损时根据第 59 条第 1 款规定计算的限额。

3. 承运人丧失责任限制情形的变化。对此,《鹿特丹规则》与现行公约和《海商法》相比没有变化。即:经证明,货物的灭失、损坏或者迟延交付是由于承运人的故意或者明知可能造成损失而轻率地作为或者不作为造成的,承运人不得援用限制赔偿责任的规定。

(五)货物索赔举证责任的变化

货物索赔的举证责任,是指发生货物灭失、损坏或者迟延交付后,提供证据证明其原因以及责任或免责的责任。《海牙-维斯比规则》和《海商法》对此规定不明确,《汉堡规则》采用推定承运人过错原则,适用举证责任倒置规则。《鹿特丹规则》对船货双方的举证责任分担作了分层次的详细规定,在举证的顺序和内容上构建了"三个推定"的立法框架:第一,根据公约第 17 条第 1 款、第 2 款规定,在管货义务上推定承运人有过错,即承运人须证明自己没有管货过失,若举证不能,将承担赔偿责任。第二,根据第 17 条第 3 款规定,推定承运人无过错,若承运人举证货物灭失、损坏或延误系免责事项所致,可以享受免责。如索赔人能证明其有过错,承运人应负赔偿责任。第三,对船舶不适航情况的举证责任,根据公约第 17 条第 5 款规定,推定承运人有过错,承运人要想免责需举证证明因果关系或者已谨慎处理。即首先由索赔人证明因船舶不适航导致货物灭失、损坏或迟延交付。承运人要免除责任,需证明不构成不适航或已谨慎处理。公约规定的举证责任分配,与《海牙-维斯比规则》《汉堡规则》和《海商法》相比较,以承运人推定过失为基础,明确了船货双方各自的举证内容与顺序,更具可操作性。

(六)新增控制权制度

鉴于其他国际运输公约(如《华沙公约》、CMR 和 COTIF-CIM 1999)都有关于"货物处置权"的规定,国际货物销售法都规定卖方享有"中途停运权",为与之相协调,公约增加了"控制权"的规定。

根据公约第 1 条的定义,控制方是指根据公约第 51 条有权向承运人行使货物控制权的人,而控制权是在第十章运输合同下向承运人发出有关货物的指示的权利。质言之,就是货物买卖合同中卖方行使货物中途停运权,此权利须经过向承运人发出指示并由承运人配合才得以实现。根据公约第 50 条的规定,货物控制权只能在运输期间内由控制方行使,且对货物发出指示或修改,不构成对运输合同的修改。修改内容可以是变更交货地点和收货人。第 51 条规定了托运人为控制方,并规定了在不可转让、可转让或电子运输单证下控制权转让的方式。

(七)增加海运履约方的规定

因为海上班轮、租船运输合同、内陆接驳运输,以及多式联运等不同运输方式,使得参与国际运输的当事人众多,而对于这些参与者对货方的外部责任以及他们之间的内部责任,现行公约除《汉堡规则》规定了实际承运人的概念和法律制度,其他公约均没有明确规定。根据公约第 1 条第 6 款(a)项的规定,履约方是指承运人以外的履行或承诺履行承运人在运输合同下任何义务的人,包括货物接收、装载、操作、积载、运输、照料、卸载或交付货物的参与者。为适应海上运输承运人责任相对较低的现实,公约第 1 条第 7 款特别规定海运履约方,第 19 条规定承运人与履约方的责任关系,并规定海运履约方与承运人承担相同的责任,享有相同的抗辩理由。根据第 20 条的规定,对货物灭失、损坏或迟延交付,承运人与一个或数个海运履约方均负有责任的,他们应当承担连带赔偿责任。就是把海运履约方的赔偿责任纳入公约适用范围。

(八)货主责任及义务的变化

公约对货主的义务规定较现存国际公约更加明确。

1. 托运人实行过错责任制。以往的公约对托运人的赔偿责任制未作规定。公约第 30 条规定,在给承运人造成灭失或损害时,除非承运人能证明是因托运人违反本公约规定的义务造成的,托运人无须承担赔偿责任。而且,托运人及其雇员、代理人或独立合同方承担过错责任,无过错不承担责任。但对第 31 条第 2 款和第 32 条规定的义务,应承担严格责任,即向承运人提供洽订合同的不正确信息或违反危险货物规则,对承运人遭受的灭失或损害,适用无过错责任原则。

2. 托运人对承运人的义务。公约第 27 条规定了托运人应向承运人承担的责任。该条规定:

(1)除非合同另有约定,托运人应交付备妥待运的货物。在任何情况下,托运人交付的货物应处于能够承受预定运输的状态,包括货物的装载、操作、积载、绑扎、加固和卸载,且不会对人身或财产造成损害。据此,托运人交给承运人的货物应处于备妥待运的状态。(2)根据第 13 条第 2 款的规定,双方有约定的,托运人应妥善而谨慎地履行根据该约定承担的任何义务。即承运人可以与托运人约定由托运人、单证托运人或收货人履行货物装载、操作、积载或卸载等管货义务的情形。(3)集装箱或车辆由托运人装载的,托运人应妥善而谨慎地积载、绑扎和加固集装箱或车辆内的货物,使之不会对人身或财产造成损害。对此可理解为公约对托运人交付货物的"适运"要求,以对应承运人提供船舶的适航要求。加之托运人可经协议履行本应由承运人履行的管货义务,托运人的责任较现行国际公约和我国海商法的规定不仅有突破,而且明显加大。

3. 向承运人提供信息、指示或相关文件的义务。公约第 29 条对托运人在某些条件下向承运人提供有关货物信息、指示和文件的义务,以及向有关公共当局提供这些信息的义务作出规定。并且在第 55 条对托运人或其他控制方提供有关信息等的义务予以明确规范,即控制方应向承运人或履约方及时提供承运人履行其在运输合同下义务而可能合理需要的有关货物的信息、指示或文件;若承运人经合理努力无法确定控制方,或控制方无法向承运人提供适当信息、指示或文件的,则应由托运人提供此种信息、指示或文件。若承运人经合理努力无法确定托运人的,应由单证托运人提供此种信息、指示或文件。

(九)细化货物交付规范

在国际货物买卖合同下,收取货物是买方的基本义务之一。但实践中,因各种原因收货人(买方或其受让人),可能拒绝接收货物。对此,承运人除对货物行使留置权外,似乎没有制约手段。为解决运输合同中承运人与收货人或单证持有人之间的交货与收货的关系,公约在第九章作了规定。根据公约第 43 条的规定,收货人要求交付货物后,有义务按照运输合同约定或没有约定时按照预期的时间和地点接收货物。公约第 44 条规定,收货人应根据承运人或履约方的要求,以交货地的习惯方式确认收到货物,否则承运人可以拒绝交货。公约还规定了承运人未签发可转让运输单证或可转让电子运输记录、签发不可转让运输单据而又载明须凭单交货、签发可转让运输单据或电子运输记录等情况下的交付。在第 48 条对不能交付时承运人可以采取的措施作出规定,并在第 49 条规定公约不影响承运人有权根据合同或准据法规定行使留置权。针对实务中目的港国家法律或惯例允许不经收货人出示正本记名提单放货的情况(如美国),公约第 46 条用创新的方法规范记名提单下的交货。根据规定,承运人签发记名提单时,可以在记名提单上载明凭单交货或不凭单交货。如载明凭单交货的,承运人须验明收货人的身份并凭收货人呈交的记名提单,才能交付货物。

(十)明确单证托运人的地位

关于托运人,《海牙-维斯比规则》没有定义,《汉堡规则》将托运人分为与承运人订立运输合同的人和将货物交给承运人的人。《鹿特丹规则》把与承运人订立运输合同的人定义为托运人,并首次设置了单证托运人的概念,即指托运人以外的,同意在运输单证或电子运输记录中记名为托运人的人。该规定解决了 FOB 术语下卖方在运输合同中的权利义务,其特点是:第一,单证托运人不是运输合同当事人,不是托运人,其与运输合同的承运人不存在合同关系;第二,单证托运人在向承运人实际交付货物后,必须经托运人同意才能向承运人索取运输单证并在单证上记载为托运人;第三,对托运人规定的权利与义务适用于单证托运人。这与我国《海商法》2024 年修订草案关于实际托运人的规定有明显不同。

(十一)增加批量合同规定

根据公约第1条的定义,所谓批量合同是指,在约定期间内分批装运约定总量货物的合同。货物总量可以是最低数量、最高数量或一定范围的数量。根据定义和第80条的规定,批量合同与航运界包运合同或运输总合同(contract of affreightment)类似。一方面,对运输合同当事人的合同自由进行严格限制;另一方面,则赋予批量合同当事人的较大订约自由,即在承运人与托运人之间,批量合同可以背离(增加或减少)本公约规定的权利、义务和赔偿责任。

(十二)港口经营人等须遵守公约强制性规定

公约将海运履约方的范围扩大至任何在海运过程中参与处理和管理货物的人,因此,港口经营人承担与承运人相同的赔偿责任。以往港口经营人的责任通常适用国内法,而国内法对港口经营人的责任既无最低责任又无责任限制规定。现在将其纳入公约中,作为海运履约方,与承运人同等对待。这一规定对港口经营人可能会产生双重影响,一方面可能加重了港口经营人的责任;另一方面,其有权享受与承运人相同的责任限制,有可能降低其责任。根据公约第19条的规定,承担公约规定的承运人义务和赔偿责任,并享有承运人抗辩权的其他海运履约方,还包括海运支线承运人、驳船承运人、集装箱货运站、港区装卸公司等。

(十三)最小限度网状责任制

《鹿特丹规则》是适用于海运加其他运输方式的国际运输的公约,承运人涵盖海运承运人和海运加其他运输方式承运人,没有使用《多式联运公约》中多式联运经营人的概念。但海运加其他运输方式,从其内涵而言,通常指海运加内河、公路、铁路(陆运)或航空运输,实为国际多式联运。

《鹿特丹规则》对如何处理本公约与装船前和卸船后非海运区段其他公约的冲突问题,以及本公约与相关非海运区段所适用国内法的关系问题作出规定。根据《鹿特丹规则》第26条和第82条的规定,当货物灭失、损坏或迟延交付的事件或情形发生在承运人的责任期间,并且仅发生在货物装上船舶之前或卸离船舶之后的非海运区段,而该非海运区段存在强制适用的国际文件(公约),且该国际文件(公约)有关于承运人赔偿责任、责任限制或时效的规定,《鹿特丹规则》不予适用,即给这些现存的国际文件(公约)让路。对于没有现存国际文件调整的非海运区段,或者非海运区段在一国境内不适用国际文件(公约)的,须适用《鹿特丹规则》,而不适用国内法。如,我国目前参加的非海运国际公约有关于国际航空运输的《华沙公约》《蒙特利尔公约》和关于国际铁路运输的《国际货协》,没有参加关于公路运输或内河运输的国际公约。若航空、铁路非海运区段发生在我国境内,如韩国釜山至中国西安的航空运输,或中国天津至波兰华沙的铁路运输,应分别适用《华沙公约》《蒙特利尔公约》或《国际货协》。但如果公路运输、内河运输,或者航空运输、铁路运输因具国际性而没有可适用的国际公约(如昆明至曼谷的公路运输),或者因不具国际性而不予适用(如自天津至乌鲁木齐的航空运输),则应适用《鹿特丹规则》。经营海运加其他运输方式的承运人的权利义务,须依《鹿特丹规则》确定,不适用国内法。

(十四)诉讼时效

根据《鹿特丹规则》第 62 条的规定,诉讼时效沿用《汉堡规则》2 年诉讼时效的规定,既适用于货方(包括托运人、单证托运人、单证持有人、控制方或收货人等)向承运人一方(包括海运履约方、非海运履约方等)的索赔,也适用于承运人向货方的索赔。诉讼时效既适用于诉讼程序,也适用于仲裁程序。诉讼时效起算点,沿用《汉堡规则》的规定,自承运人交付货物之日起算,未交货物或部分交付货物的,自本应交付货物之日起算,起算之日不包括在该期间内。公约在该条第 3 款增加了如何处理诉讼时效届满后的索赔规定:"即使本条第 1 款规定的时效期间届满,一方当事人仍然可以提出索赔作为抗辩,或者以此抵消对方当事人提出的索赔。"即在诉讼时效届满后,索赔方提起索赔后,被索赔方仍然可以依其索赔抗辩对方的索赔,或者以其索赔抵消对方的索赔。如诉讼时效届满后,提单持有人以货物损坏为由向承运人索赔 5 万美元,承运人认为因收货人怠于收货给其造成港口损失 3 万美元。承运人可以以该 3 万美元的索赔作为抗辩,或者与提单持有人的 5 万美元的索赔作冲抵。

(十五)法院管辖权和仲裁

《海牙-维斯比规则》没有关于管辖权问题的规定。《汉堡规则》第 21 条首次就国际海上货物运输合同纠纷诉讼管辖问题作出规定,但内容比较简单。《鹿特丹规则》作为海上货物运输国际立法的最新成果,不仅全面规范了各种海上货物运输法律关系当事人的实体权利义务,而且在第十四章专门规定海事诉讼中的司法管辖问题,涉及对承运人和对海运履约方诉讼的一般管辖、事前协议管辖、事后协议管辖、临时措施管辖和应诉管辖、诉讼合并和移转、被告的应诉管辖及判决的承认和执行等,形成了全面、系统的管辖权规范。

1. 当事人协议排他管辖权。根据公约第 66 条的规定,原告向承运人提起诉讼,双方有排他性法院管辖协议的,按协议约定。没有排他性协议的,原告有权选择第 66 条(a)项列明的地点之一拥有管辖权的法院起诉,包括承运人住所地、约定的收货地、交货地或者货物最初装船港或最终卸船港。该条(b)项还规定,原告可以在托运人与承运人约定的一个或数个管辖法院中择其一提起诉讼。结合公约第 1 条第 30 款对"管辖法院"的定义,该条规定对承运人的诉讼,一是公约规定在缔约国内可供选择地点的法院管辖;二是按当事人协议管辖。另外,管辖法院选择权仅包括货方索赔人向承运人的诉讼,而不包括承运人向货方索赔人的诉讼。对第66条(b)项规定的排他性法院管辖协议,第67条规定了具体条件:法院选择协议应载于明确载明各当事人名称、地址的批量合同中,该批量合同或者单独协商订立或者载有一则存在一项排他性法院选择协议的明确声明,且指出批量合同中载有该协议的部分;该协议清楚指定某一缔约国的数个法院或某一缔约国的一个或数个特定法院。该条没有要求当事人必须在第66条(a)项中列明的可选法院起诉,该协议选择的法院在缔约国即可。第67条(b)项还规定,如果要使法院选择协议约束第三人,则必须符合规定的条件。第67条规定的排他性法院管辖权选择协议,仅适用于批量合同,对非批量合同中、提单中载明的管辖权选择条款不具排他管辖的效力。① 根据租船合同提起的索赔,不受这些可供选择地法院约束。

2. 对海运履约方的管辖权。根据公约规定,海运履约方不是运输合同当事人,公约第66条的管辖权规定仅适用于货方针对承运人索赔,不适用于海运履约方。根据第68条的规定,对海运履约方提起诉讼,由海运履约方住所地法院或其接收货物的港口、交付货物的港口或者其执行与货物有关的各项活动的港口所在地法院管辖。

3. 采取临时措施法院的实体管辖权。公约对采取扣留、临时性措施或保全措施的法院的实体管辖权作了规定。当事人为实现其海事请求权,在向有管辖权的法院起诉前,往往在船舶、货物等财产所在地法院申请扣船、扣货,采取财产保全等程序性临时措施。采取临时性措施或保全措施的法院通常不必然拥有对实体争议的管辖权。根据公约第70条的规定,当事人向有关法院申请采取该等措施,不受本公约的影响。海事请求权人可根据有关扣船公约(如1952年《统一海船扣押某些规定的国际公约》、1999年《国际扣船公约》),以及国内诉讼法(如中国《海诉法》)申请法院对船舶、货物等财产采取临时保全措施。但是,根据《鹿特丹规则》,采取临时性措施或保全措施的法院,不当然获得对案件的实体管辖权,除非满足第十四章关于管辖权的要求,或者该法院所在国家为有关国际公约缔约国,而根据有关国际公约该法院获得实体管辖权。1999年《国际扣船公约》和我国《海诉法》都规定,扣船等海事保全措施执行后,法院通过采取海事保全措施而获得实体争议管辖权,只有当事人之间另有法院管辖协议或仲裁协议时例外。可见,《鹿特丹规则》在处理扣押、财产保全等临时性措施的管辖权和实体管辖权方面,与1999年《国际扣船公约》和我国法律规定有明显差别。

4. 诉讼合并和转移。在承运人与海运履约方对货方均负有责任时,根据公约第

---

① 参见朱曾杰、吴焕宁、张永坚、郭瑜:《鹿特丹规则释义——联合国全程或者部分海上国际货物运输合同公约》,中国商务出版社2011年版,第270页。

20条的规定,他们之间需承担连带赔偿责任。如果货方原告打算起诉承运人和海运履约方,应如何选择有管辖权的法院,是根据第66条还是第68条选择法院?根据公约第71条第1款的规定:如果原告和被告之间存在第67条或第72条规定的事先或事后达成的排他性法院选择协议,则原告应依照协议选择有管辖权的法院起诉承运人和海运履约方;如果原被告之间不存在该等排他性协议,则原告应根据第66条和第68条规定选择共同的连接点,在该地点的法院起诉;如果没有同时满足第66条和第68条规定的共同连接点,就按照第68条(b)项的规定,在海运履约方接收货物的港口、交付货物的港口或者其执行与货物有关的各项活动的港口所在地法院,起诉承运人和海运履约方。而对承运人或海运履约方主动起诉货方的情况,根据第71条第2款的规定如果其与货方存在有约束力的排他性法院选择协议,则其可以根据协议选择法院起诉;如果货方已经根据第66条或第68条的管辖权规定提起诉讼,则货方有权要求承运人或海运履约方撤销在其他法院的诉讼。承运人或海运履约方撤诉后,还可以在货方选择的法院重新起诉。本款旨在充分保护货方根据第66条和第68条所享有的管辖法院选择权。但第71条第2款仅限于"承运人或海运履约方提起的诉讼寻求一项不承担赔偿责任声明的,或提起的其他任何诉讼剥夺一人根据第66条或第68条选择诉讼地的权利的"情形。除此之外的情形,不受此限。

5. 争议后协议管辖和应诉管辖。第72条第1款规定争议产生后,当事人可以协商确定任何法院管辖争议。据此,当事人可以不受公约第66条或第68条限制,选择他们认为合适的任何法院作为争议管辖法院审理案件。第72条第2款规定,如果被告在原告选择的法院应诉,而未根据该法院地法律规定提出管辖权异议,则该法院获得管辖权。

6. 关于仲裁的规定。仲裁以其国际性、专业性和技术性强等优势,已被证明是国际商事和海事领域解决争议的理想制度。无论运输合同、租船合同或批量合同,甚或提单(虽较少)等,其包含的仲裁条款已得到业界广泛接受,通过仲裁解决国际海事争议已被国际社会普遍承认。但以往的海运公约未对仲裁作出规定。对此,《鹿特丹规则》第75条"仲裁协议"与第76条"非班轮运输中的仲裁协议",结合公约第6条和第7条,根据海运实践中仲裁在不同运输方式中的应用和需要,作出了不同规定。

首先,第75条针对班轮运输规定了当事人可以根据事先或事后订立的仲裁协议对争议提交仲裁。对于仲裁地点,货方或承运人索赔人可以在仲裁协议约定的任何地点向对方提起仲裁。但同时赋予货方索赔人选择其他仲裁地的权利,即除协议约定地点外,其还可以选择在缔约国内承运人的住所地、运输合同约定的货物接收地、交付地或者货物最初装船港或最终卸船港所在地提起仲裁。该条还规定了批量合同中仲裁条款的效力,以及该仲裁条款约束批量合同外的第三人所应符合的条件。同时规定,凡不符合第75条各款规定条件的仲裁条款或仲裁协议,均为无效。该条规定的仲裁地,可称为"法定仲裁地"。其次,在国际航运实践中,大宗商品贸易常用租船合同运输并签发租船格式提单,船东通常要求租船合同下签发的提单载有并入条款(incorporation clause),把租船合同并入提单,使租船合同条款同时约束提单持有人。公约第76条分别规定了两种情况下,租船提单项下的提单持有人与承运人之间的仲裁地受公约限制的不同情形:一是在双方根据明确记载于提单上的仲裁条款进行仲裁的情况下,仲裁地受公约第十五章规定的"法定仲裁地"限制,即提单持有人可以选择在提单约定的仲裁地仲裁或选择"法定仲裁地";二是在提单是以载明租船合同各方当事人和日期,以及以具体提及的方式并入租船合同中的仲裁协议的条款的情形下,双方之间的仲裁地不受"法定仲裁地"限制,应执行租船合同关于仲裁地的约定。① 由于各国对司法管辖权和仲裁条款效力的规定不一,公约制定过程中出现较大争议。最后,公约在第74条和第78条分别规定,第十四章关于管辖权和第十五章关于仲裁协议的规定供各国选择。只有缔约国根据第91条声明选择接受第十四章和第十五章的约束,第十四章和第十五章关于管辖权和仲裁协议的规定才对该国生效。

第二节 《海商法》的相关规定

《海商法》于1993年7月1日起施行。基于中国是传统货主大国,需要体现对进出口贸易经营者和国际商品生产者的充分保护,同时中国的航运业在迅猛发展,日益成为船东大国,同样不能忽视对船东及相关行业利益的保护,我国参考海上运输国际公约的不同特点,采纳不同公约的规定,结合自身国情,制定了《海商法》。《海商法》与《民用航空法》一道,被誉为我国制定的与国际公约全面接轨、符合国情的成功的法律。②

一、《海商法》调整范围

根据《海商法》第1条的规定,其调整范围包括海上运输关系和船舶关系。海上运输关系包括承运人、实际承运人与货方(托运人、收货人或提单持有人等)货物运输法律关系,因航次租船合同、包运合同等产生的运输法律关系,以及旅客运输法律关系。第3条规定,《海商法》所称船舶是指海船和其他海上移动装置,但用于军事的、政府公

---

① 参见张珠围:《提单并入条款的定性与准据法确定——兼评〈鹿特丹规则〉第76条》,载《中国海商法研究》2018年第2期。
② 2024年11月8日,全国人大常委会公布《海商法(修订草案)》,由278条修改为311条。

务的船舶和 20 总吨以下的小型船艇除外。船舶作为物产生的法律关系,包括所有权关系、租赁关系、运营管理关系,以及抵押、保险、救助等法律关系。

就海上运输涉及的水域,其第 2 条规定:

> 本法所称海上运输,是指海上货物运输和海上旅客运输,包括海江之间、江海之间的直达运输。本法第四章海上货物运输合同的规定,不适用于中华人民共和国港口之间的海上货物运输。

沿海与内河货物运输统称为水路货物运输,对承运人责任制度以及船货双方的权利义务的规定,由《民法典》合同编调整。但位于江河、湖泊内的一港经海路至另一海港的直达运输,则视为海上运输,由《海商法》调整。如《海商法》不适用于重庆至武汉之间的水路运输,但适用于武汉经海路直达厦门之间的运输。《海商法》第四章吸纳不同国际公约、国际惯例制定,其核心内容对承运人责任制度的规定,来自不同国际公约,既体现了公约相关规定,与国际海运法律体系相衔接,又兼顾本国国情。因此,第四章专门适用于国际海上货物运输,我国港口之间的海上运输,不属于《海商法》第四章的调整范围。此次修订规定,第四章适用于国内海上货物运输,内河货物运输参照适用第四章关于国内海上货物运输的有关规定。经典案例(2011)民提字第 12 号案中,关于法律适用问题,最高人民法院认为:该案属于海上货物运输合同货损赔偿纠纷,《海商法》作为特别法应当优先适用。但该案所涉运输为海口至上海,系中国港口之间的海上运输。依据《海商法》第 2 条第 2 款规定,《海商法》第四章不适用于该案,该案应当适用《海商法》第四章之外的其他规定,《海商法》没有规定的,应当适用原《合同法》的有关规定。二审判决适用《海商法》第四章第 42 条、第 54 条、第 58 条和第 59 条的规定,适用法律明显错误,应当予以纠正。如果国际多式联运中的海运区段不是国际运输,则也不适用《海商法》。在(2002)民四提字第 9 号案中,最高人民法院再审认为,根据该案中多式联运单证——提单的记载,该案的装货港为天津,交货地点为朝鲜的新义州,应为国际多式联运合同。原审认定该案为海运合同纠纷不准确。多式联运合同和提单背面均约定适用中国法律,故该案应当以中国的法律作为调整当事人之间法律关系的准据法。《海商法》是调整海上运输关系和船舶关系的法律,该法所称多式联运合同,是指多式联运经营人以两种以上的不同运输方式运输,并收取全程运费的合同。该案多式联运涉及的海运段是自天津至大连。《海商法》第 2 条第 2 款规定,"本法第四章海上货物运输合同的规定,不适用于中华人民共和国港口之间的海上货物运输",《海商法》规定的多式联运要求其中一种运输方式必须是国际海上运输。因此,该案不适用《海商法》的规定。该案纠纷发生于 2000 年 6 月,原《合同法》已经生效,应当适用原《合同法》的有关规定作为确定该案当事人的权利义务和承担责任的法律依据。

二、运输合同

(一)运输合同的成立

《海商法》第 41 条规定,海上货物运输合同,是指承运人收取运费,负责将托运人托运的货物经海路由一港运至另一港的合同。当事人就合同条款达成一致,合同即成立。货物运输合同,可以是书面、口头、数据电文形式,但航次租船合同只能以书面形式订立。第 43 条规定,电报、电传和传真具有书面效力。根据《民法典》第 469 条,书面形式是合同书、信件、电报、电传、传真等可以有形地表现所载内容的形式。以电子数据交换、电子邮件等方式能够有形地表现所载内容,并可以随时调取查用的数据电文,视为书面形式。运输合同内容可以是班轮运输、航次租船合同或者包运合同(contract of affreight)。实务中,运输合同主体身份往往难以识别,需要根据当事人签发单证以及实际履行情况确认。通常,以自己名义或委托他人代为与托运人订立海上货物运输合同的人,被认定为承运人。在(2022)沪 72 民初 714 号案中,案涉集装箱运输贸易术语为 Incoterms 2020 DAP Shanghai。法院认为,该贸易术语模式下通常由收货人负责安排运输。收货人和通知人为 YAMB 公司。货损发生前,YAMB 公司通过电子邮件向被告表示案涉货物的散货船由 YAMB 公司安排,并表示为了安排从银行付款,要求被告出具一份标准合同。货损发生后,YAMB 公司又向被告表示两份货代提单不是为了在乌克兰提货使用,而是因为乌克兰海关、税务部门的要求。根据租船合同,BPI 公司安排货物运输并签发金康 94 提单,而被告签发的两份货代提单并非金康 94 提单格式。最终货物调查报告记载的运输单据中包括金康 94 提单。法院认定,BPI 公司是案涉货物的承运人,被告不是案涉货物承运人。在同时存在货代作为订舱代理人和船代作为签单代理人的情况下,运输合同主体的辨识更加复杂,需根据各主体的意思表示,以及在订舱、交货和持有提单等事实的基础上加以辨析。在(2011)民申字第 177 号案中,一二审法院认定,虽然正本提单上没有载明欧力公司的托运人身份,但旅运货代(承运人代理人)在庭审中确认欧力公司通过货运代理人向其订舱,可以证明欧力公司是与承运人订立海上货物运输合同的托运人,欧力公司现持有全套正本提单,有权依据海上货物运输合同向承运人主张违约责任。关于旅运货代和旅航物流的法律地位,案涉提单是旅航物流在交通部备案的格式提单,旅航物流在庭审中自认是提单载明的承运人。因此,欧力公司和旅航物流之间通过案涉提单证明的海上货物运输合同关系成立,旅航物流应承担承运人的相关义务。旅运货代签发提单系经旅航物流授权代为签发,其代理行为产生的权利义务应由旅航物流承担。虽然旅运货代在业务联系中多次使用旅航物流的英文名称,容易造成其他当事人对其主体理解上的混淆,但旅航物流具备在中国经营无船承运业务的资格,有实际履行能力和承担不适当履行承运人义务产生债务的能力,旅运货代代表其签发提单不存在违法代理行为,无须承担连带赔偿责任。最高人民法院再审维持一二审法院的上述认定。同时指出,欧力公司作为提单持有人在接受提单时就应当注意到提单记载的承运人是旅航物流而不是旅运货代,虽然提单中有旅运货代孙某某的签章,但其也仅仅是作为旅航物流的代表在提单上签字,这也正说明旅运货代是旅航物流的代理,而非承运人。因此,欧力公司以旅运货代未告知代理身份、以自己名义签发提单为由,主张旅运货代应当与旅航物流作为共同承运人,缺乏事实和法律依据,不能予以支持。

需要注意的是,未签发提单不影响运输合同的成立,而且证明运输合同成立的提单经托运人背书转让后,运输合同中托运人与承运人的当事人主体资格并未改变。(2012)沪海法商初字第 1011 号案中,原告系案涉提单载明的托运人,被告 A 系提单记载的承运人,被告 B 系承运人的代理人,原、被告各方对上述身份均已予以确认。案外人 C 系原告的外贸代理人,其已确认原告对案涉提单项下四只集装箱内的货物具有所有权。法院认为,原告与被告 A 之间的海上货物运输合同成立有效,由于案涉正本提单未实际签发,案涉货物亦未实际交付流转,原告作为案涉运输合同的托运人和案涉货物的所有权人,有权依据运输合同主张其权利。因两被告在运输途中延迟交付,导致收货人不满延迟提货,且未经原告同意擅自将案涉货物转运第三国,造成收货人无法提取货物并拒付货款,故两被告应当承担赔偿责任。① 在(2020)最高法民申 6937 号案中,最高人民法院认为,根据《海商法》第 71 条有关提单的规定,案涉提单可证明托运人与承运人之间成立海上货物运输合同法律关系。提单自身的流转情况并不妨碍认定承运人和托运人之间业已存在的运输合同关系,承运人以托运人已将提单交付给其国外客户,且已不再持有任何正本提单为由,主张其二者不再具有提单所证明的运输合同关系,不能成立。针对承运人与实际承运人对提单受让人的责任承担问题,在经典案例(2013)民提字第 7 号案中,最高人民法院认为,森福公司委托锦江公司代理进口苯酚,森福公司是委托人,锦江公司是受托人。德宝公司签发已装船清洁提单,是海上货物运输的承运人,哈池曼公司所属"金色蒂凡尼"轮承运该案货物,是海上货物运输的实际承运人。提单已由托运人背书转让,锦江公司成为提单合法持有人,是收货人。锦江公司与德宝公司之间成立了以提单为证明的海上货物运输合同关系。在认定货物损坏发生在承运人责任期间的前提下,法院认定承运人与实际承运人向提单持有人承担连带赔偿责任。

(二)运输合同的变更和解除

《海商法》没有对托运人变更合同的权利作出规定,需依《民法典》第 829 条关于托

---

① 参见上海海事法院(2012)沪海法商初字第 1011 号民事判决书;关于货代签发订舱单而船东未签发提单时,货主、货代与船东之间的法律关系认定,可参见(2007)粤 7 民初 68 号民事判决书。

运人变更合同(中止运输、返还货物、变更到达地或者将货物交给其他收货人)的规定处理。在指导案例(2017)最高法民再412号案中,最高人民法院认为,在承运人交付货物之前,承运人享有此项权利,但双方应遵守法律规定的公平原则确定各方权利义务。托运人变更合同的前提是,其仍持有全套正本提单(尚未转让),变更对承运人而言具有可操作性且不应给承运人带来明显不公平(如不得不绕航、影响正常运营等),则承运人有权根据自身运营情况接受或拒绝变更要求。如果承运人接受变更,托运人应赔偿给承运人造成的损失。但若因不可操作而无法变更(如在目的港卸货后不能转运他港或运回装港),承运人应履行审慎管货义务,否则给托运人造成损失的,应承担赔偿责任。最高人民法院认为,货物运抵目的港卸货后,无论是货物被清关提取后再回运,还是目的港海关允许其监管下的货物不进关而直接运离该港,此时原运输合同均已履行完毕,货物运回原装货港构成一项新的运输合同,而不属于合同变更概念下的"返还货物"。此时,承运人有权拒绝按照"返还货物"运回货物。双方可以选择重新订立新的运回合同。① 2024年修订草案第97条规定了托运人要求合同变更,以及承运人有权拒绝的情形。《海商法》第89条规定了托运人的任意解除权:

> 船舶在装货港开航前,托运人可以要求解除合同。但是,除合同另有约定外,托运人应当向承运人支付约定运费的一半;货物已经装船的,并应当负担装货、卸货和其他与此有关的费用。

任意解除权虽为法定解除权,行使该权利无需征得承运人同意。但根据该条款,托运人行使任意解除权,必须符合规定的条件,即在开航前提出,且承诺支付相应费用。这些费用,根据货物是否已经装船有所差别,对尚未装船的,向承运人支付约定运费的一半。对已经装船的,还应支付装卸费用等。在(2016)粤72民初39号案中,法院认定:该海上货物运输合同纠纷适用《海商法》,《海商法》没有规定的适用原《合同法》等相关法律的规定。原告是承运人,被告是托运人。在该案合同履行过程中,被告在装载期前,通过电子邮件通知原告解除合同,根据原《合同法》第96条关于合同解除的规定,合同于通知日解除。根据《海商法》第89条的规定,被告作为托运人,有权在船舶装货开航前解除合同,但应赔偿因此给承运人造成的损失。该案运输合同未对托运人在开航前解除合同需承担的赔偿责任进行约定,故根据上述法律规定,作为托运人的被告应赔偿作为承运人的原告约定运费的一半。

(三)因不可抗力等原因致合同不能履行

《海商法》第90条是对船舶在装货港开航前,因不可抗力或者其他不能归责于承

---

① 参见最高人民法院(2017)最高法民再412号民事判决书;另可参见上海市高院(2006)沪高民四(海)终字第23号民事判决书、广州海事法院(2017)民初221号民事判决书;王淑梅主编:《海上货物运输合同纠纷案件裁判规则》,法律出版社2021年版,第46—48页。

运人和托运人的原因致使合同不能履行,承托双方法定解除权的规定。该权利的行使同样受到法定条件的制约,在开航前遇到该条规定的情形,双方当事人均有权解除合同,但应通知对方并应根据法律规定证明受到不可抗力或不可归责于其的原因,致使合同不能履行。对不可抗力,应根据《海商法》第 51 条和《民法典》相关规定认定,至于何谓"其他不能归责于承运人和托运人的原因",应根据航次和当事人面临的具体情况确定。如航道封锁、卸货港管制等。在(2019)鲁民终 279 号案中,法院认为,承托双方之间的海上货物运输合同最终未能履行,但双方均无有效证据证明系归责于对方的原因导致合同不能履行。托运人依据相关法律规定,要求解除案涉合同,合法正当。案涉合同解除后,承运人应将其收取的运费返还给托运人。

(四)货物装船后,因不可抗力等原因不能运抵卸货港

航运实践中,货物装船后,因不可抗力或当事人不能控制的其他原因致使船舶不能按照约定在目的港卸货,此时,需要赋予船长邻近港口卸货权,以避免长时间耽搁,使船货双方遭受不必要的损失。《海商法》第 91 条规定了"邻近港口卸货",即船长在邻近安全港口或地点卸货后,视为承运人已履行合同完毕,托运人或收货人不得主张承运人违约。但船长邻近卸货应符合本条规定的条件,并且应考虑货方利益。否则,应承担相应责任。该条实为法律赋予船长面临船货不利情形,采取紧急避险和减少损失的权利。在(2019)鲁民终 2000 号案中,货物被运至青岛港后,因发生渗漏、存在安全隐患原因未被允许在青岛港卸载。承运人将货物转运至韩国釜山港并卸载。法院认定承运人对货物的处置不存在过失,对收货人不承担赔偿责任。

三、承运人责任制度

承运人责任制度,包括承运人责任期间、责任内容、责任基础(归责原则、举证责任等)、免责事项、责任限制、承运人与实际承运人的责任关系等,以承运人基本义务法定作为其基石,而承运人责任基础是该制度的核心内容。

(一)责任期间

《海商法》对集装箱装运的货物和非集装箱装运的货物规定了不同的责任期间。第 46 条对集装箱货物采纳了《汉堡规则》的"港至港"责任期间规定,包括在港区内、港区外接收、交付货物的集装箱场站等储存场所,以及海上运输期间、转船期间。在(2007)沪海法商初字第 751 号案中,大蒜被运至目的地卢安达,同日承运人出具提货单,2 日后货物到达冷藏箱专用堆场,收货人缴纳关税后提货,发现货物发生变质。检验结果显示,装载货物的冷藏集装箱在目的港堆场有长时间未插电现象,造成集装箱缺少制冷所致。法院认为,案涉货物交接方式为堆场至堆场(CY-CY),被告作为承运人的责任期间应从装货港堆场接收货物时起至卸货港堆场交付货物时止,货物处于被

告掌管之下的全部期间。被告虽已开具提货单,但货物尚未实际交付,仍处于被告的掌管之下,其责任期间应至原告实际将货物提离堆场时终止。在(2016)粤民再69号案中,案涉19个集装箱废铜在卸货港被发现系垃圾废物,提单约定的交货期间为CY-CY(FCL-FCL)。法院基于采信菲律宾官方调查报告认定的订舱、拖空箱、装箱、装货港重箱交付的事实,认定案涉货物在装货港交付给承运人之前已被调换,且在交付时不存在装船前检验铅封号,承运人对提单持有人不承担责任。

对非集装箱货物,该条规定采纳《海牙规则》规定的"钩至钩"责任期间。该条就非集装箱货物责任期间的强制性规定,不影响承运人就装船前和卸船后所承担的责任与托运人另行订立协议,以扩大"钩至钩"责任期间。该条中,掌管货物的承运人,不仅包括承运人本人,还应包括其代理人、船长、雇员或被承运人雇佣履行运输合同的独立合同方,如装卸公司、仓储保管人等。

货物灭失或损坏发生在承运人责任期间的举证责任在索赔人,其通常可通过提单记载的货物外表状况,以及装货港和卸货港对货物的检验报告加以证明。在(2021)最高法民申3949号案中,载货船舶船长代理签发了清洁提单。案涉船舶到港卸货期间,就已经发现5个货舱均有较为严重的积水,其中5号货舱压舱水管破裂,压舱水渗入货物中。根据装、卸货港检验证书,案涉货物在装、卸两港发生了品质变化,货物水分含量过高是导致货损的主要原因。因此,最高人民法院认定,原审法院认定货损的事实,以及货损发生在承运人责任期间,具有相关证据证明和事实依据。承运人并未举证证明其对该货损具有免责事由,遂支持了原审判决结果。在(2020)最高法民申2816号案中,最高人民法院认定:承运船舶船长的代理签发的提单上有货物表面状况良好、托运人重量、品质和数量未知的记载。大副签发了备注有"QUALITY AND QUANTITY UNKNOWN"(货物重量与品质未知)的常规大副收据。案涉提单未对颜色值及其他内在品质作出描述。货舱内的货物存在不同颜色的货物分层分布的情况,与货物在装货港经传送带装入货舱的结果相符,与公估公司出具的检验报告关于装货时货物外观质量的记载能够相互印证。原判决认定案涉货物在承运人责任期间未发生变色并无不当。而对案涉货物内在品质(在承运人责任期间)是否发生变化,索赔人未提供货物在装货港的霉菌总数供对比,无法得出卸货港货物霉菌总数超过装货港的结论。比较其提交的装货港分析证书和SGS上海实验室测试报告,油蛋白含量略有降低,但灰分指标和纤维指标有所改善,不能排除是因取样、测试等环节的误差造成了上述指标差异,因此,无法认定货物在承运人责任期间内品质发生变化。

确定责任期间,不仅涉及承运人对货物灭失或损坏是否承担责任,而且在国际多式联运合同中,关乎确认货物发生区段,从而确定应适用海上运输合同法律或者调整其他运输方式的法律,以确定多式联运经营人(承运人)的赔偿责任。在(2014)民申字第1188号案中,根据原审法院认定,巴西泛亚班拿委托米斯那重型运输有限公司从巴西博世的工厂提取三台设备,开始库里提巴至巴拉那圭港口的陆路运输,涉案设备在进入巴拉那圭港口区域后、装上船舶前被摔坏。最高人民法院认为,案涉设备置于集装箱中,责任期间适用《海商法》第46条的规定。现有证据已经可以证明案涉货物已经结束陆路运输,在装货港已由承运人接收,海运区段的运输已经启动,案涉货损发生于海运区段。根据《海商法》第105条规定,货物的灭失或者损坏发生于多式联运的某一运输区段的,多式联运经营人的赔偿责任和责任限额,适用调整该区段运输方式的有关法律规定。案涉事故发生于海运区段,应当适用《海商法》相关规定确定当事人的责任。泛亚班拿公司有权依据《海商法》第56条的规定主张单位赔偿责任限制。

(二) 承运人最低义务

根据《海商法》的规定,承运人须履行三项最低义务,即船舶适航义务(第47条)、管货义务(第48条)和按合理航线航行义务(第49条)。

1. 船舶适航义务。《海商法》第47条规定:

> 承运人在船舶开航前和开航当时,应当谨慎处理,使船舶处于适航状态,妥善配备船员、装备船舶和配备供应品,并使货舱、冷藏舱、冷气舱和其他载货处所适于并能安全收受、载运和保管货物。

该条采纳《海牙规则》的规定,把承运人谨慎处理使船舶适航义务的时间限定为开航前和开航当时。《海商法》没有给船舶适航(sea worthiness)作出定义,通常认为船舶适航,作为承运人的一项基本义务,应使船舶能够抵御特定航线的正常风险,并适合履行约定的海上货物运输。适航义务不仅包括船舶本身的设计、强度、水密等方面的适航性,还包括适员、适配和适货等内容。而且,适航义务是相对而非绝对的,对在开航前和开航当时经谨慎处理仍未发现的船舶潜在缺陷造成的损失,承运人不负赔偿责任。同时,货物灭失或损坏结果必须与承运人违反船舶适航义务具有因果关系。在经典案例(2012)沪海法商初字第1208号案中,法院对适航、适配和适货作出论证。认为《海商法》第47条的规定,是承运人(包括实际承运人)法定的适航义务,也是承运人主张享受免责的前提条件。"尤利"轮离开上海港执行案涉航次时,携带的相关船舶证书均在有效期内,符合有关规定;同时比照"尤利"轮最低安全配员证书和船员名单、船员适任证书,该轮在船员配备上亦符合要求;案涉货物均按照托运人要求装载在舱内,根据装船检验报告记载,装载案涉货物的处所属于可以使用范围;并且如前所述,案涉船舶具有较好的稳性,被告方已完成证明船舶适航的初步举证责任。而四原告并未提供充分有效的相反证据,因此对四原告关于此节的主张,不予采纳。

关于如何判定承运人的"谨慎处理",海运公约和《海商法》都未作明确规定。通说认为,是指作为一名在专业知识和技能方面称职的并且审慎行事的承运人,在全面、周到地考虑了或者能够合理地预见到包括拟于承运的货物的性质在内的预定航次的全部情况和各种可能之后,合理地采取一切为特定情况所合理要求的使船舶适航的措施。在(2019)最高法民申4594号案中,最高人民法院针对"经谨慎处理仍未发现的船舶潜在缺陷",根据专家鉴定意见、船舶进坞维修记录、船员日常维护保养情况等,综合考虑事故发生时天气恶劣,存在大风、骇浪等,认定原判决对原告关于承运人采用较为谨慎合理的方式可以觉察出管路潜在缺陷的主张不予支持,并无不当。在此基础上,认定原判决结合承运人将其所属"富森"轮进坞全面检修、聘用适任船员、日常维护保养,定期接受相关海事部门各项检查,经认可符合航行安全要求并取得相应船舶证书等因素,对原告关于船舶不适航的主张未予采纳,对其货损主张也未予支持,亦无不当。而在(2016)最高法民申1395号案中,最高人民法院根据《海商法》第47条认为,在船舶开航前和开航当时使船舶处于适航状态,是承运人应尽的法定义务。在该案中,承运人对船舶完成预定航次没有做到必要的装备,保障船舶配备达到适航状态,在电子海图对事发水域状况标注与实际不符的情况下,未能做到根据纸海图设定正确航线、确保航行安全,最终导致案涉触礁事故的发生,违反《国内航行船舶船载电子海图系统和自动识别系统设备管理规定》第19条和第21条的规定。承运人提供的《海上货船适航证书》《船舶国籍证书》《海上船舶检验证书簿》《海上货船适航证书》《船舶最低安全配员证书》等只能证明船舶检验符合相关要求。有效的检验证书并不是船舶适航的唯一要求,不能完全证明案涉船舶处于适航状态。认定承运人关于案涉船舶适航的理由均不能成立。2024年《海商法(修订草案)》第48条规定,国内海上货物运输承运人的适航义务,适用于船舶开航当、开航当时和海上航程。

2. 管货义务。《海商法》第48条规定了承运人管货义务的七项内容,与《海牙规则》相同,包括"应当妥善地、谨慎地装载、搬移、积载、运输、保管、照料和卸载所运货物"。其核心内容还是如何理解"妥善"和"谨慎"。"妥善"应为对管货具有相应知识和技能,以及采用的方法适当。"谨慎"应指认真负责的态度,不可疏忽大意、草率敷衍。在经典案例(2012)沪海法商初字第1208号案中,针对承运人是否具有其他管货过失,法院认为:根据已查明事实,案涉货物均按托运人要求装载在舱内;在装货过程中,每个舱位装载完毕,船方均进行了检查并提出改进要求;在上海港开航前,船长要求推迟开航时间以加强对货物的绑扎系固;在航行过程中,两次组织船员对甲板货物进行加固绑扎。值得一提的是,根据航海日志记载,在已近距离遭遇台风"梅花"的情况下,8月6日0900UTC时,船员仍然冒着危险在大副的指导下再次进行了加固绑扎。在此过程中,船舶还发挥良好船艺,适时调整航向和船速以减轻横摇。虽然在航程中船员并未对案涉货物进行特殊照管,但由于案涉货物积载在舱内,一方面,遭遇恶劣海况时在舱内加固将危及人身安全,不应苛求和鼓励船员在罔顾自身安全的情况下对货物进行照管;另一方面,没有证据表明在此情况下存在船舶应当采取而未合理采取的可避免或减少货损情况的有效措施。因此,从现有证据看,可以认为船员在航程中尽到了对案涉货物妥善、谨慎的保管、照料义务。承运人妥善、谨慎保管、照料货物的义务,表现在不同方面。在经典案例(2016)浙民终222号案中,船舶开航后托运人要求承运人改港或退运,承运人回复不能改港或退运,后未再回应托运人的要求。货物卸下8个多月未通知托运人,甚至在10个多月后货物在卸货港被拍卖处理,仍未通知托运人。法院认为,在案涉货物卸载后承运人未通知托运人自行处理或安排退运事宜,致使案涉货物处于无人看管状态。法院根据《海商法》第46条和第48条规定认定,基于承运人的上述行为,不应认定其已尽到《海商法》规定的谨慎管货义务,对案涉货损应承担相应赔偿责任。然而,托运人作为案涉货物的权利人,在阻止承运人向提单记载的收货人交货后,仍应积极关注货物到港后的状态,在合理时间内对货物进行处置,其在货物到港10个月后才再次联系承运人,对案涉货损也应承担相应责任。2024年《海商法(修订草案)》第49条增加了接收和交付货物的内容。

3. 不得进行不合理绕航义务。《海商法》第49条规定:

> 承运人应当按照约定的或者习惯的或者地理上的航线将货物运往卸货港。船舶在海上为救助或者企图救助人命或者财产而发生的绕航或者其他合理绕航,不属于违反前款规定的行为。

根据该条第1款的规定,承运人应按照正常航线,即约定的或者习惯的或者地理上的航线运送货物,偏离正常航线属于不合理绕航。该条第2款规定的情形为合理绕航。合理绕航不构成承运人对法定和约定义务的违反。承运人一般不承担由于合理绕航而产生的货物灭失、损坏或者迟延交付的赔偿责任,只对因不合理绕航造成的货物灭损承担赔偿责任。因此,承运人不得绕航的义务并不是绝对的和无条件的。

判断是否构成不合理绕航,首先应尊重当事人约定的航线。没有约定航线的,船舶应当选择装卸两港之间的习惯航线,可根据各航运公司发布的航行信息确定。如果既无约定又无习惯航线,船舶应当选择地理上的航线,通常是在保证船舶及货物运输安全的前提下,装卸两港之间最近的航线。在(2014)沪海法商初字第620号案中,法院认为:承运人的代理人在网站公布了装港基本港及非基本港名单,其公布的案涉航次的船期表中明确非基本港不是固定班轮,根据实际货量考虑挂靠,而且案涉船舶作为班轮运输,并不要求其航线是地理上距离最近,船舶去非基本港名单中的港口装货虽然偏离了去卸货港在地理上的最近航线,但却符合航运习惯。据此,案涉船舶挂靠非基本港不构成船舶绕航。绕航与案涉船舶的沉没事故并不存在直接的因果关系。案涉沉船事故仅是货损的原因之一,因此不合理绕航更与案涉货损无因果联系。被告提出的案涉船舶绕航的有关抗辩理由均不能成立。至于何谓"其他合理绕航",需根据本条规定结合具体案情认定。承运人提单中常订有"绕航条款"(liberty to deviate clause),规定船舶可自由地为任何目的并以任何顺序挂靠任何港口。但其效力需根据法律和事实认定,对提单持有人不具当然约束力。在经典案例(2015)民申字第1896号案中,最高人民法院认定,承运人有合理依据判断货物不适合安全运输而采取绕航和停航晒货等措施的,属于合理绕航。该案并无证据表明该轮航行至达沃港仅仅是为了承运人单方的利益与方便,也无证据表明当时货物水分含量低于适运水分极限;达沃港与从装货港北克纳韦港至目的港连云港的正常(习惯)航线距离较近,可以认定船舶航行至达沃港系为船舶、船员和货物运输的共同安全考虑,属于《海商法》第49条第2款规定的"其他合理绕航"。

货方索赔人起诉承运人承担不合理绕航造成的货物灭损责任,应承担举证责任。(2019)沪72民初3082号案中,法院认定:原告认为被告未按照正常运输习惯将货物运到目的港,使案涉货物在宁波港暴晒1个月导致货损,但原告并未举证证明所谓的正常运输习惯是怎样的,也未举证证明托运人曾与被告约定过案涉货物的运输航线,比如必须是直达船不得转运等,原告亦未举证证明托运人曾与被告明确约定案涉货物的交付时间。该举证不能的不利后果应当由提出主张的一方当事人即原告承担。

(三)迟延交货的责任

《海商法》第50条参考《汉堡规则》的规定,对承运人迟延交货的赔偿责任作出规定。但将迟延交付仅限定在货物未能在明确约定的时间内、在约定的卸货港交付的情形,没有采纳《汉堡规则》关于未在"合理时间内"交货亦为迟延交付的规定。理论上,在托运人与承运人没有明确约定交货期限的情况下,即使承运人迟延交付,亦不承担赔偿责任。因此,《海商法》关于迟延交货的适用范围比《汉堡规则》要小。但是,《民法典》承继原《合同法》"合理期限"的概念,规定承运人应当在约定期限或者合理期限内将货物安全运输到约定地点。有观点认为应适用该规定的"合理期限"认定承运人是否构成迟延交付。但主流观点和最高人民法院认为只有特别法就同一事项没有规定时,才有一般法作补充的问题,《海商法》已就迟延交付作出规定,不存在普通法进行补充问题。因此《海商法》没有适用"合理期限"的空间。① 对于明确约定,可以是书面或口头约定,也可以根据案情推定双方对交付货物的时间存在共同认识。至于承运人官方公布的船期是否构成交货期间的明确约定,法院通常认定,承运人官网发布的航线信息仅为对正常情况下船舶航行时间的预估,不构成对交付时间的承诺。根据航运实践,货物自起运到交付收货人手中存在诸多环节,整个过程除船舶航行外,还包

---

① 参见王淑梅主编:《海上货物运输合同纠纷案件裁判规则》,法律出版社2021年版,第71页。

括船舶靠港、卸货、办理通关手续、提箱还箱及送货等,不能将船期等同于交货时间。① 承运人对迟延交货承担责任的前提是存在过失,且无免责事由。赔偿责任既包括迟延交货造成货物本身的灭失损坏,也包括其他损失,如对下游客户的赔偿、支付额外费用等。该条还规定,承运人未能在该条第 1 款规定的时间届满 60 日内交付货物,有权对货物灭失提出赔偿请求的人可以认为货物已经灭失。2024 年《海商法(修订草案)》第 51 条规定,国内海上货物运输中,货物未能在合理期限内交付的,构成迟延交付。

其实,《海商法》仅规定明确约定交货日期才构成迟延交货的问题,造成实务中的很大困惑。毕竟明确约定交货日期的情况少而没有约定的情况多,在没有约定时,不论是认定迟延交货、超过 60 日推定灭失,还是认定时效期间的起算日期,都需要一个经推断的合理日期作为参照时点。实践中,对迟延交货的认定,在有明确约定时,法院严格按照该约定交货期间认定。而在没有明确约定时,法院要么推定一个交货期,要么以超过"合理时间"认定迟延交货,或者不认定迟延交货(此类判决占大多数)。在(2009)沪高民四(海)终字第 207 号案中,法院认为:虽然双方合同中没有明确约定交货时间,但是承运人作为 EAS 官方指定的负责海上运输的机构,应当很清楚明了展会的举办时间,并且明白在合理期间内将参展货物运达对托运人的重要意义,故而基于托运人、承运人在展会开始前必须交付货物为共同一致的认识,应推定双方对货物交付时间形成了明确的约定。承运人未能在合理期间(30 天左右)将货物运到,并且未提交有效证据证明迟延的原因,因而承运人对未能在展会开始前交付货物的行为存在过错,构成迟延交付,应对此承担责任。在(2016)浙民终 449 号案中,法院认为:托运人与承运人签订的合同虽未明确约定交付的时间,但承运人应在合理的时间内履行合同,交付货物。案涉货物运输时间长达 5 个月之久,远超承运人官网登载的运输时间。对此迟延,承运人未能作出合理的说明。承运人系因自身过失造成货物迟延交付,不符合《海商法》第 50 条的规定,其不能主张在运费范围内享受限制责任。(2018)沪 72 民初 4196 号案中,法院认为,构成迟延交付的前提是双方曾就交付时间进行了明确的约定,而在案报价单中并未对交付时间进行明确约定。原告虽主张其已在出口货物明细单中对货物到港时间作了明确要求,但该要求并未得到被告确认,不能据此认定双方就货物到港时间作出了约定。被告向原告发送的进口安全申报单中载明的均为 ETD(预计离港时间)及 ETA(预计到港时间),不能据此判断所运之货物的迟延与否,而仅能作为货物到港时间的参考。

因不合理绕航导致迟延交付,承运人应承担责任,但索赔人应对其经济损失的发生和金额的真实性承担举证责任,否则,即使承运人应对迟延交付承担赔偿责任,也难以得到法院支持。在经典案例(2013)沪高民四(海)终字第 24 号案中,法院认定:承运

---

① 参见宁波海事法院(2022)浙 72 民初 1290 号民事判决书。

人所属承运船舶因不合理绕航导致大大晚于通常时间到港,因没有证据显示案涉运输的承托双方就货物的到港交付时间有过明确约定,案涉货物晚于通常时间近100天到港不属于《海商法》第50条所规定的"迟延交付"。然而,被上诉人作为承运人,违反了《海商法》规定的承运人不得绕航的基本义务。上诉人主张因货物晚到港近100天而遭受了货物市价损失达人民币14140000元,其对该损失金额的真实合理性依法负有举证责任。法院认定,原告未能完成举证,驳回其请求。①

至于货物因迟延交付超过60天而推定灭失问题,在(2020)浙民终257号案中,马士基公司作为承运人签发同一提单下漏装的两个集装箱没有到港。法院根据《海商法》规定认定该两个集装箱货物视为灭失,承运人应对此承担赔偿责任。在(2012)粤高法民四终字第82、83号案中,二审法院认定案涉货物未抵达最终目的地,运输合同履行期限从双方约定在卡拉奇最晚交货时间至今已近3年,远远超过《海商法》第50条第4款的规定。在该案的诉讼中,承运人明确表示案涉货物的真实情况已无法得知,二审期间仍未能履行交付货物的义务。原审法院对案涉货物推定全损,判令承运人承担包括货物价款、运费在内的赔偿责任及其利息并无不当。

(四)承运人责任基础

民事责任的归责原则通常有过错责任、严格责任和过错推定责任。过错责任以行为人的主观过错作为确定责任的要件和责任范围的依据。若无过错,虽有损害发生,行为人仍不负责任;严格责任是指依照法律规定,无论行为人是否存在过错,都应承担责任,除非存在法定免责事由;推定过错责任是指行为人侵害他人民事权益,依据法律规定,推定行为人具有过错,如行为人不能证明自己没有过错,应承担责任。② 就国际运输承运人归责原则,还有不完全过错责任(如《海牙-维斯比规则》《海商法》等规定国际海运承运人航海过失免责和管船过失免责),而严格责任理论上有完全严格责任和不完全严格责任之分,前者不仅承运人的过错不得免责,不可抗力等情形也不能免责,而后者不可抗力等法定免责事由可以免责。

从《海商法》第二节规定的承运人责任看,其采用《海牙规则》的不完全过错责任制,即承运人对责任期间发生的货物灭失或损坏承担过错责任,但同时《海商法》第51条第1款第1项规定,承运人享受航海过失免责和管理船舶的过失免责。对运输期间发生的货物灭失或损坏及其范围,索赔人应负举证责任,而对免责事由,承运人应承担举证责任。在(2015)沪海法商初字第1849号案中,法院认为,庭审中原告明确陈述,要求三被告承担侵权连带责任。如认定三被告之行为构成侵权必须符合民事侵权

---

① 另参见上海市高级人民法院(2012)沪高民四(海)终字第92号民事判决书、浙江省高级人民法院(2016)浙民终499号民事判决书和(2006)浙民三终字第253号民事判决书。

② 参见王利明、杨立新、王轶等:《民法学》(第6版),法律出版社2020年版,第367页。

责任构成要件。我国相关法律对海上货物运输的侵权责任并未规定采用侵权行为法上的无过错归责原则，而是不完全的过错责任原则，也可以说是过错责任原则加列明的过失免责。承运人欲援引法律规定的免责事项，必须证明货物的损害系法定免责事由所致，承运人对此负举证责任。在经典案例（2012）沪海法商初字第1208号案中，法院认定船长在规避"梅花"台风时存在过失，导致船舶恰好进入台风的右半圆即危险半圆，未能避免货损发生。但法院认为虽然船长在避台决策上有过失，依据《海商法》第51条第1款第1项的规定，属于船长在驾驶或者管理船舶中的过失，依法亦可免责。

由于对承运人的管货过失造成货物灭失或损坏实行过错责任，如同时存在承运人管货过失和管船过失造成货物灭损的情形，承运人仅在管船过失范围内免责，对管货过失造成的损害，仍负赔偿责任。在经典案例（2014）沪高民四（海）终字第119号案中，法院认为：根据法律规定，除另有规定外，承运人对在其责任期间发生的货物灭失或损坏，负有赔偿责任。由于案涉货损系绑扎系固缺陷与船长在驾驶船舶中的过失共同导致，而根据法律规定，承运人对因船长在驾驶船舶中的过失发生的货物灭失或损坏不负赔偿责任，因此，承运人应对绑扎系固缺陷所致货损负有赔偿责任，而对船长驾驶船舶过失所致货损依法免责。

（五）承运人的免责事项

《海商法》第51条第1款参照《海牙规则》规定了12项承运人免责事由，可归纳为五大类：承运人过失（第1项、第2项），这也是不完全过失责任的体现，即船长、船员、引航员或者承运人的其他受雇人即使存在过失，承运人也可主张免责，但承运人本人存在过失，不能主张免责；托运人责任（第8项、第10项）；货物性质（第9项）；不可抗力（第3项至第7项、第11项）；其他原因（第12项）。承运人主张免责的前提是，应首先履行第47条至第49条规定的基本义务，并对造成货损系由免责事由所致承担举证责任。

关于承运人和货方索赔人的举证责任分配问题，最高人民法院在（2016）最高法民申1109号案中认为，在货物发生灭失、损坏或迟延交付时，货方只需证明货物灭失、损坏或迟延交付发生在承运人责任期间，而无须证明承运人有过错；承运人援引《海商法》第51条之规定进行免责抗辩时，如果货方证明承运人有过错，承运人不能免除赔偿责任。二审法院认为托运人如主张承运人承担责任，需举证证明承运人在货物运输期间未能尽到妥善而谨慎的管货义务，举证责任分配确有不当。在经典案例（2014）甬海法商初字第730号案中，法院从承运人按时委托船级社进行日常检验，船级社从未提示承运人该轮存在潜在缺陷，根据保养记录、航次的装载图和开航声明是否存在超载情形等方面，认定承运人对船舶进行了谨慎处理，使船舶处于适航状态。造成船舶断裂的原因属于经谨慎处理无法发现的潜在缺陷，承运人无需对因此造成的货损承担赔偿责任。在(2021)鲁72民初1900号案中,承运人抗辩称由于承运船舶遭遇西北风9级、浪高6~7米的极端恶劣天气,根据《海商法》第51条的规定应免除其赔偿责任。同时,承运人主张根据提单的记载,其对无法控制的海上灾难造成的货损免责。法院认为,提单中有关承运人免责的约定不能违背法律的规定。从事远洋运输的万吨级货轮抗台风能力都较高,案涉货物在装货港由船长签发了正本清洁提单,在承运人掌管货物的责任期间发生损坏,承运人依法应当承担相应的赔偿责任。尽管《海商法》第51条规定了承运人免责条款,但承运人并未提出有效证据证明9级风可以构成免除承运人货损赔偿责任的天灾、海上灾难或不可抗力。收货人在承运人未能按照提单记载的货物信息交付货物的情况下,有权依法向承运人进行索赔。

实务中,承运人以货物自然特性和固有缺陷主张免责的比较普遍。对此,承运人应对其免责主张承担举证责任。在(2020)最高法民申2103号案中,最高人民法院认为,根据《海商法》第46条和第51条的规定,无论案涉货物运输过程中未对船舱进行通风是否属于承运人的管货过失,其都应当对发生在其责任期间内的案涉货物损失负赔偿责任,除非其能证明存在法律规定的免责情形。《海商法》第51条第1款第9项规定的"货物的自然特性或者固有缺陷"应被理解为是货物本身所固有的、本质性的特性或者缺陷,反映在运输过程中,就是在同等运输条件下,该种货物发生损坏是必然且不可避免的,无论承运人采取了什么合理谨慎措施来防止货物损坏,货物都仍会损坏。该案中,承运人提交的证据,至多只能证明在本次运输中案涉货物损坏的偶然性,但不足以证明同类货物在同等运输条件下发生损坏的必然性,也不能证明存在法律规定的"货物的自然特性或者固有缺陷"。因此,原审判决对承运人关于案涉货损是由"货物的自然特性或者固有缺陷"所致的主张未予支持,适用法律并无不当。在(2020)最高法民申3365号案中,最高人民法院同样认为,所谓货物的自然特性或者固有缺陷,应被理解为是货物本身所固有的、本质性的特性或者缺陷,反映在运输过程中,就是在同等运输条件下,无论承运人采取了何种合理谨慎措施来防止货物损坏,货物都仍会损坏。如果承运人不足以证明同类货物在同等运输条件下发生损坏的必然性,也不能证明案涉货物存在法律规定的"货物的自然特性或者固有缺陷",则其主张以此事由免责不被支持。在(2018)沪72民初4163号案中,法院认为,该货物损失的直接原因是将货物固定于平板集装箱上的绑扎绳、拉紧带等固定装置断裂,而该绑扎装箱的行为系由托运人自行完成。此外,船舶在航行过程中遭遇恶劣天气也是造成该事故的原因之一。但无论是因托运人的原因还是诸如台风等恶劣天气的原因,承运人对案涉货物损坏均可以免除赔偿责任。原告提交的证据并不能证明案涉货损存在其他原因导致,也不能否定承运人免责事由的存在。因此,对两被告关于承运人免除赔偿责任的主张,依法予以支持。

关于火灾免责和举证责任分配,根据《海商法》第 51 条第 1 款第 2 项的规定,承运人因火灾造成货物灭损的,享有有条件过失免责,即如果索赔人不能证明货物灭损系因承运人本人过失所致,则承运人不负赔偿责任。在经典案例"财保浙江分公司与瀚航公司海上货物运输合同货物灭失代位求偿纠纷案"中,法院根据《海商法》第 51 条第 1 款第 2 项的规定认为,承运人对于其责任期间内因火灾事故发生的货物灭失或损坏免除赔偿责任的,不负举证责任,上诉人亦未提交证据证明案涉火灾事故系因承运人的过失造成,故根据该案事实不能认定承运人对于案涉火灾事故具有过失。同时,法院认为《海商法》第 51 条规定的"火灾事故"不仅指在海上运输过程中发生在船舶上的火灾事故,也包括在承运人责任期间内发生在陆上的火灾事故,即只要导致货物灭失或者损坏的火灾事故发生在承运人责任期间之内,不论该火灾事故发生在海上还是陆上,承运人均得免责。根据《海商法》第 46 条之规定,承运人对集装箱装运货物的责任期间从装货港接收货物时起至卸货港交付货物时止,货物处于承运人掌管之下的全部期间。根据该案事实,可以认定案涉火灾事故发生在承运人的责任期间之内。因此,承运人对在其责任期间因火灾而灭失的案涉货物,有权根据《海商法》第 51 条的规定免责。① 在(2021)鲁民终 1431 号案中,船舶装修期间发生了火灾,托运人主张光船承租人应对货损承担赔偿责任。法院根据该款规定认为,光船承租人不负赔偿责任,托运人主张光船承租人对火灾承担赔偿责任,应举证其存在过失。证据已排除光船承租人对火灾发生存在过错,托运人也没有证据证明光船承租人在灭火的过程中存在过失。遂驳回了托运人的诉讼请求。

对于政府或主管部门的行为导致不能交付货物能否免责,应根据不同情况认定。在经典案例(2016)浙民终 222 号案中,法院认定《海商法》第 51 条规定货损是由于"政府或者主管部门的行为、检疫限制或者司法扣押"等原因造成的,承运人不负赔偿责任。然而,该案货物在卸货港被拍卖行为发生在货物到港 8 个月之后,承运人有足够时间通知托运人自行处置货物,但承运人未能履行管货义务,其依据政府或主管部门的行为主张免责的理由不能成立。而在(2020)最高法民申 5517 号案中,最高人民法院认为,案涉货物系因执行巴西法院判决被无单放货,原审认定巴西法院判决应视为司法扣押行为,适用《海商法》第 51 条第 1 款第 5 项规定,判决承运人不承担赔偿责任,并无不当。② 2024 年《海商法(修订草案)》第 52 条对该条内容作了适当修改。

(六)对活动物和舱面货的责任

《海牙-维斯比规则》的货物不包括活动物(live cargo)和舱面货(deck cargo,又称

---

① 参见《中国人民财产保险股份有限公司浙江省分公司诉上海瀚航集运有限公司海上货物运输合同货物灭失代位求偿纠纷案》,载《中华人民共和国最高人民法院公报》2007 年第 10 期。
② 参见最高人民法院(2020)最高法民申 5517 号民事裁定书。

甲板货),《海商法》参照《汉堡规则》,规定包括这两种货物。在运输活动物时,因活动物具有的特殊风险,法律对承运人采取"无过错推定责任",只要承运人证明其已履行托运人有关运输活动物的特别要求,并证明根据实际情况活动物的损害或灭失是由于特殊风险造成的,承运人就可免除损失赔偿责任。在(1997)交提字第 3 号案中,定期租船合同约定,租船人对装船承运活海鳗的成活率负责,出租人不负责。最高人民法院认为,使用活水舱船舶运输活海产品成活率不高的风险和责任依据合同约定应当由租船人承担,出租人已经证明自己按照租船人的要求适当履行义务供氧、放冰,没有管货过错;在活海鳗装船前后,租船人没有提出运输活海鳗的其他特别要求。依据租船合同约定和《海商法》第 52 条的规定,出租人对活海鳗死亡不负责任。但承运人仍应履行适航、适货以及管货等其他义务,违反该等义务的,仍应承担责任。

与装于舱内的货物相比,舱面货更容易受航行途中的天气、风浪影响,导致货物锈蚀、破损,甚至浪击落海。因此,法律需对舱面货的特殊风险责任作出规制。根据《海商法》第 53 条的规定,承运人依协议、航运惯例和有关法律、行政法规,可以在舱面装载货物,且对因装于舱面的特殊风险造成的货物灭失或损害不负赔偿责任。对于协议的形式,一是运输合同明确约定将货物装于舱面;二是在提单上明确载明"on deck""on Deck at shipper's risk"或"舱面货装载"等字样表示货物装于舱面,托运人接受提单而不提出异议,视为其同意货装舱面;三是如承、托双方约定货物载于舱面须经托运人同意,承运人违反约定将货物装于舱面,即使提单上记载"on deck""on deck at shipper's risk"或"舱面货装载"等内容,或者能够证明已经履行了承运人的义务,不构成舱面货有效协议。至于舱面货的航运惯例,并无定论。普遍认为,某些危险品、集装箱、原木、风电叶片等类特殊货物装于舱面符合惯例,其他货物可能有争议。(2022)沪民终 146 号案中,法院认定托运人事先知晓并同意货物装载于甲板,因案涉货物为舱面货、货损原因系舱面货的特殊风险,承运人对案涉货损无需承担赔偿责任。(2005)津海法初字第 37 号案判决认为,承运人没有证据证明货物装于舱面已经得到托运人同意,将非集装箱货物装于舱面也不符合航运惯例。承运人应对发生于责任期间、不属于免责范围的货物损失承担赔偿责任。在(2005)沪海法商初字第 495 号案中,法院认为,承运人签发的提单载明 30 件货物载于甲板上,承运人不承担由此导致的损失和损坏。托运人接受了提单并且未对其中记载的甲板货免责条款提出任何异议,应视为双方就货物装载在甲板上达成了协议。案涉船舶在航行途中遭遇到恶劣海况和天气,风力 7 级,海涌达 6 米,船舶横摇达到 40 度,由于案涉检验报告并未认定甲板上的货物积载不当,该案中亦无其他证据证明甲板货落海系承运人管货不当所致,故对货物装载于甲板的特殊风险所造成的灭失或损坏,承运人可以不负赔偿责任。在(2019)最高法民申 2021 号案中,散货国际运输合同约定"对甲方(托运人)所有委托散货海运的货物,乙方(承运人)必须安排装入船舶舱内;如有特殊物件只能在舱面装载,必须经由甲方同意。"法院认为:该约定系合同双方真实意思表示,且符合《海商法》第 53 条的规定,承运人依约负有将货物装载于舱内的义务,若将货物装载于舱面需经托运人的同意。提单中货物描述栏记载的"On Deck"不足以证明托运人同意将案涉货物装载于舱面、双方对货载舱面达成一致意见。另外,如果载于舱面的货物灭失因不可免责事由所致,承运人不能根据《海商法》第 53 条规定主张免责。根据该条规定,不因构成合法舱面货免除承运人的其他义务,如适航、管货等义务。在(2017)鄂 72 民初 801 号案中,被告承运人提交的承运前船舶的适航、适货等证据并不能充分、有效地证明船舶存在经谨慎处理仍未发现的缺陷,且该缺陷直接导致了该案事故的发生。案涉提单项下的原木虽装载在船舶甲板上,但该原木的灭失系船舶沉没所致,并非舱面货特殊风险所致,承运人不应享有舱面货灭失免责的权利。对于舱面货的特殊风险和免责问题,如承运人不能证明货损系由舱面特殊风险所致,不能享受舱面货免责。(2010)沪高民四(海)终字第 203 号判决认为,尽管货装甲板比货装舱内有更大的风险,但由于航海技术的迅猛进步,"海上特殊风险"已经大大降低,而对承运人在管货义务上的要求必然更高,承运人应当在装载、绑扎、加固、防水、运输等环节尽到合理的谨慎之责。承运人主张"甲板货的特殊风险"免责,应证明货损事故确因甲板货的特殊风险所造成,且已尽到妥善管货的义务。该案中,相关证据表明货物绑扎不当,以及船员未在事故发生前对甲板货物的绑扎进行加固系案涉货损发生的主要原因,故承运人无权以"舱面货的特殊风险"为由主张免责。(2021)沪 72 民初 732 号案认为,托运人同意部分货物装载于舱面也不等同于承运人对舱面货的一切损失皆可免责。舱面货并不必然会翻入大海,在多式联运经营人未举证证明已根据球罐(球片)等货物的重量及特性妥善、谨慎地进行绑扎、固定,以及为应对海上风浪而采取加固、保护等措施的情况下,货物翻入大海而灭失并不属于货物装载于舱面的特殊风险所造成,其应对此承担责任。有时舱面货遭受损失,可能由舱面货特殊风险之外的原因造成,法院将根据致损原因认定责任,即舱面货特殊风险与货损之间存在因果关系,承运人免于承担责任。在(2018)沪 72 民初 4163 号案中,法院认为,货物损失的直接原因是将货物固定于平板集装箱上的绑扎绳、拉紧带等固定装置断裂,而该绑扎装箱的行为系由托运人自行完成。此外,船舶在航行过程中遭遇恶劣天气也是造成该次事故的原因之一。但无论是因托运人的原因还是诸如台风等恶劣天气的原因,承运人对案涉货物损坏均可以免除赔偿责任。原告提交的证据并不能证明案涉货损存在其他原因,也不能否定承运人免责事由的存在。因此,支持了两被告关于承运人免除赔偿责任的主张。

(七)承运人赔偿额的确定

《海商法》第 55 条第 1 款规定了承运人就货物灭失或损坏的赔偿,依照货物实际价值确定赔偿额的原则。货物灭失的,按实际价值赔偿。货物灭失不仅包括货物全损、推定全损、失踪等,还包括无单放货造成的损失;货物损坏的,如未修复按损坏前后实际价值差额计算,若已修复则按修复费用确定赔偿额。该条第 2 款对货物实际价值作出规定,即按照货物装船时的价值加保费和运费计算,也就是货物的 CIF 价。因为 CIF 价是装货港的价值,不包括货物到达目的港时市场波动带来的价值变化。其实,是对货方在货到目的港的期得利益未予保护,这对货方是不公平的。对此,有学者建议应修改《海商法》的该项规定,使之与国际公约相一致。《海牙-维斯比规则》和《鹿特丹规则》均规定,货物的实际价格按交易所价格;没有交易所价格的,按市场价格;没有交易所价格和市场价格的,按通常价格计算。这两个公约中的"commodity exchange price",应译为交易所价格,国内翻译为交易价格是不对的。① 2024 年《海商法(修订草案)》第 56 条增加了货物实际价值优先按照在交货地交付时的市场价格计算的规定。

实践中,常以 CIF 或 FOB 条款确定货物价值和承运人赔偿金额,通常会根据发票、报关单等记载内容确定装货港实际价值,而不按国内收购价确定实际价值。在(2022)浙 72 民初 1360 号案中,针对原告主张的各项索赔金额,法院对货物价值及其折算汇率、进口税金、C&F 术语下的保险费、场地查验费、滞箱费等作出评析,确定被告的赔偿金额,并支持了原告的利息主张。如买卖合同以 FOB 条件成交,索赔人应另行证明已支付保险费和运费的金额并提出主张,否则法院不予支持。在(2015)鲁民四终字第 80 号案中,法院根据《海商法》第 56 条认定,原告仅证明案涉三票提单项下货物装船时的价值,没有证明其已支付保险费和运费,也没有主张保险费和运费损失,故承运人赔偿额应为货物装船时的价值。在(2008)广海法初字第 389 号案中,法院认定,索赔人提供的销售确认书和发票证明案涉货物装船时的价值,还支付了案涉货物的运输费用,但没有主张保险费损失,货物价值损失的赔偿额应为货物装船时的价值加运费。在(2022)浙 72 民初 332 号案中,法院认为,案涉货物的实际价值应当以 FOB 方式成交的报关价值进行认定。托运人主张的报关费、内陆拖车费用等已包含在货物报关价值中,故对其该项主张不予支持。

司法实践中,为确定损失价值,常使用贬损率的方法计算,尤其是对大宗商品赔偿额的计算。经典案例(2013)民提字第 6 号案中,最高人民法院以货物受损前后的到岸价之差计算损失。其认为,因海运时间较长,货物价值易受市场波动影响,《海商法》第 55 条规定的货物实际价值的计算方法排除了市价损失,符合合同违约赔偿之因果关系原则和合理预见原则。具体而言,该案采用的贬值率计算公式为"目的港货物完好的市场价值减去受损货物的销售价值,再除以货物完好的市场价值"。此种计算方法较好地排除了市场价格波动对货损赔偿额的影响,完善了货损赔偿额的计算规则,有助于规范国际航运秩序,指导海事司法实践。此后,(2020)最高法民申 2103 号案、

---

① 参见司玉琢、张永坚、蒋跃川编著:《中国海商法注释》,北京大学出版社 2019 年版,对第 55 条的注释。

(2021)最高法民申 1976 号案、(2021)鲁 72 民初 1900 号案等均采用贬值率认定承运人应赔偿的货损金额。

承运人对大宗散装货物短少的责任承担,常为争议焦点。对此,《2021 年涉外审判会议纪要》第 56 条作出规定:

> 根据航运实践和航运惯例,大宗散装货物运输过程中,因自然损耗、装卸过程中的散落残漏以及水尺计重等的计量允差等原因,往往会造成合理范围内的货物短少。如果卸货后货物出现短少,承运人主张免责并举证证明该短少属于合理损耗、计量允差以及相关行业标准或惯例的,人民法院原则上应当予以支持,除非有证据证明承运人对货物短少有不能免责的过失;如果卸货后货物短少超出相关行业标准或惯例,承运人又不能举证区分合理因素与不合理因素各自造成的损失,请求人要求承运人承担全部货物短少赔偿责任的,人民法院原则上应当予以支持。

关于承运人无单放货给提单持有人造成的损失,通常包括货物损失和利息等。在(2001)沪海法商初字第 441 号案中,法院根据《海商法》第 55 条第 1 款和原《合同法》第 113 条第 1 款规定,认为被告承运人在目的港违约,未收回正本提单即向他人交付提单项下货物,致使该案单、货分离。原告提单持有人目前虽合法持有全套案涉货物正本提单,却已无法通过转让提单向他人交付提单项下货物,并据以收回提单项下货款,承运人应赔偿原告因此遭受的损失。经证明的损失包括案涉货物外销价,此款是原告在正常贸易情况下应取得的货款,也是案涉货物的实际价值;退税款是根据国家有关部门规定,原告在正常贸易情况下应取得的款项;案涉货物外销价和退税款按企业活期存款利率计算的利息,是正常贸易情况下原告应取得的法定孳息,属于该公司实际损失的组成部分。以上款项,均应由承运人赔偿。在(2023)津 72 民初 362 号案中,法院判定实际承运人和实际提货人对正本提单持有人因无单放货造成的损失承担连带赔偿责任,应赔偿其货物的实际价值以及自应交付之日至实际支付之日的利息。

货物的实际价值应根据货物销售合同约定的价格条款确定。如合同约定 CIF 条款但履行中买方尚有尾款需要支付,如仅支付 FOB 价尚余运费和保险费未付,仍应以合同约定 CIF 价格条款为依据确定货物实际价值。此情之下,虽然买方基于销售合同法律关系暂时未向卖方支付运费和保险费,但是这并未变更买卖双方合同约定的 CIF 价格条款,买方向卖方支付运费和保险费的义务并未消灭,而且卖方随时有权向买方主张支付运费和保险费。这属于买卖双方在货物销售合同下的债权债务问题,不能因此而改变和背离《海商法》关于按照货物 CIF 价值赔偿的规定。

(八) 承运人单位赔偿责任限制

承运人责任限制是国际海上(和航空等)运输法律的特有规定,旨在给予承运人特殊保护,以扶持行业发展。根据《海商法》第 56 条和第 57 条的规定,承运人单位赔偿责任限制采纳《海牙-维斯比规则》规定,对货物灭失和损坏采用双重标准,即每货运单位 666.67 个特别提款权或每公斤 2 个特别提款权,以高者为准。在(2020)沪 72 民初 388 号案中,提单记载案涉集装箱货物共 24 件,毛重 25950 公斤,法院认定,承运人对货物损坏的赔偿限额按高者即以毛重计算为 51900 计算单位,按判决作出之日的特别提款权对美元汇率(1 个特别提款权 = 1.429 美元)折合为 74165.10 美元。而案涉货物损失为 82920.34 美元,高于承运人享有的赔偿责任限额,故被告应在 74165.10 美元范围内承担赔偿责任。

对迟延交货的责任限制,《汉堡规则》规定对货物因迟延交付造成经济损失的赔偿限额,为该部分货物运费的 2.5 倍,但不超过合同运费总额。《海商法》参照《汉堡规则》,规定迟延交付造成经济损失的赔偿额为迟延交付货物的运费数额。货物的灭失或者损坏和迟延交付同时发生的,承运人的赔偿责任限额适用《海商法》第 56 条第 1 款规定的限额。在(2001)沪海法商初字第 466 号案中,法院认定被告承运人晚于约定到达时间将货物退运运抵,明显构成迟延交付,对此,在原告举证证明其损失实际发生时,承运人应承担退运货物因迟延交付而霉变、异品种混入和销售差价损失的赔偿责任。因原告在未进行品质检验前,便通知买方自行提取货物,致货物脱离承运人掌管期间的责任范围,无法证实退运运回的货物中存在霉变和异品种混入的事实,该项损失不能得到支持。承运人承担销售差价损失的赔偿责任以不超过退运运费数额为限。如果当事人就迟延交付货物约定赔偿额的,应按约定执行但约定的赔偿额不应超过法律规定的限额,超过部分不受保护。在(2018)最高法民申 3153 号案中,最高人民法院认定,案涉三个批次 7 台变压器主体均存在 10 天以上的运输迟延。承运人应按双方订立的《运保服务合同条款》第 5.1 条约定的违约金赔偿额上限,即全部运费的 10% 向托运人支付违约金,该数额未超出《海商法》第 57 条规定的赔偿限额,二审判决以该金额判令承运人赔偿延迟交货违约金并无不当。(2008)甬海法温商初字第 8 号案判决认为,被告迟延交付货物构成违约,原告主张迟延交付货物的违约金有理,但该违约金约定按双倍运费计算,不符合《海商法》第 57 条有关承运人对迟延交付货物的赔偿限额的规定,被告要求减少计算的请求合法有据,予以采纳。

根据《海商法》第 58 条的规定,就海上货物运输合同所涉及的货物灭失、损坏或者迟延交付对承运人提起的任何诉讼,本章关于承运人的抗辩理由和限制赔偿责任的规定适用于合同之诉和非合同之诉,即不论索赔人请求权基础是违约还是侵权,承运人均可据此抗辩。而且,如果诉讼是对承运人的受雇人或者代理人提起的,那么经承运人的受雇人或者代理人证明,其行为是在受雇或者受委托的范围之内的,适用承运人的抗辩理由和限制赔偿责任的规定。这就是参照《海牙-维斯比规则》《汉堡规则》,基于"喜马拉雅条款"作出的规定。

(九)单位赔偿责任限制的丧失

承运人对货物灭失或损坏的责任限制,是其享有的法定权利。但在法定情形下,承运人亦会丧失该项权利。《海商法》第59条对承运人丧失责任限制的情形作出规定:

> 经证明,货物的灭失、损坏或者迟延交付是由于承运人或其受雇人、代理人的故意或者明知可能造成损失而轻率地作为或者不作为造成的,承运人的受雇人或者代理人不得援用本法第五十六条或者第五十七条限制赔偿责任的规定。

据此,索赔人应承担举证责任,证明承运人或其受雇人、代理人存在"故意或者明知可能造成损失而轻率地作为或者不作为",且与"货物的灭失、损坏或者迟延交付"有因果关系。何谓"故意或者明知可能造成损失而轻率地作为或者不作为"?并无明确定义,应从主观和客观方面考察,是否存在故意或明知其行为将会造成货损或迟延交付,因过于自信或疏忽大意而轻率地作为或不作为。在(2020)粤民终43号案中,法院认为:原告没有证明存在《海商法》第59条规定的丧失单位责任限制的情况,故被告承运人有权按照《海商法》第56条的规定享受单位赔偿责任限制。(2021)浙72民初371号判决认为,双方没有明确约定交货期间,承运人应在合理期间内交货。但案涉货物到港时间超过预计到港时间5个月,明显超出了合理的交货期间,已构成迟延交付,承运人应承担赔偿责任。承运人未及时解决案涉货物因二程船经营商面临倒闭造成货柜长期积压造成的延迟交付,在承运货物过程中存在轻率地不作为的行为,故不得适用赔偿责任限制。

需要注意的是,责任限制规定仅适用于法律规定的承运人责任期间,超出法定期间发生的货物灭失、损坏或迟延交付,不适用责任限制。最高人民法院在(2015)民提字第225号案中认为:根据《海商法》第56条的规定,集装箱货物运输的承运人对其责任期间内发生的货物灭失或者损坏可以主张单位责任限制。《海商法》第46条则对承运人可以主张单位责任限制的责任期间作出了规定,即必须同时满足从装货港接收货物时起至卸货港交付货物时止和承运人掌控货物两个条件。运输合同当事人可以通过运输合同约定或者以实际履行的方式扩大承运人掌控货物的责任期间,但是对于超出《海商法》第46条规定的法定责任期间的运输,承运人不能援引《海商法》第56条的规定主张责任限制。该案中,案涉提单约定运输区段为CY-CY,但是承运人在实际履行过程中,并未在目的港堆场完成交付,而是将交付地点进行了延伸。案涉货物系在离开港区之外运往货运站进行汽车运输的途中发生货损,虽然仍属于承运人掌控货物期间,但是已经超出了《海商法》第46条规定的"港至港"的运输区段,承运人不能依据第56条的规定主张单位责任限制。

索赔人对货物重量和件数应负举证责任,通常可以根据提单记载、报关单、检验报告等证据予以证明。在(2009)粤高法民四终字第430号案中,法院根据第56条规定认定:在核定承运人的赔偿限额时,首先必须明确货物的件数、其他货运单位数和毛重,否则无法确定具体计算方式,从而得出具体赔偿限额。原告未举证证明案涉货物的件数、其他货运单位数及毛重,故案涉货物赔偿限额的计算方式无法确定,遂根据民事诉讼法关于举证责任的有关规定判决原告承担不利后果。在(2010)沪高民四(海)终字第120号案中,托运人委托承运人运输的为未装载货物的冷冻集装箱空箱。法院认为,该空箱不属于装运器具,故计算承运人责任限额的方法应当以按件或按重量两者赔偿限额较高的为准,且计算承运人赔偿限额时是以美元计算,并未折算成人民币。原判按单个集装箱的重量即4660公斤与2之积计算为9320个计算单位(特别提款权)并根据法律规定计算出承运人赔偿限额的金额正确。

(十)承运人与实际承运人的责任承担

承运人接受托运人委托后,常将全部或部分运输委托给他人完成,这就出现两种承运人,即与托运人订立运输合同的承运人和实际履行运输的实际承运人。《海商法》借鉴《汉堡规则》的规定,在第60条至第65条规定了实际承运人的概念、承运人与实际承运人的责任承担等。在责任承担方面,以第60条第1款规定的承运人对全部运输负责为原则,以第2款规定的由合同指定的实际承运人负责以及第63条规定的二者负连带责任为例外。实务中,实际承运人可能以多种形式出现,常从以下特征识别其身份:首先,实际承运人不与托运人订立运输合同,是承运人以外的履行全部或部分货物运输的人,其与托运人没有运输合同关系。其次,承运人必须与实际承运人之间有委托关系,包括转委托关系。现实中承运人与实际承运人之间签订单纯的委托代理合同的情况极为少见,更多的情况是双方签订租船合同、运输合同或签发转船提单等情形(对是否构成委托关系,学界有不同认识)。最后,实际承运人必须实际从事货物的全部或部分运输。在租船合同下的全程运输中,可能存在船舶多层转租,就可能存在几个实际承运人,而对每一具体的运输区段而言,需承担责任的实际承运人只能有一个,即实际从事运输的人。因此,实际承运人只需根据承运人的指示放货,且仅凭自己签发的正本提单放货。如果实际承运人按承运人所签提单和指示放货给托运人造成损失,则无需对托运人承担连带赔偿责任。在(2000)交提字第6号案中,最高人民法院认定:原告据以起诉的提单,是案涉船舶的期租船人的代理人所签发,提单亦是期租船人的提单,提单上明确显示承运人为该期租船人。因此依照海商法的规定,船舶所有人与期租船人(承运人)之间订有期租合同,并实际履行运输,应为实际承运人。根据租船合同约定,船舶运营事宜船方听从租船人指挥。原告凭此提单诉船舶所有人无单放货,法律依据不充分。遂改判驳回原告诉讼请求。

但如果实际承运人签发自己的提单,并在未收回提单时按照承运人指示放货,则应对提单持有人承担责任。在(2002)沪高民四(海)终字第 110 号案中,法院认为,达飞公司向博联公司签发的提单已构成其接受承运人委托,从事案涉货物运输的初步证据。达飞公司尚未证实关于其系案涉船舶承租人的主张。即使该主张成立,其以自己名义对外接受承运人委托并签发提单、利用自己租赁或经营的船舶从事运输活动并负责交货,该行为亦符合《海商法》第 42 条第 1 款第 2 项规定的"实际承运人"之特征。根据《海商法》第 61 条的规定,在海上货物运输合同的履行范围之内,《海商法》对承运人责任的规定,也适用于实际承运人。因此,达飞公司应就其控制、运输案涉货物等范围内造成的损失承担承运人之法定责任。① 在(2013)民提字第 7 号案中,法院认为:原告森福公司委托锦江公司代理进口货物,为实际进口商。锦江公司经背书受让了案涉提单,是提单的合法持有人。在运输货物发生货损后,锦江公司向森福公司披露了承运人,森福公司依据原《合同法》第 403 条的规定,向承运人主张货损,于法有据。该案的承运人为德宝公司,实际承运人为哈池曼公司,依照《海商法》第 60 条第 1 款的规定,对实际承运人承担的运输,承运人应当对实际承运人的行为负责。故认定二审法院判决森福公司就该案货损有权要求承运人德宝公司及实际承运人哈池曼公司连带赔偿并无不当。② 在(2016)沪民终 37 号案中,法院认为:韩国韩松公司接受托运人 MDI 委托,并就此签发了已装船清洁提单,为案涉运输承运人。MCC 公司接受承运人韩松公司委托负责案涉海运区段运输,签发了已装船清洁海运提单,同时也确认其与运输船舶船东存在舱位互换协议,故可以推定其系案涉运输实际承运人。案涉货损发生在海运区段,在无其他约定的情况下,韩国韩松公司作为承运人,对于委托实际承运人运输中发生的货损须依法承担赔偿责任,而 MCC 公司作为提单证明的海上货物运输合同的实际承运人,对于发生在其责任期间内的货物损失依法也应承担赔偿责任。根据《海商法》第 63 条的规定,韩国韩松公司和 MCC 公司应对海上运输中发生货物损失承担连带赔偿责任。

四、托运人的义务

《海商法》第 42 条参照《汉堡规则》把托运人定义为两类,简而言之,一是与承运人

---

① 另参见厦门海事法院(2007)厦海法商初字第 390 号民事判决书、上海市高级人民法院(2008)沪民终 63 号民事判决书。
② 参见最高人民法院(2013)民提字第 7 号民事判决书。

订立运输合同的人,二是将货物交给与海上运输合同有关的承运人的人。2012年最高人民法院《关于审理海上货运代理纠纷案件若干问题的规定》(以下简称《审理海上货代案件规定》)与《鹿特丹规则》单证托运人的规定相呼应,将前者称为契约托运人(又称订舱托运人,2024年修订草案删除了"契约"),后者称为实际托运人(又称交货托运人)。在CIF和CFR术语下,卖方与承运人订立运输合同,并将货物交给承运人运输,兼具两种身份。FOB术语下,买方与承运人订立运输合同,为契约托运人。卖方将货物交给承运人,为实际托运人。即使卖方不被记载为提单托运人,也不影响其实际托运人的地位,因此《海商法》下的实际托运人与《鹿特丹规则》下的单证托运人均为FOB卖方,但二者的法律地位并不完全相同。2024年《海商法(修订草案)》第67条增加了托运人向承运人交付货物的规定;增加了第73条关于托运人、实际托运人与承运人、实际承运人权利义务关系的规定。

根据《海商法》第四章第三节的规定,托运人的责任主要包括妥善包装、如实申报货物确保信息正确、货运单证手续齐备、危险品通知和运费支付等。

(一)妥善包装和如实申报货物

根据《海商法》第66条的规定,托运人应妥善包装,并如实申报货物,包括货物品名、标志、包装数量或者件数、重量或者体积等,确保货物信息正确性。否则给承运人造成损失的,应负赔偿责任。包装应指运输包装,托运人应按照约定或有关部门规定的标准,或者按照能够承受既定运输路线和方式的风险的标准进行包装。托运人应对货物的品名、特性、件数等如实申报,由承运人决定是否承运,并采取适当方式履行管货义务。在(2015)武海法商字第00282号案中,日本托运人向承运人托运废旧五金时,未发现其中夹杂锂电池,导致承运船舶发生火灾。法院认为,托运人没有准确识别案涉货物构成情况,没有尽到向承运人准确告知货物状况的义务,存在明显过失,应该承担案涉火灾造成船舶损失的赔偿责任。该条同时规定,尽管承运人可以就托运人过错造成的损失向托运人索赔,但其根据提单记载向收货人或提单持有人等第三人赔偿的责任不受影响。

(二)危险品申报是托运人的绝对义务

根据《海商法》第68条的规定,除妥善包装、正确申报外,托运人还应就危险品的正式名称、性质和预防措施等通知承运人。对未经通知或通知有误的,承运人可以在任何时间、任何地点将货物卸下、销毁或使之不能为害。而对于已同意装运的危险品,在发现对船舶、人员或其他货物构成实际危险时,承运人才有权做"无害"处理。两种情况下,承运人均不负赔偿责任。在(2021)沪民终419号案中,船舶所载集装箱货物发生火灾,经目的地马尼拉港消防局出具的调查报告,认定某个集装箱是火灾期间的爆炸源。法院认为,托运人未对托运货物如实申报,货物在运输途中因自燃引发爆炸,由此对船舶、集装箱货物等造成的损失,理应向承运人承担赔偿责任。在(2019)最高法民申 3708 号案中,H 货代公司委托 Y 公司向马士基天津公司订舱出运案涉电动车,经 Y 公司询问案涉货物是否包含电池并提醒进行危险品申报,H 货代公司仍称案涉货物没有电池。法院认定,H 货代公司作为国际货代公司,应当依照《海商法》第 66 条和第 68 条的规定,负有正确申报和危险品托运的通知义务,其没有如实告知货物的实际情况,违反了危险品申报义务,导致 Y 公司被承运人收取违约金。Y 公司在处理 H 货代公司委托事务时,因不可归责于自己的事由受到损失,有权向 H 货代公司要求赔偿损失。在经典案例(2010)沪高民四(海)终字第 18 号案中,法院认为,若承运人已经了解到货物的危险性质,并已同意装运,则承运人因运输此类货物而受到的损害依法不应要求托运人负责。除非,承运人能举证罐式集装箱的损坏是由于托运人的其他过失引起的。该案系由承运人提供罐式集装箱供托运人装载危险货物,故而,托运人将拟托运货物的品名、状态、危险货物联合国编号和等级等信息告知承运人,承运人据此进行报关并提供了合适装运的罐式集装箱时,即应当推定其已然知晓运输该危险货物所需要采取的预防措施。案涉货物系同期运输的第三批货物,而前两批货物已安全运抵目的地,从这点也可以印证承运人对于货物的危险性质是事先知晓的。因此,认定托运人不存在未尽书面通知预防措施的法定或约定义务的情形。

(三)备妥单证和履行所需手续的义务

托运人办理出口货物的运输,需要各种单证和手续,如海关、商检、检疫等所要求的单证和手续,托运人应办理相关手续,并将所需单证送交承运人。因履行此项义务不及时造成承运人损害的,托运人需承担赔偿责任。在(2010)闽民终字第 379 号案中,法院根据《海商法》第 67 条的规定认定,案涉货物正是因涉嫌危险品而在中转港被船东拒绝转运而滞留,在承运人发《通知函》告知原因及情况后,上诉人仍未能提供中国海关官方出具的证明此票货物非危险品的正本文件。上诉人作为托运人未办妥货物运输所需要的手续,是造成货物涉嫌危险品而被拒绝转运至目的港之后果的直接原因,根据《海商法》第 51 条第 1 款第 8 项的规定,承运人对此造成的损失不负赔偿责任。在(2016)沪民终 131 号案中,案涉运输为包含海上运输的多式联运"门到门"运输。买卖合同的贸易术语为 DDP。法院认定,进口清关手续应由买卖合同项下的卖方,运输合同项下的托运人负责。现因托运人未能及时协调好进口清关手续办理,致使货物清关延迟,产生集装箱超期使用费,托运人应当赔偿承运人损失。在(2015)辽民三终字第 31 号案中,法院依《海商法》第 67 条的规定认定,承运人向实际承运人订舱运输案涉货物,因海关处罚造成超期使用集装箱而向实际承运人支付的滞箱费,属于因托运人办理海关手续不正确而给承运人造成的损害,对此,承运人有权向托运人追偿。

(四)支付运费的义务

运费是承运人完成运输并交付货物后应获取的报酬或对价。而向承运人支付运费是托运人的基本义务。《海商法》第69条规定：

> 托运人应当按照约定向承运人支付运费。托运人与承运人可以约定运费由收货人支付；但是，此项约定应当在运输单证中载明。

通常，CIF和CFR术语下，卖方为托运人，运费由卖方支付，承运人签发"运费预(已)付"(freight prepaid)提单。FOB术语下，买方为托运人，运费由买方支付，承运人签发"运费到付"(freight collect)提单。租船合同下，由租船人支付运费，通常在提单上记载"运费依照租船合同支付"(freight payable as per charterparty)。

1."运费到付"提单付费主体。由于销售合同价格条款和海上运输的复杂性，常涉及契约托运人和实际托运人、境内外货运代理人、租船人等多方当事人，承运人向适格的付费义务主体主张运费和其他费用，显得十分重要。从中国司法实践看，法院确认运费义务主体仍以与承运人订立运输合同的人为原则。CIF和CFR术语下，卖方支付运费自无问题。在FOB术语下，对于支付运费的义务主体，实务中颇有争议。承运人签发运费到付提单，货到目的地后收货人应于提货前支付运费。但如无人提货，海运费由谁支付有不同观点。

在(2007)沪高民四(海)终字第75号请示中，买卖合同成交方式为FOB上海，承运人签发8份运费到付提单。后货物运抵目的港后无人清关提货并支付运费。双方对于谁应支付上海至波多黎各的运费产生争议。该案涉及两个问题，一是托运人和承运人在约定"运费到付"的情况下，如果无人提货或收货人拒绝提货，则承运人是否有权向卖方(托运人)主张运费？二是如果承运人有权向卖方主张运费，是否应当先行在目的港行使对货物的留置权？一审法院认为，案涉货物运输合同(订舱单)由原、被告双方共同订立，约定运费到付并记载于提单，该约定符合《海商法》的有关规定，系双方当事人的真实意思表示，对其均具有约束力，也构成承运人据以先行向记名收货人收取运费的基本保证，除非该记名收货人并不存在。而该案中，该记名收货人是存在的。收货人未提货，并不能免除其向承运人支付运费的义务。因此，承运人应当按照提单记载向收货人主张运费，运费到付是其自愿接受和自担风险的运费收取方式，在未先行向收货人收取运费的情况下，直接向作为托运人的卖方收取合同约定的到付运费缺乏法律依据。

二审中出现不同意见，少数意见认为应维持原判，理由是：首先，《海商法》规定当事人可以约定运费由收货人支付，这一约定应对当事人具有约束力，当事人不能随意更改该约定；运费到付的约定是托运人和承运人之间共同约定的一种有风险的运费收取方式，完全不同于起运港收取运费的情形，故无法收取运费是承运人自愿承担的商业风险,如果在无人提货或收货人拒绝提货并拒付运费的情况下,承运人仍然有权向托运人收取运费,将使运费到付与起运港收取运费这两种运费收取方式毫无区别,减轻了承运人所自愿承担的商业风险,违背了合同目的,对托运人是不公平的。其次,即使承运人有权向托运人收取运费,也应当先行在目的港行使对货物的留置权,在未能完全清偿的情况下才能就余额向托运人进行主张。因为运费到付这一约定的救济措施是留置权,而留置权又是法定的,《海商法》的相关规定应看作是承运人必须先行行使的权利。而多数意见(倾向性意见)认为应予改判,理由是:首先,虽然《海商法》规定承运人和托运人可以约定由收货人支付运费,但支付运费义务是托运人的主要合同义务,是其在海上货物运输合同中所支付的对价,未经合同另一方当事人的明示同意是不能擅自转移的,虽然承运人同意运费可由收货人支付,但并没有同意在收货人未付款的情况下不再向托运人主张运费,故有关运费由收货人支付的约定应属原《合同法》中合同债务由第三人履行的情形,则在第三人即收货人未付款的情况下,债务人仍应履行付款义务。另外,有关运费如何支付的问题实际上是托运人(一般是卖方)和收货人(一般是买方)之间的有关货物交付成本的约定,只是通过海上货物运输合同加以表现而已,不能将实质上属买卖合同当事人有关货物交付成本的约定转嫁到运输合同的当事人,否则对承运人是不公平的。其次,《海商法》第87条和第88条所设定的承运人的留置权,属于对海上货物运输合同主债权的一种担保物权,根据担保法的一般法理,债权人即承运人所享有的留置权属于其权利,其可以行使,也可以放弃,从《海商法》和《担保法》相关条文中均找不到承运人必须先行行使留置权的规定。同时,根据海上货物运输的实践,承运人如欲行使留置权,难度往往相当大,很多情况下行使留置权所得的金额根本不够弥补海关费用,所以承运人往往不愿意在目的港行使留置权,故强调承运人应先行行使留置权是不现实的。

经二审法院请示,最高人民法院在复函中同意该倾向性意见,并认为,承运人要求托运人支付运费的诉讼请求应予支持。理由是:第一,托运人与承运人约定由收货人支付运费,属于当事人约定由第三人向债权人履行债务的情形。当目的港无人提货或者收货人拒绝提货时,应当视为第三人不履行债务。根据《合同法》第 65 条的规定,收货人未支付运费的,托运人应当履行支付的义务,对承运人向托运人主张运费的请求应予支持。第二,根据《海商法》第 87 条的规定,应当向承运人支付的运费没有付清,又没有提供适当担保的,承运人可以在合理的限度内留置其货物,但并无法律规定承运人向托运人主张运费权利前必须先行行使货物留置权。[①] (2015)粤高法民四终字

[①] 参见最高人民法院《关于青岛思锐国际物流有限公司与无锡富通摩托车有限公司海上货物运输合同欠付运费纠纷一案的请示的答复》。另参见前文上海市高级人民法院(2020)沪民终 496 号民事判决书。

第 129 号案中，法院以同样理由判决，在承运人签发"运费到付"提单而货到目的地无人提货时，持有人有权不行使留置权，转而根据《合同法》第 65 条的规定向托运人主张运费及相应利息。

也有案例判决在提单记载运费到付的情况下，若承运人在放货环节存在过失，法院不支持其再向托运人主张运费。在（2018）沪民终 524 号案中，法院认为，托运人与承运人约定运费到付并在提单运费条款中加以载明，对承、托双方均具有拘束力。该项约定属于当事人约定由第三人向债权人履行债务的情形，当目的港无人提货或者收货人拒绝提货时，应当视为第三人不履行债务，承运人可以根据相关法律规定向托运人主张运费。在此情形下，收货人可以通过放弃收货而不履行支付到付运费的义务，承运人主张第三人不履行债务，应当证明客观上无法通过向收货人交付货物而实现收取运费的权利。该案中，承运人明知其与托运人之间存在运费到付的约定，且实际控制案涉货物在目的港的放货，在未向收货人收妥运费的情况下交付了货物，系对其运费收取风险的自愿承担，不应转而要求托运人支付运费。

《2021 年涉外审判会议纪要》第 61 条就目的港无人提货的费用承担问题规定，确认了上述裁判规则：

> 提单持有人在目的港没有向承运人主张提货或者行使其他权利的，因无人提取货物而产生的费用和风险由托运人承担。承运人依据运输合同关系向托运人主张运费、堆存费、集装箱超期使用费或者其他因无人提取货物而产生费用的，人民法院应予支持。

2. 贸易术语变更后的付费主体。INCOTERMS 贸易术语固然可以作为运费支付的依据，但如果实际履行中出现对贸易术语的修改，则法院会依据运输合同法律关系确定付费义务人。在（2017）粤民终 822 号案中，买卖合同采用 EXW 贸易术语，被告卖方认为应由买方承担运输费用。法院认为，采用何种贸易术语表明的是货物贸易当事人之间的法律关系，并不必然决定运输合同项下的权利义务，作为贸易合同第三方的运输承运人亦无须受该贸易术语的拘束。被告向原告承运人订舱出运案涉货物，接受提单、全程跟进案涉货物的运输，在订舱过程中确认自己为 shipper（托运人），应为案涉货物的托运人。案涉订舱单约定运费到付，同时注明"运费选择到付的，则订舱方并不就此免除支付运费的责任，除非订舱方证明收货人已经支付运费"。该案已查明，案涉货物运抵目的港收货人未向承运人交付运费。根据《海商法》第 69 条"托运人应当按照约定向承运人支付运费"的规定以及订舱单的约定，被告作为案涉货物运输的订舱方及托运人，有义务向承运人付运费。

3. "指定货"运输时的付费主体。在 FOB 术语下，在买方直接订舱或租船的情况下，由买方而非卖方直接向承运人或出租人支付运费。但因买方对出口国起运港、航班或租船市场不了解，需委托货代公司办理运输事宜。在境内外货代公司介入下，常以 FOB 出口指定货运输（routing order）交易模式完成。基于 FOB 条款的规定，以及境内外货代公司的互为代理合作协议（mutual agency agreement）的约定，买方委托当地货代公司安排运输，进口地货代公司委托出口地货代公司（通常非卖方货代）安排订舱运输、接货业务。出口地货代公司作为契约承运人，向卖方签发运费到付提单（分提单 house B/L），卖方以收取货款为对价将分提单转让至买方。同时出口地货代公司向实际承运人托运货物、预付运费并取得主提单（master B/L）。该主提单送交进口地货代公司。货到目的地，买方向当地货代公司支付分提单下的到付运费以换取主提单，而后持主提单向实际承运人提取货物（或者进口地货代公司提前用主提单提取货物储存，待买方提取并收取仓储费、服务费等）。而后，进口地货代公司向出口地货代公司偿还预付给实际承运人的海运费和其他费用，以及利润分成。如买方不提取货物、不支付运费，则货代公司就面临货物运到而无法收到运费的风险。这种情况下，进口地货代公司会依据分提单规定在当地行使留置权以实现债权，并解决与出口地货代公司的债权债务。出口地货代公司通常不直接向 FOB 卖方主张运费。但是，也不乏此类案例。

在（2020）沪民终 496 号案中，出口合同约定以 FOB 条款，美国买方委托目的港洛杉矶货代公司安排运输，洛杉矶货代公司再委托中国货代公司安排"门到门"运输，包括向船公司订舱和提货、送货等环节，为典型的指定货运输。中国货代公司签发"运费预付"提单，主张中国卖方系案涉运输合同契约托运人，应支付海运费。一审法院认为，中国卖方备货、通知并向中国货代公司交货等行为，符合国际贸易合同履约，以及货运业务操作的行业惯例，仅凭卖方的通知和交货行为不足以认定其系海上货物运输合同的契约托运人。美国买方不仅有委托中国货代公司进行订舱安排货物出运的意思表示，而且双方协商了案涉货物门至门运输（包括海运区段）的多式联运合同的具体事宜及相应费用，对海运区段海运费金额以及运费的支付期限进行了相应约定。依据《海商法》第 42 条第 3 项的规定，可认定美国买方系与中国货代公司订立海上货物运输合同的契约托运人。中国卖方将案涉货物交付给作为承运人的中国货代公司进行运输，并承担了起运港工厂仓库至港口相关货运事宜的包干费，符合贸易术语 FOB 项下卖方的行为特征，故其应被认定为交货托运人。关于在"运费预付"提单下，承运人放货风险承担问题，一审法院认定，"运费预付"的提单记载是运输合同当事人约定托运人应在货物装船出运前向承运人支付运费的初步证明，承运人有权放弃时间利益，如有证据表明当事人之间运输合同对该记载事项有不同约定的，应依据当事人之间运输合同的约定。中国货代公司和中国卖方从未有海运费方面的约定。相反，契约托运人美国买方公司与中国货代公司协商了案涉货物门至门运输（包括海运区段）的多式联运合同的相应费用及支付期限，故依据《海商法》第 69 条第 1 款的规定，应当按照约定向承运人支付海运费的系契约托运人美国买方。此外,在该案中,美国买方公司不仅为运输合同项下的契约托运人,同时亦为目的港案涉货物的收货人。货抵目的港,就海上运输区段而言,中国货代公司已完成海上货物运输的合同义务,作为承运人的中国货代公司实际控制案涉货物在目的港的交付,其同美国买方约定的海运费等费用支付期限晚于货物交付时间,视为对其海运费收取风险的自愿承担。货物交付后因其自身的商业风险转而向未同其约定过海运费、自始未有海运费支付义务的交货托运人中国卖方主张海运费缺乏相应的法律依据。

二审法院根据《海商法》第 71 条的规定进一步认为,提单仅是海上货物运输合同的证明,并非运输合同本身,如有证据可以证明运输合同的实际内容与提单不符,运输合同当事人仍应遵守运输合同的相关约定。中国卖方了解合同细节并不意味着其参与了合同的订立,成为了合同的一方当事人。二审法院维持了一审判决。

中国卖方对中国货代公司要求支付运费的主张提出拒绝,是符合法律规定和商业惯例的。在指定货运输模式下,中国货代公司向中国卖方签发"运费到付"提单,向实际承运人订舱、预付运费,目的就是解决 FOB 合同下卖方不付运费而实际承运人要求预付运费的难题。中国货代公司作为海运段订舱人和托运人,理应根据海运提单(master B/L)运费预付的要求承担海运费支付义务,然后向境外买方收取包括海运费在内的全程运费和其他费用。中国货代公司即使签发运费预付提单,在不能顺利从境外买方或其货代公司收取运费,也无法行使留置权时,错误地转向中国卖方主张运费,其做法不可取。因此,中国货代企业避免风险的正确做法是,与规模大、信誉好的境外货运代理公司合作,并积极向境外买方主张权利。[①] 实务中一般认为,《海商法》规定两种托运人的立法本意是保障 FOB 卖方取得提单,并在结汇前保留对货物的控制权,而不是让交货托运人对承运人承担契约托运人的责任。契约托运人才是海上货物运输合同的相对方,享有合同项下完整的权利并承担相对应的义务,而交货托运人是特殊托运人,只有在满足特定条件下才能依法取得运输合同下的托运人主体地位。[②]

4. 多重租船合同下的付费主体。在司法实践中,涉及运费纠纷时,因存在船舶的多层定期和航次转租、提单记载的运费事项以及租船合同并入提单条款的约定等,往往需要同时识别收取运费权利主体(承运人)和支付运费义务主体。普通法下,如果同时存在定期租船合同和航次租船合同,且有租船合同并入提单条款,处理运费条款的合同不大可能是期租合同,因为其仅对租金(hire)作出规定,而不涉及运费(freight)。在极端情况下,如果提单合同当事方不能就哪一份租船合同达成一致,法院可能会裁

[①] 另参见《湖州市汇泰制衣有限公司与大连华迅国际空运有限公司宁波分公司航空货物运输运费纠纷再审案》,载《中华人民共和国最高人民法院公报》1998 年第 3 期。该案虽为航空运输指定货运输运费纠纷,但与本案有共同之处。

[②] 参见王淑梅主编:《海上货物运输合同纠纷案件裁判规则》,法律出版社 2021 年版,第 32 页。

决两份租船合同均不适用。①

在经典案例(2016)最高法民申530号案中,最高人民法院对运费权利和义务主体的识别、提单并入条款的效力以及承运人拒绝卸货的权利等问题作出认定。买方翔龙公司以CNFFO价格条件向PT公司购买5万公吨镍矿。承运船舶"金源"轮所有人为金源海运公司,加时公司定期出租给北方航运公司、北方航运公司航次出租给蓝洋公司,蓝洋公司再航次出租给卖方PT公司。案涉镍矿在印尼港口装上"金源"轮后,该轮船务代理人代表船长签发了提单,提单载明托运人为PT公司,但未载明承运人名称。关于谁是承运人,最高人民法院根据《海商法》第42条第1项规定认为,由于案涉提单并没有体现承运人的名义,识别提单所证明的运输合同项下的承运人,需要重点考察船长签发提单的权利来源(其究竟是出于谁的指示或者授权而签发提单)。

《海商法》第72条第2款规定,提单可以由承运人授权的人签发。提单由载货船舶的船长签发的,视为代表承运人签发。该条规定在规范功能上是关于提单签发方式的规定,而不是关于识别承运人的规定。尽管该款的规定对识别承运人具有间接参考作用,但识别国际海上货物运输承运人的首要法律依据仍是该法第42条第1项关于承运人的定义。《海商法》第72条第2款的立法主旨是原则性否定将有关船长签发提单视为代表船舶所有人签发的立场,其所针对的典型情形主要是定期租船经营方式下提单的签发。定期租船合同通常约定由承租人负责揽货经营货运业务并签订运输合同,出租人(船舶所有人或者光船承租人等)负责船舶安全航行而不负责与货方签订运输合同,相应地出租人同意承租人签发提单,如果在定期租船合同下船长签发提单而又未载明承运人名称,一般应当将定期租船的承租人识别为承运人。在该案中,尽管提单上的托运人PT公司与蓝洋公司签订航次租船合同,但提单所证明的运输合同关系与航次租船合同所反映的运输合同关系不同,因船长在货运业务与船舶航行方面分别接受北方航运公司与金源海运公司的安排指示,不存在船长受蓝洋公司授权或者指示签发提单的事实与法律基础,蓝洋公司虽是其与PT公司之间航次租船合同下的承运人,但不能由此认定为案涉提单下的承运人。金源海运公司与北方航运公司均确认承运船舶的船务代理人或者船长签发提单的指示源自北方航运公司。北方航运公司主张其有权收取案涉运费,金源海运公司对此并未提出异议,且金源海运公司确认其仅收取定期租船合同项下的租金,并不参与揽货等承运人所从事的货运商业安排。一审法院认定船舶所有人金源海运公司为案涉提单下的承运人,缺乏事实和法律依据。二审法院对此予以纠正,认定北方航运公司是案涉提单下的承运人,具有充分事实和法律依据。

---

① 参见〔英〕理查德·艾肯斯、〔英〕理查德·罗德、〔英〕麦克·布尔斯:《提单》(第2版),魏长庚等译,法律出版社2020年版,第997页。

关于谁应承担案涉提单下运费支付义务,最高人民法院认为:案涉提单右上方记载"和租约合并使用(TO BE USED WITH CHARTER-PARTIES)";左下方记载"运费支付按照2011年5月18日租船合同(Freight payable as per Charterparty dated 18-May-2011)"。其中,日期2011年5月18日的英文"18-MAY-2011"为在提单格式上特别打印的黑体文字。蓝洋公司(作为承租人)与北方航运公司(作为船东)签订的2011年5月18日租船合同约定:"10.运费:21.95美元每吨(至日照/岚山/连云港)船东不负责装卸、平舱和积载,基于一港装一港卸。13.支付……运费永远不能迟于开仓卸货付清……无论租船人是否支付运费,船东在装完货后两天内签发载明运费根据租船合同支付的提单。如果在船舶到达前租船人没有足额支付运费至船东账户,船东有权拒绝卸货,所有时间延迟的损失由租船人承担。"尽管提单上还载有格式化印制的文字"运费预付收到运费:(freight advavce received account of freight:)",但承运人并没有在预留的空白处具体填写,未选择该项运费支付方式。实际上,承运人在提单上注明的上述租船合同后特别填注日期"2011年5月18日",由此选择按照并入的租船合同运费条款处理提单下与运费相关的权利义务关系。

航次租船合同条款并入提单是航运实践中普遍存在的做法,目的是尽可能使承运人在提单中承担的权利义务与其在租船合同中的权利义务一致。为此,《海商法》第95条规定,提单中载明适用航次租船合同条款的,适用该航次租船合同的条款。在该案中,提单托运人PT公司虽然不是2011年5月18日租船合同的当事人,根据翔龙公司与PT公司签订买卖合同约定翔龙公司开具信用证须注明"租船合同提单"可以接受且提单注明运费按照租船合同支付、翔龙公司与蓝洋公司签订航次租船合同、蓝洋公司与北方航运公司签订航次租船合同等事实,PT公司、翔龙公司知道也应当知道提单并入的租船合同运费条款为2011年5月18日租船合同的运费条款,PT公司、翔龙公司接受提单时应当受提单并入该租船合同运费条款的约束。案涉提单下运费支付相关问题应当按照提单并入的2011年5月18日租船合同运费条款的约定处理。

为保护善意持有提单的第三人的权益,《海商法》第69条第2款规定,托运人与承运人可以约定运费由收货人支付;但是,此项约定应当在运输单证中载明。案涉提单没有载明运费由提单持有人支付。尽管提单并入2011年5月18日租船合同的运费条款,但该租船合同下的承租人为蓝洋公司,即负有支付运费义务的承租人为蓝洋公司,该条款并入提单后,该条款的文义并不因并入而改变,该运费条款约定支付运费的义务人也并不由此变更为提单持有人。提单持有人翔龙公司在该提单下并不负有支付运费的义务。由于北方航运公司所主张的运费是其与蓝洋公司之间2011年5月18日租船合同约定的运费,提单上的托运人PT公司也不负有向北方航运公司支付运费的义务。案涉提单并入 2011 年 5 月 18 日租船合同运费条款载明的条件"如果在船舶到达前租船人没有足额支付运费至船东账户,船东有权拒绝卸货",该并入条款合法有效,对承运人与提单持有人有约束力。尽管提单持有人翔龙公司不是提单下运费支付的义务人,其受让提单时应当知道上述约定条件及其相应的法律风险,只要蓝洋公司在船舶达到(卸货港)前未向北方航运公司足额支付运费,则北方航运公司行使拒绝卸货权利的条件一直存续,由此在债权关系上形成抗辩权,在物权关系上成立合法占有。尽管翔龙公司通过受让提单取得案涉货物的所有权,但其仍应受提单并入 2011 年 5 月 18 日租船合同运费条款约定的承运人卸货交付条件的约束,北方航运公司据此可以对抗翔龙公司的提货请求权。

(五)托运人责任基础

《海商法》采纳《汉堡规则》的规定,规定了托运人过失责任制。《海商法》第 70 条第 2 款规定:

> 托运人的受雇人、代理人对承运人、实际承运人所遭受的损失或者船舶所遭受的损坏,不负赔偿责任;但是,这种损失或者损坏是由于托运人的受雇人、代理人的过失造成的除外。

在(2016)最高法民申 1271 号案中,最高人民法院认为,对于托运人赔偿责任的归责原则,《海商法》第 70 条是对托运人过失责任的一般规定,第 68 条是对危险货物运输的特别规定。因托运人出运的案涉化学发泡剂属于危险货物,原审判决适用《海商法》第 68 条第 1 款关于危险货物运输的规定认定托运人责任,适用法律并无不当。托运人向出入境检验检疫局等相关机构申报货物时均未对其中的货物及其性质进行申报,其在向承运人提交的《危险品申请》中仅在备注中对该货物的联合国危险货物编号进行披露,未履行《海商法》第 68 条第 1 款规定的"将其正式名称和性质以及应当采取的预防危害措施书面通知承运人"的法定义务。原审判决认定其属于《海商法》第 68 条所规定的未如实申报的情形,并无明显不当。原审根据该案火灾现场情况及照片和《火情初步报告》认定火灾源于案涉集装箱内部具有高度盖然性,集装箱内部火灾系因案涉货物所引起,并无明显不当。托运人所提交的《专家意见书》等证据均不能推翻原审判决对火灾原因的高度盖然性分析结论。故承运人的损失系因运输案涉危险货物而遭受的损害,且承运人积载案涉集装箱并不存在违反《国际海运危险货物规则》要求的情形,已尽到适当的管货义务。原审判令托运人与 X 公司对承运人所遭受的损失承担连带赔偿责任,并不缺乏事实和法律依据。

五、运输单证

《海商法》参照《汉堡规则》对运输单证作了规定。作为海上运输主要单证的提单,尤其是可转让提单,是在国际贸易买卖、运输、保险和货款结算中起重要作用的核心单据。早期的提单,无论是内容还是格式,都比较简单,而且其作用也较为单一,仅作为货物的交接凭证,表明货物已经装船的收据。随着国际贸易和海上货物运输的发展,提单的性质、作用和内容,特别是其中的背面条款都发生了巨大变化。提单物权凭证功能在国际贸易中所起的作用,是其他单据不可比拟的,堪称国际贸易的基石。《海商法》第四章第四节对提单的定义、作用、记载事项和签发,以及转让等作出规定。

(一)提单的功能

《海商法》第71条规定:

> 提单,是指用以证明海上货物运输合同和货物已经由承运人接收或者装船,以及承运人保证据以交付货物的单证。提单中载明的向记名人交付货物,或者按照指示人的指示交付货物,或者向提单持有人交付货物的条款,构成承运人据以交付货物的保证。

通常认为,提单具有三大功能,即运输合同的证明、货物收据和物权凭证功能。货物由承运人接收或者装船后,托运人有权要求承运人签发提单。提单由载货船舶的船长签发的,视为代表承运人签发,但因为可能存在船舶租赁关系,不一定代表船舶所有人签发。根据不同提单的性质,其转让性(negotiability)受到法律限制,即记名提单(straight B/L)不可以转让,指示提单(to order B/L)经背书可以转让,而空白提单(blank B/L)不经背书即可转让。

(二)提单的权利属性

提单由承运人或其代理人签发,是承运人据以保证向提单持有人交付货物的书面凭证。实务中,对提单具有的运输合同证明、货物收据功能,争议不大,而对提单具有的物权凭证功能,尤其是提单蕴含的权利属性,争议较大。通说认为提单是物权凭证(document of title),亦即所有权凭证,因为提单代表货物本身,提单交付等同于货物本身交付。但有学者对此提出不同观点,否认提单的物权性,认为提单是一种纯粹的债权凭证。有的承认提单的物权性,但认为提单并不代表货物的所有权,而是代表持单者对提单项下货物的推定占有权。还有观点从整个贸易中提单流转的不同环节来分别考察,认为提单的法律性质在不同环节中并不具有同一性,它在托运人、银行、收货人手中分别代表着不同的权利。对提单所表彰权利属性的不同认定,直接关系着提单持有人的权利基础和请求权基础。

最高人民法院在经典案例(2015)民提字第126号案中,对提单的权利属性作出认定并认为,按照《海商法》第71条规定,提单既是证明运输合同成立的证据,也是承运人保证交付货物的单证。又根据《海商法》第78条第1款有关承运人同收货人、提单持有人之间的权利义务关系依据提单确定的规定,提单持有人享有提单载明的债权请求权,亦即提单是提单持有人请求承运人交付货物的债权请求权凭证,从这一意义上而言,提单是债权凭证。与此同时,在海上货物运输合同中,货物所有权人将货物交付给承运人并由承运人实际占有后,并未丧失所有权。既然货物所有权人对货物仍然享有所有权,其当然可以基于对货物的所有权请求承运人返还货物,此为基于所有权产生的原物返还请求权,属于物权请求权的范畴。提单是据以向承运人提取货物的唯一凭证,自然可以表征基于货物所有权所产生的原物返还请求权。从这一意义上说,提单亦系所有权凭证。由此可见,提单具有债权凭证与所有权凭证的双重属性。

根据《审理无单放货案件规定》第 3 条第 1 款规定,提单持有人之所以可以要求承运人承担违约责任,是基于提单的债权凭证属性,其系享有提单所载权利的债权人;而提单持有人之所以可以要求承运人承担侵权责任,是基于提单的所有权凭证属性,其系提单项下货物的所有权人或基于所有权所设定的他物权人。显然,该司法解释认可了提单具有债权凭证和所有权凭证的双重属性。在确定提单具有债权和物权双重属性的前提下,如何确定银行作为持有人所享有的提单权利,最高人民法院认为,提单虽具有债权凭证和所有权凭证的双重属性,但并不意味着谁持有提单谁就当然对提单项下货物享有所有权。对于提单持有人而言,其能否取得物权以及取得何种类型的物权,取决于当事人之间的合同约定。开证行履行了开证及付款义务并取得信用证项下的提单,但是由于当事人之间没有移转货物所有权的意思表示,故不能认为开证行取得提单即取得提单项下货物的所有权。虽然《信托收据》约定开证行取得货物的所有权,并委托开证申请人处置提单项下的货物,但根据物权法定原则,该约定因构成让与担保而不能发生物权效力。然而,让与担保的约定虽不能发生物权效力,但该约定仍具有合同效力,且《关于开立信用证的特别约定》约定开证申请人违约时,开证行有权处分信用证项下单据及货物,因此根据合同整体解释以及信用证交易的特点,表明当事人的真实意思表示是通过提单的流转而设立提单质押。该案符合权利质押设立所应具备的书面质押合同和物权公示两项要件,开证行作为提单持有人,享有提单权利质权。显然,该案在肯定提单具有债权和物权双重属性的前提下,对提单持有人享有哪种物权,认为需依据当事人的约定确定。在开证申请人与银行没有约定由银行受让所有权的情况下,应认定为银行可行使的提单权利为质权。

而在另一经典案例(2018)浙民终 624 号案中,法院认定作为提单持有人的开证行,依然享有提单下的货物所有权。一审法院依照《海商法》第 71 条和第 78 条,以及《审理无单放货案件规定》第 3 条第 1 款等规定认为,开证行通过开立国际信用证并在承兑后取得提单,即使此时开证行尚未支付相应对价,但提单的提货权利并不以支付对价为条件,况且开证行最终在开证申请人未能到期付款的情况下垫付了大部分的信用证款项,依照他们之间的约定，开证行系合法提单持有人，可以行使提单权利。承运人未凭单放货，可以确认其违反了提单条款记载的保证义务。即使开证申请人向开证行表明由其自行通关，但不能当然认定为开证行放弃了提单权利，承运人也未提供其他证据表明开证行有放弃提单权利的意思表示。无论是信用证的受益人还是申请人，均应知晓开证行将取得信用证项下的提单，要承担到期付款的责任，但均未有要求开证行放弃提单权利的意思表示，故开证行仍享有根据提单法律关系向承运人索赔的权利。

二审法院依照上述规定进一步认为，跟单信用证的开证行在海上贸易中取得提单等单据为实务中所常见，开证行按照信用证开立的基础法律关系对外支付货款后取得正本提单，过程合法。一般而言，开证行作为信用证的主要义务人，在作出付款、承兑的承诺后，只要单据与信用证条款、单据与单据之间在表面上相符，即应当履行在信用证规定的期限内付款的义务。向受益人付款后，持有提单的开证行一般享有要求开证申请人付款赎单的权利。开证申请人不付款，开证行就不放单。基于这一跟单信用证的基本机制和惯例，可以确认开证行持有提单是为了担保其债权的实现。此处的担保在不同的案件中，可能为担保法及物权法所规定的质押等典型担保、亦可能为典型担保之外的非典型担保等，因开证行未就此提出相应诉请，不作进一步分析。该案中，在申请人与开证行签订的授信额度协议及相应附件中的约定，也体现了持有提单担保债权实现的目的，该约定不存在无效情形。《审理无单放货案件规定》第2条规定的提单权利是正本提单持有人的权利，从文义上来看，并未将跟单信用证的开证行、具有商业利益的合作方等其他经合法流转持有正本提单的主体排除在外。以担保债权、控制风险为目的的跟单信用证开证行作为正本提单持有人，同样享有该司法解释所规定的要求无单放货的承运人赔偿损失的提单权利，其有权向无单放货的承运人主张违约责任。

可见，该案对为实现债权担保目的而持有提单的开证行的提单权利，作了更为全面的认定，即其既可以行使担保物权(质权)，也可以行使所有权。金融机构依据融资合同约定，持有在信用证下获取的提单向承运人主张权利，可以被认定为质权等担保权利。但是，这种以担保债权、控制风险为目的的提单持有人，同样有权根据《海商法》和司法解释的规定，要求无单放货的承运人承担赔偿损失责任。

(三)提单的签发

《海商法》第72条规定：

> 货物由承运人接收或者装船后，应托运人的要求，承运人应当签发提单。提单可以由承运人授权的人签发。提单由载货船舶的船长签发的，视为代表承运人签发。

1. 提单签发时间和种类。签发提单的时间,应该在货物装船完毕后,提单日期应为所有货物实际装船完毕之日,并且应签发已装船提单(shipped on board B/L),或者经适当签署将收妥待运提单(received for shipment B/L)转换为已装船提单。承运人不得拒绝或拖延签发提单,且应按照托运人的要求签发提单的托运人栏。但承运人有权拒绝托运人的不合法、不合理的要求。承运人应托运人要求,在货物装船后所签发的"提单签发日期"早于"实际装船完毕日期"的提单,为倒签提单(anti-dated B/L)。尚未装船完毕即签发早于"实际装船完毕日期"或者提前将收妥待运提单盖章转换为已装船提单,为预借提单(advanced B/L)。倒签提单和预借提单被认为是对买方的欺诈行为。[①]

2. 提单签发人和当事人。实务中,签发提单的人可能是船舶所有人、租船人或船长,或他们的代理人。确认签发提单的人及其权利来源,对识别承运人至关重要。通常可通过提单抬头的名称和提单签发人识别承运人,如定期租船合同的租船人签发提单,其为承运人,船舶所有人为实际承运人。在存在定期和航次租船合同的情况下,若承运人不明确,需同时考虑签发人的权利来源,如上文所举(2016)最高法民申530号案。

在(2018)鄂民终925号案中,法院根据《海商法》第72条规定认为,负有签发提单义务的主体是承运人,船长签发提单系代表承运人而非代表船舶所有人,船长签发提单不等同于船舶所有人签发提单。该规定符合并反映了海运实践的现实需求。船舶的使用与船舶的所有在海运实践中常常处于分离状态,船舶运输货物的行为与船舶所有人不必然具有事实上和法律上的联系。

提单中如何记载托运人或谁可以被记载为托运人,以及卖方持有其他人被记载为托运人的提单时,如何认定卖方对承运人的权利,常有争议。在经典案例(2003)沪高民四(海)终字第39号案中,法院认为,在没有书面合同的情况下,对海上货物运输合同当事人的认定,可以根据双方当事人实际履行的事实等情况来确定,而不能完全取决于提单的记载。这是因为海上货物运输合同与提单不完全等同,提单只是运输合同的证明,但不是唯一证明。提单所记载的主体可能只是形式意义上的运输合同当事人。实践中,提单主体与运输合同主体不一致的情形是可能存在的。在运输合同关系中,托运人的义务是将货物交付给承运人并支付运费;承运人的义务是按照托运人的要求签发提单,安全、及时地将货物运至目的地,并凭正本提单放货。如果托运人要求承运人在提单上不记载托运人或者记载他人为名义上的托运人,则这一要求是托运人行使权利的结果,由此产生的后果由托运人承担。由于该要求没有加重承运人的责任,承运人仍只负责运输并向托运人指定的收货人交货,因而承运人没有必要拒绝托运人的此种要求。此时,运输合同的主体显然是实际订立运输合同的当事人,而不是

[①] 参见杨大明:《国际货物买卖》,法律出版社2011年版,第64页、第118页。

提单载明的当事人。从法律规定看,提单上不记载运输合同托运人或将他人记载为名义托运人也是合法的。《海商法》第42条第3项第1目规定,托运人是指本人或者委托他人以本人名义或者委托他人为本人与承运人订立海上货物运输合同的人。可见,法律没有要求托运人必须亲自与承运人订立运输合同,托运人完全可以委托他人与承运人订立运输合同。《海商法》第73条规定,提单不记载托运人名称并不影响提单的效力,则提单不记载托运人或记载运输合同托运人以外的其他人为托运人,提单都是有效的。《海商法》第72条规定,货物由承运人接收或者装船后,应托运人的要求,承运人应当签发提单。据此,有权要求承运人签发提单的人就是托运人,承运人应当按照该托运人的要求(包括在提单上不记载托运人或者记载他人为托运人的要求)签发提单。法院据此认为,卖方持有正本提单,并以此作为证据之一向承运人主张损害赔偿,并不是非托运人持有提单向承运人主张权利的单纯的提单纠纷,而是托运人在持有提单的情况下针对承运人所提起的运输合同履约纠纷,即提出权利请求的是托运人而不是其他提单持有人,托运人(卖方)所请求的是由于承运人违反运输合同规定的凭正本提单放货义务致使其未能收回货款的损失。承运人违反凭正本提单交付货物的义务,构成违约,在提单未经流转的情况下,应当赔偿由此造成托运人的货款、退税款等损失。为充分保护实际托运人的利益,2024年修订草案第74条增加规定,托运人和实际托运人同时要求签发运输单证的,承运人应当向实际托运人签发,但实际托运人应当向承运人证明其实际托运人身份。

(四)提单"不知条款"和表面状况批注

提单"不知条款"和表面状况批注是识别货物装船前后状况并划分发货人和承运人责任的重要内容,其效力决定承运人对货损货差的索赔能否得到支持。

1. 提单"不知条款"。承运人或代其签发提单的人在接收货物或装上船舶后,知道或者有合理的根据怀疑提单记载的货物的品名、标志、包数或者件数、重量或者体积与实际接收的货物不符(如提单"shipper's description of goods"内容与实际收到货物不符),或者在签发已装船提单的情况下怀疑与已装船的货物不符,或者没有适当的方法核对提单记载的,可以在提单上批注,说明不符之处、怀疑的根据或者说明无法核对。比如conlinebill 2016提单的正面以显著位置记载"weight, measure, quality, condition contents and value unknown"(重量、尺码、标识、数量、质量和价格不知)。常见的"不知条款"批注还有,SLAC(shipper's load and count,托运人装载、计数)、SLCAS(shipper's load, count and seal,托运人装载、计数并加封)、STC(said to contain,内容据称)等。此类批注即"不知条款"(unknown clause),是法律赋予承运人的一项权利。《海商法》参考《海牙规则》《汉堡规则》在第75条作出规定。是否行使这项权利,由承运人选择。如果其选择批注,则提单对托运人而言,货物数量、重量等信息为初步证据,承运人可据此对托运人提出抗辩。但对非托运人的善意提单受让人而言,该等记载为最终证据,承运人不得提出抗辩。如果承运人不作任何批注,放弃该项保护性权利,则其无权对提单记载内容与实际收到货物之间的不符对托运人和受让人提出抗辩,应依提单记载内容向提单持有人承担责任。有效的"不知条款"对于免除承运人的相关法律责任至关重要,但是其效力并非绝对。承运人只能对货物品名、标志、包数或者件数、重量或者体积作出批注,且只有合理地说明提单记载的该等事项与实际接收货物的不符之处、怀疑的依据或者说明无法核对的理由,才能构成承运人对提单记载的有效批注,承运人方可据此享受免责。

在(2002)民四提字第5号案中,最高人民法院认为,无论是集装箱货还是非集装箱货,在货物交运时,如果承运人或者代其签发提单的人知道或者有合理的根据怀疑提单记载的货物品名、标志、包数或者件数、重量或者体积与实际接收的货物不符,或者没有适当方法核对提单记载的货物,承运人有权在提单上作出批注,注明实际情况。日后如果发现数量短缺、品名不一等造成费用的发生,承运人对损失应不负赔偿责任。案涉提单中虽标明"CFS/CY"字样,但承运人又在提单上作出"据说装有"和"托运人装箱和点数"的批注。因此,判定承运人是否承担责任,应根据在装货港集装箱货物是否由承运人点数和装箱。如果货物由承运人点数和装箱,说明其接收的是拼箱货,其应承担提单记载不实的责任;如果货物由托运人点数和装箱,说明承运人接收的是整箱货,其只负责箱体铅封完好交付货物,对内装货物的品名、质量不承担责任。证据表明,承运人在装货港接收的是托运人交付的整箱货而非拼箱货。托运人在托运单上记载的货物品名是氨纶丝,承运人中将托运单上的货物品名在提单上如实加以记载,并无过错。由于其无法核对集装箱内货物,在提单上作出"据说装有"及"托运人装箱和点数"这一"不知条款"的批注,应为有效批注,承运人不应承担该案提单记载不实的责任。实践中"不知条款"常因为无合理理由而被认定无效。在(2016)最高法民申1109号案中,最高人民法院认为,所涉提单正面虽然载有重量"不知条款",但承运人未就提单记载的货物重量与实际接收的货物重量说明存在不符之处、怀疑的依据或者说明无法核对,该重量"不知条款"不能构成承运人对提单记载的有效批注,承运人无权据此享受免责。在(2016)鄂民终862号案中,法院根据《海商法》第75条的规定认为,该条对"说明无法核对"的批注设定的前提条件是"没有适当的方法核对提单记载",且该条给承运人施加了一个潜在的核对或清点货物的义务。而案涉"不知条款"表明承运人并未核对货物,遑论说明无法核对的理由。故上述"不知条款"不满足《海商法》第75条的规定,不构成有效的批注。(2017)最高法民申970号案中,最高人民法院认为,案涉提单正面载明"由托运人描述货物""船东不负责提单上记载的货物件数和数量""承运人不负责损失或损害"等内容,承运人主张其具有《海商法》第75条规定的"没有适当的方法核对提单记载"的情形,并以上述记载作为提单批注提出免责抗辩,但案涉原木货物可以通过计根数和测量体积等方式计算数量,承运人可以自己计数或者委托他人计数以核实提单记载,承运人关于其没有适当的方法核对提单记载的主张不能成立。案涉提单中记载"船东不负责提单上记载的货物件数和数量"是在描述货物状况之后的打印字体,难以辨识该文字系承运人在提单上预先印制的条款还是在货物装船后特别加注的文字,且该记载内容并不影响原审判决否定承运人抗辩主张的正当性。[①]

"合理批注"不能免除承运人在责任期间谨慎保管、照料货物的义务。即使"不知条款"有效,承运人对其因未尽谨慎管货义务而造成的货物短少也应该承担责任。而且,提单流转后,根据《海商法》第71条和第78条的规定,"不知条款"对提单持有人不发生效力,承运人应以提单记载的内容交付货物。在(2014)闽民终字第953号案中,法院根据《海商法》第75条的规定认为,承运人在提单上进行合理批注是《海商法》赋予承运人的一项权利,但承运人在提单上批注"发货人装货和计数",应属于没有适当方法核对提单记载货物的情形。且"合理批注"不能免除承运人在责任期间谨慎保管、照料货物的义务。该案中,提单上显示的案涉集装箱的铅封号,与案涉货物在目的港码头时的铅封号不同,说明案涉集装箱在运输过程中被打开,承运人没有尽到妥善运输、保管、照料的义务。证据表明货物在承运人责任期间确实发生丢失。由于承运人不能交付铅封完好的整箱货,其在提单上所作的批注,对收货人不发生效力,应根据提单记载交付货物。虽然,承运人尚能举证证明该案的货差其中一部分是托运人短装造成的,但在批注无效情况下,作为善意受让提单的收货人可不予承认。即承运人不得以抗辩托运人的权利来对抗收货人。对此,《海商法》第67条第2款已有明确规定,承运人对托运人所享有的受偿权利,不影响其根据货物运输合同对托运人以外的人所承担的责任,所以,承运人应该向收货人承担全部货损的赔偿责任。

"不知条款"的上述裁判规则和举证责任,已体现在《2021年涉外审判会议纪要》第57条:

> 提单是承运人保证据以交付货物的单证,承运人应当在提单上如实记载货物状况,并按照记载向提单持有人交付货物。根据海商法第七十五条的规定,承运人或者代其签发提单的人,在签发已装船提单的情况下没有适当方法核对提单记载的,可以在提单上批注,说明无法核对。运输货物发生损坏,承运人依据提单记载的"不知条款"主张免除赔偿责任的,应当对其批注符合海商法第七十五条规定情形承担举证责任;有证据证明货物损坏原因是承运人违反海商法第四十七条、第四十八条规定的义务,承运人援引"不知条款"主张免除其赔偿责任的,人民法院不予支持。

[①] 另参见天津市高级人民法院(2016)津民终138号民事判决书。

至于记载"不知条款"的提单是否构成不清洁提单,影响结汇和转让,UCP600 第26 条(b)项规定:

> 载有诸如"托运人装载和计数"或"内容据托运人报称"条款的运输单据可以接受。

因此,载有此类批注的提单,银行可不视其为不符点而接受。但需注意,UCP600 第 27 条规定:

> 银行只接受清洁运输单据。清洁运输单据指未载有明确宣称货物或包装有缺陷的条款或批注的运输单据。

对于提单明确载明"说明不符之处、怀疑的根据"的批注,是否构成不清洁提单和不符点,仍存不确定性。

2. 表面状况批注。《海商法》第 76 条规定:

> 承运人或者代其签发提单的人未在提单上批注货物表面状况的,视为货物的表面状况良好。

即承运人在接收货物后,经核查货物表面而未在签发提单时就货物表面存在的残缺、损坏等作出批注,视为货物的表面状况良好,承运人应向提单持有人交付完好货物。承运人就该等残损、损坏等提出的抗辩将不被支持。通常,船公司提单正面事先印就"货物表面状况良好的货物已在装船港装于船上"(shipped at the port of loading in apparent good order and condition on board the vessel),如果没有相反批注推翻该条款,则承运人应受该条款约束,交付表面状况良好的货物。此为普通法下的"禁止反言"原则的适用。如提单作出批注,承运人对批注范围内的损坏不承担责任。同时,若批注构成不清洁提单,托运人就可能被认定为违反买卖合同的交货义务,不能据以结汇。

对于承运人明知表面状况不良而不予批注的后果,湖北省高级人民法院在(2012)鄂民四终字第 00016 号案中指出:如果承运人在提单上对货物外包装状况如实进行了批注,外包装的不良是否意味着内在货物同样存在不良之处,该判断则转交由收货人(买方)去作出,由收货人(买方)基于其判断采取相关对应措施,由此带来的风险或责任亦随之转由收货人(买方)去承担。提单对货物的描述虽然仅仅针对的是货物外表或货物外包装,但这样的描述对收货人(买方)仍具有重要的现实意义,这也是要求承运人签发提单时如实描述货物外表这一制度的意义所在。当承运人擅自替代收货人(买方)作出这样的判断和选择时,即意味着承运人选择了因判断失误(即货物外表或外包装实际上与货物本身存在同样的不良之处)所带来的风险和责任。其结果,即使钢卷货物的货损是出现在承运人的责任期间开始之前即装船之前,承运人通过签发清洁提单的行为表明,对在其法定责任期间之前出现货损的风险,其愿意承受。当装货港的货损风险在目的港演变为货损现实时,签发清洁提单的承运人即应担责。

承运人或其签单代理人只能对货物外包装作出判断,因此不能要求承运人对货物内包装或货物品质作出判断并批注。而对于没有包装货物或大宗散货,承运人或其代理只能就货物本身的表面状况的残损、损坏或受潮、霉变等状况作出批注。在所有情况下,船长的调查要细致到什么程度是个事实问题,可能包括检查货物样品,打开包装袋或其他必要的包装,取样分析或必要时征求专家意见等。但不能要求船长对每件货物进行彻底详尽的检查,也没有必要打开集装箱或其他已密封的包装。重要的是外部表面,而非货物内部实际情况。表面状况已被定义为,"外观上的,就眼睛所及范围内而言。而且从外部来看,它们在船上是处于良好状态",所以货物状况不同于"货物质量"。尽管"表面原则"适用于大部分由视觉确认的情况,其他迹象如不正当的气味或甚至不寻常的声音(当货物移动时,显然是损坏了),也可能成为"表面状况",确实,对集装箱内的货物状况,它可能是唯一线索了。①

法律规定承运人可对货物外表状况作出批注,旨在赋予承运人一项保留权利,区分托运人与承运人的责任,并保护善意提单受让人。至于承运人应否签发批注,如何签发批注,实践中往往与托运人或者收货人、提单持有人发生争议。在经典案例(2017)闽72民初712号案中,法院认为,《海商法》第76条是关于无批注提单的证据效力的规定,仍然指向承运人的批注权,即承运人有权就其所认为的装载货物的表面状况不良做出不清洁的批注,不加批注表明权利的放弃,自愿承担不利后果。至于判断货物表面状况是否良好,以及如何批注,法院认为,需要具有一定的专业标准,不应当要求船长、船员同时是所装运的各类货物的专家。承运人签发清洁提单与否,应建立在根据通常的观察方法,以及通常应当具备的知识用肉眼或者其他通常的、合理的检验方法,仅从外表所能观察到和发现的货物表面状况,货物内在的品质问题不在此列。不应对承运人签发清洁提单提出额外过高的要求。法院认定,原告主张船长应在提单上注明系巴西二等大豆或批注有大量热损粒、杂质,根据货物品质证书所载数据来判断所装货物的状况进而作出批注,超出批注范围,不予支持。

针对 RETLA 条款(钢铁锈蚀条款)是否构成有效批注问题,英国 *The Saga Explorer* 案中,船东依赖 RETLA 条款(其中良好状态被定义为包括生锈钢铁货物)签发了清洁提单。收货人起诉欺诈性误述索赔。法院认为,收货人从该条款能得出货物"良好状态"的结论与该条款(字面含义)没有任何矛盾之处。(由于船长错误使用 RETLA 条

---

① 参见〔英〕理查德·艾肯斯、〔英〕理查德·罗德、〔英〕麦克·布尔斯:《提单》(第2版),魏长庚等译,法律出版社2020年版,第175页。

款,没有正确批注货物状况)而判决船东(承运人)赔偿责任。① 在(2014)民申字第445号案中,冷轧钢卷运输中,承运人签发的是含有 RETLA 条款的提单。该 RETLA 条款载明:"对于钢铁或金属制品,提单中所用的表面状况良好不意味着所收到的货物没有明显可见的锈蚀或水汽。如果托运人要求,签署提单时可不将大副收据上的批注转到提单上。"法院认定,该条款违反了《海商法》第75条和第76条的规定,扩大了承运人的免责范围,根据该法第44条的规定,该条款无效。由于 RETLA 条款系事先印制于提单,且其内容并非针对该案货物的运输,亦不应当被视为是对该案货物表面状况不良的批注,承运人不能以此免除在提单上如实批注货物表面状况的义务。承运人关于RETLA 条款应为有效条款,在提单上存在 RETLA 条款的情况下,承运人可以不另行对货物表面状况进行批注的主张,缺乏法律依据。此外,根据《海商法》第76条和第77条的规定,承运人应当在提单上对货物表面状况等情况进行如实批注,未在提单上批注货物表面状况的,视为货物表面状况良好。在冷轧钢卷运输实践中,由于货物包装状况并不能准确反映货物的内在品质,因此,尽管大副收据系承运人签发提单的重要依据,但就特定货物运输而言,大副收据中关于货物表面存在一定瑕疵的记载并不能准确反映货物的质量。外包装存在瑕疵是否影响到内在的货物品质的保护,很大程度上取决于承运人的判断。承运人根据自身判断而未在提单上进行批注时,如货物表面状况的瑕疵足以影响内在的货物品质,承运人应当对其没有如实批注给收货人造成的损失承担赔偿责任。该案中,综合原审查明的事实,承运人并无充分证据证明大副收据中关于货物表面状况的记载与货物发生水湿生锈没有关联,也无证据印证其对于大副收据的记载不足以影响内在货物品质的判断的准确性。因此承运人就应当按照清洁提单的记载向收货人交付货物。该案货物抵达目的港发现有货损,承运人应当对货损承担赔偿责任。

由于提单对外表状况所作批注或某些"不知条款"可能构成不清洁提单,影响结汇和转让,因此托运人往往以向承运人提供保函的方式换取其签发清洁提单。此行为很可能构成对买方的欺诈。对此,买方遭受损失的,可以采取相应法律行动,向承运人和托运人索赔。

六、承运人与提单持有人之间的法律关系

(一)双方权利义务依提单规定确定

托运人与承运人之间的权利义务关系以其订立的运输合同确定,提单仅作为运输

---

① 参见〔英〕理查德·艾肯斯、〔英〕理查德·罗德、〔英〕麦克·布尔斯:《提单》(第2版),魏长庚等译,法律出版社2020年版,第176页。

合同的证明。但提单既然是提取货物的凭证，必然流转到收货人（提单持有人）。海上运输合同具有鲜明的涉他性。非托运人提单持有人向承运人索赔，因其未曾与承运人订立运输合同，非运输合同当事人。根据合同相对性原则，其无权根据运输合同向承运人索赔。为鼓励提单的流转，国际公约和海商法突破合同相对性原则，规定一旦提单转让到托运人之外的人，承运人与提单持有人之间的权利义务关系，依据提单的规定确定，即在承运人与提单持有人之间形成以提单为证明的海上货物运输合同关系。《海商法》第 78 条第 1 款对此作出规定：

> 承运人同收货人、提单持有人之间的权利、义务关系，依据提单的规定确定。

这一点往往被误解。有的提单持有人误认为其与承运人不存在运输合同关系，坚持以侵权起诉承运人索赔货物损失，对此要加以注意。通常以违约起诉索赔货物灭损，以侵权起诉无疑会加重己方举证责任和索赔难度。在指导性案例（2018）粤 72 民初 1735 号案中，法院认定：提单持有人是承运人签发的正本提单记载的收货人，提单项下货物被运抵卸货港后，持有人在正本提单背面加盖公章换取了提货单。该公司不仅是正本提单记载的收货人，也实际向承运人办理了提货手续且主张提取货物，根据《海商法》第 78 条第 1 款的规定，该公司因此与承运人之间就案涉货物成立正本提单所证明的海上运输合同法律关系。

提单流转到受让人后，即成为证明承运人与持有人之间权利义务的最终证据，承运人应依提单记载向持有人履行交货义务。但实务中，经常出现收货人拒绝提货、拒付运费或卸货港其他费用的情况。此情况下，收货人是否仍有义务支付运费或卸货港其他费用，实务中，存在不同认识。在（2019）鲁民终 2310 号案中，承运人主张提单流转至收货人处后，即应当约束收货人，由于收货人自身原因导致无人提货，则依据《海商法》第 86 条规定，卸货港的费用和风险由收货人承担。一审法院认为：提单持有人也是提单记载的收货人。该案争议的关键在于厘清提单持有人在没有向承运人办理提取货物手续的情形下与承运人之间的权利义务关系，进而判定双方的诉请是否成立。一审法院根据《海商法》第 41 条和第 78 条规定，认为提单所证明的海上运输合同关系的当事人首先是承运人和托运人。指定目的港收货人是运输合同下承托双方约定的内容，托运人负有目的港有人提货的义务，承运人因无人提货所产生的费用和损失，应当由托运人承担违约责任。根据权利义务对等原则，提单持有人放弃权利则不承担义务，亦即只有在提单持有人在向承运人主张并办理提货手续的情况下才承担收货人依据提单所确定的义务。该案货到目的港后，由于国家环保政策原因货物未获进关许可，提单持有人因不能办理提货手续，向承运人出具了弃货声明，其既已放弃提单项下提货权利，其提单项下相对于承运人的义务也同时解除。据此，提单持有人明确放弃提货权利,不构成法律意义上的收货人,并非该案海上运输合同项下的权利义务主体,不应对承运人承担提单项下的民事责任。承运人仅据《海商法》第86条的规定,认为提单持有人对未及时办理提货应承担违约责任,该主张难以成立,法院不予采纳。二审法院不同意一审法院的认定,认为根据《海商法》第42条第4项关于收货人的规定,收货人的身份是以权利来源和权利范围认定,不以权利是否行使而确定。提单持有人作为买方通过信用证合法取得提单,作为被记名人,其自接收提单起即具有提取货物的权利,为提单的收货人。一审法院认定其仅为提单持有人,不是法律意义上的收货人错误,应予纠正。承运人可根据《海商法》第86条的规定就收货人弃货后合理卸载产生的费用向收货人主张,但承运人未提供证据证明其该项损失。遂驳回其诉讼请求。

至于承运人不得要求收货人或提单持有人承担装货港发生的滞期费等与装货有关的费用,根据《海商法》第78第2款规定,收货人、提单持有人不承担在装货港发生的滞期费、亏舱费和其他与装货有关的费用,但是提单中明确载明上述费用由收货人、提单持有人承担的除外。除非提单另有明确规定,收货人、提单持有人在受让提单时并不知晓装货港发生的该等费用,其并无支付该等费用的义务,承运人无权要求收货人承担这些费用。在(2013)广海法初字第647号案中,承运人代理以托运人(卖方)在印度装货港拖欠船舶代理费为由拒绝向收货人换取提货单。法院根据《海商法》第78条第2款规定和原《合同法》第107条规定认为,该案中没有证据证明收货人、提单持有人需承担在装货港发生的与装货有关费用的义务。承运人及其代理人以托运人拖欠装货港费用为由拒不向作为收货人的原告履行交货义务,由此导致原告为提取货物而遭受损失,依法应承担赔偿责任。根据已查明的事实,原告提货是向作为承运人放货代理人的被告提出,案涉货物的交付实际控制在承运人一方,原告主张赔偿其因被告无理扣货造成的滞报金、堆存费、集装箱超期使用费等损失,有事实、法律依据,应予以支持。在(2021)辽72民初780号案中,法院根据《海商法》第78条第2款规定认定,托运人瞒报危险品违约金,属于承运人对托运人订舱违约行为的一种惩罚,并非托运人因托运货物给承运人造成的实际损害;收货人不具有于装货港订舱托运时如实申报货物的义务;提单正面及背面条款无关于收货人就托运人瞒报危险品应连带承担违约金的明确约定。因此,承运人无权向收货人主张此部分费用,亦无权因此部分费用主张未得清偿而留置相关货物。2024年《海商法(修订草案)》第80条,对承运人与收货人、运输单证持有人之间的权利义务关系作了规定。

(二)承运人的识别

提单持有人就货物损失提出索赔,首先要确定承运人,而正确识别承运人也是法院审理海上货物运输合同纠纷案件首先要解决的问题。因光租、期租和程租合同的存在,以及提单本身记载和签发提单主体的不明确,准确识别承运人并不容易。对提单持有人而言,确定谁是承运人至关重要:一方面,需确认应对货物灭失、损坏或迟延交付负赔偿责任的人;另一方面,需在公约或法律规定的诉讼时效内向其提起索赔。否则,可能丧失对责任方的索赔权。对如何识别承运人,国际海运公约并未规定,普通法系国家往往把船东视为承运人,即采"船东提单主义",例如在英国法中,当船长签发提单或者承租人代表船长签发提单时,船东往往直接被认为是承运人。而其他国家则一般无此规则,船长签发提单而又未明确授权来源的,船东并非当然被视为承运人,还需要通过其他具体方法来识别承运人,即"承运人提单主义"。我国法院在识别承运人问题上,采纳"承运人提单主义"。实践中,识别承运人的法律依据是《海商法》第42条第1项、第71条和第72条第2款的规定。

通常,根据提单和租船合同情况,识别谁是与托运人订立运输合同的人,从而认定其为承运人。在无租船合同的班轮运输下,船长代表船舶所有人签发提单,船舶所有人为承运人。光船租赁承租人租进船舶并以自己名义签发提单,因租人如船舶所有人一样完全控制船舶、雇员和货物,其应为承运人。在程租合同下,如船长代表船舶所有人签发提单,船舶所有人为承运人。在期租合同下,若期租船人(承租人)以其自己名义签发提单,或船长代期租人签发提单,则期租船人为承运人。但有时船长代表谁签发提单并不明确,普遍认为,期租的情况下,船舶所有人与期租人经常是相互分离的,虽然通常船长由船舶所有人雇佣,船舶所有人及其雇员(船长、船员等)实际掌控和占有货物,对货物的灭失或损坏可能直接负有责任,但期租人负责船舶的调度和营运,当船长或其代理人签发提单时,听从的是期租人而不是船舶所有人的指令。因此,法院把船长签发提单的授权来源,作为识别承运人的重要标志,期租人常被认定为承运人。如前文最高人民法院在(2016)最高法民申530号案中的观点,如果在定期租船合同下船长签发提单而又未载明承运人名称,一般应当将定期租船的承租人识别为承运人。①

在(2021)沪72民初473号案中,贸易公司向银行付款赎单后,持有全套正本提单。但是,提单仅在正面右下角签章栏内右下方记载提单由PT. XX代表载货船舶的船长签发,提单的正面、背面均未显示承运人名称。同时,提单记载"与租船合同并用",但并未写明具体的租船合同名称。贸易公司持提单起诉载货船舶的所有人,被法院驳回诉讼请求。理由是,案涉船舶所有人作为定期租船合同出租人,不是承运人,不就无单放货对提单持有人承担责任。② 但有观点认为,(2016)最高法民申530号案司

---

① 参见余晓汉编:《定期租船合同下船长签发提单而提单又未载明承运人名称的,一般应当将定期租船的承租人识别为承运人》,载中国应用法学研究所主编:《最高人民法院案例选》,法律出版社2020年版。

② 参见上海海事法院(2021)沪72民初473号民事判决书、上海市高级人民法院(2022)沪民终643号民事判决书;另可参见金晓峰、张俊:《海上货物运输合同纠纷中提单承运人识别的原则及路径——某贸易有限公司诉某船务有限公司海上货物运输合同纠纷案》,载中国上海司法智库,访问时间:2023年12月25日;湖北省高级人民法院(2018)鄂民终925号民事判决书。

法论证方式与英国上议院 Starsin 案存在差异。根据 Starsin 案,定期租船合同下提单承运人识别的司法论证方式为:(1)提单证明的海上货物运输合同下承运人识别,应基于提单本身,而非提单之外;(2)提单解释相对独立于提单签发过程;(3)如果提单正面对于承运人的记载足够清晰,则不需再看提单背面;(4)如果提单正面仅记载了船长签发提单,但没有记载承运人,则首先应翻阅提单背面,看其对承运人如何定义;(5)如果提单正面与背面内容存在不一致或者仍然无法确定的,则再对其进行整体解释;(6)对提单正面和背面进行整体解释仍然无法确定承运人的,再参照定期租船合同及其他事实;(7)提单解释应遵循四项原则:商业原则、特别约定优先原则、协调和经济原则、确定性优先于游移性原则;(8)提单司法论证应与贸易、融资及信用证对提单的要求相协调,并无二致;(9)定期租船合同下提单中承运人识别规则:"由船长签发的提单不是租家提单,除非该合同由租家本人订立,且签发人有权签发并实际代表租家而非船东签发"。总之,"提单解释必须客观且统一,在承运人识别问题上,应按提单本身明确记载确定"。据此反思(2016)最高法民申 530 号案,其司法论证方式虽然注意到案涉提单正面没有载明承运人名称,但随后直接从提单正面跳到定期租船合同及航次租船合同,并从定期租船合同中寻求船长签发提单的授权来源,在论证环节上缺失了提单背面条款及其他提单解释原则,从根本上偏离了"提单证明的海上货物运输合同",而变成一种"定期租船合同证明的提单"。① (2016)最高法民申 530 号案②关于期租合同下承运人的识别规则,主要基于期租人负责船舶营运及签发提单的认定,其并不必然与提单持有人形成由提单证明的运输合同关系,他们之间没有关于运输合同的意思联络,很多情况下提单持有人并不知晓除船舶所有人外还有期租人的存在,更重要的是,提单持有人无法通过扣押和拍卖船舶实现请求权。现实中,该裁判规则使中国提单持有人处于极为不利的地位。当提单持有人(尤其无单放货案件)扣船、起诉船舶所有人时,船舶所有人往往声称自己是实际承运人,不承担责任,而承运人是远在境外的期租人(租船经纪人或皮包公司)。提单持有人起诉期租人,或者超过诉讼时效,或者难以送达、对方不应诉,即使判令其承担承运人的赔偿责任,判决也难以执行。总之,提单持有人的请求权难以实现,其对提单的信赖利益荡然无存。而且,无单放货案件中,凭正本提单交付货物是承运人的法定责任,依据《海商法》第61 条的规定,凭正本提单交付货物也是实际承运人的责任。在期租情况下,《海商法》第136 条虽赋予承租人就船舶的营运向船长发出指示的权利,但承运人以承租人的名义向船长发出的不凭正本提单放货的指示,不仅超出了承租人的合法权利,而且也违反了提单

---

① 参见任雁冰:《英国上议院"Starsin"案对定期租船合同下提单承运人如何识别》,载"信德海事"微信公众号,2022 年 9 月 26 日。

② 另参见厦门海事法院(2007)厦海法商初字第 390 号民事判决书;上海市高级人民法院(2018)沪民终63 号民事判决书;大连海事法院(1996)大海法商初字第 72 号民事判决书;辽宁省高级人民法院(1997)辽经终字第 39 号民事判决书;最高人民法院(2000)交提字第 6 号民事判决书。

承运人、实际承运人凭正本提单交货的强制性义务。实际承运人明知凭正本提单交货是自己的强制性义务，仍坚持无正本提单放货，是明知故意的违法行为，依法不能享有提单中关于免责和责任限制的权利。该裁判规则值得反思，中国买方更应警惕。为避免风险，应在订立运输合同时，对船舶所有权人、租船人等信息，做应有的调查和防范。并且，以 CIF 条件进口时，在买卖合同中禁止卖方租用存在期租合同的船舶，以 FOB 条件进口时，买方租船也要避开期租合同，尽量避免包含期租合同在内的多重租船合同交易。话虽如此，实际上很难做到。2024 年《海商法(修订草案)》增加第 81 条，作为识别承运人的原则。但该规定并不能彻底解决隐蔽的期租船人被认定为承运人的问题，收货人、提单持有人的风险依然存在。

七、承运人的留置权

《海商法》第 87 条规定：

> 应当向承运人支付的运费、共同海损分摊、滞期费和承运人为货物垫付的必要费用以及应当向承运人支付的其他费用没有付清，又没有提供适当担保的，承运人可以在合理的限度内留置其货物。

本条没有明确义务主体，即未明确谁应该向承运人支付该等费用，从"留置其货物"的用语看，付费义务主体应该是货物所有人且欠付费用的债务人。但实务中，常引起争议，因为货物的所有人并不一定是付费义务人。在 CIF 和 CFR 术语下，通常支付运费义务人是卖方，提单记载"运费预付"。提单持有人通过支付货款取得货物的所有权，如果卖方未支付运费，承运人便无权留置属于提单持有人的货物。同样，如果承运人向提单持有人主张装货港发生的滞期费、亏舱费等，将违反第 78 条的规定。共同海损分摊费用也是针对货物的所有权人。所以，承运人行使留置权只能针对其债务人的货物，且应在"合理范围内"留置货物，留置货物的数量和价值不能超过所欠费用及可能发生的实现债权的费用。针对承运人对货物留置权的行使，《2021 年涉外审判会议纪要》第 60 条明确规定：

> 提单或者运输合同载明"运费预付"或者类似性质说明，承运人以运费尚未支付为由，根据海商法第八十七条对提单持有人的货物主张留置权的，人民法院不予支持，提单持有人与托运人相同的除外。

在(2016)最高法民申 530 号案中，最高人民法院根据《海商法》第 87 条的规定认为，承运人留置货物的条件之一是拟留置的货物由负有支付运费及其他运输费用义务的债务人所有。在承运人为货物运输签发提单的情况下，该法律规定对于保护善意持有提单的第三人的利益、促进提单流转具有积极意义。该案中，由于提单上记载的托运人和提单持有人对承运人并不负有支付运费的义务,承运人无权留置案涉货物。在(2019)浙民终1031号案中,法院认为,留置权系法定担保物权,根据《海商法》第87条的规定,航次承租人有权留置的仅应为对其有运费支付义务一方的合理限度范围内的货物。航次承租人的租约相对方为parcos公司,即使未收到运费,其能够行使留置权的对象也仅为对其负有运费支付义务的parcos公司所属货物,而并不能留置提单持有人所属货物。留置权属于法定担保物权,当事人之间的约定不得创设留置权。在(2009)粤高法民四终字第257号案中,法院认为,双方约定承运人对托运人托运的任何货物的相关单证和文件拥有留置权,相关单证和文件并非货物本身,该约定缺乏法律依据。留置权是法定担保物权,承运人可以依法留置货物。如需要处置货物,可以根据《海商法》第88条请求法院处置。当然,承运人也可以根据义务人的资信状况,选择不行使留置权。经典案例(2017)津民终320号案中,法院认为,承运人有权根据《海商法》第87条和第88条留置货物,但留置货物仅为承运人主张债权的方式之一,承运人不留置货物并不影响其向托运人主张运费的权利。货代公司承诺在目的港无人提货时与托运人对因此给承运人造成的一切责任、后果和费用承担连带责任,故一审判决认定货代公司应承担目的港无人提货责任并无不当。(2019)浙民终1496号案判决认为,行使留置权是承运人的一项权利而非义务,上诉人认为承运人未经法定拍卖程序处置货物,无权向其主张费用的上诉理由缺乏依据;且上诉人通知承运人弃货的事实足以表明在目的港拍卖货物存在较大的困难。承运人的留置权不同于"拒绝交货抗辩权",如果其无权对并非债务人的提单持有人行使留置权,但含运费支付条款的租约有效并入提单,则其仍可据此行使拒绝交货抗辩权,以持续占有货物。虽然该项抗辩权不具有留置权的优先受偿功能,但有利于保护债权人的合法权益。①

实务中,承运人在目的港以外行使留置权或超出合理限度行使权利,给货物权利人造成损失的,货方可依法向承运人提起索赔。在(2019)闽民终212号案中,承租人未按约定支付运费,构成违约。法院认定,出租人有权就船载渔货行使留置权,但在案涉货物并不存在不得存放于保税仓库的情形下,其将货物卸到韩国釜山港行使留置权有违就近原则。此外,根据《海商法》第87条的规定,承运人可以在合理的限度内行使留置权,出租人将承租人所有渔货予以销售,所得价款超过承租人应支付运费等相关费用的部分理应予以偿还。2024年《海商法(修订草案)》第95条,修改为留置"相应的"货物,并把上述会议纪要的内容上升为法律。

八、航次租船合同的特别规定

不论卖方还是买方负责安排运输,都需要以托运人身份与承运人订立运输合同。

---

① 参见王淑梅主编:《海上货物运输合同纠纷案件裁判规则》,法律出版社2021年版,第254页。

就海上运输而言，托运人需根据货物种类和货量，选择班轮运输或者租船运输。货量较少的件杂货及集装箱货，通常使用班轮运输，托运人向承运人托运货物，支付运费并获取提单。对大宗货物，常以租船方式完成运输。租船合同有航次租船合同(voyage charterparty)、定期租船合同(time charterparty)和光船租赁合同(demise charterparty)。《海商法》把航次租船合同归为运输合同由第四章规制，而把定期租船合同和光船租赁合同列为财产租赁合同，由第六章(船舶租用合同)规定。航次租船合同下，出租人把船舶或部分舱位出租给承租人，装运约定的货物，完成约定的航次运输，按货量或约定的包干金额收取运费(freight)。船舶所有人控制船舶，负责供应和维护船舶并雇佣船员等。承租人负责提供货物和支付运费。租船合同都订有装卸期限(laytime/laydays)和滞期、速遣条款。承租人实际使用的装卸时间超过约定期限，由承租人向出租人支付滞期费(demurrage)；装卸提前完成节约了船期，则由出租人向承租人支付速遣费(dispatch)。双方可以约定单个或连续多个航次，或者一定期间内完成一个航次(time charter on trip basis, TCT)。

定期租船合同是出租人将船舶提供给承租人，在约定的期限(数月至数年不等)内按照约定的用途和区域使用，由承租人控制船舶的运营并向出租人支付租金(hire)的合同。出租人适当配备船员和装备船舶，在租期内维持船舶的适航状态，并负责支付船员工资和给养、船舶的折旧费、修理费和保险费。承租人负责船舶经营，既可用于承运自己或他人的货物，也可以转租。承租人支付运营船舶所需燃料费和港口费。船长在合同范围内按承租人的指示行事，但在航行安全方面，仍应接受出租人的命令。出租人按舱容或按载重吨收取租金。定期租船合同具有财产租赁和运输合同的双重特征。而光船租赁合同，是船舶出租人向承租人提供不配备船员的船舶，在约定的期间内由承租人占有、使用和运营、收益，纯属财产租赁合同。因船舶属于特殊租赁物，光船租赁合同需要在主管部门登记。近年来，因船舶融资租赁的兴起，光船租赁合同大量涌现。

《海商法》规定，船舶租赁合同须以书面形式订立。实务中，通常以订租确认书(fixture note)和标准格式订立。航次租船合同有多种标准格式，通常采用波罗的海国际航运公会(BIMCO)制定的"金康"(GENCON，最新版本为2022年8月在1994基础上修改的 GENCON 2022)合同和北美粮谷租船合同[Baltimore Berth Charter Party-Steam (Form C)]等。定期租船合同使用较多的有纽约产品交易所(NYPE)制订的定期租船合同(NYPE格式)和 BIMCO 制订的巴尔的摩租船合同(BALTIME)。光船租赁合同有 BIMCO 的"贝尔康"(BARECON)版本。另外，中国租船公司曾于1980年制订中租期租船合同(SINOTIME1980)，中国海事仲裁委员会近年陆续制订了航次租船合同确认书、航次租船合同、定期租船合同和光船租赁合同标准合同，供业界选用。本书主要介绍航次租船合同的主要内容。

(一)出租人的义务

班轮运输涉及社会公共利益,法律对承运人的义务多以强制性规范加以规定,而租船合同不定期不定航线,更多体现合同当事人的意思自治。但如果租船合同条款违反承运人适航和不得(不合理)绕航的强制性义务,应归无效。根据《海商法》第94条、第47条和第49条关于承运人适航和合理速遣的最低义务,强制适用于航次租船合同的出租人。而第四章的其他规定,如出租人与承租人的权利义务关系、承运人与托运人的权利义务关系都是非强制性的,只有在航次租船合同没有约定或者没有不同约定时才适用。在(2021)沪72民初1529号案中,双方就通过订舱成立的运输合同属于班轮运输还是航次租船合同发生争议。法院根据被告(承租人)系专业从事航运业务的主体,向原告(出租人)询价议价并订舱的情况,原告提供船舶的部分舱位装运约定的货物并借此收取运费,以及原告出具的订舱单及所附AAL提单条款和条件中明确记载钩至钩责任条款、滞期费条款、递交装卸准备就绪通知书条款和实际履行情况,运费按照货物数量计算等,认定这些内容均具备航次租船合同特征的条款,而被告并未提出异议,应视为双方就案涉航次租船合同达成合意。

关于航次租船下,托运人和承运人、实际承运人的法律关系,最高人民法院在经典案例(2011)民提字第16号案中,进行了较全面的论述:《海商法》将航次租船合同作为特别的海上货物运输合同予以规定。根据《海商法》第94条的规定,航次租船合同当事人的权利义务主要来源于合同的约定,在合同有明确约定的情形下,出租人应当按照约定履行义务,并履行《海商法》第47条(适航)、第49条(不进行不合理绕航)规定的义务。在航次租船合同没有约定或者没有不同约定时,出租人和承租人之间的权利义务适用《海商法》第四章的规定,但并非第四章所有的规定均适用于航次租船合同的当事人,所应适用的仅为海上货物运输合同当事人即承运人和托运人之间的权利义务规定,并不包括实际承运人的规定。实际承运人是接受承运人委托,从事货物运输或者部分运输的人,包括接受转委托从事此项运输的其他人。在提单证明的海上货物运输法律关系中,法律规定承运人的责任扩大适用于非合同当事方的实际承运人,但实际承运人是接受海上货物运输承运人的委托,不是接受航次租船合同出租人的委托,实际承运人及其法定责任限定在提单的法律关系中。在提单证明的海上货物运输合同项下,合法的提单持有人可以向承运人和/或实际承运人主张提单上所载明的权利。实际承运人并非航次租船合同法律关系的当事方,原告就航次租船合同提出索赔请求,按照合同相对性原则,应由航次租船合同的出租人承担相应的责任。

(二)航次租船合同下签发提单的效力

《海商法》第95条规定:

> 对按照航次租船合同运输的货物签发的提单,提单持有人不是承租人的,承运人与该提单持有人之间的权利、义务关系适用提单的约定。但是,提单中载明适用航次租船合同条款的,适用该航次租船合同的条款。

根据该条规定,租船合同确定出租人与承租人(如 CIF、CFR 的卖方,FOB 的买方)的权利义务关系。租船提单由承租人持有时,其仅具货物收据和物权凭证功能,而不具有运输合同证明的功能。而一旦提单流转到承租人之外的人,则承运人与提单持有人之间的权利义务关系适用提单约定,即在出租人与提单持有人之间形成运输合同法律关系,双方受提单规定约束。提单为绝对证据,承运人应依照提单记载内容交付货物。2024 年《海商法(修订草案)》将航次租船合同作为第六章第二节,但删除了现行第 94 条第 2 款。此修改若施行可能引发争议。

(三)提单并入条款的效力

虽然提单由非承租人持有时,承运人和持有人的权利义务受提单约束,但例外情形是:提单中载明适用航次租船合同条款的,适用该航次租船合同的条款。航运实务中,航次租船合同出租人为使租船合同约束承租人以外的提单持有人,往往在提单中规定租船合同并入提单条款(incorporation of C/P terms into the bill of lading contract)。

1. 常用提单并入条款。常用的租船合同提单 CONGENBILL1994 正面印就"与租船合同合并使用"(TO BE USED WITH CHARTER-PARTIES),背面条款规定"正面所示日期的租船合同中的所有条款和条件、特权和免责,以及法律和仲裁条款,均并入本提单"(All terms and conditions, liberties and exceptions of the Charter Party, dated as overleaf, including the Law and Arbitration Clauses, are herewith incorporated)。

2. 有效并入的标准及其法律后果。法律仅规定租船合同条款有效并入提单后,承运人与提单持有人之间的关系,适用租船合同,并未规定有效并入的标准、可并入条款的范围以及并入后的法律后果等。如并入条款被认定有效,则租船合同中的条款,如装卸时间、滞期费和速遣费条款、留置权条款等,就约束提单持有人。对如何认定租船合同条款的有效并入,英国学者认为,首先,要看并入条款本身措辞是否足够宽泛,通常措辞下仅能并入租约中与货物装卸、运输,以及运费支付相关的条款。但如果措辞足够明确,则可并入租约中其他条款,甚至可在一定程度上将承租人"转换"为提单持有人。从普通法发展来看,即使租约条款由于语言错误从字面上看不属于被并入的内容,但只要并入条款本身措辞足够精确,则仍可将其并入提单。其次,如果并入条款措辞是宽泛的,则需进一步检验拟被并入的租约条款在提单中是否有实际意义,如果没有实际意义则不应被并入。这方面应当灵活把握而不应过于机械,而且不得有违常识。如果租约条款与货物装卸或运输相关,并入时在一定程度上将承租人"转换"为提单持有人是允许的,且如果并入条款措辞精确地针对了租约其他条款,则这种"转换"也可相应放宽。最后,如果租约条款通过初步分析可以被并入,则仍需检验其与提单其他明示条款是否存在冲突,如果存在冲突则不应被并入。① 租船合同条款是否有效并入提单,实为合同解释问题。至于有效并入提单的范围以及有效并入后,租船合同哪些条款约束提单持有人,法条并未明确。有学者认为:首先,并入条款本质上仍是提单条款,虽通过并入条款承运人与提单持有人之间权利义务关系须适用航次租船合同的约定,但从根本上讲调整双方之间权利义务关系的仍然是提单。本条的适用是有条件的,如果航次租船合同中的某条款违反本法第44条和第45条的规定,该条款就不能被有效并入提单。其次,如果航次租船合同条款与提单条款存在冲突,应以提单本身条款为准。再次,只有在提单本身无约定时,才适用被有效并入的航次租船合同所规定的事项和内容。最后,本条并入条款的规定过于简单,既没有注明航次租船合同的日期,也没有明确地将仲裁条款单独提出并入。②

(2006)沪海法商初字第613号案认为,租船合同依法是可以并入提单的,但海商法中并未明确规定租船合同并入提单所必需的形式要件。据此,提单应当具有租船合同相关条款并入的记录,并且作为一项具有合意的意思表示,提单上载明的并入租约的内容应当是确定的、不存在异议的。在(2014)津高民再字第0005号案中,法院根据《海商法》第95条的规定认为,除非租约内容有效并入提单,否则,租约义务不得约束非承租人的提单持有人。虽提单标注有"本提单和租约合并使用"的内容,但该记载形式上属印刷版格式文本,内容上未对合并使用的租约的签订时间、条款及重要权利义务等做任何提及,租约并未有效并入提单。提单持有人不受租约条款约束,租船合同关于承运人对滞期费享有留置权的约定,对提单持有人并不具有约束力。在(2015)沪海法商初字第237号案中,法院根据《海商法》第95条的规定认为,案涉提单中记载了"运费根据租船合同支付,日期为××的租船合同的所有条款、条件和例外规定都是本提单的组成部分"等字样,该记载是明确而具体的,确认相应租船合同成功并入提单。但是,租船合同并入提单意为租约的条款在运输合同的双方当事人中适用,并不意味着原告(买方、提单持有人)成为租船合同的当事人,收货人和提单持有人并不当然的负有支付运费、滞期费等费用的义务。租船合同如做出为收货人设立付款义务的约定,应以明确文字标明,并应使收货人知悉。而在案涉租船合同中,约定运费应在货物到达目的港之前由承租人(卖方)支付给被告承运人,并未约定运费应由原告支付。因此,原告并非被告承运人所主张运费和滞期费的支付义务人。被告作为签发提单并实际运输案涉货物的承运人,根据其签发提单的流转情况应当知道案涉货物并非承租人

---

① 参见梁健:《提单并入条款再审视——简评"The Polor 轮"海盗赎金共损分摊案》,载"信德海事"微信公众号,2022年1月6日。
② 参见司玉琢、张永坚、蒋跃川编著:《中国海商法注释》,北京大学出版社2019年版,对第95条的注释。

所有的货物,被告无权留置案涉货物。原告有权基于货物运输合同关系向被告承运人要求提取案涉货物。

在(2016)最高法民申 530 号案中,案涉提单右上方记载:"和租约合并使用(TO BE USED WITH CHARTER-PARTIES)";左下方记载:"运费支付按照 2011 年 5 月 18 日租船合同(Freight payable as per CHARTERPARTY dated 18-MAY-2011)"。提单上还载有格式化印制的文字"运费预付收到运费:(FREIGH TADVAVCE received account of freight)",但承运人并没有在预留的空白处具体填写,未选择该项运费支付方式。最高人民法院认为,承运人在提单上注明的上述租船合同后特别填注日期"2011 年 5 月 18 日",由此选择按照并入的租船合同运费条款处理提单下与运费相关的权利义务关系。航次租船合同条款并入提单是航运实践中普遍存在的做法,目的是尽可能使承运人在提单中承担的权利义务与其在租船合同中的权利义务一致。根据《海商法》第 95 条的规定,提单托运人 PT 公司虽然不是 2011 年 5 月 18 日租船合同的当事人,根据翔龙公司与 PT 公司签订买卖合同约定翔龙公司开具信用证须注明"租船合同提单"可以接受且提单注明运费按照租船合同支付、翔龙公司与蓝洋公司签订航次租船合同、蓝洋公司与北方航运公司签订航次租船合同等事实,PT 公司、翔龙公司知道也应当知道提单并入的租船合同运费条款为 2011 年 5 月 18 日租船合同的运费条款,PT 公司、翔龙公司接受提单时应当受提单并入该租船合同运费条款的约束。案涉提单下运费支付相关问题应当按照提单并入的 2011 年 5 月 18 日租船合同运费条款的约定处理。最高人民法院认为,为保护善意持有提单的第三人的权益,《海商法》第 69 条第 2 款规定,托运人与承运人可以约定运费由收货人支付,但是,此项约定应当在运输单证中载明。案涉提单没有载明运费由提单持有人支付。尽管提单并入 2011 年 5 月 18 日租船合同的运费条款,但该租船合同下的承租人为蓝洋公司,即负有支付运费义务的承租人为蓝洋公司,该条款并入提单后,该条款的文义并不因并入而改变,该运费条款约定支付运费的义务人也并不由此变更为提单持有人。提单持有人翔龙公司在该提单下并不负有支付运费的义务。由于北方航运公司所主张的运费是其与蓝洋公司之间 2011 年 5 月 18 日租船合同约定的运费,提单上的托运人 PT 公司也不负有向北方航运公司支付运费的义务。

在 CIF 和 CFR 条款下,卖方为托运人和船舶承租人,提单常载明"freight payable as per charterparty dated ..."字样,而不记载(也不可能记载)运费由买方支付或运费到付。此时买方作为提单持有人是否有义务支付运费,有不同理解。一种观点是,该记载事项为托运人与承运人对运费事项的约定,运费按租船合同约定的义务主体和方式支付。对提单持有人而言,其订立买卖合同时已知自己不会支付运费,受让提单时知晓运费另有他人依据租船合同支付,其本人无支付义务。运费不应由买方(提单持有人)支付。另有观点认为,根据有效并入条款该记载事项赋予提单持有人按照租船合同支付运费的义务。《海商法》第69条第2款的规定为解决此矛盾提供了依据。最高人民法院在该案中,妥善解决了并入条款效力、租船合同项下运费支付义务与提单项下运费支付义务问题,以及运费支付义务、承运人留置权及其基于运费债权而有权占有案涉货物及其拍卖价款的问题。就租约条款并入提单后,提单持有人的法律地位问题,最高人民法院认为此时承运人和提单持有人(非托运人)的关系属于提单运输法律关系,而非租船合同法律关系。①

3. 法律条款的有效并入。租船合同法律条款,如仲裁条款和管辖权条款,并入提单的效力问题常引发争议。英国判例认为,租船合同中的仲裁条款和管辖权条款,须经特殊措辞才能有效并入提单。在 The Annefield 案中,上诉法院判决租船合同内的仲裁条款不能通过一般性词语并入到提单之中。在 The Varenna 案中,并入仲裁条款的观点被否决,依据是:(1)对于并入条文的效力,必须看提单,而不是租船合同;(2)"条件"(conditions)表示狭隘含义,即无论其他法律分支内的"条件"是什么意思,在提单内提到租船合同的条件仅意味着船东和收货人所处理的这些事情必须与货物的运输、卸载和交付有关;(3)仲裁条款是间接附属的条款或条文,而且不是与接收货物、运输和交付货物有密切关系的条件。然而,如 CONGENBILL 标准格式,明示并入是有效的。在 Caresse Navigation Ltd. v. Office National de l'Electric (The Channel Ranger) 案中,租船合同规定了英国高等法院的绝对管辖权,提单的措辞是并入租船合同内"法律和仲裁条款",货方认为管辖权条款并入无效。法院轻易就否决了这种请求。②

我国司法实践中,对租船合同仲裁条款并入提单效力问题,曾存在认定标准不统一、类案不同判现象。对此,最高人民法院在法函〔1995〕135号复函中指出:

> 本案上诉人福建省生产资料总公司虽然不是租船合同和海上货物运输合同的签约人,但其持有承运人签发的含有合并租约和仲裁条款的提单,并明示接受该仲裁条款,因此,该条款对承运人和提单持有人均有约束力。此案中,我国法院应承认该临时仲裁条款的效力。

2016年,(2016)最高法民他20号复函中指出:

> 该提单正面仅记载"运费根据2015年6月25日的租船合同支付",并无将该租船合同中的仲裁条款并入提单的明示记载,提单背面有关运输条件的格式条款并不能构成该租船合同仲裁条款的有效并入。山东省轻工业供销

---

① 参见最高人民法院《涉外商事海事审判实务问题解答》第98条。
② 参见〔英〕理查德·艾肯斯、〔英〕理查德·罗德、〔英〕麦克·布尔斯:《提单》(第2版),魏长庚等译,法律出版社2020年版,第432—433页、第440页。

总公司接受提单的行为,不应认定为同意接受租船合同仲裁条款的约束。①

最高人民法院确立的原则是:(1)提单持有人受并入提单的租船合同仲裁条款约束,须以其明示接受仲裁条款为前提;(2)在未明示接受的情况下,仲裁条款的有效并入须在提单正面明示记载租约当事人、签订日期等详细信息。否则,提单背面的关于运输条件的格式条款不构成仲裁条款的有效并入,不应仅因提单持有人接受提单而认定其同意接受仲裁条款的约束。此后,各海事法院在审查提单并入条款的效力以及租船合同仲裁条款是否约束提单持有人时,均按此标准认定。

(2015)鄂民四终字第00194号案认为,案涉提单为CONGENBILL1994格式提单,提单正面为记载托运人、收货人名称和货物信息的一面。上述提单虽在正面抬头注明"与租约合并使用",在背面第一条载明"提单正面所示日期的租船合同中仲裁条款并入本提单",但提单正面并未载明被并入提单的租约的编号、日期等事项,也并未注明租约有仲裁条款并入提单,故不能认定案涉航次租船合同中的仲裁条款当然并入案涉提单。

在(2020)鲁民辖终30号案中,当事人提交的案涉提单正面记载"运费依照2018年4月25日签订的租约支付",背面记载"所有背面所示日期的租约的条款和条件,自由和免责,包括法律适用和仲裁条款并入本提单"。法院认为,从提单看,提单正面的记载为运费支付依据,并没有明确载明哪一份租船合同并入提单,该记载只适用运费事项,不能据此认定该日期租船合同中的仲裁条款并入提单。提单持有人在接受案涉提单后,未明示接受租船合同中仲裁条款的约束,该仲裁条款对其不具有约束力。

在(2020)苏民辖终50号案中,法院认为,有效的租约及仲裁条款并入提单应当在提单正面明确记载"某年某月某日签订的租约条款、条件,包括仲裁条款并入本提单"。在提单正面仅载明租约日期而未明示租约仲裁条款并入,或者在简式提单背面记载的格式并入条款均不能视为有效并入。该案提单正面虽然载有"与租约并用",但并未注明具体的租船合同、当事人、合同签订时间等信息,即未将并入提单的租船合同特定化,也未特别明示租船合同中的仲裁条款并入提单,提单持有人无法从提单中获知仲裁条款的存在及其具体内容,故案涉提单不能产生租约仲裁条款并入提单的法律效果。② 在(2020)津民辖终25号案中,法院认为:该案中,确定租约仲裁条款是否并入提单,即当事人之间是否具有仲裁条款的问题系事实问题。按照该案证据,案涉提单正面仅记载了"提单与

---

① 参见最高人民法院法函〔1995〕135号复函、(2016)最高法民他20号复函。此前最高人民法院曾以2012年5月16日〔2012〕民四他字第16号、2010年9月7日〔2010〕民四他字第52号、2009年2月24日〔2008〕民四他字第50号、2008年11月25日〔2008〕民四他字第33号、2007年1月26日〔2006〕民四他字第49号和2006年12月21日〔2006〕民四他字第26号等复函,对租船合同并入条款作出答复。

② 另参见山东省高级人民法院(2020)鲁民辖终187号民事裁定书和山东省高级人民法院(2022)鲁民辖终18号民事裁定书等。

租约一并使用"（TO BE USED WITH CHARTER-PARTIES）、"参考编号"（Reference No.）×××01，没有明确记载将该合同中的仲裁条款并入提单。正面左下角记载运费支付按照 2017 年 11 月 6 日签署的租约（Freight Payable as per CHARTER-PARTY dated 06THN NO., 2017），仅表明运费的支付依据该租船合同确定，亦不涉及仲裁条款的并入。案涉提单背面为运输条件（CONDITIONS OF CARRIAGE），第 1 条虽记载"提单正面所载明日期的租约中的所有条款和条件、特权和例外，包括法律和仲裁条款，争议解决条款，均被并入本提单"（All terms and conditions, liberties and exceptions of the Carter Party, dated as overleaf, including the Law and Arbitration Clauses, Dispute Resolution Clause are herewith incorporated），但该条款中关于并入仲裁条款的内容没有在提单正面予以明示，即案涉提单正面没有任何关于并入仲裁条款或法律适用条款的记载。因此，案涉提单未并入仲裁条款，租约中仲裁条款对提单持有人不具有约束力。法院依照《海诉法》第 6 条第 1 款和《民诉法》第 27 条之规定，认定其作为运输始发地海事法院，对案件具有管辖权。

可见，目前我国法院在认定并入条款效力时普遍施以较宽松的标准，而对仲裁条款有效并入并约束提单持有人的标准则更为严格，要求当事人明示同意受仲裁条款约束，不能仅以接受提单的行为认定默示接受。构成默示接受，必须达到的标准是：提单正面标明租船合同的签订双方、签约时间及合同编号等信息，使并入条款明确指向特定租船合同，并且仲裁条款必须在提单正面特别明示记载。

4. 定期租船合同仲裁条款并入的效力。对于定期租船合同的仲裁条款，能否有效并入提单，法院持否定态度。在（2004）青海法海商初字第 245 号案中，法院认为，《海商法》第四章第 95 条的规定，承认航次租船合同条款并入提单的效力，但《海商法》和其他有关法律对定期租船合同的条款是否可以并入提单并无明确规定。定期租船合同属于船舶租用合同，此类合同中双方当事人的所有权利义务都是围绕"船舶租用"而约定，与提单关系属于两种性质完全不同的合同关系。《海商法》将两种合同分别列在不同章节中予以规定，充分说明这一点。因此，定期租船合同的有关权利义务条款不能并入提单。

虽仲裁条款与法院管辖权条款均可归为法律条款，但由于管辖权条款不同时存在于租船合同，因此提单并入问题往往仅涉及仲裁条款而不涉及法院管辖权条款的并入。同时还需注意，在租船合同仲裁条款并入提单后，仍应对其效力问题进行审查，因为仲裁条款是否有效并入提单，与仲裁条款本身的效力是两个层面的问题。仲裁条款有效并入后，才谈得上对其本身的效力问题的审查。若当事人对已有效并入的仲裁条款效力存在争议，则应根据仲裁条款所适用的法律予以认定。

另外，就法院裁定否认租船合同中仲裁条款对提单持有人的效力时，是否应层报最高人民法院的问题,最高人民法院在2006年12月21日在〔2006〕民四他字第26号复函中重申,如果法院认为仲裁条款或者仲裁协议无效、失效或者内容不明确无法执行的,在决定受理一方当事人起诉之前,必须报请本辖区所属高级人民法院进行审查;如果高级人民法院同意受理,应将其审查意见报最高人民法院。对于曾经多次批复的涉外商事和海商海事仲裁条款无效问题(如提单并入租约仲裁条款效力问题),是否必要仍要求层报最高人民法院,有学者提出异议,认为层报制度时间冗长、浪费司法资源,且导致原告容易丧失时效保护,一旦法院驳回起诉或不予受理,原告转去仲裁,可能已超过仲裁时效。因此建议修改该规定。①

九、多式联运合同的特别规定

目前,单一运输方式的国际公约已比较完备,而国际多式联运方面的规则或公约仅有国际商会制定的1973年《多式联运单证统一规则》(Uniform Rules for a Combined Transport Document 1973);1980年《多式联运公约》和联合国贸发会议/国际商会1991年《多式联运单证规则》(UNCTAD/ICC Rules for Multimodal Documents 1991)和2008年《鹿特丹规则》关于多式联运的规定。目前两个公约并未生效,但上述规则和公约对我国《海商法》关于国际多式联运合同的特别规定,有直接影响。

(一)多式联运合同

《海商法》第102条规定:

> 本法所称多式联运合同,是指多式联运经营人以两种以上的不同运输方式,其中一种是海上运输方式,负责将货物从接收地运至目的地交付收货人,并收取全程运费的合同。前款所称多式联运经营人,是指本人或者委托他人以本人名义与托运人订立多式联运合同的人。

该条规定要求多式联运合同中应包括海上运输方式,其中又可包括国际海上运输和国内沿海、内河的运输。该条规定虽未对"海上运输"的国际性作出规定,但其作为国际海上运输的特别规定置于第四章国际海上运输之下,因此该"海上运输"应具国际性。因为根据《海商法》第2条的规定,国际海上运输和国内沿海内河港口之间的运输(统称国内水路运输)分别适用《海商法》第四章和《民法典》合同编,所以国际海上运输和水路运输可分别作为国际多式联运合同下的不同运输方式。司法实践中,只有包括国际海上运输在内的国际多式联运才构成《海商法》下的国际多式联运。因此,《海商法》下的多式联运合同,实为包括国际海上运输在内的多式联运合同,可分为国际海运与水路运输,国际海运与铁路、公路或与航空运输等相联合的运输。可见,《海商法》

---

① 参见汪鹏南等:《英国禁诉令的最新发展》,载"海事界"微信公众号,2017年9月17日。

下的多式联运合同具有双重国际性,即多式联运合同的发货地和目的地在不同国家,海上运输方式的起运港和卸货港也应在不同国家。

(二) 多式联运经营人

《海商法》对多式联运经营人没有定义,但其第 103 条和第 104 条分别对其责任期间以及应承担的责任、与各区间承运人之间的责任作出规定。从中可知,多式联运经营人,是负责履行或者组织多式联运合同,并作为一方与托运人订立合同,对全程运输负责并收取全程运费的人。多式联运经营人可以由海运承运人等拥有运输工具的人承担,也可以由无船承运人承担。被誉为"运输设计师"的货运代理人与各运输方式的承运人有密切的订舱业务联系,拥有完备的代理网络,货运代理人承担多式联运经营人比较普遍,尤其在 FOB 指定货运输时更是如此。从该规定看,识别多式联运经营人的标准,主要是谁与托运人订立多式联运合同。另一个长期存在争议的问题是,如何确定多式联运经营人的责任和责任限制所适用的法律。

(三)《海商法》和《民法典》对多式联运合同的适用

《海商法》第四章第八节仅调整国际海上运输,因此其第 102 条国际多式联运合同定义中所指海上运输方式系国际海上运输,不包括国内水路运输。如果一项多式联运合同含有国际海上运输,应优先适用《海商法》的规定。如日本横滨港海运至天津港,再自天津经铁路运至蒙古国乌兰巴托的多式联运合同,应适用《海商法》。如果多式联运合同(无论是否涉外运输)仅含有国内水路运输,应适用《民法典》的规定。如南京港内河运输至重庆,再自重庆经公路至乌鲁木齐,或者自重庆经中欧铁路至蒙古国乌兰巴托,应分别适用《民法典》合同编第十九章等规定。

(四) 多式联运经营人的责任期间

《海商法》第 103 条规定:

> 多式联运经营人对多式联运货物的责任期间,自接收货物时起至交付货物时止。

多式联运经营人责任期间与《多式联运公约》和《鹿特丹规则》的规定基本相同,为自接收货物至交付货物期间,即门到门运输期间。在经典案例(2016)沪 72 民初 288 号案中,案涉货物从马来西亚巴生港起运,经由海运至希腊比雷埃夫斯卸货,再通过铁路运往最终目的地斯洛伐克特拉。法院认为,多式联运经营人对于货物的责任期间为接收货物时起至交付货物时止。货物在铁路运输区段发生事故,处于被告责任期间内,原告据此向被告主张索赔于法有据。(2016)沪民终 321 号案认为,根据提单记载,承运人对案涉集装箱货物的责任期间应当在交货地向收货人交付货物时终止,而非到卸货港即终止,"CY-CY"表明集装箱货物的交接方式为整箱交接。提单记载的交货地加拿大埃德蒙顿地处内陆,根据《海商法》第103条和第104条的规定,被告多式联运经营人的责任期间自接收货物时起至交付货物时止,其应对案涉全程运输负责。被告应当对发生在加拿大铁路运输区段的货损承担赔偿责任。

(五)多式联运经营人与各区段承运人内部责任承担

《海商法》第104条第2款规定:

> 多式联运经营人与参加多式联运的各区段承运人,可以就多式联运合同的各区段运输,另以合同约定相互之间的责任。但是,此项合同不得影响多式联运经营人对全程运输所承担的责任。

实务中,多式联运经营人难以凭一己之力承担全部各种方式的运输,而多将某区段或全部区段的运输委托给其他承运人,并约定相互承担责任的区段和内容。但根据合同相对性原则,该等承运人之间的内部约定不得影响多式联运经营人对全程运输所承担的责任,即其对托运人或收货人的外部责任不因内部约定而受到影响。托运人仍有权持多式联运提单向经营人主张权利。(2016)津民终89-91号案判决认为,多式联运经营人根据《海商法》第104条第1款对全程运输负责,同时认定海运区段的承运人签发了海运提单,亦应当对其责任期间的货损承担赔偿责任。而在(2021)浙72民初1638号案中,存在两个多式联运合同。S公司以包干形式委托Z公司出运货物,委托内容包括报关、装箱、海运及货物到港后的物流派送,其责任区间为自货物交付其指定仓库至货物送交收货人指定地址。根据《海商法》第102条的规定,双方之间成立包含海运方式在内的多式联运合同关系。之后Z又委托P公司出运案涉货物,P公司实际操作了案涉货物的装箱、报关等业务,签发了托运人为S公司的无船承运人提单,故P公司与S公司之间亦成立多式联运合同关系。其责任区间亦为自货物交付至其仓库至货物运送至收货人。货物交付P公司仓库至实际装船出运之前的区段,P公司同时又是该运输区段的实际承运人,应当与承运人Z公司承担连带责任。案涉货损发生于P公司仓库,根据《海商法》第63条的规定,P公司应与Z公司承担连带赔偿责任。

国际多式联运区段承运人常被称为区段实际承运人,对国际多式联运经营人与区段实际承运人是否应承担连带责任问题,有权威观点认为《海商法》第42条规定的实际承运人是接受承运人委托从事货物全部或部分运输的人,包括接受转委托从事此项运输的其他人。第63条同时规定,承运人与实际承运人都负有赔偿责任的,应当在此项责任范围内负连带责任。因《海商法》第四章规定的实际承运人源于《汉堡规则》,该概念应严格限制适用于提单所证明的海上货物运输合同范围内,若直接将多式联运合同中的区段承运人视为上述规定中的实际承运人,并要求其与多式联运经营人承担连带责任,则缺乏明确的法律依据。实践中,有的法院直接适用合同法有关调整多式联运合同的规定,判决多式联运经营人与区段承运人承担连带责任,属于适用法律不当。①

(六) 多式联运经营人的赔偿责任限制

《海商法》规定的多式联运经营人赔偿责任限额,根据货物灭失或损坏发生的区段不同,适用不同的赔偿规定,即采纳"网状责任制"。《海商法》第105条规定:

> 货物的灭失或者损坏发生于多式联运的某一运输区段的,多式联运经营人的赔偿责任和责任限额,适用调整该区段运输方式的有关法律规定。

《海商法》第106条规定:

> 货物灭失或者损坏发生的运输区段不能确定的,多式联运经营人应当依照本章关于承运人赔偿责任和责任限额的规定负赔偿责任。

1. 对确知损失发生区段的赔偿责任限制。如何理解《海商法》第105条关于"调整货损发生区段运输方式的有关法律规定",究竟适用合同准据法调整该种运输方式的法律,还是适用货损发生区段所在国调整该运输方式的法律或公约,因规定不明确而存在争议。有观点认为,确知货损发生区段的,如当事人没有特别选择适用该区段的法律,则适用依据《海商法》第269条确定的案件争议的准据法中调整该区段运输方式的相关法律。如合同准据法为中国法律,则应适用中国法律中调整该区段运输方式的法律。另有观点认为,根据网状责任制,如果确知货损发生在某区段,应适用该区段所在国调整该种运输方式的法律,而不适用准据法调整该运输方式的法律。该问题的实质涉及国际私法理论中对准据法适用的统一适用说与分割适用说。从比较法的角度看,德国和荷兰即是采用统一说,即国际多式联运合同纠纷应当是一个完整的合同,应统一适用一个准据法,在根据冲突规范确定准据法后,不应再适用准据法国的冲突规范指引外国法适用。在准据法确定之后,再次适用网状责任制规定指引外国法适用是冲突法二次适用,不仅违反禁止反致和转致的法律规定,也违背了当事人意思自治原则。相反地,分割适用说允许对一个法律关系进行分割,对法律关系中的不同部分或不同环节规定不同的连接点,最终就不同方面适用不同准据法。②

对确知货物灭失或损坏发生于域外某区段的,我国法院曾有不同裁判结果。大部分根据分割适用法,判决承运人依照境外某区段所适用的法律承担赔偿责任并享

---

① 参见最高人民法院民法典贯彻实施工作领导小组主编:《中华人民共和国民法典合同编理解与适用(一)》,人民法院出版社2020年版,第2200页。

② 参见俞旭明、李根:《〈海商法〉中多式联运经营人"网状责任制"的法律适用问题探析》,载中华人民共和国南京海事法院官网(http://www.njhsfy.gov.cn/en/about/detail/id/6246.html),访问时间:2023年9月6日。

受责任限制。① 也有法院根据统一适用法,以合同所适用准据法裁判已确知货损区段的损害赔偿。在(2011)民申字第 417 号案中,多式联运合同的货物由中国海运至南非港口,后进行南非内陆运输,最高人民法院同意原审法院意见,认定货损虽发生在南非港口但属于陆路运输区段,因纠纷适用中国法律(准据法),故适用中国合同法中有关陆路承运人赔偿责任的法律,确定多式联运经营人的赔偿责任,而没有适用南非调整陆路运输方式的法律。在(2014)民申字第 1188 号案中,运输系由巴西陆路至巴西港口,再至中国港口的陆运-海运多式联运,最高人民法院同意原审裁判,认定货损发生在巴西港口内,属于海运区段,故适用中国海商法有关海运承运人赔偿责任的法律确定多式联运经营人的赔偿责任,而没有适用巴西调整海运区段运输方式的法律。② 上述两案,均适用多式联运合同所适用的准据法——中国法认定确知损失境外区段的赔偿责任,而没有分别适用南非公路运输法和巴西海商法予以认定。

但最高人民法院就该问题的裁判观点在(2018)最高法民再 196 号案发生转变。根据网状责任制和分割适用法,依据适用域外确知区段的法律认定承运人的赔偿责任和责任限制。该案中,货物先自中国上海港出运至墨西哥曼萨尼亚港口,再公路运至墨西哥城,在自该港至墨西哥城的公路运输途中货物灭失(被盗)。双方当事人对究竟适用准据法(中国法)还是适用墨西哥法存在不同观点。最高人民法院再审认为,该多式联运合同适用中国法律的情况下,关于多式联运经营人的赔偿责任和责任限额,应适用货损发生区段的法律即墨西哥关于公路运输的法律。③ 最高人民法院《2021 年涉外审判会议纪要》第 68 条进一步明确了《海商法》第 105 条的适用:

> 当事人就多式联运合同协议选择适用或者根据最密切联系原则适用中华人民共和国法律,但货物灭失或者损坏发生在国外某一运输区段的,人民法院应当根据海商法第一百零五条的规定,适用该国调整该区段运输方式的有关法律规定,确定多式联运经营人的赔偿责任和责任限额,不能直接根据中华人民共和国有关调整该区段运输方式的法律予以确定。

也就是说,依照"网状责任制",对多式联运经营人的责任根据区段进行分割适用。随后,(2020)苏 72 民初 1061 号案和(2021)粤 72 民初 1 号案等依该裁判规则作出判决。

---

① 参见宁波海事法院(2014)甬海法商初字第 639 号民事判决书;福建省高级人民法院(2017)闽民终 725 号民事判决书。
② 另在(2017)粤民终 1253 号案中,广东省高级人民法院认定由于货损发生在境外海运区段,同样适用中国《海商法》而没有适用货损发生地(外国)的海商法。
③ 参见王淑梅主编:《海上货物运输合同纠纷案件裁判规则》,法律出版社 2021 年版,第 311—312 页。

2. 对不确知损失发生区段的赔偿责任限制。根据《海商法》第 106 条的规定,对不确知货损发生区段的,多式联运经营人依照第四章关于承运人赔偿责任和责任限额的规定负赔偿责任,即按照关于海上运输承运人的赔偿责任和限额赔偿。(2022)鲁 72 民初 208 号案中,货物经陆运-海运-陆运运抵印度新德里集装箱场站,掏箱时发现包装损坏,货物本身也出现了磨损。其后,货物再次装上卡车经公路运输送至收货人项目站点,收货人提取货物开箱时亦发现了货物发生损坏。公估人并未对案涉货物的货损原因作出认定,亦不能确定货损发生在哪一运输阶段。法院遂根据《海商法》第 106 条和第 55 条、第 56 条等规定作出判决。

(七)迟延交付责任

虽然国际商会 1973 年《多式联运单证统一规则》《多式联运公约》和 1991 年《多式联运单证规则》对多式联运合同下的迟延交付作出规定,但多式联运中的迟延交付责任规定没有被《海商法》采纳。《海商法》仅规定了多式联运经营人对责任期间内发生的货物灭失或损坏承担责任,没有对货物迟延交付时的责任问题作出规定。因此,托运人或收货人在我国法院依《海商法》索赔多式联运下迟延交付货物的损失,将不被支持。但可根据其他法律提出主张。在(2021)浙 72 民初 1030 号案中,法院依据《海商法》第 104 条第 1 款的规定认定,因该案并非货物毁损或灭失,海商法对多式联运经营人迟延交付货物未作规定,因此,应当适用一般法的相关规定。因《民法典》中关于多式联运合同中亦没有相应规定,应当参照《民法典》第 929 条关于有偿委托的规定。法院认为,原告向国外收货人支付迟延交付违约损失应在被告可预见的范围内,其赔付之后再行追偿才具有合理依据。当然,若当事人约定了交货期限,多式联运经营人对迟延交货应承担违约责任。①

在 2024 年《海商法(修订草案)》中,已经增加了多式联运合同下多式联运经营人迟延交货的赔偿责任的内容。如果此项修改获得通过,将加强对货方的保护,同时响应《鹿特丹规则》关于迟延交付责任的规定。

十、时效期间

法律没有对诉讼时效明确作出定义。通常认为,诉讼时效是指权利人在法定期间内不行使权利,义务人有权提出拒绝履行抗辩的法律制度。权利人在诉讼时效届满前,有权通过诉讼程序提出请求。如果权利人的权利依法成立,将会得到法院的确认和支持,并可通过强制执行程序实现权利。权利人同时拥有程序上的起诉权和实体上的胜诉权。如果权利人在法定的诉讼时效期间内不行使权利,诉讼时效期间届满

---

① 参见天津市高级人民法院(2016)津民终 89-91 号民事判决书。

后,虽权利人仍可提起诉讼,即其仍可行使起诉权,但如果义务人提出诉讼时效抗辩并经确认,法院将不会支持权利人提出的诉讼请求,权利人败诉或称为丧失胜诉权。然而,诉讼时效期间届满后,权利人的实体权利并未消灭,如果义务人同意履行义务,不得以诉讼时效期间届满为由再行抗辩。义务人已经自愿履行的,不得请求返还。时效期间制度本质是对民事权利的限制,旨在督促权利人及时行使权利,有利于搜集证据和查明事实,稳定法律秩序,降低交易成本。

(一) 诉讼时效的分类

诉讼时效包括普通时效期间、特别时效期间和最长时效期间。《民法典》第 188 条第 1 款规定：

> 向人民法院请求保护民事权利的诉讼时效期间为三年。法律另有规定的,依照其规定。

可见普通诉讼时效期间为 3 年,而该款"法律另有规定"即指特别诉讼时效,包括《民法典》第 594 条规定的"因国际货物买卖合同和技术进出口合同争议提起诉讼或申请仲裁的时效期间为四年"等特别规定,以及《海商法》第十三章规定的时效期间规定。根据特别法优于普通法原则,特别诉讼时效优先于普通诉讼时效适用。《民法典》第 188 条第 2 款规定：

> 诉讼时效期间自权利人知道或者应当知道权利受到损害以及义务人之日起计算。法律另有规定的,依照其规定。但是,自权利受到损害之日起超过二十年的,人民法院不予保护,有特殊情况的,人民法院可以根据权利人的申请决定延长。

可见,最长诉讼时效为 20 年。在(2021)闽 01 民终 7062 号案中,法院认为,最长诉讼时效期间的起算具有以下特点：一是自权利受到损害之日起计算。最长诉讼时效采用客观标准,从权利受到损害之日开始计算。二是不考虑权利人何时知道权利受到侵害及具体义务人。即使权利受到侵害后权利人一直不知道,只要权利受到损害之日起超过 20 年的,除极特殊情况下的诉讼时效延长外,民法就不予保护。三是具有固定性,该期限不适用诉讼时效中止、中断的规定,固定为 20 年时间。[1] 实践中,适用 20 年最长时效的案例尚不多见。

(二) 仲裁时效

民商事争议不仅可以通过法院诉讼,还可以通过仲裁、调解或其他方式解决。向仲裁机构申请仲裁也应遵守时效期间的规定,超过时效期间申请仲裁的,仲裁机构对

---

[1] 参见福建省福州市中级人民法院(2021)闽 01 民终 7062 号民事判决书。

仲裁请求不予保护。因此,权利人向仲裁机构请求保护其民事权利的法定期间,即为仲裁时效期间。《民法典》第 198 条规定:

> 法律对仲裁时效有规定的,依照其规定;没有规定的,适用诉讼时效的规定。

本条规定的仲裁时效,指人事劳动争议仲裁时效(1 年)、农村土地承包经营纠纷仲裁时效(2 年)、国际货物买卖合同和技术进出口合同争议仲裁时效(4 年),以及普通民商事争议仲裁时效。根据《仲裁法》第 2 条的规定,平等主体的公民、法人和其他组织之间发生的合同纠纷和其他财产权益纠纷,可以仲裁。因此,民事、商事平等主体之间的民商事纠纷的仲裁时效,由《仲裁法》调整。根据该法第 74 条的规定:

> 法律对仲裁时效有规定的,适用该规定。法律对仲裁时效没有规定的,适用诉讼时效的规定。

通常,民商事仲裁时效适用诉讼时效的规定,包括普通仲裁时效、特别仲裁时效和最长仲裁时效,以及时效期间的中止、中断、延长等。

(三)向承运人索赔的时效期间

《海商法》没有使用"诉讼时效",而是使用"时效期间",盖因"时效期间"可统用于诉讼时效和仲裁时效。《海商法》第十三章针对不同的海事请求权规定了 11 种时效期间和追偿请求权时效期间,与海上货物运输合同有关的时效期间规定在第 257 条:

> 就海上货物运输向承运人要求赔偿的请求权,时效期间为一年,自承运人交付或者应当交付货物之日起计算。

该条 1 年的时效期间与《海牙-维斯比规则》规定的 1 年时效期间相同,短于《汉堡规则》和《鹿特丹规则》的两年时效期间,且不允许协议延长。

1. 适用的对象。该时效期间同样适用于货方权利人向实际承运人、承运人或实际承运人的受雇人、代理人提起的请求。不论请求是基于违约还是侵权。当然,受雇人或代理人享受 1 年的时效期间的前提是,其行为在承运人或实际承运人的授权范围内。在经典案例(2002)民四终字第 27 号案中,法院认定目的港承运人的代理人实施无单放货并非在承运人授权范围内,承运人的代理人不能主张《海商法》规定的承运人的 1 年时效抗辩,而应适用《民法通则》2 年的普通诉讼时效。

2. 交付货物之日的确定。交付货物之日指承运人的实际交货之日,包括交付受损货物或迟延后实际交付货物。在(2022)闽 72 民初 293 号案中,法院认定,案涉货物于 2020 年 7 月 28 日交付,诉讼时效应于 2021 年 7 月 28 日届满。根据《人民法院在线诉讼规则》第 1 条规定原告于 2021 年 7 月 20 日通过网上立案系统向法院提交起诉状等材料,与线下提起诉讼具有同等法律效力,应认定原告于该日提起诉讼,其请求没有超过诉讼时效。

迟延交付货物的情况下,"应当交付之日"应当是双方约定并在海上货运合同中注明的交货日期或在该日期届满之前的日期。如果双方事先没有关于交付货物日期的约定,也没有海上货运合同关于这种约定的注明,应当交付货物的日期就只能是一个经推断而确定的合理日期。[①] 笔者认为,该"经推断而确定的合理日期"可以理解为《汉堡规则》第 5 条规定的"合理时间"。《海商法》关于"合理时间"规定的缺位,同样造成确定时效期间起算日期的困惑。如双方明确约定了具体交货日期,而承运人没有在约定日期或之前交货,该约定日期为应当交付货物之日,依此起算时效期间没有问题。若没有约定交货日期,把一个经推断而确定的合理日期作为应当交货日期就有问题。因为《海商法》并未按照"合理时间"界定迟延交货,用"经推断而确定的合理日期"确定应交货日期,缺乏法律依据。而且,航运情况复杂,"经推断而确定的合理日期"难以把握。在没有约定交货日期的情况下,迟延交货超过 60 日的起算时间也需要一个起算日期。可见,有必要在《海商法》修订时增加在没有明确约定时,以合理时间确定交货日期的规定。另外,在现行规定下,可以进一步细化未明确约定交货日期时,迟延交货情况下的时效期间起算:自推断的合理交货日期至 60 日届满前实际交货的,自实际交货日起算;超过 60 日始终未交货的,该 60 日届满日为推定灭失日,自该日起算;在 60 日后发生实际交货而收货人同意接收货物的,自其实际交货日起算。

3. 应当交付货物之日。是针对货物灭失(含无正本提单放货)的情况,假设货物没有灭失,本应正常交付的合理日期。对货物灭失时的应交付之日,常引发争议。焦点问题是,以收货人具备提货条件时,还是以承运人具备交货条件时认定约定交货之日。在(2013)民提字第 5 号案中,杏花村公司托运的 40 个集装箱运抵巴西桑托斯港后于 2007 年 6 月 9 日进入巴西海关监管仓库,11 月 8 日至 12 月 22 日被拆箱,后被无单放货。2008 年 1 月 17 日包括提单在内的全套单据被退回杏花村公司。原审法院认为,全套提单在银行保管期间,杏花村公司无法明确得知货物是否已经被无单放货的事实,也无法要求承运人港捷公司交付货物。承运人没有收回其签发的正本提单,缺乏应当交付货物的前提条件,不具备交付或应当交付货物的条件。故而诉讼时效期间无从起算。因此诉讼时效应当从杏花村公司再次获得提单之日即 2008 年 1 月 17 日开始,该时间点是承运人应当交付货物之日。最高人民法院再审认为:《海商法》第 257 条规定的"应当交付货物之日",适用于货物没有实际交付给提单持有人的情况,是指承运人在正常航次中,将货物运抵目的港,具备交付条件,提单持有人可以提到货物的

[①] 参见司玉琢、张永坚、蒋跃川编著:《中国海商法注释》,北京大学出版社 2019 年版,对第 257 条的注释。

合理日期。"应当交付货物之日"是按照运输合同正常履行情况推定出来的日期,其中的正常情况既包括船舶运输环节的正常,也应包括交付环节的正常,即提单持有人正常提货,承运人正常交付的情况。提单持有人未在合理期限内提货,不影响诉讼时效的起算。否则,提单持有人迟迟不提货,该时效就无法起算,这不符合法律规定时效制度的目的。承运人向收货人交付货物不同于收货人完成通关提到货物,不能将收货人完成通关提到货物的时间认定为承运人应当交付货物的时间。可见,最高人民法院把承运人具备交货条件的时间,而非提货人具备提货条件的时间确定为"应当交付之日"。《2021年涉外审判会议纪要》第64条固定了该裁判规则:

> 正本提单持有人以无单放货为由向承运人提起的诉讼,时效期间为一年,从承运人应当向提单持有人交付之日起计算,即从该航次将货物运抵目的港并具备交付条件的合理日期起算。

(四)承运人向货方请求赔偿的时效期间

对此,《海商法》没有规定。最高人民法院曾以批复形式明确:

> 承运人就海上货物运输向托运人、收货人或提单持有人要求赔偿的请求权,在有关法律未予以规定前,比照适用《中华人民共和国海商法》第二百五十七条第一款的规定,时效期间为一年,自权利人知道或者应当知道权利被侵害之日起计算。①

在经典案例(2015)民提字第119号案中,法院认为,案涉货物运抵目的港后,因托运人指定的收货人没有提取货物,导致案涉集装箱被长期占用而无法投入正常周转,承运人有权向托运人提出集装箱超期使用费的赔偿请求。根据最高人民法院《关于承运人就海上货物运输向托运人、收货人或提单持有人要求赔偿的请求权时效期间的批复》(以下简称《承运人索赔时效批复》)的规定,该案的诉讼时效期间为1年,自权利人知道或者应当知道权利被侵害之日起计算。承运人就义务人迟延履行集装箱返还义务造成的违约损失主张赔偿的权利,并不是从侵害行为终止之日才产生,赔偿数额是否最终确定也并不影响承运人诉权的行使。承运人以其权利持续受到侵害为由,认为应当以侵权行为终了之日起算诉讼时效缺乏依据。二审判决以案涉货物被拍卖,集装箱被超期使用的损害才得以终止,集装箱超期使用费的数额才得以固定为由,认为承运人行使请求权的时效期间应当从海关发出"关于被拍卖货物的交付"文书之日起算,显然与法律规定的"自权利人知

---

① 参见最高人民法院《关于承运人就海上货物运输向托运人、收货人或提单持有人要求赔偿的请求权时效期间的批复》(法释〔1997〕3号,1997年7月11日最高人民法院审判委员会第921次会议通过,自1997年8月7日起施行)。2024年《海商法(修订草案)》第285条增加了承运人、实际承运人向托运人、收货人或单证持有人的赔偿请求诉讼时效的规定。

道或者应当知道权利被侵害之日起计算"不符。

(五)追偿时效期间

《民法典》中并无追偿时效的规定。《海商法》第257条规定：

> 在时效期间内或者时效期间届满后,被认定为负有责任的人向第三人提起追偿请求的,时效期间为九十日,自追偿请求人解决原赔偿请求之日起或者收到受理对其本人提起诉讼的法院的起诉状副本之日起计算。

《海商法》该条对追偿时效的有关规定,系参考《维斯比规则》第1条第3款及《汉堡规则》第20条第5款的规定制定,填补了我国法律在这方面的空白。

1. 追偿请求人的范围。关于追偿请求人,《维斯比规则》使用"提起此种诉讼的人"(the person bringing such action),而《汉堡规则》指"被判决负有责任的人"(a person held liable)。《海商法》规定为"被认定负有责任的人"。"被认定"可理解为被法院判决或仲裁裁决认定,但如果不包括通过当事人和解而承担责任的人,似乎并不周延。另外"负有责任的人",应包括承运人一方负有责任的人,如承运人、实际承运人或他们的受雇人、代理人。鉴于最高人民法院针对《海商法》第257条以《承运人索赔时效批复》补充规定了承运人向托运人、收货人或提单持有人要求赔偿的请求权时效期间,已由原来的货方向承运人方的单向索赔时效期间补充完善为双向索赔时效期间,原赔偿请求中"负有责任的人"即追偿请求人,其主体还应包括托运人、收货人和提单持有人,如,托运人被法院认定向承运人赔偿在目的港的滞箱费后,有权向收货人追偿,其追偿时效期间亦应适用该90日的规定。还有,90日的追偿时效期间应仅适用于追偿请求人向第三人的追偿,而不包括承运人一方与货方之间的相互反请求。他们之间的反请求仍应分别适用最高人民法院《承运人索赔时效批复》规定的1年时效期间和《海商法》第257条第1款首句的1年时效期间。

2. 追偿时效期间的起算。对追偿时效期间的起算时点,虽有《海商法》第257条"自追偿请求人解决原赔偿请求之日起或者收到受理对其本人提起诉讼的法院的起诉状副本之日起计算"的规定,但具体日期难以确定。最高人民法院曾就此问题复函指出：

> 原赔偿请求若是通过法院诉讼解决的,则追偿请求人向第三人追偿时效的起算点应当自追偿请求人收到法院认定其承担赔偿责任的生效判决之日起计算。[①]

[①] 参见最高人民法院《关于大连港务局与大连中远国际货运有限公司海上货物运输货损赔偿追偿纠纷一案的请示的复函》(〔2002〕民四他字第21号)。

复函虽然内容清晰,但仅指诉讼方式下"追偿请求人解决原赔偿请求之日",而对请示中所提"收到受理对其本人提起诉讼的法院的起诉状副本之日"的操作困难问题没有作出解答。在(2019)最高法民申1543号案中,承运人向实际承运人承担赔偿责任后向收货人(托运人)提起追偿之诉。法院根据《海商法》第257条认为追偿时效期间为90天,并以原赔偿案件民事调解书载明的承运人支付实际承运人赔偿款之日为"解决原赔偿请求之日"(而非调解书作出时间)。2024年《海商法(修订草案)》建议把货方向承运人方、承运人方向货方请求权的诉讼时效都明确规定为2年。① 但是否能解决该条中面临的所有问题,还需观察。比如没有解决仲裁、调解或协议赔偿方式下追偿请求权问题,也没有包括如《鹿特丹规则》第64条(a)项规定的选项"提起程序的管辖地准据法所允许的时效期间内"。其实,追偿诉讼不一定在原赔偿案件所在地法院提起,而可能会在另一法域的法院或仲裁机构,遇到90天的时效与当地准据法所规定的诉讼时效冲突是难免的。如上文(2015)民提字第119号案中,中国托运人向承运人赔偿在印度目的地的滞箱费后,根据货物买卖合同向印度收货人提起追偿之诉,可能会适用买卖合同准据法或印度管辖法院根据国际私法规则确立的准据法中的追偿时效期间。《鹿特丹规则》规定(a)或(b)相关选项,以较晚者为准比较合理,值得借鉴。②

(六)国内水路运输时效期间

根据最高人民法院法释〔2001〕18号批复③,托运人、收货人就沿海、内河货物运输合同向承运人要求赔偿的请求权,或者承运人就沿海、内河货物运输向托运人、收货人要求赔偿的请求权,时效期间为1年,自承运人交付或者应当交付货物之日起计算。该批复没有提及追偿时效期间问题,而且涉及颇多争议。在(2018)最高法民再457号案中,最高人民法院认为:

首先,沿海、内河运输与海上运输时效适用法律不同。该案是国内港口之间的货物运输合同纠纷,实际以多式联运的方式完成运输行为,不适用海商法中关于海上运输诉讼时效的规定,否则,最高人民法院就没有必要对沿海和内河运输时效问题作出时效批复。我国法律和司法解释目前还没有对国内港口货物运输中被认定为负有责

---

① 2024年《海商法(修订草案)》修改为:有关海上货物运输的请求权,诉讼时效期间为2年。向承运人、实际承运人的赔偿请求,其诉讼时效自货物交付或者应当交付之日起计算;向托运人、收货人或者运输单证持有人的赔偿请求,其诉讼时效自权利人知道或者应当知道权利被侵害之日起计算。被认定为负有责任的被请求人对第三人享有的追偿请求权,其向第三人追偿的诉讼时效期间已经届满或者不足90日的,诉讼时效期间为90日,自追偿请求人解决原赔偿请求之日或者收到法院、仲裁机构认定其承担赔偿责任的生效法律文书之日起计算。

② 《鹿特丹规则》第64条:被认定负有责任的人,可以在第62条规定的时效期间届满后提起追偿诉讼,提起追偿诉讼的时效期间以下列较晚者为准:(a)提起程序的管辖地准据法所允许的时效期间内;或者(b)自追偿诉讼提起人解决原索赔之日起或者自收到向其本人送达的起诉文书之日起90天内,以较早者为准。

③ 2001年5月22日最高人民法院审判委员会第1176次会议通过,自2001年5月31日起施行。

任的人向第三人追偿的时效问题,这与海商法规定海上货物运输纠纷案件中 90 天的追偿时效不同。一审法院注意到,《海商法》第 257 条规定追偿时效的起算点与托运人与承运人索赔的时效起算并不相同,前者可以是解决原赔偿请求之日,而后者与交付货物行为相关,因此,武汉中远辩称海商法 90 天的追偿时效不适用于该案,此抗辩意见并无法律或司法解释依据。

其次,时效具有相对性,通常针对的直接合同或侵权相对方。不同当事人之间纠纷涉及的基本事实可能相同,但法律关系形成的纠纷性质可能不同,故诉讼时效应当有所不同。武汉中远所称的时效批复适用于沿海、内河运输过程中,货主作为托运人与履行交付义务承运人之间的纠纷,起算点是承运人交付或应当交付货物的时间。而该案不同,并非货主与有交货义务承运人之间的纠纷,而是湖北外运本身是承运人的情况下,将自己运输的义务交由武汉中远履行全程运输义务期间的责任追偿纠纷,类似于连带责任人之间的追偿纠纷。武汉中远并非实际交货方,故该案诉讼时效的起算点与案外人交货时间无关,不适用时效批复中 1 年时效长短和起算方式的规定。

再次,时效起算点的时间点与请求权的形成密切相关。湖北外运在另案诉讼中已经积极行使抗辩权,此抗辩权在另案诉讼中既对自己有利,也对武汉中远有利,并非怠于行使诉讼权利,在没有得到生效法律文书或解决原赔偿请求之前因没有损失而缺乏请求权基础,无权向武汉中远或其他责任人行使索赔权。这也正是前述《海商法》第 257 条规定的追偿与索赔时效起算点不同的法理基础。一审法院于 2016 年 12 月 3 日作出(2016)鄂 72 民初 42 号民事判决之日或者湖北省高级人民法院于 2017 年 6 月 5 日作出(2017)鄂民终 410 号民事调解书之日,湖北外运解决赔偿请求后,权利被侵害才有诉讼请求权。

最后,从航运实践角度分析,国内港口之间的货物运输时常出现连环多次转委托,其间还可能改变运输方式。若始终以交付或应当交付货物为诉讼时效起算点,则发生货损诉讼时,前面几方承运人均要对前一合同相对方应诉抗辩,又要对下一合同相对方先起诉但因没有损失而诉讼困难(因无实体权利)。这样,必然导致同一事实引起的货损纠纷,相互连环起诉形成多个诉讼案件无法裁决的复杂局面,给当事人造成不必要的诉累,也浪费有限的司法资源,最终影响的还是广大当事人的合法权益。但若不如此,连环逐层追偿过程中,真正承担运输合同责任的责任人或造成货损的直接责任人在一层层追偿过程中,因超过诉讼时效不承担赔偿责任而显失公平,不是诉讼时效法律制度的初衷。因此,该案既不适用海商法规定的 90 天追偿时效,也不适用时效批复中 1 年的时效,而应适用《民法通则》规定的 2 年普通诉讼时效。无论从(2016)鄂 72 民初 442 号案判决之日,还是从(2017)鄂民终 410 号案调解之日起算,湖北外运向武汉中远追偿均未超过 2 年的诉讼时效。

(七) 国际多式联运时效期间

《海商法》对国际多式联运合同时效期间没有明确规定,就此问题长期存在争论。有观点认为,第 257 条规定的 1 年时效期间仅适用于就海上货物运输提出的请求,所以这一时效就不应适用于就非海上的货物运输向承运人要求赔偿的请求权。因此,在多式联运的情况下,对于就发生在非海上运输区段的货物灭失、损坏等要求多式联运经营人赔偿的请求权,本款规定的这一时效就不应当然地适用。只有在货损发生的区段不能确定,根据《海商法》第 106 条规定,就此多式联运的货物向多式联运经营人要求赔偿的请求权,才可以适用本条第 1 款所规定的时效。[①] 在上文所举(2018)最高法民再 196 号案中,多式联运经营人主张,诉讼时效期间应适用货损发生地墨西哥《墨西哥商法典》第 529 条和第 539 条的规定,请求承运人赔偿的诉讼时效期间为运输预计完成后 6 个月。代位诉讼的保险人主张,《海商法》第 105 条是关于多式联运经营人就具体运输区段赔偿责任和责任限额的规定,并非关于涉外民事关系法律适用的规范,该案所涉诉讼时效问题仍应适用中国法律。最高人民法院认为,《海商法》中承运人的赔偿责任、责任限额与有关(诉讼)时效属不同概念,分别规定于第四章(海上货物运输合同)与第十三章(时效)中,该法关于承运人赔偿责任的规定主要是货物权利人要求承运人赔偿的请求权成立的依据,而该法关于时效的规定则是请求权成立后权利人胜诉的依据;从该法整个体系和具体法条文义上看,该法第 105 条不涉及诉讼时效,故难以将该条规定的"赔偿责任"扩大解释为涵盖诉讼时效。

另从法源上考察,在《海商法》于 1992 年 11 月 7 日颁布前,国际上有关规则和公约主要有 1973 年《多式联运单证统一规则》、1980 年《多式联运公约》和 1991 年《联合国贸易和发展会议/国际商会多式联运单证规则》,该三个国际规则和公约将多式联运经营人的责任形式分别规定为"网状责任制"、统一责任制、折中的"网状责任制"(介于"网状责任制"与统一责任制之间的责任形式),但均规定了单独的诉讼时效条款,其所规定的多式联运经营人的责任形式主要针对赔偿责任限额,并不涵盖诉讼时效。虽然相关国际规则和《海商法》规定多式联运经营人"网状责任制"具有其规范目标,但"网状责任制"在其具体条文中均没有得到全面贯彻,主要限于赔偿责任、责任限额,而不涉及诉讼时效。尽管全面推行多式联运经营人"网状责任制"有其合理性,但鉴于《海商法》第 105 条规定的多式联运经营人"网状责任制"有其明确适用事项(赔偿责任和责任限额),在案件审理中尚不宜将该"网状责任制"扩大解释适用于诉讼时效。

[①] 参见司玉琢、张永坚、蒋跃川编著:《中国海商法注释》,北京大学出版社 2019 年版,对第 257 条的注释。

法律规定诉讼时效,基本上系以不同请求权所赖以发生的法律关系为标准相应作出不同规范。故对于有关多式联运合同的请求权,也应当基于其所涉法律关系相应确定诉讼时效的法律适用。《海商法》没有规定有关多式联运合同的请求权的诉讼时效,该案多式联运合同项下货损赔偿请求权的诉讼时效期间,应当依据中国在案涉运输行为发生当时所施行的法律规定即《民法通则》第135条关于2年诉讼时效期间的规定予以确定。此案后,最高人民法院在《2021年涉外审判会议纪要》中,对于多式联运合同中货方向多式联运经营人索赔的诉讼时效问题,确定了裁判规则:

> 货物灭失或损坏发生在国外某一运输区段的,仍应当适用中华人民共和国相关法律规定。①

(八)航次租船合同下的时效期间

《海商法》第257条第2款规定:

> 有关航次租船合同的请求权,时效期间为二年,自知道或者应当知道权利被侵害之日起计算。

航次租船合同为运输合同,出租人与承租人之间的请求权时效期间适用2年普通时效规定,如关于合同成立和效力以及运费、滞期费或速遣费等的请求权。但如果提单持有人不是承租人,则提单持有人对承运人请求权的时效期间仍为1年。根据最高人民法院《承运人索赔时效批复》,承运人对提单持有人的请求权时效期间亦为1年。但此规定是否适用于国内运输航次租船合同,常有不同理解。(2022)辽民终102号案中,法院认定案涉合同为国内沿海航次租船运输合同。因《海商法》第四章海上货物运输合同的规定不适用于我国港口之间的海上货物运输,虽《海商法》第257条关于时效期间的规定并未规定在第四章,但该条系对第四章规定的海上货物运输赔偿请求权和航次租船合同请求权利诉讼时效的规定,该案不适用《海商法》第257条的时效期间规定。因最高人民法院法释〔2001〕18号仅涉及《海商法》第257条第1款而未涉及第2款规定的航次租船合同请求权情形,其适用范围仅为沿海、内河货物运输赔偿请求,并不包括沿海航次租船合同请求权,故该批复亦不适用。因案涉争议的事实发生于2019年,故该案诉讼时效应适用《民法总则》第188条诉讼时效期间为3年的规定。

(九)时效期间的中止

《海商法》第266条对时效期间中止作出规定:

---

① 2024年《海商法(修订草案)》第104条规定,货物的灭失、损坏或者迟延交付发生于多式联运的某一运输区段的,多式联运经营人的赔偿责任、责任限额和诉讼时效,依照调整该区段运输方式的有关法律确定。第105条规定,货物的灭失、损坏或者迟延交付发生的运输区段不能确定的,多式联运经营人应当依照本章关于承运人赔偿责任、责任限额和诉讼时效的规定承担赔偿责任。

在时效期间的最后六个月内,因不可抗力或者其他障碍不能行使请求权的,时效中止。自中止时效的原因消除之日起,时效期间继续计算。①

在(2009)沪海法商初字第520号案中,法院根据《民法通则》和《海商法》关于诉讼时效中止的规定,认定原告托运人于2006年10月31日通过银行向印度托收行寄送了包括全套提单在内的托收单据,而银行在2009年3月11日才收到印度托收行退回的全套托收单据并交还原告。因此,原告在该期间内不持有全套正本提单,无法向被告承运人主张提货,亦无法通过诉讼取得货款赔偿,该情形属于"因其他障碍不能行使请求权",可以构成诉讼时效中止。在(2013)沪高民四(海)终字第23号案中,法院认为,原告保险人依据保险代位求偿权取得对承运人的诉权,理论上也可以以自己的名义起诉承运人,而该案诉讼时效应于2010年9月29日保险人取得代位求偿权之日起计算。但此时,就该案同一事实、同一法律关系、同一诉讼标的额的诉讼案件已进入二审审理阶段,法院不可能因同一事实以同样的案由再次立案,故保险人在当时行使诉权在法律上存在障碍。从《海商法》第266条规定的诉讼时效中止情形看,上述障碍应属于其中的"其他障碍"。保险人在障碍消除(前案纠纷作出二审判决)后2个月内就案涉的保险纠纷向承运人提起诉讼,未超过最后6个月的诉讼时效。而在(2016)最高法民申38号案中,最高人民法院认为,根据《海商法》第266条的规定,原告与案外人之间进行仲裁,并不构成阻碍其提起该案诉讼的不可抗力或其他障碍。

(十)时效期间的中断

时效期间中断,是指诉讼时效期间因出现法定事由而中断计算,从中断、有关程序终结时起,诉讼时效重新起算,直至时效期间届满。时效期间可以多次中断和重新起算,但最长不得超过法律规定的最长时效期间。《海商法》的时效期间中断规定比普通法的规定更为复杂。其第267条规定:

时效因请求人提起诉讼、提交仲裁或者被请求人同意履行义务而中断。但是,请求人撤回起诉、撤回仲裁或者起诉被裁定驳回的,时效不中断。②

请求人申请扣船的,时效自申请扣船之日起中断。自中断时起,时效期间重新计算。特别需要注意的是,国际海运公约有时效期间可以延长的规定,而没有中止和中断的规定。而我国法律不允许当事人协议延长时效期间,并且《海商法》规定的时效中断事由比《民法典》的规定更为狭窄和严格,海事请求权人要避免以《民法典》诉讼时效

---

① 2024年《海商法(修订草案)》第294条修改为:在诉讼时效期间的最后6个月内,因不可抗力或其他障碍不能行使请求权的,诉讼时效中止。自中止时效的原因消除之日起满6个月,诉讼时效届满。

② 2024年《海商法(修订草案)》第295条修改为:诉讼时效因请求人提出履行请求、提起诉讼、申请仲裁或者被请求人同意履行义务而中断。请求人申请扣船的,诉讼时效自申请扣船之日起中断。自中断时起,诉讼时效期间重新计算。

的习惯思维处理国内外的海商海事索赔案件。

(十一)《海商法》与《民法典》关于时效中断的区别

二者的区别和裁判规则主要体现在以下几个方面:

1. 中断事由范围不同。《民法典》第195条规定的诉讼时效中断事由包括四项,即(1)权利人向义务人提出履行请求;(2)义务人同意履行义务;(3)权利人提起诉讼或者申请仲裁;(4)与提起诉讼或者申请仲裁具有同等效力的其他情形。而《海商法》第267条规定的时效中断事由仅包括:(1)时效因请求人提起诉讼或提交仲裁;(2)被请求人同意履行义务;(3)请求人申请扣船。不包括权利人向义务人提出履行请求以及与提起诉讼或者申请仲裁具有同等效力的其他情形。因此,最高人民法院《关于审理民事案件适用诉讼时效制度若干问题的规定》(以下简称《诉讼时效规定》)第8条中关于权利人向义务人提出请求的情形不适用于海事请求权,换言之,"提出请求"仅包括提起诉讼、仲裁或申请扣船,诸如向承运人发索赔函主张权利或发律师函声言要起诉等,不引起时效中断法律效果。

2. 提起诉讼、提交仲裁的概念相同。《海商法》中的提起诉讼、提交仲裁,与《民法典》的概念相同。提起诉讼指权利人根据《民事诉讼法》规定,向有管辖权的法院(海事法院)递交起诉状及副本,书写困难的可以口头起诉。对此《诉讼时效规定》第10条规定:

> 当事人一方向人民法院提交起诉状或者口头起诉的,诉讼时效从提交起诉状或者口头起诉之日起中断。

依据该规定,只要当事人向人民法院提交诉状(含口头方式),诉讼时效即中断,而不论法院是否受理,受理后是否送达被告,或者起诉是否被撤回或被驳回,也不论相应法院是否具有管辖权。因为其请求保护权利的对象是法院,故只要递交起诉材料或口头起诉就应认定为向法院提出了权利主张,具有中断时效的效力,而无须等待法院受理才中断。向仲裁机构申请仲裁的,递交仲裁申请材料即发生时效中断的效力。

《诉讼时效规定》第11条规定的"其他与提起诉讼具有同等诉讼时效中断的效力的事项"①是否适用于海事请求权,导致诉讼时效中断,并无明确规定。向公权力机构提出请求以及保护权利人利益的角度,该条规定的"具有同等效力"的情形应适用于海事请求权。而且依2001年《全国海事法院院长座谈会纪要》推定,海事请求保全申请、海事强制令、海事证据保全作为海事诉讼特别程序,亦应"具有同等效力",即同样产生诉讼时效中断的效力。在(2016)粤72民初311号案中,广州海事法院认为,原告如果

---

① 最高人民法院《关于审理民事案件适用诉讼时效制度若干问题的规定》第11条:下列事项之一,人民法院应当认定与提起诉讼具有同等诉讼时效中断的效力:(一)申请支付令;(二)申请破产、申报破产债权;(三)为主张权利而申请宣告义务人失踪或死亡;(四)申请诉前财产保全、诉前临时禁令等诉前措施;(五)申请强制执行;(六)申请追加当事人或者被通知参加诉讼;(七)在诉讼中主张抵销;(八)其他与提起诉讼具有同等诉讼时效中断效力的事项。

实施了《诉讼时效规定》第 13 条(现第 11 条)规定的九种行为,其行为亦应被认定为与"提起诉讼"具有同等诉讼时效中断的效力,其实施的相关行为亦可视为"提起诉讼"。对于该被视为"提起诉讼"的行为,能否构成《海商法》第 267 条规定的诉讼时效中断,需再依据《海商法》第 267 条予以认定。而至于权利人依《诉讼时效规定》第 12 条和第 14 条规定,向有关调解机构等申请调解或向公安机关、人民检察院、人民法院报案或者控告,请求保护其民事权利的,应不被认为《海商法》中产生诉讼时效中断效力的情形。比如,货物在目的地港口被承运人交付给提单持有人或收货人之外的人,提单持有人向当地公安机关控告或向海事法院报案(非起诉),根据《海商法》的规定不产生诉讼时效中断的效力。

3. 原告撤回起诉、撤回仲裁或者起诉被裁定驳回的,时效中断的效力不同。普通民商案件,原告撤回起诉、撤回仲裁或者起诉被裁定驳回的,诉讼时效中断。而《海商法》明确规定,这些情形不导致时效中断。就该条而言,对《海商法》中的提起诉讼或申请仲裁应做狭义解释,其中撤回起诉,包括原告以作为和不作为方式表示的主动撤诉和被动撤诉(如不按规定时间交纳诉讼费)。即使法院已将应诉通知书和起诉状副本送达被告或者在法院开庭审理后撤诉,亦不产生时效期间中断的效力。在(2016)粤 72 民初 311 号案中,原告先以 L 物流的代理人 S 公司为被告提起诉讼。诉讼中申请追加 L 物流为被告,但又撤回了追加申请。法院认为,原告以 S 公司为被告提起诉讼的行为应视为《海商法》第 267 条第 1 款规定的"提起诉讼"。虽然原告因识别承运人不当被判决驳回诉讼请求,但判决被驳回诉讼请求并不属于《海商法》第 267 条第 1 款中的"起诉被裁定驳回"。因此,该案诉讼时效期间应于原告对 S 公司提起诉讼时构成中断并重新开始计算。原告申请追加 L 物流为被告的行为,虽可被视为《海商法》第 267 条第 1 款的"提起诉讼",但在该案诉讼过程中,原告又申请撤回追加申请。根据《海商法》第 267 条第 1 款"但是,请求人撤回起诉、撤回仲裁或者起诉被裁定驳回的,时效不中断"的规定,原告申请追加 L 公司为被告的行为,不构成诉讼时效中断。而此后原告向本院邮寄起诉状对 L 物流提起诉讼,再次构成诉讼时效中断。前述两段期间均未超过法定诉讼时效期间。另外,因请求人的起诉不符合法定条件,法院裁定不予受理或者驳回起诉时,等同于请求人没有起诉,不能发生诉讼时效中断。但依据《民诉法》第 157 条的规定,当事人对不予受理或者驳回起诉的裁定不服的,有权提起上诉。二审法院经审理后,裁定维持原裁定,即对原告的起诉不予受理或者驳回起诉的,不发生诉讼时效中断;裁定应予受理的,自原告向一审法院提起诉讼时起,发生时效的中断。

对请求人向无管辖权的法院起诉,无论接受起诉的法院审查起诉材料后认为本院无管辖权裁定不予受理,告知请求人向有管辖权的法院起诉,还是在受理起诉后发现本院无管辖权,裁定移送有管辖权的法院受理,虽然请求人选择起诉法院的目标产生错误,但为防止因向无管辖权的法院起诉或者移送有管辖权的法院受理而致诉讼时效期间届满,请求人的权利得不到保护,应认为请求人向无管辖权法院的起诉,亦产生诉讼时效中断的效力。尤其在中国,货方当事人对海事案件的特别管辖,以及十一个海事法院之间各自管辖范围规定不一定熟悉,请求人向无管辖权的法院起诉的现象时有发生,如上文(2022)闽72民初293号案。如果因选择法院错误而丧失时效期间,对当事人利益的保护是不利的。再者,管辖为法院系统内部受理第一审民事案件的分工和权限,仅以接受起诉的法院无管辖权为由不发生时效中断,显然对请求人不公平。

4. 义务人同意履行义务的行为。针对何谓同意履行义务,《诉讼时效规定》第14条作出规定,义务人作出分期履行、部分履行、提供担保、请求延期履行、制定清偿债务计划等承诺或者行为的,应当认定为《民法典》第195条规定的"义务人同意履行义务"。但该规定在适用于海事请求权时,如何把握,存在宽严之争。有法院认为义务人需书面的、明确的同意,甚至包括对债权数额的确认或者先行支付赔偿金。如有的法院根据《海商法》和该规定认为,被告保险公司先行支付货物损失保险赔偿金的行为构成了法律意义上的同意履行部分保险赔付义务,诉讼时效自其支付货物损失保险赔偿金之日起中断,重新计算时效期间。[①] 有的法院坚持若义务人未明确表示同意或承诺履行义务,不构成同意履行。原告发催款函后义务人没有同意继续履行还款义务,虽能证明原告追索欠款事实,但并不属于《海商法》规定的法定中断事由。[②] 最高人民法院在(2017)最高法民申4289号案中认为,Q公司仅在邮件中表示同意催促收货人付款,上述意思表示不能等同于其自身同意承担赔偿责任,对Q公司不能产生诉讼时效中断的效果。而有的法院认为,只要不拒绝索赔并与对方当事人磋商,就具备了同意赔偿的意思,时效中断。尤其是在海上保险理赔案件中,被保险人与保险人的报案以及磋商过程,有的被认定为可以中断时效。在(2006)海商初字第101号案中,法院认为,在货损发生后,原告在时效期限内曾致函被告要求赔偿,被告亦予函复,诉讼时效因此中断。在(2018)最高法民申6054号案中,最高人民法院根据《海商法》第264条和第267条第1款的规定认为,《海商法》第267条第1款关于诉讼时效中断的规定不属于最高人民法院《关于审理海上保险纠纷案件若干问题的规定》(以下简称《审理海上保险案件规定》)第1条关于"海商法、保险法均没有规定的"而应予"适用合同法等其他相关法律的规定"之情形。因保险公司于2013年4月19日提出了给予150000美元赔付的方案,此属于保险公司就案涉两船的货损赔偿问题同意履行义务的行为,故该案诉讼时效自2013年4月19日中断,重新计算,至2015年4月18日时效期间届满。哈尔滨空调公司虽数次向保险公司发出保险赔付请求书,但该行为并不属于《海商法》

---

① 参见广州海事法院(2019)沪72民初3052号民事裁定书。
② 参见广州海事法院(2002)广海法初字第344号民事判决书。

第 267 条第 1 款所规定的时效中断的情形。米兰仲裁庭裁决的是哈尔滨空调公司与安莎尔多公司之间的货损纠纷,而非哈尔滨空调公司向保险公司主张的保险理赔,并不当然发生该案时效中断的后果。

5. 时效期间的起算时间不同。民事诉讼时效的起算时间,从权利人知道或应当知道其权利被侵害时起计算,而根据《海商法》的规定,海事请求时效期间的起算时间则较为复杂,一般合同是从权利人知道或应该知道其权利被侵害之日起计算,如航次租船合同、船舶租用合同、海上拖航合同下的请求权。但对提单货物运输纠纷、海上旅客运输中的人身伤亡和行李灭失请求权、船舶碰撞请求权、海难救助请求权、共同海损分摊请求权、海上保险赔偿请求权、船舶油污损害请求权等,则根据不同情况分别进行计算。对于"权利人提起诉讼或者申请仲裁""与提起诉讼或者申请仲裁具有同等效力的其他情形"的重新起算时间,应从有关程序终结时起,诉讼时效期间重新起算。①

6. 申请海事强制令致时效期间中断。这是《海商法》时效中断特有的事由。在(2009)浙海终字第 17 号案中,案涉两批货物分别于 2006 年 3 月 17 日、4 月 25 日到港,宁波马士基等三被上诉人据此认为承运人"应当交付货物之日"应从 2006 年 3 月 17 日起算,则 2007 年 3 月 16 日诉讼时效届满。法院认为,刘旭公司于 2006 年 5 月 11 日向原审法院申请海事强制令,并于 2006 年 5 月 12 日获取正本提单四套,宁波马士基和中通公司交付提单行为,表明其同意继续履行相应的合同义务,符合《海商法》第 267 条第 1 款关于时效中断事由的规定,且 2001 年《全国海事法院院长座谈会纪要》②关于诉讼时效的意见中明确,在适用海商法审理海事纠纷时,如果债务人仅同意与债权人协商赔偿事宜但未就具体赔偿达成协议的,或者海事请求人撤回诉前海事请求保全申请、海事强制令、海事证据保全申请或者上述申请被海事法院裁定驳回的,不构成时效中断。海商法中对承运人的时效规定同样适用于实际承运人。由此可以推断,提起海事强制令申请并被法院裁定执行应构成诉讼时效中断。刘旭公司于 2007 年 5 月 11 日向法院邮寄起诉状等材料的诉讼行为发生时,尚未超出海上货物运输合同纠纷的 1 年诉讼时效期间。从该案可知,义务人同意履行义务,可以是书面同意,也可以是以行为表示同意。而且,海事强制令属于导致时效期间中断的事由。

7. 申请扣船致时效期间中断。《海商法》第 267 条规定,请求人申请扣船的,时效自申请扣船之日起中断。申请扣船时具备哪些规定动作即可发生诉讼时效中断的效

---

① 参见黄薇:《中华人民共和国民法典释义》(上),法律出版社 2020 年版,第 395 页。
② 2001 年《全国海事法院院长座谈会纪要》:海商法关于诉讼时效的规定是一套完整的制度。海商法与民法通则规定的时效中断的事由是不同的,在审理海事案件中要注意准确理解海商法的规定。在适用海商法审理海事纠纷时,如果债务人仅同意与债权人协商赔偿事宜但未就具体赔偿达成协议的,或者海事请求人撤回诉前海事请求保全申请、海事强制令、海事证据保全申请或者上述申请被海事法院裁定驳回的,不构成时效中断。《海商法》中对承运人的时效规定同样适用于实际承运人。

力,法律并未明确规定。应当认为,扣船申请人根据《海诉法》第 15 条向相关海事法院提交扣船申请书的行为,产生诉讼时效中断的效力。扣押船舶导致时效期间中断的效力,及于被扣押船舶的所有人、光船承租人,以及海事请求所指向的承运人、实际承运人以及他们的受雇人、代理人等。申请扣船之时因客观原因,申请人无法立即查明船舶所有人、光船承租人或承运人、实际承运人的具体名称等信息,不影响申请扣船行为对其时间期间中断的效力。至于申请扣押的是当事船还是关联船,是首次还是重复扣押、是限制船舶运营("死扣押")还是仅限制船舶处分、抵押("活扣押"),不影响时效中断的效力。但如果扣船后未在法定期间内起诉、申请人申请撤销扣船且经海事法院同意的,时效不中断。

扣船通常指诉前扣船,并不限于在中国境内,只要是具有海事保全性质的扣船行为,时效自申请扣船之日起中断。审理实体争议的机构可以是中国或境外法院,也可以为中国或境外仲裁机构或临时仲裁,只要适用中国海商法,即可根据该条因申请扣船而导致时效期间中断。在(2004)桂民四终字第 10 号案中,法院认为,根据《海商法》第 257 条第 1 款和第 267 条的规定,诉讼并不仅限于在本国的诉讼,在国外诉讼也是权利人积极行使权利的体现。该案货物在 1998 年 6 月 24 日到港,原告于 1999 年 6 月 21 日在新加坡法院提起对物诉讼,申请扣押了载货船舶,导致诉讼时效中断。原告在新加坡法院中止诉讼后向北海海事法院提起诉讼,并未超过 1 年的诉讼时效。

8. 权利人起诉义务人的代理人,时效期间的中断问题。为充分保障己方权利,避免遗漏责任方,海事请求人在向义务人提起诉讼的同时,常将其代理人一并列为被告。或者无法确定承运人,就直接起诉其船舶代理人。此类案件中,针对时效的裁判结果不尽相同。有案例认为船舶代理人享受承运人 1 年诉讼时效期间的前提是,代理人在义务人的授权范围内行事,如上文(2004)桂民四终字第 10 号案,而有案例根据当时的《民法通则》的司法解释作出裁判。在马士基公司与浙江华都纺织有限公司等海上货物运输合同纠纷再审案中,最高人民法院认为:原告于 2004 年 3 月 26 日向承运人马士基公司的代理人马士基中国公司提起诉讼,2005 年 2 月 16 日追加马士基公司作为被告。《海商法》第 267 条规定,时效因请求人提起诉讼、提交仲裁或者被请求人同意履行义务而中断。但《海商法》对向承运人代理人提起的诉讼是否构成时效中断并未作出规定,在《海商法》没有规定的情况下,应当适用《民法通则》的有关规定。故适用《民通意见(试行)》第 173 条第 2 款的规定,权利人向债务保证人、债务人的代理人或者财产代管人主张权利的,可以认定时效中断。因此该认定时效中断并无不当。在(2023)津 72 民初 362 号案中,法院认定,正本提单持有人的起诉对于实施无单放货实际承运人和实际提货人发生诉讼时效中断的效力,同时对作为连带债务人的其他被告,亦发生诉讼时效中断的效力。

《海商法》时效期间制度与海运公约和《民法典》有较大差别,造成司法实践中的不统一。2024年《海商法(修订草案)》第294条和第295条将《海商法》第266条的时效期间中止和第267条的时效期间中断作了修改。如获得立法机关通过,可在一定程度上减少该领域的混乱现象。同时,能够使诉讼时效的中止和中断制度与《民法典》和《诉讼时效规定》保持统一,扩大时效中止和中断的适用范围。如,向义务人提出履行请求、申请财产保全、行为保全或其他临时救济措施,或申请海事强制令、海事诉前证据保全或申请诉前查封、扣押、冻结被申请人其他财产的,均可导致相应的诉讼时效中断。

(十二)诉讼时效的协议延长

《海商法》没有如《海牙-维斯比规则》和《汉堡规则》规定时效期间可以协议延长。我国法律坚持诉讼时效法定原则,《民法典》第197条规定:

> 诉讼时效的期间、计算方法以及中止、中断的事由由法律规定,当事人约定无效。当事人对诉讼时效利益的预先放弃无效。

诉讼时效制度是对当事人民事权利的法定限制,其规范目的具有公益性,关乎社会公共利益及法律秩序的统一。《海商法》不采纳公约中协议时效延长规定,在情理之中。

第二章 国际航空货物运输

民用航空法的产生和发展,是人类航空探索活动和航空科技进步的产物,也是国际经济、政治力量不断较量的结果。

第一节 国际航空运输法简史

国际航空运输法的发展,大致经历了三个阶段。

一、国际航空立法探索期

18世纪后期,欧洲出现利用空气浮力的探险活动。1783年,法国蒙特菲尔兄弟制造出可用于运载的热气球,并于当年6月5日在法国安纳内放飞。数月后,法国物理学家查尔斯首次有意识地应用阿基米德定律放出了一个氢气球。他将250公斤硫酸倒入500公斤铁屑里,使其产生足量的氢气充入气球。气球飞行25公里后在农田降落。当天,法国政府发布一项公告:"气球或球体在升空时不得引起民众惊恐。"这可能是航空行政法规的雏形。同年9月19日,第一个载客气球在凡尔赛上空升起,一只公鸡、一只鸭子和一只绵羊成为第一批空中乘客,也开创了蒙特菲尔式气球升空的新篇章。紧接着,11月21日,人类第一次载人飞行成功进行,它使法国贵族让·弗朗索瓦、皮拉特·德·罗齐埃和阿尔朗侯爵即刻成为英雄。为规范这类新型飞行物的飞行活动,1874年,巴黎市政当局发布治安法令规定:"未经警察机关批准,不准放飞热气球。"可以认为,这是世界上最早的航空行政许可法令。同年,英国、意大利、西班牙和美国都进行了第一次自由气球飞行。次年,比利时、德国和荷兰也进行了第一次气球飞行。1785年1月7日,蒙特戈费式热气球载着布朗夏尔和杰弗雷成功飞越英吉利海峡,这一跨国飞行无疑引发人们对国家主权这一敏感问题的思考。1819年,塞纳禁止使用热空气充填的气球,要求所有气球必须装有降落伞,并且在农民收获农作物前禁止放飞气球升空。这些法令,被认为是后来1919年《空中航行管理公约》(以下简称《巴黎公约》)和1944年《芝加哥公约》的"前奏"。1889年,法国政府邀请欧洲19个国家的代表在巴黎召开第一次讨论航空法的国际会议。但由于当时处于航空技术发展的初期,人们对航空法的基本原则等认识不足,没有达成成果。1901年,国际法研究所的世界知名法学家保罗·福希尔提请法学界同行注意应该有一部国际航空法典。次年,在布鲁塞尔国际法学会上,福希尔发表了著名的《空域和浮空器的法律制度》,这被认为是世界上第一个航空法典建议草案。1903年,美国莱特兄弟实验成功重于空气的机动飞行器(现代飞机雏形)。1909年7月25日,布莱里奥驾驶第一架飞机成功飞越英吉利海峡并因此获得1000英镑奖金。1910年,欧洲21个国家的代表再次在巴黎开会讨论国际航空立法问题,但代表们对空气空间的性质和法律地位争议很大,对航空自由和领空主权问题未达成一致,会议依然没有成果。

由此可见,第一次世界大战前人类在航空领域的探索刚刚起步,航空活动仅限于简单飞行器的短距离飞行,还无法作为商用运输工具从事旅客、货物及邮件的运输。对于运输规则还停留在不成套的简单规则阶段,未形成成熟的航空立法。不过,可以看出,近现代航空立法活动始于欧洲,而巴黎堪称航空法的发祥地。

二、国际航空立法活跃期

这一时期,受第一次世界大战刺激,世界各强国对航空科技投入大量技术和资金,发展本国航空力量,从客观上也刺激和加速了航空立法的发展。在欧洲不断进行航空立法探索活动的同时,美洲各国也不甘落后。在1916年圣地亚哥泛美航空会议上,美洲大陆各国在航空法的基本原则上取得大的进步,比如:空气空间被宣布为国家财产,各国对其领土上空的空气空间拥有主权;飞机必须具有国籍并涂有本国标志;美洲各国的飞机可以在美洲国家间自由航行等。这些基本原则为以后的航空立法奠定了基础。1919年,被认为是"创造航空奇迹年"。这一年,欧洲各国首都之间的航班已经建立,横跨大西洋的航空飞行实验成功,从英格兰到澳大利亚的飞行也告成功。世界上最早的专门经营国际航空运输的航空公司——荷兰皇家航空公司(KLM)建立。同年,巴黎和会上通过了《空中航行管理公约》,这是第一个国际航空运输法典。公约规定,各国对其领土之上的空气空间具有完全的和排他的主权,这一基本原则,至今仍作为一项国际法基本原则而适用于国家间的关系。但是,该公约当时借鉴了海洋法中的"无害通过权",后经实践证明,"无害通过权"并不适用于航空领域,这一原则后来被修改。值得一提的是,依据该公约设立的"国际空中航行委员会"作为常设性国际机构,成为今天"国际民用航空组织"的前身。

1926年西班牙和拉丁美洲国家签订了《伊比利亚-美洲航空公约》,1928年美国与部分美洲国家签订了《泛美商业航空公约》,表示对《巴黎公约》的不满。但是,这两个公约的基本内容与《巴黎公约》类似。上述三个公约被后来1944年的《芝加哥公约》所取代。

第一次世界大战前后的航空立法活动,主要反映了国际公法的立法内容。在国际私法方面,同样呈现活跃的景象,制订了一些具有重要历史意义的国际公约。受1924年海运方面《海牙规则》的影响,1925年,法国政府邀请以欧洲为主的43个国家代表在巴黎举行第一次航空私法国际会议,成立航空法专家国际技术委员会。1929年,第二次航空私法国际会议在华沙召开,制定了著名的、迄今仍然起着重要作用的《华沙公约》;1933年,制订了《统一关于飞机对地面(水面)第三者造成损害的某些规则的公约》(以下简称1933年《罗马公约》)。

三、国际航空立法成熟和完善期

这一时期,从第二次世界大战结束前的1944年开始,直到现在。主要有下列航空立法活动:1944年《国际民用航空公约》(《芝加哥公约》);1947年国际民用航空组织(ICAO)成立,该组织对促进国际航空立法起到了非常积极和重要的作用;1948年通过《关于国际承认对飞机权利的公约》(1948年日内瓦公约);1952年修改1933年《罗马公约》;1955年修改《华沙公约》的《海牙议定书》;1966年《蒙特利尔协议》;1971年《危地马拉议定书》和1975年四个《蒙特利尔议定书》订立;以及1999年《蒙特利尔公约》订立。到目前,形成了以1944年《芝加哥公约》为代表的国际航空公法体系,以1929年《华沙公约》和1999年《蒙特利尔公约》为代表的国际航空私法体系,以及以1963年《东京公约》等为代表的国际航空刑法体系。

这些国际公约体现出国际航空运输法的主要特点。一是国际性强。从最早的气球升空开始,航空活动就对国家主权问题提出挑战,尤其在欧洲,各国领土狭小,热气球的飞行无动力控制,全凭风力影响,很难保证不飞越国界降落他国。比如,到1908年,这类活动对法国来说已经不仅是烦恼问题,从4月到11月,至少有10个气球从德国越过边界降落到法国境内,这些气球一共载有25名飞行员,其中至少有一半是穿军装的。当然,法国飞行员布莱里奥在飞越英吉利海峡的历史性飞行时,也从未想到事先取得许可才得以进入大不列颠并在其境内降落。航空实践证明,航空活动已经不受海洋和高山的阻挡,航空活动的特点决定了航空立法的国际性。如果不用国际统一的法律规则,而适用各国千差万别的国内法,航空活动必将寸步难行,最终阻碍航空业的发展。二是公法和私法并重。国际航空法属于国际法的组成部分,但是又具有不同于传统国际法的特点。传统国际法指国际公法,主要调整国家关系的法律规范。而国际私法,传统上称"国际冲突法",主要调整国际民、商事法律关系。航空法首先要解决的是公法问题,诸如国家主权、领空、国籍、国家关系等,立法文件主要有《芝加哥公约》等。在私法领域,主要解决因国际航空活动引起的财产关系、合同关系、人身损害、侵权等问题。1929年《华沙公约》正是对航空损害赔偿实行统一规则的成功之作。因此可以说,国际航空法既包括航空公法(含航空刑法),也包括航空私法,而国际航空运输法更多情况下是指私法。①

第二节 《华沙公约》体系和《蒙特利尔公约》

一、《华沙公约》体系和《蒙特利尔公约》

(一)《华沙公约》体系的组成

《华沙公约》全称《统一国际航空运输某些规则公约》(Convention for Unification of Certain Rules Relating to International Carriage by Air,简称 Warsaw Convention of 1929),于1929年在华沙签订,1933年生效,是第一部关于航空运输私法方面的重要公约。后于1955年订立关于修改《华沙公约》的《海牙议定书》(Hague Protocol)等多个议定书。截至2022年年底,《华沙公约》成员有152个,1955年《海牙协议》成员有137个。《华沙公约》以及修改华沙公约的议定书、补充性公约所确立的统一世界航空运输有关规则和承运人责任制度的规则体系,被称为《华沙公约》体系。②《华沙公约》体系在促进国际航空运输、统一国际航空立法方面起到了不可估量的作用,对世界各国国内航空立法产生深远影响。中国1958年7月20日加入《华沙公约》,同年10月18日对中国生效。中国政府批准1975年8月20日《海牙议定书》,同年11月18日对我国具有法律约束力。中国政府同时声明中华人民共和国政府所信守的(华沙)公约理所当然适用于包括台湾在内的全部中国领土。根据我国政府向波兰外交部的通知,两个文件分别于1997年7月1日和1999年12月20日适用于我国香港特区和澳门特别行政区(以下简称澳门特区)。我国航空运输立法中、关于航空运输民商法律关系规定,主要借鉴《华沙公约》,并参考了我国没有加入的议定书(《危地马拉议定书》和《蒙特利尔4号议定书》)等。

(二)《蒙特利尔公约》的制定

1999年发布的《蒙特利尔公约》,全称《统一国际航空运输某些规则的公约》(Conven-

---

① 参见唐明毅主编:《现代国际航空运输法》,法律出版社1999年版,第39—42页;赵维田:《国际航空法》,社会科学文献出版社2000年版,第11—16页;吴建端:《航空法学》,中国民航出版社2005年版,第11—12页。

② 除1929年《华沙公约》外,华沙体系(Warsaw system)还包括1955年《海牙协议》、1961年《瓜达拉哈拉公约》、1966年《蒙特利尔协议》、1971年《危地马拉议定书》、1975年《蒙特利尔第1—4号附加议定书》等九个国际条约。另外,1992年日本倡议的《国际航空客运人协定》、1995年和1996年国际航空运输协会制订的《关于旅客责任的承运人间协议》和《关于实施国际航空运输协会承运人间协议的措施》、1997年欧盟制订的《2007/97号条例》,也常被视为华沙体系的组成部分。

tion for the Unification of Certain Rules for International Carriage by Air done at Montreal on 28 May 1999,简称 The Montreal Convention of 1999),1999 年在蒙特利尔举行的国际会议上通过,于 2003 年 11 月 4 日生效。虽然《华沙公约》被誉为最成功的国际公约之一,但其施行多年形成众多议定书和补充协议,而各国加入各公约或议定书的情况不同,加之区域间、各国之间的航空运输协定、各国国内法及各航空公司之间协定等,造成适用和责任限额等方面的严重不统一,航空责任制度达几十种。[1]《蒙特利尔公约》旨在汇集《华沙公约》体系中的规定,用一部统一的公约取代补丁叠加、责任制度纷乱的《华沙公约》体系,使国际航空法律更加一体化和现代化。截至 2023 年年底,公约有 150 个缔约方,其中包括中国、美国、欧盟、英国、日本、加拿大等主要航空大国和区域组织。中国于 2005 年 2 月 28 日批准加入《蒙特利尔公约》,公约于同年 7 月 31 日对中国生效。同时中国政府声明公约适用于澳门特区。2006 年 10 月 20 日,中国政府通知国际民航组织公约于 2006 年 12 月 15 日适用于香港特区。

(三)《蒙特利尔公约》与《华沙体系》的关系

由于《蒙特利尔公约》的生效并未废除《华沙公约》体系,因此,出现二者并存的局面。因《华沙公约》体系的缔约国与《蒙特利尔公约》的缔约国并非完全一致,这给公约的适用带来困难。为解决这个问题,《蒙特利尔公约》第 55 条特别规定,如果国际运输在《蒙特利尔公约》当事国之间履行,而这些当事国同为《华沙公约》体系的当事国,《蒙特利尔公约》优先适用。如中国和英国同为《华沙公约》和《蒙特利尔公约》缔约国,货物自中国北京首都机场起运至目的地英国希斯罗机场,应适用《蒙特利尔公约》。基于《蒙特利尔公约》已达到 150 个缔约方,其适用范围已成主流且具代表性,取代《华沙公约》体系为时不远。

二、《华沙公约》的适用范围

《华沙公约》第 1 条第(1)款规定:

本公约适用于所有以航空器运送旅客、行李或货物而收取报酬的国际运输。本公约同样适用于航空运输企业以航空器办理的免费运输。

(一)适用于特定航空器

公约并未对航空器(aircraft)作出定义,可以理解适用于任何形式的航空器,不论

---

[1] 如日本各航空公司根据《华沙公约》第 22 条的规定,修改其运输条件,旨在使国际旅客运输责任限额与日本国内旅客责任限额在 1982 年的变化相一致;1995 年国际航协制订《关于旅客责任的承运人间协议》(IIA)。该协议体现了 1992 年日本倡议的方法。参见〔美〕乔治·汤普森金斯:《从美国法院实践看国际航空运输责任规则的适用与发展——从 1929 年〈华沙公约〉到 1999 年〈蒙特利尔公约〉》,本书译委会译,法律出版社 2014 年版,第 18—19 页。

有无动力,包括通常意义上的航空器和飞船、滑翔机、氢气球和直升机等。但 1919 年《巴黎公约》曾对航空器作出定义,并被 1944 年的《国际民用航空公约》采纳,即指"大气层中依据空气的反作用力做支撑的任何器械"。① 而火箭是靠动力、气垫船是靠从空气对地面的反作用而获得支撑力的飞行器,不在公约调整范围。另外,用于军事、警察与海关的航空器,不属于民用航空器,亦不受公约调整。

(二) 仅适用于国际运输

公约把"国际运输"(international carriage)定义为:

> 根据有关各方所订的合同,不论在运输中是否有间断或转运,其出发地和目的地是在两个缔约国或非缔约国的主权、宗主权、委托统治权或权力管辖下的领土内有一个约定的经停地点的任何运输。

就是说,只需满足以下两个条件中的任一个,即构成国际运输:(1)航空运输的出发地和目的地分别在两个缔约国的领土内;或(2)虽然航空运输的出发地和目的地处于同一个缔约国的领土内,但在另一个国家(无论该国是否为公约缔约国)的领土内有一个协议规定的经停地(agree stopping place)。在一个缔约国领土内两地间的运输而在另一个国家的领土内没有约定的经停地点,不是本公约意义上的国际运输。可见,判断国际运输的标准,是运输合同的出发地、目的地是否在不同缔约国境内,或者虽然这两个地点在同一缔约国内但在另一国有约定经停地点,而不考虑托运人、收货人的国籍或承运人住所地或主要营业地等因素。如果承运货物的航班为国际运输,在承运人责任期间内受损,应根据国际公约获得赔偿。相反,如果航班不属于国际运输,如北京至上海的国内航空运输,则不能按公约赔偿。

需要注意的是,《华沙公约》第 1 条第(2)款所强调的是"根据有关各方所订的合同",如航空货运单记载出发地机场在 A 缔约国,目的地机场在 Z 缔约国,但航空器因故并未抵达约定的目的地,公约仍然适用该运输合同。如飞机在 A 缔约国起飞后因故迫降在出发地 A 缔约国境内,或者起飞后抵达 Y 缔约国而非 Z 缔约国,公约仍适用。在另一国的经停地点也必须是"约定的经停地点"。如上例中,运输合同约定出发地在 A 缔约国甲机场,目的地在 A 缔约国乙机场,但在另一国 X(缔约国或非缔约国)经停,该经停地点必须是合同约定的(可记载于运输凭证上,或者另有协议),否则不适用。承运人保留选择航线和在必要地点经停的权利,不妨碍依约定的经停地点认定国际运输和公约的适用。如果不符合国际运输的标准,应适用国内运输法律或承运人在货运单背面印就的条款或条件,以及国际航空运输协会(IATA)的合同条款等。

---

① 参见吴建端:《航空法学》,中国民航出版社 2005 年版,第 56 页。

(三)连续运输亦为国际运输

连续运输,就是整个航程可分为若干区段,由不同的连续承运人(several successive carriers)承担运输。公约第1条第(3)款规定,由几个连续的航空承运人所办理的运输如经合同当事人认为是一个单一的运输业务,则无论它是以一个合同或一系列合同的形式约定的,在公约的意义上,应视为一个不可分割的运输,并不因其中一个合同或一系列的合同因完全在同一国家的领土内履行而丧失其国际性。如,空运单记载货物自中国西安始发至美国目的地亚特兰大,但西安到亚特兰大没有直航,需要经北京到纽约再到亚特兰大。西安到北京由中国东航执飞,北京至纽约由中国国航执飞,纽约至亚特兰大由美国联航执飞。即使西安至北京区段在中国境内、纽约至亚特兰大区段在美国境内,该运输仍被认为是国际运输,适用公约。但假设连续运输航程中有一票货物从纽约装上飞机运往亚特兰大,则属于国内运输,不适用公约。

根据行业惯例和 IATA 制定的《货物运输条件》的规定,航空承运人没有义务保证使用任何特定的飞机和途经特定的航线,或者按照特定的时刻在任一特定地点予以衔接,航空承运人有权自选路线或安排货物绕行。航空承运人可以在不预先通知的情况下交给其代理人转运或者续运。即航空承运人有运输路线的选择权和决定权。这就意味着,整个运输过程可能有几个航段和几个承运人,而这些情况货主可能并不知情。这些并不影响整个运输的国际性以及公约的适用。

(四)区分国际运输和国内运输的意义

确定一项航空运输的国际性特别重要,因为涉及适用什么赔偿标准,而包括中国在内的某些国家,施行国际运输和国内运输两套赔偿制度和标准。有些国家的国内标准低于国际标准(如中国、2014年前的印度等),而有些国家的国内标准高于国际标准(如日本、美国)。① 因此,确定航空运输是否适用公约,对货主或旅客的重要性不言而喻。从公约的适用条件而言,也可以得出结论,国际运输中旅客赔偿标准的差异,不取决于国籍,而取决于出发地、目的地和约定的经停地,即运输的国际性。货物和行李的情形也一样,能否享受公约规定的赔偿标准,取决于是否是公约规定的国际运输。

---

① 2014年1月17日,印度政府宣布经修改的《蒙特利尔公约》责任限额适用于国内航空运输。1989年,我国国务院《国内航空运输承运人对每名旅客身体损害赔偿暂行规定》规定每名旅客身体损害赔偿最高限额为2万元,1993年修改为7万元。2006年《国内航空运输承运人赔偿责任限额规定》,把国内航空运输赔偿限额提高为:对每名旅客的赔偿责任限额为人民币40万元;对每名旅客随身携带物品的赔偿责任限额为人民币3000元;对旅客托运的行李和对运输的货物的赔偿责任限额,为每公斤人民币100元。一般认为,美国与日本的空难赔偿标准为全世界最高。美国按照余生价值计算,主要根据收入及纳税等条件来确定。因此,不同申请者得到的赔偿金额相差悬殊。而日本的赔偿原则是对生命的赔偿金额无限,赔偿金额的计算考虑受害者的受害程度、年龄、职业及正常收入情况、受害者家庭负担、未来发展潜力等诸多综合因素。

(五)适用于包机运输

航空运输承运人,包括公共航空运输承运人和包机运输承运人,且其从事的运输为取酬性运输(carriage for reward),即商业性运输。还包括航空运输企业使用民用航空器办理的免费运输(gratuitous caririage)。某项运输为非商业运输,如航空公司内部的人员搭乘、货物搭载,不适用公约。但如果航空公司为这些人员签发了乘机证或者机票,该运输仍属于取酬运输。如果航空公司的某项运输是为商业广告、宣传目的,即使是免费的,该运输同样适用《华沙公约》。如韩国某航空公司新开通了北京至韩国的航线,为庆祝航线开通组织有关旅行社、货运代理公司、货主和政府部门代表,免费提供机票乘坐其航班参加首航仪式,如果中韩是公约缔约国,则该项运输适用公约。但根据公约第 34 条的规定,公约不适用于航空运输机构为了开设正式航线进行试航的国际航空运输,也不适用于超出正常航空运输业务以外的特殊情况下进行的运输。公约不适用于私人拥有的商务机的运送,因为其并非航空运输经营行为。

(六)适用的运送对象

公约适用于运送货物、旅客和行李的航空运输。邮件和邮包的运输因为另有国际邮政公约调整,不适用公约。货物包括活动物,没有像《海牙-维斯比规则》一样把活动物排除在货物之外。

三、《蒙特利尔公约》的适用范围

(一)适用范围的扩大

《蒙特利尔公约》沿用了《华沙公约》体系的适用范围,但有所扩大。其第 1 条第 4 款规定,本公约同样适用于第五章规定的运输,除非该章另有规定。也就是说,把《蒙特利尔公约》的适用范围扩大到1961年《瓜达拉哈拉公约》,将《蒙特利尔公约》与《华沙公约》实现合并,以适应日益增长的不定期包机、租机运输的需要。缔约承运人和非缔约承运人(实际承运人)制度的出现,使得不拥有航空器的人,如货运代理公司或旅行社,也作为承运人受到公约约束。与《华沙公约》一样,《蒙特利尔公约》同样适用于不定期包机运输。在(2018)沪 0115 民初 5179 号案中,原、被告签订《仁川-青岛包机运输协议》。法院认为,中国和韩国均为《蒙特利尔公约》的缔约国。根据《蒙特利尔公约》第 1 条的规定并结合《仁川-青岛包机运输协议》的约定,可知,原告委托被告包机航空运输的出发地和目的地为韩国和中国,案涉的航空运输发生在不同国家领域范围内,符合《蒙特利尔公约》中关于国际航空运输的规定。虽《仁川-青岛包机运输协议》第 8 条第 5 款约定合同未尽事宜可适用《华沙条约》,但因《蒙特利尔公约》第 55 条的规定,《蒙特利尔公约》在当事国之间优先于《华沙公约》《海牙议定书》适用。审理中,经法院释明,原、被告双方亦确认该案的审理应首先适用《蒙特利尔公约》,对《蒙特利尔公约》未作规定的部分,应适用中国法律。

(二)公约适用的强制性和排他性

不论《华沙公约》体系,还是《蒙特利尔公约》,一旦适用于某项国际运输,就排除其他公约的适用,且公约内容强制适用于该项运输。索赔人只能根据所适用的公约提起索赔,公约没有规定的才可以适用国内法或承运人的运输条件。受美国《哈特法》和海运公约关于承运人最低义务强制性规定的影响,《蒙特利尔公约》沿用《华沙公约》,规定当事人受公约责任制度约束,不得通过协议解除承运人的责任或降低承运人的责任标准。承运人提供的违反公约强制性义务的条款无效。

四、航空运输凭证

(一)货运单初步证据效力

两个公约都对航空运输凭证作出规定。依《华沙公约》的规定,航空货运单是订立合同、接受货物和运输条件的初步证据。航空运单的缺如、不合规定或灭失,不影响运输合同的存在和有效。货物承运人有权要求托运人填写航空货运单,托运人有权要求承运人接受这项凭证。航空货运单通常是不可转让的。《华沙公约》对签发可转让的航空货运单未明确规定,《海牙议定书》明文规定承运人可以签发可转让的航空货运单。但航空承运人和货方担心一旦转让中出现延误或丢失,给交付货物带来困难,通常不要求空运单具有可转让功能。因此,在实际业务中航空货运单一般都印有"不可转让(Not Negotiable)"字样。所以事实上,航空运单仍不具有可转让性。根据公约规定,航空货运单应由托运人填写,由承运人填写的,视为代托运人填写。如果托运人或其代理人在填写货运单时存在瞒报、虚报等行为,违反正确、真实申报义务给承运人造成损失的,托运人应负赔偿责任。

(二)货运单的填制

航空货运单正本一式三份,由托运人填写后连同货物交给承运人。第一份注明"交承运人",由托运人签字。这份航空货运单是托运人接受航空承运人要约和运输条件后而作出的承诺,签字时合同成立。第二份注明"交收货人",由托运人和承运人签字,并附在货物上。这份运单中收货人通常是货物的买方,是否需要支付运费要根据买卖双方的合同约定价格术语,在运单中记载运费预付或运费到付。第三份由承运人在接收货物后签字,交给托运人。该份货运单首先是承运人接收货物的证据,其次,可以证明承运人根据提单记载向托运人承担责任,如根据托运人要求中止运输、变更收货人等,以及对在货物交付前的货物灭失、损坏向托运人承担赔偿责任。《蒙特利尔公约》沿用了《华沙公约》的规定,但取消了"连同货物交给承运人"的规定,实现了货物与运单分离。

(三)航空货运凭证不具物权凭证功能

基于航空货运单的记名、随运输工具和货物交给收货人的特点以及不可转让性,航空货运单只有货物收据和运输合同证明的功能,而不具备如海运指示提单所具有的物权凭证功能。因海运航程相对较长,托运人或提单持有人需要通过转让提单而转售货物,提单具有的物权凭证功能可以发挥至关重要的作用。而航空运输快捷,收货人可以在当日或次日很短时间内即可收到货物并转售。如果托运人希望把在途货物转售给航空货运单记载收货人之外的第三人,完全可以根据《华沙公约》第12条第(1)款的规定行使中途停运权和改运权,通知承运人将货物交给第三人,而无需转让空运单。物权凭证功能对航空货运单而言,显得没有实际意义。但跟单信用证下,开证申请人往往应开证行要求将其作为航空货运单收货人,开证行可以在开证申请人未付款赎单时,持航空货运单阻止承运人交货给开证申请人,起到控制货物的作用。正如CISG咨询委员会对航空运单托运人联的认定,其具有控制货物处置权的功能,但其并不像开证行持有可转让海运提单一样,具有担保物权的效力。

(四)航空运输凭证的证据效力

《华沙公约》第11条第(1)款规定:

航空货运单或者货物收据是订立合同、接受货物和所列运输条件的初步证据。

首先,航空货运单或货物收据不是航空运输合同本身,仅为航空运输合同的初步证据。没有签发运输凭证,不影响运输合同的有效成立。其次,该项规定表明。如有相反证据或最终证据,运输凭证上记载的事实可以被推翻。即,运输凭证上记载的托运人交给承运人运输的货物,是承运人接受这些货物的初步证据。如果当事人能够提供最终证据证明,其事实上并未接受这些货物或者接受的货物与所记载货物的重量、尺寸、包件和数装不符,则应以最终证据所证明的事实为准。最后,运输凭证是"所列运输条件的初步证据"。运输凭证不是运输条件本身,而是所列运输条件的初步证据。运输条件是运输合同的重要内容,运输合同除包括运输凭证记载的运输条件外,还包括IATA公布的合同条件、承运人公布的交易条件、运价本、协议,以及航空运输惯例等内容,这些内容不可能全部体现在运输凭证上。这些运输条件可能包括承运人责任基础和限额、其雇员或代理人的责任、索赔通知、诉讼时效和管辖权、承运人对易腐货物的处理、对收取运费的规定等。托运人还应受这些条件的约束。

在最高人民法院公报案例汇泰公司与华迅公司国际航空货物运输运费纠纷再审案中,汇泰公司以 FOB 条款向意大利 I·F·C 公司出口服装,运费由 I·F·C 公司支付给当地货运代理 GONDRAND 公司,由该货运代理委托华迅公司办理出口运输事宜。华迅公司未收到意大利委托人 GONDRAND 公司支付的运费,于是起诉汇泰公司支付运费。一二审法院均支持华迅公司的诉讼请求。最高人民法院再审认为:根据我国参加的《华沙公约》第 11 条第(1)款规定,在没有相反的证据时,航空货运单是订立合同、接受货物和承运条件的证明。该案有 I·F·C 米兰公司按照《委托运输合同》履行支付空运费交付货物的事实的相反证据,从而否定了航空分运单作为合同的证明效力。该分运单只是作为证明 I·F·C 公司收到并发运该案货物的收据。而且华迅公司在 1993 年 5 月至同年 9 月陆续发送货物后,一直未将作为运输合同凭证的航空分运单正本托运人联交给汇泰公司,15 至 21 个月后才向汇泰公司主张运费。这种违反华沙公约有关规定和不符合国际航空货运代理行业惯例的做法亦说明华迅公司不认为与汇泰公司之间存在委托运输关系。据此,最高人民法院撤销了原审法院判令汇泰公司向华迅公司支付全程运费等的判决。该案援引《华沙公约》关于航空货运单"初步证据"的性质和法律地位的规定,用查明的运输合同和运输条件等事实作为相反证据,推翻初步证据,从而得出结论认为汇泰公司与华迅之间不存在合同关系,进一步否定华迅公司向汇泰公司的运费主张。①

《华沙公约》第 11 条第(2)款规定:

> 在没有相反的证据时,航空货运单中关于货物重量、尺寸和包装以及件数的说明,都应该被当作是确实的。除非经过承运人和托运人当面查对并在航空货运单中注明经过查对,或者是关于货物外表情况的说明外,关于货物的数量、体积及情况的说明不能构成不利承运人的证据。

运输凭证所记载的货物重量、尺寸和包装以及包件件数信息,承运人还可用相反证据推翻。但如果承运人在托运人在场时核对了货物,其不能推翻运输凭证的记载,或者承运人在运输凭证上就外表状况作了批注、陈述,其应受此等批注或陈述的约束。

(五)国际货运代理签发运输凭证

若国际货运代理人作为缔约承运人,根据《蒙特利尔公约》签发航空分运单(house air waybill),与航空承运人签发航空主运单(Master Air Waybill)一样,应遵守公约的规

---

① 参见《湖州市汇泰制衣有限公司与大连华迅国际空运有限公司宁波分公司国际航空货物运输运费纠纷再审案》,载《中华人民共和国最高人民法院公报》1998 年第 3 期。

定并受公约约束。

另外,针对已经加入《华沙公约》和《海牙议定书》,但尚未加入《蒙特利尔公约》的国家,依规定仍适用纸质运输凭证,即航空货运单需随货物流转到收货人。而《蒙特利尔公约》允许使用电子空运单(e-AWBs),在航空货运供应链中逐步实现电子化,在节约成本、改善环境的同时,增加货运准确性、快捷性和安全性。

五、承运人责任制度

(一)承运人责任基础

与《海牙规则》相类似,《华沙公约》制定时航空运输仍属新兴行业,技术水平有限,因此也采用了不完全的过失责任制,即采用推定过失原则,一旦出现货物损失,首先假定承运人有过失,只要索赔人证明有损失发生,承运人即应赔偿。如果承运人能够举证证明自己无过失,则不必负责。而当承运人的过失是发生在驾驶中、飞机操作中或者在领航时,承运人虽有过失,也可要求免责。《海牙议定书》保持了过失责任制的基础,并顺应历史的潮流取消了驾驶、飞机操作和领航免责的规定。与同时代的海运公约(《海牙规则》《海牙-维斯比规则》)所不同的是,《华沙公约》根据航空运输的特点明确规定了承运人对货物运输过程中"因延迟而造成的损失应负责任"。这在当时是极有远见的。

《华沙公约》同样对承运人的责任限额作了规定,并明确"企图免除承运人的责任,或定出一个低于本公约所规定的责任限额的任何条款都属无效",这样避免了承运人在运输合同中随意增加免除或者降低承运人赔偿责任的做法。《海牙议定书》只是增加了承运人对旅客的赔偿责任,对货物的责任限额不变。《蒙特利尔公约》突出特点是汇集《华沙公约》体系各文件的最新规定,形成一个统一、责任确定的新公约。在货运方面沿用《蒙特利尔第四号议定书》《瓜达拉哈拉公约》等规定,规定了承运人责任制度以及代码共享、实际承运人等内容。

(二)承运人承担责任的方式

《蒙特利尔公约》第18条规定,对于因货物毁灭、遗失或者损坏(destruction, or loss of, or damage)而产生的损失,只要造成损失的事件是在航空运输期间发生的,承运人就应当承担责任。据此,承运人承担责任的方式是对货物毁灭、遗失或者损坏而产生的损失,而非"毁灭、遗失或者损坏"本身。"毁灭、遗失或者损坏"产生的损失,可能低于或高于货物本身。承运人民事责任承担方式仅限于赔偿经济损失,排除承担其他民事责任,如修理、恢复原状或支付违约金等。

(三)承运人责任期间

航空运输期间也是承运人的责任期间。《蒙特利尔公约》第18条第3款和第4款规定：

本条第一款所称的航空运输期间，系指货物处于承运人掌管之下的期间。

航空运输期间，不包括机场外履行的任何陆路、海上或者内水运输过程。但是，此种运输是在履行航空运输合同时为了装载、交付或者转运而办理的，在没有相反证明的情况下，所发生的任何损失推定为在航空运输期间发生的事件造成的损失。承运人未经托运人同意，以其他运输方式代替当事人各方在合同中约定采用航空运输方式的全部或者部分运输的，此项以其他方式履行的运输视为在航空运输期间。

首先，"货物处于承运人掌管之下"（in the charge of the carrier）是判断航空运输期间（carriage by air），也即承运人责任期间的唯一标准，而不论货物处于接收、装货、运输、转运或者交货的哪个环节。掌管是承运人自接受货物至交付货物期间，对货物的直接或间接的占有和控制。接受或交付可能发生于机场内、航空器上或机场外的任何地点，或者发生在承运人、其代理人或第三方仓库，都属于在承运人掌管之下。例如，货物自首都机场T2停机坪卸下飞机后用汽车运至T3停机坪装上另一飞机，属于机场内的地面运输，无疑系在承运人掌控之下的运输，属于航空运输期间。其次，在机场外履行的陆路（公路和铁路）、海上或内河运输，本身不包括在运输期间。但如果该种非航空运输是为履行航空运输合同而办理装卸、交付或转运的，期间发生的任何损失无法确定发生区段时，推定为发生在航空运输期间，托运人可以依此提出索赔。但承运人有相反证据可以推翻该推定的，不予赔偿，已经赔偿的可以请求退还赔偿金。例如，为履行航空运输合同，自首都机场T3外的货运代理人仓库用汽车将货物运至机场T3内装上飞机，或者为转运货物自首都机场运至大兴机场，或为交付货物用汽车自北京大兴机场运至石家庄，均属于为履行航空运输合同发生的陆路运输，汽车运输亦属航空运输期间，其间发生的货物损失，如无相反证据推定发生于航空运输期间，承运人应根据公约承担赔偿责任。最后，承运人应按合同约定的运输方式完成航空运输。通常在机场至收货人之间，承运人根据约定或惯例用汽车运输。如北京大兴机场至天津用汽车完成运输，如果损失发生在大兴机场至天津之间的运输期间，属于约定的运输期间，承运人应根据公约承担赔偿责任。在澳大利亚 Siemens v. Shienker 案中，货物在自机场运往货运代理仓库时掉下受损，原审法院认定不适用公约，不享受责任限制，二审法院改判属于航空运输，承运人享受责任限制。如果承运人未经同意采用其他运输方式替代约定的全部或部分航空运输方式，货损发生在该运输方式的，视为发生在航空运输期间。例如，航空运单记载货物自日本东京羽田机场空运至北京首都机场T3，然后再空运至武汉。若承运人未经同意用公路和铁路运输替代北京至武汉的空运方式，发生在公路和铁路运输中的货物损失，视为发生在航空运输期间，适用公约。

如果北京至武汉的空运方式,不是约定的,则该替代的公路和铁路运输不是航空运输,不适用公约。

不得不承认,《蒙特利尔公约》第 18 条第 4 款关于航空运输期间的规定,因其条文本身规定不甚清晰且实践中各种运输方式的混合使用,向来是引发争议的热点问题。此项规定将公约的适用范围从单纯的航空运输扩展到了与之相关的陆路、海上或者水路运输过程,航空运输承运人对于其他运输方式中发生的损失应承担赔偿责任,同时也可援引《蒙特利尔公约》中的责任赔偿限额条款以保护其利益。对此托运人、收货人应当认识到,在与航空运输相关的其他运输过程中,如果发生货物毁灭、遗失或者损坏等,不能根据《民法典》的规定获得全额赔偿,应采取保护措施以防止此间事故发生。另外,这些非航空运输方式,可能由航空公司委托第三方完成,一旦发生货损,航空公司仍应以承运人身份承担赔偿责任。

(四)承运人的免责事由

《蒙特利尔公约》第 18 条第 2 款以非过错情形列举的方式,规定了承运人对货物损失的免责。首先,对货物固有缺陷、质量或者瑕疵造成的损失免责。这些免责事由基于货物本身的潜在缺陷、质量劣等或者存在某方面瑕疵,即使承运人合理注意和照料其损失也难以避免。《2021 年涉外审判会议纪要》第 54 条针对《海商法》第 51 条第 1 款第 9 项对"货物的自然特性或者固有缺陷"的认定作出规定,该规定虽针对海运货物制定,但可参考适用于航空货物(见《海商法》相关章节介绍)。其次,包装应指为保护运输中的货物而进行的外包装,而非为货物营销而做的内包装。再次,战争行为或武装冲突指国家之间或一国内部的敌对行为等。有的虽然宣称武装行动,但可能已经演变为激烈的战争行为(如俄乌冲突)。有的没有宣布战争或武装冲突,但却严重危害航行安全。如 2014 年 7 月 17 日,马来西亚一架波音 777 客机在乌克兰靠近俄罗斯边界坠毁,机上 298 名人员全部遇难。据调查是遭到导弹袭击后坠毁。对战争行为或武装冲突应作广义解释,对此可参考保险法关于战争险的相关内容,即在航空运输途中由于战争、类似战争行为、敌对行为或武装冲突以及各种常规武器和炸弹所造成的货物的损失。最后,公共当局实施的与货物入境、出境或者过境有关的行为,如海关、检疫、商检、动植物检验等行为,造成货损免责。

另外,由于货物的毁灭、遗失或损坏可能由于货方的过错所致,《蒙特利尔公约》第 20 条针对承运人因此可以主张的免责或减轻责任作出规定。根据该条规定,如果承运人能够证明损失是由于索赔人或索赔人自其取得权利的人(the person claiming compensation, or the person from whom he or she derives his or her rights)的过失或者其他不当作为、不作为(the negligence or other wrongful act or omission)造成或促成的(the damage was caused or contributed to),应根据其过错程度相应免除或减轻承运人的责任。承运人不仅需证明该等过错的存在,还应证明其与损失存在直接或间接的因果关系。"索赔人自其取得权利的人"通常指原权利人,如旅客的继承人行使旅客对承运人的索赔权,保险公司赔偿收货人后向承运人行使代位求偿权,此时旅客或收货人就是"索赔人自其取得权利的人"。"过失""不当作为"或者"不作为",其实很难精准区别,应泛指没有达到神智健全、通情达理的人在当时的情况下根据法律所应达到的注意标准,包括因故意或过失该为而不为,不该为而为之的情形。该条的免责适用于包括第 21 条第 1 款在内的所有免责条款。

(五)航空延误

《蒙特利尔公约》第 19 条规定:

> 旅客、行李或者货物在航空运输中因延误引起的损失,承运人应当承担责任。但是,承运人证明本人及其受雇人和代理人为了避免损失的发生,已经采取一切可合理要求的措施或者不可能采取此种措施的,承运人不对因延误引起的损失承担责任。

公约没有对延误作出定义,但通常是指承运人未按明确约定的时间或未在合理的期间将货物运至目的地,且延误系发生在航空运输期间,而不包括在陆上、海上或水路运输中发生的延误。如果航空货运单约定了抵达时间,迟于该时间抵达为延误。但通常无此约定,只能按合理时间判断。航空承运人公布的航班时刻表中的预计抵达时间,不能作为构成延误的依据,而应根据航空承运人完成运输的合理期限判断是否构成延误。如果根据具体案件能够认定承运人的延误确属不合理,承运人应承担赔偿责任。但如延误未引发经济损失,承运人不必承担责任。对于延误引发的直接损失,承运人应承担责任,而对间接损失是否应承担责任,可根据法院所在地法律确定。对于损失的发生和金额,索赔人负举证责任。而若承运人希望免除赔偿责任,应举证证明其本人或受雇人、代理人已经采取一切可合理要求的措施或者不可能采取此种措施,避免延误引发损失的发生。承运人常证明引起延误的事由不在承运人控制范围,如天气原因、机械故障、航空管制或者政府颁布禁飞法令等。但即使延误的发生无法控制,承运人避免或减少货物损失发生的义务并未解除,其仍有义务采取一切可合理要求的措施避免或减少损失。如航空运输发生延误,对旅客而言,免费提供食宿,或者以其他运输方式在合理时间将旅客运至目的地。就货物而言,如所承运的活动物需要特别照料、易腐货物需要持续制冷,承运人应采取相应措施避免损失。

在(2021)粤 0391 民初 8652 号案中,某物流公司作为原告,某实业公司作为被告,双方未对运输延误的责任承担进行约定。关于是否构成运输延误的问题,法院认为,运输时间的起算应当从货物交付时开始,货物迟延20天到达,实际上已构成了对双方约定时限("10个自然日左右提取")所含不确定性的突破。因此,应认定为运输延误。关于承运人是否应承担赔偿责任,法院认为,鉴于国际货运的特殊性,法院根据运输方式、延误原因、原被告双方履约情况等,综合评判确定案涉货物运输延误的责任承担。最后法院依据《蒙特利尔公约》第19条的规定,综合原告对于案涉货物运输延误的责任、发生延误后采取的沟通以及对被告进行补偿等情况,本着公平公正的基本原则,酌定案涉货物部分运费由承运人承担。

《蒙特利尔公约》未就旅客伤亡或行李、货物灭失和损坏责任规定"承运人如果证明自己和他的代理人为了避免损失的发生,已经采取一切必要的措施,或不可能采取这种措施时,就不负责任"抗辩事由,而在运输延误责任中,保留了类似规定,即第19条第二句,并根据各国司法实践对"合理延误"的认定,用"一切可合理要求的措施"替代《华沙公约》的"一切必要措施"。"所有合理措施"的抗辩涉及避免延误引起的"损失",而非航空运输中延误的事实。承运人需证明发生延误后,其为避免因延误造成的损失采取了哪些"合理措施"。

(六) 连续承运人、实际承运人的责任

公约没有对承运人作出定义。1961年《瓜达拉哈拉公约》区分了缔约承运人和实际承运人。与托运人订立运输合同的人为缔约承运人,而实际承运人是接受缔约承运人委托履行全部或部分运输合同的人。但实际承运人不是连续承运人。连续承运人参与履行运输合同是基于托运人的同意,被视为履行合同区段的承运人,属于缔约承运人。而实际承运人不是运输合同一方当事人,因为其参与承运并非基于托运人同意,而是基于缔约承运人的委托。根据代码共享协议,一家代号为AA的航空公司(以下简称AA航空公司)经营从亚洲到欧洲的货运服务,另一家航空公司代码BB(以下简称BB航空公司)经营自欧洲至美洲的货运服务。两家航空公司约定,AA航空公司用自己的代码AA销售BB航空公司自欧洲至美洲的货运舱位,而BB航空公司以其代码BB销售AA航空公司自亚洲至欧洲的货运舱位。这样,BB航空公司和AA航空公司就分别是欧洲至美洲、亚洲至欧洲航段的实际承运人。[①]

识别连续承运人与实际承运人,可依其不同身份而确定责任。公约规定,如果将不同航程的连续运输视为一个不可分割的运输,无论签发一份或几份运输凭证,构成连续运输。即使某一航程全部在一个缔约国,也不失其国际运输的属性。根据《蒙特利尔公约》第46条第1款等规定,货物在连续承运人的运输期间并在其掌控之下,连续承运人应对货物的毁灭、遗失、损坏或延误负责。托运人有权对第

[①] 参见联合国贸发会议秘书处报告:《航空货物运输:国际法律框架指南》,第四部分。

一个承运人(通常是与托运人订立合同的人)起诉,收货人有权对最后一个承运人起诉。托运人或收货人均有权对能确定的发生毁灭、遗失、损坏或延误的运输区段的承运人起诉。并且数个连续承运人应对托运人、收货人承担连带赔偿责任,即任何一个连续承运人有义务赔偿托运人或收货人的全部损失,之后其有权再向其他负有责任的承运人追偿。

实际承运人既非缔约承运人亦非连续承运人,根据《蒙特利尔公约》第五章第39条至第42条的规定,实际承运人对其履行的区段负责,而缔约承运人对全部航程负责。对发生在实际承运人履行的区段的货物毁灭、遗失、损坏后延误,货方权利人可以起诉实际承运人以及/或者缔约承运人。缔约承运人与实际承运人可以就已赔付的损失金额相互追偿。实际承运人与缔约承运人就实际承运人履行的部分,对彼此(包括其受雇人或代理人)的作为或不作为负责,但实际承运人对缔约承运人的故意或过失行为不负责,且不丧失公约(第21条至第24条)规定的责任限额。缔约承运人对外作出有关超出公约规定的义务或丧失公约规定的权利的约定,除非经实际承运人同意,不约束实际承运人。如缔约承运人与托运人约定每公斤货物赔偿金额超过22个特别提款权,该约定未经实际承运人同意,对其不发生效力。

(七)货运代理人的责任

传统上航空货运代理(air freight forwarder),是作为航空公司授权代理人,为航空公司提供代理服务,代为销售舱位或客票,获取佣金。在现代航空运输中,货运代理人的身份发生变化,其更多以货方代理人或缔约承运人的身份行事。航空货运代理人的存在有其合理经济基础和社会需求,航空公司根据托运货物的重量,实行差别运费率,单票货物重量越大,费率越低。货运代理人可按较高运费率收运众多托运人的单票货物,再以较低运费率向航空公司集中托运,从而赚取费率差价。对托运人而言,获得了代理公司的专业快捷服务,解决运费到付问题,而航空公司可得到较稳定货源,可谓一举三得。货运代理公司向单个托运人签发航空分运单(house air waybill),成为缔约承运人。然后向航空公司集中托运货物,获取以自己为托运人的航空主运单(master air waybill),航空公司为实际承运人。另外,货运代理人还经营包机业务,充当缔约承运人。货运代理作为缔约承运人签发的空运单,也往往在背面印制标准交易条件,其内容基本来自公约或者IATA的推荐条款,如定义条款、公约的适用、责任限制、选择运输路线、托运人的义务以及索赔和时效等。但需要注意的是,背面条款并非必然全部有效,因为其可能未根据新的公约或国内立法更新条款,违反公约的强制性规定,或者违反国内法关于格式条款的规定,而不能约束索赔人。如同海运一样,航空货运代理人的责任,亦应依据当事人合同约定、代理人履行合同的实际内容等,分别认定其为契约承运人、实际承运人或代理人等,从而适用公约或法律,确定其责任。

(八)承运人赔偿责任限额

承运人单位赔偿责任限额,系指承运人对货物灭失或损坏负有赔偿责任时,对每单位(公斤)货物所应支付的最高赔偿金额。

1.《华沙公约》的责任限额。根据经《海牙议定书》修改后的《华沙公约》第22条第(2)款第1项之规定,对登记的行李和托运的货物,承运人的赔偿责任以每公斤250法郎为限。但如果旅客或托运人在交运包件时,曾特别声明在目的地交付时的利益并缴付必要的附加费("声明价值附加费"),承运人证明旅客或托运人声明的金额是高于旅客或托运人在目的地交付时的实际利益,承运人应在不超过声明金额的范围内负赔偿责任。对于该项规定,常发生争议。在1961年蒙塔古诉瑞士航空公司案中,托运价值7万英镑的四箱金条,一箱被盗,托运人因未做价值申报并支付附加费,根据《华沙公约》仅获得175英镑的赔偿。在1968年永亨银行诉日本航空公司案中,永亨银行托运一包25万美元钞票到纽约,该银行因另行投保而未作价值声明,纽约南区联邦法院判决航空公司按华沙公约的每公斤17美元赔偿。[①] 如果托运人托运贵重货物,希望丢失或损坏后获得承运人全额赔偿,应特别声明在目的地交付时的利益并缴付声明价值附加费。该条所述"法郎"系指含有千分之九百成色的65.5毫克黄金的货币单位。此项法郎金额可折合为任何国家货币,取其整数。发生诉讼时,此项金额与非金本位的货币的折合,应以判决当日该项货币的黄金价值为准。关于《华沙条约》中黄金限额的折算,因国际金融体制的变动,长期存在争议,并无公认的合理计算方法。

2.《蒙特利尔公约》的责任限额和复审。《华沙条约》责任限额的计算方法已被其后的《蒙特利尔附加议定书》及1999年《蒙特利尔公约》等修改为每公斤货物17个特别提款权(SDR)。《蒙特利尔公约》第22条第1款、第2款是关于旅客和行李的赔偿规定。该条第3款规定:

> 在货物运输中造成毁灭、遗失、损坏或者延误的,承运人的责任以每公斤17个特别提款权为限,除非托运人在向承运人交运包件时,特别声明在目的地点交付时的利益,并在必要时支付附加费。在此种情况下,除承运人证明托运人声明的金额高于在目的地点交付时托运人的实际利益外,承运人在声明金额范围内承担责任。

后根据公约第24条规定的每5年限额复审原则,经2009年和2019年两次复

[①] 参见赵维田:《国际航空法》,社会科学文献出版社2000年版,第337—338页。

审,赔偿限额分别提升到 19 个特别提款权和 22 个特别提款权。①

3. 最低责任限额的法定和声明价值。公约规定的承运人单位赔偿限额,是法定最低限额。根据公约规定,当事人可以约定更高限额或无限额。对托运人而言,在向承运人交运包件时通常不能事先与承运人约定更高限额。如没有对货物价值作特别声明并支付附加费,承运人只能按此限额赔偿。所以,常见到类似"艺术家托运价值几百万美元的古董级小提琴受损,航空公司按公斤赔偿"的新闻。托运人若有意突破此限额而获得更高金额的赔偿,就应该特别声明在目的地点交付时的利益,并在必要时支付附加费。只有这样承运人才知道货物的实际价值和要承担的额外风险,并据以对货物提供特别照料,必要时另行投保责任保险。承运人收取特别声明附加费是对特殊服务的报偿,符合等价交换原则。声明价值必须体现在航空货运单上,即在"供运输使用的声明价值"格中填写货物价值金额。"在目的地点交付时托运人的实际利益",指起运时货物实际价值和托运人的预期利益,即货物真实价值和托运人预期的增值部分,还包括托运人支付的运费、保险费、关税等。

在(2021)粤 0391 民初 8154 号案中,原告委托被告将案涉货物从中国运至德国,被告将原告交付运输的货物丢失。法院认为,被告依法应承担赔偿责任,但原告在交付运输时,并未声明货物价值。根据《蒙特利尔公约》第 22 条第 3 款的规定,在货物运输中造成毁灭、遗失、损坏或者延误的,承运人的责任以每公斤 17 个特别提款权为限,除非托运人在向承运人交运包件时,特别声明在目的地点交付时的利益,并在必要时支付附加费。又根据该公约第 24 条的规定,上述责任限额每隔 5 年进行一次复审。2019 年 5 月 27 日,国际民用航空组织理事会将公约第 22 条中对在货物运输中造成毁灭、遗失、损坏或延误承担的责任限额,由每公斤 19 个特别提款权提高至每公斤 22 个特别提款权。原告诉请被告赔偿货物损失的过高部分,依法不予支持。法院支持了原告关于退还相应运费和利息的请求。

4. 部分货物损失的赔偿计算。根据《蒙特利尔公约》第 22 条第 4 款的规定,若同一份航空货运单或货物收据上包括若干包件的货物,其中部分货物或货物中的部件

---

① 根据 2019 年 12 月 28 日生效的国际民用航空组织对《蒙特利尔公约》责任限额第三次复审,承运人责任限额分别达到:对货物毁灭、遗失、损坏或者延误的赔偿为每公斤 22 个特别提款权,每名旅客的行李毁灭、遗失、损坏或者延误的赔偿为 1288 个特别提款权,对每名旅客延误的赔偿为 5346 个特别提款权,对每名旅客死亡或者伤害的赔偿为 128821 个特别提款权。近年上海市黄浦区人民法院审理的(2021)沪 0101 民初 3728 号、深圳市前海合作区人民法院(2021)粤 0391 民初 8154 号、广东省珠海市中级人民法院(2018)粤 04 民终 454 号和广东省深圳市中级人民法院(2016)粤 03 民终 18378 号等案,法院适用《蒙特利尔公约》第 22 条第 3 款及 2009 年和 2019 年对责任限额的复审结果,对在货物运输中造成毁灭、遗失、损坏或延误承担的责任限额,分别按照每公斤 19 个特别提款权或 22 个特别提款权判赔。除非托运人在向承运人交运包件时,特别声明在目的地点交付时的利益,并在必要时支付附加费。因为托运人大多投保航空货运险,按声明价值托运货物的案例并不普遍。

(part of the cargo, or of any object contained therein)毁灭、遗失、损坏或延误,仅以这些包件的总重量为基数确定承运人赔偿数额。但如果这些毁灭、遗失、损坏或延误的货物或部件,影响到同一运单或货物收据上其他货物的价值,即丧失或减损货物原有的使用价值和经济价值,应以所有这些货物的总重量确定承运人的赔偿金额。

5. 承运人不丧失对货物赔偿限额的权利。《蒙特利尔公约》第 22 条第 5 款规定了承运人丧失责任限额的情形:

> 经证明,损失是由于承运人、其受雇人或者代理人的故意或者明知可能造成损失而轻率地作为或者不作为造成的,不适用本条第 1 款和第 2 款的规定;对于受雇人、代理人的此种作为或者不作为,还应当证明该受雇人、代理人是在受雇、代理范围内行事。

需注意的是,《华沙公约》第 25 条和《海牙协议》第 13 条都规定了承运人对旅客、行李和货物丧失责任限额,而 1975 年《蒙特利尔第四号议定书》第 9 条和第 10 条将承运人丧失责任限额的规定仅限于旅客、行李运输,删除了针对货物丧失责任限额的规定。因此,《蒙特利尔公约》第 22 条第 5 款仅适用于该条第 1 款和第 2 款规定的情形,即旅客延误和行李的毁灭、遗失、损坏或延误,不适用于货物的毁灭、遗失、损坏或延误,以及旅客的伤亡(另由第 21 条规定)。因此,公约规定的承运人对货物的赔偿责任限额是不可突破的,即使经证明,货物毁灭、遗失、损坏或延误是由于承运人、其受雇人或者代理人的故意或者明知可能造成损失而轻率地作为或者不作为造成的,承运人仍享受货物赔偿责任限额的保护。货物赔偿限额不可突破原则来源于《蒙特利尔第四号议定书》。①

这一点与海运公约有明显不同,海运公约并未规定海上货物运输承运人或其受雇人、代理人故意或重大过失造成货物灭失或损坏时仍可享受单位赔偿责任限额。如,《海牙规则》第 4 条第 2 款(q)项规定,承运人不对因其实际过失或私谋,或者其代理人或雇员的过失或疏忽引起的其他原因造成的货物灭失或损坏负责,但前提是其应负举证责任,证明非因上述情形引致货物灭失或损坏,否则应承担责任;《维斯比规则》第 2 条(e)项规定,如经证实损失是由于承运人蓄意造成损失而作出的作为或不作为或明知可能会发生损失仍不顾后果而作出行为或不行为产生的,则承运人或船舶无权享受本款所规定的责任限制的利益,第 3 条第 4 款规定,对承运人的雇员或代理人的上述类似行为作出不得免责的规定;《汉堡规则》第 8 条也有类似规定;《海商法》第 59 条参照国际海运公约,规定了承运人或其受雇人、代理人丧失责任限制的情形。

---

① 参见中国民用航空总局政策法规司:《1999 年〈统一国际航空运输某些规则的公约〉精解》,第 167 页。

六、货方的权利义务

(一)托运人对货物的处置权

托运人根据与收货人的约定,将货物通过航空承运人运至目的地并交付收货人。托运人将对货物的实际占有和掌控移交承运人后,有权对货物行使处置权,指示承运人停止运输或变更收货人。实为托运人对货物行使物权的体现,类似于海上运输的记名提单托运人的停运权和改运权。根据《蒙特利尔公约》第12条的规定,托运人行使该项权利的前提是,其必须负责履行全部义务,如交货给承运人、支付运费和承运人因此发生的额外费用。处置权的内容包括,在出发地机场或者目的地机场将货物提回,或者在途中经停时中止运输,或者要求在目的地点或者途中将货物交给非原指定的收货人,或者要求将货物运回出发地机场。不过,公约同时规定托运人的该项权利受到限制,即不得因行使此种处置权而使承运人或者其他托运人遭受损失,并必须偿付因行使此种权利而产生的费用。否则,承运人有权拒绝执行。承运人认为托运人的指示不可能执行,或者因托运人未履行全部义务而拒绝执行的,承运人应立即通知托运人。承运人同意执行托运人处置货物的指示,应要求托运人出示所收执的那份航空货运单(第3联)或者货物收据,如果承运人轻信托运人的指示给该份航空货运单或者货物收据的合法持有人造成损失的,承运人应当承担责任,但是不妨碍承运人对托运人的追偿权。如果货到目的地,承运人开始向收货人履行交付货物的义务,如通知收货人提取货物,收取运费等,托运人的处置权终止。即货物处置权只能在航空运输期间行使,至承运人开始向收货人交付货物时终止。如果原收货人拒绝接受货物,或者无法同其联系,托运人恢复对货物的处置权。

(二)收货人的收货权

除非托运人依法行使货物处置权,收货人有权在目的地向承运人主张提货。而承运人有义务向运输凭证记载的收货人交付货物,并在货到目的地后立即通知收货人提货。当然,收货人在行使提货权的同时,应履行相应义务,如依据运输凭证记载支付到付运费、仓储费等。如果货物毁灭、遗失、损坏或延误,收货人有权向承运人提出索赔。如果承运人承认货物已经遗失,或者货物在应当到达之日起7日后仍未到达的,收货人有权向承运人行使运输合同所赋予的权利。

(三)托运人和收货人的相互关系

《蒙特利尔公约》同样规定了托运人和收货人的相互关系,以及他们与第三人之间相互关系问题。基于契约自由原则,托运人与收货人可以协商确定其权利义务关系,如买卖合同关系、委托关系、劳务关系或租赁关系等。公约关于托运人与收货人权利(第12条和第13条)和他们在权利行使方面的关系的规定(第14条),不影响他们之间的权利义务关系。对于公约赋予他们的权利,他们之间可以通过合同相互授予改变公约所规定的法律关系,公约对此情况予以承认。同样,公约规定公约不影响托运人或收货人与第三人之间的法律关系,该第三人是指从托运人或收货人获取权利的人,如根据法律或合同受让第12条或第13条项下权利的人。公约对该第三人的权利予以承认,而且该项约定优于公约第12条至第14条的规定,体现了契约自由原则。① 但是,此种约定和修改导致与公约的规定不一致,必须在航空货运单或货物收据上加以明文规定,否则对承运人不发生效力,承运人不应因此种约定或修改承担额外责任。

(四)托运人和收货人权利的行使

《蒙特利尔公约》第14条沿用《华沙公约》第14条确立的基本原则,规定托运人可以为本人或收货人利益依据第12条的规定行使货物处置权,收货人可以为本人或托运人的利益依据第13条的规定行使收货人的提货权。该规定有别于海运公约,是航空运输公约特有的规定。因为就航空运输而言,托运人与收货人的关系更为密切,可能存在共同利益,公约赋予货方该项权利,以维护货方利益,满足实际需要。如收货人为货物买方时,因故不能提货,托运人可经收货人请求行使货物处置权,先行代收货人保管货物。或者收货人仅为代托运人收货,货物发生损坏,收货人以自己名义向承运人行使索赔权。鉴于此种情况,公约明确了托运人和收货人可以为他人利益而行使公约赋予的相应权利。② 其实,如果没有该条规定,托运人和收货人基于内部约定,分别以自己名义对外向承运人行使处置权和提货权,似无障碍。

(五)托运人和收货人的责任

根据《蒙特利尔第四号议定书》和《蒙特利尔公约》第10条的规定,第一,托运人或其授权代理人应对托运货物描述的完整、正确性负责。托运单中货物名称、性质、重量、尺码、是否危险品等应真实、完整、准确,以便承运人据以制作航空货运单、货物收据或电子空运单。否则因此造成承运人的所有损失,包括承运人对第三人的责任,即不仅包括航空器等损失,还包括造成其他货物损坏的情形,由托运人承担。第二,托运人应根据有关当局(海关、警察、检疫、边防等)的要求,提供相关信息和文件,完成必要出运和交货手续。对危险货物,应根据特殊规定,向承运人提供描述危险货物的最新版本运输资料、技术文件等。第三,除托运人的责任外,对因承运人或者以其名义在货

---

① 参见中国民用航空总局政策法规司:《1999年〈统一国际航空运输某些规则的公约〉精解》,第106—109页。

② 参见中国民用航空总局政策法规司:《1999年〈统一国际航空运输某些规则的公约〉精解》,第105页。

物收据或者在公约第 4 条第 2 款所指其他方法所保存的记录上载入的各项说明和陈述不符合规定、不正确或者不完全,给托运人或者托运人对之负责的任何其他人造成的一切损失,承运人应当对托运人承担赔偿责任。收货人应在目的地及时提取货物,并在提货前支付应付款项并履行运输条件。如果向承运人索赔,应按照规定提出。

七、索赔和诉讼时效

(一)法院管辖权

管辖权事关在哪个国家法院审理对航空承运人提起的诉讼,对当事人而言至关重要。因此,索赔人需慎重选择有管辖权的法院起诉,援引公约及法院地法的有关规定,充分保护己方利益。对承运人而言,同样存在管辖权选择问题,如果托运人或收货人造成承运人损失或其他货物损失,其需在有管辖权的法院向托运人或收货人提起诉讼。《蒙特利尔公约》延续《华沙公约》统一国际航空运输规则的宗旨,除承运人责任条件、责任限额等实体性条款外,还有管辖权等程序性条款。对货物和行李运输的损失赔偿,仍沿用《华沙公约》确立的原告可以且只能选择的一个当事国领土内四个诉讼管辖地,即承运人住所地(the domicile of the carrier)、承运人主要营业地(principle place of business)、订立合同的承运人营业地(where it has a place of business through which the contract has been made)和目的地点(the place of destination)的法院。而对于旅客伤亡产生的赔偿责任,公约第 33 条第 2 款"管辖权"补充规定了意义重大的"第五管辖权",即所有的损害赔偿诉讼,原告可以选择上述四个地点对自己有利的任何法院提起诉讼。对于因旅客死亡或者伤害而产生的损失,原告还可以在其他当事国法院起诉,条件是:发生事故时旅客的主要且永久居所在缔约国领土内,承运人使用自己的航空器或者根据商务协议使用另一承运人的航空器经营到达该国领土或者从该国领土始发的旅客航空运输业务,并且在该国领土内该承运人通过其本人或者与其有商务协议的另一承运人租赁或者所有的处所从事其旅客航空运输经营。

《蒙特利尔公约》第 33 条第 1 款规定:

> 损害赔偿诉讼必须在一个当事国的领土内,由原告选择,向承运人住所地、主要营业地或者订立合同的营业地的法院,或者向目的地点的法院提起。

该条第 4 款规定:

> 诉讼程序适用案件受理法院的法律。

该款中的"地""地点"是指当事国的某一地区还是指该国境内的任何地方,有不同理解。在法国法院看来,"地点"就是指运输凭证上载明的城市,管辖权依据该地点确定。而英国和美国法院将"地"解释为"国",即缔约国而非缔约国内的地区或城市。不过这种解释遭到不少国家的批评。从第五管辖权的规定看,其以"国"为连结点,原告可在该国领土内的任何法院提起诉讼。①

案件由中国法院管辖时,如果被告为中国航空承运人,可结合其住所地(通常为航空公司注册地)、主要营业地(通常为运营中心,如航空公司在机场设立的运营场所)或订立合同的营业地(如签发航空运单的营业地),根据《民诉法》以及最高人民法院关于管辖权的司法解释和文件,选择有利于自己的法院起诉。如果被告为外国航空公司,可根据其在中国的注册地、主要营业场所所在地法院起诉,如外航在华注册地、国际机场营业场所、市内办公地址或订立合同营业地法院等。若其在中国没有住所地(此情况不多)、主要营业地或订立合同的营业地,则可以选择在中国境内目的地的(通常为航空运单载明的目的地)法院起诉。但由于各缔约国法律对承运人及其受雇人员、代理人的责任认定及其赔偿责任范围、责任限额以及索赔人过错抵消等规定不同,如果其他缔约国法律对原告更为有利,原告可以委托境外律师在其他缔约国起诉。需特别注意的是,《蒙特利尔公约》第49条规定了公约的强制适用条款,运输合同的任何条款和在损失发生以前达成的所有特别协议,其当事人借以违反本公约规则的,无论是选择所适用的法律还是变更有关管辖权的规则,均属无效。因此,当事人事先改变管辖权规定,除非是根据公约约定的仲裁条款,无论航空运单上载明或当事人约定的排他管辖条款,应属无效。

2022年3月,最高人民法院发布的服务保障自由贸易试验区建设典型案例中,(2015)浦民二(商)初字第S5130号案涉及《蒙特利尔公约》管辖权条款问题。2015年9月26日,原告新时代上海分公司与被告一National Air Cargo Middle East FZE公司签订包机合同,该合同在首部中列明承租人为原告,承运人为被告一。发货地点为上海浦东、收货地点为美国芝加哥;该合同第7.1条约定:"根据本协议进行的'国际运输'将受制于1929年10月12日在华沙签订的《统一国际航空运输某些规则的公约》或1955年9月28日在海牙签署的该公约修改草案中有关责任的规定。"第12.1条"司法"部分约定:"本合同被视为起草于阿联酋迪拜,并受制于该城市的法律且用该法律来解释。双方明确表示同意,任何与本合同相关的法律行为都应在阿联酋迪拜具有管辖区的法院进行。"另有住所地为美国的National Air Cargo Group, Inc.公司被列为第二被告。2015年10月9日,原告支付全额运费33万美元。10月18日,第一被告通知原告飞机无法按约运输货物,原告不得不另行寻找其他公司运输,为此原告支付运费64.80万美元,产生经济损失31.80万美元,遂起诉至上海市浦东新区法院。两被告在答辩期间,均提出管辖权异议,主要理由为二被告均为境外设立法人,案涉包机合同属

---

① 参见中国民用航空总局政策法规司:《1999年〈统一国际航空运输某些规则的公约〉精解》,第212页;〔美〕乔治·汤普森金斯:《从美国法院实践看国际航空运输责任规则的适用与发展——从1929年〈华沙公约〉到1999年〈蒙特利尔公约〉》,本书译委会译,法律出版社2014年版,第248页。

于国际航空运输,该案属于国际航空运输合同纠纷,《华沙公约》《海牙议定书》《蒙特利尔公约》关于货物运输纠纷四个管辖地法院的规定相同,《蒙特利尔公约》应优先适用,原告应按公约的规定向第一被告住所地所在国即阿联酋法院,或是其主要营业地迪拜法院,或是合同订立营业地迪拜法院,或目的地点美国芝加哥法院提起诉讼,上述这些地区均不在中国境内,受理法院对该案无管辖权。且当事人在合同中有关于管辖法院的明确约定,属于当事人真实意思表示,符合中国法律的规定,法院应予以尊重。原告就此抗辩认为:双方约定的管辖法院不够明确,迪拜可能划分为几个行政区域,合同签订地、合同履行地、被告所在地、运输始发地所在地法院皆有可能成为该案的管辖法院,根据《民诉法》及相关的司法解释,该约定无效,应按照《民诉法》第 27 条由运输始发地法院管辖。该案不应适用国际条约来处理管辖权问题,程序法应适用中国的法律。即使按照《蒙特利尔公约》的规定,当事人可以选择向合同签订的主要营业地法院进行诉讼,而该案合同最后签订地为上海浦东新区,原告的主要营业地亦在该区域,故浦东法院有管辖权。

就双方争议的管辖权问题,法院首先依据《涉外法律适用法解释(一)》第 1 条第 1 款的规定,基于两被告的外国法人身份,确认该案为涉外民事关系。进而根据《民法通则》第 142 条第 2 款关于国际条约优先适用的规定,以及原、被告所在的当事国均为《蒙特利尔公约》缔约国的事实,认定优先适用《蒙特利尔公约》。再根据包机合同约定的运输符合《蒙特利尔公约》第 1 条规定的国际运输,该案应适用《蒙特利尔公约》确定管辖。认为,合同虽然约定适用《华沙公约》或《海牙议定书》,但根据《蒙特利尔公约》第 55 条的规定,该部分约定无效。对于《蒙特利尔公约》第 33 条第 1 款规定的管辖权适用条件,法院认为合同已经约定第一被告为承运人,其住所地位于阿联酋,运输目的地为美国,原告并未提供承运人的主要营业地或订立案涉合同的营业地在中国境内的相关证据,至于原告称合同最后签订地在上海,法院认为该条规定的订立合同营业地系指承运人的营业地,并非合同当事人任一方的地址。因《蒙特利尔公约》规定的管辖地均非位于中国境内,法院认为其对于该案不具有管辖权,遂驳回原告的起诉。①

该案认定《蒙特利尔公约》适用于航空包机运输合同,且认定"订立合同的营业地"为承运人的营业地,而非合同当事人任一方的地址,无疑是正确的。但遗憾的是判决未根据《蒙特利尔公约》第 49 条的规定对包机合同约定的管辖权条款效力作出否定性评论。而且,国际航空运输案件与普通商事涉外案件不同,不必根据当事人注册地和《涉外法律适用法》先认定涉外案件,再依据《民法通则》(现《民法典》)的规定认定优

---

① 在(2019)京民辖终 258 号案中,两级法院认为《蒙特利尔公约》第 33 条的适用以案件系"损害赔偿诉讼"为前提,原告以合同纠纷为案由,以解除备忘录并返还预付运费及其利息为诉讼请求,并不属于损害赔偿诉讼的案件范围,不能适用《蒙特利尔公约》第 33 条的规定确定案件管辖。

先适用《蒙特利尔公约》,而可以根据公约第 1 条的规定和包机合同约定的始发地、目的地所在国均为公约当事国的事实,认定直接适用公约。① 笔者认为,《蒙特利尔公约》的直接适用是其性质和内容决定的,而不是根据冲突规范指引的结果,也不是当事人选择的结果。《蒙特利尔公约》已在我国生效,因此,只要争议事项在其调整范围内,法院就有义务直接适用公约,而无须冲突规范的指引,除非当事人另行选择了法律且该选择符合公约要求。②

(二)仲裁协议

根据《蒙特利尔公约》第 34 条的规定,航空运输合同当事人可以订立仲裁协议,就有关本公约中的承运人责任所发生的任何争议通过仲裁解决。首先,仲裁范围仅限于就货物毁灭、遗失、损坏或延误责任发生的争议。关于旅客伤亡、行李的毁灭、遗失、损坏或延误责任引发的争议,不得仲裁。同时,此仲裁协议应当符合公约的规定。其次,仲裁协议应以书面形式订立,口头仲裁协议或条款无效。再次,仲裁程序应在公约第 33 条所指的四个管辖区的其中一个管辖区内进行,即仲裁程序须在航空承运人住所地、主要营业地、订立合同的营业地或合同目的地进行,不得超出此限制。而且选择在何地申请仲裁的权利在索赔人。最后,仲裁员或者仲裁庭应当适用本公约的规定。不论合同争议是否约定适用公约,也不论仲裁员或仲裁地所在国是否为公约缔约国,仲裁员或仲裁庭审理仲裁案件必须适用公约,而不能排除公约的适用。这是公约对仲裁程序的强制适用规定。同时,根据该条第 2 款(仲裁管辖区)、第 3 款(仲裁适用公约)的强制适用规定,应被视为每个仲裁条款或协议的一部分,仲裁条款或协议中任何违反该强制性规定的内容,均属无效。

仲裁协议可能由当事人事先或事后约定,但更多是包含在承运人预先制订的标准交易条件、运输条件等文件中。仲裁协议的效力,应符合仲裁地国家法律的强制性规定。当事人须注意,中国《仲裁法》对仲裁协议有效性的规定和司法审查标准较为严苛。对没有明确选择仲裁机构或者在某地存在两个以上仲裁机构时无法确认特定仲裁机构的条款、任意选择诉讼或仲裁的条款(或诉或裁),其效力不被承认。③ 关于临时

---

① 最高人民法院总结该案的典型意义认为,该案合同约定的运输始发地是上海,故原告依照我国《民事诉讼法》的规定在上海法院提起诉讼。《蒙特利尔公约》未约定运输始发地法院的管辖权,这与我国《民事诉讼法》有关航空运输合同纠纷管辖的规定不同。根据我国《民事诉讼法》的规定,我国缔结或者参加的国际条约有不同规定的,适用国际条约的规定,但我国声明保留的条款除外,故该案应优先适用《蒙特利尔公约》的规定。一、二审法院准确适用国际条约,依法驳回原告的起诉,展示了中国法院恪守国际条约义务、切实保障自由贸易试验区法治化国际化便利化营商环境的司法立场。由于《蒙特利尔公约》对于管辖权的规定较为严格,如何解释订立合同的营业地尤其是外国航空承运人订立合同时在中国的营业地,今后仍值得进一步研究。

② 参见谢海霞:《〈蒙特利尔公约〉在我国法院适用的实证分析》,载《经贸法律评论》2020 年第 2 期。

③ 参见《仲裁法》第 18 条规定;2006 年最高人民法院《关于适用〈中华人民共和国仲裁法〉若干问题的解释》第 5 条规定。

仲裁,虽中国法院已有规定或案例对域外临时仲裁裁决予以承认和执行,最高人民法院也曾就具体案件复函(如法函〔1995〕135号复函)承认临时仲裁条款的效力,《仲裁法》尚未对临时仲裁作出明确规定。2016年最高人民法院在司法文件中对临时仲裁作出规定,但该规定并非立法且仅限于在自贸试验区内注册的企业之间的仲裁,很难适用于国际航空运输合同当事人之间的仲裁。① 另外,《仲裁法》对多个仲裁机构选择、仲裁条款无效报备制度等规定,都会影响航空仲裁条款效力的认定。

  对此,就《蒙特利尔公约》下的国际航空运输而言,如果当事人根据公约第34条的规定选择通过仲裁解决争议,四个司法管辖区作为可选仲裁地点为强制性规定,而具体仲裁地点的选择由索赔人决定也是强制性的。若仲裁协议效力问题适用中国法,且索赔人明确选择其中一地的具体仲裁机构,且该地仅有此一个仲裁机构,该仲裁机构即为约定的仲裁机构,不会有争议。但如果该地有两个以上仲裁机构(如北京、上海等),是否可以根据公约第34条的规定由索赔人选择其一申请仲裁,根据《仲裁法》及其司法解释,就会存在争议。此时,需要当事人二次协商确定具体仲裁机构。如不能达成一致,仲裁协议可能被判无效。当事人为避免适用《仲裁法》而导致仲裁协议无效,可约定一个具体仲裁机构,或者在仲裁条款中约定,如果仲裁地有两个以上仲裁机构且有专门审理国际航空运输纠纷的机构或者公布专门审理国际航空运输仲裁规则的机构,该机构即为选定的仲裁机构。当事人也可根据《涉外法律适用法》第18条的规定,选择仲裁协议效力适用的法律。如选择的法律对仲裁协议效力采更宽松态度,如承认临时仲裁,承认多个仲裁机构可由索赔人直接选择等,则该仲裁协议有效。

  其实,如果当事人根据公约第33条和第34条的规定,约定索赔人有权选择诉讼或仲裁,并对特定仲裁机构作出详细约定,可归为具有强制性的单边选择性仲裁条款。对协议约定一方当事人单方面选择诉讼或仲裁的权利,在中国近年司法判例中被认定为合法有效,不属于可导致仲裁条款无效的"或诉或裁"。如在(2022)京74民特4号案中,合同第23.1条约定,除非质权人另有选择,因本协议引起的或与之有关的所有争议、分歧或要求,包括本协议的存在、有效性、解释、履行的问题,应提交中国国际经济贸易仲裁委员会(CIETAC)仲裁。尽管有第23.1条的规定,如果质权人选择,双方将服从柬埔寨法院的非排他性管辖权。中国贸仲根据该仲裁条款受理了案件。双方就仲裁条款效力问题诉至法院。法院首先根据《仲裁法》及其司法解释规定的仲裁条款法定无效事由,认定案涉仲裁协议符合法律规定的合法仲裁条款的要素;然后驳回了申请人依据格式条款提出的无效主张。根据《仲裁法》司法解释第7条,认为"或裁或审"协议的界定标准应是对仲裁和诉讼两种争议解决方式作了并列式约定或选择式约

---

① 参见最高人民法院《关于为自由贸易试验区建设提供司法保障的意见》(法发〔2016〕34号)第9条。2024年《仲裁法(修订草案)》第79条规定,海事纠纷和自贸区内企业间纠纷,当事人可选择临时仲裁。

定,并因此产生管辖权争议。案涉争议仲裁条款系单方选择性争端解决条款,其性质取决于质权人的选择。该约定是当事人协商一致的结果,法律对此无禁止性规定,且该约定并不足以构成双方权利义务的显失公平,因此该案应尊重意思自治。照此,如果国际航空运输合同当事人约定由索赔人选择诉讼或仲裁,应属有效条款。合同中明确约定,若选择仲裁而仲裁地有两个以上仲裁机构的,索赔人有权选择任一仲裁机构申请仲裁,亦应为有效。总之,"非对称或诉或裁"条款、"非对称仲裁机构选择"条款,可能是解决航空仲裁困境的有益尝试。

(三) 异议通知

根据《蒙特利尔公约》第 31 条规定,对于发生损失的,有权提取货物的人(空运单收货人、退运时的托运人,或他们的代理人)必须在发现损失后立即向承运人提出书面异议,至迟自收到货物之日起 14 日内提出。发生延误的,必须至迟自货物交付收件人处置之日起 21 日内提出异议。本条的异议通知,限于货物损坏或延误,即实际收到货物的情形。如果货物毁灭或全部遗失,则无须提出异议。至于损失(damage)是否包括部分遗失(partial loss),是否适用本条规定的异议通知义务,公约没有规定。各国航空公司试图以 IATA 公布的航空货运单-合同条件解决此问题,如 1979 年 10 月 1 日公布的 600b 号决议第 10 条(a)项中规定"凡遗失(包括未交付),除非从签署航空货运单之日起 120 日内提出,否则不得提起诉讼"。对此多数美国法院认为其与《华沙公约》不冲突,而欧洲大陆各国法院却持相反态度,认为不仅违反《华沙公约》第 23 条关于承运人不得免责或限制其责任的规定,也违反该公约第 29 条关于诉讼时效为 2 年的规定。在 1977 年英国福萨吉尔诉君王航空公司案中,案涉托运的皮箱一侧破损,且其中部分衣物遗失。航空公司按照《华沙公约》第 26 条的规定只赔偿皮箱损坏 12 英镑,以已经超过 7 日索赔期限为由拒绝赔偿遗失的衣物。最终由上议院法律委员会主席韦伯福斯勋爵定案,认定"损坏"包括"部分遗失"。按此推论,若中国法院认为损失包括部分遗失,则有权提货人应该在规定的异议期内提出异议。有权提货人收受货物而未依规定提出书面异议时的法律后果,一是构成货物已经在良好状况下交付的初步证据,二是交付的货物与运输记录记载相符。也就是说,推定承运人已经完好交付货物,且交付的货物与运输记录相符。有权提货人要想推翻该等运输记录内容,主张货物与货运单或运输记录不符,应举出相反证据。

这就涉及航空公司提前印制的航空运输总条件的效力问题。目前中国的航空公司常在其《货物运输总条件》中规定,如果托运人或收货人在发现货物毁灭、遗失、损坏或者延误后,没有在规定的"立即""14 日"或"21 日"的异议期内提出索赔,此后的索赔要求将得不到受理。同时规定"货物托运后始终没有交付的,托运人应当自货运单填开之日起 120 日内书面提出索赔"。但没有规定如果收货人或托运人没有在此 120 日期间内提出索赔,将如何处理。中国法院如何认定航空公司《运输总条件》的效力,是否根据中国《民法典》第 496 条关于格式条款的规定,判定承运人运输条件中的规定的有效性,取决于法院是否将其认定为免除承运人责任的格式条款。①

在(2021)吉 01 民终 193 号案中,法院认定双方当事人订立的《联邦快递公司服务协议书》合法有效。但认为联邦快递公司对标准运送条款未尽到提示、说明义务,故该格式条款约定的内容无效,该条款中关于索赔异议期的内容应视为双方未进行约定。针对承运人未交付货物时,公约第 31 条的适用问题,法院认为《蒙特利尔公约》规定对于货物损失的索赔异议应于收到货物之日起 14 日内提出,依据字义解释、体系解释和逻辑解释,若并未收到货物则客观上无法起算丢失货物的索赔异议期。因此,联邦快递公司应在完成证明案涉成件货物已经实际收货的证明责任后,方享有索赔异议期的抗辩权利。对于收货人拒收货物时,该条的异议期间是否适用,在(2011)昆民六初字第 19 号案中,被告航空公司援引《蒙特利尔公约》第 31 条的规定提出抗辩,认为案涉货物的收货人没有在规定期限内向其提出异议,因而原告不得向其提起赔偿诉讼。法院认为,该公约第 31 条规定清晰地表明承运人享有诉讼豁免的前提条件是:货物已经交付,收货人在当时未提出异议,或者收货人嗣后发现货物损害但没有在 14 日内提出异议。这一规则的合理性在于:若货物交付收货人之后方才发现货损,这时认定货损是在哪一个环节发生的存在诸多疑问,为了平衡承运人和收货人之间的举证责任和利益,要求收货人在尽量短的时限内向承运人提出货损通知,以便承运人查证货运期间的情况,才能及时确定货损的原因、期间和责任。该案中,依据现有证据收货人拒收了货物,承运人没有完成货物的交付,未收受货物的收货人当然不会按照收受货物后的规则向承运人提出异议,承运人援引此条款谋求诉讼豁免缺乏必要的事实依据。

至于公约第 31 条规定的提出异议形式,该条规定须书面提出,还应包括电报、电传、电子邮件等数据电文形式。如果已经签署《货物交接记录》等文件,应视为符合书面异议的要求。在(2021)沪 0101 民初 3728 号案中,法院认为,虽然原告在被告否认收到《索赔通知书》的情形下,并未提供相应证据证明该通知书曾送达过被告,但《蒙特利尔公约》规定本身并未限制书面异议的具体形式,且该规定主要旨在敦促收货人收货后及时向承运人反馈受损情况并固定损失,而从该案中的《货物交接记录》内容看,收货人与承运人之间已就货物的受损情况达成了书面记载,显然承运人在第一时间已明确知晓了货物受损的事实。法院驳回了被告所称收货人未在规定期限内提出书面异议的抗辩。

---

① 参见赵维田:《国际航空法》,社会科学文献出版社 2000 年版,第 344—348 页;中国民用航空总局政策法规司:《1999 年〈统一国际航空运输某些规则的公约〉精解》,第 207 页。

(四)异议通知与提起诉讼的权利

公约第 31 条第 4 款规定,除承运人一方有欺诈外,在前款规定的期间内未提出异议的,货方不得向承运人提起诉讼。通说认为,有权提货人未依规定提出异议的另一个法律后果是,丧失起诉承运人的权利。即丧失的是程序权利,而非实体权利。货方可以向承运人索赔但不能向法院或仲裁庭提起诉讼或申请仲裁。如果承运人已经赔偿,不得反悔索回。但是,如果承运人一方(包括其受雇人、代理人)有欺诈行为,该提起诉讼的权利不丧失。"欺诈"主要指承运人一方为逃避承担责任而掩盖货物损失、延误真相,向提货人作出的虚假陈述。公约未定义"欺诈",应根据法院地法对欺诈的构成作出认定。此款的"欺诈",与第 22 条第 5 项规定的"经证明,损失是由于承运人、其受雇人或者代理人的故意或者明知可能造成损失而轻率地作为或者不作为造成的"属于不同性质的问题,二者不可混同。

(五)诉讼时效抑或除斥期间

《蒙特利尔公约》第 35 条规定:

> 自航空器到达目的地点之日、应当到达目的地点之日或者运输终止之日起两年期间内未提起诉讼的,丧失对损害赔偿的权利。上述期间的计算方法,依照案件受理法院的法律确定。

该条规定的 2 年期间同样适用于仲裁。如果案件有多个时点,以最晚的时点计算。

至于 2 年期间是诉讼时效还是除斥期间,是否可以中止或中断,公约没有规定,各国有不同理解。在法国可能被理解为丧失实体权利,在美国则可能会被理解为程序权利。赵维田教授在考察《华沙公约》第 29 条(《蒙特利尔公约》第 35 条沿用该条)讨论过程、制订文献和法国、美国关于此问题的案例和论点后,将公约中的"limitation of actions"理解为除斥期间意义上的"诉讼时限",并不是国内法上的诉讼时效,超过时限索赔人丧失的是实体权利,而非胜诉权。[①] 根据《蒙特利尔公约》大会秘书处国际民航组织法律局局长解释,可否中止或中断问题,应由法院根据本条第 2 款的规定作出判定,即受理法院不仅可以按照第 2 款"上述期间的计算方法,依照案件受理法院的法律确定",依其本国法律决定起算时间,还可决定 2 年期间是否中止或中断。根据公约英文措辞(The right to damages shall be extinguished if an action is not brought within a period of two years)以及中文本"丧失对损害赔偿的权利",可理解为丧失实体权利。[②]

---

① 参见赵维田:《国际航空法》,社会科学文献出版社 2000 年版,第 365—372 页;李志宏:《新冠疫情下国际航空货物运输纠纷应对》,载"中国法学会航空法研究会"公众号,2020 年 2 月 28 日。
② 中国民用航空总局政策法规司:《1999 年〈统一国际航空运输某些规则的公约〉精释》,第 226 页。

公约官方中文本将第 35 条 limitation of actions 译为"诉讼时效",而我国《民用航空法》第 135 条仅规定"航空运输的诉讼时效期间为二年",并未如《海商法》在第 257 条规定索赔人向海运承运人索赔的 1 年时效期间的同时,在第 267 条规定时效期间可以中止或中断。对于如何理解《蒙特利尔公约》第 35 条"期间"的性质这一问题,就目前不多的案例看,中国法院将其认定为诉讼时效。在上海市第 151 号参考性案例(2021)沪 01 民终 1618 号案中,上海浦东新区法院根据国际条约的通行解释规则,明确《蒙特利尔公约》第 35 条"期间"性质的认定,应当适用国内法的规定。同时根据该公约的指引,适用国内法认为原告诉请系损害赔偿请求权即债权请求权,故应将"两年期间"认定为诉讼时效。最终,该法院支持了原告关于诉讼时效中断、被告应当赔偿损失的诉讼主张。二审法院对此予以维持。① (2021)津 03 民终 1419 号案中,原告认为其已在货损发生后的 2 年期间内向法院提起了诉讼,2 年期间应适用诉讼时效的有关规定,因提起诉讼而发生中断,故其再次提起诉讼并未超出 2 年期间。被告承运人辩称,从《蒙特利尔公约》第 35 条的原文分析,该条规定中使用了"extinguished"这个英文单词,其词义表明为权利"不复存在",因此该 2 年期间应属于除斥期间范畴,不应适用诉讼时效中止、中断和延长的规定。一审法院认为,《蒙特利尔公约》第 35 条规定的 2 年期间为请求权消灭时效,虽没有明确规定该时效的中断、中止,然而从《民用航空法》第 135 条吸收该公约的规定来看,该条明确规定航空运输的诉讼时效期间为 2 年,自民用航空器到达目的地点、应当到达目的地点或者运输终止之日起计算。因此《民用航空法》对该 2 年期间明确规定为胜诉权丧失的诉讼时效,根据中国法律的规定,该时效可因权利人提起诉讼而发生中断。鉴于《蒙特利尔公约》第 35 条第 2 款规定对于期间的计算适用受理案件法院所在地法,故我国国内法关于时效中断的规定同样应适用于该公约规定的 2 年时效。二审法院对此予以维持。据此延伸理解,中国《民法典》总则编第九章规定了 3 年普通诉讼时效,则《民用航空法》和《蒙特利尔公约》规定的 2 年时效期间,即为特殊诉讼时效。

(六)异议期间与诉讼时效期间的关系

《蒙特利尔公约》第 31 条异议期间与第 35 条诉讼时效期间的关系,可区分不同情况作出认定。如索赔人依公约第 31 条提出异议且依第 35 条在 2 年期间提起诉讼或仲裁,索赔人享有程序权利和实体权利;若其依第 31 条提出异议但在第 35 条规定的 2 年期满后提起诉讼或仲裁,该异议可为诉讼时效中断事由(还有其他中断或中止事由),重新起算后仍未超过 2 年期间,其享有程序权利和实体权利;如未依第 31 条提出

---

① 另参见《上海一中院适用国际公约终审一起航空运输纠纷案》,载中国法院网(https://www.china-court.org/article/detail/2021/09/id/6257224.shtml),访问时间:2021 年 9 月 10 日。

异议但在第 35 条规定的 2 年期间内提起诉讼或仲裁,其丧失程序权利但享有实体权利;如既未按第 31 条规定的异议期提出异议,也未在第 35 条规定的 2 年期间提起诉讼或仲裁,其丧失程序权利和实体权利。

索赔人在境外向承运人索赔时,应注意不同缔约国对"2 年期间"的规定不同,尽量严格按照"2 年期间"起诉,避免该国法院不承认该期间中止或中断。同时要注意《蒙特利尔公约》和《民用航空法》2 年期间的计算起点是自航空器抵达、应该抵达目的地点或者运输终止之日,而《海牙-维斯比规则》和《海商法》是自承运人交付或者应该交付货物之日。航空器抵达时间与承运人交付货物时间可能并不一致,通常交付货物时间晚于抵达时间。此时,收到货物时索赔人才能够发现货物损坏,如何确定 2 年期间的起算是个问题。1972 年通用运输公司诉滨海航空公司案中,被告已于 1970 年 10 月 14 日将货物运抵目的地纽约,但实际将货物交给收货人(原告)却在 1 个月之后。法院判决引用《华沙公约》第 18 条关于"损坏发生在航空运输期间中"由承运人"掌管期间"的规则来解释"到达目的地之日",并指出:第 29 条第 1 款的计算起点,应从航空站内的托运货物不再由"承运人掌管"开始,尽管此前已按运输合同将货物运抵。"掌管"虽属常见词,但依条款上下文应理解为实际保管和控制。据此,原告于 1972 年 11 月 2 日起诉,还是及时的。① 另外,需要注意的是,公约规定"上述期间的计算方法,依照案件受理法院的法律确定"。各国法律对诉讼时效期间和起算的规定可能不一致。在有些法域,向法院提起索赔请求就视为诉讼提起或开始,将在起诉后的几日内向被告送达应诉通知书。在某些地方,因当地提起诉讼的程序问题,真正对被告的送达可能在 2 年诉讼时效届满后进行。但是,只要原告在 2 年内起诉,损害赔偿诉讼就视为已经根据公约及时"提起"。在另一些法域,诉讼开始的标志是向被告送达传票和索赔通知。法院随后将发出传票和索赔通知。虽然是当地程序,传票和索赔通知的送达应在 2 年内完成以便根据公约及时"提起"诉讼。在这些法域下,运输 2 年后向被告送达传票,即使索赔是在 2 年内向法院提起的,也不是及时的,起诉将被驳回。②

(七)异议和索赔对象

根据《蒙特利尔公约》第 42 条规定:

> 依照本公约规定向承运人提出的异议或者发出的指示,无论是向缔约承运人还是向实际承运人提出或者发出,具有同等效力。

这是基于实际承运人与缔约承运人在很多方面具有相同的法律地位,这样规定便

---

① 参见赵维田:《国际航空法》,社会科学文献出版社 2000 年版,第 371—372 页。
② 参见[美]乔治·汤普森金斯:《从美国法院实践看国际航空运输责任规则的适用与发展——从 1929 年〈华沙公约〉到 1999 年〈蒙特利尔公约〉》,本书译委会译,法律出版社 2014 年版,第 261 页。

利他们之间对异议内容的调查和对消费者的保护。根据第 45 条的规定,对实际承运人履行的运输提起的损害赔偿诉讼,可以由原告选择,对实际承运人提起或者对缔约承运人提起,也可以同时或者分别对实际承运人和缔约承运人提起。损害赔偿诉讼只对其中一个承运人提起的,该承运人有权要求另一承运人参加诉讼,诉讼程序及其效力适用案件受理法院的法律。据此,原告不论是收货人还是托运人,有权根据第 41 条相互责任的规定,针对实际承运人履行的运输选择起诉实际承运人或缔约承运人,或者将其列为共同被告。至于是否被列为共同被告参加诉讼,根据法院地法律确定。当然,无论单独起诉实际承运人或缔约承运人,还是同时起诉他们,原告所获赔偿金额不超过公约第 44 条规定的赔偿总金额。

总之,索赔人要想获得赔偿,必须满足三个条件:一是证明承运人对货物的毁灭、遗失、损坏(包括部分遗失)或延误发生在运输期间和直接损失范围;二是在第 31 条规定的期间内提出异议;三是在第 35 条规定的期间内提起诉讼或仲裁。因为公约采用承运人推定责任,索赔人无须证明承运人存在过错。当然,承运人对货物的毁灭、遗失、损坏或延误的赔偿,享有责任限额,且不可突破。

第三节 《民用航空法》相关规定

中国《民用航空法》经第八届全国人民代表大会常务委员会第十六次会议于 1995 年 10 月 30 日审议通过,自 1996 年 3 月 1 日实施,并经 2021 年 4 月 29 日第十三届全国人民代表大会常务委员会第二十八次会议修改。

一、《民用航空法》与国际公约

因民用航空活动国际性强,在制订《民用航空法》的过程中,立法机关对已有的不同类型的 20 多个国际公约作了不同处理。第一类是我国当时已批准或加入的公约,如 1929 年《华沙公约》、1944 年《芝加哥公约》、1955 年《海牙议定书》、1963 年《东京公约》、1970 年《海牙公约》和 1971 年《蒙特利尔公约》等,这类公约对我国具有约束力,《民用航空法》中的有关条款与这类公约规定基本一致;第二类是我国当时尚未批准或加入的公约,如 1948 年《日内瓦公约》、1961 年《瓜达拉哈拉公约》等,其规定内容合理且与我国现行政策不抵触,《民用航空法》吸纳了其基本内容;第三类是我国当时尚未批准或加入的公约,其中部分内容不符合我国情况或与我国政策规定相抵触,但部分内容正确、合理,代表了国际民用航空的发展方向,如 1952 年《罗马公约》、1971 年《危地马拉公约》等,《民用航空法》有选择地吸收了其合理成分;第四类是调整对象是航空器的扣押、航班飞行运价程序等,其当时具有重要性,但因公约所调整的问题尚未提上我国议事日程,《民用航空法》未予吸收。① 中国政府于 2000 年 4 月 28 日交存《国际承认航空器权利公约》加入书,同时通知,不承认旧中国政府对该公约的签署;在中华人民共和国政府另行通知前,《国际承认航空器权利公约》暂不适用于香港特区。该公约 2000 年 7 月 27 日对中国生效。2001 年《移动设备国际利益公约》(《开普敦公约》)和《移动设备国际利益公约关于特定航空器设备问题的议定书》(《开普敦议定书》)已由中国政府批准加入,并于 2009 年 6 月 1 日对中国生效。2022 年 10 月 30 日,第十三届全国人民代表大会常务委员会第三十七次会议决定,批准 2010 年 9 月 10 日由中国代表在北京签署的《制止与国际民用航空有关的非法行为的公约》(以下简称《北京公约》),同时声明:(1)中国不受《北京公约》第 20 条第 1 款的约束。(2)在中国政府另行通知前,《北京公约》暂不适用于中国香港特区和中国澳门特区。

二、公共国际航空运输法律体系

《民用航空法》第九章"公共航空运输"对民用航空民商事法律关系作出规定。主要依据和参考的公约包括 1929 年《华沙公约》、1955 年《海牙议定书》、1961 年《瓜达拉哈拉公约》、1971 年《危地马拉议定书》、1975 年《蒙特利尔第二号议定书》和《蒙特利尔第四号议定书》等。该章基于这些公约确立的《华沙公约》体系及其调整国际航空运输合同责任体制的国际法规则,对《民用航空法》的适用范围、国际航空运输、运输凭证、承运人责任期间、责任基础、免责事由和赔偿责任限额等作出规定。因无论《华沙公约》体系,还是以《蒙特利尔公约》确立的新体系,成员国众多,尤其是《蒙特利尔公约》已有 150 个成员国,且根据该公约第 55 条的规定,如果国际航空运输在本公约当事国之间履行,而这些当事国同时为《华沙公约》体系公约的当事国,则《蒙特利尔公约》优先适用。因此,一项中国与其他当事国之间的国际航空运输,适用《蒙特利尔公约》的机会远大于《华沙公约》体系公约和《民用航空法》。鉴于此,本书不再对《民用航空法》具体条款作详细论述。

三、国际公约优先适用实证简析

《民用航空法》第十四章"涉外关系的法律适用",对民用航空活动中的涉外关系如何适用法律作出规定。第 184 条规定:

> 中华人民共和国缔结或者参加的国际条约同本法有不同规定的,适用国际条约的规定;但是,中华人民共和国声明保留的条款除外。中华人民共和

---

① 参见曹三明、夏兴华主编:《民用航空法释义》,辽宁出版社 1996 年版,代序,第 10—11 页。

国法律和中华人民共和国缔结或者参加的国际条约没有规定的,可以适用国际惯例。

本条体现了国际航空运输中的国际条约优先适用原则。我国政府声明保留的条款除外。国际条约没有规定的适用中国法律。中国法律和国际条约均未规定的,可以适用国际惯例。本条规定源于《民法通则》第142条第2款的规定,据此,在前些年的诸多司法案例中,公约的适用逻辑和路径通常是优先适用和冲突规范相交织,比较混乱。常见的情况是,首先,以《涉外法律适用法解释(一)》第1条确立涉外民事关系(甚至以此确立国际航空运输);其次,根据当事人国籍、注册地等连接因素和最密切联系原则认定适用中国法律;再次,根据《民法通则》第142条第2款和《民用航空法》第184条第1款的规定确定优先适用国际条约;最后,确定适用《蒙特利尔公约》。

在(2018)粤0304民初33153号案中,法院认为,被告承运人与托运人之间并无订立专门的书面运输合同,但被告接受托运人的货物并出具相应空运单,载明有关事项,故可依据空运单(提单)内容来认定双方之间的法律关系及权利义务。案涉空运单显示,被告签发空运单系以墨西哥为目的地的空运单,被告按托运人委托将案涉货物通过航空运输方式运往墨西哥,部分事实发生在境外,根据《涉外法律适用法解释(一)》第1条第4项的规定,双方法律关系具有涉外因素,应认定为国际航空货物运输合同纠纷。因中国和墨西哥均为1999年《蒙特利尔公约》当事国,而案涉货物运输的出发地和目的地在两个当事国的领土内,属《蒙特利尔公约》第1条适用范围中第2款规定的"国际运输",根据《涉外法律适用法解释(一)》第4条、《民用航空法》第184条的规定,上述纠纷的处理适用《蒙特利尔公约》的相关条款。这是比较典型的法律适用裁判路径。而另有判决对公约适用的裁判逻辑更值得商榷。

(2018)粤04民终454号案中,在2010年8月至9月由美国至中国香港特区的国际航空、中国香港特区至澳门特区的国际海运,以及澳门特区到珠海的国际陆运组成的运输中,货物损坏被认定为发生在香港机场内即航空运输期间,原告起诉澳门承运人(非航空公司)。一审法院认为:根据《民法通则》第145条规定,涉外合同的当事人可以选择处理合同争议所适用的法律,法律另有规定的除外。涉外合同的当事人没有选择的,适用与合同有最密切联系的国家的法律。原告保险公司及案外人摩天宇公司(被保险人、运输合同托运人)均系中国法人,案涉货物运送的最终收货地是珠海,依据最密切联系原则,可以适用中国法律作为处理该案纠纷的准据法。中国是《蒙特利尔公约》的缔约国,《蒙特利尔公约》于2005年在我国生效。该公约第1条第1款载明适用范围包括"所有以航空器运送人员、行李或者货物而收取报酬的国际运输","并同样适用于航空运输企业以航空器履行的免费运输"。被告主张案涉纠纷在法律适用方面可同时适用内地法律规定及国际公约的规定有合理依据并予以采纳。但中国作为国际航空运输条约"华沙体制"之一《海牙议定书》的缔约国,亦应在国际航空运输中适用《海牙议定书》的相关规定,而《海牙议定书》第 13 条规定与《蒙特利尔公约》应属一般规定和特殊规定的关系。该案案情符合《海牙议定书》第 13 条规定的"如经证明造成损失系出于承运人、受雇人或代理人故意造成损失或明知可能造成损失而漠不关心的行为或不行为,则不适用限责条款"。该案中,被告在发现货损的情况下仅电邮通知第三人,在明知运输的货物为飞机重要部件的前提下并未对已受损的货物采取进一步的保护措施,不能排除其导致后期的海运和陆运中产生进一步货损的可能性。具有《海牙议定书》第 13 条规定中"明知可能造成损失而漠不关心"的嫌疑。最后,法院判决被告不得享受赔偿责任限额。

  不得不说,该案关于管辖权和公约的适用,存在明显不当。首先,就法院管辖权问题,如果为单纯国际航空运输,可根据《蒙特利尔公约》第 33 条第 1 款的规定确定管辖权。但证据显示该案系由包括海运(香港特区-澳门特区之间的海运视为国际海运)在内的空-海-陆国际运输,根据中国《海商法》第 102 条的规定,该运输应为国际多式联运,被告为多式联运经营人。依《海诉法》第 4 条规定,国际多式联运合同纠纷属于海商合同纠纷,应由海事法院专门管辖。据此,该案似乎出现中国海事法院专门管辖与《蒙特利尔公约》第 33 条强制管辖的冲突。其实,公约第 33 条属于强制管辖与四种法院专属管辖的竞合。对此,应根据《海诉法》第 4 条专门管辖和《蒙特利尔公约》第 33 条强制管辖的规定,确定由航空运输目的地的海事法院(广州海事法院)管辖,而不应由普通法院管辖。其次,货损发生在航空运输目的地香港机场,可认定发生在美国至香港特区的国际航空运输期间,应根据《海商法》第 105 条的规定,以始发地美国和目的地香港特区均为《蒙特利尔公约》当事方的事实,确立适用该公约;一审法院依据国际航空运输合同当事人及非国际航空运输合同当事人(代位求偿人原告保险公司)的注册地和公约第 1 条第 2 款的规定,根据最密切联系原则确定适用《蒙特利尔公约》,明显不妥。因为公约的适用不应根据国际航空运输合同当事人的注册地、更不能根据非国际航空运输合同当事人(保险公司)的注册地确定,而是只要符合《蒙特利尔公约》第 1 条"适用范围"规定的条件即可适用。再次,针对被告提供的 DHL 公司的空运单条款,一审法院可不根据我国法律关于格式条款效力的规定认定其效力,而可根据《蒙特利尔公约》第 26 条的规定,"任何旨在免除本公约规定的承运人责任或者降低本公约规定的责任限额的条款,均属无效",认定其与公约相违部分无效,因为公约有规定的应优先适用公约的规定。复次,关于责任限额,一审法院认定:中国作为国际航空运输条约"华沙体制"之一《海牙议定书》的缔约国,亦应在国际航空运输中适用《海牙议定书》的相关规定,而《海牙议定书》第 13 条规定与《蒙特利尔公约》应属一般规定和特殊规定的关系。该案案情符合《海牙议定书》第 13 条规定:"如经证明造成损失系出于承运人、受雇人或代理人故意造成损失或明知可能造成损失而漠不关心的行为或不行为,则不适用限责条款。"据此认定被告不得享受责任限制权利。法院的该项认定将《华沙公约》体系中《海牙议定书》关于承运人不得免责的规定作为《蒙特利尔公约》的特殊规定予以适用,纯属多余和错误。因为 1955 年《海牙议定书》作为《华沙公约》体系中具有独立法律效力的公约,其第 13 条已被《蒙特利尔公约》所吸收。且根据《蒙特利尔公约》第 55 条的规定,如果美国和香港特区均为《蒙特利尔公约》和《海牙议定书》的当事方,只能优先适用《蒙特利尔公约》而不再适用《海牙议定书》。《蒙特利尔公约》第 22 条第 5 项已明确规定,"经证明,损失是由于承运人、其受雇人或者代理人的故意或者明知可能造成损失而轻率地作为或者不作为造成的,不适用本条第一款和第二款的规定"。据此,承运人对货物的赔偿,即使存在该条所规定的承运人或其雇员或代理人过错情形,亦得享受责任限额的权利。判决明显违背公约规定,不当剥夺被告的该项权利。最后,一审法院认为,在判断案涉货损责任归属时不适用《蒙特利尔公约》的责任限额条款,并根据原《合同法》第 311 条规定:"承运人对运输过程中货物的毁损、灭失承担损害赔偿责任,但承运人证明货物的毁损、灭失是因不可抗力、货物本身的自然性质或者合理损耗以及托运人、收货人的过错造成的,不承担损害赔偿责任。"因此,被告对案涉传动轴货损非由其原因引起负有证明责任,而被告未能提交证据证明存在上述法定免责情形,应承担证据失权的不利后果,应对第三人提交运输的货损承担赔偿责任。一审法院该项根据原《合同法》的认定,亦属明显错误。既然已经认定该运输适用《蒙特利尔公约》,为何舍弃应优先适用的公约而引用原《合同法》的规定? 遗憾的是,如此明显管辖权和法律适用错误,二审法院并未全部予以纠正。而且,二审法院在论证法律适用时,援引原《合同法》第 321 条关于多式联运的规定。如前所述,案涉货损发生在航空运输期间,故该案应适用关于航空运输的法律规定。既然认为是多式联运,为何不直接按照国际多式联运合同确定管辖权,因为香港-澳门特区之间的海运应被认为是不同法域之间的国际海运。

而在(2016)沪 0106 民初 14734 号案中,公约适用的裁判规则,亦值得商榷。法院认定 2015 年 4 月 1 日,原告楼某某搭乘被告俄罗斯航空公司经营的飞机从意大利米兰前往中国上海,中途在莫斯科转机,前段航班和后段航班均为被告经营的航班。原告的行李箱在运输途中破损,箱体严重破裂,已经无法修复。法院认定:中国系《华沙公约》和《蒙特利尔公约》的缔约国,且均已批准生效。意大利系《华沙公约》和《蒙特利尔公约》的缔约国。俄罗斯系《华沙公约》缔约国,目前尚无证据证明《蒙特利尔公约》已对俄罗斯生效。俄罗斯航空公司系俄罗斯法人,所涉合同内容为国际运输。该案所涉法律关系为涉外民事法律关系,应当适用《涉外法律适用法》。根据该法,当事人可以协议选择合同适用的法律。当事人没有选择的,适用履行义务最能体现该合同特征的一方当事人经常居所地法律或者其他与该合同有最密切联系的法律。审理过程中,法院并未发现双方对赔偿适用的法律有明确约定。该次运输的最终目的地为我国,原告(旅客)楼某某亦是我国国民,在我国境内有住所,且俄罗斯航空公司经营到达我国领土或者从我国领土始发的旅客航空运输业务。故认定我国法律与该案所涉合同有最密切联系,该案应当适用我国法律。根据《民用航空法》的规定,外国人经营的外国民用航空器,在中国境内从事民用航空活动,适用该法规定。该法律进一步规定,中国缔结或者参加的国际条约同本法有不同规定的,适用国际条约的规定;但是,中国声明保留的条款除外。因此,该案应当优先适用我国缔结的相关国际条约,即《华沙公约》或《蒙特利尔公约》。根据《华沙公约》的规定,在运输已登记的行李和货物时,承运人对行李或货物的责任以每公斤250法郎为限,除非托运人在交运时,曾特别声明行李或货物运到后的价值,并缴付必要的附加费。而根据《蒙特利尔公约》的规定,在行李运输中造成毁灭、遗失、损坏或者延误的,承运人的责任以每名旅客1131个特别提款权为限,除非特别声明。上述两项公约对行李赔偿限额这一相同事项作出了不同规定,《华沙公约》为先,而《蒙特利尔公约》为后,两者效力并无高下之分。我国应当履行条约义务,但在条约内容冲突的情况下,以何为准并不明确,因此法院根据调整条约关系的国际公约来作出判断。根据《维也纳条约法公约》(我国与俄罗斯均为缔约国)的规定,关于同一事项先后所订条约之适用,以不违反《联合国宪章》第103条为限,就同一事项先后所订条约,遇后订条约之当事国不包括先订条约之全体当事国时,当事国间彼此之权利与义务依两国均为当事国之条约定之。因此,该案所涉合同应当适用我国与俄罗斯均为缔约国的《华沙公约》,而非俄罗斯尚未批准的《蒙特利尔公约》,其赔偿应根据《华沙公约》所约定的赔偿标准计算。

从法院的裁判逻辑可以看出,法院先依据当事人注册地、居住地等连接点确定涉外民事关系,再利用冲突规范确定适用中国法律,再根据中国《民用航空法》关于外国人经营的外国民用航空器在中国境内从事民用航空活动的规定和国际条约优先适用的规定,认定同时适用《华沙公约》和《蒙特利尔公约》,且认为二者生效有先后之别,效力无高下之分。在两个公约关于承运人赔偿责任限额冲突的情况下,根据调整公约关系的《维也纳条约法公约》和《联合国宪章》作出判断。最终得出结论:适用《华沙公约》。其实,法院不必动用《维也纳条约法公约》确认公约的适用。如果认定自意大利米兰至中国上海在第三国俄罗斯有约定经停地点的运输属于《蒙特利尔公约》第1条规定的"国际运输",可以根据中国和意大利均为《华沙公约》和《蒙特利尔公约》当事国的事实,认定两个公约均可适用,并根据《蒙特利尔公约》第55条的规定优先适用《蒙特利尔公约》。如果认定自意大利米兰至莫斯科、莫斯科至中国上海分别为两段独立国际运输,则可以根据货损发生区段,按照意大利和中国或中国和俄罗斯均为《华沙公约》当事国的事实,及该公约第 1 条的规定,确定《华沙公约》的适用。

四、公约的优先适用和直接适用

(一)公约优先适用的两个层次

国际航空运输公约的优先适用包括两个层次:第一个层次是,《涉外法律适用法》第 2 条规定的"其他法律对涉外民事关系另有特别规定的,依照其规定"和《民用航空法》第 184 条规定的国际条约优先适用原则。《华沙公约》或《蒙特利尔公约》等公约作为国际条约的一种,如果适用于国际航空运输,应优先于国内法适用。这是国际条约与国内法之间的优先适用问题。承担国际条约义务应超越承担国内法义务,这是公认的国际法原则,也是我国的一般法律原则。第二个层次是,根据运输始发地、目的地所在国加入各公约的情况,可能出现《华沙公约》和《蒙特利尔公约》同时适用于国际航空运输的情形,此时应根据《蒙特利尔公约》第 55 条规定的"优先适用"原则,优先适用《蒙特利尔公约》,这是公约之间的优先适用问题。该条规定旨在改变由不同时期、解决不同问题而且由不同当事国参加的各文件组成的《华沙公约》体系混乱状态,形成以《蒙特利尔公约》为体系的新的统一国际航空运输规则和责任体制,使其一体化、法典化和现代化。

(二)公约直接适用不同于优先适用

公约的直接适用,是指在国际条约优先适用的原则下,不经法院地法的冲突规范指引而对所涉国际航空公约的直接适用。公约直接适用与优先适用是两回事。对一般涉外案件而言,根据《涉外法律适用法解释(一)》第 1 条的规定判断案件是否为涉外案件的法律意义,在于涉外案件的法律适用存在适用国际条约或通过冲突规范指引到国内法(准据法)的情形,而没有涉外因素的国内案件则直接适用国内法。但就《蒙特利尔公约》而言,如果一项国际航空运输符合公约第 1 条规定的适用条件,即该项运输中不论当事人的国籍、注册地或住所地如何,不论其是否在当事国,也不论运输有无间断或者转运,只要当事人约定的出发地点和目的地点分处两个当事国的领土内,或者在一个当事国的领土内,而在另一国(即使该国为非当事国)的领土内有一个约定的经停地点,构成"国际运输",就满足公约适用的条件。对此,当事人的国籍或者身份、注册地、住所地等涉外因素,与公约的适用无关。"当事国标准"只是公约适用的条件之一,在此基础上,还必须满足"地点标准",因为对当事国附加了限制条件,即始发地和(或)目的地所在的当事国。"地点标准"是确定国际运输公约适用的核心标准。国际公法条约多以"当事国"标准为前提确定其适用,而国际私法条约"当事国"标准仅为适用条件之一,除此之外,还必须符合"地点标准",公约才得以适用,尤其是国际货物运输条约。如《海牙规则》《海牙-维斯比规则》《汉堡规则》和《鹿特丹规则》等海运条约规定以签发提单地点在缔约国,或运输起运港、目的港、收货地、交货地等在缔约国等作为适用条件,而《国际铁路货物运输公约》和《国际铁路货物联运协定》等国际铁路运输条约规定,条约适用于始发地与目的地均为成员国的国际铁路运输。

国际运输条约的适用不同于其他条约的特点是,常以"地点标准"确定公约的国际性,把公约的适用与这些地点绑定,进而以这些地点所在地的国家是否为公约缔约国确定公约的适用。① 《蒙特利尔公约》等国际航空运输公约已经对适用前提"国际运输"作出定义,并按照"地点加当事国"的标准设定了适用条件,因此,公约的直接适用是由其"地点加当事国"的属性决定的,而无须经过法律冲突规范。故《蒙特利尔公约》的适用是直接适用,而不应是冲突规范指引的结果。当然,公约不予调整的事项,不影响根据冲突规范确定的准据法予以调整。如在(2021)沪0101民初3728号案中,法院认定,案涉货物从葡萄牙波尔图机场空运至上海浦东机场,符合《蒙特利尔公约》中关于国际运输的范畴,且中国和葡萄牙均为《蒙特利尔公约》的缔约国,公约已对两国生效,原被告双方亦对公约的适用不持异议(作者注:此句多余,与CISG不同,当事人不能协议排除适用公约),故该案应优先适用《蒙特利尔公约》的规定。在(2021)沪0115民初33289号案中,法院认为,客运合同自承运人向旅客交付客票时成立。该案原告的去程和归程均由被告东航公司出票,且去程全程、归程全程均使用同一票号,原、被告之间因此分别就去程和归程成立航空旅客运输合同关系。原告之航程,往来于上海浦东、荷兰阿姆斯特丹、英国曼彻斯特之间。因此,双方属国际航空旅客运输合同关系。我国与英国均为1999年《蒙特利尔公约》缔约国,因此该案应优先适用《蒙特利尔公约》,《蒙特利尔公约》没有规定的,适用中国法律。

如前文所述,《销售合同公约》第1条第(1)款a项同样以"地点加缔约国"标准确定公约的适用,即公约适用于营业地在不同国家的当事人之间所订立的货物销售合同,如果这些国家是缔约国。据此,应认为该公约可以根据"营业地加当事国"的标准直接适用,而不必经过冲突规范。但不同于国际运输公约的是,《销售合同公约》允许买卖合同当事人协议约定排除公约适用或减损其条款效力。如在最高人民法院公布的第107号指导案例中,最高人民法院根据《销售合同公约》第1条第(1)款(a)项的规定,国际货物买卖合同当事各方所在国为《销售合同公约》的缔约国,应优先适用公约的规定,公约没有规定的内容,适用合同中约定的法律。国际货物买卖合同中当事人明确排除适用《销售合同公约》的,则不应适用该公约。

五、当事人合同自由和公约的强制适用

如上所述,《蒙特利尔公约》的直接适用是公约的属性和内容决定的,而不是法律

---

① 参见董念清:《论国际航空私法条约适用的强制性》,载《中国法学》2020年第1期。

冲突规范指引的结果。同样,该公约的适用,也不是当事人协议选择适用的结果。《蒙特利尔公约》第 49 条沿用《华沙公约》第 32 条,规定了公约的强制适用:

> 运输合同的任何条款和在损失发生以前达成的所有特别协议,如果运输合同各方借以违反本公约的,无论是选择所适用的法律还是变更有关管辖权的规则,均属无效。

通常涉外合同都订有法律适用条款和管辖权条款,允许当事人协议约定合同所适用的公约或国内法。而国际航空运输却属例外,当事人不能作出这样的选择。《蒙特利尔公约》作为统一实体法,是直接调整国际航空运输关系双方当事人权利义务的规范,能够直接、准确、迅速确定当事人权利义务,消除不同国家之间的法律冲突。本公约的宗旨就是统一国际航空运输规则和责任制度,为此必须对当事人合同自由原则作出必要限制,如果允许合同当事人任意选择所适用的法律,或者减损、排除公约的适用,势必破坏其完整性和统一性,公约的宗旨就无法实现,还会造成法律适用上新的混乱。该条同样限制当事人在公约之外协议选择法院管辖权和仲裁地点,公约第 33 条规定的法院管辖权和第 34 条规定的仲裁地是强制性的,当事人不得协议变更或排除适用。因此,《蒙特利尔公约》的适用是强制性、排他性的,而不同于《销售合同公约》,当事人可以协议排除其适用或减损其条款效力。

《民用航空法》第 188 条规定:

> 民用航空运输合同当事人可以选择合同适用的法律,但是法律另有规定的除外;合同当事人没有选择的,适用与合同有最密切联系的国家的法律。

严格来说,就国际航空运输而言,因《蒙特利尔公约》的优先适用和强制适用特性,该条适用的余地有限。而有的法院在适用本条时明显存在错误。如(2015)苏审二商申字第 00037 号案中,针对《华沙公约》是否适用问题,法院认定,根据《民用航空法》第 188 条的规定,在作为合同附件的"DHL 运输条款与条件"中,双方当事人已约定了如发生纠纷适用原发件地国法律亦即中国法律,因此原审判决适用中国法律并无不当。类似的案件,如案涉国际航空运输符合《华沙公约》或《蒙特利尔公约》的适用条件,应根据公约强制适用规定,适用公约,而不应根据当事人约定适用国内法。当然,对于公约没有规定的内容,当事人可以根据《民用航空法》第 188 条的规定,由当事人选择适用的法律,或者在当事人没有选择时根据最密切联系原则确定准据法。如在(2022)沪 01 民终 5792 号案中,法院认定:案涉 MU588 航班的出发地为美国,目的地为中国,东航公司与蔡某某之间建立的是国际航空旅客运输合同关系。中国与美国均为《蒙特利尔公约》的缔约国,应优先适用该公约,公约没有规定的,适用中国法律。该案系东航公司拒绝蔡某某登机引发的纠纷,《蒙特利尔公约》对此类情况并未作出明确规定,一审法院据此认定该案应当适用中国法律,与法无悖,二审法院予以确认。

需要注意的是,公约对合同自由的限制不是绝对的。《蒙特利尔公约》第 25 条允许承运人根据合同自由原则,在订立的运输合同中适用高于公约规定的责任限额,或者无责任限额。同样,公约第 27 条规定,承运人可以放弃根据公约能够获得的任何抗辩理由或者制定同公约规定不相抵触的条件。

第三章 国际铁路和公路运输

第一节 国际铁路货物运输

为适应国际经贸发展需要,我国政府大力发展国际铁路运输。自1980年以来,先后办理中国口岸通过西伯利亚的铁路集装箱国际运输业务,实现自东亚国家经西伯利亚的海-陆-海大陆桥运输。1990年,我国又开通了东起连云港,西至鹿特丹的新的亚欧大陆桥,为开展经中国至欧洲各国的海-铁联运提供了便利条件。近年来,中欧班列的开通和成功运行,对促进中欧经贸发展起到重要作用。而国际铁路运输存在的两个规则体系,因历史、社会制度、地缘政治和技术等原因,不仅在地理和技术上条块分割(如COTIF国家铁路轨距多为1435毫米,而SMGS国家的轨距多为1520毫米),更重要的是在文化和法律制度上相距甚远。近年虽在运单使用和建立欧亚统一铁路运输法律体系方面有较大进展,但2022年2月突然爆发的俄乌冲突,使得SMGS体系内及其与COTIF体系的融合,更加困难。国际铁路运输要实现被国际社会广泛接受的统一实体法规范,可谓任重道远。

一、《国际货约》和《国际货协》体系

目前,世界上有两个最重要的国际铁路货物运输公约,即《国际铁路货物运输公约》(以下简称《国际货约》)和《国际铁路货物联运协定》(以下简称《国际货协》)。

《国际货约》的前身是1890年制定、1893年1月1日施行的《国际铁路货物运送公约》(Convention on International Carriage of Goods by Rail, COTIF),历经多次修改。1938年改为《国际铁路货物运输公约》(Convention Concerning International Carriage of Goods by Rail, COTIF)。1980年设立国际铁路运输政府间组织(OTIF),其宗旨之一是建立欧洲铁路运输统一法,包括国际铁路货物、旅客和危险货物运输法律。COTIF框架协议下包括七个附件,其中由不同国际铁路合同规则形成的四个附件,形成统一的欧洲铁路运输合同统一规则,即关于旅客运输合同的附件A-the Contract of International Carriage of Passengers by Rail (CIV),关于货物运输合同的附件B-the Contract of International Carriage of Goods by Rail（CIM），关于铁路车辆使用合同的附件 D-the Contract of Use of Vehicles in International Rail Traffic（CUV），以及关于铁路基础设施使用合同的附件 E-the Contract of Use of Infrastructure in International Rail Traffic（CUI）。前两个附件适用于成员国之间国际铁路直运合同，乘客和货物通过铁路运输时，在单一合同和统一责任制度的保护下跨越成员国的边界。国际铁路运输委员会（International Rail Transport Committee，CIT）制订的示范合同，使条文具体化。1980 年《国际铁路货物运输合同统一规则》（The Uniform Rules Concerning the Contract for the International Carriage of Goods by Rail, CIM 或 CIM Rules）为 COTIF 1980 的附件 B。该附件是确立当事人权利义务关系的实体性条约。目前最新版本为 COTIF 2023，而 CIM1999 年经 Vilnius 等议定书修改，最新版本为 CIM 2016。截至 2024 年 5 月，COTIF 共有 51 个成员国。①

1950 年 6 月，当时苏联、阿尔巴尼亚等 8 个社会主义国家发起订立关于国际铁路货物运输的多边条约《Agreement on Carriage of Goods by Railways in International Direct Connection/MGS》等，于 1951 年 11 月 1 日生效。我国于 1954 年 1 月 1 日加入。1955 年对条约作了较大修改，即《国际货协》。现为 2018 年版本。1956 年 6 月，成员国一致同意成立铁路合作组织（OSJD，简称"铁组"）负责《国际货协》及其附件的制订和修改，目前有 30 个成员国。另有一些国家，如波罗的海"三国"、波兰、斯洛伐克、匈牙利、保加利亚、伊朗、阿塞拜疆等，同时为 COTIF 和 OSJD 成员国。现有铁路规则体系主要集中在欧洲，分别建立在相对独立的《国际货约》和《国际货协》规则基础上。

2006 年前，《国际货约》和《国际货协》适用两种不同的法律规则和运单，欧洲和亚洲之间的所有铁路运输货物都不得不在边境换轨、换单。国际铁路运输委员会（International Rail Transport Committee, CIT）于 2006 年创建 CIM/SMGS 统一运单（CIM/SMGS Consignment Note），大大简化了过境手续，节约时间和经济成本，这是 CIM 和 SMGS 规则融合的重要进展。目前的《国际货约/国际货协运单指导手册》，有 30 个《国际货约》成员国家铁路参加，有 14 个《国际货协》成员国家铁路参加。2011 年 12 月，《国际货约/国际货协运单指导手册》作为《国际货协》附件第 22 号正式颁布。近年来，COTIF 和 OSJD 试图进一步融合两个公约体系。联合国欧洲经济委员会所属内陆运输委员会（Inland Transport Committee，ITC）成立了统一铁路法律专家组，召开多次会

---

① COTIF 适用于欧洲、摩洛哥和中东等地铁路运输。其成员国适用该公约的大部分附件（共有 7 个附件），即 CIV 2006 作为附件 A 规定旅客运输、CIM 2016 作为附件 B 规定货物运输、RID 2023 作为附件 C 规定危险货物运输、CUV 2015 作为附件 D 规定国际铁路运输中运输工具统一规则、CUI 2015 作为附件 E 规定国际铁路运输中基础设施使用合同统一规则，另有附件 APTU、ATMF 等规定技术问题的统一规则。截至 2024 年 5 月，加入 COTIF 及其附件的来自欧洲、北非和中东的成员国共 51 个，参见 OTIF 官网（extranet.otif.org/en/），访问时间：2024 年 5 月 26 日。

议讨论在两个公约之间制订统一规则和承运人责任体系,以提高铁路运输的竞争力,促进欧亚之间国际铁路运输。委员会秘书处于 2021 年 1 月完成起草,并于 2023 年以联合国文件形式公布统一铁路法律公约(Unified Railway Law Conventions)的首份文件《国际铁路货物运输合同公约》(Convention on the Contract for International Carriage of Goods by Rail)草案。其中规定,公约将与现有 CIM 和 SMGS 并存,不影响两公约分别在其各自地理区域内的适用。①

二、2016 年《国际货约》有关规定

在《国际货约》的制订过程中,为融合公约与其他运输方式,减少冲突,参考了其他国际运输公约,尤其是国际公路运输公约(CMR)的相关规定。

(一)适用范围

货约适用于下列情况的取酬货物运输合同:

1. 接收货物和指定交付货地点在两个不同缔约国内;

2. 接收货物和指定交付货地点在两个不同国家,其中一个国家为缔约国,并且当事人约定合同适用公约;

3. 当单一合同项下的国际运输包括一个缔约国境内公路或内河作为铁路运输的补充时;

4. 为履行铁路运输而提供的海上或内河补充服务,并且这些服务已列入 COTIF 第 24 条第 1 款的海上和内河服务清单时,该补充服务适用公约。

如铁路运输货物到站卸下后由轮渡运至目的地,公约适用于包括铁路和轮渡在内的整个运输。但是,对于相邻两国车站之间的运输,若一国车站并非由其国家或实体经营,而由该相邻国家或实体经营,CIM 不承认此运输为国际运输,因而该运输不适用公约而适用国内法。

5. CIM 之外的国际铁路联运公约的成员方,在申请加入 COTIF 时可以声明,CIM 仅适用于在其境内基础设施上履行的合同部分。这些基础设施需与 CIM 缔约国的铁路相连接。除此之外,还需满足:(a)接收货物、指定交付货物以及合同约定的路线,在该特定设施上;或者(b)该特定设施连接两个缔约国的设施,且合同约定用于过境运输。

在全国海事审判典型案例(2018)沪民终 140 号案中,运输为先经海运自马来西亚巴生港至希腊比雷埃夫斯港,再经铁路至斯洛伐克尼特拉的国际多式联运,被告签发

---

① 参见联合国欧洲经济委员会文件 ECE/TRANS/SC.2/GEURL/2021/3(https://unece.org),访问时间:2024 年 5 月 26 日。

了4套不可转让已装船清洁联运海运单。货物在位于希腊境内的铁路运输区段因火车脱轨而遭受货损。被告抗辩称,火车脱轨的原因是事故时段当地持续暴雨,引起地质塌陷,承运人可以免责;即使不能免责,其可依法享受承运人单位赔偿责任限制。一审法院认为,原告注册成立于日本、运输目的地为斯洛伐克,事故发生地位于希腊,案件争议属于涉外民事法律关系下的纠纷,当事人可以选择解决纠纷适用的法律。庭审中,双方当事人达成一致,对于案涉货物铁路运输区段的责任认定、责任承担方式等选择适用希腊法律,其余争议问题选择适用中国法律,法院对此选择予以尊重。希腊是《国际货约》的成员国,《国际铁路货物运输合同统一规则》(Uniform Rules Concerning the Contract of International Carriage of Goods by Rail)是《国际货约》的附件B。希腊在批准加入该公约时未作任何保留声明,公约在希腊优先于其国内法适用。根据《国际铁路运输公约》第23.2条,若货物的灭失、损坏或迟延交付是由于承运人无法避免并且无法阻止其发生的原因所造成的,承运人无须承担赔偿责任。该案事故发生前虽有持续降雨,但比较事故地区历史降水数据,事故月份降水量仅处于历史中等偏上水平,并未出现明显异常。然而,该次列车脱轨并非遭受雨水直接冲击所致,而是事故区域常年频繁降雨浸蚀土壤后产生的地质作用引起地层塌陷的结果,是一个由量变到质变的过程,具体何时发生非人力所能预见和控制。铁路养护是否得当或可延缓此种地质变化的进程,但并无证据表明可以准确预计、控制和绝对避免。因此,被告可以援引《国际铁路运输公约》第23.2条的规定,对货损不负赔偿责任。最高人民法院评析该案的典型意义,在于法院坚持意思自治原则,充分尊重当事人的选择,铁路运输区段适用希腊法律,其余争议问题适用中国法律,并根据希腊法下的法律渊源适用《国际货约》《国际铁路货物运输合同统一规则》相关规定。该案在评判风险责任承担时,较好地运用了原因力分析的方法,论证充分,说理透彻,为类似纠纷的处理提供了借鉴思路。

(二)运输单证

涵盖全程运输的联运单能够将所有运输纳入《国际货约》适用范围,但货约没有规定必须签发全程运单。铁路运单(rail consignment note)作为最重要的运输单证,被视为当事人订立运输合同、合同内容以及承运人接收货物的初步证明。运单的缺失、不规范或遗失,不影响运输合同的效力或货约的适用。① 铁路运单不具有提单的效力。

(三)发货人的权利义务

发货人应对运单记载和声明的正确性负责。与《华沙公约》和《蒙特利尔公约》一样,如果发货人要求承运人填写运单,则视为承运人代发货人填写,意味着填写运单是发

---

① See Indira Carr and Peter Stone, International Trade Law 2, 6th Edition, Taylor & Francis Group, p. 348.

货人的义务,其仍对运单填写信息的正确性、完整性负责。发货人应遵守载货限制,按要求包装货物,对包装标记同运单相符负责;发货人可按规定变更和修改运输合同,通知承运人停止运输、变更收货人或交货地点等。但如果收货人已经收货或根据公约变更合同,发货人的该项权利消灭。如果存在修改合同不可行或者不符合法律要求、不合理等因素,该项权利受到限制。发货人违反公约规定的义务,应赔偿承运人损失。

(四)收货人的权利义务

根据货约第 17 条的规定,如果发货人未支付运费,收货人应支付一切未付费用;如合同约定运费到付,收货人应履行支付各项费用的义务;于到达站领取运单和货物;如已证实货物灭失或在规定期限内未到达,收货人有权以本人名义按合同向铁路提出赔偿请求;收货人有权在发货人未支付有关运费或未按规定填写运单时,变更运输合同:如指示货物中途停留、延迟交付货物、将到达货物交与非运单中的指定收货人。但收货人占有和收受货物后,该项权利消灭。该权利不及于新的收货人。

(五)承运人的权利义务

承运人有权检查运单记载事项是否正确,并可将实际检查结果载于运单上;发货人超装时,有权收取差额运费并对可能产生的损失提出索赔要求;对因发货人或收货人的错误、疏忽行为或货物固有缺陷等所致的损害灭失,承运人免责。承运人对全程运输负责,即自接收货物至交付货物期间。公约没有界定接收和交付的具体时点,可以参考《海牙-维斯比规则》"钩至钩"条款处理,同时考虑买卖合同对托运货物的约定、国际惯例、交易习惯,以及接收或交付地点法律规定等因素。如果交付货物地点法律强制要求交给海关或其他政府部门,则视为向收货人交付货物。承运人还应对根据其授权行事的雇员、代理人或其他人员的行为造成货物损失负责。承运人对其掌管的货物承担赔偿责任的范围,包括货物全部或部分灭失、损坏。

货约为承运人规定了两类免责抗辩理由:一是一般抗辩理由,包括权利人过错或其指示导致货物灭失或损坏,或者灭失或损坏发生在运输期间之外,货物内在缺陷或承运人无法避免和无法预防的情形导致货物灭失或损坏。承运人证明货物灭失或损坏因该等事由造成,即完成举证责任;二是基于货物特殊风险的抗辩理由,如当事人约定并在运单中记载用敞口车厢运输的货物,包装不良,发货人或收货人装货、卸货,货物特殊属性(易腐、易锈或活动物)导致的灭失、损坏等。索赔人必须提供相反证据推翻承运人的主张,尤其是证明损失与该等事由无因果关系,另因承运人过错造成货物灭失或损坏。根据《国际货约》第 23 条责任基础与免责、第 25 条举证责任等条款,承运人的责任属于不完全严格责任与推定过错责任之间。

(六)承运人赔偿责任限额

《国际毁约》第 30 条规定,对货物全损或部分损失的赔偿金额,按照商品交易所报价(commodity exchange quotation)确定。如没有此类报价,则依据交货时、交货地市价确定。如无法以该两种方式确定,则依据同类、同质商品在接收货物当天、当地的通常价格确定赔偿金额。但无论以何种方式确定货物价值,赔偿金额都不得超过毛重每公斤17个特别提款权。货物损坏的,仅赔偿损坏部分的价值,如果损坏导致货物丧失全部价值,则按照全损赔偿。如果灭失、损坏是由于超过运输期限造成的,赔偿金额不超过运费的4倍。货物全损和延误同时发生的,仅按全损赔偿,不计延误赔偿。如部分灭失和延误同时发生,按不超过未灭失部分运费的4倍赔偿。任何情况下,货物灭失或损坏以及延误的赔偿,不超过货物全损时的赔偿金额。经证明灭失或损坏是由于承运人故意或疏忽且明知可能造成这种损失或损坏而行为或者不行为,则承运人不得援引第15条、第19条、第30条,以及第32条至第35条的规定主张责任限制。

(七)争议解决

根据《国际货约》第43条的规定,权利人就铁路运输合同提出索赔,应向可能被起诉的承运人书面提出,并按承运人要求,提供运单正副本。公约第46条规定,当事人可以在约定的缔约国境内法院或仲裁庭(courts or tribunals),于被告住所地、惯常居所地或主要营业地、被告订立合同分支机构所在地、承运人接收或指定交货地的法院或仲裁庭,提起诉讼或仲裁。

根据货约第48条的规定,就运输合同引起的争议,时效期间为1年。但如果是收货人向承运人追偿货到付款(cash against on delivery payment)、收货人追偿承运人出售货物收益(proceeds of a sale)、承运人故意作为或不作为可能造成的货损,或基于第28条规定的情形下转让前的运输合同(based on one of the contracts of carriage prior to the reconsignment in the case provided for in Article 28),时效期间为2年。时效期间起算,货物全部灭失时自运输期间届满后第30天起算,部分灭失、损坏或逾期交付时,自实际交货之日起算,其他情形自可以行使权利之时起算。根据第43条的规定以书面形式提出索赔的,时效期间中止,直至承运人以书面通知拒绝该索赔并退还与其一起提交的单证之日。如果部分索赔被接受,时效期限应从仍有争议的索赔部分重新开始计算。证明收到索赔或答复以及归还文件的举证责任应由依赖这些事实的一方承担。时效期间不得因具有相同目的的进一步索赔而中止。超过时效期间,不得再次行使诉权,即使通过反诉或作为例外依据。尽管如此,时效期间的中止和中断应受国内法管辖。

三、2018年《国际货协》有关规定

(一)适用范围

协定适用于缔约国铁路之间的铁路联运,包括国际铁路直通联运,即全程按统一票

据(运单)办理、经由两个或两个以上国家境内的铁路货物运输;以及国际铁路-轮渡直通联运。但不适用于:(1)发、到站都在同一国内,而用发送国列车只通过另一国家过境运送货物;(2)两国车站间,用发送国或到达国列车通过第三国过境运输的;(3)两邻国车站间,全程都用某一方列车,并据这一铁路的国内规章办理货物运输。如协定各方同时是规定铁路货物运输合同法律标准的其他国际协定的参加方,则上述各方铁路车站之间的运送可按这些协定的条件办理。

《国际货协》第 35 条规定了国内法的适用,如本协定中无相关规定,则适用权利人行使权利时所在国的国内法律,第 6 条规定了协定的强制适用,任何直接或间接偏离本协定的运输合同条款均无效且失去法律效力,但本协定规定的情况除外。上述条款的无效不会导致运输合同其他条款无效。

关于《国际货协》的适用范围,司法实践案例并不多见,且因为国际铁路运输往往与海运(水运)、公路运输等组成多式联运,对公约和国内法的适用,经常出现混淆的情形。严格说来,《国际货协》的"联运"实为不同缔约国铁路之间或铁路-特定水运区段轮渡之间的联运,不完全等同于中国《海商法》和《民法典》合同编下的多式联运。

在(2002)民四提字第 9 号案中,货物从天津经海路运至大连后转公路运至丹东,再由铁路运至朝鲜新义州。最高人民法院认为,该案为国际多式联运合同,原审认定为海运合同纠纷不准确。该多式联运合同和提单背面均约定适用中国的法律,故应当以中国法律作为调整当事人之间法律关系的准据法。该案多式联运涉及的海运段是自天津至大连,《海商法》规定的多式联运要求其中一种运输方式必须是国际海上运输。因此,该案不适用《海商法》的规定,而适用《合同法》关于多式联运的规定。该案纠纷发生在货物交付区段,最后的运输方式是丹东至新义州的铁路运输,故应适用有关铁路运输的有关法律规定。中朝两国虽均为《国际货协》的参加国,但是该协定第 2 条第 3 项规定,两邻国车站间,全程都用某一方铁路的列车,并按照这一铁路的国内规章办理货物运送的,不适用该协定。故该协定不适用于该案。[①]

从该案可以看出,国际多式联运方式中,如果海运段为国际海运,适用《海商法》国际多式联运规定。如果海运段为国内水路运输,则适用原《合同法》(《民法典》合同编)国际多式联运规定。无论哪种情形,损失发生在国际多式联运中的铁路运输区段的,均导致适用该区段国内法或国际铁路公约的适用。如果适用《国际货协》,符合其所规定的"两邻国车站间,全程都用一国铁路的列车,并按照该路现行的国内规章办理货物运送的,不适用该协定",则即使损失发生在该铁路运输区段,只能适用国内法律。如果适用《国际货约》,则不应出现不予适用的问题。

在(2022)最高法民申 150 号案中,最高人民法院认定,案涉货物运输系经蒙古国

---

① 参见最高人民法院(2002)民四提字第 9 号民事判决书。

和我国铁路进行的国际铁路货物联运，Y 公司提起该诉讼依据的运单由起运站承运人乌兰巴托铁路股份公司依据《国际货协》制发。蒙古国和我国均为《国际货协》成员国，根据该协定第 1 条的规定，经成员国铁路的国际铁路直通货物联运，由该协定规定。该协定对货物交付、承运人责任以及索赔等问题作出了规定，Y 公司关于《国际货协》对"无单无货"或保管不善导致货物灭失没有规定的申请理由不能成立。Y 公司依据国际铁路联运合同提起该案诉讼，主张运单签发人、货物保管人应对货物的错误交付承担连带赔偿责任，二审裁定确定该案为国际铁路货物联运合同纠纷，并适用《国际货协》进行审理，适用法律正确。

(二)合同当事人

《国际货协》第 2 条的术语条款对合同当事人作了规定。发货人，指货物托运人，即运单中注明的货物发送人；缔约承运人，系根据本协定同发货人缔结运输合同的承运人；承运人，是参加货物运送(包括在国际铁路-轮渡联运水运区段)的缔约承运人和所有接续承运人；而接续承运人，指从缔约承运人或其他接续承运人处接送货物以继续运送并进而加入运输合同(由缔约承运人缔结)的承运人。从该定义规定看，货协有三个承运人的概念，承运人是对缔约承运人和接续承运人的统称，缔约承运人是与发货人订立运输合同的人。而接续承运人为加入运输、履行后续区段合同的人，在不得不过境换轨运输时，为换轨后的承运人，相当于换轨后区段的实际承运人，通常也是向收货人交付货物的承运人。收货人是运单中注明的货物领收人。

货运代理公司没有铁路运输工具，但已经大量参与国际铁路货物联运业务。至于其法律地位，要区分货代公司在案件中的作用，如仅为代理人，委托人与货代公司之间依据国内法形成代理关系，在委托人与铁路承运人之间形成基于《国际货协》运输合同法律关系；如委托人就国际铁路运输与货代公司订立运输合同，约定双方权利义务，而货代公司向托运人签发运单，再以发货人身份向铁路承运人托运货物，该运输合同能否直接适用《国际货协》规定，货代公司可否依据协定主张铁路承运人的权利，存在不同认识。有观点认为，货运代理人作为独立经营人，虽不拥有运输工具，但其是与货主和实际承运人分别签订合同的中间承运人，其以自己的名义向货主签发运输单证，并对货物运输的全程向货主负责，其实际法律地位已经成为缔约承运人。当货运代理人作为独立经营人时，其与货主之间的合同关系为运输合同关系。我国规定铁路运输合同纠纷的承运人必须为铁路企业，但对国际铁路联运合同的承运人未作限制，故国际货运代理人作为独立经营人开展业务被视为承运人时，托运人与其之间发生纠纷的案由应被定为国际铁路联运合同纠纷。当托运人与作为独立经营人的国际货运代理人的纠纷诉至我国法院时，应当优先适用《国际货协》。即便托运人与作为独立经营人的国际货运代理人均在我国,也应优先适用《国际货协》。①

在(2018)新 71 民终 84 号案中,法院认为,托运人 X 公司与货运代理人 T 公司签订《委托运输及报关协议》,约定由 T 公司为 X 公司办理集装箱货物从乌鲁木齐西站集装箱货场至乌兹别克斯坦丘库尔赛车站的国际联运及报关业务。合同签订后,T 公司办理了货物的报关手续并进行运输。因此,运输合同的主体,一方为享受收取运费权利并承担运送义务的承运人 T 公司;另一方为享受运送权利并承担支付运费义务的托运人 X 公司。法院认为,该案案涉标的物及民事法律事实发生在中国领域外,根据《民诉法》司法解释第 522 条第 1 款第 3 项、第 4 项的规定,该案是涉外民事案件。根据《涉外法律适用法》第 41 条的规定,该案双方当事人没有协议选择案涉合同适用的法律,且双方对适用法律存有争议。该案双方当事人均为国内企业法人,双方经营场所亦均在国内,适用我国法律最能够体现案涉合同特征,且与案涉合同有最密切的联系,因此该案应当首先适用我国法律,但如我国法律与《国际货协》的规定相冲突时,应根据《民法通则》第 142 条的规定,适用《国际货协》的规定。法院同时认定,最高人民法院《关于审理铁路运输损害赔偿案件若干问题的解释》第 15 条第 1 款规定的对承运中的货物、包裹、行李发生损失或逾期,向铁路运输企业要求赔偿的请求权,时效期间适用铁路运输规章 180 日的规定",是对权利人向铁路运输企业请求赔偿的时效规定,T 公司不是铁路运输企业,不适用该规定。故对 T 公司上诉主张 X 公司的起诉已超过 180 日除斥期间的意见不予支持。

(三)运输合同和运单

《国际货协》第 14 条规定,承运人应根据运输合同有偿将发货人托运的货物,按发货人同缔约承运人商定的路线运至到站并将其交付收货人。发货人托运货物应填写联运运单和运单副本。运单是发货人与承运人订立运输合同的凭证,是铁路向收货人收取运杂费用和点交货物的依据。运单随同货物从始发站至终点站全程附送。运单中记载的事项不正确或不准确或者承运人丢失运单,均不影响运输合同的存在及效力。每一接续承运人自接收附有运单的货物时起,即参加了运输合同并承担由此而产生的义务。根据协定第 26 条第 1 款的规定,货物到达到站后,承运人必须将运单和货物交付收货人,收货人必须领取货物和运单。因此,运单与货物一同交给收货人。该特点决定运单仅是运输合同证明和收货人核对货物、提出索赔、支付运费费用的依据。当所运货物或票据丢失时,运单副本可作为向铁路索赔的单证。运单副本还是贸易双方结算货款的依据,运单副本加盖戳记后,证明铁路运输合同订立,并交付发货方凭以

---

① 参见新疆维吾尔自治区乌鲁木齐铁路运输中级人民法院课题组:《"一带一路"背景下〈国际铁路货物联合运输协定〉的适用》,载《人民司法》2022 年第 10 期。

结汇。运单不能转让,不能由收货人自发货人受让后凭以提货,收货人只能根据收货人身份提货取单,即认人不认单。从这些特征看,运单不是运输合同本身,仅为运输合同的证明和货物收据,其不具备物权凭证功能。当事人可以采用 CIM/SMGS 运单办理,对 CIM/SMGS 运单指导手册没有规定的事宜,适用本协定第 8 条的规定。

(四)正确填报运单

发货人对运单中记载事项的正确性和完整性负责。协定第 16 条规定,发货人应对其在运单中记载和所声明的事项的正确性负责。由于记载和声明的事项不正确、不确切或不完备,以及由于将上述事项记入运单中无关的栏而发生的一切后果,均由发货人负责。根据协定,承运人在运单中记载了发货人的指示,则认为承运人是以发货人的名义行事,除非提出相反证据。

(五)单、货不符的后果

根据协定第 16 条第 2 款和第 3 款的规定,分两种情况处理:在缔结运输合同前,如承运人发现运单中的事项不正确、不确切或不完备,且根据协定不允许修改运单中记载的事项和声明,则发货人必须填制新运单;在缔结运输合同以后,如承运人发现上述情况,则发货人应根据不同情况向承运人支付违约金:(1)承运的货物中有禁止通过该运送应经由国家中任何一国的国境运送的物品;(2)承运了危险货物且未遵守其运送条件;(3)发货人装车的货物超过车辆最大载重量;(4)运送费用额度过低;(5)出现了危及行车安全的情况。本款第(1)(2)(4)(5)项的违约金,根据协定第 31 条"运送费用和违约金的支付"的规定,按发现违反上述规定的承运人运费的 5 倍核收。本款第(3)项的违约金,按发现超载的承运人运送多出部分的运费的 5 倍核收。承运人有权核收本项规定的违约金,而不管赔偿可能损失和发货人或收货人根据协定条件支付的其他违约金如何。

(六)货物的约定到达期限及延期

协定第 24 条规定,发货人和承运人可以另行商定运到期限;如未另行商定,则按货物运送全程确定运到期限,且不得超过根据本条所述标准计算的期限:(1)集装箱,每 150 公里——1 昼夜;(2)其他货物,每 200 公里——1 昼夜。对因自身技术特性需限速运行的货物、超限货物及采用单独机车牵引的专列运送的货物,运到期限由承运人确定。对国际铁路-轮渡直通联运中运送的货物,其水运区段的运到期限由办理该区段运送的承运人确定。对于期限的起算时间,该条第 5 款规定,货物运到期限,自签订运输合同的次日零时起计算,至货物到达通知单移交收货人之时为止,且不足 1 昼夜按 1 昼夜计算。2023 年 2 月 15 日,国际铁组委员会通知各成员国,自 2023 年 7 月 1 日起,该项中"且不足 1 昼夜按 1 昼夜计算"修改为"且不足 12 小时,不足 1 昼夜不进整也不按 1 昼夜计算;超过 12 小时,不足 1 昼夜按 1 昼夜计算"。

(七)运输合同的变更

协定第 25 条规定,发货人和收货人有权向承运人作出有关货物的指示并进而变更运输合同。发货人可向缔约承运人提出申请,对运输合同作下列变更:(1)变更货物到站;(2)变更收货人。发货人的运输合同变更权,从收货人收到运单时起,或从货物到达到达国进口国境站(如承运人已接到收货人关于变更运输合同的申请书)时起终止。而收货人可在到达国范围内向交付货物的承运人提出申请,对运输合同作下列变更:(1)变更货物到站;(2)变更收货人。且收货人只可在货物尚处于到达国进口国境站时,办理运输合同的变更,如货物已通过(驶离)到达国的进口国境站,收货人只能按到达国现国内法律办理运输合同的变更。需注意的是,该项合同变更规定,不同于发货人中途停运权,因为中途停运权的基础是买卖合同中的不安抗辩权,而变更目的站和收货人属于货物控制权的内容,其基础是运输合同。①

收货人依协定变更运输合同,将改变合同各方之间的权利义务关系。收货人自变更运输合同之时起,即承担运输合同中规定的发货人义务。根据收货人的申请书而变更运输合同时,发货人对由此而产生的后果概不负责。如果承运人同意变更,有权向发货人或收货人收取因此而产生的额外费用。协定同时规定就发货人或收货人申请的变更事项,承运人应予执行,除非遇有下列情况时承运人才有权拒绝变更运输合同或延缓执行这一变更:(1)承运人在接到变更运输合同申请书后无法执行时;(2)可能违反铁路运营管理时;(3)变更到站后,货物的价值不能抵偿运至新到站的一切预期费用时,但能立即缴付或能保证支付这种费用款额时除外;(4)在变更到站的情况下,运单上记载的承运人发生了变化,但新承运人未商定运送时。

(八)货物的交付

《国际贸协》第 26 条规定,货物到达到站后,承运人必须将运单和货物交付收货人,收货人必须领取货物和运单。收货人不得拒绝领取货物,除非由于承运人的过错而使质量发生变化,以致部分货物或全部货物不能按原用途使用时。如当事人之间协议未另作规定,则在收货人向承运人付清一切应付的运送费用后,承运人才办理运单和货物的交付。不论运单中所记载的货物是否部分短少,收货人应支付运单所载的所有货物的运送费用。

(九)承运人的货物留置权

在收到运输合同所产生的全部费用以前,承运人有权留置其管理的货物。"管理"

---

① 参见戴靖:《国际铁路货物运输承运人责任制度研究》,西南政法大学 2018 年硕士学位论文,第 18 页。

应理解为承运人对货物的"掌管"。至于如何行使留置权,则适用承运人行使留置权所在国的法律。

(十)关于货物灭失的推定

协定第27条规定,如在货物运到期限期满后10天内未将货物交付收货人,发货人或收货人有权向缔约承运人或交付货物的承运人提出货物查寻申请书。申请查寻货物不等于提出货物灭失的赔偿请求。如在货物运到期限期满后30天内未将货物交付收货人,则认为货物已灭失。如货物在运到期限期满30天后到达到站,则承运人应将此事通知收货人。如货物在运到期限期满后6个月内到达,则收货人应予领取,并将承运人已付的货物灭失赔款、运送费用退款和有关货物运送的其他费用退还承运人。

(十一)承运人的赔偿责任

协定第37条至第45条对承运人的责任制度作出规定:(1)按本协定规定的办法和范围,承运人对发货人或收货人承担仅由运输合同产生的责任,应理解为承运人仅对发生在运输期间且仅由运输合同产生的货物灭失、短少或毁损(腐坏)承担责任;对运输期间之外或者非因运输合同产生的灭失、短少或毁损(腐坏)不承担责任。(2)承运人赔偿责任包括对货物灭失、短少、毁损(腐坏)以及对货物逾期交付所造成的损失。(3)承运人责任期间为自承运货物时起,至交付货物时为止。(4)承运人的赔偿金额不应超过货物灭失时的价值,即以按货物实际价值赔偿为原则,同时在第17条规定了保价运输情况下的赔偿。这一点与《国际货约》规定具体的赔偿限额不同。

1. 对货物灭失或短少的赔偿额。(1)承运人应向发货人或收货人赔偿因货物灭失、短少所造成的损失,则损失赔偿额根据货物价格确定;(2)当有声明价格的所运货物灭失、短少时,承运人应按声明价格,或相当于货物灭失部分的声明价格的款额向发货人或收货人赔偿;(3)除本条第1款规定的赔偿外,灭失货物或其灭失部分运送费用,以及承运人向发货人(收货人)收取的与运送有关的其他费用,如未纳入货物价格内,则均应予以退还;(4)在交付品名、质量相同且由同一发货人发往同一收货人的货物,包括运送途中换装的该货物时,如发现按一份运单运送的货物短少,而按另一份运单运送的货物多出,则在计算货物重量不足的赔偿额时,承运人可用多出的重量抵补不足的重量。

2. 货物毁损(腐坏)的赔偿额。(1)在本协定规定承运人应向发货人或收货人赔偿货物毁损(腐坏)损失的情况下,损失赔偿额应相当于货物价值降低部分的款额;(2)当运送声明价格的货物发生毁损(腐坏)时,承运人应按照相当于货物由于毁损(腐坏)而降低价格的百分比,支付作为声明价格部分的赔款;(3)本条第1款和第2款规定的赔款额,按照第42条"货物灭失或短少时的赔偿额"第1款的规定,并参考根据到达地国内法律确定的货物价格降低额度确定。

3. 货物运到逾期的赔偿额。如承运人应赔偿货物灭失损失,则不支付货物运到逾期的违约金。(1)如货物短少,则支付运到逾期违约金的额度应按货物的运到部分确定,即逾期和短少,不重复计算;(2)如货物毁损(腐坏),除第44条"货物毁损(腐坏)的赔偿额"规定的赔款外,还应支付运到逾期赔款,即逾期和毁损,重复计算。

4. 关于声明价值货物运输(保价运输)。协定第17条规定,经承运人和发货人商定,办理货物运送时可声明货物价格。承运人有权要求为声明货物价格支付杂费。如果货物发生灭失、损坏等情形,承运人应按声明价值赔偿。根据原铁道部相关文件[①],发货人或其代理人与收货人或其代理人,根据自愿的原则,可在发站办理出口货物的保价运输或在国境站办理进口货物的保价运输。在国际联运货物中出口货物的保价运输由发站办理至出口国境站,进口货物的保价运输由进口国境站办理至到站。国际联运保价货物发生损失时,国内提出赔偿请求的,经审查确认属于国内铁路责任的,按国内规定处理,部分责任属于国外铁路的,中方完成处理程序后,转交国外处理。国外提出的赔偿请求,仍按《国际货协》规定执行。保价金额应按全批货物贸易合同的实际价格(均折合人民币计价)填写,不得只保其中的一部分。保价货物在国内段发生灭失、短少、变质、污染、损坏时,凡由于铁路责任造成的,铁路负责赔偿。国内发货人或收货人(包括代理人)提出赔偿请求时,铁路按国内有关规定赔偿。需要注意,托运人可根据货物性质和铁路运输发生损失的情况,可以在声明价值运输之外,另行向商业保险公司投保铁路货物运输险,发生保险责任事故导致货物灭失、损坏等,由保险公司承担赔偿责任。保价运输和货物保险虽然都具有分散货物风险的功能,但其性质、承保范围和办理手续是不同的。

(十二)承运人的免责事项

协定第39条规定了承运人的诸多免责事由。其中第1款规定,承运人对任何赔偿不应超过交付货物时的应赔偿限额;第2款规定的免责事项可以分为:(1)不可抗力;(2)发货人或收货人过错造成的损失,如包装不良、填写运单不正确或不完整以及用不正确、不确切或不完全的名称、错误使用集装箱或错误选择使用易腐货物的车辆或集装箱、装车或卸车失误、未执行海关或其他行政当局规定的手续或未遵守本协定的条件;(3)货物自燃和物理特性;(4)与承运人无关的原因国家机关检查、扣留、没收货物。第3款规定,如当事人约定按特殊合同条件运送货物且对免责事宜作出规定,承运期间发生货物灭失、短少、毁损(腐坏)符合这些免责条件的,则承运人对此不予负责。第4款是针对货物的短少的赔偿规定。第5款是对敞车类货车运输货物

---

① 参见1993年8月24日发布、1993年10月1日实施的铁道部《关于发布〈铁路国际联运货物保价运输办法〉的通知》(铁运〔1993〕103号)。

的免责规定。第 6 款是对未履行货物运到期限时的免责规定。第 7 款规定如承运的货物在国际铁路-轮渡直通联运中发生灭失、短少、毁损(腐坏)或运到逾期,承运人不负责任的情形。

(十三)举证责任

根据协定第 41 条的规定,举证责任分为三种情况。第一种情况,本条第 1 款规定对由于铁路不能预防和不能消除的情况以及因发货人或收货人装车或卸车的原因所造成的损失,承运人承担举证责任。第 6 款规定的承运人主张逾期交付非因其过失所致,从而不承担责任,应负举证责任。如此,若承运人不能证明这些事由存在,则不能免责。第二种情况,该条第 2 款规定,由第 39 条"承运人的责任范围"第 2 款第 2 项、第 3 项和第 5—10 项,以及第 7 款第 2 项和第 3 项所规定的免责情形,在发货人或收货人提出其他证明之前,即认为损失是由于这些情况而造成的。也就是说,对于承运人主张的免责事由,发货人或收货人有义务提供相反证据证明承运人存在过错或不存在其主张的免责事由,否则推定存在这些免责事由,承运人因此免除赔偿责任。第三种情况,对第 39 条规定的其他免责事由,除第 7 款第 1 项规定的火灾导致逾期运到需由承运人证明自己没有过失外,协定对第 3 款、第 4 款和第 5 款的情形未规定举证责任。对此可适用"谁主张谁举证原则"。

(十四)承运人的归责原则

有观点认为,首先,《国际货协》承运人归责原则,在接续承运人之间承担连带责任,对外承担严格责任。相较完全的严格责任,介于不完全严格责任与推定过错责任之间。只要发生货物毁损、灭失,承运人应对其承担责任,但如果承运人可以证明免责事由的存在,就可以免责。其次,如果索赔人能够证明该损失的发生虽是法定免责事由导致,但由于承运人未能尽到谨慎义务导致损失扩大的情况,承运人仍应对此扩大部分承担责任。[1] 也有观点认为,货协承运人的责任为不完全严格责任。尽管规定承运人对责任期间内货损承担赔偿责任,且对于绝大部分免责事由,只要承运人初步证明货损有可能是这些事由所致,则在索赔人没有相反证据的情况下,就认定货损中存在免责事项。[2] 另有观点认为,《国际货协》规定铁路方对从承运货物时起至到站交付运单与货物时止,对货物运到逾期及因货物全部或部分灭失、重量不足、毁损、腐坏或因其他原因降低质量所发生的损失负责。同样,《国际货协》列出了一长串的免责事由,除"由于铁路不能预防和不能消除的情况""由于发货人或收货人的过失或由于其

---

[1] 参见戴靖:《国际铁路货物运输承运人责任制度研究》,西南政法大学 2018 年硕士学位论文,第 11 页。
[2] 参见孙熠:《国际铁路货物运输货损索赔相关法律问题浅析》,载"星瀚微法苑"微信公众号,2019 年 7 月 10 日。

要求,而不能归咎于铁路"等两项规定比较笼统概括之外,其他情形都具体详尽。《国际货协》特别规定了非铁路方过错的11种延长运到期限的情况,而且还有一条保护铁路方的条款,即自铁路通知货物到达和可以将货物移交给收货人处理时起,如收货人在一昼夜内未将货物领出,即失去领取货物逾期罚款的权利。因此,国际铁路货物联运承运人归责原则,貌似严格责任,即相对无过错责任,经过层层设置有利于铁路承运人的保护措施,实为过错责任。①

其实,关于承运人归责原则的理论本已比较混乱,各种观点之间的界限模糊。《国际货协》承运人归责原则可以根据《国际货协》第37条承运人的责任、第39条承运人责任范围(免责事项),结合第41条举证责任分配,区别不同情况加以认定。即,针对前述举证责任中所列第一种情况承运人应承担举证责任的情形,适用推定过错责任制。如果承运人不能举证证明存在免责事由,应承担赔偿责任。对于第二种情况,由于大多涉及发货人和收货人作出的选择或过错导致货损,因此加大了发货人和收货人的举证责任,发货人或收货人必须举证否定承运人主张的免责事由、证明承运人有过错,否则承运人不承担责任。承运人的责任实为过错责任。如对敞车运输发生货损的情形,最高人民法院曾批复指出,《国际货协》第23条第5款第3项虽规定由于发送路现行国内规章允许使用敞车类货车运送货物发生货损承运人不负责任,但收货人依据《国际货协》第23条第9款的规定,已提出证明货损是在铁路运输中因被盗造成的,并非由于使用敞车运送所致。故承运人对货损免责的请求,不予支持②。对于第三种情况,即没有明确规定举证责任的情形,可以适用过错责任原则。

(十五)权利人提出赔偿请求及承运人的答复

协定第46条规定:(1)发货人和收货人有权向承运人提出赔偿请求;(2)支付运费的人,有权就返还多收取的运费提出赔偿请求;(3)提出赔偿请求的权利不得让与他人;(4)赔偿请求应附有相应依据并注明赔偿金额,由发货人和收货人分别向缔约承运人和交付货物的承运人提出,赔偿请求以纸质形式提出,当运送参加方之间有协议时以电子形式提出;(5)承运人必须在收到赔偿请求书之日起的180天内对其进行审查并给赔偿请求人以答复;(6)在全部或部分承认赔偿请求时,承运人应向赔偿请求人支付应付的款额,如部分或全部拒绝赔偿请求,向赔偿请求人告知拒绝赔偿请求的理由,如赔偿请求以纸质形式提出,则承运人还应退还赔偿请求书上所附的文件;(7)在适用本协定的所有情况下,任何赔偿请求仅可在本协定规定的条件下和范围内向承运人提出,任何对承运人的工作人员以及对第38条"其行为由运输合同各方负责的人"

---

① 参见蒋经纬:《国际铁路货物运输承运人的责任》,载《研究与探讨》2010年第10期。
② 参见1994年11月5日发布的最高人民法院《关于国际铁路货物联运货损赔偿适用法律问题的复函》(法函〔1994〕71号)。2015年《国际货协》为修订版本,对有关条款已作调整。

规定的由承运人负责的人提出的赔偿请求,也适用该项规定。

(十六)赔偿请求和提起诉讼

根据《国际货协》第46条、第47条的规定:

1. 凡有权向承运人提出赔偿请求的人,即有权根据协定提起诉讼。权利人只有提出相应赔偿请求后,才可提起诉讼,且只可对受理赔偿请求的承运人提起诉讼。就是说,向承运人提出赔偿请求是权利人提起诉讼的前置条件,且仅能由请求人起诉受理该赔偿请求的承运人。具体而言,发货人应向缔约承运人或收货人向交货承运人履行该前置索赔程序,否则就无权提起诉讼,法院对其起诉将不予受理。如果起诉对象错误,被告不适格,法院将驳回诉讼请求。

2. 有权提出赔偿请求和诉讼的期限按下列规定计算(诉讼时效期间的开始日,不算入该期间内):(1)关于货物短少、毁损(腐坏),以及运到逾期的赔偿请求,自货物交付收货人之日起计算。此交付应为实际交付。(2)关于货物灭失的赔偿请求,自货物运到期限期满后30天起计算。这里的运到期限可理解为未发生灭失时,按正常路径和班列运输应当运到之日。(3)关于退还运送费用多收款额的赔偿请求,自支付运送费用之日起计算。(4)对于其他要求,自查明提出赔偿请求依据的情况之日起计算。

3. 已提出赔偿请求的,出现下列情况时可启动诉讼程序:(1)如承运人没有在规定的赔偿请求审查期限(180天)内对赔偿请求作出答复。(2)如在赔偿请求审查期限内已将全部或部分拒绝赔偿请求一事通知请求人。

4. 应向被告所在地的相应司法机关提起诉讼。诉讼管辖权和诉讼程序应适用法院地法。

在(2013)杭铁民初字第4号案中,保险公司赔偿发货人后向铁路承运人提起代位追偿诉讼。法院认为,由于发货人某纺织品公司填写并提交了《国际货协》格式的运单且某铁路局某站在该运单上加盖发站日期戳,因此双方缔结了国际铁路联运合同,《国际货协》对双方均有约束力。同时,《国际货协》系中国缔结的国际条约,除声明保留的条款外,在涉外民事法律关系中优先适用。根据《国际货协》诉讼相关规定,凡有权向铁路提出赔偿请求的人,即有权根据运送合同提起诉讼,只有提出赔偿请求后,才可提起诉讼。由于被告辩称应诉前对案涉货损不知情,而原告亦未提供证据证明发货人或原告曾向被告提出赔偿请求,因此该案起诉不符合受理条件。法院依照《国际货协》第29条第1款、中国《民诉法》第260条、《民事诉讼法意见》第139条等规定,裁定驳回了原告某保险公司的起诉。

《国际货协》没有对仲裁作出规定,可能因为虽发货人与缔约承运人可订立仲裁协议,但仲裁条款难以对接续承运人、交付承运人和收货人具有约束力,且约定特定仲裁条款机构和程序并非易事。对此,《国际货协》第46条规定了更为广泛的管辖地选择,如缔约国境内、被告所在地、惯常居所地或主要营业地法院,以及被告订立合同分支机构所在地、承运人接收货物或指定交付货物所在地法院均有管辖权。

(十七)时效期间

《国际货协》第48条规定了时效期间。第1款针对逾期交付和其他理由分别规定时效期间:(1)关于货物运到逾期的诉讼,在2个月期间内提出;(2)其他理由的诉讼,在9个月期间内提出。第2款规定时效期间的起算,按照第47条第2款规定的提出赔偿请求和提起诉讼权利产生之时起计算。第3款规定,从根据协定第46条"赔偿请求"规定提出赔偿请求之时起,该条第1款规定的时效期间即行中止。从承运人将关于全部或部分拒绝赔偿请求一事通知赔偿请求人之日起,或从本协定第46条"赔偿请求"第7款规定的期间期满时起(如对赔偿请求未予答复),时效期间仍然继续。以同一理由重复提出的赔偿请求,不中止本条第1款规定的时效期间。第4款规定,超过时效期间的,承运人可作为拒绝要求的理由。这里的时效期间,是诉讼时效还是除斥期间,从该条规定和中国现有的司法案例看,该条规定为诉讼时效,而非除斥期间。①

(十八)《商务记录》的证据作用

《国际货协》第29条对承运人应做商务记录及收货人要求承运人做商务记录的情形作出规定,如货物到达国的国内法律允许在货物交付收货人后编制商务记录,则在货物交付后收货人有权以货物交付时通过外部检查不能发现的原因向交付货物的承运人提出编制商务记录,收货人应在查明货物灭失、短少、毁损(腐坏)后且不迟于货物交付后的3昼夜立即向交付货物的承运人提出该要求。协定第37条第2款规定,对于承运人负有责任的货物灭失、短少、毁损(腐坏)情况,应以商务记录作为证明。作为协定下货损索赔的核心证据,商务记录类似于国际海运中的理货报告、出场设备交接单以及国内水运中的货运记录。但司法实践中,原告因客观原因无法提供商务记录的情形十分普遍,常以当地政府部门的证明或独立第三方出具的检验报告为索赔依据。

在(2008)粤高法民四终字第91号案中,二审法院在认定境外案涉海关和国家工商委作为国家职能行政机关,所出具的鉴定结论具有权威性和普遍公信力,作为证据可信度更高的同时,就国际铁路联运中商务记录的问题,认为:在《国际货协》中商务记录是指铁路部门在承运时对所承运的货物发生了货损、短货等情况所作出的一种客观记录,只有发生了货损、短货等情况,才由铁路部门主动出具或当铁路部门未予出具而由收货人要求出具。由此可知,商务记录只是记载货损等情况发生的最具有证明力的证据之一,有了商务记录就可以充分地了解货损等情况,在此条件下商务记录也就成

---

① 如广东省高级人民法院(2008)粤高法民四终字第91号案,将时效期间认定为诉讼时效,而非除斥期间。

了收货人向作为承运人的铁路部门索赔的依据之一。《国际货协》第 29 条第 7 款第 2 项所规定的"货物部分灭失、毁损、腐坏或因其他原因降低质量时由发货人或收货人提出,同时须提出运单正本和货物到达通知单,以及铁路部门在到站交付收货人的商务记录"的适用前提也就是有实际货损的发生且铁路部门已作出了商务记录并与货物到达通知单一起交给了收货人的情况。对于在承运中实际货损已发生但铁路部门未将商务记录(包括未制作商务记录)交给收货人,此时缺少商务记录并不能否认货损等事实的发生并因此拒绝承担责任,在此情况下,只要收货人能证明货损等事实发生在承运中,就说明了承运人有过错,承运人也就要承担相应责任,否则,对收货人有失公平。所以,《国际货协》第 29 条第 7 款第 2 项的规定在赔偿上只能是程序即手续上的规范,不能用于对有实际货损发生情况下的实体抗辩。该案中,已有检查文件、检查报告等相关证据证明案涉货物已在铁路部门承运期间发生了货损,起到了商务记录的作用,对此广深铁路公司仍以缺少商务记录的理由进行抗辩,与事实不符,法院不予采纳。对于该案一、二审出现对商务记录不同认定和不同的判决结果,有不同意见认为,二审的认定与国际货协的明确规定相左,缺乏法律依据,因此实践中仍需充分重视商务记录的重要性。①

(十九)国内法律的适用

协定允许在协定无相关规定时,适用权利人行使权利时所在国的国内法律。对于任何直接或间接偏离本协定的运输合同条款均无效且失去法律效力,但本协定规定的情况除外。上述条款的无效不会导致运输合同其他条款无效,缔结运输合同以前,货物运送按下列办法预先商定:(1)发货人和缔约承运人之间,根据国内法律预先商定;(2)缔约承运人和接续承运人之间,根据相互商定的办法预先商定。

(二十)与其他公约的关系

1. 与《多式联运公约》的关系。"国际铁路-轮渡直通联运",水运是铁路联运的延伸和补充,不是国际多式联运,不适用《多式联运公约》。

2. 与《国际货约》的关系。运单相同,可以通用于不同的公约成员国之间的运输。如协定各方同时是规定铁路货物运输合同法律标准的其他国际协定的参加方,则上述各方铁路车站之间的运送可按这些协定的条件办理。

(二十一)附件

《国际货协》的附件包括:(1)货物运送规则;(2)危险货物运送规则;(3)货物装载和加固的技术条件;(4)作为运输工具的非承运人所属车辆的运送规则;(5)信息指导

---

① 参见孙熠:《国际铁路货物运输货损索赔相关法律问题浅析》,载"星瀚微法苑"微信公众号,2019 年 7 月 23 日。

手册;(6)《国际货约/国际货协运单指导手册》。

四、统一运单的使用

因为《国际货约》和《国际货协》国际铁路运单只能在公约各自成员国之间流转,中国–欧洲之间开设的中欧班列要实现从亚洲到欧洲(从货协成员国到货约成员国)或者相反方向的运输,既要换轨还要换单。为解决换轨和换单流程费时费力问题,中国积极推进国际货约(CIM)和国际货协(SMGS)"统一运单"(CIM-SMGS WAYBILL)的使用和普及。2012年10月31日首发的重庆中欧班列"渝新欧"集装箱测验列车,采用CIM-CMIC统一运单,免去中途换单,仅用16天就从重庆到达德国杜伊斯堡,大大缩短了运输时间。中国从2017年5月1日起由发货人自愿选择使用CIM-CMIC统一运单,同年9月发布的《国际货约/国际货协运单指导手册》规定,国际货约/国际货协运单在国际货约范围内作为国际货约运单使用,在国际货协范围内作为国际货协运单使用。

五、铁路运单与铁路提单

CIM-CMIC统一运单的使用,仅实现了节省时间和经济成本,并未解决铁路运单的物权凭证和融资功能。海运提单(尤其是指示提单)物权凭证功能已得到商界、金融界和司法实践的普遍承认,为贸易商融资和金融机构提供融资服务带来便利。而铁路运单,不像海运提单由承运人签发后交给托运人,由托运人背书转让给收货人,而是在发货人填写后交给承运人,随货物抵达目的地车站后交付收货人,不能转让,且交付货物时认人不认单。如此,铁路运单不具有动产物权变动中指示交付和拟制交付的特征,不具有也不可能具有如海运提单一样的物权凭证功能。铁路运单的该特点,阻碍了收货人在收到货物之前通过转让运输单证转售、抵押货物,也阻碍了银行等金融机构围绕铁路联运货物提供押汇、担保和托收等金融服务。为此,中国铁路和商界积极探讨如何使铁路运单具有物权凭证功能,赋予其金融属性,便利融资和促进贸易发展。

2017年12月,重庆自由贸易试验区开出全球首单"铁路提单国际信用证",首次赋予铁路提单金融属性。2020年6月30日,重庆自贸试验区人民法院首次针对铁路提单作出判决。2019年2月28日,中外运公司作为货运代理人、物流金融公司作为融资担保方、英飒公司作为进口商签订了《铁路提单汽车进口业务合作协议》,约定铁路提单是无争议的排他性提取货物的提货凭证,并约定了各自的权利义务。英飒公司与境外出口商以EXW条款订立汽车买卖合同,中外运公司根据英飒公司委托依约在境外接收进口货物,并于2019年5月10日向出口商签发铁路提单。铁路提单流转至国内后,经物流金融公司背书给英飒公司,英飒公司与孚骐公司于2019年6月24日签订

《IMSA 车辆销售合同》，约定铁路提单的交付视为车辆的交付，并将铁路提单交付给孚骐公司。2019 年 6 月 26 日，孚骐公司持铁路提单向中外运公司要求提货被拒绝。

原告孚骐公司诉称，中外运公司与英飒公司、物流金融公司共同签订《铁路提单汽车进口业务合作协议》，由中外运公司运输和保管进口奔驰汽车两辆。三方约定，铁路提单为该合同项下货物提取的唯一凭证，后中外运公司开具铁路提单正、副本各三份，由物流金融公司予以监制。孚骐公司从英飒公司处取得该铁路提单并据此向中外运公司要求提取上述进口车辆，中外运公司未予放货。中外运公司认可铁路提单是提货的唯一凭证，理应见单放货，不应附加放货条件，中外运公司拒绝放货的行为已侵害了孚骐公司的合法权利。因此提出确认孚骐公司享有案涉铁路提单项下车辆的所有权，并判令中外运公司向孚骐公司交付铁路提单项下车辆等诉讼请求。

被告中外运公司辩称，其对孚骐公司享有铁路提单项下货物的所有权不持异议，但是认为其没有向孚骐公司交付货物的义务，理由在于：第一，根据三方签订的《铁路提单汽车进口业务合作协议》，中外运公司应该将货物交付给英飒公司。虽然协议约定了铁路提单是合同项下货物提取的唯一凭证，但应是指英飒公司不能以其托运人的身份来提货，只能凭铁路提单提货。现要求提货的是孚骐公司，而非协议中约定的交货对象英飒公司，且英飒公司没有在铁路提单背面背书或给出明确的向孚骐公司交付货物的指示，在此情况下，中外运公司没有义务向孚骐公司交付货物。第二，案涉铁路提单项下的两辆汽车已经运抵合同约定的目的地，中外运公司的主要合同义务已经履行完毕，英飒公司应当向中外运公司支付合同约定的货运代理费等费用，但英飒公司仍未向中外运公司支付完全部费用。故，中外运公司依法享有留置权。中外运公司有权不向孚骐公司交付货物。

第三人物流金融公司述称，截至开庭时止，在中欧班列（重庆）的国际铁路联运中已经签发铁路提单 30 余单，除付款方式有所区别外，运行规则基本与该案一致。该案英飒公司与案涉车辆出口方签订进出口合同，约定付款方式为托收（D/P），铁路提单系托收单据之一。英飒公司与代收行、物流金融公司签订协议，由实施代收行为的英飒公司办理进口托收押汇，物流金融公司为英飒公司向代收行提供担保，英飒公司将铁路提单质押给物流金融公司作为反担保。英飒公司向代收行付清垫付的货款及相关费用后，物流金融公司的担保责任解除，并在铁路提单上背书将其交付给英飒公司。物流金融公司的义务已经履行完毕，其对孚骐公司享有铁路提单项下货物的所有权不持异议。

法院认为，案涉铁路提单是签发人通过协议及铁路提单作出的向不特定的铁路提单持有人交付货物的承诺。英飒公司作为进口车辆的所有权人，与孚骐公司约定交付铁路提单视为车辆交付，符合物权法关于指示交付的规定。由于铁路提单与提货请求权的对应关系,孚骐公司受领铁路提单后,享有铁路提单项下车辆的提货请求权。据此判决,确认孚骐公司享有铁路提单项下货物所有权,中外运公司应向孚骐公司交付铁路提单项下货物。①

有观点认为,仅仅从海运提单的提货功能来看,提单本身即等同于对提单项下货物的占有,而基于提单的交易行为将产生提单项下货物物权变动的法律效果,至于具体法律效果则要看交易行为的合同依据。鉴于"物权凭证"这一表述具有一定的历史渊源,也符合语言表达习惯,完全可以在充分阐明海运提单提货功能法律内涵的基础上,继续沿用"物权凭证"之名概括海运提单的这一功能属性。而且,"物权凭证"中"凭证"一词也很好地体现了提单作为有价证券的一面。因铁路提单仿照海运提单拟制,在廓清海运提单的提货功能法律属性之后,铁路提单提货功能的法律属性也就一目了然了。概言之,根据铁路提单的定义,铁路提单具有提货功能,而且这种提货功能理论上是一种物权请求权,可以产生对世效力,这也是铁路提单物权凭证属性所体现的法律效果。以此论点进一步延伸,可以认为铁路提单具有运输合同凭证、货物收据凭证和物权凭证三重法律属性。物权凭证法律属性系指铁路提单持有人有权提取提单项下货物,且只能凭单提货,交付提单具有与交付货物相同的物权效力,转让提单的具体物权法律效果则取决于转让提单所依据的基础法律关系。②

从案情看,判决认定签发铁路运单的铁路承运人为实际承运人,签发铁路提单的中外运公司为全程运输缔约承运人,但该缔约承运人非《国际货协》定义的缔约承运人,后者仍属铁路承运人。质言之,套用"无船承运人"的概念,该缔约承运人亦为"无铁(车)承运人",其签发的铁路提单类似海运分提单(house B/L),在各方约定"缔约承运人签发国际铁路运(提)单并明确持有人具有提货请求权,转让该单证应视为提货请求权的转让"的前提下,该铁路提单与海运分运单并无本质区别。

面对铁路承运人依《国际货约》《国际货协》所签铁路运单短期内均无法实现物权凭证功能的现实,赋予"无铁承运人"运(提)单物权凭证和融资功能,在不违反法律、行政法规强制性规定和社会公共利益的前提下,尊重当事人意思自治并依法保障交易安全,无疑具有积极意义。但应该注意到,该案虽肯定了铁路提单的提货请求权属性,能否如海运指示提单一样被普遍认可为物权凭证,"铁路提单物权化"由立法认可或形成商业惯例,尚需实践验证。毕竟当事人协议约定,不能替代物权法定的基本原则,缔约承运人对货物的占有和控制,以及铁路提单的连续背书等问题,需要进一步完善。

---

① 参见重庆自由贸易试验区人民法院(2019)渝0192民初10868号民事判决书。该案为最高人民法院发布的第三批涉"一带一路"建设典型案例之五,入选《中国审判》与最高人民法院研究室共同评选出的"全国法院2020年度十大典型案例",同时被重庆市高级人民法院确定为第40号参考性案例。

② 参见杨临萍:《"一带一路"背景下铁路提单创新的法律正当性》,载《法律适用》2019年第1期。

第二节　国际公路运输

公路运输(道路运输/汽车运输)作为单一国际货物运输方式,常见于边境贸易汽车运输。我国的边境贸易运输、港澳货物运输,主要靠公路运输独立完成。① 在大多数国际货物运输中,公路集装箱货物运输与海运、空运或铁路等运输方式共同组成全程国际多式联运,或作为接运短驳运输完成货物从内陆卖方所在地到起运港(机场、车站)以及卸货港(机场、车站)到内陆买方所在地的门到门运输。

目前,国际公路运输公约主要有 1956 年由联合国欧洲经济委员会(ECE)参照《国际货约》在日内瓦制订的《国际道路货物运输合同公约》(Convention on the International Carriage of Goods by Road, CMR,以下简称《国际道路公约》),该公约于 1967 年月 2 日生效。截至 2023 年 6 月,该公约有 58 个缔约国。1978 年 7 月 5 日,公约经日内瓦议定书修改,将第 23 条规定的承运人责任限额提高至每公斤 8.33 个特别提款权,已有 48 个 CMR 缔约国加入了该议定书。2008 年 2 月 20 日,针对电子托运单和电子签名等问题,制订了附加议定书(e-CMR),已有 33 个 CMR 缔约国加入。中国不是该公约成员国。

一、公约适用范围

(一)适用条件

根据公约第 1 条的规定,公约适用条件为:由道路车辆(指 1949 年 9 月 19 日《道路交通公约》第 4 条中所定义的机动车辆、铰接车辆、挂车和半挂车)载运货物获取报酬的合同,合同中所指明的货物接收地和交货地处于两个国家,其中至少有一个国家是本公约的签约国,而不论合同双方的居住地点和国籍如何。可见,公约适用于两国间的国际道路运输,只要承运人接收货物地点或交付货物地点所在国之一为缔约方,即可适用。公约也适用由国家或由政府机构或组织承运的在上述范围内的运输合同。但不适用于免费国际道路运输以及下列情况:(a)根据国际邮政公约规定进行的运输;(b)遗体的运输;(c)家具的运输。公约未对货物作具体定义,显然遗体和家具不包括在公约的货物之范围,其他货物需以国内法确定。

---

① 2005 年 4 月 13 日公布的《国际道路运输管理规定》,后被 2022 年 9 月 21 日公布的《国际道路运输管理规定》(中华人民共和国交通运输部令 2022 年第 31 号)所取代。该规定分别对边境省份和非边境省份开展国际道路运输的经营备案等作出规定。

（二）公约具有强制适用性

与《蒙特利尔公约》一样，公约的适用强调运输的国际性，而且依合同约定的地点确定，不论货物实际的接收地点或交付地点如何，即使货物因故在非约定地点交付，公约照样适用。公约也不以当事人的居住地和国籍确定是否适用，同样不以接收地点和交货地点所在国均为缔约国作为公约适用的前提。签约各方不得通过双方或多方面达成的特别协议来减损公约条款的效力。但可以约定在边境运输中不适用公约，或者授权该公约适用运输业务完全限定于代表货物所有权的托运单所涉及的领土范围内。根据公约第 41 条的规定，以第 40 条的规定为条件，任何直接或间接地违反本公约的规定的行为，应为无效。此类条款的失效不影响合同其他条件的效力。特别是，有利于承运人的保险，或任何其他类似的条款，或任何转移举证责任的条款规定应是无效的。并且，如果承运人行使货物留置权范围，超过第 13 条第 2 款规定的，应属无效。与国际海上或航空运输公约一样，任何试图减轻、免除承运人根据第 17 条应对货物灭失、损坏或延误承担责任的条款，应属无效。但不禁止承运人与托运人约定高于公约规定的赔偿责任。

（三）公约在联合运输中的适用

载货运输的汽车常以滚装方式载于其他运输工具之上，此情况下，公约的适用变得更为复杂。根据公约第 2 条的规定，如果载有货物的车辆在途中，遇有部分运输以海运、铁路、内河或航空运输方式载运，而车辆所载货物没有从车上卸下，本公约适用车载运输全过程。但公约第 14 条规定的情况不适用。根据第 14 条的规定：(1)如因任何原因，在货物到达托运单所指定的交货地点之前，按照托运单约定的条件执行合同不可能或成为不可能，那么，承运人应向第 12 条所规定的对货物有处置权的人请求指令；(2)无论如何，如果情况允许按照不同于托运单所规定条件执行合同，以及承运人在合理的时间内不能自该处置权人得到指令，那么其应采取他认为对货物处置权人最为有利的步骤。也就是说，如果货物在途中因第 14 条规定情形或其他原因卸下车辆，公约就不再适用。

公约第 2 条"但书"部分规定，如能证明，在其他运输工具运输期间发生的货物灭失、损坏或迟延交付不是由于道路承运人的作为或不作为造成的，而是由于只能在其他运输工具运输过程中发生的，以及由于该其他运输工具的运输而发生的某种事件造成的情况下，道路承运人不应根据本公约承担责任，而应按照确定其他运输方式承运人责任的条件确定。但是，如果没有这种规定的条件，道路承运人的责任应根据本公约确定。如果道路承运人同时也是其他运输方式的承运人，则他的责任也应按本条第 1 款的规定来确定，但就其以道路承运人和其他运输方式承运人的身份应作为两个不同当事人看待。

可见,公约第 2 条在力图解决载货车辆涉及滚装运输以及联合运输时,调整不同运输方式的国际公约和法律适用的冲突问题。这在海运、航空、铁路以及道路、内河运输十分发达的欧洲,是经常遇到的难题。在英国法院审理的 *Thermo Engineers v. Ferrymasters* 案中,道路拖车载运热力交换发热机自英国内陆城市艾尔斯伯里至丹麦哥本哈根,海运提单记载拖车在英国东南部港口费利克斯托开始海上运输。在拖车上船期间发热机撞上码头并受损。该案是否适用《海牙－维斯比规则》成为焦点。法官认为,就货物灭失、损坏或延误责任,公约第 2 条"但书"规定的适用其他运输方式的应符合如下条件:发生在其他运输方式开始后、非因道路承运人作为或不作为所致,以及仅因其他运输方式发生的事件及原因所致。就第一个条件而言,原告主张因为货物损失发生时拖车在运动中,因此道路承运人的责任应适用公约。法官驳回了该观点,认为具有说服力的观点是公约应与其他公约相适应,依 *Pyrene v. Scindia Navigation* 案之规则,法官认定当拖车开始装载到船上时,《海牙－维斯比规则》适用,拖车是否移动与此无关。针对第二个条件,道路承运人本人仅在特殊的情形才能满足该条件,因为第 3 条规定道路承运人应对其代理、雇员或其他在其雇佣范围执行合同人员的作为或不作为承担责任。法官认为在审查第 2 条时,应忽略第 3 条,如果将第 2 条和第 3 条同时考虑,则第 2 条将变得毫无意义,因此第 2 条中"道路承运人"仅包括其代理人和雇员。对于第三个条件,法官认为发热机与码头的碰撞只能发生在拖车装上船舶的过程。①

因不同缔约国法院对公约适用范围理解不同,公约与其他公约的适用常存争议。以英国的典型案件 *Quantum Corporation Inc. and others v. Plane Trucking Ltd. and Air France* 为例。1998 年 9 月,航空运单记载货物计划先从新加坡空运到巴黎,再从巴黎经过公路运输到曼彻斯特,而后经海运到爱尔兰都柏林,但在英国公路运输区段被盗。该案的争议焦点是,从巴黎到都柏林的公路运输区段应适用什么法律。承运人主张适用空运单并入的标准格式条款,根据该格式条款第 11.7 条,其责任限额为每公斤 17 个特别提款权。而货主则主张适用公约,根据该公约承运人不能享受责任限额。一审法院认为公约适用于特定的合同而不是运输,应把从新加坡到都柏林的运输作为整体看待,因此巴黎到都柏林的运输并不符合公约的适用条件,因此公约不适用该案。二审法院推翻了一审法院的判决,认为公约适用于从巴黎到都柏林的内陆运输。在荷兰,同一法院审理的两个相似案件中,货物均在多式联运中的公路运输区段发生损坏,因发生货损的公路运输区段在一个国境内,并没有跨境。在一个案件中,法院认为该公路运输区段不符合公约的适用范围,因此没有适用公约。而在另外一个案件中,法院认为是否适用公约要看整个多式联运所跨越的地区,即货物从自运输开始到交付给收货人已经跨越了不同国家,因此,该案件适用了公约。德国法院则不认为公

---

① See Indira Carr, Peter Stone, International Trade Law 2, 6th Edition, Taylor & Francis Group, p. 365.

约可以适用于多式联运中的不跨境的公路运输区段。即使对于多式联运中跨境的公路运输区段,如果其不符合公约第 2 条中的滚装运输,德国法院也不认为可以适用公约。①

《国际货约》《华沙公约》和《蒙特利尔公约》都对自身调整的运输区段进行了延伸。如果国际运输包含了某一成员国国内公路或内河运输,作为铁路运输的补充,《国际货约》同样适用该国内公路或内河运输。《华沙公约》和《蒙特利尔公约》也延伸适用于机场外履行的任何陆路、海上或者内水运输过程,前提是此种运输是在履行航空运输合同时为了装载、交付或者转运而办理的。不同的公约的适用范围有重合的部分:如果某一区段既是《华沙公约》或《蒙特利尔公约》调整的范围,也是《国际货约》调整的范围,法院应当适用哪个公约,欧洲不同国家的法院采取的看法不同,理论界也没有统一的观点。②

(四)公约在中国司法实践中的适用

尽管中国不是《国际道路公约》缔约国,但不能完全排除该公约在中国司法实践中的适用。中国因未加入公约,不能直接适用自接收地或交货地位于中国的国际道路运输,但中国法律借鉴 1991 年《多式联运单证规则》等网状责任制规则,对多式联运经营人和特定区段承运人的赔偿责任作出明确规定。具体而言,《海商法》第 105 条和《民法典》第 842 条分别就包含和不包含国际海运的国际多式联运经营人的赔偿责任作出规定。中国法院或仲裁庭在审理国际多式联运案件时,有机会也有法律依据适用公约。假如货物从中国重庆经中欧班列至德国杜伊斯堡,再经公路和海运至英国朴次茅斯,经证明货物灭失或损坏发生在公路运输区段,而该区段系国际多式联运的一部分,根据(2018)最高法民再 196 号案和《2021 年涉外审判会议纪要》第 68 条确立的裁判规则,公约应予适用。就是说,根据网状责任制和已确立的裁判规则,确知货损发生在国际多式联运中的铁路或道路运输区段,适用《国际货约》和《国际道路公约》,甚或调整该区段运输方式的外国法律,有充分法律依据。但在能检索到的有限案例中,中国法院对道路公约的适用,不尽如人意。

在(2017)粤民申 4704 号案中,案涉货物从深圳经陆路到香港机场,经空运到荷兰阿姆斯特丹机场,再以陆路运往目的地斯洛伐克。货物在荷兰清关后,经陆路运往斯洛伐克途中,在德国境内,运输卡车被撬,货物丢失。当事人对该案的准据法为中国法律并无异议。但对承运人赔偿责任是否适用公约争议较大。针对公约的适用,被告认为:首先,中国是否加入该公约,与该案是否应当适用公约无关。根据《合同法》第 321

---

① See Indira Carr, Peter Stone, International Trade Law 2, 6th Edition, Taylor & Francis Group, p. 366.
② 参见刘丹:《国际货物多式联运定域损失赔偿责任法律适用问题分析》,载搜狐网(https://www.sohu.com/a/514302745_175033),访问时间:2022 年 1 月 4 日。

条的规定,我国对于多式联运经营人的责任采用网状责任制,即当货物毁损、灭失发生的运输区段可以确定时,对于多式联运经营人的责任应适用事故发生区段的法律。该案中,货物发生被盗时的运输区段可以确定为自荷兰至斯洛伐克的公路运输区段,因此,应当适用调整该区段公路运输的相关法律规定,而公约作为调整欧洲国家之间公路运输的公约,应当适用于该案。该案货物被盗并非发生在中国境内,因此我国是否加入了公约与该案的法律适用不存在任何关系。只有当货物毁损、灭失发生的运输区段不能确定时,才可以依据我国合同法的规定确定赔偿责任。其次,该案适用公约并非基于当事人的约定,而是基于我国合同法的直接规定。公约适用于由公路以车辆运输货物而收取报酬的运输合同,接受货物和指定交货地点依据合同的规定在两个不同的国家,其中至少有一国是缔约国。该案中,接受货物的地点为荷兰,交货地点为斯洛伐克,两国均为公约的缔约国,因此公约强制适用该案涉及的境外公路运输。根据公约规定,被告应享受责任限制。但遗憾的是,审理该案的三审法院,均以中国不是公约缔约国为由,在援引《合同法》第 321 条的前提下,拒绝适用公约,而直接适用中国《合同法》。①

同样,在(2022)闽 02 民终 6332 号案中,货物自厦门运至捷克,厦门至卢森堡为航空运输,卢森堡至法兰克福机场为公路运输。载运货物的卡车从卢森堡至法兰克福机场途中发生火灾,车上货物全部烧毁。关于法律适用和赔偿责任限额,二审法院认定,案涉《货运代理协议》中没有对适用法律作出选择,应当适用履行义务最能体现该合同特征的一方当事人经常居所地法律,案涉《货运代理协议》的双方当事人均为在中国大陆注册的法人实体,从而维持了一审法院判决,即该案应当适用中国法律、不支持被告主张该案应当适用事故发生地的德国法律并援引中国未缔约的道路公约中的责任限制及诉讼时效条款。关于责任限额,法院认为该案为公路运输段发生的货物损毁事故,不能适用国际航空运输领域的责任限免。最终,二审法院维持了一审裁判结果,即根据中国《合同法》第 107 条和第 113 条的规定,判决承运人按照实际损失赔偿。

不难看出,就该案所涉国际运输而言,卢森堡、德国和捷克均为公约缔约国,货物损失可确定为公路运输区段,而且并未认定该公路运输为航空运输的附属部分,已排除国际航空公约的适用,理当适用道路公约。令人不解的是,该案一二审均认定案涉运输为国际多式联运并援引《合同法》第 321 条规定,即"货物的毁损、灭失发生于多式联运的某一运输区段的,多式联运经营人的赔偿责任和责任限额,适用调整该区段运输方式的有关法律规定",但并未适用该条指向的公约,而是直接适用中国《合同法》判决赔偿实际损失。不得不承认,我国法院在适用公约方面还相当保守,有待以更开放的心态对待国际公约的适用。同时,考虑到中国与欧洲国家之间多式联运运输量逐步

---

① 参见(2016)粤 03 民终 10255 号民事判决书和(2017)粤民申 4704 号案民事裁定书。

增大,且已有不少邻近国家(如蒙古国、阿富汗、吉尔吉斯斯坦、巴基斯坦、俄罗斯、土库曼斯坦、哈萨克斯坦、塔吉克斯坦、乌兹别克斯坦等)加入公约,我国也没有加入《国际货约》,因此,该公约的适用也面临着与公约相同的尴尬局面。

二、托运单

根据公约第 5 条的规定,托运单(consignment note)由三份原件组成,应由发货人和承运人签章,签章的效力依当地法律确定。第一份交付发货人,第二份跟随货物交收货人,第三份由承运人留存。公约第 6 条详细规定了托运单应包括的事项,发货人应正确、完整填写,因填写不正确、不完整,给承运人造成损失的,应承担赔偿责任。如果承运人填写,如无相反证据推定为代发货人填写。如果运单未包含第 6 条第 1 款(k)项所列的说明(不管有任何相反条款,该运输必须遵照本公约各项规定的说明),承运人应对有权处置货物的人所遭受的所有费用、灭失和损坏负责。根据公约第 9 条的规定,托运单是运输合同、合同条件和承运人接收货物的初步证据。因此,根据第 4 条的规定,运输合同以签发运单来确认。无运单、运单不正规或丢失不影响运输合同的成立或有效性,仍受本公约规定所制约。但是,根据第 12 条第 5 款的规定,如果没有托运单,发货人或收货人的处置权可能会受到影响。尽管填写托运单的义务在发货人,但承运人也有责任核实货物准确性和完整性。如果无法核实,应记载保留事项(相当于海运提单的不知条款)。如果托运单没有记载承运人所做保留条款,除非有相反证明,推定承运人在接收货物时,货物及其包装处于良好状态,同时,货物包装数量、唛头和编号与托运单记载相符合。如果发货人明确认可承运人所做保留,其不得再对此提出异议。

三、承运人的责任

(一)承运人责任期间

根据公约第 17 条的规定,承运人责任期间自货物接管时起到交付时止。货物在此期间发生的全部或部分灭失、损坏或者延迟交付,承运人应承担责任。从该条第 3 款规定看,承运人应对履行运输车辆的适运(road worthiness)负责,不仅对自己所提供车辆的瑕疵状况负责,还应对其所租车辆的出租人及其代理人、雇员的错误行为或过失承担责任。

(二)承运人免责事由

根据公约第 17 条第 2 款的规定,货物灭失、损坏或延迟是由于索赔人的错误行为或过失、因索赔人的指示而不是由于承运人的错误行为或过失、由于货物的固有缺陷,或承运人不能避免、不能预防的结果所造成,承运人应免除赔偿责任。该条第 4 款规定,遵照第18条第2款至第5款的规定,当货物的灭失或损坏是在下述一种或一种以上情况中产生的特殊风险所引起的,承运人应予免责:(a)已在运单中明确约定和规定使用无盖敞车;(b)如货物根据其性质,在无包装或未予妥善包装时易于损耗或损坏的情况下,无包装或包装不良;(c)由发货人、收货人或其雇员所从事的货物搬运、装载、积载和卸载;(d)特别因破损、锈蚀、腐蚀、脱水、泄漏正常损耗或虫蛀造成全部灭失或部分灭失或损坏的某些货物的性质;(e)包装上标志或号码不足或不当;(f)运输牲畜。但为履行运输而使用之车辆的不良状况或因承运人已租用其车辆的人或其代理人、受雇人的错误行为或过失,造成货物灭失或损坏的,承运人不应免除责任。

(三)举证责任

根据公约第18条的规定,对第17条第2款所规定的原因之一所引起的灭失、损坏或延迟,承运人应负举证责任;当承运人确定案情中的灭失或损坏能归因于第17条第4款所述的一种或一种以上的特殊风险,则应推定由该特殊风险引起。但索赔人有权提供相反证据证明灭失或损坏事实上不是全部或部分归因于这些风险之一。但如有大量短少或整件的灭失,此种推定不应适用于第17条第4款(a)项中所述情况,即已在运单中明确议定和规定使用无盖敞车;如货物由装有特殊设备以便保护货物不受热、冷、温度变化或空气湿度影响的汽车承运,除非承运人证明他对这种设备的选择、维修和使用的情况均已采取了理应采取的所有措施和已按照给予他的特别指示行事,否则承运人无权享受索赔第17条第4款(d)项规定的利益;除非承运人证明,根据情况他已采取了一般理应采取的所有措施和已按照给予他的特别指示行事,否则承运人无权享受第17条第4款(f)项规定的利益。可见,与《国际货协》相似,公约对承运人赔偿责任,根据货物损失情况,对通常风险和因货物、使用车辆类型等特殊风险,分别规定由承运人和索赔人承担举证责任,从而采用推定过错责任和过错责任归责原则。

(四)迟延交货

公约第19条对迟延交付作出规定:当货物未能在约定的期限内交付,或无此约定交货期限时,应根据运输的实际期限,特别是运输部分货物时通常情况下凑成整车,所用时间超过了一个勤勉承运人的合理的时间,则视为延迟交付。

(五)推定灭失

依公约第20条规定,在议定期限届满后30天内,或如无议定期限从承运人接管货物时起60天之内货物未交付的事实,应视为货物灭失的最终证明,有权提出索赔的人可视货物已经灭失。

(六)赔偿责任限额

公约区别货物全部灭失、部分灭失、全部损坏、部分损坏,以及迟延交货,规定了不同赔偿限额。

1. 赔偿额的计算。公约第 23 条规定,承运人对货物全部或部分灭失的赔偿,应按照货物接受托运的地点和时间的价值计算赔偿数额,货物的价值按照商品交易所价格(commodity exchange price)确定,如果没有此商品交易价格则按现行市场价格(current market price),或者如果没有商品交易价格或市场价格就应当参考同种类型和质量的商品的正常价值。然而,赔偿金额不超过 25 法郎/毛重每公斤损失,法郎是指纯度为 0.900 的黄金 10/31 克的金法郎。另根据 1978 年《日内瓦议定书》第 2 条的规定,公约第 23 条修改为:该短缺的赔偿额毛重每公斤不超过 8.33"记账单位"。本公约所述"记账单位"为国际货币基金组织定义的特别提款权。本条第 3 款所述金额应当依据受理案件法院地国家判决作出日或者依据当事人约定日折算为本国货币金额;此外,运费、海关关税和其他由于货物运输所产生的费用,在货物全部灭失时,应当全部偿还,而在货物部分灭失的情况下,按比例偿还,但不再赔偿进一步的损失。

2. 对货物损坏的赔偿。公约第 25 条规定,货物价值按照第 23 条第 1 款、第 2 款和第 4 款的规定计算。承运人赔偿金额为:货物全部损坏的,不超过全部灭失的赔偿金额;货物部分损坏的,仅按比例赔偿受到损失的部分。对于严重的部分损坏影响整批货物质量,是否构成推定全损,适用第 25 条的规定,要求承运人按全部灭失赔偿,英国法院 *Willian Tatton v. Ferrymasters* 案中,货物价值 32700 英镑,而受损后价值仅为 9000 英镑。原告主张货物构成推定全损,应根据公约第 23 条的规定按货物全部灭失赔偿。法院认定该案货损仅为损坏,不适用第 23 条的规定。①

3. 对迟延交付的赔偿。在发生迟延交付时,若索赔人证明货物有损坏而要求承运人赔偿,则赔偿金不超过运输费用;同时,只有在按照第 24 条和第 26 条申报货物价值或特殊利益的情况下,才能按照声明价值,要求较高的赔偿金额。公约第 27 条规定,索赔人有权要求付给应当赔偿的金额的利息,按年利率 5% 计算,从要求索赔的书面通知交给承运人之日起算,或者在没有书面通知的情况下,自提起诉讼之日起算。公约第 29 条规定,如果损失系因承运人故意行为造成,或按照法律或审理该案的法院或仲裁庭的裁决是等同于承运人的故意所造成,承运人无权援引本章规定免除或限制责任,或主张举证责任转移。该规定同样适用于承运人的代理人和雇员。

四、争议解决

(一) 书面索赔通知

根据公约第 30 条的规定,收货人应在收到货物时对货物灭失或损坏情况发出书

---

① See Indira Carr, Peter Stone, International Trade Law 2, 6th Edition, Taylor & Francis Group, p. 373.

面通知,在货物损失和损坏不明显时,于收到货物后 7 天(星期天和公共假日除外)内发出通知。否则,构成收货人按照托运单记载收到货物的初步证据;在收货人和承运人及时检验货物状况后,收货人提供与此检验结果相反的证据,只有在检验时货物灭失或损坏不明显,且收货人在检验后 7 天(星期天和公共假日除外)内发出通知索赔通知时,才可以被承运人接受;对迟延交付的索赔通知,应在货物被置于收货人处置后 21 天内提出,否则不赔偿延误损失。

(二)管辖权

根据公约,发货人和收货人均可作为原告或仲裁申请人,而缔约承运人(第一承运人)、最后交付货物承运人和实际履行运输的承运人,均可成为被告或被申请人。根据公约第 31 条的规定,由运输合同引起的法律程序,原告可以按照合同约定在任何缔约国下列法院或仲裁庭提起:被告经常居住地,或其主要营业地,或者订立运输合同的分支机构或代理人所在地;或者承运人接收货物、交付货物所在地。凡是有上述索赔案件在有管辖权的法院或仲裁庭的程序中止时,或者已由该法院或仲裁庭就该项索赔作出判决,争议双方不得以同样的理由提起新的法律程序,除非前述案件由法院或仲裁庭作出的判决,在提起新法律程序的国家不能强制执行。一个缔约国的法院或仲裁庭作出的裁判已在该国强制执行,这个裁判结果在任何其他缔约国也应可以强制执行,前提是要遵守该国所要求的法律手续,但这些法律手续不得对该案例的实体问题重新审理。该项规定适用于审理后判决、缺席判决以及通过法院令确认的和解方案,但不适用于临时判决,或对全部或部分败诉的原告除了诉讼费之外的损失费用的判决。

根据公约第 33 条的规定,运输合同引发的争议可通过约定仲裁解决,但仲裁庭审理案件应适用本公约。

(三)时效期间

根据公约第 32 条的规定,因公约下的运输引发的争议,时效期间为 1 年,对于故意行为或根据法院或仲裁地法律等同于故意的行为,时效期间为 3 年。时效期间适用于所有案件,无论是以违约或侵权提起,亦无论是针对承运人或由承运人提起的案件。时效期间的计算方法:(1)在部分灭失、损坏或延误交付时,自交付之日起算;(2)在全部灭失时,从合同约定期间届满后第 30 天起算,如没有该约定自承运人接收货物后第 60 天起算;(3)在所有其他情况下,在运输合同签订后 3 个月起算。时效期间开始之日不算在时效期间内。书面索赔通知可中止时效期间的计算,直到承运人以书面通知的形式拒绝索赔要求,并将有关文件退还为止继续计算。如果索赔函的部分要求得到同意,就仍未解决部分的索赔时效期间重新开始。收到索赔通知的举证或归还文件的举证责任,应由依赖于这些事实的当事人承担。同样目的的进一步索赔要求,不应当中止时效期间。时效期间的延长由法院或仲裁地法律管辖。就中国法律而言,根据《民法典》第188条及其相关司法解释的规定,诉讼时效为法律的强制性规定,当事人违反法律规定,约定延长或者缩短诉讼时效期间、预先放弃诉讼时效利益的,人民法院均不予认可。

第四章 国际多式联运与货运代理

自19世纪初集装箱的概念和雏形问世以来，集装箱运输经历2个多世纪的发展和改进，尤其是随着近几十年信息技术应用、造船技术创新和物流基础设施建设的发展，国际货物运输更加快捷、安全和经济。国际多式联运和门到门运输得到普及，国际运输领域发生革命性变革，催生了一个重要行业，就是国际货运代理业。国际货运代理人被称为"国际运输的设计师"，其通过专业的运输路线和方式设计，以及对承运人的选择，在货方与承运人之间搭起桥梁，对国际贸易和国际运输业发展起到了积极推动作用。同时，集装箱的发展和国际货运代理人的出现，使国际货物运输领域的法律关系更加复杂，如承运人的识别、责任期间以及赔偿责任限额等常成为争议焦点。

第一节 国际多式联运公约

在集装箱运输之前制定的单一运输方式（unimodal transport）国际运输公约，如《海牙规则》《维斯比规则》《华沙公约》体系，以及《国际货约》《国际货协》《国际道路运输公约》等，都不可能充分体现集装箱运输的特点和法律关系，也不能满足多式联运统一化和简单化的要求，无法实现一次托运（one contract）、一张单据（one document）、一次计费（one price）和一次保险（one insurance）的理想，因此，国际社会在20世纪60年代开始讨论制定一部国际多式联运公约。在此过程中，国际商会在1973年率先颁布了《联运单证统一规则》及其1975年修订本，并于1980年5月在日内瓦召开由84个联合国贸发会议成员国参加的国际多式联运会议，同月24日通过《多式联运公约》（The United Nations Convention on International Multimodal Transport of Goods, MTC）。遗憾的是，截至2023年，仅有11个国家批准[①]，未能达到公约第36条规定的30个国家的数量要求，公约至今未生效。鉴于公约生效遥遥无期，且《鹿特丹规则》的制定可能使其生效无望，1991年联合国贸易法委员会制定了《多式联运单证规则》，供各国立法参考和当事人选择适用，以满足国际多式联运的现实需要。

---

① 公约仅有6个国家签字，11个国家批准加入。参见联合国网站（https://treaties.un.org/），访问时间：2023年12月20日。

一、国际多式联运定义和公约适用范围

根据公约第 1 条的规定:

"国际多式联运"是指按照多式联运合同,以至少两种不同的运输方式,由多式联运经营人将货物从一国境内接管货物的地点运至另一国境内指定交付货物的地点。为履行单一方式运输合同而进行的该合同所规定的货物接交业务,不应视为国际多式联运。

据此可理解为,由任何两种以上运输方式组成的跨国运输,签发一套多式联运单据,且由多式联运经营人对全程运输负责,即构成国际多式联运(multimodal transport, 又称 intermodal transport 或 combined transport),这与《民法典》规定的国际多式联运相同,而与《海商法》有区别,后者要求国际多式联运须包括国际海运。但为履行单一运输方式的合同而进行的货物交接业务,不包括在内。如为履行《蒙特利尔公约》调整的航空运输合同的接送、转运或短程公路接送运输,不属于国际多式联运中的运输,全程运输不构成航空-道路多式联运。

公约第 2 条规定,如果两国境内各地之间的所有多式联运合同,多式联运经营人接收货物或交付货物地点,在一个缔约国境内,则公约适用于该合同。根据公约第 3 条的规定,公约的适用具有强制性,当事人不得用合同条款对公约条款加以修改而不利于发货人。

二、多式联运合同和单据

(一)多式联运合同

根据公约第 1 条的规定:

"多式联运合同"是指多式联运经营人凭以收取运费、负责完成或组织完成国际多式联运的合同。

该合同通常由多式联运经营人统一与发货人订立,再由其独自完成全部或部分区段运输,或者将全部各区段运输分别委托给其他承运人履行。

(二)多式联运单据

"多式联运单据"是指证明多式联运合同以及证明多式联运经营人接管货物并负责按照合同条款交付货物的单据。

多式联运提单是多式联运的主要单据,由多式联运经营人制订并签发使用,有可转让和不可转让提单之分,根据具体需要由发货人选择。如果是指示提单须经背书转

让,而记名提单不可转让,多式联运经营人只要将货物交付记名收货人,即完成交货义务。依据多式联运合同所签发的提单,是证明多式联运合同和多式联运经营人接管货物并保证按照该合同条款交付货物的单证。可见,可转让多式联运提单,与可转让海运提单一样,同样具有合同证明、货物收据和物权凭证功能。

1968 年之前,国际货运代理承揽集装箱货物或集中托运业务签发的分运单(house bill of lading, HBL)或货运代理运输凭证(forwarder's certificate of transport, FCT),不被银行接受为信用证下的运输单据,除非经开证申请人明示授权。这就严重阻碍了货运代理此类业务的发展。1968 年,国际货运代理人协会联合会(FIATA)作为全球货运代理行业组织,开始制定可转让多式联运提单(FIATA Multimodal Transport Bill of Lading, FBL)和不可转让运单(FIATA Waybill, FWB),后这些单据得到国际商会特别承认并载有其标识。国际商会 UCP500 和 UCP600 均明确规定多式联运提单(multimodal or combined transport document, MTD or CTD)为跟单信用证项下可接受单据,虽然没有使用 FBL 的名称。[1] 因多式联运大多包括海运方式,并以之为主要运输方式,所以多式联运单据常见名称有:多式联运提单(multimodal transport B/L),例如 BIMCO 根据 1991 年《多式联运单证规则》制定的"Multidoc1995"多式联运提单;联合运输提单(combined transport B/L, CTB/L);联合运输不可转让海运单(combined transport Non-negotiable Seaway Bill)。[2] 在中国,原中国对外贸易运输总公司曾制订联运提单(combined transport bill of lading, SINOTRANS CBL),中国国际货运代理协会参照 FBL 制订了多式联运提单(multimodal transport bill of lading, CIFA B/L)。

UCP600 第 19—25 条规定的运输单据分别是:涵盖两种以上运输方式的运输单据(即多式联运单据)、海运提单、海运单、租船提单、空运单、公路/铁路/内陆水运单据、快递收据等。因为多式联运单据大量增加,UCP600 将"至少包括两种运输方式的单据"即多式联运提单列在海运提单之前。在 UCP600 中,不再要求多式联运提单同时显示多式联运经营人和承运人,仅保留承运人即可,因为国际商会认为多式联运经营人实际就是 UCP 要求的承运人(carrier),二者具有等同性。

根据 UCP600 的要求,多式联运提单必须经适当签署,才可被接受。具体而言,多式联运提单签字需满足:(1)必须由承运人、船长或他们的指定代理人签字;(2)签字必须标明其身份;(3)代理人签字的,还须标明其是承运人还是船长的代理,并同时注明承运人或船长的名称。UCP600 还要求,多式联运提单必须表明货物已在信用证规定的地点发运(dispatched)、接管(taken in charge)或已装船(shipped on board)。发运、接

---

[1] See Peter Jones, FIATA legal handbook on forwarding, Les Editions Yvon Blais Inc. © Peter Jones 1991, pp. 25-26.

[2] 参见最高人民法院民法典贯彻实施工作领导小组主编:《中华人民共和国民法典合同编理解与适用》(四),人民法院出版社 2020 年版,第 2204 页。

管或已装船,取决于第一种运输方式。通常第一种运输方式为空运时为发运,为公路或铁路运输时为接管,而在海运时,就是已装船。并且必须表明发运地、接管地或装运地以及最终目的地。UCP600 规定,多式联运提单不注明受某租船合同约束但必须表明运输条款和条件或者指明关于运输条款参照另一文件。多式联运提单通常在背面印就运输条件和条款,有全式和简式条款之分。

可见,由于国际多式联运是由传统的海运向陆地运输的延伸,多式联运提单的作用和功能更接近于海运提单,与海运契约承运人提单、无船承运人提单具有相同属性。而与航空运单、铁路运单或公路运单有明显差别,尤其是在可转让及物权凭证功能方面。因此,在使用国际多式联运提单时,要特别注意全程运输是否包括海运、提单正面关于承运人和签署人的名称以及背面条款和条件,是否可转让等。

三、国际多式联运合同当事人

根据公约第 1 条的定义:

"多式联运经营人"是指其本人或通过其代表订立多式联运合同的任何人,他是事主,而不是发货人的代理人或代表或参加多式联运的承运人的代理人或代表,并且负有履行合同的责任。

多式联运经营人(multimodal transport operator, MTO),作为多式联运合同主体,组织和设计全程运输,通常与发货人(consignor,托运人)订立全程国际多式联运合同,然后再就全部或某区段的运输与拥有运输工具的承运人订立运输合同委托其运输,在其组织下,各区段承运人共同完成运输。因此,多式联运经营人常为缔约承运人,也被称为无船承运人(NVOC)。而被多式联运经营人委托承担运输的承运人为区段承运人。货运代理人常充当多式联运经营人,但此时其是合同权利和义务主体,不是发货人的代理人,也不是参与运输的承运人的代理人。由于多式联运经营人与货运代理人或船舶代理人的身份和法律地位容易混淆,公约特别强调他是事主(principal,当事人),而非发货人或参与运输的承运人的代理人(agent),并明确其要承担多式联运合同主体之责。

"发货人"是指其本人或以其名义或其代表同多式联运经营人订立多式联运合同的任何人,或指其本人或以其名义或其代表按照多式联运合同将货物实际交给多式联运经营人的任何人。

"收货人"是指有权提取货物的人。

在 FBL 或其他多式联运提单的运输条件和条款中,常用货方(merchant)统称发货人、收货人、货主及被背书人等对货物或提单拥有权益的任何人。多式联运提单与海运提单一样,通常在收货人栏下方有通知方(notify party)一栏,用于填写目的地收货人代理人或融资银行。通知方的作用是货物到达目的地后方便承运人通知收货人或提单持有人提货,其不是运输合同当事人。

四、多式联运经营人的责任

(一)责任期间

根据公约第14条的规定,多式联运经营人对货物的责任期间,自接管货物之时起到交付货物时止,由其掌管的期间。接管即由多式联运经营人自发货人或其代理人接收货物,而交付即向收货人转移占有。为适应集装箱门到门运输的需求,国际多式联运经营人的责任期间,比传统海运承运人"钩至钩""港到港"责任期间有所扩大。但在具体操作中,因存在整箱货(full container load, FCL)和拼箱货(less than container load, LCL)的区别,具体接收或交付货物地点发生在门(door)、场(container yard, CY)或站(container freight station, CFS),需根据情况决定。

(二)责任形式

国际多式联运承运人责任制形式可分为五种。

1. 分段责任制。多式联运经营人和各区段承运人都仅对自己完成的运输区段负责,并按各区段所应适用的公约或法律来确定各区段承运人的责任。实为单一运输方式损害赔偿责任制度的简单拼加,使赔偿责任体系变得十分复杂,给货方索赔带来不确定性,不能真正发挥多式联运的优越性,因此很少被采用。

2. 统一责任制。多式联运经营人对全程运输负责,各区段承运人仅对自己完成的运输区段负责。不论货物损失发生在哪一区段,均按同一责任进行赔偿,多式联运经营人和各区段承运人均承担相同的赔偿责任。这种责任形式追求统一、简单,有利于货方,但多式联运经营人和区段承运人的责任较重。因过于理想,几乎没有被采纳。

3. 经修正的统一责任制。该责任制被公约采纳,属于以统一责任制为基础,以责任限额为例外的一种责任制度。根据这一制度,不管是否能够确知货损发生运输区段,都适用公约的规定。含有海运或内河运输的多式联运,多式联运经营人赔偿限额为每件920个特别提款权或每公斤2.75个特别提款权,不含海运或内河运输的多式联运赔偿限额为每公斤8.33个特别提款权。但是,若确知的货损发生区段适用的国际公约或强制性国家法律规定的赔偿限额高于公约规定的赔偿限额,则按照该国际公约或国内法规定的限额进行赔偿。如航空运输《蒙特利尔公约》规定的22个特别提款权。根据公约的规定,存在对外和对内两层赔偿责任关系,即多式联运经营人对货方的对外赔偿责任,按照公约规定的统一赔偿限额或按照确知货损发生区段所适用的较高限额赔偿。另一层赔偿责任关系是多式联运经营人与特定区段承运人之间的内部赔偿责任关系,在多式联运经营人对外赔偿后究竟依何公约或法律向实际承运人追偿,公约规定不明。若受适用于该特定运输区段的公约或法律约束,则可能该区段的承运人责任限额低于公约规定的 2.75 个特别提款权(如《海牙-维斯比规则》规定每公斤 2 个特别提款权),二者之间的差额由多式联运经营人承担。相反,如果多式联运经营人按照公约规定的较高 2.75 个特别提款权向确知货损发生区段承运人追偿,意味着确知货损发生区段承运人要放弃其在单一运输方式下的某些权利,如海运承运人在《海牙-维斯比规则》中享有的航行和管船过失免责,需对延误交货承担责任,以及承担更高的单位赔偿责任。因公约的规定过于超前,使多式联运经营人和单一运输方式承运人都难以接受,这也是《多式联运公约》迟迟不能生效的主要原因。实践中该责任制度较少适用。

4. 网状责任制。由 1973 年《多式联运单证统一规则》所确立,即由多式联运经营人就全程运输向货主负责,各区段承运人仅对自己完成的运输区段负责。无论货物损害发生在哪一个运输区段,发货人或收货人既可以向多式联运经营人索赔,也可以向该区段承运人索赔。在不能确定货物发生灭失或损坏的区段时,即对隐蔽的货物损失,多式联运经营人赔偿责任限额为按灭失或损坏的货物毛重每公斤 30 金法郎计算。但是,对确知货损发生区段的,其责任原则和赔偿方法仍依照调整该区段的公约或法律确定。多式联运经营人赔偿后有权就各区段承运人的过失所造成的损失向区段承运人进行追偿。该责任制形式消除了多式联运经营人与区段承运人之间赔偿差额。目前,国际上大多采用的是网状责任制。

5. 经修正的网状责任制。为协调统一责任制和网状责任制,1991 年《多式联运单证规则》实行介于网状责任制和统一责任制之间的责任形式,被认为是经修正的网状责任制。对于不能确知货损发生区段的,多式联运经营人对货物灭失或损坏的赔偿限额为每件或每单位 666.67 个特别提款权或者毛重每公斤 2 个特别提款权,以其高者为准。而如果多式联运合同不包含海上或内河运输,经营人的赔偿限额为灭失或损坏货物毛重每公斤 8.33 个特别提款权。对确知货损发生区段的,适用于该区段的国际公约或强制性的国家法律规定了另一项责任限额,如同对这一特定区段订有单独的运输合同一样,则多式联运经营人对此种灭失或损坏的赔偿责任限制应当按照此种公约或强制性国家法律的规定计算。

另外一种责任制,即前文述及《鹿特丹规则》所采用的"最小网状责任制",此处不再详述。

如上文所述,《多式联运公约》实行修正后的统一责任制。在归责原则方面,公约实行推定过失责任制,即如果造成货物灭失、损坏或延迟交付的事故发生在联运责任期间,联运经营人就应负赔偿责任,除非联运经营人能证明其本人、雇佣人或代理人等为避免事故的发生及后果已采取了一切所能采取的措施。并且该归责原则在公约下统一适用,而不考虑货损发生的运输区段。

(三)多式联运经营人责任限额

《多式联运公约》规定,多式联运包括水运的,每件或其他货运单位最高赔偿额不超过920个特别提款权,或者按毛重每公斤不得超过2.75个特别提款权,并以高者为准;如联运中不包括水运,则按毛重每公斤不超过8.33个特别提款权计算,单位限额不能适用。发货人已对货物价值作出声明的,则应以声明价值为限。迟延交付的责任限额为所迟延交付的货物应付运费的总额。如经证明,货物的灭失、损坏或迟延交付系多式联运经营人的故意或者明知可能造成的轻率作为或不作为所引起,其便丧失了引用上述责任限制的权利。

五、争议解决

(一)货物灭失、损坏或迟延交货的通知

收货人应在不迟于交货的次一工作日,将说明灭失或损坏的一般性质的灭失或损坏的通知,书面送交多式联运经营人,此种交付即为多式联运经营人交付多式联运单证所载明的货物的初步证据。对灭失或损坏不明显的,收货人应在交货日后连续60日内提交该书面通知。如果货物的状况在交付收货人时已经当事各方或其授权的代表在交货地点联合调查或检验,则无须就调查或检验所证实的灭失或损坏送交书面通知。除非在货物交付收货人之日后连续60日内,或者在收货人得到通知,货物已按照第14条第2款(b)项(ii)或(iii)目的规定交付之日后连续60日内,向多式联运经营人送交书面通知,否则,对迟延交货所造成的损失无须给予赔偿。

(二)时效期间

根据公约,有关国际多式联运的任何诉讼或仲裁,时效期间为2年。但是,如果在货物交付之日后6个月内,或者货物未能交付时,在应交付之日后6个月内,没有提出说明索赔的性质和主要事项的书面索赔通知,则在此期限届满后即失去诉讼时效。时效期间自多式联运经营人交付货物或部分货物之日的次日起算,或者如果货物未交付,则自货物应交付的最后一日次日起算。承担赔偿责任的人,向第三人追偿的时效期间为自提起此种追偿诉讼的人已解决对其提出的索赔,或在对其本人的诉讼中接到诉讼传票之日起算,不少于90日。如多式联运经营人向货主赔偿后向实际承运人追偿,应在此90日内提起诉讼或仲裁。

(三)法院管辖权

原告可在他选择的法院根据本公约提起有关国际多式联运的诉讼,如果该法院按其所在国法律规定有权管辖,而且下列地点之一是在其管辖之范围内:(1)被告主要营业地,或者如无主要营业所,被告的习惯住所地;(2)订立多式联运合同的地点,而且合同是通过被告在该地的营业所、分支或代理机构订立;(3)为国际多式联运接管货物的地点或交付货物的地点;(4)多式联运合同中为此目的所指定的并在多式联运单证中载明的任何其他地点。该管辖权规定是强制性的,除财产保全等临时性或保护性措施的管辖权,有关国际多式联运的任何诉讼程序均不得在上述规定之外的地点进行。但上述各项规定,不禁止当事双方在索赔发生之后达成协议,协议指定原告可以提起诉讼的地点,包括上述规定之外的地点。

多式联运经营人提单上通常订立管辖权条款(jurisdiction clause),提单管辖权的效力,主要取决于各国的态度和法律规定。根据公约规定,该等条款不得违反上述管辖权规定。如同CMR的规定,如果已根据该条规定提起诉讼,或者该诉讼中已作出判决,原当事人之间不得就同一理由提起新的诉讼,除非第一诉讼的判决不能在提起新诉讼的国家中执行。但为使判决得以执行而采取措施,或者在同一国内将一诉讼转移到另一法院,都不得视为提起新诉讼。

(四)仲裁

当事人可通过书面协议,约定将根据公约发生的有关国际多式联运的任何争议提交仲裁。仲裁应依索赔人的选择,在下列地点之一提起:(1)下列各地所在国中的任一地点:被申请人的主要营业所,或者,如无主要营业地,则被申请人的习惯住所地;订立多式联运合同的地点,而且合同是通过被申请人在该地的营业所、分支或代理机构订立;为国际多式联运接管货物的地点或交付货物的地点;(2)仲裁条款或协议中为此目的所指定的任何其他地点。仲裁具有强制性,仲裁员或仲裁法庭应适用本公约的各项规定。否则,仲裁条款或协议中与之相抵触的任何规定,概属无效。本条规定不影响当事人在有关国际多式联运的索赔发生之后订立的仲裁协议的效力。可以看出,《蒙特利尔公约》和《鹿特丹规则》从《多式联运公约》中借鉴了关于仲裁的相关规定。

第二节 《民法典》对国际多式联运的规定

由于多式联运能够大大提高运输效率,减少货损货差,降低运输成本,减少公路交通拥堵,我国政府通过立法和政策大力提倡并积极推动开展多式联运业务。1992年《海商法》和1999年《合同法》参考了1973年《联运单证统一规则》、1980年《多式联运公约》和1991年《多式联运单证统一规则》等国际文件的基本内容。《海商法》第四章首次对包括国际海上运输的国际多式联运作出法律规定,《合同法》对不包括国际海运的国际或国内多式联运订入法律。《民法典》合同编第十九章第四节(5个条款),基本沿用《合同法》第十七章第四节对多式联运的规定。在前文《海商法》的内容中,我们已对国际多式联运的主要内容作了介绍。本节主要介绍《民法典》关于多式联运的相关规定和在司法实践中的适用。①

一、多式联运经营人

《民法典》第838条规定:

> 多式联运经营人负责履行或者组织履行多式联运合同,对全程运输享有承运人的权利,承担承运人的义务。

本条适用于两种以上运输方式的多式联运合同。根据目前立法状况,运输方式可分为航空运输、铁路运输、公路运输、国际海上运输和国内水路运输。但根据《海商法》相关规定,国际海上运输与国内水路运输,适用不同的法律。国际多式联运包括国际海运区段的,优先适用《海商法》的规定,而含有国内水路运输的多式联运,不论是否国际多式联运,适用《民法典》。此类多式联运具有国际性的,还可能适用国际公约,如《蒙特利尔公约》《国际货协》《国际货约》或CMR等,或他国法律。

二、多式联运单据

《民法典》第840条规定:

> 多式联运经营人收到托运人交付的货物时,应当签发多式联运单据。按照托运人的要求,多式联运单据可以是可转让单据,也可以是不可转让单据。

多式联运单据,根据签发人不同,包括多式联运经营人签发给托运人的单据和区段承运人签发给多式联运经营人的单据。前者受本条调整,后者受调整相关区段的公约或国内法调整。根据单据的形式,又可以分为可转让单据和不可转让单据,可根据托运人的要求签发。至于多式联运单据的功能和属性,《民法典》没有作出规定,参考《海商法》第71条对提单功能的规定,多式联运提单也应具有合同证明、货物收据的功能。而可转让多式联运提单,如果收货人系凭指示、背书转让并货交持有人,应具有物权凭证功能。

三、托运人的责任

根据《民法典》第841条的规定,托运人对多式联运经营人承担过错责任,过错包

---

① 对《海商法》关于国际多式联运的论述和相关案例,请参见第三编第一章相关内容。本节不再赘述。

括故意和过失。在签发可转让单据的情况下,托运人的责任,不因转让多式联运单据而解除,多式联运经营人有权就托运人过错造成本身损失或其他货物的损失,向托运人主张权利。

四、多式联运经营人的赔偿责任

根据《民法典》第842条的规定,多式联运经营人责任制为网状责任制。能够确知货物的毁损、灭失发生于多式联运的某一运输区段的,多式联运经营人的赔偿责任和责任限额,适用调整该区段运输方式的有关法律规定。就发生在国内的多式联运而言,适用《民法典》第十九章关于运输合同的相关规定,各运输方式承运人赔偿责任相差不大。而对国际多式联运而言,调整各运输方式的公约和国内法在归责原则、责任形式等方面差别较大,也更为复杂。根据该条规定,如确知货物毁损、灭失或延误发生在航空、铁路或公路运输区段,适用调整该区段运输方式的国际公约或国内法。若不能确定运输区段,则要适用《民法典》。《民法典》对承运人适用严格责任,多式联运经营人只能根据第832条的规定进行抗辩,且不享受赔偿责任限额。对此,1991年《多式联运单证统一规则》与《民法典》有所不同,在确知货损发生在非海运或内河运输区段时,该规则适用推定过错责任制,而不适用调整该区段运输方式法律下的赔偿责任制度。如果不能确定货损发生区段,该规则也不考虑运输区段的组成,多式联运经营人的责任仍适用推定过错责任制。[①]

五、多式联运经营人与区段承运人责任分担

《民法典》第839条规定:

> 多式联运经营人可以与参加多式联运的各区段承运人就多式联运合同的各区段运输约定相互之间的责任;但是,该约定不影响多式联运经营人对全程运输承担的义务。

多式联运经营人对全程运输向托运人或收货人负责,其与各区段承运人的权利义务可以另行约定。这也是网状责任制特点的体现。但该内部约定不影响其对外向托运人或收货人所承担的责任。其全程对外责任具有强制性,不得经合同约定予以排除和限制。如果全程运输中发生货物灭失或损坏,无论是否确知发生区段,也不论发生在哪个区段,托运人或收货人均有权向多式联运经营人提出索赔主张。多式联运经营人不得以区段承运人对此负有责任为由拒绝承担责任。但多式联运经营人对货方承

---

① 参见最高人民法院民法典贯彻实施工作领导小组主编:《中华人民共和国民法典合同编理解与适用》(四),人民法院出版社2020年版,第2219—2220页。

担责任后,有权根据他们之间的内部约定,向区段承运人追偿。收货人要求区段承运人与多式联运经营人承担连带责任,不被法院支持。这也是多式联运与《民法典》第834条规定的同式联运的区别。在同式联运下,除与托运人订立合同的承运人应当对全程运输承担责任外,损失发生在某一运输区段的,该承运人还应与区段承运人承担连带责任。

在(2021)辽72民初1283号案中,多式联运合同包括陆路运输和海上运输,约定的费用系全程运输费用。多式联运经营人再分别委托区段承运人Y公司和A公司完成海运和陆路运输。法院根据《民法典》第838条的规定认定,托运人与多式联运经营人成立多式联运法律关系,与区段承运人Y公司和A公司不存在直接的法律关系,根据合同相对性原则,无权向区段承运人主张货损赔偿责任。货损虽然发生于A公司实际承运海运区段,但是该案不是同式联运,托运人要求其承担连带责任,没有法律依据。基于货损是因海运区段承运人A公司管货过失导致,多式联运经营人承担货损赔偿责任后可以依据其委托的代理人Y公司与A公司之间签订的区段运输委托书向A公司追偿。但是,如果合同约定多式联运承运人与区段承运人承担连带责任,依约定处理。

在(2022)辽72民初722号案中,法院认为,G公司负有将海蜇自广西防城港万尾运至辽宁营口盖州Y公司的义务,并向Y公司收取全程运费,因运输方式包括海运和陆路运输两种方式,认定Y公司与G公司之间成立多式联运合同关系,G公司为多式联运经营人,Y公司为托运人和收货人。G公司以自己的名义将海上区段的运输委托给Z公司履行,Z公司为海运区段承运人。Y公司主张Z公司与G公司承担连带责任。法院认为,《民法典》第178条第3款规定:"连带责任,由法律规定或者当事人约定。"多式联运合同下,不存在多式联运经营人与区段承运人向托运人承担连带责任的法律规定。但该案中,《沿海内贸货物运输委托书》"声明"部分第15条约定:"《国内水路货物运输规则》虽已废止,但该《规则》下条款并入本运单。"案涉两份运单特别约定栏第1条记载:"订舱委托书下条款及运单均为本运输合同组成部分,发货人已充分阅读并同意该部分条款。"根据前述约定,Z公司应对发生在海运区段的货损与多式联运经营人承担连带责任。

六、多式联运经营人的识别

实践中,主要根据与托运人订立多式联运合同的人和签发多式联运单据的内容以及合同履行情况,识别多式联运经营人。有时候当事人之间存在货运代理协议,但具体业务中可能构成多式联运合同法律关系,此时应从当事人权利义务的履行内容加以识别。

在(2021)鲁72民初1929号案中,争议焦点之一是,M公司与Z公司之间是多式联运合同关系还是货运代理合同关系。法院认为,M公司与Z公司签订《协议书》,合同约定M公司长期委托Z公司托运货物,应支付代理运费后领取提单,Z公司的合同义务描述为作为代理人代为办理订舱配载、报关、报检等工作。《协议书》从合同名称及约定的权利义务关系来看,M公司与Z公司系货运代理合同关系,但双方之间合同履行的实际情况为,Z公司负责全程货物运输,包括委托日照港公司办理案涉货物起运港的内陆运输,委托F公司进行沿海水路运输,委托B公司办理案涉货物目的港的内陆运输,通过F公司签发的《水路集装箱货物运单》和B公司向Z公司出具的《应收对账单》可以看出,Z公司均作为托运人以自己的名义委托运输,B公司向Z公司收取目的港的内陆运输费用,M公司根据生效民事调解书向Z公司支付《协议书》项下全程运输费用。依据《民法典》第838条规定,Z公司应当被认定为多式联运经营人,M公司与Z公司之间应认定为多式联运合同法律关系。

而在经典案例(2011)民申字第1410号案中,一审法院认定,被告H公司(经营范围为从事中国港口货物运输的无船承运业务以及从事国际货运代理业务)为多式联运合同当事人,货物损失发生在H公司的责任期间,H公司未举证证明存在可免除赔偿责任的情形,应当根据《海商法》第103条的规定承担多式联运经营人的赔偿责任。但二审和再审法院推翻了该认定。最高人民法院再审认为,双方当事人没有签订书面合同,其法律关系应根据托运单的记载以及合同实际履行情况进行判断。H公司向Q公司收取了文件费、海运费、THC费等费用,没有区分代收费用与报酬,但案涉托运单明确载明,装货港蛇口、目的港孟买、承运人阳明(公司),Q公司委托H公司向Y公司订舱、代为办理案涉货物海上运输事宜的意思表示明确;在实际履行中,H公司没有向Q公司签发运输单证,而是由Y公司作为承运人签发了提单,Q公司在接受H公司转交的提单时没有异议。该提单证明,Y公司与Q公司之间直接成立海上货物运输合同,H公司不是运输合同当事人,与托运单的记载相一致,能够相互印证。最高人民法院根据《合同法》第402条的规定进一步认为,法律并不禁止货运代理人以间接代理的方式办理代理事项,H公司以自己的名义向Y公司订舱的事实,不能改变其与Q公司之间货运代理合同的性质。最终认定,H公司为货运代理人而非多式联运经营人。

第三节　国际货运代理

货运代理(freight forwarder/forwarding agent, freight forwarding company)行业可以追溯到早期的海上贸易。初期的货运代理只是代表客户安排货物运输的中介。其代表货主与海上承运人洽商最佳价格和路线,然后与港口当局协调,以确保货物的出运和到达。随着18世纪以来的国际贸易的发展,货代行业变得更加有组织和专业化。20世纪海运集装箱的广泛使用和航空运输的兴起,彻底改变了全球货物运输的方式,货运代理在国际供应链中的作用发生巨大变化,已经从单纯的货运代理发展为无船(运输工具)承运人和多式联运经营人、船舶租赁合同当事人、仓储码头经营人等角色。今天,货运代理是全球供应链不可缺少的一部分。

1926年成立于维也纳的国际货运代理协会联合会(FIATA,现总部设于瑞士的日内瓦),是一个代表全球货运代理的非政府间国际组织。截至2023年年底,FIATA包括109个国家(地区)货代协会和5500个独立成员,代表来自150个国家(地区)的4万多家货代或物流公司。① 该组织与其他国际组织协调合作,在全球代表货运代理利益,制订相关交易单证和文件供会员采购使用,比如FIATA Bill of Lading (FBL for Negotiable Multimodal Transport)、FIATA WayBill (FWB for Non-Negotiable Multimodal Transport),以及Standard Trading Conditions (STC)②。

1995年《国际货物运输代理业管理规定》及其实施细则,根据当时的情况对国际货运代理的性质和业务范围作出规定,国际货物运输代理企业可以作为进出口货物收货人、发货人的代理人,也可以作为独立经营人,从事国际货运代理业务。国际货运代理企业作为代理人从事国际货运代理业务,是指国际货运代理企业接受进出口货物收货人、发货人或其代理人的委托,以委托人名义或者以自己的名义办理有关业务,收取代理费或佣金的行为。国际货运代理企业作为独立经营人从事国际货运代理业务,是指国际货运代理企业接受进出口货物收货人、发货人或其代理人的委托,签发运输单证、履行运输合同并收取运费以及服务费的行为。

《国际海运条例实施细则》也对无船承运业务的范围作了具体规定。《海商法》、原《合同法》《民法典》等法律对货运代理没有专门规定,但可以根据其从事的具体行为确定其法律地位,适用不同法律认定其权利义务。

一、国际货运代理人法律地位识别及其责任

从上述定义可见,国际货运代理企业在供应链中的主体地位,至少包括货主代理人和无船(运输工具)承运人、多式联运经营人。但实践中国际货运代理从事的业务是多方面的,其法律地位往往难以识别。最高人民法院《审理海上货代案件规定》第2条规定:

---

① 参见FIATA网站(https://fiata.org/),访问时间:2023年11月7日。
② 其他单证还有Forwarders Certificate of Receipt(FCR)、Forwarders Certificate of Transport(FCT)、FIATA Warehouse Receipt (FWR)、Shippers Declaration for the Transport (SDT of Dangerous Goods)、Shippers Intermodal Weight Certificate (SIC)、FIATA Forwarding Instructions (FFI)。

> 人民法院审理海上货运代理纠纷案件,认定货运代理企业因处理海上货运代理事务与委托人之间形成代理、运输、仓储等不同法律关系的,应分别适用相关的法律规定。

其第3条规定:

> 人民法院应根据书面合同约定的权利义务的性质,并综合考虑货运代理企业取得报酬的名义和方式、开具发票的种类和收费项目、当事人之间的交易习惯以及合同实际履行的其他情况,认定海上货运代理合同关系是否成立。

据此,应根据合同的具体权利义务内容和实际履行情况,确定法律关系。这些法律关系可以是第一条规定的各种代理关系,或仓储、运输关系,包括多式联运合同关系等。

(一)境外货代公司提单的管理和签发

在2001年国务院首次发布《国际海运条例》前,存在境内外货代企业提单在境内签发的乱象,不少货代企业借用、签发境外公司提供的提单,当发生货损货差时往往难以认定责任方,更难以对境外提单提供人和签发人追究责任。《国际海运条例》和2012年《审理海上货代案件规定》后,这种乱象在很大程度上得到遏制。

在(2021)浙72民初2106号案中,F公司委托L公司订舱出运货物自宁波经西雅图至芝加哥,L公司将该业务委托D公司办理,随后L公司向F公司发送了A公司2021年8月11日签发的提单。F公司依约向L公司支付了案涉货物从中国宁波至美国芝加哥的全程海运费和代理费用。但案涉货物在运抵中转港美国西雅图之后却未能继续完成西雅图至芝加哥的陆路运输。法院认为,F公司与L公司之间的海上货运代理合同关系依法成立并合法有效,案涉提单的签发人A公司系未在我国交通部办理提单登记的无船承运人,且案涉货物在西雅图无法及时提取的原因系海运费未支付给船公司导致船公司卡单,故L公司在无船承运人的选择上未尽到谨慎义务,造成F公司损失,应承担赔偿责任。

(二)合同是否成立的认定

实践中,货运代理合同以合同书形式订立,或以微信、QQ聊天记录等现代通讯方式订立,或者没有订立书面合同但已实际履行约定内容,合同均依法成立。

在(2015)民申字第1337号案中,Y公司曾向F公司发送费用确认单并开具发票,包括拖卡费、箱单费、报关费、订舱费等共计××元,F公司随后将该费用转账支付给了Y公司。最高人民法院认为,虽然F公司未提供书面的货运代理委托书,但经该案双方当事人确认真实性的经公证的QQ聊天记录则从侧面记录了相关工作人员在业务中的交流内容,该内容显示F公司向Y公司委托了报关等事宜,结合Y公司实施了海上货物运输相关的报关、缮制单证、陆路运输等货运代理事务,并收取相应费用的行为,可以认定该案当事人之间依法形成海上货运代理合同关系。Y公司是否接受了案外人M公司(买方)的委托成为其货运代理人,并不影响其同时接受F公司的委托成为其货运代理人。因此,Y公司关于该案海上货运代理合同关系不成立的主张缺乏事实依据,不予支持。①

在(2022)沪72民初973号案中,法院认为被告通过微信委托原告办理相关海上货运代理业务,双方间的海上货运代理合同关系依法成立、合法有效。但货代合同并非要式合同,以口头形式成立的合同不影响合同有效成立。

(2022)闽72民初460号案中,法院认为,根据《民法典》第490条第2款的规定,原告委托被告订舱,被告接受了原告支付的押金,双方之间已事实成立海上货运代理合同关系。此外,被告依据《审理海上货代案件规定》第3条规定的"人民法院应根据书面合同约定的权利义务的性质……认定海上货运代理合同关系是否成立",主张海上货运代理合同是要式合同,双方之间并未书面缔约,故合同关系未成立。被告的该答辩主张系对法律的误读,不能成立。该条文仅明确法院判定该类合同成立与否的依据之一是书面合同约定的权利义务性质,并非限定货代合同成立以书面签署为必要条件,实务中以口头形式签订的货代合同广泛存在,被告以该规定倒推货代合同的要式性显然依据不足。

(三)货代公司身份识别

对该问题,著名国际货运代理法专家彼得·琼斯(Peter Jones)归纳为六方面的因素:(1)货代公司是否签发了自己的运输单证;(2)客户是否收到据以要求实际承运人履行的运输单证;(3)货代公司是否以自己的雇员履行任何运输任务;(4)货代公司收取的是佣金,还是收付运费差价;(5)货运代理人与客户以前是否有过交易;(6)货代公司在合同中表达的确切条件。② 我国司法实践也多从几个方面考量:一是当事人之间的合同,不仅要看合同名称,还需审查合同内容;二是货代公司是否以自己名义签发运输单证,如提单、空运单、多式联运提单等;三是第三人,如船公司、航空公司签发的运输单证记载内容,如实际承运人单证记载托运人为货主,货代公司可被认定为代理人,若货代公司为托运人,则其可被认定为契约承运人;四是依据货代公司实际履行情况;五是货代公司收取报酬性质的标准(代理费、佣金或运费差价,有时代理费以差价形式体现),以及开具发票的类型(代理类还是运输类);六是货代公司与货主之间的交易习惯。

---

① 参见最高人民法院(2015)民申字第1337号民事裁定书。
② See Peter Jones, FIATA legal handbook on forwarding, Les Editions Yvon Blais Inc. © Peter Jones 1991, pp. 18–19.

(四）货代公司为代理人

通常情况下，从货运代理合同约定内容和具体行为等方面可以认定货代公司与委托人成立委托法律关系，但更多情况是，货运代理合同约定既有"代理"的内容又有"运输""保证送到""运费"和"运费发票"等内容，就合同性质和货代公司的法律地位引发争议。此时需要从不同角度加以考量。

在（2019）沪民终211号案中，法院认为，从《进出口代理服务协议》的名称为代理服务协议、受托的事项为代理货物的进出口事宜、收取的为代理服务费、在进出口代理义务中受托人负责的是"进口"与"出口"的"物流管理"的表述上看，受托人的身份更接近货运代理人；但在受托人"赔偿责任"条款中，罗列了海商法、航空法、中国国际货运代理协会标准交易条件、受托方签发的提单背面条款、受托方的标准交易条款等，既可以约束货运代理人，也可以约束承运人或者多式联运经营人。可见，《进出口代理服务协议》是一份长期合同，仅从合同条款表面难以直接判断受托人的法律地位，且实务中不乏货运代理人实际担任多式联运经营人角色的情况，故受托人在某次具体业务中的法律地位需结合实际履行情况予以认定。法院结合合同履行情况、是否签发运输单据（多式联运提单）以及开具发票类型等情况，认定货运代理公司并非多式联运经营人。最高人民法院裁定支持了上述判决。

（五）隐名代理或转委托的认定

货代企业在接受货方委托后，常以自己名义与实际承运人、仓储经营人等第三方订立合同，完成委托事项。此时就产生隐名代理与转委托的识别问题。在（2021）沪民终1285号案中，货物在第三人仓库因火灾受损，被告被判赔偿责任后上诉认为，其是货运代理人，根据《合同法》第402条的规定，合同关系直接约束委托人与第三人。二审法院认为，被告与第三人订立合同，委托第三人办理案涉货物进仓、装箱等事务的行为，并非基于委托人授予其代理权的代理行为，而是被告独立以自身名义从事的民事法律行为，应当认定被告将其接受委托的上述货代事务转委托第三人办理。而委托人与被告在案涉业务中并未依《合同法》第400条的规定事先约定转委托权限，案涉业务也不涉及需要维护委托人利益的紧急情况。委托人按被告发送的进仓通知书的指示将货物送至第三人仓库，仅能证明委托人系按被告指示履行他们之间的合同，不能证明委托人已知悉并明确接受被告的转委托。无证据证明被告的转委托行为已经得到委托人同意，根据《合同法》第400条的规定，被告应对其转委托的第三人的行为承担责任。

（六）货代公司为承运人或契约承运人

货运公司为获取比代理业务更大利润，往往利用与船方（船舶所有人、租船人、二船东等）的业务关系和网络优势，与委托人订立运输合同，成为契约承运人或无船

(运输工具)承运人,获取运费差价,承担承运人的责任。《海商法》第42条仅有承运人和实际承运人的概念,没有定义契约承运人,其实第60条规定的承运人可涵盖契约承运人。货运公司接受托运人委托并签发提单,成为承运人。之后以托运人身份委托船方运输,船方为实际承运人,相应地,货代公司即为契约承运人。识别货代公司为代理人或承运人十分重要,关乎其权利义务的认定及承担责任的法律适用。而货代公司在签发提单环节的行为,是认定其为承运人的重要考量因素。

在(2020)浙72民初391号案中,货代公司签发以Y公司为托运人的提单,收货人为BENZ公司,装货港宁波,卸货港曼谷,交货地曼谷,运输方式为CY到CY,运费到付。案涉货物由以星轮船公司实际承运。后案涉货物由BENZ公司提走。Y公司向货代公司提起无单放货索赔。法院认为,该案系海上货物运输合同纠纷。货代公司接受Y公司委托承运案涉货物并签发提单,其系案涉货物的承运人,理应承担凭正本提单交付货物的义务。货代公司虽然辩称BENZ公司系从案涉货物的实际承运人以星轮船公司处提取货物,案涉放货行为非由其直接实施,但根据《海商法》第60条的规定,即使案涉货物的无单放货行为系由实际承运人实施,货代公司作为承运人,也应对实际承运人的行为负责。如果货代公司以承运人名义或者以承运人代理人名义签发提单却不能证明存在委托事实,其将被认定为承运人。

在(2021)粤72民初1403号案中,原告委托被告由中国海运货物至菲律宾,对于原、被告之间的法律关系,法院认为,被告向原告签发了抬头为其公司英文名称的提单,虽然在落款处载明是作为承运人的代理人签发提单,依照《审理海上货代案件规定》第4条的规定,被告至今未能提供承运人主体真实存在且授权被告签发提单的证据,应承担举证不能的不利后果。结合原告与被告之间的邮件往来、原告支付的费用项目,法院认定原、被告之间成立海上货物运输合同关系。

(七)代理关系与人格混同的认定

现实中常见的情况是,境外货代公司在境内注册公司(或境内货代在境外注册公司),境内公司代境外公司签发提单或从事提货、集港或送货业务,业务人员、资金混同甚至单证格式相同,往往给货方索赔损失造成困惑。货方要想以人格混同为由主张境内货代公司承担全部责任,常因举证困难而不被支持。

在(2022)浙72民初951号案中,关于境内货代C公司与香港X公司的关系,法院认为,C公司在我国交通运输部备案无船承运人资质的英文名与X公司英文名相同,双方共用办公地址、电子邮箱(邮箱尾缀相同),C公司作为X公司的代理,知晓X公司不具备在我国交通运输部备案的无船承运人资质,但仍将X公司签发的案涉正本提单交付给M公司,该行为已构成违法代理,根据《民法典》第167条的规定,代理人知道或者应当知道代理事项违法仍然实施代理行为,被代理人和代理人应当承担连带责任,故对于无单放货行为,C 公司作为 X 公司的代理人应对原告遭受的损失承担连带赔偿责任。原告主张 C 公司和 X 公司之间存在人格混同,但未提供充分有效的证据予以证明,对其该项主张不予采信。但如果境外货代提单在交通部备案,境内货代公司不必承担连带责任,货主将面临索赔困境。

(八) 双重合同关系

有时货方与货代公司订立的合同中,在约定委托代理事务的同时,货代公司又签发提单,表面上同时形成代理和运输合同关系,争议性质需根据实际履行情况确定。

在(2022)沪 72 民初 875 号案中,法院认为,原、被告间既因被告委托原告从事案涉货物的进仓、报关、装箱、订舱出运、代买保险等货代事宜而成立海上货运代理合同关系,又因原告作为承运人向作为托运人的被告签发案涉电放无船承运人提单成立海上货物运输合同关系。合同关系均依法成立、合法有效,对原、被告双方具有法律约束力。案涉欠付费用主要系因履行货代合同项下受托事项所产生,庭审中,原、被告也均确认该案系海上货运代理合同关系,故本案纠纷应定性为海上货运代理合同纠纷。

二、FOB 卖方的法律地位

《审理海上货代案件规定》第 8 条,基于 CIF、CFR 和 FOB 交易条件下托运人的不同类型,以及《海商法》第 42 条第 3 项对托运人的定义,首次提出了契约托运人和实际托运人的概念,简而言之,前者是与承运人订立运输合同的人,后者是向承运人交付货物的人。

(一) FOB 卖方向买方所指定的货代公司交货

在 FOB 条件下,买方负责安排运输,与承运人订立运输合同,卖方负责将货物交给承运人。买方为契约托运人,卖方为实际托运人。如果买方负责安排运输并指定出口国货代公司上门取货或接货,即货代行业的指定货(routing order)业务,卖方向买方指定的代理人交付货物,却并无支付运费之义务。而且,这种交货行为,视为向货物买方交付货物。卖方并未实际向海运承运人交付货物,卖方与海运承运人之间不成立海上货物运输合同关系,其不构成《海商法》第 42 条规定的实际托运人。[①]

(二) FOB 卖方要求货代公司交付运输单证

有时,无论 CIF、CFR,还是 FOB 条件下,向承运人交付货物的人可能是卖方之外的人,如生产厂家或供应商,此时生产厂家或供应商不是实际托运人,而是其代理人。中国卖方作为实际托运人,其在提单中的托运人地位往往被忽视,一旦发生无单放货或其他不能控制货物的情形,其在运输合同和提单下的权利难以得到保障,可能款货两

---

① 参见广东高级人民法院(2018)粤民终 748、749 号案民事判决书。

空。FOB 出口合同下的运输，境外买方通过境外货代公司委托境内货代公司安排租船订舱、集港出运，境内货代公司可同时接受境外买方和境内卖方委托。为充分保护此条款下买卖合同中国出口方的利益，《审理海上货代案件规定》第 8 条第 1 款规定：

> 货运代理企业接受契约托运人的委托办理订舱事务，同时接受实际托运人的委托向承运人交付货物，实际托运人请求货运代理企业交付其取得的提单、海运单或者其他运输单证的，人民法院应予支持。

在(2015)民申字第 1337 号案中，最高人民法院根据《审理海上货代案件规定》第 8 条第 3 款的规定认定，F 公司应为案涉货物的实际托运人。依该条第 1 款的规定，即使货代公司接受了买方 M 公司的委托代为订舱，其在取得承运人签发的正本提单后也应将该提单交与实际托运人 F 公司。按照上述司法解释的规定，货运代理人在接受买方委托订舱并同时接受卖方委托代为报关、制单及向承运人交付货物的情况下，货运代理人有义务履行买方委托的货运代理事项，并将从承运人处取得的单证交付给卖方，这是作为代理人应尽的义务，也是提单系代表货物所有权单证的性质所决定，除非卖方在委托时约定或事后同意 Y 公司可以将提单交付其他人。货代公司未征得卖方 F 公司同意即擅自将案涉正本提单交付给买方 M 公司，构成违约，其行为致使 F 公司遭受损失，应根据《审理海上货代案件规定》第 10 条的规定承担赔偿责任。

在(2022)沪 72 民初 265 号案中，法院认为：在该海上货运代理合同纠纷案件中，原、被告均确认案涉贸易的价格术语为 FOB，由国外买方负责租船订舱，国外买方指定货代公司办理货物从上海港至意大利目的港的运输事宜，并指令国内卖方即原告联系货代公司，故国外买方是案涉运输的契约托运人。原告根据国外买方指令联系货代公司，并根据货代公司指示将案涉货物送至其指定仓库，货代公司为原告办理了相关货代事项，并向原告收取了报关费、海关舱单发送费、文件费等货代费用，双方成立海上货运代理合同关系。原告作为 FOB 卖方，不仅委托货代公司代理报关事项，还委托其向承运人交付货物，故原告是案涉运输的实际托运人。根据《审理海上货代案件规定》第 8 条的规定，原告作为实际托运人有权要求货代公司交付承运人签发的正本提单。原告已明确以实际托运人的身份要求交付正本提单，货代公司也清楚负有向原告交付正本提单的义务。然而，其始终不将正本提单交付给原告，也未将提单托运人修改为原告，并且擅自将提单作电放处理，在国外买方未向原告支付货款的前提下，将货物在目的港交付收货人。货代的公司的行为具有明显故意和过错，致使原告丧失对货物的控制权，并遭受了货款损失。法院认定，原告主张由货代公司承担相应赔偿责任，符合规定第 10 条的规定。

(三)FOB 卖方未与货代公司建立代理关系

如果 FOB 中国卖方不能证明其与境内货代公司成立代理关系，那么其就货物损失向货代公司提起的索赔将不被支持。

最高人民法院在(2018)最高法民申3168号案中认为,案涉买卖合同中约定的价格术语为FOB,由境外的买方负责租船订舱。境内C货代公司接受境外买方代理的委托,就案涉货物向船公司订舱,并按其指示主动联系中国卖方S公司。S公司根据指示向C交付了货物。C公司虽然为案涉货物垫付了出运港港杂费,但该项事务亦是C为了完成境外买方代理的委托事项所需要办理的事务,且相关费用是由境外买方代理实际支付。该案中C公司代签了其总公司的无船承运人提单。最高人民法院判决认为,C公司具有无船承运人资格,C公司属于总公司的分公司,代其签发提单,并非S公司的货运代理人,与S公司之间不构成货运代理关系。

同样,FOB卖方未与货代公司建立代理关系,无权要求其交付运输单证。在(2022)鲁72民初88号案中,因为原告不能证明其作为FOB出口合同下的卖方曾委托境内货代公司向承运人交付货物,其向货代公司主张交付提单的请求未被支持。

三、货代公司单证留置权

《审理海上货代案件规定》第7条规定肯定了货运代理人为收取相关费用对办理代理业务取得的单证享有留置权。若双方明确约定货代公司有权以收取代理费用、代垫费用等报酬为条件,留置海运提单、海运单等运输单证,为法院所支持。如果未约定或约定不明,那么货代公司不得留置提单、海运单或其他运输单证,但可以留置其他单证。为避免留置运输单证导致船期、提货等延误损失,规定对货代公司的同时履行抗辩权作出限制。

在(2021)沪72民初1875号案中,法院认为,在委托人拒绝支付费用的情况下,受托的货代公司可以行使同时履行抗辩权,拒绝交付相应的单证。在货代业务实践中,货代公司一般只有通过持有单证才能有效地维护自身的利益,若提单等运输单证属于合同约定可扣留单证的范围,则货代公司在委托人未支付费用的情况下有权拒绝交付提单。在案涉协议已有明确约定的情形下,被告货代公司不但有权更改月结方式为单票付款买单,亦有权拒绝交付案涉提单,被告并无过错亦不构成违约。

在(2021)鲁民终1856号案中,法院认为,HJ公司接受K公司的委托办理案涉货物的出运事宜,两方签订的《货运代理协议》约定,HJ公司在K公司付清运费及其他相关费用后才向K公司交付提单;K公司不得拖欠运费,否则HJ公司有权采取相应措施,直接或通过其他单位滞留提单、货物,如造成目的港不能提领货物,后果由K公司自行承担。根据《审理海上货代案件规定》第7条第1款的规定,HJ公司在K公司未向其支付货运代理费用的情况下,有权拒绝交付提单,其未向K公司交付案涉提单,未按 K 公司的指示办理目的港放货,没有过错。K 公司要求 HJ 公司承担侵权责任的诉讼请求不应得到支持。

四、货代公司为仓储保管人

仓储保管是货代公司的一项主要业务。货代公司作为货物保管人,应对掌管货物期间的灭失、损坏承担责任。

在(2022)沪 72 民初 747 号案中,法院认为,货运代理事务包括订舱、报关、报检等事务,亦可能涉及货物的包装、集装箱装拆箱、仓储、陆路运输等非代理事务。法院依据《审理海上货代案件规定》第 2 条的规定,认定当事人之间成立仓储合同法律关系。被告接受 Q 公司的委托办理案涉货物的装箱、订舱等事务,应当按照原告的指示妥善处理委托事务,并将货物完好交付装船出运。被告对在其掌管期间的货物安全负有责任。货物在等待装船出运期间发生火灾损毁,被告未尽到妥善照管货物的合同义务,构成违约,应就违约行为向原告承担损害赔偿责任。

保管人租用他人场地,因不能有效掌控货物导致违约,应承担赔偿责任。在(2022)沪民终 352 号案中,法院根据 S 公司与 W 公司签订的案涉《镍矿港口代理协议》,认定 W 公司对案涉货物具有约定的仓储保管义务。而 W 公司与 F 公司之间签订的《场地租赁协议》明确约定 W 公司在租赁期间自行负责堆存货物的看管并承担所有的费用和责任。据此,W 公司系案涉货物仓储保管人。根据《合同法》第 121 条的规定,基于 W 公司与 S 公司之间《镍矿港口代理协议》的约定,以及 W 公司仓储保管人的身份,W 公司负有按照 S 公司的指示对案涉货物进行保管及凭指示交货的义务。W 公司租赁他人场地存放保管案涉货物,因不能有效掌控货物以致不能履行约定的义务,理应由其承担相应责任。

五、货代公司的归责原则

《审理海上货代案件规定》第 10 条规定:

> 委托人以货运代理企业处理海上货运代理事务给委托人造成损失为由,主张由货运代理企业承担相应赔偿责任的,人民法院应予支持,但货运代理企业证明其没有过错的除外。

依据该条规定,货代公司从事代理业务,应承担过错责任。在(2022)沪民终 388 号案中,J 公司与 P 公司签订《FBA 货物运输代理协议》。法院认为,该案系海上货运代理合同纠纷,经查明的证据形成一条完整的证据链,证明案涉货物已经送达亚马逊公司仓库。J 公司未提供相反证据推翻货运代理人 P 公司已举证证明的事实,应依法承担举证不能的不利后果。对于 J 公司主张该案应适用合同法的严格责任,根据《审理海上货代案件规定》第 10 条的规定,应适用过错责任归责原则。该案未有证据证明 P 公司在履行案涉合同过程中存在过错,故 J 公司要求 P 公司承担责任的主张不能成立。至于货代公司被认定为承运人、契约承运人、多式联运经营人或仓储保管人身份时,其归责原则应根据该业务所适用的公约或法律认定。

六、货代公司标准交易条件的适用

在国际货运代理业务中,同样存在格式条款。货代公司为交易便利和充分保护己方利益,常把标准交易条件(standard terms and conditions, STCs),以适当通知、印在单证背面或者并入合同条款等方式提交货方,以期约束双方当事人。如订舱单、托运单、提单、仓单甚至发票等,都可能含有格式条款的内容。FIATA 制订的 FBL、FWB 背面都包括标准交易条件。但在以传真、电子邮件或微信、QQ 聊天方式达成交易时,要想向货方清晰传递标准交易条件并希望约束货方,不仅难度增大,更增加了本来就争议不断的标准交易条件法律效力的不确定性。无论是纸面合同书还是数据电文方式所订立的合同,货代公司要想使标准交易条件约束双方当事人,关键在于是否适当通知合同相对方或有效并入合同。如何认定已适当通知或有效并入合同,各国法院采纳的标准不同。

在澳大利亚法院审理的一个案件中,法院认定,如果货运代理人在发送的电子邮件页脚(footer)中载明"all of the freight forwarder's business is transacted subject to standard terms and conditions which are available on request; and in certain circumstances the terms exclude the freight forwarder's liability and include indemnities for its benefit",即使货运代理人的标准交易条件没有提供给客户,其对客户也有合同约束力。但有评论指出,因为该判例由低级别法院作出,其并未改变澳大利亚上诉法院和高等法院针对标准交易条件并入效力的一般裁判规则,即一方当事人希望其标准交易条件有效并入合同并约束对方当事人,须证明其在当时情况下已尽所有合理努力提醒对方注意这些标准交易条件。考虑到当事各方的所有情况,其实是一个在具体案情下的事实问题。而如该案,如果仅在电子邮件页脚处提醒对方标准交易条件,不足以构成有效并入。因为它把找到这些条件,以及搞清楚它们的内容的任务留给了接收邮件的一方,加重了该方当事人的义务。通过电子邮件方式有效并入标准交易条件,应该做到:声明货运代理的标准条款和条件适用于其提供的所有服务,在某些情况下排除或限制货运代理的责任,包括对其有利的赔偿,并在其网站上包含标准交易条件的超链接。[1]

而争议解决条款(法律适用、管辖权条款和仲裁条款)的效力问题,与租船合同并

---

[1] See Maurice Lynch, A Technology Swiss Pickle-Freight Forwarder's Reliance on Standard Terms, http://forwarderlaw.com/2020/02/19/a-technology-swiss-pickle-freight-forwarders-reliance-on-standard-terms/. Accessed 2023-12-25.

入提单条款一样,从来都是争议焦点。在加拿大联邦法院审理的 *Labrador-Island Link General Partner Corporation v. Panalpina Inc. et al., 2019 FC 740, Lafrenière J.* 案中,案件被告包括货运代理人、海运承运人和装卸公司。所有安排都是根据 2013 年 10 月 3 日货方与泛亚班拿货运代理公司签署的货运代理服务协议(FFSA)进行的。根据该协议,泛亚班拿为案涉项目的唯一货运代理服务提供商,其作为委托人全权负责执行分包合同。但原告仍直接监督承运人和其他服务提供商的选择,以及个别运费率和其他与项目货物有关的细节。2015 年 6 月和 10 月,在货物交付时分别发现两批货物受损,原告于 2015 年 9 月和 11 月分别提交损失索赔通知,并于 2017 年 5 月提起诉讼。泛亚班拿报价单载明:"Rates are subject to latest CIFFA Terms and Conditions (available upon request)",其开具给原告的发票中也载明交易适用加拿大货运代理协会的标准交易条件(CIFFA STCs)"Terms and Conditions":"All business will be accepted ... subject to the Standard Trading Conditions of the Canadian International Freight Forwarders Association, Inc. currently in effect which Conditions contain provisions which exonerate the Company from liability and limit the amount recoverable, and each Condition shall be deemed to be incorporated in and to be a Condition of any agreement between the 'Company' and the 'Customer'. In transacting such business with the 'Company', the 'Customer' acknowledges that he is familiar with and accepts such Conditions."

而 CIFFA STCs 第 19 条规定,对于货物损坏的索赔,必须在货物交付之日起 9 个月内提起诉讼,否则货运代理将被免除所有责任。在分包商海运承运人海运单的首要条款中规定:"The parties acknowledge and agree that the carriage performed under this contract is not governed by a Bill of Lading but rather by this Sea Waybill. However, they agree that the terms, provisions and conditions of Articles Ⅱ to Ⅸ of the International Convention for the Unification of Certain Rules Relating to Bills of Lading signed at Brussels on August 25, 1924 (The Hague Rules) are incorporated by agreement into this contract. The Carrier's rights and immunities including the $500.00 limitation of liability per package or unit are more specifically herein incorporated. In the event said rules are in contradiction with the other terms, provisions and conditions of this contract, said other terms, provisions and conditions shall prevail."诉讼当事人均承认,原告起诉时已超过受损货物交付 1 年的时限。法院适用简易程序作出判决。

对于 CIFFA STCs 是否有效并入合同从而约束原告,原告认为其没有阅读这些条款,不应受该等条款约束。法官认为,原告是经验老到的托运人(sophisticated shipper),而且货运市场上的货运代理通常根据适用于安排运输或提供相关服务的所有活动的标准条款和条件提供服务,这仍然是一个常识。注意到 STCs 已被纳入所有报价单,特别是两个主要报价单,法院认为原告已就 CIFFA STCs 及其适用于相关货载获得适当通知,并通过批准这些货载而接受了这些条款,尽管原告的证据表明他们实际上没有阅读或注意这些条款,但原告仍将受到这些并入条款的约束。法院指出,原告本可以对这些条款提出异议或予以拒绝,但其没有这样做。

针对唯一合同问题,原告主张货运代理服务协议(FFS)包含一项条款,将其描述为泛亚班拿提供的运输服务的"唯一合同",因此它不同意适用 CIFFA STCs,尤其是这些 STCs 没有根据其修订程序纳入 FFSA。而法院认为,首先,证据清楚地表明,FFSA 没有包含有关案涉货物或任何其他特定货物运输的信息或条款,并且 FFSA 的各方清楚地预期,每一特定货物运输的个别合同将由泛亚班拿报价并由原告确认,事实确实如此。其次,FFSA 不包含有关延迟诉讼或时效期间的规定,并且在 FFSA 中没有与个别报价条款相冲突的具体措辞,泛亚班拿可以自由地在其报价中向原告提出这些条款。法院拒绝了原告的主张。

至于喜马拉雅条款问题,法院考虑了 CIFFA STCs 第 19 条规定的时效期间是否保护泛亚班拿以外的其他被告。CIFFA STCs 第 2 条管辖"对他人的索赔",通常被称为"喜马拉雅条款",即这些条件也适用于任何针对公司雇佣的为客户的货物提供任何运输或相关服务的员工、代理或独立承包商的索赔,而不论索赔是基于违约还是侵权。公司及所有上述人员的赔偿总额不得超过本条件下的责任限制。就本条款而言,公司作为所有这些人的代理,这些人可以在任何后续时间批准该项代理。法院注意到新西兰航运公司诉 *AM Satterthwaite & Co,〔1975〕AC 154 (PC)* 一案的判决,该判决确认"喜马拉雅条款"可以有效地将延长时效期间扩展到第三方,如果缔约方就这些时限作为这些第三方的代理,该条款的语言显然已并入 CIFFA STCs。法院还注意到,"喜马拉雅条款"从此"被接受为构成加拿大法律的一部分",并且是"公认的运输合同条款"。

法官还引用了 *Boutique Jacob Inc. v. Pantainer Ltd.*,2006 年 FC 217(因其他理由在上诉中被推翻 2008 年 CAF 85)。法院认为,换个角度看,如果报价单和并入的 CIFFA STCs 不能反映双方之间的协议,那么海运承运人海运单将是运输条款的最佳证据,该海运单通过其首要条款并入《海牙规则》的 1 年时效期间,将约束作为指定托运人的原告。法官接受了被告的观点,即索赔人试图规避承运人的责任限制和其他条款,无论是通过侵权诉讼还是强调合同相对性,都是不被支持的。根据约定条款进行的转包(sub-bailment)和对"喜马拉雅条款"的日益认可,终止了这些人为的企图,特别是如该案中,(原告)充分意识到泛亚班拿不是实际履行货物装卸和海上运输的一方。

对此判决,加拿大资深国际运输法律师加文·马格拉斯(Gavin Magrath,CIFFA 法律顾问)评论道:该判决承认,并入条款的关键不在于反对适用的一方是否实际阅读了这些条款,而在于这些条款的提出方式是否使该方合理地注意到这些条款并有机会对其提出异议。泛亚班拿在每一个报价单中都引用这些条款的做法是支持其立场的关键事实因素。这些报价单由原告审查并经其批准,原告再出具一份确认接受的文件。显然,在这些情况下,商业交易的当事方对这些条件有充分的通知,理应给予它们注意。而泛亚班拿的发票也包含了 CIFFA STCs。发票通常是在交易之后开具,因此不能提供协议的有力证据或对这些条款提出争议的适当机会。事实上,法院注意到这些提示,但在作出裁决时并不依赖这些提示。因此,货运代理应注意,确保他们的做法是在每个报价单中引用 STCs。①

中国货运代理协会(CIFA)制订了货运代理标准交易条件(CIFA STCs),规定了适用范围、公司与客户的合约地位、公司的权利和义务,以及公司作为当事人时的特别规定等内容。尽管货运代理公司可以将该标准交易条件订入合同,以期约束货方当事人,但在司法实践中,这些标准交易条件的法律地位仍存争议。

标准交易条件具有格式条款(格式合同)特征,由提供产品或服务的一方为了重复使用,事先拟定、条款固定化、排除双方协商,以及适用于接受其产品或服务的不特定相对人。其最本质的特征是未与对方协商,或对方没有协商或修改的机会。中国法院认定货运代理标准交易条件效力的依据,仍然是《民法典》及其司法文件解释格式条款(合同)的相关规定。《民法典》第 496 条、第 497 条沿用《合同法》第 39 条和第 40 条的规定,对格式条款作出规范,同时最高人民法院《全国法院贯彻实施民法典工作会议纪要》的通知(法〔2021〕94 号)沿用《合同法司法解释(二)》的相关规定,进一步提出对格式条款"采取合理方式"提示的标准:

> 提供格式条款的一方对格式条款中免除或者减轻其责任等与对方有重大利害关系的内容,在合同订立时采用足以引起对方注意的文字、符号、字体等特别标识,并按照对方的要求以常人能够理解的方式对该格式条款予以说明的,人民法院应当认定符合民法典第四百九十六条所称"采取合理的方式"。提供格式条款一方对已尽合理提示及说明义务承担举证责任。②

在(2022)京 02 民终 1934 号案中,法院认为,承运单中"DHL 的责任"部分限制了对方权利,提供格式条款的被告方无证据证明对于限制原告权利作出了说明或者提醒

---

① See Gavin Magrath, *Time-Bar incorporated through CIFFA STCs results in Summary Judgment*, http://forward-erlaw.com/2019/07/08/time-bar-incorporated-through-ciffa-stcs-results-in-summary-judgment/. Accessed 2023-12-23.

② 参见 2016 年最高人民法院发布第 13 批指导性案例之案例 64(2011)泉商初字第 240 号案,法院裁判:1. 经营者在格式合同中未明确规定对某项商品或服务的限制条件,且未能证明在订立合同时已将该限制条件明确告知消费者并获得消费者同意的,该限制条件对消费者不产生效力。2. 电信服务企业在订立合同时未向消费者告知某项服务设定了有效期限限制,在合同履行中又以该项服务超过有效期限为由限制或停止对消费者服务的,构成违约,应当承担违约责任。

了原告注意。因此，承运单中关于损失赔偿条款无效。但司法实践中更多的案例显示，货运代理人或承运人对格式条款的使用更加谨慎，尽力根据法律规定将免除或者减轻其责任、与对方有重大利害关系的内容作出适当、充分提示，或者给予对方合理的协商机会。因此，尽管在业务中使用了格式条款，法院会认定格式条款为合同的一部分，约束双方当事人。

在（2021）粤13民终5649号案中，原告称被告并未将《货物托运单》背面内容交付原告，当时被告只是在网上传输了《货物托运单》正面，被告未要求原告对必填项目进行填写，未履行提示义务，该托运单系格式条款，系无效条款。一审法院认为，结合原告提交的《货物托运单》，该托运单记载的保险费系"客户自保"，该托运单明确注明了必须填写的内容包括"保价""不保价""非保价"，并注明特别提示："请托运人仔细阅读本单正面所明示的各项内容、核对填写内容，并详细阅读背面的条款，如有认为加重自己责任或排除自己主要权利的，双方可以重新约定。如无异议，请签字确认。"可见，《货物托运单》明确记载了《货物托运单》存在正面和背面，且背面的系格式条款。原告的经营范围系"国际货物运输代理、国内货物运输代理、无船承运业务"，原告对货物运输的行业规则及行业习惯实际是清楚的，原告主张被告未交付《货物托运单》，不符合日常生活经验法则，原告清楚《货物托运单》的条款内容，对该条款的效力问题，原、被告对《货物托运单》的条款实际系经过了双方共同协议，原告主张该条款无效，法院不予支持。二审法院维持了一审法院的判决。

在（2018）鄂民终932号案中，法院认为，根据《合同法》第289条的相关规定，公共承运人必须具有承担一定的社会公共职责，不得拒绝托运人通常、合理的要约及强制缔约义务，马士基公司虽是从事集装箱货物运输的企业，但不具有上述公共承运人的特征，故马士基公司不应认定为公共承运人。关于案涉《代理协议》是否为格式合同，法院认定该协议不具备可以认定为格式合同的典型特征和相应前提，内容亦非全部由格式条款组成，且无证据表明该协议的形成过程中马士基公司未曾与原告协商，亦无证据表明原告在签订协议的过程中处于从属地位或是达到了对合同条款没有任何选择余地的程度，故该协议不应认定为格式合同。

在（2020）最高法民申5911号案中，就《货运代理协议书》第14条是否属于格式条款的问题，最高人民法院根据《合同法》第39条的规定认为，该案中即使存在被告在承接代理业务时反复使用该协议版本的事实，但并无证据证明双方签订该协议时未曾协商，因此原告认为该协议第14条属于格式条款的主张，不能成立。

根据《民法典》第496条的规定，格式条款提供方履行提示或说明义务的范围限于"免除或减轻其责任等与对方有重大利害关系的条款"，并非适用于所有格式条款的内容。而至于未履行提示或说明义务的后果，为对方可主张该条款"不成为合同的内容",而不是简单的无效或可撤销。对于格式条款的无效,适用《民法典》第497条规定的情形。

第四节　进出口货物的场站及仓储保管

一、国际立法简介

货物在进出口环节,都不可避免经过码头场站、堆场或仓库,由场站或仓储经营人对货物进行装卸作业或保管。国际运输中的货物并非由承运人或货主掌管,而是由国际贸易运输港站经营人掌管,这就决定了在此期间所发生的货物灭失、损坏或交货迟延,不适用于各种运输方式的公约或运输法律,继而出现适用这类货物的法律制度的不确定性问题。为逐渐协调和统一国际贸易法以减少或消除国际贸易中的法律障碍,统一港站经营人的赔偿责任,国际社会曾制定《联合国国际贸易运输港站经营人赔偿责任公约》(United Nations Convention on the Liability of Operators of Transport Terminals in International Trade,又称《港站经营人责任公约》)。该公约于1991年4月19日在维也纳签订,但因所涉进出口货物的装卸、堆存和仓储等环节基本发生在一国境内,国际性不突出,该公约未获得广泛认可,至今未生效。[①] 截至2024年5月27日,仅有4个国家批准加入。不过公约的相关规定对各国国内立法起到了积极作用。

(一)定义

公约第1条定义条款对港站经营人、货物、国际运输、与运输有关的服务等作出规定:

(a)"运输港站经营人"(下称"经营人")是指在其业务过程中,在其控制下的某一区域内或在其有权出入或使用的某一区域内,负责接管国际运输的货物,以便对这些货物从事或安排从事与运输有关的服务的人。但是,凡属根据适用于货运的法律规则身为承运人的人,不视为经营人;

(b)在货物组装于集装箱、托盘或类似的运输器具中时或经包装时,"货物"包括这类运输器具或包装,只要其不是由经营人所提供;

(c)"国际运输"是指在经营人接管货物时确定其启运地和目的地位于两个不同国家的任何货物运输;

(d)"与运输有关的服务"包括诸如堆存、仓储、装货、卸货、积载、平舱、隔

[①] 参见联合国国际贸易法委员会网站(https://uncitral.un.org/),访问时间:2024年5月27日。

垫和绑扎等服务。

(二)适用范围

公约第2条规定:

(1)本公约在有存在下列情形之一时,适用于对国际运输的货物所从事的、与运输有关的服务:(a)从事与运输有关的服务的经营人的营业地位于一缔约国内,或者(b)与运输有关的服务在一缔约国内进行,或者(c)按照国际私法规则,与运输有关的服务受到一缔约国法律的制约。

(2)如果经营人有一个以上的营业地,则以与整个有关运输的服务关系最密切的营业地为其营业地。

(3)如果经营人没有营业地,则以其惯常居所为准。

(三)经营人责任期间

公约第3条规定港站经营人的责任期间,自经营人从其接管货物之时起,至其向有权提货的人交付货物或将货物交由该人处理之时止。

(四)推定过错责任原则

根据公约第5条第(1)款的规定,港站经营人赔偿责任为推定过错责任制,如果在责任期间内发生灭失、损坏或迟延的事情,经营人应对由于货物灭失或损坏及交货迟延所造成的损失负赔偿责任,除非他证明他本人、其受雇人或代理人或经营人为了履行与运输有关的服务而利用为其服务的其他人,已采取一切所能合理要求的措施来防止有关事情的发生及其后果。没有在明确约定交货时间或在没有明确约定时,未在合理时间交货,才构成交货迟延。

(五)经营人赔偿责任限额

公约第6条对赔偿责任限额作出规定:

(1)(a)经营人按照第5条的规定对由于货物灭失或损坏而引起的损失所负赔偿责任以灭失或损坏货物的毛重每公斤不超过8.33计算单位的数额。

(b)但是,若货物系海运或内陆水运后立即交给经营人,或者货物系由经营人交付或待交付给此类运输,则经营人按照第5条的规定对由于货物灭失或损坏而造成的损失所负赔偿责任,以灭失或损坏货物的毛重每公斤不超过2.75计算单位为限。本款中的海运和内陆水运包括港口内的提货和交货。

(c)如部分货物的灭失或损坏影响到另一部分货物的价值,则在确定赔偿责任限额时,应计及遭受灭失或损坏的货物和其价值受到影响的货物加在一起的总重量。

(2)经营人按照第5条的规定对交货迟延应负的赔偿责任,以相当于经营人就所迟交货物提供的服务所收费用两倍半数额为限,但这一数额不得超过对包含该货物在内的整批货物所收费用的总和。

(3)在任何情况下,经营人按照第(1)款和第(2)款所承担的赔偿总额不应超过根据第(1)款规定就引起货物全部灭失所确定的赔偿责任限额。

(4)经营人可同意超过第(1)款、第(2)款和第(3)款所规定的赔偿责任限额。

第7条和第8条分别规定了索赔基础无论是违约或侵权,也不论是针对经营人本人还是针对其雇员、代理等索赔,均适用公约的赔偿责任制度,以及经营人赔偿责任限额的丧失。

虽港站经营人责任制度尚未形成统一的国际规则,但应注意到,《鹿特丹规则》中增加了海运履约方的规定:如果港站经营人从事港区内的接收、装卸、积载、保管或仓储等业务,其作为海运履约方应承担承运人的义务,享有承运人的权利。港站经营人面对货方基于违约或侵权的索赔,可利用海运履约方的规定寻求限制自身的赔偿责任。但是,港站经营人只有在作为海运履约方时才可享受规则赋予承运人的免责和赔偿责任限制,如果其是作为货方的受托人而从事货物装卸、保管或仓储等业务,则不能依据海运履约方的地位进行抗辩,其责任制度应根据国内法律确定。①

二、国内立法

国内立法方面,《港口法》对港口经营活动、理货业务、装卸、驳运、港口拖轮、仓储和危险品作业等作出规定,但该法主要调整港口规划、建设、维护、经营、管理及其相关活动,对平等民事主体之间的法律关系未作具体规定。这些问题,应适用《民法典》的相关规定。

(一)保管合同与仓储合同的异同

根据《民法典》规定,两种合同的异同可归纳为:仓储合同是一种特殊的保管合同,具有保管合同的基本特征。如仓储和保管的货物所有权不发生转移,所有权及其他权利仍属于存货人,只是其对货物的占有权暂时转移。两者均为不要式合同,都可以书面形式订立,或以口头形式订立。同时,仓储合同又具有区别于保管合同的特征:第一,保管合同是实践性合同(有约定的除外),即自交付保管物时保管合同生效。而

---

① 参见杨运涛、翟娟:《〈鹿特丹规则〉对航运物流业务的影响研究》,中国商务出版社2011年版,第135页。

仓储合同为诺成性合同,仓储合同自存货人和保管人意思表示一致时成立。第二,在保管合同中,寄存人交付标的物的行为并非合同债务,其义务为支付保管费、告知保管物瑕疵等。而在仓储合同中,存货人交付标的物的行为属于合同债务。第三,保管合同可以是双务合同、有偿合同,也可以是单务、无偿合同。而仓储合同是双务、有偿合同。第四,保管合同可以出具保管凭证,也可以根据交易习惯不出具保管凭证。而仓储合同必须由保管人出具仓单。第五,从主体上,仓储合同的保管人,必须具有依法取得的从事仓储保管业务的经营资质,即具有存储设备、专事仓储保管业务的人员。第六,保管合同的标的物为动产或不动产,而仓储合同的标的物仅为动产。仓储合同是一种特殊的商事保管合同,因此,《民法典》第918条规定,仓储合同中没有规定的,适用保管合同的规定。[1]

(二)普通仓储合同、港口仓储合同与货运代理仓储合同

如果仓储行为属于港口作业的一部分,即符合《港口法》《港口经营管理规定》所规范的仓储业务,那么不论其经营场所是否位于港区内,为此订立的合同即为港口仓储合同。港口仓储合同不仅为保管货物,更是为进出口货物提供堆存、中转、交付而订立。保管人应具备港口经营人资格。一旦确立为港口货物仓储合同,在合同发生纠纷时,根据最高人民法院《关于海事法院受理案件范围的规定》(以下简称《海事法院受案规定》)的规定确定由海事法院专门管辖。实践中,货代公司或物流公司虽不具备港口经营人资格,但可通过自港口经营人租进或自备仓储设施,配备专业仓储管理人员为进出口货物的交易方提供仓储服务,发生仓储合同纠纷的,根据《审理海上货代案件规定》第1条第4项的规定,由海事法院管辖。如果保管人不具备港口经营人资格,那么仓储货物与港口作业无关,所涉仓储合同只是普通仓储合同,所引发的争议依据《民诉法》相关规定由港口所在地的法院管辖。

另外,根据《海关法》《海关监管区管理暂行办法》《海关对保税仓库及所存货物的管理规定》等规定,如港口或仓储场所为海关对进出口货物运输工具、货物和物品的监管区,应依法接受海关监管。若港口经营人或仓储保管人违反监管规定,不仅可能因违反港口作业合同、仓储保管合同承担民事赔偿责任,还可能因违反《海关法》依法承担相应的行政责任甚至刑事责任。在(2020)沪01民终4444号案中,F公司违规将保税区仓库租赁给B公司,未进行物理分割,又放任叶某等人使用仓库密码带领A公司等数家客户高频自由进出该仓库看货、提供空余办公室给叶某以"仓储二部"的名义办公,并对于叶某穿F公司工作服、悬挂"仓储二部"招牌办公、发放印有F公司员工身份

---

[1] 参见黄薇主编:《中华人民共和国民法典释义》,法律出版社2020年版,第1615页;最高人民法院民法典贯彻实施工作领导小组主编:《中华人民共和国民法典合同编理解与适用》,人民法院出版社2020年版,第2345页。

的名片等行为放任不理,造成了数家看货客户的重大误解和损失……法院判决 F 公司承担相应的侵权赔偿责任。该案中的相关案涉人员被判承担刑事责任。

(三)仓单的法律特征

根据《民法典》第 908 条和第 910 条的规定,仓单的法律特征可归纳为:第一,仓单是保管人收到仓单所记载仓储物的收据,并且是保管人与存货人之间仓储合同关系的证明;第二,仓单是有价证券,是记名物权性有价证券;第三,仓单是仓单持有人提取仓储物的物权凭证。谁持有仓单,谁就可以向保管人主张提取仓储物。而且经仓单持有人背书并经保管人签名或盖章,可以转让提取仓储物的权利。

(四)仓单转让的要件和效力

根据《民法典》第 909 条的规定,保管人签发仓单时,应当在仓单上签名或者盖章。而仓单转让,首先须由存货人或仓单持有人背书,至于仓单背书的方式,我国法律未明确规定,有观点认为可参照《票据法》第 27 条、第 28 条和第 31 条等规定,背书的记载和签章应记载于仓单背面,且应连续背书。首先,持票人持有连续背书及保管人连续签章的仓单,不仅具有合法持票人资格,而且享有票据权利;其次,保管人需签名或盖章,且在连续背书情况下,保管人应连续签名或盖章;最后,仓单经持有人背书和保管人签章后,应交付给受让人,以实现转让仓单所体现的物上请求权。仓单的转让与指示提单不同,指示提单经托运人或持有人背书即可转让,而仓单不仅需存货人或持有人背书以体现其转让提货权的意思表示,还需经保管人签名或盖章以确认仓储物与仓单的真实性,仓单的物权凭证功能和流通性受到限制。仓单和提单一样,不仅需要连续背书,而且还需保管人的连续签名或盖章。提单和仓单均可以质押,而入库单等凭证有别于仓单,其不可以背书转让,也不具备出质功能。

仓单依法转让后的法律效力问题,根据《民法典》第 227 条关于指示交付的规定:

> 动产物权设立和转让前,第三人占有该动产的,负有交付义务的人可以通过转让请求第三人返还原物的权利代替交付。

仓单转让发生提取仓储物权利的转移,由仓储物的直接交付转化成仓单背书转让。①

(五)卖方和买方的权利冲突

在进口环节,常见包括卖方、买方和仓储公司之间订立三方监管协议,约定货物由仓储公司监管,买方在港口仓库自提,运输及仓储费用等由买方承担,卖方收款后通知

---

① 参见最高人民法院民法典贯彻实施工作领导小组主编:《中华人民共和国民法典合同编理解与适用》(四),人民法院出版社 2020 年版,第 2410—2416 页。

仓储公司放货。国内买方直接与仓储公司订立仓储合同,支付仓储费。即向仓储公司交货的主体(卖方)与仓储合同的存货人(买方)出现分离。卖方一旦不能收到货款,可能向监管公司或仓储保管人提出索赔。此类交易中,准确识别仓储保管合同法律关系主体至关重要。在(2017)津民终357号案中,H公司与Z公司签订了两份代理进口合同,约定H公司委托Z公司代理进口混合芳烃。合同签订后,H公司向Z公司支付了全部货款和外贸代理费,Z公司确认案涉8票提单项下货物所有权为H公司。货物经两次转售后D公司成为最终买方,D公司为履行该买卖合同,与C仓储公司订立《仓储中转合同》并支付仓储费。H公司认为其与C仓储公司之间具有保管合同,为货物寄存人,C仓储公司错误确认D公司为存货人,并未经H公司同意擅自将案涉货物交付D公司及案外人,致使H公司遭受了货款等损失,遂成讼。一、二审法院均未支持H公司的诉讼请求。理由是,从Z公司和H公司的行为无法推定二者有与C仓储公司订立仓储合同的意愿,案涉货物最终应由D公司自提并负担除报关代理费以外的卸货港费用。而依查明的事实,D公司确实也实际履行了该合同义务,在船舶到港前与C仓储公司签订了《仓储中转合同》,并在船舶到港后向港源公司支付了相关港口费用。C仓储公司接收案涉货物,提供仓储服务是为了履行与D公司的仓储合同,其亦没有与H公司订立仓储合同的意愿。关于H公司作为实际向C仓储公司交付案涉货物的主体,能否成为存货人的问题,法院认为,根据《合同法》的规定,仓储合同的存货人首先应是合同的当事人,是保管人的权利义务相对方。H公司、C仓储公司之间不存在港口仓储合同关系,因此,H公司不是案涉货物存货人,C仓储公司对H公司不负有交付案涉货物的义务。在海关依法解除对案涉货物的监管后,C仓储公司将提单项下货物交付给D公司或其指定的人没有违反合同约定或法律规定,不应承担赔偿责任。

(六)提货单持有人与仓单持有人权利冲突

在港口货物仓储合同中,货物多为可分割、多次提货的大宗散货,如果买方自保管人提货后,未能根据买卖合同约定向卖方支付货款,而卖方仍持有提单或提货单(delivery order, D/O)等权利凭证,导致卖方所持运输合同下的提单/提货单与最终买方所持仓储保管合同下的仓单的权利发生冲突,那么卖方面临向买方主张货款或者向货物保管人主张物上请求权的两难选择。常常是向买方索赔货款无望时,选择起诉仓储保管人。如提单/提货单持有人不是仓储合同存货人,那么其是否有权要求仓储保管人向其交付货物,则成为焦点问题。

在(2019)最高法民申3119号案中,货物卖方Z公司与买方X公司的《销售合同》约定:买方在卸货港堆场自提货物,运费由买方承担,并承担港杂费、港建费、堆存费及过磅费等港相关费用,上述费用由买方与港口直接结算或由卖方收取后代付。合同履行过程中,X公司自码头公司提货后未向Z公司支付货款。Z公司持提货单起诉码头公司请求返还货物,其理由是收货人凭提货单提取货物的做法,是国际贸易和航运实务的商业惯例。

最高人民法院对该问题作了全面论述:关于保管合同和仓储合同的性质,《合同法》第 365 条规定,保管合同是保管人保管寄存人交付的保管物,并返还该物的合同。依据《合同法》第 395 条的规定,仓储合同一章没有规定的,适用保管合同的有关规定。保管合同和仓储合同属于提供服务类而非移转物之所有权类的合同,保管人仅是代寄存人或存货人对物进行占有,该类合同并不规范物的所有权。在国际贸易和航运实践中,与保管人建立保管或仓储合同的,既可能是买方或其代理人,也可能是承运人或其代理人,还可能是卖方或其代理人。在途运输买卖、仓储货物的转售交易频繁,在保管或仓储合同的订立和履行过程中,对保管人课以识别物之所有权人的义务实属苛刻。要求保管人仅可与货物所有权人订立合同、仅应将货物交还货物所有权人,因保管人确无识别物之归属的能力,此要求超出了保管人的能力范围。认为此时寄存人或存货人与保管人之间的保管或仓储合同仅是一种对仓储费的安排,并无法律依据。而且,寄存人或存货人在合同中作此种安排,系就仓储费为合同外的当事人设定义务,与基本法理不符。

关于保管合同或仓储合同的签订、货物交付和货物交还,首先,无论是《合同法》第 365 条关于"保管合同是保管人保管寄存人交付的保管物,并返还该物的合同"之规定,还是《合同法》第 381 条关于"仓储合同是保管人储存存货人交付的仓储物,存货人支付仓储费的合同"之规定,《合同法》在保管合同和仓储合同的相关规定中对寄存人或存货人的身份或资格并未进行任何限定,更未限定与保管人建立保管或仓储合同关系的寄存人或存货人必须为保管物或仓储物的所有权人。其次,关于向保管人交付保管物或仓储物,既可由寄存人或存货人直接亲为,也可经其指示由第三人间接交付。如果保管人已经占有标的物,那么相关方亦可以简易交付方式为之。在向保管人交付货物之时,并不限定向保管人交付货物者必须为货物的所有权人。再次,《合同法》第 373 条规定,第三人对保管物主张权利的,除依法对保管物采取保全或者执行的以外,保管人应当履行向存货人返还保管物的义务。该案中,基于合同的相对性,码头公司应履行向 X 公司或其指定的人而非合同之外的第三人即 Z 公司履行返还仓储物的合同义务,除非保管物被依法采取保全或者执行措施。案涉货物系由 X 公司自行安排车辆在码头前沿接收货物再转运至码头公司堆场的事实表明,Z 公司或承运人(或其代理人)已将货物实际交付 X 公司,而 X 公司通过与码头公司签订仓储合同,将案涉货物堆存于码头公司受领了该交付。与此同时,Z 公司又取得了对案涉货物的提货单,此即意味着,托运人或承运人(或其代理人)在实际向 X 公司交付货物后,承运人或其代理人又作出了相关方应将货物交还 Z 公司的意思表示,如若提货受阻,此亦非正常国际贸易和航运实践中提货单持有者无法提取货物之情形。对于作为保管人或仓储人的码头公司而言,其仍应依《合同法》第 365 条、第 373 条所确立的规则行事。最后,如果 Z 公司认为 X 公司在贸易合同中存在违约,那么基于合同的相对性,其应向 X 公司提出相应主张。如果 Z 公司持有提货单而货物已被交付的 X 公司无单放货,那么 Z 公司应依《审理无单放货案件规定》的相关规定寻求救济。码头公司依约按照 X 公司的指令放货,并无过错。

最高人民法院进一步指出,在国际贸易和航运实践中,必须依据贸易合同、运输合同、仓储合同,以及可能存在于各环节的代理合同等不同的法律关系,分别对应确定相关主体的权利和义务。在贸易合同法律关系中,卖方未能就货款支付方式进行合理安排以保障其货款的清偿,未能通过与买方和仓储人签订三方协议或其他合理方式就货物控制进行妥善约定,买方收到货物后卖方未能收到货款等商业风险,一般不能当然转嫁至其他合同法律关系下的相关当事人。该案中,Z 公司的请求权基础面临障碍。一方面,在案证据表明 Z 公司与码头公司之间除为处理后续遗留货物转运事宜签订的《码头作业合同》外,双方并未签订其他的书面合同或其他形式的合同。Z 公司直接请求仓储人交还货物,缺乏合同依据。另一方面,X 公司基于其与 Z 公司之间的买卖合同关系,自行安排车辆在码头前沿接收货物再转运至码头公司堆场,码头公司基于其与 X 公司之间的仓储合同关系接收货物,码头公司对案涉货物系依约合法占有而非不法占有,Z 公司针对码头公司的侵权之诉亦缺乏事实和法律依据。Z 公司持有提货单之事实,不能当然赋予其可不顾违约责任或侵权责任之事实要件和法律基础而任意或无限主张物之返还或赔偿的权利,不能当然赋予其获得优于码头公司基于合同对案涉货物合法占有的权利,亦无法当然消灭码头公司应负的合同义务。码头公司交付货物时,仍应依据相关合同的约定。因此,原判决认定码头公司交付货物给 X 公司的行为并不构成侵权,其不应承担相应的侵权赔偿责任,并无不当。

而在全国海事审判典型案例(2019)最高法民申 3187 号案中,最高人民法院再审支持港口经营人向货物所有权人交付货物。最高人民法院裁定认为,生效判决已经确认案涉货物的所有权人为 S 公司,Z 公司以其系善意取得为由提起第三人撤销之诉,已被法院驳回。考虑到同时存在认定货物所有权人为 S 公司以及 Z 公司并非善意取得的生效判决,港口经营人应向 S 公司交付货物,故裁定驳回 Z 公司的再审申请。最高人民法院总结该案典型意义时指出,该案涉及当提货单权利人与仓单持有人分离时,港口经营人所面临向谁交付货物的问题。一方面,仓储合同不以存货人是仓储物的所有权人为前提,港口经营人在签订港口货物保管合同时没有识别仓储物所有权人的法定义务;另一方面,在仓储合同未实际履行或无法继续履行时,港口经营人作为海关监管的企业法人,在海关准予放行后,经生效判决确认的进口货物所有权人有权要求其交付货物。该案判决一方面肯定了依法成立的仓储合同的效力;另一方面维护了进口货物实际所有权人的物权,在司法实践中公平维护了各市场主体的合法权益,促进了国际贸易顺畅有序发展,对于营造诚实信用的营商环境发挥了良好的指引作用。①

(七)保管人赔偿责任的归责原则

《民法典》第917条规定:

> 储存期内,因保管不善造成仓储物毁损、灭失的,保管人应当承担赔偿责任。

可见,保管人承担过错责任,只有因"保管不善"的情形造成货物毁损或灭失,保管人才承担赔偿责任。而对于保管人的免责事由,除法律规定的不可抗力外,该条规定因仓储物本身的自然性质、包装不符合约定或者超过有效储存期导致仓储物变质、损坏的,保管人不承担赔偿责任。但保管人应对其已经履行妥善保管义务及存在免责事由,承担举证责任。

在(2021)桂0602民初314号案中,原告H公司与被告J公司签订了合同,将396.44吨铅矿砂交由被告J公司,而被告J公司是以自己的名义与被告D仓储公司签订合同,将属于原告H公司的铅矿砂交由D仓储公司存放,也足额支付了仓储费用。法院认为,根据合同约定和被告未赚取租赁费差价的事实,认定被告J公司只承担代理责任,而不承担仓储保管责任。而被告D仓储公司作为实际保管人,基于实际收取了仓储费,由此产生对储存货物的保管义务,当造成货物损失时,未有证据证明存在其他免责或者能够归责于存货人的合理事由,应当承担赔偿责任。被告D仓储公司抗辩与原告H公司并未直接签订《货物仓储合同》,基于合同相对性原则,不应直接对原告H公司承担赔偿责任,但法院认为,根据《民法典》第925条关于隐名代理的规定,该案案涉货物入库时有货物的提货单等材料,被告D仓储公司应当知道该货物的实际归属,也应知道被告J公司仅是作为代理人与其签订仓储合同,因此该仓储合同直接约束原告H公司与D仓储公司。可见,保管人的赔偿责任适用过错责任原则,要求保管人承担赔偿责任,必须能够证明保管人对仓储物保管不善。所谓保管不善,是指保管人没有尽到应尽的注意义务。而属于善良管理人的注意,只有保管人未尽到善良管理人的注意义务时,才对仓储物的损毁承担赔偿责任。

(八)保管人的留置权

《民法典》第22章仓储合同中对保管人的留置权未作规定,因此根据第918条适

---

① 另参见大连海事法院(2015)大海商初字第487号民事判决书、辽宁省高级人民法院(2018)辽民终462号民事判决书。

用保管合同的有关规定。《民法典》第 903 条规定：

> 寄存人未按照约定支付保管费或者其他费用的，保管人对保管物享有留置权，但是当事人另有约定的除外。

在(2020)苏 72 民初 220 号案中，根据 S 公司与港务公司有效成立的《散装液体化工货物港口作业合同》，双方存在货物装卸的承揽合同关系，亦存在储存货物的仓储合同关系。在承揽合同关系中，港务公司系承揽人，S 公司系定作人；在仓储合同关系中，港务公司系保管人，S 公司系存货人。S 公司应当根据合同约定向港务公司支付货物装卸费和堆存费。《民法典》第 915 条规定和合同约定，S 公司应依约履行提货付款的义务。《民法典》第 783 条和第 903 条分别规定了承揽人和保管人对工作成果和保管物的留置权，港务公司有权留置相应价值货物。S 公司未在收到港务公司书面通知后的期限内结清尚欠的港口作业费用，港务公司可以将留置物折价、拍卖或变卖，所得价款作为港口作业费用及逾期付款违约金、留置物的保管费用和实现留置权等的费用。该案中，只要港务公司持续占有货物，其享有的留置权始终处于有效状态，可以随时依法行使，港务公司在依约采取有效书面通知后，以起诉的方式行使留置权，符合合同约定和法律规定。

保管人应适当行使权利，如果不当行使留置权，则应承担相应责任。在(2022)浙 72 民初 1850 号案中，C 公司称对 F 公司的提货请求依法享有留置权，已将水泥处置，不负赔偿责任。法院认为，双方对存储期限并无约定，F 公司可以随时要求提取仓储物。C 公司已将案涉水泥进行处置，无法进行交付。但其处置前并未通知 F 公司及进行催告，亦未举证证明案涉水泥有变质损坏或危及其他仓库安全或有其他急需处置的必要情况发生。C 公司称案涉水泥存放不能超过 3 个月，但在 3 个月期间并未要求 F 公司提货或采取其他措施，故 C 公司在未履行通知和催告义务即私自处置仓储物存在过错，应对 F 公司承担赔偿责任。F 公司在 C 公司未明确仓储费用的费率与金额的情况下未付仓储费用，其责任应归咎于 C 公司，故 C 公司以行使留置权为由不承担责任的抗辩，无事实与法律依据。

在(2022)津 0104 民初 8632 号案中，仓储物被法院查封，保管人主张对货物留置权，被法院驳回。法院认为，根据《民法典》第 447 条的规定，行使留置权的前提是债权人已经合法占有债务人的动产，而在该案中，原告承认自法院查封仓储房屋后事实上已失去了对仓储标的物的占有控制状态已逾 3 年，故原告在该案中主张行使留置权就仓储标的物优先受偿缺乏法律依据。

另外，进出口货物仓储保管合同履行中的留置权，基本属于企业之间对动产行使的留置权，根据《民法典》第 448 条的规定，商事留置权可以不受同一法律关系限制。比如，仓储保管人为向存货人 A 公司催收仓储费，可以留置其占有的与 A 公司在另一仓储合同下的货物,或者留置其占有的由 B 公司出售并应交付给 A 公司的货物。

(九)仓单受让人、质权人与留置权人权利冲突

根据《民法典》第 918 条和第 903 条的规定,存货人未按照约定支付仓储费或者其他费用的,保管人对仓储物享有留置权,但是当事人另有约定的除外。问题是,如果存货人未支付仓储费却将仓单背书转让,仓单受让人前去提货,保管人能否行使留置权,即存货人作为仓储合同当事人和仓储费债务人背书转让仓单,导致仓单所代表的货物所有权转移至受让人,此时保管人是否仍有权对仓储物行使留置权。最高人民法院认为,保管人可以留置已发生物权变动的仓储物,因为如果保管人只能留置与其发生合同关系的债务人的资产,而不能留置已经转移到第三人的仓储物,这样的结论显然是不合理的。① 而对于仓单质权人的质权能否对抗保管人的留置权,根据《民法典》第 456 条的规定,同一动产上已经设立抵押权或者质权,该动产又被留置的,留置权人优先受偿。因此仓单质权不得对抗保管人的留置权。

在(2019)桂 07 民终 223 号案中,案涉进口铁矿石由 H 公司通过进出口贸易的方式取得所有权,并且委托 W 公司进行监装、监卸、入仓、保管、控货、发运、代缴相关费用。合同约定保管人 W 公司对 H 公司所有的铁矿石享有法定留置权。H 公司又以该批货物作为质押物,质押给 T 公司为借款提供担保。法院认为,仓单除作为已收取仓储物的凭证和提取仓储物的凭证外还可以通过背书,转让仓单项下货物的所有权,或者用于出质。T 公司提供的《质押合同》《特权转移证明》及《通知函》,仅能证明其所取得的是质押物控货权,而没有取得货物销售权即处分权,案涉货物仍然由 W 公司持有提单、仓单进行控制,T 公司不是案涉货物的所有权人、控货人。H 公司作为案涉货物的所有权人,因未履行到期债务同意 W 公司行使留置权处置货物并无不当,是否由此而损害到 T 公司的债权利益,应当由 T 公司向 H 公司主张权利,其向 W 公司主张损害赔偿不应被支持。

(十)港口经营人不享有承运人的抗辩理由

《2021 年涉外审判会议纪要》第 67 条规定:

> 港口经营人不能主张承运人的免责或者责任限制抗辩。根据海商法第五十八条、第六十一条的规定,就海上货物运输合同所涉及的货物灭失、损坏或者迟延交付提起的诉讼,有权适用关于承运人的抗辩理由和限制赔偿责任规定的为承运人、实际承运人、承运人和实际承运人的受雇人或者代理人。在现有法律规定下,港口经营人并不属于上述范围,其在港口作业中造成货

---

① 参见最高人民法院民法典贯彻实施工作领导小组主编:《中华人民共和国民法典合同编理解与适用》(四),人民法院出版社 2020 年版,第 2465—2466 页。

物损失,托运人或者收货人直接以侵权起诉港口经营人,港口经营人援用海商法第五十八条、第六十一条的规定主张免责或者限制赔偿责任的,人民法院不予支持。

该条明确排除港口经营人可以享受承运人、实际承运人及其受雇人、代理人在运输合同下依《海商法》第 58 条、第 61 条的规定享有的免除或限制赔偿责任的抗辩权利。如果货运代理人为契约承运人或实际承运人,其有权依据《海商法》《民用航空法》或相关公约,主张免除或限制责任,但如果其法律地位为港口经营人、港站经营人或仓储经营人(保管人),则无权根据《海商法》上述规定提出抗辩免责或限制责任主张。当然,如果将来可适用《鹿特丹规则》,港口经营人、港站经营人或仓储保管人被视为海运履约方,依公约其可以享受承运人的法律地位,有权根据相关规定主张免除或限制赔偿责任抗辩。

第四编　国际货物运输保险法

早在公元前2500年前后,古巴比伦王国国王就通过收取税款,为火灾提供救灾资金,而古埃及的石匠用交付会费的方式解决收殓安葬的资金。中国民间有相互为红白事"凑份子"的习俗,由邻近村民和亲朋为某户的婚丧事筹集资金,解其陡增开销之急。以"我为人人,人人为我"之机制,成全他人,分散风险,即有保险的性质。现代保险是投保人为避免或减轻某种风险带来的损害而向保险人支付一定费用,由保险人承担风险的一种经济行为。在保险合同中,保险人承诺在投保人发生意外时,按照合同约定给予一定的赔偿,以减轻或消除投保人的损失。因此,保险的本质是转移和分散风险,目的在于保险标的遭遇损失时,投保人、被保险人或受益人能够基于保险合同自保险人获得一定的金钱补偿。保险不是保证不产生风险,而是通过保险,投保人或被保险人在遭遇保险事故时能得到补偿。国际运输货物保险以海运、水运、陆运、空运、多式联运以及仓储中的各种货物作为保险标的,保险的种类根据运输方式可分为海洋、陆上、航空运输货物保险等。涉及两种以上运输方式的,往往以主要运输方式确定投保保险种类,而主要运输保险通常为海上保险。

第一章 保险立法简述

第一节 国际保险立法

保险(insurance),系一方(保险人,the insurer)以另一方(被保险人,the assured)支付一定费用(保险费,premium)为对价,承诺赔偿被保险人未来可能遭受的某种损失的契约关系。保险作为商业活动,涉及保险人、投保人、被保险人、受益人及其他保险关系人多方面的关系和切身利益,各方必须遵守特定规则,才能保障各方权利,尤其是充分保护投保人、被保险人或受益人的利益。保险法,是以各种保险关系为调整对象的一切法律规范的总称。保险关系,是指当事人之间以保险合同发生的权利义务关系和国家对保险业进行监督管理过程中所发生的各种社会关系。[①] 国际保险领域没有形成统一适用的国际保险公约,国际运输货物保险主要由各国保险法律调整。

一、大陆法系国家保险立法

欧洲大陆从19世纪初以罗马法为基础建立起大陆法系(民法法系或成文法系),以法国、德国、瑞士、意大利和日本的保险立法最具代表性。而海上保险可谓最早的保险立法。在法国,1681年法国国王路易十四制订的《海事敕令》(Ordonnance de La Marine)和1808年《拿破仑商法典》(The Code de Commerce Napoléonien)均有海上保险的规定。《海事敕令》被称为欧洲大陆最早的具有现代意义的保险法,而有人认为法国是现代保险法发源地。1671年,法国里昂出版《海事指南》,虽不是立法文件,但其对保险业务及保险形式解释得很详细,实际上是一部完整的海上保险法提纲,对以后法国乃至各国的海上保险立法产生了深远的影响。德国早在1731年就订立《保险与海损条例》,1794年有《普鲁士邦法》,对海陆两种保险均有相当规定。1900年《德国商法典》第四编海商法第十章关于航海危险的保险,对海上保险作了具体规定。日本最早的保险立法被列入商法之中。1892年原《商法典》第一编商法通则中设第十一章,另于

---

① 参见李玉泉:《保险法》(第3版),法律出版社2019年版,第14页。

第二编海商第八章规定海上保险。1990 年原《商法典》废止,新《商法典》施行,2008 年 6 月,自 2005 年开始着手拟定的单行《保险法》经国会通过,于 2010 年 4 月实施。①

二、英美法系国家保险立法

英美法系(普通法系或判例法系)国家的保险立法,以英国和美国的立法最具代表性。12 世纪至 13 世纪,海上保险随着汉萨同盟(hanseatic league)商人来到英格兰及伦巴第(Lombard)的金融家的崛起而兴起。当时重商主义的流行及航海探险刺激了保险业的发展。对这些喜欢冒险的商人们而言,保险是一种手段,它可以在任何船只发生灭失或损坏时,使这种损失由多数人而非个别人承担。承保人坐在酒吧或时髦的咖啡馆里(如著名的位于伦巴第街的劳埃德咖啡馆)商议冒险和承保细节,并决定承保范围。18 世纪,伦敦逐渐取得国际海上保险中心的地位,并从 1779 年开始启用劳氏保单(lloyd's policy),该保单后来成为《1906 年海上保险法》之附件(schedules)而影响至今。此过程中,曼斯菲尔德勋爵(Lord Mansfield)居功至伟。曼斯菲尔德勋爵自 18 世纪中叶被任命为上议院首席法官,其借鉴欧洲其他国家的保险立法,制订英国保险实体法并创立了保险的诸多基本原则,例如由 Carter v. Hoehm (1766)案确立的最大诚信原则(uberrimae fides)和 Pawson v. Watson (1778)案确立的保证的定义等。这些原则奠定了现代保险法的基石。1894 年,枢密院大臣赫斯切尔勋爵(Lord Herschell)向上议院提交了关于编撰海上保险的普通法之法案但未能获得通过。此后,该法案经由诸多重要的商业、法律和保险团体的严苛审阅,历经十多年后于 1906 年 12 月 21 日成为法律,即《1906 年海上保险法》(Marine Insurance Act 1906, MIA1906),该法于 1907 年 1 月 1 日生效。

《1906 年海上保险法》对海上保险单的格式和制订,以及全部和部分损失,海损和救助费用等的确定,都作出了详细规定,并将劳合社拟订的海上保险单作为基本样式。该法对世界海上保险立法产生了巨大影响,成为各国海上保险立法的蓝本。英格兰和苏格兰法律委员会早在 1980 年就开始了对《1906 年海上保险法》的修改讨论工作。2006 年 1 月该法律草案正式立项,法律委员会研究的问题包括上述特殊要求中的保险利益、最大诚信、保证及条件,此外还包括保险欺诈及保险迟延赔付等问题。其后经过法律委员会、英国法律界和保险界的法官、专家、律师和相关从业者的多次辩论和研讨,并借鉴了国际海事委员会(CMI)的比较研究成果,澳大利亚对其完全借鉴英国法的海上保险法的修订讨论(但并未完成实际修订)和挪威海上保险条款(NMIP)等,先是在 2012 年通过了调整消费者保险的 CIDRA2012,在消费者保险合同中彻底修改了《1906 年海上保险法》中的最大诚信义务。而该法案最后的法律文本不厌其烦地对相

---

① 参见李玉泉:《保险法》(第 3 版),法律出版社 2019 年版,第 23—27 页。

关法律术语环环相扣作出定义,以便于业界操作和避免法律纠纷,故英国《2015年保险法》也被视为英国"法律委员会无争议立法"的典范,被视为自英国《1906年海上保险法》以来英国保险法最重要的变革。该法的修改涉及包括《1906年海上保险法》在内的诸多法律。①

美国保险立法受英国保险立法影响极大,但美国商事立法权归各州,所以保险法由各州制订。在各州立法中,大多以对被保险人的利益保护和对保险业的监管为主要内容。纽约州的《保险法》最为完备。②

第二节 中国保险立法

中国近代保险立法可追溯至清朝同治年间。1907年,清政府拟定《保险业章程草案》,为中国近代首部保险法规草案。1909年,清政府编纂《大清商律草案》,在"商行为编"中,第七章为"损害保险营业"、第八章为"生命保险营业"。1912年后,北洋政府拟定《保险契约法草案》和《保险业法草案》,但两部法律草案尚未完成立法程序,北洋政府即垮台。1929年,国民党"立法院"重新起草《保险契约法草案》并改称《保险法草案》,于1929年12月正式公布,成为中国保险史上第一部成文法律。1937年,国民党政府将修正后的《保险法》与《保险业法》和《保险业法实施法》一同颁布。因受到外商抵制,该三部法案未能付诸实施。抗战时期,国民党政府还制定或发布了《国民寿险章程》《健康保险法草案》《战时保险业管理办法施行细则》等保险法规等。这一时期,由于政局动荡、战争频仍,虽有不少保险立法活动,但要么法律未获通过,要么没有实施。即便如此,这些立法活动也为新中国的保险立法提供了有益的参考借鉴。

中华人民共和国成立后,中央人民政府于1949年10月20日批准设立第一家保险公司——中国人民保险公司。1951年至1958年,先后颁布政务院《关于实行国家机关、国营企业、合作社财产强制保险及旅客强制保险的决定》《财产保险强制保险条例》《船舶强制保险条例》《铁路旅客意外伤害强制保险条例》等保险法规。之后,因政治运动,除少量涉外保险业务外,国内保险业务全部停办,保险法建设也陷入停滞。

中共十一届三中全会以后,保险法律制度建设重新得到重视。在1981年颁布的

---

① 佚名:《迈向又一个世纪——凝望英国海上保险法历史》,载通泽律师事务所网站(http://www.tzlf.net/news/detail/code/N_1567152526002340),访问时间:2019年8月30日;李玉泉:《保险法》(第3版),法律出版社2019年版,第27—28页;汪鹏南:《对英国〈2015年保险法〉的评论及借鉴》,载武汉海事法院网(http://www.whhsfy.hbfy.gov.cn/DocManage/ViewDoc? docId=60ad65ca-301c-4c12-a9db-0d6d6e05cc30),访问时间:2023年10月5日。

② 参见李玉泉:《保险法》,法律出版社2019年版,第28页。

《经济合同法》中,对财产保险合同作出相对原则的规定。1983年,国务院颁布《财产保险合同条例》,这是新中国成立后第一部财产保险合同法规。1985年,国务院颁布《保险企业管理暂行条例》,是新中国成立后第一部保险业监管法规。后根据该暂行条例,由监管机构中国人民银行批准成立了中国新疆兵团保险公司(后改制为中华联合保险)、中国平安保险公司、中国太平洋保险公司等新的保险经营主体,使保险市场发展逐步多元化。1992年,社会主义市场经济体制改革启动,保险法律制度迎来发展机遇。1995年6月30日第八届全国人大常委会第十四次会议审议通过《保险法》,这是新中国成立后第一部保险基本法律。[①] 此前,《海商法》于1992年11月颁布,其中对海上保险相关内容作出规定,为《保险法》的特别法。此后《保险法》于2002年10月、2009年2月28日公布,在保险合同法、保险公司经营规则、保险业监督管理等方面作出诸多完善。2014年和2015年进行了两次修订,对个别条文作出进一步优化。2009年9月至2018年5月,先后颁布最高人民法院《关于适用〈中华人民共和国保险法〉若干问题的解释》(一)至(四),2006年11月13日颁布《审理海上保险案件规定》。随着2021年1月1日《民法典》的施行,这些司法解释也相应作了修正。另外,最高人民法院司法文件也对《保险法》相关问题作出规定,如2015年12月24日发布的最高人民法院《关于当前商事审判工作中的若干具体问题》中的"四、关于保险合同纠纷案件的审理问题"、2019年11月8日发布的《全国法院民商事审判工作会议纪要》(以下简称《九民纪要》)中的"八、关于财产保险合同纠纷案件的审理"等,《2021年涉外审判会议纪要》等,对保险合同涉及的具有普遍性的问题提出司法意见。还有,最高人民法院发布了涉财产保险指导性案例,如2015年4月公布的指导案例第52号[(2003)民四提字第5号案]和2017年1月公布的指导案例74号[(2012)苏商再提字第0035号案]等。

[①] 参见李祝用、乔石:《中国保险法律制度的发展:回顾、反思与展望》,载"北京大学金融法研究中心"微信公众号,2020年4月24日。

第二章 保险法的基本原则

第一节 保险利益原则

保险(可保)利益原则(principle of insurable interest)是保险法的基本原则之一。英国早在1775年的《海上保险法》中就规定,没有可保利益的,或除保险单以外没有可保利益证明的,或通过赌博方式订立的海上保险合同无效。《保险法》第12条第4款和第6款规定:

> 财产保险是以财产及其有关利益为保险标的的保险。保险利益是指投保人或者被保险人对保险标的具有的法律上承认的利益。

财产保险的保险利益,是指投保人(被保险人)对保险标的因保险事故的发生以致保险标的的不安全而受到损害或者因保险事故的不发生而免受损害所具有的利害关系。财产保险利益应当为合法利益。保险利益具有消除赌博行为,防止道德风险的功能,这也是保险损失补偿原则的体现。

一、对"法律上承认的利益"的理解和适用

"法律上承认的利益"可体现在两个方面:一是保险事故发生,投保人或被保险人因保险标的遭受损失或伤害而受到损害;二是保险事故未发生,投保人或被保险人因保险标的的安全而受益。[1] 司法实践中,最高人民法院(2012)民四他字第44号复函指出,依照《保险法》(2002年修正)第12条第3款的规定,保险利益是指投保人对保险标的具有的法律上承认的利益。只要投保人对保险标的具有法律上的经济利害关系,即可认定其具有保险利益。虽然九龙公司与国外买方口头约定货物出口的价款条件为FOB,但案涉货物买卖双方并没有严格按照FOB价格条件履行,主要表现为:货物运输险实际由卖方九龙公司投保;货物在运输途中发生损失后,九龙公司接受国外买方从货款中扣除货物损失,即实际承担了货物运输途中的损失。案涉货物买卖双方的实际

---

[1] 参见安建主编:《中华人民共和国保险法(修订)释义》,法律出版社2009年版,第33页。

履行表明其已经变更了 FOB 价格条件下由买方投保运输险和货物在装运港越过船舷后风险转移给买方的做法。九龙公司实际承担了货物运输途中的风险与损失，与货物具有法律上经济利害关系，因此应当认定其对货物具有保险利益。在(2016)鲁民终517号案中，法院依照《保险法》第12条认为，只要投保人对保险标的具有法律上的经济利害关系，即可认定其具有保险利益。卖方作为案涉货物托运人和投保人，为海上货物运输的药品货物进行了投保，其在收货人未收到相应丢失货物，且拒绝支付相应货物货款后，实际蒙受了相应的经济损失，承担了货物运输途中的风险和损失，与货物具有法律上的经济利害关系，应当认定其对货物具有保险利益，有权依照保险合同向保险人要求赔偿。在(2021)最高法民申3078号案中，卖方与买方在《铜矿买卖合同》中约定适用2010年贸易术语 CIF，双方并未严格按照 CIF 价格条件履行。案涉保单并未与提单一并背书转让给买方。货物在运输途中发生损失后，卖方也接受了买方从货款中扣除货损金额的做法。原审判决认定卖方与案涉货物具有法律上承认的利益。最高人民法院认为该判决并无明显不当。

风险承担固然可作为认定保险利益的重要标准，但并非唯一标准，还应从"法律上承认的利益"的定义解释保险利益。在2014年度上海海事法院典型案例(2011)沪海法商初字第101号案中，买卖合同采用 CIF 价格条件，被告保险公司就案涉货物向原告（货物卖方）签发了货物运输保险单，载明原告为被保险人。案涉无船承运人提单载明托运人为原告，收货人凭指示。同日，实际承运人签发海运提单，载明托运人为无船承运人。装载货物的船舶在从上海洋山港起航驶往韩国釜山途中发生碰撞事故导致货物受损。原告起诉后，被告提出的主要抗辩理由是货物越过船舷风险转移至买方，原告在保险事故发生时对保险标的物不具有保险利益。法院认为，法律上所承认的保险利益并不仅仅是风险，而是指被保险人对保险标的应当具有的法律上承认的利益，该利益可被理解为与受法律保护的保险标的具有法律上或经济上的联系，因保险标的受损而遭受经济损失后，权利人可以依法寻求相应的司法救济。案涉保险单、提单等单证现由原告持有，其系因发生案涉保险事故而遭受经济损失的人，不能仅凭货物是否越过船舷确定保险利益的有无。据此，原告仍拥有案涉货物的全部利益，应认定原告在该案中具有保险利益。法院评析该案的典型意义时指出，该案中买卖双方约定 CIF 价格条件，意味着货物在装货港越过船舷后，其灭失、损坏的风险即由国外买方承担，但同时作为货物物权凭证的提单却始终由原告持有，意味着原告实际上仍享有对货物的占有与控制权。因此在保险事故发生当时，原告和国外买方均对货物存有法律上或经济上的利益。现原告持有货物的保险单，保险单载明的被保险人亦为原告，则原告是适格的海上货物运输保险合同的一方主体。同时，原告持有货物的提单，货物的灭失与损坏直接关系到原告在该提单项下的货物权益，所以原告对保险标的具有保险利益。尽管国外买方在事故发生时也与案涉货物具有法律上与经济上的联系,但其从未取得货物的保险单,因此并无向保险人主张保险赔偿的权利。法院认为,法律上所承认的保险利益并不仅仅是风险,被保险人会因为海上航程或保险标的的安全到达而受益,或者因为它们的灭失、损坏、被滞留而利益受损,又或者因此而招致责任的,都应当认为被保险人对保险标的具有保险利益。因此,既可依据贸易术语等来判断某一主体是否承担风险、具有保险利益,在损失发生时合法持有提单、享有货物权益等也可视作"法律上承认的利益"。

二、财产保险利益可有不同分类

保险利益通常包括现有利益、期待利益和责任利益。现有利益指保险合同成立时已经存在,保险事故发生时丧失的利益,包括对保险标的的所有权利益、占有利益、用益物权利益及担保物权利益等。期待利益是订立合同时不存在,而基于现有利益在未来可获得的利益。期待利益因现有利益而产生,没有现有利益,也不可能获得期待利益。期待利益一般因为具有法律上的权利或者利益而发生,受法律保护,属于财产利益的一种,如 FOB 条款的买方以支付价款为对价取得货物所有权,货物提单持有人期待承运船舶安全抵达目的地。责任利益是指合同订立时不存在,保险事故发生导致被保险人依法应承担的责任,包括违约、侵权及其他依法应当承担的责任。责任利益,又被称为消极期待利益。

三、保险利益存在的时间和特征

财产保险的保险利益在保险合同订立时可以不存在,但事故发生时,则必须存在。英国 1906 年《海上保险法》第 6 条规定,在保险合同订立时,被保险人对于标的物固无发生利益关系之必要,但在标的物发生灭失时,被保险人必须享有保险利益。这样规定的理由是:首先,便利保险合同的订立,有助于保险业务的开展;其次,只有保险事故发生时保险利益存在,投保人或被保险人才有实际损失发生,保险人才可确定补偿的程度。如果保险利益在订立合同时存在,但事故发生时就不存在了,则投保人和被保险人对于保险标的已无利害关系,就无补偿可言,所以保险合同归于失效。

我国 1995 年《保险法》第 11 条规定:

> 保险利益是指投保人对保险标的具有的法律上承认的利益。

但没有区分人身保险和财产保险的保险利益存在时间。2009 年《保险法》第 12 条对保险利益的定义修改为:

> 保险利益是指投保人或者被保险人对保险标的具有的法律上承认的利益。

此次修改增加了被保险人的保险利益规定,同时区分了人身保险和财产保险的保险利益的存在时间:

人身保险的投保人在保险合同订立时,对被保险人应当具有保险利益。

财产保险的被保险人在保险事故发生时,对保险标的应当具有保险利益。

2015年《保险法》沿用该条款。《海商法》没有关于投保人和保险利益存在时间的规定,之前都遵循海上保险中的被保险人不必在投保时具有保险利益,只需在事故发生时具有保险利益的国际通行做法。《保险法》第12条的规定,应适用于《海商法》规定的海上保险合同。该条包括四层含义:第一,只有对保险标的有保险利益的人才具有投保的资格;第二,是否具有保险利益是判断保险合同能否生效的依据;第三,只有具有保险利益的人才有保险金的获赔权;第四,确立了保险利益存在的时间。

保险利益具有如下特征:(1)合法性。保险利益具有法律上承认并为法律所保护的利益。(2)确定性。投保人或被保险人对保险标的所具有的利害关系,必须是已经确定或者可以确定的,才能构成具有保险利益。(3)相对性。不同主体对于同一保险标的可以具有不同的保险利益,可就同一保险标的投保与其保险利益相对应的保险险种,成立不同的保险合同。(4)可计算性。具备可以用货币计算和估价的利益。

四、保险利益的识别

在海上货物运输保险中,所涉主体多,保险标的流转性强,需要对保险利益的归属进行识别,而保险标的的转让,也必然使保险利益随之转移。通常而言,保险标的物的所有权归属、其他权利设定及风险承担等情况,是用以判断某一主体是否具有保险利益的主要标准。国际货物买卖合同的卖方或买方可以依据货物的所有权归属或风险承担情况,一方或双方同时对货物具有保险利益。拥有货物所有权或承担货物灭失风险这两个条件并不需要同时具备。国际买卖以单证交易为特征,货物所有权与风险转移相分离。货物装船后,风险转移给买方,即使所有权仍属卖方,买方也可以投保。① 保险事故发生时,即使货物风险已经转移至买方,仍持有提单和保险单的卖方,也享有保险利益。

五、不同贸易术语下保险利益及其转移

在CIF条款下,卖方购买保险,若货物在装船前发生损失,卖方不仅拥有货物所有权,而且承担货物装船前的风险,卖方持保险单向保险人索赔自无问题。但卖方将保

---

① 参见郭瑜:《国际贸易法》,北京大学出版社2006年版,第332页;上海海事法院(2011)沪海法商初字第101号民事判决书。

险单转让给买方后,却发现货物损失发生在装船前,买方虽持有保险单却并不承担货物装船前的风险,即损失发生时其不具有保险利益,其能否持保险单向保险人索赔,不无争议。对此种情况,1928 年英国典型案例 *J. Aron and co. v. Miall* 案中,英国上诉法院判决,由于保险单转让,受让人取得出让人的所有诉权,而不管在保险标的灭失时其是否有可保利益。至于从保险人处得到的赔偿应该属于出让人还是受让人由其自己决定,与保险人无关。该案判决没有对可保利益做过多考虑,而是直接认定 CIF 买方对装船前的货损有索赔权。这种态度在许多国家的司法实践中均被采纳。①

《保险法》第 49 条规定:

> 保险标的转让的,保险标的的受让人承继被保险人的权利和义务。保险标的转让的,被保险人或者受让人应当及时通知保险人,但货物运输保险合同和另有约定的合同除外。

《海商法》第 229 条规定:

> 海上货物运输保险合同可以由被保险人背书或者以其他方式转让,合同的权利、义务随之转移。

从这两个法律条文来看,货物运输保险合同的权利义务,既可以通过保险标的的转让而转移至保险标的受让人,也可以通过背书或转让保险单的方式转移至保险单受让人,且不必通知保险人。此时,买方身份是保险单项下权利义务的承继人。至于保险标的受让人是否自动成为被保险人,上述条款未明确规定。有学者认为,财产保险合同主体通常由保险合同标的权属变动引起,当保险标的权属变更,被保险人即对保险标的失去保险利益,保险标的的权属承继人一般会取代原权属人地位,保险合同主体变更,通常被保险人也因此发生变更。② 据此理解,《保险法》第 49 条意味着标的物受让人承继保险合同权利义务,同时成为被保险人。

在(2016)粤民申 3270 号案中,FOB 出口货物在装船前陆运中受损。保险人依买卖双方权利转让协议向陆运承运人行使代位求偿权。保险人认为,根据《保险法》第 49 条的规定,货运险的被保险人并非固定的最初投保人,而是可以随货物所有权归属的不同而变化。保险合同被保险人的记载无须因货物所有权的变化而变更,保险合同始终持续有效,只要在货物出险时,谁合法拥有货物所有权即保险利益,谁就是被保险人,具有合法的保险索赔权利。法院不同意该主张并认为,保险单是确定保险人与投保人、被保险人、受益人及其相互之间权利义务的书面凭证。《保险法》第 49 条仅规定了货物运输保险合同

---

① 参见郭瑜:《国际贸易法》,北京大学出版社 2006 年版,第 333 页。另参见下文(2016)粤民申 3270 号案。

② 参见李玉泉:《保险法》(第 3 版),法律出版社 2019 年版,第 131 页。

中保险标的转让,被保险人或者受让人无须及时通知保险人,而并没有规定货物运输保险的被保险人随货物所有权的变更而变更。该案保险单为海上货物运输保险,《海商法》也没有对被保险人随货物所有权的变更而变更作出规定。相反,《海商法》第229条规定,第三人要受让该保险单的权利义务成为被保险人,须通过保险单背书或其他方式转让。买方作为海运保险的被保险人并未将保险单及其相关权益转让给卖方,不能当然导致保险合同关系的变更。因此,判决卖方不是海运保险单受让人和被保险人。保险人根据海运保险单赔偿后,不能依据装船前货运合同向陆运承运人行使偿权。可见该案虽不承认单纯保险标的转让导致被保险人的变更,但认可保险单的合法转让导致保险合同权利义务的转移,受让人享有被保险人的相关权利。

在(2011)民申字第448号案中,最高人民法院认为,被保险人投保时仍是货物的所有权人,对货物具有保险利益,其与保险人订立的保险合同合法有效。随着货物装船,货物所有权向买方转移,被保险人以直接交付保险单的形式向买方转让保险合同,尽管其转让保险合同没有采用背书的形式,保险人同意向受让人作出保险赔付的事实,说明保险人也认可被保险人将保险合同转让给买方。买方受让保险合同后,成为被保险人。买方在货物装船后已经取得货物所有权,承担运输途中的风险,在货损事故发生时对货物具有保险利益。保险人就货物损失向受让人作出保险赔偿,符合法律规定。可见,该案认定买方受让保险合同后,成为被保险人。

在CIF条件下,卖方对装上船舶前的货物具有保险利益,有权依保险合同就装船前的货物损失向保险人索赔。买方合法受让保险单后,享有保险合同中的权利义务,有权向保险人索赔。货物装上船舶后,风险转移至买方,因此装船后发生货损,买方享有保险利益。此时卖方已无保险利益,不能向保险人索赔。但有时,货物风险虽已转移至买方,但卖方仍持有提单和保险单,其仍有权向保险人索赔。① 在FOB或CFR条件下,买方负责购买保险,但其保险仅覆盖其应该承担的风险,即货物装船后的风险,其对装船前的货物不承担风险。如果货物损失发生在装船前,保险人会抗辩买方虽持有保险单但其对装船前的货物不具保险利益,无权就装船前的损失提出索赔请求。货物发生损失时,卖方享有保险利益,但因其不是被保险人,也不是保险单合法受让人,因而与保险人之间不存在合法有效的合同关系,因此卖方没有索赔权。如果具有保险利益的卖方不投保装船前的风险,起运地仓库至装上船的风险无法被FOB或CFR保险合同覆盖,即使买方购买的保险为"仓至仓条款"。可以说,在FOB或CFR条件下,买方投保的"仓至仓条款"实为"船至仓条款",保险公司只承保货物在装运港装运上船起至货物运至买方仓库的风险损失。为解决此问题,卖方可以就起运地仓库至装上船的区段单独投保,或者与买方协商将风险转移时点前移至

---

① 参见福建省高级人民法院(2003)闽经终字第232号民事判决书。

运输工具驶离卖方仓库,由买方的"仓至仓"保险覆盖装船前的保险。(2018)鲁02民终10066号案中,买卖双方订立《购货合同》,明确约定了符合国际贸易惯例的交货方式"FOB QINGDAO, CHINA"(中国青岛船上交货价),卸货港为南非德班。法院认为,合同双方以FOB条件价格成交,案涉货物所有权在青岛装运港越过船舷之前属于卖方,从装上船开始才发生货权及风险的转移。货物在卖方工厂运往青岛装运港的陆运途中发生火灾,卖方作为货物所有权人对由此造成的损失,主张责任人承担赔偿责任主体适格。该案法院依据FOB条款的规定,认定卖方对该区段的货物具有所有权并承担风险,可印证卖方对货物具有保险利益,并且不在FOB保险合同承保范围内。

另外,在买方依公约或国内法拒收货物时,如果货物风险被认定为自始未转移,那么此时保险利益仍归卖方,保险单被视为未有效转让,卖方有权就发生在其具有保险利益期间的货物损失向保险公司索赔。如果在买方拒收货物之前,风险已转移至买方,那么卖方在货损发生当时没有保险利益。尽管后来受让保单,但是卖方也不能由于该行为而获得保险利益,其向保险人索赔将遇到困难。

六、同一保险标的不同保险利益

在同一保险标的上是否存在不同的保险利益?在保险实务中,不同保险利益和保险险别的关系比较混乱。有观点认为,被保险人只要存在法律上的某种联系(依据所有权关系或合同关系),就存在保险利益。甚至有观点将合同法中关于委托合同隐名代理的规定加以适用,认为只要事后真正有保险利益的人追认亦可接受。对保险利益的相对性认识不足,对保险利益和保险险种不加区分。近年的司法实践认为,即使被保险人对保险标的有保险利益,但如果其投保的并非该保险利益相对应的险种,那么该保险合同亦不产生法律效力,即不同保险利益相对应的保险合同,不能相互替代。最高人民法院第74号指导案例就支持了该观点。最高人民法院就《保险法》第12条第2款、第6款规定的保险利益指出,不同主体对于同一保险标的可以具有不同的保险利益,可就同一保险标的投保与其保险利益相对应的保险险种,成立不同的保险合同,并在各自的保险利益范围内获得保险保障,从而实现利用保险制度分散各自风险的目的。因(工程)发包人和承包人对保险标的具有不同的保险利益,只有分别投保与其保险利益相对应的财产保险类别,才能获得相应的保险保障,二者不能相互替代。发包人作为保险标的所有权人,其投保的安装工程一切险是基于对保险标的享有的所有权保险利益而投保的险种,旨在分散保险标的的损坏或灭失风险,性质上属于财产损失保险;附加险中投保的"内陆运输扩展条款A",在性质上亦属财产损失保险。承包人并非案涉保险标的所有权人,不享有所有权保险利益,其对案涉保险标的享有责任保险利益,欲将施工过程中可能产生的损害赔偿责任转由保险人承担,应当投保相关责任保险,而不能借由发包人投保的财产损失保险免除自己应负的赔偿责任。①

国际货运实践中,货代公司或物流公司常就自己所承运的货物(尤其是陆路运输货物),以自己为被保险人向保险公司投保货物运输险,对这些公司是否对保险合同标的物具有保险利益,不无争议。这些公司作为承运人为所承运的货物投保,自己为被保险人,并就发生的损失向保险公司索赔,支持或驳回该类索赔的案例长期并存。从最高人民法院的指导案例可见,货代公司或物流公司以货物财产本身作为投保标的,货物的毁损或灭失直接产生损失的不是货代公司或物流公司,而是货物所有权人,即托运人、收货人。货代公司或物流公司在货物的毁损或灭失之时其并未产生任何直接损失,只存在货主因此要求其承担责任(违约或侵权)的可能。因此,货代公司或物流公司不能作为货运险(财产险)被保险人,而应该作为物流责任险被保险人。②

在(2018)鲁 11 民终 1037 号案中,法院认为,货物承运人对货物只享有责任保险利益,可以投保承运人责任保险,而不享有所有权保险利益,不应投保货物运输险。承运人与保险公司签订国内货物运输预约保险协议并缴纳保费,双方建立货物运输保险合同关系,因不具有相应保险利益,保险公司对该案货物相关损失不承担保险理赔责任。另有流行做法是,物流公司以年度运输货物总价为保险价值向保险公司投保货运险,以保障其经营中的运输风险,即因运输导致货物损失而可能承担的承运人赔偿责任。因物流公司对货物不存在保险利益,便以货主为被保险人,配以免除物流公司追偿权的特别约定条款,货损后以货主向物流公司权利转让进行索赔,从而避免物流公司责任险较高的保险费。这种货运行业投保的做法,以往也多数获得了保险人的赔偿。

但在(2020)沪 74 民终 498 号案中,法院认为,该种投保方式确实可在一定条件下分散物流公司的经营风险,使其以低于责任险的保费获取相应保障,但在货主就货物损失已获赔偿的情形下,基于财产保险的补偿原则,货主再向物流公司转让保险金请求权即丧失权属依据,故物流公司不能据此向保险公司主张保险金。法院同时认定,作为专业的保险机构,保险人对物流公司前述投保方式的利弊理应清楚,基于诚实信用原则,应在缔约时将该投保方式与投保责任险之区别、该保险保障物流公司经营

---

① 参见镇江市京口区法院(2010)京商初字第 1822 号民事判决书、镇江市中级人民法院(2012)镇商终字第 0133 号民事判决书和江苏省高级人民法院(2012)苏商再提字第 0035 号民事判决书。

② 2017 年 9 月 29 日,最高人民法院《关于适用〈中华人民共和国保险法〉若干问题的解释(四)(征求意见稿)》发布。其中第 8 条规定,承运人以自己为被保险人为承运货物投保财产损失险,保险事故发生后,保险人以被保险人不具有保险利益为由拒绝赔偿保险金的,应予支持。被保险人依保险人在承保过程中的过错程度,主张保险人承担相应损害赔偿责任的,应予支持。虽然正式文本删除了此规定,但表明最高人民法院对此问题的倾向性意见。

风险之限制条件,包括货主已获赔付情形下,保险人不能通过该保险获得保障等事项明确告知物流公司,否则应承担相应的缔约过失责任。二审维持一审法院判决结果,即综合双方当事人的过错程度,酌定保险公司对物流公司承担60%的赔偿责任。

同样,与承运人类似的主体,如仓储保管人、承租人等以自己为被保险人对其保管、存储或者租赁的财物投保财产损失险,发生保险事故后,保险人可能会以该等被保险人不具有财产险项下的保险利益,而仅具有责任险项下的保险利益为由,拒绝赔偿。在(2021)粤01民终20300号案中,一审法院就仓储合同保管人H公司就案涉仓储货物所享有的保险利益是属于所有权保险利益,还是属于责任保险利益进行了评析,保险利益一般分为现有利益、期待利益和责任利益。保险利益的法律责任,应当以被保险人的行为和损害事故之间的法律上的因果关系为基础,可因侵权行为而发生,亦可因合同行为而发生,还可以因法律的规定而发生。投保人或者被保险人有承担民事责任的可能时,对其可能承担的责任具有保险利益。据此,不同主体对于同一保险标的可以具有不同的保险利益,可就同一保险标的投保与其保险利益相对应的保险险种,并在其保险利益范围内获得保险保障。该案中,H公司基于仓储合同对仓库货物负有仓储、保管义务,因此具有保险利益。从财产综合险条款来看,保险标的既包括被保险人所有或与他人共有而由被保险人负责的财产,又包括由被保险人经营管理或替他人保管的财产,以及其他具有法律承认的与被保险人有经济利害关系的财产。H公司投保该险种的目的在于避免保险标的遭受损害的风险,性质上属于财产损失保险。如果保险标的属于H公司所有,那么H公司享有所有权保险利益,可以投保财产损失保险;然而就案涉仓库货物而言,保险标的属于他人所有,H公司不享有所有权保险利益,但其作为保管方可以享有责任保险利益。如果H公司欲将仓储过程中可能产生的损害赔偿责任转移,那么应当投保相关责任保险。二审法院支持了该判决。

第二节　最大诚信原则

最大诚信原则(doctrine of utmost good faith),是保险法的基本原则之一,是民法中的诚信原则在保险法中的体现,其要求保险合同的投保人和保险人要向对方充分而准确地告知与保险相关的重要事实。实践中,保险活动对当事人诚信的要求高于一般的民事活动,这一原则更多地体现为对投保人或被保险人的一种法律约束,当投保人违反该原则时,保险人可解除合同或请求确认合同无效。

在海上保险法领域,最大诚信原则一直是至高无上的。这一原则起源于18世纪英国法院审理的 *Carter v. Boehm* 案,并在普通法的基础上通过随后的案例得以发展,直到 1906 年《海上保险法》的编纂。曼斯菲尔德勋爵被认为是在 1766 年 Carter v. Boehm 案中首次阐明这一概念的人。曼斯菲尔德勋爵认为,"保险合同是射幸合同,评价风险的特定情况大都只有被保险人知道,保险人信赖被保险人的陈述,相信被保险人对其所知道的任何情况都没有保留,从而诱使保险人确信某一情况不存在,并在此基础上作出错误的风险评估"。这也成为保险法中最大诚信原则的源头。此后,各国相继效仿,在其保险法中作了相应的规定。

《保险法》没有对最大诚信原则作出特别规定,只在第 5 条规定:"保险活动当事人行使权利、履行义务应当遵循诚实信用原则。"最大诚信原则的内容主要通过保险合同中双方的诚信义务来体现,具体包括投保人或被保险人如实告知的义务及保证义务,保险人的提示和明确说明义务,以及弃权、禁止反言规则。

一、投保人如实告知义务

保险合同的告知义务(duty of disclosure),是指在订立合同时,投保人需向保险人告知有关危险评估的重要事实,而不告知在重要事项方面的不真实事实。告知义务不是合同成立的要件,一般将其理解为使保险人承担合同上赔偿责任的前提条件,一旦保险人发现投保人违反告知义务,可以解除合同或不承担保险赔偿责任。根据《保险法》第 16 条及最高人民法院《关于适用〈中华人民共和国保险法〉若干问题的解释(二)》(以下简称《保险法解释(二)》)第 5 条的规定,投保人履行如实告知义务的时间应在订立或者修改保险合同之时。如实告知的内容为投保人明知的与保险标的或者被保险人有关的情况,但投保人的告知义务限于保险人询问的范围和内容,即履行询问告知义务,而非无限告知义务。不询问不告知,不违反告知义务。当事人对询问范围及内容有争议的,保险人负举证责任。如果投保单询问表中所列概括性条款包括应如实告知义务的具体内容,那么投保人应就此如实告知。如实告知的内容应为与保险标的或者被保险人有关,且足以影响保险人决定是否同意承保或者提高保险费率的重大事项。如海运保险中货物名称、装货港和卸货港名称,或者特定货物装于甲板运输等情况。投保人故意或者因重大过失未履行前款规定的如实告知义务,足以影响保险人决定是否同意承保或者提高保险费率的,保险人有权解除合同,并有权对合同解除前发生的保险事故,不承担赔偿或者给付保险金的责任,是否退还保险费需根据是投保人构成故意还是重大过失由保险人选择。

在经典案例(2013)沪海法商初字第 1371 号案中,根据投保单的记载和当事人陈述,法院认定,2012 年 2 月 7 日,原告得知货物受损的日期,投保单的制作日期是 2012 年 2 月 8 日,从而确认被保险人在订立保险合同时已经知道案涉货物因发生保险事故而遭受损失。被保险人违反了如实告知义务,并且其在向保险人进行投保时已经知道案涉货物因发生保险事故而遭受损失。根据相关法律规定，保险人对于已发生的保险事故造成的损失不负赔偿责任。二审法院支持了一审法院的裁判结果。

在经典案例（2020）桂民终 1017 号案中，法院根据已生效民事裁定认定，投保人在明知债权转让方已登报声明其公章作废，且不能代表转让方的情况下，仍与持作废公章的转让方签订债权转让协议，受让转让方对 Y 公司的债权，并据此对 Y 公司提起船舶代理合同纠纷之诉，随后又申请诉讼财产保全，其提起该案诉讼及申请财产保全明显缺乏合理性，主观上明显存在过错。由此可知，投保人亦未向保险公司告知上述事实，该事实也属于案涉诉讼保全责任保险条款第 13 条中应告知的"重大进展情况"，同时其行为也违反《保险法》第 5 条"保险活动当事人行使权利、履行义务应当遵循诚实信用原则"规定的诚信义务。投保人公司未将足以影响基础债权债务关系成立与否的关键事实告知保险人，保险人无法正确评估为其提供诉讼保全担保的风险，也未将案件进展及相关材料告知并提供给保险人，导致保险人承担保险责任而造成损失，两者之间存在因果关系。二审判决维持一审判决结果，驳回了投保人的上诉。

二、投保人的保证义务

保证义务是最大诚信原则的内容之一，其功能在于降低道德风险，增强被保险人对保险标的的管理责任，促进保险业健康发展。《保险法》对保险保证义务缺少明确规定，但《海商法》第 235 条规定：

> 被保险人违反合同约定的保证条款时，应当立即书面通知保险人。保险人收到通知后，可以解除合同，也可以要求修改承保条件、增加保险费。

投保人保证义务通常被列入保险合同。如海洋运输货物险规定被保险人应在目的港（地）及时提货等，而且投保人有默示保证义务，如所投保的货物必须合法，而不得为被禁止交易的货物。

在（2022）沪民终 702 号案中，法院在论述预约保险合同中有关"被保险人必须在货物出运前申报"的约定是否属于保证条款时认为，保证是海上保险中特有的一项制度，是指被保险人对保险人就某些事情的作为或不作为，抑或某种状态的存在或不存在作出的承诺。保证条款的内容一般是影响承保风险大小和确定保费金额相关的重大事项。依据《海商法》第 235 条的规定，被保险人违反保证条款的后果非常严重，保险人可以选择解除合同或者要求修改承保条件、增加保险费。因此，如果保险合同双方有意将某种事由约定为保证条款的，那么应当在合同中予以充分呈现并列明，特别是应当明示违反保证条款的法律后果。而案涉预约保险合同中并未将"被保险人必须在货物出运前申报"列入第 14 条的"保证条款"，也没有明确约定违反该条的法律后果，因此不构成保险合同中的保证条款。

另需注意的是,投保人的如实告知义务不同于《保险法》第52条规定的危险增加通知义务。后者是在订立合同后、合同有效期内,保险标的的危险程度显著增加时,被保险人应当按照合同约定及时通知保险人。保险人可以按照合同约定增加保险费或者解除合同。对于被保险人未履行前款规定的通知义务的后果,保险人仅就因保险标的的危险程度显著增加而发生的保险事故,不承担赔偿保险金的责任。

三、保险人的提示和明确说明义务

根据《保险法》第17条的规定,订立保险合同,采用保险人提供格式条款的,应履行的义务包括:(1)向投保人提供投保单时应当附格式条款;(2)应当向投保人说明合同的内容;(3)对保险合同中免除保险人责任的条款,保险人应当在投保单、保险单或者其他保险凭证上作出足以引起投保人注意的提示;(4)对该免责条款的内容以书面或者口头形式向投保人作出明确说明。未作提示或者明确说明的,该条款不产生效力。《保险法解释(二)》第9条规定:

> 保险人提供的格式合同文本中的责任免除条款、免赔额、免赔率、比例赔付或者给付等免除或者减轻保险人责任的条款,可以认定为保险法第十七条第二款规定的"免除保险人责任的条款"。

在(2015)四中民(商)终字第9号案中,法院认为,根据《保险法》的相关规定,保险公司最主要的两项保险合同义务,一是向投保人送达保险条款,二是向投保人提示、说明合同内容,特别是应对保险合同中免除保险人责任的条款作出明确说明。法律所规定的"明确说明",具体是指保险人在与投保人签订保险合同之前或者签订保险合同之时,对于保险合同中所约定的免责条款,除了在保险单上提示投保人注意外,还应当对有关免责条款的概念、内容及其法律后果等,以书面或者口头形式向投保人或其代理人作出解释,以使投保人明了该条款的真实含义和法律后果。如果保险公司未履行送达和明确说明义务,则保险合同中免除保险人责任的条款将不产生法律效力,保险公司也因此会承担相应的保险赔偿责任。

最高人民法院在经典案例(2017)最高法民再413号案中认为,该案是海上保险合同纠纷,双方订立的保险合同,除合同中免除保险人责任的条款须依照法律的特别规定认定是否产生效力外,合同中其他条款基本上合法有效。根据《保险法》第17条第2款的规定,保险人在订立合同时,未对免除保险人责任的条款向投保人作提示或者明确说明的,该条款不产生效力。该案保险公司未提供证据证明其在订立保险合同时已向被保险人明确说明除外责任条款。尽管被保险人确认与保险公司订立保险合同采用案涉保险条款并认可该条款的效力,但在其对除外责任条款的效力提出异议的情况下,不能据此认定除外条款也与其他条款一并生效。被保险人主张案涉保险条款中的除外责任条款不生效,具有事实和法律依据,应予支持。保险公司根据案涉保险条款载明的除外责任条款提出免责抗辩,不能成立。

四、保险人的弃权与禁止反言

弃权与禁止反言(waiver and estoppel)源于英美法,是指合同一方任意放弃其在保险合同中可以主张的某种权利,将来不得再向他方主张。弃权与禁止反言通常用于约束保险人,以更好地平衡双方的关系。保险人弃权要有明示或默示的意思表示、保险人必须知道被保险人违背约定义务的情况,以及因此享有的抗辩权或解约权,而不行使此项权利。如保险人在合同订立时已经知道投保人未如实告知的情况仍订立合同,或者订立合同后,投保人或被保险人未按约支付保险费,保险人本可以解除合同但其仍收取保费以维持合同,或者保险事故发生后,保险人明知公估报告损失金额有瑕疵而仍然据以赔付,都可能被认定为保险人对其权利的放弃,应当承担赔偿或者给付保险金的责任。在认定保险人对保险险种、保险合同的内容、保险单条款或陈述等作出意思表示时,若认为保险人或其代理人的说明、陈述不具备法律约束力,将会给投保人(被保险人)造成危害或损害,或者投保人(被保险人)已经对该项说明、陈述产生合理依赖,或者保险人一方(包括其代理人),对一项重要事实的错误陈述,都构成禁止反言情形。

《保险法》第16条规定:

> 保险人在合同订立时已经知道投保人未如实告知的情况的,保险人不得解除合同;发生保险事故的,保险人应当承担赔偿或者给付保险金的责任。

最高人民法院《审理海上保险案件规定》第4条规定:

> 保险人知道被保险人未如实告知海商法第二百二十二条第一款规定的重要情况,仍收取保险费或者支付保险赔偿,保险人又以被保险人未如实告知重要情况为由请求解除合同的,人民法院不予支持。

第7条规定:

> 保险人收到被保险人违反合同约定的保证条款书面通知后仍支付保险赔偿,又以被保险人违反合同约定的保证条款为由请求解除合同的,人民法院不予支持。

实践中,保险公司为招揽业务往往有意或无意隐瞒货运险与货运责任险的区别,向物流公司推销货物运输保险,而发生货物损失后又以物流公司不具有保险利益为由拒赔,该行为应适用禁止反言原则予以禁止。

在(2016)沪02民终1509号案中,法院在认定物流公司作为承运人对于物流责任险的保险标的具有保险利益、可作为该险种的被保险人享有保险金请求权的同时，就保险人向物流公司推销货运险是否违背诚信原则，作了全面说理论证，对规范市场行为起到积极作用。法院认为：保险合同作为专门合同，除受保险法的约束外，亦需遵循合同法总则的规定。保险合同因其射幸性，对合同当事人均提出了更高的善意要求，当事人须以最大诚信原则履行先合同义务和合同附随义务，以防止道德危险的发生。一方面，被保危险的性质和程度的判断需要投保人、被保险人以最大善意向保险人如实告知；另一方面，又因保险是一项专业性、技术性极强的经营活动，保险人应以诚信原则严格履行告知、禁止反言等先合同义务和合同附随义务，合理保障投保人对保险产品的知情权。在缔约阶段，在特定身份主体对特定风险有投保意愿的情况下，保险人应向已经就自身性质及待投保内容履行如实告知义务的投保人推荐适格的保险产品，即负有揭示险种性质、披露保险利益的告知义务，这一告知义务是合同法诚信原则的必然要求。

在合同关系中，合同当事人签订合同是为了实现及帮助对方实现合同目的，双方都有义务确保合同的顺利缔结、履行和终止，仅实现自己的合同目的，而对对方合同目的能否实现持放任甚至恶意的态度，不符合合同订立的初衷，也与法律倡导的社会经济生活中民事主体和谐共存、共同发展的目标相悖。因此，基于诚信原则，保险人应尽可能促成可保风险获得保险保障，并得以获得相应的保费收益。同时，通过适当建立和履行保险合同，还可以培育适格保险活动参与主体，维护诚实守信的保险秩序，从而逐渐降低双方的合同成本，实现共赢。该案中，Y 保险公司作为专业保险公司，对经营的货运险性质为财产险，应由货主作为被保险人，物流责任险为责任险，应由承运人作为被保险人应属明知。Y 保险公司提出订立合同时依据保险法规定仅负免责条款提示和说明义务是片面的。作为合同主体，Y 保险公司应遵照合同法等法律规定，就其掌握的保险产品的实质性内容向 X 物流公司予以告知和披露。审理中发现，Y 保险公司将货物运输险这一险种向众多物流公司出售，在该案合同订立时，Y 保险公司未向该案投保人 X 物流公司说明货运险的险种性质，未向其披露物流公司在货运险中无保险利益，从而不能得到货运险项下的赔偿，致使 X 物流公司误以为在保险期间获得了货运险的保险保障而失去了投保适格险种的机会。发生系争事故后，Y 保险公司又以物流公司对此险种均无保险利益为由拒赔，其在合同订立时违背了诚信原则，未尽告知义务的过错明显。X 物流公司虽是专业物流公司，知道对自己经营的物流业务进行投保的必要性，但无法从其投保行为推断出 X 物流公司对以下事项明知：货运险及物流责任险的性质和区别；何为保险利益及物流公司无货运险保险利益；物流公司在货运险项下不能获得赔偿。知晓上述内容需要较丰富的保险及法律知识，普通投保人非经告知无法明辨。况且 Y 保险公司对物流公司作为被保险人的货运险也曾进行过赔付,其在该案审理中认为,以往的赔付行为并非法律意义上的赔付,不能作为该案承担责任的参照。但事实上,Y 保险公司向物流公司出售货运险和不确定状态下的赔付行为一定程度上加剧了上述概念的混乱状态,诱导了物流公司向其投保不适格险种。若仅从险种名称上看,"货物运输险"与承运人的承运行为也相吻合,在保险人未告知保险产品实质特征的情况下,X 物流公司对于正常运输业务中发生的事故损失,因其自身不具有保险利益难以获得此险种项下的保险保障并不明知。X 物流公司在投保时未违反如实告知义务,其承运人身份及对自身经营的物流业务进行投保的合同目的明确,合同成立后 X 物流公司支付了保险费,履行了合同主要对价,形成了对保险人承担保险责任的合理信赖期待,并丧失了在该期间投保其他适格保险产品的机会,Y 保险公司应对自身过错引起的 X 物流公司不能依据保险法获赔的信赖利益受损承担赔偿责任。

第三节　近因原则

一、近因与近因原则

近因原则(principle of proximate cause)系保险基本原则之一,是保险人仅对以保险事故为近因的保险标的的损失承担保险责任的规则。英国 1906 年《海上保险法》首先确立了近因原则,其第 55 条第 1 款明确规定:Subject to the provisions of this Act, and unless the policy otherwise provides, the insurer is liable for any loss proximately caused by a peril insured against, but, subject as aforesaid, he is not liable for any loss which is not proximately caused by a peril insured against(除本法规定及保险单另有约定外,保险人对承保危险作为近因而导致的任何损失承担保险责任,但是,如前所述,保险人将不对承保风险并非近因而导致的任何损失承担保险责任)。1918 年以前,主流观点认为近因是指时间上最接近损失的原因。1918 年英国上议院在 Leyland Shipping Co. Ltd. v. Norwich Union Fire Insurance society Ltd.案的判决中提出有效近因原则(doctrine of efficient proximate cause)。根据该规则,在确定损失是否由保险单承保的原因造成时,法院要寻找引发造成损失的一系列事件中占支配地位的原因(predominant cause),其不必是损失之前的最后一个事件。在整个因果关系中,各种原因相互交错,相互影响,时间上的判断不足以充分体现因与果之间的必然联系。只有那些对损失发生具有现实性、决定性和有效性的原因才能被认定为近因,而只有近因导致损失发生,保险人才会承保险责任。否则，保险人不承担保险责任。肖（Shaw）勋爵指出，因果链仅是一种方便的表述，但这种说法并不恰当。因果关系不是一条链，而是一张网（The chain of causation is not a chain, but a net）。真正最近的原因，乃是效力上的最近的原因。① 有效近因原则，得到现代保险理论和实务界普遍认同。

二、我国的司法实践

我国现行《保险法》和《海商法》均未明文规定有关保险近因原则。2003 年 12 月发布的最高人民法院《关于审理保险纠纷案件若干问题的解释（征求意见稿）》规定：

> 人民法院对保险人提出的其赔偿责任限于以承保风险为近因造成的损失的主张应当支持。近因是指造成承保损失起决定性、有效性的原因。

在之后 2005 年 1 月 14 日的送审稿以及 2006 年 11 月 13 日通过的《审理海上保险案件规定》中均未见近因原则的规定。但 2019 年 4 月 1 日，中国保险业首个《保险术语》国家标准【GB/T36687-2018】正式实施，其中第 6.1.1.4 条规定，保险中的近因是指"造成损失最根本、可追溯并对损失的发生起主导作用或支配作用的原因"。第 6.1.1.5 条规定，保险中的近因原则是指"保险人仅对以保险事故为近因造成的损失承担保险责任的原则"。即只有在造成保险标的损失的最直接、最有效的原因（即近因）系保单约定的承保风险时，保险人才承担保险责任。非因承保风险造成的损失，保险人不负责赔偿。我国司法实践也是承认有效近因原则的。

在青岛海事法院审理的经典案例（2014）青海法海商初字第 1153 号案中，船舶主因主机故障导致迟延到港，货物经检验不合格，买方做退运处理，折价出售给境外第三人。法院经审理认为，保险人对承保风险作为近因而导致的任何损失承担保险责任，但不对承保风险并非近因而导致的任何损失承担保险责任。所谓近因应当是效果上接近，并独立发挥决定性、支配性作用的原因。该案货损发生的近因是承运船舶的机损事故而非航程迟延。保险合同的除外条款中并不包括承运船舶的机损事故，该近因属于承保风险，保险人应根据约定对该近因造成的损害承担保险责任，遂判决保险公司承担保险责任。法院总结该案的典型意义时指出，船舶在海上航行可能遭遇一系列风险、事故，因此可能有以串连形式存在的一系列原因。如果某一原因的介入打断了原有的某一事件与损害结果之间的因果关系链条，并独立对损害结果起到决定性的作用，该新介入的原因即作为近因。如果没有新原因的介入，则须在因果关系链条中找到一个对损害结果发生起决定性支配力并可作为其后一系列原因之充分条件的原

---

① 参见〔英〕奥梅、〔英〕希尔：《OMAY 海上保险——法律与保险单》，郭国汀等译，法律出版社 2002 年版，第 388 页。

因,作为近因确定保险责任的有无。该案中,由于承运船舶发生机损事故导致航程远远超出正常时间,尽管从表面上看,损害是由航程迟延造成的,但迟延是船舶机损事故的必然结果,对案涉货物损害的发生不具有独立的决定力量,而是充当了船舶机损事故与损害结果之间的桥梁,并非作为外来因素介入中断了原有的因果关系链条,而是在这一链条内部承担传导和中介的作用。因此,虽然航程迟延直接造成的灭失、损害或费用,属于协会货物 A 条款列明的一般除外条款,但由于该案货损发生的近因是承运船舶的机损事故而非航程迟延,故保险人不能免责。

最高人民法院《关于适用〈中华人民共和国保险法〉若干问题的解释(三)》(以下简称《保险法解释(三)》)第 25 条规定:

> 被保险人的损失系由承保事故或者非承保事故、免责事由造成难以确定,当事人请求保险人给付保险金的,人民法院可以按照相应比例予以支持。

该司法解释虽针对人身保险合同纠纷制订,但在认定财产保险纠纷案件中各原因力时,可参照执行。在 2018 年全国海事审判典型案例(2017)最高法民再 413 号案中,一审法院以案涉船舶在避台风过程中全损,属于保险合同约定的保险赔偿范围为由,判决保险公司全额给付保险赔偿款及利息。二审法院认为,该案所涉事故,先有船舶所有人的疏忽,后有台风的影响,缺乏任何一个原因,事故均不会发生,直接、有效、起决定作用的原因难以确定,故保险公司应按照 50% 的比例向被保险人支付保险金。被保险人不服二审判决,向最高人民法院申请再审。最高人民法院认为,案涉事故系由台风、船东的疏忽、船长和船员的疏忽三个原因共同造成,其中台风是主要原因。案涉保险条款已明确约定船东疏忽不属其列明的承保范围。由于保险人未根据《保险法》第 17 条第 2 款的规定就免除保险人责任条款向投保人(被保险人)明确说明,案涉除外责任条款不生效。案涉船舶在港内移泊不属于《海商法》第 244 条第 1 款第 1 项规定的"船舶开航",保险公司根据该条规定主张免除保险赔偿责任缺乏事实依据。在造成案涉事故的三个原因中,台风与船长船员的疏忽属于承保风险,而船东的疏忽为非承保风险。在保险事故系由承保风险和非承保风险共同作用而发生的情况下,根据各项风险(原因)对事故发生的影响程度确定赔偿责任。最高人民法院酌定保险公司对案涉事故承担 75% 的保险赔偿责任。该案的经典意义在于,保险赔偿责任认定涉及的基本问题包括合同总体上的效力、事故原因、保险承保范围、除外责任、因果关系构成等,该案再审判决明确了有关基本问题的论证层次。关于"多因一果"的损害赔偿的处理,我国法律并没有规定保险赔偿的近因原则,从上述司法解释第 25 条规定看,我国保险司法实践正在倾向采纳国际上逐步发展的比例因果关系理论,该案再审判决遵循了这一司法动向。

第四节 损失补偿原则

一、定义

损失补偿原则(principle of indemnity),是指保险事故发生后,被保险人有权从保险人得到全面、充分的补偿,且获赔金额为填补被保险人因保险事故造成的保额范围内的损失。被保险人应获得足额补偿,但不能因保险事故而获得额外利益。

二、赔偿以保险金额和保险利益为限

损失补偿原则体现在从质的方面看,有损失就有赔偿,无损失则无赔偿。从量的方面看,赔偿金额以实际损失为限,以保险金额和保险利益为限。在经典案例(2009)天民二初字第824号案中,法院认为,保险合同是一种射幸合同,其设定的目的是将不特定的多数人缴纳的保险费集中起来用于发生保险事故的少数人的补偿。因此,损失补偿原则作为保险合同的最基本的原则贯穿始终。该原则的主要内容是在合同约定的限额内,保险公司对于被保险人因保险事故的发生造成的损失进行赔偿,保险公司的赔偿金额正好填补被保险人因事故造成的损失。如果被保险人从其他途径对损失得到相应的赔偿,保险公司可以不再承担赔偿的责任;如果被保险人先向保险公司索赔,则保险公司在其赔偿的金额范围内取得向造成损失的第三者代位求偿的权利。《保险法》的第41条、第44条、第45条、第46条即是该原则的体现。所有的财产保险合同和人身保险合同中涉及财产赔偿内容均应适用损失补偿原则。最高人民法院在经典案例(2011)民提字第238号案中认为,对于财产保险,保险价值是保险人赔偿的计算标准。保险人赔偿责任以保险标的实际损失为限,保险赔偿的基本原则为损失补偿原则,要确定保险标的实际损失必先确定保险标的实际价值亦即保险价值,保险标的价值是确定实际损失的条件,从而决定着保险赔偿金数额。而保险金额是保险事故发生后保险人支付保险赔偿金的最高限额,而非保险人支付赔偿金计算标准。

三、重复保险分摊原则

重复保险分摊原则(double insurance contribution),派生于损失补偿原则,是补偿原则在重复保险中的运用,以防止被保险人因重复保险而获得额外利益。根据《保险法》第56条的规定,重复保险是投保人对同一保险标的、同一保险利益、同一保险事故分别与两个以上保险人订立保险合同,且保险金额总和超过保险价值的保险。根据损失

补偿原则，重复保险的各保险人赔偿保险金的总和不得超过保险价值。对于重复保险的赔付，除合同另有约定外，各保险人按照其保险金额与保险金额总和的比例承担赔偿保险金的责任。重复保险的投保人可以就保险金额总和超过保险价值的部分，请求各保险人按比例返还保险费。故意重复保险的情况极少，且只有在索赔时才显现出来。通常重复保险被认为是出于无意、非故意而发生的。关于重复保险下，各保险人之间的内部关系，以及被保险人与被保险人之间的外部关系问题，被保险人在保险事故发生后，对数个保险人均有权依据保险合同约定请求保险赔偿，数个保险人为被保险人的多数债务人。已赔付保险人依据重复保险下各保险人责任比例，向其他保险人请求分摊实际支付的保险赔偿款，属于多数债务人之间的内部追偿。据此，已赔付保险人享有就实际支付保险赔偿金数额超出自己份额的部分，向其他未履行或部分履行保险赔偿责任的保险人即未赔付保险人追偿的权利。

《保险法》第56条仅规定重复保险下各保险人责任比例确定方式，未对分摊请求权作出明确规定。但该法并未禁止保险人实际赔付时支付超过其责任比例的保险金。已赔付保险人的实际超额赔付行为属于法律准许的行为，其因超额赔付而受到的损失属于可循法律途径救济的损失，依照《保险法》第59条的规定，取得受损保险标的的全部或部分权利的保险人，有权向未赔付保险人主张。重复保险是保险损失补偿制度的派生制度，其立法目的除了准许被保险人从多份保险合同中获得保险保障又不因此而就同一损失重复受偿外，还包括平衡各保险人之间的利益关系、督促保险人承担保险责任等。

《海商法》第225条规定，重复保险下，被保险人可以向任何保险人要求赔偿的权利，这是保险人与被保险人之间的外部关系。因此，法律规定被保险人可以依照外部关系向任何保险人索赔，其中一个保险人有义务全部赔付，之后依照各保险人之间的内部关系就其超额赔付部分向未赔付的保险人进行追偿。但是，被保险人向任一保险人索赔的权利不是绝对的，可能受到《海商法》"除合同另有约定外"条款的限制。实践中，有的保险合同订有"无分摊条款""按比例受偿条款"，对重复保险下保险人履行保险责任设立前提条件、限制赔偿范围，可能阻却被保险人按全额索赔及保险人分摊请求权的成立。

在经典案例(2021)粤民终318号案中，T保险公司与R保险公司就同一保险标的承保，R保险公司赔付被保险人后向T保险公司追偿分摊保险赔偿金遭拒，遂提起诉讼。法院根据《保险法》第56条关于重复保险的定义并结合合同法的相关规定认为，构成重复保险需同时满足存在数个合法有效的保险合同、存在数个不同保险人、数个保险人承保同一保险标的、被保险人在不同保险合同项下享有同一保险利益、相关损失系因数个保险合同约定的同一保险事故所致、保险事故发生于不同保险人承保的责任期间、保险金额总和超过保险标的的保险价值、数个保险合同中均没有"禁止他保条款"等禁止投保人重复投保的合法有效约定条款等要件。经对上述各要素分析后,法院认定该案构成重复保险,根据《保险法》第 56 条的认为,保险法对于重复保险的界定并未要求投保人系同一主体,不同的投保人分别向不同保险人投保仍可构成重复保险。虽然《保险法》第 56 条第 1 款规定了重复保险的投保人应当将重复保险的有关情况通知各保险人,但投保人是否通知各保险人亦不属于重复保险的构成要件。根据保险的诚信信用原则,对该款规定可以理解为投保人或被保险人在知道或应当知道存在重复保险的合理时间内履行通知义务;如果违反,则应承担因违反该义务而给相关保险人造成损失的赔偿责任。

第三章　保险合同

第一节　保险合同的订立、转让和解除

一、保险合同的定义和特征

《保险法》第 10 条规定：

> 保险合同是投保人与保险人约定保险权利义务关系的协议。

通常认为，保险合同具有如下特征：(1)保险合同是双务合同。保险合同双方当事人必须向对方履行应尽的义务，双方当事人的权利和义务互为条件，互相制约。被保险人履行交付保险费的义务，保险人履行赔偿或给付保险金的义务。但保险合同的双务性不同于一般合同，保险人只有在发生保险事故时才履行其赔付义务。这种履约行为是或然而非必然的，在没有发生保险事故没有赔付时，保险人仍履行了其义务，这是由合同的射幸特性决定的。(2)保险合同是承诺合同。保险合同一经成立，当被保险人遭受保险责任范围内的损失，保险人必须兑现补偿或给付保险金的承诺，而不得拒绝赔偿或退回保险费。(3)保险合同是有偿合同。双方当事人都必须在付出一定的代价、履行自己的义务条件下，才能取得各自的权利。被保险人向保险人交付保险费，才能取得保险保障的权利。保险人向被保险人提供保险保障，才能取得收取保费的权利。因此，保险合同也具有保障性特征。(4)保险合同是要式合同。为了保障社会公众的公共利益及保险的正常经营，我国和大多数国家都规定保险合同必须以书面形式订立。《保险法》第 13 条第 1 款第一句规定：

> 投保人提出保险要求，经保险人同意承保，保险合同成立。

根据该款的规定，保险人应当及时向投保人签发保险单或者其他保险凭证，此为保险人履行保险合同义务的内容，而非合同成立的要件。但其第 2 款同时要求：

> 保险单或者其他保险凭证应当载明当事人双方约定的合同内容。当事人也可以约定采用其他书面形式载明合同内容。

可见,保险合同的成立以要约和承诺为要件,无须以签发保险单或其他保险凭证为前提,但应以书面形式载明合同内容。(5)保险合同是附和合同。与协商合同相对应,保险合同是由保险人根据保险标的性质、风险状况和以往的保险统计资料拟订的保险条款,供被保险人选择投保或不投保,即接受或拒绝保险条款,而不能修改或提出自己所需的保单。因此,保险公司提供的保险单具有格式合同的显著特征。(6)保险合同是最大诚信合同。诚实信用是任何合同的签订、履行都应当遵守的基本原则。但保险合同是约定保险人对可能发生的保险风险造成损失进行补偿或给付保险金的合同,保险标的在投保前或投保后均在投保方的控制之下,而保险人通常是根据投保人的告知来决定是否承保及承保的条件。所以,投保人的道德因素和信用状况对保险经营关系极大。保险合同的成立和保证履行,很大程度上依赖于投保人对保险标的情况如实告知。故而,保险合同更要求当事人必须以最大诚信进行合同的签订和履行。(7)保险合同是射幸合同。射幸合同是指合同的效果在订立合同时并不能确定的合同,即当事人一方的履行有赖于偶然事件的发生。因为没有危险就没有保险,而危险的发生有可能但不确定,保险人是否履行合同约定的赔偿义务,取决于约定的保险事故是否发生。因此,保险合同是典型的射幸合同。对投保人而言,有可能获得远远大于所支付的保险费的利益,但也可能没有利益;对保险人而言,所赔付的保险金可能远远大于其所收取的保险费,但也可能只收取保险费而不承担支付保险金的责任。保险合同的这种射幸性质是由保险事故的发生具有偶然性的特点决定的,即保险人承保的危险或者保险合同约定的给付保险金的条件的发生与否,均不确定。在保险期内如发生保险事故,保险人补偿了损失或给付了保险金,即为履行保险合同义务。而在保险期内,保险事故没有发生,保险人虽然没有补偿损失或给付保险金,但却承担了风险,也是履行了合同。保险合同的射幸性是就某个合同而言的,但就某类保险合同的总体而言,保险事故的发生却是确定的。保险合同的射幸性对认定保险合同或预约保险合同具有重大意义。

在(2016)沪02民终1509号案中,法院根据保险法的定义认为,保险法律关系中的危险事故是否发生、何时发生具有不确定性,射幸是保险的根本属性。因此,可保危险须为将来不确定的危险,已知的损失不属于可投保范畴。系争《货运险预约协议》约定,"投保形式"为投保人或被保险人向保险人提交上月运输明细表,承保形式为保险人书面确认运输明细表,虽符合要约和承诺的合同成立形式要件,但上月的运输行为的风险已经固定,偶然性、不确定性已经消失,若将该约定作为投保条件,则违背了保险射幸性的根本要求,故提交运输明细表的行为不发生投保的法律效力,不能仅凭投保人提交运输明细表判断双方是否建立保险合同关系。根据《货运险预约协议》及《货运险保险条款》,当事人建立起来的法律关系,应为货运险保险合同法律关系而非预约保险合同关系。

《海商法》第 216 条规定：

> 海上保险合同，是指保险人按照约定，对被保险人遭受保险事故造成保险标的的损失和产生的责任负责赔偿，而由被保险人支付保险费的合同。

海上保险包括船舶、货物、场站、海运集装箱、海上石油平台以及运费、责任保险等险种。海上货物运输保险是海上保险的分支，海上货物运输保险合同具有其特殊性，如保险标的为运输中的财产，其流转性强，面临的风险更大；保险合同期限的确定方式较为特殊，通常结合运输合同起止时间，以一个航次或运程来计算；保险单具有可转让性；海上货物运输保险具有国际性等。

二、保险合同的主体与客体

货物运输保险合同的主体包括投保人、被保险人和保险人。根据《保险法》第 10 条第 2 款规定：

> 投保人是指与保险人订立保险合同，并按照合同约定负有支付保险费义务的人。

其第 12 条第 5 款规定：

> 被保险人是指其财产或者人身受保险合同保障，享有保险金请求权的人。投保人可以为被保险人。

其第 10 条第 3 款规定：

> 保险人是指与投保人订立保险合同，并按照合同约定承担赔偿或者给付保险金责任的保险公司。

投保人必须具有完全民事行为能力，对保险标的具有保险利益且履行支付保险费的义务。保险人必须是经保险监管机构批准成立的保险公司，个人不得成为保险人。海上保险合同只有被保险人而没有投保人的概念，因为通常情况下投保人将自己列为被保险人进行投保，投保人与被保险人为同一人。被保险人在 CIF 条件下为货物卖方，在 FOB 或 CFR 条件下为货物买方。其实，在海上保险中，投保人是与保险人订立保险合同并负有缴付保险费义务的人，即使其常与被保险人为同一人，也不应在法律上出现缺位。保险合同的客体，就是保险标的，是保险合同当事人权利义务所指向的对象。财产保险的客体为所投保的财产及其有关利益。在国际贸易中，保险合同标的物为各种运输方式下所运输的货物。

三、保险合同的成立与生效

投保人填写投保单,经保险人接受,保险合同成立。保险合同不仅包括投保单记载的内容,还包括其他保险文件,如保险单、保险凭证、暂保单和批单等。

(一)保险合同于当事人达成合意时成立

在(2015)民申字第496号案中,最高人民法院认为,由于保单和批单均加盖保险公司的印章、载有该公司负责人的签字,故投保人和保险人已经对案涉保险合同的签订达成合意,并已实际履行。最高人民法院最终认定,案涉保险合同有效成立。

在(2014)民申字第568号案中,最高人民法院根据《海商法》第221条的规定认为,即使Z公司提交的短信和通话记录可以证明其曾经向保险公司提出保险要求,但并不能证明保险公司同意承保,并且已经就保险合同条款达成协议。Z公司提交的其他货物保险单只能证明其他货物系由保险公司承保,并不能证明案涉货物保险合同成立,且其他货物的保险单上记载的保单签发日期基本都是在启运日期当天或之前,并不能证明双方当事人长期存在电话投保,以及事后签发保单的交易习惯。Z公司在案涉事故发生之后向保险公司支付了保险费,而保险公司提供证据证明该费用已经退回,故Z公司支付保险费的事实并不能推定保险公司已经同意承保。事故发生后,虽然保险公司委托保险公估公司进行勘验、估损,并以保险人身份对Z公司处置受损货物进行监督,但是,保险公司履行保险人义务的行为并不能成为推定保险合同成立的依据。因此,Z公司提交的证据并不能充分证明保险公司已经同意承保,并就保险合同的条款与Z公司达成一致。

(二)支付保险费与保险合同的成立

《保险法》于2009年修订前,因未严格区分合同的成立与生效,实务中因保险费交付与保险合同生效、保险责任承担发生的纠纷非常普遍。修订后的《保险法》第14条明确规定,投保人交付保险费为合同义务而非合同成立的条件,并赋予当事人可以对合同生效附条件或附期限的权利,对减少这方面的纠纷发挥了积极作用。保险费的交付不对保险合同的效力产生影响,其只是合同成立生效后投保人应当履行的合同义务。当事人将保险费交付约定为合同生效要件的另当别论。

在经典案例(2013)民申字第1567号案中,投保人支付部分保险费的时间晚于保险事故发生时间,收到保险单的时间晚于支付保险费的时间。一审、二审和最高人民法院再审均认定,尽管投保人是在保险事故发生和保险费支付后才收到案涉保险单,但在投保人填写和加盖公司印章的投保单中已载明:投保人应当在保险合同成立时交付保险费,保险费未交清前发生的保险事故,保险公司不承担保险责任。案涉保险单中亦有相同上述内容的特别约定。双方经过投保单和保险单的协议共同就投保人应当在保险合同成立时交付保险费,保险费未交清前发生的保险事故,保险公司不承担保险责任达成一致合意,双方当事人均应按此协议约定履行。所以根据双方当事人之间的相关约定,保险人不承担保险责任。

另外,非附条件保险合同的生效虽不以保险费支付为条件,但保险合同可以约定保险责任的开始以支付保险费为条件。《保险法》第14条规定:

> 保险合同成立后,投保人按照约定交付保险费,保险人按照约定的时间开始承担保险责任。

可见,如果在保单中对保险人承担保险责任的时间约定以支付保险费为条件,投保人不支付保险费,那么保险人就支付保险费前所发生的保险事故不承担保险责任。至于保险费支付主体,不限于投保人。《保险法解释(三)》第7条规定:

> 当事人以被保险人、受益人或者他人已经代为支付保险费为由,主张投保人对应的交费义务已经履行的,人民法院应予支持。

(三)支付部分保险费与保险合同的成立

《保险法》第13条第3款规定,投保人和保险人可以对合同的效力约定附条件或者附期限,而实践中保险合同将投保人支付保险费列为合同生效条件的极其普遍。如保险合同未把全额支付保险费作为合同生效条件,投保人未足额支付保险费该如何处理,《九民纪要》第97条规定:

> 当事人在财产保险合同中约定以投保人支付保险费作为合同生效条件,但对该生效条件是否为全额支付保险费约定不明,已经支付了部分保险费的投保人主张保险合同已经生效的,人民法院依法予以支持。

因此,如果未明确生效条件为全额支付保险费,属于约定不明,投保人支付部分保险费的,保险合同亦生效。

(四)签发保险单与保险合同的成立

在上例中,最高人民法院认为,根据《保险法》第13条的规定,保险合同以当事人双方意思表示一致为成立要件,即保险合同双方当事人愿意接受特定条件拘束时,保险合同即为成立。签发保险单属于保险人的行为,目的是对保险合同的内容加以确立,便于当事人知晓保险合同的内容,能产生证明的效果。因此,签发保险单并非保险合同成立时所必须具备的形式。

(五)订立合同时确实不知保险标的已发生保险事故

订立保险合同时,尤其是预约保险合同中,订约时当事人确实不知保险标的已经发生保险事故,此事实不影响保险合同的效力。在(2022)沪民终702号案中,法院认为,通常而言,如果保险合同成立时危险已经发生或者已经消灭,由于发生和消灭均属已经确定的事实,则不属可保危险。但在订立合同时投保人主观上不知道危险已经发生的,则仍有保险的可能,这些例外常见于海上保险之中。根据《海商法》第224条和《审理海上保险案件规定》第10条的规定,订立保险合同时,被保险人和保险人均不知道保险标的已经因发生保险事故而遭受损失的,则保险人应当承担保险责任。法院认为,保险合同生效日期并不等于保险责任开始日期。依据《保险法》第14条的规定,保险人按照约定的时间开始承担保险责任。因此,保险合同的双方当事人完全可以约定保险责任开始的时间早于保险合同成立并生效之时。依据2020年6月24日保险单的记载,案涉保险责任期间为"仓至仓"条款且开航日期为"根据提单记载",而案涉清洁已装船提单签发于2020年6月20日,据此可以确定案涉保险责任开始于2020年6月20日。对保险公司有关"保险责任不能溯及既往"的抗辩意见,法院不予采纳。在(2021)沪72民初732号案中,法院认定,载货船舶在2020年8月1日19:55时突然左右摇晃28度,致使货物绑扎系固设施断裂,造成货损。多式联运经营人根据代办保险的约定应在货物订舱出运确定船期及提单信息后即及时安排投保,但实际却于货物出运后的2020年8月5日才实际投保。法院依据《海商法》第224条及有关海上保险的司法解释的规定认为,只有在投保时被保险人已经知道或者应当知道保险标的已经因发生保险事故而遭受损失的情况下,保险人才不负赔偿责任。因而,该案中,虽然多式联运经营人迟延投保违反了其约定义务,但被保险人仍有权向保险人请求保险赔偿。

四、保险单的法律属性

根据《保险法》第13条的规定,保险单(insurance policy)与保险合同属于包含关系。除保险单外,保险合同还包括投保单(application)、保险凭证(certificate)、保险条款(clause),以及与合同有关的其他保险文件、合法有效的声明、批注、批单、附加险合同以及其他书面协议等。

(一)保险单是保险合同成立的证明

通常,签订保险合同后,由保险公司签发保险单或保险凭证,因此保险单是保险合同的证明。当被保险人遭受了保险合同约定的保险责任事故,保险单可用于向保险公司索赔。据此,签发保险单是保险合同成立后,保险人应履行的一项义务,保险公司是否签发保险单,不影响保险合同的成立。一方面,即使保险公司没有签发或签发后没有将保险单等凭证交给被保险人,发生保险事故后,被保险人仍有索赔保险赔偿金的权利;另一方面,即使保险合同已经成立,保险单也已由保险公司交给被保险人,保险单也可能不生效。如上文所举经典案例(2013)民申字第1567号案裁判规则。

(二) 各保险文件效力等级排序

如投保单与保险单等保险凭证内容不一致,如何认定其效力,最高人民法院《保险法解释(二)》第14条规定:

> 保险合同中记载的内容不一致的,按照下列规则认定:(一)投保单与保险单或者其他保险凭证不一致的,以投保单为准。但不一致的情形系经保险人说明并经投保人同意的,以投保人签收的保险单或者其他保险凭证载明的内容为准;(二)非格式条款与格式条款不一致的,以非格式条款为准;(三)保险凭证记载的时间不同的,以形成时间在后的为准;(四)保险凭证存在手写和打印两种方式的,以双方签字、盖章的手写部分的内容为准。

在(2015)浙海终字第240号案中,法院根据该规定认为,特别约定清单中,不按保单约定支付保费将导致保单失效的条款与投保单上人保远洋船舶保险条款(2009年版)中第7条规定相悖,在投保单保险销售事项确认书处未见保险销售人员及保险中介机构的盖章,保险人亦未能举证证明其对于该特别约定清单中的条款尽到了特别说明义务。因此不按保单约定支付保费将导致保单失效的条款不存在于该案的保险合同中。

五、预约保险

国际货物运输保险中,如果贸易商有大量货运保险业务,为避免逐笔投保的烦琐程序及可能发生的漏保,常与保险公司订立不定期保险合同,即预约保险合同。预约保险的多为FOB、CFR进口货物,因为装船后买方需要根据装船通知投保,预约保险可以避免未及时获得通知造成漏保。即使未及时办理投保手续,只要货物装上保险单载明的运输工具,承运人签发运输单证,保险公司就自动承保。但投保人仍需向保险公司逐笔办理投保,同时保险公司也会经常查核投保单位的账目,一旦发现漏保或未投保的货物,不论是否发生保险事故,即使货物已安全运抵,都会要求补办投保手续并收取相应的保险费。

(一) 预约保险合同

《海商法》第231条规定:

> 被保险人在一定期间分批装运或者接受货物的,可以与保险人订立预约保险合同。预约保险合同应当由保险人签发预约保险单证加以确认。

预约保险合同,是保险公司承保被保险人在一定时期内发运的进出口货物而订立的保险合同。预约保险单载明保险货物的范围、承保险别、保险费率、每批运输货物的最高保险金额以及保险费的计算办法。凡属于预约保险单的保险范围内的进出口货物,一经起运,即自动按预约保险单所列条件承保,但被保险人在获悉每批货物起运时,应立即以起运通知书或其他书面形式将该批货物的名称、数量、保险金额、运输工具的种类和名称、航程起讫地点、开航日期等情况通知保险公司。依预约保险合同签发的保险单,又称"开口保单"(open policy)。

(二)预约保险裁判规则

保险业务中,在存在预约保险合同的情况下,被保险人与保险人常就具体保险合同的效力发生争议。从不同案例,可以探究司法实践对预约保险的裁判规则。

1. 签订预约保险单时,预约保险合同成立。在(2011)沪高民四(海)终字第186号案中,法院再审认为,双方签订进出口/国内货运险预约保险单时,成立预约保险合同关系。依据预约保险合同的性质,预约保险合同范围内的第一笔保险,保险人的责任是自动开始的,虽然被保险人有义务立即通知每一笔保险的细节,但非故意的漏报、迟报及错报,不影响该笔保险的效力。

2. 预约保险合同与单批货物保险单的关系。在(2022)沪民终702号案中,关于案涉保险合同与预约保险合同的关系,法院认为,从案涉预约保险合同的措辞看,一旦B公司依据第13条"投保手续"的约定进行航次申报,则保险公司自动按照预约保险合同中约定的条件承保,双方无需再对承保条件进行磋商,保险公司亦不得拒绝承保。同时作为权利义务的对等安排,依据第14条"保证条款"的约定,B公司应该无一遗漏地将每一票货物向保险公司进行投保,不得选择性投保。因此,案涉的预约保险合同是比较典型的预约保险合同。由于预约保险合同不具备《海商法》第217条规定的海上保险合同的全部内容,故其不能单独产生保险合同义务,保险合同双方的权利义务必须结合保险人为预约保险合同项下分批装运的货物分别签发的保险单证才能最终确定。因此,预约保险合同与分别签发的保险单证是相互补充的关系。在先签发的货物运输保险预约保险单,与在后签发的货物运输电子保险单,共同构成案涉的海上保险合同。

3. 迟延申报和核保遗漏时保险人的赔偿责任。在上述案件中,针对投保人在航次开航后申报(迟延申报)问题,法院根据合同法文义解释方法认为,如果保险人核保时发现被保险人航次申报迟延的,那么保险人有权以条件未成就为由拒绝承保,或者可以不自动适用预约保险合同的承保条件而另行进行协商。如果保险人核保时未发现被保险人航次申报迟延而签发了相应保单,则能否再主张保险合同未生效或者无效,应当从不同角度,如从合同目的、交易习惯、诚实信用原则、航运时间和合同履行角度考量。法院认为,保险人核保时未发现被保险人航次申报迟延而接受投保的,不得再主张保险合同未生效或者无效。在(2017)辽民终1271号案中,当事人之间存在两个保险合同,一个是案涉预约保险,即总合同;另一个是案涉具体保险合同,即分合同。该案的争议焦点是,投保人"晚报"是否构成违约。法院认为,总合同中并未明确约定

"晚报"的责任,仅能从相关条款的约定和当事人之间的交易习惯中理解。根据《平安网上货运险投保流程及须知》的内容分析得出,双方约定的核心意思表示是,投保人必须如实申报运输资料,禁止瞒报、漏报或不报(并未禁止晚报)。交易中,此前的两次理赔可以印证双方存在"晚报"仍予以理赔的交易习惯。法院认定,T物流公司晚报运输资料并不属于违约。

4. 预约保单与其他保险文件内容不同。在(2008)甬海法舟商初字第103号案中,法院认为,因承运原告货物的船只沉没造成原告货物损失,属于原、被告约定的综合险保险责任范围,被告应当负赔偿责任。关于被告承担保险责任的范围,保险备忘录、预约保险单有不同约定,后者约定的保险责任明显低于前者的约定。如果保险备忘录和预约保险单同时签订,那么基于两个条款互相矛盾的事实,依照《保险法》第31条关于有利于被保险人和受益人解释的规定,应当适用保险备忘录的约定。如果预约保险单后于保险备忘录签订,那么依照《保险法》第18条关于保险人在订立保险合同时未明确说明免责条款,该条款不产生效力的规定,由于被告不能举证证明其在签订预约保险合同当时,已向原告履行过明确说明义务,故该条款不产生效力。综上,无论保险备忘录和预约保险单签订时间先后,被告均应依保险备忘录的约定,扣除绝对免赔额后,在被告承保比例范围内,按照原告实际损失承担赔偿责任。

5. 投保人通知义务与告知义务和保证的区别。就预约保险投保人的通知义务,上述案件中,法院认为,原告在案涉货物运输前,未将货物价值、装运货物的船名等情况通知被告,违反了《海商法》第233条关于被保险人在预约保险合同下负有的法定通知义务。由于预约保险单第15条保证条款的内容仅限于被保险人无遗漏地将每一票货物向保险公司如数投保,以备保险公司对被保险人账簿单据进行查阅,故被保险人负有的通知义务与《海商法》第235条规定的保证义务不同。另由于通知义务是被保险人在预约保险合同成立之后所负的法定义务,与《海商法》第222条规定的被保险人的告知义务始于被保险人要求保险之初,终于保险合同成立之时,亦不相同。故被保险人违反告知义务、保证义务的法律后果不能适用于被保险人违反通知义务的情形。考虑到原、被告建立保险业务关系多年,原告从未履行过通知义务,被告亦多次理赔的实际情况,且被告未举证证明原告就案涉货物运输业务系故意违反通知义务,在《海商法》第233条未对违反通知义务的法律后果作出明确规定的情形下,被告无权否定其保险赔偿责任。[1]

六、保险合同格式条款及其解释规则

(一)合同解释基本规则

合同解释,是指对合同条款及其相关资料所作的分析和说明。合同解释有广义和

---

[1] 2024年《海商法(修订草案)》第259条至第261条对预约保险的定义等作了更具体的规定。

狭义之分。对合同条款及其相关资料的含义加以分析和说明,任何人都有权进行,此即广义的合同解释。狭义的合同解释专指有权解释,即受理合同纠纷的法院或仲裁机构对合同及其相关资料所作的具有法律拘束力的分析和说明。合同解释的客体,是对合同条款及相关资料,尤其是发生争议的合同条款和文字、当事人遗漏的合同条款、与交易有关的环境因素等进行解释,探究当事人订约时真实意思。《民法典》第142条第1款和第466条分别沿承原《民法总则》第142条第1款和原《合同法》第125条的规定,对有相对人的意思表示的解释,以及对合同条款的解释作出规定。其解释规则可概括为,首先,要作文义解释,即根据当事人所使用的词句,结合相关条款、行为的性质和目的、习惯以及诚信原则,确定意思表示的含义;合同文本采用两种以上文字订立并约定具有同等效力的,对各文本使用的词句推定具有相同含义。各文本使用的词句不一致的,应当根据合同的相关条款、性质、目的以及诚信原则等予以解释。其次,要结合其他条款的内容、当事人的行为性质和目的、习惯,并遵循诚实信用原则进行解释,即意图解释。《民法典合同编通则解释》第1条进一步规定:

> 人民法院依据民法典第一百四十二条第一款、第四百六十六条第一款的规定解释合同条款时,应当以词句的通常含义为基础,结合相关条款、合同的性质和目的、习惯以及诚信原则,参考缔约背景、磋商过程、履行行为等因素确定争议条款的含义。有证据证明当事人之间对合同条款有不同于词句的通常含义的其他共同理解,一方主张按照词句的通常含义理解合同条款的,人民法院不予支持。

该司法解释规定了有效解释和有利于无偿合同债务人的原则。即:对合同条款有两种以上解释,可能影响该条款效力的,人民法院应当选择有利于该条款有效的解释;属于无偿合同的,应当选择对债务人负担较轻的解释。这是我国司法机关对合同解释的基本规则。

(二)保险合同的解释

保险合同的解释,除遵循一般合同解释应遵循的文义解释原则、意图解释、有效解释等通用规则,基于保险合同的特殊性,其解释规则还须遵守有利于被保险人和受益人的原则,批注优于正文、后批优于先批的解释原则和补充解释原则。《保险法》第30条规定:

> 采用保险人提供的格式条款订立的保险合同,保险人与投保人、被保险人或者受益人对合同条款有争议的,应当按照通常理解予以解释。对合同条款有两种以上解释的,人民法院或者仲裁机构应当作出有利于被保险人和受

益人的解释。

对争议条款除按照通常理解解释外,对合同条款有两种以上解释的,应当作出有利于被保险人和受益人的解释。但这种解释应限于保险人提供的格式条款,对于由保险人与投保人共同拟定的保险条款,如果因含义不清而发生争议,并非保险人一方的过错,如果一律作对被保险人有利的解释,显然是不公平的。

在(2019)粤民终198号案中,保险单中的"承保险别"一栏中记载为海洋货物运输保险一切险,但不包括擦刮、压凹、腐蚀、氧化和碰撞所致的损失和损害;免赔额为人民币20000元或所受损失的10%,以取较大值为准。被保险人与保险人就上述条款是否有效产生争议。保险人认为该条款属于依法有效的"免责条款",被保险人认为保险人应当按照一切险的责任范围承担保险赔偿责任,不应适用该"免责条款"。法院认为,双方当事人争议的上述条款记载于保险单中的"承保险别"一栏,系当事人对保险责任范围作出的约定,并非订立合同前保险人未与投保人协商而预先拟定的格式条款,故其不应适用相关法律关于保险人对免责格式条款负有提示说明义务的相关规定。

实践中,双方当事人往往会就各种条件变化进一步磋商,对此大多采用批注、批单、附加条款等形式对原合同条款进行修正。当修改与原合同条款相矛盾时,采用批注优于正文、后批优于先批、书写优于打印、加贴批注优于正文批注的解释原则。补充解释原则,是指当保险合同条款约定内容有遗漏或不完整时,借助商业习惯、国际惯例、公平原则等对保险合同的内容进行务实、合理的补充解释,以便合同的继续执行。

(三)法律对格式条款解释的规定

《民法典》第496条至第498条沿用《合同法》相关条款,对格式条款的定义、提供方的提示和说明义务、格式条款的无效和解释规则作出规定。《保险法》第17条、第19条和第30条分别对这些问题作出规定。《保险法解释(二)》对相关问题作了进一步解释。《民法典合同编通则解释》第9条和第10条分别对《民法典》第496条第1款和第2款作出解释。如《民法典》第496条第2款第一句规定:

……并采取合理的方式提示对方注意免除或者减轻其责任等与对方有重大利害关系的条款,按照对方的要求,对该条款予以说明。

《保险法》及其司法解释并未使用"与对方有重大利害关系"一词,且规定的说明义务为"明确说明"。《民法典》与《保险法》是一般法与特别法的关系,因此,《保险法》的规定应优先于《民法典》规定适用。《海商法》海上保险作为《保险法》的特别规定,没有就格式条款作出规定,应适用《保险法》的规定;《保险法》没有规定的,适用《民法典》的规定。

根据《保险法》及《保险法解释(二)》第 9 条至第 13 条的规定,保险人就格式条款的提示和明确说明义务要点包括:(1)订立保险合同时,保险人向投保人提供的投保单应当附格式条款;(2)保险人应当向投保人说明合同的内容;(3)对保险合同中免除保险人责任的条款,保险人在订立合同时应当在投保单、保险单或者其他保险凭证上作出足以引起投保人注意的提示;(4)保险人并应对该免责条款的内容以书面或者口头形式向投保人作出明确说明,未作提示或者明确说明的,该条款不产生效力;(5)保险人提供的格式合同文本中的"免除保险人责任的条款"包括责任免除条款、免赔额、免赔率、比例赔付或者给付等免除或者减轻保险人责任的条款;(6)保险合同订立时,保险人在投保单或者保险单等其他保险凭证上,对保险合同中免除保险人责任的条款,以足以引起投保人注意的文字、字体、符号或者其他明显标志作出提示的,应当认定其履行了《保险法》第 17 条第 2 款规定的提示义务;保险人对保险合同中有关免除保险人责任条款的概念、内容及其法律后果以书面或者口头形式向投保人作出常人能够理解的解释说明的,应当认定保险人履行了《保险法》第 17 条第 2 款规定的明确说明义务;(7)保险人因投保人、被保险人违反法定或者约定义务,享有解除合同权利的条款,不属于"免除保险人责任的条款"。

实践中,审理此类案件,首先需要确认保险条款属于格式条款,再根据相关规定认定保险人是否履行了法定的提示和说明义务。在(2021)最高法民再 24 号案中,最高人民法院首先认定案涉保险合同条款是投保人和保险人平等协商,在自愿的基础上就所商讨内容达成合意的条款,不属于格式条款。进而分析认为,《保险法》第 17 条分为两款:第 1 款是对保险人提供的格式条款的一般说明义务;第 2 款是保险合同中免除保险人责任的条款的提示和明确说明义务。对第 2 款的理解应以第 1 款的规定为前提,故第 2 款中的"免责条款"应指保险人提供的格式条款中的"免责条款",不包括非格式条款中的"免责条款"。因此,保险合同中的比例赔付条款如果不是格式条款,则不属于《保险法解释(二)》第 9 条规定的"免除保险人责任的条款",因为非格式条款往往是当事人双方协商的结果,根据《保险法》第 17 条的立法本意,保险人对非格式条款不具有提示和说明义务。

在(2020)最高法民申 2316 号案中,最高人民法院认为,案涉保险单和投保单的特别约定条款均有"经保险人与投保人协商确定,每次事故赔偿限额为 700 万元人民币"的内容,该约定内容属于减轻保险人责任的条款。根据《保险法解释(二)》第 9 条的规定,《保险法》第 17 条第 2 款规定,该免责条款是否发生效力,关键在于认定保险人是否履行提示或者明确说明义务。根据原审查明的事实,案涉投保单的特别约定内容均为加黑字体,保险公司通过对免责条款进行加黑的方式进行显著标识,足以引起投保人注意,将免责条款和其他保险条款相区别,提醒投保人注意免责条款存在。根据《保险法解释(二)》第11条第1款的规定,原审据此认定保险公司已对免责条款履行提示义务,并无不当。并认为,案涉投保单已明确载明保险公司对免责条款进行了提示及说明,且投保人公司对此完全理解,在投保单上加盖公章对此确认。根据《保险法解释(二)》第13条的规定,对于投保人在投保单上加盖公章的行为,应当原则上认定保险人履行了明确说明义务,除非投保人能够举出相反证据予以推翻。① 实践中,诉辩双方经常引用英国保险法及案例支持各自主张。保险法作为商法,其裁判规则具有普适性。正如曼斯菲尔德勋爵在 *Pelly v. Royal Exchange Assurance* 案中指出,商法在全世界都是相同的。因为从同样的前提出发,从推理与正义得出的结论也应该是普遍相同的。② 因此,不得不承认,这些外国法律和案例所包含的解释规则,或将成为中国法院或仲裁庭的重要参考,而直接影响裁判结果。

在国际保险领域没有国际公约,中国的保险公司合同格式条款(尤其是海上保险)大多参照外国(尤其是英国)保险条款制订,我国保险法也参考外国尤其是英国保险法制订。

七、保险合同的变更

(一)保险内容和标的权属变更

保险合同的变更,包括保险合同内容变更、保险标的变更和合同主体变更。保险合同内容变更,包括当事人权利义务的变更,如保险标的数量增减、运输方式或航程变更、危险程度变化、保险费的变更,以及责任期间或合同效力的变更等。保险合同主体变更,即保险合同当事人或关系人的变更,通常为投保人或被保险人的变更,不包括保险人的变更。保险合同主体变更,而保险合同内容和保险标的不变,实为保险合同的转让。而保险合同的转让通常凭借保险单的转让实现。国际货物买卖中,保险标的的转让,可导致保险合同变更。但保险标的的转让不可视为保险单的转让。保险单并非保险标的附属物,它不随同保险标的的所有权转移而自动转移。被保险人转让标的物,是否引起保险合同的转让,大陆法系国家(如德国、意大利)规定允许保险合同随保险标的的转让而自动转让,保险合同对受让人继续有效而无须保险人同意,但应通知保险人,保险人拥有一定期间内的解除权。如日本《商法》第650条(保险标的的转让)第1款规定,"被保险人转让保险标的时,可以推定为同时转让其保险合同上的权利"。英美法系国家(如英国等)多规定保险合同不随保险标的的转让而转让,未经保险人同意

---

① 2024年《海商法(修订草案)》第251条增加关于格式合同下保险人对免责条款的提示和说明义务,适当减轻了保险人的该项义务。

② 参见〔英〕施米托夫:《国际商法——新的商人习惯法》,载〔英〕施米托夫:《国际贸易法文选》,赵秀文译,中国大百科全书出版社1993年版,第11页。

不再对受让人发生效力。如在英国法律中,保险合同权利的转让同保险标的的转让不同。权利的转让是被另外加以处理的,即当事人之间在货物转让以外,必须另行就有关保险合同权利转让进行协商。不仅如此,在保险标的转让的同时或在此之前,被保险人之间如果没有预先对保险合同的权利转让进行协商,日后则不能转让(1906 年《保险法》第 15 条)。根据英国 1906 年《保险法》第 50 条和第 51 条的规定,将保险单转让给第三者,就是将保险利益转让给了第三者,但是它不是合同上权利的自动转让。必须在保险利益转让以前,取得转让人与受让人之间明示或默示的合意。①

我国 2009 年《保险法》修改后采纳了自动转让的立法模式。根据其第 49 条的规定,保险标的的转让,分为一般财产保险标的和货物运输保险标的的转让,二者均不需保险人同意,前者除另有特别约定需通知保险人,而《海商法》第 229 条规定,海上货物运输保险合同可以由被保险人背书或者以其他方式转让,合同的权利、义务随之转移,无须通知保险人。在(2020)沪 72 民初 880 号案中,法院认为,案涉货物买卖结算为信用证方式,B 公司通过该方式也应合法受让了案涉保险单。依据《海商法》第 229 条的规定,保险人在向收货人 B 公司赔付后,依法在赔付金额范围内取得代位求偿权。但是,为保护保险人的利益,原被保险人尚未付清保险费的,其应与受让人对剩余保费支付义务向保险人承担连带责任。

(二)保险单下的所有利益均可转让

保险单的转让乃保险单下权利义务的转让,其本质是被保险人索赔权利的转让。通常保险单随提单一并转让,由提单持有人兼保险单受让人(CIF 条款下)或被保险人(FOB 或 CFR 条款下)向相关方行使权利。提单持有人有权向承运人索赔,或者持保险单径直向保险公司索赔。

在(2022)沪民终 440 号案中,法院认为,原告作为投保人,委托货运代理人向被告投保,被告接受投保并签发保险单,保险合同成立并生效。根据保险单记载,Z 公司是案涉货物运输保险的被保险人。Z 公司作为案涉货物运输的收货人及贸易合同的买受人,享有案涉货物的所有权和可保利益。Z 公司出具授权书,将保险单项下的全部权利转让给原告,并授权原告向保险公司提出索赔、处理相关事宜和接收保险赔偿金。根据《海商法》第 229 条的规定,原告享有主张保险理赔款的诉权,有权向被告提起该案诉讼。尽管原告仅为部分货物的出口报关方,不影响 Z 公司将保险单项下的全部货物权利转让给原告。Z 公司以书面方式表达了将案涉保险合同转让给原告的意思表示,根据该授权书,原告受让了案涉海上货物运输保险单下的保险索赔权,有权以自己

---

① 参见李玉泉:《保险法》(第 3 版),法律出版社 2019 年版,第 131 页;〔日〕加藤修:《国际海上运输货物保险实务》,周学业、王秀芬译,大连海事大学出版社 1995 年版,第 92—93 页。

名义向保险人提出货损的保险理赔主张。

在(2021)鄂民终770号案中,买卖合同价格条件为CIP太仓,R公司为卖方,系记名提单托运人。Z公司为买方,记名提单收货人。R公司与保险人(原告)订有保险合同,系投保人和被保险人。案涉货损发生后,Z公司没有直接向承运人或保险人索赔,而是向保险人出具《领取赔款授权委托书及权益转让书》,委托R公司收取赔偿款项,保险人向R公司按全损加运费实际赔付。就所争议的保险人是否具有代位求偿权,法院遵循保险利益原则认为,该案中,CIP术语下,Z公司是案涉货物运输风险的承受人,尽管不是被保险人,但对运输货物的确具有保险利益。其在货损发生后向保险人出具《领取赔款授权委托书及权益转让书》,委托R公司收取案涉保险赔偿款,向保险人转让追偿权利,意味着R公司向Z公司转让了保险合同中的权利义务,Z公司成为保险合同新的被保险人,R公司让渡其被保险人地位的对价是获赔保险赔款。保险人没有就货损拒绝理赔,而且接受Z公司向第三方的该项追偿权利,表明其认可该保险合同的转让。在此过程中,各方权利义务并没有发生冲突,所以保险人按照Z公司指示向R公司赔偿后,即可行使保险代位求偿权,货物承运人依法应当就案涉货物损失进行赔偿。实际上,除保险人外,并没有其他单位和个人就案涉货损向承运人索赔。

八、保险合同的解除

在保险合同中,由于保险人在经济实力和专业知识方面较投保人更具优势,为避免此种不平等地位造成对投保人、被保险人或受益人的不公平,法律更倾向于保护投保人的解除权。因此,各国法律赋予投保人具有任意解除保险合同的权利,而对保险人的合同解除权加以严格限制。

(一)投保人的法定任意解除权

《保险法》第15条规定:

> 除本法另有规定或者保险合同另有约定外,保险合同成立后,投保人可以解除合同,保险人不得解除合同。

投保人享有任意解除保险合同的权利,且为法定解除权,其依法行使权利,不附加任何条件,且不以特定法律事实的存在作为条件。投保人的保险合同解除权,与《民法典》所规定的法定解除权相比,性质上存在明显差异。投保人的保险合同解除权,并非法律赋予其终止保险合同效力的救济性权利,而是投保人依照保险合同的机会性特征所享有的固有权利,实为在法律规定范围内依法处分自己的民事权利。至于投保人合同解除权是否受到限制或者排除,取决于法律规定或当事人约定。

《保险法》第54条针对保险责任开始前和开始后投保人的法定解除权,第58条针对部分损失情况下投保人的法定解除权作出规定。而根据《海商法》第 226 条至第 228 条的规定,被保险人解除保险合同有三种情形:一是保险责任开始前的法定解除权,其随时可以要求解除合同,后果是被保险人应当向保险人支付手续费,保险人应当退还保险费。二是保险责任开始后的约定解除权。保险责任开始后,被保险人和保险人均不得解除合同。但合同另有约定的,不在此限。若合同约定保险责任开始后可以解除合同的,被保险人要求解除合同,保险人有权收取自保险责任开始至合同解除之日的保险费,剩余部分予以退还。保险人要求解除合同,应当将自合同解除至保险期间届满之日的保险费退还被保险人。三是不得解除合同的情形。即使合同约定可以解除,但货物运输和船舶的航次保险,保险责任开始后,被保险人和保险人均不得要求解除合同。这是由货物或运输工具航次保险的性质和特点决定的。

(二)保险人解除合同选择权

保险人解除合同,主要基于投保人或被保险人订立合同时违反如实告知义务、存在违法行为、订立合同后违反危险增加通知义务或维护保险标的安全和保险人权利义务时,影响到保险人决定是否承保或者提高保险费率等情形,法律赋予保险人解除合同选择权。概括而言,保险人可以解除财产保险合同的法定情形包括:(1)投保人故意隐瞒事实,不履行如实告知义务,或者因过失未履行如实告知义务,足以影响保险人决定是否同意承保或者提高保险费率的;(2)被保险人谎称发生了保险事故,向保险人提出赔偿或者给付保险金的请求的,保险人有权解除合同,并不退还保险费;(3)投保人、被保险人故意制造保险事故的,保险人有权解除合同,不承担赔偿或者给付保险金的责任;(4)投保人、被保险人未按照约定履行其对保险标的安全应尽的责任的,保险人有权要求增加保险费或者解除合同;(5)在合同有效期内,保险标的危险程度增加的,被保险人按照合同约定应当及时通知保险人,保险人有权要求增加保险费或者解除合同;(6)保险标的发生部分损失,保险人履行了赔偿责任后,在法定期限内,保险人可以解除合同。

《海商法》第 223 条对保险人的附条件合同解除权作出规定,即如果被保险人故意不履行《海商法》第 222 条第 1 款规定的如实告知义务,保险人有权解除合同,并不退还保险费。合同解除前发生保险事故造成损失的,保险人不负赔偿责任。不是由于被保险人的故意,未履行如实告知义务的,保险人有权解除合同或者要求相应增加保险费。保险人解除合同的,对于合同解除前发生保险事故造成的损失,保险人应当负赔偿责任。但是,未告知或者错误告知的重要情况对保险事故的发生有影响的除外。另外,该法第 235 条规定,被保险人违反合同约定的保证条款时,应当立即书面通知保险人。保险人收到通知后,可以解除合同,也可以要求修改承保条件、增加保险费。实践中,如何证明投保人未将重要情况如实告知保险人,关系到保险人是否有权行使合同解除权。①

在(2020)辽民终114号案中,法院根据《海商法》第222条的规定认为,被保险人在投保单中明确、真实地告知了保险人货物的名称、数量、价值,尽管其未说明该物品有毒,但该情况不属于案涉保险事故的重要情况,且保险人也没有询问,被保险人也无需告知。

在(2021)沪民终187号案中,法院认定,现有证据证明开航前船长、大管轮多次通过微信和电子邮件向被保险人汇报船舶主机尾轴漏水问题无法解决,且开航前船长还发现案涉船舶存在海图资料缺失、消防救生设备不足、通导设备无法正常工作等影响航行安全的问题,上述问题也已通知被保险人。被保险人在投保时未将上述情况告知保险人,违反了《海商法》规定的如实告知义务,保险人有权主张解除合同。根据保险法的规定,自保险人知道解除事由之日起超过30日不行使,解除权消灭。保险人向被保险人发出解除保险合同与拒赔/拒付通知书未超过该期限。

在(2020)最高法民申4176号案中,保险人主张投保人在投保过程中隐瞒货物运输真实情况,致使其误以为不存在舱面货而与投保人签订保险合同,故其有权解除案涉保险合同。最高人民法院认为,保险人收取保费并出具了保险单,该保险单是双方真实意思表示,具有法律效力。货物装载情况差异所致的不同风险,是影响保险人据以确定保险费率或者确定是否同意承保的重要情况。保险人作为从事保险业务的专业机构,明知提单记载的货物装载及运输情况属于影响自身利益的重大事项,其自称在未收到提单号的情况下仍在电子承保系统中录入提单编号,有悖常理,亦不符合专业保险机构在核保过程中应当遵循的基本注意义务和行业操作惯例。因此,现有证据不能得出保险公司在签发案涉保险单时未收到提单的结论。根据《民诉法解释》第108条的规定(高度盖然证据规则),原判决综合案件情况及相关证据,认定保险公司在签发保险单时已收到该提单,并无不当。

(三)当事人约定解除合同

在财产保险合同中,基于财产保险合同的特殊性,以及保险制度的价值功能、公平原则及情势变更原则等,法律要求投保人、被保险人继续维护保险标的安全,在保险标的危险程度增加时通知保险人实属必要;若发生该等情形,从商业角度,保险人可以选择增加保费,也可以选择直接解除合同,亦可以综合考虑接受相关风险。因此,法律有必要赋予保险人在该等特殊情形下享有充分自主决定的权利,即保险人有权通过合同约定明确界定、限制或放弃其合同解除权,而《保险法》对该等特殊情形下保险人享有的约定解除权进行明确规定,可以为保险人将该等合同解除权内容明确载明于保险合同提供充分的法律依据。

在(2014)厦海法商初字第307号案中,法院认定,原被告之间关于船舶的保险合

---

① 2024年《海商法(修订草案)》第250条对保险人在几种情形下的解除权以及解除权消灭的情形,作出具体规定。

同依法成立。被告以船舶所有权改变为由向原告提出解除合同,原告以出具退保批单的方式,同意解除合同并确认承保期限截至合同解除之时。因此,保险合同于约定解除之日解除。根据《海商法》第227条的规定,被告仍应支付自保险责任开始之日起至合同解除之日止的保险费。(2017)浙72民初802号案中,法院认为,保险责任开始后,因作为保险标的的船舶被拆解,双方约定解除上述保险合同,保险公司对保险费作了相应扣减,依法有权收取自保险责任开始之日起至合同解除之日止的保险费。

(四)未支付保费不必然导致保险合同的解除

在(2015)浙海终字第240号案中,法院认定,"不按保单约定支付保费将导致保单失效"的条款不存在于保险合同中,因此,该案中需要考察是否存在其他可以解除合同的情形。根据《海商法》第227条的规定,除合同另有约定外,保险责任开始后,被保险人和保险人均不得解除合同。《审理海上保险案件规定》第5条规定:

> 保险责任开始后,保险人以被保险人未支付保险费请求解除合同的,人民法院不予支持。

法院认为,在当事人之间并未明确约定不支付保费系合同解除事由的情况下,保险人不能以未支付保险费为由请求解除保险合同。除此以外,该案也不存在双方协议解除合同以及法定解除合同的情形,因此,该案中的保险合同并未解除。

在(2017)闽72民初884号案中,被保险人主张未缴保险费合同即自动解除。法院认为,该抗辩无合同或法律依据,从微信聊天记录的内容看,被保险人仅是向保险公司提出退保意向并咨询退保的手续和条件,双方之间并未就退保达成合意并实际执行。鉴于原、被告并无解除合同的特别约定,且案涉保险责任已经开始,根据《海商法》第227条第1款的规定,双方均不得解除合同。

第二节 货物运输保险合同主要内容

一、保险标的

保险合同的标的(subject-matter insured),是指保险合同载明的投保对象,或保险保障的对象。但对保险标的的内容,有不同理解。一种观点认为财产保险的标的是与财产有关的保险利益,保险保障的实际上是投保人的保险利益,也就是发生灾害事故时投保人可能丧失的财产价值;另一观点认为,财产保险标的不是保险利益,而是财产本身,保险对象与实际的标的是一致的,它既是保险所保障的标的,同时也是可能发生保险事故的标的。也有第三种观点认为,上述两种观点都有片面性,主张财产保险有很大发展,它不仅承保财产本身的直接损失,还承保财产发生保险事故造成损失而带来的其他危险和间接损失。因此,从广义讲,财产保险的标的应该是财产或有关保险利益。保险标的是指保险合同当事人权利义务共同指向的对象。保险标的以合同约定为限,合同明确排除或约定之外的财产或人身利益,不构成保险标的。法律规定不得作为保险对象的财产或者利益,自然也不得成为保险标的。[①] 从国际货物运输保险实践看,第三种观点更为合理。因为保险事故不仅可以造成保险标的本身的损坏或灭失,而且在货物本身完好时,被保险人仍然可能遭受其他利益损失,这些损失亦应属保险标的范畴。

《保险法》(1995年)第11条曾对保险标的定义为"保险标的是指作为保险对象的财产及其有关利益或者人的寿命和身体"。但现行《保险法》和《海商法》把保险标的包含在财产保险的定义中。《保险法》(2015年修正)第12条规定:

> 财产保险是以财产及其有关利益为保险标的的保险。

可见《保险法》下的财产保险标的包括财产本身,以及与财产有关的利益。与财产有关的利益,简单而言可理解为保险利益,即在发生保险事故后,被保险人丧失的所投保财产本身以及与财产有关的利益。《海商法》第218条规定:

> 下列各项可以作为保险标的:(一)船舶;(二)货物;(三)船舶营运收入,包括运费、租金、旅客票款;(四)货物预期利润;(五)船员工资和其他报酬;(六)对第三人的责任;(七)由于发生保险事故可能受到损失的其他财产和产生的责任、费用。

可见,该条仅规定保险标的为列明的财产,并未如《保险法》规定"及其有关的利益"。该规定对海上保险的被保险人明显不利,实践中应对"货物"作扩大解释,包括与其有关的利益。如,国际海上运输保险合同的保险标的,主要是所载运的货物,包括贸易货物和非贸易货物。如,因不可抗力或船舶被扣押、禁制等原因致运输合同履行受阻,货物长期在装货港或中途港被卸下而不能运至目的港交付。此时可能货物本身的物理形态并未灭失或损坏。如果仅把财产本身作为保险标的,那么保险人可能主张货物完好,没有发生保险事故而拒绝赔偿,使被保险人的利益无法得到保障,无法实现其订立保险合同的目的。而此情形下,被保险人不能实现对货物的所有权和期待利益,即丧失与货物有关的利益。此种不能实现合法权利的情形,亦应属于保险标的范畴。

[①] 参见李玉泉:《保险法》,法律出版社1997年版,第160页;李玉泉:《保险法》(第3版),法律出版社2019年版,第125页。

二、保险价值与保险金额

(一)保险价值

关于保险价值(insured value)的定义,《保险法》和《海商法》中都未作规定。《保险法》第55条仅规定在约定或未约定保险价值时的赔偿计算标准,并未规定何谓以及如何确定保险价值。通常认为,保险价值是投保人与保险人订立保险合同时约定或发生保险事故时保险标的的实际价值,体现被保险人对保险标的所享有的保险利益的货币价值,是确定保险金额的基础。保险价值由被保险人与保险人商定,通常由被保险人估算形成,因此它可以是标的的实际价值,也可能为接近实际价值的金额。根据《保险法》第55条和《海商法》第219条的规定,双方约定并在保险合同中载明保险价值的,为定值保险,否则为不定值保险。保险标的发生损失时,分别按约定保险价值或保险标的的实际价值确定赔偿计算标准。《海商法》第219条第2款第2项规定:

> 货物的保险价值,是保险责任开始时货物在起运地的发票价格或者非贸易商品在起运地的实际价值以及运费和保险费的总和。

该总和亦即货物的CIF价格。在(2018)粤72民初1268号案中,原、被告就货物的单价产生争议。法院认定,预约保险单的有关保险价值的条款约定,国内运输以发票金额(出货合同价、销售价)确定保险价值的具体数额,相应的案涉电子保单中只约定了保险金额,并未约定案涉货物的保险价值。因此,案涉保险合同属于只记载保险金额,未记载保险价值的不定值保险合同,也没有证据显示各相关方曾就保险价值达成其他协议,根据《海商法》第219条第2款第2项以及案涉电子保单的约定,案涉货物运输保险的保险责任自起运时开始,案涉货物的保险价值也应以起运时在装货港的发票价格计算。

《2021年涉外审判会议纪要》第72条对不定值保险的认定及保险价值的举证责任作出规定:

> 海上保险合同仅约定保险金额,未约定保险价值的,为不定值保险。保险事故发生后,应当根据《海商法》第二百一十九条第二款的规定确定保险价值。
>
> 海上保险合同没有约定保险价值,被保险人请求保险人按照损失金额或者保险金额承担保险赔偿责任,保险人以保险价值高于保险合同约定的保险金额为由,主张根据《海商法》第二百三十八条的规定承担比例赔偿责任的,应当就保险价值承担举证责任。保险人举证不能的,人民法院可以认定保险金额与保险价值一致。

(二) 保险金额

《保险法》第 18 条规定:

保险金额是指保险人承担赔偿或者给付保险金责任的最高限额。

《海商法》第 238 条规定:

保险人赔偿保险事故造成的损失,以保险金额为限。

可见,保险金额(insurance amount)是投保人在订立保险合同时针对具体的保险标的,依照其保险价值而实际投保的货币金额,也是投保人期待获得赔偿的最高金额。保险金额可以与保险价值相同,也可以不同。当保险金额等于保险价值时为足额保险;当保险金额小于保险价值时为不足额保险;当保险金额大于保险价值时为超额保险。国际货物运输保险中的保险价值和保险金额,通常以货物买卖合同 CIF 价格确定。

在(2005)广海法初字第 211 号案中,保险合同没有约定保险价值。法院根据《海商法》第 219 条第 2 款第 2 项的规定认定,保险合同最终约定保险金额高于整批货物的保险价值。根据《海商法》第 220 条的规定,该案保险合同下有效的保险金额应以整批货物的保险价值为准。按照合同约定计算被告的免赔额,应当以合法有效的保险金额为基准。

可见,保险价值与保险金额的区别在于:保险价值仅适用于财产保险,保险金额适用于所有保险;保险价值可约定也可以不约定,且可在订约时或者保险事故发生后确定;保险价值和保险金额都是确定保险人赔偿金额的计算依据,前者是法定最高额,后者是约定最高额。

三、保险责任

(一) 保险责任

保险责任(insured liability),是保险人对约定的保险事故造成的损失所承担的赔偿责任。保险事故就是合同约定由保险人承保的风险。《保险法》第 16 条规定:

保险事故是指保险合同约定的保险责任范围内的事故。

《海商法》第 216 条规定:

保险事故,是指保险人与被保险人约定的任何海上事故,包括与海上航行有关的发生于内河或者陆上的事故。

关于保险责任与保险事故、承保范围、承保风险以及除外责任的关系,最高人民法院在经典案例(2017)最高法民再413号案中认为,保险赔偿责任的认定涉及事故原因、保险承保范围、(约定和法定)保险除外责任、保险承保风险的影响程度等层面的问题。对于保险人是否应当对特定事故承担保险责任以及承担保险赔偿责任的程度,首先,应当分析事故原因和保险承保范围,认定全部或者部分事故原因是否属于保险承保范围;其次,审查保险合同约定的除外责任条款是否生效,以及是否存在法定除外责任所涉原因,认定保险人是否有权根据约定或者法定除外责任相应拒绝赔付;最后,根据保险承保风险的影响程度(因果关系构成情况)相应确定保险人最终所应当承担的保险赔偿责任。

(二)保险期间

保险期间(insurance duration),即合同约定保险人承担保险责任的期间。通常保险责任期间有三种确定方法:(1)以时间来确定,例如规定保险期间为1年,此为定期保险;(2)以空间的方法来确定,例如规定保险责任自货物离开起运地仓库(had "left" the warehouse)起至抵达目的地仓库止,此为航次保险;(3)以空间和时间对保险期间进行限定,例如,保险单规定保险责任自货物离开起运地仓库起至货物抵达保险单所载目的地收货人最终仓库或储存处所或……为止,但未抵达上述仓库或储存处所,则保险责任在保险货物最后卸离海轮后满60日为止。如中国保险公司通用的海洋运输货物保险条款第3条,就对此作出规定。此为混合保险期间。

在(2015)沪海法商初字第3192号案中,法院认为根据案涉保单责任起讫条款记载本保险负仓至仓责任,该案的保险责任期间就是从案涉货物运离装货港休斯敦港50-3号岸罐开始,至货物运抵目的港江阴港T303号岸罐止。因此,江阴港T303号岸罐应当确认为目的地收货人的最后仓库或储存处所或被保险人用作分配、分派或非正常运输的其他储存处所。被保险人主张案涉保险合同责任期间应自案涉货物运离保险单所载明的起运地仓库或储存处所时起至卸离海轮后60日止,无事实依据,不符合保单的约定,不予支持。

四、保险合同的除外责任

保险合同除外责任(excluded risks),就是保险人不承保的风险。保险所承保的是一种风险,若某种风险必然发生则不构成风险,保险人不予承保。因此,被保险人的故意行为或过失造成的损失,属于发货人责任引起的损失等,不是由于自然灾害、意外事故或约定的人为风险引起的损失,保险人将其排除在承保范围之外。此外,保险标的品质缺陷、自然损耗这种确定的、必然发生的风险,不在承保范围。市价跌落引起的损失属于间接损失,保险人也将其列入除外责任。因此,除外责任具有排除保险责任的功能,即使保险事故发生在保险责任期间,若能证明属于除外责任,保险人不予赔偿。

在经典案例(2017)最高法民再269号案中,案涉保险条款第3条约定了保险人承担保险责任的范围,第6条约定了保险人不承担保险责任的除外情形。最高人民法院认为,案涉两个条款分别属于《海商法》第217条第6项规定的"保险责任和除外责任",二者都是海上保险实务中常见的合同条款。保险责任条款主要约定保险人负责赔偿的风险项目,除外责任条款则用于明确保险人不承担保险赔偿责任的风险项目。两类条款从正反两个角度对承保风险的范围进行明确约定。在被保险人举证证明发生了保险责任条款约定的事故时,保险人仍有权依据除外责任条款的约定主张免责,只是需要对其主张的免责事实承担举证责任。根据案涉保险条款第6条第3项的约定,因台风自然灾害造成的损失、费用和责任,保险人不负责赔偿。该项除外责任条款的约定是明确的,只要保险人举证证明损失是由于台风造成的,即可免于承担保险责任,不存在两种以上的解释。一审、二审法院混淆了保险责任条款与除外责任条款的不同功能,认为案涉除外责任条款的含义存在两种理解,进而认定因台风造成船舶沉没不属于除外责任的情形,认定事实错误,予以纠正。

第四章　国际货物运输保险标准条款

保险条款,多为保险人单方面、事先拟定的格式条款,约定保险人与投保人、被保险人或受益人的权利义务,包括保险险种、保险责任、责任期间、除外责任、保险费率、索赔文件,以及赔付地点等内容。保险条款多以格式条款形式记载于保险单背面。不同保险种类,适用不同的保险条款。

第一节　协会保险条款简介

英国劳氏 SG 保险单格式(The Lloyd's SG Form of Policy)于 1779 年开始在伦敦保险市场采用,1795 年在英国取代其他海上保险单,成为船舶与货物运输保险的标准海上保险单。SG 为船舶(ship)和货物(goods)的代称。该标准保险条款一直沿用 200 多年,直到 20 世纪 70 年代,在联合国贸发会议签署的"海上保险-海上保险合同法律和文件问题的报告"①的压力和促使下,英国劳氏保险人协会(Lloyd's Underwriters' Association)和伦敦海上保险人协会(Institute of London Underwriters)联合开始制定新的协会标准保险条款。1982 年 1 月 1 日协会新条款制定完成,自 1983 年 4 月起,伦敦市场的海上货物运输保险不再使用劳氏 SG 保险单,同年 9 月 30 日后船舶保险也不再使用劳氏 SG 保险单。此前,最早的协会货物保险条款为 1912 年平安险和水渍险条款,后有 1963 年的平安险、水渍险和一切险。据说旧条款蕴含 300 多个判例。②

一、1982 年协会货物保险条款

1982 年 1 月 1 日协会货物保险条款(Institute Cargo Clause 1982, ICC 1982)改变了

---

① See Marine Insurance-Legal and Documentary Aspects of the Marine Insurance Contract, UNCTAD TD/B/C.4/ISL/270. 根据联合国贸发会议的报告,当时 70% 发达国家和 80% 发展中国家正在使用仿英国海上保险单格式的英文海上货物保险单和伦敦保险协会制定的协会货物保险条款(ICC Institute Cargo Clause),并且理算也遵从英国海上保险法与习惯。这些国家的保险模式实际上是英国风格的海上保险体系。

② 参见杨良宜、汪鹏南:《英国海上保险条款详论》,大连海事大学出版社 2009 年版,第 1—5 页,第 457 页;〔日〕加藤修:《国际海上运输货物保险实务》,周学业、王秀芬译,大连海事大学出版社 1995 年版,第 106—110 页;See Indira Carr and Peter Stone, International Trade and Law 2, Talor & Trancis Group, p. 438.

旧条款的名称和结构,以 ICC A、ICC B 和 ICC C 条款代替原条款,分别承保一切险(all risks)、水渍险(with particular average)和平安险(free from particular average),并在 2009 年推出修订版。ICC A、ICC B 和 ICC C 条款,均包含 19 条名称完全相同的条款,分为 8 项,即:(1)承保范围(risks covered),包括 3 条(风险条款、共同海损条款和双方互有责任碰撞条款);(2)除外责任(exclusions),包括 4 条(普通除外责任、不适航和不适运除外责任、战争除外责任,以及罢工除外责任);(3)保险期限(duration),包括 3 条(运送条款、运输合同终止条款和航程变更条款);(4)索赔(claims),包括 4 条(保险利益条款、转运费用条款、推定全损条款和增加价值条款);(5)不适用条款(not to insure),包括 1 条(不得将保险利益转移给承运人或保管人条款);(6)被保险人义务条款(duty of the assured),包括 2 条(尽量减少损失和弃权条款)(minimizing losses and waiver clause);(7)合理速办条款(avoidance of delay);(8)英国法律和惯例条款(english law and practice)。

二、1982 年协会条款的责任范围和除外责任

(一) ICC A 条款责任范围和除外责任

1. 责任范围。(1)以非列明风险的方式规定,承保"除外责任"各条款规定以外的保险标的损失或损害的一切风险;(2)承保共同海损和救助费用;(3)根据运输契约订有"船舶互撞"条款,船东向被保险人索赔的,保险人经被保险人通知应自付费用对此种索赔提出抗辩。

2. 除外责任。除外责任分为四类。(1)普通除外责任(general exclusion clause)。归因于被保险人故意的不法行为(willful misconduct of the assured)造成的损失或费用;自然损耗、自然渗漏、自然磨损;包装不足或不当所造成的损失或费用;标的物内在品质缺陷或自燃属性引起的损失或费用;直接由于延迟所引起的损失或费用;由于船舶所有人、租船人经营破产或不履行债务所造成的损失或费用;由于使用任何原子弹或其他核武器所造成的损失或费用。(2)不适航、不适货除外责任(unseaworthiness and unfitness exclusion clause)。若被保险人或其雇员对装载保险标的的船舶不适航或船舶、装运工具、集装箱等不适货实际知情,保险人不负责赔偿责任。(3)战争除外责任(war exclusion clause)。主要是指如由于战争、内战、革命、造反、叛乱,或由此引起的内乱,或任何交战方之间的敌对行为等造成的损失或费用;由于捕获(capture)、扣押(seizure)、扣留(arrest)、拘禁(restraint)或羁押(detainment)等(海盗除外,piracy excepted),所造成的损失或费用;由于漂流水雷、鱼雷、炸弹或其他被遗弃的战争武器等造成的损失或费用。(4)罢工除外责任。这主要是指罢工者、被迫停工工人造成的损失或费用以及由于罢工、被迫停工所造成的损失或费用等。

英国最早的关于"一切险"的判例是 1906 年 Schloss v. Stevens 案。该案确定承保运输期间的任何意外因素造成的所有损失都应得到保险赔偿,包括运输途中不正常的迟延导致货物暴露在潮湿空气中遭受的损失。而关于"一切险"的经典案例是 1921 年上议院审理的 British & Foreign Marine Insurance Co. Ltd. v. Gaunt 案。萨默(Summer)大法官认为,"一切险"字眼的效果就如同每一项可保风险都单独列明一样。关于"一切险"的承保范围,大法官说:"这些措施('一切险')不能被认为承保所有的损失。不可避免的通常磨损、不可避免的贬值就不为保险单所承保。由一切险保险单承保的损失必须是由偶然的情况或事故造成的。能证明的损失是在通常运输中不会发生或无法预料到会发生的。推理的结论是,该损失是由某些非正常的情况、意外或事故造成的。原告必须证明保险单承保的是一切险,而不仅仅是特定种类的风险。这时原告只须证明损失是由这种一切险条款的概括表述中的一种情形造成的,即完成了举证责任,而无须再进一步证明实际导致损失的意外或事故的确切性质。"萨默大法官在该案中作出如下著名论述:"当然,'一切险'有其限制。他们是风险和承保范围。据此,该表述并不承保固有缺陷或自然磨损或英国的捕获。它承保某种风险,而非某种确定的事情,它是保险标的在运输期间因外部因素,而非保险标的自身原因导致的某种事情。它也不是被保险人自身行为造成的损失,因为若是这样的话,被保险人不仅仅是将其货物置于受损的境地,而是自己损坏货物。"①

(二)ICC B 条款的责任范围和除外责任

1. 责任范围。对承保风险的规定采用列明风险的方法,即在条款的首部把保险人所承保的风险一一列出。保险标的物的灭失或损坏可合理地归因于(reasonably attributable to)下列任何之一者,保险人予以赔偿:(1)火灾或爆炸;(2)船舶或驳船搁浅、触礁、沉没或颠覆;(3)陆上运输工具的倾覆或出轨;(4)船舶、驳船或运输工具同除水以外的任何外界物体碰撞;(5)在避难港卸货;(6)地震、火山爆发、雷电;(7)共同海损牺牲;(8)抛弃或浪击落水;(9)海水、湖水或河水进入船舶、驳船、运输工具、集装箱、大型海运箱或贮存住所;(10)货物在装卸时落海或摔落造成整件的全损。

2. 除外责任。ICC B 与 ICC A 条款的除外责任基本相同,但有两点区别:一是 ICC A 条款只对被保险人的故意不法行为造成的损失、费用不负赔偿责任,但对于被保险人之外的任何个人或数人故意损害和破坏标的物或其他任何部分的损害要负赔偿责任。但在 ICC B 下,保险人对此也不负赔偿责任。二是 ICC A 条款把海盗行为列入保险范围,而 ICC B 条款对海盗行为不负保险责任。

---

① 参见〔英〕奥梅、〔英〕希尔:《OMAY 海上保险——法律与保险单》,郭国汀等译,法律出版社 2002 年版,第 192—194 页;See Indira Carr, Peter Stone, International Trade and Law 2, Talor & Trancis Group, p. 440.

(三) ICC C 条款的责任范围和除外责任

1. 责任范围。ICC C 条款对承保风险的规定也采用列明风险的方法,但承保的风险比 ICC A 和 ICC B 条款险要小得多,它只承保重大意外事故,而不承保自然灾害及非重大意外事故,其具体承保的风险有:(1)火灾、爆炸;(2)船舶或驳船触礁、搁浅、沉没或倾覆;(3)陆上运输工具倾覆或出轨;(4)船舶、驳船或运输工具同除水以外的任何外界物体碰撞;(5)在避难港卸货;(6)共同海损牺牲;(7)抛货。

2. 除外责任。ICC C 条款的除外责任与 ICC B 条款完全相同。

三、1982 年协会条款保险责任期间

协会条款中的保险责任期间由运送条款(transit clause)、运输合同终止条款(termination of contract of carriage clause)和航程变更条款(change of voyage clause)加以规定。

(一) 运送条款

根据协会条款第 8 条的规定,保险合同责任始自货物运离(leave)保险单载明的仓库或储存处所开始运送之时;在正常的运送期间持续有效,包括内陆仓库–陆地运输–关税仓库–起运港–驳船–装船–海上运输–驳船–卸船–目的港–关税仓库–陆地运输–最后仓库或分拨、分派仓库;终止于下列情形之一:(1)在本保险单载明的目的地交付到收货人的或最后仓库或储存处所;(2)在本保险单载明的目的地或在目的地之外,交付到任何其他仓库或储存处所,由被保险人用作在正常运送过程之外的储存货物,或分拨(allocation)货物或分派(distribution)货物;(3)自保险标的在最后卸货港卸离海轮满 60 天为止。上述情况以先发生者为准。

该条款被称为"仓至仓条款"(warehouse to warehouse clause),其责任期间不仅包括海上运输航程,还扩展至内陆、内水等运输路段。但根据此条款,货物在发货仓库装货过程中发生的损失,不包括在保险责任期间。货物运离该仓库时,保险责任才"附着"(attach)于货物。该条款同时规定,在被保险人无法控制的任何运输延迟、任何绕航、被迫卸货、重新装载、转运,以及承运人根据运输合同赋予的权利所作的任何航海上的变更(如根据情况将货物装在甲板上)的情况下,本保单仍然继续有效(但需要受上述第 8 条有关终止的规定和第 9 条运输合同终止的规定约束)。但是,必须注意,这里所说的只是保险责任期间的延续,并不是将各种危险变化作为新追加的危险,而扩大承保范围。[①]

---

① 参见[日]加藤修:《国际海上运输货物保险实务》,周学业、王秀芬译,大连海事大学出版社 1995 年版,第 82—83 页。

(二)运输合同终止条款

根据协会条款第 9 条的规定,因被保险人无法控制的情形,运输合同在保险单载明的目的地以外的港口或地点终止,或运送在如同第 8 条规定的交付货物前另行终止,则本保险也按下列规定终止,除非迅速通知了保险人并在本保险有效时提出继续承保的要求,并且受保险人要求的附加保险费的制约:(1)直至货物在此种港口或地点出售并交付,除非另有特别规定,直至被保险货物到达此种港口或地点满 60 天。二者以先发生者为准。(2)如果货物在上述 60 天(或任何约定延长期限)内被运往载明的目的地或其他目的地,直至上述第 8 条的规定的情形而终止。

(三)航程变更条款

根据协会条款第 10 条的规定,如果在保险责任开始后,被保险人改变了目的地,就按有待重新商定的保险费率和条件续保,但以迅即通知保险人为前提。

四、索赔

协会条款中的索赔,包括保险利益条款(insurable interest clause)、续运费用条款(forwarding charges clause)、推定全损条款(constructive total loss clause)和增值条款(increased value clause)。

(一)保险利益条款

根据协会条款第 11 条的规定,被保险人获得保险赔偿的前提是,其在损失发生时对保险标的具有保险利益。这就是保险法基本原则之一保险利益原则。

(二)续运费用条款

协会条款第 12 条的规定,由于本保险承保的风险作用的结果,致承保的运输在保险标的在保险单载明的目的地以外的港口或地点终止,保险人将补偿被保险人因卸下、储存和续运保险标的至所载明的目的地而适当和合理的额外费用。该条同时规定,对共同海损和救助费用不适用的,须受上述第 4 条至第 7 条所包含的除外责任的制约,且不包括因被保险人或其雇员的过错、疏忽、无偿付能力或财务困境而引起的费用。该条规定认同了英国普通法中一系列案例所解释的一个重要原则,即海上货物运输保险的保险人所承保的不仅是货物的有形财产,还包括运送该货物的航程(the insured transit)。同时提醒被保险人,承运人放弃运送的情况下,如有可能,被保险人有义务为自己的利益将货物继续运至目的地,而保险人的责任是此后赔偿被保险人的此种特别费用。

本条还强调,运送中断的原因须为承保风险,比如海船因海难或火灾在半途而变为推定全损,而且不能是由除外责任引起的,否则保险人不予补偿。续运费用条款适用的前提条件是：承保的风险必须已经实际发生，并因此造成运送该货物的航程（即被保险货物或物品从保险责任开始地起始的不论以何种运输方式进行的位移过程）被迫在保险单载明的目的地以外的其他港口或地点终止。该条与第 9 条规定的终止区别在于，第 9 条运输的终止不一定是由所保风险引起的，可以是船东毁约，例如船舶被债权人中途拍卖等，而且第 9 条也不是针对费用，而是针对保险的终止。除非货方续保，而没有理会续运的费用问题。①

(三) 推定全损条款

协会条款第 13 条规定，除非因实际全损看起来不可避免，或因恢复（recovering）、重整（reconditioning）和续运保险标的到承保的目的地的（forwarding the subject-matter to the destination）费用会超过其抵达时的价值，保险标的被合理委付（reasonable abandoned），推定全损不能得到赔偿。该条提示了推定全损的两种情形，即：(1) 实际全损看起来不可避免。(2) 因恢复、重整和续运保险标的到承保的目的地的费用会超过其抵达时的价值。但遗憾的是，新协会条件仍遗漏了英国 1906 年《海上保险法》S.60(2)(i) 条所规定的一种构成推定全损的情形，即(3) 被保险人因承保危险丧失了对保险标的的占有，而且不可能重新获得它，或重新获得它的费用会超过重新获得时的价值。如果发生第三人的不法侵占（conversion）或侵权性滞留（detention）等货物一切保险单所承保的危险，海上保险法第 S.60(2)(i) 条仍应适用，因虽没有明示，仍会是默示。

(四) 增值保险条款

货物在运输途中因市场价上涨或多次转卖，价值超过原保险单约定的保险价值，货方会多买一份保险加保增值部分，使得原始保险（primary or original insurance）和增值保险（increased value insurance），在支付保险索赔和享受向第三方追偿所得方面完全平等，以保险金额作为分配基础。根据协会条款第 14 条的规定，如果对保险货物由被保险人办理了增值保险，货物约定价值应视为增加至本保险和承保灭失的所有增值保险的保险金额的总和。本保险的责任按照本保险的保险金额占此种保险金额总和的比例计算。被保险人索赔时，应提供所有其他保险的保险金额证据。增值保险不会导致重复保险，因为增值保险的标的不是货物本身，而是货物的增加价值。

五、2009 年协会条款对 1982 年条款的修改

2009 年协会条款的编号与 1982 年版本相同，均为 8 大类，包括承保风险（第 1—3 条）、除外责任（第 4—7 条）、保险期限（第 8—10 条）、索赔（第 11—14 条）、保险受益

---

① 参见杨良宜、汪鹏南：《英国海上保险条款详论》，大连海事大学出版社 2009 年版，第 498 页；[英]奥梅、[英]希尔：《OMAY 海上保险——法律与保险单》，郭国汀等译，法律出版社 2002 年版，第 412 页。

(第 15 条)、尽量减少损失(第 16—17 条)、避免迟延(第 18 条),以及法律和惯例(第 19 条)。其修改内容主要体现在以下几个方面。

1. 删除除外责任条款的副标题。直接表示为:除外条款 4、除外条款 5、除外条款 6 和除外条款 7,以避免副标题与条款内容不完全相一致而发生的误读和争议。

2. 对个别用语的修改。把仆人(servant)修改为雇员(employee),用保险标的(subject-matter insured)替代货物(goods or cargo),用保险人(insurers)替换承保人(underwriters)等。

3. 对除外责任的修改。

(1)除外条款 4.3(Exclusions 4.3),对保险标的包装不足或包装不当或准备不当(by insufficiency or unsuitability of packing or preparation of the subject-matter insured)作出了更为细致的规定。首先,明确了该除外条款仅适用于下述两种情况:一是保险标的的包装或准备是由被保险人或其雇员完成。二是保险标的的包装或准备是在保单责任开始前完成,不论包装缺陷是否由被保险人或其雇员完成。很明显,该规定缩小了关于包装的除外责任,更有利于被保险人。其次,明确了"不足"或"不当"的标准是"无法抵挡运输途中发生的通常事故"(to withstand the ordinary incidents of the insured transit)。再次,删除了"升降货车"(lift-van),以避免争议。最后,明确了"雇员"不包括"独立合同商"(independent contractor),避免产生歧义。

(2)除外条款 4.5(Exclusions 4.5),此条款是关于"延迟除外"的规定。对 1906 年《海上保险法》中的"近因"(proximate),法院裁决并未有统一的标准,须根据个案进行识别。因此很难界定"直接由延迟引起"(proximately caused by delay)。故 2009 年版除外条款 4.5 删掉了"近因"。若发生延迟的事实,明确属于新版协会货物运输保险条款规定的除外责任范围,无须再区分该损失和费用是否直接或间接由延迟引起,以避免认定上的争议。

(3)除外条款 4.6(Exclusions 4.6),此条款是关于"破产和经济困境除外"的规定。2009 年版除外条款 4.6 规定,(不赔偿)因船舶所有人、经理人、租船人或营运人之无力偿债或财务失信(insolvency or financial default)所引起之灭失、毁损或费用,而该情况仅适用于:在保险标的装上船舶之时,被保险人已经知道或者在正常业务经营中应当知道,此种无力偿债或者财务失信会导致该航程取消。该除外条款不适用于保险合同已经转让给另一方的情形,即另一方已经受合同约束购买或者同意购买保险标的且善意受让该保险合同。可见,对保险人引用该除外条款作出了条件限制,更有利于被保险人和善意保险单受让人。

(4)除外条款 4.7(Exclusions 4.7),此条款是关于"核战争武器除外"的规定。新版除外条款有两点显著变化:一是规定"直接或间接造成"(directly or indirectly caused by or arising from)，代替了1982年版"造成"（arising from），明确认定造成损失的原因无论是直接还是间接，都属于除外责任，保险人的举证责任明显减轻；二是"核战争武器"（any weapon of war）被扩大为核性质的"任何武器或装置"（any weapon or device）。

（5）除外条款5（Exclusion 5），关于"不适航或不适运除外"的规定，2009年版条款有如下几点变化：第一，强调了船舶或运输工具不适航、不适运而导致不予赔偿的情况，仅限于在货物装船时被保险人（不含其雇员）已知上述不适航或不适运的情况；第二，该除外不适用于不知情的保险单受让人，即作为善意的第三方收货人，保险人不得引用不适航或不适货进行抗辩；第三，1982年版除外条款5.2是附条件的弃权，即保险人放弃货方对船舶适航和适运的默示保证的抗辩，前提条件是被保险人或其雇员不知该情况。2009年版除外条款5.3删除了"unless"部分，成为不附任何条件的弃权，即保险人放弃被保险人对船舶适航和适运的默示保证的抗辩，而无论被保险人知道或不知道该情况。新版条款无疑更有利于对被保险人或保险单受让人的保护。

（6）战争险和罢工险除外条款，2009年版条款承保海洋运输一切险，战争险与罢工险由另外险种承保 [institute war clause (CARGO) 1/1/09 与 Institute Strike Clause (CARGO)1/1/09]。因此，第6条、第7条分别将战争险和罢工险作为除外事项。

4. 保险责任期间的运送条款。2009年版条款第8条对1982年条款的保险责任起迄期限作了扩展。由于经纪人提供的措辞将承保范围扩大到包括装卸业务已是司空见惯，这一扩展已纳入新版标准承保范围，并与欧洲大陆的做法保持一致。首先，从保险责任起始看，保险责任从1982年条款的货物运离仓库时生效，扩展到自保险标的在仓库或储存处所，为装上运输工具之目的首次移动时生效："from the time the subject-matter insured is first moved in the warehouse or at the place of storage (at the place named in the contract of insurance) for the purpose of the immediate loading into or onto the carrying vehicle or other conveyance for the commencement of transit, continues during the ordinary course of transit and terminates either... "在仓库内首次移动"（first move in warehouse...），目的是"为了开始航程立即搬运至运输工具或其他运输工具"，即将"首次移动"（first movement）与航程前"紧接的装货"（immediate loading）紧密联系起来，应当理解为包括自仓库装上运输工具的过程（似乎亦应包括货物进入仓库后直接倒装至保险航次运输工具的过程），不包括货物进入仓库及卸下，或者临时堆存、仓储期间。其次，从保险责任期间看，包括正常运输过程，此点没有变化。最后，从终止时点看，2009年版条款将1982年版的三个终止时点扩大到四个时点，以最先发生者作为保险责任终止时间。对于各自列明的前两个终点，2009版条款从之前的"运到"改为"完成卸货"；2009年版条款增加一个终止时点，即"被保险人或其雇员在正常运输过程之外选择任何运输车辆或其他运输工具或集装箱储存货物"，以限制被保险人或其雇员在非正常运送过程中的临时仓储问题。对货物最后卸货港全部卸离海轮后满 60 天为止的规定,两个版本规定一致,没有变化。可见,2009 年协会条款在保险责任期间方面较 1982 年版条款有所扩大,扩展到包括在仓库内首次移动以装车、运输过程,以及抵达目的地仓库的完成卸车过程。

5. 运输合同终止。根据 2009 年版条款第 9 条的规定,在被保险人无法控制情况下,运输合同在原订目的港以外的港口或地点终止(termination of contract of carriage),或运送(transit)因其他缘故在保险标的未能如前述第 8 条约定于卸货前终止时,则本保险亦根据下列条款同时终止,除非保险人立即接获通知并被要求继续保险效力,并于必要时加收保险费,本保险仍得有效。9.1 条规定保险标的已在该港或该地出售并交付,又如无其他特别约定,则以保险标的到达该港或该地届满 60 天,二者以孰先发生者为准。9.2 条规定如保险标的在上述 60 天内(或在任何协议延长之期间内)运往本保险所订的目的地或其他目的地时,本保险之效力依上述第 8 条之约定终止。可见该条与 1982 年条款相比,基本没有变化。如果发生被保险人无法控制的原因,无论是运输合同承运人的违约还是依法律导致运输合同终止,被保险人可根据情况采取措施。如果符合 9.1 条规定的情形,被保险人未能在该港口或地点出售货物,则应尽快在 60 天内通知保险人并加付保费,使保险合同继续有效。如果符合 9.2 条规定的情形,货物继续运往目的地,保险责任期间继续按第 8 条的规定终止。

6. 航程变更。根据 2009 年版条款第 10 条的规定,"航程变更"(change of voyage)有两点变化:一是考虑了发生航程变更后的实际操作问题,对"仍然有效"作出了一些限制。被保险人有权变更航程,但应及时通知保险人变更情况,以便被保险人考虑变更费率或是否承保。若在还没有和保险人就变更后的条件最终达成一致,若此时发生保险事故,在保险费率和保险条件符合合理的市场行情情况下,保单仍然有效。二是在被保险人或其雇员不知道运输保险标的的船舶驶向非保单载明的另一目的地时,保单仍然被视为在本保险合同规定的航程开始时生效。此项规定加强了对善意被保险人利益的保护。

7. 保险受益。保险受益(benefit of insurance)条款是规定保险标的的承运人或其他受托人(bailee),不得享受本保险的利益,以依据本保险合同的存在而对抗保险人的代位求偿权和物上代位权。但将被保险人定义为,包括以他的名义或代表他订立保险合同的人或作为受让人(assignee)索赔保险金的人,明确了保险单受让人也有权提起保险索赔。

另外,ICC 2009 年版条款对被保险人尽量减少损失条款、弃权条款、避免迟延条款和法律与惯例条款等,没有实质性修改。①

---

① 参见杨良宜、汪鹏南:《英国海上保险条款详论》,大连海事大学出版社 2009 年版,第 621—631 页。

第二节　中国版保险标准条款

在我国,与国际贸易有关的外币保险业务保险条款,最初由具有政企合一性质的中国人民保险公司于1980年制定、1981年施行(PICC 1981条款)。1994年12月,中国人民银行《关于下发外币保险业务类保险条款的通知》(银发〔1994〕328号)规定,外币保险中财产保险、财产一切险、安装工程一切险及第三者责任保险、机器损坏保险、公众责任保险、产品责任险、建筑工程一切险及第三者责任险等7个险种的保险条款先由中国人民保险公司试用,试用期为1995年1月至同年7月,试用期满后,其他保险公司方可引用,原由中国人民保险公司制定的上述7个险种的保险条款同时废止。外币保险中除上述7个险种外的各险种的保险条款自1995年1月1日起生效,原由中国人民保险公司自行制定的相应的保险条款同时废止。1996年中国人民银行以银条法〔1996〕63号文答复中国人民保险公司指出,在银发〔1994〕328号文发布前,《海洋运输货物保险条款》和《海运进口货物国内转运期间保险责任扩展条款》是由中国人民保险公司制定、发布的,该公司有权对条款解释。在银发〔1994〕328号文发布后,中国人民银行制定了新的《海洋运输货物保险条款》和《海运进口货物国内转运期间保险责任扩展条款》,并于1995年1月1日起生效,这两个条款应由中国人民银行解释。原由中国人民保险公司制定、发布的两个条款同时废止。

根据1998年8月10日中国人民银行《关于保险监管问题的复函》(银函〔1998〕364号)等文件规定,国家对保险业的监管职责相继转至中国保监会、中国银保监会和国家金融监督管理总局。中国保监会2005年11月公布、自2006年1月1日起施行的《财产保险公司保险条款和保险费率管理办法》,经过2010年和2021年的修改,至今有效。根据该办法,国家保险监管机构对财产保险公司实行保险条款和保险费率审批或者备案制度,财产保险公司应当依据法律、行政法规和银保监会的有关规定制订保险条款和保险费率,并对其承担相应的责任。因此,我国各保险公司的相关保险条款,由各公司根据保险市场需求自行制订和发布,但都在保险监管机构的监管之下,并在中国保险行业协会网站公布。

国际贸易中,根据买卖合同采用的贸易术语,决定由卖方或买方办理投保。以CIF价格成交的出口合同和以FOB或CFR价格成交的进口合同,通常分别由中国出口商或进口商向国内保险公司投保,而且普遍使用中国版标准条款。由于英国保险市场的成熟和发达,其保险立法、标准条款及司法判例在世界上有广泛和深刻的影响。目前中国的保险公司提供的国际货物运输保险标准条款,大多参照英国的保险条款订立。

就海洋运输货物保险而言,中国版的海洋货物运输平安险、水渍险和一切险,与1982年和2009年伦敦协会条款ICC C条款、ICC B条款和ICC A条款相对应。其他条款,如特殊货物保险、各类附加险的条款及配置,以及航空、铁路、陆运保险等条款,也大量参照英国保险条款。可以说,随着中国改革开放和国际贸易的兴盛,货物运输保险业得到快速发展。而随着保险立法、标准条款的制定和司法审判质量的不断提高,我国在保险领域已经广泛与世界接轨并紧跟保险先进国家的步伐。在此过程中,中国版保险标准条款得到广泛普及和应用。海洋货物运输险分为基本险别和附加险别两类。其中基本险包括平安险、水渍险和一切险。附加险包括一般附加险和特殊附加险。一般附加险根据不同货物和风险类别,有十几种,而常见特殊附加险包括六种。本节主要介绍海上货运保险的相关条款[以PICC《海洋运输货物保险条款》(2018年版)为例],以及司法实践对相关条款的解释和适用展开。

一、海洋运输货物保险基本险

(一)平安险

平安险(free from particular average, FPA)的承保责任范围包括8类。

1. 被保险货物在运输途中,由于恶劣气候、雷电、海啸、地震、洪水自然灾害造成整批货物的全部损失或推定全损。

2. 由于运输工具遭受搁浅、触礁、沉没、互撞、与流冰或其他物体碰撞以及失火、爆炸意外事故造成货物的全部或部分损失。

3. 在运输工具已经发生搁浅、触礁、沉没、焚毁意外事故的情况下,货物在此前后又在海上遭受恶劣气候、雷电、海啸等自然灾害所造成的部分损失。

4. 在装卸或转运时由于一件或数件整件货物落海造成的全部或部分损失。

5. 被保险人对遭受承保责任内危险的货物采取抢救、防止或减少货损的措施而支付的合理费用,但以不超过该批被救货物的保险金额为限。

6. 运输工具遭遇海难后,在避难港由于卸货所引起的损失以及在中途港、避难港由于卸货、存仓以及运送货物所产生的特别费用。

7. 共同海损的牺牲、分摊和救助费用。

8. 运输契约订有"船舶互撞责任"条款,根据该条款规定应由货方偿还船方的损失。

(二)水渍险

水渍险(with particular average, WPA)除承保上列平安险的各项责任外,还负责赔偿被保险货物由于恶劣气候、雷电、海啸、地震、洪水自然灾害所造成的部分损失。

（三）一切险

一切险（all risk, AR）除包括上列平安险和水渍险的各项责任外，本保险还负责被保险货物在运输途中由于外来原因所致的全部或部分损失。

就承保责任范围而言，平安险、水渍险和一切险的区别在于：第一，保障内容不同。一切险除了承保平安险、水渍险的全部责任之外，还承保保险货物在运输过程中，因各种外来原因所造成的全部和部分损失保险；平安险只负责货物全部损失和特定意外事故部分损失的赔偿责任；而水渍险在平安险责任基础上，增加了赔偿被保险货物由于恶劣气候或者如雷电、海啸、地震、洪水等自然灾害所造成的部分损失。第二，责任范围不同。一切险的责任范围最大，等于平安险和水渍险以及各种一般附加险；平安险责任范围最小，主要是保障因自然灾害、意外事故等原因造成的货物全部或部分损失；水渍险的责任范围较平安险大，为平安险以及自然灾害造成的货物的部分损失。第三，风险列明方式不同，平安险和水渍险为列明风险，而一切险则为平安险、水渍险再加上未列明的运输途中由于外来原因造成的保险标的的损失。只要被保险人证明损失并非因其自身原因，而是由于运输途中的意外事故造成的，保险人就应当承担保险赔偿责任。

（四）司法实践对一切险承保责任的认定

一切险的承保范围和除外责任，始终是争议的焦点问题。1997年，中国人民银行曾经应中国人民保险（集团）公司的请求，以银函〔1997〕210号文解释一切险的承保范围，指出：

> 一切险承保的范围是平安险、水渍险及被保险货物在运输途中由于外来原因所致的全部或部分损失。外来原因仅指偷窃、提货不着、淡水雨淋、短量、混杂、玷污、渗漏、碰损、破损、串味、受潮受热、钩损、包装破裂、锈损。①

该解释将外来原因限定在普通附加险的承保风险，引起不少批评。随着《合同法》的施行，该解释受到挑战和否定，直至被废止。在最高人民法院第52号指导案例（2003）民四提字第5号案中，货物并未损坏或灭失，但承运船舶船东将所载货物运走销售，收货人无法提取货物。被保险人在向保险人索赔时，遭到拒绝。保险人主张，保险标的尚未实际全损、被保险人所称损失属于除外责任、不属于承保范围。一审法院认为，该损失属于一切险承保范围，被保险人已履行了其作为被保险人的法律义务和合同义务，在其投保货物发生保险合同约定的承保范围内的损失时，有权依约获得保

---

① 参见中国人民银行《关于〈海洋运输货物保险"一切险"条款解释的请示〉的复函》（银函〔1997〕210号）。该复函于2010年9月29日被废止。

险赔偿。遂依照《民法通则》第 106 条、《海商法》第 237 条和《保险法》第 23 条的规定判决保险公司赔偿被保险人损失。二审法院认为,该案保险标的已发生实际全损,发货人对保险标的的损失没有过错责任。保险标的的损失是由于船东将船舶所载货物运走销售和走私行为造成的。根据保险单所附的保险条款和保险行业惯例,一切险的责任范围包括平安险、水渍险和普通附加险(即偷窃提货不着险、淡水雨淋险、短量险、沾污险、渗漏险、碰损破碎险、串味险、受潮受热险、钩损险、包装破损险和锈损险),中国人民银行《关于〈海洋运输货物"一切险"条款解释的请示〉的复函》亦明确作了相同的规定。可见,所投保货物的损失不属于一切险的责任范围。此外,鉴于双方有长期的保险业务关系,在该案纠纷发生前,双方曾多次签订保险合同,并且保险公司还作过一切险范围内的赔付,所以被保险人对该案保险合同的主要内容、免责条款及一切险的责任范围应该是清楚的,故一审判决以该案保险标的的损失属一切险的责任范围及保险公司未尽说明义务为由判令其承担赔偿责任不当。二审法院认为一审判决对保险标的发生全损的事实认定不清,适用法律错误,应予纠正。遂判决撤销一审判决,驳回被保险人的诉讼请求。

最高人民法院再审认为,双方之间的保险合同合法有效,双方的权利义务应受保险单及所附保险条款的约束。该案保险标的已经发生实际全损,对此发货人没有过错,亦无证据证明被保险人存在故意或过失。保险标的的损失是由于船东与期租船人之间的租金纠纷,将船载货物运走销售和走私行为造成的。该案争议的焦点在于如何理解案涉保险条款中一切险的责任范围。依该案《海洋运输货物保险条款》的规定,一切险除包括平安险和水渍险的各项责任外,本保险还负责被保险货物在运输途中由于外来原因所致的全部或部分损失。保险条款中还列明了五项保险人的除外责任条款,即:(1)被保险人的故意行为或过失所造成的损失;(2)属于发货人责任所引起的损失;(3)在保险责任开始前,被保险货物已存在的品质不良或数量短差所造成的损失;(4)被保险货物的自然损耗、本质缺陷、特性以及市价跌落、运输迟延所引起的损失;(5)本公司海洋运输货物战争险条款和货物运输罢工险条款规定的责任范围和除外责任。从该案保险条款的规定看,除前述五项除外责任的规定外,保险人应当承担包括平安险、水渍险以及被保险货物在运输过程中由于各种外来原因所造成的损失。何谓运输过程中的"外来原因",属于对保险条款的解释。保险合同作为格式合同的一种,提供格式条款的一方应当遵循公平原则确定当事人之间的权利义务,并采取合理的方式提请对方注意免除或者限制其责任的条款,按照对方的要求,对该条款予以说明。

该案中的保险条款除外责任中并不包括因承运人的非法行为将整船货物盗卖或者走私造成的保险标的的损失,保险公司亦不能证明其在签订保险合同时,向被保险人说明因承运人的非法行为将整船货物盗卖或者走私造成的损失不属于保险责任范围。因此,保险公司应当按照合同约定承担赔偿责任。原审以保险人与被保险人有长期的保险业务关系,在该案纠纷发生前,双方曾多次签订保险合同、保险公司以一切险范围内的赔付为由,认定被保险人对该案保险合同的主要内容、免责条款及一切险的责任范围是清楚的,因此保险人可以不承担该案的赔偿责任。这一认定在事实和法律上均无依据,应予纠正。

针对中国人民银行对一切险的解释,最高人民法院认为,保险公司在原审中提供了中国人民银行给中国人民保险(集团)公司的复函,对"一切险"条款作出解释,以证明该案事故不属于保险责任范围,根据我国《保险法》的规定,保险人应当在订立保险合同时向投保人说明保险合同条款的内容。中国人民银行作为当时保险行业的主管机关,在案涉保险事故发生之后对保险合同条款作出的解释,不应适用于该案。且从中国人民银行的复函看,亦不能得出该案事故不属一切险责任范围的结论。最高人民法院最后认定,该案保险标的的损失不属于保险条款中规定的除外责任之列,应为收货人即被保险人无法控制的外来原因所致,故应认定该案保险事故属一切险的责任范围。遂判决撤销二审判决书,维持一审判决结果。

可见,最高人民法院在该案中裁判思路是,首先,排除发货人和被保险人对货物损失的过错,排除损失属于除外责任,而以文义解释和体系解释方法对一切险承保范围作出界定,即一切险属于非列明风险,只要是运输中的外来风险均在其责任范围之内,而不应局限于列明风险;其次,对当时的监管机构中国人民银行的文件性质及所作解释作出否定性认定,即其效力不足以作为法院裁判的依据;最后,根据《保险法》的规定,法院或仲裁机构应对合同条款作出有利于被保险人的解释。2007年,最高人民法院在民四他字〔2007〕第8号复函中重申了该案关于海运一切险承保范围的认定。① 该指导案例对海运一切险的责任范围作出了澄清,对其后的司法审判具有约束力。

PICC 2018 一切险条款未直接规定承保航程丧失或受阻(loss of, or frustration of the insured voyage)风险,也未明确列为除外责任。笔者认为,海上货物运输保险,不仅承保了货物在海上运输中遭受实质的损失或损坏,也承保货物由于外来风险导致航程丧失或受阻以至于货物不能安全到达保险单载明的目的地的风险。在(2004)沪高民四(海)终字第151号案中,案涉货物投保了一切险和战争险,双方当事人对一切险的保险责任范围产生不同理解。法院认定一切险的承保范围是指除外责任以外的任何意外事故,并非列明式风险;针对航程丧失问题,认为在货物运输保险中,保险人对货物承担的责任既包括货物的具体状态,也包括货物能安全抵达其目的地,即一切险还

---

① 最高人民法院《关于大众保险股份有限公司苏州中心支公司、大众保险股份有限公司与苏州浙申实业有限公司海上货物运输保险合同案适用法律问题的请示的复函》(民四他字〔2007〕第8号)。

应承保航程丧失或受阻的风险。由于载货船舶被扣押的风险没有在除外责任范围内,且对被保险人而言是意外风险,因此,该风险属于保险人的责任范围。

(五)对相关费用损失的赔偿

根据保险条款,一切险还赔偿除货物损失之外的相关费用损失。

1. 抢救、防止或减少货损发生的合理费用等。《海商法》对此有明确规定。①

2. 运输工具遭遇海难后发生的特别费用。运输工具遭遇海难后,在避难港由于卸货所引起的损失以及在中途港、避难港由于卸货、存仓、运送货物所产生的特别费用。

3. 共同海损的牺牲、分摊和救助费用。共同海损牺牲(general sacrifice)或共同海损分摊费用(general average expense),最终需要根据航次完毕后船舶或货物的实际价值的比例分摊。由货方承担的共同海损费用,由保险人根据保险合同予以赔偿。而对于海上救助(maritime salvage),不论是由过往船舶实施的纯救助或"无效果无报酬"救助(pure salvage 或 no cure no pay salvage),还是依据与船东订立的合约实施的合约救助(contract salvage),所发生的救助费用,都可以根据一切险条款要求保险赔偿。②

4. 双方有责碰撞条款。运输契约订有"船舶互有责任碰撞"条款(both to blame collision clause),根据该条款规定应由货方偿还船方的损失,保险公司予以赔偿。

二、海洋运输货物保险附加险

附加险分成一般附加险和特殊附加险,分别承保一般外来风险和特殊外来风险。附加险不能单独投保、可在投保一种基本险的基础上,根据货运需要加保其中的一种或几种。因一切险已包括了所有一般附加险的责任范围,所以投保一切险后,只需在特殊附加险中选择加保。

(一)一般附加险(general additional coverage)分类

1. 偷窃、提货不着险(theft, pilferage and non-delivery clauses)。保险货物被偷窃、整件提货不着损失,以及根据运输合同,船东或其他责任方免除赔偿的部分,由保险公司赔偿。

2. 淡水雨淋险(fresh water &/ or rain damage clauses)。货物在运输中,直接由于淡水、雨水以致雪溶所造成的损失,保险公司负责赔偿。

3. 短量险(shortage clauses)。保险货物数量缺少和重量的损失,即"货损货差"中的"货差"。因外包装破裂或散装货物的数量散失和实际重量短缺的损失。散装货以

---

① 参见《海商法》第 240 条;上海市高级人民法院(2018)沪民终 432 号案民事判决书。
② 参见浙江省高级人民法院(2019)浙民终 651 号民事判决书。

装船和卸船重量之间的差额作为计算短量的依据。①

4. 混杂、沾污险(intermixture & contamination clauses)。保险货物在运输途中,由于和其他物质接触而被玷污(包括混进杂质),从而影响货物质量所致的损失。例如矿石等混进了泥土、草屑等因而使质量受到影响。此外保险货物由于和其他物质接触而被污染,例如布匹、纸张、食物、服装等被油类或带色的物质污染而引致的损失。

5. 渗漏险(leakage clauses)。液体货物和油类物质,在运输中由于容器损坏而引起的渗漏损失,或用液体储藏的货物因液体渗漏而引起货物腐败等损失。如以液体装存的湿肠衣,由于液体渗漏而使肠衣发生腐烂变质等损失。

6. 碰损破碎险(clash & breakage clauses)。货物在运输途中,由于受到震动、颠簸、碰撞、挤压而造成货物本身的破损损失,以及碰撞损失。

7. 串味险(taint of odour clauses)。使用物品、中药材、化妆品、茶叶、香料等在运输途中受到其他物品的影响引起的串味损失。如茶叶受到樟脑的影响,使品质受到损失。

8. 受潮受热险(sweating & heating clauses)。货物在运输过程中,由于气温骤变或者由于船上通风设备失灵等使舱内水汽凝聚、发潮、发热引起货物的损失。

9. 钩损险(hook damage clauses)。保险货物在装卸过程中由于使用吊钩等工具所造成的损失,例如粮食包装袋因吊钩钩坏而造成粮食外漏所造成的损失。

10. 包装破损险(breakage of packing clauses)。运输过程中,由于搬运或装卸不慎,包装裂开造成物资的缺少、污染等损失。此外,还包括为继续运输安全需要而产生的修补包装、调换包装所支付的费用,保险公司负责。

11. 锈损险(rust clauses)。保险公司负责保险货物在运输过程中由于生锈造成的损失。不过这种生锈必须在保险期内发生,否则保险公司不负责任。

需注意的是,保险人承保责任必须属于运输途中外来风险造成的保险事故损失。如承运人无单放货给提货人造成损失的,不属于提货不着。海上货物运输保险合同中的风险,一般是指货物在运输过程中因外来原因造成的风险,既包括自然因素造成的风险,也包括人为因素造成的风险。但是,凡海上货物运输保险合同所指的风险,都应当具备不可预见性和责任人不确定性的特征。托运人、承运人、收货人等利用接触、控制保险货物的便利,故意毁损、丢弃或无单放行以致提货不着,是确定的责任人不正确履行职责而发生的可以预见的事故。无单放货虽然导致提货不着,但这种提货不着不具有海上货物运输保险的风险特征,故不属于保险合同约定承保的风险。②

---

① 参见广西壮族自治区高级人民法院(2020)桂民终1192号民事判决书。
② 参见中国抽纱公司上海进出口公司诉中国太平洋保险公司上海分公司海上货物运输保险合同纠纷案,载《中华人民共和国最高人民法院公报》2001年第3期。

(二)特殊附加险(special additional coverage)

特殊附加险所承保的风险,往往同政治、国家行政管理、政策措施、航运贸易习惯等因素相关联。特殊附加险又分为特别附加险,即交货不到险、进口关税险、舱面险、拒收险、黄曲霉素险、出口到港澳存舱火险等6种,以及特殊附加险,包括战争险和罢工险2种。投保人可在投保一种基本险的基础上,根据货物性质和航程需要加保其中的一种或若干种特殊附加险。

1. 交货不到险(failure to deliver clauses)。本保险自货物装上船舶时开始,不论由于任何原因,如货物不能在预定抵达目的地的日期起6个月以内交讫,保险人同意按全损予以赔付,但该货物之全部权益应转移给保险人。"交货不到"同一般附加险中的"提货不着"的区别在于,它并不是承运人运输上的原因,而是由某些政治因素引起的。例如,由于运输途中,被中途国政府当局禁运,被保险货物被迫在中途卸货,导致货主收不到货造成损失。保险人在承保这种险别时,一般都要求被保险人首先获得一切进口许可证件并办妥有关的进口手续,以免日后因无进口许可证等原因被拒绝进口而造成交货不到。另外,凡提货不着险及战争险应该负责的损失,本险不予负责。由于交货不到很可能是被保险货物并未实际遭受全损,因此,保险人在按全损赔付时都特别要求被保险人将货物的全部权益转移给保险人。

2. 进口关税险(import duty clauses)。如被保险货物到达目的港后,因遭受本保险单责任范围以内的损失,而被保险人仍须按完好货物完税时,保险人对该项货物损失部分的进口关税负赔偿责任,但以不超过受损部分的保险价值为限。

3. 舱面险(on deck clauses)。本保险对被保险货物存放舱面时,除按本保险单所载条款负责外,还包括被抛弃或风浪冲击落水在内。

4. 拒收险(rejection clauses)。保险人对被保险货物由于在进口港被进口国的政府或有关当局拒绝进口或没收予以负责,并按照被拒绝进口或没收货物的保险价值赔偿。在被保险货物起运后,进口国宣布实行任何禁运或禁止,保险人仅负责赔偿运回到出口国或转口到其他目的地因而增加的运费。但最多不得超过该批货物的保险价值。投保人需注意该保险的责任期间和被保险人的保证义务规定。

5. 黄曲霉素险(aflatoxin clauses)。本保险对被保险货物,在保险责任有效期内,在进口港或进口地经当地卫生当局检验证明,因含有黄曲霉毒素并且超过了进口国对该毒素的限制标准,必须拒绝进口、没收或强制改变用途时,保险人按照被拒绝进口或被没收部分货物的保险价值或改变用途所造成的损失,负责赔偿。

6. 出口货物到港澳存仓火险责任扩展条款。对于被保险货物自内地出口运抵香港特区(包括九龙)或澳门特区,卸离运输工具,直接存放于保险单载明的过户银行所指定的仓库期间发生火灾所受的损失,承担赔偿责任。该特别附加险是一种保障过户银行权益的险种。

7. 战争险(ocean marine cargo war clauses)。本保险承保：(1)直接由于战争、类似战争行为和敌对行为、武装冲突或海盗行为所致的损失；(2)由于(1)引起的捕获、拘留、扣留、禁制、扣押所造成的损失；(3)各种常规武器，包括水雷、鱼雷、炸弹所致的损失；(4)本条款责任范围引起的共同海损的牺牲、分摊和救助费用。对于附加战争险的承保范围，中国鲜有司法案例。而其条款中用语的含义并不十分清晰，如(1)中"直接由于战争……所致的损失"除包括货物本身的损失外，是否包括推定全损。(2)中由于(1)所造成的损失包括哪些，实际全损、部分损失抑或推定全损？而且"捕获、拘留、扣留、禁制、扣押"各自的定义是什么？英国1982年《伦敦协会货物战争险保险条款》的相关解释是，"战争"(war)是指国家或准国家间动用武力，"捕获"(capture)是指由敌人或交战方作为战利品强占，必然与战争危险连在一起，但"扣留"(seizure)、"扣押"(arrest)、"拘禁"(restraint)或"羁押"(detainment)在本款规定中就受到须由第1款规定的战争危险所引起的限制。值得注意的是，在普通法中，"武力"并非这些危险发生的必要条件，例如在 British Foreign Marine Insurance Co. v. Sanday (1916)案中，装在英国船上的货物，由于开航后英国和德国之间宣战，该船没有开往原目的港汉堡，而是开到英国港口，该货物投保了战争险。法院判决战争险保险单中列明的承保"王子的拘禁"(restraint of princes)发生，保险人应按推定全损赔付被保险人。①

8. 罢工险(strikes risk)。罢工险承保被保险货物由于罢工者、被迫停工工人或参加工潮、暴动、民众斗争的人员的行动，或者任何人的恶意行为所造成的直接损失或上述行动或行为所引起的共同海损牺牲、分摊和救助费用。对罢工引起的间接损失不负责。例如，罢工期间因为劳动力短缺或者不能履行正常职责所致的保险货物损失，因此引起的动力或燃料缺乏使冷藏机停止工作所致的冷藏货物损失，无法使用劳动力对堆存在码头的货物，遇到大雨无法采取罩盖防雨布的措施而遭淋湿所致的损失。此外，对罢工引起的费用损失，如港口工人罢工无法在原定港口卸货，改到另外一个港口卸货引起的增加运输费用，均属于间接损失，不予负责。

另外，中国保险公司常使用的货物运输条款还有海洋运输冷藏货物保险条款、海洋运输散装桐油保险条款等。

三、海洋运输货物保险的除外责任

(一)根据一切险保险单，本保险对下列损失不负赔偿责任

被保险人的故意行为或过失所造成的损失。对被保险人的故意和过失行为，《保

---

① 参见杨良宜、汪鹏南：《英国海上保险条款详论》，大连海事大学出版社2009年版，第573页。

险法》和《海商法》亦未规定。因运输中的货物不在被保险人控制之下,因被保险人故意或过失致损的案件较为少见。故意行为,通常指行为人蓄意所为,包括直接故意和间接故意,如故意制造风险事故导致货物受损,以获取保险赔偿金。在(2020)最高法民再 167 号案中,最高人民法院认为,保险人对被保险人的故意行为不负责任是为了避免被保险人故意制造保险事故以骗取保险赔偿。过失包括过于自信过失和疏忽大意过失,通常理解为因被保险人重大过失对货物安全维护不利,导致货物受损。对存在被保险人的故意或过失的事实,保险人应承担举证责任。[1] 对于被保险人的范围,法律也未明确规定,通常理解为不包括雇员。[2]

(二)属于发货人的责任所引起的损失

发货人的责任常因其对货物的包装不善引起。在(2014)沪高民四(海)终字第 105 号案中,法院认为,案涉货物由木箱包装,木箱被装载于 6 个开式平板型集装箱内,集装箱装载于案涉船舶的甲板上,货损的发生系在运输途中,6 个平板集装箱及箱内的货物均受到长时间的剧烈摇晃、震动和撞击,加之最终 6 个平板集装箱内的货物(木箱)从集装箱中掉出来所致。相关调查、检验、鉴定报告等记载,连接集装箱与箱内木箱的绑扎带断裂,丧失了原有将木箱固定于集装箱内的作用,同时,有的木箱内还存在将机器固定在金属底盘上的螺栓剪切断,机器发生位移等情况。根据案涉提单记载,货物由"托运人装箱并计数"。事实上,货物也是由托运人委托的公司包装、装箱,故被保险人关于案涉货物的包装完全合乎海上运输的需要和通常惯例的主张与事实不符。同时,在货损事故发生过程中,固定集装箱与甲板之间的钮锁并未松开,绑扎杆也未断裂,集装箱相对于甲板未发生位移,表明承运人在履行其积载、绑扎义务时没有过错。法院认定,承运人对因托运人自身原因造成的货损不负赔偿责任。该免责条款的规定与保险人责任期间有关,只要不能证明货物损坏发生在保险责任期间,保险人不承担赔偿责任,意味着推定发货人的责任引起损失的损失。在(2018)粤 72 民初 383 号案中,原告被保险人未证明案涉保险标的货不对版发生于被告保险责任期间,法院认定,被告对原告拒赔有理。

这里的发货人是运输合同中的笼统概念,应包括托运人或向承运人交付货物的其他人。在(2022)沪民终 326 号案中,法院认定案涉地砖和瓷砖为易碎品,货物装船时并未采取符合货物特点的适当积载和绑扎系固方式,存在积载不当和绑扎系固不足的情况,属于发货人的责任。至于"发货人"的范围,法院认为,词语具有多义性,不同的概念在不同的语境和场合其内涵及外延不尽相同。对于特定概念的含义需要结合其

---

[1] 另参见青岛海事法院(2018)鲁 72 民初 1924 号民事判决书。
[2] 另参见厦门市中级人民法院(2005)厦民终字第 2183 号民事判决书。

所在法律文本、文本中特定条款、当事人之间的约定等多重因素予以解读和界定,每一起保险案件的实际情况均有差异。就案涉《海洋运输货物保险条款》中关于"发货人"的含义,在保险人未向被保险人明确解释和说明案涉保险合同项下"发货人"的定义和范围的前提下,一审法院关于"发货人"概念的解读和理解,不能作为认定保险条款中关于"发货人"概念的通说界定。[1]

(三)在保险责任开始前,被保险货物已存在的品质不良或数量短差所造成的损失

此类损失系保险责任开始前已然存在的货物品质和数量与合同约定不符,因其并非发生在保险责任期间,也不属于承保风险所致,因此保险人不承担保险责任。被保险人有效证明所投保货物损失发生在保险责任期间,是得到保险赔偿的前提。在(2019)鲁民终 2006 号案中,法院认为,案涉集装箱从发运仓库运抵青岛港之间集装箱的铅封和箱体一样是完好的,从货物封箱到上诉人接收货物,集装箱的货物没有发生任何变化,不存在任何外来原因造成货物损失。卸货港公安机关出具的情况说明显示案涉货物集装箱铅封完好的情况,以及始发港称重的重量与抵达港实际重量相符。被保险人在一审、二审期间主张货物短重外来原因可能是盗窃,但并没有就此举证。故被保险人上诉关于保险标的损失源于外来原因理由,没有事实依据,不予支持。

如果被保险人已证明货损情况,保险人应对其拒赔主张承担举证责任。在(2018)粤民终 540 号案中,法院认为,案涉货物运抵东莞麻涌港卸载后,经东莞出入境检验检疫局检验即发现货损,应认定货损发生于案涉货物运输途中,属案涉保险合同约定的"仓至仓"保险责任期间。保险公司抗辩称货损属于发货人责任所引起的损失,在保险责任开始前,被保险货物已经存在的品质不良或数量短差所造成的损失,被保险货物的自然耗损、本质缺陷等除外责任事由,其对此负有举证责任。

(四)被保险货物的自然损耗、本质缺陷、特性以及市价跌落、运输延迟所引起的损失或费用

《海商法》第 243 条对航行迟延、交货迟延或者行市变化、货物的自然损耗、本身的缺陷和自然特性以及包装不当等保险责任除外情形作了规定,同时规定当事人可以就该条内容另作约定。该条免责事项涉及领域广泛,应结合海上运输合同、市场行情、货物属性以及买卖合同关于货物包装的约定等进行认定。

在(2005)广海法初字第 211 号案中,针对运输迟延是否属于"仓至仓"保险期间,法院认为,保险合同约定"仓至仓"责任"包括正常运输过程",不是仅限于正常运

---

[1] 一审法院在(2020)沪 72 民初 2022 号判决书中认为,如果引发货损的事由发生在保险责任开始之后,只有发货人本人及其工作人员所实施的行为,方可归属于"发货人责任"。

输,从而间接将运输迟延排除在保险期间之外……因此,即使发生运输迟延,只要货物尚未达到目的地仓库,"仓至仓"保险期间不应终止,运输迟延仍属于该保险期间。法律规定航行与交货迟延所造成的损失为保险除外责任,也不意味航行与交货迟延期间不属于保险期间。至于航行和交货迟延与保险人免责的关系,法院认为,法律规定保险人可因航行与交货迟延而不负责赔偿的损失,是与航行与交货迟延有因果关系的损失。迟延期间所发生的损失不等于因迟延所造成的损失,因为在迟延期间可能存在外来原因造成被保险货物损失,也可能因迟延等其他因素或多种因素综合作用造成货损。因运输迟延属保险期间,在运输迟延中因承保风险所造成的损失,保险人仍应负责赔偿;如果在运输迟延中,因承保风险与迟延等保险除外风险共同造成被保险货物损失,保险人其仅可拒赔因迟延等保险除外风险所造成的损失,即与迟延等保险除外风险有因果关系的部分损失。相关评估报告仅试图证明运输迟延期间发生的货损,而没有证明运输迟延所造成的损失,这说明大豆较长时间在船并不一定明显受损,运输与交货迟延并不是导致货损的必然因素,同时进一步佐证了货损主因是通风不良的结论,该结论应予采纳。船舱通风不良(引起高温和舱汗)对于货物而言是一种外来原因。上述货损属于保险合同约定的险别"一切险"的承保范围,被告应予以赔偿。被告没有举证证明货损中因航行迟延、交货迟延等法律规定的保险除外风险所造成的部分,应依法承担不利后果。

发货人在装货港因货物包装、数量等缺陷,针对大副收据的批注向船方出具保函,以换取清洁提单,货物发生损坏后被保险人持保险单索赔时,保险人有权就既有缺陷拒绝赔偿。至于哪些损失应予赔偿,还需区别损失性质,准确认定是否发生在保险责任期间。

在(2018)沪民终481号案中,法院认为,根据保函的表述,保函仅免除船方因签发清洁提单可能遭受的损失、损害或责任,而并未免除船方在运输途中因签发清洁提单之外的原因对货损负有的责任。保险人主张该案所有的货损都来源于保险责任开始之前的原残,或是因货物本身包装不当造成运输途中的散包,但未证明货物存在原残或包装不当,以及原残或包装不当与最终货损之间的因果关系。并且,其他证据印证了保险人所主张的案涉货损全部由货物原残或包装不当引起的理由不能成立。法院认为,保险人未充分举证证明其主张,应当推定案涉保函之外的货损产生于保险责任期间,与船方签发清洁提单无关。即使大副收据批注所反映的问题真实存在,保险人同意赔付的金额已经扣除了大副收据批注所涉及在装运前已受损或表面状况不良的部分货物的损失。因此,该同意赔付金额的货损与船方签发清洁提单无关,与被保险人出具的保函也无关,保险人对该部分损失不能因被保险人出具清洁提单保函而免责。

对于何谓货物"自然损耗、本质缺陷、特性",可参照《海商法》第51条第1款第9项规定的"货物的自然特性或者固有缺陷"和《2021年涉外审判会议纪要》加以认定。《2021年涉外审判会议纪要》第54条规定:

> 海商法第五十一条第一款第九项规定的"货物的自然特性或者固有缺陷"是指货物具有的本质的、固有的特性或者缺陷,表现为同类货物在同等正常运输条件下,即使承运人已经尽到海商法第四十八条规定的管货义务,采取了合理的谨慎措施仍无法防止损坏的发生。

(五)本公司海洋运输货物战争险条款和货物运输罢工险条款规定的责任范围和除外责任

保险人对被保险货物损失或费用属于除外事故所致,应承担举证责任。最高人民法院在(2019)最高法民申5619号案中认为,根据该案海洋运输保险条款"责任范围""平安险"条款的约定,火灾事故属于该险别的承保风险,保险公司主张构成"除外责任",对此负有证明义务。案涉保险条款"除外责任"为"被保险货物的自然损耗、本质缺陷、特性以及市价跌落、运输延迟所引起的损失或费用"。保险公司应当举证证明货损为货物的本质缺陷导致。被保险人在报案材料《情况说明》中认为"在装船接近1000吨的时候船上发现冒烟并自燃",只是对火灾发生情况的描述,其并未在诉讼中认可火灾因货物自燃引起,并不构成自认。该表述及对案外人赔偿的事实均不足以证明货物起火原因是货物本质缺陷导致。保险公司提供的公估报告亦未明确火灾事故系货物的本质缺陷所致。

另外,保险人若希望根据除外责任条款免除责任,除承担举证责任外,还需根据《保险法》第17条第2款的规定,在订立合同时履行对免责条款的提示和明确说明义务。否则,如被保险人提出异议,该等除外责任条款的效力将不被认定。如上文(2022)沪民终326号案中,上海市高级人民法院认定发货人对货物绑扎不牢固负有责任,同时依据《保险法》第17条第2款的规定,否定了保险人关于"已经加粗加黑"即构成提示和明确说明的主张。法院认为,保险人未提供证据证明其在订立保险合同时已向被保险人明确说明该项除外责任条款。尽管双方订立保险合同采用案涉保险条款并认可该条款的效力,但在被保险人对属于"发货人责任"的除外责任条款的效力提出异议的情况下,不能据此认定该项除外条款也与其他条款一并生效。该案中,保险人未向被保险人明确解释和说明"发货人责任",故该条款不产生效力。据此认定,保险人根据案涉保险条款载明的属于"发货人责任所引起的损失"提出免责抗辩,不能成立。

四、保险责任起讫

保险责任期间,是指保险合同生效到终止的期间。保险责任起讫,即保险人保险责任期间起始(commencement)到终止(termination)的期限。保险合同一经签订,保险人即承担保险责任,也可由保险双方约定,在保险合同上订明保险人开始承担保险责任的时日。保险责任起讫,通常订立在保险单背面,而且就国际运输货物保险而言,通常是"仓至仓条款"。

(一)保险责任起始时间

根据 PICC 2018 保险单的内容,"仓至仓条款"(warehouse to warehouse clause)责任起始,是指自被保险货物运离(leave)保险单所载明的起运地仓库或储存处所开始运输时生效。通常理解为不包括仓库内装上运输工具的过程。

因此,货物在起运地发生损失,不属于保险责任期间的情形可概括为:(1)货物从其他地点运至保险合同约定起运地仓库或储存处所途中发生的损失;(2)在保险合同约定的起运地仓库或储存处所内待运期间发生的损失;(3)在保险合同约定的起运地仓库或储存处所将货物装上运输工具期间发生的损失;(4)货物装上运输工具后,等待驶离保险合同约定起运地仓库或储存处所期间发生的损失。

(二)运输途中的保险责任

正常运输途中的责任,包括正常运输过程中的海上、陆上、内河和驳船运输在内,直至该项货物到达保险单所载明目的地收货人的最后仓库或储存处所。即运输途中保险责任持续有效,包括保险责任终止前运输工具延误的期间。

(三)保险责任终止时间

保险责任的终止时间,情况更为复杂,需根据不同情形确定。正常情况下保险责任终止时间包括,至保险货物到达(be delivered)保险单所载明目的地收货人的最后仓库或储存处所,或者被保险人用作分配、分派或其他储存处所为止。非正常时,未抵达上述仓库或储存处所,以被保险货物在最后卸载港全部卸离海轮后满 60 天止。如在上述 60 天内被保险货物需转运到非保险单所载明的目的地,则以货物开始转运时止。因此,保险责任终止时间可概括为三种情况。

1. 以"仓至仓空间维度"责任终止时间。(1)货物在保险单载明目的地收货人的最后仓库或储存处所交付时(until the insured goods are delivered to the consignee's final warehouse or place of storage at the destination named in the Policy);(2)在被保险人用作分配、分派的处所或其他储存处所交付时(or to any other place used by the Insured for allocation or distribution of the goods or for storage other than in the ordinary course of transit)。

2. 以"60 天时间维度"责任终止时间。(1)如未抵达上述仓库或储存处所,则以被保险货物在最后卸载港全部卸离海轮后满 60 天为止(This insurance shall, however, be limited to 60 days after completion of discharge of the insured goods form the seagoing ves-

sel at the final port of discharge before they reach the above mentioned warehouse or place of storage)。即货物在保险单载明的最后卸载港全部卸离船舶后,如未抵达上述仓库或储存处所,则以 60 天为限,超过 60 天发生的保险事故,保险人不承担保险责任;(2)若货物在卸离船舶后 60 天内被运往非保险单载明的目的地,当开始转运时保险责任终止(If prior to the expiry of the above mentioned 60 days, the insured goods are to be forwarded to a destination other than named in the Policy, this insurance shall terminated at the commencement of such transit)。

3. 航程变更时责任终止时间。若发生被保险人无法控制的延迟(delay)、绕航(deviation)、被迫卸货(forced discharge)、重装(reshipment)、转载(transpment),或承运人行使运输合同赋予的权利终止运输合同(any change or termination of the voyage arising from the exercise of a liberty granted to the shipowners under the contract or affreight)等航程变更的情况,使保险货物运到非保险单所载明的港口或地点时,在被保险人及时通知保险人并在必要时加缴保险费的条件下,保险责任的终止或变更又有两种情况:(1)若货物在非保险单载明的港口或地点出售,在交付货物时(on delivery of the goods sold)保险责任终止,但任何情况下均以在该港口或地点全部卸离船舶后 60 天为限;(2)货物在 60 天内自该非保险单载明的港口或地点继续运往保险单所载原目的地或任何其他目的地,保险责任仍按上述 1 和 2 的期限终止。

ICC 2009 条款责任期间,包含了起运地和目的地仓库或储存处所两端的装、卸货风险。而 ICC 1982 条款和 PICC 2018 条款的规定不包括起运地仓库装货,至于是否包括目的地仓库或储存处所的卸货,并不明确。中国的保险公司在承保国际货物运输险时,往往仅提供英文保险单,不提供中文版本,而中、英文版本并不一致(如"delivered"译为"运抵")。要分析研究其保险单,有必要参考不同文本。至于对不同文本发生不同理解时,以哪个文本为准,应根据投保、签单等具体情况和保险法的规定认定。据此,运抵又可理解为交付,包括卸货后置于收货人处置状态。另外,PICC 2018 并没有如 ICC 2009,增加一个终止时点,即被保险人或其雇员在正常运输过程之外选择任何运输车辆或其他运输工具或集装箱储存货物。

(四)"仓至仓条款"裁判规则

由于国际运输的复杂性,使得对"仓至仓条款"责任期间的理解,常有争议。保险责任起讫时间的确定,依赖于运输合同的履行。因此保险合同中的相关词语,应参考运输合同词语解释其含义。如 PICC 2018 保险单使用的交付(deliver)、抵达(arrive)、延迟(delay)、绕航(deviation)或卸货(discharge),应该与运输法下的含义作一致的理解。

1. 对"驶离"起运地仓库或储存处所的认定。如上所述,PICC 2018 保险单规定保险责任始于运输工具"驶离"(leave)仓库或储存处所之时,不包括装上运输工具的过程。确认"仓至仓条款"下保险责任开始时间,需综合考察是否保险单记载的起运地仓库或储存处所、是否装上运输工具,以及是否因为保险航程而运离该仓库或储存处所等因素。

在(2018)津民终54号案中,案涉保险单记载承保险别为PICC《海洋运输货物保险条款》(2009年版)的一切险,保险单背面载有"仓至仓"责任条款。货物由被保险人自北京运至无船承运人位于天津的仓库待发运,在未开始运离前发生"8.12"火灾爆炸事故,货物受损。被保险人认为损失发生在保险责任期间。二审法院认为,"仓至仓"保险责任开始需满足两个条件:一是被保险货物运离保险单所载明的起运地仓库或储存处所,即被保险货物发生物理位移,运离地点系保险单所载明的起运地仓库或储存处所;二是运离货物的目的为开始运输。案涉保险单载明自天津至费城,即案涉货物的起运地为天津,故该案保险人的责任期间亦应起始于案涉货物运离天津的仓库或者储存处所。案涉事故发生时案涉货物尚未运离或正在运离无船承运人的仓库。据此,保险公司的保险责任尚不满足"仓至仓"责任的开始条件。最高人民法院再审指出,事故发生时案涉货物储存于无船承运人仓库,无证据证明货物已经或正在运离。案涉保险未涵盖案涉货物自北京至天津的运输区段。被保险人称运输一旦开始,基于运输衔接的存放均在保险责任期间之内,缺乏事实和法律依据。

2. 保险责任可早于合同生效时间。责任期间不仅涉及空间效力(起运地仓库或储存处所),还涉及时间效力,即保险责任开始可能早于合同生效时间。如前文所举(2022)沪民终702号案中,一审法院认为,保险合同生效日期并不等于保险责任开始日期。依据《保险法》第14条的规定,保险合同的双方当事人完全可以约定保险责任开始的时间早于保险合同成立并生效之时。案涉保险责任期间为"仓至仓"条款且开航日期为"根据提单记载",据此可以确定案涉保险责任开始于提单签发之日。法院因此驳回了保险人有关"保险责任不能溯及既往"的抗辩意见。二审法院进一步认定,该案预约保险合同、保险合同和我国法律、行政法规对于当事人约定保险责任开始时间早于保险合同成立之时均未作禁止。《审理海上保险案件规定》第10条虽未直接规定保险责任的溯及力,但适用该条规定的场景即为保险责任开始时间早于当事人订立保险合同之时的情况。《海洋运输货物保险条款》中对"仓至仓"的责任起讫作了说明,明确"'仓至仓'责任,自被保险货物运离保险单所载明的起运地仓库或储存处所开始运输时生效"。该说明并未对"仓至仓"责任起讫的时间和空间维度进行区分。保险人关于"仓至仓"条款仅仅从空间维度界定保险人的责任期间,不涉及时间维度的上诉主张,无合同和法律依据。该案保险人的保险责任依照当事人的约定,应从案涉航次的开航日即提单记载的日期开始。

3. "最后仓库或储存处所"范围应受限制。在(2019)鄂民终887号案中,保险人认为,案涉保单仅载明目的港,则货物实际运至收货人在港区的任何仓库可视为"最后仓库或储存处所";如仅载明目的地(城市名),则收货人在该行政区域范围内的任何仓库都可以视为"最后仓库或储存处"。法院不同意该主张并认为,对于保险条款涉及"仓至仓"保险责任期间的界定,其本质是对保险条款的理解,应根据《合同法》第125条规定的合同解释原则,确定该条款的真实意思。因此,从条款所使用的词句来看,"保单所载明目的地收货人最后仓库或储存所"应该是保单载明具体名称的"仓库或储存处";从保险条款的其他内容来,保险条款第3条还载明"如未抵达上述仓库或储存处所,则以被保险货物在最后卸载港全部卸离海轮后满60天为止",即如货物在目的地(城市名)甲港口仓库暂时堆存,在此后60天内全部转运至该城市乙港口仓库堆存。按照保险人在该案诉讼中的观点,货物在甲港口仓库堆存即意味着保险责任期间终止,这显然与保险条款关于中途卸货转运的60天仍属于保险期间的约定相悖;如按照保险人的解释,保单仅载明目的地(城市名),则该行政区域范围内的任何仓库均被视为"最后仓库或存储处所",实质上减轻了保险人的责任,加大了投保人的风险。最高人民法院支持了原审判决,认为"最后仓库或存储处所"应限定为收货人在所载明目的港(地)所有或所使用的存储场所。保险人认为保单载明目的港的任一仓库均可视为最后储存处所,忽略了该条款的限定条件,实际扩大了保险责任期间终止的适用情形,不符合该条款的真实意思,原判决对该条款的理解和据此作出的认定,具有法律依据,并无不当。

在(2020)最高法民终1262号案中,案涉《货物运输保险单》航程范围为:从货物在中国大陆入境口岸第一个点着陆(海港、河港、机场或陆地口岸)时起,包括卸货过程,经运输、储存或展会/展览,至货物在中国大陆的经销商地点卸货时止,包括卸货过程。一方主张上述"经销商"应指分布在全国各地最终端的经销商,另一方主张"经销商"特指进口商。最高人民法院从案涉合同条款使用的词句、案涉保险合同目的、交易习惯等几个方面进行辨析,认定该保单载明的经销商唯一合理解释即因与出口商直接具有买卖合同关系,出口商需要向其交付车辆的经销商(进口商)。此外,经销商有权与出口商约定适当的接收货物地点,故航程范围条款载明的"经销商地点"应当是指经销商指定的地点,而不应局限于经销商的工商登记地址。也就是说,出口商将车辆交付至与其具有买卖合同关系的经销商指定地点后,案涉《货物运输保险单》航程范围即终止。值得注意的是,该案在论证保险事故赔偿的普遍习惯时,引用了中国保险行业协会天津港"8.12"特大火灾爆炸事故保险理赔处理预案的相关内容,即货运保险责任的认定:对于进港(目的地为天津港或天津新港)或出港货物(起运地为天津港或天津新港),主要是看货物存放地点是码头堆场或承运人仓库,还是收货人或货方代理人在港口的仓库,通常如果是前者,则属于货运险的保险期间,应予以赔付;如果是后者,则运输过程还未开始或已经结束,不属于货运险的保险期间,不予赔付。此保险事故赔偿普遍习惯,可以作为考察保险责任期间终止的参考。

4. "运抵""运到"抑或"卸下"。PICC 2018"仓至仓"条款中文版在第 3 条责任起讫第 1 款和第 2 款分别使用了"运抵"和"运到",但前者英文版为"deliver",后者为"arrive"。货物在目的地收货人仓库或其他储存处所的"deliver",不是货物"运抵"该仓库或处所的时间,而应为承运人完成"交付"货物的时间。至于是承运人根据运输合同直接交付货物,还是收货人自行提货后运抵并卸至仓库或处所,不影响对"交付"的认定。因此应理解为,货物抵达收货人最后仓库或储存处所卸离运输工具,在地面落定的完成状态,保险责任才终止。

在(2018)沪 72 民初 2900 号案中,保单记载承保险别为 PICC《海洋运输货物保险条款》一切险。案涉货损系在集装箱车到达收货人仓库的卸货平台,在货物卸离集装箱车至地面的过程中发生坍塌,该卸货平台距仓库之间约 10 米远,且有关卡及门锁,货物需要用叉车继续运载至仓库。法院认为,虽同处同一密闭空间,但案涉货损发生之卸货平台并不属于货物的"最后仓库或储存处所"。"货物到达最后仓库或储存处所"应理解为货车到达仓库,对货物进行搬卸作业并将货物最终存储于仓库的过程。该案的货损发生在货物从集装箱车卸离至地面过程中,此时货物尚未到达仓库,保险责任期间尚未终止。并且认为,对于"仓至仓"条款责任期间何时终止的理解,因双方存在不同理解和争议,应当作出对提供格式条款一方即保险人不利的解释。

5. 航程变更时保险责任的终止。作为保险标的的货物,由承运人依据运输合同负责运输,被保险人即使同时是提单持有人,也无法控制运输过程。如果发生被保险人无法控制的运输延迟、绕道、被迫卸货、重新装载、转载或承运人运用运输合同赋予的权限所作的任何航海上的变更或终止运输合同,致使被保险货物运到非保险单所载明目的地时,货物面临风险增加,保险人同意在被保险人及时通知该情形并加付保费的情况下,合同继续有效。若被保险人不能满足该条件,可能被认定保险责任终止。

在(2016)沪民终 136 号案中,载货船舶在 2007 年 4 月 14 日起运,由于被保险人无法控制的原因绕道斯里兰卡科伦坡港,后船舶被斯里兰卡法院司法扣押,直至 2012 年 8 月 23 日该船沉没,案涉货物全损。该案涉及适用 ICC 条款还是 PICC 条款,以及保险事故发生在船舶被司法扣押后的航程丧失之时,还是船舶被扣押后货物随船沉没之时,司法扣押是否属于战争险中的第 2 项除外责任,以及被保险人对保险事故的及时通知义务、保险合同继续有效和诉讼时效等问题。一审法院认定应适用 ICC A 条款(1982 年),而二审法院认为应根据保险单背面记载,适用 PICC 条款。二审法院在否定司法扣押属于"海洋运输货物战争险条款"除外责任后,就保险责任终止时间问题,根据《海洋运输货物保险条款》的"责任起讫"条款第 2 项的规定认定,在被保险人未按合同约定将运输被终止在目的港以外港口的情况及时通知保险人,并在必要时加缴保费以使保险合同继续有效的情况下，案涉保险合同已经终止，保险人的责任期间也就此终止。驳回了原告关于保险事故发生于之后案涉货物随船舶一起沉没之日的主张。

五、保险人的主要义务

PICC 2018 保险单没有规定保险人的义务，应根据《保险法》的规定确定其义务内容。保险人的主要义务包括：

1. 签发保险凭证。本保险合同成立后，保险人应当及时向投保人签发保险单或其他保险凭证。

2. 及时一次性通知补充索赔证明材料。保险事故发生后，投保人、被保险人提供的有关索赔的证明和资料不完整的，保险人应当及时一次性通知投保人、被保险人补充提供。

3. 提供格式合同条款并提示和明确说明内容。采用保险人提供的格式条款的，保险人向投保人提供的投保单应当附格式条款，保险人应当向投保人说明合同的内容。并对保险合同中免除保险人责任的条款，应当履行提示和明确说明义务。

4. 及时核赔并通知被保险人。保险人收到被保险人的赔偿请求后，应当及时就是否属于保险责任作出核定，并将核定结果通知被保险人。

5. 及时赔偿。保险人应对发生在保险责任期间的责任事故，按照合同约定和法律规定，及时、足额赔偿被保险人。

六、投保人、被保险人的主要义务

1. 及时提货、获取货损证明并向承运人等提出索赔。当被保险货物运抵保险单所载明的目的港（地）以后，被保险人应及时提货，当发现被保险货物遭受任何损失，应即向保险单上所载明的检验、理赔代理人申请检验，如发现被保险货物整件短少或有明显残损痕迹应即向承运人、受托人或有关当局（海关、港务当局等）索取货损货差证明。如果货损货差是由于承运人、受托人或其他有关方面的责任所造成，并应以书面方式向他们提出索赔，必要时还须取得延长时效的认证。如未履行上述规定义务，保险人对有关损失不负赔偿责任。

2. 采取合理抢救措施，防止或减少损失。对遭受承保责任内危险的货物，被保险人和保险人都可迅速采取合理的抢救措施，防止或减少货物的损失，被保险人采取此项措施，不应视为放弃委付的表示，保险人采取此项措施，也不得视为接受委付的表示。对由于被保险人未履行上述义务造成的扩大的损失，保险人不负赔偿责任。

3. 立即通知航程变更、遗漏或错误等情况。如遇航程变更或发现保险单所载明的货物、船名或航程有遗漏或错误时，被保险人应在获悉后立即通知保险人并在必要时加交保险费,本保险才继续有效。

4. 索赔时提供所要求的单证和向责任方索赔证明。在向保险人索赔时,必须提供下列单证:保险单正本、提单、发票、装箱单、磅码单、货损货差证明、检验报告及索赔清单。如涉及第三者责任,还须提供向责任方追偿的有关函电及其他必要单证或文件。

被保险人未履行前款约定的单证提供义务,导致保险人无法核实损失情况的,保险人对无法核实的部分不承担赔偿责任。

5. 就"船舶互撞责任"条款的实际责任通知保险人。在获悉有关运输契约中"船舶互撞责任"条款的实际责任后,应及时通知保险人。否则,保险人对有关损失不负赔偿责任。

除保险单规定上述主要义务外,被保险人的其他义务还需根据《保险法》的规定认定。①

七、保险索赔

保险人收到被保险人的赔偿请求后,应当及时就是否属于保险责任作出核定,并将核定结果通知被保险人。情形复杂的,保险人在收到被保险人的赔偿请求并提供理赔所需资料后 30 日内未能核定保险责任的,保险人与被保险人根据实际情形商议合理期间,保险人在商定的期间内作出核定结果并通知被保险人。对属于保险责任的,在与被保险人达成有关赔偿金额的协议后 10 日内,履行赔偿义务。

八、索赔期限

根据 PICC 2018 保险条款的规定,本保险索赔时效从保险事故发生之日起算,最多不超过 2 年。关于其效力,须根据《民法典》的规定确定,如果保险人对其条款怠于根据法律更新,与法律规定不符的,应为无效。

---

① 2024 年《海商法(修订草案)》第 263 条对被保险人违反保证条款、保险人合同解除权及不得解除的情形作了规定。

第五章　保险索赔和理赔

第一节　保险索赔和理赔概述

保险索赔(insurance claim)和保险理赔(settlement of insurance claim)是保险赔偿的两个方面,也是经常发生纠纷的环节。

一、保险索赔

在国际贸易中,被保险人应履行保险单规定的及时提货义务、减损义务、通知义务以及保护时效义务等。无论是卖方投保后将保险单背书转让给买方,还是买方直接投保并持有保险单,货物抵达目的港(地)时出现残损的,通常由买方作为保险单的持有人向保险人提出赔偿请求。在向保险人索赔时,应提供与确认保险事故的原因、性质、损失期间和损失金额等有关的资料和单证,包括保险合同或保险单、保险凭证正本、已付保险费凭证、货物发票及提单,或者其他运输凭证、装箱单、磅码单、货损货差证明、检验报告及索赔清单,同时应提供向责任方追偿的有关函电及其他必要单证或文件;否则,导致保险人无法核实损失情况的,保险人对无法核实的部分不承担赔偿责任。

二、保险理赔

保险人在接到出险通知后,应当立即派人进行现场查验,了解损失情况及原因,查对保险单,登记立案,对投保人、被保险人提供的有关证明和资料进行审核,以确定保险合同是否有效,保险期限是否届满,受损失的是否是保险标的,索赔人是否有权主张赔付,事故发生的地点是否在承保范围内等。保险人收到被保险人的赔偿或者给付保险金的请求,经过对事实的查验和对各项单证的审核,应当及时作出应否承担保险责任及承担多大责任的核定,并通知被保险人核定结果。对属于保险责任的,在与被保险人达成有关赔偿或者给付保险金额的协议后10日内,履行赔偿或者给付保险金义务。保险合同对保险金额及赔偿或者给付期限有约定的,保险人应当依照保险合同的约定,履行赔偿或者给付保险金义务。保险人按照法定程序履行赔偿或者给付保险金的义务后,保险理赔结束。

保险人未及时履行赔偿或者给付保险金义务构成违约,应当按照规定承担相应的责任,即除支付保险金外,应当赔偿被保险人因此受到的利息损失。当然,被保险人获得保险赔付后,应开具收据和权益转让书,并协助保险人向对保险事故负有责任的第三方追偿。保险人收到索赔后及时核定保险责任并赔偿被保险人是其基本合同义务。对此,《保险法》第 23 条和《海商法》第 237 条都作出了相应规定。

三、法院裁判逻辑

在保险索赔和理赔案件中,法院对保险人应否赔偿的裁判逻辑通常是:首先,确认保险合同是否有效、条款是否具有约束力;其次,确认是否发生保险责任事故和损失,以及损失性质和程度;再次,确认是否发生在保险责任期间;复次,确认除外责任条款的效力及损失是否属于除外责任;最后,确认保险人应予赔偿的金额及有无扣除事项。这些也是案件争议焦点。如(2022)辽 72 民初 1259 号案,法院根据当事人的诉辩主张,归纳争议焦点为:(1)保险合同的成立时间;(2)保险公司是否承担保险责任,包括被保险人或投保人是否未尽如实告知义务,保险公司是否具有法定或约定的免责理由;(3)被保险人的损失金额。针对保险合同的成立时间,法院依据《海商法》第 221 条认定,虽然该条仅规定了"被保险人",没有提及"投保人",但该条同样适用于投保人与保险人之间订立海上保险合同的行为。双方在对保险合同内容达成一致时,海上保险合同即已成立。保险人签发保险单并不是保险合同成立的必要条件,而是保险人在保险合同成立后的义务。因此,投保人同意不签发保险单,并不影响案涉海上保险合同的成立。针对保险公司是否承担保险责任,法院根据《海商法》和《保险法》的规定认定,被保险人或投保人对保险人的如实告知义务存在于保险合同订立之前。投保人在索要保险单时未告知事故已发生的行为发生在保险合同成立之后,故不构成对如实告知义务的违反。双方当事人在保险合同开始履行之后再补交保险费、补签保险单的行为是保险公司同意或者默许的,即接受了先承保后付费出单;投保人投保的意愿是真实的,保险公司不应事后再以保险单未签发为由,主张保险责任期间尚未开始。案涉保险事故的发生属于保险条款第 2 条第 2 项所约定的保险责任,亦发生在保险期间,保险公司应当承担保险责任。保险公司作出的拒赔通知书和解约通知书均没有事实和法律依据,不发生法律效力。关于被保险人的损失金额,法院根据保险公估机构查勘和定损结果,各项损失相加并扣减残值和 10% 免赔额后,判决保险公司应当赔偿被保险人的损失金额;同时认定,因为保险公司未能在收到被保险人索赔函后 30 日内核定损失,亦未在合理期间内与被保险人协商确定赔偿金额,相反却在日后作出拒赔决定,故保险公司还应承担因违约拒赔造成的逾期支付保险赔偿的利息。①

四、举证责任分配

关于保险案件中当事人的举证责任问题,《保险法》及相关司法解释并未作明确规定,应适用《民诉法》和最高人民法院《关于民事诉讼证据的若干规定》规定的举证责任规则。《保险法》第22条规定：

> 投保人、被保险人或者受益人应当向保险人提供其所能提供的与确认保险事故的性质、原因、损失程度等有关的证明和资料。

通常认为,索赔方的举证责任为初步的举证责任,只要提供其所能提供的与确认保险事故的性质、原因、损失程度等有关的证明和资料,其举证责任即已完成。保险人如果拒绝承担保险责任,应当证明存在除外责任等情形。从法院的裁判逻辑也可看出,保险纠纷的举证责任分配为：先由被保险人完成保险事故发生、被保险人遭受损失的初步举证责任,再由保险人证明事故是否属于其应当承担的责任。

第二节 索赔权主体资格

一、保险索赔权人

保险索赔权人,是指有权依据保险合同法律关系,向保险人提出保险金赔偿请求的人。根据《保险法》第182条和《海商法》第216条、第229条等的规定,海上货物运输保险合同索赔权主体,必须与保险合同有某种法律关系。主要有以下几类：(1)签订保险合同的投保人。(2)保险合同约定的被保险人。投保人和被保险人的关系通常有两种情况,一是投保人为自身利益签订保险合同,投保人即为被保险人,二是投保人为第三人的利益订立保险合同,投保人和被保险人分属两方。(3)保险合同的受让人。有的保险单仅有保险标的物、保险航程信息和条款内容,不体现投保人和被保险人名称,保险单持有人应被视为被保险人。

二、索赔权不等同于获赔权

要获得保险人的赔付,索赔权人还需拥有保险金获赔权。获赔权是对保险人的实

---

① 参见大连海事法院(2022)辽72民初1259号民事判决书。

体请求权,即胜诉权。获赔权的取得有两种途径:一是在保险事故发生时对保险标的具有保险利益;二是通过保险合同的受让取得权利。海上保险索赔权人不一定具有获赔权,而具有获赔权的主体,有时并不是索赔权人。CIF 贸易中,货物装船后发生损失,卖方已将提单和保险单背书转让给买方,卖方不再具有索赔权人主体资格,也无获赔权。买方作为提单和保险单受让人,拥有索赔权和获赔权。但如果受让人并未取得保险标的的所有权或不对保险标的具有其他的保险利益,则受让人不具有获赔权。FOB 买方虽持有保险单,具有索赔权人主体资格,但因其对装船前的保险事故损失不享有保险利益,而不具有获赔权。要想取得保险赔款,必须既具有索赔权,又具有获赔权,二者不可或缺。当然,这两项条件并不是保险索赔的充分条件,还应满足其他条件。在判定索赔权和获赔权时,保险利益仍是核心要素。

在(2003)闽经终字第 232 号案中,二审法院维持一审判决,认定在 CIF 出口贸易中,中国卖方作为被保险人在没有转让正本提单和保险单的情况下,对货物和应付运费损失享有向保险公司的索赔权和获赔权。至于买卖合同的约定对保险合同下被保险人保险利益的影响,法院认为在保险事故发生时,原告并未背书转让提单且仍持有全套的正本提单,因此其对案涉货物具有所有权,当然也就具有保险利益;而且,虽然原告在保险事故发生后,有权根据贸易合同的约定将风险转移给买方承担,向买方要求支付货款,但这是原告(卖方)的一种权利,其有权予以放弃,自己承担风险,并选择根据未背书转让的全套正本提单及其作为被保险人的保险单直接向保险人索赔。法院进而认为,究其原因,在 CIF 贸易术语中,关于货物风险转移的规定,系为了对贸易双方权利与义务进行界定,该术语中的货物越过船舷后的风险由买方承担,是为了减少卖方在国际贸易中的风险,但如果卖方在货物所有权未发生转移的情况下,自愿承担风险,法律也并未禁止,因此在货物所有权未发生实际转移的情况下,原告有权选择自己承担风险,而放弃本可享有的权利。该案中,原告在发生保险事故时对案涉货物具有所有权,并承担着风险,自然也就具有保险利益。关于原告对包含在货值中的运费是否具有保险利益的问题,法院认为,原告在保险事故发生时承担着支付运费的风险,其显然具有保险利益,且原告在投保时已将价格为 CIF 价明确无误地告知了被告,因此,除非被告有证据证明原告今后不须支付该运费,否则,原告在保险事故发生后仍承担着相应的支付运费的债务,被告理应对该运费予以赔偿。

在(2011)民申字第 1084 号案中,最高人民法院依据《海商法》第 229 条的规定认为,海上货物运输保险合同并不随保险标的的转让而当然转让,当事人应当以背书或者其他方式转让。X 公司持有货物保险单而没有背书转让,也没有证据表明 X 公司以其他方式转让了案涉保险合同。X 公司与保险公司之间一直存在海上货物运输保合同关系,虽然在审查起诉条件时尚不能确定 X 公司具有请求保险赔偿的实体权利,但可以认定其与该保险合同下的争议有直接利害关系,X 公司是提起该案诉讼的适格主体。至于案涉货物的风险、所有权是否已转移至买方 B 公司,X 公司对案涉保险单下的货物是否具有权利,其是否已丧失对保险公司的索赔权,均涉及 X 公司是否具有实体请求权的问题,是 X 公司起诉后能否胜诉的问题,属于实体审理的范围,一审法院应当在实体审理后判决驳回或者支持 X 公司的诉讼请求。一审法院认定 X 公司已丧失索赔权,实际上已认定其不具有实体请求权即胜诉权,却以其不符合法定起诉条件为由裁定驳回起诉,明显不当。对此,最高人民法院认为,二审法院裁定予以纠正是正确的,并予以维持。

第三节 保险价值、保险金额与赔偿金额

一、保险价值

就海上保险而言,保险价值应根据《海商法》第 219 条第 2 款的规定确定,也就是 CIF 价值:

> 货物的保险价值,是保险责任开始时货物在起运地的发票价格或者非贸易商品在起运地的实际价值以及运费和保险费的总和。

在(2019)鄂民终 63 号案中,保险人和被保险人未约定案涉货物保险价值,法院依照该规定认定,案涉货物保险价值应为大麦进口合同约定的 CFR 价值、保险费和运费之和。针对被保险人主张计入货物进口总成本的关税、增值税、商检费、烘干费、出库入库费等税费,法院认为,此等费用不在保险价值计算范围内。

二、保险金额和赔偿金额

基于保险的补偿原则,保险金额不得超过保险价值。超过保险价值的,超过部分无效。保险金额低于保险价值的,除合同另有约定外,保险人按照保险金额与保险价值的比例承担赔偿保险金的责任。日常业务中,超额保险不能完全避免。司法实践中需根据投保人是善意还是恶意超额投保、保险合同是否明确约定保险价值、保险人是否明知保险金额明显超出保险价值等情况,适用不同的裁判规则。根据《2021 年涉外审判会议纪要》第 73 条的规定:(1)海上保险合同明确约定保险价值的,按约定保险价值计算赔偿金额。保险人以约定的保险金额明显高于保险标的的实际价值为由,主张根据《海商法》第 219 条第 2 款确定保险价值,就超出部分免除赔偿责任的,法院不予

支持;除非保险人能举证证明,被保险人在签订保险合同时存在故意隐瞒或者虚报保险价值;(2)海上保险合同没有约定保险价值的,保险人可以主张根据《海商法》第219条第2款确定保险价值。若法院不认为保险金额明显高于保险价值,应判决保险人按照保险金额赔偿。如法院认定保险金额明显高于保险价值,保险人可以主张对超过保险价值部分不予赔偿,除非被保险人提供证据证明,保险人在签订保险合同时明知保险金额明显超过根据《海商法》第219条第2款确定的保险价值。该规定是最大诚信和禁止反言原则的体现,其功能在于遏制被保险人投保时故意隐瞒或虚报保险金额,获取超额利益,以及惩罚保险人违反诚信的行为,避免相关人员串通隐瞒和虚报保险金额的道德风险。

在(2017)浙民终367号案中,案涉保单未约定保险价值。保险公司上诉主张约定的保险金额高于保险标的实际价值,应按实际价值理赔。法院认为,保险公司作为专业的保险机构,应当知道约定保险价值的意义,并应对保险价值进行初步审核,对于保险金额明显高于保险价值的情况应当作出专业判断并有权拒绝投保或降低保险金额。保险公司在接受投保时,已确认案涉保险标的的保险金额,并按该保险金额收取保费,其提供的证据也不足以证明保单约定的保险金额明显超过保险价值,亦无证据证明投保人在投保时对保险标的的基本情况存在虚报或隐瞒。最终法院未支持保险人的主张。

最高人民法院在(2021)最高法民申4号案中,详细论述了保险价值和保险金额:首先,保险金额是指被保险人对保险标的的投保金额,而保险价值是指被保险人对保险标的的保险利益的价值。保险价值并不是保险合同必须约定的内容,而是区分定值保险与非定值保险的要素,未约定保险价值并不影响保险合同的效力。原审判决认为保险价值属于保险合同必备要素,保险人负有审核义务,缺乏法律依据。其次,保险公司在投保时发送给投保人的函件中仅有"保额"的表述,该表述属于"保险金额"的基本保险术语,且数额与保单中记载的保险金额相一致,故将该表述认定为"保险金额"并不会产生歧义。原审判决认为保险公司对"保额"的含义负有说明义务并承担不利后果,缺乏法律依据。最后,保险价值是双方当事人协商约定条款,并不属于保险合同的格式条款,且允许当事人对该条款不作约定。原审判决以保单为格式文本,该条款空缺未填应当作对保险人不利解释,认定保险价值与保险金额一致,案涉保险为定值保险,适用法律确有瑕疵。案涉保险合同仅记载了保险金额,保险价值一栏为空白,应视为双方仅对保险金额进行了约定,并未对保险价值进行约定,应当根据《海商法》第219条第2款第1项的规定确定保险价值。

第四节 加成保险和免赔额

一、加成投保问题

基于INCOTERMS中CIF贸易术语下规定的"最低保险金额应当至少为合同价格的110%",国际贸易中,凡按照CIF等由卖方负责投保的贸易术语达成的合同,卖方往往根据国际贸易惯例的要求,对货物进行加成投保,即把货值、运费、保险费以及转售该笔货物的预期利润和费用的总和,作为保险金额,按CIF价值的110%投保,且保险单中仅记载CIF价值110%的保险金额,不记载保险价值。

对于加成投保的效力,司法实践中存在两种态度:一是认定加成投保有效。即如果保险单约定保险金额为CIF价值的110%,而保险人未提出异议,认定该约定有效。在(2019)沪72民初1099号案中,法院认为,投保人就案涉货物按照CIF价值的110%加成投保,系为保障其费用成本和预期利润而作出的决定,该加成投保方式符合长期以来的国际贸易和保险惯例,亦不违反法律法规的禁止性规定。保险人明知投保人系在货物发票价格/CIF价值的基础上以110%加成投保,仍同意接受加成投保,据此确定保险费率并收取保险费,还在签发的保险单中载明含110%加成的保险金额。在此情况下,无论保险单中是否明确记载保险价值,均应视为保险人已认可货物的保险价值按照货物的发票价格/CIF价值的110%计算。在货物受损后,保险人依照双方约定按照110%的加成比例作出保险赔付,符合海上货物运输保险行业惯例,也是保险人遵循诚实信用原则并妥善履行保险合同项下义务的应有之义。在(2020)鲁72民初1947号案中,法院以同样理由认定,在货物受损后,保险人应依照双方约定按照110%的加成比例作出保险赔付,保险赔偿金额为加成后的保险金额扣除货物残值后的差额。二是认定加成投保无效。在认定无效的案例中,又存在两种认定依据。一种是根据《海商法》第219条第2款和第220条的规定,认为保险单中载明的保险金额超过保险价值的部分无效。被保险人与保险人未约定货物的保险价值,保险价值按照货物的合同价格计算。根据《海商法》第220条和第238条的规定,保险人应向被保险人支付保险赔偿。被保险人以加成保险主张超过合同价格的保险赔偿,无事实和法律依据,应不予支持。[①] 另一种是认定除CIF价值外,不存在其他保险利益,认为成本和利润已经包含在CIF价值中,对根据CIF价值加成的10%保险金额部分,被保险人不具有保险

---

① 类似案例还有(2013)沪高民四(海)终字第108号案,(2012)甬海法商初字第172号案及其二审(2012)浙海终字第116号案,(2009)沪海法商初字第325号案,(2005)广海法初字第211号案等。

利益。① 在(2016)最高法民申1383号案中,最高人民法院依据《海商法》第238条规定认为,保险人赔偿保险事故造成的损失,以保险金额为限。只有被保险人举证证明保险事故造成保险标的的损失等于或超出保险金额时,保险人才有义务按照保险金额支付保险赔偿。因此在被保险人没有举证证明保险标的在按CIF价值计算的损失之外还存在其他损失时,保险人未按照货物CIF价值的110%计算保险赔偿数额并无不当。

笔者认为,对以CIF价值加成10%确定保险金额的做法,应认定有效。理由如下:一是该做法基于被全球广泛认可的INCOTERMS,被贸易商和保险人普遍采纳,并未明显高出保险价值,有利于保障买方利润、促进交易。二是该10%加成部分系保障被保险人费用成本和预期利润,而非货物本身,该部分保险金额独立于CIF价值存在,属于期待利益,一旦货物发生损失,该部分损失也会发生,保险人应予赔偿。三是在当事人订立保险合同之时,被保险人依据贸易合同条款投保,通常不存在故意隐瞒和虚报,保险金额明确记载于投保单等材料,保险人大多明知并接受,据以收取保险费,该约定对保险人应具约束力,否则,违背诚信和禁止反言原则。四是当今我国涉外司法审判领域更为开放,最高人民法院对国际惯例的补缺适用持更为重视和积极的态度,承认CIF价值加成投保可以在国际社会产生良好影响。

二、免赔额问题

免赔额(deductible),是指保险合同双方当事人事先商定一个具体数额或比例,对承保风险造成的损失的索赔,累计金额不超过该数额或比例的,保险人不予赔偿。从商业角度看,被保险人承担部分损失以降低保险人的成本,进而降低保险费。被保险人自担小额的、经常性的损失可以减少保险费支出。因此,在核定保险赔偿金时,需扣除免赔额。免赔额分为绝对免赔额和相对免赔额。绝对免赔额常为固定金额或损失金额的百分之几,两者取高,不超过免赔额的,保险人不予赔偿;超过免赔额的,保险人对超过的部分进行赔偿。相对免赔额,是指保险人以某金额或百分比作为免赔额,若损失低于该金额或比例,不承担赔偿责任;若损失高于该金额或比例,则承担所有损失。二者的相同点是,损失不超过免赔额的,均不赔偿免赔部分。不同点是,如果损失数额超过免赔额,前者扣除免赔额,只赔超过部分,而后者不扣除免赔部分,予以全部赔偿。海上保险以绝对免赔额为主。

《保险法》和《海商法》没有对免赔额作出定义,仅《保险法解释(二)》第9条将免赔额、免赔率等认定为《保险法》规定的"免除保险人责任的条款"。关于免赔额条款的效力,根据《保险法》第19条、《保险法解释(二)》第9条的规定,免赔额、免赔率条款作

---

① 参见福建省高级人民法院(2003)闽经终字第232号民事判决书。

为免除保险人责任的条款无效,除非保险人证明其履行了《保险法》第 17 条第 2 款规定的提示、明确说明义务。最高人民法院在(2015)民提字第 14 号案中认为,案涉保险单特别约定事项载明"每次事故绝对免赔额 10 万元或损失金额 10%,两者以高者为准",保险条款第 11 条同时约定"保险人对每次赔款均按保单中的约定扣除免赔额(全损、碰撞、触碰责任除外)",因此全损、碰撞、触碰责任不适用保单约定免赔条款的意思表示明确。前述格式条款与特别约定并不冲突,因此也不存在所谓特别约定优于一般条款的情形。案涉事故即为船舶触碰产生的损害赔偿责任,属于前述保险条款第 11 条约定的免赔除外事项之一。原审判决不支持保险公司 10% 免赔额的抗辩主张,符合合同约定。在(2020)粤民终 2235 号案中,法院认定,保险人未举证证明其与投保人就免赔额达成合意,更未举证证明曾向投保人作出明确说明,其主张的"每次事故人民币 2 万元或损失的 10%,二者以高为准"的绝对免赔额(率)条款不产生效力。

第五节 推定全损与委付

一、推定全损

《保险法》没有对保险标的的实际全损(total actual loss)、推定全损(constructive total loss)和部分损失(losses of /or damage to part of the insured goods)进行明确定义。《海商法》第 245 条规定:

> 保险标的发生保险事故后灭失,或者受到严重损坏完全失去原有形体、效用,或者不能再归被保险人所拥有的,为实际全损。

第 246 条第 2 款规定:

> 货物发生保险事故后,认为实际全损已经不可避免,或者为避免发生实际全损所需支付的费用与继续将货物运抵目的地的费用之和超过保险价值的,为推定全损。

第 247 条规定:

> 不属于实际全损和推定全损的损失,为部分损失。

可见,推定全损是相对于实际全损而言的,也是以实际全损为参照定义,事实上是部分损失,法律推定其是实际全损。推定全损的适用范围仅限于船舶和货物。一般当部分损失的被保险财产的修复、救助费用太高时,构成推定全损;或者当被保险人因为承保的危险而失去了对被保险财产的占有,并且无法恢复占有或想要恢复占有但费用太高时,会构成推定全损;在某些情况下,货物本身完好无损而航程丧失或受阻时,是实际全损还是推定全损可能有不同理解。货物保险是一种赔偿被保险人可能因货物不能安全运抵目的地而遭受的任何损失的赔偿合同。用布拉姆韦尔(Bramwell)勋爵在 *Rodocanachi v. Elliott* 案中的话来说,"如果运送该货物的航次受损……构成了预计冒险航程的破坏,那么货物可能会由于该航次的受损而受损"。船舶保险和货物保险的重要区别在于,对货物保险来说,所投保的是"货物连同冒险航程"(goods cum adventure)。就某个特定航次对货物投保的情况而言,该保险(不同于船舶保险,即使船舶保险也同样地适用于某个特定航次)是对于该冒险航程,即承保航次的保险,同时也是对于该货物本身的保险。这一原则是由 1906 年《海上保险法》实施之前的若干判例确立的,可追溯至英国上议院中关于战争险的"测试判例"(test)。① 在(2018)最高法民再 452 号案中,港口公司工作人员在吊装集装箱时操作不当,导致被保险人集装箱内的高精密货物损坏。公估报告认为,通过上机实际生产检测的方式会发生很多突发情况,对于造成的损失,被保险人方面恐难以接受。由于受损货物为高精密原料,货物被撞落碰到箱体后被污染,无法正常上机生产,国内也很少有厂家生产,最终认定该批货物无法再次利用,无残值。案涉货物损失检测成本过高,亦无法再次利用,属于实际全损已经不可避免,为推定全损。最高人民法院确认该报告结论,认定货物构成推定全损,判决撤销原一、二审判决。在(2023)闽 72 民初 169 号案中,法院认定,案涉 PI 液是被保险人生产电子屏的化工原料,保存条件要求高,一旦发生变质,会造成电子屏出现残像,严重影响电子屏使用,从而造成成品价格严重贬值甚至报废。变质 PI 液造成成品贬值的损失是现实存在的,因此,此类变质 PI 液通常不会再被投入生产,只能作全损处理。被保险人要求保险人按照全损进行理赔并用日元进行支付,符合合同约定和法律规定,应予支持。另外,法院依据《海商法》第 240 条第 1 款的规定判决,被保险人为确定保险事故的性质、程度而支出的检验、估价的合理费用,应当由保险人在保险标的损失赔偿之外另行支付。

二、委付及其法律后果

(一)委付的概念

委付(abandonment),字面意思是放弃、抛弃。委付制度是海上保险中由损失补偿原则派生的另一种赔偿制度。当保险船舶或货物发生推定全损时,被保险人自愿放弃保险标的的所有权并将一切权益转让给保险人,由保险人按保险金额赔偿被保险人的

---

① 参见〔英〕奥梅、〔英〕希尔:《OMAY 海上保险——法律与保险单》,郭国汀等译,法律出版社 2002 年版,第 529 页。

行为,即为委付。委付制度作为一项古老的法律制度,在海上保险领域为保护被保险人的特殊需要,鼓励和保护海上运输及促进贸易发挥了重要的作用。在法律上,委付是附随于全损索赔的一种法律制度,也是基于对保险标的物上代位原则而衍生出来的一项制度。事实上,只要保险标的发生了全损,不论是推定全损还是实际全损,在保险人按照全损赔偿的情形下,物上代位原则即应适用,即保险标的上与保险人赔付金额相对应部分的权益就应转移给保险人。《海商法》第249条只涉及了推定全损下的委付,但结合第255条和第256条的规定,实际全损从某种程度上也存在委付,只不过这种委付是默认的。① 实践中,货物已发生实际全损的,形态上已不复存在,此种情况下的委付很难成立,因此常常是无须委付。

(二)构成有效委付的条件

依据《海商法》第249条的规定,有效委付应符合如下条件:(1)委付以推定全损为前提。如果标的物全部灭失,构成实际全损,就没有权益可转让,保险人应赔偿全部损失,无委付可言。部分损失也不发生委付。(2)由被保险人就推定全损索赔损失并提出委付请求,即向保险人发出委付通知(notice of abandonment)。严格说来,认为委付通知是推定全损的基本要素的说法并不正确,委付通知应当是提出推定全损赔偿请求权利的先决条件。② 在(1999)甬海商初字第209号案中,法院认为根据相关检验报告,所有鞋子失去原有形体和效用,不能销售,案涉货损为推定全损。被保险人要求保险人按照全部损失赔偿的,应当向保险人委付保险标的,但却未经委付而销毁全部货物,该行为有过错,应对此负部分法律责任。(3)保险人同意接受委付方。被保险人向保险人提出委付申请后,保险人可以接受,也可以拒绝。若构成推定全损,而保险人拒绝委付,视为保险人放弃委付的标的残值,应按照保险金额全额赔偿且不扣除残值。③ 若不构成推定全损,则保险人应按照实际损失的情况,以实际全损或者部分损失赔偿。

(三)委付的法律后果

委付后,被保险人只能获得相当于推定全损下保险金额的赔偿,而不能既获得保险赔偿,又不转让保险标的的有关权益。委付处理原则正是损失补偿原则的体现。委付成立以后,委付标的物的一切权益自发生委付的原因出现之日开始全部转让给保险人,保险人也须同时履行与权益相关的义务。在(2019)沪72民初1099号案中,法院认定案涉货物在吊装上船过程中发生事故导致集装箱内货物被推定全损。被保险人

---

① 参见司玉琢、张永坚、蒋跃川编著:《中国海商法注释》,北京大学出版社2019年版,对第249条的注释。
② 参见〔英〕奥梅、〔英〕希尔:《OMAY海上保险——法律与保险单》,郭国汀等译,法律出版社2002年版,第516页。
③ 另参见最高人民法院(2011)民提字第249号民事判决书。

要求保险人按照全部损失赔偿,并同意将案涉受损货物交与保险人处理,保险人也同意接受货物,故在保险人向被保险人按照全部损失赔偿之后,被保险人应当向保险人交付受损货物由其自行处置。关于未接受委付时,保险人能否获得保险标的物残值的权利,在经典案例(2011)民提字第 249 号案中,最高人民法院认为,标的物构成推定全损后,被保险人向保险人发出委付通知,但保险人没有依照《海商法》第 249 条第 1 款的规定,在合理时间内将是否接受委付的决定通知被保险人,应认定不接受委付,其不应取得对标的物残值的权利。保险人应按保险金额全额赔付而不扣除残值。在(2021)鄂民终 591 号案中,保险条款约定当被保险人要求赔付推定全损时,需将受损货物及其权利委付给保险人。法院认为,该案被保险人并未举证证明其向保险人发出过委付通知,相反,其选择了修复和更换受损标的物,并且向承运人提出索赔。被保险人一审中也未提出明确的委付意思表示,事实上其始终占有受损货物,其主张的受损货物残值是四年前的货物价值状况,对于该货物的现状,被保险人亦未举证证明。因此,被保险人在另案生效判决承运人向其承担全部货损责任和其实际占有受损货物(残值)的情况下,再要求保险人承担受损货物(残值)保险赔偿责任,将因保险事故额外获利,违反民事责任系填补责任的基本法律原则,其主张赔偿货物残值损失不应得到支持。

委付制度是海上保险的特殊制度之一,其不同于《保险法》第 59 条规定的保险标的的权利转移。根据该条规定,保险事故发生后,若保险人已支付全部保险金额且保险金额等于保险价值,受损保险标的的全部权利转移至保险人。如果保险金额低于保险价值,按照比例将受损保险标的的部分权利转移至保险人。此为法定而非约定转移。该制度适用于所有财产保险。委付制度仅适用于海上保险,一般不适用于其他财产保险。而且委付是被保险人仅针对推定全损的全部保险标的提出请求,不能就部分标的提出请求,也不能就实际全损或部分损失提出请求,且经保险人同意接受,委付才成立。[①]

第六节 代位求偿权

一、代位求偿权的概念

《保险法》第 60 条至第 63 条及其司法解释,《海商法》第 252 条至第 254 条,以及《海诉法》第 93 条至第 97 条等,对保险代位求偿权(subrogation)作出了规定。根据代

[①] 参见马原主编:《保险法条文精释》,人民法院出版社 2003 年版,第 146—147 页。

位求偿原则,保险标的发生保险责任损失是由第三人造成并负有赔偿责任,被保险人既可以根据保险合同要求保险人支付赔偿金,也可以根据相关法律规定向第三人要求赔偿损失。即被保险人同时享有向保险人的请求权和向第三人的请求权,两种请求权基于不同的法律关系,被保险人有权进行选择。在被保险人选择要求保险人给予赔偿时,保险人依保险合同支付赔款后,被保险人向第三人要求赔偿的权利转让给保险人,保险人有权以自己名义在保险赔偿的范围内向责任方追偿,此为保险人的代位求(追)偿权。反之,被保险人选择向责任方请求赔偿,其损失已经得到补偿,就无权再向保险人索赔。保险人未曾赔偿被保险人,也就无权向第三人行使追偿权,代位求偿权无从谈起。如果被保险人自第三人获得部分赔偿,仍可以就不足保险金额部分的损失向保险人索赔,保险人支付该部分赔偿金后,可以再向第三人行使代位求偿权。

二、代位求偿权的特征

保险人代位求偿权有两个法律特征:一是来源的法定性,即保险代位求偿权来源于法律的直接规定,属于保险人的法定权利,当事人不得通过约定而改变。二是代位求偿权属性为债权请求权。代位求偿权并非债权,而只是债权的请求权,是保险人将自己置于被保险人的地位,取代被保险人以自己的名义向第三人行使债权的请求权,这种债权请求权并非基于保险人对第三人的债权,而是基于被保险人对第三人的债权。根据《保险法解释(四)》第9条的规定,保险人以第三人为被告提起的代位求偿权之诉,第三人抗辩被保险人在保险合同订立前已放弃对其请求赔偿的权利,经审查认定上述放弃行为合法有效,保险人就相应部分主张行使代位求偿权的,将不予支持。因为即使发生第三人应承担责任的保险事故,且保险人已赔偿被保险人,但被保险人对第三人的债权请求权不存在,保险人的代位求偿权成为无本之源。

三、保险人行使代位求偿权的条件和限制

保险人行使代位求偿权,必须符合的条件:(1)被保险人因保险事故对第三人享有损害赔偿请求权。被保险人对第三人的赔偿请求权,基于其与第三人的某种法律关系,可以是基于合同或侵权等,如被保险人作为正本提单持有人,根据《海商法》对承运人享有赔偿请求权,收货人对多式联运经营人享有赔偿请求权等。该请求权的成立与否,以及第三人的赔偿范围等内容,依据被保险人与第三人的合同或侵权等法律关系而定。(2)保险人已向被保险人支付保险赔偿金。代位求偿权产生于保险赔偿金支付之时,在支付之前,保险人与第三人没有任何法律关系。只有在保险人履行了其在《保险法》下的赔偿义务之后,被保险人对责任方的赔偿请求权才转移至保险人,此时保险人成为新的请求权人。质言之,保险代位求偿权,实为债权人权益的法定转让,保险代

位求偿权源于民法代位权,保险人支付保险赔偿金后取得代位求偿权,该项权利不再属于被保险人,这是保险代位权与民法代位权的根本区别。

保险代位求偿权同时受到法律的限制。根据保险法相关规定,保险人向第三人行使代位求偿权,其取代被保险人法律地位,权利范围以被保险人的权利为限,因此被比喻为"站在被保险人的鞋上"(stand in the shoes of the insured)。同时,保险人向第三人的索赔金额也以其向被保险人的赔偿金额为限,其从第三人处取得的赔偿,超过其支付的保险赔偿额的,超过部分应当退还给被保险人,体现保险人的追偿权利与其赔偿义务等价。

四、被保险人在代位求偿中的主要义务

(一)被保险人不得损害保险人的代位求偿权

根据《保险法》第 61 条的规定,在保险人未赔偿保险金之前,被保险人不得放弃对第三人的赔偿请求权,否则保险人不承担赔偿责任。因为该行为将使得保险人无法获得代位求偿权。为保护保险人的利益,规范被保险人的行为,有必要强制被保险人维持对责任方有效赔偿请求权。如果在保险人支付保险赔偿金之后,被保险人未经保险人同意放弃对第三人的赔偿请求权,则该行为无效。因为支付保险赔偿金后,保险人依法自动获得代位求偿权,被保险人已无权处分对责任方的赔偿请求权,其未经权利人即保险人的同意而擅自实施的放弃对当事人请求权的行为,当然对保险人无效,且自始无效。被保险人故意或者因重大过失致使保险人不能行使代位求偿权的,保险人可以扣减或者要求返还相应的保险赔偿金。在(2021)最高法民申 5844 号案中,最高人民法院认为,被保险人虽曾分别与第三人签订了和解协议,承诺放弃主张案涉火灾事故的所有责任及索赔权利,但在此之前,保险人已向被保险人预赔付保险赔偿金,且被保险人也向保险人出具了权益转让书。在此情况下,二审法院仍以案涉《和解协议书》所载明的内容为依据认定保险人无权行使代位求偿权,法律适用错误。

(二)被保险人应履行协助义务

被保险人在收到保险人支付的保险赔偿金之日,其向第三人的请求权即依法转让至保险人,此为法定转让,无须当事人另行约定。但根据《保险法》第 63 条的规定,保险人向第三者行使代位请求赔偿的权利时,被保险人应当向保险人提供必要的文件和所知道的有关情况。被保险人应在获得赔偿的范围内,依照法律规定向保险人提供资料。被保险人收到赔偿金后,向保险人出具《赔款收据和权益转让书》(Receipt and Subrogation Form),载明:"立书人已收到××保险单下的保险赔偿金,同意将已获得赔偿部分保险标的的一切权益转让给保险人,并授权保险人以自己名义向负有责任的第三人追偿,立书承诺给予配合。"此时,保险人可将此凭证作为向第三人追偿的证据之

一。被保险人还应提供其与第三人订立的合同、事故和损失报告、索赔函等证明法律关系成立、损失发生以及第三者应承担责任的证据材料,并应提供其所知道的其他情况。若被保险人因故意或者重大过失未履行《保险法》第63条规定的义务,致使保险人未能行使或者未能全部行使代位求偿权,保险人可以请求在其损失范围内扣减或者返还相应保险赔偿金。

被保险人有义务协助保险人向责任方追偿,必要时先以自己名义索赔、起诉责任方。但是,《保险法解释(二)》第19条第1款规定:

> 保险事故发生后,被保险人或者受益人起诉保险人,保险人以被保险人或者受益人未要求第三者承担责任为由抗辩不承担保险责任的,人民法院不予支持。

可见,无论是否存在责任方,被保险人均可向保险人直接索赔,而不以向其他责任方先行索赔为前提。此为保险人的先行赔付义务。该司法解释纠正了多年来保险人支付保险赔偿金以被保险人先索赔或起诉责任方为条件的不规范做法。

五、代位求偿权主体资格认定

当满足代位求偿权的法定条件时,保险人取得向责任方请求赔偿的主体资格。《审理海上保险案件规定》第13条规定:

> 保险人在行使代位请求赔偿权利时,未依照海事诉讼特别程序法的规定,向人民法院提交其已经向被保险人实际支付保险赔偿凭证的,人民法院不予受理;已经受理的,裁定驳回起诉。

在(2019)鲁民终1415号案中,法院认为,一审期间保险公司向一审法院提交了案涉《货物运输保险单》《授权书》《国际结算借记通知》,用以证明其已经履行了保险赔偿义务,承运人对于上述证据的真实性均予以认可。据此,保险公司完成了其法定的举证义务,具备了求偿资格,对于其向承运人提起的代位求偿权之诉,法院应予受理。最高人民法院在(2020)最高法民申6312号案中认为,依据《保险法》第12条第6款关于保险利益的定义和第60条关于保险代位求偿权的规定,保险人在向托运货物的被保险人(或其指定的人)支付保险赔款后,取得了代位求偿权。因此,保险人在该案中主体适格。

六、行使代位求偿权程序问题

保险人行使代位求偿权涉及的程序问题,主要是案件管辖权、仲裁条款约束力、法律适用以及诉讼时效问题。

(一)代位求偿案件法院管辖权

最高人民法院在2014年指导案例(2012)东民初字第13663号案中,针对合同或侵权法律关系,确立了代位求偿案件的管辖权裁判规则,即因第三者对保险标的的损害造成保险事故,保险人向被保险人支付保险赔偿金后,代位行使被保险人对第三者请求赔偿的权利而提起诉讼的,应当根据保险人所代位的被保险人与第三者之间的法律关系,而不应当根据保险合同法律关系确定管辖法院;第三者侵害被保险人合法权益的,由侵权行为地或者被告住所地法院管辖。《保险法解释(四)》第12条再次确认该规则:

> 保险人以造成保险事故的第三者为被告提起代位求偿权之诉的,以被保险人与第三者之间的法律关系确定管辖法院。

在(2022)辽民辖终39号案中,一审法院认为,运单的管辖条款是运单关系当事人为协商解决运单项下纠纷而订立的,是独立于运单项下权利义务的程序性条款,保险人向运单项下被保险人实际赔付保险赔偿金取得代位求偿权后,在保险人未明确表示接受运单管辖条款的情况下,运单管辖条款对保险人不具有约束力。二审法院认为该理由与法律规定不符。根据《民诉法》《海诉法》以及《保险法解释(四)》第12条、《民诉法解释》第30条第1款等规定,在能够确定被保险人与第三者之间协议约定的管辖法院的情况下,应当从其约定。而被保险人与第三者在运单中约定由上海海事法院管辖二者之间产生的纠纷,故保险公司在代位被保险人向第三者行使追偿权时也应当遵该管辖约定,向上海海事法院提起诉讼。二审法院遂裁定将案件移送上海海事法院审理。

(二)保险人是否受仲裁条款约束

首先,对于被保险人与第三人订立的争议解决管辖条款是否约束保险人的问题,最高人民法院明确规定代位求偿保险人应该受该协议管辖条款约束。最高人民法院在(2015)民提字第165号案中,根据《保险法》第60条的规定认为,保险代位求偿权的基础是被保险人对第三者享有债权。保险代位求偿权源于法律的直接规定,属于保险人的法定权利,并非基于保险合同而产生的约定权利。在提起保险代位求偿权诉讼时,应根据保险人所代位的被保险人与第三者之间的法律关系确定管辖法院。该案中,被保险人与第三者之间所签协议管辖条款对保险人具有约束力,无须以保险人同意为前提。行使代位求偿权的保险人受被保险人与第三人之间的争议解决管辖条款约束。其次,对于保险人向被保险人赔付后,取得正本提单并以向承运人行使代位求偿权,是否须受提单背面仲裁条款约束的问题,素有争议。承运人作为被告,往往对中国法院就提单纠纷案件的管辖权提出异议,认为既然保险人代被保险人之位,就应接受提单背面仲裁条款的约束,中国法院不具有管辖权。对此,最高人民法院在司法实践基础上,在《九民纪要》第 98 条对不同情况作出规定:

> 被保险人和第三者在保险事故发生前达成的仲裁协议,对保险人具有约束力……考虑到涉外民商事案件的处理常常涉及国际条约、国际惯例的适用,相关问题具有特殊性,故具有涉外因素的民商事纠纷案件中该问题的处理,不纳入本条规范的范围。

即实践中应当根据相关纠纷是否具有涉外因素区别对待:被保险人与第三者之间的民商事法律关系不具有涉外因素的,仲裁条款对保险人有约束力;反之,如具有涉外因素,仲裁条款并不当然约束保险人。[①] 在(2019)鲁民终 1415 号案中,就提单并入仲裁条款对行使代位求偿权的保险人的效力,法院驳回了承运人基于仲裁条款提出的管辖权异议,理由是:案涉提单中的仲裁及法律适用条款的约定,适用于提单记载的当事人。保险人不是协商订立仲裁及法律适用条款的当事人,仲裁及法律适用条款并非保险人的意思表示,除非保险人明确表示接受,否则提单仲裁及法律适用条款对保险人不具有约束力。在前文(2020)津民辖终 25 号案中,承运人上诉认为保险代位求偿权源于提单托运人,且保险人系基于提单法律关系向承运人提起诉讼,应受提单管辖条款(包括被并入的租约管辖条款)约束,一审法院裁定租约仲裁条款未有效并入提单,保险人非提单/租约项下当事人,不受提单/租约的约束。二审法院认为,案涉提单未并入仲裁条款,租约中仲裁条款对提单持有人不具有约束力,进而认定保险人不受提单并入仲裁条款约束。

(三)代位求偿权是否成立的准据法

关于代位求偿权是否成立的准据法问题,(2016)粤民申 3270 号案再审法院认为,保险代位求偿权纠纷案件虽不审查保险合同的法律关系,但是仍应当首先审查保险人的代位求偿权是否成立,之后才审查代位求偿请求是否成立。根据《保险法》第 3 条的规定,在中华人民共和国境内从事保险活动,适用本法。我国台湾地区的保险人在大陆外签发的保险单,其基于该保险单取得的代位求偿权是否成立,不应适用大陆

[①] 其他相关批复和规定有:(1)最高人民法院《关于中国人民保险公司厦门市分公司与中波轮船股份公司保险代位求偿纠纷管辖权问题的请示的复函》(民四他字〔2004〕第 43 号)明确:仲裁条款是独立于合同实体权利义务的程序性条款,保险人取得代位求偿权后,合同实体权利义务相应转移给保险人,程序性权利不转移。(2)最高人民法院《〈关于中国太平洋财产保险股份有限公司北京分公司诉北京中远物流有限公司、天津振华国际船舶代理有限公司、尼罗河航运私有有限公司海上货物运输合同保险代位求偿权纠纷所涉仲裁条款效力问题的请示〉的复函》(〔2009〕民四他字第 11 号)明确:保险人取得的是索赔权,其不是仲裁条款当事人,不受被保险人与第三人仲裁条款的约束。(3)2006 年 9 月 8 日施行、2008 年调整的《仲裁法解释》第 9 条规定:"债权债务全部或者部分转让的,仲裁协议对受让人有效。但当事人另有约定、在受让债权债务时受让人明确反对或者不知有单独仲裁协议的除外。"

保险法。保险代位求偿权是产生于保险单的债权请求权,故保险人的代位求偿权是否成立可适用该案保险单所适用的准据法。该案保险单没有约定适用的法律,但保险人和被保险人均为台湾地区的法人,且该案保险单签订于台湾地区,台湾地区与该案保险单具有最密切联系,故根据《涉外法律适用法》第6条的规定,保险代位求偿权是否成立应适用台湾地区法律。

(四)以自己名义起诉与合并审理

根据《保险法》及其司法解释,保险人应以自己的名义行使代位求偿权。最高人民法院在经典案例(2015)民提字第225号案中,依据《海诉法》第93条和第95条的规定认为,保险人已经根据保险合同向被保险人支付了保险赔款,依法取得代位求偿权。保险人向大连海事法院申请将原告变更为保险人。原审判决认定保险人享有诉权并无不当。保险人提起代位求偿权之诉时,被保险人已经向第三者提起诉讼的,两个案件可以依法合并审理。此时,保险人向受理该案的法院申请变更当事人,代位行使被保险人对第三者请求赔偿的权利,如果被保险人同意,法院应予准许;被保险人不同意的,保险人可以作为共同原告参加诉讼。被保险人是否同意,往往取决于其与保险人之间的索赔与理赔是否妥善解决,若被保险人认为其没有自保险人获得足额赔偿,可能不同意保险人变更当事人的申请。对此,《海诉法》第95条第2款进一步规定:

> 被保险人取得的保险赔偿不能弥补第三人造成的全部损失的,保险人和被保险人可以作为共同原告向第三人请求赔偿。

此类合并审理的案件,二者请求权的来源和索赔范围不同,被保险人基于其与第三人之间的法律关系索赔未获保险赔偿部分,而保险人基于代位求偿权向第三人索赔其已赔付被保险人的部分。如在(2023)鲁72民初1557号案中,因火灾受损的"中华富强"轮所有人(被保险人)起诉后,保险人以已赔付被保险人为由,向受案法院申请加入诉讼并变更当事人,被船舶所有人当庭拒绝,后保险人向法院申请作为共同原告参加诉讼。法院经审理发现被保险人索赔内容并未包括保险人的赔偿金额,遂通知保险人退出诉讼,以自己名义另向第三者起诉。

(五)法院的审查范围

保险人行使代位求偿权的基础,是被保险人对第三人的赔偿请求权,与被保险人基于保险合同向保险人行使保险金赔偿请求权属于两个不同的法律关系。对于第三者基于保险合同法律关系下诸如保险合同是否成立、赔偿金额是否合理等问题提出的抗辩,法院是否进行审查,常有争议。为解决此问题,《审理海上保险案件规定》第14条作出规定:

> 受理保险人行使代位请求赔偿权利纠纷案件的人民法院应当仅就造成保险事故的第三人与被保险人之间的法律关系进行审理。

即法院不审理保险合同法律关系下的相关问题。在经典案例(2014)沪高民四(海)终字第119号案中,法院认为,该案不必对共保人与被保险人之间的保险合同关系进行实质性审理,相关契约承运人和实际承运人提出保险人超出保险责任范围赔付及被保险人一方无权接受保险赔付等抗辩的,不影响共保人行使代位求偿权。2015年公布实施的最高人民法院《关于当前商事审判工作中的若干具体问题》第4条第3款进一步重申:

> 审理保险人向第三者主张权利的保险代位求偿权纠纷案件时,应正确区分保险合同法律关系与被保险人对第三者损害赔偿法律关系。1. 有证据证明保险人已向被保险人赔偿保险金的,法院应仅就被保险人与造成保险人事故的第三者之间的法律关系进行审理。保险人是否应当赔偿保险金以及赔偿金额是否有误,属于被保险人与保险人之间的保险合同纠纷,无需审理。

因此,司法实践中,法院或仲裁机构审理保险人提起的代位求偿案件时,主要围绕被保险人与造成保险标的损害的责任方之间的合同或侵权等法律关系进行审理。若责任方提出保险合同无效、不属于保险责任范围、保险赔偿金额计算错误等关于保险合同法律关系的抗辩事由,法院或仲裁机构不予审查。在(2019)最高法民终299号案中,最高人民法院认为,根据《保险法》的规定,保险代位求偿权系法定请求权转让,保险人行使的是原属于被保险人的赔偿请求权,保险人只有在给付保险金后才能取得,而第三者只有在需要对被保险人承担损害赔偿责任时才需向保险人承担责任,保险人向被保险人支付保险赔偿金是否合理对第三者的利益并无实质影响,因此,保险人一经向被保险人赔付保险赔偿金,即依法当然取得代位求偿权,而无须审查保险人与被保险人之间的保险法律关系。在(2019)沪74民终1141号案中,法院认定,在存在运输合同关系和财产保险合同关系的情况下,保险人按照财产保险合同的约定向被保险人支付系争理赔款后即取得对承运人追偿的权利,故承运人应当向保险人支付代偿款。至于托运人托运货物后已非案涉货物的所有权人,其是否有权主张保险理赔款,法院认为,托运人与承运人之间是运输合同关系,其有权向承运人主张违约损害赔偿,且根据相关规定,保险代位求偿权的取得属于法定请求权转让,保险人行使的是原属于被保险人的赔偿请求权,该赔偿请求权和保险合同属于不同法律关系,法院应当仅就造成保险事故的第三者与被保险人之间的法律关系进行审理,对第三者提出的保险合同无效、保险人不应承担保险赔偿责任、保险赔偿金额计算不当等抗辩,法院不应审查。在贸仲〔2022〕中国贸仲京裁字第1284号案中,独任仲裁员认为,该案为保险代位求偿纠纷,并依据最高人民法院前述规定认定,就该案而言,仲裁庭仅就被申请人

(承运人)是否应承担赔偿责任、如何确定该项赔偿责任的范围和金额进行审查；对保险合同效力、保险人赔偿责任等，属于保险合同法律关系下的问题，不予审查。[①]

七、其他类型代位求偿案件

（一）责任保险的代位求偿权

责任保险合同下，保险人在赔付被保险人后，依法取得代位求偿权。(2019)津72民初718号案中，法院认为，Y公司将托运人的货物委托给C公司运输，双方成立货运代理合同关系。Y公司有权向造成货损的C公司主张赔偿损失。Y公司向保险人投保的物流责任综合险为责任保险，以被保险人对第三者依法应负的赔偿责任为保险标的。保险人在Y公司对托运人承担货损赔偿责任后，向被保险人Y公司支付了保险赔偿金，根据《保险法》第60条的规定，保险人依法取得代位求偿权，有权在赔偿金额范围内代位行使Y公司就案涉货损责任向C公司主张赔偿的权利。至于第三者的范围，与被保险人有合作关系的"其他独立经营人""代理人"是否属于法律规定中的"第三者"，法院认为，案涉保险合同约定的保险责任范围及于被保险人的"代理人""独立经营人"在经营物流业务过程中造成被保险人的对外赔偿责任，其意在确定保险事故范围，即如果发生了此约定范围内的事故，保险人须承担赔偿保险金责任；而并非确定被保险人，也并非保险人承担了保险责任后，不能向"代理人""独立经营人"追偿。法律规定保险人的代位求偿权，代替的是被保险人的地位，保险事故发生后，如果被保险人对"第三者"有损失赔偿请求权，那么保险人在其赔偿金额范围内相应地有此权利。

（二）承运人受让被保险人保险利益后的索赔权

此类代为求偿，被法律所禁止。《海商法》第44条规定：

> 海上货物运输合同……将货物的保险利益转让给承运人的条款或者类似条款，无效。

在经典案例(2018)沪72民初2900号案中，法院认为，被保险人自对案涉货物负有赔偿责任的承运人处获得赔偿后，再将货物的保险金请求权转让给该承运人，承运人据此向保险人提出索赔，或者对抗保险人的代位求偿，最终使自己免除对货损的赔偿责任，损害了保险人的合法权益。该索赔权转让与上述法律规定的情形相类似，应当归于无效。而且，被保险人就案涉货损已不存在实际损失，其已丧失向保险人索赔

[①] 贸仲〔2022〕中国贸仲京裁字第1284号案。该案系笔者作为独任仲裁员审理的案件，因保密原因，未公开发布。

的前提条件。承运人通过赔偿货损的方式取得的保险金索赔权无效,对其请求保险人支付保险赔偿金的诉讼请求,不予支持。

(三)再保险人是否有权直接行使代位求偿权

《保险法》第 29 条规定了原保险人、再保险人与被保险人或受益人之间的法律关系:

> 再保险接受人不得向原保险的投保人要求支付保险费。原保险的被保险人或者受益人不得向再保险接受人提出赔偿或者给付保险金的请求。再保险分出人不得以再保险接受人未履行再保险责任为由,拒绝履行或者迟延履行其原保险责任。

但对再保险人是否享有代位求偿权,法律没有明确规定。最高人民法院对此持否定态度,认为根据合同相对性原则,原保险人可以就全部赔偿金额向第三人行使代位求偿权,再保险人不直接行使代位求偿权。在经典案例(2018)最高法民终 1334 号案中,最高人民法院对此问题作了全面论述:在保险合同法律关系之外,保险人与再保险人之间又形成再保险合同法律关系。再保险合同与原保险合同之间虽有关联,但在法律关系上是相互独立的。根据合同相对性原则,保险人投保再保险的,保险人对第三人的代位求偿权不因此受到影响,保险人可以就全部赔偿金额向第三人行使代位求偿权。在法律、行政法规、司法解释对再保险人是否可直接向第三人(保险事故责任人)行使代位求偿权的情形没有明确规定的情况下,对保险业主管部门及行业协会的规范性意见及惯常做法应予尊重。就该案而言,五保险人承保 H 公司财产险后又将大部分风险和责任分保给其他境内外多家保险人。保险事故后,五保险人也已经从再保险人处获得 90% 以上甚至 99% 的再保险赔偿。但基于保险合同与再保险合同的相对独立性,五保险人在向 C 公司行使代位求偿权时,并不需要扣除已经获取的再保险赔偿,可以就全部赔偿金额向第三人主张追偿权,并在追偿成功后再根据再保险合同的约定及相关规定或者惯常做法将追偿款返还再保险人,至于如何返还非该案审理范围,法院不再进一步审查。故该案中 C 公司关于五保险人就保险代位追偿金额应扣除已获再保险赔偿的主张,不能成立。① 在(2020)最高法民申 2156 号案中,第三者责任方抗辩原保险人的代位求偿权,主张代位求偿权应在再保险范围金额内转移给再保险人。最高人民法院认为,我国法律及相关规定虽然未明确禁止再保险人享有代位求偿权,但从司法实践来看,一般由原保险人对第三者行使代位求偿权后再将追偿款返还

---

① 保险业主管部门及行业协会的规范性意见及惯常做法系指 2012 年 7 月 1 日中国保险监督管理委员会发布实施的《财产保险公司再保险管理规范》第三章第一节第 6 条关于赔案管理的规定和 2018 年 1 月中国保险行业协会公布的《财产再保险合约分保业务操作指引》第 6.7 条的规定。

再保险人。因此,驳回了第三者责任方由再保险人行使代位求偿权的主张。

第七节 时效期间

一、《保险法》诉讼时效

《保险法》第 26 条规定,人寿保险和非人寿保险的诉讼时效分别为 5 年和 2 年,自其知道或者应当知道保险事故发生之日起计算。因此,如果非海上货物运输保险,如航空、陆运、国内水路运输保险,诉讼时效为 2 年,自知道或应当知道保险事故发生之日起计算。但《民法总则》将普通诉讼时效由 2 年修改为 3 年,《民法典》延续这一规定,根据新法优于旧法原则,上述 2 年诉讼时效的规定,应为 3 年。关于时效中止、中断,应分别适用《民法典》第 194 条和第 195 条的有关规定。

二、海上保险诉讼时效

依据海上保险合同向保险人提起的诉讼或仲裁,适用《海商法》第 264 条的规定:

> 根据海上保险合同向保险人要求保险赔偿的请求权,时效期间为二年,自保险事故发生之日起计算。

时效期间的中断适用第 267 条的规定:

> 时效因请求人提起诉讼、提交仲裁或者被请求人同意履行义务而中断。但是,请求人撤回起诉、撤回仲裁或者起诉被裁定驳回的,时效不中断。[①]

海上保险诉讼时效在起算方面与《保险法》规定不同,而且如前文所述,在时效期间中断方面,该规定比《民法典》对普通时效期间的规定更加严格。通常,卸货港卸货完毕之日被推定为保险事故发生之日。在(2018)辽民终 559 号案中,案涉货物海上运输的目的港在意大利。二审法院认为,被保险人向保险人索赔的诉讼时效应自船舶卸货完毕当日起算至两年届满。期间保险人提出给予 150000 美元赔付方案的行为应视为其就案涉两船的货损赔偿问题自动履行义务,故案涉货物保险赔偿的诉讼时效自提出该赔付方案之日中断,重新计算。辽宁省高级人民法院认定被保险人就案涉货损保险理赔问题起诉至原审法院,已经超过了诉讼时效。至于被保险人答辩所提,案涉货损是经过意大利米兰仲裁庭仲裁后才确定的损失数额,该仲裁是时效中断的情形,且其每次都在 2 年的时间内

[①] 2024 年《海商法(修订草案)》第 292 条保留了 2 年时效期间的规定,但规定"自知道或者应当知道保险事故发生之日起计算"。第 294 条和第 295 条对时效期间中止和中断作了较大修改。见前文介绍。

向保险人主张权利,时效一直中断的理由,法院认为,因米兰仲裁庭的仲裁并非被保险人向保险人主张保险理赔的仲裁,故对案涉纠纷不产生时效中断的结果。另外,被保险人曾经多次向保险人发出保险赔付请求书的行为也不是《海商法》第267条规定的请求人提起诉讼、提交仲裁或者被请求人同意履行义务的情形,故亦不能产生时效中断的结果。法院认定被保险人的诉讼超过时效期间。最高人民法院再审认为,《海商法》第267条第1款规定:"时效因请求人提起诉讼、提交仲裁或者被请求人同意履行义务而中断。但是,请求人撤回起诉、撤回仲裁或者起诉被裁定驳回的,时效不中断。"该款关于诉讼时效中断的规定不属于《审理海上保险案件规定》第1条关于海商法、保险法均没有规定而应予适用合同法等其他相关法律的规定之情形。最高人民法院最终维持了原审裁判结果。

三、代位求偿权的诉讼时效

关于代位求偿权的诉讼时效,《保险法解释(二)》第16条第2款规定:

> 根据保险法第六十条第一款的规定,保险人代位求偿权的诉讼时效期间应自其取得代位求偿权之日起算。

但因《保险法》及其司法解释未随《民法总则》对诉讼时效的修订而及时修改,实务中出现适用上的困惑。(2022)沪74民终356号案(非海上保险案件)中,保险人上诉认为,依新法优于旧法原则,财产保险合同纠纷应当适用3年诉讼时效。被上诉人认为,根据特别法优于一般法原则,应适用《保险法》第26条规定的2年诉讼时效。对此,一审法院支持了被上诉人,驳回了保险人的诉讼请求。二审法院认为,《保险法》为民事单行法,该法第26条"人寿保险以外的其他保险的被保险人或者受益人,向保险人请求赔偿或者给付保险金的诉讼时效期间为二年"之规定,系属依照原《民法通则》规定的2年普通诉讼时效而制定,其与《民法总则》规定的3年普通诉讼时效属于在相同事项上作出的不同规定,故根据新法优于旧法原则,应适用《民法总则》3年普通诉讼时效的规定。同时《保险法解释(二)》第16条第2款规定,根据《保险法》第60条第1款的规定,保险人代位求偿权的诉讼时效期间应自其取得代位求偿权之日起算。二审法院认为,保险人行使代位求偿权未超过诉讼时效,改判支持其诉讼请求。

针对海上保险代位求偿权诉讼时效期间的起算,最高人民法院《关于海上保险合同的保险人行使代位请求赔偿权利的诉讼时效期间起算日的批复》(法释〔2014〕15号)规定,依照《海商法》及《审理海上保险案件规定》的相关规定,结合海事审判实践,海上保险合同的保险人行使代位请求赔偿权利的诉讼时效期间起算日,应按照《海商法》第十三章规定的相关请求权之诉讼时效起算时间确定。在(2014)沪海法商初字第1509号案中,法院根据该批复认为,如果海上保险代位求偿涉及的被保险人与第三人的法律关系属于《海商法》调整的范围,适用《海商法》,那么保险人行使代位求偿权的诉讼时效期间应适用《海商法》第十三章规定,自承运人交付或应当交付货物之日起算;如果被保险人与第三人的法律关系不属于《海商法》调整范围,不适用《海商法》,而是适用《合同法》或《侵权责任法》等法律规定,那么保险人行使代位求偿权的诉讼时效期间起算点应适用《保险法解释(二)》第16条的规定,自保险人取得代位求偿权之日起算。案涉运输为中国港口间的海上货物运输,被保险人与第三人之间的货物运输合同权利义务关系不受《海商法》第四章调整,而是适用《合同法》的规定,因此本案保险人行使代位求偿权的诉讼时效期间的起算不适用《海商法》第十三章规定,而应适用《保险法解释(二)》的规定,即自保险人取得代位求偿权之日起算。

因此,根据该批复的规定,如果被保险人与第三人的法律关系受《海商法》调整,保险人行使代位求偿权起诉承运人或实际承运人的,诉讼时效应适用《海商法》第十三章第257条的规定,即自承运人或实际承运人交付或应当交付货物之日起计算。

四、共同海损分摊诉讼时效

关于与共同海损分摊相关的海上保险赔偿请求权的诉讼时效问题,《海商法》没有具体规定。《2021年涉外审判会议纪要》第74条规定,适用《海商法》第264条的规定,诉讼时效的起算点为保险事故(共同海损事故)发生之日。被保险人已经申请进行共同海损理算分摊,但是在诉讼时效期间的最后6个月内,因理算报告尚未作出,被保险人无法向保险人主张权利的,属于被保险人主观意志不能控制的客观情形,可以认定构成诉讼时效中止。中止时效的原因消除之日,即理算报告作出之日起,时效期间继续计算。

第八节 出口信用保险

一、出口信用保险概述

出口信用保险(export credit insurance)与国际货物运输保险不是同一类型的保险,本不属于传统的国际贸易法体系中保险法和海商法的调整范围,但20年来我国出口信用保险发展迅速,经常遇到出口商与出口信用保险公司之间索赔与理赔的争议。在此,对该类保险相关法律问题作一简要介绍,必定有利于国际贸易参与者更进一步理解出口信用保险法律制度和裁判规则。

出口信用保险发源于20世纪初的欧洲。1919年英国建立出口信用制度,成立了第一家官方支持的出口信贷担保机构——英国出口信贷担保局(ECGD),专门从事对本国的出口和海外投资的政策支持。随后,比利时、荷兰、西班牙、瑞典、美国、加拿大和法国相继建立了以政府为背景的出口信用保险和担保机构。1934年名为"国际出口信用保险和海外投资保险人联盟"的国际性组织诞生,因其首次会议在瑞士伯尔尼召开,故简称"伯尔尼协会"。伯尔尼协会对促进和维护世界贸易和投资的发展起着重要作用。我国出口信用保险制度起步较晚,1989年才由国务院委托当时的中国人民保险公司办理此类业务。2001年5月23日发布的国务院《关于组建中国出口信用保险公司的通知》指出,中国出口信用保险公司是从事政策性出口信用保险业务的国有独资保险公司。其主要任务是:依据国家外交、外贸、产业、财政、金融等政策,通过政府性出口信用保险手段,支持货物、技术和服务等出口,特别是高科技、附加值大的机电产品等资本性货物出口,积极开拓海外市场,为企业提供收汇风险保障,促进国民经济的健康发展。同年12月,中国出口信用保险公司正式成立。目前,我国各大保险公司都在承保出口信用保险业务。

国际贸易中商业性保险承保的对象一般是进出口货物,承保的风险主要是因自然原因在运输、装卸过程中造成的对货物数量、质量的损害,或者人为原因造成的风险。保险人可根据这些风险计算发生概率,依概率制定保费以确保盈利。而出口信用保险承保的风险,主要包括买方的商业信用风险以及所在国禁止或限制汇兑、实施进口管制、撤销进口许可证、发生战争、暴乱等卖方、买方均无法控制的情况,导致买方无法支付货款的风险。以上这些风险是无法预计、难以计算发生概率的,因此也是商业保险无法承受的。出口信用保险是我国法定的支持对外贸易的政策工具,《对外贸易法》第52条规定:

> 国家通过进出口信贷、出口信用保险、出口退税及其他促进对外贸易的方式,发展对外贸易。

同时,出口信用保险也是世界贸易组织《补贴与反补贴措施协定》(以下简称《SCM协定》)原则上允许的促进出口的手段之一。之所以说原则上允许,是因为《SCM协定》要求"保险费率足以弥补长期经营成本和损失"。

因出口信用保险为政策性保险,《民法典》《保险法》等民商事法律并未对此类合同及其法律适用作出明确规定。关于出口信用保险合同的法律适用,最高人民法院《关于审理出口信用保险合同纠纷案件适用相关法律问题的批复》(法释〔2013〕13号,以下简称《审理信保案件批复》)指出,对出口信用保险合同的法律适用问题,《保险法》没有作出明确规定,鉴于出口信用保险的特殊性,法院审理出口信用保险合同纠纷案件,可以参照适用《保险法》的相关规定;出口信用保险合同另有约定的,从其约定。

二、出口信用保险合同法律关系

出口信用保险,是保险人承保国内出口商在出口业务中,因进口商的商业风险或进口国方面的政治风险而遭受损失的一种信用保险业务。出口信用保险合同,是出口信用投保人与保险人约定保险权利义务关系的协议。根据协议,保险人按出口信用保险法规和保险条款承保约定风险,投保人缴纳保险费,发生在承保责任范围内的商业信用风险和政治风险且由此引起货款或贸易融资款损失的,由保险人给予被保险人经济赔偿。因此,根据《保险法》第10条和第12条的规定,出口信用保险合同法律关系主体:保险人系国家设立或授权经营出口信用保险业务的保险机构;投保人系与保险人订立保险合同,并按照合同约定负有支付保险费义务的人;被保险人系指其财产受保险合同保障,享有保险金请求权的人。投保人可以为被保险人。由于出口商往往通过金融机构办理押汇、出口信贷等融资业务,因此,投保人或被保险人可以是出口商,也可以是为出口商办理信保融资业务的金融机构。出口信用保险合同的标的为出口商应收账款债权或信保融资机构的贷款等。出口信用保险合同法律关系客体是投保人或者被保险人对保险标的具有的法律上承认的利益,即保险利益。出口信用保险合同法律关系的内容,即双方当事人之间的权利义务内容,概括而言,保险人享有收取保险费的权利,承担依合同和法律赔付保险金的义务;而投保人或被保险人享有发生保险责任事故后获得赔偿的权利,同时承担支付保险费的义务。各当事人还应参照保险法的规定,各自承担相应义务,如投保人、被保险人的如实告知义务、减损义务等,保险人承担对免责条款的提示和明确说明义务等。

三、出口信用保险合同"纠纷先决条款"的效力

所谓"纠纷先决条款",即规定因贸易双方存在纠纷而引起买方拒付货款或拒绝接受货物的,除非保险人书面同意,被保险人应先行在买方所在国家(地区)提起诉讼或申请仲裁,在获得已生效的法院判决或仲裁裁决并申请执行以前,保险人不予定损核赔。对于该类条款的效力,曾有法院认为,"纠纷先决条款"将应由保险人承担的追偿成本转移给被保险人,加重了被保险人的责任,属于《保险法》第19条规定的无效条款。有法院认为,根据相关司法解释的规定,保险事故发生后,根据《保险法》的规定,保险人理赔并不需要以被保险人对买方提起诉讼并执行为前提。保险人据以抗辩的格式条款将本应由保险人承担的追偿成本转移给被保险人,加重了被保险人的责任,根据《保险法》第19条的规定应属无效。[①] 另有法院认为,出口信用保险人主张的"纠纷先决条款"虽在保险合同中明确约定,且加粗加黑,但由于案涉贸易具有跨国

---

① 参见浙江省绍兴市越城区人民法院(2016)浙0602民初3352号民事判决书。

性,要求被保险人先与买家进行国际诉讼或仲裁,再由出口信用保险人理赔,并不现实,也缺乏公平,更不符合出口信用保险制度设立的初衷;故对出口信用保险适用保险条款约定要求免责的主张,不予支持。①

近年来法院观点有所变化,针对"纠纷先决条款"多持有效认定态度。在(2021)渝民终220号案中,针对双方的观点,一、二审法院均认定"纠纷先决条款"有效,认为保险人已经履行《保险法》第17条第2款规定的提示义务,"纠纷先决条款"并未免除出口信用保险公司的责任,不属于"免除保险人责任的条款",不存在未作提示和明确说明就不产生效力的问题。二审法院对裁判理由作了论述:第一,"纠纷先决条款"符合我国设置出口信用保险的目的。出口信用保险是国家为了推动本国出口贸易,由国家财政提供保险准备金的非营利性的政策性保险业务,它可以减少被保险人在国际贸易中向境外买方正当主张合法债权的实现风险。可见,出口信用保险承保的是被保险人对境外买方债权实现的风险,即保险人承保的是一个真实合法有效确定的债权。由于国际贸易中境外买方拒绝付款或者拒绝接受货物的原因多样,并非所有发生拒付货款或者拒收货物的情况都可以归责于境外买方,由此导致损失承担难以厘清。如果被保险人尚未通过仲裁或诉讼确定债权,保险人即对不确定的债权承担保险责任,势必承担难以代位追偿的风险,这无疑会加重保险人的责任,造成利益失衡,不符合出口信用保险的设置目的。第二,"纠纷先决条款"既未排除被保险人索赔等依法享有的权利,亦未免除保险人依法应承担的赔付义务。"纠纷先决条款"系特殊情况下保险理赔设定前置程序,如被保险人通过诉讼或仲裁确定了对境外买方享有的债权,保险人即应对此进行赔付,故投保人投保的目的并未落空,保险人依法应当承担的赔付义务亦未免除。第三,"纠纷先决条款"未明显加重被保险人责任。保单第13条第3款约定,上述发生的诉讼费、仲裁费和律师费由被保险人先行支付后,在被保险人胜诉且损失属于该保单项下责任时,该费用由保险人与被保险人按权益比例分摊,可见"纠纷先决条款"并未明显加重被保险人责任。②

四、基础交易真实性问题

在出口贸易中,根据出口信用保险合同,在国外限额买方未按约定支付货款时,由保险公司向国内出口商予以赔偿。但短期出口贸易信用保险条款通常规定,保险合同承保的出口贸易应具有销售合同真实、合法、有效等条件。如中国出口信用保险公司《短期出口信用保险综合保险条款》(4.0版)第1条规定:

---

① 参见宁波市中级人民法院(2016)浙02民终2623号民事判决书。
② 另有(2020)浙民再209号案、(2020)粤03民终14327号案和(2019)川民再242号案等案,以类似理由认定"纠纷先决条款"合法有效。

本保单适用于在中华人民共和国境内注册的企业进行的符合下列条件的出口:(一)货物出口或服务出口真实、合法,货物出口或服务出口的贸易合同一般应包括合同主体、货物种类/服务内容、数量、价格、交货时间、地点和方式及付款条件等主要内容,贸易合同可由被保险人直接签订或委托代理人签订。

如果保险人举证证明出口贸易合同交易当事人、合同内容、价款等存在虚假和伪造,而索赔人不能推翻该证据或进一步证明交易的真实性,保险人不承担赔偿责任。在(2019)沪74民终594号案中,法院认为,被保险人应按约定提供真实、准确的材料,而其提交的外贸合同与实际情况并不一致。对此,被保险人认为保险人应承担审核不当的相关责任,并无事实及合同依据。在(2021)粤01民终12862号案中,信保合同被保险人S公司与其融资机构Q银行订立《短期出口信用保险项下应收账款转让协议》,约定同意出口信用保险公司按照保险单规定理赔,追偿后将被保险人应得的赔款及追回款全额支付到Q银行指定的账户。法院认定,Q银行虽不是案涉保险的被保险人,但仍有权提起本案诉讼。针对Q银行是否应获得赔偿,法院认为,Q银行应对S公司交付货物,境外限额买方收到货物后违反销售合同的约定,超过应付款日仍未支付货款等事实承担举证责任。案涉鉴定结果显示"投保单项下标的与KJ11131号合同中的商品相符,但与《发票》中的货物不符",现有证据不足以证实S公司已按《保险单明细表》列明的销售合同出口货物,Q银行要求出口信用保险公司承担保险赔偿责任理据不足。

认定"纠纷先决条款"合法有效,要求贸易真实、合法,可以确保保险人赔付后有效行使代位求偿权,也是防止以虚假贸易获取保险赔付、通过保付代理等金融渠道获取银行融资等道德风险的有效手段。

五、不同法律关系中管辖权冲突问题

出口信用保险合同通常约定,保险人与被保险人在保单项下发生的一切争议应通过协商解决。如协商不成,按《保险单明细表》约定的方式解决[如中国出口信用保险公司《短期出口信用保险综合保险条款》(4.0版)第29条]。《保险单明细表》同时约定所有争议由某仲裁机构仲裁。出口商获取保险单后,往往以保险单作为融资担保向银行借款,并由出口商、银行与保险公司签订《赔款转让协议》,约定银行向出口商提供借款的期限届至而出口商不能还款,则银行可以向保险公司索赔出口信用保险项下的保险金。同时订立仲裁条款,约定银行可向仲裁机构提出裁决请求。如中国银行推出的融信达业务,已向中国出口信用保险公司投保出口信用保险的出口贸易,凭出口商提供的单据、投保出口信用保险的有关凭证、赔款转让协议等,可以让银行提供资金融通业务。这就出现两对管辖权的冲突：一是银行与出口商的贷款协议中的法院管辖权与《赔款转让协议》中仲裁管辖权的冲突；二是信保合同中《保险单明细表》约定的 A 仲裁机构与《赔款转让协议》约定的 B 仲裁机构管辖权的冲突。

（一）诉讼管辖与仲裁管辖的冲突

在第一个冲突中，出口信用保险公司往往抗辩其不是法院受理的诉讼案件的适格被告，而法院也会最终支持涉及保险合同法律关系的争议，应由《赔款转让协议》约定的仲裁机构解决。在（2015）民申字第 3077 号案中，《保险单明细表》和《赔款转让协议》约定仲裁机构均为北京仲裁委员会。贷款人向法院提起诉讼，除依据《授信业务总协议》《出口商业发票贴现项下有追索权出口融信达业务合同》和《最高额保证合同》请求借款人偿还本金及利息、担保人承担担保责任外，还请求保险人在其保险责任范围内承担给付保险金责任。保险人辩称：其不是适格诉讼主体，贷款人向其主张的诉讼请求不属于法院管辖范围，保险合同及《赔款转让协议》均约定有仲裁条款，法院依法对保险法律关系争议不具有管辖权。一审法院认为，《赔款转让协议》中约定"如果争议经协商仍未能解决，任何一方可将争议提交北京仲裁委员会仲裁"，该约定并未明确双方发生争议时当事人必须提交仲裁，贷款人在发生本案争议时向法院提起诉讼并无不妥，亦不违反法律规定。借款人与保险人之间关于争议解决方式的约定并不能约束贷款人。故贷款人向法院提起诉讼，应予受理。此外，贷款人与借款人之间的借款合同关系与借款人与保险人之间的保险合同关系是否分属两个法律关系，并不影响贷款人在一个案件中分别向借款人和保险人主张权利，法院可在一个案件中合并审理。保险人上诉后，二审法院不同意一审法院"合并审理"的意见，认为，贷款人诉请判令保险人在保险责任范围内承担给付本案保险金责任，该诉请指向的是另一保险法律关系，涉及保险法律关系的《保险单明细表》《赔款转让协议》均约定了争议的解决方式，其对争议解决方式的约定合法有效，对当事人具有拘束力，基于《保险单明细表》《赔款转让协议》产生的保险争议应通过仲裁解决；一审法院认为《赔款转让协议》对争议解决方式的约定"并未明确双方发生争议时当事人必须提交仲裁"，系认定错误，进而审理该诉请并进行实体处理违反民事诉讼法有关规定。贷款人向最高人民法院申请再审，最高人民法院支持了二审审理结果。其认为，贷款人提起本案诉讼，依据其与借款人、保险人签订的《赔款转让协议》请求作为无独立请求权第三人参与诉讼的保险人担给付保险金的责任。但是，《赔款转让协议》第 9 条约定有明确有效的仲裁条款。保险人出具的被保险人为借款人的《保险单明细表》亦载有明确有效的仲裁条款。《保险单明细表》与《赔款转让协议》涉及的均是保险法律关系，并对争议的解决方式作出了明确的约定，该约定合法有效，对当事人具有拘束力。借款人与保险人之间关于支付保险赔偿金的争议，应通过仲裁方式解决。

(二)不同仲裁机构管辖权冲突

针对保险合同下《保险单明细表》与《赔款转让协议》中的仲裁机构管辖权冲突,实践中,银行为获取保险金,通常会向《赔款转让协议》约定的仲裁委员会提出仲裁申请,主张保险公司直接向其赔付保险金。在银行提出仲裁申请后,保险公司通常会提出管辖权异议,认为《赔款转让协议》约定的仲裁机构对保险合同纠纷不具有管辖权。由此,银行与保险公司首先在管辖权问题上发生争议。有观点认为,《赔款转让协议》约定的仲裁机构无权管辖保险合同纠纷。然而,审理赔款转让协议纠纷,必须以保险人是否应当赔付作为依据。于是,《赔款转让协议》约定的仲裁机构必须等待《保险合同》约定的仲裁机构对保险合同争议作出裁决,才能审理保险公司与银行之间的赔款转让争议,此即民事诉讼中"本案须以另一案件审理结果为依据"的情形,据此《赔款转让协议》约定的仲裁机构通常会作出中止仲裁程序的决定。为提高仲裁效率,可以尝试根据"仲裁协议的默示变更理论"和"牵连管辖理论"扩张《赔款转让协议》约定的仲裁委员会的管辖权,使其对保险合同纠纷具有管辖权。如此处理,完全符合仲裁的快捷性理念,亦不完全违反各方当事人的意志。[①] 该建议能否得到执行,尚需实践验证。三方当事人基于不同法律关系在不同文件中约定两个仲裁机构,要把争议归于一个仲裁机构管辖,毕竟需三方明示或默示选定该仲裁机构。否则,该仲裁机构也难以行使仲裁管辖权。

六、融资银行的索赔权问题

在基于出口信用保险合同的"融信达"贷款业务中,银行在出口商未能依约偿还借款时,往往根据《赔款转让协议》约定,以自己名义向出口信用保险公司主张保险赔偿款,而出口信用保险公司常就其主体资格和索赔权提出抗辩。此时,银行的索赔权是否成立,常为争议焦点。法院根据约定的内容,大概有两种认定结果:第一种是认为《赔款转让协议》的安排在法律上属于向第三人履行,融资银行的法律地位乃是债权人指定接受交付的第三人,该第三人依照《赔款转让协议》的约定不享有对保险公司的直接请求权,不承认其诉讼主体地位。首先,《赔款转让协议》约定由出口商授权出口信用保险公司将按照保单规定理赔后应付给出口商的理赔款直接支付给融资银行,该约定仅针对保险合同项下的赔款支付对象作出变更,其法律性质应属于向第三人履行,并不必然导致融资银行具有保险合同项下的索赔权;其次,《赔款转让协议》同时约定出口商转让索赔权,以由融资银行索赔及出口商委托融资银行索赔两种方式,并对

[①] 参见梁鹏:《信用保险融资纠纷的仲裁处理——出口信用保险项下贸易不真实的法律问题》,载北京仲裁委员会(北京国际仲裁中心)组编:《北京仲裁》(总第113辑),中国法制出版社2020年版。

该两种索赔方式所具备的条件作出明确约定。融资银行以自己名义起诉,无事实和法律依据。融资银行不具备原告诉讼主体资格。[1] 第二种认定是基于债权转让规定,认为融资银行系指定受益人或被保险人,承认其有独立诉讼主体地位。其认为,依据三方签订的《赔款转让协议》,保险人应接受第三人出口商向银行转让索赔权,由银行索赔的方式。银行也向保险人提供了协议约定的文件,依据约定,索赔权转让对保险人发生效力。该索赔权转让符合合同债权转让的法律规定,故银行诉讼主体适格。[2] 在前文提到的(2015)民申字第3077号案中,法院认定《赔款转让协议》的约定应视为在财产保险合同中指定受益人的行为,并不违反法律规定,融资银行据此有权以自己名义向出口信用保险公司行使赔付保险金请求权。在前文提到的(2019)沪74民终594号案中,法院认为,保险人与出口商先行签订了保险合同,建立了保险合同法律关系。后经H公司(外贸合同进口商)、保险人和出口商一致同意,H公司作为被保险人加入其中,H公司自加入该保险合同法律关系起即具有被保险人地位。根据各方约定,H公司对保险赔偿金享有最终利益,故其应当具有独立的保险金请求权。

---

[1] 参见安徽省高级人民法院(2012)皖民二终字第00101号民事判决书。
[2] 参见陕西省西安市雁塔区人民法院(2015)雁民初字第06336号民事判决书。

第五编　国际贸易货款结算

　　国际贸易中,卖方交付货物、买方支付货款互为条件。按照合同中约定的货币、金额、时间、地点和方式支付货款是买方对卖方所承担的基本合同义务。因此,货款支付是国际贸易合同的重要内容。由于国际贸易支付不仅涉及币种和汇率,而且涉及票据使用和票据流转等法律问题,加之双方当事人相互之间可能在资信、履约能力等方面缺乏信任,因此,卖方希望在发货前获得货款,而买方希望在付款前收到货物,这对国际贸易极为不利。当事人对货款支付方式的选择必须协商一致,并在合同中作出明确约定,才能避免交易因货款结算而受阻。

第一章　货款支付工具

国际贸易货款支付方式是商品生产和流通高度发展的产物,随着国际商品交换的加强和扩大,货款的收付已由双方当面款货两清的现货交易,逐渐演变为以买卖双方通过银行或其他中介进行结算为特征的各种支付方式。究其本质,国际贸易货款支付是国际因商品交换而发生的以货款为主要内容的债权债务清算。不同的货款支付方式包含着不同的支付时间、地点和方法,同时也意味着不同的主体承担支付和融资风险。

第一节　支付工具

国际贸易货款支付工具包括货币和票据,以票据支付更为常见。而票据中,又以汇票的使用最为普遍。

一、以货币结算

因为买卖双方分处不同的国家或地区,所使用的币种可能不同,各国的货币制度和外汇管理制度也不一样,因此使用哪一种货币作为支付货币是双方当事人必须协商决定的问题。国际贸易货款支付所使用的货币,可以是出口国货币、进口国货币或第三国货币,也可以是国际货币基金组织(International Monetary Fund, IMF)创设的记账单位——特别提款权(special drawing rights, SDR)。选择使用何种货币,必须考虑其兑换的便利性、币值的稳定性等因素,避免因兑换限制和汇率变动造成的损失。通常,贸易合同的支付货币与表示货物价格的计价货币为同一种货币,但有时却是两种不同的货币。合同规定以不同的货币表示货物的价格和用于货款的支付时,应该列入有关外汇汇率的货币条款,即这种货币折合比率的专门条款,支付的货币就按这个汇率换算。目前我国对外贸易中使用较多的货币有美元、港币、欧元、英镑、日元、德国马克等自由兑换货币。随着人民币的国际化,在国际贸易中将人民币作为国际支付货币将更加普遍。

二、以票据结算

国际贸易中,非现金结算以票据结算更为普遍。所使用的票据通常是指某些可以替代现金流通的有价证券,包括本票、支票和汇票。这些票据作为支付工具,通过银行进行非现金结算。票据与法定货币的主要区别在于,票据凭借的是出票人、承兑人或背书人的私人信用,它不具有法定货币的强制通用效力。因此,当债务人以法定货币清偿债务时,在法律上称为法偿(legal tender),债权人必须接受。而当债务人准备以票据清偿其债务时,则必须征得债权人同意,或者在合同中作出规定,否则,债权人可以拒绝接受。①

(一)本票

本票又称期票(promissory note),具有借据、承诺函的性质。《票据法》第73条第1款规定:

> 本票是出票人签发的,承诺自己在见票时无条件支付确定的金额给收款人或者持票人的票据。

本票一般应载明"本票"字样、无条件支付承诺、收款人或其指定人(无收款人名字则以持票人为收款人)、支付金额、签发日期和地点、付款日期和地点,以及发票人签名,等等。本票可从不同角度进行划分:根据签发人的不同,可分为商业本票(一般本票)和银行本票;根据付款时间的不同,可分为即期本票和远期本票;根据有无收款人之记载,可分为记名本票和不记名本票;根据金额记载方式,可分为定额本票和不定额本票;根据支付方式的不同,可分为现金本票和转账本票。

本票具有如下特征:(1)本票是票据的一种,具有一切票据所共有的性质,是无因证券、设权证券、文义证券、要式证券、金钱债权证券、流通证券等。(2)本票是自付证券,它是由出票人自己对收款人支付并承担绝对付款责任的票据。这是本票和汇票、支票最重要的区别。在本票法律关系中,基本当事人只有出票人和收款人,债权债务关系相对简单。(3)无须承兑。本票在很多方面可以适用汇票法律制度。但是由于本票是由出票人本人承担付款责任,无须委托他人付款,所以,本票无须承兑就能保证付款。在(2015)执申字第12号案中,最高人民法院认为,出借人将1亿元的银行本票交付借款人,由借款人方工作人员出具收据并在收据上加盖公司印章,至此出借人已按借款合同履行了借款1亿元的义务,借款人也已收到1亿元借款。根据《票据法》第27条关于权利转让和背书的规定,借款人在银行本票背书栏加盖公司财务专用章、法定代表人印章的签章行为,系作为收款人对1亿元银行本票交付其所有后的转让处分行

---

① 参见沈达明、冯大同编:《国际贸易法》,北京大学出版社1983年版,第211页。

为,背书转让行为已完成。

(二) 支票

《票据法》第 81 条规定:

> 支票是出票人签发的,委托办理支票存款业务的银行或者其他金融机构在见票时无条件支付确定的金额给收款人或者持票人的票据。

支票(cheque)记载事项包括:(1)绝对记载事项,系票据法规定必填的记载事项,欠缺某一项记载事项则该票据无效,例如:①表明"支票"字样;②无条件支付委托;③确定的金额;④付款人名称;⑤出票日期;⑥出票人签章。(2)相对记载事项,系票据法规定应当记载而没有记载,未记载可以通过法律规定进行推定而不会导致票据无效,例如:①付款地(支票上未记载付款地的,则付款地为付款人的营业场所);②出票地(支票上未记载出票地的,则出票人的营业场所、住所、经常居住地为出票地)。(3)非法定记载事项,非法定记载事项并不发生支票上的效力,例如:①支票的用途;②合同编号;③约定的违约金;④管辖法院等。

支票也适用汇票的基本规定,其特征表现在:其一,支票是委付证券,但支票的付款人比较特殊,必须是有支票存款业务资格的银行或非银行金融机构;其二,我国的支票只有即期支票,支票无承兑制度。在(2015)鲁民申字第 521 号案中,法院认为,票据付款请求权纠纷是指票据的持票人向票据主债务人(汇票的承兑人、本票的出票人、支票的付款人)或者其他付款义务人请求按照票据上记载的金额付款遭到拒绝而引起的票据纠纷。根据《票据法》第 81 条的规定,支票的付款人为银行或其他金融机构。该案中,李某是持票人,H 公司是出票人,李某起诉要求 H 公司承担相应的责任,向其支付票据金额,案由应为票据追索权纠纷。李某所持转账支票记载要素齐全,应为合法有效票据,李某依法应享有票据权利。H 公司作为出票人,依法应承担向持票人支付票据金额的义务。

(三) 汇票

汇票(bill of exchange/draft)是国际结算中使用最为广泛的支付工具和信用工具。跟单信用证、议付和票汇业务都离不开汇票。《票据法》第 19 条规定:

> 汇票是出票人签发的,委托付款人在见票时或者在指定日期无条件支付确定的金额给收款人或者持票人的票据。汇票分为银行汇票和商业汇票。

依照国际惯例,在贸易货款结算时,汇票是由出口商开出的要求进口商或其代理在特定时间支付特定金额的命令。从不同角度,汇票分类如下:(1)按付款人的不同分为银行汇票(banker's draft)和商业汇票(commercial draft)。银行汇票是签发人为银行,付款人为其他银行的汇票;商业汇票是签发人为商业机构或者个人,付款人为其他商业机构、个人或银行的汇票。(2)按有无附属单据分为光票汇票(clean bill)和跟单汇票(documentary bill)。光票汇票本身不附带贸易和货运单据,银行汇票多为光票汇票。跟单汇票又称信用汇票、押汇汇票,需附带商业发票、提单、仓单、保险单、装箱单以及相关检验证书等单据,才能进行付款。商业汇票多为跟单汇票。(3)按付款时间分为即期汇票(sight bill/demand bill/sight draft)和远期汇票(time bill/usance bill)。即期汇票指持票人向付款人提示后对方立即付款的汇票,又称见票或即付汇票。远期汇票是在出票一定期限后或特定日期付款的汇票。在远期汇票中,记载一定的日期为到期日,于到期日付款的,为定期汇票;记载于出票日后一定期间付款的,为计期汇票;记载于见票后一定期间付款的,为注期汇票;将票面金额划为几份,并分别指定到期日的,为分期付款汇票。远期汇票按承兑人分为银行承兑汇票(banker's acceptance bill)和商业承兑汇票(commercial acceptance bill)。银行承兑汇票是承兑人为银行的远期汇票,商业承兑汇票是以银行以外的任何商业机构或个人为承兑人的远期汇票。(4)按流通地域分为国内汇票(inland bill/domestic bill)和国际汇票(international bill)。国内汇票的出票、付款和流通仅在一国之内发生,不具有涉外性。因此国内贸易多用国内汇票。国际汇票的出票或付款地点至少一项在国外,汇票可能在两国以上的范围内流通,故国际贸易货款支付多为国际汇票。

  汇票的特征表现为:(1)就当事人方面而言,汇票在出票时,基本当事人有三方,即出票人(drawer)、受票人/付款人(drawee/payer)和受款人(payee)。出票人是签发汇票的人,通常为出口商。受票人/付款人是接受出票人命令支付票据款项的人,在托收支付方式下,一般为买方或债务人;在信用证支付方式下,一般为开证行或其指定银行。受票人/付款人是票据的主债务人,但只有在票据上签章,确认付款责任(如承兑)以后,其才成为票据的债务人。受款人是凭汇票向受票人/付款人请求支付票据金额的人,通常为出口商或其指定银行。(2)汇票是委付证券,是一种支付命令,故汇票的出票人和付款人之间必须具有真实的委托付款关系,并具有支付汇票金额的可靠的资金来源。(3)远期汇票须经承兑。承兑是汇票独有的法律行为,是指付款人承诺在汇票到期日支付汇票金额的一种票据行为。汇票一经承兑,承兑人就成为票据的主债务人。出具和交付汇票仅为付款委托,只有在付款人承兑汇票后,付款人才应当承担到期付款的责任。没有经过承兑和付款,款项的支付就没有完成,不能将交付汇票行为作为款项已经支付的证据。(4)付款日多样化。汇票除有见票即付的情况外,还有定日付款、出票后定期付款和见票后定期付款等情况。可见,汇票具有汇兑功能、信用功能、结算功能和融资功能。

第二节 票据立法简介

世界各国的票据立法存在很大分歧和差别,给票据在国际商业中的流通带来不便。从19世纪末开始,国际社会就试图把各国票据法加以统一,制定有关票据的统一公约。1930年国际联盟在日内瓦召开国际票据法统一会议,通过了《统一汇票本票法公约》,该公约与1930年《统一支票法公约》、1930年《关于解决汇票与本票的若干法律冲突的公约》和1931年《关于解决支票的若干法律冲突的公约》,基本上统一了欧洲大陆法、德两大票据法系,标志着票据法的国际统一取得了初步成就。但英、美等普通法系国家认同英国1882年《票据法》和美国1896年《统一流通票据法》的规定,对日内瓦票据公约持抵制态度。联合国国际贸易法委员会曾制定《联合国国际汇票和国际本票公约》(Convention on International Bill of Exchange and International Promissory Note of the United Nations,以下简称《国际汇票本票公约》),1988年12月9日在纽约联合国第43次大会上通过,并开放签署。按该公约的有关规定,须经至少10个国家批准或加入后,方能生效。该公约尚未生效。

我国1995年制定《票据法》并在2004年修正。2000年通过最高人民法院《关于审理票据纠纷案件若干问题的规定》(以下简称《审理票据案件规定》)并于2008年12月16日调整,2008年12月31日施行;2020年12月29日修正,2021年1月1日施行。由于各国票据法律制度及民事法律制度对涉外票据中相关问题的规定不完全一致,可能在涉外票据的法律适用上产生冲突。为解决这种法律冲突,就必须制定相应的法律规则,以确定所适用的法律。《票据法》第五章对涉外票据的法律适用作了规定。其第94条规定,

> 涉外票据的法律适用,依照本章的规定确定。前款所称涉外票据,是指出票、背书、承兑、保证、付款等行为中,既有发生在中华人民共和国境内又有发生在中华人民共和国境外的票据。

涉外票据制度的主要内容包括有关票据债务人的民事行为能力、票据行为的方式、票据行为的效力等方面的法律适用规则、追索权行使期限,以及我国缔结或参加国际条约、国际惯例的适用。其第95条规定:

> 中华人民共和国缔结或者参加的国际条约同本法有不同规定的,适用国际条约的规定。但是,中华人民共和国声明保留的条款除外。本法和中华人民共和国缔结或者参加的国际条约没有规定的,可以适用国际惯例。

与《审理票据案件规定》同期修正并施行的最高人民法院《涉外法律适用法解释(一)》第 3 条第 1 款规定:

  涉外民事关系法律适用法与其他法律对同一涉外民事关系法律适用规定不一致的,适用涉外民事关系法律适用法的规定,但《中华人民共和国票据法》《中华人民共和国海商法》《中华人民共和国民用航空法》等商事领域法律的特别规定以及知识产权领域法律的特别规定除外。

可见,在涉外票据法律适用方面,《票据法》的规定优先于《涉外法律适用法》的规定。

第二章　货款支付方式

国际贸易货款支付方式主要有三种:买方直接付款、银行托收和跟单信用证。

第一节　买方直接付款

买方直接付款,即汇付(payment by remittance),是指由买方主动把货款汇付给卖方。买方通常通过银行办理汇款,但银行对货款的收付不承担任何责任。汇付是基于商业信用的付款方式。实践中,根据交易情况,买方可以选择不同的直接付款方式。

一、订货付现

订货付现(cash with order),是指卖方要求买方在订货时即预付全部货款或部分货款。这种方式对卖方最为有利,但在国际货物买卖中很少被买方接受,使用并不普遍。

二、见单付款

见单付款(sight payment),是指卖方在发运货物后,将有关单据寄交买方,买方在收到单据后按合同规定将货款通过银行汇付给卖方。见单付款分为信汇、电汇和票汇三种:(1)信汇(mail transfer,M/T),由买方将货款交给本地银行,由银行开具付款委托书,通过邮政寄交卖方所在地银行,委托其向卖方付款。信汇结算费用低,速度慢。(2)电汇(telegraphic transfer,T/T),操作与信汇相似,只是买方要求本地银行通过加押电传方式或环球银行金融电讯协会(Society for Worldwide Interbank Financial Telecommunication, SWIFT)将付款委托书通知卖方所在地银行,委托其向卖方付款。(3)票汇(demand draft,D/D),买方向当地银行购买银行即期汇票,自行寄给卖方,由卖方或其指定的人持汇票在卖方所在地有关银行取款。

虽订货付现对卖方有利,但无论订货付现,还是见单付款,都属商业信用,卖方能否顺利收款依赖买方的资信状况。

第二节 银行托收

一、托收的概念和种类

托收(collection)是由卖方对买方开立汇票,委托银行向买方收取货款的一种结算方式。银行托收业务中,由卖方根据发票金额开立以买方为付款人的汇票,向出口地银行提出托收申请,委托该银行通过其在进口地的代理行或往来银行,代为向买方收取货款。托收仍是一种商业信用。托收分为光票托收(clean collection)和跟单托收(documentary collection)。光票托收是指卖方仅开具汇票委托银行向买方收款,而不附任何单据。跟单托收是指卖方将汇票连同商业发票、提单、保险单以及相关检验证书等交易单据一并交给银行,委托银行向买方收取货款。在国际贸易中,货款支付以跟单托收更为普遍。

二、跟单托收的当事人及权利义务

为规范国际托收交易行为,减少当事人可能的矛盾和纠纷,国际商会1958年制定《商业单据托收统一规则》(The Uniform Rules for Collection, ICC Publication No.322),后经多次修改,现行文本是于1995年通过修订并于1996年施行的《托收统一规则》(The Uniform Rules of Collection, ICC Publication No.522)。依照该规则,一笔托收业务共有四方当事人:(1)委托人(principal),也译为本人,为委托银行代其向买方收取货款的卖方;(2)托收行(remitting bank),接受卖方委托代为收款的出口地银行;(3)代收行(collection bank),接受托收行委托向买方收款的进口地银行;(4)受票人(drawee),代收行向其提示汇票,要求其付款的汇票付款人,通常为买方。委托人和托收行是委托代理关系,适用代理法的一般原则。托收行和代收行也是委托代理关系,但委托人与代收行之间不构成直接合同关系,代收行是委托人的代理人托收行的代理人。代收行与受票人之间也不存在合同关系,代收行只是以代理人的身份向受票人提示汇票,收取货款。如果受票人拒绝承兑汇票或按汇票付款,代收行不能以自己的名义起诉,而只能将该情况通知托收行,再由托收行通知委托人,由委托人向受票人追偿。

三、跟单托收的种类

跟单托收可以分为:(1)付款交单(document against payment, D/P),即买方付款时向其交付商业单据。有关单据经代收行向付款人提示,付款人检查单据后决定是否接受,若接受即付款赎单。付款交单又分为即期付款交单(document against payment at sight, D/P at sight)和远期付款交单(document against payment after sight, D/P after sight)。即期付款交单是指由卖方开具即期汇票,通过银行向买方提示,买方见票后立即付款,并于付清货款的同时取得有关单据,然后持相关单据提货。远期付款交单是由卖方开具远期汇票,通过银行向买方作承兑提示,买方承兑后,汇票到期时再付款赎单。远期付款交单下,付款人向代收行承兑付款,全部单据由代收行扣留,代收行到期代收货款后向付款人交单,通知托收行货款已收并转账,托收行将货款交出口人。

(2)承兑交单(document against acceptance,D/A),是按照买卖合同承兑交单的约定,卖方的代收行向买方交单以买方的承兑而非实际付款为条件。买方承兑汇票后,即可在代收银行取得装运单据并办理通关、提货,先行销售货物获得货款,待汇票到期时用销售所得货款向代收行实际付款。因为只有远期汇票才需办理承兑手续,所以承兑交单方式只适用于远期汇票托收。

四、托收属商业信用

卖方能否收到货款完全取决于买方是否能够依约履行付款承诺,因此托收为商业信用。相比付款交单,承兑交单对卖方风险更大。常见案例是,买方承兑后取得包括装运单据在内的贸易单证,但拒绝向承运人提货、拒绝清关,以迫使卖方降价;或者提货、报关后,以质量不符等理由拒绝付款;买方还有可能破产或"跑路",不能履行付款义务。此时,货物已经到港甚至通关,面临被承运人留置拍卖或被海关罚没,而货款尚未收到,卖方被迫降价或另做处理。即使卖方解除合同另寻买家,日后以违约为由依法仲裁、诉讼,自买方获得赔偿的可能也十分渺茫。因此,卖方应慎用承兑交单方式收取货款。在(2016)浙 0110 民初 12277 号案中,原告卖方向被告印度买方出口电子产品,成交方式为 FOB,结汇方式为提单日后 90 天承兑交单。买方没有依约支付货款。法院判决买方向卖方支付货款及其利息。在(2021)粤 0391 民初 213 号案中,原告卖方与被告乌干达买方约定,买方向卖方采购厨师刀具,上船后 60 天内 100% 承兑交单。货物运抵蒙巴萨港口后买方提取货物,但未支付相应货款。法院判决买方应向卖方支付货款和利息。不得不说,此类索赔承兑交单货款的案件,即使得到中国法院支持,卖方胜诉后在买方所在国申请承认和执行中国法院作出的判决,自境外买方获得赔偿,并非易事。而中国卖方在买方所在地国家起诉或仲裁,不仅涉及高昂的境外法律费用,更可能陷入旷日持久的诉累,进退维谷。

第三节 跟单信用证

一、信用证与UCP

（一）信用证与UCP

早期的国际贸易中，买卖双方位于不同国家，不能当面款货两清。双方的互不信任导致卖方担心交运货物后不能收回货款，而买方担心支付货款后不能收到货物。这种状况极大地制约了国际贸易的发展。信用证的应用，很好地解决了这个问题。据称，信用证发端于古代文明，包括古罗马、埃及和中国，至于以何种形式引入该付款机制，则难以考证。而现代文明中，最早提及信用证的是英国 1765 年 *Pillans v. Van Mierop* 案。从 19 世纪开始，美国银行就开立信用证，但直到第一次世界大战前后才成为一种有实质影响的商业行为。信用证并无以前的成文法规则，主要体现在判例法上，且基本由纽约州法院的判例而来。无论起源如何，信用证无疑已经成为最受欢迎的金融工具之一。但国际上并未制定关于信用证的国际公约，各国法律均以关于信用证的国际惯例作为其立法和裁判基础。

如前文介绍，国际商会制定了众多已为全球商业界广泛采纳的规则或标准。为解决国际贸易货款支付问题，国际商会 1929 年制定了首部《跟单信用证统一惯例》（Uniform Customs and Practice for Documentary Credits, UCP），但仅有法国和比利时加入。1933 年制定新版即 UCP82，有 40 多个国家参加，取得较好效果。该惯例充分利用 INCOTERMS 交易条件中单证贸易的特点，尤其是装运单据（如提单）所具有的物权凭证属性，将银行信用引入国际贸易，把汇付和托收的商业信用转升为银行信用，银行取代买方向卖方作出书面的、有条件的付款承诺，使得买卖双方可基于对银行的信任而大胆交易。卖方只要提交的单据满足信用证所列条件和要求，即能收到银行的付款，不需再为能否及时收到货款而担心。对买方而言，收到与信用证所列条件和要求相符的单据，即象征收到货物，不必担心付款后不能收到货物。信用证受到全球贸易、航运、银行业等的普遍欢迎，成为国际贸易的重要结算和融资工具，极大地推动全球贸易的发展，被誉为"国际贸易的命脉"（the life blood of the international commerce）。自 1933 年以来，UCP 历经六次修改，目前最新版本是 2007 年 7 月 1 日起生效的 UCP600。

UCP600 共 39 条，相较于 1994 年 UCP500，该版本更加简洁并体现用户友好特点。UCP600 删除了前版的若干条款，如前版第 5 条的开立和修改指示、第 6 条的可撤销信用证、第 8 条的信用证的撤销、第 12 条的不完整通知、第 15 条的相符交单和第 38 条的其他单据;同时增加了一些条款,如第 2 条的定义和第 3 条的解释条款,对经常发生争议的具有不确定性的措辞作出明确界定和解释,第 9 条的信用证及其修改的通知,第 12 条的指定以及第 17 条的正本单据和副本单据,等等。[①]

(二)信用证的定义

根据 UCP600 的定义,信用证(letter of credit,L/C)是指一项不可撤销的安排,无论其名称或描述如何,该项安排构成开证行对相符交单予以承付的确定承诺(Credit means any arrangement, however named or described, that is irrevocable and thereby constitutes a definite undertaking of the issuing bank to honour a complying presentation)。依照 UCP600 起草工作组的评述(国际商会第 680 号出版物),UCP600 关于信用证的定义包含了该惯例下所有跟单信用证均不可撤销这一原则。可撤销跟单信用证的概念已被从 UCP600 中删除。这一定义将承ης与"承付"和"相符交单"的定义联系起来。

可见,信用证是开证行向受益人作出的付款承诺,该承诺具有不可撤销和独立性的特点。然而,其承诺是有条件的,即受益人所提交的单据必须达到"相符交单"的要求,开证行才承担付款义务。履行付款承诺是开证行的主要义务,而且有赖于其他银行的参与。因此,信用证是一种银行信用,银行承担第一位的付款责任。

二、中国关于信用证的立法

我国没有专门对信用证制定法律,但这并不意味着处理信用证相关纠纷无法可依。在处理信用证争议时,《民法典》等法律的基本原则仍然适用。如关于开证申请人与开证行之间的关系,在性质上可认定为委托合同关系,开证申请人为委托人,开证行为受托人,开立信用证并处理付款事宜为委托事务。他们之间的关系,应受《民法典》关于委托的相关规定的调整。《民法典》施行前审理的信用证纠纷案件,也都引用《民法通则》《民法总则》等相关规定处理。

审判实践中,针对信用证纠纷案件的审理,最高人民法院发布了一系列规定。1989 年 6 月,最高人民法院根据当时频繁发生的公安、司法机关裁定冻结止付信用证的情况,在《全国沿海地区涉外涉港澳经济审判工作座谈会纪要》中对信用证的独立性作出规定。1997 年 9 月,发布最高人民法院《关于人民法院能否对信用证开证保证金采取冻结和扣划措施问题的规定》(经 2020 年修正),对冻结、扣划信用证保证金作出规定。1998 年 11 月,发布最高人民法院《关于当前经济审判工作应当注意的几个问题》,其中对止付信用证项下款项的问题作出规定。2003 年 7 月,最高人民法院《关于严禁随意止付信用证项下款项的通知》发布。为进一步规范在信用证开

---

① See Indira Carr, Peter Stone, International Trade and Law 2, Talor & Trancis Group, pp. 454-455.

立、通知、修改、撤销、保兑、议付、偿付等环节产生的纠纷案件的审理活动,最高人民法院于 2005 年 11 月发布《审理信用证案件规定》(后经 2020 年修正)。该司法解释系根据《民法典》《涉外法律适用法》《民诉法》等法律,参照国际商会 UCP 等相关国际惯例,结合审判实践而制定。其中第 2 条,就法律适用问题规定:

  人民法院审理信用证纠纷案件时,当事人约定适用相关国际惯例或者其他规定的,从其约定;当事人没有约定的,适用国际商会《跟单信用证统一惯例》或者其他相关国际惯例。

  2009 年 7 月,最高人民法院《关于当前人民法院审理信用证纠纷案件应当注意问题的通知》发布,进一步明确几个问题。①

  审判实践中,关于信用证纠纷的法律适用,我国法院充分尊重当事人意思自治和国际惯例。在(2009)鲁民四终字第 37 号案中,一审法院认为:该案为韩国 W 银行以议付行身份请求开证行 Q 银行偿付信用证项下款项的信用证纠纷案件。W 银行为韩国法人,该案为涉外民商事纠纷案件,应适用涉外民事诉讼程序的特别规定。因 Q 银行住所地在一审法院辖区内,故法院对该案享有管辖权。根据《审理信用证案件规定》第 2 条的规定,该案信用证载明遵照 UCP600(国际商会第 600 号出版物),双方当事人在该案诉讼过程中均主张适用中国法律和相关国际惯例,因此,法院依据 UCP600、《关于审核跟单信用证项下单据的国际标准银行实务》(2007 年修订本,适用 UCP600,国际商会第 681 号出版物,简称 ISBP)以及中国法律解决该案的实体争议。在(2020)浙 02 民初 1142 号案中,法院认为:该案属涉外信用证纠纷。在诉讼程序上应适用《民诉法》第四编涉外民事诉讼程序的特别规定。关于准据法的适用问题,该案争议为信用证欺诈纠纷,根据《涉外法律适用法》第 44 条的规定,适用侵权行为地法即中国法律。又因该案涉及信用证各方关系人的地位问题,根据《审理信用证案件规定》(2020 年修正)第 2 条的规定,法院审理信用证案件时,当事人约定适用相关国际惯例或者其他规定的,从其约定;当事人没有约定的,适用国际商会 UCP 或者其他相关国际惯例。案涉信用证明确约定受国际商会 UCP 最新版本约束,因该案信用证开立时的最新版本为 UCP600,因此有关该案信用证问题应适用 UCP600。

三、信用证操作流程

  根据 1997 年 ICC 第 515 号出版物《跟单信用证操作指南》,买卖双方及相关银行

---

① 除前述司法解释、司法文件外,最高人民法院针对信用证纠纷案件的审理,还发布了有关领导人的讲话、对具体案件的复函等;2020 年 12 月发布的最高人民法院《关于印发修改后的〈民事案件案由规定〉的通知》将信用证纠纷案件列为第二级案由,即"二十九、信用证纠纷:351.委托开立信用证纠纷,352.信用证开证纠纷,353.信用证议付纠纷,354.信用证欺诈纠纷,355.信用证融资纠纷,356.信用证转让纠纷";此外,针对信用证纠纷案件,最高人民法院发布了若干经典案例。

操作信用证的流程可归纳为如下步骤：(1)买卖双方在买卖合同中明确规定采用信用证方式付款(明确信用证适用 UCP 的版本，或规定最新版本)。如规定："Payment shall be made by Letter of Credit (L/C) issued in accordance with the provisions set out ... The L/C shall be subject to the latest version of the ICC's UCP in effect at the time the L/C issued."(2)买方向其所在地银行提出开证申请，填具《跟单信用证开立申请书》(application for documentary credit)，并交纳一定的开证押金或提供其他保证，请开证行向卖方(受益人)开出信用证。(3)开证行按申请书的内容开立以卖方为受益人的信用证，并通知其在卖方所在地的代理行或往来行(通知行)，将信用证通知卖方。(4)通知行在核对印鉴无误后，将信用证交卖方。卖方确认信用证条款与合同一致后，可组织货源，制作单证并准备交货。(5)卖方向承运人托运货物、取得信用证所要求的装运单据，开出汇票，按信用证规定向其所在地银行议付货款。(6)议付行议付货款后立即在信用证背面注明议付金额，并将从卖方手中取得的有关单据寄交开证行索偿。(7)开证行在审查单据无误、相符交单，确认符合信用证的要求后，即偿还议付行所议付的款项(即期信用证即期支付，远期信用证承兑后到期支付)。(8)开证行通知买方赎单，买方付款赎单后，信用证交易结束。之后买方可持自开证行取得的单据完成报关、报检和向承运人提货等手续。

四、信用证当事人

一项信用证通常有七个当事人，即开证申请人、开证行、通知行、受益人、指定行，以及保兑行和议付行。(1)开证申请人(applicant)，是向银行申请开立信用证的人，通常是国际货物买卖合同中的买方。在实际业务中，也有买方之外的第三人替买方开立信用证的情形。这时申请人是该第三人而非买方，买方不是信用证的关系人。买方与该申请人之间的关系不适用信用证。(2)开证行(issuing bank)，是应申请人申请开立信用证的银行，也是最终向受益人付款的银行。一般是申请人所在地银行或其开户银行。开证行与申请人之间的关系受开证申请书及其他文件调整。(3)通知行(advising bank)，是接受开证行的委托，向受益人通知信用证的银行，通常是受益人所在地银行。(4)受益人(beneficiary)，是接受信用证并享受其利益的人，即信用证指定的有权享用信用证金额的人。一般是买卖合同中的卖方。在可转让信用证的情况下，除直接卖方外，还包括货物的实际供应商(第二受益人)。受益人与开证行之间的关系受信用证调整，是信用证的直接关系人。因此，也有观点认为，信用证当事人仅包括受益人和开证行。(5)指定行(nominated bank)，除非信用证规定只能由开证行办理，一切信用证均须指定某家银行，由该银行向受益人付款、承担延期付款、承兑汇票或议付的责任。根据 UCP600 的定义，指定行是指信用证可在其处兑用的银行，如信用证可在任一银行兑用,则任何银行均为指定行。即自由议付的信用证,任何银行均为指定行。指定行一般为出口商所在地的银行,可以是通知行,也可以是通知行以外的另一家银行。除此之外,信用证当事人还可能有保兑行和议付行。(6)保兑行(confirming bank),指根据开证行的授权或要求,对信用证加具保兑的银行。保兑指保兑行在开证行承诺之外作出承付或议付相符交单的确定承诺。尽管不可撤销信用证可避免买方破产清算给卖方带来的风险,然而仅有位于买方国家、作为买方代理的开证行参与,不足以充分保护卖方的利益。一旦出现问题,卖方可能面临不得不在买方国家起诉等问题。因此信用证可以规定由卖方所在国的银行加保。保兑行自对信用证加具保兑时起,即不可撤销地在开证行义务之外,对卖方独立承担承付或议付的责任。与开证行、通知行和指定行不同,保兑行或议付行只有在信用证规定使用保兑信用证或议付信用证时才存在。(7)议付行(negotiation bank),根据UCP600的定义,议付(negotiation)是指指定行在相符交单下,在应获偿付(reimbursement)的银行工作日当天或之前向受益人预付或同意预付款项,从而购买汇票(其付款人为指定行以外的其他银行)及/或单据的行为。议付行,指相符交单通过后向受益人预付或同意预付而购买汇票或单据的指定行。议付行通过购买汇票或单据,使自己成为信用证的受益人,可以享用信用证利益。受益人交单对象可以是开证行、通知行、指定行或自己的往来银行,因此,除开证行外,通知行、指定行或自己的往来银行都可能为议付行。在(2018)最高法民申3928号案中,对指定行的认定及其是否构成议付行,最高人民法院从不同方面加以论证,认为建行亚洲公司可为指定行,其在相符交单下已向受益人C-Star公司预付了信用证项下款项并购买了相关单据,构成对该案信用证的议付。第一,建行亚洲公司具备指定行条件并且已向开证行进行了告知。第二,建行亚洲公司已按该案信用证的约定完成了相关议付要求。根据该案信用证约定,信用证项下所有提款金额均应由议付行在信用证原证背面予以背书,且所有单据和汇票均应经快递一次性寄送给开证行。建行亚洲公司在收到C-Star公司提交的相关单据后,已将单据寄交开证行,并特别注明建行亚洲公司已在信用证上对议付金额进行了背书,已完成信用证上相应义务。第三,建行亚洲公司作为该案信用证议付行已实际向受益人C-Star公司支付了信用证项下的款项。

五、信用证各方之间的法律关系

以不可撤销保兑信用证为例,通常有四个独立且相互关联的合同关系,即货物买卖合同关系、开证申请人与开证行的委托开证合同关系、开证行与保兑行之间的委托合同关系,以及保兑行与受益人之间的担保合同关系。若无保兑行,仅有三个主要合同关系,即前两个合同关系和开证行与受益人之间的信用证合同关系。但实践中,往往有更多银行参与其中,如通知行、议付行、指定行和转让行等。各合同权利义务内容不同,并且受不同法律、规则或惯例的调整。

(一)开证申请人与受益人

开证申请人(买方)与受益人(卖方)之间系买卖合同关系。双方约定以信用证方式支付货款,则买方应依合同规定开立信用证,卖方则应依合同交货并提供信用证约定的单据。买方违反开证义务、卖方违反提供相符单据义务,为违反买卖合同义务。信用证对双方都有好处,卖方不能绕开信用证,使信用证短路(to short-circuit the credit),直接将单证提交买方,要求买方付款。在 *Soproma S.P.A v. Marine and Animal By-Products Corp*. 案中,以 C&F 价格交易鱼类产品,卖方发了第一批货,买方通知银行拒付货款。卖方发第二批货并向买方直接寄送单据要求付款,被买方拒绝。麦克奈尔(McNair)法官认为,买方有权这样做。因为第一批货迟延交付,超过信用证规定期限。第二批货虽在信用证规定期限交货,但因直接交单给买方,交单无效。法官强调,跟单信用证付款对买卖双方均有好处,而不是仅对卖方有好处,其不能单方面放弃信用证付款方式。但如果因银行破产清算等原因而使信用证丧失付款功能,则卖方有权直接向买方要求付款,因为信用证付款是有条件的且并非绝对、唯一付款方式。如果卖方提交相符单据而银行无论何种原因不能付款,均不能解除买方的付款义务。而且,由于买方有义务在信誉良好的银行开证,因此买方应承担违约责任。[1] 中国法院此类案件不多,但在中国法下,亦应有相同的裁判结果。

(二)开证申请人与开证行

二者之间系委托合同关系。开证申请人的主要义务是缴纳开证押金或提供其他保证,缴纳开证费用并付款赎单。开证行则是依证申请书开立信用证并谨慎地审核所涉单据,确定单据在表面上符合信用证要求。虽然开证申请人主要受基础合同和开证申请书等文件约束,但其同样应依信用证的有关规则行事,如尊重开证行的独立审单权利,不得强迫开证行接受其主张的"不符点",或者以此拒绝付款赎单。在(2008)民二终字第 2 号案中,最高人民法院认为,开证行根据开证申请人的开证申请为其开立了信用证,按照信用证交易规则,开证行履行了对外垫付信用证项下款项的义务。此后,开证申请人不仅办理了进口付汇核销手续,而且还申请叙做进口押汇,出具债务确认书等。基于此,原审法院确认开证行对外垫款的事实成立,判定开证申请人应当偿还信用证项下垫款的本金和利息,处理正确。

---

[1] See Paul Todd, Bills of Lading and Banker' Documentary Credit, LLP Reference Publishing (3rd Edition), 1998, pp. 73-74.

(三)开证行和通知行

二者之间系委托合同关系。通知行接受开证行的委托,代理开证行将信用证通知受益人,开证行支付佣金给通知行。通知行可以不接受开证行的委托,并且通知行只承担确定信用证表面真实性的责任。

(四)开证行与受益人

开证行与受益人之间的关系受信用证规则调整,是信用证最核心的法律关系。根据 UCP600 第 7 条的规定,开证行开立信用证之时起即不可撤销地承担承付责任。开证之行为,亦为民事法律行为,性质上属于对受益人承担债务的承诺。在开证行与受益人之间形成对双方有约束力的独立合同关系。开证行因其开证行为而承担独立于开证申请人的在基础合同下的付款义务。究其本质,开证行与受益人之间的关系,更像是有条件的、变形的共存型债务承担。开证行首先负有基于开证行为而发生的、向受益人支付货款的义务,若其不履行该义务即构成对受益人的违约。同时,受益人有义务向开证行提交符合信用证规定的单据,开证行在收到单据后经审核确认单据与信用证要求相符后,才最终向受益人承担付款义务。只有在开证行的付款义务实际履行完毕后,才免除开证申请人向受益人的付款义务。受益人不能直接向开证申请人主张付款义务,但如果信用证失效而不能发挥付款功能,付款义务再转移至开证申请人。如果货款已由议付行支付,开证行偿付议付行的责任独立于开证行对受益人的责任。在(1996)二中经初字第 471 号案中,法院认为,原告系不可撤销、可转让信用证的受益人,在原告所交单据符合信用证要求,单据之间表面不存在互不一致的情形下,被告作为开证行认为单证不符没有依据。被告开出的是不可撤销信用证,当信用证送达原告时,在原告与被告之间成立了一项对双方都有约束力的合同。当原告收到信用证时就承担了提交与信用证相符单据及交货的义务,按照商业惯例,被告开出不可撤销信用证就构成开证行与受益人之间的一项交易,使开证行承担了绝对付款义务。

(五)议付行与开证行

二者之间表面似为委托代理关系,但实践中开证行与议付行并不必然存在委托关系。议付行与受益人也不存在合同关系,其接受并购买受益人提交的汇票和单据、议付货款,是基于票据法律关系。同样,议付行与开证行之间的关系也是信用证机制下的票据法律关系。只要议付行按照相符交单对受益人作出议付,开证行即应对议付行作出偿付。否则,议付行有权起诉开证行。前些年,中国的银行作为开证行因司法冻结等原因拒绝偿付外国议付行,导致被起诉的案例时有发生。当然,如果议付行提交的单据与信用证不符,议付行有权索回单据,并转而向受益人追索。

(六) 通知行与申请人

二者之间无直接合同关系。通知行与受益人之间也不存在合同关系。通知行通知受益人是因其对开证行负有义务,不是因为通知行与受益人之间有合同关系而对受益人负有此项义务。

(七) 指定行与受益人

二者之间不存在直接合同关系。当然,指定行与受益人在信用证法律关系之外可以另行约定双方的权利义务关系,该约定仅在指定行与受益人之间具有约束力,不能约束开证行,也不能作为确定指定行与开证行之间权利义务关系的依据。法院仍应根据 UCP 的内容确定指定行在信用证法律关系中的法律地位。[1]

(八) 保兑行与受益人、开证行

三者之间无直接法律关系,法律关系依不同规则确定。对受益人而言,保兑行相当于开证行;对开证行,保兑行是保证人,开证行是被保证人。因此,各方之间的法律关系分别受信用证规则或者关于委托的相关法律调整。受益人将单证提交保兑行,由保兑行取代开证行承担付款义务,并且该义务不以是否获得开证行的偿付为条件。如果保兑行得不到开证行的偿付,其可以起诉开证行,但不可起诉受益人退还已付货款,即使开证行破产清算,保兑行亦不能向受益人追偿。[2]

(九) 转让行与不同受益人

转让行与第一受益人和第二受益人的关系,属于不同性质的法律关系。可转让信用证下,信用证转让法律关系基于第一受益人向转让行提出指示而启动。第一受益人可以要求授权付款、对汇票、承兑或议付承担延期付款责任的银行(转让行),或当信用证是自由议付时,可以要求信用证中特别授权的转让行,将该信用证全部或部分转让给一个或数个受益人(第二受益人)。在申请转让时或信用证转出之前,第一受益人必须在有关转让申请中指明是否允许或在何种条件下允许将修改通知第二受益人。除办理信用证转让而产生的法律关系,转让行与第一受益人之间还有办理付款、承兑或议付而产生的其他法律关系。第一受益人不能因为转让而免责,在第二受益人不能交货时或交货不符时,第一受益人应仍承担卖方责任。开证行与第一受益人之间的权利义务,有别于普通跟单信用证下的权利义务,开证行不必然对第一受益人承担付款义务,可能对第二受益人承担付款义务,这取决于转让行如何提交单据以及第一受益人是否按时替换单据。开证行对第一受益人承担付款义务是有条件的,只有在其提交的

---

[1] 参见浙江省高级人民法院民事审判第四庭《关于审理信用证纠纷案件若干疑难问题的解答》第 9 条。
[2] See Paul Todd, Bills of Lading and Banker' Documentary Credit, LLP Reference Publishing (3rd Edition), 1998, pp. 22-23.

单据符合信用证规定时,开证行才对第一受益人承担付款义务。转让行与第二受益人仅存在因核实信用证真实性而产生的法律关系,除此之外,无法律关系。开证行与第二受益人之间并无直接法律关系,其双方之间的法律联系仅基于以下事件而产生:信用证已被转让,第二受益人依据该被转让的信用证已向转让行作出交单提示,第一受益人未能在转让行要求替换单据时照办,以及转让行将第二受益人的单据寄交开证行。在开证行与转让行之间,转让行必须是开证行授权办理付款、承兑或议付的银行之一,且必须经过该银行同意接受第一受益人的请求而办理转让。开证行与转让行不能因为信用证被转让这一法律事实而发生单独法律关系或独特法律关系,而是仅因为信用证已被转让而使得他们原有法律关系的内容发生了某些变化。第二受益人所受保护是有局限性的,是不充分的,一旦第一受益人保留任何权利,其权利便受到各种限制。① 在(2016)京 0101 民初 1929 号案中,法院针对可转让信用证指出,依据 UCP600 中有关信用证转让的规定,信用证是开证行向第一受益人作出的付款承诺,信用证转让后,开证行在主证下对第一受益人的付款责任仍然存在,除特殊情况外,第二受益人权利的实现完全依赖第一受益人能否向开证行提供相符交单。该案中,案涉信用证为可转让信用证,并已转让,案涉信用证的第二受益人与开证行即该案被告不存在直接关系,现第二受益人声明称其完全依赖第一受益人即该案原告向被告主张权利,并无不当,原告作为第一受益人有权向被告主张并受领案涉信用证项下的款项。在(1995)经终字第 217 号案中,受益人将信用证转让给 S 公司,后 S 公司向议付行提交的单证存在 4 处不符点,被开证行拒收并退回议付行,S 公司起诉开证行。法院认为,S 公司向议付行直接交单后已收取信用证项下款项,议付行尚未向 S 公司退单追偿,且 S 公司没有向开证行直接交单的证据,故开证行不直接向 S 公司承担付款责任。因此驳回 S 公司的诉讼请求。最高人民法院二审维持原判。

总之,信用证中各合同之间相互独立,又相互关联。不仅信用证条款不受基础合同变更和履行情况的影响,而且信用证中各合同所适用的法律并不必然相同,比如调整开证行(保兑行)与受益人之间的法律,可能与基础合同的准据法并不相同。此外,信用证条款又必须与基础合同约定相符,确保保兑行对受益人的义务与其对开证行的权利一致,开证行对受益人的义务与其对开证申请人的权利一致。否则,保兑行或开证行可能在履行义务后,无法向其债务人追偿。因此,银行向受益人履行的义务,与开证申请人应向银行履行的义务紧密关联(除非银行超出开证申请人在开证时的指示)。②

---

① 参见李金泽主编:《UCP600 适用与信用证法律风险防控》,法律出版社 2007 年版,第 289—290 页。
② See Paul Todd, Bills of Lading and Banker'Documentary Credit, LLP Reference Publishing (3rd Edition), 1998, pp. 25-26.

六、信用证的种类

(一)商业信用证和备用信用证

信用证按不同标准,可分不同种类。按照货物交易或非货物交易,信用证分为两大类,即商业信用证(commercial L/C)和备用信用证(standby L/C)。前者用于货物贸易,作为银行对受益人的有条件付款承诺。后者用于非货物贸易,常作为一种银行担保。

(二)商业信用证的分类

1. 可撤销与不可撤销信用证。可撤销信用证可以由开证行随时修改或撤销,不必通知受益人,这对受益人是不利的。以信用证是否可以撤销,分为可撤销信用证(revocable L/C)和不可撤销信用证(irrevocable L/C)。在 UCP400 下,信用证未明确为可撤销或不可撤销时,默认为可撤销。UCP500 规定,若信用证未注明是否可撤销,则视为该信用证为不可撤销。UCP600 删除了"可撤销信用证"的概念,即该版规则下均为不可撤销信用证。但不排除受益人和开证申请人双方协商撤销信用证,由受益人将信用证退还开证行,但该撤销实为"退回",非真正意义上的撤销。

2. 即期、延期与承兑信用证。UCP600 首次引入"承付"(honour)的概念。所谓"承付"是指:(1)如果为即期付款信用证,则即期付款;(2)如果为延期付款信用证,则承诺延期付款并于承诺到期日付款;(3)如果为承兑信用证,则承兑受益人开出汇票并于汇票到期日付款。因此,UCP600 按信用证注明的承付方式,将其分为即期信用证(sight payment L/C)、延期信用证(deferred payment L/C)、承兑信用证(acceptance L/C)和议付信用证(negotiation L/C)。即期信用证,指开证行或指定银行收到受益人相符交单后,应在 5 个工作日内向受益人支付货款。延期信用证,指开证行或指定行收到受益人相符交单后,在 5 个工作日内向受益人作出到将来的某日期付款的保证,到该日期时即向受益人支付货款。延期信用证亦称无汇票远期信用证,与远期信用证的功能相同,仅付款期限不同。在大型机电设备进出口中,延期信用证可以用于远期至一年以上或数年后的货款支付。承兑信用证,指凭受益人签发的以指定银行为付款人的远期汇票和单据付款的信用证。受益人在向银行提示汇票和单据时,银行对远期汇票承兑,到汇票到期日进行付款。议付信用证,是指在信用证兑用方式为议付时,允许受益人向某一指定行或任何银行交单议付,在开证行支付货款前,由指定行预先买入汇票及/或单据,将款项垫付给受益人或向受益人作出预付承诺。

3. 保兑与非保兑信用证。以开证行开立的信用证是否经另一家银行保兑,可将信用证分为保兑信用证(confirmed L/C)和非保兑信用证(unconfirmed L/C)。

4. 可转让信用证与不可转让信用证。这是根据信用证可否转让作出的划分。不可转让信用证(non-transferable credit),是指信用证受益人不能通过背书转让等方式将信用证权利转让给其他人。只有被指定为最终收款人的个人或公司才能使用这种类型的信用证。这通常被用于涉及商业机密交易的情况,因为只有特定的收款人才能获得支付款项。可转让信用证(transferable credit),是指开证行授权转让行在受益人要求下,可将信用证的全部或部分转让给第三者,即第二受益人(second beneficiary)兑用的信用证。根据 UCP600 第 38 条的规定,办理可转让信用证须经银行明确同意,且需特别注明"可转让"字样。此类信用证多用于卖方非发货人的交易中,卖方为第一受益人,而制造商或发货人为第二受益人。总货款与第二受益人所收货款之间的差额,为第一受益人所得利润或佣金。可转让信用证只能转让一次,第二受益人不得再次转让。但如果允许部分支款或分批发运,可有数个第二受益人,此可视为一次转让。在可转让信用证下,第二受益人提交的单证和发票等,构成第一受益人提交。

除上述分类外,还有循环信用证(revolving credit)、背靠背信用证(back to back credit)等。

七、信用证的主要内容

信用证没有统一格式,但大多为 SWIFT MT 7 字头格式(如普通信用证用 MT700 格式,可转让信用证用 MT720 格式,备用信用证选择 MT760 或 MT799 格式),也有采用电传和信函式,其内容基本相同,通常由买卖双方根据基础合同协商确定,经开证行确认。开证行开证确定信用证内容依据的是开证申请书而不是基础合同,因此信用证的内容除与基础合同一致外,还应与申请书一致。信用证主要包括以下项目:

1. 信用证当事人。包括开证申请人、开证行、通知行和受益人的名称及地址,有的信用证还指定议付行或付款行。

2. 信用证的种类和号码。该条款主要载明信用证是否保兑等,并注明信用证的编号。

3. 信用证的金额。信用证金额是指受益人凭单据向开证行索要的货款金额,可以是一个最高金额,也可以是伸缩性金额。根据基础合同付款安排,可以是总价款、大部分价款,也可以是尾款等。在大宗商品交易中,常规定暂定价款(provisional price)的 98% 使用信用证支付,经质量和重量调整后的剩余尾款用 T/T 支付。因常发生溢短装,大宗货物数量和货款金额不能确定,信用证可按 5% 的溢短装国际惯例,允许 5% 的货款增减幅度。考虑到货物含水量,可允许更大的伸缩幅度,如规定:"The L/C amount shall be USD ... in total where estimated average moisture content is 10%, it must allow +/-20% tolerance for quantity and +/-22% tolerance for the amount of credit."

4. 汇票条款。该条款主要规定汇票的金额、种类、份数及付款人的名称。信用证兑用方式决定是否需要汇票,即期信用证一般不要求汇票,延期信用证可以不要求汇票,承兑信用证必须要求远期汇票,而议付信用证通常要求汇票。汇票金额、币种与信用证、发票应保持一致。如存在预付款、尾款,发票总金额需与信用证金额和预付款、尾款金额相符。但根据 UCP600 第 18 条 b 款的规定,指定行、保兑行(如有)或开证行可以接受金额大于信用证允许金额的商业发票,其决定对有关各方均有约束力,只要该银行对超过信用证允许金额的部分未作承付或议付。可见,发票金额可以超过信用证金额,只要汇票金额不超过信用证金额即可。需注意的是,汇票虽为信用证项下的支付工具,但并非信用证所要求的单据。尽管 UCP600 和《关于审核跟单信用证项下单据的国际标准银行实务》(International Standard Banking Practice for the Examination of Documents under Documentary Credits/ ISBP745)均未明确规定,但从国际商会其他出版物可见其倾向性意见。国际商会在官方意见 R730/703 中的观点是:"一切单据(all documents)以英语出具。"此条件仅适用于信用证第 46A 栏或第 47A 栏罗列的单据,显然汇票没有罗列其中。言外之意,除非信用证明确要求提交以申请人为付款人的汇票,否则,信用证条款中"一切单据以英语出具"所述的"一切单据"不包括汇票。换言之,虽然汇票是单据,但信用证要求规定的"一切单据",默认只局限于申请人通过信用证要求并需要提供给申请人使用的单据,而不包括开证行或另一家银行在信用证中要求并需要提供给银行使用的单据,尽管后者也是信用证中的单据。①

中国法院曾根据信用证约定和 UCP500 就此问题作出过判决。一审法院认为,信用证是开证行有条件的付款承诺,只要受益人提交的单据符合信用证的要求,银行即应付款。其中受益人提交与信用证要求一致的单据是开证行付款的条件,而信用证规定的汇票则是关于付款方式和期限的约定。因此汇票与信用证要求与之相符的单据是有所区别的。UCP500"单据"一章中对信用证业务中的单据作了具体的规定,其中不包含汇票,因此,除非信用证条款中作出特别规定,将汇票列入其要求的单据之中,则在通常情况下汇票不应属于信用证意义上的单据之列。二审法院认可一审法院意见,认为依据该案信用证的约定和 UCP500 的规定,汇票不是信用证项下所要求的单据,汇票为受益人向银行提示付款的单据,是受益人向付款行收取信用证款项的结算凭证。因此,该案信用证约定的交单日期不约束汇票的提交,受益人在第一次提交汇票不符合约定的情况下,修改汇票并在信用证有效期内提交符合信用证要求汇票的行为,应是合法有效的行为。②

---

① 参见林建煌:《品读 ISBP745》,厦门大学出版社 2013 年版,第 180 页。
② 参见山东省高级人民法院(2005)鲁民四终字第 71 号民事判决书。一审法院认定,该案信用证中,虽然未将汇票列入其要求单据的专项条款中,却另外设定了有关汇票的专门条款。信用证作为开证行与受益人之间的合同,双方均受该合同条款的约束。据此判决在提交的汇票与信用证约定不符(第一次错误提交即期汇票被拒付)时,开证行有权拒付。在 UCP600 下,所列单据不包含汇票,因此似可认为若适用 UCP600,将有同样的判决结果。除非在信用证第 46A 款和第 47A 款明确将汇票列入单据中,但此情形较少见,通常只在第 42 款列明汇票种类(draft at…)和付款人(drawee)。

5. 单据条款。该条款主要规定信用证要求的单据种类和份数。单据包括受益人自行制作的单据，如商业发票、装箱单等，其中发票当事人、货物描述、金额等信息，应与信用证要求相符；由第三方出具的单据，包括提单、保险单、商品检验证明书、重量证书、质量证书、采样及检验证书、原产地证明书等。其中提单包括海运提单、多式联运提单、海运提单及租船合同提单等。货运代理（运输行）提单也可以作为信用证单据提交，除非信用证明确限制。提单必须是清洁提单(clean B/L)，即未注明货物外表状况存在缺陷的提单。信用证不要求提单上另显示"清洁"(clean)字样。更重要的是，提单必须是已装船提单(shipped on board B/L)，只有已装船提单才能证明受益人已向承运人交运货物，完成货物的交付。收妥备运提单(received for shipment B/L)在转变为已装船提单前，不能作为单据提交。提单通常注明为三份正本。当信用证要求全套正本提单时，提单上注明的正本份数即为信用证要求的份数。其他运输单据，包括航空运单、铁路运单等。表5-1为UCP600下运输单据的签发要求。

表5-1　UCP600下运输单据的签发要求

不同运输方式/签单要求	多式联运/联合运输单据,提单	不可转让海运单	租船合同提单	空运单
承运人名称	承运人名称	承运人名称	不适用	承运人名称
签发人： 1. 承运人或其具名代理人 2. 船长或其具名代理人	承运人名称	承运人名称	签发人： 1. 船长或其具名代理人 2. 船东或其具名代理人 3. 租船人或其具名代理人	签发人： 承运人或其具名代理人
表明以承运人、船长或者代理人身份签字			表明以船东、船长、租船人或代理人身份签字	表明以承运人或代理人身份签字
1. 代理人须表明是代表承运人或船长签字 2. 无须表明船长名字			1. 代理人须表明是代表船长、船东还是租船人签字，且须表明船东或租船人名称 2. 无须表明船长名字	代理人须表明是代表承运人签字
一份或者全套				正本由发货人/托运人留存，即使L/C规定全套正本

(续表)

不同运输方式/签单要求	多式联运/联合运输单据,提单	不可转让海运单	租船合同提单	空运单
承运人名称	承运人名称	承运人名称	不适用	承运人名称
不审查所包含的承运交易条件			不审查租约,即使规定提交	不审查所包含的承运交易条件
不得表明受租约约束			表明受租约约束	不适用
转船是指在信用证规定的始发地、接管货物地或者交货地至最终目的地的运输中,自一种运输工具卸下再装到另一种运输工具上	转船是在指信用证规定的装货港到卸货港之间的海运过程中,货物从一艘船舶卸下再装到另一艘船舶上	不适用		转运是指在信用证规定的起飞机场到目的地机场之间的运输过程中,货物从一飞机卸下再装到另一飞机上
只要是同一套相同提单涵盖全程运输,则提单可以注明货物将被转运或者可被转运		不适用		只要是同一套相同空运单涵盖全程运输,则空运单可以注明货物将被转运或者可被转运
银行可以接受注明将发生或可能发生转运的单证,即使信用证禁止转运	银行可以接受注明将发生或可能发生转运的提单,即使信用证禁止转运,只要提单上证实有货物已装,由集装箱、拖车或子母船运输,也可接受	不适用		银行可以接受注明将发生或可能发生转运的空运单,即使信用证禁止转运
不适用	提单中承运人保留转运权利的声明,银行不予置理	不适用		不适用

CIF、CIP 等交易条件下以卖方购买保险时,需要保险单,其中保险单险别、保险金额、币种等应符合信用证要求。信用证对投保金额未作规定,受益人应按 CIF 或 CIP 价格的 110% 投保保险金额。而且,保险单应由受益人背书后转让给买方。FOB 和 CFR 等交易条件下以买方购买保险时,不需要保险单。另外,如果需要使领馆等第三方对

有关单据进行认证,需按要求完成并提交。

6. 装运条款。该条款主要规定装运期限、装运港和目的港的名称,是否允许分批装运、是否允许转船/运等。装运期限可根据货物交付时间要求,表现为最迟装运日期、最早装运日期或者装运时段。是否允许分批装运或转船/运,应与合同一致。如不允许,可规定为:"Partial shipment-not allowed. Transshipment-not allowed."但是,即使信用证禁止转船/运,注明将要或者可能转船/运的运输单据仍可被接受。

7. 信用证有效期。信用证通常规定有效期(validity),明确到期日和地点(expiry date and place),受益人应在有效期内向银行提交有关单据,超过到期日的,开证行可以以信用证过期为由解除其付款责任。信用证的到期地点视信用证的具体情况而定,即期信用证、延期信用证和承兑信用证的到期地点通常为开证行或指定付款行所在地,而议付信用证的到期地点为议付行所在地。

8. 装运期和交单期。除有效期外,信用证还涉及两个同样重要的期限,即装运期(date of shipment)和交单期(period of presentation)。信用证第44C款规定的最迟装运期(latest date of shipment)为实际装船完毕日期即签发提单日期,超过此期限的提单视为迟延交货,单据因此出现不符点。交单期是受益人向银行交单的期限,若信用证未填写交单时间,应在提单日后21天内交单,但最迟不应超过信用证有效期(Within 21 days from the B/L date but within Credit validity)。若交单期长于有效期,应以有效期届满日为最终交单日。如果卖方超过规定的日期交单,即使信用证的有效期尚未届满,银行也有权拒收单据。信用证规定的最迟装运期和有效期为同一天,或未规定装运期,称为双到期。通常信用证的最迟装运期与有效期应有一定的间隔,以便受益人有时间办理备货、制单交单、议付等工作。出现双到期情况,对受益人而言时间窘迫,应尽量避免。总之,有关信用证"三大期"的关系应为:最迟装船期≤交单期≤有效期。

9. 开证行保证条款。即由开证行向受益人、议付行或其他汇票的持票人保证,银行在收到信用证所要求的单据后,将对按信用证开立的汇票承担付款责任。

10. 特殊条款,根据每一笔具体交易的需要,作出不同的规定,并无一定标准。

八、处理信用证关系的基本原则

(一)独立抽象原则

信用证的独立抽象原则(autonomy of credit),包括独立性和抽象性两层含义。独立性是指信用证的效力和性质独立于基础合同即买卖合同,信用证不受基础合同影响和约束(即使引用了买卖合同的内容);而抽象性则是指银行只处理单据本身,而不是单据可能涉及的货物、服务或履约行为。独立性和抽象性是一个问题的两个方面,

二者相互统一,相互依存。UCP600 第 4 条 a 款规定:

> 就其性质而言,信用证与可能作为其开立基础的销售合同或其他合同是相互独立的交易,即使信用证中含有对此类合同的任何援引,银行也与该合同无关,而且不受其约束。因此,银行关于承付、议付或履行信用证项下其他义务的承诺,不受申请人基于其与开证行或与受益人之间的关系而产生的任何请求或抗辩的影响。受益人在任何情况下,不得利用银行之间或申请人与开证行之间的合同关系。

该规定在明确信用证独立于基础合同的同时,进而规定开证申请人与开证行形成的委托开证关系、开证申请人与受益人形成的基础合同关系,不得影响开证行在信用证下承付、议付或履行信用证其他义务。开证行发现单据不符点后有权自主决定拒付,或者认为交单相符时有权对外承付,开证申请人不得强迫开证行按其意志行事。即使开证行与开证申请人就不符点的放弃以及信用证付款问题达成协议,该协议也独立于信用证下开证行的承付、议付或履行信用证其他义务。同样,受益人不得利用银行之间或开证申请人与开证行的关系,抗辩信用证的独立性。

信用证的独立性和抽象性还体现在 UCP600 如下规定。其第 5 条规定:

> 银行处理的是单据,而不是单据可能涉及的货物、服务或履约行为。

第 7 条规定:

> 只要规定的单据提交给指定银行或开证行,并且构成相符交单,则开证行必须承付。

第 14 条 a 款规定:

> 按指定行事的指定银行、保兑行(如果有的话)及开证行须审核交单,并仅基于单据本身确定其是否在表面上构成相符交单。

第 34 条规定:

> 银行对任何单据的形式、充分性、准确性、内容真实性、虚假性或法律效力、或对单据中规定或添加的一般或特殊条件,概不负责;银行对任何单据所代表的货物、服务或其他履约行为的描述、数量、重量、品质、状况、包装、交付、价值或其存在与否,或对发货人、承运人、货运代理人、收货人、货物的保险人或其他任何人的诚信与否、作为或不作为、清偿能力、履约或资信状况,也概不负责。

据此,虽然信用证的开立基于买卖合同,但开证行或保兑行的付款义务是基于单证而非货物,在受益人相符交单情况下,无论基础合同下货物质量或数量如何,也无论买卖双方是否就买卖合同存在争议以及争议内容,其必须履行付款义务。信用证独立于基础合同的机制,旨在确保信用证交易的安全性与稳定性,避免银行审单和付款等环节受到基础合同的冲击,这是创制信用证的目的,也是保证信用证正常运行的防火墙。这就决定了在信用证法律关系下,开证行或保兑行应履行的义务主要是:独立审查单据;自行作出是否在表面上单证相符、单单相符的决定;在表面上单证相符、单单相符的条件下,对信用证项下款项进行承付;在单证不符、单单不符的情形下,自行决定是否接受或者拒绝接受单据与信用证条款、单据与单据之间的不符点;自行处理单据、自行决定是否予以拒付等。卖方在失去对货物的控制前,享有保障受偿的权利,不允许银行以买卖双方之间有关基础合同履行争议作为不付款、减少付款或延期付款的理由,也不允许买方以其与卖方之间合同履行方面的争议为理由干扰银行向受益人付款。

《审理信用证案件规定》第5条对此规定:

> 开证行在作出付款、承兑或者履行信用证项下其他义务的承诺后,只要单据与信用证条款、单据与单据之间在表面上相符,开证行应当履行在信用证规定的期限内付款的义务。当事人以开证申请人与受益人之间的基础交易提出抗辩的,人民法院不予支持。具有本规定第八条的情形除外。

在(2016)京0101民初1929号案中,法院认为,UCP600第4条a款、第5条、第7条a款和第15条a款,以及《审理信用证案件规定》第5条等规定,鲜明地体现了信用证独特的独立抽象原则与严格相符原则,即信用证一旦开出,便既独立于基础合同,也独立于开证申请书,各方当事人的权利义务仅以信用证条款为准,信用证交易实为单据买卖,银行只审核单据,在受益人提交的单据与信用证条款要求一致即单证相符时,开证行即负有第一付款责任。该案中,被告接受了原告提交的全套单据及不符点,故应当认定原告提交的全套单据完全符合案涉信用证条款的要求,即原告交单相符。基于此,在单证相符、单单相符的情况下,作为开证行的被告应当履行案涉信用证项下的付款义务,并赔偿原告相应的利息损失。

最高人民法院在总结经典案例(2013)民申字第1296号案的典型意义时指出,首先,该案裁定指出信用证关系中的各有关当事人处理的仅是单据,不是与单据有关的货物、服务或其他行为,因此判断中介行过错行为所致损失的唯一法律依据必须是信用证本身,而不能根据基础合同计算损失,清晰地揭示了信用证独立抽象原则的内涵;其次,该案裁定在明确银行义务的同时,运用可预见性原则,确定赔偿损失范围不超过信用证项下未付款金额及利息,保证了赔偿责任范围的可预期性,具有统一裁判规则、填补法律空白的重要作用,对今后"一带一路"建设中发生的类似信用证纠纷案件有很强的借鉴意义。同时该案进一步明确,通知行与受益人之间不存在合同关系,通知行的过错导致受益人损失的,应以侵权纠纷处理。该案的裁判规则被《2021年涉外审判会议纪要》收录为第31条(信用证通知行过错及责任认定):

> 通知行在信用证项下的义务为审核确认信用证的表面真实性并予以准确通知。通知行履行通知义务存在过错并致受益人损失的,应当承担相应的侵权责任,但赔偿数额不应超过信用证项下未付款金额及利息。受益人主张通知行赔偿其在基础合同项下所受损失的,人民法院不予支持。

信用证的独立抽象原则,看似对买方不利,因为虽然卖方(受益人)交付的货物质量或数量存在瑕疵,构成违约,甚至构成欺诈,其不能阻止开证行或保兑行依据相符交单对受益人付款,承担不得不付款而所收货物与合同不符的风险。但其在买卖合同下对卖方的权利并未消灭,对卖方(受益人)的交货违约,仍可依据买卖合同主张损害赔偿,而对构成"欺诈"的受益人,可依据UCP所设置的欺诈例外原则寻求救济。

(二) 严格相符原则

严格相符原则(doctrine of strict compliance),又称表面相符原则,为银行审查受益人所交单据时需遵循的原则。

1. 严格相符的概念。根据该原则,受益人应按单证相符、单单相符的标准提交单据,否则可能被银行列为不符点。银行在审单时应符合两方面的要求:一是受益人提交的单据必须与信用证的要求相符,二是受益人提交的单据之间必须相互一致。即"单证相符,单单相符"。UCP600第2条定义"相符交单"为"指与信用证条款,本惯例的相关适用条款以及国际标准银行实务一致的交单",第14条a款规定"按指定行事的指定银行、保兑行(如果有)及开证行须审核交单,并仅基于单据本身确定其是否在表面上构成相符交单"。这些规定都体现了严格相符原则。通俗言之,银行仅对单据作表面形式审查,不对单据所记载的内容作实质审查。其原因在于,UCP未强加银行此类义务,而且银行人员不是贸易专家,也不参与贸易活动,不能要求其对所收到的单据内容以及买卖合同作出专业判断。根据信用证的独立抽象原则,银行处理的是单证而非货物。如果使银行陷入对基础合同内容的实质性判断和纷争之中,信用证机制将难以运行。

2. 严格相符与"镜像一致"。"严格相符"有别于绝对"字面相符"(absolute literal compliance),或称"镜像一致"。"镜像一致"标准机械地要求受益人所提交的单证与信用证条款具有绝对的对应性,就像镜像一样,单证中出现的打印、文字错误,任何细小、轻微瑕疵等,均属于不符点。该标准的严苛性导致交单失败率居高不下,影响交易和信用证的信誉,因此,已经不被业界采纳。如在 *Tosco Corp. v. Federal Desposit Insurance Corp.* 一案中,信用证要求任何兑付汇票必须写明"drafts Drawn under Bank of

Clarksville Letter of Credit Number 105"，但交单兑付的汇票上载明是依据"Clarkesville, Clarksville, Tennessee letter of Credit No. 105"。尽管受益人没有将英文中的信用证第一个字母"l"大写为"L"，还使用了"Number"的缩写形式"No."，增加了地名Clarksville, Tennessee，美国法院认为，单据仍可被认为是符合信用证的。① 与此相似，如果一个外国人签发的单据上误把"General Motors"写成"Jeneral Motors"，也认为其与信用证相符。

3. 严格相符与"大致相符"。"严格相符"同样有别于"大致相符"或称"实质相符"（substantial compliance）。"大致相符"标准主张抛开信用证条款的字面意思，考虑信用证交易的背景后再分析理解信用证的要求是否合理，在信用证的要求与提交的单据之间存在相当大的差异时，仍然可以认定单据符合信用证要求。该观点的价值取向是弹性或灵活性，但由于其损害了作为信用证交易基础的单据交易原则与独立抽象原则，抹杀了信用证交易自身的特性，因此没有成为主流观点。

4. 严格相符原则得到普遍遵守。英国作为判例法国家和目前审理信用证案件最多的国家，一直坚持严格相符原则。萨默（Summer）法官在 *Equitable Trust Company of New York v. Dawson Partners Ltd.*（1926）案中说：在类似该案的信用证交易中，接收单据的银行只有严格遵守了对其授权中的各项条件，并依此审查单据后才有权进行偿付。就单据而言，不存在"差不多或说是也管用"（are almost, or which will do just as well）。② 美国则以成文法形式确立了严格相符原则作为法院的审理标准。《美国统一商法典》（1995年修订本）第5-108条规定：

> 除第5-109条另有规定外，凡是根据（e）款所指的标准实务判断其表面与信用证的条款和条件严格相符的单据的提示，开证人都应兑付。

该条正式评论进一步指出：

> 开证人向受益人和申请人履行义务应适用严格一致标准。通过要求"提示"表现出严格相符于信用证，本条不仅要求单据本身在其表面上严格一致，而且要求信用证的其他条款如关于提示日期与提示地的条款严格得到遵守。本条采取的是严格相符原则，而非一些学者所主张的"实质相符"原则。③

为精准体现严格相符原则，避免镜像一致原则和大致相符原则的弊端，UCP500和

---

① See Tosco Corporation, Plaintiff-appellee v. Federal Deposit Insurance Corporation, Defendant-appellant, 723 F.2d 1242 (6th Cir. 1983), https://law.justia.com/cases/federal/appellate-courts/F2/723/1242/319809/. Accessed 2023-12-23.

② See Paul Todd, Bills of Lading and Banker' Documentary Oredit, LLP Reference Publishing (3rd Edition), 1998, pp. 214-215.

③ 《美国统一商法典〈信用证〉篇（1995年修订本）》，王江雨译，中国法制出版社1998年版，第23—27页。

UCP600 对过于严格的条款作出"软化"处理。如 UCP500 第 14 条 c 款规定：

> 如开证行确定单据表面与信用证条款不符，它可以自行确定联系申请人对不符点予以接受，但是，不能借此延长第 13 条 b 款规定的期限。

第 37 条 c 款规定：

> 商业发票中的货物描述，必须与信用证规定相符。其他一切单据则可使用货物统称，但不得与信用证规定的描述有抵触。

第 39 条 a 款规定：

> 凡使用"约""大概""大约"或类似的词应解释为有关金额、数量或单价不超过 10% 的增减幅度。

该条 b 款亦规定：

> 在数量方面允许 5% 的增减幅度。

除非如信用证说明货物是"最多 10 万吨"，则不存在 10 万吨加 5% 的可能了。而 UCP600 第 14 条"单据中的数据审核标准" d 款规定：

> 单据中数据，在与信用证、单据本身以及国际标准银行实务参照解读时，无须与该单据本身中的数据、其他要求的单据后信用证中的数据等同一致，但不得矛盾。

第 14 条 e 款规定：

> 除商业发票外，其他单据中的货物、服务或履约行为的描述，如果有的话，可使用与信用证中的描述不矛盾的概括性用语。

第 17 条 c 款规定：

> 除非单据另有说明，在以下情况下，银行也将其视为正本单据：单据看似由出单人手写、打字、穿孔或盖章；或者……

第 14 条 f 款规定：

> 如果信用证要求提交运输单据、保险单据或者商业发票之外的单据，却未规定出单人或其数据内容，则只要提交的单据内容看似满足所要求单据的功能，且其他方面符合第 14 条 d 款，银行将接受该单据。

UCP500 第 30 条也对信用证的金额、重量、质量及价款等作出各种公差允许。无论是美国、英国、加拿大等英美法系国家，还是法国、德国、日本等大陆法系国家，都通过判例在司法实践中普遍确立了信用证审单的严格相符原则。严格相符的审单标准是当今各国司法实践中的主流观点。①《审理信用证案件规定》第 6 条规定：

> 人民法院在审理信用证纠纷案件中涉及单证审查的,应当根据当事人约定适用的相关国际惯例或者其他规定进行;当事人没有约定的,应当按照国际商会《跟单信用证统一惯例》以及国际商会确定的相关标准,认定单据与信用证条款、单据与单据之间是否在表面上相符。信用证项下单据与信用证条款之间、单据与单据之间在表面上不完全一致,但并不导致相互之间产生歧义的,不应认定为不符点。

该规定充分体现了严格相符原则的内容。在对该司法解释的说明中,最高人民法院指出,该规定第 6 条第 1 款明确了信用证项下单证审查的"严格相符"标准,并非"实质相符"标准,但并未采用"严格相符"的表述,而是援用了 UCP 中"表面上相符"的表述。关于如何判断信用证项下"单证相符、单单相符"问题浙江省高级人民法院民事审判第四庭指出,判断信用证项下单证之间或单据之间的不符点是否成立时,应正确理解国际商会 UCP 和其他规定所确定的审单标准,并据此作出合理的判断:(1)对于单据与信用证要求之间或者单据与单据之间存在的不一致的现象,属于明显的拼写或打字错误,但不影响原意的,不应当认定为不符点;(2)受益人提交的能够通过单据表面的记载相互印证并与信用证的要求并不矛盾的单据,不应当认定为不符点;(3)对于信用证中规定的非单据化条件,即信用证没有列明需提交与该条件相对应的单据的,不予审查;(4)对于受益人提交的信用证项下未作要求的单据,不予审查。② 中国法院审理的关于信用证纠纷案件也充分体现了"严格相符原则"。

在 1997 年中国银行新疆分行诉新兴公司信用证交易纠纷案中,最高人民法院援引 UCP500 第 13 条 a 款的规定,判决认为受益人提交的单据必须与信用证规定的条款表面严格相符。在 1999 年 (1998)经终字第 336 号案中,最高人民法院认为:"信用证交易的原则是单证严格相符……属于单据表面上不符合信用证条款和单据之间表面上互不一致。""在信用证关系中,开证行负有严格的审单义务,其以确定单证是否表面相符作为付款条件。且只有在单单相符、单证相符的情况下才能支付信用证项下的款项。"③在(2009)鲁民四终字第 37 号案中,法院根据信用证第 46A 栏、UCP600 第 14 条 f 和 d 款、第 16 条 a 款以及 ISBP 第 25 条,援引《审理信用证案件规定》第 6 条第 2 款认为,能否产生歧义,要看所谓拼写或打字错误是否影响单词或其所在句子的含义,在以

---

① 参见高晓力:《信用证严格相符原则之适用》,载 https://www.ccpit-henan.org/flxx/4236.jhtml,访问时间:2023 年 10 月 5 日。
② 参见浙江省高级人民法院民事审判第四庭《关于审理信用证纠纷案件若干疑难问题的解答》第 14 条。
③ 最高人民法院民事审判第四庭编:《信用证纠纷典型案例》,中国民主法制出版社 2006 年版,第 3 页;另参见该书其他 31 个案例。

数字区别型号的情况下,数字之间排序的变化就构成不符点。因此,末位数的不符足以改变信用证号码,导致歧义的产生,从而推导属于打字错误的逻辑,是有违信用证的独立抽象原则和严格相符原则的。在经典案例(2017)最高法民终 327 号案中,最高人民法院根据 UCP600 第 14 条 f 和 e 款规定认为,UCP600 关于审单标准虽然确立了"表面上"相符的严格相符标准,但并未要求丝毫不差,只要单据与信用证要求以及单据与单据之间并不矛盾,即应当认定交单相符,开证行即应予付款;并认为《审理信用证案件规定》第 6 条与 UCP600 第 14 条规定就审单标准而言体现的精神是一致的。

(三)欺诈例外原则

1. 欺诈例外是对独立抽象原则的例外。信用证是银行有条件的付款凭证,信用证独立于所依据的基础合同,根据 UCP600 第 15 条的规定,开证行或保兑行确认相符交单时,必须承付或议付。但是信用证的独立抽象性使其在促进信用证的普及和贸易发展的同时也存在局限性,即银行在信用证审单时只对单证作表面的审查,而对合同的履行和货物本身并不审查,加之作为信用证单据的提单具有的物权属性,给不法商人以可乘之机。他们或者伪造单据,或者虚构货物,或者交付无价值的货物等,骗取买方或者银行资金。如果买方付款后不能收到约定货物,或者银行付款后无法向受益人或申请人索赔,就会遭受巨大损失。为避免此类情形发生,便有了欺诈例外原则(principle of fraud exception),即在信用证业务中,如有证据证明存在受益人欺诈,或申请人与受益人合谋欺诈,允许银行不履行兑付承诺,银行或申请人也可通过法院颁发禁令禁止银行兑付,即使受益人所提交单据符合信用证规定。欺诈例外是对独立抽象原则的例外,旨在既要保证信用证交易的独立性,又要对信用证欺诈行为进行惩处。因各国法律关于欺诈规定的差异较大,UCP 没有对信用证欺诈及其法律救济作出规定,国际商会把该问题留给各国法律解决。①

2. 欺诈例外原则得到普遍承认。美国是最早确立欺诈例外原则的国家。由于纽约的银行在国际贸易中的突出地位,纽约州在历史上拥有美国关于信用证的最实质性和最一致的判例法。1920 年的纽约银行家商业信贷会议为美国各大银行提供了第一套自愿采用的信用证规定,1938 年后这些银行开始采用国际标准 UCP。最早将欺诈概念引入信用证交易的是美国 1925 年的 *Maurice O'Meara v. National Park Bank* 案,后来 1941 年纽约州的 *Sztejn v. J. Henry Schroder Banking Corp.* 案以卖方欺诈为由颁布禁令,禁止银行对信用证项下的汇票付款。该案中,印度卖方 Transea Traders Ltd. 以垃圾

---

① 参见国际商会《合同保函统一规则》(ICC 第 524 号出版物)、《见索即付保函统一规则》(URDG758)、《国际备用信用证惯例》(ISP98)和《联合国国际贸易法委员会独立保函和备用信用证公约》等。

和牛毛等冒充合同约定的猪鬃,并提交了提单、发票等单据。原告斯特金(Sztejn)以卖方欺诈为由申请法院颁发禁令禁止银行付款。欣塔格(Shientag)法官在肯定信用证独立抽象原则的同时指出,这一理论的适用是以附有汇票之单据的真实性及能满足信用证规定的条件为前提的。在这种情况下,当单据被提示付款前,银行已被提醒卖方的欺诈时,信用证项下银行义务的独立性不应扩展到保护不道德的卖方。该案原告胜诉,并确立了欺诈例外原则。该案也是欺诈例外原则发展过程中最重要的里程碑,对《统一商法典》承认欺诈例外原则和后续的修改起到促进作用。1952年《统一商法典》第5条将许多UCP原则编入州法提供了基础,并创造了全球范围内唯一广泛具体的信用证法律法规之一,尽管《统一商法典》规则并未涵盖信用证的所有方面。纽约州有效地使《统一商法典》规则服从现有的UCP规则,因此UCP规则在纽约州法律下继续管辖信用证。《统一商法典》第5条于1995年再次修订,以反映UCP的最新规定。第5-109条针对信用证欺诈以及救济规定:

> 如果一次交单在其表面上严格和信用证的条件和条款相符,但其中所要求的一张单据系伪造或实质上是欺诈(forged or materially fraudulent),或者兑付该交付的单据将促成受益人对开证人和开证申请人的实质上的欺诈(facilitate a material fraud),那么……①

英国法院在一些涉及欺诈的案例中也明确承认美国有关判例的说服力。英国最早关于信用证欺诈例外的案例是 *Discount Records Ltd. v. Barclays Bank Ltd.*案,买方声称存在欺诈,申请法院颁发止付令,禁止银行支付信用证项下的款项给卖方。法院认为,仅仅对欺诈的指控不足以颁发禁令。同样,导致一个合理的银行家推断出欺诈的信息也是不够的,欺诈必须得到证实。随后,1982年 *United City Merchants Investments v. Royal Bank of Canada* 案是英国早期成功止付信用证的案件。该案中,装港代理在签发提单时将日期倒签一天而卖方并不知情,付款银行以单据欺诈为由拒绝付款,卖方起诉银行。问题是,在单证表面相符而货物其实并未按合同约定日期装船的情况下,银行是否有权拒绝付款。一审法院认为,虽存在倒签提单事实,但卖方并未参与倒签和欺诈,遂判决银行应履行付款义务。银行上诉后,二审法院认为,存在第三方欺诈时,银行不必向卖方付款。但该二审判决被英国上议院推翻,理由是银行拒付仅限于卖方进行欺诈或知道第三方欺诈的情形。该案中,卖方对第三方欺诈并不知情也并未参与,故银行不应拒付信用证项下货款。② 可见,英美判例与法律基本已达成共识,承认受益人欺诈构成对独立抽象原则的适用例外。UCP对信用证欺诈未作明确规定,且

---

① 参见维基百科"Letter of Credit"条目,载维基百科网(https://en.m.wikipedia.org/wiki/Letter_of_credit),访问时间:2023年10月5日。

② See Indira Carr, Peter Stone, International Trade and Law 2, Talor & Trancis Group, p. 485.

规定只要受益人所提交的单据符合相符交单,开证行必须付款。但国际商会银行委员会曾在解释 UCP500 的有关规定时指出:如果银行是受欺诈的一方,或在单据提交前已获悉单据欺诈,或者虽然银行没有注意到,但如果单据欺诈是明显的,银行有权运用欺诈例外原则拒付。① 欺诈例外原则作为信用证交易中的重要原则,已被国际社会普遍承认和适用,成为开证行或保兑行除交单不符可以拒付之外的另一个可以拒绝付款的理由。

3. 中国关于欺诈例外的规定。关于欺诈,《民法典》第 148 条规定:

> 一方以欺诈手段,使对方在违背真实意思的情况下实施的民事法律行为,受欺诈方有权请求人民法院或者仲裁机构予以撤销。

第 149 条规定:

> 第三人实施欺诈行为,使一方在违背真实意思的情况下实施的民事法律行为,对方知道或者应当知道该欺诈行为的,受欺诈方有权请求人民法院或者仲裁机构予以撤销。

最高人民法院《关于适用〈中华人民共和国民法典〉总则编若干问题的解释》(以下简称《民法典总则解释》)第 21 条规定:

> 故意告知虚假情况,或者负有告知义务的人故意隐瞒真实情况,致使当事人基于错误认识作出意思表示的,人民法院可以认定为民法典第一百四十八条、第一百四十九条规定的欺诈。

《审理信用证案件规定》第 8 条以列举方式规定了信用证欺诈的情形:

> 凡有下列情形之一的,应当认定存在信用证欺诈:(一)受益人伪造单据或者提交记载内容虚假的单据;(二)受益人恶意不交付货物或者交付的货物无价值;(三)受益人和开证申请人或者其他第三方串通提交假单据,而没有真实的基础交易;(四)其他进行信用证欺诈的情形。

其中,第一种和第二种情形针对受益人对开证申请人实施欺诈,第三种情形针对

---

① 《独立保证和备用信用证公约》第 19 条的付款义务的抗辩对欺诈例外作出规定:
(1)如果下列情形明确者:(a)任何单据非真实或系伪造者;(b)依付款请求及支持性单据,付款无正当理由;(c)依保函之类型与目的,付款请求无可信之依据,依诚信行事之保证人有权对受益人撤销付款。
(2)为适用本条第 1 款(c)项,下列情形皆属请求无可信依据者:(a)保函向受益人保证之意外事故或风险并未发生;(b)主债务人/申请人之基础义务已被法院或仲裁机构宣布无效,但保证表明此类意外事故属于保证风险者,不在此限;(c)基础义务确无疑问地已满足受益人之要求得以履行;(d)受益人故意不当地阻止基础义务的履行者;(e)依反担保提出之付款请求,反担保的受益人亦即与反担保相关之保证的保证人,恶意付款者。
(3)在本条第 1 款(a)(b)(c)项所列之情形中,主债务人/申请人依第 20 条可以使用临时性法院措施。

受益人和开证申请人或者其他第三方合谋对银行实施欺诈,而第四种情形是兜底条款,以适用其他形式的欺诈或新型欺诈。除此之外,《刑法》第195条对信用证诈骗罪作出规定,有下列情形之一,进行信用证诈骗活动的,构成信用证诈骗罪:

(一)使用伪造、变造的信用证或者附随的单据、文件的;(二)使用作废的信用证的;(三)骗取信用证的;(四)以其他方法进行信用证诈骗活动的。

可见,信用证欺诈与信用证诈骗的内涵和外延并非完全一致,二者在主客观两方面都存在差别。而且,信用证诈骗罪对涉案数额有要求,数额标准是信用证诈骗罪与信用证欺诈刑民区分的界限。

信用证欺诈多发于不规范的跨境贸易融资,我国曾成为信用证欺诈的重灾区,信用证欺诈例外的案例曾集中暴发。早在2000年最高人民法院曾就信用证"欺诈例外原则"作出认定。在经典案例(2000)经终字第155号案中,原告中国公司起诉的诉讼请求是宣告信用证无效,被告为信用证的受益人,基础交易买卖合同的卖方为韩国商社。最高人民法院认为,信用证虽然是基础交易中的一个结算方式,但它又独立于基础交易,是遵循严格相符原则的单据交易。通常情况下,当事人不得以基础交易中的事由要求止付信用证或宣告信用证无效。对上述原则的例外就是欺诈例外原则。所谓"欺诈例外原则",是在基础交易存在实质性欺诈的情况下,可以构成信用证关系与基础交易相独立的例外。该案在确认信用证的独立抽象原则的同时,第一次在公开的判决中明确该原则有一个例外,即欺诈例外。

在(2018)最高法民申2779号案中,最高人民法院认定受益人(中国卖方)提交给议付行的案涉提单为虚假提单,并认为根据独立抽象原则,信用证一经开出,便独立于基础合同;依照《审理信用证案件规定》第8条规定认定受益人存在信用证欺诈。据此,最高人民法院对受益人要求银行付款的主张不予支持。

在(2019)最高法民申906号案中,最高人民法院确认受益人向开证行提交的提单记载内容虚假且构成信用证欺诈,认为上诉人作为信用证的受益人,负有向开证行荷兰银行提交真实有效单据的义务,其故意向开证行提交记载内容虚假的提单,以求符合信用证所载的内容从而实现议付,该行为实际是向荷兰银行告知了虚假情况并隐瞒了真相,诱使银行作出"单证相符、单单相符"的错误判断。因此,原审判决认定受益人在基础买卖合同关系中,即便"情有可原",但其向开证行提交虚假提单的行为已构成信用证欺诈,适用法律并无不当。

在(2020)浙02民初1142号案中,法院认为受益人既未按照基础交易合同和信用证规定提供装货港SGS检验报告,也未按最终修改后的信用证的要求提供"装货港第三方检验报告",并且在案涉信用证项下的款项被法院裁定中止支付后,S公司并未进一步提供沥青符合质量要求的证据。法院根据《审理信用证案件规定》第8条第2项规定认为,S 公司为案涉信用证的第二受益人,其所交付的案涉两批沥青没有使用价值,故认定该案构成信用证欺诈,遂判决案涉信用证项下的款项应当被终止支付。

4."欺诈例外的例外"。基于信用证所遵循的票据规则,欺诈例外原则并非绝对适用。在特定情形下,即使存在欺诈行为,开证行应予中止或终止支付,但为维护信用证的信誉,其也应偿付,此为"欺诈例外的例外"。对此,《审理信用证案件规定》第 10 条规定:

> 人民法院认定存在信用证欺诈的,应当裁定中止支付或者判决终止支付信用证项下款项,但有下列情形之一的除外:(一)开证行的指定人、授权人已按照开证行的指令善意地进行了付款;(二)开证行或者其指定人、授权人已对信用证项下票据善意地作出了承兑;(三)保兑行善意地履行了付款义务;(四)议付行善意地进行了议付。

在经典案例(2015)民二终字第 229 号案中,最高人民法院认为,上诉人虽然提交了有关证据拟证明案涉信用证的基础交易虚假,但根据独立同象原则,信用证是独立于基础交易的单据交易,信用证交易与基础交易属于两个不同的法律关系,即便存在信用证欺诈的情形,根据《审理信用证案件规定》第 10 条的规定,在信用证已善意承兑的情况下,信用证项下的款项不得止付。因此,在案涉信用证已由开证行承兑的情况下,只要受益人所提交的单据表面上符合信用证的要求,开证行就负有在规定的期限内付款的义务。司法实践中,有时交单不符和"欺诈例外的例外"同时存在,此时应根据 UCP 和《审理信用证案件规定》的相关规定分别作出认定。在前文所举(2009)鲁民四终字第 37 号案中,一审法院认定,在受益人欺诈的情况下,根据《审理信用证案件规定》第 10 条的规定,议付行可以善意议付行身份向开证行主张偿付,但因存在交单不符,开证行亦有权拒付。二审法院维持了一审判决。

5."欺诈例外的例外的例外"。虽有"欺诈例外的例外"的规定,但该规定以存在《审理信用证案件规定》第 10 条规定的善意第三人为前提,如果不存在善意第三人,则开证行或保兑行亦无义务偿付。对此,其第 15 条规定:

> 人民法院通过实体审理,认定构成信用证欺诈并且不存在本规定第十条的情形的,应当判决终止支付信用证项下的款项。

在经典案例(2011)浙商外终字第 39 号案中,一审法院认为,该案实际上是史某等人以非法融资为目的,通过其控制的境内外关联公司进行虚假的、没有真实基础交易的"自买自卖",并通过提交表面相符的虚假单据套取信用证款项这种方式实施的多起信用证欺诈中的一例,从而认定该案存在信用证欺诈。同时根据 UCP600 第 2 条的规定,认定案涉的上海澳新银行为合格议付行,开证行已对案涉信用证项下的票据作出承兑。但针对这种情形下案涉信用证是否就因此不能被止付问题作出分析，笔者认为，从法理上看，判断是否存在信用证欺诈例外的例外情形，主要依据信用证项下各方当事人之间的法律关系以及是否存在善意第三人来确定。《审理信用证案件规定》第10条是对"信用证欺诈例外的例外"情形的规定，但其目的是以保护善意第三人的利益为出发点的，这正是"信用证欺诈例外的例外"得以形成并在各国司法实践中被普遍认可进而成为一种"制度"的法理基础。因此，只有考察是否存在善意第三人，才能够正确理解和适用《审理信用证案件规定》第10条的规定，包括该条第2项的规定。在存在信用证欺诈的情况下，开证行或其指定人、授权人对信用证项下票据善意地作出了承兑，如果没有善意第三人的存在，法院仍可裁定中止支付或判决终止支付信用证项下款项。故上海澳新银行是否属于信用证项下善意第三人的问题才是正确判断该案是否存在信用证欺诈例外的例外情形的关键。一审法院从主观上明知或应知、客观上为史某等利用信用证进行名为进口实为融资提供协助和便利，以及在多个环节违反银行应当遵守的相关法律规定、银行业的专业准则等方面，认定上海澳新银行属于非善意议付行为，不能认定其为善意第三人，从而认定该案不存在第10条规定的欺诈例外的例外情形，判决该案信用证项下的款项应当被终止支付。二审法院进一步认为，信用证欺诈是指利用信用证机制中单证相符即予以付款的规则，提供表面记载与信用证要求相符但实际上并不代表真实货物或真实交易基础的单据，从而骗取信用证项下款项的欺诈行为。在该案信用证交易中，受益人提交的案涉信用证项下的商业发票、装箱单、原产地证明、质量证明书等单据，均系利用多家代理公司循环开立信用证，可见案涉信用证开立的目的并非作为国际贸易货款的支付手段，而是为了实现融资目的，显然缺乏真实的基础交易背景。在此情况下，即使受益人提交的仓单能够代表部分真实的保存在仓库的货物，也不能改变该案构成信用证欺诈这一事实。该案符合《审理信用证案件规定》第8条第1项规定的情形，应当认定存在信用证欺诈。

针对是否符合欺诈例外的例外情形，二审法院认为，根据《审理信用证案件规定》的相关规定，在存在信用证欺诈的情况下，即使相符交单，开证行也可以请求司法干预，请求法院判令终止支付信用证项下的款项，但不能因此损害善意第三人的利益。《审理信用证案件规定》第10条的规定旨在保护善意第三人的利益免受损害。该案中，虽然开证行通过SWIFT电文向上海澳新银行表示承兑，构成信用证项下有效的付款承诺，但还应考察上海澳新银行的议付是否善意，即判断上海澳新银行是否构成"善意第三人"。作为信用证项下的议付行，其只要未参与或知晓欺诈，并且尽了合理谨慎之责，便可以认定为善意的议付行。从该案及与该案相关联的其他案件来看，上海澳新银行的议付行为应认定为非善意，其利用信用证独立抽象原则的保护对虚构的基础交易采取放任态度，并为了自身收取高额的金融服务费用而向受益人贴现，进而导致该案信用证欺诈严重后果的发生,其并非善意的议付行,因此,该案并不存在司法解释第 10 条规定的情形。二审法院遂维持原判。

随后,在最高人民法院审理的涉及上海澳新银行系列再审案中,均维持了一、二审法院的认定和判决结果。其中,在涉及该案再审的(2013)民申字第 1235 号民事裁定书中,最高人民法院进一步指出,开证行已经通过 SWIFT 电文向上海澳新银行明确表示承兑,尽管不符合我国票据法上对于票据承兑应当在票据上明确"承兑"字样的要求,但我国司法实践中一直认可信用证交易中的国际习惯做法,即认为通过 SWIFT 电文表示的承兑构成信用证项下有效的付款承诺。也就是说,该案中开证行已经向上海澳新银行承诺付款。如果上海澳新银行是善意的议付行,即为善意第三人,则其可根据《审理信用证案件规定》第 10 条确立的"信用证欺诈例外的例外"制度获得保护,即便存在信用证欺诈的情况,其亦应当得到开证行的付款。然而,该案中上海澳新银行的行为不能被认定为善意,不属于"信用证欺诈例外的例外"制度保护的范围。该案并不存在《审理信用证案件规定》第 10 条规定的任一情形。因此,一、二审法院判令终止支付信用证项下的款项并无不当。上海澳新银行因此遭受的损失可以另寻法律途径救济。

在(2020)最高法民申 2937 号案中,针对议付行东亚银行的议付是否属于善意议付,最高人民法院认为,案涉信用证条款明确适用 UCP600,因 UCP600 没有涉及信用证欺诈或欺诈例外的内容,故在该案出现信用证欺诈的情况下,案涉信用证项下款项应否被止付,应依据该案中已有生效刑事判决认定陈某某实施信用证欺诈的事实。根据《审理信用证案件规定》第 10 条第 4 项的规定,东亚银行主张开证行应继续支付案涉信用证项下款项应以该银行的议付是善意的为前提。关于东亚银行的议付行为是否善意,应综合考虑该银行在议付之前是否参与或知晓欺诈,是否尽到了其应尽的审单义务。首先,东亚银行作为议付行具有独立的审单义务。UCP600 第 14 条规定了单据审核标准。该条 a 款规定,

> 按指定行事的指定银行、保兑行(如果有的话)及开证行须审核交单,并仅基于单据本身确定其是否在表面上构成相符交单。

根据该规定,东亚银行作为议付行,应当审慎审核受益人提交的单据,确保单证相符。东亚银行应在相符交单的情况下办理议付,该银行具有独立的审单义务。东亚银行关于开证行接受了案涉提单背书的瑕疵,东亚银行的议付行为属于善意之主张缺乏依据,不能成立。其次,案涉提单存在不符点。国际商会制定了 ISBP,作为银行业审核信用证项下单据的依据。案涉信用证明确:相应提单应当为"指示提单、空白背书并注明运费预付"。受益人向东亚银行提交了指示提单。对于如何审核该指示提单,ISBP745(2013 年启用)第 E13 条 a 款的要求,对于指示提单,必须经托运人背书。审核

指示提单是否经托运人有效背书,已经成为银行审核跟单信用证项下单据的重要环节,也是一项长期存在的行业惯例。受益人向东亚银行提交的指示提单均仅有受益人的背书,没有托运人或托运人代理人的背书,不符合案涉信用证的要求,属于单证不符。东亚银行虽主张受益人系托运人的代理人,但缺乏证据证明,该主张不能成立。最后,东亚银行未尽到其应尽的审单义务。在信用证已对相应提单作出明确要求的情形下,东亚银行应当严格按照信用证要求和审单标准对受益人提交的提单进行审核。根据二审判决查明的事实,东亚银行员工龚某某参与了案涉信用证的全部开立过程,知悉信用证背后的交易流程,并明知陈某同为受益人和 C 公司的法定代表人(代表人)、实际控制人。在案涉信用证交易存在较大风险的情况下,东亚银行应该尽到专业银行应尽的审慎的审单义务。但东亚银行在发现案涉指示提单没有托运人或托运人代理人的背书,在提单背后的贸易合同是否顺利履行仍然存疑的情况下,仅要求受益人在《交单委托指示》中其他指示栏填写了"担保一切不符点,不用审单直接寄单",即予以议付。根据 UCP600 的规定,在单据存在不符点时,开证行可以自行决定联系开证申请人放弃不符点。东亚银行让受益人签署担保不符点即予议付,不符合相关规定,而且对于单据的审查未尽到一般注意义务。综上,最高人民法院认定,东亚银行已知悉案涉信用证交易情况及风险,却未尽到一般注意义务,其议付行为不属于善意议付行为,维持了二审法院支持开证申请人请求判令终止支付案涉信用证项下款项的判决。

上海澳新银行所涉 30 个性质相同的案件以及其他群发案件(如发生在青岛港的德正系案件)的发生并非偶然,是 20 世纪 90 年代境内外公司以贸易融资的方式,通过对外循环开立远期信用证获取银行资金案件(如南德经济集团案涉 33 份信用证)的延续,是名为贸易实为融资套取银行资金案件的集中暴发,买卖双方和银行因利益驱动,都难以独善其身。从中看出,买卖双方多为以套利为目的的境内外关联公司,而银行在此类案件中扮演的角色也很突出,其积极向客户推销并参与设计某种贸易融资交易架构,或明知、应知虚假贸易存在,或未能履行合理审慎审单义务,在向受益人承兑或议付后无法得到开证行的偿付,遭受损失。

6. 倒签提单是否构成欺诈。司法实践中,法院在认定欺诈和非善意第三人时,有较大的自由裁量权。虽然《审理信用证案件规定》第 8 条关于信用证欺诈列明了三种情况和兜底条款,但认定标准仍有赖于查明的事实和严重程度,尤其是在货物质量瑕疵严重与货物无价值之间的界限,单据不符与伪造单据或者提交记载内容虚假的单据之间的界定等方面,有自由裁量的空间。如常见的倒签提单或者预借提单,受益人(卖方)通常认为其行为仅构成一般违约而非欺诈,理由是受益人提交虚假单据的主要目的是成功结汇而不是骗取货款,并且其交付的货物都已经实际装船且都符合合同规定,不至于损害买方利益。而开证申请人(买方)会主张,虽然受益人所提交的倒签提单或预借提单本身或许真实,表面记载装船日期与信用证规定相符,且货物符合合同要求,但因该日期是伪造的,故此类提单应认定为伪造单据。而且倒签提单或预借提单行为的本质是掩盖卖方不能依约定时间交货的事实,其严重程度足以剥夺买方根据交单不符拒绝支付信用证项下的款项和解除基础合同的权利,尤其在市场行情下跌时,买方必然遭受市场损失。所以,倒签提单或预借提单应认定为信用证欺诈。对此问题,最高人民法院《关于连云港口福食品有限公司与韩国中小企业银行信用证纠纷一案的请示的复函》同意了江苏省高级人民法院的倾向性意见,指出:倒签提单并不必然构成信用证欺诈,也并不必然导致银行可以以此为由拒付信用证项下的款项,应当分情形处理。如果倒签提单的行为是出于受益人进行欺诈的主观恶意,即使倒签提单的行为是承运人所为,倒签提单作为一种欺诈手段,应当被认为构成信用证欺诈,银行可以据以拒付信用证项下的款项;如果倒签提单并非出于受益人的主观恶意,开证申请人的利益也并未因倒签提单的行为遭受实际损害,则不应认为构成信用证欺诈,银行不能以倒签提单为由拒付信用证项下的款项。①

该复函的背景案例是,承运人的行为导致倒签提单(所涉货物的实际装船时间为2002年5月31日23时30分至6月1日4时,签发提单的日期应为2002年6月1日,承运人却签为2002年5月31日),且开证申请人对装货迟延存在一定过错。对此情况,认定受益人欺诈确实有失公平。但该案毕竟属于个案,实践中,就开证申请人和议付行而言,如何证明受益人或承运人倒签提单、预借提单等欺诈事实的存在和主观过错程度,以及受益人是否参与其中,并非易事。但该案确立了认定倒签提单欺诈的规则,即不论谁实施的倒签提单行为,只要是"出于受益人进行欺诈的主观恶意,即使倒签是行为提单的承运人所为",就应认定为欺诈。该规则亦应适用于托运人以保函换取清洁提单的情形。至于何谓主观恶意和实际损害,该复函并未明确。结合复函所附请示内容,可理解主观恶意包括受益人明知或者应知欺诈事实,或者授意、参与实施倒签、预借提单或以保函换取清洁提单的行为。欺诈行为给开证申请人(即基础合同的买方)造成的"实际损害",即由于受益人实施了欺诈行为导致基础合同的根本违约。就此类提单欺诈行为而言,当买卖双方交易的是季节性、鲜活性货物时,或者当市场价格波动较大时,或者由于卖方未按期装运货物导致买方可能对其下家违约时,则买方就可将其视为严重违约行为,从而构成实质性欺诈。最高人民法院在经典案例

---

① 对此问题,可另参见浙江省高级人民法院民事审判第四庭《关于审理信用证纠纷案件若干疑难问题的解答》第15条和第16条分别提出裁判意见:《审理信用证案件规定》第8条第2项规定的"受益人交付的货物无价值",是指该货物系以垃圾废料冒充合同货物,或者其数量或价值相对于单据上记载的几乎可以忽略不计;受益人基于欺诈的主观恶意授意承运人倒签提单的,应认定该行为构成信用证欺诈;如果倒签提单并非出于受益人的主观恶意,开证申请人的利益也未因此遭受实际损害的,不应认定该行为构成信用证欺诈。

(2000)经终字第 155 号案中,首次提出"实质性欺诈"概念,指出所谓信用证欺诈例外原则,是在基础交易存在实质性欺诈的情况下,可以构成信用证关系与基础交易相独立的例外。但当时并未明确具体标准,参考上述请示和复函内容可理解实质性欺诈,应该是欺诈行为达到给开证申请人造成实际损害的程度。而对"非善意"的认定,法院主要考虑受益人或议付行是否对欺诈明知或应知,是否参与其中,以及议付行是否尽到合理审慎审单义务。这与国际商会的认定标准是一致的。

针对虚假提单下议付行与开证行付款义务,国际商会在 R371 和 R373 案例中的观点是,议付行(向开证行)提交一份已被证实为伪造的提单时,受 UCP 第 34 条的保护,除非其自身参与了欺诈,或其在单据提交前已知晓欺诈情形,而未尽合理注意义务,如伪造在单据表面上很明显(The negotiating bang passing forward what proved to be a forged B/L was protected by article 34 unless it was itself a party to the fraud, or it had knowledge of the fraud prior to presentation of document, or unless it had failed to exercise reasonable care, e.g., if the forgery were apparent on the face of the document)。

九、信用证交易中的风险防范

信用证虽为银行信用,在国际贸易中被广泛应用,但其局限性也会给交易方带来一定风险。

(一)卖方面临的风险

首先,买方不依据基础合同规定开证,包括不按约定期限开证、信用证规定与合同不符。这会造成合同不能按约履行,买方有义务继续履行合同,在卖方给出的宽限期内或在合理时间内开证。卖方的救济是,不履行合同直至买方开出信用证。买方开证不是合同成立的要件,却是合同成立后卖方履行交货义务的前提条件。若买方不开证构成违约,卖方可根据所适用的法律向买方索赔损失,通常包括遭受的实际损失和期待利益损失。如《销售合同公约》第 74 条规定,一方当事人违反合同应负的损害赔偿额,应与另一方当事人因其违反合同而遭受的包括利润在内的损失额相等。在市场行情下跌时,卖方将货物低价转售,其损失差价容易计算。而在市场上升时,买方往往抗辩卖方转售货物仍可获得利润,其仅是名义上的损失。其实,卖方可能没有货物可以转售,因为其完全依赖信用证融资,若买方不开立信用证,其无法获得融资,也就不能自制造商购进货物。对此,英国丹宁勋爵(Denning Lord)在 *Trans Trust S.P.R.L v. Danuian Trading Co. Ltd.* 中认为,简单地把信用证作为一种付款方式是错误的:"这个争论使我想起在 *Pavia & Co. v. Thurmann-Nielsen* 中听到的观点。把开立信用证的义务等同于支付货款,是错误的。一个银行保兑信用证与付款是两码事。它是卖方预先得到的付款保证,甚至还不止于此。它是让卖方直接受益的行为选择。对银行而言,信用证是不可撤销的,而且经常明确规定卖方可转让。卖方可将其用以获取货物。如果不能开立信用证,将使卖方根本不能获取货物。实际上,卖方遭受的损失就不仅仅是名义上的。即使货物市价上涨,其也不能从中获得益处,因为其没有货物可以转售。卖方的损失是买方开立信用证情况下本应获得的利润。卖方有权获得该损失赔偿吗? 我认为他受合同损失遥远性一般规则约束(subject to the normal rules of remoteness of damage in contract)⋯⋯"①

其次,信用证规定"软条款"。所谓"软条款"(soft clause),又称"陷阱条款"(pitfall clause),无论法理还是法律,对此均没有统一定义。一般认为,"软条款"是指由开证申请人要求在信用证中加列的,由其控制信用证的生效条件和限制单据结汇效力的条款。具体而言,开证申请人所开立的信用证包含许多陷阱,或者条款相互矛盾,令受益人无法提交单据,从而使受益人不能顺利结汇收款,而申请人可处于进退自如的有利地位。常见的软条款大致可归纳为四种:(1)暂不生效条款,信用证开出后并不立即生效,要待开证行另行通知或以修改书通知方可生效。(2)变相可撤销信用证条款,当开证行规定的某种条件得不到满足时,可随时单方面解除其承诺付款责任。(3)申请人单方决定的霸王条款,信用证中规定一些非经开证申请人指示或开证申请人提供的单证而不能按正常程序进行。如信用证要求的单据须经开证申请人签字或核实确认,开证申请人签字要求开证行核对,收货人收货单据为议付单据,需要买方出具的检验证明、信用证有效期与装运期一致(这将导致卖方没有时间制单结汇),指定船公司、船名、目的港等,或者装船日期需等开证人另行通知。(4)开证行免去第一付款责任(如货物到港后,经买方检验并通过后才能付款),先提货、再议付的交付方式,凭空运单等收据议付等。关于软条款是否构成信用证欺诈,是否适用 UCP 的规定,存在争议。主流观点认为,软条款不构成信用证欺诈,对受益人所交付单据仍应适用 UCP 规则解决。我国司法实践中,对此也持慎重态度。有意见认为,信用证存在相互矛盾的条款,受益人据此提出抗辩的,法院应对上述矛盾条款作出解释,并据此判定受益人提交的单据是否符合信用证的要求。受益人以信用证中规定了客观上无法提交的单据为由拒不提交相应单据并要求银行付款的,法院不予支持。② 据此,受益人需对信用证中的软条款承担风险。因此,受益人应认真审核,对存在软条款的信用证,要么修改,要么拒绝,否则将承担无法结汇的风险。

再次,买方伪造信用证,或窃取其他银行已印好的空白格式信用证,用废弃、失效信用证拼凑伪造,或与已倒闭或濒临破产的银行职员恶意串通开出信用证等。若不能

---

① See Paul Todd, Bills of lading and Banker' Documentary Credit (3rd Edition), LLP Reference Publishing, 1998, pp. 60-70.

② 参见浙江省高级人民法院民事审判第四庭《关于审理信用证纠纷案件若干疑难问题的解答》第 11 条。

察觉,卖方将货款两空。

最后,开证行资信不良,在卖方相符交单的情况下拒绝付款,或出现破产清算,卖方面临无法被承付的风险。

(二)买方面临的风险

买方面临的风险主要是卖方作为受益人实施信用证欺诈,即《审理信用证案件规定》第8条规定的情形(第3项除外)。正常贸易下的买方如果发现存在该规定第8条所述受益人欺诈情形,应尽快通知银行停止对外支付,向法院申请财产保全,止付信用证项下款项,并在法律规定的期间内起诉。如果因"欺诈例外的例外"情形被法院驳回,不能成功止付,则需另寻途径向卖方索赔。

(三)银行面临的风险

如上文案例所揭示的,信用证具有的独立抽象原则,使银行仅审查单据而不必关注基础交易,而且银行职员不是贸易专家,这是银行在信用证交易中成为欺诈对象的主要原因。银行风险在不同环节表现为不同形式。如开证保证金不足,开立无真实贸易背景的信用证,开证申请人与受益人虚构交易串通欺诈银行、利用贸易融资骗取银行资金,银行为无贸易背景的汇入款结汇或出具核销专用联而受到监管机构处罚,在国际保理或押汇业务中被欺诈,等等。因此,银行应严格遵循"Know Your Customers"(KYC)原则,对客户和贸易背景各环节做好尽职调查的同时,应审慎履行审单义务。一旦发现被骗,应及时采取法律行动,如申请法院止付或启动其他救济程序。

第六编　国际贸易争议解决

国际贸易具有跨越不同法域和领域、交易环节多、履约时间长以及当事人法律关系复杂等特点,无论哪个领域或者哪个法律关系中出现当事人对合同和法律条款的不同理解,出现任何当事人履约不符,或者遇到不可抗力、情势变更等情形,都难免出现争议。如果当事人之间不能协商解决争议,势必需要诉诸法院,或者通过约定的仲裁机构或调解机构解决。国际贸易争议的解决方式主要包括诉讼、仲裁和调解,不同争议解决方式因其各自适用的程序不同,当事人选择时也会涉及诸多问题,如商业关系维持、管辖权和法律适用、解决争议的便利程度和法律费用、不同国家程序法和实体法对案件审理结果的影响,以及如何申请承认和执行生效裁判文书,等等。本书所称国际贸易争议,仅包括与国际货物销售、运输、保险以及货款结算等有关的争议。本编主要介绍国际贸易争议解决中所涉及的基本法律问题。

第一章　国际民商事诉讼

民事诉讼(civil litigation / civil proceedings / civil action)，是指民事争议的当事人向法院提出诉讼请求，法院在双方当事人和其他诉讼参与人的参加下，依法审理和裁判民事争议的程序和制度。虽然近年来相关司法文件陆续使用"商事案件""商事法庭"等词语，但目前我国法律仍处于民商事合一阶段，法律和司法解释并未对"商事"案件作出界定，从大民法的广义概念考察，平等主体之间的人身和财产案件可统称为民事案件，商事合同主要以当事人的商人身份和合同的商事性质确定。对此，《国际商事合同通则》解释：对"商事"合同的限定，并非照搬某些法律体系中对"民事"和"商事"、当事人和/或这两种交易的传统界定，即该通则的适用仅依赖于当事人是否有正式的"商人"身份和/或交易是否具有商业性质。该通则对"商事"合同并没有给予任何明确的定义，只是假定对"商事"合同这一概念应在尽可能宽泛的意义上来理解，以使它不仅包括提供或交换商品或服务的一般贸易交易，还可以包括其他类型的经济交易，如投资和/或特许协议、专业服务合同，等等。概括而言，民事案件(civil matters)主要是以自然人为诉讼主体的案件，涉及人身关系、财产关系，如婚姻、继承或分家析产、消费者权益等案件，因此所有自然人都可能成为民事案件的主体。而商事案件(commercial matters)专指市场经济领域商事主体之间的案件，主要涉及商品及商业交易等活动，以及由此发生的商事法律关系。因此，国际贸易所涉各领域中发生的争议，多为商事争议案件。①

如果民事案件在某一国内诉讼解决，不具有涉外因素，为国内民事诉讼；而如果案件所涉当事人、所适用的法律、合同履行地点等涉及外国，则该案件属于涉外民事诉讼。根据2022年《民诉法解释》第520条的规定，有下列情形之一的属于涉外民事案件：

(一)当事人一方或者双方是外国人、无国籍人、外国企业或者组织的；
(二)当事人一方或者双方的经常居所地在中华人民共和国领域外的；(三)标

---

① 最高人民法院《关于设立国际商事法庭若干问题的规定》(2023年修正)第3条规定："具有下列情形之一的商事案件，可以认定为本规定所称的国际商事案件：(一)当事人一方或者双方是外国人、无国籍人、外国企业或者组织的；(二)当事人一方或者双方的经常居所地在中华人民共和国领域外的；(三)标的物在中华人民共和国领域外的；(四)产生、变更或者消灭商事关系的法律事实发生在中华人民共和国领域外的。"

的物在中华人民共和国领域外的;(四)产生、变更或者消灭民事关系的法律事实发生在中华人民共和国领域外的;(五)可以认定为涉外民事案件的其他情形。

涉外民事诉讼是从内国主权或者民事诉讼的角度,考察具有涉外因素的民事案件应当适用哪些特殊程序。而在内国主权之外,站在国际私法角度考察如何处理国际民事交往中所产生的纠纷,涉外民事诉讼又可称为国际民事诉讼。从基本内涵上看,国际民事诉讼与涉外民事诉讼具有广泛一致性,通常可将二者等同看待。因此,国际贸易诉讼属于国际民商事诉讼范畴,其基于国际民商事关系,案件类型涉及国际货物销售合同纠纷、国际货物运输合同纠纷、货物保险合同纠纷、货款结算纠纷,等等。为表述便利,本书在使用涉外民事诉讼的同时,在不同语境使用涉外民商事诉讼、国际民事诉讼或国际商事诉讼等用语。

第一节 国际民商事诉讼基本原则

涉外民商事诉讼作为民事诉讼法的特别规定,其基本原则有别于国内民商事诉讼,是法院审理涉外民商事案件应始终遵守的基本准则,也是涉外民商事案件当事人和有关诉讼参与人必须遵循的基本依据。

一、国家主权原则

作为国际公法和国际私法领域的基本原则,国家主权原则(principle of state sovereignty)在涉外民事诉讼中体现为司法主权原则,尤其是在司法管辖权方面必须遵守的基本原则。国际公法和国际私法领域都会涉及国家管辖权问题。国家管辖权是国家主权的重要内容,包括立法管辖权、司法管辖权(包括民商事司法管辖权和刑事司法管辖权)和行政管辖权(本书不予讨论)。立法管辖权是法律规定的管辖权的空间范围和对象范围,是司法管辖权在这一空间范围和对象范围内如何行使,以何种方式行使的问题。而司法管辖权是指一国法院受理某一国际民商事案件并行使审判权的资格或权限。根据司法主权原则,一国法院行使国家管辖权,享有属地管辖权和属人管辖权,以及对特殊案件的专属管辖权。

在法律适用方面,一国有权规定程序问题适用本国法、国际条约优先适用,以及涉外程序问题优先适用等原则,并制定自己的冲突规范。如 2023 年《民诉法》第 270 条规定:

> 在中华人民共和国领域内进行涉外民事诉讼,适用本编规定。本编没有

规定的,适用本法其他有关规定。

在涉外民事诉讼中,主权原则还集中体现在我国有权制定司法豁免事项,必须委托中国律师代理诉讼案件,以及使用我国通用语言文字进行诉讼等方面。

二、同等原则和对等原则

(一) 同等原则

同等原则(principle of parity)是国民待遇原则在涉外民事诉讼中的体现,是指外国民事主体(外国人、无国籍人、外国企业和组织)在我国进行民事诉讼,同我国民事主体享受同样的待遇,享有同等的诉讼权利,承担同样的诉讼义务。同等原则要求法院审理涉外民商事案件,应给予外国当事人与本国当事人同等诉讼地位。《民诉法》第5条第1款规定:

> 外国人、无国籍人、外国企业和组织在法院起诉、应诉,同中华人民共和国公民、法人和其他组织有同等的诉讼权利义务。

在(2020)鲁16民终2064号案中,中国公民李某代表加拿大注册企业R公司与中国公民刘某订立移民咨询协议,刘某交款后移民失败,遂起诉李某。一审法院根据《民诉法解释》第62条的规定认为,R公司未经我国审批机关和登记主管机关核准登记注册,不具备在中国从事经营活动的合法的主体资格,其与原告刘某签订的合作咨询代理协议应认定为无效。二审法院根据《民诉法》第5条第1款的规定认为,R公司虽未在我国注册登记,但系加拿大企业,具有民事诉讼主体资格,一审法院适用《民诉法解释》第62条的规定不当,应予以纠正。

(二) 对等原则

同等原则并非绝对适用,而是受到对等原则的制约。对等原则(principle of reciprocity),也称互惠原则,在民事诉讼中,A国法院对B国民事主体的诉讼权利加以限制的,B国法院也对A国民事主体的诉讼权利予以限制。根据《民诉法》第5条第2款的规定,外国法院对中国公民、法人和其他组织的民事诉讼权利加以限制的,中国法院对该国公民、企业和组织的民事诉讼权利实行对等原则。实践中,中国当事人主张对外国当事人适用对等原则,以限制其诉讼权利、增加其诉讼义务,应举证证明相关外国法院对中国当事人的对等规定。至于如何适用对等原则,以往的实践中,适用对等原则比较保守,需当事人提供外国法院承认与执行我国法院判决的案例,方可酌情适用,即坚持"事实互惠"标准。但近年我国法院对此持更加积极和开放的态度。经典案例(2018)沪72协外认1号案充分体现了该趋势。英国注册公司(申请人)SPAR航运有限公司称,英国高等法院在西特福船运公司诉中国银行案〔〔2015〕EWHC999

(Comm)号]中承认了我国法院作出的判决和裁定,另有广州海事法院一份海事强制令被英国法院在判决中作为证据引用并载于《劳氏法律报告》。基于互惠原则,申请人请求上海海事法院裁定申请承认英国高等法院〔2015〕EWHC718(Comm)号民事判决及相关命令、英国上诉法院〔2016〕EWCACiv982号民事判决及相关命令。上海海事法院就承认与执行外国法院生效判决,采取了更为开放和灵活的态度,认为互惠原则的裁判要点可归纳为:第一,若已有外国法院对我国法院民商事判决予以承认和执行的先例,可以成为我国法院作出的民商事判决可以得到该国法院承认和执行的有力证明;第二,《民诉法》在规定互惠原则时并没有将之限定为必须是相关外国法院对我国法院民商事判决先行承认和执行,故如果根据作出判决的外国法院所在国的法律,我国法院作出的民商事判决可以得到该国法院的承认和执行,即可认定我国与该国存在承认和执行民商事判决的互惠关系;第三,根据外国法律,其不以存在相关条约作为承认和执行外国法院民商事判决的必要条件,我国法院作出的民商事判决可以得到该外国法院的承认和执行;第四,在对互惠关系进行审查时,还要考虑外国法院有没有曾以不存在互惠关系为由拒绝承认和执行我国法院民商事判决的情形;第五,在按互惠原则进行审查后,还需进一步审查是否存在其他不予承认和执行的事由;第六,是否存在申请人提交的外国法院相关判决存在违反我国法律基本原则或者损害我国国家主权、安全、社会公共利益的情形。可见,该案所持态度是,在坚持"事实互惠"的同时,采纳"推定互惠"的标准。

三、国际条约优先适用和国际惯例参照适用原则

国际条约(international treaty/convention)是国家之间、国家和地区之间,规定相互间在一定国际事务中的权利和义务的协定。凡是参加国际条约的国家和地区,都有信守该条约的义务。中国法院审理涉外民商事案件应遵循优先适用我国参加的国际条约的原则。《民诉法》第271条规定:

> 中华人民共和国缔结或者参加的国际条约同本法有不同规定的,适用该国际条约的规定,但中华人民共和国声明保留的条款除外。

在实体法方面,我国已加入《销售合同公约》《华沙公约》《蒙特利尔公约》等。在民事诉讼领域,我国陆续与四十多个国家和地区订立了涉及跨境送达的民商事司法协助条约,并于1991年加入了《关于向国外送达民事或商事司法文书和司法外文书公约》(又称《海牙送达公约》)。我国相关部门据此已制定跨境送达制度。如最高人民法院《关于涉外民事或商事案件司法文书送达问题若干规定》(以下简称《涉外送达规定》)和最高人民法院《关于依据国际公约和双边司法协助条约办理民商事案件司法文书送达和调查取证司法协助请求的规定》(以下简称《司法协助请求规定》)。2023年3

月 8 日,我国加入《取消外国公文书认证要求的公约》,该公约于 2023 年 11 月 7 日在我国生效实施。

如果国际条约或法律中都没有规定,当事人也没有约定的,可以参照适用国际惯例。如根据《审理信用证案件规定》第 2 条的规定,法院审理信用证纠纷案件时,当事人约定适用相关国际惯例或者其他规定的,从其约定;当事人没有约定的,适用 UCP 或者其他相关国际惯例。但如果适用国际惯例将违背我国的公共秩序和公序良俗,则不能参照适用。

最高人民法院 2023 年 12 月 28 日发布的《适用国际条约和惯例解释》再次对国际民商事案件中国际条约和国际惯例的适用作出规定。

四、便利诉讼原则

便利诉讼原则体现在两个方面,即在案件管辖方面便利诉讼和诉讼程序中便利当事人。

(一) 在案件管辖权方面便利诉讼

便利诉讼原则一方面要求,在确定某一国际民商事案件应由哪国法院管辖时,要考虑是否便利当事人诉讼,特别是便利被告进行诉讼,以及是否便利管辖法院对案件的审理。对某一民商事案件,即使受理法院本身拥有管辖权,但认为其审理该案严重不方便,或者对诉讼一方而言严重不方便或不公平,而另一国有更密切的关系,在那里可以得到更好的裁判,受理法院可以放弃行使管辖权。这就是"不方便法院原则"(doctrine of forum non conveniens)。

1. "不方便法院原则"。该原则源于苏格兰,由于英美普通法的"对人诉讼"制度以及美国的"长臂管辖"建立了国际民商事案件的过度管辖(exorbitant jurisdiction),为缓解该问题,"不方便法院原则"的适用在英美国家较为普遍。因该原则对法院管辖和法律适用带来不确定性,所以未得到其他法系的广泛接受。[①] 在英国,如果被告能说服法官另有外国法院是针对该争议/索赔更恰当、更能做到公正的法院,英国法院就会让渡管辖权。杨良宜先生根据 The Spliiada (1987) 总结英国法院适用"不方便法院原则"的情形为:(1)大原则是原告"择地行诉"(forum shopping)选择英国法院,英国法院根据"不方便法院原则"会中止已有的管辖,只要满足另有一国家更为合适,令当事人都得到公正审判,于大家有利。(2)被告负举证责任证明英国法院不适合审理案件,相比之下,明显另有一处法院更为适合。(3)能成功中止的案例不多,但成功的都能明显指出另有比英国更适合的法院。(4)在涉及多国国际商业合约(如信用证)案件中,无法

[①] 参见李浩培:《李浩培文选》,法律出版社 2000 年版,第 388 页。

指出与举证某一国法院明显比其他地方(包括英国法院)更为适合。这使得涉及这种合约争议的,成功申请中止不容易,英国法院会倾向保留与行使管辖。(5)被告能证明确有另一更适合管辖的外国法院后,举证责任转移至原告。原告要指出虽然表面看来有另一适合的外国法院,英国法院仍应审理案件。例如,原告根本无法在该国法院获得公正的对待。(6)双方争辩后,英国法院会考虑所有因素,以决定是否有适合的外国法院管辖该争议。特别是该外国法院是否与该争议有"真正与实际的关系"(most real and substantial connection)。考虑的因素是:当事人的便利(飞机航班、签证等);费用方面(律师费、证人证据所在地等);英国本身对该争议的管辖是否实质或偶然(如外国自然人被告刚巧在英国而被送达传票,或者船舶刚巧在英国港口被送达对物诉讼告票等)。(7)外国法院已经受理该争议,在审理中,使得英国法院如不中止诉讼会带来"并列诉讼"(concurrent actions 或拉丁文 lis alibi pendens),从而使双方浪费金钱,带来不便,将来会有相互矛盾判决及执行困难。如果难以确定"并列诉讼"是否存在,英国法院倾向中止诉讼。(8)相反,如果已受理的外国法院明显不比英国法院适合,"并列诉讼"的存在会导致英国法院作出禁令(所谓 anti-suit injunction),不准被告(在外国法院的原告)继续外国的诉讼,以免造成对原告的"欺压和困扰"。①

2. "不方便法院原则"在中国的司法实践。根据《民诉法》第 122 条的规定,属于法院受理范围的案件,中国法院应依法行使管辖权。但受案法院应遵守便利当事人诉讼原则。在满足规定的条件时,法院可依"不方便法院原则"驳回当事人起诉。"不方便法院原则"在我国经历了从不予承认到部分采纳,再到目前通过立法正式确立的发展过程。2004 年最高人民法院民事审判第四庭编写的《涉外商事海事审判实务问题解答(一)》第 7 条对如何理解和掌握"不方便法院原则"提出指导意见。2005 年 12 月 26 日最高人民法院印发《第二次全国涉外商事海事审判工作会议纪要》,其中第 11 条规定适用"不方便法院原则"需同时满足七个条件。2015 年《民诉法解释》首次以司法解释的形式规定了"不方便法院原则"。与前述纪要规定的七个条件相比,该司法解释删除了"受理案件的我国法院对案件享有管辖权"这一条件,并对其他六个条件作了表述调整。2020 年和 2022 年的修正文本也均保留了此规定。外国法院对案件享有管辖权,且审理该案件更加方便。

笔者检索以往案例,发现我国法院适用"不方便管辖原则"门槛非常高,可能因为须同时满足所有情形,因此有关案例并不多。在(2019)最高法民终 592 号案中,最高人民法院裁定适用不方便法院原则,支持了原审法院驳回原告起诉的裁判结果。在(2020)豫 01 民初 360 号案中,双方委托代理关系发生在加拿大,委托事项的办理、由此产生的费用以及委托事项办理过程中产生的争议亦发生在加拿大,并经由加拿大安

---

① 参见杨良宜、杨大明:《禁令》,中国政法大学出版社 2000 年版,第 572—575 页。

大略省高等法院审理,且原告自认其经常居住地及生活中心也在加拿大。法院认为案件争议的主要事实不是发生在中国境内,且案件不适用中国法律,中国法院审理案件在认定事实和适用法律方面存在重大困难,遂依法裁定驳回原告的起诉。最高人民法院在(2021)最高法知民辖终60号案中认为,适用"不方便法院原则"必须同时具备法定的六个条件,缺少一个或一个以上条件,则不能适用该规定。最后认定,该案情形不属于《民诉法》第532条规定的情形,不符合"不方便法院原则"适用的条件。

2023年《民诉法》第282条第1款正式以法律的形式确立了"不方便法院原则":

> 人民法院受理的涉外民事案件,被告提出管辖异议,且同时有下列情形的,可以裁定驳回起诉,告知原告向更为方便的外国法院提起诉讼:(一)案件争议的基本事实不是发生在中华人民共和国领域内,人民法院审理案件和当事人参加诉讼均明显不方便;(二)当事人之间不存在选择人民法院管辖的协议;(三)案件不属于人民法院专属管辖;(四)案件不涉及中华人民共和国主权、安全或者社会公共利益;(五)外国法院审理案件更为方便。

该条对司法解释的规定作了调整:把"案件不涉及中国国家、公民、法人或者其他组织的利益"调整为"案件不涉及中华人民共和国主权、安全或者社会公共利益";把"人民法院审理案件在认定事实和适用法律方面存在重大困难"调整为"人民法院审理案件和当事人参加诉讼均明显不方便";取消了"案件不适用中华人民共和国法律"和"外国法院对案件享有管辖权"的条件。即使案件适用中国法律、外国法院没有管辖权,中国法院也可以放弃行使管辖权。总体上,新规定扩大了我国法院适用"不方便法院原则"的范围,我国法院适用"不方便法院原则"驳回原告起诉的情形将会大大增加。

同时,为解决外国法院拒绝行使管辖权等情形,出现当事人起诉无门或当事人合法权益不能得到合理、及时保护的窘境,该条第二款规定了中国法院应当恢复行使管辖权的情形:

> 裁定驳回起诉后,外国法院对纠纷拒绝行使管辖权,或者未采取必要措施审理案件,或者未在合理期限内审结,当事人又向人民法院起诉的,人民法院应当受理。

但此时如何计算诉讼时效,可能存在问题。中国法院适用"不方便法院原则"驳回当事人起诉后,如果外国法院出现上述管辖或审理僵局,中国法院应根据中国法律关于时效中止和中断的规定,恢复对案件的受理和审理。

(二)在诉讼程序中便利当事人

便利诉讼原则还体现在诉讼中的具体措施。在我国,基于涉外案件的特点,为确保各当事人受到平等保护,《民诉法》和司法机关规定了一系列便利当事人诉讼和法院审理的措施。如对在我国领域内没有住所的当事人,《民诉法》在管辖权、期间、庭审语言和司法协助方面,充分考虑当事人的利益。为进一步便利当事人诉讼,2022年11月14日最高人民法院《关于涉外民商事案件管辖若干问题的规定》(以下简称《涉外管辖规定》)发布。该规定以《民诉法》为依据,明确第一审涉外民商事案件原则上由基层人民法院管辖,将第一审涉外民商事案件管辖权下放至所有中级人民法院,同时明确中级人民法院管辖第一审涉外民商事案件的级别管辖标准。如确有必要,高级人民法院根据本辖区的实际情况,经报最高人民法院批准,可以指定一个或数个基层人民法院、中级人民法院对第一审涉外民商事案件实行跨区域集中管辖。即以管辖权下沉为原则,以集中管辖为例外,最高人民法院监督指导全国涉外审判工作,确保法律正确统一适用。《涉外管辖规定》进一步优化涉外民商事案件管辖机制、便利中外当事人诉讼。在诉讼期间方面,《民诉法》在答辩期间、上诉期间等方面,给予在中国领域内没有住所的当事人30天期间,而适用于国内当事人的期间为15天。

第二节 国际民商事诉讼管辖权

民商事诉讼管辖权,是指一国法院受理某一国际民商事案件并行使审判权的资格或权限,是一国司法管辖权的重要组成部分。国际民商事诉讼首先要解决的是管辖权问题,即争议应由哪国法院管辖("国际管辖权");其次是在确定一国法院管辖权后,再根据该国诉讼程序法确定由哪个区域、哪一级法院管辖("内国管辖权")。前者是国际私法要解决的问题,后者是内国民事诉讼法要解决的问题。具有国际因素的民商事诉讼的管辖权,即为国际民商事诉讼管辖权。从内国涉外民商事诉讼角度看,为涉外民商事诉讼管辖权。

国际司法管辖权的确定不仅关系到一国司法主权,也是一国法院有权审理相关国际民商事案件的前提条件,更是作出判决后能够得到外国法院承认和执行的必要条件。同时,管辖权与实体争议的法律适用虽为相互独立的两个问题,但二者又有密切联系。有关管辖权冲突规范与法律适用冲突规范常常相互指引,相互制约。一方面,管辖权的确定取决于所适用的准据法(如实体争议适用A国法律,则A国法院对争议有管辖权);另一方面,准据法的选择取决于何国法院具有管辖权(如实体争议在A国法院管辖,该国法院可以法院地法作为实体争议准据法)。管辖权问题对当事人诉讼程序和实体权利义务均有直接影响。因此,某种程度上,管辖权的确定比法律适用问题更为重要。我国法院对国际民商事案件的管辖,主要根据民商事争议的主体、客体和权利义务据以发生的法律事实等因素的涉外性确定。

一、国际民商事诉讼管辖权分类

国际民商事诉讼管辖权需依据某种连结因素(连结点)确定。这些连结点包括当事人国籍、住所、惯常居所、营业地、行为地、诉讼标的物所在地、合同履行地、被告财产所在地、被告财产扣押地以及当事人合意选择的某国法院等。

(一)对人诉讼与对物诉讼管辖

英美普通法区别"对人诉讼"(action in personam)和"对物诉讼"(action in rem)。所谓对人诉讼,是指为了决定诉讼当事人相互间对于诉讼标的所应有的权利的一切诉讼,不问这些诉讼是由债权(合同或侵权行为)引起的还是由物权引起的。按照普通法,只要被告身在英国或美国境内时对其送达了传讯令状,英国或美国法院对其就有管辖权,至于被告在英美境内有无住所或居所,住了多久,以及该案同英美有任何关系,则无关宏旨。对人诉讼管辖权以有关诉讼的传票能否送达给被告为基础。对物诉讼,则是指如果目的是在于得到对任何人都有效力且可以对抗任何人的判决,都是对物诉讼。对物诉讼管辖权以有关当事人的住所或习惯居所地所在法院国境内或有关标的物在法院国境内为基础。①

(二)属人管辖与属地管辖

属人管辖和属地管辖是大陆法系国家对国际民商事诉讼管辖权的一种分类。

1. 属人管辖(nationality jurisdiction),以当事人国籍作为确定管辖权的连结因素,不论原告或被告,不论其所居何国,只要具有该国国籍,则该国法院具有管辖权。如2022年《民诉法解释》第15条规定:

> 中国公民一方居住在国外,一方居住在国内,不论哪一方向人民法院提起离婚诉讼,国内一方住所地人民法院都有权管辖。国外一方在居住国法院起诉,国内一方向人民法院起诉的,受诉人民法院有权管辖。

该规定强调了属人管辖原则,无论所居外国的法院是否受理诉讼,只要一方在中国法院起诉,国内一方当事人住所地法院都有管辖权。瑞士法律规定,离婚案件中,如果原告具有瑞士国籍,瑞士法院对该案具有管辖权,而不论原告是否居住在本国。

2. 属地管辖(territorial jurisdiction),又称地域管辖或领土管辖,指一国法院依据本国与某国际民商事案件的地域联系而行使管辖权。属地管辖侧重于法律事实和法律

---

① 参见李浩培:《李浩培文选》,法律出版社2000年版,第385页;杜新丽主编:《国际私法》,高等教育出版社2007年版,第302页。

行为的地域性或属地性质,如当事人住所、惯常居所、营业地、行为地、诉讼标的物所在地、合同履行地、被告财产所在地、被告财产扣押地等均可成为属地管辖的连结因素。据此,国家对其领土范围内的一切人(不论是本国人还是外国人,但依国际法享有豁免权的除外)、物和事享有完全的和排他的管辖权。①

在确定管辖法院时,通常适用"原告就被告原则",由被告住所地或惯常居住地所在国的法院行使管辖权。但如果被告不在受理法院所在国境内,受理法院可以根据其他连结因素行使管辖权。2023 年《民诉法》第 276 条规定:

> 因涉外民事纠纷,对在中华人民共和国领域内没有住所的被告提起除身份关系以外的诉讼,如果合同签订地、合同履行地、诉讼标的物所在地、可供扣押财产所在地、侵权行为地、代表机构住所地位于中华人民共和国领域内的,可以由合同签订地、合同履行地、诉讼标的物所在地、可供扣押财产所在地、侵权行为地、代表机构住所地人民法院管辖。除前款规定外,涉外民事纠纷与中华人民共和国存在其他适当联系的,可以由人民法院管辖。

该条把"身份关系"以外的"财产权益纠纷和非财产权益纠纷"确定为"涉外民事纠纷",扩展了我国法院关于涉外民事纠纷的管辖范围;同时完善了"适当联系地管辖"的保护性管辖规则,有助于我国企业、公民和其他组织回归国内诉讼。在属地管辖原则下,又可以依这些连结点确定法院管辖权,如合同签订或履行地法院管辖、侵权行为或侵权结果发生地法院管辖、财产扣押所在地法院管辖等。根据《海诉法》第 19 条的规定,采取海事请求保全措施(船舶、货物或运费扣押等)的海事法院取得对案件实体争议的管辖权。在(2017)浙民辖终 1 号案中,H 公司因与 D 公司存在海上货物运输合同纠纷,申请一审法院依法扣押了 D 公司所有的船舶。一审法院认为,依照《海诉法》第 19 条的规定,当事人就该海事请求可以向采取海事请求保全的海事法院提起诉讼,在案涉船舶已被依法扣押且不存在诉讼管辖协议或仲裁协议的情况下,其对该案的实体争议有管辖权。二审法院裁定驳回上诉,维持原裁定。

(三)专属管辖

专属管辖(exclusive jurisdiction),又称排他管辖或独占管辖,是各国普遍采用的管辖权原则,系指一国法院对某些国际民商事案件享有独占性管辖权,排除他国法院的管辖。之前我国专属管辖制度为涉外民商事案件量身定做,仅有中外合资、中外合作经营企业合同和中外合作勘探开发自然资源合同争议适用专属管辖,其余均适用国内诉讼专属管辖制度,没有充分考虑涉外关系与内国政治、法律以及公共秩序有紧密联系的特定案件类型。而大陆法系国家经常将因国家租赁、法人破产、涉内国登记而发

---

① 参见何其生:《国际私法》,北京大学出版社 2023 年版,第 283 页。

生的诉讼、内国国民身份关系诉讼,纳入专属管辖范围。① 2023年《民诉法》第279条增加了适用专属管辖的情形:

> 因在中华人民共和国领域内设立的法人或者其他组织的设立、解散、清算,以及该法人或者其他组织作出的决议的效力等纠纷提起的诉讼;因与在中华人民共和国领域内审查授予的知识产权的有效性有关的纠纷提起的诉讼。

该条扩大了我国法院专属管辖范围,弥补了原条款的不足。

制定专属管辖权的出发点,是基于国家主权原则保护本国国家利益和公共秩序。专属管辖具有否定协议管辖效力、排除其他国家法院管辖权的法律效果。但一国专属管辖权的扩大,一方面使原告只能将其诉讼请求向一国特定法院提起,对原告不利;另一方面,对国际民商事交往也有消极影响。

(四)协议管辖

国际司法管辖权通常由公约或国家法律规定,国家法律除强制规定本国法院享有管辖权的情形外,亦可基于当事人意思自治原则,允许当事人合意选择管辖法院,故协议管辖亦称合意管辖(consensual jurisdiction)。依据协议管辖原则,当事人在合同中订立选择法院条款,可以就一个指定的法律关系所发生或可能发生的争议,明确指定一个特定的管辖法院,或者只是一般地指定一个国家或地区的法院作为管辖法院。② 我国诉讼程序法、司法解释和司法文件中,国际民商事当事人协议选择管辖法院的规定有以下特点。

1. 鼓励当事人协议选择中国法院管辖。根据《海诉法》第8条的规定,海事纠纷的当事人都是外国人、无国籍人、外国企业或者组织,当事人书面协议选择中国海事法院管辖的,即使与纠纷有实际联系的地点不在中国领域内,中国的海事法院对该纠纷也具有管辖权。在经典案例(2009)粤高法立民终字第136号案中,二审法院认为,该案是涉外、涉港海上货物运输合同纠纷,处理管辖权异议等程序问题应适用法院地法即我国法律。提单背面管辖条款约定:"本提单下产生的或与本提单相关的一切纠纷以及对承运人提起的诉讼应由中华人民共和国广州海事法院专属管辖。"该管辖条款由提单签发人和承运人Z公司拟定,收货人E公司依据该条款向广州海事法院提起诉讼,应认定该条款是双方当事人的真实意思表示。虽然该案当事人住所地、营业地、合同签订地、合同履行地、标的物所在地等均不在原审法院辖区,但根据《海诉法》第8条

---

① 参见沈红雨:《我国法的域外适用法律体系构建与涉外民商事诉讼管辖权制度的改革——兼论不方便法院原则和禁诉令机制的构建》,载《中国应用法学》2020年第5期。

② 参见李浩培:《李浩培文选》,法律出版社2000年版,第372—373页。

的规定,原审法院对该案也具有管辖权。原审裁定驳回Z公司的管辖权异议正确。

原《民诉法》虽有条件承认当事人选择管辖法院协议的效力,但坚持实际联系原则,限缩了外国当事人协议选择包括最高人民法院国际商事法庭在内的我国法院管辖之可能性,不利于协议管辖制度优势的发挥。当前越来越多的国家建立了专业性的国际商事法庭或法院。其中,对离岸案件行使管辖权成为一项对国际商事纠纷主体具有吸引力的制度。以新加坡国际商事法庭为例,其强调如果当事人书面协议选择提交新加坡国际商事法庭解决争议,则法庭不会因为国际商事争议与新加坡没有实际联系而拒绝受理案件。涉外协议管辖制度过于保守,将不利于我国法院在国际司法竞争中的发展。[①] 为进一步鼓励当事人协议选择我国法院管辖,2023年《民诉法》新增第277条规定,涉外民事纠纷的当事人书面协议选择我国法院管辖的,可以由我国法院管辖。该条不再以有任何"实际联系地点"在中国境内为条件(与《海诉法》统一),只要当事人选择在中国法院诉讼,中国法院即具有管辖权。[②]

2. 对选择外国法院的限制。《民诉法》未对涉外案件当事人协议选择外国法院管辖作出规制,相关规定可见于其司法解释。根据2022年《民诉法解释》第529条的规定,允许当事人协议选择境外法院管辖,但要受到某些条件限制,即:(1)只适用于涉外合同或其他财产权益纠纷;(2)协议管辖为要式行为,必须采用书面形式订立管辖协议;(3)协议所约定的管辖法院必须与纠纷存在实际联系,即须是被告住所地、合同履行地、合同签订地、原告住所地、标的物所在地或侵权行为地等地点的外国法院;(4)不属于我国法院专属管理。在(2022)京民终8号案中,法院认为,双方约定诉讼地为北京市东城区人民法院,后又达成新的协议对管辖作了新的约定,视为对原管辖协议的变更,应以新的约定确定管辖。新协议管辖条款约定的乙方住所地为该案原审原告住所地(瑞典),系符合《民诉法解释》第529条规定的"与争议有实际联系的地点",且该案不属于法律规定应由中国法院专属管辖的情形,不属于东城区人民法院管辖。在(2023)沪72民初116号案中,法院认为,案涉提单正面左下方虽印制有"管辖和法律条款",但因属于格式条款而不成为合同的内容。此外,依照《民诉法解释》第529条第1款的规定,现有证据材料并未反映出香港特区与争议具有实际联系,仅当事人约定适

---

① 参见沈红雨:《我国法的域外适用法律体系构建与涉外民商事诉讼管辖权制度的改革——兼论不方便法院原则和禁诉令机制的构建》,载《中国应用法学》2020年第5期。
② 此前,2019年12月最高人民法院《关于人民法院为中国(上海)自由贸易试验区临港新片区建设提供司法服务和保障的意见》第4条规定,要加强新片区国际商事纠纷审判组织建设,依法对与新片区相关的跨境交易、离岸交易等国际商事交易行使司法管辖权,鼓励当事人协议选择新片区国际商事审判组织管辖;2019年12月上海市高级人民法院《上海法院服务保障中国(上海)自由贸易试验区临港新片区建设的实施意见》探索受理没有连结点的国际商事案件,标志着涉外管辖协议实际联系要求的宽松化;2020年8月《深圳经济特区前海蛇口自由贸易试验片区条例》第56条规定,依法对与自贸片区相关的跨境交易、离岸交易等国际商事交易行使司法管辖权,探索受理没有连结点但是当事人约定管辖的国际商事案件。

用特定域外法律也并不足以构成该法院"与争议具有实际联系",因此香港特区法院并不属于原、被告依法可选择协议管辖的法院范畴。

3. 承认默示协议管辖。司法实践中,国际民商事案件双方当事人并未以书面形式明确约定争议由哪国或地区法院管辖,但一方在一国或地区法院起诉后,另一方不提出异议,或者应诉甚至提出反诉,这被认为是默示协议管辖。根据法律,视为被告接受了该国或该地区法院对案件的管辖权,又称为"应诉管辖"。但应诉管辖不得违反级别管辖和专属管辖规定。1991年《民诉法》第245条规定,涉外民事诉讼的被告对法院管辖不提出异议,并应诉答辩的,视为承认该人民法院为有管辖权的法院。在(2003)甬海商初字第333号案中,法院认为,ASP公司在申请诉前海事请求保全后,就该海事请求有权向采取海事请求保全的本院提起诉讼。当事人间虽就争议的主要问题订有诉讼管辖条款,约定由新加坡法院管辖,但同时约定并不限制ASP公司向其他认为适当的法院起诉,被告Koryo公司也未就管辖权问题提出异议。故法院根据该条认定其对该案具有管辖权。但后来的修正版本对此无明确规定,至2023年《民诉法》第278条对应诉管辖再次作出明确规定,当事人未提出管辖异议,并应诉答辩或者提出反诉的,视为我国法院有管辖权。可见,默示协议管辖具备以下特点:第一,中国法院既可以是对涉外案件有管辖权的法院,也可以是没有管辖权的法院;第二,被告对受诉法院的管辖权不提出异议,并且应诉答辩或提起反诉,且须同时具备;第三,原告选择起诉的法院不得违反我国法律有关级别管辖和专属管辖的规定。

4. 承认"非对称管辖协议"的效力。涉外合同或者其他财产权益纠纷的当事人签订的管辖协议明确约定,一方当事人可以从一个以上国家或地区的法院中选择某国法院提起诉讼,而另一方当事人仅能向一个特定国家或地区的法院提起诉讼,该类协议被称为非对称管辖协议。若当事人以显失公平为由主张该管辖协议无效的,法院不予支持。但管辖协议涉及消费者、劳动者权益或者违反民事诉讼法专属管辖规定的除外。非对称管辖条款多见于涉港国际融资合同,旨在保护债权人的利益。相关案件中,法院通常认为,基于当事人对诉讼权利的自由处分原则,双方可以约定非对称的管辖条款,并对当事人有约束力。[①] 但同时也认为,一方权利受到管辖约束,另一方不受约束,这是对一方诉讼权利义务重大的例外限制。因此,这种例外应当具有当事人清晰明确的意思表示,在没有明确表示的情况下,不能推定、解读出构成不公平不平等的权利义务。法院判定当事人的约定是否构成非对称管辖条款,应当坚持表述清晰、明确、严格的认定标准,避免对双方当事人协议管辖法院方面的意思自治造成不适当的妨碍。在经典案例(2019)沪74民初127号案中,内地公司与香港居民为香港公司债

---

① 参见山东省高级人民法院(2022)鲁民终567号民事裁定书;上海市浦东新区人民法院(2022)沪0115民初87551号民事裁定书。

务向香港银行提供担保所引起的保证合同纠纷,香港银行依据非排他性、非对称性管辖权条款向内地法院提起诉讼。上海金融法院认为,上述条款将香港特区法院具有专属管辖权的约定限制于仅为保护贷款人利益之情形,性质上属于非对称管辖条款,即允许债权人在多个司法管辖区内提起诉讼,但另一方只可以在一个特定司法管辖区内提起诉讼。该约定不违反内地民事诉讼法的规定,应认定为有效。在经典案例(2021)最高法民再277号案中,最高人民法院认为,相关协议中管辖协议只是在强调发行人和保证人应当遵守香港特区法院对案涉纠纷具有排他管辖权的约定,但并没有明确赋予受托人可以向香港特区法院之外的其他有管辖权的法院就案涉纠纷提起诉讼的权利。因此,最高人民法院认定条款内容不构成非对称管辖条款,受托人和保证人同等受该管辖条款约束,香港特区法院对该案享有排他管辖权。2021年《涉外审判会议纪要》承认了非对称管辖协议的效力。

5. 推定管辖协议的排他性。涉外合同或者其他财产权益纠纷的当事人订立排他性管辖协议选择境外法院管辖且不违反中国法律对专属管辖的规定,不涉及中国国家主权、安全或者社会公共利益的,中国法院承认其效力。当事人签订的管辖协议明确约定由一国法院管辖,但未约定该管辖协议为排他性管辖协议的,应推定该管辖协议为排他性管辖协议。

6. 当事人可直接选择最高人民法院管辖。根据2023年最高人民法院《关于设立国际商事法庭若干问题的规定》,当事人可以协议选择最高人民法院国际商事法庭管辖第一审商事案件。但应具备三个要素:一是案件的性质是国际商事纠纷;二是当事人之间的管辖协议要采用书面形式,约定由最高人民法院管辖;三是案件标的额须达到人民币3亿元以上,通过诉讼请求标的额予以确定。最高人民法院规定鼓励中外当事人选择其国际商事法庭解决纠纷。

可见,我国法院尊重当事人意思自治,原则上承认法院管辖协议的效力。对协议选择中国法院管辖的,可以受理,不再以"实际联系地点"为条件,以尽量扩大管辖权。但同时根据国际礼让原则,在特定条件下,法院可根据"不方便法院原则",对当事人的起诉不予行使管辖权。对选择境外法院管辖的,有条件承认协议有效,以存在"实际联系地点"等为条件。适用"不方便法院原则"和选择境外法院管辖的限制条件趋于宽松。从2023年《民诉法》对原有协议管辖规定作出的调整,可看出《关于民商事裁判管辖权及判决执行的公约》(《布鲁塞尔公约》)、《卢加诺公约》《选择法院协议公约》等国际文件以及其他国家司法实践关于国际争议协议管辖规定对我国民事诉讼法的明显影响。

(五) 平行管辖

平行管辖(parallel jurisdiction),是不同当事人或相同当事人就同一争议基于相同事实和理由,在两个以上的国家进行诉讼的情形。此时,一国法院可基于原告的合法选择享有管辖权,或者根据其管辖权冲突规范而享有管辖权,同时也承认其他国家对该案件享有管辖权。由于平行管辖权的存在,不同当事人出于自身利益,就同一案件选择在不同国家法院起诉,或者同一当事人在不同国家法院起诉,造成重复诉讼或对抗诉讼,即平行诉讼(parallel proceedings)。在(2006)高民初字第1575号案中,法院根据《民通意见(试行)》第306条的规定认为,两个以上国家就同一案件的管辖权问题,中国与美国之间就此没有双方共同参加或者签订的国际条约;对于一方当事人在外国法院提起诉讼后又在中国法院提起诉讼的情况,中国法律亦无明确规定,但依据最高人民法院前述司法解释的规定,综合考虑本案情况,即使美国法院在先受理的中芯国际对台积电公司的反诉请求及所依据的事实和理由与中国法院受理的中芯国际诉台积电公司的诉讼请求及所依据的事实和理由相同,中国法院对该案的受理和审理符合中国法律的规定。因此,台积电公司所提法院对该案的受理属于重复受理,或者应中止该案审理的主张,不予支持。另外,针对违约和侵权不同诉因在不同国家提起的诉讼,中国法院亦可行使管辖权。在(2020)苏05民终8939号案中,中国公民徐某某、徐某以违约为由在中国法院起诉设立在中国境内的旅行社,且诉争合同系在中国订立,中国法院认为合同一方依据违约事实要求相对方承担违约责任,中国法院具有管辖权;同时认为,徐某某、徐某提起的侵权诉讼由美国法院管辖,该诉讼并不能直接影响该案的处理,如果旅行社认为该案的处理结果能够构成其在侵权诉讼中抗辩的,可在侵权诉讼中提出。

2023年《民诉法》增加的第280条对平行管辖作出规定,除当事人订立排他性管辖协议(不违反中国专属管辖)外,中国法院对平行诉讼案件有管辖权。同时,第281条针对平行诉讼规定了中止诉讼和恢复诉讼的情形:

> 人民法院依据前条规定受理案件后,当事人以外国法院已经先于人民法院受理为由,书面申请人民法院中止诉讼的,人民法院可以裁定中止诉讼,但是存在下列情形之一的除外:(一)当事人协议选择人民法院管辖,或者纠纷属于我国法院专属管辖;(二)由人民法院审理明显更为方便。外国法院未采取必要措施审理案件,或者未在合理期限内审结的,依当事人的书面申请,人民法院应当恢复诉讼。外国法院作出的发生法律效力的判决、裁定,已经被人民法院全部或者部分承认,当事人对已经获得承认的部分又向人民法院起诉的,裁定不予受理;已经受理的,裁定驳回起诉。

外国法院作出尚未发生法律效力或未获得我国法院承认的判决,但当事人的起诉符合相应条件的,我国法院仍可受理。

平行管辖规定虽是一国根据国家主权原则作出,旨在维护本国法院的管辖权,但平行管辖无疑也会成为当事人重复诉讼和对抗诉讼的依据,从而造成管辖权冲突。因此,各国法院也都在坚持平行诉讼规定的同时,以其他措施(如禁诉令)适当减少平行诉讼案件的发生。同时,海牙国际私法会议(HCCH)继成功制定2005年《选择法院协议公约》和2019年《承认与执行外国民商事判决公约》之后,业已着手谈判制定旨在解决各国法院民商事案件管辖权冲突,并确定一套国际上普遍遵行的管辖权规则的国际公约。目前形成的公约初步草稿着眼于管辖权冲突,也即国际司法实践中的平行诉讼问题的解决,并试图制定出国际上通用的法院直接管辖权规则。①

二、涉外民商事诉讼管辖权分类

从内国民事诉讼法角度,我国涉外民商事诉讼管辖权作为普通民商事诉讼管辖权的特殊规定,可分为级别管辖、地域管辖、专属管辖和协议管辖等,级别管辖、地域管辖、专属管辖和集中管辖属于法定管辖,移送管辖、指定管辖和管辖权转移属于裁定管辖。

(一)级别管辖

级别管辖是划分上下级法院审理第一审案件的分工和权限。涉外民商事诉讼级别管辖作为国内管辖权,是指我国法院对一定范围的涉外民商事案件的审判权限和各级各类法院受理第一审涉外民商事案件的分工权限。涉外民商事诉讼级别管辖划分有两个标准:一是案件的争议金额即标的额,二是案件的重大复杂程度及影响。2023年《民诉法》第二章第一节对级别管辖作了规定。

1. 涉外案件的管辖。除民事诉讼法上述概括规定外,最高人民法院不同时期发布了若干规定和对具体案件的复函、会议纪要等司法文件,专门规范涉外民商事诉讼的级别管辖问题。2022年《涉外管辖规定》将之前"以集中管辖为原则,以管辖权下沉为例外",修改为"以管辖权下沉为原则,以集中管辖为例外",再次强调了第一审涉外民商事案件由基层人民法院管辖的原则性地位,并考虑到各地外向型经济发展存在巨大差异,中级人民法院涉外民商事案件收案数量相应存在明显差异的实际情况,在第2条和第3条中对中级人民法院、高级人民法院第一审涉外民商事案件标的额进行按区域梯度的划分。这样,所有的中级人民法院、基层人民法院都具有相应的第一审涉外民商事诉讼管辖权。

2. 集中管辖。法律、司法解释对第一审涉外民商事诉讼管辖权另有规定的,适用特别规定。我国在级别管辖体系内,曾规定集中管辖制度,由最高人民法院规定某类案件由少数收案较多、审判力量较强的中级人民法院和基层人民法院管辖;特殊案件由最高人民法院国际商事法庭管辖。②

---

① 参见徐国建:《制定中的全球法院管辖权公约:前景与挑战——海牙管辖权项目工作组第五次布宜诺斯艾利斯会议谈判手记》,载"Boss Legal"微信公众号,2024年1月14日。

② 2002年2月25日,最高人民法院《关于涉外民商事案件诉讼管辖若干问题的规定》公布,并于2002年3月1日正式施行。随着《涉外管辖规定》的施行,该规定中的集中管辖作出调整。同时2023年修正的最高人民法院《关于设立国际商事法庭若干问题的规定》第2条第2项至第5项对最高人民法院国际商事法庭集中管辖的案件作出规定。

3. 管辖权转移。由上级法院决定或者同意，把某个案件的管辖权由下级法院移转给上级法院（又称提级管辖），或者由上级法院移转给下级法院，为管辖权转移。管辖权转移也属于级别管辖范畴，是对级别管辖的变通和补充。2023年《民诉法》第39条及其司法解释第42条作了明确规定。在(2019)最高法商初4号案中，最高人民法院认为，因被告钱某下落不明，该案不宜由最高人民法院国际商事法庭审理，遂依照《民诉法》第38条第1款和《民诉法解释》第42条之规定，裁定由海南省海口市中级人民法院审理。在(2020)最高法民辖55号案中，当事人为中国飞机维修公司和泰国东方航空公司，且涉及仲裁条款中仲裁范围是否包括维修六架飞机的留置权。最高人民法院认为，该案系具有重大影响和典型意义的第一审国际商事案件，纷争所涉利益巨大，宜由国际商事法庭审理，遂依照《民诉法》第20条、第38条第1款和最高人民法院《关于设立国际商事法庭若干问题的规定》第2条第5项的规定，裁定由最高人民法院第一国际商事法庭审理。

集中管辖和管辖权转移是级别管辖的特殊形式，属于我国法院系统内部的管辖权分配制度，不影响我国法院与外国法院之间国际民商事诉讼管辖权冲突与协调问题。

(二) 地域管辖

地域管辖，是指一国内同级法院之间，按照各自辖区对第一审民商事案件审理的分工。级别管辖从纵向划分上下级法院之间受理第一审民商事案件的权限和分工，解决某一案件应由哪一级法院管辖问题；而地域管辖是从横向划分同级法院之间受理第一审民商事案件的权限和分工，解决某一案件应由哪一个法院管辖的问题。地域管辖分为普通地域管辖、特殊地域管辖等。

1. 普通地域管辖。普通地域管辖，是指以当事人所在地与法院管辖区的关系来确定管辖法院。根据《民诉法》第22条的规定，对公民提起的民事诉讼，由被告住所地法院管辖；被告住所地与经常居住地不一致的，由经常居住地法院管辖。对法人或者其他组织提起的民事诉讼，由被告住所地法院管辖。可见地域管辖遵循"原告就被告原则"，特殊情况除外（如第23条规定的情形）。凡涉外民商事案件的被告在中国境内有住所或者经常居住地，或有主要办事机构、注册地、登记地等，其辖区法院即有管辖权。

2. 特殊地域管辖。民商事案件以作为诉讼的特定法律关系或者标的物所在地等为连结因素而确定的管辖，为特殊地域管辖。除《民诉法》第22条规定的普通地域管辖（"原告就被告"）的情形外，《民诉法》第24条至第33条对特殊地域管辖作出规定，包括：(1) 因合同纠纷提起的诉讼，由被告住所地或者合同履行地法院管辖；(2) 因保险合同纠纷提起的诉讼，由被告住所地或者保险标的物所在地法院管辖；(3) 因票据纠纷提起的诉讼，由票据支付地或者被告住所地法院管辖；(4) 因公司设立、确认股东资格、分配利润、解散等纠纷提起的诉讼，由公司住所地法院管辖；(5) 因铁路、公路、水上、航空运输和联合运输合同纠纷提起的诉讼，由运输始发地、目的地或者被告住所地法院管辖；(6) 因侵权行为提起的诉讼,由侵权行为地或者被告住所地法院管辖;(7)因铁路、公路、水上和航空事故请求损害赔偿提起的诉讼,由事故发生地或者车辆、船舶最先到达地、航空器最先降落地或者被告住所地法院管辖;(8)因船舶碰撞或者其他海事损害事故请求损害赔偿提起的诉讼,由碰撞发生地、碰撞船舶最先到达地、加害船舶被扣留地或者被告住所地法院管辖;(9)因海难救助费用提起的诉讼,由救助地或者被救助船舶最先到达地法院管辖;(10)因共同海损提起的诉讼,由船舶最先到达地、共同海损理算地或者航程终止地的法院管辖。

《海诉法》第6条规定,下列海事诉讼的地域管辖,依照以下规定:(1)因海事侵权行为提起的诉讼,除依照《民诉法》第29条至第31条的规定以外,还可以由船籍港所在地海事法院管辖;(2)因海上运输合同纠纷提起的诉讼,除依照《民诉法》第28条的规定以外,还可以由转运港所在地海事法院管辖;(3)因海船租用合同纠纷提起的诉讼,由交船港、还船港、船籍港所在地、被告住所地海事法院管辖;(4)因海上保赔合同纠纷提起的诉讼,由保赔标的物所在地、事故发生地、被告住所地海事法院管辖;(5)因海船的船员劳务合同纠纷提起的诉讼,由原告住所地、合同签订地、船员登船港或者离船港所在地、被告住所地海事法院管辖;(6)因海事担保纠纷提起的诉讼,由担保物所在地、被告住所地海事法院管辖,因船舶抵押纠纷提起的诉讼,还可以由船籍港所在地海事法院管辖;(7)因海船的船舶所有权、占有权、使用权、优先权纠纷提起的诉讼,由船舶所在地、船籍港所在地、被告住所地海事法院管辖。

对于被告在中国境内无住所的案件,依照2023年《民诉法》第276条确定管辖权。

(三)专属管辖

专属管辖(exclusive jurisdiction),从国际私法角度,是指根据国际公约或国内法律,规定某类性质的案件由某国排他管辖,而不承认其他国家的管辖权。如2023年《民诉法》第279条规定的国际专属管辖。从内国民事诉讼角度,专属管辖指法律规定某些类型的案件只能由特定的法院管辖,其他法院无管辖权,当事人也不得以协议改变法律确定的管辖。《民诉法》第34条规定了国内民事诉讼的专属管辖,因不动产纠纷提起的诉讼,由不动产所在地法院管辖;因港口作业中发生纠纷提起的诉讼,由港口所在地法院管辖;因继承遗产纠纷提起的诉讼,由被继承人死亡时住所地或者主要遗产所在地法院管辖。

我国除设有普通法院(人民法院)外,还在某些地区设有某类专门法院,如除海事法院、军事法院、铁路运输法院外,近年又相继设立了金融法院(北京、上海和成渝地区)、知识产权法院(北京、上海和广州)及互联网法院(北京、广州和杭州)等,这些法院专门审理某一特定领域的纠纷案件,其管辖权又称专门管辖。根据《海诉法》《海事法院受案规定》,海事法院对108类海事海商案件(含7项海事行政案件)拥有专门管辖权。根据相关司法解释和规定,金融、知识产权和互联网纠纷案件分别由相关金融法院、知识产权法院和互联网法院专门管辖。如果专门管辖与专属管辖产生管辖权冲突,根据"特殊法优于普通法"的原则,由专门法院管辖。同样,专门管辖规定排除协议管辖的效力。在(2022)最高法民辖43号案中,H公司委托G公司办理从天津港至斯洛文尼亚港的货运代理业务,其中一箱货物到达目的港时被发现发霉、变质而不能食用,H公司根据双方之间的运输协议请求天津海事法院判令G公司赔偿货物损失及利息。G公司提出管辖权异议,主张双方约定将纠纷提交深圳市南山区人民法院解决,天津海事法院对该案没有管辖权。天津海事法院遂裁定将案件移送深圳市南山区人民法院审理。广东省高级人民法院以天津海事法院将该案移送深圳市南山区人民法院管辖于法无据为由,报请最高人民法院指定管辖。最高人民法院认为,根据《海诉法》第4条、《海诉法解释》第1条、《民诉法解释》第2条第2款的规定,海事海商案件由海事法院专门管辖。海事海商案件的专门管辖制度是我国海事审判制度的基础。海事法院应当依法受理案件,当事人不得通过协议方式、地方法院不得通过改变案由排除海事法院专门管辖。该案H公司诉请解决的争议属于海事海商纠纷,应由海事法院专门管辖。双方当事人关于案涉管辖的约定,违反了法律关于专门管辖的规定,应认定为无效,天津海事法院(2020)津72民初839号民事裁定适用法律错误。在解决该案应由海事法院专门管辖问题后,针对该案应由国内哪个海事法院管辖,最高人民法院评析认为,从H公司起诉的事实看,案涉货物系由天津港发往国外,双方当事人签订的《国际海运货运代理协议》载明"服务口岸:天津港"。根据《民诉法解释》第18条第1款的规定,天津港为该案合同的履行地。被告G公司的住所地在深圳市。因此,天津海事法院与广州海事法院对该案均有管辖权。《海诉法解释》第16条规定:

> 两个以上海事法院都有管辖权的诉讼,原告可以向其中一个海事法院起诉;原告向两个以上有管辖权的海事法院起诉的,由最先立案的海事法院管辖。

据此,该案应由天津海事法院管辖。可见,该案除涉及专门管辖外,还涉及国内民事诉讼的平行管辖和选择管辖问题。[①]

另外,《海诉法》第7条还规定了专门管辖内的专属管辖:

> 下列海事诉讼,由本条规定的海事法院专属管辖:(一)因沿海港口作业纠纷提起的诉讼,由港口所在地海事法院管辖;(二)因船舶排放、泄漏、倾倒油类或者其他有害物质,海上生产、作业或者拆船、修船作业造成海域污染损害提起的诉讼,由污染发生地、损害结果地或者采取预防污染措施地海事法院管辖;

[①] 选择管辖,是指根据法律规定,两个或两个以上法院对同一案件都有管辖权时,当事人可以选择其中一个法院起诉。选择管辖权的享有者是原告,原告只能选择其中一个法院行使管辖权。《民诉法》第36条和《民诉法司法解释》第36条对选择诉讼和移送、重复立案等有关问题作出规定。

(三)因在中华人民共和国领域和有管辖权的海域履行的海洋勘探开发合同纠纷提起的诉讼,由合同履行地海事法院管辖。

在(2019)粤民辖终418号案中,法院认为,该案是港口作业服务引起的纠纷,根据《民诉法》第33条的规定,因港口作业中发生纠纷提起的诉讼,由港口所在地人民法院管辖,该条中所称人民法院包括专门法院。根据《海诉法》第7条的规定,该案属于海事法院专属管辖的范围,云安区新港港口所在地在云浮市云安区,属于广州海事法院管辖区域,广州海事法院对该案有管辖权。

(四)协议管辖

协议管辖(contractual jurisdiction),是指当事人就第一审民商事案件在纠纷发生前或发生之后,达成协议确定管辖的法院,是当事人意思自治原则在管辖权方面的体现,具体分为国际协议管辖(见上文论述)和国内协议管辖。无论是涉外还是国内民商事案件,当事人的管辖权协议均不得违反《民诉法》规定的专属管辖规定以及《海诉法》等规定的专门管辖规定。

在(2018)最高法民辖终235号案中,最高人民法院确认存储于双志公司油库的案涉油品为港口货物。根据《海事法院受案规定》第32条关于"港口货物保管、仓储合同纠纷案件"之规定以及第69条关于"港口货物留置权纠纷案件"之规定,认定该案应由海事法院受理。依据特别规定优先的原则,在海事法院受案范围有特别规定的情形下,案涉仓储合同关系应进一步认定为港口货物保管、仓储合同关系,案涉油品的留置应进一步认定为港口货物留置,由此引发的纠纷属于海事纠纷。因仓储公司住所地处于武汉海事法院地域管辖范围内,故该案应由武汉海事法院管辖。针对协议管辖与海事法院专门管辖冲突的解决,最高人民法院认为,该案中,虽然三方协议约定向合同签订地法院起诉,但该约定因违反民事诉讼法等关于专属管辖之规定而无效。但在(2019)最高法民辖78号案中,最高人民法院在认定协议管辖有效的基础上,根据应诉管辖原则认为,双方明确约定了管辖法院,而原告在约定之外另一有管辖权的法院起诉后,被告未在法定期间提出管辖权异议并应诉,视为变更了约定管辖。针对是否违反专属管辖和级别管辖问题,最高人民法院认为,原告起诉要求被告配合办理案涉土地及房屋过户手续,虽涉及不动产,但并非因不动产所有权、使用权等权利确认发生纠纷而引起的诉讼,该案不属于应适用专属管辖的情形,也不属于违反级别管辖的情形。该案虽为国内诉讼案件,但其裁判规则应同样适用于涉外民商事诉讼。

(五)移送管辖

移送管辖,是指已经受理案件的法院,因发现本院对案件没有管辖权,而将案件移送给有管辖权的法院受理。《民诉法》第37条规定:

人民法院发现受理的案件不属于本院管辖的,应当移送有管辖权的人民法院,受移送的人民法院应当受理。受移送的人民法院认为受移送的案件依照规定不属于本院管辖的,应当报请上级人民法院指定管辖,不得再自行移送。

在(2023)最高法民辖31号案中,最高人民法院就案涉两个焦点问题,即法院对于被移送的案件认为没有管辖权能否再行移送以及如何确认本案中的合同履行地,根据该条规定认为,原受案的深圳市南山区人民法院认为自己没有管辖权,裁定将案件移送被告户籍所在地法院即湖南省溆浦县人民法院,湖南省溆浦县人民法院作为被移送法院,认为没有管辖权,径行裁定将案件移送重庆市九龙坡区人民法院,违反法律关于移送管辖和指定管辖的规定。同时,最高人民法院根据《民诉法解释》第18条第2款关于合同履行地的规定,认为该案中争议标的属于给付货币,接收货币一方所在地为合同履行地。原告住所地为深圳市南山区,可以认定为合同履行地。深圳市南山区人民法院对该案具有管辖权,在先行受理的情况下移送管辖,适用法律不当。

(六)指定管辖

指定管辖,是指上级法院依照法律规定指定其辖区的下级法院对某一具体案件行使管辖权。在(2021)最高法民辖57号案中,最高人民法院认为,不同当事人基于同一法律事实,以不同诉讼请求分别向两地法院起诉,应当合并审理。《民诉法解释》第18条第1款规定,合同约定履行地点的,以约定的履行地点为合同履行地。合同打印履约地点和手写约定的交货地点不同,手写交货地点属于合同实际履行时双方当事人约定的交货地,合同打印履行地点属于程序法意义上双方当事人约定的合同履行地。在双方当事人关于合同履行地和交货地的意思表示明确具体的情况下,以手写内容载明的"交货地"作为合同履行地确定管辖的理由缺乏法律依据,双方当事人合同约定的合同履行地法院有管辖权。交货地法院受理的相关案件应当移送合同履行地法院合并审理。

第三节　国际民商事诉讼管辖权冲突及其解决

一、管辖权冲突的成因和种类

因各国法律规定的差异,在争议解决中普遍存在法律冲突现象。对于任何一个国际民商事案件,法院首先要解决法律冲突问题。法律冲突在程序法中集中体现在管辖权冲突,在实体审理方面则为准据法的确定。由于各国关于国际民商事诉讼管辖权的制度差异和确定原则不同,导致某一具体国际民商事案件由两个或两个以上的国家依据不同的管辖原则主张管辖,或者各国对同一案件都排斥或拒绝管辖,从而导致的法律冲突,即为管辖权冲突(conflict of jurisdictions)。前者为积极冲突,后者为消极冲突。消极冲突比较少见,并且各国通过在其法律规定中适当增加连结点即可避免,从而消除当事人"告状无门"的窘况。如我国2023年《民诉法》在规定"先受理原则"和"不方便法院原则"的同时,规定了中止诉讼和恢复审理原则。

积极冲突在实践中十分普遍,而且成因复杂,主要是现代国际法任由各国依据国家主权原则,自主地以其国内法或判例确定各自的管辖权。国际法上限制国家管辖权的禁止性规定,实际上只有一个,即国家对享有豁免权的国家、国际组织和自然人,不得行使管辖权。① 各国法律关于国际民商事案件管辖规定的连结因素存在差异,或者交叉、重叠等情形,形成平行管辖和重复管辖。加之,各国尽量扩大自己法院的管辖权,而不惜造成过度管辖(如"长臂管辖")。同一案件的不同当事人也出于自身利益选择最有利的法院管辖甚至在不同国家法院起诉,即所谓择地诉讼(forum shopping)。如某国际货物运输合同纠纷案件,起运地A国和目的地B国的法律都规定货物起运地、中转地和目的地法院有管辖权,C国法律规定扣押船舶的法院获得对实体争议的管辖权。提单持有人可以在A国或B国起诉承运人,如在C国申请诉前扣押船舶,则还可以在C国法院起诉。如果承运人就运费提起反诉,其可以在C国法院提出,也可以在A国或B国法院提出。同一案件,一国根据属人管辖原则享有管辖权,其他国家可能根据属地管辖原则、专属管辖原则或协议管辖原则享有管辖权。所以,因国家主权、各国法律的差异,以及当事人趋利等因素,造成平行诉讼、重复诉讼等管辖权冲突现象。虽然国家之间或区域内为了解决这些冲突,签订了一些多边、双边条约,有的甚至对国际民商事诉讼管辖权作了较全面的规定,如1902年的《关于离婚与别居的海牙公约》、1968年欧洲共同体《布鲁塞尔公约》和2005年《选择法院协议公约》等,但总体而言,国际社会关于国际民商事案件管辖问题,并未形成统一的国际公约。这样纷繁复杂的管辖权制度,显然对当事人以及国际经贸、民间往来极为不利。

二、解决管辖权冲突的途径

(一)通过有关国际公约解决

为解决国际民商事诉讼管辖权冲突问题,国际社会制定了若干双边条约或公约。海牙国际私法会议制定了1958年《国际有体动产买卖协议管辖公约》、1961年《关于未成年人保护的管辖权和法律适用公约》、1965年《收养管辖权法律适用和判决承认公约》、1971年《关于承认和执行外国民商事裁判的公约》及《附加议定书》和2005年《选择法院协议公约》;欧共体国家于1968年制定的《布鲁塞尔公约》和2007年《卢加诺公约》等。

---

① 参见李浩培:《李浩培文选》,法律出版社2000年版,第425—426页。

1. 布鲁塞尔公约体系。1968 年《布鲁塞尔公约》(Brussels Convention on Jurisdiction and the Enforcement of Judgements in Civil and Commercial Matters 1968)以《罗马公约》(即《建立欧共体条约》)为基础而建立,旨在确立成员国之间法院管辖规则,实现缔约国判决的相互承认,进而实现欧共体内法院判决的自由流通。该公约与其后修改的五项国际法律文件,构成布鲁塞尔公约体系。① 所有五项法律文件在内容和适用方面大致相似,但在适用领域有所不同。这些文件确立了一个普通规则,即被告居住国法院管辖权及例外情况,还规定了成员国之间相互承认和执行外国法院判决原则。1988 年,当时欧洲共同体的 12 个成员国与当时欧洲自由贸易联盟(European Free Trade Association, EFTA)的 6 个成员国(奥地利、芬兰、冰岛、挪威、瑞典和瑞士)签署了一项条约,即《卢加诺公约》(Lugano Convention on Jurisdiction and the Recognition and Enforcement of Judgements in Civil and Commercial Matters),将承认外国法院判决规则扩展到没有资格签署《布鲁塞尔公约》的欧洲自由贸易联盟成员。除了最初的签署国(其中 3 个国家在 1995 年脱离欧洲自由贸易联盟加入欧盟),只有波兰随后加入了《卢加诺公约》。列支敦士登是唯一一个在 1988 年后加入欧洲自由贸易联盟且至今尚未签署该公约的国家。2001 年欧共体制定了《布鲁塞尔条例I》,以取代《布鲁塞尔公约》。2007 年,欧共体和丹麦、冰岛、瑞士、挪威签署了新的《卢加诺公约》,旨在取代旧的 1988 年《卢加诺公约》。2011 年,所有欧洲自由贸易联盟成员国(列支敦士登除外)都批准了 2007 年《卢加诺公约》。2007 年《卢加诺公约》与 2001 年《布鲁塞尔条例I》大致相同:主要区别在于全文中的"条例"一词被"公约"所取代。此外,《卢加诺公约》关于"法院"概念的定义略有不同,其也不随《布鲁塞尔条例》修订。《卢加诺公约》也对其他欧洲自由贸易联盟国家以及代表非欧盟领土的欧盟国家开放。其他国家经该公约现有缔约国同意,可加入公约。2012 年,欧盟重新制定《布鲁塞尔条例I》,即《经修订的布鲁塞尔条例I》,自 2015 年 1 月 10 日起生效,以取代 2001 年文本。2012 年 12 月,丹麦通知欧盟其决定实施 2012 年文本。2014 年,欧盟再次修订《经修订的布鲁塞尔条例I》,明确了"成员国共有"的两个法院的规定,即统一专利法院(Unified Patent Court)和比荷卢法院(Benelux Court of Justice)的管辖权。《卢加诺公约》常设委员会也考虑根据上述修订对《卢加诺公约》进行修改,但尚无具体行动。

虽然欧洲还有众多的关于民商事诉讼程序的法律文件,但是《经修订的布鲁塞尔条例Ⅰ》和《卢加诺公约》建立起了几乎涵盖整个欧洲的民商事诉讼法律体系,因此成为欧洲目前最重要且最实用的两个民商事诉讼程序法律文件。《经修订的布鲁塞尔条例Ⅰ》由序言、八章 81 条以及三个附件组成。关于直接管辖权的核心内容载于第二章,该章规定了成员国法院受理案件时应适用的规则,以便决定其对案件的管辖权。

---

① 其他五个国际文件是:1988 年《卢加诺公约》及其替代版 2007 年《卢加诺公约》,2001 年《布鲁塞尔条例I》及其替代版 2012 年《经修订的布鲁塞尔条例I》和 2007 年《丹麦协定》。

《经修订的布鲁塞尔条例Ⅰ》和《卢加诺公约》两个文件规定的管辖权原则可归纳为：第一，普遍管辖原则（general jurisdiction），即被告方居住地（domicile）所在成员国法院具有管辖权。第二，特殊管辖原则（special jurisdiction），在上述被告居住地法院管辖基本原则之外，规定了非被告居住地成员国法院的管辖权。这些例外在内容和范围上各不相同，通常按照排他性和特殊性的降序进行分类。这样，可由被告居住地之外的法院根据案情对案件实施管辖，比如合同履行义务发生地、侵权行为地法院行使管辖权。如果被告不居住在任何成员国，则由各成员国法律确定管辖权。第三，管辖权延伸（prorogation jurisdiction），若案件当事人至少一方的居住地是在布鲁塞尔–卢加诺体系所在国，双方可以明确和足够正式的协议（express and sufficiently agreement）确定一个法院作为日后解决争议的法院（通常为排他管辖），两个文件充分尊重该管辖权约定。但根据《经修订的布鲁塞尔条例Ⅰ》，该约定受到第15—16条、第19条和第23条关于保险、消费者和雇佣合同，以及专属管辖规定的限制。针对应诉管辖，该条例规定，除非属于第24条规定的专属管辖情形，如果被告出庭而未提出管辖权异议，则受诉法院有管辖权。但是两个文件存在很大差异，《经修订的布鲁塞尔条例Ⅰ》允许案件双方协议确定一个与他们任何一方的居住地都没有关系的、只要是在布鲁塞尔–卢加诺体系中的国家法院。而《卢加诺公约》规定，案件双方只能协议诉诸其中一方居住地的法院。第四，专属管辖权（exclusive jurisdiction），两个文件都对法院专属管辖权作了规定。如《经修订的布鲁塞尔条例Ⅰ》第24条根据争议标的物的不同规定了相关法院的专属管辖，如涉及不动产的案件，由不动产所在地的法院专属管辖；受公司法管辖的某些争议，由公司所在地法院专属管辖；关于公司登记事项有效性的争议，由公司登记地法院专属管辖；关于专利、商标、外观设计和相关权利登记注册有效性的争议，由注册地法院专属管辖；等等。该专属管辖规定优先于居住地法院管辖权、约定管辖权、应诉管辖权以及无居住地法院管辖权。[1]

2.《选择法院协议公约》。《选择法院协议公约》（Convention of Choice of Court Agreement，又称《海牙公约》）由海牙国际私法会议制定，于2005年6月30日经第20届外交大会通过，2015年10月1日生效。欧盟（代表其成员国，丹麦除外）、丹麦、墨西哥、新加坡、乌克兰以及英国为其成员国。中国、以色列、北马其顿和美国等在文本上签字，但尚未批准加入。

《选择法院协议公约》旨在通过加强司法合作增进国际贸易和投资。公约采用混合模式，从三个方面作出规定，以在民商事管辖权和外国判决承认和执行领域建立统一的规则：被选择法院的义务和程序、未被选择法院的义务和程序、被选择法院所作判

---

[1] See Indira Carr, Peter Stone, International Trade and Law 2, Talor & Trancis Group, pp. 502-505; Brussels Convention Regime, https://en.m.wikipedia.org/wiki/Brussels_Regime. Accessed 2023-12-23.

决的承认和执行。中国政府代表于 2017 年 9 月 12 日在公约文本上签字。中国政府高度评价该公约，认为其保障国际民商事案件当事人排他性选择法院协议的有效性，被选择法院所作出的判决应当在缔约国得到承认和执行，这对加强国际司法合作、促进国际贸易与投资具有积极作用。①

根据《选择法院协议公约》第一章第 3 条的规定，当事人可以采用排他性选择法院协议确定管辖法院。排他性选择法院协议，是指由双方或多方当事人，为解决其争议而订立的指定一个或多个法院的协议，该协议可排除其他法院的管辖权，除非当事人明确反对。排他性选择法院协议要符合一定的形式要件，即必须是可断定的或有文件认定的，如要具有书面性。此外，排他性选择法院协议具有独立性，即独立于基础合同，不受基础合同效力的影响。基于当事人的排他性协议，被选择法院享有管辖权，不得以争议应由另一国法院判决为由拒绝行使管辖权，除非该协议在被选择法院国家的法律认定是无效的。如果当事人订立了排他性选择法院协议，未被选择法院中止或驳回有关诉讼，除非出现以下情形：(1)依被选择法院国家法律，该协议是无效的；(2)根据被选择法院国家的法律，当事人不具有缔约能力；(3)赋予协议效力将导致明显不公正或将明显违背被选择法院国家的公共政策；(4)因当事人不能控制的因素，协议不能合理执行；(5)被选择法院业已决定不审理案件。根据《选择法院协议公约》第 10 条的规定，先决问题不应依据公约获得承认和执行，但可以拒绝的范围也仅限于根据第 2 条第 2 款所排除的事项。对于版权或邻接权以外的知识产权的有效性裁决，在以下情形下，被选择法院可以拒绝、延迟承认或执行：(1)根据该知识产权所依据以产生的法律，裁决与该国主管当局所作出的特定事项的判决或决定不一致；或(2)在该国，关于知识产权有效性的诉讼尚在审理之中。如何协调国际民商事诉讼冲突，建立协调统一、确定和可预见的国际民事诉讼冲突处理机制，一直是国际社会关注的重点。从国际民事诉讼冲突的法律规制及新进展来看，国际合作日益加深，但路途仍然遥远。②

(二)通过内国法律解决

除通过国际社会制定国际公约或双边条约解决管辖权冲突外，各国还可以通过国内立法和司法程序，以最大限度避免冲突的发生。对此，各国应遵守下列原则。

1. 尊重他国主权原则。各国应在立法和司法中遵守尊重他国主权原则。虽然专属管辖权是国家主权的体现，但如果各国都能尽量缩小专属管辖范围，在专属管辖与

---

① 参见《中国签署〈选择法院协议公约〉》，载中国外交部网站（http://switzerlandemb.fmprc.gov.cn/web/wjb_673085/zzjg_673183/tyfls_674667/xwlb_674669/201709/t20170912_7670813.shtml），访问时间：2024 年 6 月 25 日。

② 参见刘昕苗：《国际民事诉讼竞合的国际法规制》，载《人民法院报》2021 年 11 月 5 日，第 8 版。

"不方便法院原则"之间寻求平衡,可减少管辖权冲突。存在过度管辖的国家应限制其管辖范围,并不得侵害他国司法管辖权。

2. 国际礼让原则。根据国际礼让原则(doctrine of international comity),内国出于礼让和对自身利益的考虑而承认其他国家法律的效力,在法院管辖权方面就是有条件承认外国法院管辖权。国际礼让不是对国家主权的让与,而是主权的行使,是在维持国家关系和国家利益的基础上,为实现管辖权的国际和谐而主动的自我约束。美国最高法院对国际礼让所作的表述是:"礼让,就其法律含义来说,既非绝对的义务,也非仅出于对他人的礼貌、善意。它是一个国家由于考虑到职责和便利,考虑到本国公民或在其保护下的他国公民的权利,从而在其领土内对他国的立法、行政和司法行为的承认。"[①]我国最高人民法院在经典案例(2019)最高法知民终732、733、734号案(K公司与H公司专利纠纷案)中,针对国际礼让原则指出,对于禁止当事人申请执行域外法院裁判以及禁止其在域外寻求司法救济的行为保全申请,审查是否应予准许时,还应考量国际礼让因素。考虑国际礼让因素时,可以考查案件受理时间先后、案件管辖适当与否、对域外法院审理和裁判的影响是否适度等。一国法院可以在国际礼让原则下,根据先受理原则和不得重复诉讼原则,让渡管辖权。

3. 意思自治原则。意思自治原则(autonomy of parties)不仅体现在订约和法律选择自由等方面,还应体现在管辖权选择方面。各国立法允许当事人协议选择管辖法院,不仅有助于避免或减少管辖权冲突,实现当事人诉讼权利和实体权利的平衡,还可以增加当事人对诉讼程序和结果的可预见性和确定性,有利于维护交易安全和实现合同目的。目前各有关公约和各国法律都对当事人选择管辖法院持开放态度,在不违反专属管辖和公共利益等特别规定的情况下,承认管辖权协议的效力。如上文提到的布鲁塞尔-卢加诺体系和《选择法院协议公约》对协议管辖有专门规定。我国2023年《民诉法》第277条对涉外案件当事人协议管辖法院作出规定,并且积极向有关国际公约靠拢,协议选择的法院与案件之间的联系更加宽松。

4. 一事不再理原则。通过一事不再理原则(principle of non bis in idem),一国法院可以承认外国法院作出的裁判,而拒绝相同当事人依据相同事实和理由,在本国法院重新提起的诉讼。这样可以减少重复诉讼、对抗诉讼等。2023年《民诉法》第281条对此作出明确规定。[②]

5. 不方便法院原则。如前文所述,如果各国适当采用"不方便法院原则",将某些确实不方便管辖的案件让渡给其他更方便国家的法院行使管辖权,则可以在一定程度上避免管辖权冲突。随着2023年《民诉法》的施行,会有更多案件适用该原则,中国法

---

① 徐卉:《涉外民事商事诉讼管辖权冲突研究》,中国政法大学出版社2001年版,第117页。
② 关于一事不再理(重复诉讼)案例,可参阅(2022)最高法民再15号民事裁判文书。

院主动放弃管辖,由更加方便的外国法院管辖。

6. 有效原则。根据有效原则(principle of effectiveness),各国在确定国际民商事诉讼管辖权时,应考虑其确定的管辖法院所作出的裁判能否在外国得到承认和执行。如果其不能确保得到外国法院的承认和执行,应拒绝行使管辖权,或者中止审理,并告知当事人到适当的外国法院起诉。同样,如果能够合理预期外国法院就某一国际民商事案件将在合理期限内作出能够为本国法院承认和执行的裁判,也应该拒绝行使管辖权或终止诉讼。

7. 禁诉令与反禁诉令制度。根据《布莱克法律词典》的解释,禁令/禁制令(injunction)是法院向当事人发出命令,要求或禁止其从事某行为。在英国,它是一项衡平法上的救济措施,当普通法上对某种损害行为不能提供充分的救济时,便可寻求以禁制令来作为补救。英国高等法院各分庭及上诉法院有权签发禁令。禁令的签发以法院的对人管辖为准,而不论受禁制的行为是否在其管辖范围内。如在债权债务诉讼中,即使被告不在英国,但其有财产在英国境内,法院即可签发中间禁制令防止其在案件审理期间将财产转移出去。"玛瑞瓦禁令"(Mareva Injunction)就是一项著名的禁制令。在1975年5月的"日本轮船公司案"中,两个希腊租船人没有支付日本船东的租金就跑了,但其在英国银行有一笔款。日本船东便申请英国法院签发禁制令禁止债务人将该资金转移到英国审判权以外的地方。一审法院以英国没有这种先例为由拒绝了这一申请。案件到了上诉法院,丹宁勋爵创造性地提出法院在判决前可以应原告的申请,发出禁止被告处理其财产的禁令。一个月后的"玛瑞瓦诉国际散装货船公司案",丹宁勋爵再次提出签发禁令。该禁令由此被命名为"玛瑞瓦禁令",成为英国司法制度中一项财产保全性质的禁令。①

(1) 禁诉令(anti-suit injunction, ASI),即由一国法院对系属该国法院管辖的当事人发出的,阻止其在外国法院提起或者继续进行已提起的、与在该国法院未决的诉讼相同或者相似的诉讼的限制性命令。禁诉令是英国、美国、加拿大、澳大利亚和中国香港特别行政区等英美法系国家和地区常用的一种对抗挑选法院和平行诉讼的措施,大陆法系的部分国家,如德国和法国也采用过禁诉令制度。② 常见的禁诉令有命令不得提起诉讼、申请禁令或保全、申请执行等,或者命令撤回诉讼,撤回已申请的禁令、保全、执行等。禁诉令源于14世纪的英国,早期主要是衡平法院向当事人发出的禁止其向普通法院提起诉讼的命令,以调整衡平法院与普通法院之间的诉讼。进入19世纪后,英美法系国家在应对平行诉讼纠纷的过程中,将禁诉令扩展至国际民事诉讼领域。但禁诉令作为法律术语最早不

---

① 参见〔英〕丹宁勋爵:《法律的正当程序》,李克强、杨百揆、刘庸安译,群众出版社1984年版,第112—120页;薛波主编:《元照英美法词典》(缩印版),北京大学出版社2013年版,第696页。

② 参见李双元、欧福永主编:《国际私法》(第6版),北京大学出版社2022年版,第370页。

是出现在英国,而是美国。"禁诉令"一词首先在 20 世纪末由美国法院的判例提出,而后传入英国,并逐渐成为这项在英国法中存在了几百年的救济措施的现代名称。① 英国法院签发禁诉令的法律依据是 1981 年《最高法院法》第 37 条,该条规定:"任何情况下,只要法院认为公正而且做起来方便,高等法院就得以命令的形式,签发禁诉令。"英国高等法院高夫勋爵归纳英国法院签发禁诉令的四个条件为:第一,法院行使管辖权必须是为了公正的目的;第二,禁诉令是针对当事人而非外国法院;第三,禁诉令只能用于接受英国法院管辖的当事人,而且对当事人而言,禁诉令是必要的救济;第四,此权力必须谨慎行使,因为禁诉令涉嫌侵犯别国司法主权。英国法院在是否应对在外国提起的诉讼签发禁诉令时,考虑的一个重要因素就是在外国的诉讼是否构成"欺压和困扰"(oppressive or vexatious)。在 *British Airways Board v. Laker Airways Ltd.*(1984)中,上议院认为,如果申请人有不在外国被诉的合法权利(诸如产生于专属管辖条款、仲裁条款、当事人之间的包含禁止提起有关诉讼的有约束力的和解协议的权利),法院可以签发禁诉令。如果一方有权利在外国诉讼而不剥夺另一方公平合法权利,则不构成"欺压和困扰"。在该案中,法院认为申请人英航无法证明诉讼不正当,即没有足够的"欺压和困扰",因此没有同意签发禁诉令。而在 *Midland Bank Plc v. Laker Airways Ltd.*(1986)中,法院签发禁诉令,禁止莱克航空公司继续在美国的诉讼,因为申请人米德兰银行的一切活动与美国无关。无用(useless)的外国诉讼或恶意的外国诉讼构成"欺压和困扰"。在 1999 年 *Shell v. Coral* 案中,壳牌公司与珊瑚公司订立分销合同,分销地区为黎巴嫩和中国。其中订有适用英国法律和在伦敦仲裁条款。三年后,壳牌公司中断分销合同,珊瑚公司提出抗议,并威胁在黎巴嫩法院索赔 500 万美元损失,其根据的是一条可适用于该情形的黎巴嫩法院的强制规定。穆尔-比克(Moore-Bick)大法官对此作出禁诉令,他认为应该支持遵守仲裁条款的一方,而不是破坏仲裁条款的一方。在 *Welex AG v. Rose Maritime Limited* 等案件中,英国法院也都禁止违反仲裁协议提起的诉讼。在国外诉讼中获取合法好处不是"欺压和困扰",但不合法的好处属于"欺压和困扰"。在 *Nationale International Aerospatial v. Lee Kui Jak*(1987)中,上议院认为原告在美国得克萨斯州的诉讼为无用诉讼,判决属于"欺压和困扰"作出禁诉令。另外,外国法院的过度管辖权或外国法院与案情关系不大的,属于"欺压和困扰"。②

当事人违反禁诉令,将被视为藐视法庭,如果其目前在英国或将来返回英国,或者在英国有财产,其将可能被处以监禁或罚金等制裁。但是,禁诉令的效力仅限于英国境内,没有任何域外效力。并且,其效力仅针对当事人个人,而不针对外国法院。禁诉令对当事人可能不完全奏效,但其威胁作用常常给当事人带来困扰。

---

① 参见张卫平:《我国禁诉令的建构与实施》,载《中国法律评论》2022 年第 2 期。
② 参见杨良宜、杨大明:《禁令》,中国政法大学出版社 2000 年版,第 618—628 页。

我国法律中没有禁诉令这一术语,但主流观点认为,2012 年《民诉法》新增的关于行为保全的规定相当于英美法的禁诉令,相关案例也是援引行为保全相关条款作出裁判。司法实践中,禁诉令案件主要集中在海事海商和知识产权审判领域。在海事海商审判中,禁诉令案件可依据 2000 年 7 月 1 日施行的《海诉法》中关于海事强制令的规定作出裁定,因为海事强制令的本质即行为保全,而且是《民诉法》行为保全制度的先驱。2008年,武汉海事法院签发了涉及禁诉内容的首个海事强制令,责令被申请人向美国法院申请解除对申请人的财产保全措施。其签发的理由是,被申请人 N 公司先后向美国法院和武汉海事法院提出财产保全申请,美国法院已实际冻结申请人 P 公司的银行存款,武汉海事法院也已足额冻结 P 公司的银行存款,且 P 公司提供了与美国法院实际保全金额相当的担保,如果继续冻结 P 公司在美国的银行存款,势必不合理地加重该公司的负担,对 P 公司形成不公正的压迫。同时,该案纠纷所涉运输起运港为中国常熟港,目的港为沙特阿拉伯吉达港,美国仅为 P 公司部分财产所在地,为限制不必要的相同当事人的平行诉讼,保障诉讼的公平进行,武汉海事法院同意签发海事强制令,责令 N 公司向美国法院申请解除财产保全措施。被申请人不服并申请复议,被法院驳回。① 在经典案例(2019)最高法知民终 732、733、734 号案中,最高人民法院在裁定书中指出,H 技术公司关于禁止 K 公司在该系列案终审判决作出之前申请执行杜塞尔多夫法院判决的申请,性质上属于行为保全申请。对于禁止申请执行域外法院判决的行为保全申请,应当考虑被申请人申请执行域外法院判决对中国诉讼的影响,采取行为保全措施是否确属必要,不采取行为保全措施对申请人造成的损害是否超过采取行为保全措施对被申请人造成的损害,采取行为保全措施是否损害公共利益,以及采取行为保全措施是否符合国际礼让原则等因素进行综合判断。关于被申请人在域外法院起诉或者申请执行域外法院判决对中国诉讼的审理和执行是否会产生实质影响,可以考虑中外诉讼的当事人是否基本相同、审理对象是否存在重叠、被申请人的域外诉讼行为效果是否会对中国诉讼造成干扰等。关于国际礼让原则,可以考虑案件受理时间先后、案件管辖适当与否、对域外法院审理和裁判的影响适度与否等。禁止被申请人为一定行为的行为保全措施具有特殊性,如果被申请人拒不遵守行为保全裁定所确定的不作为义务,违法实施了改变原有状态的行为,则其故意违法行为构成对行为保全裁定的持续性违反和对原有状态的持续性改变,应视为其每日均实施了违法行为,可以视情况处以每日罚款并按日累计。

在涉外案件审判中,比较常见的是外国法院依据仲裁条款发出禁诉令,阻止当事人放弃仲裁约定在中国法院提起诉讼。针对外国法院对中国法院诉讼案件当事人作出的禁诉令,中国法院的态度是,如果仲裁条款有效,法院对当事人的起诉不予受理;如果认为其对诉讼案件享有管辖权而当事人不受仲裁条款约束,中国法院可以继续审

---

① 参见李晓枫:《论以我国行为保全制度实现禁诉令功能》,载《法学杂志》2015 年第 7 期。

理；如果有必要且符合相关条件，合议庭可依自由裁量权签发反禁诉令，以维护本国管辖案件当事人的利益。

在（2022）最高法民再15号案中，"CONFIDENCE OCEAN"轮出租人H公司因承租人A公司未支付租金而留置船载货物，并与提单持有人J公司（非承租人）订立协议（含适用英国法律、在伦敦仲裁条款），要求货物实际买受人D公司代为垫付租金。出租人承诺在向承租人追回租金后偿还买受人（垫款人）。因出租人未履行该承诺，买受人D公司向青岛海事法院起诉H公司索赔垫款。诉讼中，英国高等法院根据请求人H公司的申请，签发了针对被请求人D公司的禁诉令，主要内容为：被请求人对请求人提起的任何索赔必须根据协议约定提交英国伦敦仲裁；被请求人终止在中国进行的诉讼程序，除可向伦敦仲裁庭提起仲裁外，不得就协议引起的或与之相关的内容对请求人提起任何诉讼或采取进一步行动；被请求人不迟于2018年12月31日撤回其在中国青岛的诉讼。针对外国禁诉令问题，青岛海事法院认为，H公司提交的其所称英国高等法院作出的禁诉令并未经过中国法院承认，亦不能约束D公司。该案系海事海商纠纷，H公司住所地位于青岛海事法院管辖范围内，D公司向青岛海事法院提起诉讼，青岛海事法院依法享有管辖权。二审法院和最高人民法院对英国高等法院禁诉令亦未予理睬。最高人民法院再审裁定，指令由山东省高级人民法院审理该案。

（2）反禁诉令问题。反禁诉令（anti-anti-suit injunction, AASI），顾名思义是在境外法院签发禁诉令之后，境内法院签发的禁止当事人执行境外法院禁诉令所要求的命令。虽然禁诉令表面上仅约束境内法院受理案件的当事人，但禁诉令（尤其是命令当事人撤销在他国法院的起诉等行为）的签发，势必对他国法院已受理案件的管辖、审理和执行产生影响。因此，域外法院会认为禁诉令构成对其司法裁判权威性的一种挑战。① 为了降低

---

① 2020年6月开始的国内X公司与外国I公司的诉讼，X公司在武汉市中级人民法院起诉I公司，而后I公司在印度起诉X公司。武汉市中级人民法院根据X公司申请签发"全球禁诉令"，要求I公司立即撤回或中止在印度针对X公司的法律程序。同年印度法院依I公司申请，以武汉市中级人民法院的禁诉令剥夺了该公司的法定救济权利，并侵犯了德里法院根据印度法律行使管辖权的权力为由，签发一项反禁诉令，责令I公司不得执行武汉市中级人民法院此前刚通过的禁诉令。印度法院在其裁判文书中指出，"……禁诉令是禁止当事方在某法院管辖范围以外的其他法院提起诉讼的司法命令，它不能衍生到要求该当事方撤回在外国法院已经提起的诉讼……武汉法院不仅限制了原告向本院提起诉讼，还要求其撤回起诉。如果不撤回，武汉法院将每天都对原告处以罚款……如果允许这样的命令生效，就等于承认外国法院有权将已纳入印度司法系统中的案件移除"。印度法院进一步认为，这不仅是对原告的不公正，也是对法院的不公正，武汉市中级人民法院的裁定未能考虑国际礼让原则，并强调国际礼让原则要求一个本国法院不应影响另一个外国法院行使管辖权，如果外国法院的命令违反了习惯国际法或导致明显的不公正，则本国法院不应当行使管辖权。在德国，几乎同时，武汉市中级人民法院作出的该份禁诉令也面临挑战。I公司在德国慕尼黑的地区法院也发起了针对中国国内公司的诉讼。当中国国内公司将武汉市中级人民法院发出的禁诉令向德国慕尼黑地区法院提交时，慕尼黑地区法院同样未遵照武汉市中级人民法院的禁诉令。参见刘一民：《"禁诉令"与"反禁诉令"——跨境诉讼中的中印德法院间对抗》，载环球律师事务所网站（http://glo.com.cn/Content/2021/03-22/1057248815.html），访问时间：2024年3月17日。

英美法院可能签发的禁诉令对自己裁判平行诉讼案件的不利影响,德国、法国等欧盟地区法院开始积极通过"反禁诉令"进行反制。近年来,反禁诉令案件也不断出现在我国的司法实践中。

在(2017)鄂72行保3号案中,武汉海事法院应H保险公司申请裁定准许扣押案涉船舶。后H保险公司持提单以海上货物运输提单纠纷为由,向武汉海事法院起诉K租船公司,要求其赔偿损失并承担法律费用。武汉海事法院向被请求人K租船公司送达起诉状副本、应诉通知书、举证通知书、开庭传票和送达回证等法律文书后,被请求人K租船公司未按照《民诉法》的规定,在答辩期内提出有效的管辖权异议,却以该案存在有效仲裁条款为由,向香港特别行政区法院申请禁诉令。香港特别行政区法院遂签发HCCT28/2017号禁诉令,责令H保险公司撤回起诉或禁止H保险公司就提单包含或证明的在运输合同项下产生的任何纠纷在内地启动任何进一步或其他针对K租船公司的诉讼程序。武汉海事法院根据《海诉法》第19条的规定认为,其受理请求人H保险公司提出的诉前海事请求保全申请并予实际执行后,已就请求人和被请求人之间基于提单所涉海上货物运输纠纷取得管辖权,而被请求人K租船公司在收到开庭传票等法律文书后,未根据《民诉法》的规定,在答辩期内提出有效的管辖权异议。有鉴于此,被请求人K租船公司已经接受了武汉海事法院对案涉纠纷的管辖权,故其向香港特别行政区法院申请禁诉令的行为,侵犯了请求人H保险公司的合法权益,请求人申请海事强制令符合法律规定。武汉海事法院遂依照《海诉法》第51条、第57条的规定,准许请求人提出的海事强制令申请,责令被请求人K租船公司立即向香港特别行政区高等法院申请撤回禁诉令。

在经典案例(2020)粤03民初689号之一案中,中国O公司向深圳市中级人民法院起诉日本S株式会社。同时,鉴于S株式会社可能以"域外禁令"胁迫其进行谈判,O公司提出行为保全申请。一审法院裁定,S株式会社在该案终审判决作出之前,不得向其他国家、地区就案涉专利对O公司提出新的诉讼或司法禁令,如有违反,处每日罚款人民币100万元。在一审法院发出"禁诉令"后7小时,德国慕尼黑第一地区法院向O公司下达"反禁诉令",要求O公司向中国法院申请撤回禁诉令。一审法院围绕"禁诉令"和"反禁诉令",进行了法庭调查,固定了S株式会社违反行为保全裁定的事实和证据,并向其释明违反中国法院裁判的严重法律后果。最终,S株式会社无条件撤回了该案中的复议申请和向德国法院申请的"反禁诉令",同时表示将充分尊重和严格遵守中国法院的生效裁决。

在国际货物买卖和租船合同中,通常订有国际仲裁条款,如果争议当事人都遵守仲裁条款的约定去仲裁,一般不会发生触发外国法院签发禁诉令的情形。但在提单纠纷中,如果卸货港在中国,中国公司作为提单持有人在中国法院起诉承运人/船方,后者会依据租船合同并入提单条款(如 CONGENBILL1994)主张,争议应按已并入仲裁条款约定在伦敦(新加坡、香港特别行政区等地)仲裁,并很可能向英国法院申请禁诉令。中国海事法院关于提单仲裁条款并入的效力认定标准较为严格,有效并入必须符合明示或默示接受的规定。如果仅正面载明"TO BE USED WITH CHARTER PARTIES" "FREIGHT PAYABLE AS PERCHARTER PARTY DATED",背面记载"All terms and conditions, liberties, and exception of the Charter Party dated as overleaf, including the Law and Arbitration Clauses, are herewith incorporated",而缺乏租船合同的足够信息,中国海事法院不会认定租船合同仲裁条款对提单持有人(非承租人)有约束力,从而会坚持其拥有管辖权。[①] 若英国法院签发禁诉令,将会发生管辖权冲突。此类国际海上货物运输纠纷案件,在中国海事法院审理无疑对中国收货人有利。若收货人放弃在海事法院的诉讼,则不得不受从未磋商和签署的租船合同约束,远赴境外仲裁,即使裁决的专业性和公正性不可置疑,但时间和法律成本的极大不确定性足以使中国收货人望而却步。化解该窘境的有效手段或许就是申请海事法院针对被告签发海事强制令,阻止其向英国高等法院申请禁诉令,或者在其已经获取禁诉令后,申请海事法院签发反禁诉令。在保险公司代位求偿纠纷和国际仓单争议中,国内案件当事人同样会面临这样的问题。

禁诉令和反禁诉令在中国出现可能会有利于抑制跨境平行诉讼,但也可能会引发与境外法院裁判的冲突。虽然布鲁塞尔-卢加诺体系对判决的执行与管辖作了规定,但是对于禁诉令,则没有直接规定。《选择法院协议公约》确立了在国际民商事诉讼管辖中排他性选择法院协议具有优先效力,首先被当事人选择的法院必须行使管辖权,但遗憾的是,公约并未涉及能否用禁诉令阻止违反排他性选择法院协议提起的诉讼等问题。我国需要一套完整的禁诉令(和反禁诉令)制度体系,按照禁诉令的功能、国际惯例、实施的基本条件等制定符合我国司法实践的禁诉令制度。鉴于国际商事和海事仲裁程序同样需要行为保全,同时也要考虑禁诉令规则在仲裁程序中的适用。

第四节　国际民商事诉讼法律适用

一、法律适用概述

法律适用涉及的是立法管辖问题。在审理涉外民事案件时,在许多问题上会因所涉各国都因其与该涉外民事关系有联系而主张立法管辖权(从而出现法律的竞相适

[①] 参见最高人民法院(2018)最高法民他 13 号复函;(2018)最高法民他 184 号复函;本书第三编第一章第二节"法律条款的有效并入"部分的论述。

用),而所涉各国立法又各不相同而发生法律冲突,从而需要作出法律选择。[1]

(一)准据法与冲突规范

涉外民商事诉讼的管辖权确立后,法院首先要解决的是纠纷所应适用的法律,即确定解决合同纠纷的准据法(proper law)。准据法是指被冲突规范援引的用来确定国际民商事关系当事人之间具体权利义务的某一特定的实体法。准据法可能是内国法,也可能是外国法。如果某一案件没有涉外因素,即民事关系的主体(当事人)、客体(标的物)或者法律行为成立、变更、消灭的法律事实均不发生在外国,不涉及法律冲突问题,内国法院审理案件适用法院地法,无适用外国法的必要。即使是涉外民商事案件,如果所涉各国民商事实体法规定完全相同,亦无法律选择或适用外国法的必要。根据国际法,一国没有适用外国法的义务,然而没有一个现代国家对国际性(即具有涉外因素的)民商事件绝对适用内国法,绝对不适用外国法。其原因是:如果一国对国际性民商事案件绝对适用内国法,这对当事人是不公平的;而且如果贯彻绝对不适用外国法的主张,国际人民的社会和经济往来将会成为不可能的事情。所以,除非一国愿意闭关自守,与外国断绝一切往来,就不可能对这种事件采取绝对不适用外国法的政策。既然有些民事关系具有涉外因素,各国法律不尽相同,既然在一定限度内有适用外国法的必要和可能,那么其结果就一定要有一个法律来规定在怎样的情况下适用内国法,在怎样的情况下适用外国法,以及适用哪个外国法。这种法律是解决各国法律冲突时的法律适用问题,所以叫法律抵触法(conflict of law),其规则就是法律抵触规则(rule of conflict),又叫适用规则(rules of application),也即国际私法规则。许多抵触法规则加起来就是国际私法,也叫法律抵触法(或法律冲突法)。[2]

因此,冲突规则又称冲突规范,就是法律选择规范(choice of law rules),是处理涉外民事关系时,在有两个或以上的国家的民法根据有关连结因素都可能或竞相适用于该民事关系(或均对该民事关系主张"立法管辖权")的情况下,指定应该适用哪一国法律作为准据法的规范。学术上认为,冲突规范由"范围"(category)、"准据法"(lex causae/applicable law/proper law)或系属(attribution)两部分组成。"范围"又称连结对象,"准据法"是范围中所指向的涉外民事关系、事实或法律问题应适用的特定实体法规范。如《涉外法律适用法》第16条第1款规定,"代理适用代理行为地法律,但被代理人与代理人的民事关系,适用代理关系发生地法律"。这里"代理""被代理人与代理人的民事关系"为"范围","代理行为地法律""代理关系发生地法律"为"准据法",而

---

[1] 参见万鄂湘主编:《中华人民共和国涉外民事关系法律适用法条文理解与适用》,中国法制出版社2011年版,第15页。
[2] 参见李浩培:《国际私法的概念》《有关国际公、私法几个基本问题的管见》,载李浩培:《李浩培文选》,法律出版社2000年版,第9—10页、第468页。

"代理行为地""代理关系发生地"为连结点或连接因素(connecting points/connecting factors)。因此,准据法表达公式有属人法、物之所在地法、行为地法、法院地法、旗国法、当事人合意选择的法律和与案件或当事人有最密切联系国家的法律,等等。① 从类型上,冲突规范可划分为单边冲突规范、双边冲突规范、重叠适用的冲突规范,以及选择适用的冲突规范等。②

(二)法律适用国际公约

目前还没有全球性的关于法律适用问题的国际公约,仅有某领域或某些区域性的公约。如1955年《国际有体动产买卖法律适用公约》,该公约被1986年《国际货物销售合同法律适用公约》取代。1980年订立于欧共体缔约国之间的《关于合同义务法律适用的公约》(又称《罗马公约》),该公约被2008年《关于合同义务法律适用的条例》(又称《罗马条例Ⅰ》)所取代。该条例对民商事案件中当事人选择法律、未选择法律时确定准据法的原则、特定民商事案件法律适用以及不予适用的情形作出规定。

为制定一部与《销售合同公约》相配套的法律适用公约,第十四届海牙国际私法会议邀请联合国国际贸易法委员会的各会员国,在对1955年《国际有体动产买卖法律适用公约》进行修改的基础上,于1986年制定了《国际货物销售合同法律适用公约》。参加起草该公约的代表来自54个国家,因此该公约在世界范围内具有广泛的代表性。公约涵盖准据法的适用范围:(1)合同的解释;(2)当事人的权利、义务以及合同的履行;(3)买方获得对产品、收获物以及来源于货物的收入的所有权的时间;(4)买方开始对货物承担风险的时间;(5)当事人之间有关保留货物所有权的条款的有效性及效力;(6)包括可以获得赔偿的损失的种类在内的不履行合同所产生的后果,但是,法院没有义务在有关问题是其程序法的一部分时适用支配合同的法律以对损害赔偿金进行估价;(7)债的消灭的各种方法,以及诉讼时效;(8)合同无效的后果。另外,对于商品检验的形式和程序,如果没有相反的明示条款,应依检验进行地国家的法律。公约确定了国际货物销售合同适用法律的几项规则:(1)依双方当事人选择的法律。当事人选择法律协议必须是明示的,或为合同条款具体案情总的情况所显示。此项选择可限于适用合同的某一部分。(2)没有选择法律时,依合同订立时卖方设有营业所的国家的法律。(3)依买方在合同订立时设有营业所的国家的法律;如果(a)双方当事人进行谈判和签订合同是在买方国家;或者(b)合同明确规定卖方必须在卖方国家履行其交货义务;或者(c)合同主要根据由买方确定的条款和买方向被邀请进行投标的人所发出的邀请书而订立。(4)最密切联系原则。(5)依拍卖举行地国家的法律。(6)商品交

---

① 参见李双元、欧福永主编:《国际私法》(第6版),北京大学出版社2022年版,第80—83页、第91页。
② 参见何其生:《国际私法》,北京大学出版社2023年版,第62—63页。

易所或其他交易所的货物买卖依交易所所在地国的法律。这些规定较好地兼顾了法律适用结果的确定性和合理性。中国没有加入该公约。但中国法律关于法律适用的相关规定,无疑受到该公约相关条款的影响。

民商事合同准据法的确定,根据不同的国际私法学说,已经以依合同缔结地法、合同履行地法作为准据法,发展为以合同当事人共同选择的法律作为准据法阶段。因为无论以合同缔结地法还是以合同履行地法作为准据法,都有其缺陷,并且过于呆板,一个仅仅抓住了合同的开始(缔结)这一因素,一个仅仅抓住了合同的终结(履行)这一因素,从而不能顾及各个合同不同的具体情况。因而有必要以另一种标准决定合同的准据法,这一标准就是当事人意思自治。尊重当事人合意选择合同所适用的法律,已经成为当今各国涉外合同法律适用普遍遵循的首要法律原则。[1] 而在当事人没有选择合同所适用的法律时,依照另一著名法律原则确定准据法,即最密切联系原则。意思自治原则最初仅适用于合同领域,在涉外民事关系的其他领域仍适用最密切联系原则,第二次世界大战后的现代国际私法中的意思自治原则作为一项辅助性的确定准据法的方法,已经扩展到物权、侵权、不当得利、无因管理和婚姻家庭等领域。最密切联系原则是国际私法中的重要概念,而特征性履行理论为这一原则的具体运用提供了确切的方法和判断"最密切联系地"的标准,弥补了最密切联系原则过于灵活的不足。

二、当事人合意选择法律

(一)合意选择法律原则的起源和发展

17世纪荷兰学者乌尔里希·休伯在主张以合同缔结地法作为合同准据法的同时提出,在合同当事人合意以另一法律作为准据法时,应适用该法律。各国司法实践中,最早采用合意选择法律原则的是英国法院,在罗宾逊诉布兰德案(Rominson v. Bland,1760年)的判决中,著名的英国法官曼斯菲尔德(Mansfield)适用了英国法作为合同准据法。1865年英国枢密院司法委员会在半岛和东方航运公司诉香德案中,国库法院在劳埃德诉基尔伯特案中再次肯定,从而确立了这个原则。之后,法国、比利时、荷兰、卢森堡以及德国等都采纳了此原则。意大利是最早在立法上采纳当事人意思自治原则的欧洲国家。美国最高法院1953年在劳里琛诉拉森案中适用了该原则。1969年《美国冲突法重述》第187条肯定了该原则。[2] 我国《涉外经济合同法》(已废止)第5条和《民法通则》(已废止)第145条,也明文规定了这个原则。之后,原《合同法》及

---

[1] 参见李浩培:《合同准据法的历史发展》,载李浩培:《李浩培文选》,法律出版社2000年版,第198页。
[2] 参见李浩培:《合同准据法的历史发展》,载李浩培:《李浩培文选》,法律出版社2000年版,第198—201页;万鄂湘主编:《中华人民共和国涉外民事关系法律适用法条文理解与适用》,中国法制出版社2011年版,第27页。

《海商法》《民用航空法》《票据法》和《涉外法律适用法》等都在法律适用方面规定了当事人意思自治原则。

(二) 当事人选择法律的范围

就我国现行法律看,当事人可以选择法律的涉外民事关系的范围包括合同关系(含知识产权合同)、委托代理关系、信托关系、仲裁协议、夫妻财产关系、动产物权取得与丧失、侵权责任(含知识产权侵权)、不当得利和无因管理。《涉外法律适用法》对当事人选择法律范围规定了有两种情形:一是不作限制,即当事人可以选择其认为适当的法律,如第 16 条第 2 款规定"当事人可以协议选择委托代理适用的法律";第 18 条规定"当事人可以选择仲裁协议适用的法律"。第 38 条规定"当事人可以协议选择运输中动产物权发生变更所适用的法律"。二是仅允许当事人在限定的几种法律中选择一种,如第 24 条规定"夫妻财产关系,当事人可以协议选择适用一方当事人经常居所地法律、国籍国法律或者主要财产所在地法律"。①

(三) 对当事人选择法律的限制

当事人选择涉外民商事关系所适用的法律,并非绝对意思自治,而是受到几个方面的限制。

1. 选择法律须有法律明确规定。《涉外法律适用法解释(一)》第 6 条规定:

> 中华人民共和国法律没有明确规定当事人可以选择涉外民事关系适用的法律,当事人选择适用法律的,人民法院应认定该选择无效。

据此,某些种类的涉外民事关系所适用的法律由法律直接规定,而未规定当事人可以选择其他法律。如《涉外法律适用法》第 14 条第 1 款规定:

> 法人及其分支机构的民事权利能力、民事行为能力、组织机构、股东权利义务等事项,适用登记地法律。

《海商法》第 270 条规定:

> 船舶所有权的取得、转让和消灭,适用船旗国法律。

第 272 条规定:

> 船舶优先权,适用受理案件的法院所在地法律。

因此,法律已明确规定该民事关系所适用的法律的,当事人没有协议选择的余地,违反规定作出的法律选择无效。

---

① 参见万鄂湘主编:《中华人民共和国涉外民事关系法律适用法条文理解与适用》,中国法制出版社 2011 年版,第 31 页。

2. 选择法律不得违反强制性规定。根据《涉外法律适用法》第 4 条的规定,中国法律对涉外民事关系有强制性规定的,直接适用该强制性规定。强制性规定(mandatory law),是指本国法律基于社会公共利益,明确规定某类法律关系应直接适用某法律,排除当事人选择法律,法院可不必通过法律冲突规范指引而直接适用该法律。该规定旨在加强国家对社会经济的控制,避免当事人规避本国法律而损害国家利益。根据《涉外法律适用法解释(一)》第 8 条的规定,有下列情形之一,涉及中国社会公共利益、当事人不能通过约定排除适用、无需通过冲突规范指引而直接适用于涉外民事关系的法律、行政法规的规定,法院应当认定为《涉外法律适用法》第 4 条规定的强制性规定:(1)涉及劳动者权益保护的;(2)涉及食品或公共卫生安全的;(3)涉及环境安全的;(4)涉及外汇管制等金融安全的;(5)涉及反垄断和反倾销的;(6)应当认定为强制性规定的其他情形。在经典案例(2011)民四终字第 17 号案中,案件系涉港担保合同纠纷。最高人民法院认为,H 集团、李某为借款人 SOE 集团向香港中行提供担保属于对外担保。行为时有效的、1997 年 1 月 14 日修订的《外汇管理条例》第 24 条规定:"提供对外担保,只能由符合国家规定条件的金融机构和企业办理,并须经外汇管理机关批准。"我国实行外汇管制制度,该行政法规属于我国的强制性规定。参照《涉外法律适用法》的规定,该案即应当直接适用《外汇管理条例》第 24 条的规定认定所涉担保合同的效力并作出处理。尽管 H 集团、李某与香港中行之间签订的三份担保合同中均约定适用香港特别行政区法律,但在内地法律有强制性规定的情况下,法院应当直接适用该强制性规定。①

根据《民法典》第 467 条的规定,在中国境内履行的中外合资经营企业合同、中外合作经营企业合同、中外合作勘探开发自然资源合同,适用中国法律。实践中,当事人在此类合同中约定适用中国法律时,法院应根据我国法律中单边冲突规范的规定,直接适用中国法律,而不应通过冲突规范加以适用。

3. 不构成法律规避。根据《涉外法律适用法解释(一)》第 9 条的规定,一方当事人故意制造涉外民事关系的连结点,规避中国法律、行政法规的强制性规定的,我国法院应认定为不发生适用外国法律的效力。

4. 中国法律的强制适用。根据《涉外法律适用法》第 5 条的规定,外国法律的适用将损害中国社会公共利益的,应适用中国法律。

---

① 参见最高人民法院(2011)民四终字第 17 号民事判决书。另外,我国已对跨境担保的监管措施作出调整。2014 年《跨境担保外汇管理规定》第 29 条规定"外汇局对跨境担保合同的核准、登记或备案情况以及本规定明确的其他管理事项与管理要求,不构成跨境担保合同的生效要件"。据此,跨境担保已不属于《涉外法律适用法》第 4 条规定的因有强制性规定而不能适用外国法的情形。参见上海金融法院(2019)沪 74 民初 127 号民事判决书。

(四)选择法律的时间和方式

当事人选择法律的时间和方式对案件审理至关重要,直接关系到是否能够认定法律选择的效力以及适用的法律。

1. 选择法律的时间。各国法律对当事人选择适用法律的时间没有限制,《涉外法律适用法》对此也没有明确规定,仅针对侵权行为的法律选择规定,在侵权行为发生后,当事人可以选择所适用的法律。《涉外法律适用法解释(一)》第6条第1款沿用最高人民法院《关于审理涉外民事或商事合同纠纷案件法律适用若干问题的规定》(以下简称《涉外民商事法律适用规定》)第4条,规定当事人在一审法庭辩论终结前协议选择或者变更选择适用的法律的,法院应予准许。因为,在法庭辩论中,当事人可能就法律适用达成合意,相反,如果法庭辩论终结前尚不能确定所适用的法律,则案件审理者对案件的实体争议将无从裁判,无法判定当事人的权利义务。此时应认定当事人没有选择实体争议所适用的法律,需依据最密切联系原则确定准据法。

2. 选择法律的方式。法律允许当事人以明示或默示方式选择法律。根据《涉外法律适用法》第3条的规定,当事人可以明示选择涉外民事关系适用的法律。针对当事人没有明示选择法律的情形,《涉外法律适用法解释(一)》第6条第2款规定,各方当事人援引相同国家的法律且未提出法律适用异议的,法院可以认定当事人已经就涉外民事关系适用的法律作出了选择,即为默示选择法律。① 实践中,当事人普遍做法是在合同中以文字或文件交换形式明确约定所适用的法律,或者订约时未约定而在发生争议后另行约定所适用的法律。国际货物销售合同法律选择条款往往与仲裁或管辖权条款订在同一条款中,构成完整的争议解决条款(法律条款),如"Arbitration and Governing Law Clause",有的也将法律适用和仲裁条款分列两个条款订立。有的约定合同和仲裁条款适用相同的法律,有的约定分别适用不同的法律。有的约定适用《销售合同公约》,而有的约定排除其适用,如"Governing Law: This Contract, including the arbitration clause, shall be governed by, interpreted and construed in accordance with the substantive laws of England and Wales excluding the United Nations Convention on Contracts for the International Sales of Goods of April 11, 1980 (CISG)"。

国际海上运输法律适用中最常见的争议是,船方事先印制在提单背面的法律选择条款是否构成有效法律选择协议。《涉外法律适用法》第41条及《海商法》第269条均规定涉外合同的当事人可以选择处理合同争议所适用的法律。一般情况下,合同中只有一个法律选择条款,但国际海上货物运输合同下签发的提单却是例外,提单背面条

---

① 参见厦门海事法院(2022)闽72民初477号民事判决书;厦门海事法院(2022)闽72民初1379号民事判决书。

款中的首要条款、地区条款和法律适用条款均涉及法律选择问题。此时如何识别法律选择条款并判断法律选择条款的效力，不仅是一个重要的理论问题，而且具有重要的司法实践意义。在最高人民法院发布的经典案例(2018)辽72民初758号案中，案涉提单背面条款第26条首要条款第1项约定："本提单适用起运国1924年8月25日开始实施、于布鲁塞尔签订的《统一提单若干法律规定的国际公约》中的海牙规则。若此规则在起运国未实施，则适用目的地国的相应法规；但若无相应强制法规，则应适用前述公约条款。"第2项海牙-维斯比规则适用的贸易约定："对于海牙-维斯比规则……强制适用的贸易，相应条款适用本提单。"提单背面条款第27条法律及管辖权条款第1项适用法律约定："本提单条款未尽事宜受新加坡法律管辖。无论如何本提单条款适用新加坡法律解释。"第3项约定了地区条款："虽有第27(1)(2)款中的规定，当某项运输业务包含驶往或来自或经由美利坚合众国的某一港口或地点的运输时，本提单便应受美国海上货物运输法的规定的约束……"提单背面首要条款规定了适用我国未参加的《海牙规则》(或《海牙-维斯比规则》)或起运国、目的国相应的强制法规。依照《涉外法律适用法解释(一)》第7条的规定，提单背面首要条款约定适用的《海牙规则》或海牙-维斯比规则等属于尚未对我国生效的国际条约，只有在不违反我国社会公共利益及法律、行政法规强制性规定的条件下，才可以根据其内容确定当事人之间的权利义务。最高人民法院民事审判第四庭负责人在就《涉外法律适用法解释(一)》答记者问中指出，该条是将合同当事人援引的对我国尚未生效的国际条约作为该合同的组成部分，因此提单首要条款在性质上通常应被识别为实体法意义上的并入条款，而非法律选择条款。

提单中的地区条款是承运人为了适应某一特定地区特殊法律规定而在提单中拟定的条款，许多提单背面规定的货物进出美国港口时提单应受美国海上货物运输法约束的条款就是著名的美国地区条款。该类条款的性质应依据条款措辞表示出来的当事人的真实意愿和交易的具体情形而确定。如果当事人的真实意思是将地区条款约定的法律变成提单内容的一部分，则其性质同前述首要条款一样，应为实体法意义上的并入条款；如果当事人的真实意思是在某种条件下选择某一国家或地区的法律以排除法院地法的适用，则其性质应为法律选择条款。在地区条款和另一个或多个条款均被识别为法律选择条款时，发生冲突法上的复合法律选择问题。此时如果当事人明确约定了两种或几种提单准据法适用的前提条件，且这种复合选择在实践中是可行的，则这种法律选择就是有效的；如果前述两个或多个法律选择条款选择不同的准据法且要求其同时适用，则应认定当事人没有对法律选择达成一致的意思表示，法律选择无效，依据最密切联系原则确定提单准据法。至于如何认定当事人就法律选择达成合意，即提单持有人是否同意提单背面条款中的法律选择条款，判断标准是当事人是否就法律选择问题达成一致的意思表示。一般而言,在承运人自愿签发提单,托运人自愿接受提单,当事人均认可提单合法有效的情况下,如果未举证证明提单背面条款与运输合同内容不同,应推定提单背面条款是当事人的合意,提单背面条款中的法律选择条款有效。审判实践中,提单背面条款中的首要条款、地区条款和法律适用条款为同一提单约定适用不同法律时,不能仅仅依据提单中某一具体条款的名称得出该条款是否属于法律选择条款的结论,而应着眼于条款措辞和交易的具体情形表示出来的当事人的真实意思表示,是否为提单选择了准据法。通常情况下,在提单背面条款中的法律选择条款的识别及其效力的判定上,法院主要审查以下内容:第一,当事人是否就首要条款、地区条款和法律适用条款达成真实一致的意思表示;第二,首要条款约定适用的国际条约或外国法律中相应的强制性规定是否适用于争议问题;第三,案涉海上货物运输是否符合约定的适用地区条款的情形。如果当事人就首要条款、地区条款和法律适用条款均达成了真实一致的意思表示,但首要条款约定的强制性规定不能适用于争议问题,且案件不符合约定的适用地区条款的情形,则应依据法律适用条款确定提单准据法。①

(五) 选择的法律仅限于实体法

当事人所选法律不包括冲突规范和程序法,但可以不与涉外民事关系有实际联系,也可以就合同的不同问题选择不同准据法。

1. 所选择的法律不包括法律适用法。根据《涉外法律适用法》第9条的规定,"涉外民事关系适用的外国法律,不包括该国的法律适用法"。因为如果包括该国的冲突规范,将造成两国或多国法律相互指定,使应适用的实体法处于不确定状态,或者再次指向法院地法。如A国法院依据其本国冲突规范,指向B国法律为准据法,若包括B国的冲突规范,而依B国冲突规范应适用A国法律,则A国法院据此适用本国法,造成反致(remission);或者依据B国冲突规范应适用C国法律,则A国法院适用C国法律,造成转致(transmission);抑或依C国冲突规范,所适用的法律为A国法律,A国法院据此适用本国法律审理案件,造成间接反致(indirect remission)。可见,上述反致制度虽能增加内国法适用的机会,但其副作用是违背本国冲突法的宗旨,给案件审理和法律查明带来困难,并且导致法律适用的恶性循环,不利于案件快速审结。与许多国家一样,我国对反致制度持否定态度。

2. 所选择的法律不包括程序法。根据各国民事诉讼法规定,在一国内进行的民事诉讼,适用其本国程序法。如《民诉法》第4条规定,凡在中国领域内进行民事诉讼,必

---

① 参见大连海事法院(2018)辽72民初758号民事判决书;闫婧茹:《尊重法律选择约定,准确适用外国法律》,载大连海事法院网站(https://www.dlhsfy.gov.cn/court_wap/Home/闫婧茹 Wap/detail/id/3583),访问时间:2024年3月17日。

须遵守本法。《涉外民商事法律适用规定》第1条曾规定,涉外民事或商事合同应适用的法律,是指有关国家或地区的实体法,不包括冲突法和程序法。2005年最高人民法院《第二次全国涉外商事海事审判工作会议纪要》(以下简称《第二次涉外审判会议纪要》)第48条和第49条分别规定,当事人协议选择的法律、法院按照最密切联系原则确定的涉外商事合同应适用的法律,是指有关国家及地区的实体法规范,不包括冲突法规范和程序法规范。而最高人民法院《涉外商事海事审判实务问题解答》第15条针对举证责任应当适用法院地法还是适用合同准据法问题认为,举证责任是指当事人对自己提出的主张有提供证据进行证明的责任,属于程序问题。涉外商事纠纷案件的当事人虽然在合同中约定了准据法,但举证责任及其后果均应适用法院地法,而不应适用当事人约定的合同准据法。

(六)可选择与涉外民事关系无实际联系的法律

《涉外法律适用法解释(一)》第5条规定:

> 一方当事人以双方协议选择的法律与系争的涉外民事关系没有实际联系为由主张选择无效的,人民法院不予支持。

因此,当事人只要不违反法律限制性规定,可以选择适用与涉外民事关系没有实际联系的国家的法律。如印尼卖方与中国买方订立的镍矿买卖合同,即使与新加坡没有实际联系,也可以选择新加坡法律为准据法。

(七)不同涉外民事关系可适用不同的法律

国际民商事诉讼所适用的法律普遍采用分割论的主张,即合同涉及不同涉外民事关系时,可以分割开来适用不同的法律。《涉外法律适用法解释(一)》第11条规定:

> 案件涉及两个或者两个以上的涉外民事关系时,人民法院应当分别确定应当适用的法律。

如国际货物买卖合同当事人的缔约能力、合同形式要件、合同的成立与效力,货物的品质、质保期,乃至合同的履行、解除以及损害赔偿等,可以适用不同的法律。在经典案例(2019)沪74民初127号案中,原告H银行为香港注册公司,被告林某为香港居民,两者之间的保证合同纠纷根据案涉担保函之约定适用香港法并无争议。因保证人被告T仓储公司系内地设立的公司且已进入破产程序,对于原告H银行与被告T仓储公司之间纠纷适用的法律,法院根据《涉外法律适用法解释(一)》第11条的规定,认为案件涉及两个或者两个以上的涉外民事关系时,应当分别确定应当适用的法律。首先,关于被告T仓储公司是否有担保的主体资格以及其对外担保是否经过内部授权,涉及公司权利能力以及行为能力问题,根据《涉外法律适用法》第

14条第1款的规定,应当适用被告T仓储公司登记地法律,即内地法律予以认定。其次,原告H银行与被告T仓储公司在《T仓储公司担保函》中协议选择适用香港法,符合《涉外法律适用法》第41条及《涉外法律适用法解释(一)》第17条之规定。但根据《涉外法律适用法》第4条、第5条以及《涉外法律适用法解释(一)》第8条之规定,适用香港法律必须以内地法律、行政法规对相关涉外民事关系不存在强制性规定,且适用该法不损害内地的社会公共利益为前提。

三、最密切联系原则

最密切联系原则(closest connection principle),又称最强联系原则或最重要意义联系原则(doctrine of the most significant relationship),是指在处理某一涉外民商事案件时,全面权衡法律关系的有关连结因素,通过质和量的分析,找出与该法律关系或有关当事人具有最直接、最本质和最真实的联系的法律加以适用。在(2018)最高法民申633号案中,因案涉货物出口至美国、货物交付的事实发生在我国领域外而具有涉外因素,双方没有约定合同应适用的法律。最高人民法院根据《涉外法律适用法》第41条和《海商法》第269条的规定,认为该案双方当事人均为我国企业法人,经常居所地位于我国境内,因此依据最密切联系原则认定,案涉运输合同争议应当适用我国法律。在具体运用该原则时,出现了不同分析方法或理论。

(一)合同要素分析法

美国法院采用此分析法。法官通过对合同各要素作量与质的综合分析,罗列出与合同有关的全部因素,如合同缔结地、谈判地、履行地,合同标的物所在地,当事人住所、国籍以及第三人仲裁地、营业地等,确定准据法。

(二)特征性履行理论

特征性履行理论,是指法官根据双务合同的特殊性质,看哪方当事人的履行最能体现合同的特性,以确定合同准据法。该理论是以依照合同特征对合同各类进行划分为适用前提的,通过这种方法,可以针对各类不同合同所具有的不同特征,来分别确定支配它们的法律,因而克服了传统冲突规范"合同订立地法"原则或"合同履行地法"原则的刻板性和单一性,同时也避免了最密切联系原则中以合同要素分析法确定准据法过于灵活的弊端。大陆法系国家多采此理论确定准据法。特征性履行需解决两个问题:一是以合同哪一方的履行为特征性履行问题,二是在确定特征性履行方之后空间连结点的确定问题即特征性履行场所问题。在双务合同下,金钱履行的义务与非金钱履行的义务相比,金钱履行的义务较为简单,而非金钱履行的义务较为复杂,因此将非金钱履行的一方确定为特征性履行方是合理的。各国立法与实践主要以特征性履行方的住所地或惯常居所地或者特征性履行方的营业地作为特征性履行场所。①《涉外民商事法律适用规定》第 5 条第 2 款规定,法院根据最密切联系原则确定合同争议应适用的法律时,应根据合同的特殊性质,以及某一方当事人履行的义务最能体现合同的本质特性等因素,确定与合同有最密切联系的国家或者地区的法律作为合同的准据法。《涉外法律适用法》没有明确规定采用何种方法,但其第 41 条规定,当事人没有选择法律的,适用履行义务最能体现合同特征的一方当事人经常居所地法律或者其他与合同有最密切联系的法律。如买卖合同,适用合同订立时卖方住所地法,如果合同是在买方住所地谈判并订立的,或者合同明确规定卖方须在买方住所地履行交货义务的,适用买方住所地法;运输合同适用承运人住所地法或交货地法;保险合同适用保险人住所地法;等等。如果上述合同明显与另一国家或者地区有更密切联系的,适用该另一国家或者地区的法律。如(2021)最高法知民终 1039 号案为涉港纠纷,最高人民法院根据《涉外法律适用法解释(一)》第 17 条和《涉外法律适用法》第 41 条认定,该案中,当事人未选择合同适用的法律,H 公司的主要合同义务为支付款项,Y 公司的主要合同义务为提供技术服务及产品,最能体现合同特征,故应适用 Y 公司经常居住地的法律,即内地法律。在(2023)浙 72 民初 712 号案中,法院根据该条规定认为,根据合同的特征与性质,货运代理公司为特征义务履行一方,其住所地位于我国境内,我国法律与案涉合同存在最密切联系,且双方当事人均主张适用中国法,故本案应当适用我国法律审理。

四、域外法律的查明

在论述外国法律的适用和查明时所称的外国法律,实为域外法。因此,最高人民法院在司法文件中有时把《涉外法律适用法》所称的外国法律,称为域外法律;把外国法律的查明,称为域外法律的查明。"域外法"是上位概念,统摄中国内地以外的其他国家和地区的法律制度和规定体系,其范围包括"外国法"和作为中国之一部分的香港特区、澳门特区和台湾地区的民商事法律规定。

在审理涉外民商事案件中,一国或地区法院依据本国或地区冲突规范确定适用外国法律,或者当事人合意选择适用域外法律时,必然面临如何查明和确定该域外法律的问题。域外法律的查明涉及查明域外法的责任主体、查明域外法的途径、域外法内容的确定以及不能查明时的救济方法等内容。

(一)外国法律查明的责任主体

传统上,普通法系国家将外国法律的性质界定为"事实",按照谁主张谁举证的原

---

① 参见万鄂湘主编:《中华人民共和国涉外民事关系法律适用法条文理解与适用》,中国法制出版社 2011 年版,第 299 页。

则,当事人应当提供并且证明外国法律是否存在及效力如何。大陆法系国家则将外国法律的性质界定为"法律",根据"法官知法"的理念,法院是查明外国法律的责任主体。对外国法律性质的不同定位,导致外国法查明责任主体的争论。但晚近以来两种观点开始出现相互融合的趋势,不再单纯地将外国法律视为事实或法律。①

1988 年《民通意见(试行)》第 193 条列举了五种查明途径,其中之一是由当事人提供,但查明责任规定并不明确。2005 年《第二次涉外审判会议纪要》第 51 条也曾规定,涉外商事纠纷案件应当适用的法律为外国法律时,由当事人提供或者证明该外国法律的相关内容。当事人对提供外国法律确有困难的,可以申请法院依职权查明相关外国法律。可见,对外国法律的查明以当事人提供和证明为主,在当事人无法查明时,才可以申请法院依职权查明。在当时网络信息尚不丰富且没有查明外国法专门机构的情况下,无论是依冲突规范还是当事人选择适用外国法,均首先由当事人提供和证明,确实相当困难,结果就是适用中国法。2010 年《涉外法律适用法》第 10 条第 1 款对此作出调整,规定涉外民事关系所适用的外国法律,由法院、仲裁机构或者行政机关查明。当事人选择适用外国法律的,应当提供该国法律。即原则上依冲突规范确定适用外国法的,由法院或仲裁机构依职权查明外国法,当事人选择适用外国法的,当事人负有举证责任,提供所选择的外国法。在查明外国法的责任分配上,该规定有其合理性。外国法虽由外国立法机关制定,但经过我国冲突规范而成为准据法后,就成为我国法院或仲裁机构判定当事人权利义务的依据,按照"法官知法"原则,由法院或仲裁机构依职权查明是其职责所在。而当事人既已选定某外国法律,其必然熟悉该国法律,由其提供该外国法比法官依职权查询可能更为便利,并且不能把外国法作为单纯的事实或法律问题对待,当事人对外国法亦应承担证明责任。《涉外法律适用法解释(一)》进一步对外国法律的查明作出规定,但并未减轻当事人提供外国法的责任,而且规定在限定时间内无合理理由不能提供外国法律的,可以认定为不能查明外国法律,其结果是适用中国法律。上述规定反映出,我国外国法查明的立法,初始阶段把外国法作为事实,由当事人举证证明。《涉外法律适用法》实行"意志责任说",即如果适用外国法是根据"法律的意志"(依照法律的硬性冲突规则)确定的,则由法院承担完全的查明义务;如果适用外国法是按照"当事人的意志"选择的,则由当事人承担完全的查明义务。②

虽有《涉外法律适用法》上述规定,但因规定的原则性强而实操性差,司法实践中对外国法的查明责任和查明程度多有争议。如前文所举(2018)最高法民再 196 号

---

① 参见王海峰、李训民:《〈关于适用涉外民事关系法律适用法若干问题的解释(二)〉的理解与适用》,载《人民司法》2024 年第 1 期。

② 参见季烨、王胜民:《台湾地区民商事法律查明机制的实证分析》,载《台海研究》2022 年第 1 期。

案,最高人民法院虽未对外国法的查明问题进行详细论证,但针对二审法院的查明责任问题指出:"二审法院在能够查明墨西哥法律的情况下,未予查明并据以确定新加坡长荣公司的赔偿责任和责任限额,认定事实与适用法律错误,本院予以纠正。"而在(2017)最高法民申2704号案中,涉外案件双方当事人在合同中约定"此合同应受到英国法律的管辖并且按照英国法律进行解释",最高人民法院认为,当事人一方虽提交了英国某律师事务所出具的英国法律下的法律意见,但该法律意见并未针对性地解决本案争议的焦点问题,不足以据此对英国合同法的相关内容作出合理的理解,因此,二审法院根据《涉外法律适用法》第10条以及《涉外法律适用法解释(一)》第17条第2款的规定,认定不能查明英国法律并转而适用中国法律审理本案并无不当。①

为有效破解外国法律查明难的问题,健全完善外国法律查明制度,规范外国法律查明实践,2023年11月30日最高人民法院《关于适用〈中华人民共和国涉外民事关系法律适用法〉若干问题的解释(二)》(以下简称《涉外法律适用法解释(二)》)发布,自2024年1月1日起施行。根据该解释第1条的规定,法院是外国法律查明的责任主体,当事人只有在选择适用外国法律时才负有提供义务。当事人未选择适用外国法律的,仍由法院查明该国法律。换言之,由当事人提供可以作为查明外国法律的重要途径,但在当事人未选择外国法律的情况下,当事人并没有提供外国法律的义务。该解释第2条第1款第1项规定的"由当事人提供"是从查明途径意义上作出的规定,即法院负有查明责任时并不排除当事人协助提供,法院也可以要求当事人协助提供外国法律。但此处的"由当事人提供"是一种查明途径,并非当事人的法定义务,如果法院基于当事人具有提供外国法律的便利条件而要求当事人协助提供,但当事人没有提供的,法院仍有义务继续查明。该解释第2条第3款规定,法院依据该条第1款第1项的规定要求当事人协助提供外国法律的,不得仅以当事人未予协助提供为由认定外国法律不能查明。这进一步厘清了查明责任和查明途径的界限。②

(二)外国法律的查明途径

1987年最高人民法院《涉外经济合同法解答》规定,在应适用的法律为外国法律时,我国法院如不能确定其内容,可以通过下列途径查明:由当事人提供,由我国驻该国的使、领馆提供,由该国驻华使、领馆提供,由中外法律专家提供。1988年《民通意见(试行)》增加了一种查明方法,即由与我国订立司法协助协定的缔约对方的中央机关提供。2007年《涉外民商事法律适用规定》区分了当事人协议选择或者变更选择外国法,以及依最密切联系原则确定适用外国法两种情形,并分别规定了相应的查明方法

---

① 参见最高人民法院(2017)最高法民申2704号民事裁定书。
② 参见王海峰、李训民:《〈关于适用涉外民事关系法律适用法若干问题的解释(二)〉的理解与适用》,载《人民司法》2024年第1期。

和查明责任。2011年《涉外法律适用法》在上述规定的基础上作了规定。为弥补立法关于外国法查明途径规定的不足,2018年最高人民法院《关于设立国际商事法庭若干问题的规定》第8条对外国法的查明作出进一步规定(仅适用于最高人民法院国际商事法庭审理的案件)。《2021年涉外审判会议纪要》对相关规定作了细化,《涉外法律适用法解释(二)》的规定增强了传统查明途径的可操作性,增加了依据互惠请求而查明外国法律,并将"由最高人民法院建立或者参与的法律查明合作机制参与方提供"作为一项查明途径。① 2023年12月18日,最高人民法院发布法释〔2023〕14号文,修改最高人民法院《关于设立国际商事法庭若干问题的规定》第8条,以拓展国际商事法庭查明外国法律的途径,与《涉外法律适用法解释(二)》第2条第1款规定的外国法律查明途径保持一致,体现司法解释之间的统一性和协调性。至此,我国法院可以通过下列途径查明外国法:(1)由当事人提供(在当事人没有选择适用外国法律的情况下,法院仍然可以借助当事人从事跨境民商事交往的便利条件查明外国法律);(2)通过司法协助渠道由对方的中央机关或者主管机关提供(除依据条约请求查明外国法律之外,法院还可以通过互惠原则请求查明,程序上由办案法院向最高人民法院提出请求,再由最高人民法院通过司法部或外交部向该国转递请求);(3)通过最高人民法院请求我国驻该国使、领馆或者该国驻我国使、领馆提供;(4)由最高人民法院建立或者参与的法律查明合作机制参与方提供;(5)由最高人民法院国际商事专家委员会专家提供;(6)由法律查明服务机构或者中外法律专家提供;(7)其他适当途径。

(三)外国法律内容的认定

有时一方或双方当事人对法院查明的外国法提出异议,或各自质疑对方提供的外国法的内容,这时需要对外国法的内容进行质证,以确定外国法的真实性和确切含义以及是否适用于争议的问题。《涉外法律适用法》第16条规定,法院应当听取各方当事人关于应当适用的外国法律的内容及其理解与适用的意见,当事人对该外国法律的内容及其理解与适用均无异议的,法院可以予以确认;当事人有异议的,由法院审查认定。上述会议纪要进一步明确,双方当事人提交的域外法内容相同或者当事人对相对方提交的域外法内容无异议的,法院可以作为域外法依据予以确定。当事人对相对方提交的域外法内容有异议的,法院应当结合质证认证情况进行审查认定。法院不得仅以当事人对域外法内容存在争议为由认定不能查明域外法。可见,无论是法院依职权查明还是由当事人提供外国法,如果当事人对其内容无异议的,法院可以确认其内容;

---

① 2019年11月最高人民法院域外法查明平台在国际商事法庭网站(http://cicc.court.gov.cn)上线启动,同时成立国际商事法庭域外法查明平台法律查明案例库。另外某些大学设立了查明外国法的专门机构,如中国政法大学外国法查明研究中心、华东政法大学外国法查明中心、西南政法大学中国-东盟法律研究中心、蓝海法律查明和商事调解中心、武汉大学外国法查明和研究中心、青岛海事域外法查明研究中心等。

若当事人存在异议,法院不得简单以当事人有异议为由得出不能查明的结论。对查明的法律全面、准确且能够适用于争议的涉外民事关系的,应予认定;对查明内容不充分、不全面或内容相互矛盾的,应依职权对查明外国法的内容作进一步查明,或引导当事人提供更为全面和准确的内容。若经勤勉努力仍不能查明的,才可以终止查明程序。

在经典案例(2018)辽72民初758号案中,提单背面条款第26条首要条款第1项约定,该提单适用起运国实施的《海牙规则》;若此规则在起运国未实施,则适用目的地国的相应法规;若无相应强制法规,则应适用前述公约条款。法院认为,按照该约定,《海牙规则》在起运国中国未实施,则适用目的地国印度的相应法规,但若印度无相应强制法规,则应适用《海牙规则》的条款。该条款强调的是与《海牙规则》相应的强制法规,即印度法律中与《海牙规则》相应的强制法规。该案争议焦点除了法律适用外,主要是各方当事人之间的法律关系,承运人向托运人主张滞箱费等损失是否超过诉讼时效,收货人未提货的法律责任,以及诉讼请求的合理性。这些争议焦点问题在《海牙规则》中没有规定,印度法律中即使存在与《海牙规则》相应的强制法规,也不适用于该案。故该案不适用提单背面条款第26条首要条款第1项。该案亦不符合提单背面条款第26条首要条款第2项和第3项约定的情形。提单背面条款第27条法律及管辖权条款第1项适用法律约定:"本提单条款未尽事宜受新加坡法律管辖。无论如何本提单条款适用新加坡法律解释。"在排除适用第27条第3项(美国)地区条款后,法院认为,提单背面条款第27条第1项为该案的法律适用条款。法院最终根据该款以及托运人向承运人承诺接受提单中所有条款(含所有背面条款以及管辖权和法律适用条款)的事实,认定案件适用新加坡法律。关于法律查明,因各方当事人对该外国法律的内容及其理解与适用有异议,法院依职权委托中国政法大学外国法查明研究中心查明新加坡法律中与案涉纠纷相关的法律,包括新加坡《时效法》《海上货物运输法》等与案件有关的规定及案例。法院最终依据查明的新加坡法律,认定诉讼时效和托运人应承担的责任。

(四)外国法律查明不能的认定及其后果

对经合理途径仍不能查明外国法的情形,有的国家直接适用内国法(如奥地利、瑞士),或者推定适用内国法(如英国),也有的驳回当事人诉讼请求或抗辩(如德国)。[①]《涉外法律适用法》第10条第2款仅规定了不能查明外国法或该国法律没有规定时适用中国法律,而没有规定如何认定不能查明外国法的情形。《涉外法律适用法

---

① 参见万鄂湘主编:《中华人民共和国涉外民事关系法律适用法条文理解与适用》,中国法制出版社2011年版,第84—85页。

解释(一)》第 15 条规定,法院通过合理途径仍不能获得外国法律的,可以认定为不能查明外国法律。该条提及的查明途径已经被上述会议纪要所列查明途径扩大,且随着国际的交往和科技的发展,查明外国法的途径还会进一步扩大。《涉外法律适用法解释(二)》规定,法院通过其中一项途径无法获得外国法律或者获得的外国法律内容不明确、不充分的,应当通过规定的不同途径补充查明。但是否应穷尽所有途径,并未明确。一方面,这些查明途径难以穷尽也不必穷尽,因为这些途径是选择性适用而非强制性,穷尽所有途径是不现实的。如果查明外国法需要很长时间,严重影响案件的审理期限,可以认定不能查明。但法院应当至少通过两种或两种以上的适当途径查明外国法律。另一方面,因诉讼成本最终可能由当事人承担,不应当也无必要强制法院不计成本地查明外国法律,在确实无法查明或不宜继续查明外国法律时,应依法认定无法查明。各国法律和实践中也均承认存在外国法无法查明的情况。① 当然,当事人应当提供外国法律的,若其在法院指定的合理期限内无正当理由未提供该外国法律,可以认定为不能查明外国法律。法院可以根据案件具体情况指定查明外国法的期限并可依据当事人申请适当延长期限。当事人在延长期限内仍不能提供的,视为查明不能。

在(2017)最高法民终 636 号案中,案涉协议明确约定"以马来西亚法律作为本协议的管辖法律,应根据马来西亚法律进行解释,如果马来西亚法律不适用或者不具有执行力,各方应将争议适用中国法律或其他进出口银行认可的适用法律,所有担保文件所适用的法律与上述情形相同"。最高人民法院认为,一审期间 S 公司虽然主张双方在协议中选择适用马来西亚法律,因此该案应适用马来西亚法律进行审理,但 S 公司并未根据要求向一审法院提供马来西亚法律。根据《涉外法律适用法》第 10 条第 1 款、《涉外法律适用法解释(一)》第 17 条第 2 款的规定,可以认定为不能查明外国法律;根据《涉外法律适用法》第 10 条第 2 款的规定,该案适用中国法律。S 公司有义务向一审法院提供其主张适用的马来西亚法律而没有提供,且没有正当理由,一审法院根据上述规定适用中国法律审理该案是正确的。二审庭审过程中,S 公司明确表示,双方约定马来西亚法律、中国法律都可以适用,但同意以中国法律为准。对此,最高人民法院认为,S 公司关于该案应当适用马来西亚法律进行审理的上诉理由不能成立。

(五)港澳台地区法律的查明

《涉外法律适用法解释(一)》第 17 条规定,涉及香港和澳门特区的民事关系的法律适用问题,参照适用该司法解释。因此,查明香港和澳门特区的法律,可以参照该司

---

① 参见王海峰、李训民:《〈关于适用涉外民事关系法律适用法若干问题的解释(二)〉的理解与适用》,载《人民司法》2024 年第 1 期。

法解释执行。至于台湾地区法律的查明,1991年4月3日,时任最高人民法院院长任建新在第七届全国人民代表大会第四次会议上所作的《最高人民法院工作报告》有条件地认可了台湾地区的民商事法律规定,指出"台湾居民在台湾地区的民事行为和依据台湾地区法规所取得的民事权利,如果不违反中华人民共和国法律的基本原则,不损害社会公共利益,可以承认其效力。对台湾地区法院的民事判决,也将根据这一原则,分别不同情况,具体解决承认其效力问题"。2011年最高人民法院《关于审理涉台民商事案件法律适用问题的规定》首次明确了大陆法院适用台湾地区民商事法律的规则,即大陆法院审理涉台民商事案件,根据法律和司法解释中选择适用法律的规则,确定适用台湾地区民商事法律的,法院予以适用。2019年最高人民法院《关于为深化两岸融合发展提供司法服务的若干措施》明确提出了查明和适用台湾地区民商事法律的规则,其中第10条和第27条分别规定,根据国家法律和司法解释中选择适用法律的规则,确定适用台湾地区民商事法律的,应当适用,但违反国家法律基本原则和社会公共利益的,不予适用;要支持涉台案件较多的地区设立台湾地区民商事法律查明专业机构。对台湾地区法律的查明,由当事人提供、委托法律专家提供、双方民间机构以区际司法协助方式提供以及委托专业查明机构查明应该是主渠道。

第五节 国际民商事诉讼时效

一、《时效公约》

对于国际民商事争议的诉讼时效,各国因历史文化和法律制度不同,关于时效期间、时效中止和中断、最长时效的法律规定不尽相同。如何确定一个国际民商事诉讼案件的诉讼时效,需首先确定其准据法。为解决诉讼时效法律冲突,UNCITRAL 制定了与国际货物销售合同有关的权利消灭时效期限的实体法公约,即《国际货物销售时效期限公约》(United Nations Convention on the Limitation Period in the International Sale of Goods, 以下简称《时效公约》)。该公约于1974年6月14日在联合国总部召开的外交会议上通过。在1980年4月联合国维也纳外交会议上通过《销售合同公约》的同时,还通过了《关于修正〈联合国国际货物销售时效期限公约〉的议定书》(以下简称《修正〈时效公约〉议定书》),力求两公约在内容上保持一致,尤其在适用范围和声明保留等方面。《时效公约》与1980年《修正〈时效公约〉议定书》于1988年8月1日生效。中国没有加入,但我国法律借鉴了其相关规定。该公约确立了因国际货物销售合同引起的纠纷诉讼时效统一规则。《时效公约》共四部分46条,主要内容是对时效期限的定义、期间、起算和计算、停止和延长,以及时效期限届满的后果作了具体规定。当国际私法规则使某一缔约国的法律适用于销售合同时,《时效公约》也适用[第3条第1款(a)(b)项]。因此,《时效公约》适用于与《销售合同公约》相同的情况。同样,与公约的适用范围有关的其他事项,《时效公约》的适用范围也同《销售合同公约》一样处理。但是,《时效公约》第5条载有《销售合同公约》中没有的额外的排除事项清单。《时效公约》规定:时效期间为4年,自请求权发生之日起计算(第8条和第9条)。诉讼程序或仲裁程序开始时,时效期间中止(第13条和第14条)。债务人在时效期间届满前以书面承认其债务的,时效期间重新开始计算(第20条)。在不可抗力的情况下,时效期间延长(第21条)。在任何情况下,时效期间自开始之日起10年届满(第23条)。诉讼时效期间届满,有关请求不再被承认或者执行;但是,在某些条件下,该索赔可作为反索赔来抵销(第25条)。时效期限届满后,只有在诉讼各方援引的情况下才可予以考虑(第24条)。但是,缔约国可对第24条提出保留,从而允许法官依职权宣布时效期届满(第36条)。

二、中国法律关于诉讼时效的规定

《涉外法律适用法》第7条规定:

> 诉讼时效,适用相关涉外民事关系应当适用的法律。

也就是说,诉讼时效的准据法,适用案涉民事关系的准据法。据此,首先应确定纠纷适用的准据法,再根据准据法关于诉讼时效的规定,认定起诉是否超过诉讼时效。如果国际货物买卖合同纠纷适用中国法律,应适用《民法典》第594条的规定,即"因国际货物买卖合同和技术进出口合同争议提起诉讼或者申请仲裁的时效期间为四年"。关于时效中止、中断和最长时效期间的规定适用《民法典》的相关规定。若为国际海上货物运输合同或者海上保险合同关系,准据法为《海商法》,则应根据《海商法》第十三章关于诉讼时效的规定确定诉讼时效期间,以及关于时效中止、中断和最长时效期间的规定(见《海商法》关于诉讼时效的介绍)。

在经典案例(2016)苏11民初50号案中,双方同意该案适用《销售合同公约》,但公约对诉讼时效未作明确规定,因此关于诉讼时效的法律适用仍应按照依冲突规范确立的准据法《涉外法律适用法》的规定予以确定,即适用履行义务最能体现该合同特征的一方当事人经常居住地的法律。该案为买卖合同纠纷,双方约定的交货方式为FOB上海,被告的住所地在中国境内,故应适用中国法律。中国《民法总则》第188条规定的诉讼时效期间为3年;法律另有规定的,依照其规定。中国《合同法》第129条规定:

> 因国际货物买卖合同和技术进出口合同争议提起诉讼或者申请仲裁的期限为四年,自当事人知道或者应当知道其权利受到侵害之日起计算。

自被告于 2013 年 1 月 9 日将案涉货款退回原告起,原告应当知道权利受到损害,原告于 2016 年 3 月 15 日向中国法院提起诉讼,未超过《合同法》关于诉讼时效的规定。

在(2018)鄂民终 1378 号案中,原告为日本企业,被告为香港企业。关于法律适用问题,法院根据《涉外法律适用法》第 41 条及《涉外法律适用法解释(一)》第 8 条第 2 款认为,因各方当事人均援引我国法律且未提出法律适用异议,应认定当事人就该案海上货物运输合同纠纷适用的法律作出了选择,法院适用中国法律审理案件。关于该案诉讼时效的法律适用问题,根据《涉外法律适用法》第 7 条的规定,亦适用中国法律。原告作为承运人,选择依据案涉海上货物运输合同向托运人主张违约责任,而非向合同以外的第三人提起追偿请求,因此,该案诉讼时效不适用《海商法》第 257 条第 1 款关于"被认定为负有责任的人向第三人提起追偿请求的,时效期间为九十日"的规定,而应适用最高人民法院《关于承运人就海上货物运输向托运人、收货人或提单持有人要求赔偿的请求权时效期间的批复》中关于承运人就海上货物运输向托运人要求赔偿的请求权的时效期间为 1 年的规定,该 1 年期间自权利人知道或应当知道权利被侵害之日起计算。原告在案涉事故发生后至检验公司出具第一份报告前即知晓其船舶受损,其权利受到侵害,诉讼时效因此开始起算。尽管原告 2008 年 1 月曾向一审法院就案涉事故提起诉讼,要求 P 公司等赔偿损失,但其 2012 年 11 月 6 日申请撤回起诉,根据《海商法》第 267 条第 1 款关于时效因请求人提起诉讼而中断,但请求人撤回起诉的,时效不中断的规定,1 年时效期间不发生中断,连续计算。因此,原告于 2015 年 11 月提起该案诉讼,已超过 1 年时效期间,一审法院对此认定正确。原告关于该案可适用 90 天追偿时效,即使适用 1 年时效亦应从其确切知道损害数额开始计算的上诉理由不能成立。

在(2021)京民终 204 号案中,英国 L 公司与中国 Z 公司成立买卖合同关系,L 公司起诉向 Z 公司主张货款。法院最终认定该案适用 2015 年 10 月 1 日最新一次修订的 1979 年《货物买卖法案》(Sales of Goods Act 1979)。关于诉讼时效,法院认为,《涉外法律适用法》第 7 条规定,诉讼时效适用相关涉外民事关系应当适用的法律,故对该案诉讼请求时效,亦应当以英国法律为依据进行判断,并最终认定,应根据该案准据法中规定的一般诉讼时效来确定。法院根据英国法律的上述规定将本案诉讼时效确定为自诉因产生之日起 6 年,据此认定 L 公司的诉讼未超过上述时效期间。

在(2018)粤 0391 民初 5353 号案中,保险公司行使代位求偿权起诉 Y 公司索赔货款,买卖合同的准据法为中国法律。法院认为,如果保险公司对买方提起该案诉讼所依据的代位求偿权有效成立,则保险公司行使代位求偿权的诉讼时效期间,应当与被保险人即卖方基于其与买方之间的国际货物买卖合同,向买方行使请求权的诉讼时效期间相同。原《合同法》第 129 条规定:

因国际货物买卖合同和技术进出口合同争议提起诉讼或者申请仲裁的期限为四年,自当事人知道或者应当知道其权利受到侵害之日起计算。因其他合同争议提起诉讼或者申请仲裁的期限,依照有关法律的规定。

因此,该案诉讼时效期间应适用前述4年的规定,时效中断适用《民法总则》的相关规定。

第六节 国际民商事诉讼的保全

一、保全的概念及其分类

保全(preserve),即"保住使不受损失",有"保护,维护;保持,维持"之义。《民诉法》第四编涉外民事诉讼程序中,没有对涉外民商事诉讼的保全程序作出特别规定。因此,涉外民商事诉讼保全适用普通程序,但海事保全优先适用《海诉法》相关规定。目前,适用于保全的规定除《民诉法》及其司法解释外,还有2016年发布并经2020年修正的最高人民法院《关于人民法院办理财产保全案件若干问题的规定》,以及《海诉法》《仲裁法》及其相关司法解释等。①

(一)按保全标的分类

民事诉讼法中的保全,按保全标的不同,可以分为证据保全、行为保全和财产保全。

证据保全,是指在证据可能灭失或者以后难以取得的情况下,当事人可以在诉讼过程中向法院申请保全证据,法院也可以主动采取保全措施。情况紧急下,利害关系人可以在提起诉讼或者申请仲裁前向证据所在地、被申请人住所地或者对案件有管辖权的法院申请保全证据。

行为保全,是指对于完成行为的给付请求,因被申请人的行为或者其他原因,可能导致申请人的合法权益遭受难以弥补的损害,或者使判决不能执行或难以执行,申请人可以向法院申请制止某种行为或者要求作出某种行为。前文已论及我国没有禁诉令的明确规定,禁诉令实为海事强制令和行为保全的扩大理解。当时制定海事强制令

---

① 关于保全,另参阅最高人民法院《关于内地与香港特别行政区法院就仲裁程序相互协助保全的安排》(法释〔2019〕14号);最高人民法院《关于内地与澳门特别行政区就仲裁程序相互协助保全的安排》(法释〔2022〕7号);最高人民法院《关于审查知识产权纠纷行为保全案件适用法律若干问题的规定》(法释〔2018〕21号);最高人民法院《关于生态环境侵权案件适用禁止令保全措施的若干规定》(法释〔2021〕22号);最高人民法院《关于人民法院对注册商标权进行财产保全的解释》(法释〔2020〕19号)等。

或者行为保全的相关规定,并未赋予其现今所讨论的禁诉令的含义。行为保全的规定适用于禁诉令,但尚待立法进一步完善。

财产保全,是指法院为了保证将来的生效判决能够得到切实执行,或者为及时、有效地避免利害关系人或者当事人的合法权益受到难以弥补的损害,根据当事人或利害关系人的申请,所采取的限制有关财产处分或者转移的强制性措施。

(二)按照诉讼阶段分类

按诉讼阶段的不同,保全还可划分为诉前保全、诉中保全和裁判文书生效后进入执行程序前的保全(执行保全)等。

诉前保全,顾名思义,就是起诉之前提起的保全,利害关系人因情况紧急,不立即申请保全将会使其合法权益受到难以弥补的损害的,可以在起诉前向有管辖权的法院申请,由法院所采取的一种保全措施。诉前保全适用于证据保全、行为保全和财产保全。诉中保全则是在法院受理案件后、作出判决前为防止当事人(被告)转移、隐匿、变卖财产,依当事人申请或依职权作出的强制性措施,以保证将来判决生效后能得到顺利执行。执行保全是指在民事诉讼中,法院根据当事人或利害关系人的申请或者依职权,在判决生效后进入执行程序前,对可能因当事人一方的行为或者其他原因而使判决难以执行或者造成当事人其他损害的案件,采取限制财产处分或者转移、责令或者禁止作出一定行为、收存或者固定证据等强制性措施。

(三)按争议解决方式分类

国际民商事争议当事人解决争议的主要方式是诉讼和仲裁。在仲裁活动中,为防止当事人变卖、转移、隐匿财产,致使仲裁裁决无法或难以执行,根据申请人的申请,可启动证据或财产保全措施,以便仲裁程序的进行及裁决作出后的执行。仲裁程序中证据保全和财产保全较为普遍,《民诉法》和《仲裁法》都有相关规定与衔接措施。行为保全在商事仲裁中并不多见,对于当事人在仲裁前或仲裁中是否可以提出行为保全的申请,《民诉法》和《仲裁法》未明确规定,因此绝大多数仲裁委员会的仲裁规则关于保全的类型只规定了证据保全和财产保全或者概括规定"保全和临时措施"。《民诉法》第103条可谓各类民商事诉讼、仲裁保全措施的基本法律渊源。该条第1款规定:

> 人民法院对于可能因当事人一方的行为或者其他原因,使判决难以执行或者造成当事人其他损害的案件,根据对方当事人的申请,可以裁定对其财产进行保全、责令其作出一定行为或者禁止其作出一定行为;当事人没有提出申请的,人民法院在必要时也可以裁定采取保全措施。

可见,该条关于行为保全的规定是否适用于仲裁,亦不十分明确。但《海诉法》及其司法解释最早引进行为保全(强制令)制度,也是最先赋予仲裁当事人行为保全救济的法律。该法第51条规定：

> 海事强制令是指海事法院根据海事请求人的申请，为使其合法权益免受侵害，责令被请求人作为或者不作为的强制措施。

第53条规定：

> 海事强制令不受当事人之间关于该海事请求的诉讼管辖协议或者仲裁协议的约束。

《海诉法解释》第41条第1款规定：

> 诉讼或者仲裁前申请海事强制令的，适用海事诉讼特别程序法第五十三条的规定。

2019年1月1日起实施的最高人民法院《关于审查知识产权纠纷行为保全案件适用法律若干问题的规定》第3条规定：

> 申请诉前行为保全，应当向被申请人住所地具有相应知识产权纠纷管辖权的人民法院或者对案件具有管辖权的人民法院提出。当事人约定仲裁的，应当向前款规定的人民法院申请行为保全。

另外，2019年10月1日起施行的最高人民法院《关于内地与香港特别行政区法院就仲裁程序相互协助保全的安排》(以下简称《内地与香港仲裁保全安排》)第1条、第3条明确规定，香港仲裁程序的当事人可以参照《民诉法》和《仲裁法》向内地有管辖权的法院申请采取保全措施，包括行为保全。2022年3月25日，内地与澳门特区之间的类似保全安排生效，再次规定澳门特区仲裁程序中的行为保全可适用《民诉法》和《仲裁法》。在经典案例(2014)鄂武汉中立保字第00095号案中，申请人在仲裁程序中提出证据保全申请，但武汉市中级人民法院认定该申请实为行为保全。其认为，对于民事诉讼或仲裁中的行为保全而言，一般应符合两个适用条件：一是适用于金钱请求以外的请求权；二是适用于可能因当事人一方的行为或者其他原因，使判决难以执行或者造成当事人其他损害……还需要结合案件具体情况予以从严审查，以防止行为保全措施被滥用，并最终以"本案中不存在不采取行为保全措施将使仲裁裁决难以执行或者造成其他损害的情形"为由，依据《民诉法》第100条第1款、第154条第1款第4项的规定，裁定驳回了申请人的保全申请。在(2019)琼96行保1号案中，申请人于2019年8月14日向中国贸仲申请行为保全，担保人为申请人提供担保。2019年9月6日，中国贸仲将行为保全申请书提交海南省第一中级人民法院。该院认为如不采取仲裁行为保全措施，将会给申请人的合法权益造成损害或者使其损害扩大，并依据《民诉法》第100条的规定支持了申请人的大部分保全申请。可见，《民诉法》规定的行为保全制度亦适用于仲裁。中国商事仲裁机构的仲裁规则规定的临时措施虽未明确包含行为保全,但应包括证据保全、行为保全和财产保全等各项临时措施。如《贸仲仲裁规则(2024)》第23条"保全措施及临时措施"规定:

(一)当事人申请保全措施的,仲裁委员会应当将当事人的保全措施申请转交当事人指明的有管辖权的法院。仲裁委员会可依据当事人的请求,将其提交的保全措施申请在仲裁通知发出前先行转交上述法院。

可以理解为,"保全措施及临时措施"涵盖证据保全、行为保全和财产保全等各项临时措施。从上述论证和案例可进而得出结论:禁诉令作为行为保全措施,不仅适用于国际民商事诉讼前和诉讼中,而且适用于国际民商事仲裁程序前和程序中。①

二、涉外保全的申请和条件

(一)涉外证据保全

根据《民诉法》第84条的规定,对于诉讼过程中的证据保全,由当事人向法院提出或者由法院根据案情所需,依职权采取保全措施。该条虽仅提及"诉讼过程中",但亦应包括仲裁过程中。对于诉讼或仲裁前的证据保全,只能由利害关系人提出申请。申请条件是:第一,申请保全的证据应与所审理的案件具有关联性;第二,申请人应提供证据证明存在必要性和紧急性,即存在证据可能灭失或者以后难以取得的情况;第三,诉讼中的申请在举证期限届满前书面提出;第四,证据保全可能对他人造成损失的,申请人根据法院要求提供相应的担保。但涉外仲裁案件中,当事人申请证据保全,法院经审查认为无须提供担保的,申请人可以不提供担保。

(二)涉外行为保全

根据上述论证,行为保全措施不仅适用于国际民商事诉讼前和诉讼中,而且适用于国际商事仲裁程序前和程序中。对于诉讼中行为保全,由当事人提出申请,或由法院根据自由裁量权依职权作出裁定。对于涉外仲裁案件,当事人申请采取保全的,我国或外国仲裁机构应当将当事人的申请提交被申请人住所地或者财产所在地的中级人民法院裁定。行为保全的条件是,"可能因当事人一方的行为或者其他原因,使判决难以执行或者造成当事人其他损害",当事人是否需提供担保,由法院决定。实践中,法院通常要求申请人提供担保,若当事人不提供则不予裁定保全。对于诉讼和仲裁前行为保全,由利害关系人提出申请,申请条件是"因情况紧急,不立即申请保全将会使其合法权益受到难以弥补的损害"。在诉讼前或仲裁前申请行为保全,申请人应当提供担保,不提供担保的,裁定驳

---

① 2024年《仲裁法(修订草案)》第36条增加了行为保全的规定。

回申请。当然,无论诉讼还是仲裁程序,申请人申请行为保全应在法定期间提出,并提供相关证据证明存在必要性和紧急性,否则法院也会驳回申请。

信用证项下款项的止付,属于行为保全。2005年前我国没有"中止支付"的相关规定,法院通常参照财产保全规定,裁定冻结信用证项下款项。2005年《审理信用证案件规定》正式规定"中止支付",由财产保全向行为保全转变。① 根据该规定,如有充分证据证明受益人利用签订买卖合同进行欺诈且开证行在合理的时间内尚未对外付款或承兑,开证申请人、开证行或者其他利害关系人可以申请有管辖权的法院采取保全措施,止付信用证项下款项。在(2019)粤民终1891号案中,韩国S公司以开证申请人的身份提交案涉信用证项下提单等材料,主张该提单无法用于提货,受益人伪造单据的行为构成信用证欺诈。法院认为,案涉信用证项下提单的流转过程中存在伪造单据的行为,依照《审理信用证案件规定》第8条的相关规定,认定存在信用证欺诈行为,且不存在信用证欺诈例外的例外情形,遂裁定中止支付第三人开证行开立的案涉信用证项下的款项。在中止支付信用证项下款项案件中,若法院经实体审理案件,认为存在信用证欺诈,则判决终止支付。在(2020)浙02民初1142号案中,法院认定受益人交付的货物因主要成分指标严重不符合我国有关质量标准,无使用价值,构成信用证欺诈,且不存在信用证欺诈例外的例外情形,裁定终止支付诉讼第三人开证行开立的相关信用证项下的款项。

(三)涉外财产保全

申请财产保全与申请行为保全的主体、条件基本相同,但存在某些差别,如法院采取的财产保全措施包括查封、扣押、冻结或者法律规定的其他方法,而行为保全只能是要求或限制被申请人作为或不作为。根据《民诉法》第107条的规定,财产纠纷案件,被申请人提供担保的,法院应当裁定解除保全。该规定是否同样适用于行为保全,即如果被保全人或第三人提供充分有效担保请求解除行为保全,法院是否裁定准许,不十分明确。从条款本身理解,该条"解除保全"应该包括行为保全,并未排除行为保全可以经被保全人或第三人提供充分有效担保而申请解除保全的情形。至于法院是否准予解除,属于其自由裁量权,其可以参照办理财产保全的规定,征求申请保全人的同意。

涉外诉讼案件的诉前或诉中财产保全,通常由利害关系人或原告提出申请,或由法院依职权作出裁定。涉外仲裁案件,利害关系人可以在仲裁前向被申请人住所地或

---

① 1989年最高人民法院《全国沿海地区涉外、涉港澳经济审判工作座谈会纪要》中"关于冻结信用证项下货款的问题"规定:如有充分证据证明卖方是利用签订合同进行欺诈,且中国银行在合理的时间内尚未对外付款,法院可根据买方的请求冻结信用证项下货款。在远期信用证下,如中国银行已承兑了汇票,其在信用证上的责任已变为票据上的无条件付款责任,法院不应加以冻结。2003年7月16日,最高人民法院《关于严禁随意止付信用证项下款项的通知》公布,重申止付信用证要严格坚持信用证独立抽象原则。

财产所在地法院提出财产保全申请,然后再去申请仲裁。对于涉外仲裁程序中的保全,2023 年《民诉法》第 289 条规定,中国涉外仲裁机构审理的案件,当事人申请采取保全的,涉外仲裁机构应当将当事人的申请提交被申请人住所地或者财产所在地的中级人民法院裁定。但《民诉法》未涉及外国法院或境外仲裁机构受理的案件,当事人在中国法院申请财产保全的问题。对此,《海诉法》持更为开放的态度。《海诉法解释》第 21 条第 2 款规定:

> 外国法院已受理相关海事案件或者有关纠纷已经提交仲裁,但涉案财产在中华人民共和国领域内,当事人向财产所在地的海事法院提出海事请求保全申请的,海事法院应当受理。

据此,境外诉讼或仲裁案件海事请求当事人,可以直接向中国财产所在地的海事法院申请财产保全。根据《海诉法解释》第 18 条的规定,《海诉法》第 12 条以保全财产为标准,区分为"船舶、船载货物、船用燃油以及船用物料"四类财产以及"其他财产"(银行存款、房产、车辆、股权等)。对"四类财产"的海事请求保全,适用《海诉法》有关规定;对"其他财产"的海事请求保全,适用《民诉法》有关规定。按照该解释原则,外国法院和境外仲裁程序中当事人以"其他财产"为保全对象的,海事法院应适用《民诉法》进行审查,而不能适用《海诉法》及其司法解释的特殊规定。[①] 但也有观点认为,我国海事法院不宜受理域外仲裁程序中当事人的财产保全申请。理由是,域外仲裁程序中当事人向我国申请仲裁保全,其本质上是一种司法互助,在我国与他国或地区没有司法互助条约的情况下,我国海事法院没有义务为保证域外仲裁裁决的顺利执行而对我国当事人的财产采取保全措施,且域外仲裁案件通常耗时较长,长时间的保全对我国有限的司法资源也是一种耗费。因此,域外仲裁程序中当事人向海事法院提出一般财产保全申请,在无相关司法协助条约的情况下,原则上不应获得法院支持。根据内地与香港、澳门特区相关司法协助安排的规定,在香港、澳门特区仲裁的当事人可以向海事法院申请一般财产保全,这也反向证明了,除香港、澳门特区外,在其他国家和地区仲裁的当事人向海事法院申请一般财产保全的不应获得法院支持。[②] 自此,也可得出结论,外国法院或境外仲裁程序中,当事人向我国海事法院之外的普通法院提出保全申请的,没有《民诉法》依据。

[①] 参见侯伟:《海事司法与商事仲裁国际化——以境外仲裁保全为例》,载《人民法院报》2022 年 9 月 29 日,第 5 版。

[②] 参见滕乐:《海事纠纷中域外仲裁财产保全相关问题探析》,载上海海事法院网(https://shhsfy.gov.cn/hsfyytwx/hsfyytwx/spdy1358/dycg1505/2022/11/07/09b080ba83262c2201844ff3f0a72cf7.html),访问时间:2024 年 3 月 15 日。

第七节　海事案件的保全

一、海事审判概况

20世纪80年代，为适应我国海上运输和对外经济贸易发展需要，及时审理海事海商案件，维护国内外当事人的合法权益，我国于1984年6月1日在5个沿海城市广州、上海、青岛、天津和大连及沿江城市武汉设立6家海事法院，后于20世纪90年代又相继在海口、厦门、宁波和北海设立4家海事法院。2019年2月，设立南京海事法院。目前共有11家海事法院，在全国形成由海事法院(内设42个派出法庭)、所在地高级人民法院和最高人民法院组成的海事审判三级法院组织体系。2018年至2021年，海事审判三级法院受理涉外案件10397件、涉港澳台案件2693件；审结涉外案件10611件、涉港澳台案件2782件。11家海事法院扣押船舶2717艘，其中外籍船舶105艘，港澳台籍船舶24艘。拍卖船舶1252艘，其中外籍船舶30艘，港澳台籍船舶9艘。① 海事审判在程序法方面，适用2000年《海诉法》和《民诉法》及其相关司法解释的规定，实体法方面适用《海商法》《民法典》，以及国际公约、国际惯例等。

二、海事保全的特殊性

如上文述及，海事保全不仅适用于海事诉讼案件，而且适用于海事仲裁案件。

根据《海诉法》的规定，海事保全包括海事请求保全、海事强制令和海事证据保全。这些保全措施与普通民事案件的保全相比，具有特殊性。第一，海事保全申请的提出须基于海事请求权(maritime claim)。法律没有对海事请求或海事请求权作出明确定义，但《海商法》调整对象是海上运输关系和船舶关系，就运输关系来说，主要是基于海上运输合同、拖航合同、劳务合同等合同关系产生的海事请求权，同时也有基于运输中发生的事故(狭义上的海事)而产生的请求权，如碰撞、救助报酬、共同海损等。就船舶关系而言，有基于船舶所有权、船舶优先权、船舶抵押权和船舶留置权等的海事请求权。根据《布莱克法律词典》的解释，海事请求权作为海商法的概念，是指与船舶和船舶运输有关的请求权。根据1985年《扣船公约草案》的定义，海事请求权是指与船舶所有权、船舶建造、占有、经营、管理或运输，以及船舶抵押、质押或同类性质的费用，或者与船舶救助作业有关的或由此产生的任何请求。第二，海事诉讼保全客体依法限定在一定范围。第三，海事诉讼保全由海事法院专门

---

① 参见最高人民法院《中国海事审判(2018—2021)》。

管辖,且保全只能由申请人提出申请,海事法院不能依职权裁定保全。第四,海事仲裁程序前的保全,由申请人直接向有管辖权的海事法院提出申请,而仲裁程序中的保全,由仲裁机构根据申请人申请,向海事法院转交申请。但外国诉讼或仲裁程序中的保全,可以由当事人直接向海事法院提出申请。

三、海事请求保全

海事请求保全(security for maritime claim),是指海事法院根据海事请求人的申请,为保障其海事请求的实现,对被请求人的财产所采取的强制措施。海事请求保全属财产保全性质,由被保全的财产所在地海事法院管辖,不受当事人之间关于该海事请求的诉讼管辖协议或者仲裁协议的约束。申请人申请保全的对象可以是被请求人的特定财产,即船舶、船载货物、船用燃油以及船用物料等四类财产,也可以是其他财产,但海事法院审查保全申请所适用的法律不同。这四类特定财产的保全适用《海商法》及其司法解释。其他财产的保全,适用《民诉法》及其司法解释。

(一)海事请求保全程序

1. 海事请求保全的申请。申请书应当载明海事请求事项、申请理由、保全的标的物以及要求提供担保的数额,并附有关证据。

2. 海事请求保全的担保。实践中,海事请求保全多为诉讼前或仲裁前提起,虽然法律规定"可以"责令海事请求人提供担保,但海事法院通常都要求申请人提供担保,以确保申请人能够赔偿因其保全申请错误给被保全人造成的损失。该担保相对于被请求人为解除保全措施而提供的担保(security),常被称为反担保(counter-security)。

3. 对海事请求保全申请的审查和裁定。海事法院接受申请后,应当在48小时内作出裁定。裁定采取海事请求保全措施的,应当立即执行;对不符合海事请求保全条件的,裁定驳回其申请。当事人对裁定不服,可以申请复议一次。利害关系人可以对海事请求保全提出异议,海事法院经审查,认为理由成立的,应当解除对其财产的保全。

4. 海事请求保全措施的执行。保全措施包括扣押、查封、冻结和限制处分等。

5. 海事请求保全措施的解除。解除条件包括:利害关系人对海事请求保全提出异议,海事法院经审查,认为理由成立的;被请求人提供担保,或者当事人有正当理由申请解除海事请求保全的。海事请求保全是海事法院根据海事请求人申请对被请求人的财产采取的一种临时性强制措施(conservatory compulsory measures),直接目的是要求被请求人提供满意的担保,而并非为了长期扣押财产或为了执行将来的胜诉裁判文书。如果被请求人在扣押期限届满未提供担保,海事法院可以应请求人的申请,强制拍卖被扣押财产,成为生效法律文书的保证;若海事请求人在规定的期间内,未提起诉讼或者未按照仲裁协议申请仲裁的,也应解除保全。

6. 海事请求保全与诉讼和仲裁。针对起诉前或仲裁前的海事请求保全,《海诉法》规定,海事请求保全执行后,有关海事纠纷未进入诉讼或者仲裁程序的,当事人应在法定期间内就该海事请求提起诉讼或仲裁程序,采取海事请求保全的海事法院或者其他有管辖权的海事法院对此享有管辖权。但当事人之间订有诉讼管辖协议或者仲裁协议的除外。《海诉法》借鉴 1952 年和 1999 年《国际扣船公约》的立法经验,直接赋予采取海事保全的海事法院可以取得对相关海事实体争议的管辖权,除非当事人之间订有诉讼管辖协议或仲裁协议。海事请求保全扣押船舶超过 30 日、扣押货物或者其他财产超过 15 日,海事请求人未提起诉讼或者未按照仲裁协议申请仲裁的,海事法院应当及时解除保全或者返还担保。海事请求人未在期限内提起诉讼或者申请仲裁,但海事请求人和被请求人协议进行和解或者协议约定了担保期限的,海事法院可以根据海事请求人的申请,裁定认可该协议。

7. 申请海事请求保全错误及其赔偿。若经实体审理证明申请海事请求保全错误,申请人应当赔偿被请求人或者利害关系人因此所遭受的损失。但是,海事请求人在诉讼或仲裁前申请保全,因尚未对实体争议进行审理,海事法院裁定准予保全,系基于对申请人提供证据的初步审查,若不能证明保全错误系申请人故意或重大过失所致,通常不支持被申请人的保全错误索赔。

(二) 海事请求保全主体

海事请求保全请求人,须是与船舶和海上运输有关,且其合法权利受到侵害,需要法律保护的人。海事请求保全的被请求人,通常是船舶或海上运输法律关系的义务人。实践中,究竟谁是义务人或债务人,往往在申请保全之时难以查明,此时可以推定某人为义务人或债务人。如申请扣押船舶时,因船舶登记和租赁关系的复杂性,真正的义务人或债务人往往难以确定,因此常以载运船舶的"所有权人或光船承租人"为被请求人。对此《海诉法》第 25 条作出规定:

> 海事请求人申请扣押当事船舶,不能立即查明被请求人名称的,不影响申请的提出。

(三) 海事请求保全客体

海事请求保全的客体包括五类:(1)船舶,包括当事船舶,如载运货物的船舶、发生碰撞的船舶、获得救助或者修理的船舶等,以及符合条件的关联船舶;(2)船载货物;(3)与海事请求有关的船用燃油、船用物料;(4)承租人可以收取的运费或租金;(5)其他财产。

（四）船舶扣押

船舶扣押（ship arrest），是海事请求保全措施之一，是指根据海事请求权人的申请，由特定的机构通过法定的程序对船舶进行扣留的行为，包括限制移动和限制处分等类型。扣船是海事请求保全最主要的措施，是处理海事纠纷中常用的一种行之有效的强制手段，目的在于为海事请求权的实现和行使提供财产保证，保障海事法律文书的最终执行。

1. 扣押船舶公约。关于扣押船舶，目前有两个国际公约，一是 1952 年《关于统一扣押海船的若干规定的国际公约》（International Convention for the Unification of Certain Rules relating to Arrest of Sea-going Ships，以下简称 1952 年《扣船公约》），由在布鲁塞尔召开的第九届海事法律外交大会通过，1956 年 2 月生效，目前有 71 个成员国。[①] 根据公约，各国同意以下规则：一国同意允许外国司法管辖区扣押停泊在其港口内的具有其国籍的船舶。公约规定了 17 种可以申请扣船的海事请求，但只有在港口国在其国内管辖范围内发出扣押令后，才能进行扣押；可扣押船舶范围除当事船舶外，还可以扣押其他相关船舶；公约还规定了担保问题，不得因同一海事请求而被同一请求人申请多次扣押同一船舶，以及关于实体纠纷的管辖权问题。二是 1999 年《国际扣船公约》，由于有些重要的海运国家没有加入公约，且公约内容（如请求权项目）不能满足国际海运和经济发展需要，于是国际社会开始对公约进行修改。1985 年国际海事委员会（CMI）提出 1985 年《扣船公约草案》，1994 年联合国贸发会议提出 1994 年《扣船公约草案》。1999 年联合国及国际海事委员会在日内瓦召开第七届会议，一致通过该草案。该公约共 17 条，全面规定了据以申请扣船的海事请求事项、扣押权力、扣押权的行使、被扣押船舶的释放、再次扣押和多次扣押、对被扣押船舶所有人的保护，以及案件实体管辖权等问题。中国没有参加上述两个公约，但最高人民法院有关扣押船舶规定大量参考了 1952 年《扣船公约》相关规定。

2. 我国扣押船舶规定。1949 年至 1978 年年底改革开放前，我国没有完备的船舶扣押法律制度。根据 1981 年最高人民法院《关于扣船法律程序的请示报告的批复》，扣留海运船舶，是涉外海事诉讼中采取的一项强制性保全措施，是国际上的习惯做法。凡需要扣留运输船舶的，当事人应向船舶停靠港所在地的中级人民法院提出书面申请和有关证据，并声明承担由于申请不当所造成的损失。法院经过审查认为确需扣船时，在征求外办、港监的意见后，报请高级人民法院审查同意，然后报最高人民法院审批。经批准后，中级人民法院发布扣船命令，由港监执行。当被扣船舶所有人提供担保后，即通知港务监督机关准予该船离港。1982 年《民诉法（试行）》颁布，扣押船

[①] 参见维基百科（https://en.m.wikipedia.org/wiki/1952_Arrest_convention），访问时间：2024 年 5 月 30 日。

舶按此执行。至此,仍无专门的船舶扣押法律规定。1986年最高人民法院发布的《关于诉讼前扣押船舶的具体规定》,对海事请求权及可扣押船舶范围、申请扣船程序、送达和执行、扣船费用以及扣船与诉讼的关系作了详细规定,而诉前扣船突破了当时《民诉法(试行)》的规定,引领我国诉前财产保全制度的确立,成为我国船舶扣押制度形成的标志性文件。1991年《民诉法》制定了诉前保全制度,1994年最高人民法院发布《关于海事法院诉讼前扣押船舶的规定》(以下简称《诉前扣船规定》),对1986年《关于诉讼前扣押船舶的具体规定》进行修改,同时发布《关于海事法院拍卖被扣押船舶清偿债务的规定》,并对拍卖船舶价款的清算作出规定。后该两规定分别被1999年《海诉法》和2015年最高人民法院《关于扣押与拍卖船舶适用法律若干问题的规定》(以下简称《扣押与拍卖船舶规定》)取代。

3. 申请扣押船舶的条件。申请扣押船舶应具备相应的实质要件和形式要件。实质要件是,扣船申请须基于《海诉法》第21条规定的22项海事请求权。其中与国际贸易关系密切的有第7项货物运输协议、第8项船载货物或者与其有关的灭失或者损坏,以及第9项共同海损等。形式要件是,海事请求人应提交书面申请书和相关证据,申请书应包括请求事项,如扣押船舶名称,或者提供相应金额担保以及事实理由等,被请求人可以写明登记船东或光船承租人等义务人/债务人名称、地址等,如果在申请扣押当时无法查明被请求人信息,可以仅写某船舶所有人/光船承租人,被扣押船舶名称、船旗和IMO号及拟挂靠港口和抵达时间,并应按照法院要求提供(反)担保。如果所提交证据材料非中文,应翻译为中文。法定代表人身份证明和委托授权手续等。如果申请人为外国当事人,还应根据规定对其主体资格、法定代表人授权等进行公证和认证。对符合扣船条件的申请,海事法院作出扣船民事裁定书并由院长签发扣船令,由法官执行。(2014)青海法保字第263号案中,申请人山东J物流有限公司以与案涉船舶所有人和/或光船承租人海上货物运输合同发生货损为由,向青岛海事法院提出海事请求保全申请,请求法院扣押被申请人所属的船舶,并责令被申请人提供可靠担保。在申请人已向法院提供(反)担保的情况下,该院裁定准许扣押案涉船舶。

4. 扣船与择地诉讼。海事请求人可以仅以取得担保为目的申请扣船(security arrest),扣船后应按法定期限(30日内),在有管辖权的境内外法院启动诉讼或仲裁程序。《海诉法》与1952年《扣船公约》、1999年《国际扣船公约》的规定一致,实施扣船的法院因扣船取得对实体争议的管辖权,但该管辖权为非排他管辖,若当事人订有管辖协议或仲裁条款,应尊重其协议选择。如没有管辖或仲裁协议,中国收货人应尽量在我国海事法院申请扣船并提起诉讼,这样不仅便利己方诉讼,还可省去对被申请人的境外送达、域外执行等程序。在(2018)浙民辖终268号案中,申请人在宁波海事法院申请扣押载货船舶并得到准许,随后在该院提起诉讼。宁波海事法院受理后,被告依提单"并入条款"认为该案应提交伦敦仲裁,对海事法院的管辖权提出异议。该院认为,提单虽含有并入条款,但仲裁条款并未有效并入提单,双方不存在仲裁协议。案涉货物运输目的地和采取海事请求保全地均为浙江宁波,属该院辖区范围,据此宁波海事法院对本案依法享有管辖权。二审法院认为,案涉货物卸货地为舟山,采取海事请求保全的宁波海事法院依法享有管辖权,驳回了被告的管辖权异议。扣船的海事法院取得实体争议管辖权,并不影响其他海事法院的管辖权,若运输合同的起运地、目的地等在其他海事法院管辖区域,则其他海事法院仍有管辖权。海事请求权人可以选择实施扣船的海事法院或其他有管辖权的海事法院起诉。如在(2023)桂72财保9号案中,申请人在北海海事法院申请扣船并获得准许,而后依法在提单载明的卸货港所在地的天津海事法院提起诉讼,并被受理。当然,如果船舶已经驶离中国,必要时可在适当的外国法院申请扣船,获取担保后再去有管辖权的法院诉讼或申请仲裁。

需注意的是,在申请外国法院扣船之前,应了解扣船地国是否属于扣船公约缔约方、其法律是否允许仅为取得担保而扣船,以及扣船后是否可以中止审理而准许申请人去其他国家法院诉讼或仲裁,否则申请可能会被拒绝或者在扣船后,不得不在当地法院起诉。有的国家不允许仅为取得担保而扣船,而大部分国家的法院则允许,如南非、比利时、日本、韩国和中国等。

5. 扣押船舶的范围。根据公约和《海诉法》,可扣押船舶包括当事船舶和关联船舶。

(1)当事船舶(ship concerned),即引起海事请求的发生或者发生的海事请求与其直接有关的船舶。与国际贸易关系密切的当事船,通常为履行海上运输合同的承运船舶(carrying ship)。根据《海诉法》第23条第1款规定,船舶所有人(如登记船东)对海事请求负有责任(如作为承运人对货损货差负有责任),并且在实施扣押时仍是该船舶的所有人(发生海事请求至实施扣船时船舶所有权关系未发生变化),或者船舶的光船承租人对海事请求负有责任,并且在实施扣押时是该船的光船承租人或者所有人(仍处于光租期间或已受让该船),申请人可以申请扣押该船舶。若申请扣押时船舶已通过转让或转租不再由原义务人/债务人拥有或光租,则不能申请扣押。光船租赁(bareboat charter/demise charter),指船舶出租人向承租人提供不配备船员的船舶,在约定的期间内由承租人占有、使用和营运并获得收益,向出租人支付租金,承租人负责配备船员和装备船舶,承担船舶航行、管理及营运调度责任,负责保养和维修并承担保险费用等。同时,光船租赁期间的收入和风险承担归于承租人。法律之所以规定光船租赁的船舶可因光船承租人负有责任而被扣押,是因为光船租赁虽为财产租赁,但承租人的承租权与船舶以及船舶所有人之外的其他主体的关系,如货物运输、港口作业等合同关系,船舶碰撞、油污损害等具有侵权法律关系和鲜明的物权特性,则其法定义务和法律责任的承担被视为与船舶所有人具有相同地位。如根据《船舶登记条例》第5条规定,光船租赁权的取得、变更与消灭,须经过登记才得对抗第三人,这与船舶所有权和船舶抵押权是一致的。《海商法》的某些特别规定,也使得光船租赁权较一般租赁权具有更多的物权属性。航次租船合同(voyage C/P)和定期租船合同(time C/P)的承租人,对海事请求负有责任时,因其对所承租的船舶仅享有使用权而不享有占有权和管理权,这两类承租人(如果作为承运人)的责任不能由所承租的当事船舶承担,即不能扣押其承租的实际承运人的船舶。因此,为避免错误扣船带来的风险,申请人应事先查询、确定原义务人/债务人及其与船舶的法律关系。可见,该规定中的当事船是"责任主体与对引发赔偿责任的船舶的所有和控制关系"的结合。《海商法》第28条规定,船舶优先权(maritime lien)应通过法院扣押产生船舶优先权的船舶行使,即只能扣押当事船舶。而扣押当事船舶不限于发生海事请求的航次,航次完成后仍可将其作为当事船舶申请扣押。如利比里亚籍"FLAG TOM"轮于2022年8月22日在天津港卸货完毕后驶离,但因交货错误给收货人造成损失。收货人多次发律师函索赔无果。查询船舶动态得知,该船将于2023年8月20日在广西防城港卸货,收货人遂在船舶抵达卸港前,向北海海事法院提交扣船申请并获准许。

(2)关联船舶。关联船舶(associated ships),是对与当事船舶有一定联系的其他船舶的称谓。具体而言,根据《海诉法》第23条第2款规定,扣押关联船舶,是指扣押对海事请求负有责任的船舶所有人、光船承租人、定期租船人或者航次租船人在实施扣押时所有的其他船舶,但与船舶所有权或者占有有关的请求除外。义务人/债务人除当事船的所有人和光船承租人外,还包括定期租船人和航次租船人,被扣押对象为这些义务人/债务人所拥有的其他船舶。特定请求权只能申请扣押当事船舶,不能扣押关联船舶。1994年最高人民法院《诉前扣船规定》第3条第1项、第3项曾规定,海事法院可以扣押对海事请求负有责任的船舶经营人、承租人所有的、经营的或租用的其他船舶。2000年《海诉法》第23条修改为对船舶经营人经营、定期租船人或者航次租船人经营或租用的船舶不得扣押。①

实践中,海事请求人要证明当事船舶与义务人/债务人的法律关系相对容易,即使不能立即查明被请求人名称,也不影响申请的提出。一旦扣船,相关义务人/债务人即可出现,或提出异议或协商提供担保放船。但因船舶登记制度中单船公司的普遍存在以及复杂的租赁关系,要确认义务人/债务人的身份并证明其与拟扣押的船舶存在所有权或光船租赁关系,或者关联船舶当事人之间的法律关系,对申请人而言十分困难。申请人需提前做好查询和调查工作,搜集相关证据。

---

① 参见2001年1月3日最高人民法院《关于船东所有的船舶能否因期租人对第三方负有责任而被扣押等问题的复函》([1998]交他字1号)。

6. 扣押船舶方式。船舶扣押有"死扣押"和"活扣押"之分。

（1）"死扣押"，是指在扣押期间，船舶被限定在指定的扣押地点，不能离开或投入营运，更不能设置抵押权或者进行处分，直至海事请求人接受被请求人出具的担保函申请解除扣押或者被强制拍卖。如果船舶为境外注册并运营国际航线，在不能获得充分担保时，请求人应考虑"死扣押"。即使船舶为境内注册，如果经调查得知船舶已设置抵押或存在船舶优先权等在先债权，也应考虑"死扣押"并在获取充分担保后，再申请解除扣押，并尽量避免进入船舶拍卖程序。因为提单持有人或收货人的债权（货损货差、无单放货索赔等），属于普通债权，清偿时首先扣除船舶拍卖费用，再依照船舶优先权、留置权、抵押权和普通债权顺位清偿，拍卖船舶所得价款往往不能确保提单持有人或收货人足额实现债权。

（2）"活扣押"，《海诉法》第27条规定：

> 海事法院裁定对船舶实施保全后，经海事请求人同意，可以采取限制船舶处分或者抵押等方式允许该船舶继续营运。

《海诉法解释》第29条规定：

> 准许已经实施保全的船舶继续营运的，一般仅限于航行于国内航线上的船舶完成本航次。

但实践中船舶通常难以受此规定限制。"活扣押"不以诉讼或仲裁前获取担保函为目的，而仍以被扣押船舶为担保，待实体问题解决后考虑解除船舶扣押或拍卖船舶清偿债务。此种情形主要用于境内注册船舶，或义务人/债务人为境内信誉良好的船舶所有人或光船承租人。当然，在海事请求权人对损失原因不甚确定，可能存在扣船错误的情形下，也要考虑"活扣押"，避免因错误扣船承担过重的赔偿责任。

"活扣押"虽可避免和减少被申请人的运营损失，减轻申请人错误扣船风险，但船舶运营中可能发生灭失、失踪或产生新的船舶优先权（如拖欠船员工资、社保费用、人身伤亡赔偿金、引航费、港口费用等）、留置权（如因拖欠修船费用被留置）等优先权利，并且其他海事请求人可根据相关规定申请扣押船舶，这些都会减损船舶价值，对"活扣押"申请人最终解决争议和获得赔偿不利，甚至导致船舶担保落空的结局。

7. 重复扣船和多次扣船。重复扣船是指基于同一海事请求扣押已被扣押过的船舶，或者被申请人所有或者光船租赁的其他船舶。法律原则上禁止重复扣船，但《海诉法》第24条规定了例外情形。多次扣船，是指基于不同的海事请求两次以上扣押同一船舶。多次扣船与重复扣船的根本区别在于扣船所依据的海事请求是否相同。司法实践中，船舶被扣押后，其他海事请求人向海事法院提出海事请求保全申请扣押同一艘船舶的，海事法院可以作出扣押船舶的裁定，但是该扣押船舶的命令应在前一个扣押命令被解除时立即开始执行。

8. 错误扣押船舶的损失赔偿。《海诉法》第 20 条规定,海事请求人申请海事请求保全错误的,应当赔偿被请求人或者利害关系人因此所遭受的损失。但是该法及其司法解释没有界定错误扣船的概念。1999 年扣船公约草案从广义角度规定了错误扣船,包括:申请扣船的条件虚假或不成立,请求权性质认识错误、扣押对象认识错误等;不公正的扣船,如为轻微损失而扣押巨轮;对责任人不存在执行困难,没有必要扣船却实施了扣押;或者为其他不正当目的申请扣船等;索要过高担保的扣船;以及依扣船地法律确定的其他类型错误扣船。狭义的错误扣船,是指依特定扣船法律制度应予追究赔偿责任的错误扣船。至于是否构成扣船错误,需对是否满足扣船条件和船舶所有权关系进行审查。在(2014)甬海法事初字第 49 号案中,海事法院认为,根据巴拿马法律规定,船舶所有权的变动只有在提交船舶公共登记总局登记后,才对第三人产生效力的规定,物权在登记后才产生对抗效力,并非如 S 公司所说的取得临时航行证书等技术性文件就完成了所有权的变更,相反,这些技术文件是办理所有权变更的必需的前置文件,其并不能取代所有权文件。C 公司申请扣押船舶时,该船仍在无单放货责任人 A 公司名下,甚至连经营状况都不曾发生过变化,C 公司申请扣押该轮,符合我国《海诉法》的相关规定,不属于错误扣船。在(2014)广海法初字第 16 号案中,申请人因与光船承租人之间的供油合同纠纷申请扣押案涉船舶。但法院认定被告(申请人)以案涉船舶所有人和/或船舶经营人为被申请人申请财产保全,在保全时该轮船舶经营人已发生变更,并非原本供油合同的受油方,原告作为船舶被扣押时的经营人,已向海事部门办理了变更登记手续并取得了新的船舶国籍证书,被告在船舶经营人发生变动后仍将其列为被申请人,属于申请对象错误,且被告在扣押船舶后未对原告提起诉讼,原告不需对被告的海事请求承担责任。而船舶的所有人经法院终审判决认定也不需对被告请求的加油款承担责任,因此被告申请保全错误,应赔偿因此造成的损失。英国法院在"EVANGELISMOS"轮案中,确立了对错误扣船申请人"恶意或重大过失"的归责原则,认为只有在申请人存在恶意(mala fides)或者重大过失(crassa negligen-tia)的条件下,申请人才承担相应的错误扣船责任。① 在经典案例(2018)最高法民申 6289 号案中,最高人民法院认为,对于如何认定申请是否错误的问题,《海诉法》和《民诉法》未有进一步的明确规定。因申请保全错误致被申请人遭受损失属于侵权行为的范畴,在法律无特别规定的情况下,应依据《侵权责任法》的有关规定判断保全申请是否存在错误。一般侵权行为以过错为归责原则,法律有特殊规定的才适用过错推定或无过错责任原则。对于因申请财产保全错误侵害他人合法权益的,法律并未专门规定适用过错推定或者无过错责任原则,因此该行为属于一般侵权行为,应当适用过错责任原则,即

---

① 参见向明华:《错误扣船归责比较研究》,载《现代法学》2009 年第 1 期。

申请保全错误须以申请人主观存在过错,客观行为具有违法性、损害事实客观存在以及损害事实与申请行为之间具有因果关系为要件。被告(扣船申请人)基于合理的认识,为了维护其自身合法权益申请法院扣押、拍卖案涉船舶,已尽到了一般人应尽到的合理、谨慎的注意义务,无故意或重大过失。其提出海事请求保全申请,符合法律规定,未有证据证明其提出申请存在明显违法或程序不当,无需承担财产保全损害赔偿责任。在另一经典案例中,最高人民法院认为,因申请人在提出财产保全时,并不知晓也无从知晓案件的最终判决结果,当事人对诉争事实和权利义务的判断未必与法院的裁判结果一致,如果仅以保全申请人的诉讼请求是否得到法院支持作为判断申请保全是否错误的依据,则对当事人申请保全所应尽到的注意义务要求过于严苛,有碍于善意当事人依法通过诉讼保全程序维护自己的合法权益。[①]

(五)船舶强制拍卖

船舶扣押和强制拍卖是海事诉讼中两个既独立又关联的特别程序。对船舶进行拍卖前,一般要先申请对船舶进行扣押,法院依据海事请求人的申请,对船舶进行拍卖。但扣押船舶,不必然发生船舶拍卖的结果。

1. 强制拍卖船舶(compulsory auction of ship/forced sale of ship),又称船舶司法出售,是指海事法院扣船后,实体纠纷审结之前,为避免因长期扣押造成相关费用或船舶毁损等损失,根据扣船申请人或者被请求人的申请,依照法定程序对被扣押船舶实行强制出售,保存价款的制度。强制拍卖船舶是一项严厉的民事强制措施,其强行改变船舶所有人的所有权,因此法律和司法实践对船舶拍卖要求十分严格,对已被扣押的船舶,必须具备一定条件,才能实施强制拍卖。强制拍卖船舶具有强制性、公开性、法定性和程序性的特点。船舶强制拍卖,是法院对被保全船舶依法强制处置和变现的过程。强制拍卖船舶时实体争议的审理尚未开始,当事人之间的债权债务关系尚未确定,故强制拍卖船舶在性质上仍属于海事请求保全,而非执行程序中的强制拍卖船舶。

2. 强制拍卖船舶的条件。根据《海诉法》第29条的规定,申请人申请强制拍卖船舶需具备法定条件:第一,船舶扣押期间届满,被请求人不提供担保;第二,船舶不宜继续扣押;第三,海事请求人已经提起诉讼或者申请仲裁,不宜继续扣押,通常是船舶面临某种风险(如台风),或者停泊和管理费用过高,如船期损失、燃料、物料、淡水及供应品的消耗、船员工资等维持费用持续发生,难以维持继续扣押或者明显降低了船舶的偿债能力。针对多次扣押时,后申请扣押的当事人能否申请拍卖船舶,2015年《扣押与拍卖船舶规定》规定,存在多次扣押的情形时,若先申请扣押船舶的海事请求人未申请拍卖船舶,后申请扣押船舶的海事请求人可以依据该条规定,向准许其扣押申请的海事法院申请拍卖船舶。

[①] 参见最高人民法院(2021)最高法民申4604号案民事裁定书。

多次扣押船舶并不以海事请求总额不超过船舶价值为条件,而且后申请扣押船舶的申请人可以先申请拍卖船舶,也不以申请在先的扣押船舶被海事法院裁定解除或者先申请扣押船舶的海事请求人明确表示不申请拍卖船舶为限制。被扣押的光船租赁船舶,同样可以被申请拍卖。另根据《海诉法解释》第 30 条规定,被申请人也可以申请拍卖船舶,条件是:扣船申请人在提起诉讼或者申请仲裁后,不申请拍卖被扣押船舶。拍卖所得价款由海事法院提存。

3. 强制拍卖船舶的程序。该程序通常为:第一,申请人提出申请;第二,海事法院审查和裁定;第三,当事人申请复议;第四,成立拍卖委员会;第五,发布公告和发出通知;第六,鉴定、估价和确定拍卖底价;第七,竞买登记;第八,展示被拍卖船舶;第九,拍卖;第十,拍卖成交和移交船舶。为简化拍卖程序,确保船舶在合理的时间内变现,《扣押与拍卖船舶规定》第 13 条突破最高人民法院《关于人民法院民事执行中拍卖、变卖财产的规定》(以下简称《执行中拍卖变卖财产规定》)规定的"三次流拍可变卖"的规定,将船舶变卖的条件简化为"两次流拍可变卖",同时规定"变卖价格不得低于评估价的百分之五十",以防止变卖价格畸低而损害船舶所有人和债权人的利益。对于无底价变卖仍然不能成交的船舶,《扣押与拍卖船舶规定》没有采用《执行中拍卖变卖财产规定》两次流拍后作价抵债的处理方式,而是规定海事法院可以解除船舶扣押,这样更具可操作性,避免长期扣押而无法处置的僵局发生。

4.《北京船舶司法出售公约》。关于船舶由一国法院强制出售的效力问题,1993 年《国际船舶优先权和抵押权公约》和 1967 年《统一有关船舶优先权和抵押权若干规则的国际公约》中已有涉及,但仍不够全面与完善,上述公约也并未获得广泛接受。在外籍船舶司法拍卖活动中,有两方面的法律不确定性持续引发国际社会的广泛担忧:第一,买受人能否获得国际统一认可的所有权,即享有清洁物权? 被司法拍卖的船舶是否会因司法拍卖之前的债务在其他司法主权国家再度被扣押? 第二,司法出售后,船舶购买人能否在原船舶登记国办理船舶登记注销手续? 若原登记信息无法被注销,则使得新买受人难以将船舶登记在自己名下。如不能解决上述不确定性,在给各方当事人带来许多实际困难的同时,也将影响国际海运界对司法拍卖制度的信心。① 笔者曾参与的一宗船舶扣押和拍卖案件很能说明此问题。中国收货人以货损货差为由,向希腊船东提出索赔并申请中国某海事法院扣押当事船舶,在船东没有提供担保的情况下,收货人起诉并申请海事法院拍卖船舶。船舶经合法程序拍卖,由中国竞买者竞得,并重新完成船舶登记(名为"Great Eagle")。此后,在该船到南非装载矿石期间,被原希腊船东申请南非法院扣押。后经持久的诉讼,船舶最终获释。但遗憾的是,该轮在驶回中国途中沉没于浩瀚的印度洋。

---

① 参见朱煜韬:《〈北京船舶司法出售公约〉,我们能展望什么?》,载微信公众号"庭前独角盖兽",2023 年 9 月 4 日。

2022年12月7日,联合国第七十七届大会正式通过《联合国船舶司法出售国际效力公约》,并建议将该公约简称为《北京船舶司法出售公约》。2023年9月5日上午在北京举行了签约仪式。从主要规范内容看,公约为了赋予船舶司法出售清洁物权的国际效力,对"发出司法出售通知""签发司法出售证书""司法出售的清洁物权效力""司法出售后船舶注销或登记""司法出售后不得扣船""对撤销和中止司法出售的专属管辖",以及"司法出售不具有国际效力的情形"等制定了国际统一规则。公约规定,于第三份批准书、接受书、核准书或加入书交存之日起180天后生效。[1] 2024年3月14日,比利时和欧盟分别签署了公约。目前已有18个成员。可以预见,首个以中国内地城市命名的国际海事公约不久将生效,届时将有效减少船舶司法出售效力国际冲突。

(五)船载货物、燃油和物料的扣押

《海诉法》第三章第三节对扣押船载货物、燃油和物料作出规定。海事请求人为保障其海事请求的实现,可以申请扣押船载货物。但申请扣押的船载货物应当属于被请求人所有,价值应当与其债权数额相当,且已被扣押的货物不能再次扣押。扣押货物所依据的海事请求限于债权,如应付运费、租金、滞期费、共同海损分摊以及和承运人垫付的其他费用等。海事请求权人可以申请扣押船载货物并依法申请强制拍卖用以实现债权,也可以通过行使留置权而实现债权。但二者有明显不同。首先,救济性质不同。行使货物留置权属于私力救济,债权人可根据债权和货物情况依法留置货物,而申请扣押船载货物属于司法救济,申请人须向货物所在地的海事法院申请,根据《海诉法》第17条的规定,海事法院还可以责令海事请求人提供担保。其次,是否需要占有标的物不同。行使货物留置权前提是债权人合法占有债务人的货物,否则留置权无法成立。若留置货物期间,留置权人丧失对货物的占有,则留置权消灭。而申请扣押船载货物则无需占有该货物。由于《民法典》第448条已不要求商事债权人留置的动产,应当与债权属于同一法律关系,这一点已与扣押船载货物所保全的债权关系一致。但扣押的船载货物必须属于债务人所有这一条件要比《海商法》第87条货物留置权严格。在提单载明"运费到付"的情况下,若提单已流转至托运人之外的第三人,而货到目的港后无人提取或提单持有人拒绝提货,此时货物权属归提单持有人,但运费支付义务回转至托运人,则出现支付运费义务人与货物所有权人的分离。根据《海商法》第87条规定,承运人作为债权人有权留置不属于付费义务人的货物[2]。再次,相关期限不同。《海商法》第88条规定:

承运人根据本法第八十七条规定留置的货物,自船舶抵达卸货港的次日

---

[1] 参见朱作贤:《〈北京船舶司法出售公约〉之观察与展望》,载《中国远洋海运》2023年第3期。
[2] 参见最高人民法院《关于青岛思锐国际物流有限公司与无锡富通摩托车有限公司海上货物运输合同欠付运费纠纷一案的请示的答复》([2008]民四他字第5号)。

起满六十日无人提取的,承运人可以申请法院裁定拍卖;货物易腐烂变质或者货物的保管费用可能超过其价值的,可以申请提前拍卖。

除货物易腐烂变质或保管费用过高的情况外,作为债权人的承运人为实现货物留置权须等待60日才可申请拍卖。作为债权人的其他海事请求人,实现权利的期限《海商法》没有规定,所以应当适用《民法典》第453条的规定处理,即当事人可以约定债务履行期间,否则应当给予60日以上的履行期间。而关于申请扣押船载货物,《海诉法》第16条规定,海事法院在48小时内作出裁定。裁定扣押的,根据该法第46条规定,海事请求人须在15日内起诉,否则解除扣押。复次,效力不同。货物留置权是法定担保物权,行使货物留置权将使受担保的债权优先于其他债权(包括抵押担保债权)受偿。而申请扣押船载货物,是海事请求保全的一种,属于财产保全制度。最后,实现债权的方式不同。《海商法》第88条规定承运人可以向有管辖权的海事法院申请裁定拍卖留置的货物,而《民法典》规定债务人逾期未履行的,留置权人可以与债务人协议以留置财产折价,也可以就拍卖、变卖留置财产所得的价款优先受偿。《海商法》未就裁定拍卖之外的处置方式作出规定,而《海诉法》第47条也仅规定船载货物扣押期间届满,被请求人不提供担保,而且货物不宜继续扣押的,海事请求人可以在提起诉讼或者申请仲裁后,向扣押船载货物的海事法院申请拍卖货物。因此,承运人似不可依据《民法典》规定的折价、拍卖和变卖方式实现债权。扣押船载货物,只是一种海事请求保全措施,债权人必须依赖诉讼实体判决和执行程序实现债权。①

可以看出,行使货物留置权在债权的优先受偿、私力救济的便利,以及实现债权方式的灵活性等方面与申请扣押船载货物的权利相比具有明显的优势。但如果货物已经卸离船舶,脱离承运人占有,只能选择扣押货物。在(2020)闽72财保23号案中,航次租船合同的承租方及记名提单收货人,拒绝支付卸货港滞期费。出租人向海事法院提出海事请求保全,请求扣押卸于码头堆场内提单下的为被申请人所有的石灰石若干公吨;责令被申请人担保。法院经审查认为,因案涉货物即申请被保全的财产现位于码头堆场,申请人提交的案涉租船合同、提单、装卸时间事实记录、装卸时间计算表、被申请人主张提货邮件、石灰石价格行情表等证据,已可初步证明其系为保障海事请求申请扣押船载货物、船载货物现属被申请人所有,以及申请扣押船载货物的价值与其主张债权数额相当,遂裁定准许申请,扣押船载货物,并责令被请求人提供相应担保。国际贸易当事人,作为托运人、收货人或提单持有人,当遇到货物被扣押或留置时,应根据权利义务关系的性质,分析申请人的请求权是否成立、扣押的货物价值是否合理等问题,积极提出抗辩。

---

① 2024年《海商法(修订草案)》第95条对承运人留置船载货物的规定作了修改,把"留置其货物"修改为"留置相应的货物",增加"运输单证载明运费预付或者类似性质声明的,承运人不得以运费未支付为由留置货物,但收货人为托运人的除外"。

根据《海诉法》规定,海事请求人对与海事请求有关的船用燃油、船用物料申请海事请求保全,适用扣押船载货物的相关规定。(2005)沪海法商保字第 5 号案中,承租人违反合同约定拒付期租船租金。因此,出租人向海事法院申请扣押承租人期租的另一船舶上、由被申请人所有的船用燃油。海事法院裁定准许扣押该船载燃油,责令被申请人应向法院提供相应担保,以获得被扣燃油的获释。

(六)冻结转租运费或租金

海上运输涉及复杂的船舶租赁关系,承租人拖欠出租人运费或租金时,作为海事请求权人的出租人,可以申请海事法院冻结承租人应向下游承租人收取的运费或租金。申请主体通常为船舶所有人、光船承租人或其他前手租船人,被申请人常为承租人。但该保全的申请和裁定,不适用《海商法》,而适用《民诉法》的规定。

四、海事强制令

前文在介绍禁诉令时已论及海事强制令。《海诉法》第 51 条规定:

> 海事强制令是指海事法院根据海事请求人的申请,为使其合法权益免受侵害,责令被请求人作为或者不作为的强制措施。

实践中,海事强制令已成为海事法院快速解决海事争议,保护海事请求人合法利益的有力措施。如北海海事法院 2006 年首次签发的海事强制令案。案涉货物卸至防城港码头,印度卖方如数给付约定款项,而香港承运人却再次为索要卸港滞期费而拒绝签发提货单。中国买方因此无法向下游买方交货,面临巨额的违约索赔,为避免经济损失继续扩大,遂委托律师代理申请海事强制令,北海海事法院当年 8 月 11 日发出该院建院以来执行的首例涉外海事强制令,依法强制香港承运人及其代理签发提货单并放货,使持续纠缠数月的国际海上运输交货纠纷很快得到解决。2020 年新冠疫情对国际贸易和海上货物运输产生了重大影响,滞留港口的货物出现爆炸式增长,导致承运人与收货人之间的滞箱费纠纷频发。根据最高人民法院发布的 2021 年全国海事审判典型案例介绍,2021 年初,大连海事法院受理包括(2021)辽 72 行保 16 号案在内的近 30 件关于集装箱滞箱费的海事强制令申请,并运用海事强制令,加速了滞港集装箱及所载货物的流转,帮助数百家进口冷链企业解决清关难题,促成海上货物运输、国际贸易和生产加工等一系列合同的顺利履行,减小疫情对进出口贸易的不利影响,为疫情下企业复工复产提供了强大助力。

五、海事证据保全

我国的证据保全制度最早规定在 2007 年《民诉法》,但仅有一个条款。至 2012 年《民诉法》第二次修正,证据保全的内容才开始变得丰富并具有可操作性,不仅规定了申请条件、管辖法院,还规定了适用原财产保全的程序,此次修正将民事诉讼法原规定的"财产保全"修改为"保全"。《海诉法》第五章用了一整章篇幅,共计11个条文,分别从定义、管辖法院、申请书的内容、担保、申请条件、权利救济、保全方式、后果等方面对海事证据保全作出了较为详细的规定。《海诉法》作为《民诉法》的特别法,早在1999年对证据保全作出具体规定,无疑是我国证据保全制度的先行者。根据《海诉法》第62条规定,海事证据保全是指海事法院根据海事请求人的申请,对有关海事请求的证据予以提取、保存或者封存的强制措施。海事证据保全的程序包括:(1)海事证据保全申请;(2)海事证据保全担保;(3)海事法院对海事证据保全申请的审查和裁定;(4)对法院裁定不服的复议和异议;(5)海事证据保全措施的执行;(6)申请错误的赔偿责任。至于海事证据保全的条件,该法第67条规定作出规定。另根据第64条和第65条规定:海事证据保全不受当事人之间关于该海事请求的诉讼管辖协议或者仲裁协议的约束。海事法院受理海事证据保全申请,可以责令海事请求人提供担保。海事请求人不提供的,驳回其申请。

(2020)浙72证保3号案中,请求人以被请求人未履行承运人义务用其所属的"EVERWIN"轮将持有正本提单的请求人购买的散装水泥熟料及散装石膏运至提单记载的莫桑比克彭巴港(PEMBA),并于2020年1月擅自在装货港卸货涉嫌侵吞请求人所属货物,为逃避债务私自将船名变更为"VERWIN"或"FUCHUN-JIANG"(IMO号均为9629249),以及船舶所携证据将离开中国境内为由,于2020年4月22日向宁波海事法院提出诉前海事证据保全请求,请求保全存放于"EVERWIN"轮[现船名为"VERWIN"轮或"FUCHUNJIANG"轮(IMO号:9629249)]上的货物装卸有关的航海日志、装卸记录、大副收据、船舶国籍证书、船级证书等证据材料。海事法院经审查认定,案涉船舶现名为"VERWIN"轮,并认为申请人的诉前海事证据保全请求符合法律规定,申请人为其申请提供了保险公司出具的担保,应予准许保全。

国际贸易中,时常发生承运人与托运人在装货港共同实施倒签提单或预借提单等行为。若收货人或提单持有人对此有合理质疑,可以在船舶抵港前申请海事法院对有关船舶的航海日志(Log Book)、装卸事实记录(Statements of Facts,SOF)等进行证据保全。如证实存在虚假签单事实,应申请扣船,向承运人提出索赔。(2004)沪海法商保字第14号案中,请求人称,被申请人所属船舶自曼谷港装载大米驶往目的港上海港。由于被请求人倒签提单,致使作为收货人的请求人无法以信用证不符点为由拒付货款,造成请求人损失。为此,向海事法院提出海事证据保全申请,要求被请求人提供相关航次的文件资料(航海日志、轮机日志、装货记录、租船合同、配载图、装货清单、被请求人收到的倒签提单保函、船东相关指示函件等)。请求人向法院提供担保后,海事法院依照《海诉法》第 67 条、第 68 条的规定,裁定准许请求人的海事证据保全申请,责令被请求人提供承运船舶的相关航次的上述文件资料。

六、海事担保

狭义的海事担保仅包括采取保全措施所涉担保,广义的海事担保还包括执行措施所涉及的担保。《海诉法》第 73 条规定:

> 海事担保包括海事请求保全、海事强制令、海事证据保全等程序中所涉及的担保。担保的方式为提供现金或者保证、设置抵押或者质押。

(一)请求人提供的担保

基于提供担保的主体和目的不同,海事司法实践中,习惯于把海事担保区分为担保和反担保两种类型。为区别被申请人为解除海事保全措施提供的担保,通常把法院要求申请人提供的担保称为反担保。反担保的目的,是一旦实体审理结果证明申请人申请保全措施错误,用以赔偿错误保全给被申请人造成损失。海事请求人的反担保应当按照法院要求的内容、金额等提交给海事法院。反担保应当是充分可靠的担保,如现金担保、银行和其他金融机构提供的担保等。若海事请求人提供的是国外担保,必要时可要求由国内的金融机构加保。海事法院通常不接受海事请求人提供的保证形式的担保。近年来,财产保全保险制度的推广,使得海事请求人提供担保以申请海事保全更为便利。各保险公司陆续开展此类保险业务,经风险评估后,接受申请人投保,并按照海事法院要求的格式和金额出具担保函。申请人反担保的金额并不固定,通常相当于因其申请可能给被请求人造成的损失。担保函格式、内容和担保金额等须经海事法院认可。《海诉法解释》第 24 条规定:

> 申请扣押船舶错误造成的损失,包括因船舶被扣押在停泊期间产生的各项维持费用与支出、船舶被扣押造成的船期损失和被申请人为使船舶解除扣押而提供担保所支出的费用。

因申请扣押船舶而提供的反担保,担保金额通常为 30 天船期损失加其他费用损失(被申请人为使船舶解除扣押而提供担保所支出的费用等),法院参照市场同类船型日租水平自由裁量确定。如船舶每月租金为 2 万美元,法院会要求反担保金额不低于 60 万美元。如果申请人提供的为限额担保,在扣押船期限届满时,应按照海事法院的通知追加担保,否则,海事法院可以解除扣押。有时,海事法院会要求申请人另行提供一定金额的现金担保,以备船上船员的紧急之需。

(二)被请求人提供的担保

该担保系海事法院根据海事请求人申请依法裁定实施保全措施后,被请求人为解除扣押而提供的担保。担保方式、数额由海事请求人和被请求人协商。协商不成的,由海事法院决定。以扣押船舶为例,被请求人提供的担保通常由船舶所有人、光船承租人、负有责任的承租人提供,或由其责任保险承保人保赔协会(P&I Club)或船东互保协会提供、境内金融机构加保,或直接由国内金融机构出具担保函。如果是无单放货案件,P&I Club 不承保承运人无单放货赔偿责任,实际提货人可能会代承运人提供担保,担保方式通常为现金担保(由担保人向海事法院支付现金并出具《现金担保函》)或者由信誉良好境内金融机构出具担保函。被请求人的担保可以提交给海事法院,也可以提供给海事请求人。海事请求人要求被请求人就海事请求保全提供担保的数额,应当与其债权数额相当,但不得超过被保全的财产价值。如申请人向承运人索赔无单放货造成的损失,可根据相关规定,按 CIF 价格计算损失金额及其利息。

第八节　国际民商事司法协助

国际民商事司法协助(international judicial assistance in civil and commercial matters),是指一国法院应另一国法院的请求,代为实施或协助实施民商事诉讼中的某些行为的制度。提出请求的法院的行为,为法院委托,履行他国法院委托的行为,为司法协助。国际司法协助的目的,在于通过司法领域的国际合作和协调,克服一国司法管辖权的障碍,顺利完成国际民商事诉讼程序,保护当事人的权益。狭义理解的国际司法协助,仅包括代为送达司法文书、收集证据等。英国、美国、德国和日本等国学者多持此观点。广义的理解是,国际司法协助不仅包括上述内容,还包括承认和执行外国法院的判决书或仲裁裁决书。大陆法系国家学者多持此观点。尤其法国学者,对国际司法协助有十分宽泛的理解,几乎涵盖国际民商事诉讼领域各个方面的国际合作,除上述广义协助内容外,还涉及免除外国人的诉讼费用和诉讼费用担保,以及外国法的查明等事项。中国学者和司法实践,持广义国际司法协助观点,认为承认和执行外国法院的判决和外国仲裁裁决,不仅应该还必须是国际民商事司法协助的重要内容、核心内容。采用广义的国际民商事诉讼司法协助更切合实际,也更符合各国共同的愿望和利益。如《民诉法》第二十七章明确把对外国法院的判决和仲裁裁决的承认和执行作为国际司法协助的重要内容。我国与许多国家签订的双边司法协助协定,均包括外国法院的判决和仲裁裁决的承认和执行。①

一、国际司法协助的依据

国际民商事司法协助的依据,包括国际公约和国内法律规定的互惠原则。

(一)国际公约

我国是1965年《关于向国外送达民事或商事司法文书和司法外文书公约》(Convention on the Service Abroad of Judicial and Extrajudicial Documents in Civil or Commercial Matters,又称《海牙送达公约》)和1970年《关于从国外调取民事或商事证据的公约》(Convention on the Taking of Evidence Abroad in Civil or Commercial Matters,又称《海牙取证公约》)的成员国。2023年3月8日,我国又加入1961年《关于取消外国公文书认证要求的公约》(Convention Abolishing the Requirement of Legalisation for Foreign Public Documents,又称《海牙认证公约》),公约同年11月对我国生效。该公约是海牙国际私法会议框架下适用范围最广、缔约方最多的国际条约,旨在简化公文书跨国流转程序。目前有125个缔约方,包括欧盟各国、美国、日本、韩国、德国、澳大利亚、俄罗斯等我国主要贸易伙伴。同时,我国与外国缔结了39项双边民商事司法协助条约。

我国指定司法部为《海牙送达公约》和《海牙取证公约》规定的执行司法协助工作的中央机关,而法院作为主管机关,依据国际条约或国内法的规定,有权向外国提出国际司法协助请求和有权执行外国提出的国际司法协助请求。而外交机关仍然在司法协助方面担负着重要职责,通过外交渠道协助中央机关和主管机关联络、转递,并协助解决国际司法协助纠纷,有时还协助外国法的查明工作等。

中国法院作为主管机关之一,一方面,对提供民事司法协助采取积极态度,认真履行条约义务。一是对条约中的拒绝协助条款,严格限制适用。例如,严格根据《海牙送达公约》本意理解公约第13条的主权、安全规定,援引该条拒绝协助送达的案件数量极少。二是对可以同时适用的条约,将选择适用其中更便利协助的条款。例如,对于既是公约缔约国又与我国订有双边条约的请求国,在双边条约规定可以提供中文以外译文的情况下,不论该国是根据公约还是双边条约提出请求,中国法院都接受中文以外的译文,进而积极推进协助工作。三是最高人民法院指导地方各级法院做好司法协助工作。2013年4月,最高人民法院《关于依据国际公约和双边司法协助条约办理民商事案件司法文书送达和调查取证司法协助请求的规定》及其实施细则颁布,明确了法院办理民商事案件司法文书送达和调查取证国际司法协助请求事项应当遵循的

---

① 参见李玉泉主编:《国际民事诉讼与国际商事仲裁》,武汉大学出版社1994年版,第149—150页;李双元、欧福永主编:《国际私法》(第6版),北京大学出版社2022年版,第392—393页。

具体原则和要求。另一方面,是积极推动互惠关系的认定。2017年6月,最高人民法院举办的第二届中国-东盟大法官会议上通过的《南宁声明》强调:"与会各国法院将……考虑适当促进各国民商事判决的相互承认和执行。尚未缔结有关外国民商事判决承认和执行国际条约的国家,在承认与执行对方国家民商事判决的司法程序中,如对方国家的法院不存在以互惠为理由拒绝承认和执行本国民商事判决的先例,在本国国内法允许的范围内,即可推定与对方国家之间存在互惠关系。"从而将互惠原则在司法实践中的适用从"事实互惠"标准向"推定互惠"标准迈进,有利于中国与没有条约基础的国家之间开展相关司法协助工作。①

(二)国内立法

根据2023年《民诉法》第293条的规定,根据中国缔结或者参加的国际条约,或者按照互惠原则,我国法院和外国法院可以相互请求,代为送达文书、调查取证以及进行其他诉讼行为。该条同时规定违反我国公共秩序的,我国法院应拒绝国际司法协助请求。外国法院请求协助的事项有损于中国的主权、安全或者社会公共利益的,我国法院不予执行。可见,国内立法不能直接规定相互提供国际司法协助,而是规定基于国家间的公约或条约关系,或者按照互惠原则相互提供司法协助。

(三)国际司法协助的法律适用

被请求国司法机关在提供国际民商事司法协助时,依据哪国法律来具体实施此种司法协助行为,涉及司法协助法律适用问题。根据《海牙送达公约》《海牙取证公约》等规定,被请求国实施司法协助时,适用其本国的民事诉讼法和诉讼规则。但是,如果请求国提出的司法协助要求不违反被请求国的法律和公共秩序,被请求国一般应遵照所请求的程序和事项实施司法协助。由于各国对证据的取得方式和效力规定差异,可以依据请求国的法律来确定在国外取得的证据的效力,以确保域外取证在请求国的有效使用。我国采用与国际社会一致的原则,根据2023年《民诉法》第296条规定,中国法院提供司法协助,依照中国法律规定的程序进行。外国法院请求采用特殊方式的,也可以按照其请求的特殊方式进行,但请求采用的特殊方式不得违反中国法律。

二、域外送达

(一)域外送达概念和公约

域外送达(extraterritorial service),是指一国法院审理涉外民事或商事案件时,向在该国领域内没有住所的受送达人送达司法文书。司法协助双边条约缔约国之间或公

---

① 参见高晓力:《加强民商事国际司法协助 服务国际商事争议解决》,载最高人民法院国际商事法庭网站(https://cicc.court.gov.cn/html/1/218/62/164/2272.html),访问时间:2023年10月2日。

约当事方之间的送达,应首先遵守条约或公约规定的方式送达。没有缔结条约或参加公约的,通过外交途径送达。我国与外国缔结了39项双边民商事司法协助条约,截至2023年8月,我国作为成员国加入的1965年《海牙送达公约》已有82个成员国。因此,我国法院应依据这些条约或公约的规定进行送达。

(二)域外送达方式

《海牙送达公约》为当事国在其他缔约国送达确立了一种更为简化的方式。根据该公约,每个缔约国都必须指定一个中央机构来接受转递的服务请求。请求国有资格送达诉讼程序的司法官员,可以直接向要送达的国家的中央机关发出送达请求。中国法院审理的涉外民商事案件,如诉讼一方在国外,向外国当事人送达诉讼文书,正常途径是受理法院提出向外国送达司法文书的请求,通过最高人民法院将请求材料转递到中方中央机关司法部,由司法部根据条约或公约规定向外国中央机关提出送达请求。我国特别规定,请求涉及北京、上海、广东、浙江、江苏、福建、江西、山东、广西、海南10地的,由该地高级人民法院向海牙送达公约成员国中央机关直接提出。接收请求后,接收国的中央机关以接收国允许的方式安排送达,通常是通过地方法院。送达完成后,中央机关向提出请求的请求国司法官员发出送达证书。

如送达目的地国与中国未缔结相关条约,应通过外交途径提出文书送达请求,即本国法院向本国外交部提出请求,本国外交部交给被请求国外交代表,再由该外交代表转递给其国内管辖法院。具体根据最高人民法院、外交部、司法部《关于我国法院和外国法院通过外交途径相互委托送达法律文书若干问题的通知》的规定办理。

中国在加入《海牙送达公约》时已对第10条作出保留,反对通过直接邮寄方式在中国境内送达。对此,根据《民诉法》,外国司法机关或个人不能直接向中国境内当事人送达文书,应当通过条约规定途径或外交途径,向司法部或外交部提交请求,由中国法院代为送达。中国企业或公民收到境外法院或当事人以国际邮件、传真或电子邮件等送达方式送达境外法院司法文书,根据中国法律属无效送达。如外国法庭据此出具判决,该判决涉及在中国境内申请承认与执行,送达环节将被我法院视为程序瑕疵,判决将无法被承认及执行。当事人应及时向外国法院解释中国法律规定,请其按条约规定途径有效送达。与中国没有司法协助条约又无互惠关系的国家的法院,未通过外交途径,直接请求我国法院提供司法协助的,我国法院应予退回,并说明理由。

针对域外送达方式,除《民诉法》外,《民诉法解释》、最高人民法院《涉外送达规定》(2020修正)、《关于依据国际公约和双边司法协助条约办理民商事案件司法文书送达和调查取证司法协助请求的规定》(2020修正,以下简称《涉外送达和取证请求规定》),以及2021年《涉外审判会议纪要》也都作了规定,逐步朝着便利送达、快捷送达的目标改进。2023年《民诉法》第283条在上述规定的基础上,以立法的形式,对域外直接送达和间接送达的十种方式作了全面确认,并规定不能用该十种方式送达的,公告送达,自发出公告之日起,经过60日,即视为送达。新规定在多方面对之前的送达方式作了进一步改进和完善,如简化通过诉讼代理人代为接受送达的条件、向在华独资企业送达、向作为境外自然人共同被告的境内企业送达、向境外企业在中国境内的代表人和主要负责人送达,增加了受送达人同意的其他方式送达,同时将公告送达期限由3个月缩短为60日。这些改进,将提高涉外案件的审判效率。

此外,《海诉法》第80条第2款规定,有关扣押船舶的法律文书也可以向当事船舶的船长送达。根据该款的规定,应向船舶所有人或光船承租人送达的民事裁定书、扣船命令等直接向案涉船舶船长送达,发生送达效力。同时,其第81条规定了留置送达的情形:如果船长或船舶代理等受送达人拒绝签收有关法律文书,根据该条可以留置送达,视为发生送达法律效力。

三、域外调查取证

受理民商事案件的法院需要查明事实认定的证据,位于法院地国家以外的领土时,要调查取证就必须启动国际司法协助程序。该程序中的域外调查取证(taking of evidence abroad),是指一国司法机关请求外国主管机关代为收集、提取在该国境内的与案件有关的证据,或者受诉法院国有关机关在域外直接提取案件所需要的证据。调查取证涉及国家司法主权,具有严格的属地性。如果没有证据所在地国家的同意,则受理案件的外国法院或其他机关不得在该国境内实施取证行为。与域外送达相似,域外调查取证的依据同样来源于国际立法和国内立法。根据相关双边条约和《海牙取证公约》,域外调查取证可以通过不同方式实施。

(一)直接取证

直接取证是指受诉法院国在不经过取证地国家主管机关的情况下,直接提取有关案件所需的证据。目前各国规定的直接取证方式大致有三种:(1)外交取证和领事取证。外交取证和领事取证主要是基于外交人员和领事人员职务上的便利,自驻在国调取派遣国法院需要的证据。调查取证对象可以是派遣国本国公民,也可以是驻在国或第三国公民。至于领事直接调查取证是否受到驻在国限制,根据相关公约和驻在国法律或互惠原则处理。如对本国公民的调查取证,除少数国家(如葡萄牙、丹麦和挪威等国家)要求领事取证必须事先经过该驻在国同意外,大多数国家普遍接受,而且《维也纳领事关系公约》以及大量的双边领事协定都予以肯定。对驻在国或第三国公民调查取证,有的有条件许可,如德国、法国、卢森堡、荷兰、意大利、挪威等。有的完全反对,如葡萄牙、阿根廷、新加坡等。也有国家根据互惠原则处理,如英国规定是否准许领事在其境内对驻在国公民或第三国公民调查取证,完全取决于互惠。我国对待领事取证和外交取证的态度非常明确。根据 2023 年《民诉法》第 294 条和《中华人民共和国和法兰西共和国关于民事、商事司法协助的协定》《中华人民共和国和比利时王国关于民事司法协助的协定》的规定,对领事取证的对象限定于领事所属国公民,不允许外国领事在我国境内向中国公民或第三国公民取证,并不得采取强制措施。(2) 特派员取证。特派员取证,是指法院在审理涉外民事案件时委派专门的官员去外国境内调查取证。《海牙取证公约》第 17 条一方面肯定了特派员取证制度;另一方面允许缔约国对之提出保留。同时结合该公约第 21 条的规定,特派员取证受到四个限制:第一,取证员必须是合法委派的专门人员;第二,经取证地国家主管机关的许可,包括概括性的和个案许可;第三,遵守许可条件并不得实施强制手段;第四,取证方式和程序自由,但是不得违反取证地法律的禁止性规范。特派员取证在各国的规定宽严不一,有的采取完全禁止态度,不允许外国特派员在境内取证,如葡萄牙、丹麦等;有的要求事先获得特许,如法国、德国、以色列等;有的则强调对等原则,如英国即是如此要求的。我国法律和对外签订的双边司法协助协定对特派员取证未作规定。我国在加入《海牙取证公约》时作了以下保留声明:根据公约第 33 条,我国对于第二章:"外交取证、领事取证和特派员取证"的所有规定,我国仅仅执行第 15 条的规定,即:

> 在民事或商事方面,缔约国的外交或领事人员可以在另一缔约国境内及其职权区域内不受限制地进行只涉及其侨民且属于该国法院受理的诉讼的所有取证行动,每个缔约国有权宣布这一行动必须由上述人员或其代表向声明国指定的主管机关当局提出申请并得到许可后才能进行。

换言之,我国不接受领事或外交人员对我国公民和第三国公民的取证,也不接受特派员取证。即使我国允许外交或领事人员对其所属公民取证也要受到一定的限制。(3) 当事人自行取证。当事人自行取证,是指涉外民事诉讼案件的当事人或其诉讼代理人不经过司法机关的介入自行调查取证。在普通法国家尤其是在美国,这种取证制度得到了肯定,属于"普通法国家旨在进行审判前文件调查的程序"。《海牙取证公约》第 23 条特别强调缔约国在签署、批准或加入该公约时可以对之作出保留。事实上,当事人自行取证已经遭到了大多数国家的强烈反对。唯一没有对之作出保留的是美国。对于当事人自行取证,我国 2023 年《民诉法》第 294 条第 3 款规定,未经中国主管机关准许,任何外国机关或个人不得在中国领域内送达文书、调查取证。可见,外国当事人或其诉讼代理人都不得在中国境内自行取证。我国在 1997 年加入《海牙取证公约》时,对公约第二章除第 15 条之外全部作出保留:根据公约第 23 条的规定,对于普通法国家旨在进行审判前文件调查的请求书,我国仅仅执行请求书列明的、与本案密切相关的文件调查请求,即我国原则上不允许当事人自行取证。外国司法机关或个人不能直接询问(包括通过电话、视频等技术手段)位于中国境内的证人。如果当事人委托律师在中国境内取证,由中国法院进行或者经法院批准后签发律师调查令,由律师进行,其他任何机构或个人不得在中国境内进行取证。①

(二)间接取证

间接取证,是指受诉国法院通过司法协助途径,采用请求书方式委托有关国家的主管机构进行调查取证。由于直接取证方式受到诸多阻碍,因此大多数国家承认并通过间接调查取证的方式进行域外取证。间接取证程序为:以请求书的方式提出请求－被请求国主管机关审查－执行请求或拒绝执行请求－传递证据－终结取证程序。《海牙取证公约》第1—14条对间接取证作了具体规定。

2023年《民诉法》针对境外调查取证增加一条,即第294条,规定当事人申请我国法院调查收集的证据位于中国领域外,我国法院可以依照证据所在国与中国缔结或者共同参加的国际条约中规定的方式,或者通过外交途径调查收集。在所在国法律不禁止的情况下,我国法院可以采用下列方式调查收集:(1)对具有中国国籍的当事人、证人,可以委托中国驻当事人、证人所在国的使领馆代为取证;(2)经双方当事人同意,通过即时通讯工具取证;(3)以双方当事人同意的其他方式取证。该条没有对特派员境外取证和当事人自行境外取证作出明确规定,但不排除双方当事人同意"其他方式"时,可以采取此类取证方式,除非取证所在国有明确限制性规定。

(三)域外证据的公证认证

与境外调查取证相关的证据问题,是域外公文书证的公证认证。对此,2021年《涉外审判会议纪要》)在最高人民法院《关于民事诉讼证据的若干规定》第16条的基础上,进一步对公文书证的范围作出规定:

> 公文书证包括外国法院作出的判决、裁定,外国行政机关出具的文件,外国公共机构出具的商事登记、出生及死亡证明、婚姻状况证明等文件,但不包括外国鉴定机构等私人机构出具的文件。公文书证在中华人民共和国领域外形成的,应当经所在国公证机关证明,或者履行相应的证明手续,但是可以通过互联网方式核查公文书证的真实性或者双方当事人对公文书证的真实性均无异议的除外。

---

① 参见《国际民商事司法协助常见问题解答》,载中华人民共和国司法部网站(https://www.moj.gov.cn/pub/sfbgw/jgsz/jgszzssdw/zsdwsfxzjlzx/sfxzjlzxxwdt/202303/t20230330_475371.html.),访问时间:2024年5月20日。

根据《海牙认证公约》，缔约国之间相互取消使领馆领事认证环节，用附加证明书（Apostille）代替传统领事认证，对文书上印鉴、签名的真实性进行验证。公约对我国的生效将大大简化了公文书跨国流转程序，极大便利了涉外案件当事人，对我国法院涉外审判和执行工作产生了很大影响。但是，根据最高人民法院《关于民事诉讼证据的若干规定》第16条规定，当事人提供的公文书证系在中国领域外形成的，该证据仍应经所在国公证机关证明，或者履行中国与该所在国订立的有关条约中规定的证明手续。对于中国领域外形成的涉及身份关系的证据，应当经所在国公证机关证明并经中国使领馆认证，或者履行中国与该所在国订立的有关条约中规定的证明手续。而对于在香港、澳门特区和台湾地区形成的证据，应当履行相关的证明手续。

四、外国法院民商事判决的承认与执行

一国法院对民商事案件作出判决，乃行使国家司法主权之行为，判决仅在其境内有效，并不会自动发生域外效力，更不会自动得到外国法院的执行。一国法院的判决要在他国发生效力并得到执行，必须经过一定程序得到他国法院的承认和执行。承认（recognition）意味着对外国法院判决既判力的认可并在本国发生效力。执行（enforcement）则是外国判决所裁决的事项应该在本国得到履行，包括对不作为义务的履行。外国生效判决在本国得到执行，必须以本国承认其效力为条件，但承认并非必然伴随着执行。外国法院的民商事判决，可分为给付判决、确认判决和形成判决。除给付判决外，其他两种判决在本国只发生承认问题，如对离婚判决的承认。(2022)辽01 协外认24号案中，法院经审查认定：美国某法庭作出终审判决，解除刘某与李某婚姻关系。根据刘某提供的证据，申请承认的法律文书已经发生法律效力。该判决书也没有最高人民法院《关于中国公民申请承认外国法院离婚判决程序问题的规定》第12条规定的其他不予承认的情形，遂裁定承认美国法庭作出的判决中双方婚姻关系终止部分的法律效力。

（一）外国法院判决的概念

外国民商事判决（foreign judgments in civil and commercial matters），顾名思义，是外国法院针对民商事案件作出的具有既判力和执行力的法律文书。通常认为，对此概念应作广义解释，外国不仅指政治上的外国，还指同一主权国家内的另一法域。如在英国，英格兰法院将苏格兰和北爱尔兰等外法域法院与德国等外国法院的判决等同视之，一并归入"外国法院判决"的范畴。对法院也作广义理解，应包括一国内的各类法院或行使司法权的其他机构，如我国法律中将法院统称为人民法院，但其中还包括海事法院、铁路法院、金融法院和互联网法院等专门法院；英国的上议院、枢密院司法委员会；在波兰，除法院外，公证处也有权处理小金额财产纠纷以及关于遗嘱效力、遗产

保护方面的争议,有的国家教会也具有一定司法权①;对判决亦应作广义理解,不仅包括判决书,还应包括裁定书、调解书等法律文书,以及就诉讼费用、刑事附带民事损害赔偿事项的判决等。②

(二)承认与执行外国法院判决的依据

承认与执行外国法院判决理论上的依据,有国际礼让说、既得权说、法律债务说、既判力说以及互惠说。③实践中,其依据主要是国际条约和国际公约,以及国内法律确立的互惠原则。

1. 国际立法。在国际公约方面,欧洲有 1968 年《布鲁塞尔公约》、2007 年《卢加诺公约》及 2012 年《关于民商事案件管辖权及判决承认与执行公约》等。就全球范围而言,有 2019 年《承认与执行外国民商事判决公约》(Convention on the Recognition and Enforcement of Foreign Judgments in Civil and Commercial Matters,以下简称《承认与执行公约》),该公约经海牙国际私法会议多年不懈努力,于 2019 年 7 月获得通过,2023 年 9 月 1 日,对欧盟成员国(丹麦除外)和乌克兰正式生效。同日,乌拉圭政府递交批准书,公约于 2024 年 10 月 1 日对乌拉圭生效。我国曾多次选派资深法官参与该公约的起草谈判,并对公约文本签署确认,但该公约仍有待我国政府的正式批准。在双边条约方面,中国已经与 39 个国家签订了涉及民商事的双边司法协助协定或条约。通过签订具有约束力的双边条约,一定程度上可以缓解承认和执行外国法院判决的困境,但是由于我国对外签订的此类双边条约或协定数量较少,且大多缔约国与我国经贸往来并不是特别频繁,因此双边条约的作用与优势尚未充分发挥。在《承认与执行公约》对我国生效前,中国法院目前承认与执行外国判决的依据有两种:一是依据中国与其他国家签订的双边司法协助条约;二是根据国内法规定的互惠原则。

2. 国内立法。对于请求外国法院承认与执行中国法院作出的判决和裁定,根据 2023 年《民诉法》第 297 条的规定,可以由当事人直接向有管辖权的外国法院申请承认和执行,也可以由中国法院依照中国缔结或者参加的国际条约的规定,或者按照互惠原则,请求外国法院承认和执行。若需要中国法院承认与执行外国法院判决、裁定,根据第 298 条的规定,可以由当事人直接向有管辖权的中级人民法院(含海事法院和金融法院)申请承认和执行,也可以由外国法院依照该国与中国缔结或者参加的国际条约的规定,或者按照互惠原则,请求中国法院承认和执行。根据第 299 条的规定,接受请求的中国法院,依照中国缔结或者参加的国际条约,或者按照互惠原则进行审查

---

① 参见徐宏:《国际民事司法协助》(第 2 版),武汉大学出版社 2006 年版,第 224 页,转引自何其生:《国际私法》,北京大学出版社 2023 年版,第 315 页。
② 参见李双元、欧福永主编:《国际私法》(第 6 版),北京大学出版社 2022 年版,第 416 页。
③ 参见何其生:《国际私法》,北京大学出版社 2023 年版,第 317 页。

后,认为不违反中国法律的基本原则且不损害国家主权、安全、社会公共利益的,裁定承认其效力;需要执行的,发出执行令,依照本法的有关规定执行。

3. 互惠原则的适用。关于互惠关系的认定与互惠原则的适用,我国法律并无明确规定。关于互惠关系,理论上主要有法律互惠、事实互惠和推定互惠三种分类。法律互惠要求两国法律关于承认和执行外国判决的条件基本对等,对外国法的查明提出了较高的要求;事实互惠要求对方国家存在承认和执行本国判决的事实;推定互惠认为只要对方国家没有拒绝承认和执行先例的,就推定两国之间存在互惠关系。我国司法实践长期以来采取较为保守的事实互惠立场,对于两国间司法实践中,没有承认和执行对方国家法院判决先例的,即认定未成立相应的互惠关系。这样不仅导致外国判决不易被我国法院承认和执行,也使得外国法院以互惠原则为由拒绝承认我国法院判决,同时派生出大量跨境平行诉讼的现象。近年来,我国法院积极倡导推定互惠原则,如根据《南宁声明》第7条达成的共识,只要没有证据证明东盟成员国曾以互惠为由,拒绝承认和执行中国法院判决的先例,就可推定两国之间存在互惠关系。我国法院还积极与外国签署法院间承认和执行判决的指导备忘录,如2018年8月31日,最高人民法院与新加坡最高法院共同签署了《关于承认与执行商事案件金钱判决的指导备忘录》(以下简称《备忘录》)。这是最高人民法院与外国最高法院签署的第一个关于承认和执行判决的指导备忘录。虽然《备忘录》不具有法律约束力,但因目前中国与新加坡之间没有缔结或共同参加相互承认和执行民商事判决的国际条约,1997年签署的《中华人民共和国和新加坡共和国关于民事和商事司法协助的条约》也不涉及承认和执行民商事判决的内容,《备忘录》的签订能够为当事人在两国法院申请承认和执行对方国家法院的判决提供更加清晰的指引,有助于双方在相互承认和执行判决的司法协助方面常态化和制度化,增加各自判决在对方法院获得承认和执行的可预期性。对于中、新两国的司法合作,以及推动承认和执行外国法院判决的国际司法合作,都具有里程碑的意义。最高人民法院还设立国际商事法庭,为承认和执行外国判决的国际司法合作提供新的平台。[①] 就互惠关系的认定,2021年《涉外审判会议纪要》第44条作出进一步明确:法院在审理申请承认和执行外国法院判决、裁定案件时,有下列情形之一的,可以认定存在互惠关系:

(1)根据该法院所在国的法律,人民法院作出的民商事判决可以得到该国法院的承认和执行;(2)我国与该法院所在国达成了互惠的谅解或者共识;(3)该法院所在国通过外交途径对我国作出互惠承诺或者我国通过外交途径对该法院所在国作出互惠承诺,且没有证据证明该法院所在国曾以不存在互

---

① 参见张勇健、杨蕾:《司法机关相互承认执行民商事判决的新探索》,载《人民司法》2019年第13期。

惠关系为由拒绝承认和执行人民法院作出的判决、裁定。

该纪要在推定互惠的基础上，进一步提出法律互惠原则，并确认了国家间互惠谅解和共识的地位。前文所举经典案例(2018)沪72协外认1号案判决，较全面地体现了法律互惠、事实互惠和推定互惠三原则精神。

(三)承认与执行外国法院判决的条件

承认与执行外国法院作出的民商事判决，涉及国家主权和本国当事人的权益等诸多问题，属地性强，因此各国规定承认与执行外国法院判决的条件和审查程序更为严格。

1. 外国法院判决应为民商事判决。2019年《承认与执行公约》第2条规定：

> 本公约适用于由一缔约国法院作出的所有决定，不论请求国在诉讼程序上或在决定中称作为判决、裁定还是执行命令。但它不适用于命令采取临时措施或保全措施的决定，以及由行政法院所作的决定。

因各国法律制度差异，法院判决可能以不同名称作出，如还可能名为裁定、裁决、命令、决定或者宣告等。有的国家法院对诉讼费用的承担不包括在判决书正文，而另以命令或决定的形式单独作出。因此，对法院判决应作宽泛理解。就外国法院判决的认定标准问题，2021年《涉外审判会议纪要》第41条规定，法院应当根据外国法院判决、裁定的实质内容，审查认定该判决、裁定是否属于民事诉讼法第289条(2023年《民诉法》第299条)规定的"判决、裁定"。外国法院对民商事案件实体争议作出的判决、裁定、决定、命令等法律文书，以及在刑事案件中就民事损害赔偿作出的法律文书，应认定属于民事诉讼法规定的"判决、裁定"，但不包括外国法院作出的保全裁定以及其他程序性法律文书。

2. 外国法院对争议拥有管辖权。如果外国法院对实体争议没有管辖权，其作出的判决在其本国得到执行都成问题，更不能得到外国的承认与执行。因此，请求承认与执行的判决必须是具有合格管辖权的法院作出。至于依据何国法律认定外国法院是否有管辖权，有不同的依据。(1)依据公约审查。只要作出判决的法院管辖权符合公约规定，其他缔约国就应认定其有管辖权。《承认与执行公约》第5条规定承认与执行外国判决必须具备的条件，包括从原审国法院对案件的管辖权角度来确定执行依据，因而该条款又被称为"间接管辖依据"(indirect grounds of jurisdiction)。公约认定原审国法院对案件具有管辖权的连结点主要包括：第一，在提起诉讼时，被告在该国境内有惯常居所；第二，在提起诉讼时，自然人被告在原审国有主要营业地，且判决所基于的诉讼请求起因于该地营业活动；第三，被告是判决所基于的诉讼请求提起之人，但不是提反诉之人；第四，提起诉讼时，被告在原审国有分支机构、代理机构或其他无独立法人资格之机构,且判决所基于的诉讼请求基于该等机构的营业活动;第五,审理过程中,被告明示接受该国法院管辖;第六,被告就实体问题答辩而未在法定期限内提出管辖权异议。除非该等管辖权异议依原审国法律显然不会成功。公约对于间接管辖权的设置符合国际司法实践。在1958年《承认及执行外国仲裁裁决公约》(The New York Convention on the Recognition and Enforcement of Foreign Arbitral Awards,又称《纽约公约》)项下,被申请国法院亦有权限审查作出仲裁裁决的仲裁庭是否对仲裁案件具有管辖权。(2)以被请求国法律判断管辖权。这是在没有相关国际公约的情况下多数国家对管辖权采取的审查依据。(3)有的国家以原审国的法律判断其管辖权(如1968年《布鲁塞尔公约》规定)。(4)同时依据原审国法律和被请求国法律进行审查,如法国、以色列等少数国家。

中国尚未加入《承认与执行公约》。我国在与不同国家签订的双边民商事司法协助条约中,对原审国法院的管辖权采取了不同的判断标准,大致分为三种模式:一是依被请求国法律,即内国法律的标准。例如,我国与阿根廷、保加利亚、波兰、法国、古巴、蒙古国、罗马尼亚等国签订的司法协助协定均规定,根据被请求方法律,作出判决的法院不具有管辖权的,构成拒绝承认和执行的条件之一。二是仅要求不得违反被请求国法律专属管辖的规定。例如,我国与哈萨克斯坦、俄罗斯、吉尔吉斯斯坦、塔吉克斯坦、乌克兰等国缔结的司法协助协定。三是以列举方式明确请求国法院具有间接管辖权的具体标准,同时规定不得违反被请求国的专属管辖规定。例如,我国与老挝、塞浦路斯、突尼斯、西班牙、意大利、越南等国签订的司法协助协定。①

2023年《民诉法》第301条对外国法院无管辖权的情形作出认定:

> 有下列情形之一的,人民法院应当认定该外国法院对案件无管辖权:(一)外国法院依照其法律对案件没有管辖权,或者虽然依照其法律有管辖权但与案件所涉纠纷无适当联系;(二)违反本法对专属管辖的规定;(三)违反当事人排他性选择法院管辖的协议。

可见,中国法律规定是,基本上依据判决作出国法律审查该外国法院是否具有管辖权,这无疑会增加当事人的举证责任和外国法查明义务。该条同时设置例外情形否定依其法律拥有的管辖权:第一,法院虽有管辖权但其与纠纷无适当联系。适当联系可以是被告在判决作出国有住所、代表机构、合同签订地/履行地、标的物所在地、侵权行为发生地/结果发生地等。这样设置有其合理性,可以拒绝承认与执行"长臂管辖"案件,防止当事人刻意挑选法院等诸多问题,实现各方通过稳定的诉讼机制解决争议

---

① 参见沈红雨:《外国民商事判决承认和执行若干疑难问题研究》,载《法律适用》2018年第5期;李双元、欧福永主编:《国际私法》(第6版),北京大学出版社2022年版,第422页。

的目的。第二,违反我国法律专属管辖的规定。第三,违反当事人排他性选择法院管辖协议。另外,如果外国法院违反当事人仲裁协议或仲裁条款的,亦应被认定其无管辖权。

3. 外国已生效判决。已生效判决,即一国法院依其本国法律程序,对案件作出的判决已经发生法律效力,对当事人具有法律约束力,当事人不得再提起上诉的判决。《承认与执行公约》第 4 条对此规定,只有在作出国已经生效并可以执行的判决,才可以请求他国承认与执行。2023 年《民诉法》以"外国法院作出的发生法律效力的判决、裁定",作为接受"申请或者请求承认和执行"的前提。对于如何判断生效与否,2021 年《涉外审判会议纪要》第 42 条规定,应当根据判决作出国的法律审查该判决、裁定是否已经发生法律效力。有待上诉或者处于上诉过程中的判决、裁定不属于发生法律效力的判决、裁定。根据第 43 条规定,法院经审查,不能够确认外国法院判决、裁定的真实性,或者该判决、裁定尚未发生法律效力的,应当裁定驳回申请。驳回申请后,申请人再次申请且符合受理条件的,中国法院应予受理。

(四)被请求国拒绝承认与执行的情形

《承认与执行公约》第 7 条参照 1958 年《纽约公约》的规定,对可以拒绝承认和执行外国判决的情形作出规定。

1. 送达程序问题。根据该条第 1 款第 1 项的规定,如果存在下列情形,法院可以拒绝承认与执行:提起诉讼的文书或具有同等效力的文件(包括一份涵盖了诉讼请求基本要素的说明):(1)没有在足够的时间内以一定方式送达给被告以便其能够安排答辩。除非被告在原审法院出庭并答辩,并且在原审国法律允许被告就送达提出异议的情形下,被告仍未就送达事宜向原审法院提出异议;(2)系在被请求国送达给被告,且送达方式与被请求国有关文书送达的基本原则不符。

2. 判决通过欺诈获得。毋庸置疑,判决书的来源必须合法,而不能通过欺诈(obtained by fraud)手段获取。

3. 承认或者执行该判决明显违反被请求国的公共政策。包括据以作出判决结论的具体诉讼程序不符合该国公平合理基本原则的情形,以及涉及侵犯该国安全或主权的情形。

4. 原审法院的诉讼程序与协议或者信托文书中的内容相悖。根据协议或信托文书,争议事项应交由原审法院之外的第三国法院作出裁判。

5. 外国判决与被请求国法院的判决相悖。外国法院判决,与被请求国法院就相同当事人间的争议作出的判决不一致,将不被承认和执行。本款旨在消除和减少平行诉讼即择地行诉的情形。若所请求承认与执行的判决当事人与被请求国审理案件的当事人相同,则出现平行诉讼的情形,而两个判决不一致的,该请求应被拒绝。当事人提出请求的案件,如果与中国法院正在审理的案件为相同纠纷,中国法院可以中止审理。根据 2023 年《民诉法》第 302 条规定,对当事人向法院申请承认和执行外国法院作出的发生法律效力的判决、裁定,该判决、裁定涉及的纠纷与法院正在审理的纠纷属于同一纠纷的,法院可以裁定中止诉讼。外国法院作出的发生法律效力的判决、裁定不符合本法规定的承认条件的,法院裁定不予承认和执行,并恢复已经中止的诉讼;符合本法规定的承认条件的,法院裁定承认其效力;需要执行的,发出执行令,依照本法的有关规定执行;对已经中止的诉讼,裁定驳回起诉。

6. 外国判决与第三国法院在先判决相悖。如果外国法院判决与第三国法院就相同当事人之间的同一诉讼标的所作的在先判决结果不一致,且该在先判决满足在被请求国获得承认的必要条件,则外国法院判决可不被承认和执行。第三国就相同当事人之间同一标的案件的在先判决已经得到承认与执行,后提出请求的外国判决可以不被接受。此外,该条还规定,就申请承认和执行的事项,如果被请求国正在审理,被请求国组庭在先且被请求国与争议具有紧密联系,则被请求国可以推迟或拒绝承认和执行。

为使更多外国判决获得执行的效果,公约采用"可以"(may)拒绝,而非"应当"(shall)拒绝的措辞,给被请求国法院更多裁量权。在上述情形下,法院仍可以决定承认和执行相关判决。这与《纽约公约》的相关用语一脉相承。

2023 年《民诉法》第 300 条规定,对申请或者请求承认和执行的外国法院作出的发生法律效力的判决、裁定,我国法院经审查,符合下列五种情形之一的,裁定不予承认和执行:(1)依第 301 条,外国法院对案件无管辖权;(2)被申请人未得到合法传唤或者虽经合法传唤但未获得合理的陈述、辩论机会,或者无诉讼行为能力的当事人未得到适当代理;(3)判决、裁定是通过欺诈方式取得;(4)中国法院已对同一纠纷作出判决、裁定,或者已经承认第三国法院对同一纠纷作出的判决、裁定;(5)违反中国法律的基本原则或者损害国家主权、安全、社会公共利益。第 303 条规定,当事人对承认和执行或者不予承认和执行的裁定不服的,可以自裁定送达之日起 10 日内向上一级法院申请复议。但复议不影响裁定的效力。

(五)申请承认与执行的程序

1. 外国法院判决在中国的承认与执行。根据《民诉法》及其解释等司法文件,请求中国法院承认与执行外国法院判决的程序可概括为以下四点。

(1)提出申请。各国司法实践中,承认与执行外国法院判决的申请方式大致有两种:一是由当事人向外国法院直接提出;二是由判决作出国法院根据签订的国际条约或者通过外交途径,向外国法院提出。外国判决当事人可向中国有管辖权的中级人民法院(包括海事法院、金融法院和铁路法院)提出申请,或由外国法院依照双边条约或通过外交途径,或者按照互惠原则,向我国法院提出请求。且当事人申请承认和执行涉外判决应在《民诉法》第 250 条规定的 2 年期限内提出。申请执行时效的中止、中断,适用法律(《民法典》《海商法》等)有关诉讼时效中止、中断的规定。诉讼时效期间,从法律文书规定履行期间的最后一日起计算;法律文书规定分期履行的,从规定的每次履行期间的最后一日起计算;法律文书未规定履行期间的,从法律文书生效之日起计算。

(2)提交相关文件,包括:申请书,并附外国法院作出的发生法律效力的判决、裁定正本或者经证明无误的副本以及中文译本。外国法院判决、裁定为缺席判决、裁定的,申请人应当同时提交该外国法院已经合法传唤的证明文件,但判决、裁定已经对此予以明确说明的除外。除此之外,还应提供申请人的身份证明或者注册登记证明,法定代表人、负责人身份证明及授权委托书,以及相关证据材料。经证明无误的中文译文,可经如下途径证明:外国公证机构公证、外交部授权机构认证及中国驻外使、领馆认证;驻外使领馆直接公证或国内公证机关公证。

(3)法院审查。对外国法院民商事判决的审查模式,依各国立法例可区分为三类:实质审查主义、形式审查主义和折衷审查主义。实质审查主义认为,内国法院在承认外国民商事判决时,可以审查该外国民商事判决的事实认定和法律适用,如认为实体问题认定有误,则可不予承认。1964 年以前的法国立法例以及 1957 年以前的卢森堡立法例曾采用该模式,但目前已罕有国家采用。形式审查主义认为,内国法院在承认外国民商事判决时,只审查该外国民商事判决是否符合内国法律规定的承认要件,至于该外国民商事判决认定事实及适用法律是否正确,则不在审查范围。该模式以德国、日本的立法为例。折衷审查主义,是指原则上采形式审查主义,但在少数例外情形下,亦保留对外国民商事判决的实质审查权限。例如,意大利立法原则上采形式审查主义,但允许意大利法院对缺席的外国民商事判决作实质审查;再如希腊立法规定外国民商事判决的一方当事人为希腊国民时,希腊法院对该外国民商事判决具有实质审查权。[①]

《承认与执行公约》第 4 条规定,在承认和执行外国法院的判决过程中,除为适用公约之目的,否则,被请求国法院不应对案件进行实体审查。严格限制实体审查是几乎所有承认和执行生效的民商事法律文书或仲裁裁决相关的国际公约或双边条约的通行规则,主要目的在于避免对于实体事实和法律问题的重复裁量和矛盾裁判,减小判决被拒绝承认执行的可能性。虽然如此,《承认与执行公约》对被请求国法院的实体裁量权限仍保留了一定空间,允许其为适用公约之目的进行有限的实体审查,如在依据第 7 条判断判决是否存在违反被请求国的公共政策时,被请求国法院便可以对案件

---

① 参见沈红雨:《外国民商事判决承认和执行若干疑难问题研究》,载《法律适用》2018 年 5 期。

进行实体审查。根据《民诉法》及司法实践,对外国民商事判决采取的是形式主义审查模式,即我国法院依法律规定的承认要件进行判断,并不实质审查请求国法院判决认定事实及法律适用错误与否。我国法院经形式审查,符合条约和我国法律规定的,裁定承认其效力。需要执行的,发出执行令,依照《民诉法》规定执行。否则,裁定驳回申请。

(4)被请求国法院的承认与执行。对于该程序,存在两种模式,一是内国法院经审查认为符合承认与执行条件的,裁定执行并签发执行令,给予外国判决与本国民商事生效法律文书同等待遇,根据内国关于执行的法律程序执行外国判决。如法国、德国、西班牙等大陆法系国家多采此模式。如《西班牙民事诉讼法典》第951—953条规定:在外国宣布的终审判决根据有关协定在西班牙产生效力;如果与宣判国没有特别协定,这些判决具有与西班牙作出的生效判决在该国被赋予的效力同样的效力;如果宣判国法律规定西班牙法庭作出的判决在该国不予执行,该国的判决在西班牙也无效。我国法律也采此模式,2023年《民诉法》第302条规定,外国法院作出的发生法律效力的判决、裁定符合本法规定的承认条件的,法院裁定承认其效力;需要执行的,发出执行令,依照本法的有关规定执行。对不符合条件的,裁定驳回申请。二是登记程序和重新审理程序。以英美普通法系国家为代表。英国法院承认与执行外国法院判决,不是基于国际礼让原则(principle of comity),而是法律债务理论(doctrine of obligation)。[1] 英国法院主要根据原审国的不同而分别采用登记程序和重新审理程序来承认与执行外国法院判决。有管辖权的英国法院对于英联邦国家和欧盟各国法院所作的判决适用登记程序,一般只要查明外国法院判决符合英国法所规定的条件,就可予以登记执行。对于不属于上述法律规定的国家的法院判决,英国法院都是适用判例法所规定的重新审理的程序,即英国法院不直接执行这些国家的法院所作出的民商事判决,而只是把它们作为可以向英国法院重新起诉的根据,英国法院经过对有关案件的重新审理,确定外国法院判决与英国的有关立法不相抵触时,作出与该外国法院判决内容相同或相似的判决,然后由英国法院按照英国法所规定的执行程序予以执行。美国法律上的 foreign judgment 指他州(state)的判决和外国(country)的判决。州之间法院判决的相互执行,依据宪法全面信任条款(Full Faith and Credit Clause/Article IV, Section 1)。除非有条约或联邦普通法作为依据,美国任何一个州的法院都没有承认和强制执行外国判决的义务。在美国州法院与外国法院之间的相互承认与执行,依据国际礼让原则。但大多数案件都会依据法官造法或者具体法规规定(under judge-made law or under specific statutes),得到单方面的承认与执行,而无需当事人提交外交互惠证据。在美国法院,一般根据金钱

---

[1] See Enforcement of Foreign Judgments, Wikipedia, https://en.m.wikipedia.org/wiki/Enforcement_of_foreign_judgments. Accessed 2023-12-23.

判决和非金钱判决而采取不同的态度。对于金钱判决,大多数州的立法和司法实践都遵循英国法中的重新审理程序,要求利害关系人在美国法院提起一个新的诉讼,由相关法院作出一个新的判决,然后按照法院地法律所规定的程序予以执行。对于非金钱判决,美国各州法院所适用的程序很不统一,基本没有一致的原则。①

另外,2021年《涉外审判会议纪要》规定了承认和执行外国法院判决的内部报备及通报机制,即各级法院审结当事人申请承认和执行外国法院判决案件的,应当在作出裁定后15日内逐级报至最高人民法院备案。法院根据互惠原则进行审查的案件,在作出裁定前,应当将拟处理意见报本辖区所属高级人民法院进行审查;高级人民法院同意拟处理意见的,应将其审查意见报最高人民法院审核,待最高人民法院答复后,方可作出裁定。

2. 中国法院判决在外国的承认与执行。根据2023年《民诉法》第297条的规定,该程序中,中国法院判决的当事人可以直接向被告住所地或财产所在地的外国法院提出申请。此种情形下,中国当事人可自行或通过中国律师委托外国律师代理当地的承认与执行程序。当事人也可以依照国际条约或者互惠原则,向作出判决的中国法院请求外国法院承认与执行。如果需要中国法院对判决书、裁定书提供效力证明,作出该法律文书的法院,可以本院名义出具证明。

第九节　区际民商事司法合作与互助

区际司法协助,是指同一主权国家内部不同法域之间在私法领域的合作与互助。广义的区际司法协助涵盖民商事、刑事、行政等司法领域,而狭义的区际司法协助仅指民商事区际司法协助。上文已述及,民商事司法协助依其协助的范围不同,也有狭义和广义之分。狭义的民商事司法协助仅包括送达司法文书、调查取证等司法行为,而广义的民商事司法协助还包括相互承认和执行民商事司法判决和仲裁裁决。我国区际民商事司法协助,亦采广义的民商事司法协助概念,即包括文书送达、调查取证、外国法院判决和外国仲裁裁决的承认与执行。

在全球范围内,有不同类型的区际司法协助,如欧盟内部不同国家之间、联合王国内部英格兰和威尔士与苏格兰、北爱尔兰不同法域之间,美国各州之间,我国内地与台湾地区、香港特区和澳门特区四个不同的法域之间,等等,均属于不同法域之间区际司

---

① 参见《西班牙民事诉讼法典》(执行程序节录),转引自刘汉富主编:《国际强制执行法律汇编》,法律出版社2000年版,第82页;沈达明编著:《比较强制执行法初论》,对外贸易教育出版社1994年版,第101—103页;李双元、欧福永主编:《国际私法》(第6版),北京大学出版社2022年版,第427页;何其生:《国际私法》,北京大学出版社2023年版,第322页。

法协助问题。但与其他区际司法协助相比,中国的区际司法协助是不同法系并存条件下的司法协助,是一国两制"四法域"基础上的合作与互助,而其他多法域成员的区际司法协助是"一国一制"基础上的司法协助。我国香港特区的诉讼制度与实体法规范承袭了英国法的传统,澳门特区则是承袭了葡萄牙法的传统,台湾地区则是借鉴了德日等大陆法系国家的经验。我国民事诉讼法的理论同样深受德日的影响,也主要以大陆法系理论为参照。而其他多法域成员的区际司法协助是同一法系间的司法协助。中国的区际司法协助虽是单一制国家的区际司法协助,各法域都有其独立的立法权、司法权和终审权,但是各法域之间没有一个最高的司法机关来协调区际司法协助关系。中国区际司法协助长期以来没有相关制度规定,改革开放后随着社会经济发展需要才逐步建立,而且完善的区际司法协助关系的最终形成,必将经历长期过程。① 总之,在中国领域内,内地、香港特区、澳门特区、台湾地区各法域之间的司法协助,是中国的区际司法协助,其不涉及国家主权和安全问题,因而不同于国际司法协助。中国的区际司法协助也不同于世界其他国家的区际司法协助,其不仅涉及不同法系,而且涉及不同社会法律制度,情况是异常错综复杂的。因此,解决中国区际司法协助,必须坚持维护国家统一、一国两制、平等互惠、保障各法域人民交往等原则。解决中国区际司法协助的途径,是一个很复杂的问题。关键在于内地法域的法律地位问题。虽然大陆法域执行的是中央的法律,但这些法律并不在其他三个法域实施。从法律角度讲,内地法域仍是一个同其他三个法域平等的独立法域,而不是凌驾于其他三个法域之上的法域。②

一、我国区际民商事司法协助的法律依据与基本原则

(一)我国区际民商事司法协助现状

在内地与涉港澳司法协助方面,最高人民法院与港澳地区通过平等协商的方式,形成了大量的区际司法协助规范,主要采取"一对一"的双边模式,并非采取"一揽子"协议的多边模式。在涉台方面,两岸民间组织作为协商平台,一定程度上发挥了沟通的桥梁作用,但整体上仍是两岸采取分别规定的模式,两岸之间的协商程度较为薄弱。整体上,这些区际司法协助的法规范体系相对完整,内容也较为全面,实操性也基本能满足司法实务的需求。截至 2022 年 10 月,最高人民法院与香

---

① 参见李玉泉主编:《国际民事诉讼与国际商事仲裁》,武汉大学出版社 1994 年版,第 194 页;汤维建、林渚:《涉港澳台民事诉讼程序特别规则的体系建构》,载《法律适用》2023 年第 9 期;最高人民法院院长周强在 2022 年 10 月 28 日在第十三届全国人民代表大会常务委员会第三十七次会议上所作《最高人民法院关于人民法院涉外审判工作情况的报告》。

② 参见刘振江:《中国区际司法协助问题的探讨》,载黄进、黄风主编:《区际司法协助研究》,中国政法大学出版社 1991 年版。

港、澳门特区签署 13 项司法协助安排和 1 项司法协助文件。其中，与香港特区就判决相互认可和执行签署 3 项司法协助安排，实现 90% 以上民商事判决得到相互认可和执行。与澳门特区建立司法协助网络互通平台，实现民商事案件送达取证全流程在线完成。与香港、澳门特区分别建立仲裁程序相互协助保全机制，与香港特区签署相互执行仲裁裁决的补充安排，发布 10 件相互执行仲裁裁决典型案例。出台司法解释认可和执行台湾地区法院民事判决、仲裁裁决，推进两岸生效判决与仲裁裁决的相互认可和执行。

(二) 我国区际民商事司法协助的法律依据

区际司法协助依据，包括我国立法机关通过的法律以及最高人民法院作出的司法解释和批复等。

《宪法》第 31 条规定：

> 国家在必要时得设立特别行政区。在特别行政区内实行的制度按照具体情况由全国人民代表大会以法律规定。

可见，宪法从根本法的角度规定了我国可以设立特别行政区，明确了香港特区、澳门特区和台湾地区是中华人民共和国的一级行政区域，内地与香港特区、澳门特区、台湾地区之间司法协助属于区际民商事司法协助范畴，这是我国各法域区际民商事司法协助在根本法上的依据。而《香港基本法》第 95 条规定：

> 香港特别行政区可与全国其他地区的司法机关通过协商依法进行司法方面的联系和相互提供协助。

《澳门基本法》第 93 条规定：

> 澳门特别行政区可与全国其他地区的司法机关通过协商依法进行司法方面的联系和相互提供协助。

两部基本法的相关规定明确了内地与港、澳可以进行司法方面的联系和相互提供协助，这是我国内地与港、澳区际民商事司法协助的直接法律根据。

(三) 我国区际民商事司法协助的基本原则

我国区际司法协助应当遵循的基本原则，包括：(1) 维护国家主权及祖国统一原则。坚持一个中国的原则是中国的核心利益和原则立场，坚持通过和平手段解决台湾地区的问题，通过对话、协商等渠道实现祖国的完全统一，符合国际法和国际准则。(2) 一国两制原则。"一国"就是要维护国家统一和领土完整，特别行政区与祖国大陆的司法协助必须以此为基本出发点。"两制"则表明要尊重和维护各法域内法律制度的独立性，不以全国性的民事法律取代特别行政区自己的法律，允许其保留自身特有的制度及做法,正确对待特别行政区为维护自身的合法权益,在符合法律规定的条件下作出的拒绝协助的决定。(3)各法域平等原则。特别行政区虽然是中华人民共和国不可分割的部分,但是其特有的法律制度与大陆的法律制度在非宪法性层面上是平等的。特别行政区享有独立的终审权,其法院在与人民法院进行司法协助时是完全平等的主体,不存在隶属关系。各法域之间应遵循平等互利、协商一致原则。(4)保护当事人合法权益原则。司法协助的最终目的是实现当事人的合法权益,因此各法域在进行区际司法协助时,应当将及时、充分实现当事人的合法权益作为最高宗旨,最大限度地排除无关因素的干扰。(5)高效、便捷原则。被申请提供司法协助的法院应当坚持程序性审查,不得对请求方的裁判、仲裁裁决进行实质性审查,以实现高效、便捷地进行司法互助和合作。此外,还应坚持借鉴习惯原则,以及参照国际公约、国际惯例原则等。

二、内地与香港特区民商事司法协助制度

最高人民法院关于内地与香港特区的区际司法协助文件,主要包括:1999年《关于内地与香港特别行政区法院相互委托送达民商事司法文书的安排》(以下简称《司法文书送达安排》)、2000年《关于内地与香港特别行政区相互执行仲裁裁决的安排》(以下简称《仲裁裁决互认安排》)及2020年《关于内地与香港特别行政区相互执行仲裁裁决的补充安排》(以下简称《补充安排》)、2008年《关于内地与香港特别行政区法院相互认可和执行当事人协议管辖的民商事案件判决的安排》(以下简称《协议管辖判决互认安排》)、2011年《关于进一步规范人民法院涉港澳台调查取证工作的通知》、2017年《关于内地与香港特别行政区法院就民商事案件相互委托提取证据的安排》(以下简称《取证安排》)、2019年《关于内地与香港特别行政区法院相互认可和执行民商事案件判决的安排》(以下简称《民商事判决互认安排》)、2019年《关于内地与香港特别行政区法院就仲裁程序相互协助保全的安排》(以下简称《内地与香港仲裁保全安排》)和2022年《关于内地与香港特别行政区法院相互认可和执行婚姻家庭民事案件判决的安排》(以下简称《婚姻家庭判决互认安排》)。

(一)司法文书送达

根据《香港基本法》规定和《司法文书送达安排》,内地法院和香港特区法院可以相互委托送达民商事司法文书。但均须通过内地各高级人民法院和香港特区高等法院进行。最高人民法院的司法文书可以直接委托香港特区高等法院送达。司法文书的范围非常广泛,包括:起诉状副本、上诉状副本、授权委托书、传票、判决书、调解书、裁定书、决定书、通知书、证明书、送达回证;在香港特区包括:起诉状副本、上诉状副本、传票、状词、誓章、判案书、判决书、裁决书、通知书、法庭命令、送达证明。委托方请求

送达司法文书,须出具盖有其印章的委托书。委托书应当以中文文本提出,所附司法文书没有中文文本的,应当提供中文译本。受委托方如果认为委托书与前述安排的规定不符,应当通知委托方,并说明委托书的异议,必要时可以要求委托方补充材料。受委托方接到委托书后,应当及时完成送达,最迟不得超过收到委托书之日起2个月。

(二)调查取证

内地与香港特区双方相互委托调查取证,均须通过内地各高级人民法院和香港特区政务司行政署进行。最高人民法院和香港特区政务司行政署不可直接相互委托。委托方法院请求调取证据,只能是用于与诉讼有关的证据。内地法院根据本安排委托香港特区法院提取证据的,请求协助的范围包括:讯问证人、取得文件、检查、拍摄、保存、保管或扣留财产、取得财产样品或对财产进行试验以及对人进行身体检验。香港特区法院根据本安排委托内地法院提取证据的,请求协助的范围包括:取得当事人的陈述及证人证言、提供书证、物证、视听资料及电子数据以及勘验、鉴定。在此过程中,需要香港特区政务司行政署作为媒介,但委托书上需加盖香港特区高等法院印章。

(三)区际民商事判决的认可与执行

2024年1月29日前施行的2008年《协议管辖判决互认安排》,对两地法院相互承认与执行经当事人协议管辖法院作出民商事判决作出规定。与此对应,在香港特区施行《内地判决(交互强制执行)条例》。2022年10月26日香港特区立法会通过新的《内地民商事判决(相互强制执行)条例草案》,以在港落实最高人民法院与香港特区政府之间的2019年《民商事判决互认安排》。2023年11月10日,香港特区政府宣布《内地民商事判决(相互强制执行)条例》(第645章)及《内地民商事判决(相互强制执行)规则》于2024年1月29日起实施。最高人民法院审判委员会于2023年12月25日通过2019年《民商事判决互认安排》,并于2024年1月29日起施行。

2008年《协议管辖判决互认安排》在排他性管辖、执行时效、管辖法院、申请执行条件上存在诸多局限,尤其是书面管辖协议与两年的执行时效将众多债权人拒之门外。2019年《民商事判决互认安排》对民商事案件的定义、申请需提交的材料及申请书记载事项、申请期间、程序和方式、间接管辖权、书面形式、不予认可和执行的情形以及保全措施和强制措施等作出规定。全文统一用"判决"指代,内地包括判决、裁定、调解书、支付令,不包括保全裁定等;在香港特区包括判决、命令、判令、讼费评定证明书,不包括禁诉令、临时济助命令。除八类判决[部分婚姻家事案件、继承案件、部分专利侵权案件、部分海事海商案件、破产(清盘)案件、确定选民资格案件、与仲裁有关案件、认可和执行其他法域裁决的案件]外,民商事案件生效判决、刑事案件中有关民事赔偿的生效判决基本都被纳入了互认范围,且执行的部分也不限于判决中支付款项的部分。两地相互认可和执行民商事案件判决范围大大扩展,两地民商事领域司法协助基本全面覆盖。2019年《民商事判决互认安排》不再受"书面排他性管辖协议"的限制,实践中经常出现的"非对称管辖条款"也不再成为两地法院相互认可和执行判决的障碍。申请人根据2019年《民商事判决互认安排》向内地或香港特区有管辖权法院申请认可和执行有关判决,不影响申请人同时向原审法院地有管辖权法院对该等判决申请执行。但在此情况下,两地法院应根据对方法院的要求相互提供本方执行判决的情况,并保证两地法院执行财产的总额不超过判决确定的数额。根据2019年《民商事判决互认安排》第4条规定,直接认可的内地判决明确不包括保全裁定,而可以直接认可的香港特区判决也不包括禁诉令、临时济助命令。因此,在内地法院或者香港特区法院正在进行的诉讼程序中,不支持申请直接认可和执行另一地法院的保全裁定或临时措施命令。但其第24条规定:

> 申请认可和执行判决的,被请求方法院在受理申请之前或者之后,可以依据被请求方法律规定采取保全或者强制措施。

就是说,申请方可以在认可和执行程序中向被申请法院申请保全和临时措施。对平行诉讼问题,2019年《民商事判决互认安排》的规定与2023年《民诉法》第302条的规定相呼应。一地法院审理民商事案件期间,当事人申请认可和执行另一地法院就同一争议作出的判决的,应当受理。受理后,有关诉讼应当中止,待就认可和执行的申请作出裁定或者命令后,再视情终止或者恢复诉讼。审查认可和执行判决申请期间,当事人就同一争议提起诉讼的,不予受理;已经受理的,驳回起诉。判决全部获得认可和执行后,当事人又就同一争议提起诉讼的,不予受理。判决未获得或者未全部获得认可和执行的,申请人不得再次申请认可和执行,但可以就同一争议向被请求方法院提起诉讼。

2019年《民商事判决互认安排》同时规定,其生效后《婚姻家庭判决互认安排》继续施行。

(四)区际民商事仲裁裁决的认可与执行

2000年《仲裁裁决互认安排》,对内地与香港特区之间仲裁裁决相互执行的条件、程序以及适用的时间范围作出了规定,并最大限度地保留了《纽约公约》关于仲裁裁决执行条件的规定。依据该安排,内地依法设立的全部仲裁机构的仲裁裁决,都列入可以在香港特区强制执行的"内地裁决"。同时,香港特区裁决也可以在内地按照该安排规定的条件和程序得到执行。2020年《补充安排》第1条规定:

> 《仲裁裁决互认安排》所指执行内地或香港特别行政区仲裁裁决的程序,应解释为包括认可和执行内地或香港特别行政区仲裁裁决的程序。

该条规定明确将认可仲裁裁决纳入适用范围,更好地与内地认可与执行仲裁裁决实践接轨。

《仲裁裁决互认安排》第 1 条规定：

> 在内地或者香港特区作出的仲裁裁决，一方当事人不履行仲裁裁决的，另一方当事人可以向被申请人住所地或者财产所在地的有关法院申请执行。

针对如何界定"在内地或者香港特区作出的仲裁裁决"，最高人民法院曾在不同案件中持不同观点。2004 年最高人民法院《关于不予执行国际商会仲裁院 10334/AMW/BWD/TE 最终裁决一案的请示的复函》中认为，国际商会是在法国设立的仲裁机构，其在香港特区作出的仲裁裁决是法国仲裁裁决，执行该裁决应适用《纽约公约》。可见，最高人民法院在该案中以仲裁机构设立地认定裁决的籍属。而 2009 年最高人民法院《关于香港仲裁裁决在内地执行的有关问题的通知》指出，当事人向人民法院申请执行在香港特区作出的临时仲裁裁决、国际商会仲裁院等国外仲裁机构在香港特区作出的仲裁裁决的，人民法院应当按照《裁决互认安排》的规定进行审查。最高人民法院在该案中以仲裁地或开庭地认定裁决的作出地和籍属。在经典案例（2016）苏 01 认港 1 号案中，内地法院首次依据上述规定和《仲裁裁决互认安排》审查执行贸仲香港中心作出的仲裁裁决。为明确认定标准，《补充安排》第 2 条规定：

> 内地人民法院执行按香港特区《仲裁条例》作出的仲裁裁决，香港特区法院执行按《中华人民共和国仲裁法》作出的仲裁裁决，适用本安排。

可见该修改依据审理仲裁案件所适用的程序法认定裁决作出地。据此，无论是机构仲裁还是临时仲裁，无论仲裁机构设立在中国内地、香港特区或者第三法域，也无论仲裁庭审是在香港特区进行还是在其他地点进行，只要裁决是依据香港《仲裁条例》作出，在内地将获得认可和执行。同理，只要仲裁裁决是依照《仲裁法》作出，可在香港特区得到认可和执行。

根据《仲裁裁决互认安排》第 2 条第 3 款的规定，申请人只得先后在两地提出申请，不得同时申请，只有在一地法院执行不足以偿还其债务时，方可向另一地法院申请执行。实践中，被申请人往往在申请人于一地提出申请后，在另一地转移财产，逃避执行。《补充安排》第 3 条对此作出修改：

> 被申请人在内地和香港特区均有住所地或者可供执行财产的，申请人可以分别向两地法院申请执行。应对方法院要求，两地法院应当相互提供本方执行仲裁裁决的情况。两地法院执行财产的总额，不得超过裁决确定的数额。

该条规定弥补了漏洞，可以更好地保护申请人的利益。与此同时，《补充安排》规定两地法院互相提供本方执行仲裁裁决的情况,从而避免了申请人利用两地同时认可和执行的平行程序,获取不当利益。

《仲裁裁决互认安排》未涉及有关等待执行仲裁裁决期间财产保全的具体规定。但实践中,有内地法院依当事人申请和《民诉法》的规定采取保全措施,以保护当事人利益。① 2019 年《内地与香港仲裁保全安排》填补了这一制度空缺。在保全方面,将香港特区仲裁程序与内地仲裁程序类似对待,允许香港特区仲裁程序的当事人向内地法院申请保全;同时,内地仲裁程序的当事人亦可向香港特区法院申请强制令以及其他临时措施。该安排对保全的范围、香港特区仲裁程序的界定、申请保全的程序、保全申请的处理等作了全面规定。两地法院将可通过预防性救济措施的相互协助,促进仲裁裁决的顺利执行,更加有效地维护当事人的合法权益。但《内地与香港仲裁保全安排》仅适用于仲裁裁决作出前的保全,《补充安排》对仲裁裁决申请执行之前或之后的保全作出了规定,弥补了这一空白,为执行申请人提供全方位的保护。

(五)区际破产案件司法合作与互助

内地法院承认域外破产程序并提供协助的案例很少,相关案件主要有:2001 年广东省佛山市中级人民法院根据《中意民事司法协助条约》承认了米兰法院 1999 年 9 月所作出的判决有效;2012 年湖北省武汉市中级人民法院承认德国蒙塔鲍尔(Montabaur)地区法院的破产判决;2014 年最高人民法院在审理中华环保科技集团有限公司诉大拇指环保科技集团公司案中,确认了清盘人对中华环保科技集团有限公司的诉讼代表地位。但是,这些判决都是根据民事诉讼的涉外程序来审查的破产判决,其承认的理由和提供司法协助的具体方式,与《联合国国际贸易法委员会跨国界破产示范法》《欧盟破产程序规则》规定的国际上普遍认可的理念和做法存在较大的差别。我国《企业破产法》实施以来,内地法院尚未有依据该法第 5 条承认破产程序的实践案例。而香港特区高等法院在"年富公司案"中,对于承认域外程序的法律要件和事实要件的适用,以及根据申请事项进行"一般授权+特别授权"的方式,值得内地法院在未来审理跨境破产案件时予以充分借鉴。香港特区法院在"年富公司案"及此前的"广信案""华信案"中都表现出了对内地破产程序给予承认和协助的开放态度,这为内地法院未来审理香港特区清盘人提出的承认和协助申请提供了适用互惠原则的事实依据。个案中两地法院互相承认和协助的探索积累,必然会促进两地跨境破产司法合作安排的尽快出炉。②

2003 年两地签署的《内地与香港关于建立更紧密经贸关系的安排》(CEPA)以及

---

① 参见广州海事法院(2018)粤 72 认港 1 号之一号民事裁定书;广州海事法院(2019)粤 72 认港 1 号民事裁定书。
② 参见岳燕妮、唐姗、王芳:《内地与香港跨境破产的实践探索》,载《人民司法》2020 年第 25 期。

其他司法协助安排,均未对企业破产领域的合作和互助作出规定。2021年5月14日,最高人民法院和香港特区政府正式签署最高人民法院与香港特别行政区政府《关于内地与香港特别行政区法院相互认可和协助破产程序的会谈纪要》(以下简称《破产程序互认纪要》)作为有关两地民商事司法协助的第九项文件,同时,最高人民法院制定了《关于开展认可和协助香港特别行政区破产程序试点工作的意见》(以下简称《试点意见》)。纪要主要内容包括:第一,最高人民法院指定试点地区(深圳、上海和厦门)的中级人民法院可与香港特区高等法院开展相互认可和协助破产程序的合作;第二,香港特区的清盘人或者临时清盘人可以就香港特区的清盘及债务重组程序,向内地试点地区的有关中级人民法院申请认可及协助;第三,内地破产管理人可以继续按照香港特区现行的普通法原则,就内地破产程序,向香港特区高等法院申请认可及协助;第四,申请人和协助的程序、方式应依照被请求方的规定;第五,两地将进一步制定有关破产方面司法互助的指导意见与实用指南,持续完善有关机制,逐步扩大试点范围。

三、内地与澳门特区民商事司法协助制度

目前最高人民法院与澳门特区签署的司法协助文件主要有:2001年《关于内地与澳门特别行政区法院就民商事案件相互委托送达司法文书和调取证据的安排》(以下简称《送达和取证安排》),2006年《关于内地与澳门特别行政区相互认可和执行民商事判决的安排》(以下简称《民商事判决互认安排》)、《关于内地与澳门特别行政区相互认可和执行仲裁裁决的安排》(以下简称《仲裁裁决互认安排》)和2022年最高人民法院《关于内地与澳门特别行政区就仲裁程序相互协助保全的安排》(以下简称《内地与澳门仲裁保全安排》)。

(一)司法文书送达

根据《送达和取证安排》,内地法院与澳门特区法院可以就民商事案件,在内地包括劳动争议案件,在澳门特区包括民事劳工案件,相互委托送达司法文书。双方相互委托送达司法文书,均须通过内地各高级人民法院和澳门特区终审法院进行。最高人民法院和澳门特区终审法院可以直接相互委托送达。经与澳门特区终审法院协商,最高人民法院可以授权部分中级人民法院、基层人民法院与澳门特区终审法院相互委托送达。该规定与内地和香港特区之间安排不同,香港特区与最高人民法院之间的文书送达是单向性的,只能由最高人民法院向香港特区高等法院送达。司法文书的范围比香港特区更为广泛,还包括认诺书、和解书、财产目录、财产分割表、和解建议书、债权人建议书、法庭许可令状、判决书、合意庭裁判书、送达证明书,以及其他司法文书和所附相关文件等更多内容。内地各高级人民法院和澳门特区终审法院相互收到对方法

院的委托书后,应当立即将委托书及所附司法文书和相关文件转送至根据其本辖区法律规定有权完成该受托事项的法院。如果受委托方法院认为委托书不符合该安排的规定,则当影响其完成受托事项时,应当及时通知委托方法院,并说明对委托书的异议,必要时可以要求委托方法院补充材料。委托书应当以中文文本提出,所附司法文书没有中文文本的,应当提供中文译本。

(二)调查取证

内地与澳门特区双方相互委托调查取证,均须通过内地各高级人民法院和澳门特区终审法院进行。最高人民法院和澳门特区终审法院可以直接相互委托。经与澳门特区终审法院协商,最高人民法院可以授权部分中级人民法院、基层人民法院与澳门特区终审法院相互委托调取证据。委托方法院请求调取证据只能是用于与诉讼有关的证据。代为调取证据范围包括代为询问当事人、证人和鉴定人,代为进行鉴定和司法勘验,调取其他与诉讼有关的证据。安排对调取证据委托书应载明的事项作出规定。同样,内地与澳门特区都只能调取与诉讼有关的证据。委托法院提出参与取证的请求,受托法院可以允许委托方司法人员出席并直接取证;获得批准同意取证的,应当通知对方取证的时间和地点。

(三)区际民商事判决的认可与执行

根据《民商事判决互认安排》的规定,民商事案件范围,在内地包括劳动争议案件,在澳门特区包括劳动民事案件,也适用于刑事案件中有关民事损害赔偿的判决、裁定。但只适用于该安排生效后的案件。在该安排生效后,澳门特区法院已处理了一些具体的案件,不仅展现出该安排实际付诸实施的效果,而且更以司法实践深化了对该安排的理解与适用。在(2010)珠中法民认字第1号案中,珠海市中级人民法院认可和执行澳门特区初级法院作出的 CR2-08-0153-PCC 号判决书。珠海市中级人民法院认为,该案系申请人请求认可和执行澳门特区法院的刑事附带民事中有关民事损害赔偿的案件,属于两地《民商事判决互认安排》相互认可和执行的范围,依据安排对澳门特区法院判决有给付内容的,认可和执行程序一并处理,并且对刑事附带民事判决应只作形式审查,不作实质审查。

(四)区际民商事仲裁裁决的认可与执行

根据《仲裁裁决互认安排》第1条规定,内地法院认可和执行澳门特区仲裁机构及仲裁员按照澳门特区仲裁法规在澳门作出的民商事仲裁裁决,澳门特区法院认可和执行内地仲裁机构依据《仲裁法》在内地作出的民商事仲裁裁决,适用本安排。据此,以审理仲裁案件所适用的仲裁程序法为依据,判断仲裁裁决作出地。只要依据澳门特区仲裁法规或内地仲裁法作出的裁决,不论是临时仲裁还是机构仲裁,就可以相互认可和执行。但此规定与内地与香港特区的《补充安排》不同,审理地点仅限于澳门特区或内地,而《补充安排》已不再保留"在澳门作出的"和"在内地作出的"的限制。

2022年《内地与澳门仲裁保全安排》共12条,对保全的类型、适用的仲裁程序、申请保全的程序、保全申请的处理等作了规定。对可申请保全的类型,包括了内地的财产保全、证据保全、行为保全三种类型。澳门特区的保全包括"普通保全"和"特定保全"。前者是为防止"造成严重且难以弥补之侵害""确保受威胁之权利得以实现"的措施;后者包括占有之临时返还、法人决议之中止执行、临时扶养、裁定给予临时弥补、假扣押、新工程之禁制、制作清单等七种情形。该安排将澳门特区的保全概述为"确保受威胁的权利得以实现而采取的保存或者预行措施",可理解为涵盖澳门特区法律规定的所有保全类型。对可适用保全的仲裁程序,从其第2条规定看,将适用的仲裁程序限定于内地与澳门特区仲裁机构管理的仲裁程序,且应分别适用《仲裁法》和澳门特区仲裁法规,排除了临时仲裁程序和其他法域仲裁机构管理的仲裁程序。2016年12月30日最高人民法院《关于为自由贸易试验区建设提供司法保障的意见》(以下简称《自贸区司法保障意见》)有限度地引入了临时仲裁制度,但《内地与澳门仲裁保全安排》依然排除了临时仲裁程序,原因主要有三点:一是提供仲裁保全协助时,仲裁裁决尚未作出,一旦保全错误,涉及对另一方当事人的救济,应当持较为谨慎的态度;二是《内地与香港仲裁保全安排》排除了临时仲裁,本安排与其保持一致;三是《仲裁法》没有规定临时仲裁程序,对此有待进一步研究。关于可申请保全的阶段,2007年《仲裁裁决互认安排》规定法院在受理申请认可和执行仲裁裁决申请之前或者之后,可以根据当事人的申请,对被申请人的财产采取保全措施。可见,保全并未涵盖仲裁裁决作出前的阶段。而《内地与澳门仲裁保全安排》第2条、第5条的规定,有关仲裁程序当事人可以在仲裁裁决作出前向两地有管辖权的法院申请保全。"仲裁裁决作出前"包含三个阶段,即当事人申请仲裁前、仲裁机构受理仲裁申请前以及仲裁中。当事人提出保全申请的,需要依被请求地的法律规定提供相应担保。《内地与澳门仲裁保全安排》进一步将相互协助向前延伸至仲裁前和仲裁中,与《仲裁裁决互认安排》一起,实现了内地与澳门特区仲裁全流程协助,充分体现了"一国两制"的制度优势。《内地与澳门仲裁保全安排》还对受理保全申请的法院、诉前保全应提交的材料和记载事项及保全申请的审查以及救济等事项作出规定。①

四、大陆与台湾地区民商事司法协助制度

由于历史原因,台湾地区和大陆目前尚未就区际司法协助制度安排达成一致,两

---

① 参见丁金玲、李玲、郭贵芬:《浅析内地与澳门仲裁程序相互协助保全制度》,载威科先行法律信息库(https://law.wkinfo.com.cn);最高人民法院《关于内地与澳门特别行政区就仲裁程序相互协助保全的安排》,载最高人民法院网站(https://www.court.gov.cn/zixun/xiangqing/347101.html),访问时间:2022年2月25日。

岸未建立起相互提供民商事司法协助的有效运行机制,双方各自作出规定,或者在签署的原则协议基础上,各自单方面作出规定。1992年《台湾地区与大陆地区人民关系条例》第74条规定：

> 在大陆地区作成之民事裁判、民事仲裁判断,不违反台湾地区公共秩序或善良风俗者,得声请法院认可。

最高人民法院2008年发布《关于涉台民事诉讼文书送达的若干规定》(以下简称《涉台民事送达规定》),2009年两岸签署《海峡两岸共同打击犯罪及司法互助协议》(以下简称《两案司法互助协议》),商定合作事项包括在民事、刑事领域相互提供以下协助:(1)共同打击犯罪;(2)送达文书;(3)调查取证;(4)认可及执行民事裁判与仲裁裁决(仲裁判断);(5)移管(接返)被判刑人(受刑事裁判确定人);(6)双方同意之其他合作事项,并对文书送达、调查取证、裁判认可以及涉及刑事方面的合作事项作出原则规定。为落实《两案司法互助协议》,最高人民法院2011年发布《关于人民法院办理海峡两岸送达文书和调查取证司法互助案件的规定》(以下简称《送达和取证规定》),2015年发布《关于认可和执行台湾地区法院民事判决的规定》(以下简称《认可和执行台湾判决规定》)和《关于认可和执行台湾地区仲裁裁决的规定》(以下简称《认可和执行台湾裁决规定》)。

(一) 司法文书送达

在司法文书的送达方面,大陆法院送达或者代为送达的民事诉讼文书包括：起诉状副本、上诉状副本、反诉状副本、答辩状副本、授权委托书、传票、判决书、调解书、裁定书、支付令、决定书、通知书、证明书、送达回证以及与民事诉讼有关的其他文书。《送达和取证规定》第7条规定,大陆法院向住所地在台湾地区的当事人送达民事诉讼文书,可以采用下列方式：

> (一)受送达人居住在大陆的,直接送达。受送达人是自然人,本人不在的,可以交其同住成年家属签收;受送达人是法人或者其他组织的,应当由法人的法定代表人、其他组织的主要负责人或者该法人、其他组织负责收件的人签收。受送达人不在大陆居住,但送达时在大陆的,可以直接送达。(二)受送达人在大陆有诉讼代理人的,向诉讼代理人送达。但受送达人在授权委托书中明确表明其诉讼代理人无权代为接收的除外。(三)受送达人有指定代收人的,向代收人送达。(四)受送达人在大陆有代表机构、分支机构、业务代办人的,向其代表机构或者经受送达人明确授权接受送达的分支机构、业务代办人送达。(五)通过协议确定的海峡两岸司法互助方式,请求台湾地区送达。(六)受送达人在台湾地区的地址明确的,可以邮寄送达。

(七)有明确的传真号码、电子信箱地址的,可以通过传真、电子邮件方式向受送达人送达。采用上述方式均不能送达或者台湾地区当事人下落不明的,可以公告送达。

需注意,公告送达须在穷尽上述方式均不能送达或台湾地区当事人下落不明时,才可以适用。根据《送达和取证规定》第8条规定,大陆法院协助台湾地区法院送达司法文书,应当采用民事诉讼法、刑事诉讼法、行政诉讼法等法律和相关司法解释规定的送达方式,并应当尽可能采用直接送达方式,但不采用公告送达方式。可见,双方严格控制公告送达方式的适用。如果大陆法院不能严格按照规定送达,通过公告送达方式作出的缺席判决,将被撤销并发回重审。① 2023年《民诉法》施行后,大陆法院向住所地在台湾地区的当事人公告送达,应适用公告期60日的规定。

对于大陆法院接受台湾地区法院委托送达民事诉讼文书的,按照两岸认可的有关途径代为送达。台湾地区有关法院应提供委托函。大陆法院收到台湾地区有关法院的委托函后,经审查符合条件的,应当在收到委托函之日起2个月内完成送达。民事诉讼文书中确定的出庭日期或者其他期限逾期的,受委托的法院亦应予送达。

(二)调查取证

根据2009年《两岸司法互助协议》,双方同意依己方规定相互协助调查取证,包括取得证言及陈述;提供书证、物证及视听资料;确定关系人所在或确认其身份;勘验、鉴定、检查、访视、调查;搜索及扣押等。受请求方在不违反己方规定前提下,应尽量依请求方要求之形式提供协助。受请求方协助取得相关证据资料,应及时移交请求方。但受请求方已进行侦查、起诉或审判程序者,不在此限。2011年《送达和取证规定》规定,大陆法院办理海峡两岸调查取证司法互助业务,限于与台湾地区法院相互协助调取与诉讼有关的证据,包括取得证言及陈述;提供书证、物证及视听资料;确定关系人所在地或者确认其身份、前科等情况;进行勘验、检查、扣押、鉴定和查询等,协助台湾地区法院调查取证,应当采用民事诉讼法、刑事诉讼法、行政诉讼法等法律和相关司法解释规定的方式。在不违反法律和相关规定、不损害社会公共利益、不妨碍正在进行的诉讼程序的前提下,法院应当尽力协助调查取证,并尽可能依照台湾地区请求的内容和形式予以协助。台湾地区调查取证请求书所述的犯罪事实,依照大陆法律规定不认为涉嫌犯罪的,大陆法院不予协助,但有重大社会危害并经双方业务主管部门同意予以个案协助的除外。台湾地区请求促使大陆居民至台湾地区作证,但未作出非经大陆主管部门同意不得追诉其进入台湾地区之前任何行为的书面声明的,大陆法院可以不予协助。

---

① 参见云南省高级人民法院(2020)云民终1235号民事裁定书。

(三) 区际民商事判决的认可与执行

首先,2015年《认可和执行台湾判决规定》扩大了管辖的连结点。原司法解释只是规定申请人住所地、经常居住地或者被执行人的财产所在地的法院具有管辖权。但实践中发现,如台湾地区居民在大陆没有住所、经常居住地,也不要求认可执行裁判,只是申请确认某种法律关系是否存在的,按照原司法解释可能告诉无门。根据新规定,则可至被申请人住所地或者经常居住地申请。其次,《认可和执行台湾判决规定》适度放宽了案件的受理条件。在立案过程中,当事人可以自行提供有关的公证认证手续,或者直接向法院申请,请求大陆法院向台湾地区法院调查取证,让台湾地区法院证明判决书真伪。再次,对申请、认可和执行台湾地区法院裁判的期间,作了进一步的明确和调整,特别明确了申请认可和执行的期间为在台湾地区法院判决作出2年之内,对于涉及身份关系(离婚、亲子关系的确认等)的判决,则特别规定不受期限限制。最后,该规定还扩展了认可和执行的台湾地区判决和仲裁的范围。凡是和台湾地区的民事判决效率相当的文书,主要是在民事领域,基本的态度就是尽可能全覆盖,都纳入认可和执行的范围。

近年来,大陆法院认可台湾地区法院的案例不断出现。2008年苏州市中级人民法院依据《认可和执行台湾判决规定》,作出(2008)苏中民三初字第0072号民事判决书,认可台湾台北地方法院台北简易庭2008年度北调字第440号债权履行时间调解笔录。东琳公司向深圳市中院申请承认与执行台湾地区法院民事判决称:请求认可与执行台湾地区台北地方法院2014年度重诉字第988号民事判决、台湾地区高等法院2015年度重上字第709号民事判决、台湾地区"最高法院"2017年度台上字第1456号民事裁定及2018年3月14日台湾地区台北地方法院民事判决确定证明书。深圳市中级人民法院认为,988号判决不存在《认可和执行台湾判决规定》第15条规定的情形,应予以认可和执行。因台湾地区高等法院2015年度重上字第709号民事判决、台湾地区"最高法院"2017年度台上字第1456号民事裁定系针对台湾地区台北地方法院2014年度重诉字第988号民事判决的二、三审判决、裁定,且均为驳回上诉,维持原判决,故无再行认可和执行的必要。依照《认可和执行台湾判决规定》第15条、第16条、第18条的规定,深圳市中院裁定认可和执行台湾地区台北地方法院2014年度重诉字第988号民事判决。被申请人向广东省高级人民法院提出复议,被广东省高级人民法院驳回。① 在(2019)沪02认台2号案中,住所地在台湾的X公司,向上海市二中院申请认可和执行台湾地区屏东地方法院2002年度促字第3861号支付命令的裁定。一审

---

① 参见广东省高级人民法院(2019)粤认复4号民事裁定书;深圳市中级人民法院(2018)粤03民初2205号民事裁定书。

法院认为,该案系申请认可和执行台湾地区支付命令纠纷,应根据最高人民法院《认可和执行台湾判决规定》进行审查。该规定第 20 条明确指出:

> 申请人申请认可和执行台湾地区法院民事判决的期间,适用民事诉讼法第二百三十九条的规定,但申请认可台湾地区法院有关身份关系的判决除外。

因 X 公司未在《民诉法》第 239 条规定的期间内向大陆法院提出认可与执行申请,故其申请已超过规定的申请期间,裁定不予认可和执行。二审法院驳回了申请人的复议申请,认为 X 公司主张就该案项下债权,债权人并未间断向台湾地区屏东地方法院申请过执行,但根据《民诉法》第 239 条的规定,上述申请因未在法定期限内向大陆法院提出,故不构成对该案申请时效的中断,X 公司复议称,其直至 2019 年知晓债务人的财产线索亦不构成时效中止、中断的合法事由,故对 X 公司的复议请求不予支持。

台湾地区对外国法院判决采用"自动承认制",即除了符合台湾地区"民事诉讼法"第 402 条 1 项载明的不得承认情事外,原则上自动发生承认的效力。对于大陆法院判决裁定和仲裁裁定采用"裁定认可制",即按《台湾地区与大陆地区人民关系条例》(1997 修正)第 74 条规定,大陆地区作出的民事判决、裁定和仲裁裁决必须由台湾地区法院另行认可裁定后才确认效力,并据此办理强制执行。参照台湾地区"最高法院"2007 年台上字第 2531 号判决、台湾地区"最高法院"2008 年台上字第 2376 号判决,台湾地区法院认可的审理要件如下:(1) 必须确定是民事判决、裁定或民事仲裁裁决;(2) 不违背台湾地区公共秩序和善良风俗;(3) 必须经过行政院设立或指定机构或委托民间团体(即财团法人海峡交流基金会)验证;(4) 必须申请法院裁定认可;(5) 以在台湾地区作成民事判决或裁定、民事仲裁裁决,可以申请大陆法院裁定认可或执行为限。因为大陆已经制定《认可和执行台湾判决规定》《认可和执行台湾裁决规定》等规范台湾民事判决和仲裁裁决在大陆地区的执行程序,台湾地区法院基于落实"司法权互相尊重原则、互惠原则"也针对大陆民事判决和仲裁裁决作出多次认可的裁定案例。自 1996 年台湾地区桃园地方法院认可厦门市中级人民法院作出的损害赔偿判决后,台湾地区法院不断认可大陆法院判决和仲裁裁决。2010 年台湾地区台中地方法院以 2010 年度声字第 290 号民事裁定,认可北京市第一中级人民法院作出的(2006)一中民初字第 11229 号民事判决书。台中地方法院认为,该判决已确定,业据声请人提出上开经中国北京方圆公证处公证,再经财团法人海峡交流基金会验证之授权委托书、民事判决书、企业法人营业执照即受理案件通知书为凭。按上述理由,足认为已构成台湾地区"民法"第 546 条第 1 项之规定,而得请求判决给付垫付款,其判决尚不违背台湾之公共秩序或善良风俗,于法核无不合,应予准许。

但因各种原因,两地也有不少判决未被认可。如(2014)中法民四初字第 9 号案,大陆法院未认可与执行台湾地区裁判文书。

(四)区际民商事仲裁裁决的认可与执行

根据《认可和执行台湾裁决规定》,台湾地区仲裁裁决的当事人可以根据本规定,作为申请人向大陆法院申请认可和执行台湾地区仲裁裁决。台湾地区仲裁裁决是指,有关常设仲裁机构及临时仲裁庭在台湾地区按照台湾地区仲裁规定,就有关民商事争议作出的仲裁裁决,包括仲裁判断、仲裁和解和仲裁调解。由于大陆法律规定,对仲裁裁决的认可和执行系两个程序,先予承认,再裁定执行。因此,申请人同时提出认可和执行台湾地区仲裁裁决申请的,大陆法院先按照认可程序进行审查,裁定认可后,由法院执行机构执行。申请人直接申请执行的,法院应当告知其一并提交认可申请;坚持不申请认可的,裁定驳回其申请。关于管辖权,申请认可台湾地区仲裁裁决的案件,由申请人住所地、经常居住地或者被申请人住所地、经常居住地、财产所在地中级人民法院或者专门法院受理。

整体上,台湾地区司法实务基于司法权互相尊重原则,对于大陆仲裁机构所作的裁决有着高度认可,仅有零星案件被裁定不予认可。台湾地区法院在判定大陆仲裁裁决是否符合台湾地区公共秩序和善良风俗时,通常考量其程序有无违反台湾地区关于"被告听审请求权""公证程序请求权"等程序基本权。原则上,原告若确实提交相关文书的送达回证,证明被告已经受合法通知应诉,系自行放弃出庭抗辩机会的,法院大多准许认可该仲裁裁决。台湾新北地方法院2018年抗字第134号民事裁定,对大陆贸仲(CIETAC)的仲裁裁决未予认可。贸仲〔2018〕中国贸仲京裁字第99号裁决书裁决台湾被申请人应向大陆申请人返还款项、给付违约金、赔偿预期利益,并给付仲裁费用各人民币若干万元。申请人向台湾新北地方法院申请认可及执行上述仲裁裁决。台湾新北地方法院最终裁定不予认可该裁决书,理由是:在台湾地区申请认可大陆缺席仲裁裁决或缺席民事判决时,败诉方之一为台湾地区人民且未应诉的,需要符合台湾地区《民诉法》第402条第1项第2款但书"开始诉讼之通知或命令已于相当时期在该国合法送达,或依台湾地区法律上之协助送达者"规定之情形下,方可得到台湾地区法院认可。

为依法全面平等保护台湾同胞合法权益,促进两岸经济文化交流合作,深化两岸融合发展,2019年3月,最高人民法院发布《关于为深化两岸融合发展提供司法服务的若干措施》,就民商事司法互助方面规定,向台湾地区居民送达司法文书,应当采取直接送达、两岸司法互助送达等有利于其实际知悉送达内容、更好地行使诉讼权利的送达方式;未采取过直接送达、两岸司法互助送达方式的,不适用公告送达。对涉台案件当事人及其诉讼代理人因客观原因不能自行收集的证据,应当依申请或者主动依职权调查收集;相关证据在台湾地区的,可以通过两岸司法互助途径调查收集。根据国家法律和司法解释中选择适用法律的规则,确定适用台湾地区民商事法律的,应当适用,但违反国家法律基本原则和社会公共利益的,不予适用。依法及时审查认可和执行台湾地区民事判决和仲裁裁决的申请;经裁定认可的台湾地区民事判决,与大陆法院的生效判决具有同等效力;经裁定认可的仲裁裁决,应当依法及时执行。持有台湾地区居民居住证的台湾当事人委托大陆律师或者其他人代理诉讼,代理人向大陆法院转交的授权委托书无需公证认证或者履行其他证明手续。自此,持有台湾地区居民居住证的台湾当事人委托大陆律师在大陆处理法律事务,免除了烦琐、耗时的公证认证手续,这将更有利于当事人在内地的合法权益保障。

第二章 国际商事仲裁

仲裁（arbitration），亦称公断（umpire）。在国际上，以仲裁方式解决争议有着悠久的历史。国际商事仲裁于14世纪出现在意大利，后逐渐在欧洲普及。在英国，公元1347年的一部年鉴中就出现过仲裁的记载。16世纪至17世纪，某些从事对外贸易的公司，如当时的东印度公司已在其章程中订有仲裁条款，规定如公司成员间发生争议，应通过仲裁解决。1697年，英国正式制订了第一个仲裁法案，这是资本主义国家最早的仲裁法之一。从16世纪到18世纪，世界市场的最终形成促使仲裁成为解决国际商事纠纷的重要方式。到19世纪，伦敦仲裁院（LCIA）、斯德哥尔摩商会仲裁院（SCC仲裁院）、国际商会仲裁院等专门从事国际经济贸易仲裁的常设机构相继成立。至1927年《关于执行外国仲裁裁决的公约》、1958年《纽约公约》和1985年《联合国国际贸易法委员会商事仲裁示范法》(UNCITRAL Model Law on International Commercial Arbitration，以下简称《仲裁示范法》)等具有里程碑意义的仲裁法律文件出台。我国虽早在1956年和1959年分别设立贸仲和海仲，但至1994年始颁布实施《仲裁法》。我国于1986年12月2日由全国人大常委会作出《关于我国加入〈纽约公约〉的决定》，公约于1987年4月22日对我国生效。①

第一节 国际商事仲裁概述

一、国际商事仲裁的概念

国际商事仲裁(international commercial arbitration)，是解决对外经济、贸易、海商海事和投资等争议的方式之一，通常是当事人在争议发生后，依据合同中的仲裁条款或事后订立的仲裁协议（可统称仲裁协议），将争议提交仲裁协议中规定的仲裁机构或临时仲裁庭

---

① 1997年7月1日，中国政府恢复对香港行使主权后，根据中国加入《纽约公约》时所作的声明，《纽约公约》的领土适用范围扩大到中国香港特别行政区。2005年7月19日，中国政府宣布《纽约公约》适用于中国澳门特别行政区，但须遵守中国在加入《纽约公约》时所作的声明。台湾地区无权加入公约，但也参照公约承认与执行外国仲裁裁决。

进行审理。仲裁裁决对双方都有拘束力,由双方自动执行。如果败诉一方不予执行,胜诉一方有权向法院或其他执行机构提出申请,要求强制执行。根据相关法律规定,凡当事人订有仲裁条款或协议的,争议发生后任何一方均不得向法院起诉,必须通过仲裁解决。仲裁裁决一般都是终局裁决,除法律另有规定外,不允许再向法院上诉。

二、"国际性"的界定

若一国作出的仲裁裁决在本国内执行,则无区分国际仲裁与国内仲裁之必要。但就我国而言,虽然各仲裁机构的受案范围不受是否涉外的限制,但仍有区分仲裁纠纷国际性(涉外性)的必要。其意义在于,一是确定仲裁案件适用的程序和审限。有的仲裁机构对所受理的国际仲裁案件和国内案件适用不同程序和审限,如《贸仲仲裁规则(2024)》,在涉外程序之外,专门规定第五章适用于国内仲裁案件。在审限方面,国际案件审限为组庭后6个月,简易程序为3个月,而国内仲裁案件审限为组庭后4个月。二是确定争议是否可以提交境外仲裁机构仲裁。根据2023年《民诉法》第288条规定,涉外经济贸易、运输和海事纠纷,当事人可以根据仲裁协议,将争议交由中国涉外仲裁机构或其他仲裁机构仲裁。对涉外争议交由境外仲裁机构仲裁的协议应属有效。而若依据仲裁协议,将非涉外争议交由境外仲裁机构仲裁,常被认定为无效。不过,根据最高人民法院相关文件,在自贸区注册的外商独资企业之间约定商事争议提交域外仲裁的,或者自贸区民商事案件主体之间约定,将争议提交域外仲裁解决的,不应仅以其争议不具有涉外因素为由认定相关仲裁协议无效①。三是对涉外仲裁协议效力的认定和国际裁决的承认与执行,实行更为严格的司法审查和监督标准。四是依据《纽约公约》申请外国法院的承认与执行裁决的需要。《纽约公约》第1条规定:

> 仲裁裁决,因自然人或法人间之争议而产生且在声请承认及执行地所在国以外之国家领土内作成者,其承认及执行适用本公约。本公约对于仲裁裁决经声请承认及执行地所在国认为非内国裁决者,亦适用之。

可见公约适用于国际仲裁裁决的跨境承认与执行,即不论纠纷是否具有涉外性,仲裁裁决具有国际性,才适用公约。

至于"国际性"的认定标准,通常有实质性连结因素(material connecting factors)标准及争议国际商业性(international commercial nature of disputes)标准。实质连结因素通常包括仲裁地,仲裁所适用的法律,当事人居所或居住地、国籍、公司注册地、营业地等。显然,《纽约公约》规定的裁决,是指在申请执行地国以外的国家领土内作出的裁

---

① 参见2016年最高人民法院《关于为自由贸易试验区建设提供司法保障的意见》第9条;2018年最高人民法院《关于为海南全面深化改革开放提供司法服务和保障的意见》第15条。

决,即"外国裁决"。其认定外国裁决采用的是地域标准,即当事人在向缔约国法院申请承认与执行在法院地国以外的国家(即使为非缔约国)作出的裁决,均为外国裁决。在国际商事仲裁立法与实践中,地域标准是《纽约公约》适用最为普遍的标准。争议国际性商业性标准,是指当争议涉及国际商事利益时,将该仲裁视为国际仲裁。而《仲裁示范法》第1条第(3)款对"国际性"作了宽泛解释:

> 仲裁如有下列情况即为国际仲裁:(A)仲裁协议的当事各方在缔结协议时,他们的营业地点位于不同的国家;或(B)下列地点之一位于当事各方营业地点所在国以外:(a)仲裁协议中确定的或根据仲裁协议而确定的仲裁地点;(b)履行商事关系的大部分义务的任何地点或与争议标的关系最密切的地点;或(C)当事各方明确地同意,仲裁协议的标的与一个以上的国家有关。①

该规定结合实质性连接标准和国际性商业标准,甚至在(C)项中,允许当事人约定其国际性。我国法律对仲裁的国际性未作明确定义,通常依据《涉外法律适用法》及最高人民法院司法文件确定仲裁的涉外性。《涉外法律适用法解释(一)》第1条规定了涉外民事关系的情形,2022年《民诉法解释》第520条有相似规定。2017年最高人民法院《关于审理仲裁司法审查案件若干问题的规定》(以下简称《仲裁司法审查规定》)第12条将具有《涉外法律适用法解释(一)》第1条规定情形的仲裁协议或仲裁裁决,认定为涉外仲裁协议或者涉外仲裁裁决。据此,我国法律亦对仲裁的国际性作出宽泛的界定,其采取复合标准以多种连结因素界定仲裁国际性,包括当事人的国籍、住所、争议标的物和设立、变更或终止民(商)事法律关系的法律事实。

三、"商事性"的界定

无论是公约还是国内法,对国际仲裁须为商事性质均有规定。就"商事"性质界定,《仲裁示范法》第1条对"商事"(commercial)的注释是:"商业"一词应给予广泛的解释,以便涵盖所有商业性质的关系所产生的争议,无论是否具有合同性质。商业性质的关系包括但不限于以下交易:提供或交换货物或服务的任何贸易交易;分销协议;商业代表或代理;保理;租赁;工程的建造;咨询;工程;许可;投资;融资;银行;保险;开采协议或特许权;合资经营和其他形式的工商合作;通过空运、海运、铁路或公路运输

---

① 1985年《仲裁示范法》涵盖了仲裁程序的所有阶段,从仲裁协议、仲裁庭的组成和管辖权、法院干预的程度,一直到仲裁裁决的承认和执行,旨在协助各国改革其关于仲裁程序的法律并使之现代化,以适应国际商事仲裁的特点和需要。反映了全球不同法律体系国家共同接受的国际仲裁实践的关键方面的共识。贸易法委员会于2006年7月7日通过了对第1条第(2)款、第7条第(2)款和第35条第(2)款的修正,用新的第四A章取代第17条和新的第2A条。第7条修订本的目的是使仲裁协议所需的形式现代化,以便更好地符合国际合同惯例。新引人的第四A章建立了一个更全面的法律制度,处理支持仲裁的临时措施。自2006年起,《仲裁示范法》的标准版即为修订版。

货物或旅客等。区分商事争议的意义,不仅在于确定仲裁协议的效力,而且关乎仲裁裁决能否依据《纽约公约》得到外国的承认与执行。《纽约公约》第1条规定了"商事保留"条款,即声明商事保留的国家仅承认和执行有关商事性质(根据其国内法界定,包括合同与非合同关系)争议的仲裁裁决。我国在加入公约时对此作出保留。根据《仲裁法》第3条规定,婚姻、收养、监护、扶养、继承纠纷和依法应当由行政机关处理的行政争议,不得由仲裁解决。当事人就此类纠纷达成的仲裁协议无效。最高人民法院1987年在《关于执行我国加入的〈承认及执行外国仲裁裁决公约〉的通知》中指出,根据我国加入该公约时所作的商事保留声明,我国仅对按照我国法律属于契约性和非契约性商事法律关系所引起的争议适用该公约。所谓"契约性和非契约性商事法律关系",具体的是指由于合同、侵权或者根据有关法律规定而产生的经济上的权利义务关系,例如货物买卖、财产租赁、工程承包、加工承揽、技术转让、合资经营、合作经营、勘探开发自然资源、保险、信贷、劳务、代理、咨询服务和海上、民用航空、铁路、公路的客货运输以及产品责任、环境污染、海上事故和所有权争议等,但不包括外国投资者与东道国政府之间的争端。在目前公约的172个成员国中,有58个成员国作了商事保留声明①,因此,非商事仲裁裁决不能依据公约在这些国家申请承认与执行。

四、国际商事仲裁类型

国际商事仲裁,从不同角度,可以分为不同类型,但主要是仲裁机构和临时仲裁。

(一)机构仲裁和临时仲裁

1. 机构仲裁。机构仲裁(institutional arbitration),又称常设仲裁,是一种由当事人合意选择仲裁机构解决其争议的国际商事仲裁。常设仲裁机构是指有固定的注册地点、固定的组织形式、固定的仲裁规则以及一定的仲裁员名单的仲裁机构。审理争议时,由双方当事人根据仲裁协议约定,从仲裁员名单中选定仲裁员组成仲裁庭审理争议。目前,世界上著名的常设仲裁机构有国际商会仲裁院(ICC Court of Arbitration)、伦敦国际仲裁院(LCIA)、斯德哥尔摩商会仲裁院(SCC)、美国仲裁协会(AAA)、新加坡国际仲裁中心(SIAC),以及我国的香港国际仲裁中心(HKIAC)、贸仲(CIETAC)、海仲(CMAC)、北京国际仲裁中心(BIAC)、上海国际仲裁中心(SHIAC)、深圳国际仲裁院(SCIA)和宁波仲裁委(NBAC)等。仲裁机构本身不审理案件实体问题,仅负责仲裁程序管理工作。案件审理由当事人指定或仲裁机构代为指定的仲裁员完成。

---

① 截至2024年5月29日,公约有172个缔约国。声明保留事项:声明仅适用在缔约国作出的裁决的83个缔约国,对在非缔约国作出的裁决,声明仅适用互惠原则承认与执行的7个缔约国,声明仅适用于商业性质法律关系裁决的58个缔约国。参见联合国网站(https://uncitral.un.org/en/texts/arbitration/conventions/foreign_arbitral_awards/status2),访问时间:2024年5月29日。

2. 临时仲裁。临时仲裁(ad hoc arbitration)是19世纪中叶机构仲裁出现前唯一的国际商事仲裁组织形式,临时仲裁比机构仲裁历史悠久。临时仲裁庭根据当事人约定,由当事人推荐仲裁员临时组成,处理完争议案件后即自行解散。在临时仲裁中,整个仲裁程序的安排都由当事人保持完全的控制,即决定仲裁员的指定方式及管辖范围,也决定仲裁地点和仲裁程序的进行。

我国法律没有对临时仲裁作出规定。2017年《仲裁法》第16条规定明确约定"选定的仲裁委员会"是仲裁协议有效的必备条件之一。临时仲裁则不满足"选定的仲裁委员会"这一要求,目前《仲裁法》尚无"临时仲裁"的适用空间。但司法实践中,已承认临时仲裁条款的效力。1995年最高人民法院在法函〔1995〕135号中指出,提单持有人明示接受承运人签发的含有合并租约和仲裁条款的提单,并明示接受该仲裁条款,该条款对承运人和提单持有人均有约束力。此案中,我国法院应承认该临时仲裁条款的效力。2016年最高人民法院《自贸区司法保障意见》指出:在自贸试验区内注册的企业相互之间约定在内地特定地点、按照特定仲裁规则、由特定人员对有关争议进行仲裁的,可以认定该仲裁协议有效。据此,自由贸易试验区内可以适用临时仲裁制度,但有"三个特定":一是仲裁地点特定,且为我国内地(涉外合同不在此限);二是规则特定,如可选《深圳国际仲裁院关于适用〈联合国国际贸易法委员会仲裁规则〉的程序指引》;三是人员特定,即当事人约定、提名或者约定选任机制下确定的仲裁人员(资格应符合《仲裁法》第13条规定)。此外,仲裁当事人仅限于"在自贸试验区内注册的企业"。2017年3月,珠海国际仲裁院发布《横琴自由贸易试验区临时仲裁规则》,被认为是中国制定的首部临时仲裁规则,标志着临时仲裁在中国自由贸易试验区真正落地实施。该规则亦将临时仲裁定义为:国务院批准设立的自由贸易试验区内注册的企业根据其相互之间的约定,在内地特定地点、按照本临时仲裁规则、由特定人员组成仲裁庭并以仲裁庭名义对仲裁协议项下的争议进行的仲裁。海仲(CMAC)于2022年发布临时仲裁服务规则。贸仲(CIETAC)2024年仲裁规则也规定可以根据当事人约定和请求为临时仲裁提供管理和辅助服务。

《UNCITRAL仲裁规则》和《纽约公约》都规定了临时仲裁。《纽约公约》第1条第2款规定,"仲裁裁决"一词不仅指专案选派之仲裁员所作裁决,亦指当事人提请仲裁之常设机关所作裁决。很明显,前者指的就是临时仲裁裁决。我国已经加入了该公约,如果国外临时仲裁裁决在我国申请承认与执行,则我国法院不应以该裁决是临时仲裁裁决为由拒绝承认与执行,而应按照《民诉法解释》第543条和《民诉法》第291条规定处理。为此,最高人民法院曾发布法释〔2015〕5号解释,规定对临时仲裁庭在中国领域外作出的仲裁裁决,一方当事人向我国法院申请承认和执行的,法院应当依照《民诉法》有关规定处理。如南京市中级人民法院(2018)苏01协外认8号案中,根据上述规定和《纽约公约》，承认和执行临时仲裁庭于2018年6月9日作出的临时裁决。

机构仲裁与临时仲裁各有利弊。机构仲裁遵循公开和常设的仲裁规则，由专业人士进行监督管理，可以减少当事人因不熟悉仲裁规则而使仲裁陷入僵局，或者作出有瑕疵的裁决而不得申请承认和执行；仲裁机构在仲裁员的推荐指定、仲裁地的选定和仲裁费用的确定等方面，给予当事人建设性支持；机构仲裁还可以在程序和审限管理方面，有更为严格的要求。而临时仲裁，不由任何已设立的仲裁机构进行正规管理，而是由当事人双方对某个仲裁案自行创设自己的仲裁程序，它对于标的较小、但结案时间要求非常快且十分紧迫的案件有重要意义，在程序私密性和仲裁费用方面也更具优势。《仲裁法》增加临时仲裁制度势在必行。2021年司法部公布的《仲裁法（修订）（征求意见稿）》第91条规定：

> 具有涉外因素的商事纠纷的当事人可以约定仲裁机构仲裁，也可以直接约定由专设仲裁庭仲裁。专设仲裁庭仲裁的仲裁程序自被申请人收到仲裁申请之日开始。当事人没有约定仲裁地或者约定不明确的，由仲裁庭根据案件情况确定仲裁地。

在涉外商事仲裁中承认临时仲裁，不仅符合国际潮流，弥补仲裁法的空白，而且更有利于国际贸易当事人快捷、低廉解决争议。①

（二）友好仲裁和依法仲裁

1. 友好仲裁。以仲裁员是否必须依照法律作出裁决为标准，可以将国际商事仲裁分为友好仲裁和依法仲裁。友好仲裁（amiable arbitration），是指仲裁庭经双方当事人授权，在认为适用严格的法律规则会导致不公平结果的情况下，不依据严格的法律规则，而是依据公正和善良原则（Ex Aequo et Bono）作出对当事人有约束力的裁决。是否可以进行友好仲裁完全取决于当事人的意愿。未经授权，不得进行友好仲裁。此外，友好仲裁也要受到仲裁地法的公共政策和强制性规定的限制。

英美法系国家和地区一般不承认友好仲裁，但有放松的趋势。对友好仲裁，《英国1996年仲裁法》表明，该国有了一个放松的态度。《仲裁示范法》《国际商会仲裁规则》和《UNCITRAL仲裁规则》，也都明确规定了友好仲裁制度。《仲裁法》第7条规定：

> 仲裁应当根据事实，符合法律规定，公平合理地解决纠纷。

依此规定，内地不承认友好仲裁，裁决应根据法律作出，除非所应适用的法律或惯例没有明确规定，方可依据公平合理原则作出裁决。但我国司法实践对友好仲裁制度有所放宽，2005年天津仲裁委率先制订《天津仲裁委员会友好仲裁暂行规则》。2015年《中国（上海）自由贸易试验区仲裁规则》第56条引入友好仲裁，规定：

---

① 2024年《仲裁法（修订草案）》增加了临时仲裁规定。

当事人在仲裁协议中约定,或在仲裁程序中经协商一致书面提出请求的,仲裁庭可以进行友好仲裁。仲裁庭可仅依据公允善良的原则作出裁决,但不得违反法律的强制性规定和社会公共利益。

同时上海市第二中级人民法院制定的仲裁案件司法审查和执行的意见,对此确认:

仲裁庭依据友好仲裁方式进行仲裁的,若适用友好仲裁方式系当事人书面同意,不违反我国法律的强制性规定,且仲裁裁决符合《中国(上海)自由贸易试验区仲裁规则》的,可予以认可。

另有辽宁自贸试验区、海南自由贸易港以及其他各大仲裁委员会制定的仲裁规则中都已经植入了友好仲裁制度的相关条款。

对于《纽约公约》是否承认友好仲裁,公约没有明确规定。实践中存在两种观点,否定观点认为,既然公约对友好仲裁裁决的效力没有作出明确规定,那么友好仲裁裁决便不能归于公约所适用的裁决范围;肯定观点认为,公约旨在鼓励和支持国际商事仲裁裁决的跨国执行,减少跨国执行阻碍,因此公约不能排除友好仲裁裁决的适用。在《纽约公约》对此问题保持沉默的情况下,外国友好仲裁裁决可否依据公约在我国获得执行,需结合当事人仲裁协议、公约相关条文内容以及我国声明保留等内容具体分析,宜对公约仲裁裁决做宽泛解释,使得友好裁决得到承认与执行。

另有一种非正式仲裁(arbitrato irrituale),仲裁人的裁决是基于当事人的意图,其结果实质上是一种合同。在此类程序中作出的裁决一经作出即对当事人具有约束力,但只有经法院确认后才能强制执行。对于该类裁决是否属于《纽约公约》范围,虽有的国家法院(如意大利法院)承认其属于公约适用范围,但普遍认为公约不适用于非正式仲裁裁决的强制执行,如德国法院和贸易法委员会秘书处指南即持此态度。[①]

2. 依法仲裁。依法仲裁即普通仲裁(regular arbitration),是指仲裁员必须按照法律作出裁决,不能像友好仲裁一样依照友好仲裁人所认为公平合理的标准作出裁决。

五、国际商事仲裁的特点和优越性

(一)国际商事仲裁的特点

国际商事仲裁和国际民商事诉讼都是解决国际商事争议的常用有效途径,但二者具有不同特点:(1)就机构的性质而言,国际商事仲裁机构虽依据所在国法律设立,但其性质系民间机构,而审理国际民商事诉讼案件的法院,则是国家司法机关。(2)就管辖权来源而言,国际商事仲裁机构管辖权,完全来自仲裁协议当事人的合意,而法院的

---

① See UNCITRAL Guide on the Convention on the Recognition and Enforcement of Foreign Arbitral Awards, commentary on Art.1, https://uncitral.un.org/en/library/publications. Accessed 2023-12-23.

管辖权来自国家的强制力;(3)就审理程序的公开性而言,国际商事仲裁审理程序一般不公开进行,而法院审理国际民商事争议,除极少数涉及国家秘密或个人隐私的外,必须公开进行;(4)就当事人的自治性而言,国际商事仲裁中当事人的自治性大大超过国际民事诉讼中当事人的自治性;(5)就审级制度而言,国际商事仲裁裁决一般实行一裁终局制。而国际民商事诉讼则一般实行二审终审制。有的国家规定三审终审制,如日本、法国、美国、英国、瑞典、挪威、奥地利等国家都实行三审终审制。

(二)国际商事仲裁的优越性

基于其与国际民商事诉讼的不同特点,国际商事仲裁有明显的优点:(1)当事人自主性。因国际商事仲裁为民间解决争议的方式,当事人在仲裁条款的订立、仲裁机构和仲裁地的选择、仲裁程序法和仲裁规则的选择以及仲裁员的选择、仲裁庭的组成人数、仲裁使用的语言等方面,有更大自主性和灵活性。而诉讼方式,当事人虽可以协议选择管辖法院,但受到诸多限制,如不得违反专属管辖、级别管辖等规定,而且不可能选择审理案件的法官或合议庭组成人员以及所适用的程序法。(2)私密性。审理仲裁案件通常不允许无关人员旁听,仲裁机构或仲裁员不得将案件信息公布于众,即使发布相关案例,也须脱密处理。当事人可不必担心商业信息泄露。而法院裁判文书通常需要公布,如中国法院的裁判文书由最高人民法院的专门网站公布。(3)专业性。国际商事仲裁员通常是各行业业务和法律专家,对所裁决的案件的专业和法律问题有更深刻的理解,并且经验丰富,裁决结果在符合法律规定的同时,更符合当事人的商业期待。(4)快捷和经济性。普通程序审理的仲裁案件审理期限,通常是6个月,简易程序为3个月,并且仲裁案件实行一裁终局。相比法院审理案件期限明显快捷(国内诉讼案件一审6个月,二审3个月,涉外案件不受审限限制,可能2年甚至5年以上)。相对民商事诉讼,仲裁没有一、二审分别缴费问题,总体费用相对较低。(5)广泛的国际承认和执行。国际商事仲裁裁决,可依据《纽约公约》,在其172个成员国得到承认与执行,这是国际商事仲裁最明显的优势。受全球统一适用的国际公约适用范围的限制,一国法院的民商事判决得到外国法院的承认与执行可能需根据互惠原则,其局限性十分明显。

不容否认,就我国而言,近年来法院法官的入职标准、系统培训和法律适用的统一性要求、裁判文书的公示制度,以及两审终审和受理再审申请的相对宽松(相当于三审终审),法院判决质量和纠错机制明显改善。相对于仲裁裁决一裁终局所带来的错案救济局限性,诉讼有其明显优势。虽然为民间解决争议的方式,但仲裁案件的审理并未脱离相关法律的约束,对仲裁员的专业性、公正性和职业操守的严格要求,审理程序不仅受到仲裁规则和法律的严格规范,而且承认与执行程序,均受到国内法和国际公约的制约,受到相关法院的司法审查和监督。因此,仲裁裁决的合规合法性能够得到充分保障。从另一角度看,"一裁终局"恰能体现商事主体在稍纵即逝的商机面前,坦然接受一裁结果,不纠缠于"一事一案",而寻求更多合作机会的商业价值追求,有利于当事人保持长期友好合作关系。

六、国际商事仲裁的性质

对于国际商事仲裁的性质素有争议,大致有司法权说、契约说、混合说和自治说。

(一) 司法权说

司法权说(Jurisdictional Theory)认为,裁判权是一种国家主权,只有国家才能行使这种权利。国家对其管辖范围内进行的仲裁都有监督和管理的权力,虽然仲裁源于当事人协议,但在仲裁协议的效力、仲裁员的权力和仲裁行为以及裁决的承认与执行等方面,权威性都取决于国家的法律。奉行此说的主要是德国、奥地利、意大利和埃及等国家。

(二) 契约说

契约说(Contractual Theory)突出当事人合同自由的作用,认为整个仲裁都是基于当事人意志和同意而创立的,具有完全自愿的特征。仲裁员由当事人选定,是当事人的代理人,其所作出的裁决就是为当事人订立的契约,对当事人具有约束力。法国、荷兰和斯堪的纳维亚各国采用此说。

(三) 混合说

混合说(Mixed Theory)将司法权说和契约说相结合,认为两种理论可以协调,契约因素和司法因素是仲裁相互关联、不可分割的两个方面。仲裁起源于契约,仲裁不可能超越法律制度之外,仲裁协议的有效性以及裁决的强制执行性最终取决于有关法院依据法律的裁定,因此,仲裁兼具契约性和司法性。混合说在现代国际商事仲裁理论中占有优势,许多著名学者和1957年国际法学会的决议支持该学说。

(四) 自治说

自治说(Autonomous Theory)认为,既不能把仲裁定性为纯契约性或纯司法性,也不认为是一种混合制度,仲裁是超越契约和司法权的,它具有自治性。仲裁是商人们在不顾及法律规定的情况下发展起来的,而后才得到法律的确认。确定仲裁实体法和程序法的当事人意思自治原则,不是基于仲裁的契约性和司法性,而是由于仲裁制度的实际需要。仲裁协议和仲裁裁决之所以具有强制性,也不是因为它们是契约,更不是有关国家法律的特许和授权,而是国际商事关系顺利发展的内在要求。①

---

① 参见李玉泉主编:《国际民事诉讼与国际商事仲裁》,武汉大学出版社1994年版,第243—246页;李双元、欧福永主编:《国际私法》(第6版),北京大学出版社2022年版,第460—461页。

上述学说都有其合理性,但若过度强调一方面而忽视另一方面,则不可取。毋庸置疑,仲裁由当事人自治产生并发展而来,兼具契约性和司法性。仲裁首先在民间以意思自治方式自发产生并得到发展和普及,后法律对这种解决争议的方式予以确认和接受。究其实质,是国家顺应社会经济发展,在尊重当事人意愿的基础上,将其司法裁判权有限度地让与仲裁机构和仲裁者,并保留法院对仲裁的审查和监督权力,以确保仲裁裁决符合法律所追求的公平公正的结果,或者说不偏离法院审理案件时所应实现的目标。因此,混合说更具合理性。但是,在不同法域、不同时代,契约性和司法性特点表现强弱可能不同。正如施米托夫所说,"从理论上看,仲裁包括两方面的因素:合同因素与司法因素。合同因素明确地表现在各国普遍接受的各项原则中,如仲裁必须建立在当事人之间的协议基础上;仲裁庭超出当事人授予的管辖权限作出的裁决无效等。司法因素则出现在许多规则之中,如仲裁员必须公正;遵守自然正义的各项要求;仲裁裁决与法院判决原则上可以采用同样的执行方式"。"对各国法律制度中的仲裁程序所作的比较表明,仲裁的合同与司法因素存在于各国法律制度中,但它们在结合上却存在着很大的区别:有时合同因素占上风,例如,在西班牙和意大利;在其他国家的法律制度中,特别是英国,司法因素起着主导作用。事实上,正如英国法院所谓的监督管辖权的发展所表现的那样,世界上还没有任何其他法律制度像英国那样特别强调司法因素"①。商事仲裁的性质,在我国仲裁实践中司法因素体现得更为突出,表现在:仲裁虽然为公益性非营利法人,仲裁员由仲裁机构遴选和聘任,但仲裁机构都是政府参与组建,人、财、物由政府控制,并非完全民间化;早期的仲裁行政化特征和行政干预明显,近年略有改善,但不能说彻底摒弃了某些干预;法院对仲裁协议、仲裁程序和仲裁裁决的监督采取比较苛刻的标准;对仲裁地的认定局限于仲裁机构所在,而非国际上普遍采用的当事人选择地或审理案件所在地;法律尚不允许临时仲裁,且对不具涉外因素仲裁协议提交域外仲裁没有法典化。随着《仲裁法》的修改,在保留必要司法审查和监督制度的同时,当事人意思自治将得到更多尊重,国际商事仲裁也会更加开放。

第二节 《纽约公约》的适用

国际商事仲裁由多层法律体系(legal regime)规制。即第一层国际公约,尤以《纽约公约》为代表;第二层国内仲裁立法,特别是很多国家参照《仲裁示范法》制定的国内法;第三层仲裁机构制订的仲裁规则,由当事人在仲裁协议中援引;以及第

---

① 〔英〕施米托夫:《仲裁与法院的监督管辖权》,载〔英〕施米托夫:《国际贸易法文选》,赵秀文选译,中国大百科全书出版社 1993 年版,第 598 页。

四层仲裁条款或仲裁协议,由当事人依合同自由原则订立而由国际公约和国内法赋予其效力。

国际上首个现代国际商事仲裁公约是 1923 年《日内瓦商事仲裁条款议定书》(Geneva Protocol on Arbitration Clauses)以及 1927 年《日内瓦执行外国仲裁裁决公约》(Convention for the Execution of Foreign Arbitral Awards)。日内瓦议定书和公约分别对缔约国之间仲裁协议和仲裁裁决的承认作出规定,但因第二次世界大战爆发,两个国际文件并未发挥太大作用,后被 1958 年《纽约公约》所取代。《纽约公约》是联合国贸易法委员会主持制定的最成功的公约之一,也是目前在国际商事仲裁领域最重要、成员国最多、适用范围最广的里程碑式的国际公约,截至 2024 年 5 月已有 172 个成员国。公约旨在为国际仲裁协议效力和裁决的承认与执行创设一套统一的国际法律标准,虽然不像后来的《仲裁示范法》一样对仲裁程序细节作具体规定,但仍对仲裁协议、仲裁程序和裁决的承认和执行作出规范,形成统一的国际标准。第一,公约要求内国法院承认与执行外国仲裁裁决(第 3 条、第 4 条),仅规定了有限例外情形(第 5 条);第二,要求内国法院承认当事人仲裁协议的效力,仅规定有限例外(第 2 条);第三,要求内国法院在认定当事人之间存在有效仲裁协议的情况下,告知当事人将争议提交仲裁解决(第 2 条第 3 款)。内国法院不予承认和执行外国仲裁裁决的例外情形仅限于个别问题,如管辖权、程序合规和公正、与仲裁协议的相符,以及公共政策,而不包括法院对仲裁裁决实体问题的审查。[①]

一、公约适用范围

在公约制定中,因对裁决的籍属(国籍)定义存在争议,最终以两类仲裁裁决作为适用于公约的裁决,即外国仲裁裁决(foreign award)和非内国裁决(non-domestic award)。前者系在外国作出的裁决,以地域标准(territory criterion)确定,属于客观标准;后者以裁决的性质和执行地国法律"认为"为依据,即使不是外国作出的裁决,也视为非内国裁决,可谓任意性标准(discretionary criterion)。

(一)适用于外国作出的裁决

《纽约公约》第 1 条对适用范围作了宽泛的规定。根据该条第 1 款规定,依据公约申请承认与执行的仲裁裁决,需在执行地国之外的国家作出(A award made in a state other than the state where enforcement is sought),而不论裁决作出国是否为公约缔约国,也不论当事人的国籍、仲裁程序,还是实体争议所适用的法律等因素。据此,在执

[①] See Gary B. Born, International Arbitration Law and Practice, 2016 Kluwer Law International BV, The Netherlands, p. 17.

行地国法院看来,公约下的外国仲裁裁决包括两种,即在该外国作出的"国际裁决"和"纯内国裁决"。如当事人分别来自美国和中国,在英国作出仲裁,在中国申请承认与执行,在中国法院看来裁决为国际性的,自然应适用公约。而如两个法国当事人的纠纷,在法国作出裁决,在中国法院申请承认和执行,在中国法院看来亦属外国作出的裁决,同样应适用公约。因此,若我国国内仲裁机构就两个中国当事人在中国发生的交易、适用中国法律作出的裁决(无涉外因素裁决),胜诉方当事人可以向加拿大法院申请按照公约承认与执行该裁决。

1. 仲裁裁决的含义。公约并未定义仲裁裁决(arbitral award)。有观点认为,应根据属地原则,即执行地国的国内法认定仲裁裁决,而普遍认为应根据公约的目标和目的界定仲裁裁决。一项决定(decision)是否构成一项裁决,取决于由谁作出及其性质和内容。一项裁决必须是由仲裁员作出,解决当事人全部或部分争议,并且是终局的、生效的及对当事人具有约束力的裁决。在评估和专家意见程序中作出的决定,或者当事人之间就某争议作出的和解文件、非仲裁员作出的非正式裁决,不属于"仲裁员作出的裁决",不能根据公约得到承认和执行。如果就部分实体争议作出中间裁决且为最终的,则中间裁决为公约下可执行裁决。而不解决当事人实体争议、仅就仲裁程序问题作出的中间裁决,则不属于可执行裁决。裁决的性质不单取决于其名称,根据公约,一项决定即使没有被冠以"裁决",同样可得到承认和执行。相反,仲裁员将一项决定称为"裁决"也不足以使其成为公约意义上的裁决。关于就仲裁管辖权作出的裁决是否属于公约下可强制执行的裁决,各国认识不一致。有专家认为,根据《纽约公约》的规定,关于管辖权的裁决可被视为真正的、能够被承认和执行的"裁决"。①

2. 仲裁地的含义。仲裁地(seat of arbitration),是仲裁地点法律化后的特定名词,是指仲裁的法律地,而非单纯地理意义上仲裁机构所在地或仲裁审理地。确定仲裁地的意义在于:(1)在当事人没有约定时,据以确认有关仲裁条款效力的准据法;(2)决定仲裁规则以外的仲裁程序法,仲裁应当在仲裁地的法律框架内进行,仲裁地的法律规则对仲裁程序规则起补充支持作用,例如,协助指定仲裁员、处理仲裁管辖权争议、解决仲裁员回避和替换问题等;(3)在特殊情况下,如在当事人选择的法律不存在,据以确定解决纠纷的实体法;(4)仲裁地法院可以对该仲裁裁决行使撤销权。一般认为,即使仲裁裁决的真正作出地与前述仲裁地不一致,仲裁裁决中也要宣称是在前述仲裁地作出的,否则即是仲裁庭的失误。② 公约标题仅名为"外国"仲裁裁决,且文中只提到"在申请执行国家以外的国家作出的裁决",而没有具体定义外国仲裁裁决作出

---

① See UNCITRAL, Guide on the Convention on the Recognition and Enforcement of Foreign Arbitral Awards, commentary on Art. 1.
② 参见高晓力:《司法应依仲裁地而非仲裁机构所在地确定仲裁裁决籍属》,载《人民司法》2017 年第 20 期。

地和仲裁地。对此,需依照法定地址、庭审地、裁决出具地,适用的仲裁规则和属地法律等因素确定,且应遵循善意原则,按照有利于裁决的承认与执行解释公约。《仲裁示范法》第 20 条对仲裁地(place of arbitration)规定,当事人可以自由约定仲裁地。没有协商一致的,由仲裁庭根据案件的情况,包括当事人的便利,确定仲裁地点。虽有本条前款的规定,除非当事各方另有协议,仲裁庭仍可在其认为适当的任何地点开会,以便协商,听取证人、专家或当事各方的意见,或检查货物、其他财产或文件。《英国 1996 年仲裁法》Section 3 明确规定了仲裁地(the seat of the arbitration):

> 仲裁地是有司法管辖意义上的地点,(a)由当事人在仲裁协议中约定,或者(b)由当事人授权任何仲裁机构或者个人选定,或者(c)由当事人授权仲裁庭选定;如果根据上述情形都不能确定,则根据当事人之间的协议和所有相关情形决定。

许多普通法和大陆法国家和地区的仲裁法都有类似规定,如《德国仲裁法》第 1043 条、《瑞士国内仲裁法》第 355 条等。有仲裁机构在其仲裁规则中明确规定仲裁地的概念,并与仲裁庭开庭地等其他地点作明确区分,如香港国际仲裁中心、新加坡国际仲裁中心、国际商会国际仲裁院和贸仲等的仲裁规则。我国《仲裁法》没有仲裁地的规定,自 2006 年《仲裁法解释》才使用仲裁地的概念,2010 年《涉外法律适用法》第 18 条使用仲裁地法律的概念。2024 年《仲裁法(修订草案)》第 78 条对仲裁地作出规定。

3. 裁决庭审地和籍属。通常,外国仲裁裁决的属性(籍属/国籍),取决于当事人约定或由仲裁庭确定的仲裁地。如果仲裁地不明确,而仲裁庭审地与仲裁机构主体所在地(legal domicile of arbitral institution)一致,则仲裁机构所在地可为仲裁地,法院也会尊重当事人选择,据以确定仲裁地和裁决籍属。如合同约定"ICC Arbitration Paris",巴黎即为仲裁地,裁决籍属为法国。但就国际商事仲裁而言,仲裁庭审地(venue of arbitral proceedings)和裁决书出具地(place of arbitrators rendered of award)常与约定仲裁地或机构所在地相分离,或者仅约定仲裁机构而另约定庭审地。此时,就会出现如何确定仲裁条款准据法,以及仲裁地和裁决籍属问题。国际商事仲裁实践表明,这种情况下应以仲裁条款约定的地址确定准据法和仲裁地、裁决籍属。如果仲裁条款仅约定双方争议"Arbitration per ICC Rules"而未明确仲裁法定地点,就由仲裁机构国际商会仲裁院作出决定。据说国际商会仲裁约 15% 是这种情况,由国际商会选择。其余的 85% 都是双方当事人在仲裁条款中约定仲裁法定地点如:"ICC Arbitration in Loddon"或者"ICC Arbitration in Hongkong",这样一来,对于当事人明示的意愿必须尊重,即由仲裁机构国际商会仲裁院管理该仲裁,但仲裁法定地点是伦敦或香港。在哪里开庭,或者裁决书在哪里拟定与签字,不会改变法定仲裁地点。双方约定的法定地址(seat)不会因为这些再自动或单方面改变,约定仲裁地点是伦敦,就适用《英国 1996 年仲裁法》,涉及向法院申请救济就必须去英国法院。① 在巴西高等法院审理的 *Nuovo Pignone SpA v. Petromec Inc. et al.*案中,当事人选择适用国际商会仲裁规则,仲裁程序在里约热内卢,由独任仲裁员适用巴西法律用葡萄牙语审理,巴西在将《纽约公约》转为国内法时采用了地域标准,将公约的适用范围仅限于外国裁决。问题是,该案裁决是在国际商会法定地址法国作出,还是在巴西作出。法院承认当事人通过引用仲裁机构法定地址而非实际仲裁地点选择仲裁地的权利。然而案件应适用法院地法即巴西法律确定仲裁地,而巴西并未采纳公约的非内国裁决标准,因此,巴西法院认为裁决为本国作出,公约不适用。② 新加坡国际仲裁中心(SIAC)受理的 *BNA v. BNB and another* 案中,当事人在协议中约定适用中国法,如发生争议将提交 SIAC 在上海仲裁。后当事人因争议诉至 SIAC,当事人就该案仲裁地是否在上海、是否属于中国国内案件而不能提交外国仲裁机构仲裁产生争议,仲裁庭也就该案仲裁协议适用法是否为中国法等问题出现不同意见。新加坡高等法院认为,协议虽然明确约定了"在上海仲裁"(Arbitration in Shanghai),但并未明确表明上海是仲裁地(seat of arbitration)还是开庭地(venue of arbitration),"争议提交至新加坡国际仲裁中心(SIAC)在上海仲裁",应理解为仲裁地为新加坡,新加坡法律为仲裁协议适用法。此案引发极大争议,主要原因是,新加坡法院在协议明确约定在上海仲裁的情况下,仍认定新加坡为仲裁地,并适用了新加坡的法律判断该仲裁协议效力,引发了可能造成裁决不确定性、对协议解释是否过度"仲裁友好"等方面的质疑。此案裁定上诉至新加坡最高法院上诉庭后,上诉庭认定,当仲裁条款中确定了唯一的地理位置时,应当假定该地点为当事人约定的仲裁地,因此,"在上海仲裁"的字面意思就是指将上海约定为仲裁地,此案仲裁地应即指上海。之后,上海市第一中级人民法院作出(2020)沪01民特83号民事裁定书,裁定案涉仲裁条款有效。认为仲裁协议明确约定了仲裁事项及仲裁机构 SIAC,应属有效。外国仲裁机构在中国仲裁,主要指外国仲裁机构适用其仲裁规则仲裁,此时为机构仲裁。最高人民法院在(2013)民四他字第13号复函中也确认了涉外合同中约定发生争议由外国仲裁机构在国内仲裁,如其约定符合我国《仲裁法》规定,应认定有效。③

4. 我国仲裁立法的缺失。我国仲裁起步晚,最初只有贸仲和海仲两家商事仲裁机构,所有仲裁庭审,均发生在仲裁机构所在地。国际商会仲裁院等国际仲裁机构在中国开庭审理,或者中国仲裁机构在域外设立分支机构并审理案件的情况很少。

---

① 杨良宜、莫世杰、杨大明:《仲裁法:从1996年英国仲裁法到国际商务仲裁》,法律出版社2006年版,第95—101页。
② See Marike Paulsson, Commentary on New York Convention, 2021 Kluwer Law International, pp. 76-77.
③ 参见陈挚:《新加坡 BNA 案解析:"在上海仲裁"≠"仲裁地为上海"?》,载"万邦法律"微信公众号,2019年7月19日;陈延忠:《重磅!回应新加坡最高院,上海法院首度裁定"SIAC 上海仲裁"条款有效!》,载"万邦法律"微信公众号,2020年8月4日。

因此我国仲裁立法缺乏对"仲裁地""裁决籍属"概念的清晰规定,相关法律也没有明确仲裁机构所在地、开庭地、仲裁裁决作出地与仲裁地的关系。司法实践中,我国法院常以仲裁机构所在地确定仲裁裁决的籍属。比如,法院根据国际商会仲裁院所在地在法国,以及中国与法国同为缔约国的《纽约公约》,将国际商会仲裁院在美国洛杉矶审理并作出的裁决视为法国裁决。① 法院也曾按照"机构所在地标准"将国际商会仲裁院在香港作出的裁决均视为法国裁决,而不是香港裁决。伟贸公司申请承认及执行国际商会仲裁院裁决案乃典型案例。最高人民法院在 2004 年 7 月 5 日的复函(〔2004〕民四他字第 6 号)中指出:

> 由于国际商会仲裁院系在法国设立的仲裁机构,而我国和法国均为《承认及执行外国仲裁裁决公约》的成员国,因此审查本案裁决的承认和执行,应适用该公约的规定,而不应适用最高人民法院《关于内地与香港特别行政区相互承认和执行仲裁裁决的安排》的规定。②

最高人民法院在认定该案裁决的国籍时,以"仲裁机构所在地"作为裁决国籍的认定标准。该复函引起业内广泛批评。为此,2009 年最高人民法院专门作出《关于香港仲裁裁决在内地执行的有关问题的通知》(法〔2009〕415 号),指出:当事人向内地法院申请执行在香港特别行政区作出的临时仲裁裁决、国际商会仲裁院等国外仲裁机构在香港特别行政区作出的仲裁裁决的,内地法院应当按照《安排》的规定进行审查。不存在《安排》第 7 条规定的情形的,该仲裁裁决可以在内地得到执行。该通知明确转向,以仲裁地而非仲裁机构所在地作为确认仲裁裁决籍属的标准,被认为符合国际商事仲裁的潮流。在 2010 年 6 月 21 日,最高人民法院在《关于申请人 DMT 有限公司(法国)与被申请人潮州市华业包装材料有限公司、被申请人潮安县华业包装材料有限公司申请承认和执行外国仲裁裁决一案请示的复函》中,将国际商会仲裁院在新加坡作出的仲裁裁决视为新加坡裁决,而不再视为法国仲裁。经典案例(2016)苏 01 认港 1 号案中,南京市中级人民法院明确应当以仲裁地而非仲裁机构所在地确定仲裁裁决的籍属。该案明确根据仲裁地—香港确认仲裁裁决的籍属,阐明了依据仲裁地确定仲裁裁决籍属的标准,是内地仲裁机构在香港设立的分支机构在香港作出的仲裁裁决获得内地法院执行裁定的第一案,具有里程碑意义。③《涉外审判会议纪要》第 100 条对此问题作出进一步确认:

---

① 参见成都市中级人民法院(2002)成民初字第 531 号民事裁定书。
② 参见最高人民法院《关于不予执行国际商会仲裁院 10334/AMW/BWD/TE 最终裁决一案的请示的复函》。
③ 参见高晓力:《司法应依仲裁地而非仲裁机构所在地确定仲裁裁决籍属》,载《人民司法》2017 年第 20 期。

境外仲裁机构以我国内地为仲裁地作出的仲裁裁决,应当视为我国内地的涉外仲裁裁决。当事人向仲裁地中级人民法院申请撤销仲裁裁决的,人民法院应当根据仲裁法第七十条的规定进行审查;当事人申请执行的,根据民事诉讼法第二百八十一条的规定进行审查。

至此,以仲裁庭审地作为裁决作出地,认定仲裁地和裁决的籍属,而非以仲裁机构所在地认定籍属问题,得以确定。2024年《仲裁法(修订草案)》第78条对仲裁地作了规定,其中规定"当事人没有约定或者约定不明确的,以仲裁规则规定的地点为仲裁地;仲裁规则没有规定的,由仲裁庭按照便利争议解决的原则确定仲裁地"。而仲裁实践中,仲裁机构早已就仲裁地作出规定,如《贸仲仲裁规则》第7条规定:

(一)当事人对仲裁地有约定的,从其约定。(二)当事人对仲裁地未作约定或约定不明的,以管理案件的仲裁委员会或其分会/仲裁中心所在地为仲裁地;仲裁委员会也可视案件的具体情形确定其他地点为仲裁地。(三)仲裁裁决视为在仲裁地作出。

5. "非当地化理论"对仲裁地的影响。在确定仲裁地时,20世纪70年代后兴起的"非当地化理论"(Doctrine of Delocalization)对立法和司法实践有明显的影响。传统的"所在地理论"认为,国际商事仲裁受法律制约,而制约仲裁的法律则为仲裁机构所在地法或仲裁地法。根据"非当地化理论",仲裁程序的进行可以适用当事人或仲裁庭选定的仲裁地以外的国家或地区的程序法,仲裁裁决不必然与仲裁地法律相联系,其效力也不必由仲裁地法赋予。在 Hilmarton Ltd. v. Omnium de Traitement et de Valorisation-OTV (Supreme Court of France 1994) 案中,一项在瑞士作出并被瑞士法院撤销的裁决,法国最高法院根据法国法律的非当地化的效力,认为在瑞士作出的裁决是一项国际裁决,并未将其纳入该国的法律制度,即使被撤销但仍然存在,其在法国得到承认并不违背国际公共政策。据此裁定裁决可在法国强制执行。依据"非当地化理论",裁决地法院对当事人仲裁协议的效力和依据仲裁地法撤销裁决的效力不具有终局性的裁判权。另外,法国法院没有适用《纽约公约》(这是允许的),因为法国法律比《纽约公约》更有利于强制执行,对此《纽约公约》第7条有明确规定。这是一个国家依司法主权作出的选择,唯一可讨论的是该选择是否确实有利于国际仲裁。① 我国学者从不同角度解读认为,根据该理论,仲裁程序的法律适用摆脱仲裁地法的控制,甚至不受任何特定国家法律的控制,减少仲裁地国法院对仲裁的司法监督,而交由承认与执行地国对仲裁进行适度监督;仲裁"非当地化理论"的实质内容有两个:第一,国际仲裁裁决

---

① See Marike R. P. Paulsson, The 1958 New York Convention in Action, 2021 Kluwer Law International, p. 81.

一经作出,任何国家的法院均无权撤销此裁决;第二,即便裁决被裁决地国家法院依当地法律撤销,执行地国法院也可以依据其本国法律承认和执行该被裁决地法院撤销的裁决。①"非当地化理论"有其合理性,也符合各国立法潮流。但该理论过分强调当事人意思自治和排除仲裁地法院监督问题,忽略了在解决仲裁案件时可能遇到的问题,例如,某些情况下,需要仲裁地法院采取临时性措施、当事人意思存在局限性和部分非当地规则不适宜作为仲裁程序规则等。因此,"非当地化"理论仍然存在缺陷。我国法律无论作为仲裁地法律还是执行地国法律,对仲裁的监督和审查应更加开放和灵活,给当事人选择规则、适用法律等便利,但司法监管需适度,而不应过于宽松或者放任。

(二)适用于非内国裁决

非内国裁决与外国裁决,并列为适用于公约的裁决。从这个角度,公约应名为"承认与执行外国仲裁裁决和非内国裁决公约"。

1. 非内国裁决的出现。为扩大公约适用范围,《纽约公约》订立以前,各国国内仲裁法律对仲裁裁决的"国籍"认定主要有两个标准:以英国为代表的"裁决作出地标准"和以法、德为代表的仲裁适用程序法标准。大陆法系国家希望公约尽量与本国法律规定相协调,在地域标准外提出非内国裁决标准。因此,根据该标准,认定一项裁决是内国裁决还是外国裁决,不仅取决于作出裁决的地点,还取决于关于当事各方的国籍、争议标的,以及可能适用的仲裁规则和程序。公约没有对非内国裁决作出定义,仅说"不被视为内国裁决"。通常理解为,非内国裁决作为外国作出裁决的补充,是指若裁决在执行地国作出,但裁决具有某些国际特性,该国法律认为该裁决不属于其内国裁决(Awards "not considered as domestic awards in the State where their recognition and enforcement are sought"),亦可依据公约承认和执行。可见,非内国裁决,系在执行地国境内作出的裁决,裁决作出地又是裁决执行地,只不过裁决执行地国家认为该裁决不是其内国裁决,而应适用公约。非内国裁决标准的确立,进一步扩大了《纽约公约》的适用范围。

2. 非内国裁决的认定。缔约国通常认定一项裁决为非内国裁决的情形有:(1)按照另一国的仲裁法作出的裁决。当仲裁裁决在执行地国家作出,但适用外国仲裁法时。例如,美国有法院认为,在美国作出的裁决属于非内国裁决,因为它是根据外国程序法和国际商会仲裁规则作出。此情形并不多,它意味着执行地国法律允许当事人选择仲裁地以外的法律作为仲裁程序的适用法。(2)含涉外因素的裁决。裁决于执行地

---

① 郭玉军、陈芝兰:《论国际商事仲裁中的"非国内化"理论》,载《法制与社会发展》2003 年第 1 期;赵秀文编著:《国际商事仲裁法》,中国人民大学出版社 2004 年版,第 278 页,转引自郭小卿、王瀚:《〈纽约公约〉视域下国际商事仲裁"非当地化"理论的审视》,载中国国际经济贸易仲裁委员会编:《〈纽约公约〉与国际商事仲裁的司法实践》,法律出版社 2010 年版。

国作出但含有诸多外国因素。例如,《美国联邦仲裁法》(FAA)第 202 节(Section 202),广泛定义了什么构成非内国裁决,美国法院认为当事人的国籍、争议所涉财产所在地、仲裁协议履行或执行地,或者裁决是否涉及外国因素,均构成认定非内国裁决的因素。在 *Sigval Bergesen, as Owner of the M/T Sydfonn and others v. Joseph Muller A.G (2nd Cir. 1983)* 案中,挪威船东与瑞士公司的争议在美国纽约、适用纽约州法律仲裁解决。获得胜诉的挪威船东在瑞士和美国申请执行。美国法院面临的问题是,在美国作出的仲裁裁决,是否属于公约下的裁决而依公约执行。法官认为,公约没有定义非内国裁决,似乎是刻意留出空间给执行地国家法院,依其国内法作出解释,使公约能够尽量适用更多的裁决。法官认为,"不被视为内国"是指属于内国作出的裁决受《纽约公约》约束不是因为其在国外作出,而是因为在国内作出却依据另一个国家的法律框架,根据外国法律作出,或涉及当事人的住所或其主要营业地在执行地国以外。总之,在美国,一个裁决被视为非内国裁决,是指其带有"涉外因素"。① (3) 无国籍裁决(non-national awards)。裁决与任何国家的仲裁法相分离,如当事人明确排除适用任何一国的仲裁法,或者规定适用跨国规则如仲裁法的通用原则。这意味着,裁决并非在任何国家适用任何一国法律作出,从而所有的裁决均可被视为"外国裁决"。主流观点认为,公约的确适用此类裁决。法院常常依据《纽约公约》第 1 条和第 5 条第 1 款(丁)项的规定,认为"无国籍裁决"属《纽约公约》规定的裁决范围,但这类裁决极为罕见。在 *Société Européenne d'Etudes et d'Entreprises (S.E.E.E.) v. Federal Republic of Yugoslavia* 案中,荷兰最高法院认定公约旨在承认这些裁决,而且仲裁裁决不能被认为与任何特定国家的法律有关。最高法院推翻了海牙上诉法院此前依据"裁决必须基于某国家法律"作出的裁判,认定案涉裁决为"无国籍裁决"裁决,属于公约的适用范围。美国法院认为,最合理的解读就是将无国籍裁决归为公约适用范围,公约第 5 条第 1 款(丁)项没有规定若当事人不按照约定程序仲裁,另一当事人有权抗辩执行。法国法院同样认为,无国籍裁决适用于公约。例如,鲁昂上诉法院认定了一项根据仲裁条款作出的裁决属于公约适用范围,该条款明确排除任何国家程序法的适用,并自行约定了仲裁程序仲裁。②

3. 对非内国裁决的不同认识。我国法律没有对非内国裁决作出规定,加入公约时的声明也未明确涉及该问题。因此,对我国是否存在非内国裁决,有不同认识。否定我国存在非内国裁决的观点认为,我国加入《纽约公约》时提出了互惠保留,即在互惠的基础上,仅将公约适用于对另一缔约国领土内作出的仲裁裁决的承认与执行。可见,我国对外国仲裁裁决的确定显然只采用了领土标准而没有采用非内国裁决标准。

---

① See Marike R. P. Paulsson, The 1958 New York Convention in Action, 2021 Kluwer Law International, p. 78.
② 参见扬帆译著:《商事仲裁国际商事理事会之 1958 年纽约公约释义指南:法官手册》,法律出版社 2014 年版,第 20—21 页;UNCITRAL 2016 Guide on the Convention on the Recognition and Enforcement of Foreign Arbitral Awards, pp. 23-27.

即我国只对在外国作出的仲裁裁决的承认与执行适用公约,对在我国作出的仲裁裁决的承认与执行不适用公约。① 肯定说则认为,我国加入《纽约公约》时作出的保留声明,其大致内容是,中华人民共和国适用该公约必须以互惠为前提,对在另一缔约国领土内作出的仲裁裁决进行承认和执行。从该声明的表面意思理解,即按照地域标准被认定为外国仲裁裁决的裁决只有在"缔约国领土内"作出时我国才适用《纽约公约》。然而,这则声明并没有清楚地说明该保留与非内国裁决的关系,也没有说明如何理解该保留。因此认为,互惠保留针对的是外国仲裁裁决,而不是非内国仲裁裁决,因此,提出互惠保留的国家仍然适用"非内国标准"。② 也有中国案例涉及非内国裁决问题。在德国旭普林公司申请承认及执行国际商会仲裁院 2004 年 3 月 30 日在中国上海作出的第 12688/TE/MW 号仲裁裁决一案中,无锡市中级人民法院将案由定性为承认和执行国外仲裁裁决案,认为被申请承认和执行的仲裁裁决系国际商会仲裁院在上海作出,通过其总部秘书处盖章确认,应被视为"非内国裁决",适用《纽约公约》的规定对裁决进行审查。但该院就案件层报最高人民法院后,在法院内部引发不同观点的讨论。对于该案仲裁裁决到底是外国仲裁裁决,还是我国涉外仲裁裁决、非内国裁决等问题,认为应留待进一步研究并通过立法予以完善。经最高人民法院审判委员会讨论决定,于 2006 年 6 月 21 日作出〔2004〕民四他字第 46 号复函给江苏省高级人民法院:

> 本案中,德国旭普林国际有限责任公司向我国法院申请承认和执行国际商会仲裁院在我国上海作出的第 12688/TE/MW 号仲裁裁决,该仲裁裁决所依据的仲裁条款已经被我国法院认定无效,因此不应得到承认和执行,人民法院应当裁定驳回德国旭普林国际有限责任公司的申请。

该复函未涉及非内国裁决问题,没有彻底解决此类裁决的性质,以及其能否在我国法院依公约得到承认与执行的问题。③ 在(2008)甬仲监字第 4 号案中,瑞士德高钢铁公司和宁波市工艺品进出口有限公司签订的合同中用中英文规定了仲裁条款,中文规定:"一切因执行合同或与本合同有关的争执,应提交设在中国北京的国际商会仲裁委员会,按照《联合国货物销售公约》进行仲裁。"后双方发生纠纷,德高钢铁公司于 2005 年 9 月 12 日将纠纷提交给位于法国巴黎的国际商会仲裁院进行仲裁。国际商会仲裁院于 2007 年 9 月 21 日在中国北京作出 14006/MS/JB/JEM 号仲裁裁决,裁定德高钢铁公司胜诉。后德高钢铁公司向宁波市中级人民法院申请承认并执行上述裁决。2009 年 4 月 22 日,宁波市中级人民法院裁定承认并执行该仲裁裁决。理由是:此案裁

---

① 参见李双元、欧福永主编:《国际私法》(第 6 版),北京大学出版社 2022 年版,第 518 页。
② 参见刘晓红:《非内国仲裁裁决的理论与实证论析》,载《法学杂志》2013 年第 5 期。
③ 参见高晓力:《司法应依仲裁地而非仲裁机构所在地确定仲裁裁决籍属》,载《人民司法》2017 年第 20 期。

决属于《纽约公约》项下的"非内国裁决",且不存在《纽约公约》规定的不予执行的情形,并按照《纽约公约》第1条第1款裁定予以承认和执行。(2015)穗中法民四初字第62号案中,国际商会仲裁院在仲裁地广州作出案涉仲裁裁决。法院认为,案涉裁决可以视为"中国涉外仲裁裁决",可以在内地直接申请执行,而不需先申请"承认"。对此问题,2021年《涉外审判会议纪要》第100条明确:

> 境外仲裁机构以我国内地为仲裁地作出的仲裁裁决,应当视为我国内地的涉外仲裁裁决。当事人向仲裁地中级人民法院申请撤销仲裁裁决的,人民法院应当根据仲裁法第七十条的规定进行审查;当事人申请执行的,根据民事诉讼法第二百八十一条的规定进行审查。

2023年《民诉法》第304条对"国外仲裁机构"的裁决,申请中国法院承认和执行的情形作出规定。《仲裁司法审查规定》第17条将我国仲裁机构作出的裁决分为非涉外裁决和涉外裁决,分别适用《民诉法》不同条款,依据"内外有别"的标准进行司法审查。因此,我国法律下商事仲裁裁决分为四类:境外仲裁机构在境外作出的裁决为外国裁决;国内仲裁机构作出的裁决分为非涉外裁决和涉外裁决,另外,境外仲裁机构以我国内地为仲裁地作出的仲裁裁决,视为我国内地的涉外仲裁裁决。据此,只有外国仲裁裁决,直接适用《纽约公约》或根据互惠原则办理。如(2002)皖民二他字第10号案,申请人和被申请人分别为美国和中国公司,裁决由英国伦敦金属交易所三位仲裁员作出,法院就未超裁部分裁决依据《纽约公约》予以承认和执行。

最高人民法院[2008]民四他字第11号复函和[2009]民四他字第46号复函,分别将国际商会仲裁院和蒙古国仲裁机构作出的裁决认定为外国裁决,适用《纽约公约》进行审查。[①] (2014)武海法他字第00038号案,法院根据《纽约公约》对独任仲裁员在英国作出的关于租约的临时仲裁裁决依法予以承认和执行。经典案例(2014)厦海法认字第14号案中,法院依法裁定承认独任仲裁员在英国伦敦作出的仲裁裁决。在(2021)鲁02协外认5号案和(2021)鲁02协外认19号案中,法院认为不存在《纽约公约》第5条规定之情形,准许承认和执行。

笔者认为,我国规定境外仲裁机构以我国内地为仲裁地作出的仲裁裁决,视为我国内地的涉外仲裁裁决,而不将其归为非内国裁决,仍属保守。将此类裁决及我国仲裁机构作出的涉外裁决,均归为非内国裁决为宜。第一,《纽约公约》第1条第1款第一句是针对外国领土内作出裁决的适用,而第二句"本公约对于仲裁裁决经申请承认及执行地所在国认为非内国裁决者,亦适用之",独立于第一句,且并非指外国领土内作出而是指执行

---

① 参见2008年6月2日最高人民法院《关于不予承认和执行国际商会仲裁院仲裁裁决的请示的复函》;2009年12月8日最高人民法院《关于不予承认蒙古国家仲裁法庭73/23-06号仲裁裁决的报告的复函》。

地国作出的裁决。第二，第1条第3款第一句的互惠保留"任何国家得于签署、批准或加入本公约时，或于本公约第十条通知推广适用时，本交互原则声明该国适用本公约，以承认及执行在另一缔约国领土内作成之裁决为限"，本意应指根据地域标准和互惠原则，执行地国家声明仅承认和执行另一缔约国作出的裁决，即作出裁决的该外国必须是缔约国。从该互惠保留声明，得不出公约将保留事项扩大至执行地国作出的裁决的结论，也看不出公约允许缔约国就非内国裁决作出保留，因此，保留事项不应包括在执行地国作出的裁决。将公约理解为仅适用外国裁决、而同时根据互惠声明排除适用执行地国作出的非内国裁决，是不准确的。而且我国的声明未明确排除承认非内国裁决，法律也未明确排除非内国裁决适用公约。第三，应从公约遵循的有利于承认与执行原则，善意解释公约，尽量扩大公约适用范围。第四，国际司法实践拒绝把非内国裁决作为互惠保留的范围。美国法院曾经就此问题出现争议，认为互惠保留不仅排除非缔约国的外国作出裁决，而且排除执行地国作出的裁决。该观点是基于第1条第3款"另一缔约国"的措辞得出的结论。后来美国法院否决了对公约第一条第3款作出的上述解释，认为互惠保留不同于第1条第1款的非内国裁决，仅涉及非缔约国作出的裁决。[①] 因此，承认我国存在非内国裁决并非没有依据。至于承认其存在，使裁决的申请承认和执行适用公约，是否会损害本国利益或增加当事人的负担和不便，属另一回事。目前似乎难以得出肯定的结论。

根据2021年《涉外审判会议纪要》第100条的规定，境外仲裁机构在我国作出的仲裁裁决视为我国内地的涉外仲裁裁决，依照《民诉法》(2021年修正)第281条规定审查。该条规定的审查事项和不予执行的情形，与公约第5条规定的内容基本一致，均仅对仲裁程序问题做形式审查。把本应属于非内国裁决的案件视为中国涉外机构作出的裁决实无依据和必要，也不会明显减轻当事人的负担。如此看来，该规定未免显得保守和牵强。因此，2006年无锡市中级人民法院在德国旭普林公司案，以及2009年宁波市中级人民法院在宁波工艺品案中，分别认定国际商会在中国作出的仲裁裁决属于非内国裁决，适用《纽约公约》并无不当。从这个角度并参照国外法院对非内国裁决的认定实践，进而分析可得出结论，在我国所有商事仲裁机构均可以受理涉外仲裁案件的情况下，将其分为非涉外案件和涉外案件，适用不同程序审查的规定，似无必要，可对此规定作出调整。即将外国仲裁机构在我国作出的裁决、我国仲裁机构依据境外仲裁机构规则作出的裁决，以及我国仲裁机构作出的涉外仲裁裁决等，凡具有涉外因素的仲裁裁决，均认定为非内国裁决，与在其他缔约国作出的仲裁裁决一样，适

---

① See Republic of Argentina v. BG Group PLC, District Court, District of Columbia, United States of America, 7 June 2010, 715 F. Supp. 2d 108; Trans Chemical Limited v. China National Machinery Import and Export Corporation, District Court, Southern District of Texas, Houston Division, United States of America, 7 July 1997,978 F. Supp. 266; UNCITRAL 2016 Guide on the Convention on the Recognition and Enforcement of Foreign Arbitral Awards, p. 31.

用《纽约公约》审查程序和标准;而将国内仲裁机构作出的非涉外仲裁裁决,适用国内仲裁裁决审查程序和标准。

(三)适用于广泛主体之间的争议

公约适用于自然人之间、法人之间或者自然人与法人之间的争议,取消当事人国籍或居住地要求,从而确保其具有广泛的适用范围。

(四)适用于临时仲裁和机构仲裁裁决

第1条第2款规定公约既适用于由当事人就个案指定仲裁员作出的裁决,即临时仲裁裁决,又适用于常设仲裁机构作出的裁决。两种仲裁作出的裁决具有同等法律效力。

二、缔约国声明保留事项

根据公约第1条第3款的规定,缔约国加入公约时可以作出两项保留,以限制公约在本国的适用。

(一)互惠保留

根据公约第1条第1款的规定,一缔约国可以承认和执行所有外国(包括非缔约国)作出的仲裁裁决。但根据第1条第3款的规定,缔约国可以作出互惠保留(reciprocity reservation),声明本国只适用公约承认与执行在另一缔约国作出的仲裁裁决,对非缔约国所作出的仲裁裁决,不适用公约予以承认和执行。该规定使互惠要求作为可选项,从而确保《纽约公约》具有广泛的适用范围。至于另一国成为签约国的时间,是以裁决作出之时还是申请承认和执行之时确定,应以收到申请之时确定为宜,这样可以尽量扩大公约的适用范围。该保留事项仅涉及作出裁决的国家是否为缔约国,不包括第1条第1款第二句的非内国裁决问题。

(二)商事保留

商事保留(commercial reservation),允许缔约国仅适用公约对商事争议,即由法律关系(legal relationships)引发的争议作出承认与执行,而不论该法律关系为合同或其他关系。商事性质的认定,以作出保留的缔约国的国内法为依据。根据我国法律,商事法律关系应作广义理解,既包括依法可仲裁的民事法律关系,也包括国际贸易等商事法律关系。如最高人民法院1987年在《关于执行我国加入的〈承认及执行外国仲裁裁决公约〉的通知》中指出,根据我国加入该公约时所作的商事保留声明,我国仅对按照我国法律属于契约性和非契约性商事法律关系所引起的争议适用该公约。所谓"契约性和非契约性商事法律关系",具体的是指由于合同、侵权或者根据有关法律规定而产生的经济上的权利义务关系,例如货物买卖、财产租赁、工程承包、加工承揽、技术转让、合资经营、合作经营、勘探开发自然资源、保险、信贷、劳务、代理、咨询服务和海上、民用航空、铁路、公路的客货运输以及产品责任、环境污染、海上事故和所有权争议等,但不包括外国投资者与东道国政府之间的争端。该内容应理解为非穷尽式列举,随着社会经济发展,还应有更多商事法律关系适用公约。

三、承认与执行的含义

《纽约公约》没有对"承认"和"执行"作出定义。应理解为,"承认"是依据公约认定公约下的仲裁裁决(外国裁决和非内国裁决)在本国具有法律约束力,而"执行"是使此前被承认的裁决在本国得到强制执行的过程。至于申请人是否必须同时申请承认和执行,或者是否可以单独申请对裁决的承认,德国最高法院曾在1981年的一个案件中认为,"承认与执行"为相互关联的两项措施,二者不可单独申请。有的国家法院允许单独申请承认或执行。例如,包括印度、葡萄牙和美国在内的司法管辖区的法院认为,申请承认可与强制执行分离。我国最高人民法院在《认可和执行台湾裁决规定》中规定,对于当事人仅申请执行的,释明后当事人仍坚持的,应予驳回申请。《纽约公约》仅适用于对仲裁裁决的承认与执行,而不适用于撤销。如果申请人就一项裁决向缔约国提出申请承认和执行,被申请人抗辩请求撤销裁决,则公约不适用。该项撤销请求由国内法解决。公约也不适用于中止仲裁程序的请求。同样,公约也不适用于仲裁协议效力的认定,该问题需其他法律加以调整。

第三节 国际商事仲裁协议

国际商事仲裁协议(arbitration agreement),是指当事各方同意将他们之间已经发生的或将来可能发生的争议提交仲裁解决的协议。国际商事活动中,最常见的是当事人在合同中事先订立仲裁条款(arbitration clause),也有在争议发生后达成仲裁协议(submission agreement),统称为仲裁协议。如《仲裁示范法》第7条第(1)款规定:An arbitration agreement may be in the form of an arbitration clause in a contract or in the form of a separate agreement. 合同仲裁条款是针对未来可能发生的争议,当事人就仲裁机构、仲裁地点和规则等的选择较容易达成一致,而争议发生后就仲裁协议的磋商往往比较困难,有的可能没有合同关系(如侵权争议),有的当事人可能准备诉讼解决。根据仲裁协议,当事人同意将有关争议提交给某临时仲裁庭或常设仲裁机构审理,并接受仲裁裁决的约束。有效的仲裁协议,是仲裁庭享有仲裁管辖权和启动仲裁程序的前提,也是法院承认与执行仲裁裁决的依据。

一、常见仲裁条款示例

合同仲裁条款与事后仲裁协议,可能在订立时间前后或者在签章方式上有所不同,但无本质区别。只要当事人以书面形式达成将争议提交仲裁的合意即可。常见的著名仲裁机构的示范仲裁条款有:(1)ICC Model Arbitration Clause: All disputes arising out of or in connection with the present contract shall be finally settled under the Rules of Arbitration of the International Chamber of Commerce by one or more arbitrators appointed in accordance with the said Rules. (2)UNCITRAL Model Arbitration Clauses: Any dispute, controversy or claim arising out of or relating to this contract, or the breach, termination or invalidity thereof, shall be settled by arbitration in ____ in accordance with the UNCITRAL Arbitration Rules for the time being in force. The arbitration shall be administered by ____ International Arbitration Centre in accordance with its Practice Note on UNCITRAL cases. The appointing authority shall be the President or Vice-President of ____ Court of Arbitration. The number of arbitrators shall be ____. The language to be used in the arbitral proceedings shall be ____. (3)CIETAC Model Arbitration Clause:Any dispute arising from or in connection with this Contract shall be submitted to China International Economic and Trade Arbitration Commission (CIETAC) for arbitration which shall be conducted in accordance with the CIETAC's arbitration rules in effect at the time of applying for arbitration. The arbitral award is final and binding upon both parties. (4)HKIAC Model Arbitration Clause: All disputes arising out of or in connection with the present contract shall be finally settled under the Rules of Arbitration of the International Chamber of Commerce by one or more arbitrators appointed in accordance with the said Rules. (5)SIAC Model Arbitration Clause: Any dispute arising out of or in connection with this contract, including any question regarding its existence, validity or termination, shall be referred to and finally resolved by arbitration administered by the Singapore International Arbitration Centre ("SIAC") in accordance with the Arbitration Rules of the Singapore International Arbitration Centre ("SIAC Rules") for the time being in force, which rules are deemed to be incorporated by reference in this clause. The seat of the arbitration shall be [Singapore]. The Tribunal shall consist of ____ arbitrator(s). The language of the arbitration shall be ____.

示范条款是仅供当事人参考的模板,当事人订立合同时,可根据需要就示范条款作出修改,量身定制条款内容,如可增加仲裁和律师费用的承担、保密、快速仲裁、仲裁使用的语言、仲裁庭组成人数和仲裁员资格要求、多合同或单一合同仲裁等内容。

二、公约下的仲裁协议

《纽约公约》第2条规定了仲裁协议的承认和执行。在满足某些条件的情况下,授权缔约国承认将争议提交仲裁的书面协议,并通过指令当事方提交仲裁(refer the parties to arbitration)来执行这种协议。第2条第1款规定:

> 当事人以书面协定承允彼此间所发生或可能发生之一切或任何争议,如关涉可以仲裁解决事项之确定法律关系,不论为契约性质与否,应提交仲裁时,各缔约国应承认此项协定。

据此,公约赋予法院一项义务,即在符合法定条件的情况下,应该(shall)承认和执行当事人提交的书面仲裁协议。第3款规定:

> 当事人就诉讼事项订有本条所称之仲裁协议者,缔约国法院受理诉讼时应依当事人一方之请求,令当事人提交仲裁,但仲裁协议经法院认定无效、失效或者不能施行者,不在此限。

执行地国法院的另一义务是,如仲裁协议有效,应指令当事人将争议提交仲裁。从这个角度,将公约标题命名为裁决的"承认与执行"是不周延的,还应包括对仲裁协议的承认与执行。

(一)书面形式要求

对"书面"协议的认定,各国法院分歧明显。《纽约公约》对仲裁协议的形式有效性作了实质规定,但没有对仲裁协议的内容有效性作实质规定,只是统一了确定仲裁协议准据法的冲突规范。公约第2条规定,当事人以书面形式订立仲裁协议,而书面协议,为当事人所签订合同中的仲裁条款或仲裁协议。2006年贸易法委员会在一项建议中确认,公约第7条第1款应适用于允许任何利害关系方利用其根据寻求依赖仲裁协议的国家的法律或条约可能享有的权利,以寻求承认该仲裁协议的效力。此后,各国法院按照第7条规定的本国法律或条约中关于仲裁裁决的较宽松的要求执行仲裁协议。公约还规定,仲裁条款或仲裁协议包括文件交换形式,如往来信件或电报中包括的仲裁协议。当然该规定并未穷尽所有文件交换,还应包括其他形式的文件交换或书面通信,无论是纸质、数据电文或者其他交换形式,满足公约第2条第2款的要求即应被认为是书面。《仲裁示范法》第7条、我国最高人民法院2005年《第二次涉外审判会议纪要》第66条,以及2008年《仲裁法解释》等,都根据数据电文发展和普及使用的现状,对书面形式作了宽泛解释。《仲裁法解释》第1条规定,除传统的纸质协议、文件交换记载的仲裁协议外,其他书面形式还包括合同书、信件和数据电文(包括电报、电传、传真、电子数据交换和电子邮件)等形式达成的仲裁协议。根据公约,国内立法就国际仲裁协议书面形式的标准,应与公约规定的最高形式要求保持一致,不得高于公约规定的要求。

(二)争议事项的可仲裁性

争议的可仲裁性(arbitrability of the dispute),是指根据法律规定,当事人能够通过仲裁解决的争议。通常平等主体之间的财产纠纷,具有可仲裁性,而人身和身份关系具有不可仲裁性(non-arbitrability)。如《仲裁法》第2条规定:

> 平等主体的公民,法人和其他组织之间发生的合同纠纷和其他财产权益纠纷,可以仲裁。

第3条规定:

> 下列纠纷不能仲裁:(一)婚姻、收养、监护、扶养、继承纠纷;(二)依法应当由行政机关处理的行政争议。

《纽约公约》第2条第1款对此问题亦有规定。因此,国际商事仲裁协议项下的争议事项是否具有可仲裁性,不仅影响到仲裁协议的效力与仲裁机构的管辖权,而且执行地国法院可依公约第5条第2款(甲)项规定拒绝承认与执行依据该协议作出的裁决。

1. 争议可仲裁性所适用的法律。判定争议的可仲裁性,可以依照仲裁协议适用的法律,或者依照执行地国的法律。若依仲裁协议所适用的法律,参照公约第5条第1款(甲)项的法律冲突规则,可适用当事人约定的法律或仲裁地法律。而依照执行地国的法律,有不同的裁判规则。第一种,援引公约第5条第2款(甲)项"依该国法律,争议事项系不能以仲裁解决者",意大利和比利时法院采此做法。第二种,直接根据本国法认定争议的可仲裁性。如美国法院根据联邦仲裁法案,而不引用公约的规定。美国法院认为,由本国法令引起的争端可以根据公约通过仲裁解决。例如,由美国《谢尔曼反托拉斯法》《证券法》《交易法》《琼斯就业法》和《破产法》引起的纠纷被认为可以通过仲裁解决。美国法院也承认,由雇佣合同和经销合同引起的纠纷可以通过仲裁解决。第三种,法国法院拒绝适用某一特定国内法来评估争端是否能够通过仲裁解决。根据公约第7条,巴黎上诉法院认为应适用法国法律,因为它比公约第2条更有利,并认为国际仲裁协议的效力原则,作为《法国国际仲裁法》的一项"实体法"规则,具有规定任何仲裁条款的效力,而不论是否参考国内法。巴黎上诉法院明确地将这一原则与公约第2条和第5条区分开来,这两条特别要求适用国内法使这一条款有效。举例来说,一家法国法院根据一份劳动合同所包括的仲裁协议,指出当事各方应提交仲裁,尽管申诉人辩称劳动纠纷无法通过法律解决。法院指出,公约适用本争议,因为雇佣合同是国际性的,且法国撤回了其商业保留。① 最高人民法院在〔2009〕民四他字第 33 号复函中,就蒙古国仲裁庭作出的裁决指出,若案涉仲裁裁决不涉及继承事项,可予承认和执行,但案涉仲裁裁决的主要内容是确认吴某某的法定继承人地位,以及因该地位而应获得的投资财产权,并未就公司的继续经营及撤销等商事纠纷作出处理。《仲裁法》第 3 条规定,继承纠纷不能仲裁,因此,根据《纽约公约》第 5 条第 2 款(甲)项的规定,不予承认和执行该仲裁裁决。就该案而言,我国法院依据执行地国法律认定争议的可仲裁性,并根据公约规定作出裁决。

2. 如何认定争议的可仲裁性。执行地国法院依职权主动审查的争议事项包括两项,即第 5 条第 2 款中规定的(甲)项争议是否具有可仲裁性和(乙)项是否违反公共政策。二者具有关联性,可仲裁性问题归根结底属于公共政策的范畴,一项争议依据某国法律能否提交仲裁解决,取决于该国法律所确定的公共政策。根据公约和国内法,可以从两个方面认定争议的可仲裁性。首先,根据公约第 1 条第 3 款所规定的"商事保留"内容,公约适用于商事法律关系,包括契约性和非契约性的,主要指违约和侵权法律关系。至于何谓契约性质,公约并未定义,应指当事人违约损害赔偿,基于合同履行利益的债权请求权。对违约争议的仲裁,当事人大多在合同中提前或事后约定,应无法律障碍,而且若合同一方当事人的行为违反合同约定,又同时侵害侵权责任法所保护的民事权益,构成违约责任与侵权责任竞合,当事人选择违约或侵权申请仲裁亦无不可。而对于侵权性质的争议,当事人不可能提前约定仲裁。因侵权损害赔偿争议发生,当事人只能事后达成仲裁协议方可提交仲裁。如船舶碰撞码头设施,船方和码头经营人可就损害赔偿问题订立事后仲裁协议,提交海事仲裁机构(如 CMAC)仲裁解决。根据《侵权责任法》第 2 条的规定,侵害民事权益包括侵害人身权利,如生命权、健康权、姓名权、名誉权、荣誉权、肖像权、隐私权、婚姻自主权、监护权等,以及财产权益,如所有权、用益物权、担保物权、著作权、专利权、商标专用权、发现权、股权、继承权等。根据《仲裁法》的规定,可以仲裁的争议只限于财产权益受到损害的争议,人身和身份关系不在可仲裁范围。其次,根据公约第 2 条第 1 款,缔约国只对关涉"可以仲裁解决事项之确定法律关系"(a subject matter capable of settlement by arbitration)的裁决具有承认和执行义务。最后,从不予承认和执行的角度,公约第 5 条第 2 款(甲)项规定"依执行地国法律争议事项系不能以仲裁解决者,可拒绝承认与执行。"对此,《2021 年涉外审判会议纪要》第 103 条明确将法律和当事人选定的仲裁规则规定不可仲裁的事项,列为无权仲裁事项。

---

① See UNCITRAL, 2016 Guide on the Convention on the Recognition and Enforcement of Foreign Arbitral Awards, p. 51.

(三)仲裁协议的内容

除书面形式和争议事项可仲裁性要件外,仲裁协议还应包括其他必要内容。

1. 提交仲裁的合意。公约第 2 条第 1 款规定:

> 当事人以书面协定承允彼此间所发生或可能发生之一切或任何争议,如关涉可以仲裁解决事项之确定法律关系,不论为契约性质与否,应提交仲裁时,各缔约国应承认此项协定。

该款应理解为包含当事人通过仲裁解决争议的合意。最高人民法院在〔2001〕民四他字第 43 号复函和〔2014〕民四他字第 32 号复函中均认为,仲裁条款或者仲裁协议独立生效的前提,是有关当事人就通过仲裁解决争议达成合意。双方当事人之间未就产生的争议达成通过仲裁解决的合意,境外的仲裁机构以当事人单方拟定的仲裁条款仲裁有关纠纷缺乏事实和法律依据。依照《民诉法》及《纽约公约》的规定,我国法院应拒绝承认和执行仲裁裁决。如前文所述,约定的仲裁事项应合法且具有可仲裁性,仲裁事项超出法律规定的仲裁范围应属无效。对仲裁事项范围出现分歧,应根据合同解释原则作出认定。

2. 提交仲裁的事项。仲裁协议还应包括仲裁事项,即通过仲裁解决当事人之间发生或可能发生的一切争议。当事人可以具体逐项列明或者概括性约定仲裁事项。在(2020)最高法商初 4 号案中,中国和泰国当事人在《通用条款协议》中约定了贸仲的示范条款。当事人对留置权纠纷是否属于仲裁条款约定的仲裁事项发生争议。最高人民法院认为,仲裁条款是当事人就纠纷解决方式订立的合同,应当依照合同解释的一般原则进行解释,即按照仲裁条款所使用的措辞、上下文、目的、交易习惯及诚实信用原则,确定条款的真实意思。当事人在上述仲裁条款中没有区分合同争议或物权争议,也未将仲裁事项限定为合同纠纷,而是约定"凡因本协议引起的或与本协议有关的任何争议,均应提交中国国际经济贸易仲裁委员会仲裁",系概括性地宽泛约定仲裁事项,依对措辞文义的通常理解,应当包括因《通用条款协议》即维修合同的成立、效力、变更、转让、履行、违约、解释、解除等引起的合同争议、侵权争议、物权争议或与维修合同有关的其他争议。飞机维修公司向法院提起诉讼,主张对方归还维修合同项下维修费等费用,故请求确认其对该公司送修的四架飞机享有留置权,有权就该四架飞机拍卖、变卖的价款优先受偿。该案虽然是留置权纠纷,但所涉争议系因当事人履行维修合同所引起,属于仲裁条款约定的"因本协议引起的或与本协议有关的争议"。因此,该争议应提交贸仲仲裁解决。

3. 仲裁机构。对仲裁机构应作宽泛理解。根据公约第 1 条第 2 款的规定,"仲裁裁决"一词不仅指专案选派之仲裁员所作裁决,亦指当事人提请仲裁之常设仲裁机关所作裁决。因此,仲裁机构应包括当事人选择的临时仲裁庭和常设仲裁机构。只有选定仲裁机构,当事人才可以将争议事项提交仲裁,仲裁机构才有权确定其管辖权并审理案件。仲裁协议如果对仲裁机构约定不明确,当事人可以补充协议;达不成补充协议,仲裁协议无效。仲裁机构虽不为确定仲裁裁决籍属的唯一标准,但仍具十分重要的意义。公约第5条第1款(甲)项规定,认定协议效力,优先适用当事人约定的准据法,若无此约定则适用裁决地所在国的法律。《涉外法律适用法》第18条规定:

> 当事人可以协议选择仲裁协议适用的法律。当事人没有选择的,适用仲裁机构所在地法律或者仲裁地法律。

《仲裁司法审查规定》第14条和第16条对此有相应规定。在(2021)京04民初52号案中,法院认为,当事人签订的《销售合同》中的仲裁条款约定的"香港仲裁委员会"虽然并非香港特区任何一家仲裁机构的明确具体名称,因约定名称错误导致无法对仲裁机构确切认定,但该仲裁条款表明了双方当事人有明确选择仲裁,并且在香港特区仲裁的意思表示。根据香港特区大律师的法律意见,仲裁协议虽然约定了不存在的仲裁机构,但明确表达了在香港特区仲裁的意图,香港特区法庭就能裁定依然有一个有效的在香港特区仲裁的协议,双方可以申请由香港国际仲裁中心决定仲裁员和仲裁规则,因此仲裁协议是可以履行的。最高人民法院认定:在适用仲裁机构所在地法律与适用仲裁地法律对仲裁协议效力产生不同认定的情况下,选择适用使仲裁协议有效的法律作为准据法,体现了法院在仲裁司法审查中支持仲裁协议有效的原则。从《纽约公约》内容、国际商事仲裁的发展趋势到我国司法解释的规定分析,放宽对仲裁协议效力要求,尽量使仲裁协议有效,不仅有利于尊重当事人选择仲裁作为解决争议方式的本意,而且利于促进和支持仲裁的发展,为国际商事仲裁营造良好的环境。根据法院在仲裁司法审查中持支持和鼓励仲裁的司法理念,以及在涉及国际商事仲裁中尽量确认仲裁协议有效的原则,并结合香港特区大律师的法律意见,认定案涉仲裁协议有效,申请人可以向香港国际仲裁中心申请由其决定仲裁员和仲裁规则。

仲裁机构于注册地点之外,在其他国家或地区设立分支机构,当事人虽选择仲裁机构但另选其他国家或地区为仲裁地,此时,属于选定的仲裁机构异地仲裁,仲裁机构不变,仲裁地为选定地点。如当事人仅选择适用某机构的仲裁规则,而未选择仲裁机构,则需根据仲裁条款认定当事人选定的仲裁机构。如无其他约定,通常视为选择该仲裁机构仲裁。如《贸仲仲裁规则(2024)》规定,当事人约定按照本规则进行仲裁但未约定仲裁机构的,视为同意将争议提交贸仲仲裁。当事人选择了仲裁机构而适用其他仲裁规则,不改变当事人对仲裁机构的选择,选定的仲裁机构履行相应的仲裁程序管理职责。

4. 仲裁规则。仲裁规则(arbitration rules)是仲裁机构根据本国仲裁法律和公约、示范法等所制定的仲裁操作规程,包括仲裁申请的提出、仲裁员的选定、仲裁庭组成以及审理期限和仲裁裁决的作出等内容。根据公约和国内法,仲裁规则并非仲裁协议的必备内容。没有约定仲裁规则,不会导致仲裁协议无效。通常,根据当事人意思自治原则,仲裁机构允许当事人制订仲裁规则,或者经当事人和仲裁机构同意适用所选仲裁机构以外的仲裁规则。如当事人约定将其争议提交贸仲仲裁,但可适用国际商会仲裁规则。如果当事人没有特别约定适用的仲裁规则,则适用所选定仲裁机构的仲裁规则。如果仅选择了适用的仲裁规则而未约定仲裁机构,则制订仲裁规则的机构将被认定为选定的仲裁机构。当事人和仲裁员以及仲裁机构辅助人员必须遵守仲裁规则,执行地国法院亦应依据规则,判断仲裁程序是否存在瑕疵以及裁决的效力。

5. 适用的法律。适用的法律包括仲裁协议适用的法律和仲裁程序适用的法律。但不包含所适用的法律,并不导致协议无效(详见下文分析)。

6. 裁决的效力。仲裁裁决的效力是指裁决应为终局,对当事人具有约束力。当事人不得再行起诉或者上诉。协议没有约定裁决的终局效力,不导致协议无效。各国法律和仲裁实践显示,多数国家法律和仲裁规则均规定了"一裁终局"制度,即仲裁裁决一经作出即具有法律约束力。根据公约第 5 条第 1 款(戊)项规定,裁决对方当事人尚无拘束力,或业经裁决地所在国或裁决所依据法律之国家之主管机关撤销或停止执行者,法院可不予承认与执行。因此,仲裁条款通常都规定仲裁裁决为终局,一经作出对双方当事人具有同等约束力。根据公约上述规定,有权确认裁决效力的为裁决地国法院,或裁决所依据法律之国家的法院。根据《仲裁法》第 9 条规定,仲裁实行一裁终局制度。裁决作出后,当事人就同一纠纷再申请仲裁或者向法院起诉的,仲裁委员会或者法院不予受理。但少数国家和仲裁规则规定当事人可以约定对裁决有上诉权(如法国、美国)。我国已有仲裁机构为适应当事人的需要,在仲裁规则中对裁决效力问题作出灵活的规定。如《深圳国际仲裁院仲裁规则(2022)》第 51 条第 8 项规定:

> 裁决是终局的,对各方当事人均有约束力。但当事人约定适用选择性复裁程序的,裁决效力依本规则第六十八条及《深圳国际仲裁院选择性复裁程序指引》确定。

但该规则中的复裁规定和程序仍属仲裁机构给予当事人在仲裁管辖范围内的更多救济机会,并未突破《仲裁法》一裁终局的规定。无论根据国内法仲裁是否可以上诉,提交法院承认与执行的裁决应为对当事人争议实体问题作出的最终生效的仲裁裁决。

三、对仲裁协议效力的认定

有效的仲裁协议,是仲裁机构受理案件和仲裁庭审理案件的前提,也是排除法院司法管辖权以及法院承认与执行裁决的依据。因此,仲裁协议的效力认定也常成为当事人争议的焦点问题。当事人就此出现争议,需要对仲裁协议的效力作出认定。

(一)认定仲裁协议效力的标准

根据《纽约公约》的规定,有效的仲裁协议应符合四项标准:(1)属于公约第1条规定的地域适用范围,即外国裁决和非内国裁决;(2)满足形式要求,即第2条第1款(乙)项规定的书面形式要求;(3)符合第2条第1款的仲裁协议有效的实质要件;(4)不存在第2条第3款规定的不可弥补和不可执行的缺陷。

(二)认定仲裁协议效力的主体

认定仲裁协议效力主体,通常是仲裁机构和仲裁庭或受诉法院。

1. 仲裁机构和仲裁庭。《仲裁示范法》及《仲裁规则》等国际仲裁文件,均规定仲裁机构和仲裁庭有权对仲裁协议的效力作出认定,从而确定本机构对案件的管辖权,亦即仲裁庭自裁管辖原则(Competence-Competence Principle)。仲裁庭自裁管辖原则,是现代商事仲裁的重要原则之一,核心是仲裁庭有权对当事人提出的管辖权异议作出裁定,而不需要事先的司法决定,目的在于在仲裁自治和国家司法审查之间确立一种平衡。这一原则目前在国际上已得到普遍承认。法国是完全接受该原则的国家之一,该原则在法国最高上诉法院裁判的 *Société Impex v. Sociétés Paz* 一案中得到认可。在该案中,法院认定,仲裁员有权对案件的管辖权和双方提交仲裁协议的有效性作出判断。另外,根据法国1981年《民事诉讼法典》第1458条规定,除非在仲裁协议明显无效,法院不被允许先于仲裁庭对案件作出裁决。《英国1996年仲裁法》第30条第(1)款规定,除非当事人另有约定,仲裁庭有权就其实质管辖权作出决定,即决定是否存在有效仲裁协议、仲裁庭是否适当组成以及根据仲裁协议,哪些争议事项以及提交仲裁。《UNCITRAL仲裁规则》第23条第1款规定:

> 仲裁庭有权力对其自身管辖权作出裁定,包括对与仲裁协议的存在或效力有关的任何异议,构成合同一部分的仲裁条款,应视为独立于合同中其他条款的一项协议。仲裁庭作出合同无效的裁定,不应自动造成仲裁条款无效。

我国《仲裁法》对仲裁庭自裁管辖原则有明确规定,《仲裁法》第4条规定,没有仲裁协议的,仲裁委员会不予受理。第20条规定,当事人对仲裁协议的效力有异议的,可以请求仲裁委员会作出决定。2024年《仲裁法(修订草案)》增加了由仲裁庭作出决定的规定。《贸仲仲裁规则(2024)》第6条第1款规定:

> 仲裁委员会有权对仲裁协议的存在、效力以及仲裁案件的管辖权作出决定。仲裁庭组成后,仲裁委员会授权仲裁庭作出管辖权决定。

仲裁机构收到仲裁申请后,首先应审查当事人之间是否存在仲裁协议及其效力如何,才能决定是否应予受理。但仲裁机构受理案件决定,仅在对仲裁协议形式审查后作出,之后仲裁庭需要继续对仲裁协议进行审查,尤其是另一当事人提出管辖权异议时,需要经过实体审理后再确认是否存在有效仲裁协议,最终决定仲裁机构是否具有管辖权。如《贸仲仲裁规则(2024)》第6条第2款规定:

> 仲裁委员会依表面证据认为存在有效仲裁协议并作出仲裁委员会有管辖权决定的,仲裁程序继续进行。仲裁委员会依表面证据作出的管辖权决定并不妨碍仲裁庭根据在审理过程中发现的与表面证据不一致的事实及/或证据重新作出管辖权决定。

多数国家仲裁法和仲裁机构的仲裁规则,都规定了仲裁庭自裁管辖原则。

2. 受诉法院。受诉法院通常包括:一方当事人绕过仲裁协议就争议事项提起诉讼的法院;就仲裁协议效力发生争议后,由当事人或仲裁机构起诉请求确认仲裁协议效力的法院;以及裁决作出后受理当事人申请承认和执行裁决的法院。受诉法院仲裁协议效力的审查和认定,是审判机关对仲裁实行司法监督的重要内容。根据《纽约公约》第2条的规定,缔约国法院必须审查和承认仲裁协议,并在认定仲裁协议有效后,承执此项协定。依照《仲裁法》第5条规定,当事人达成仲裁协议,一方向法院起诉的,法院不予受理。但仲裁协议无效的除外。这意味着受诉法院需首先审查并确认仲裁协议的效力问题。《仲裁法》第20条规定,当事人对仲裁协议的效力有异议的,可以请求仲裁委员会作出决定或者请求法院作出裁定。根据《纽约公约》第5条第1款(甲)项的规定,仲裁协议依当事人约定的准据法被认定无效,或没有约定时依据裁决地所在国法律系属无效的,被申请法院可以不予承认和执行裁决。因此,受理申请承认与执行的法院,有权对仲裁协议的效力作出认定,以便决定是否予以承认和执行。法律赋予仲裁机构和法院对仲裁协议的效力作出认定。

虽然仲裁机构和法院均有权对仲裁协议的效力作出认定,但如果两个机构的权限发生冲突,应由法院认定。对此,《仲裁法》第20条规定,一方请求仲裁委员会作出决定,另一方请求法院作出裁定的,由法院裁定。并且根据该法第58条规定,没有仲裁协议的裁决应被撤销。因此,法院对仲裁协议的效力有最终裁决权。

实践中,因是否存在有效仲裁协议引发管辖权争议的案件频发,尤其是一方当事人利用管辖权异议拖延仲裁程序,给仲裁的快捷性特点造成负面影响。但各国立法和实践显示,应对法院行使仲裁管辖裁判权严格限制,在介入时间和条件上作合理分配。而法院在行使裁判权时,亦应持谦抑态度,推定仲裁庭具有管辖权,除非一方当事人能够证明仲裁协议明显无效。确立仲裁庭自裁管辖原则以及合理分配法院和仲裁庭裁判权,具有重要意义。首先,扩大了仲裁庭的权限。尽管其决定并非终局,却不必把司法裁定作为继续审理案件的先决条件。法国法院对仲裁庭管辖权的做法是,除非仲裁协议明显无效,均指令当事人去仲裁。有的法院甚至在仲裁庭组庭后,不再考虑仲裁协议是否有明显无效,也指令当事人提交仲裁。其次,该原则保留法院对仲裁管辖争议的裁判权,允许法院在必要时介入仲裁,受理当事人提出的管辖权异议,其目的是对仲裁进行支持而不是干预,甚至先于仲裁庭作出否定仲裁的决定。最后,尽管仲裁庭对其管辖权的决定还须受到法院的监督,但是该原则的确立无疑推迟法院对仲裁进行干预的时间,减少法院干预的几率,推进仲裁程序。值得期待的是,《仲裁法(草案)》第28条对仲裁庭自裁管辖问题作出明确的规定,确认了仲裁机构和仲裁庭的自裁管辖权。仲裁机构和仲裁庭对仲裁协议是否存在及是否有效均有权作出决定。法院扮演的角色似乎有所弱化,亦起到了重要的司法监督作用。

(三)认定仲裁协议效力的依据

认定仲裁协议效力,首先涉及仲裁协议所适用的法律,适用规则如下。

1. 当事人约定的法律。这是公约第5条第1款(甲)项第二句确定的规则,即"该项协定依当事人作为协定准据之法律"。在(2017)辽02民初583号案中,根据协议英文版本,双方已约定将协议提交CAS管辖,"归瑞士法律管辖""按瑞士法律进行解释"。法院根据《仲裁司法审查规定》第16条、《涉外法律适用法》第18条规定认为,协议瑞士法律是双方约定的准据法,因此,对仲裁协议是否成立、仲裁条款效力的审查应适用瑞士法律。①

2. 裁决地所在国的法律。当事人没有约定时,适用裁决地所在国的法律。这是公约上述条款第三句确定的另一规则,"未指明以何法律为准时,依裁决地所在国法律"。

关于仲裁协议所适用的法律,2006年《仲裁法解释》第16条首次规定了涉外仲裁协议的法律适用问题:

> 对涉外仲裁协议的效力审查,适用当事人约定的法律;当事人没有约定适用的法律但约定了仲裁地的,适用仲裁地法律;没有约定适用的法律也没有约定仲裁地或者仲裁地约定不明的,适用法院地法律。

《涉外法律适用法》第18条以立法的形式再次作出规定:

> 当事人可以协议选择仲裁协议适用的法律。当事人没有选择的,适用仲裁机构所在地法律或者仲裁地法律。

---

① 另参见北京市第四中级人民法院(2017)京04民特25号等系列案件民事裁定书。

(2017)津民终494号案中,当事人约定合同执行中的任何争执或索赔,若无法通过友好协商解决,则应将案件交由被诉人所在地的仲裁机构(中国国际经济贸易仲裁委员会任何分会或香港国际仲裁中心)仲裁。法院认为,《买卖合约》并未单独约定仲裁条款应适用的法律,故而应适用仲裁机构所在地法律或者仲裁地法律认定相关仲裁条款效力。如约定不明,则可以适用我国内地法律予以认定。仲裁条款虽约定了两家仲裁机构,但应以被申请人所在地确定仲裁机构。因被诉人登记地在香港特区,故而应以香港特区作为本案中被诉人所在地,并以此确定香港国际仲裁中心为相应仲裁机构。依照香港特区法律之规定,仲裁条款效力取决于当事人将争议交付仲裁的意思表示,而不以是否约定仲裁机构、约定的仲裁机构是否唯一、约定的仲裁机构名称是否准确、约定的仲裁机构是否存在等为生效要件。案涉《买卖合约》中的仲裁条款具备当事人将争议交付仲裁的意思表示,应认定为有效,一审法院因而并不享有管辖权。最高人民法院再审维持了一、二审裁判结果。① 在(2023)京04民特645号案中,法院根据该条规定认为,由于当事人未在协议中约定适用的法律,但约定了仲裁地为中国北京市,故中国法律应当作为审查该案所涉仲裁协议效力的准据法。在(2021)沪72民初411号案中,被告将案涉提单正面内容以电子邮件方式发送原告,提单正面右下方印有被告的仲裁条款"Dispute(s) under the contract evidenced his B/L shall be settled by arbitration administered by the American Arbitration Association under its Commercial Arbitration Rules in New York"(本提单所证明的货运合同下的争议应提交美国仲裁协会按其商事仲裁规则在纽约仲裁解决)。法院根据邮件往来认定,双方已就案涉提单正面所载仲裁条款达成合意。另,案涉提单项下货物运输目的港位于美国,被告又系注册于美国的公司,故该案属涉外商事纠纷案件。因案涉提单未明确约定仲裁协议适用的法律,根据中国《涉外法律适用法》第18条、《仲裁法解释》第16条规定,案涉仲裁协议应适用仲裁机构所在地法律或者仲裁地法律,即美国法律来认定仲裁协议的效力。原告在案未能举证证明案涉仲裁协议依据美国法律因此无效的事实,故法院根据《美国联邦仲裁法》第2条的规定,认定案涉仲裁条款有效。②

但是上述《涉外法律适用法》第18条和《仲裁法解释》第16条的规定,增加了可适用"法院地法律"和"仲裁机构所在地法律",明显超出了公约第5条第1款(甲)项规定的"约定法律"和"仲裁作出地法律"的范围。国内法规定与公约规定的冲突,造成实践中出现不和谐的结果。在认定协议效力的法院、仲裁庭和审查执行法院都有权审查仲裁协议效力的情况下,认定协议效力的法院和仲裁庭对仲裁协议

---

① 另可参见最高人民法院(2018)最高法民申6088号民事裁定书。
② 另可参见(2017)京04民特25号民事裁定书,(2018)津民终260号民事裁定书,(2018)京04民特12号民事裁定书等。

效力的认定旨在确定其对案件有管辖权,而审查执行法院之目的则是确定应否执行仲裁裁决。如果中国法院依法院地法裁定仲裁协议无效,因其没有域外效力,外国仲裁庭立案后仍然可以依据公约认定仲裁协议有效。即使当事人没有明确约定仲裁条款所适用的法律,或者中国法院在先作出仲裁协议无效的裁定,当事人不出庭应诉外国仲裁案件,外国仲裁庭依然可据此作出仲裁裁决。此时,当事人持该仲裁裁决到中国法院申请承认与执行。审查执行法院必然依据《纽约公约》的规定审查仲裁协议的效力,并决定是否承认与执行。中国审查执行法院依公约规定的仲裁地法律认定仲裁协议有效并承认和执行裁决,并无不当。然而,在中国法院关于仲裁协议无效裁定与外国有效裁决之间发生冲突时,有的中国法院以外国裁决违反公共政策为由,不予承认与执行外国裁决。① 其结果不论是对仲裁协议准据法还是公共政策的适用,都不符合公约的原则。在 Castel 公司与 TCL 公司案中,因当事人未明确约定认定仲裁协议效力的法律,亦未明确约定仲裁地和仲裁机构,因而适用法院地法(中国法律)认定所涉仲裁协议的效力。因不符合《仲裁法》第 16 条、第 18 条的规定,中山市中级人民法院经广东省高级人民法院请示最高人民法院,认定仲裁协议无效。然而,仲裁庭认为其对双方之间的合同纠纷享有管辖权,并在中山市中级人民法院作出认定仲裁协议无效的裁定之前作出了仲裁裁决。Castel 公司向中山市中级人民法院申请承认和执行该仲裁裁决,TCL 公司提出拒绝承认和执行的抗辩理由。最高人民法院在〔2013〕民四他字第 46 号复函中指出,仲裁裁决的作出时间早于我国法院裁定的生效时间,况且 TCL 公司在仲裁程序中未提出仲裁条款无效的异议,反而向仲裁庭提出了反请求,仲裁庭据此确定仲裁条款效力与管辖权,符合仲裁地法律和仲裁规则,并不存在侵犯我国司法主权的情形;该案中,外国仲裁裁决和我国法院生效裁定对同一仲裁条款效力的认定虽然存在冲突,但尚不足以构成违反我国公共政策的情形。该案中,最高人民法院没有适用《纽约公约》第 5 条第 1 款(甲)项的规定,就是考虑到在拒绝承认和执行外国仲裁裁决的阶段对仲裁协议效力的认定没有法院地法适用余地,又考虑中国法院作出认定仲裁协议无效的裁定在仲裁裁决作出之后,因而也不认为该案所涉仲裁裁决构成违反中国公共政策的情形。② 该复函虽解决了个案中外国裁决是否违反公共政策问题,但并未彻底解决适用法院地法认定仲裁协议效力带来的负面影响。

3. 当事人行为能力属人法。当事人行为能力直接影响仲裁协议的效力。公约第 5 条第 1 款(甲)项第一句就当事人的行为能力规定"依对其适用之法律"。《涉外法律

---

① 参见 2012 年 3 月 1 日最高人民法院《关于泰州浩普投资公司与 WICOR HOLDING AG 中外合资经营企业合同纠纷一案的请示报告的复函》(〔2012〕民四他字第 6 号);泰州市中级人民法院(2015)泰中商仲审字第 00004 号民事裁定书。

② 参见高晓力:《谈中国法院承认和执行外国仲裁裁决的积极实践》,载《法律适用》2018 年第 5 期。

适用法》第 12 条和第 14 条,分别就自然人和法人及其分支机构的行为能力作出规定:

> 自然人的民事行为能力,适用经常居所地法律。法人及其分支机构的民事权利能力、民事行为能力、组织机构、股东权利义务等事项,适用登记地法律。

因此,判断自然人和法人的行为能力,适用属人法。

四、仲裁条款的独立性

(一)仲裁条款独立性的概念

仲裁条款的独立性(principle of the severability of the arbitration agreement / principle of arbitration clause autonomy),是指仲裁条款虽系合同的一部分,但在性质和效力上均独立于合同其他条款,其效力有独立的确定性,不受合同变更、解除、终止、无效等情形的影响。仲裁条款的独立性,主要适用于合同中的仲裁条款,其独立性是相对于包含仲裁条款的合同而言。当事人事后达成的仲裁协议,虽然其本身即为独立存在的合同,但仍然存在独立性问题,其与要解决的民商事法律关系存在关联性和依附性,要解决的法律关系变更,不应导致仲裁协议无效。在案例(2019)最高法民特 1 号案中,就仲裁条款和仲裁协议的关系以及仲裁条款的独立性,最高人民法院认为:根据《仲裁法》第 16 条第 1 款规定,仲裁协议包括合同中订立的仲裁条款和以其他书面方式在纠纷发生前或者纠纷发生后达成的请求仲裁的协议。可见,合同中的仲裁条款和独立的仲裁协议这两种类型,都属于仲裁协议,仲裁条款的成立和效力的认定也适用关于仲裁协议的法律规定。仲裁协议独立性是被广泛认可的一项基本法律原则,是指仲裁协议与主合同是可分的,互相独立,它们的存在与效力,以及适用于它们的准据法都是可分的。由于仲裁条款是仲裁协议的主要类型,仲裁条款与合同其他条款出现在同一文件中,赋予仲裁条款独立性,比强调独立的仲裁协议具有独立性更有实践意义,甚至可以说仲裁协议独立性主要是指仲裁条款和主合同是可分的。对于仲裁协议的独立性,我国法律和司法解释均有规定。《仲裁法》第 19 条第 1 款规定:

> 仲裁协议独立存在,合同的变更、解除、终止或者无效,不影响仲裁协议的效力。

从上下文关系看,该条是在第 16 条明确了仲裁条款属于仲裁协议之后,规定了仲裁协议的独立性。因此,仲裁条款独立于合同。对于仲裁条款能否完全独立于合同而成立,《仲裁法》的规定似乎不是特别清晰,不如已成立合同的变更、解除、终止或者无效不影响仲裁协议效力的规定那么明确。在司法实践中,合同是否成立与其中的仲裁条款是否成立这两个问题常常纠缠不清。但是,《仲裁法》第 19 条第 1 款开头部分"仲裁协议独立存在",是概括性、总领性的表述,应当涵盖仲裁协议是否存在即是否成立的问题,之后的表述则是进一步强调列举的几类情形也不能影响仲裁协议的效力。《仲裁法解释》第10条第2款进一步明确:

> 当事人在订立合同时就争议达成仲裁协议的,合同未成立不影响仲裁协议的效力。

因此,在确定仲裁条款效力包括仲裁条款是否成立时,可以先行确定仲裁条款本身的效力;在确有必要时,才考虑对整个合同的效力包括合同是否成立进行认定。该案亦依此规则,根据具体情况来确定仲裁条款是否成立。

(二) 仲裁条款独立性的理论基础

传统观点根据民法中主合同无效则从合同无效的理论,认为仲裁条款作为从合同,是主合同的组成部分,如果主合同无效仲裁条款当然无效。这就出现悖论,主合同无效导致仲裁条款无效,势必使得主合同的争议无法通过仲裁解决,这不仅违背当事人订立仲裁条款的本意,也给快速解决争议造成僵局,还可能给一方当事人拖延解决争议提供借口。另外,当事人就仲裁管辖权提出异议,仲裁庭须就仲裁条款的效力进行审查和认定以确定管辖权,若主合同无效而仲裁条款随之无效,仲裁庭则无法依仲裁条款决定仲裁机构有无管辖权。仲裁条款的独立性理论又称仲裁条款自治理论,其根据是当事人将争议提交仲裁的相互承诺,其核心内容是将一个包括仲裁条款的合同,视为由两个相对独立的合同构成,一个系约定当事人双方民事权利义务的实体性质的合同,适用合同实体法;另一个为程序性质的合同,即形式上表现为仲裁条款,适用仲裁程序法。因此,仲裁条款的独立性,表现在两个方面:一是性质上的独立性。尽管仲裁条款是主合同的一部分,但其性质与主合同其他条款的性质截然不同。具体说,主合同是规定当事人双方实体权利义务的协议,具有实体性质;而仲裁条款是关于当事人选择仲裁方式解决争议的协议,具有程序性质。所以,它和主合同是平行的,二者可以分离。二是效力上的独立性。即仲裁条款虽然载于合同之中,但其效力并不因合同其他条款效力的终止而终止。赋予仲裁条款效力独立性的意义在于,仲裁协议是当事人选择仲裁方式解决纠纷的协议,是作为救济手段出现的,目的在于解决因主合同其他条款而产生的争议。所以,它不因主合同无效而无效。相应地,仲裁条款的缺陷和无效,也不影响主合同的效力。

(三) 仲裁条款独立性得到普遍认同

从世界各国仲裁立法例、有关国际公约以及司法实践看,仲裁条款独立于实体合同是一个普遍的规则。《仲裁示范法》第16条第(1)款对仲裁条款的独立性原则作了清晰表述:

仲裁庭可以对它自己的管辖权包括对仲裁协议的存在或效力的任何异议，作出裁定。为此目的，构成合同一部分的仲裁条款应视为独立于其他合同条款以外的一项协议。仲裁庭作出关于合同无效的决定，不应在法律上导致仲裁条款的无效。

许多国家的法律，包括《英国1996年仲裁法》第7条、2005年《德国民事诉讼法》第十篇(2021年仲裁立法)第1040条第1款、《俄罗斯国际商事仲裁法》(1993年7月7日起生效)第16条第1款、2015年《荷兰仲裁法》第1053条等，对仲裁条款的独立性都作了明确的规定。我国法律已从传统观点转变为承认仲裁条款的独立性。原《合同法》第57条规定：

合同无效、被撤销或者终止的，不影响合同中独立存在的有关解决争议方法的条款的效力。

《民法典》第507条将其修改为：

合同不生效、无效、被撤销或者终止的，不影响合同中有关解决争议方法的条款的效力。

《仲裁法》第19条第1款规定：

仲裁协议独立存在，合同的变更、解除、终止或者无效，不影响仲裁协议的效力。

《仲裁法解释》对合同变更情况下仲裁条款效力问题作出规定，均保持仲裁条款的独立性。

(四)我国司法实践

司法实践中，法院根据《仲裁法》第19条的规定支持仲裁条款独立性的案例不胜枚举：(2018)最高法民辖终377号案中，最高人民法院认定双方实际履行过程中，对案涉重组整合协议补偿金额的变更不影响仲裁协议的效力。(2019)最高法民申5011号案中，最高人民法院认为，首先，施工合同的效力不影响仲裁条款的效力。其次，双方未在补充合同中约定纠纷主管问题，即未变更施工合同关于争议解决方式的约定。因此，双方在施工合同中约定的仲裁条款合法有效。(2019)最高法民终1831号案中，最高人民法院认为，仲裁庭有权确认合同的效力，即合同效力不影响仲裁协议的效力。(2019)最高法民申5011号案中，最高人民法院认为合同中约定了仲裁条款，补充合同中未约定仲裁条款的，合同中约定的仲裁条款有效。

综上可见，根据《纽约公约》第2条和《仲裁法》第16条的规定，为确保仲裁裁决得到承认和执行，当事人谨慎订立有效仲裁条款和协议至关重要。当事人应在以下事项加以注意:(1)当事人应在订立合同之前对仲裁机构、仲裁地、协议所适用的法律等,进行精心调查,对条款内容、措辞做合理设计;(2)如果当事人引用并入仲裁条款,应当确保所并入的仲裁条款在引用标准合同和条件本身都是明确的,对方当事人可以得到提示和有机会知晓其内容;(3)提交仲裁解决的争议,尽量包括与合同有关或产生于合同的所有争议,避免多次和平行仲裁/诉讼;(4)仔细选择仲裁地,考察当地法律对仲裁条款效力的规定、法院的作用以及法院采取临时措施或管辖权异议程序作出裁决的可能性、进行初步证人询问的可能性、对仲裁机构及其仲裁规则的了解、仲裁机构所在国是否《纽约公约》成员国,以及合理的执行措施等;(5)签署形式应符合法律要求,如果是仲裁协议,各方都必须签字,以文书交换方式订立仲裁协议的,应当明确接受仲裁要约。在航运和相关贸易中,如果双方在正式签订协议之前执行协议的部分内容,双方需在此之后尽快确认仲裁条款包括在合同最后文本中。如前期磋商 FIXTURE NOTE 的内容,后期要把完整的仲裁条款订入租船合同。

第四节 国际商事仲裁程序

一、法律选择和适用

国际商事仲裁涉及不同的法律关系,包括实体争议事项、仲裁协议、仲裁程序以及仲裁裁决的承认和执行程序,可以根据分割适用的方法,针对不同部分分别适用不同的法律。

(一)争议所适用的实体法

仲裁与司法审判活动一样,是实体法和程序法的综合应用。实体法(substantive law)是确定和解决当事人权利义务的法律,适用于当事人之间订立的合同。当事人可以选择合同适用的法律,没有选择时由仲裁庭根据冲突规范确定所适用的准据法。准据法可以是国际公约,也可以是国内法律。如《贸仲仲裁规则(2024)》规定,当事人对于案件实体适用法有约定的,从其约定。当事人没有约定或其约定与法律强制性规定相抵触的,由仲裁庭决定案件实体的法律适用。

(二)仲裁协议所适用的法律

前文已述及,基于仲裁协议的独立性,仲裁协议可以与合同实体争议适用不同的法律。依公约规定,当事人可选仲裁协议适用的法律,没有选择时,适用仲裁地法律(我国法律还规定可适用法院地法律和仲裁机构所在地法律)。还有的仲裁庭会适用与争议有联结点的其他国家的法律,或者有多个选择时选择适用能够使仲裁协议有效的法律。

(三)仲裁程序所适用的法律

仲裁程序法(procedural law of arbitration),系调整当地仲裁机构和仲裁庭活动的法律规范,规制仲裁内部关系。同时调整仲裁活动与法院司法监督活动的规则,即规制仲裁外部关系。仲裁程序法通常为仲裁地法律,包括仲裁法及其司法解释、判例等,调整诸如仲裁协议及其效力认定、仲裁员的资格和指定、仲裁庭的组成、裁决的作出和效力等问题。仲裁程序法可能与适用于争议实体和仲裁协议的法律相同,也可能不同,甚至为三个不同国家的法律。广义而言,仲裁规则也属于仲裁程序法范畴。仲裁规则所适用的法律,各国仲裁机构或仲裁庭大多依其所在地仲裁程序法并吸收国际仲裁普遍做法,制定其仲裁规则,只要不违反法律强制规定,仲裁程序法就不加干预。仲裁规则虽不是法律,但其规定对仲裁机构和仲裁参与人具有约束力。各国仲裁程序法对仲裁庭的干预程度不同,发达国家给仲裁庭更多自主权,对仲裁程序的干预较少。晚近国际仲裁受到"非当地化理论"影响,有的法院主张不适用仲裁地法而适用当事人选择的他国仲裁程序法,但因涉及复杂问题,改变诸如仲裁协议和仲裁裁决效力认定、仲裁员资格等裁判规则,具有不确定性,尚未被普遍接受。毕竟仲裁地国家与仲裁程序有最密切联系,并且根据公约第5条第1款(戊)项的规定,认定仲裁裁决无效的法律只能是仲裁作出地的法律即仲裁地程序法。印度、巴基斯坦和印度尼西亚法院曾判决,在仲裁地为外国但适用其各自国家程序法作出的裁决,其有权认定裁决无效,甚至认定当事人选择仲裁地之外国家程序法的裁决无效。[①] 另外,当事人选择一国的法律为仲裁程序法,仅指选择了该国的仲裁法律,而不意味着选择其民事诉讼法。例如,如果当事人选择美国的程序法适用于仲裁,仅指联邦仲裁法及其解释该法律的判例法,而不是指仲裁适用联邦民事诉讼规则。同样,若选择适用中国仲裁程序法,应指《仲裁法》及其司法解释、复函等司法文件,而不是指《民诉法》,尽管《民诉法》有关仲裁的规定(如保全等临时措施以及法院对裁决的司法审查和协助等)可以强制适用于仲裁程序。

(四)承认与执行程序所遵循的法律

一国法院在承认与执行外国仲裁裁决时,应遵循仲裁协议、仲裁程序法以及争议实体法,根据《纽约公约》或互惠原则,审查仲裁协议和裁决的效力,并作出是否承认与执行的决定。就中国法院而言,针对国内仲裁裁决和涉外仲裁机构作出的仲裁裁决,适用法律的不同规定进行审查,并作出决定。(详见下文论述)

---

① See Gary B. Born, International Arbitration Law and Practice, Kluwer Law International, 2d edition, p. 120.

二、国际商事仲裁程序

国际商事仲裁程序,主要指仲裁内部程序,即仲裁本身的程序,自一方当事人提请仲裁至作出终局裁决的整个过程。除此之外,还包括仲裁外部程序,即与仲裁程序有关的诉讼程序,主要解决法院与仲裁程序的关系。仲裁内部程序与诉讼程序相比,更加尊重当事人的意思自治,当事人可以根据《纽约公约》、国内法和仲裁规则,在程序上享有更大自主权。同时,赋予仲裁庭更大自由裁量权,而对仲裁庭作出裁决应遵守的程序义务,规定了严格限制。以《纽约公约》为例,第2条允许当事人自行约定仲裁协议,其中包括约定仲裁程序内容。第5条第1款(丁)项规定,如果仲裁庭组成或仲裁程序不符合当事人约定,则法院可以不予承认和执行依此作出的裁决,即使约定的内容与仲裁程序法规定不一致(除非违反强制性规定和公共政策)。公约第1条第1款(乙)项规定,被申请人未被适当通知仲裁员的指定或者仲裁程序,或者因其他原因无法陈述其案件的,法院可不对裁决予以承认和执行。实践中,法院对仲裁协议违反公共政策以及对仲裁程序的审查,也较为宽松。

(一) 申请仲裁与受理

国际商事仲裁机构的受案范围,各不相同。有的侧重国际贸易、商事仲裁,有的侧重海事海商等,当事人在订立仲裁协议时应根据交易性质选择仲裁机构。一旦选定,就应将争议提交该仲裁机构申请仲裁。就我国仲裁机构受案范围而言,目前已经没有涉外和非涉外仲裁机构的区别,只是每个机构侧重领域不同。但国际贸易领域(广义概念含国际货物买卖、海商海事、国际运输、保险和国际支付等)的争议,都会有涉外因素,案情比较复杂,而著名国际商事仲裁机构聘任国内外法律和行业专家为仲裁员,且有严格的办案程序要求和核阅监督制度,可为办案质量提供保障。当事人在提交仲裁前,应认真阅读仲裁规则和仲裁程序法,按要求的内容提交仲裁申请书和证据、当事人主体资格和代理人授权手续等。法律要求公证认证的文件,应提前做好公证认证。若时效期间将至,为节省时间维护时效,公证认证工作可日后完成。仲裁申请书应符合法律和仲裁规则要求的必要事项,并按要求提供副本。

仲裁机构收到仲裁申请书等材料后,经初步审查认为其具有管辖权、请求事项属于仲裁协议范围并可仲裁,而且当事人在合同、仲裁协议和申请书中的名称一致,将通知申请人受理案件并通知缴纳仲裁费,通知双方当事人指定仲裁员。至于仲裁时效问题,仲裁机构不予审查且仲裁庭不会依职权释明或裁决。被申请人若对仲裁机构管辖权、仲裁时效有异议可以提出。若应诉,需准备答辩书、组织证据和提出反诉。当事人需要证据保全和财产保全等临时措施(conservatory and interim measures)的,应根据仲裁规则和仲裁程序法提出申请。对海事仲裁案件的诉前保全申请,申请人需向有管辖权的海事法院提出。

仲裁程序开始后的保全申请,由仲裁机构转交当事人指明的有管辖权的法院。需注意的是,若选择设立临时仲裁机构仲裁,申请人应将申请书直接寄送对方当事人,双方当事人选出仲裁员后临时仲裁庭成立。之后按照仲裁员的程序指令推进仲裁程序。

大部分仲裁协议约定,发生争议后先协商、协商不成再仲裁的前置程序,一方当事人提起仲裁后,另一当事人可能依据前置程序约定提出异议。对此,最高人民法院《涉外审判会议纪要》规定,法院适用《纽约公约》审理申请承认和执行外国仲裁裁决案件时,当事人在仲裁协议中约定"先协商解决,协商不成再提请仲裁"的,一方当事人未经协商即申请仲裁,另一方当事人以对方违反协商前置程序的行为构成《纽约公约》第5条第1款(丁)项规定的仲裁程序与各方之间的协议不符为由,主张不予承认和执行仲裁裁决的,法院不予支持。当事人可以越过前置协商程序直接向仲裁机构提起仲裁。《贸仲仲裁规则(2024)》第12条规定,仲裁协议约定协商、调解仲裁前置程序的,不影响申请人提起仲裁申请及仲裁委员会受理仲裁案件,除非所适用的法律或仲裁协议对此明确作出了相反规定。

对于仲裁程序的开始,各国规定不同,有的规定按当事人约定时间开始,有的规定自仲裁机构收到仲裁申请书之日开始,也有的规定自被申请人收到仲裁申请书之日开始。《仲裁法》对此未具体规定,但根据贸仲和海仲仲裁规则规定,仲裁程序于仲裁机构收到仲裁申请书之日开始。仲裁程序开始时间,关系到仲裁时效的中断时间,根据各国法律规定,仲裁时效通常与诉讼时效一致。如《仲裁法》规定仲裁时效适用诉讼时效的规定,依据《民法典》关于诉讼时效规定,普通时效为3年,因国际货物买卖合同和技术进出口合同争议提起诉讼或者申请仲裁的时效期间为4年。另外,仲裁程序开始时间,还可以决定有关利息能否得到追偿。有的案件是从仲裁开始之日计算利息。有的国家和地区规定,如果债务人拖欠利息时间很长,却在仲裁程序开始前将全部本金清偿,债权人将无法就利息单独提请仲裁。①

另外,获得第三方资助的当事人,有义务向仲裁机构披露第三方资助安排的事实、经济利益、第三方的名称与住址等情况,仲裁机构应转交相关当事人和仲裁庭。

(二)指定仲裁员和组成仲裁庭

仲裁员乃民间法官,仲裁机构选聘的仲裁员均根据仲裁法通过严格审查,其专业性、独立性和公正性需符合要求,并且仲裁员名册在网上公布于众,供当事人选择指定。当事人选择仲裁员是公约和国内仲裁法赋予的权利。当事人可以选择案件审理者,这也是仲裁与诉讼的主要区别。仲裁庭通常由三名合议仲裁员(co-arbitrator)或一名独任仲裁员(sole arbitrator)组成。双方当事人应依据仲裁机构的通知和所附仲裁

---

① 杨良宜:《国际商务仲裁》,中国政法大学出版社1997年版,第444页。

规则、仲裁员名册完成仲裁员的指定工作。当事人需注意，仲裁员虽为当事人指定或仲裁机构代为指定，却不是当事人的代理人，而是依法裁决案件的公断人，仲裁员只能依据事实和法律独立、公正履行职责，平等对待各方当事人，而不听从当事人的指示。这也是选择仲裁员和委托律师的明显不同。合议仲裁通常由当事人各指定一名（俗称边裁），第三名为首席仲裁员（presiding arbitrator，俗称主裁），指定方式有多种，包括当事人共同选定、当事人指定的仲裁员共同选定、当事人共同推荐名单以及仲裁机构提名等方式（如《贸仲仲裁规则（2024）》第27条）。当事人在选择仲裁员时，应根据案件适用的法律、仲裁地、涉及的领域及案情复杂程度等情况，着重考察仲裁员的法律背景、专业领域、办案经验和国籍、语言等，考虑其是否能够胜任。至于可否事先联系仲裁员，有的国家不赞成当事人事先与仲裁员联系，否则仲裁员的公正性可能会被质疑。因此，应尽量避免事先联系，否则可能该仲裁员会提出回避而不接受指定。但有时难以完全避免，当事人或其律师联系拟指定的仲裁员，以确定其是否合适、是否有档期和是否感兴趣，并在适当时讨论首席仲裁员的选择。这一过程有时被称为"约见"（interview）合议仲裁员。对此问题，国际律师协会（IBA）2024年发布《国际仲裁利益冲突指引》（IBA Guidelines on Conflicts of Interest in International Arbitration）规定了当事人与潜在合议仲裁员之间的适当联系。除其他条款外，该指引第4.4.1条规定，在指定之前，如这种联系仅限于讨论仲裁员可否接受指定、任职资格或可能的首席仲裁员候选人，而没有涉及争议的实体问题或程序问题，则仲裁员不得被取消资格，也不得被要求披露曾与指定方进行过初步接触。其实，当事人与潜在合议仲裁员之间的联系对仲裁程序非常重要，如有适当的保障措施（包括双方有平等机会进行此类接触），其不会损害仲裁程序。相反，这种适当联系是一种很有价值的质量控制形式，以确保合议仲裁员具有仲裁和特定专业领域的经验，与对方或律师事务所没有关系，随时愿意和有兴趣参与审理案件，并具备在仲裁庭中发挥良好作用的智力能力。在这种情况下，合议仲裁员的公正义务不得因与指定方的接触而打折扣。根据国际律师协会准则和国际律师协会道德规范的规定，除了对争议进行一般性描述，当事人和潜在合议仲裁员仅可以涉及经验和适任问题，不得讨论争议的实体问题。特别是，一方当事人不应就案件寻求仲裁员意见，仲裁员也不应表明观点，否则该仲裁员应根据回避制度予以回避，不能再接受指定。作为一项规则，当事人和潜在仲裁员在接触时，应严格遵守职业操守，就好像对方当事人就在现场。对首席仲裁员的指定，由双方指定的仲裁员共同联系和指定为宜，不应由单方独立行事。①

除少数中亚和阿拉伯国家对当事人指定仲裁员规定国籍和宗教限制外，多数国家允许当事人可以根据合同类型和争议范围，选择国内仲裁员或外籍仲裁员。但有的仲

---

① See Gary B. Born, International Arbitration Law and Practice, Kluwer Law International, 2d edition, p. 134.

裁机构规定,除非当事人另有约定,当事人不得指定与其国籍相同的仲裁员担任首席或独任仲裁员(如《ICC 仲裁规则》《UNCITRAL 仲裁规则》《LCIA 仲裁规则》),以确保仲裁的中立性。不论合议仲裁员还是独任仲裁员,完成选定仲裁员后,仲裁庭(arbitral tribunal)组成,仲裁庭组成之日为仲裁审限的起算日。

(三)仲裁审理

仲裁审理(hearing),即仲裁庭根据当事人的请求、举证、陈述和答辩、质证、反请求,依法按一定方式审查、认定事实、确定适用的法律,最终对争议事项作出裁决的仲裁活动。庭审方式可以多样,如开庭审理(口头审理)、不开庭审理(书面审理)以及线上审理。具体采用哪种方式,由仲裁庭与当事人协商确定。不论何种审理方式,在任何情形下,仲裁庭均应公平公正地行事,给予双方当事人平等、公正的陈述和辩论的机会。

1. 开庭审理。《仲裁法》规定应开庭审理案件,但经双方当事人申请或者征得双方当事人同意,仲裁庭也认为不必开庭审理的,仲裁庭可以只依据书面文件进行审理并作出裁决。开庭审理的案件,选择开庭地点很重要,如前文所述,庭审地点往往决定仲裁地和仲裁员的国籍。通常在仲裁机构所在地开庭,但也有很多案件在其他地点庭审,当事人可以协商确定。开庭审理另一重要问题是开庭通知的送达。开庭通知存在瑕疵致当事人不能参加庭审和充分发表意见,可能导致仲裁裁决不被承认和执行。仲裁案件与诉讼案件不同,开庭审理并非公开审理。由于仲裁案件的保密性要求,开庭审理不对外公开,未经当事人和仲裁庭同意,不允许旁听。当然,如当事人同意,不涉及隐私和国家机密,也可以公开审理。

2. 书面审理。书面审理,是指仲裁庭仅根据当事人提交的有关书面材料和证据,对案件进行审理。对金额不大、案情简单,证据不多且没必要盘问证人和专家的案件,可以书面审理,以节省当事人和仲裁员的时间,也减轻当事人的法律费用负担。根据《仲裁法》第 39 条规定,内地仲裁程序原则上应当开庭,不开庭须以当事人协议和仲裁庭同意为前提。而根据《英国 1996 年仲裁法》第 34 条第(2)款(h)项的规定,即使一方当事人要求开庭审理,仲裁员也没有义务受其约束,仍有权决定不开庭审理。但是,他们受该法第 33 条规定的基本义务的约束,包括公平公正地行事,给每一方当事人合理的陈述和抗辩机会,采取适合争议的程序,避免不必要的延误和费用,并为解决待决事项提供公平的手段。国际商事和海事仲裁中,绝大多数案件都是以书面审理方式进行。据 2022 年和 2023 年伦敦海事仲裁员协会(LMAA)的网站信息,其仲裁员签发的裁决,开庭审理案件分别占 22.1% 和 15.8%。①

---

① See LMAA, https://lmaa.london/london-retains-its-crown-in-international-maritime-arbitration/. Accessed 2023-12-23.

3. 线上审理。随着现代通讯方式的普及,不少仲裁机构逐步开展线上审理仲裁案件(online arbitration)。线上庭审为仲裁员、当事人提供了便利。但开庭所需平台软件应具备会议室预订及密码设置功能、屏幕共享及互动功能、主持人控制功能(主动静音/禁言功能)等。同时,除了平台软件本身的兼容性和稳定性外,当事人和仲裁员各方的网络环境亦是保证网上庭审效果的重要因素。因此,线上庭审对各方的网络环境提出更高的技术要求,各方应选择固定网线直连的设备(即不通过 Wi-Fi 或路由中转网络)进行网上开庭。广州仲裁委员会是国内最早线上开庭的仲裁机构,通过适用"3+N"仲裁庭审模式(即以三大法系为框架,结合 N 个地域特色规则的"广州模式"),建立网上仲裁平台,成功审理多期涉 APEC 当事人案件,得到 UNCITRAL 和最高人民法院认可。① 北京仲裁委员会/北京国际仲裁中心(BIA)2020 年制订了《关于网上开庭的工作指引(试行)》,但仅限于新冠疫情期间适用。上海国际经济贸易仲裁委员会/上海国际仲裁中心也制订了《在线庭审指引》。可见,线上庭审仍继续发展为常态化庭审方式。如《贸仲仲裁规则(2024)》第 37 条规定,仲裁庭可在协商各方当事人意见后,根据仲裁案件的具体情况,自行决定以现场出席、远程视频及其他适当的电子通讯方式开庭。仲裁委员会仲裁院提供开庭设施及远程视频开庭的行政后勤支持。对于案件管理会议及庭前会议,以及案情简单、证据材料不繁杂、当事人路途遥远的案件,将越来越多地在线上进行。当然,线上开庭须经过当事人同意,且应有充分的技术保障,并做好庭审保密工作。关于线上仲裁裁决的仲裁地,《海仲网上仲裁规则(2020)》第 7 条规定:

> 当事人对仲裁地有约定的,从其约定。当事人未作约定或约定不明的,以仲裁委员会所在地为仲裁地。仲裁裁决视为在仲裁地作出。

(四)仲裁证据规则

仲裁证据,是由当事人提供或仲裁庭主动收集的,或在法院协助下所获得的一切可以查明案件真实情况的客观事实。《仲裁法》没有对仲裁证据规则作出规定,而是规定仲裁法未作出规定的可以参照《民诉法》的有关规定。《仲裁法》第 15 条第 3 款规定:

> 中国仲裁协会依照本法和民事诉讼法的有关规定制定仲裁规则;第 75 条规定:中国仲裁协会制定仲裁规则前,仲裁委员会依照本法和民事诉讼法的有关规定可以制定仲裁暂行规则。

因此,仲裁规则可以与《民诉法》协调一致,《民诉法》及最高人民法院《关于民事诉讼证据的若干规定》成为仲裁庭办理民商事仲裁案件的重要依据。如仲裁庭通常将民事诉讼证据的种类适用于仲裁程序,包括书证、物证、视听资料、证人证言、当事人陈

---

① 参见章宁旦:《商事调解"隔空办" 涉港仲裁"线上审"》,载《法制日报》2022 年 9 月 21 日,第 1 版。

述、鉴定结论和勘验笔录。但民事诉讼证据规则具有明显的法定性,而仲裁受当事人意思自治和自然公正理论的影响,其证据规则更加注重当事人合意和仲裁员的自由裁量。仲裁证据规则和举证责任分配有不同于诉讼证据规则的特点。

1. 仲裁庭无收集证据的法定义务。虽然《仲裁法》规定,仲裁庭在必要时可以自行收集证据,也有仲裁规则规定仲裁员有权作出收集证据的决定,但这属于仲裁庭行使仲裁权和自由裁量权的范畴,并不意味着其有依职权主动收集证据的法定义务。

2. 对证据的接受程度更为宽松。由于仲裁的民间性和非司法性,仲裁庭虽然可参考最高人民法院《关于民事诉讼证据的若干规定》,但可不受其严格约束。只要当事人基于意思自治,而且仲裁庭不违背社会的公共利益,不侵害国家和他人利益,仲裁庭在证据的接受和认可方面,可依据仲裁协议和仲裁规则行使自由裁量权,彰显灵活性和自治性。

3. 对证据的审查标准更为灵活。在国际商事仲裁案件中,某些情况下对待证事实缺少证据,或者呈现在仲裁员面前的证据相互矛盾,在民事诉讼证据规定和仲裁规则没有明确规定的情况下,仲裁员需要基于公平原则,依靠内心确信即自由心证规则实现对证据的审查和认定。该规则要求仲裁员根据案情,全面客观审核证据,运用逻辑推理和日常生活经验,对证据有无证明力和证明力大小独立进行判断。虽然法官判案也离不开适用自由心证规则,但仲裁员在运用自由心证审查和认定证据时,有更大的自由裁量权。

(4)伪造证据可导致裁决的撤销。《纽约公约》规定对裁决实行形式审查,对伪造证据可撤销裁决作出规定。根据《仲裁法》的规定,伪造证据属于可撤销裁决的理由,但证据的质证和认证缺失将不会导致撤销。利用伪造证据作出的裁决应被撤销,仲裁庭对证据的质证和认证属于事实认定问题,将不会导致裁决被撤销。而根据《民诉法》规定,若法院对主要证据未予质证或当事人对主要证据向法院提出调取申请而法院未调取收集,将导致判决被撤销。

仲裁中的证据规则,国际上较为知名的有国际律师协会《国际仲裁取证规则》(IBA Rules on the Taking of Evidence in International Arbitration)(2020 年修订)和 2018 年制订的《国际仲裁程序有效进行规则(布拉格规则)》(Rules on the Efficient Conduct of Proceedings in International Arbitration/Prague Rules)。贸仲在证据规则方面,曾制订证据指引,以协调大陆法系和普通法系的证据原则,帮助仲裁庭和当事人更加有效、规范地运用证据规则证明案件事实。《贸仲仲裁规则(2024)》明确规定仲裁庭可以自行决定适用或部分适用《贸仲证据指引》。但需注意,《贸仲证据指引》不构成《贸仲仲裁规则》的组成部分的立场没有变化。

(五)作出裁决

仲裁裁决(arbitral award),是仲裁庭经过案件审理后对当事人提交的争议事项,作出的结论性决定。仲裁裁决,根据作出的阶段和效力,分为中间裁决(interim/interlocutory award)、部分裁决(partial award)、合意裁决(consent award)和最终裁决(final award)。中间裁决是审理过程中,仲裁庭认为有必要或当事人提出请求并经仲裁庭同意时,可以在仲裁过程中的任何时候,就案件的任何问题作出中间裁决。中间裁决是仲裁庭查清事实的一种手段,主要目的是为终局裁决服务,中间裁决通常不对当事人责任问题作出结论,仅对案件的重要问题进行处理,然后根据中间裁决的处理结果,作出终局裁决。中间裁决不具有强制执行效力,但若当事人不履行,仲裁庭可在终局裁决中令其就此承担责任。中间裁决的执行结果,可以作为终局裁决的依据。部分裁决,指仲裁庭对争议中的某一个或某几个问题已审理清楚,先行就这些问题作出的终局性裁决。部分裁决一经作出,即对当事人具有法律约束力,构成最终裁决的一部分。已经在部分裁决里裁决的事项,在最终裁决里不得再次裁决。合意裁决,是指在仲裁程序中,当事人自行或经仲裁庭调解达成和解协议,由仲裁庭依据和解协议内容制作裁决书,裁决一经作出即发生法律效力。最终裁决,即终局裁决,是指审理终结后仲裁庭就余留或所有问题作出的最后裁决。根据《纽约公约》和国内法的规定,最终裁决一经作出即发生法律效力,是当事人可据以向法院申请(承认与)执行的裁决。此时,仲裁庭职责履行完毕,后续对仲裁裁决的承认和执行,是当事人和法院要解决的问题。另外,若一方当事人或其代理人得到适当通知后无理由不应诉或不参与庭审,仲裁庭将会代其指定仲裁员,并有权决定仲裁程序继续进行直至作出裁决,此裁决称为缺席裁决(default award)。缺席裁决对该缺席当事人仍然具有法律约束力。

所有裁决应以书面形式作成,载明日期并经仲裁庭各仲裁员签字(不要求日期相同),送达当事人。若某仲裁员拒绝签字,应附上理由。仲裁裁决的内容,应包括说理部分,说明作出裁决结论的理由,但不必每项理由都引用法律依据。为确保裁决的质量,仲裁机构制定了裁决书签署前的核阅制度。《国际商会仲裁规则》规定,仲裁庭应在签署裁决书之前,将其草案提交仲裁院核阅。为提高仲裁裁决的质量和公信力,我国各仲裁机构根据相关规定都建立了核阅制度,如《贸仲仲裁规则(2024)》规定,仲裁庭应在签署裁决书前将草案交仲裁委核阅,在不影响仲裁庭独立裁决的情况下,仲裁委可对裁决书的有关问题提请仲裁庭注意。

关于仲裁裁决作出的期限,各国立法不一致。《贸仲仲裁规则》规定,仲裁庭应在组庭后6个月内作出裁决书。经仲裁庭请求,仲裁委员会仲裁院院长认为确有正当理由和必要的,可以延长该期限。程序中止的期间不计入裁决期限。

(六)几种特殊仲裁程序

实践中,各国仲裁法和仲裁机构都规定若干仲裁特别程序,如简易程序、小额仲裁程序、多方当事人和多个合同争议等,根据案情需要由当事人和仲裁庭选择适用。

1. 简易程序或小额争议程序。为了鼓励当事人对争议金额不大的案件，也能提交仲裁，减轻当事人仲裁费用，多数仲裁法和仲裁机构对这类案件都建立了简易程序（summary procedure）或小额争议程序（small claim procedure）。如HKIAC的简易程序适用于争议金额（请求与反请求之和）小于2500万港币（320万美元左右）的案件，或各方当事人同意，或出现极为紧急的情况。简易程序案件原则上由独任仲裁员审理，且仅进行书面审理，无需开庭。审理期限为6个月，且仲裁程序的各时限均可缩短。SIAC快速程序与HKIAC基本相同，适用的最高争议金额为600万新加坡币（440万美元左右）。国际商会仲裁院简易程序适用金额不超过200万美元，由独任仲裁员审理，即使仲裁协议约定三名仲裁员。根据LMAA中等金额索赔程序规则和小额索赔程序规则，如果索赔请求或反请求的标的额均不超过10万美元（或双方协议的其他金额），则应按照小额索赔程序进行仲裁。如索赔总额和反索赔总额均不超过40万美元（或者双方约定的其他金额），适用中等金额索赔规则。《贸仲仲裁规则（2024）》关于简易程序规定，除非当事人另有约定，凡争议金额不超过人民币500万元，或虽超过人民币500万元但双方当事人书面同意的，或当事人约定适用简易程序的，适用简易程序。没有争议金额或争议金额不明确的，由仲裁委根据案件的复杂程度、涉及利益的大小，以及其他有关因素综合考虑决定是否适用简易程序。适用简易程序的案件，由独任仲裁员组成仲裁庭审理，除非当事人另有约定，适用简易程序审限为3个月。

2. 加急仲裁程序。加急程序（expedited procedure），又称为"快速通道"程序，是许多国际仲裁机构为加快争议解决而提供的一种特殊机制。如国际商会加急程序适用于在指定日期之后订立的仲裁协议，争议金额未超过一定"门槛"的案件。加急程序规则通常要求仲裁庭在更短的时间内作出最终裁决，约为案件管理会议后的6个月作出。在独任仲裁员、证据交换、简化听证等各方面都体现出加急程序的特点。其他仲裁规则，如2021年9月19日生效的《UNCITRAL快速仲裁规则》规定，快速仲裁期限为6个月。

3. 紧急仲裁员。紧急仲裁员（emergency arbitrator）是一种在国际仲裁中常见的特殊程序，旨在解决紧急情况下的争议。根据国际商会仲裁规则，紧急仲裁员程序与正式仲裁庭的组建是相互独立的，紧急仲裁员程序成立于仲裁庭组建之前，且不一定是由同一位仲裁员或者是同一组仲裁员组成。紧急仲裁员程序适用于在仲裁庭正式组建之前出现急需采取行动的情况，如禁止对资产进行处置、保护知识产权或其他急需保护的权益等。紧急仲裁员有权签发临时救济措施，以保护当事方的权益。根据仲裁规则，紧急仲裁员作出的临时救济措施具有法律效力，并且可以由法院依法予以执行。

4. 合并仲裁程序。合并仲裁（consolidation of arbitration），是指两个或多个单独的仲裁案件归并到一个仲裁案件之中，由一个仲裁庭就原本各个单独的仲裁案件中包含的所有仲裁请求作出一份仲裁裁决。在国际商事仲裁中,同一案件中的请求与反请求合并审理当然属于合并仲裁,但合并仲裁主要指相同当事人之间的多份合同(multiple contracts)包含相同仲裁条款,或者在同一份合同中多个当事人(multiple parties)之间产生争议,以及多方连锁交易中不同合同、不同仲裁条款下的当事人的争议案件。通常的情形有:(1)本请求与反请求的合并仲裁;(2)多个合同中相同当事人争议的合并仲裁;(3)同一合同中多个当事人争议的合并仲裁;(4)不同当事人不同合同争议案件的合并仲裁。合并仲裁的目的,不仅在于实现仲裁程序的高效、节省,更重要的是避免不同程序作出相互矛盾的裁决,因此各大仲裁机构的规则通常会建立一套合并仲裁机制。但合并仲裁的前提是,要克服程序上的障碍(如仲裁员的指定、保密、合理通知和陈述等),公平对待每一位当事人,避免损害正当程序。

合并审理在民商事诉讼中十分常见,只要符合共同诉讼的条件,法院可以在当事人同意的情况下将不同案件合并审理。对于合并仲裁,《纽约公约》没有涉及,但公约第2条要求法院承认仲裁协议的效力,因此如果当事人仲裁协议未约定合并仲裁,法院不能认定合并仲裁。相反,若约定了合并仲裁,则法院有义务认定合并仲裁协议的效力。《仲裁示范法》也没有对合并仲裁作出规定,但多数国家在参照其进行国内立法时都规定,如当事人协议约定了合并仲裁,国内立法赋予法院或仲裁庭决定权。相反,如当事人没有约定合并仲裁,法院或者仲裁庭无权裁定或决定合并仲裁。否则,可能被认为违反《纽约公约》。《美国联邦仲裁法》(FAA)没有对合并仲裁作出规定,曾有法院认为当事人虽无合并仲裁约定,但联邦仲裁法默认法院有决定合并仲裁的权力。有影响的案例是 Compania Espanola de Petroleos, SA v. Nereus Shipping 案,第二巡回法院命令三方当事人参与一个仲裁案件。法院认为仲裁法要求甚至鼓励法院决定合并仲裁,可无需依赖当事人的协议约定。后来包括该法院在内的法院开始转变态度,认为在缺乏当事人约定的情况下,仲裁法并未赋予法院裁定合并仲裁的权力。相反,当事人可以根据意思自治原则,自行决定以何种方式组织仲裁程序。该观点的理论依据是,仲裁法规定法院承认仲裁协议的效力,仲裁协议可以约定合并仲裁或者不合并仲裁。因此,除非当事人有约定,否则法院无权决定合并仲裁。同样,如果所有当事人都同意合并仲裁,则法院应当裁定合并仲裁。有些州立法允许合并仲裁,即使当事人没有约定。《美国统一仲裁法》修改后,授权仲裁地法院决定合并仲裁的权力(即使当事人没有约定合并仲裁)。① 《仲裁法》没有规定合并仲裁,但《仲裁法(修订)(征求意见稿)》增加了这方面的规定。与相对滞后的国内仲裁立法相比,各大仲裁机构的

---

① See Gary B. Born, International Arbitration Law and Practice, Kluwer Law International, 2nd Edition, pp. 230-232.《美国统一仲裁法》(Uniform Arbitration Act, UAA),是本身没有法律效力的示范法,仅供各州立法采纳,其修订版简称 RUAA。

仲裁规则早有合并仲裁的规定，如 2016 年《SIAC 规则》(2013 年没有合并仲裁但有追加当事人的规定)、2013 年和 2018 年《HKIAC 仲裁规则》、2014 年和 2020 年《LCIA 仲裁规则》、2012 年和 2021 年《国际商会仲裁院仲裁规则》、2015 年《贸仲仲裁规则》。但为避免程序瑕疵影响裁决的承认和执行，仲裁规则对合并仲裁的规定也相当严格。以 2015 年《贸仲仲裁规则》第 19 条为例，多个合同合并仲裁需满足严格条件，即各合同的仲裁协议需内容相同或相容，争议应源于同一交易或同一系列交易，且需满足多个合同之间属于主从合同或多个合同所涉当事人相同且法律关系性质相同。而对于合并仲裁的适用条件，若各独立仲裁案件并非基于同一个仲裁协议提出且任何一方当事人不同意合并仲裁，则案件需满足该多份仲裁协议内容相同或相容，且各案当事人相同、各争议所涉及的法律关系性质相同或者该多份仲裁协议内容相同或相容，且涉及的多份合同为主从合同关系。这就限制了多个合同仲裁和合并仲裁的适用。为扩大其适用范围，《贸仲仲裁规则(2024)》作了调整，新增的"多个合同所涉标的具有牵连关系"成为与"该多个合同系主从合同关系"及"多个合同所涉当事人相同及法律关系性质相同"并列的考量因素。如果案件不满足前两个条件，但满足"多个合同所涉标的具有牵连关系"，也可以适用多个合同仲裁或合并仲裁。如果各自约定不同仲裁机构、仲裁地或适用不同仲裁规则，相互之间明显不相容，在追加当事人、指定仲裁员(三人)以及适用规则和程序法等方面，难以协调一致，则合并仲裁就很难实现。因此，是否进行合并仲裁通常由仲裁机构决定，如 2018 年《HKIAC 仲裁规则》第 28.1 条规定经当事人申请，并与当事人和已被确认或指定的仲裁员商议后，HKIAC 有权在满足一定条件时，决定将依本规则正在进行的两个或多个仲裁合并；《SIAC 仲裁规则》第 8.1 条规定合并仲裁需向仲裁院秘书(registrar)申请；《国际商会仲裁院仲裁规则》第 10 条规定由仲裁院决定；《LCIA 仲裁规则》第 22.7 条规定，经 LCIA 批准，仲裁庭有权根据任何一方的申请，就合并作出决定。

根据各仲裁机构规则，合并仲裁的共同特点是：(1)各仲裁案件应当合并至最先开始的仲裁案件，除非当事人另有约定或存在其他特殊情形，如《HKIAC 仲裁规则》第 28.6 条、《SIAC 仲裁规则》第 8.5 条、《贸仲仲裁规则》第 19 条第 3 款。(2)追加当事人。(3)仲裁合并不影响合并之前仲裁机构和仲裁庭已有的任何行为、命令或裁决，如《HKIAC 仲裁规则》第 8.11 条规定仲裁院根据第 8.6 条或者第 8.10 条撤销任何仲裁员指定的决定，不影响该仲裁员在其指定被撤销之前所做出的任何行为、命令或裁决的有效性。《HKIAC 仲裁规则》第 28.7 条规定合并两个或多个仲裁不影响具管辖权的机关在仲裁被合并前为支持相关仲裁而作出的任何行为或指令的效力。(4)仲裁机构有权撤销此前选任的仲裁员。如《HKIAC 仲裁规则》第 28.8 条规定，当 HKIAC 决定合并两个或多个仲裁，所有这些仲裁的当事人应视为已放弃提名仲裁员的权利，且 HKIAC

可撤销任何对仲裁员的确认或指定。HKIAC应指定仲裁庭,指定时可考虑或不考虑任何一方当事人的提名。《SIAC仲裁规则》第8.6条规定,合并仲裁的申请根据第8.4条获得批准时,仲裁院可以撤销任何在合并仲裁决定作出之前对仲裁员的指定。第8.10条规定合并仲裁的申请根据第8.9条获得批准时,仲裁院可以撤销任何在合并仲裁决定作出之前对仲裁员的指定。

5. 第三方资助仲裁问题。第三方资助(Third Party Funding, TPF),是指与民商事纠纷无既存经济利益的第三方,依协议向纠纷一方当事人(被资助方)提供解决纠纷所需的资金(含诉讼费/仲裁费及律师费),以被资助方胜诉、止损或回款为条件收取合理收益的行为。第三方资助仲裁并非仲裁程序的一部分,但资助方的介入,对仲裁程序和裁决执行的影响不容忽视。如2023年3月10日,伦敦国际仲裁院仲裁庭在*GLAZ LLC and others v. Sysco Corporation*案中,应第三方资助出资人的申请,作出初步禁令,禁止被资助人在未经出资人同意的情况下进行诉讼和解。第三方资助最早出现在1967年的英格兰和威尔士,后澳大利亚和美国也认同该模式,逐渐为普通法系国家所接受。奥地利、荷兰和德国等欧洲大陆法系国家也有一些实践。2017年,新加坡首次以法律或仲裁条例形式允许第三方资助仲裁,承认"仲裁投资"合法性。"仲裁投资"是"第三方资助"的一种类型,我国内地没有相关法律规定,但实务中已有第三方投资人资助当事人进行诉讼或仲裁并根据结果获取报酬的实例,而有的法院已经承认涉及第三方资助的仲裁裁决的效力。在(2022)京04民特368号案中,就贸仲作出的〔2021〕CIETAC BJ Award No.3192号仲裁裁决,针对第三方资助仲裁涉及的仲裁员披露义务、回避规定、保密义务,以及是否导致与仲裁规则不符、影响仲裁员的公平公正等,北京市第四中级人民法院首次作了全面论述:现行法律对第三方资助机构支持资助当事人进行仲裁,并无禁止性规定。第三方资助机构资助行为以及仲裁员与之关联关系事关仲裁公信力和仲裁裁决的公正性,因此本院从仲裁员履行信息披露义务、遵守回避规定和对第三方资助机构在仲裁中的披露等情形两方面进行分析。一方面,在社会生活与交往中存在的关联关系,在未达到法律规定的足以影响仲裁独立、公正的审理和裁决,且仲裁员并不应知悉这种关系的情况下,不能认定仲裁员违反信息披露义务,也不能认定违反回避的程序规定。另一方面,民事主体从事民事活动,应当遵循自愿原则,按照自己的意思设立、变更、终止民事法律关系。对于民事主体选择仲裁以及在仲裁时选择第三方资助的行为,应当在合法的基础上依意思自治的原则予以判断。一方面,民事主体有权选择获得优质的法律服务,比如聘请专业的律师、咨询专业人士等,来维护自己的合法权益;另一方面,在民事主体选择仲裁作为解决争议方式时,也有权选择签约接受第三方资助,无论选择仲裁方式解决纠纷,还是选择第三方资助均系民事主体依法行使权利的范围,在上述行为不违反法律,亦不影响仲裁公正裁决时,体现民事主体意思自治的合法选择应当得以尊重。一方当事人主动向仲裁庭说明了存在第三方资助机构资助的情况,虽然目前尚无对第三方资助机构资助进行信息披露的相关规定,但在仲裁程序中公开披露第三方资助情况,有利于保障仲裁庭和各方当事人享有知情权,以及基于披露的信息行使相关权利。对此,在仲裁程序中各方当事人以书面形式交换证据并口头辩论了关于第三方资助合法性问题,仲裁庭行使仲裁权对第三方资助协议或基于第三方资助启动仲裁程序的合法性予以认定。因此,另一方主张仲裁员未履行披露义务和违反回避规定,第三方资助机构资助行为导致仲裁庭的组成与仲裁规则不符的理由不予支持。关于第三方资助机构是否违反了仲裁保密规定,法院认为,仲裁具有保密性的特征,案涉保密情形是否符合撤销仲裁裁决的事由,应依据具体仲裁审理情况和仲裁规则的规定予以判断。仲裁保密性的关键在于案件情况对社会不公开、不披露,以维护当事人的商业秘密与社会形象,仲裁规则中不得对"外界"透露信息,并不限制相关人员获知信息。实践中,除上述仲裁规则明确的人员外,存在其他有关人员有获知案件情况而不属于违反保密规定的情形,如作为仲裁一方当事人公司的决策人员或有重大利益的股东、公司法务工作人员、仲裁庭的秘书等。仲裁保密性的本意在于不对社会公开、披露仲裁案件的情况,使仲裁案件尽可能不为更多人知晓。在现有仲裁规则未禁止第三方资助机构资助仲裁当事人参与仲裁时,第三方资助机构与一方当事人建立资助关系,并不违反仲裁保密规则,本案现有证据亦不足以证明违反保密规则,导致案件实体和程序的有关情况存在向社会公开、披露的情形。对于第三方资助机构如何在资助当事人仲裁的同时遵守法律和仲裁规则,充分保障各方合法权益,有赖于仲裁规则的不断完善和仲裁实践的发展。法院裁定,对另一方当事人以第三方资助机构参与仲裁,违反仲裁保密原则为由申请撤销仲裁裁决不予支持。①

第五节 国际商事仲裁的司法监督

仲裁作为当今世界处理民商事纠纷的一种通行的司法外制度,以其公正、快捷、经济、保密等优点,成为各国现代法律制度的重要组成部分。仲裁作为民间准司法活动,与法院的司法活动存在密不可分的关系。国际商事仲裁除其本身的内部程序外,还有外部程序解决法院与仲裁程序的关系。这种关系主要体现在法院对仲裁的司法支持和司法监督,包括对保全措施和临时措施的支持,对仲裁协议效力以及对仲裁

---

① 另参见王雪华:《司法审查:首例!北京四中院肯定仲裁中的第三方资助》,载"环球商事仲裁"微信公众号,2023年11月9日。

程序和裁决事项的审查等。

一、我国仲裁司法审查规定和特点

2023年《民诉法》第84条、第104条和第127条分别规定了法院对仲裁程序的保全和对订立仲裁协议的争议不予受理并告知当事人仲裁的职责；第244条规定了法院对依法设立的仲裁机构的裁决，强制执行的职责。在第四编涉外民事诉讼特别程序中，第288—292条，分别对涉外仲裁协议排除法院管辖、保全措施、强制执行的申请和不予执行裁决的情形作出规定，第297条和第304条，分别对在中国作出的裁决在国外申请执行，以及外国裁决在中国申请承认和执行作出规定。《仲裁法》对裁决的撤销等问题作出规定，而《海诉法》就海事法院对海事仲裁的支持和司法监督作出了相应规定。依据上述法律以及相关司法文件，法院对仲裁的狭义的司法监督，包括行使三项权力，即仲裁协议效力审查权、裁决撤销权和对裁决不予执行权。而广义的司法监督，根据《仲裁司法审查规定》，包括确认仲裁协议效力作出的撤销或执行内地作出的仲裁裁决，认可和执行香港、澳门特区和台湾地区仲裁裁决，承认和执行外国仲裁裁决，以及其他仲裁司法审查案件。

法院对仲裁司法审查是司法监督的重要手段。一方面，仲裁制度的健康发展离不开法院的司法监督；另一方面，司法监督的干预程度又要控制在一定的限度之内。我国法院司法审查一般为被动审查，即除对争议事项可仲裁性和违反社会公共利益情形主动审查外，法院只有在仲裁当事人以法定理由提出申请后，法院才启动司法审查程序，且只审查当事人申请审查的内容，充分体现法院注重维护仲裁的契约性，避免对仲裁的过度司法干预。因此，司法审查具有事后审查的特点，即在终局裁决作出后，在当事人申请执行或申请撤销、不予执行时，法院才可对相关裁决进行审查。我国对仲裁的司法审查，还有"双轨制"特点，即对国内仲裁裁决的程序和违反证据规则、诚实信用原则及枉法仲裁等问题，依据当事人的申请进行审查，而对涉外仲裁裁决和外国仲裁裁决仅对其程序问题进行审查，且当事人不得以裁决书的实体错误为由提出不予执行和撤销的申请，法院也不得审查其实体问题。

二、对仲裁协议效力的司法审查

（一）不同程序对仲裁协议的审查

前文已经述及，无论根据仲裁地法还是《纽约公约》，法院均有权对仲裁协议的效力进行审查，从而认定仲裁庭是否有管辖权，或者裁决是否应予以承认和执行。因此，通常在三个环节存在法院审查仲裁协议效力问题，一是确定仲裁管辖权环节，即一方当事人提起仲裁，另一方对仲裁协议的存在和效力提出异议，由仲裁机构（仲裁庭)或法院对仲裁协议效力进行审查,认定争议主管机关是仲裁机构还是法院。虽然法律赋予仲裁机构或仲裁庭自裁管辖权,其依仲裁协议先行作出管辖权决定后,法院尊重其决定而不会予以撤销,但若当事人分别向仲裁机构和法院申请对仲裁协议效力作出认定,则以法院的认定为准。若法院裁定仲裁机构有管辖权,当事人应继续仲裁程序。反之,当事人可以到法院起诉,除非当事人再行订立有效仲裁协议,或者,双方订有仲裁协议而一方当事人先行到法院起诉,另一方当事人提出管辖权异议,法院审查仲裁协议的效力并决定是否受理;二是仲裁裁决作出后,败诉方(实为"败裁方"),以仲裁协议不存在或无效为由,向法院申请撤销仲裁裁决,法院对案涉仲裁协议效力进行审查认定,以确定裁决是否因仲裁协议无效而应予撤销;三是仲裁裁决作出后,胜诉方("胜裁方")向执行地法院申请承认和执行,败诉方以仲裁协议不存在或无效为由提出拒绝承认和执行抗辩,法院对案涉仲裁协议效力进行审查认定,以确定是否承认和执行裁决。在上述三个程序中,法院审查仲裁协议的效力,依据的准据法应该是统一的,即仲裁协议所适用的法律。①

(二)对仲裁协议审查依据的差异

不同类型的仲裁裁决,仲裁条款效力适用不同审查依据。通常,国内仲裁裁决适用国内审查依据,外国仲裁裁决和非内国裁决适用《纽约公约》第5条第1款(甲)项规定的依据。我国对仲裁协议的审查依据,采用双轨制。根据《仲裁司法审查规定》第17—18条的规定,对我国国内仲裁机构作出的国内(非涉外)裁决和涉外裁决(含境外仲裁机构在我国作出的裁决)的司法审查,分别适用《民诉法》第248条和第291条规定,适用当事人选择的法律,没有选择时适用仲裁机构所在地法或法院地法。对外国仲裁裁决适用《纽约公约》第5条第1款(甲)项的规定审查,即适用当事人选择的法律,没有选择时适用仲裁地法。②

(三)对仲裁协议审查的形式

《纽约公约》没有对法院审查仲裁协议的形式和标准,以及何谓法院认为协议"无效、失效或不能实行者"(null and void, inoperative or incapable of being performed)作出

---

① 参见北京市第四中级人民法院(2021)京04民特707号民事裁定书。
② 最高人民法院《仲裁司法审查规定》第12—16条规定了涉外仲裁协议的准据法的三种适用情形:(1)当事人协议选择确认涉外仲裁协议效力适用的法律,应当作出明确的意思表示,仅约定合同适用的法律,不能作为确认合同中仲裁条款效力适用的法律。(2)法院根据《涉外法律适用法》第18条的规定,确定确认涉外仲裁协议效力适用的法律时,当事人没有选择适用的法律,适用仲裁机构所在地的法律与适用仲裁地的法律将对仲裁协议的效力作出不同认定的,应当适用确认仲裁协议有效的法律。为此,仲裁协议未约定仲裁机构和仲裁地,但根据仲裁协议约定适用的仲裁规则可以确定仲裁机构或者仲裁地的,应当认定其为《涉外法律适用法》第18条规定的仲裁机构或者仲裁地。(3)法院适用《纽约公约》审查当事人申请承认和执行外国仲裁裁决案件时,被申请人以仲裁协议无效为由提出抗辩的,法院应当依照该公约第5条第1款(甲)项的规定,确定确认仲裁协议效力应当适用的法律。

规定。而各国法院采用的形式审查标准不尽一致。有的采用全面审查标准(full review standard),即对仲裁协议形式和内容作全面、实质审查,认定仲裁协议是否构成公约规定的"null and void, inoperative or incapable of being performed"。如意大利和德国法院采全面审查标准。意大利上诉法院认为,公约第 2 条第 3 款允许缔约国法院审查仲裁协议的有效性,法院审查仲裁协议效力乃其固有权力的一部分。德国联邦最高法院根据《民事诉讼法》第 1032 条对一份标准合同中的仲裁协议进行全面审查并认为,尽管有仲裁庭自裁管辖原则,但是下级法院错误地限制了其对仲裁协议的审查,作为法院的权限不得经双方协议限制。在确认仲裁协议符合德国法律的形式和实质性要求后,法院将指令双方提交仲裁。有的法院采取表面形式审查标准(prima facie review),对仲裁协议不作全面深度分析,仅根据协议形式和内容作初步审查。如法国、印度法院等采此标准。这些国家认为,法院应被排除对仲裁协议做深入分析,除非仲裁协议明显无效,必须告知当事人提交仲裁。在英国,法院秉持这样的原则,即仲裁员应该是对其管辖权作出裁决的首要裁决者,但也在许多方面限制了这一原则。在著名的 Fiona Trust 案中,英格兰和威尔士上诉法院认为,一般而言,首先由仲裁员自己决定其是否对争议拥有管辖权是正确的,但是法院在其管辖范围内保持确定仲裁协议是否成立的权利。依前案原则,阿尔本高等法院进一步解释,尽管仲裁庭依据自裁管辖原则有权决定仲裁协议是否成立,但该原则不能排除法院对该问题的确定权。要想中止诉讼程序而去仲裁,当事人需满足两个条件,一是存在一个有效的仲裁协议;二是争议事项在仲裁协议约定范围。在 Berezovsky 案中,对两个步骤审查时,上诉法院认为,如果申请人已经证明,权衡各种可能性后,仲裁协议存在并且明显涵盖了争议事项,就应中止诉讼。在美国,处理审查的标准是,看法院或仲裁庭是否具有确定仲裁协议有效性的主要权利(primary power)。在 First Options 案中,虽然没有引用《纽约公约》,但最高法院指出,首先要基于推定,认定法院有权决定仲裁庭是否有管辖权,除非当事人在其仲裁协议中明示约定将争议提交仲裁庭仲裁。然而,一旦法院确定仲裁协议有效存在,并且符合《美国联邦仲裁法》和《纽约公约》,则该推定反转,支持仲裁庭决定其管辖权。还有的国家适用表面审查标准,但将审查限制在一定范围。如瑞士法院在一定程度上适用该标准,如果仲裁协议规定瑞士为仲裁地,瑞士联邦法庭认为法院的审查限于对仲裁协议的存在和有效性的初步验证,而如果仲裁协议约定仲裁地在瑞士境外,瑞士联邦法庭认为其有权对仲裁协议的存在性和有效性进行全面审查。① 中国法律对公约下的仲裁协议审查标准以及境外仲裁庭管辖权,没有明确规定。《涉外审判会议纪要》第 105—106 条,仅对公约第 4 条提交材料和第 5 条的审查事项作出规定,而未涉及仲裁

---

① See UNCITRAL, 2016 Guide on the Convention on the Recognition and Enforcement of Foreign Arbitral Awards, pp. 62-92.

协议的审查标准。实践中,中国法院也是根据公约第 5 条第 1 款(甲)项规定所适用的法律,采纳表面形式审查标准,且审查事项严格限制在公约规定的范围内。在(2017)辽 02 民初 583 号案中,针对仲裁条款的效力问题,法院认为,仲裁机构是否有管辖权,不属于《纽约公约》第 5 条第 1 款(甲)项所列情形。此外,《民诉法》及《仲裁司法审查规定》中均未涉及外国仲裁机构是否有管辖权的问题。《民诉法》第 274 条规定的"不予执行"的情形之一"仲裁机构无权仲裁",系针对"中华人民共和国涉外仲裁机构作出的裁决",并不包括外国仲裁机构。可见,在承认和执行外国仲裁裁决程序中,法院并无义务审查外国仲裁机构的管辖权问题,即仲裁机构的管辖权缺陷并不构成《纽约公约》可得拒绝承认和执行的情形之一。

三、仲裁裁决的撤销

仲裁裁决撤销(annulment/setting aside of award,俗称撤裁),是指仲裁裁决存在法律规定的情形,由当事人申请并经法院审查核实,判决或裁定予以撤销、使之归于无效的一种特殊程序。国际商事仲裁裁决作出后,如果败诉方主动履行裁决,当事人之间纠纷得到解决,不存在撤销裁决的问题。但若败诉方对裁决结果不服,虽仲裁裁决具有终局性,一经作出即对当事人具有约束力,但为保证仲裁裁决的正确性和合法性,使已经生效但确有错误的裁决得到纠正,法律赋予法院对终局裁决的司法监督权,允许法院撤销仲裁裁决。因此,败诉方通常仍有权根据法律寻求救济,向法院申请撤销仲裁裁决。法院根据当事人申请,行使司法监督权。对此,各国仲裁法和民事诉讼法虽对仲裁裁决普遍采取承认其效力的态度,但也都规定在符合一定条件的情况下,裁决可以被法院撤销。

(一)撤销裁决的管辖法院

当事人挑战一项裁决,需向哪个法院申请撤销该裁决,涉及选择管辖法院问题。《纽约公约》没有明确规定裁决的撤销和管辖权问题,但从相关条文可以得出结论,只有裁决作出地法院或裁决适用法之国法院才享有撤销裁决的管辖权。根据公约第 5 条第 1 款(戊)项的规定,裁决作出地(the country in which, the award was made)法院或主管机关有权撤销裁决(撤销本国裁决),或者裁决依据一国法律作出(under the law of which, the award was made),该国法院或主管机关有权撤销裁决(撤销本国或他国裁决)。同样,第 6 条规定,败诉方可以向第 5 条第 1 款(戊)项所述的法院或主管机关提出撤销或中止裁决的申请,执行地法院或主管机关在认为适当的情况下,可以中止其对执行裁决作出的决定,并可以根据申请执行人的申请,裁令申请撤销或中止执行一方提供适当的担保。据此,只有裁决作出地国家的法院和裁决所适用的法律(仲裁程序法)之国家的法院才有资格撤销裁决,具有排他管辖权,其他法院无此管辖权。由于仲裁程序法通常是仲裁地法律,前述第二种法院管辖权的前提是,当事人约定适用仲裁地之外的国家的仲裁程序法,这种情况十分罕见。因此第二种法院管辖权理论上成立,但实务中并不多见。如,在 A 国作出的一项裁决,只能由 A 国有管辖权的法院行使撤销权,或者裁决系依据 B 国仲裁程序法作出,则 B 国法院也可行使撤销权(此情鲜见)。当事人向 A 国、B 国之外的 C 国申请撤销裁决,在 C 国法院看来,裁决属于外国裁决,其无权行使撤销裁决的权利,如果符合公约第 5 条规定的情形,只能依据公约拒绝承认裁决。①

《民诉法》没有赋予法院对仲裁裁决的撤销权,《仲裁法》出于对仲裁申请人利益保护的需要,规定了对仲裁裁决的撤销程序。但实践中,法院在实施司法监督中,极少裁定撤销裁决。关于管辖法院,根据《仲裁法》第 58 条和有关海事法院、金融法院受案范围的规定,当事人申请撤销中国仲裁机构作出的民商事仲裁裁决和海事、金融仲裁裁决,应向仲裁机构所在地的中级人民法院或海事法院、金融法院提出申请。在(2023)沪 74 民特 46 号案中,法院根据该条认为,申请人申请撤销中国贸仲作出的国内仲裁裁决,应向作出裁决的中国贸仲所在地有管辖权的法院提出,遂裁定将案件移送北京市第四中级人民法院处理。

(二) 撤销裁决的审查标准

《纽约公约》仅规定了对裁决的承认与执行,没有涉及撤销裁决问题,该问题由各国法律作出规定。其实,如果一国作出的裁决,当事人不持裁决在外国法院申请承认与执行,就不会自动成为公约下的裁决,除非该裁决在执行地国被视为非内国裁决。因此,裁决的撤销问题不受公约管辖。各国法院普遍认为,仲裁作为民间解决争议的方式,当事人追求快捷和经济地解决争议,法院应尽量避免因其介入而增加当事人费用和延误时间。因此对仲裁裁决的撤销司法审查,通常都采取推定裁决有效、偏向执行的谦抑态度,对审查的范围作严格限制。就裁决的撤销,各国法院大都采取与公约第 5 条拒绝承认和执行规定相一致的审查标准。如《仲裁示范法》第 34 条(2)款规定对裁决撤销的审查事项,与其第 35 条(承认与执行例外)和公约第 5 条(承认与执行例外)规定的标准一致。

《仲裁法》仅对中国仲裁机构作出裁决的撤销作出规定。对非涉外仲裁裁决的撤销,适用《仲裁法》第 58 条,仅对程序和违反证据规则、诚实信用原则及枉法仲裁问题进行审查。对涉外仲裁裁决的撤销,根据《第二次涉外会议纪要》《仲裁司法审查规定》等,适用《仲裁法》第 70 条指向的 2023 年《民诉法》第 291 条规定,仅对程序问题进行

---

① See Gary B. Born, International Arbitration Law and Practice, Kluwer Law International, 2d edition, pp. 315-317.

审查。在(2017)琼01民特34号案中,法院认为,刘某在L公司的身份认定是案件的关键事实,对主要事实的认定起着决定性作用,L公司隐瞒聘任刘某为总经理的证据,足以影响仲裁机构的公正裁决,遂依照《仲裁法》第58条第1款第5项,撤销了案涉裁决。在(2019)最高法民特5号案中,最高人民法院认定,贸仲组成仲裁庭的方式符合当事人约定的仲裁规则,不构成2017年《民诉法》第274条第1款第3项规定的情形,遂裁定驳回申请人关于撤销贸仲作出的仲裁裁决的申请。

针对外国仲裁裁决的撤销,我国法律没有规定,法院仅依据《纽约公约》规定审查,对于符合公约第5条规定的例外情形,裁定不予承认和执行。应该认为,除非存在罕见情形,即外国仲裁裁决适用中国仲裁法作出,我国法院对外国作出的仲裁裁决,没有撤销权。

四、不予执行仲裁裁决

(一)审查标准内外有别

在申请执行程序中,被申请人证明国内裁决具有2023年《民诉法》第248条第2款规定情形之一,或者涉外裁决具有第291条第1款规定情形之一的,法院经合议庭审查,有权裁定不予执行。

对比现行《仲裁法》《民诉法》以及相关司法解释关于国内仲裁裁决、涉外仲裁裁决撤销与不予执行的申请事由,以及司法审查规则的有关规定,可以得出以下结论:(1)国内仲裁裁决和涉外仲裁裁决,其撤销法定事由与不予执行法定事由基本统一;(2)国内仲裁裁决的撤销和不予执行,存在两项关于证据的审查事由,即"裁决所根据的证据是伪造的"和"对方当事人隐瞒了足以影响公正裁决的证据的",但涉外仲裁裁决的撤销和不予执行并不涉及这方面的审查;(3)《仲裁法》第七章是关于涉外仲裁的特别规定,在该章中没有规定的,适用该法其他有关规定,由于该章节未对撤销和不予执行涉外仲裁裁决的申请主体、申请期限、管辖法院作出明确规定,故参照适用国内仲裁裁决的有关规定;(4)管辖法院经审查拟不予执行或者撤销国内仲裁裁决的,应当层报至本辖区所属高级人民法院审核,而对于涉外、涉港澳台仲裁裁决的不予执行和撤销,则应当层报至最高人民法院审核。(2013)执监字第182号案中,原审法院认定案件不具有涉外因素,依据《仲裁法》第五章、第六章和《民诉法》第213条的规定,裁定对贸仲作出的0339号裁决不予执行。二审法院维持该裁决结果。最高人民法院认为,双方争议民事关系的部分标的物在外国领域内,应属于涉外法律关系。因此,对案涉仲裁裁决不予执行的申请应适用涉外仲裁裁决不予执行的审查程序。依照《民诉法》第258条的规定,对涉外仲裁裁决不予执行的申请,法院只审查程序问题。而且,依照最高人民法院《关于人民法院处理与涉外仲裁及外国仲裁事项有关问题的通知》第2条的规定,如果法院认为涉外仲裁裁决存在依法应当不予执行情形的,在作出裁定前应当层报所属高级人民法院直至本院审查。原审法院和二审法院对案涉仲裁裁决适用国内仲裁裁决不予执行的审查程序进行审查,适用法律亦属错误。遂裁定撤销原审和二审法院不予执行的裁定。

(二) 不予执行的后果

一国法院裁定不予执行,在本国发生法律效力,但在公约下,并不当然引起全案终结执行。如,中国法院以社会公共利益为由裁定不予执行中国仲裁机构作出的裁决,却可能在其他国家根据《纽约公约》或互惠原则被允许执行。因此,仲裁裁决的不予执行与撤销,在作出机关和终局性方面并不相同。当然,如果执行地法院认为不予执行,属于公约第5条第1款(丁)项规定的撤销或中止,则可能是另一结果,仍不能根据公约得到承认与执行。

(三) 先申请撤销再申请不予执行

根据《仲裁法》和《民诉法》的规定,申请撤销裁决和不予执行裁决的权利并存,败诉方既可以在裁决作出后申请撤销裁决,又可以在执行程序中提出不予执行申请。申请撤销裁决被驳回后,能否再在执行程序中提出不予执行抗辩,《关于人民法院办理仲裁裁决执行案件若干问题的规定》(以下简称《仲裁裁决执行规定》)作出明确规定:(1)当事人向法院申请撤销裁决被驳回后,又在执行程序中以相同事由提出不予执行申请的,不予支持;当事人向法院申请不予执行被驳回后,又以相同事由申请撤销仲裁裁决的,不予支持。(2)在不予执行仲裁裁决案件审查期间,当事人向有管辖权的法院提出撤销仲裁裁决申请并被受理的,法院应当裁定中止对不予执行申请的审查;仲裁裁决被撤销或者决定重新仲裁的,法院应当裁定终结执行,并终结对不予执行申请的审查;撤销仲裁裁决申请被驳回或者申请执行人撤回撤销仲裁裁决申请的,法院应当恢复对不予执行申请的审查;被执行人撤回撤销仲裁裁决申请的,法院应当裁定终结对不予执行申请的审查,但案外人申请不予执行仲裁裁决的除外。(3)法院裁定驳回撤销仲裁裁决申请或者驳回不予执行仲裁裁决、仲裁调解书申请的,执行法院应当恢复执行。另外,该规定还增加了案外人申请不予执行的规定,并明确了无权仲裁、违反法定程序、伪造证据及隐瞒证据的含义,使法律规定更具可操作性。同样,当事人申请法院确认仲裁协议无效被驳回后,再以不存在仲裁协议为由申请法院撤销仲裁机构作出的仲裁裁决的,法院也会驳回其申请。①

五、我国仲裁司法审查案件报核制度

仲裁司法审查报核,是指有管辖权的各中级人民法院或者专门法院办理涉外、涉

---

① 参见北京市第四中级人民法院(2021)京04民特707号民事裁定书。

港澳台仲裁司法审查案件,经审查拟认定仲裁协议无效,不予执行或者撤销我国内地仲裁机构的仲裁裁决,不予认可和执行香港、澳门特区和台湾地区仲裁裁决,不予承认和执行外国仲裁裁决,应当逐级上报最高人民法院审核,由最高人民法院作出同意见后,方可依该审核意见作出裁定的一种制度。该制度旨在通过三级法院的审核,避免在涉外、涉港澳台司法审查案件中,出现不恰当地否定仲裁协议效力、撤销裁决或不予承认和执行裁决案件的发生,维护中国司法审查制度的公信力。该制度源于涉外仲裁中的报告制度。最高人民法院 1995 年《关于人民法院处理与涉外仲裁及外国仲裁事项有关问题的通知》(法发〔1995〕18 号)初步确立报告制度,并经过 1998 年《关于人民法院撤销涉外仲裁裁决有关事项的通知》(法〔1998〕40 号)和 1998 年《关于承认和执行外国仲裁裁决收费及审查期限问题的规定》(法释〔1998〕28 号)修订完善。2017 年发布《关于仲裁司法审查案件报核问题的有关规定》(法释〔2017〕221 号,以下简称《仲裁报核规定》),并经 2021 年修订。《仲裁报核规定》主要内容如下。

(一)报核制度规范化

首先,明确了仲裁司法审查案件的范围,即申请确认仲裁协议效力案件,申请撤销我国内地仲裁机构的仲裁裁决案件,申请执行我国内地仲裁机构的仲裁裁决案件,申请认可和执行香港、澳门特区和台湾地区仲裁裁决案件,申请承认和执行外国仲裁裁决案件,以及其他仲裁司法审查案件;其次,对不同案件作出不同规定,涉外和部分非涉外裁决的审查才报最高人民法院,如根据规定第 3 条,对非涉外裁决,仅对同意中级人民法院或者专门法院以违背社会公共利益为由不予执行或者撤销我国内地仲裁机构的仲裁裁决的,才向最高人民法院报核,对当事人跨行政区的案件,不再报最高人民法院审核。对整个非涉外案件实行向最高人民法院报备制度。

(二)明确逐层核报的内容

对于涉外裁决的司法审查,须报最高人民法院。各中级人民法院或者专门法院办理涉外、涉港澳台仲裁司法审查案件,经审查拟认定仲裁协议无效,不予执行或者撤销我国内地仲裁机构的仲裁裁决,不予认可和执行港澳台地区仲裁裁决,不予承认和执行外国仲裁裁决,应当向本辖区所属高级人民法院报核;高级人民法院经审查拟同意的,应当向最高人民法院报核。待最高人民法院审核后,方可依最高人民法院的审核意见作出裁定。针对当事人不服上诉的案件,第 8 条明确,当事人对法院因涉及仲裁协议效力而作出的不予受理、驳回起诉、管辖权异议的裁定不服提起上诉,二审法院经审查拟认定仲裁协议不成立、无效、失效、内容不明确无法执行的,须按照本规定第 2 条的规定逐级报核,待上级法院审核后,方可依上级法院的审核意见作出裁定。

有观点认为,报核制度一定程度上可以统一地方法院裁判尺度与适用法律的规范性,符合目前国内涉外仲裁案件归口管理的主流趋势,但也存在一定问题。一是报核制度违反审级独立原则。审级独立是指各级法院审理案件过程中,在诉讼程序框架内依法独立自主审理决断案件。内部报核程序作为一种行政措施,违反了审判独立原则。二是报核程序违反司法亲历性原则。司法亲历性,是指司法人员应当亲身经历案件审理的全过程,直接接触和审查各种证据,特别是直接听取诉讼双方的主张、理由、依据和质辩,直接听取其他诉讼参与人的陈述,并对案件作出裁判,以实现司法公正。报核程序的本质是法院内部程序,对当事人存在不透明性。当事人既看不见又无法亲自陈述、参与其中发表意见,违反亲历性原则。三是报核程序缺乏期限约束。关于涉外及外国仲裁裁决,最高人民法院回复时间最短1年,最长3年。2000年至2015年公布的220起案件中,撤销仲裁裁决案件最高人民法院最终复函期限平均为500多天,承认与执行仲裁裁决案件最终复函期限为800多天。经过漫长的审查过程,仲裁当事人可能要重新仲裁或另行提起民事诉讼,耗费的时间比直接诉讼更长。[①] 仲裁司法审查报核制度在追求法律适用和裁判尺度统一的同时,势必与审级独立等原则发生冲突。但是这种让步,至少在现阶段是具有现实意义的。毕竟各级法院对法律和公约的理解并不统一,对仲裁裁决的裁判需要施行司法内部监督,以维护法律和公约的权威性。

六、审查范围涵盖非涉外涉港澳台案件

依规定第2条第2款,各中级人民法院或者专门法院办理非涉外、涉港澳台仲裁司法审查案件,经审查拟认定仲裁协议无效,不予执行或者撤销我国内地仲裁机构的仲裁裁决,应当向本辖区所属高级人民法院报核;待高级人民法院审核后,方可依高级人民法院的审核意见作出裁定。但非涉外、涉港澳台仲裁司法审查案件,高级人民法院经审查,拟同意中级人民法院或者专门法院以违背社会公共利益为由不予执行或者撤销我国内地仲裁机构的仲裁裁决的,应当向最高人民法院报核,待最高人民法院审核后,方可依最高人民法院的审核意见作出裁定。对仲裁司法审查案件当事人的住所地跨省级行政区的,不再报最高人民法院审核。根据第4条,对由高级人民法院审核的非涉外、涉港澳台仲裁司法审查案件,高级人民法院应当在作出审核意见之日起15日内向最高人民法院报备。

七、司法审查案件的管辖权

《仲裁司法审查规定》对仲裁司法审查案件的管辖权问题作出规定。(1)申请确认仲裁协议效力的案件,由仲裁协议约定的仲裁机构所在地、仲裁协议签订地、申请人住所地、被申请人住所地的中级人民法院或者专门法院管辖。涉及海事海商纠纷仲裁协议效力的案件,由仲裁协议约定的仲裁机构所在地、仲裁协议签订地、申请人住所地、被申请人住

---

① 参见韩红俊、杨蕾:《我国商事仲裁裁决司法审查程序研究》,载《商事仲裁与调解》2020年第3期。

所地的海事法院管辖;上述地点没有海事法院的,由就近的海事法院管辖。① (2)外国仲裁裁决与法院审理的案件存在关联,被申请人住所地、被申请人财产所在地均不在我国内地,申请人申请承认外国仲裁裁决的,由受理关联案件的法院管辖。受理关联案件的法院为基层人民法院的,申请承认外国仲裁裁决的案件应当由该基层人民法院的上一级法院管辖。受理关联案件的法院是高级人民法院或者最高人民法院的,由上述法院决定自行审查或者指定中级人民法院审查。外国仲裁裁决与我国内地仲裁机构审理的案件存在关联,被申请人住所地、被申请人财产所在地均不在我国内地,申请人申请承认外国仲裁裁决的,由受理关联案件的仲裁机构所在地的中级人民法院管辖。

至于管辖法院内部审判和执行部分的分工,依照 2017 年最高人民法院《关于仲裁司法审查案件归口办理有关问题的通知》(法〔2017〕152 号)办理。

八、司法审查裁定的终局性与可上诉情形

根据《仲裁司法审查规定》第 20 条规定,法院在仲裁司法审查案件中作出的裁定,一经送达即发生法律效力。除法律、司法解释另有规定,当事人申请复议、提出上诉或者申请再审的,法院不予受理。但是,根据第 7—10 条的规定,申请人对法院作出不予受理、驳回申请的裁定以及被申请人对法院就其提出的管辖权异议作出的裁定不服的,可以提起上诉。

第六节　仲裁裁决的承认与执行

仲裁裁决的承认(recognition of arbitral award),是指一国法院裁定外国仲裁裁决所确认的当事人的权利义务在其境内发生法律效力,对当事人和法院具有约束力。而裁决的执行(enforcement of arbitral award),是指在一国法院承认外国仲裁裁决效力的前提下,依其国内法律程序对裁决的强制执行。当事人申请执行本国仲裁机构作出的仲裁裁决(含非内国裁决),可以直接向本国法院提出执行申请,该程序仅涉及裁决的撤销、不予执行或者执行,不涉及承认问题。仲裁裁决的承认与执行,特指当事人申请一国法院承认和执行外国作出的仲裁裁决。当然,若执行地国存在非内国裁决,虽不

---

① 目前我国在大连、天津、青岛、上海、南京、武汉、宁波、厦门、广州、海口、北海共设有 11 个海事法院。其各自管辖区域和案件范围,可参见最高人民法院下列文件:《关于设立海事法院几个问题的决定》(1984)、《关于设立海口、厦门海事法院的决定》(1990)、《关于设立宁波海事法院的决定》(1992)、《关于调整大连、武汉、北海海事法院管辖区域和案件范围的通知》(2002)、《关于调整上海、宁波海事法院管辖区域的通知》(2006)、《关于海事诉讼管辖问题的规定》(法释〔2016〕2 号)和《中央编办关于设立南京海事法院的批复》(中央编办复〔2019〕5 号)。

涉及承认,其将依照公约审查和执行。

一、不同裁决的执行依据

如前文所述,《仲裁法》和《民诉法》下,不仅存在国内作出的裁决和外国裁决之分,而且国内作出的裁决又包括国内裁决、涉外裁决和视为涉外仲裁机构裁决。对国内作出的裁决,仅涉及申请我国法院撤销、不予执行以及执行问题,而不涉及承认其效力的问题。

(一)对国内作出裁决的执行

对国内作出的裁决,如果被执行人或者其财产在我国领域内,当事人可根据2023年《民诉法》第248条、第290条和《仲裁法解释》第29条的规定,向被执行人住所地或者被执行的财产所在地的中级人民法院或专门法院申请执行;如果被执行人或者其财产不在我国领域内,当事人请求执行的,根据《民诉法》第297条第2款规定,可以直接向有管辖权的外国法院申请承认和执行。

(二)对外国仲裁裁决的执行

当事人申请中国法院承认与执行外国作出的仲裁裁决,依2023年《民诉法》第304条的规定,可以直接向被执行人住所地或者其财产所在地的中级人民法院(含海事、金融等专门法院,下同)申请。即使被执行人住所地或者其财产不在中国领域内,当事人亦可向申请人住所地或者与裁决的纠纷有适当联系的地点的中级人民法院或专门法院提出申请。法院应当依照中国缔结或者参加的国际条约,或者按照互惠原则办理。与修改前相比,该条增加了第二句,以解决被执行人住所地或财产不在中国境内时,当事人无法提出申请、中国法院无管辖权的问题,避免当事人因此而丧失执行时效和将来的执行机会。(2015)民申字第3170号案中,关于一审法院是否应受理赛奥尔航运公司提出的承认外国仲裁裁决申请。最高人民法院认为,我国系《纽约公约》成员国,负有依《纽约公约》第3条承认案涉裁决的公约义务,除非存在公约第5条规定的不予承认的情形。但是,《民诉法》第283条规定,国外仲裁机构的裁决,需要中国法院承认和执行的,应当由当事人向被执行人住所地或者其财产所在地的中级人民法院申请,我国法院应当依照中国缔结或者参加的国际条约或者按照互惠原则办理。《海诉法》第11条规定,当事人申请执行海事仲裁裁决,申请承认和执行外国法院判决、裁定以及国外海事仲裁裁决的,向被执行人财产所在地或者被执行人住所地的海事法院提出。故原审法院以L公司住所地不在一审法院辖区,一审法院辖区亦无L公司可供执行的财产为由对S航运公司的申请不予受理,并无不当。根据2023年《民诉法》的规定,该案应被受理并依公约办理。当然,中国当事人如已取得外国作出的已生效胜诉仲裁裁决,其不仅可以持该裁决依《纽约公约》在中国的法院申请承认与执行,还可以到被执行人所在地或财产所在地的其他国家的法院申请承认与执行,这些国家包括所有缔约国,以及与裁决作出地国有互惠关系的国家。

二、当事人申请和法院审查

当事人申请我国法院承认与执行外国仲裁裁决,应首先在执行时效期间内向有管辖权的中级人民法院提交申请书并附有仲裁裁决书原件以及相关证据。根据2022年《民诉法解释》第544条规定,当事人应当先向法院申请承认,经法院审查裁定承认后,再根据《民诉法》第三编的规定予以执行,由法院签署执行令,按照民诉法的程序执行。根据《民诉法解释》第545条当事人申请承认和执行外国仲裁裁决的期间,适用2023年《民诉法》第250条的规定,即申请执行期间为2年,申请执行时效的中止、中断,适用法律有关诉讼时效中止、中断的规定。执行期间,从法律文书规定履行期间的最后一日起计算;法律文书规定分期履行的,从最后一期履行期限届满之日起计算;法律文书未规定履行期间的,从法律文书生效之日起计算。就外国裁决的执行时效期间的起算,根据最高人民法院相关复函,申请承认及执行的期限,应从法律文书规定的履行期限的最后一日起计算,因裁决书没有关于履行期限的内容,但应给当事人一个合理的履行期限,故从仲裁裁决送达当事人第二日起计算较为合理,而不应从仲裁裁决做出之日起计算申请承认及执行的期限。[①] 当事人仅申请承认而未同时申请执行的,申请执行的期间自法院对承认申请作出的裁定生效之日起重新计算。

根据《民诉法解释》第546条规定,承认和执行外国仲裁裁决的案件,法院应当组成合议庭进行审查,并应当将申请书送达被申请人。被申请人可以陈述意见。中国法院经审理裁定承认该外国裁决后,一并裁定承认和准予执行裁决,裁定一经送达即发生法律效力。之后按照《民诉法》执行程序执行。但当事人仅申请承认而未同时申请执行的,中国法院仅对应否承认进行审查并作出裁定。因此,为避免承认与执行脱节,申请人可同时提出申请承认和执行裁决。

三、对外国仲裁裁决的承认与执行

(一)申请人应提交的材料

根据《纽约公约》第4条的规定,申请承认与执行时,申请人应提交的材料包括:(1)经正式认证的裁决正本或经正式证明的副本;(2)仲裁协议正本或经正式证明的副本;(3)如果上述裁决或仲裁协议不是用被请求承认和执行裁决国家的官方语言制

---

① 参见最高人民法院《关于麦考·奈浦敦有限公司申请承认和执行仲裁裁决一案请示的复函》(法民二〔2001〕32号)。

成,申请人应该提交这些文件的译文,译文需由一个官方或宣誓过的议员或外交或领事人员证明(即根据该条规定,外文文件的中文译本既可由外交或领事人员认证,也可由公设或宣誓之翻译员认证)。这些实质性要件属于穷尽式限定,除此之外,缔约国不应超出公约规定对申请人提出额外要求。如果当事人没有按照该条的要求提交相应的材料,法院应当要求其提交或补充提交,如当事人确实无法提交相关材料,法院应当不予受理,或者裁定驳回申请,而不应裁定拒绝承认和执行仲裁裁决。当然,为法院立案手续之需,申请人还应根据法院地法律提供经公证认证的授权委托书、法定代表人身份证明、企业登记证明等。在认证方面,因《海牙认证公约》已对中国生效,可以简化包括外国仲裁裁决书在内的国际文书认证流程,缔约国作出的仲裁裁决只需完成海牙认证,就可以在中国法院使用,而不再需要烦琐的"双认证"程序。(2005)广海法他字第1号案中,提单持有人所持提单有并入租船合同的记载。租船合同虽包含仲裁条款,但其文本及其附录上的文字均为打印文字,没有任何签章。英国仲裁员根据《英国1996年仲裁法》第五章"仲裁协议以书面形式达成(不管当事人签署与否)"的规定,认为未经签署不影响仲裁条款的成立,而认定仲裁条款有效,并进而作出裁决。中国法院认为,提单并入的所谓租船合同,没有签单,无法识别该文本是否为原本或与原本相符的副本,申请人也没有进一步证明。而被申请人否认该文本的证据效力,对其合法性与真实性提出的质疑合理,因此法院不能认定双方曾对仲裁条款达成一致。申请人没有提供双方当事人之间书面仲裁协议的正本或经正式证明的副本,没有按照《纽约公约》第4条第1款的规定提供证据材料,没有满足公约规定的使仲裁裁决获得承认与执行的条件。法院最终裁定,不予承认及执行该裁决。[①]

从公约第4条和第5条看,申请人应根据第4条规定承担举证责任,证明仲裁条款和仲裁裁决的存在。而后,举证责任转移至被申请人,被申请人欲提出抗辩,须根据第5条规定,证明存在该条第1款规定的五种情形之一,排除法院对仲裁裁决的承认与执行。

(二)依据公约承认与执行裁决

对公约下的仲裁裁决(外国裁决和非内国裁决)的承认与执行,由公约第5条第1款和第2款的规定加以规范。应该明确的是,缔约国承认与执行仲裁裁决是其义务,不予承认与执行是例外。这些例外情形共有七项。其中第1款包括五项,涉及裁决本身的问题,第2款涉及争议不可仲裁性和违反公共利益的问题。这七项是限定和穷尽列举,缔约国不得增加审查条件。法院审查裁决时,可依自由裁量权作出决定,但需注意,法院应仅根据公约规定对申请进行表面审查,不涉及实体审查。被申请人不能证明存在第5条第1款规定的情形之一,法院即应承认和执行仲裁裁决,以体现偏向

[①] 另参见广州海事法院(2004)广海法他字第1号民事裁定书。

承认裁决的原则。但若被申请人能够证明存在第 5 条第 1 款规定的情形之一,法院并不必然拒绝承认与执行,而是可以行使自裁量权,如认为承认与执行是适当的仍可以承认与执行。因为公约第 5 条第 1 款并未使用必须(should 或 must)拒绝,而是使用 may be(recognition and enforcement of the award may be refused… only if)。公约第五条第 1 款规定的五种具有同等效力的语言中,西班牙文、俄文和中文文本,与英文文本一样使用"可以"(may)。然而,法语文本采用了相当于"应该":不会被拒绝……除非……。从该条用语看,其为缔约国法院创设的是一项附带除外条件的承认与执行外国仲裁裁决的义务,而非一项拒绝承认与执行外国裁决的义务。① 另外,法院不得再要求申请人证明公约第 2 条规定的仲裁条款有效,或者证明仲裁裁决事项属于仲裁条款约定的仲裁范围。

法院对第 5 条第 2 款的争议可仲裁性和违反公共政策,可以依职权审查。但因用语为"may also be refused if",因此,法院仍可以选择承认与执行,并非绝对不承认和执行。在最高人民法院第 200 号指导案例(2018)苏 01 协外认 8 号案中,案涉销售《合同》约定的争议解决条款为"in case of disputes governed by Swedish law and that disputes should be settled by Expedited Arbitration in Sweden."瑞典斯德哥尔摩商会仲裁院申请临时仲裁庭于 2018 年 6 月依据瑞典仲裁法作出仲裁裁决,裁决中国卖方因违约应向境外买方支付赔偿和相应利息。后境外买方向中国法院申请承认和执行上述仲裁裁决。法院审查期间,双方均认为应当按照瑞典法律来理解《合同》中的仲裁条款。法院认为,由三位仲裁员组成的临时仲裁庭作出的仲裁裁决不具有《纽约公约》第 5 条第 1 款(乙)(丙)(丁)项规定的不予承认和执行的情形,也不违反我国加入该公约时所作出的保留性声明条款,或违反我国公共政策或争议事项不能以仲裁解决的情形,故对该裁决应当予以承认和执行。(2023)津 72 协外认 2 号案中,香港申请人向天津海事法院提交了 1958 年《纽约公约》第 4 条规定的文件,包括仲裁裁决以及包含仲裁条款的《定期租船合同》正式副本,并提交了相应的中文译本。法院认为,案涉仲裁裁决系在伦敦作出,已生效。我国和英国均为《纽约公约》的缔约国,根据《民诉法》第 290 条的规定,案涉仲裁裁决是否应当予以承认和执行,应当依照《纽约公约》的相关规定审查。根据最高人民法院《关于执行我国加入的〈承认及执行外国仲裁裁决公约〉的通知》第 4 条的规定,经审查,案涉最终仲裁裁决的仲裁庭组成和仲裁程序符合法定程序,不存在裁决的事项不属于仲裁协议的范围或者仲裁机关无权仲裁的情形,且不违反我国公共政策,不存在《纽约公约》第 5 条第 1-2 项所列的情形,应当予以承认和执行。

---

① 参见 Marike Paulsson, Commentary on New York Convention, 2021 Kluwer Law International, p. 119; Gary B. Born, International Arbitration Law and Practice, 2016 Kluwer Law International BV, The Netherlands, p. 387;李双元、欧福永主编:《国际私法》,北京大学出版社 2022 年版,第 514 页。

(三) 不承认与执行的例外情形

公约第 5 条规定不予承认与执行的情形共七项。其中第 1 款的五项只能由申请人提出申请法院才可审查，法院不得依职权审查。第 2 款的两项，法院可依职权主动审查。①

1. 当事人缺乏行为能力或仲裁协议无效。认定当事人缺乏某种行为能力（under some incapacity），应适用属人法，即当事人住所或主要营业地法律。当事人既包括自然人也包括法人。可以是单方或双方缺乏行为能力，也可以主张己方或对方缺乏行为能力，或者主张双方均缺乏行为能力。行为能力依据准据法判定，通常指以自己的名义或委托他人代为订立合同的能力，因此判定行为能力的时间也是订立合同之时。可能会涉及自然人的行为能力或者法人的设立，以及代理关系的成立等。如中国自然人或中国设立的公司，其行为能力依据中国《民法典》或《公司法》认定其行为能力，或者根据中国《民法典》关于委托的规定认定代理关系的有效成立。如〔2015〕民四他字第 36 号复函中，最高人民法院认定签字人未取得当事人授权，当事人并没有自愿达成有效的仲裁协议，案涉仲裁协议不具有约束当事人的法律效力。

而认定仲裁协议是否有效，依据仲裁协议所适用的准据法，即当事人选定的法律，或者没有选定时适用依据裁决地法律。公约第 2 条规定的无效，包括无效（null and void）、失效（inoperative）或不能执行（incapable of being performed）。无效容易理解，即不发生法律效力，对当事人无约束力。对于失效和不可履行，公约亦未作规定，多数法院赋予其宽泛的理解，即与无效具有相同的意思和法律后果。但对于不可履行，更多是指仲裁协议存在严重缺陷而不能执行，这类仲裁协议又被称为"病态仲裁协议"（pathological arbitration agreement），②如约定的仲裁机构或仲裁事项很不清楚，以致于无法遵照执行；或者仲裁协议指向不存在的仲裁机构或未在多家机构中约定具体名称，如约定在北京仲裁而不具体列明北京三家仲裁机构的哪一家。③ 还经常遇到的问题是，对"非对称管辖条款""或诉或裁条款"效力的认定。对此，我国法院已经承认单边选择仲裁或诉讼条款的效力，认为单边选择性仲裁条款，是双方当事人协商一致的结果，法律对此无禁止性规定，且并不足以构成双方权利义务显失公平，应尊重双方意思自治，认定条款有效。④ 对于"或裁或诉"条款内地法院还未明确承认其效力。对

---

① 参见最高人民法院《关于麦考·奈浦敦有限公司申请承认和执行仲裁裁决一案请示的复函》（法民二〔2001〕32 号）；最高人民法院《关于申请人保罗·赖因哈特公司与被申请人湖北清河纺织股份有限公司申请承认和执行外国仲裁裁决一案请求的答复》（〔2016〕最高法民他 11 号）。
② 参见何其生：《国际私法》，北京大学出版社 2023 年版，第 341 页。
③ 参见无锡市中级人民法院（2018）苏 02 民特 26 号民事裁定书；北京市第四中级人民法院（2018）京 04 民特 115 号民事裁定书；北京市第四中级人民法院（2018）京 04 民特 54 号民事裁定书等。
④ 参见北京金融法院（2022）京 74 民特 4 号民事裁定书。

此,香港特区高等法院在 HCCT 110/2022[2023] HKCFI 2173 案中有清晰认定:出具人和借款人订有"或裁或诉"条款,当出借人行使其选择权并选择仲裁作为解决争议的方法时,借款人受出借人选择的约束,双方之间的仲裁协议成立,借款人有义务遵循出借人的选择,案涉仲裁条款因此具备了法律所要求的"强制性"要素。基于上述考虑,陈美兰法官驳回了借款人的第一项撤执理由。①

2. 仲裁程序缺乏正当性。即被申请人一方没有收到关于指定仲裁员或仲裁程序的适当通知,或因其他原因致其未能申辩。何谓适当通知,公约未作规定。通常根据仲裁程序法和仲裁规则认定。在前述香港特区高等法院 HCCT 110/2022[2023] HKCFI 2173 案中,证据显示,借款人在借款过程中唯一对外使用过的电子邮件地址是补充协议中的电邮地址,即 xyz@china.hk,而案涉裁决书中关于送达的描述为:"《仲裁通知书》已于 2022 年 11 月 7 日通过电子邮件发送至贷款申请书中所列的联系方式,即电子邮件地址 XYZ@CHINAT.HK,向被申请人提供在网上平台接受的用户名和密码。"但事实上,放贷人和借款人均未在仲裁过程中将贷款申请书作为证据进行提交,案件中除了上述裁决书的描述外,也未存在其他证据证明仲裁通知书等文件实际送达了借款人。对此,陈美兰法官认为,法院不能无视这样一个事实,即裁决书表面上标明的仲裁通知的送达地址或送达方式与补充协议中 P 的地址或送达方式不同。由于补充协议是仲裁裁决的基础,故裁决书中关于送达地址的描述理应与补充协议相一致。如果裁决书中有任何印刷错误,仲裁庭理应自行或根据当事人的申请予以纠正,但在该案中没有出现这种情况。由于没有证据显示仲裁通知发送到借款人正确的电子邮件地址,"XYZ@CHINAT.HK"也不应被视为前引香港仲裁公会网上仲裁规则第 2.1 条(a)款(ii)项规定的"任何适用的仲裁协议,或任何协议中规定的,或在本合同交易项下的网站注册或交易中填写或使用的电子邮件",自然也不属于该规则第 2.1 条规定的推定送达的情形。陈美兰法官认为,根据香港特区法律,当事人向法院单方申请执行仲裁裁决时,法院原则上不审查仲裁协议或裁决是否有效;然而当获准就该等单方面申请执行裁决时,被申请执行人同时获准申请撤销执行许可命令的权利。此时香港法院会仔细审查仲裁裁决以决定是否可拒绝执行该裁决。尽管香港法院秉持"支持仲裁"这一基本原则,但仲裁裁决只有在裁决和导致裁决的仲裁程序在结构上是完整的,并且有正当和公平的程序时,才能得到法院的承认和执行。而在该案中,裁决书中记载的通知送达地址或送达方式与补充协议中约定的地址或送达方式明显不同,根据现有证据,法院只能认定仲裁通知书没有有效送达借款人,进而借款人在仲裁庭对其作出裁决之前没有机会对案件作出陈述,因此,借款人有权根据《香港仲裁条例》第86

---

① 李挺伟、徐之和:《香港法院:互联网金融仲裁中的"单方选择条款"和电子送达问题》,载上海仲裁委员会网站,访问时间:2023 年 9 月 14 日。

（1）（c）（i）及（ii）条所载理由，申请法院撤销执行裁决命令。由此可见，在仲裁通知的送达上，无论送达义务人是当事人还是仲裁机构，均应当尊重基础合同中关于送达地址的约定，按约定地址进行送达，以维护送达行为的"适当性"和"合法性"以及整个仲裁程序的完整性。①

我国法院根据仲裁地仲裁程序法和仲裁规则，结合仲裁庭的送达方式，考察是否构成适当通知。承认邮寄方式的效力，但强调寄送结果仍应实际达到或足以推定达到，使接受邮寄一方获得"适当通知"。在（2018）最高法民他9号复函中，最高人民法院认为，越南国际仲裁中心仲裁庭有机会亦能按照正确地址送达，但在送达裁决书的第5次寄送中正确书写了被申请人的地址，第2次、第3次寄送内容为开庭通知、仲裁庭组成通知、第4次寄送内容为要求双方当事人提交案件材料，上述内容均为当事人在仲裁程序中应当享有的重要程序权利并直接影响其申辩权的行使，仲裁庭在送达方面未尽谨慎义务并已造成剥夺当事人申辩权的结果。根据公约第5条第1款（乙）项之规定，越南国际仲裁中心作出的案涉裁决不应予以参与和执行。

关于国际商事仲裁的通知方式，能否适用中国与裁决地国之间签署的双边民事和商事司法协助条约或者《海牙送达公约》，最高人民法院在相关复函中明确指出，商事仲裁通知方式依照裁决地所在国仲裁法和仲裁机构仲裁规则审查，双边条约中有关"司法协助的联系途径"和"文字"的规定，仅适用于两国司法机关进行司法协助的情形，不适用于仲裁机构或者仲裁庭在仲裁程序中的送达。如果当事人没有举证证明仲裁裁决存在《纽约公约》第5条第1款规定的情形，仲裁裁决依法应予承认和执行。同样，仲裁程序中的送达不适用《海牙送达公约》。中国当事人收到仲裁庭邮寄仲裁员的任命、诉状、传讯等文件，却主张没有按照双边条约或《海牙送达公约》得到适当通知，应驳回其不予承认与执行的主张。② 2023年12月28日，最高人民法院举行涉外民商事案件适用国际条约和国际惯例司法解释及典型案例新闻发布会，其中典型案例威仕公司（WS China Import GmbH）申请承认和执行德国汉堡市商品交易注册协会仲裁庭仲裁裁决一案中，仲裁庭受理威仕公司与荣丰公司仲裁案，于2020年3月作出裁决，要求荣丰公司向威仕公司支付货款。2022年，威仕公司向成都市中级人民法院申请承认和执行该仲裁裁决。荣丰公司主张，根据《海牙送达公约》，我国对通过邮寄途径直接向身在国外的人送交司法文书的相关条款作出了保留，仲裁庭通过邮寄方式向荣丰公司送交仲裁程序文书不符合我国法律规定。根据《纽约公约》有关"适当通知"的要求，因其未接获仲裁开庭等程序的适当通知，该仲裁裁决不应被承认和执行。成

---

① 参见李挺伟、徐之和：《香港法院：互联网金融仲裁中的"单方选择条款"和电子送达问题》，载上海仲裁委员会网站，访问时间：2023年9月14日。

② 另参见苏州市中级人民法院（2019）苏05协外认6号民事裁定书。

都市中级人民法院认为,案涉仲裁裁决载明,仲裁庭通过邮寄方式向荣丰公司发送仲裁文书,虽荣丰公司拒收相关文书,但文书根据《德国民事诉讼法》(ZPO)第179条第3款被视为已送交。《海牙送达公约》仅适用于司法文书,而不适用于仲裁程序文书的送达。仲裁庭向荣丰公司邮寄开庭通知的收件地址为荣丰公司登记住所地,预留联系电话为荣丰公司经办人电话。同时,四川省高级人民法院向该地址成功送达案涉仲裁裁决书。基于此,仲裁庭向荣丰公司登记住所地寄送仲裁程序文书应视为寄送实际到达荣丰公司或足以推定荣丰公司能够收到该邮件,达到了"适当通知"的标准。案涉仲裁裁决不存在《纽约公约》第5条规定的应当拒绝承认和执行的情形。据此,裁定承认和执行案涉仲裁裁决。最高人民法院认为,该案是人民法院准确适用《纽约公约》承认和执行外国仲裁裁决的典型案例。法院准确理解《海牙送达公约》的适用范围,并结合条款上下文及条约的整体目的,对《纽约公约》第5条第1款(乙)项规定中"适当通知"的判断标准进行了善意、合理的解释,为类案审理提供了参考,增强了国际条约适用的统一性、稳定性和可预见性。同时,该案的司法判断和裁决结果,彰显了中国法院严格履行国际条约义务和积极支持国际仲裁的司法立场,有利于发挥仲裁在国际商事争端解决中的重要作用。①

败诉方未能参与案件庭审(unable to present his case),指当事人没有机会出庭陈述、举证、质证和答辩,总之是因程序瑕疵,当事人没有获得参与庭审抗辩的权利。但当事人因自己的原因未能行使抗辩权,如自己得到通知而拒绝答辩或出庭、己方代理人未能按时出庭等,则不属于违反正当程序。

3. 超范围裁决。超范围裁决俗称超裁,根据第5条第1款(丙)项的规定,是指仲裁处理了未包含在提请仲裁条款中的分歧,或裁决事项在申请仲裁事项之外。公约第5条第1款(丙)项对超裁作出规定:

> 裁决所处理之争议非为交付仲裁之标的或不在其条款之列,或裁决载有关于交付仲裁范围以外事项之决定者,但交付仲裁事项之决定可与未交付仲裁之事项划分时,裁决中关于交付仲裁事项之决定部分得予承认及执行。

可见,导致超裁的情形包括(1)裁决所处理的争议超出仲裁协议条款约定;(2)裁决所处理的争议不是交付仲裁的请求事项;以及(3)裁决载有关于交付仲裁范围以外事项的决定。公约规定,有权裁决部分与超裁部分可以分割的,有权裁决部分应该得到承认与执行。那么,如果二者不能分割,是否整个裁决可不予承认与执行?公约没

---

① 参见成都市中级人民法院(2022)川01协外认5号民事裁定书;2023年12月28日最高人民法院涉外民商事案件适用国际条约和国际惯例司法解释及典型案例新闻发布会内容;北京大成(成都)律师事务所《我所蒋韬律师、史昊律师代理案件入选"最高人民法院涉外民商事案件适用国际条约和国际惯例典型案例"》,载"北京大成(成都)律师事务所"微信公众号,2023年12月29日。

有对此作出规定。理论上,超裁并不意味着否认所有裁决事项,只有当超裁的裁决事项与其他裁决事项不可分时才能对整个仲裁裁决裁定不予执行。但这种极端情况很少见,即使存在此情形,法院应尽力将二者作出区分,尽量执行有权裁决的部分。在多方仲裁的案件中,法院可以适用第5条第1款(丙)项,将裁决中不涉及某一方的部分排除在执行范围之外。司法实践中,仲裁裁决涉及的义务承担主体超出了当事人在仲裁请求中要求承担义务的主体,则该仲裁裁决构成超裁。① (2015)琼海法他字第1号案中,法院认定,被申请人仅为案涉HPO42号协议的缔约方,而并非其他五份协议的缔约方,故HPO42协议之外的其他五份协议中的仲裁条款对被申请人不具有约束力。仲裁庭仅应依据HPO42号协议中的仲裁条款,对涉及被申请人在该份协议项下的纠纷行使管辖权。案涉仲裁裁决被申请人就HPO42号协议之外的其他五份协议向申请人承担责任,超出了仲裁协议约定的范围,且超裁部分与有权裁决部分不可分,故根据《纽约公约》第5条第一款(丙)项的规定,对于案涉仲裁裁决涉及被申请人部分的裁决,应当不予承认和执行。在(2016)京04认港2号案中,法院认为,案涉仲裁裁决共有21名被申请人,申请人在提起仲裁时仅请求7名主体承担赎回义务、回购义务,但裁决却载有所有被申请人承担回购义务,显然超出了仲裁请求。且案涉裁决系将所有21名被申请人作为一个整体作出裁决,裁决事项不可分,应整体不予认可和执行。在(2016)苏02协外认1号案中,法院对新加坡国际仲裁中心的裁决事项作出区分,对超裁部分不予承认和执行。在(2016)京04民特13号案中,贸仲就国际货物买卖合同争议作出仲裁裁决后,瑞士卖方向中国法院提出强制执行申请,而香港买方申请撤销仲裁裁决。法院认为:关于涉外仲裁裁决,应根据《仲裁法》第70条和《民诉法》第258条第1款规定审查。该款规定系法院撤销涉外仲裁裁决的法定事由。法院最终认定裁决事项不构成超裁。

当事人有证据证明,我国作出的裁决的事项属于超裁范围,可以在法定期限内向仲裁机构所在地的中级人民法院申请撤销裁决。公约未涉及漏裁问题,漏裁不能成为拒绝承认与执行的理由。对漏裁事项,当事人可以另行申请仲裁。

4. 仲裁庭的组成或仲裁程序瑕疵。仲裁庭的组成或仲裁程序与当事人协议不符,或无协议时与仲裁地所在国法律不符,构成不予承认与执行的理由。公约没有对当事人之间协议作出限定,但应该有别于仲裁协议本身,是针对仲裁庭组成及仲裁程序的特别约定,通常包含在仲裁条款中。如仲裁条款中包含这样的规定:any disputes ... shall be referred to and finally resolved by arbitration ... in accordance with the Arbitration Rules of the ... in force at the time of commencement of arbitration, which rules are deemed to be incorporated by reference to this Clause 25.2 (e.g. arbitration clause). The seat of the ar-

---

① 参见最高人民法院〔2003〕民四他字第12号复函。

bitration shall be ... The tribunal shall consist of three(3) arbitrators, one of whom shall be chosen by the Buyer, one by the Seller, and a third by the two so chosen. The language of the arbitration shall be English。当事人关于仲裁庭组成和仲裁程序的约定,可以是书面或口头,也可以是明示或默示。但公约第5条第1款(丁)项明确规定应首先依据当事人协议考察仲裁庭的组成和仲裁程序是否违法。只有在没有当事人协议时,才适用仲裁地法律认定。如果根据仲裁地法律为合法,而依当事人协议不合法,则应以当事人协议为准。违反当事人仲裁程序约定,或者违反仲裁程序适用的法律或仲裁规则有关仲裁庭合议程序的规定,完全可能构成违反仲裁的正当程序,从而成为当事人申请法院撤销或不予执行裁决的理由。在(2006)厦海法认字第1号案中,法院认为,该案系外国当事人在我国申请承认和执行英国仲裁裁决案。我国作为《纽约公约》的成员国,应当依照公约的规定审查该裁决在我国可否被承认和执行。该案仲裁庭虽由三名仲裁员组成,但是仲裁员王某某并未参与仲裁的全过程,没有参与仲裁裁决的全部审议。因此,仲裁庭的仲裁程序与当事人约定的仲裁协议不符,也与仲裁地英国的法律相违背。被申请人就此提出的异议可以成立。据此,依照《民诉法》第267条和《纽约公约》第5条第1款(丁)项的规定,裁定对英国伦敦LMAA临时仲裁庭作出的仲裁裁决不予承认和执行。在〔2008〕民四他字第13号复函中,最高人民法院指出:根据该仲裁适用的仲裁规则,仲裁庭由三名仲裁员组成的,对仲裁案件的裁决应当合议并制作合议笔录,但该案最终仲裁裁决与卷内记录的仲裁庭评议结果不一致,最终裁决没有与其相应的合议记录,这与该仲裁委员会现行有效的仲裁规则不符,同时,这一最终裁决意见是未经合议形成的,难以保证仲裁庭成员就裁决的依据和结果进行了充分讨论,有违仲裁合议制度设立的目的。① (2010)津海法确字第6号案中,仲裁条款约定,如果双方不能就独任仲裁员的选定达成一致,则双方各自指定一名仲裁员,若该两名仲裁员在任何问题上不能达成一致,则将指定第三名仲裁员。后中方当事人指定的仲裁员辞职,外方当事人未经申请法院行使权力而由其指定的仲裁员进行独任仲裁,该仲裁庭的组成不符合案涉仲裁条款的约定和《英国1996年仲裁法》的规定。法院认为,一方指定的仲裁员个人提出辞职,不代表该方放弃指定仲裁员的权利,不能因此采取独任仲裁程序。该案属于《纽约公约》第5条第1款(丁)项规定的情形,对该裁决不予承认和执行。在(2016)沪01协外认1号案中,法院认为,双方当事人已在仲裁条款中明确约定应由三名仲裁员组成仲裁庭,且未排除该组成方式在仲裁"快速程序"中的适用。因此,适用"快速程序"进行仲裁不影响当事人依据仲裁条款获得三名仲裁员组庭进行仲裁的基本程序权利。新加坡国际仲裁中心在仲裁条款约定仲裁庭由

---

① 参见最高人民法院《关于广州增城市广英服装有限公司申请撤销广州仲裁委员会涉外仲裁裁决一案的请示的答复》(〔2008〕民四他字第13号)。

三名仲裁员组成且当事人明确反对独任仲裁的情况下,仍然依据其仲裁规则(2013年版)第5.2条的规定决定采取独任仲裁员的组成方式,违反了案涉仲裁条款的约定,属于《纽约公约》第5条第1款(丁)项所规定的"仲裁机关之组成或仲裁程序与各造间之协议不符"的情形,故案涉仲裁裁决不应当被承认与执行。① 有观点认为,审查仲裁程序时,有两个问题需要注意,第一,仲裁庭的合议程序、方式和规则可能作为仲裁法定程序的一部分被纳入仲裁司法审查范围。第二,法院在审查仲裁庭合议是否违反法定程序时仍应当充分尊重仲裁程序的特点。首先,仲裁庭合议的过程及内容原则上应当受到保密原则的保护。其次,在判断仲裁庭合议程序是否违反正当程序时,应当充分理解仲裁庭合议机制的内在逻辑,尊重仲裁庭的程序自主权。②

5. 裁决对当事人无拘束力或被撤销、停止执行。根据公约第5条第1款(戊)项,如果裁决尚未对当事各方产生约束力,或已被裁决作出国或适用该裁决的法律的主管当局撤销或停止执行,则法院可以拒绝承认与执行。同样,公约没有对约束力作出定义,留给各国法院裁量。通常,认定一项裁决对当事人产生约束力,依据仲裁地法律,即仲裁地仲裁程序法。如果仲裁地法律规定,裁决一经作出即发生终局法律效力,而不论是否送达当事人,则裁决作出之日即对当事人产生约束力。如《仲裁法》第57条规定,裁决书自作出之日起发生法律效力。即使法律允许当事人申请法院撤销、不予执行仲裁裁决,不影响裁决对当事人的约束力。主张裁决未产生约束力的一方,应负举证责任。而申请承认与执行的一方,无需证明裁决已经产生约束力。关于裁决的撤销(set aside)或停止执行(suspended),有权作出撤销或停止执行的主管机关,应该是裁决作出地所在国的有权机关,或者裁决所依据法律之国家的主管机关。这些国家的主管机关,依据其内国法律作出撤销或停止执行决定,该内国法亦应为仲裁程序法,而非处理合同权利义务的实体法。在 Karaha Bodas 案中,香港特区高等法院指出,作出裁决所指向的法律"毫无疑问指的是规范仲裁的程序法,而不是合同的实体法。也有的当事人,选择仲裁地以外国家的法律管辖仲裁程序,不过这种选择要想得到法院的支持,必须明确无误。在 Steel Corporation of the Philippines v. International Steel Services 案中,仲裁地是新加坡,仲裁条款规定"本合同的效力、履行和执行根据菲律宾法律解释"。被申请人主张仲裁裁决根据菲律宾法律作出,因为其已经在菲律宾法院申请撤销裁决,故裁决不应依据公约第5条第1款(戊)项被承认。美国法院认为,当事人有权选择仲裁地国家之外的程序法,但是,其选择必须清晰,而该案并非如此。③ 实践中,此类案件较少,较难

---

① 参见最高人民法院〔2017〕最高法民他50号复函;(2016)沪01协外认1号民事裁定书。
② 李挺伟、徐之和:《巴西法院:仲裁庭合议程序违法构成撤销裁决事由》,载上海国际仲裁中心网站(https://www.shiac.org/pc/SHIAC),访问时间:2023年8月13日。
③ See UNCITRAL, 2016 Guide on the Convention on the Recognition and Enforcement of Foreign Arbitral Awards, pp. 218-219.

得到支持。在(2019)沪72协外认1号、2号、3号案件中,外方申请人申请执行临时仲裁庭在英国伦敦作出的裁决,中方被申请人提出其已针对最终裁决向英国法院提起诉讼。法院认为,虽然根据《纽约公约》第5条第1款(戊)项,裁决不具有约束力以及裁决在裁决作出地国被撤销或停止执行,可以拒绝承认与执行,但应由负有履行裁决义务的一方当事人举证证明。被申请人并未提交符合法律形式要件的证据,无证据证明案涉仲裁裁决已被英国法院撤销,故裁决对案涉裁决予以承认及执行。

6. 裁决的争议无可仲裁性。各国国内法均规定,某些特定争议不得通过仲裁解决,以保留法院对其管辖权。此乃以强制性规则超越当事人意思自治原则,以维护社会公共利益。公约关于争议"可仲裁性"的规定,契合国内法对此类争议的强制规定。争议可仲裁性,究其本质是社会公共利益问题。有观点提倡执行地法院应适用国际上公共利益的理念,而非国内理念,认定裁决事项是否具有可仲裁性。因为虽然根据国内法认定一项争议不可仲裁解决,不必然导致不能通过公约得到执行,但如果裁决仲裁事项被执行地法院认定不具可仲裁性,依公约第5条第2款(甲)项之规定,通常将不被法院承认与执行。如前文所引的最高人民法院在〔2009〕民四他字第33号复函中认为,根据《仲裁法》第3条规定,继承纠纷不能仲裁,根据《纽约公约》第5条第2款(甲)项的规定,不予承认和执行蒙古国仲裁机构作出的仲裁裁决。对此,执行地法院除依据本国仲裁程序法外,还应参考《仲裁示范法》《商事合同通则》等关于商事争议的定义的内容,对争议可仲裁性作宽泛的解释。

7. 裁决违反公共政策。法院在审查适用公共政策时,虽然可依本国法律对公共政策作出解释,但是公共政策委实是十分宽泛的概念,法院可以轻易适用该例外情形拒绝承认和执行一项外国裁决。但国际上普遍认为,应对公共政策作狭义理解,限定在尽量小的范围,以尽量扩大公约的适用,以及适用的和谐统一。在 *Parsons & Whittemore Overseas v. Société Générale de L'Industrie du Papier* (RAKTA)案中,美国第二巡回上诉法院认为:执行外国仲裁裁决时,只有执行裁决违反执行地国家最基本的道德和正义观念时,才可根据公共政策予以拒绝。该观点受到美国和其他多国法院的广泛认可,如澳大利亚、法国、瑞士、德国等法院。而有的国家法院强调公共政策与本国利益或主权的关系,如巴西、印度等国法院。①

我国以违反公共政策为由裁定拒绝承认和执行外国仲裁裁决案例极少。最高人民法院在〔2008〕民四他字第11号复函中指出,国际商会仲裁院在仲裁合资合同纠纷案件中,对Y公司与合资公司之间的租赁合同纠纷进行了审理和裁决,超出了合资合同约定的仲裁协议的范围。在中国有关法院就双方之间的租赁合同纠纷裁定对合资

---

① See UNCITRAL, 2016 Guide on the Convention on the Recognition and Enforcement of Foreign Arbitral Awards, pp. 242-243.

公司的财产进行保全并作出判决的情况下,国际商会仲裁院再对双方之间的租赁合同纠纷进行审理并裁决,就侵犯了中国的司法主权和中国法院的司法管辖权。因此,依据《纽约公约》第 5 条第 1 款(丙)项和第 2 款(乙)项之规定,应拒绝承认和执行该案所涉仲裁裁决。① 在(2017)津 72 协外认 1 号案中,最高人民法院〔2017〕最高法民他 140 号复函中指出,在中国法院已经对当事人之间仲裁条款存在及效力作出否定性判断的情况下,如承认及执行基于上述仲裁条款作出的仲裁裁决,其结果是在同一法域针对相同事实作出截然相反的司法判断,有违国家法律价值观念的统一和一致,不应当被排除在"公共政策"范围之外。根据《纽约公约》第 5 条第 2 款(乙)项之规定,对伦敦仲裁庭作出的仲裁裁决不应予以承认和执行。(2016)琼 72 协外认 1 号之二案中,被申请人以案涉《履约保函》未经外汇管理部门审批为由,主张承认及执行案涉仲裁裁决违反中国公共政策。法院认为,对外担保的行为确实违反了当时的规定,但 2014 年 6 月 1 日起实施的《跨境担保外汇管理规定》已将对外担保由审批制改为登记制,并明确外汇管理部门对跨境担保合同的核准、登记或备案等管理要求不构成跨境担保合同的生效要件。案涉对外担保行为不构成对我国公共政策的违反;承认与执行案涉最终裁决也无其他违反我国法律基本原则、侵犯我国国家主权、危害国家及社会公共安全、违反善良风俗等危及我国根本利益的情形。因此,承认与执行最终裁决不违反我国公共政策。法院最终裁决承认和执行案涉裁决。在(2021)鲁 02 协外认 19 号案中,法院认为,本案仲裁裁决的事项系国际商事合同纠纷,依据我国民事诉讼法、仲裁法的规定属于可经仲裁解决的纠纷,承认与执行该仲裁裁决未发现存在违反我国公共秩序的情形,亦未违反相关仲裁规则,遂裁定《仲裁裁决书》不存在《纽约公约》第 5 条规定之情形,应准许承认和执行。②

四、对港澳台仲裁裁决的认可和执行

对港澳台仲裁裁决的认可与执行,前文曾有述及,按照最高人民法院分别与香港特区、澳门特区和台湾地区签署的有关相互认可和执行仲裁裁决的安排执行。在经典案例(2019)粤 72 认港 1 号案中,案涉租船合同约定:因合同产生的所有争议应提交香港特区仲裁,适用英国法。后双方因履行合同发生争议,申请人依据包运合同的约定在香港特区提起仲裁。仲裁庭裁决支持了申请人的仲裁请求。申请人根据最高人民法院《仲裁裁决互认安排》有关规定,向内地法院申请认可和执行案涉仲裁裁决。法院经审查认为,申请人申请执行在香港特区作出的相关仲裁裁决,提交了符合法律规定

---

① 参见最高人民法院〔2008〕民四他字第 11 号复函;另可参见泰州市中级人民法院(2015)泰中商仲审字第 00004 号民事裁定书。
② 另参见最高人民法院〔2013〕民四他字第 46 号复函。

的申请材料,且不具有该安排第 7 条规定的可不予执行的情形,应当予以认可和执行。① 珠海市中级人民法院曾审理当事人申请撤销澳门特区仲裁机构作出的仲裁裁决案,均以驳回当事人撤裁申请结案。②

  台湾地区中华仲裁协会曾以(2002)仲声仁字第 135 号仲裁裁决书作出裁决:在大陆注册的被申请人应给付台湾地区注册的申请人 390 万美元及利息,并承担 65%的仲裁费。因被申请人可供执行的财产在厦门,申请人遂申请厦门市中级人民法院认可该裁决的效力。该院审查认为,该仲裁裁决书不违反一个中国原则和国家法律的基本原则,且不损害社会公共利益,裁定对该仲裁裁决的效力予以认可。该案是大陆首次认可台湾地区有关仲裁机构的裁决。该案的审结对于及时、公正解决两岸间民事经济纠纷等方面,具有积极意义。③ 2015 年最高人民法院发布《认可和执行台湾裁决规定》。(2020)京 04 执 122 号之一案显示,台湾"故宫博物院"申请认可和执行台湾地区中华仲裁协会 103 仲声信字第 072 号仲裁裁决书,北京市第四中级人民法院立案后,裁定认可和执行该裁决,但因大陆被执行人无可供执行财产,该院裁定终结本次执行程序。

---

  ① 参见广州海事法院(2019)粤 72 认港 1 号民事裁定书;天津海事法院(2021)津 72 认港 7 号民事裁定书。另可参见《内地与香港特别行政区发布相互执行仲裁裁决的典型案例》。
  ② 参见《珠海市中级人民法院发布珠海法院仲裁司法审查十大典型案例》,载珠海市中级人民法院网站(http://www.zhcourt.gov.cn/article/detail/2023/04/id/7235717.shtml),访问时间:2023 年 4 月 17 日。
  ③ 参见福建法院涉台司法服务网(http://stfw.fjcourt.gov.cn/News/Detail/4f83f3bf-1a23-467b-8765-a5f49635167a),访问时间:2023 年 12 月 30 日。

第三章 国际民商事争议的和解与调解

诉讼、仲裁和调解,是解决国际民商事争议的"三驾马车"。如前文所述,随着《选择法院协议公约》《海牙承认与执行判决公约》的制定和陆续生效,会有更多的国际商事纠纷得以通过诉讼得到解决。《纽约公约》的巨大成功,使得符合该公约要求的仲裁裁决,能在172个缔约国得到承认与执行,仲裁仍是国际商事争议的主流解决方式。因此,诉讼和仲裁在国际民商事争议解决中具有主导和优势地位。而事实上,当事人之间的自愿和解,则是更为普遍的纠纷解决方式。为促进国际民商事争议解决方式的多元化,使国际调解方式更加普及,国际社会制定了《新加坡调解公约》。

第一节 当事人自行和解

国际民商事争议发生后,当事人可以通过协商,在自愿基础上达成和解协议,解决纠纷。

一、国际民商事争议和解的原则

(一)自愿原则

自愿原则是当事人和解的前提,任何一方不同意和解,都不能进入和解程序,不能实现和解的目的。进入和解程序后,当事人可以提出终止和解。

(二)合法原则

和解应基于法律规定和合同约定,当事人可以相互作出让步,重新平衡权利义务关系,但不得违反法律规定。违反法律规定达成的和解协议,不会得到法律的承认和法院的执行。

(三)平等原则

国际民商事合同当事人或许来自不同国家或地区,但其法律地位平等,在谈判和解协议时亦为平等主体。这是实现协商解决争议的基础。

(四)协商一致原则

没有协商一致,就没有和解协议。只有当事人的意思表示真实、一致,才能达成和解,也才能顺利执行和解协议。

(五)公平合理原则

公平合理不是绝对的,而是相对的。在公平合理原则下,当事人可以互相让步,相对满意地实现各自的合同目的。避免因争议持续得不到解决,而丧失商机,遭受更大损失。

二、和解协议的种类和效力

(一)和解协议的种类

1. 诉讼或仲裁前和解。顾名思义,此阶段达成的和解协议,未经进入法定程序,属于当事人在没有法院或仲裁庭参与下自愿协商达成的和解,又称庭前和解。庭前和解协议可以是原合同的补充或组成部分,也可以独立于原合同,成为新成立的合同。只要符合合同成立的要件,即为合法有效合同。如果一方当事人不履行和解协议,另一方可以追究其违约责任。庭前和解具有灵活方便的特点,当事人可以在不同地点、以不同方式实现和解,如在卖方或买方所在地、以面对面谈判或以电子通讯方式谈判,签署也可以通过电子签名方式实现。目前国内外设立了不同的在线和解机制,如我国最高人民法院制定了人民法院调解规则,各级法院和仲裁机构设立了众多和解和调解平台,实现诉调结合、裁调结合,逐步完善多元化纠纷解决机制。而国际上营利性的在线和解平台,有 Cybersettle.com、ClickNsettle 和 BBB.org 等。

2. 诉讼或仲裁中和解。诉讼或仲裁程序中,法院或仲裁庭会依法鼓励当事人自行或在法庭/仲裁庭主持下达成和解,从而终止法定程序。对此,《民诉法》及其司法解释、《仲裁法》及司法解释均有相应规定。如《民诉法》第53条规定,当事人可以自行和解。当事人自行和解后,可以撤诉,诉讼或仲裁程序终结。当事人也可以在法院或仲裁庭主持下达成和解协议,此时的和解称为调解,由法院或仲裁庭根据当事人签署的和解协议制作调解书或裁决书。根据《民诉法》第100条规定,调解达成协议,人民法院应当制作调解书。调解书应当写明诉讼请求、案件的事实和调解结果,调解书经双方当事人签收后,即具有法律效力。《仲裁法》第49条规定,当事人申请仲裁后,可以自行和解。达成和解协议的,可以请求仲裁庭根据和解协议作出裁决书,也可以撤回仲裁申请。对仲裁中的调解,第51条规定,仲裁庭在作出裁决前,可以先行调解。当事人自愿调解的,仲裁庭应当调解。调解不成的,应当及时作出裁决。调解达成协议的,仲裁庭应当制作调解书或者根据协议的结果制作裁决书。调解书与裁决书具有同等法律效力。在〔2023〕中国贸仲京裁字第 2581 号案中,分别在新加坡和香港特区注册的货物买卖双方当事人自愿和解,案外人(被申请人股东)自愿加入仲裁程序,申请人和被申请人同意该第三方的加入,仲裁庭遂将该第三方追加为第二被申请人。三方在仲裁庭主持下达成和解协议。仲裁庭依据该协议制作裁决书,妥善解决了当事人之间货款争议。①

第二节　国际调解公约

国际民商事调解,有多种类型,除上文述及的诉讼或仲裁中调解,还有诉前民间调解、诉前司法调解、行政调解、专门调解机构(调解员)调解等。在国际民商事调解方面,据 UNCITRAL 网站介绍,Conciliation 或 mediation 两个术语是为适应现实和实际使用场合而采用的互换术语(中译文不变,统一译为"调解")。1980 年 UNCITRAL 制定《贸易法委员会调解规则》并经 2021 年修订。2002 年制定《国际商事调解示范法》(UNCITRAL Model Law on International Commercial Conciliation),2018 年修订为《国际商事调解和调解产生的国际和解协议示范法》,供各国立法参考。这是对《联合国关于调解所产生的国际和解协议公约》(United Nations Convention on International Settlement Agreements Resulting from Mediation,以下简称《新加坡调解公约》)的补充,该公约 2019 年 8 月 7 日在新加坡开放签署并于 2020 年 9 月 12 日正式生效。中国政府代表已于 2019 年 8 月 7 日签署该公约,但目前尚未对中国生效。《新加坡调解公约》的性质和作用上可称得上是国际和解协议执行方面的《纽约公约》,其重要意义在于填补了经调解所达成的国际和解协议在国家间相互承认与执行方面的空白,赋予了国际和解协议的强制执行效力,使得调解成为一种独立的争议解决方式,能够与仲裁和诉讼并驾齐驱。1958 年《纽约公约》、2019 年《海牙承认与执行判决公约》和 2019 年《新加坡调解公约》作为国际争端执行框架下的三大国际公约,构成国际商事仲裁裁决、判决以及和解协议的国际(承认和)执行的基本架构,为国际民商事争端解决提供了国际法保障机制。

一、调解公约适用范围

根据公约第 1 条,其适用于调解所产生的、当事人为解决商事争议而以书面形式订立的国际和解协议,即公约适用于国际商事调解中的和解协议。国际商事调解,通常被认为是当事人在国际商事交往过程中产生争议之后,在平等自愿基础上,通过共

---

① 该案为笔者担任贸仲独任仲裁员审理的案件,遵仲裁保密原则未予公开。

同选定第三方,即调解员,以协助各方当事人解决纠纷的方式。国际商事和解协议(settlement agreement),是指产生于调解过程中的当事人为了解决彼此的商事争议而订立的书面协议。① 而且,和解协议必须具有国际性和商业性。在订立时由于以下原因之一而具有国际性:(a)和解协议至少有两方当事人在不同国家设有营业地;或者(b)和解协议各方当事人设有营业地的国家不是:(i)和解协议所规定的相当一部分义务履行地所在国;或者(ii)与和解协议所涉事项关系最密切的国家。不符合上述积极条件的和解协议,不适用该公约。例如,仅是争议双方自行协商,没有经过第三人(调解员)的协助,即便双方达成国际和解协议,也无法借助公约获得域外执行效力。从该规定看,公约以营业地作为连接点判断和解协议的国际性,而没有如《纽约公约》规定"仲裁地"一样设立"调解地"的概念,也没有缔约国要求,仅需要双方当事人在不同国家设有营业地。以营业地为主要标准,兼顾协议履行和最密切联系原则来判断和解协议的国际性和可执行性。而当事人的营业地可能存在注册地、运营中心所在地等不同连接因素,规定虽然灵活,但对判断和解协议的国际性会带来不确定性。反观《纽约公约》对外国仲裁裁决的规定,相对更为明确,即在外国作出的裁决,或者非内国裁决。而且国际仲裁中当事人可通过合意选择或由仲裁机构所在地确定仲裁地,以确定仲裁裁决的国籍,而在调解公约中当事人并不能通过合意选择国籍或营业地来影响到和解协议的国际性。关于和解协议的商业性,公约第1条第2款以负面清单的形式对和解协议的商事性进行限定,即不适用于(a)为解决其中一方当事人(消费者)为个人、家庭或者家居目的进行交易所产生的争议而订立的协议;(b)与家庭法、继承法或者就业法有关的协议。

另外排除适用公约的情况包括:(a)经由法院批准或者系在法院相关程序过程中订立的协议;(b)可在该法院所在国作为判决执行的协议,以及(c)已记录在案并可作为仲裁裁决执行的协议。之所以可作为判决或仲裁裁决执行的和解协议也被排除在公约范围之外,旨在避免与现有和未来的公约重叠,如《纽约公约》《法院选择协定公约》和《海牙承认与执行判决公约》。就我国而言,在诉讼或仲裁程序中达成的和解协议,不适用公约。而经由专业调解机构(如中国国际商会调解中心、贸仲或海仲调解中心)作出的和解协议,应为公约适用范围。

二、营业地、书面协议和调解

公约第2条定义条款对营业地、书面和调解作出规定。

---

① 参见许军珂:《〈新加坡调解公约〉框架下国际商事和解协议效力问题研究》,载《商事仲裁与调解》2020第3期。

(一) 营业地

针对公约第 1 条中的营业地,第 2 条规定,(a) 一方当事人有不止一个营业地的,相关营业地是与和解协议所解决的争议关系最密切的营业地,同时考虑到订立和解协议时已为各方当事人知道或者预期的情形;(b) 一方当事人无营业地的,以其惯常居住地为准。

(二) 书面协议

第 2 条对书面形式作了较宽泛的规定,即和解协议的内容以任何形式记录下来即为"书面形式"。电子通信所含信息可调取以备日后查用的,该电子通信即满足了和解协议的书面形式要求。可以看出,公约较之前《销售合同公约》和《纽约公约》等关于书面形式的规定,采取了更为宽泛和包容的态度,以适应现代通讯方式的需要。

(三) 调解

根据定义,调解(mediation)是指不论使用何种称谓或者以何为依据进行的过程,意为由一名或者几名无权对争议当事人强加解决方法的第三人(调解员)协助,当事人设法达成友好的争议和解协议的过程。依该规定,和解协议需由第三者(调解员)介入达成,体现了公约对于未经调解的和解协议的排除适用,当事人不可将自行达成的和解协议直接申请执行。

三、和解协议的效力

公约并未对国际和解协议的效力直接作出规定,但第 3 条规定了国际和解协议对缔约国和当事人的实际约束力:(a) 每一缔约国应按照本国程序规则并根据本公约规定的条件执行和解协议;(b) 如果就一方当事人声称已由和解协议解决的事项发生争议,缔约国应允许该当事人按照本国程序规则,并根据本公约规定的条件援用和解协议,以证明该事项已得到解决。该条规定实际上赋予国际和解协议"一事不再理"的法律效力及在缔约国的可执行性。和解协议在功能上应相当于法院判决和仲裁裁决,根据功能等同原则,和解协议效力也应具有和判决、裁决同等的效力。但调解毕竟不是诉讼或仲裁,其特点决定了功能等同原则在适用时的受限性。和解协议本质上仍然是一种契约,其效力不可能完全等同于判决和裁决。公约规定的和解协议的效力,可以说是一种修正的功能等同。[①]

[①] 参见许军珂:《〈新加坡调解公约〉框架下国际商事和解协议效力问题研究》,载《商事仲裁与调解》2020 第 3 期。

四、申请执行和解协议需满足的条件

根据第4条第1款,当事人依赖和解协议申请执行,应向主管机关提供:(a)由各方当事人签署的和解协议;(b)显示和解协议产生于调解的证据,例如:(i)调解员在和解协议上的签名;(ii)调解员签署的表明进行了调解的文件;(iii)调解过程管理机构的证明;或者(iv)在没有(i)目、第(ii)目或者第(iii)目的情况下,可为主管机关接受的其他任何证据。可见,除书面形式、协议经由调解的证据以及签署外,缔约方不得施加其他形式条件。公约充分尊重当事人意思自治,调解程序的启动、调解员的选任、调解规则的适用、调解协议的达成以及调解的终止等事项,都由当事人自行合意决定。只要国际和解协议满足公约要求的条件,即可依据公约获得可执行性。依公约规定,有效的国际和解协议应得到直接、快速地执行,既不需要承认环节,也不应另附其他条件。法院不应强制要求提交的和解协议由调解机构背书认证,也不得允许将调解员的从业资质作为否定国际和解协议可执行性的理由。同样,法院无需要求国际和解协议经由协议作出地的认证。

该条第2款同时规定当事人或调解员签署的形式,符合下列条件的,即为在电子通信方面满足了和解协议应由当事人签署,或者在适用情况下应由调解员签署的要求:(a)使用了一种方法来识别当事人或者调解员的身份并表明当事人或者调解员关于电子通信所含信息的意图;并且(b)所使用的这种方法:(i)从各种情况来看,包括根据任何相关的约定,对于生成或者传递电子通信所要达到的目的既是适当的,也是可靠的;或者(ii)其本身或者结合进一步证据,事实上被证明具备前述(a)项中所说明的功能。第3款规定,和解协议不是以寻求救济所在公约缔约国正式语文拟订的,主管机关可请求提供此种语文的和解协议译本。

五、缔约国拒绝准予执行

与《纽约公约》类似,公约在第5条仍以"可以拒绝,除非"(may refuse…only if)的用语规定了缔约国法院可以拒绝准予执行和解协议的理由,包括依当事人申请和执行机关主动审查这两种情况。公约第5条第1款规定了依当事人(被执行人)申请受理机关拒绝准予执行的情形,包括:(a)当事人方面,和解协议当事人无行为能力;(b)和解协议方面,(i)和解协议无效,(ii)或和解协议不具有终局性、不具约束力,或(iii)和解协议随后被修改过;(c)和解协议中的义务已经履行,或不明确且不可理解;(d)就救济而言,给予救济将违反和解协议条款;(e)调解员严重违反,适用于调解员或者调解的规则,若非此种违反,该当事人(即被执行人)本不会订立和解协议;(f)调解员未适当对当事各方披露可能对其公正性或者独立性产生正当怀疑的情形,若非此种未予披

露,则当事人(即被执行人)本不会订立和解协议。

公约第5条第2款规定了受理机关经主动审查后拒绝准予执行的情形,包括:(a)准予执行将违反该国公共政策;或者(b)根据该国法律,争议事项不得以调解方式解决。

与《纽约公约》第5条相似,上述条款规定执行例外情形,包括两大类,一是被执行人提出抗辩的理由,即与争议方、和解协议和调解程序有关的情形;二是法院依职权主动审查后拒绝执行的情形,即涉及公共政策以及争议事项无法通过调解解决。可见,缔约国法院可以拒绝执行的理由,也是穷尽式列举。且仅应进行形式审查,以减少当事方实现跨国执行协议的障碍。虽然公约明显注重调解员的行为独立性、正当性及和解协议的确定性,但这并不意味着执行法院可以对拒绝准予执行的理由进行实质审查。

六、并行申请或者请求

公约第6条规定,若当事人提出与和解协议有关的申请或者请求(如请求撤销、修改、补充和解协议或宣告其无效),这些申请或者请求可能影响公约第4条规定的救济,此时,受理机关如认为适当,可中止程序,也可应一方当事人的请求命令另一方当事人提供适当担保。

七、"更优权利条款"

与《纽约公约》类似,公约采取偏向执行的态度,鼓励缔约国尽可能地使和解协议获得救济。因此公约第7条规定,本公约不应剥夺任何利害关系人可依寻求依赖和解协议公约缔约方的法律或者条约所许可的方式,在其许可限度内,援用该和解协议的任何权利。即若缔约国国内法规定更有利于当事人执行公约下的国际和解协议,则当事人可选择适用该缔约国国内法寻求救济。因此,该条被称为"更优权利条款"。

八、保留条款

公约第8条规定了保留条款。第1项保留允许公约当事方在声明规定的限度内,将其为一方当事人的和解协议或任何政府机构或代表政府机构行事的任何人,为一方当事人的和解协议排除在公约适用范围之外。如果缔约国无此保留,则很有可能被解释为放弃主权豁免,因而大大缓解执行难的问题。第2项保留允许公约当事方声明仅在争议各方同意适用公约的情况下适用公约。按第9条的规定,公约以及对其作出的任何保留在未来适用于公约对有关当事方生效后订立的和解协议。

第三节　调解公约与我国法律的衔接

一、调解公约的可执行性与我国现行立法的冲突

根据公约,在诉讼和仲裁中的调解所达成的国际和解协议不在公约适用范围。但是,若所涉国际商事和解协议不能作为判决、裁定、仲裁裁决或调解书执行,则应属公约适用范围。根据2009年最高人民法院《关于建立健全诉讼与非诉讼相衔接的矛盾纠纷解决机制的若干意见》(以下简称《诉非衔接意见》)、2010年《人民调解法》和2011年最高人民法院《关于人民调解协议司法确认程序的若干规定》(以下简称《司法确认规定》)等规定,我国机构调解、组织调解、行业调解、律师调解、法院委派/委托调解等所产生涉及国际商事争议的和解协议,应属公约适用范围。这些和解协议具有民事合同性质。如需执行该等和解协议,当事人可共同向法院申请确认其效力,和解协议经司法确认后方可申请法院强制执行。

公约创设了国际和解协议直接执行的法律效果,赋予国际和解协议以直接可执行性。申请执行地国家法院仅能在受理申请后,依据公约第4条和第5条,对国际和解协议的形式要件和公共政策等问题进行审查。而在我国现行法律制度下,和解协议本质上属于一种契约,国际和解协议需被确认、转化为法院判决、裁定才可以被执行。另外,上述《人民调解法》和《诉非衔接意见》都规定了当事人可以在达成协议后反悔并请求政府或法院再行解决争议,或者就调解协议提起诉讼。而公约直接赋予了国际和解协议的可执行性,并赋予其终局效力,并无再行"承认"或"确认效力"的程序。因此我国法律没有直接执行国际和解协议的空间。

这种冲突,使得公约下的国际和解协议虽然被赋予可直接执行效力,但是我国法院依本国程序规则执行时需要再次确认其效力,这势必违反公约直接执行的规定。因为,此处的程序规则应理解为执行程序规则,而非再次确认效力规则。对此,我国立法应确认并保障国际和解协议通过国际机制获得的可执行性和效力的终局性。我国可通过修改上述立法直接增加关于执行国际和解协议的内容,或授权司法机关将满足条件的国际和解协议认定为民事诉讼法框架下的"可执行的法律文书"。

二、对和解协议的执行审查

虽然在我国现行法律下,不应再对国际和解协议作效力审查和确认,但不意味着可以不对其作执行审查。执行审查是公约赋予缔约国的权利,缔约国有权依据公约第

4条对申请执行的条件,根据公约第 5 条对是否构成不予执行进行审查。对于审查结果,只能是准予执行或不予执行。如同我国法院对外国仲裁裁决没有撤销权一样,对国际和解协议亦没有撤销权。对于不予执行的国际和解协议,当事人仍可以尝试在其他国家申请执行。

三、调解员制度的建立

根据公约,调解不限于机构调解,还包括个人调解。个人调解与机构调解所产生的国际和解协议具有相同的效力。但我国现行法律仅规定机构调解模式,调解协议需由调解机构盖章确认。而对调解员设置了相对严苛的准入要求,即使以个人名义作出的调解协议,也应归入调解组织调解。根据公约,我国法律不能禁止个人调解员依据公约进行调解,也无法禁止其他国家的个人调解并达成国际和解协议。经我国个人调解达成的国际和解协议可以申请其他缔约国执行,在外国经个人调解达成的国际和解协议亦可在我国申请执行。

我国尚未建立国际调解员制度,对于国际民商事调解员资格认定尚无法律依据。而执行地法院应对调解员是否违反程序正当性、调解员签署和解协议的真实性等事项进行审查,对此,还应建立调解员资格审查和调解员签署审查制度。但需注意的是,对调解员资格要求和审查,只是保证经调解作出的和解协议符合公约规定的执行条件,而不应作为是否予以执行的条件。因此,如何平衡二者关系至关重要。为确保调解员的独立性和公正性,我国可规定调解及调解员准则,实现调解过程的真实性与有效性。

参考文献

一、国际货物销售法律

1. 〔英〕克里斯蒂安·特威格-福莱斯纳、〔英〕里克·卡纳万、〔英〕赫克特·麦奎因:《英国货物买卖法》(第13版),郑睿、殷安军译,中国法制出版社2022年版。
2. 〔日〕潮见佳男、〔日〕中田邦博、〔日〕松冈久和主编:《〈联合国国际货物销售合同公约〉精解》,〔日〕小林正弘、韩世远译,人民法院出版社2021年版。
3. 王利明、杨立新、王轶等:《民法学》(第6版),法律出版社2020年版。
4. 杨梦莎:《〈联合国国际货物销售合同公约〉优先适用问题研究》,法律出版社2020年版。
5. 薛荣久主编:《国际贸易》(第7版),对外经济贸易大学出版社2020年版。
6. 黄薇主编:《中华人民共和国民法典释义》,法律出版社2020年版。
7. 最高人民法院民法典贯彻实施工作领导小组主编:《中华人民共和国民法典合同编理解与适用》,人民法院出版社2020年版。
8. 高旭军:《〈联合国国际货物销售合同公约〉适用评释》,中国人民大学出版社2017年版。
9. 刘彤:《国际货物买卖法》(第2版),对外经济贸易大学出版社2013年版。
10. 何宝玉:《合同法原理与判例》,中国法制出版社2013年版。
11. 刘瑛:《国际货物买卖中的损害赔偿制度实证研究——以〈联合国国际货物销售合同公约〉的规则与实践为核心》,中国人民大学出版社2013年版。
12. 杨大明:《国际货物买卖法》,法律出版社2011年版。
13. 陈剑玲编著:《国际货物买卖法》(英文版),对外经济贸易大学出版社2011年版。
14. 中国国际经济贸易仲裁委员会编:《〈纽约公约〉与国际商事仲裁的司法实践》,法律出版社2010年版。
15. 张玉卿编著:《国际货物买卖统一法——联合国国际货物销售合同公约释义》(第3版),中国商务出版社2009年版。
16. 杜奇华主编:《国际技术贸易》,复旦大学出版社2008年版。

17. 郭瑜:《国际贸易法》,北京大学出版社 2006 年版。

18. 沈木珠:《国际贸易法研究》,法律出版社 2002 年版。

19. 万鄂湘主编:《国际知识产权法》,湖北人民出版社 2001 年版。

20. 陈洁、赵倩编著:《WTO 与知识产权法律实务》,吉林人民出版社 2001 年版。

21. 李本森编著:《WTO 与国际服务贸易法律实务》,吉林人民出版社 2001 年版。

22. 赵维田:《世贸组织(WTO)的法律制度》,吉林人民出版社 2000 年版。

23. 黎孝先主编:《国际贸易实务》,对外经济贸易大学出版社 1994 年版。

24. 〔英〕施米托夫:《国际贸易法文选》,赵秀文选译,中国大百科全书出版社 1993 年版。

25. 〔英〕P. B. 鲁滨逊编著:《进出口贸易》,田荆、罗苏晶译,对外贸易教育出版社 1989 年版。

26. 沈达明、冯大同编:《国际贸易法》,北京大学出版社 1983 年版。

27. 〔英〕施米托夫:《出口贸易》,北京对外贸易学院国际贸易问题研究所译,中国财政经济出版社 1978 年版。

28. UNCITRAL Digest of Case Law on the United Nations Convention on Contracts for the International Sale of Goods, 2016 Edition.

29. Indira Carr and PeterStone, International Trade and Law 2, Talor & Trancis Group.

30. Schlechtriem and Schwenzer, Commentary on the UN Convention on the International Sale of Goods, Oxford University Press, 2015.

31. Ingeborg Schwenzer, Christiana Fountoulakis and Mariel Dimsey, International Sales Law-A Guide to the CISG, Hart Publishing, 3rd Edition, 2013.

二、国际货物运输法律

1. 王淑梅主编:《海上货物运输合同纠纷案件裁判规则》,法律出版社 2021 年版。

2. 任雁冰编著:《涉海商事争议解决法律全书:规则通解与实务指引》,法律出版社 2020 年版。

3. 〔英〕理查德·艾肯斯、〔英〕理查德·罗德、〔英〕麦克·布尔斯:《提单》(第 2 版),魏长庚、李皓、纪贵智等译,法律出版社 2020 年版。

4. 司玉琢、张永坚、蒋跃川编著:《中国海商法注释》,北京大学出版社 2019 年版。

5. 〔英〕约翰·斯科菲尔德:《装卸时间和滞期费》,魏长庚等译,上海浦江教育出版社 2017 年版。

6. 〔美〕乔治·汤普金斯:《从美国法院实践看国际航空运输责任规则的适用与发展——从 1929 年〈华沙公约〉到 1999 年〈蒙特利尔公约〉》,本书译委会译,法律出版社

2014 年版。

7. 朱曾杰、吴焕宁、张永坚等:《鹿特丹规则释义:联合国全程或者部分海上国际货物运输合同公约》,中国商务出版社 2011 年版。

8. 杨运涛、翟娟:《〈鹿特丹规则〉对航运物流业务的影响研究》,中国商务出版社 2011 年版。

9. 杨良宜:《装卸时间与滞期费》,大连海事大学出版社 2006 年版。

10. 吴建端:《航空法学》,中国民航出版社 2005 年版。

11. 杨良宜:《提单及其付运单证》,中国政法大学出版社 2001 年版。

12. 赵维田:《国际航空法》,社会科学文献出版社 2000 年版。

13. 孟于群、陈震英编著:《国际货运代理法律及案例评析》,对外经济贸易大学出版社 2000 年版。

14. 唐明毅主编:《现代国际航空运输法》,法律出版社 1999 年版。

15. 中国民用航空总局政策法规司:《1999 统一国际航空运输某些规则的公约精解》,中国民用航空总局学习资料。

16. 曹三明、夏兴华主编:《民用航空法释义》,辽宁教育出版社 1996 年版。

17. 傅廷中:《国际海事惯例的适用之反思》,载《社会科学辑刊》2020 年第 5 期。

18. 余晓汉:《定期租船合同下船长签发提单而提单又未载明承运人名称的,一般应当将定期租船的承租人识别为承运人》,载中国应用法学研究所主编:《最高人民法院案例选》,法律出版社 2020 年版。

19. 任雁冰:《英国上议院"Starsin"案对定期租船合同下提单承运人如何识别》,载"信德海事"微信公众号 2022 年 9 月 26 日。

20. 余晓汉:《运输合同的理解与适用》,载"第二巡回法庭"微信公众号 2020 年 10 月 27 日。

21. Paul Todd, Bills of Lading and Banker' Documentary Credit, LLP Reference Publishing, 3rd Edition, 1998.

22. Peter Jones, FIATA Legal Handbook on Forwarding, Les Editions Yvon Blais Inc. © Peter Jones, 1991.

23. Payne and Ivamy, Carriage of Goods by Sea, London Butterworths, 12th Edition, 1985.

三、国际运输货物保险法律

1. 李玉泉:《保险法》(第 3 版),法律出版社 2019 年版。

2. 安建主编:《中华人民共和国保险法(修订)释义》,法律出版社 2009 年版。

3. 杨良宜、汪鹏南:《英国海上保险条款详论》(第 2 版),大连海事大学出版社

2009 年版。

4. 马原主编:《保险法条文精释》,人民法院出版社 2003 年版。

5. 〔英〕奥梅、〔英〕希尔:《OMAY 海上保险法律与保险单》,郭国汀等译,法律出版社 2002 年版。

6. 〔日〕加藤修:《国际海上运输货物保险实务》,周学业、王秀芬译,大连海事大学出版社 1995 年版。

四、国际货款结算国际惯例

1. 林建煌:《品读 ISBP745》,厦门大学出版社 2013 年版。

2. 王腾、曹红波:《彻底搞懂信用证》(第 2 版),中国海关出版社 2011 年版。

3.《UCP600 评述:UCP600 起草工作组的逐条分析》,中国国际商会/国际商会中国国家委员会组织翻译,中国民主法制出版社 2009 年版。

4. 林建煌:《品读 UCP600》,厦门大学出版社 2008 年版。

5. 李金泽主编:《UCP600 适用与信用证法律风险防控》,法律出版社 2007 年版。

6. 最高人民法院民事审判第四庭编:《信用证纠纷典型案例》,中国民主法制出版社 2006 年版。

7. 朱亚、李金泽主编:《票据结算与托收法律风险防范》,中信出版社 2004 年版。

8. 金赛波编著:《中国信用证法律和重要案例点评》,对外经济贸易大学出版社 2002 年版。

9.《美国统一商法典〈信用证〉篇(1995 年修订本)》,王江雨译,中国法制出版社 1998 年版。

五、国际争议解决

1. 李双元、欧福永主编:《国际私法》(第 6 版),北京大学出版社 2022 年版。

2. 扬帆译著:《商事仲裁国际商事理事会之 1958 年纽约公约释义指南:法官手册》,法律出版社 2014 年版。

3. 赵秀文主编:《国际商事仲裁法》(第 2 版),中国人民大学出版社 2014 年版。

4. 最高人民法院民事审判第四庭编著:《〈中华人民共和国涉外民事关系法律适用法〉条文理解与适用》,中国法制出版社 2011 年版。

5. 中国国际经济贸易仲裁委员会编:《〈纽约公约〉与国际商事仲裁的司法实践》,法律出版社 2010 年版。

6. 杜新丽主编:《国际私法》,高等教育出版社 2007 年版。

7. 杨良宜、莫世杰、杨大明:《仲裁法:从 1996 年英国仲裁法到国际商务仲裁》,法律出版社 2006 年版。

8. 徐卉:《涉外民事商事诉讼管辖权冲突研究》,中国政法大学出版社 2001 年版。

9. 杨良宜、杨大明:《禁令》,中国政法大学出版社 2000 年版。

10. 李浩培:《李浩培文选》,法律出版社 2000 年版。

11. 刘汉富主编:《国际强制执行法律汇编》,法律出版社 2000 年版。

12. 朱克鹏:《国际商事仲裁的法律适用》,法律出版社 1999 年版。

13. 王国华:《海事国际私法研究》,法律出版社 1999 年版。

14. 李玉泉主编:《国际民事诉讼与国际商事仲裁》,武汉大学出版社 1994 年版。

15. 〔法〕勒内·罗迪埃:《比较法导论》,徐百康译,上海译文出版社 1989 年版。

16. 王海峰、李训民:《〈关于适用涉外民事关系法律适用法若干问题的解释（二）〉的理解与适用》,载《人民司法》2024 年第 1 期。

17. 汤维建、林洧:《涉港澳台民事诉讼程序特别规则的体系建构》,载《法律适用》2023 年第 9 期。

18. 张卫平:《我国禁诉令的建构与实施》,载《中国法律评论》2022 年第 2 期。

19. 车丕照:《〈民法典〉颁行后国际条约与惯例在我国的适用》,载《中国应用法学》2020 年第 6 期。

20. 韩红俊、杨蕾:《我国商事仲裁裁决司法审查程序研究》,载《商事仲裁与调解》2020 年第 3 期。

21. 许军珂:《〈新加坡调解公约〉框架下国际商事和解协议效力问题研究》,载《商事仲裁与调解》2020 第 3 期。

22. 沈红雨:《外国民商事判决承认和执行若干疑难问题研究》,载《法律适用》2018 年第 5 期。

23. 高晓力:《谈中国法院承认和执行外国仲裁裁决的积极实践》,载《法律适用》2018 年第 5 期。

24. 高晓力:《司法应依仲裁地而非仲裁机构所在地确定仲裁裁决籍属》,载《人民司法》2017 年第 20 期。

25. 刘晓红:《非内国仲裁裁决的理论与实证论析》,载《法学杂志》2013 年第 5 期。

26. 郭玉军、陈芝兰:《论国际商事仲裁中的"非国内化"理论》,载《法制与社会发展》2003 年第 1 期。

27. 刘振江:《中国区际司法协助问题的探讨》,载黄进、黄风主编:《区际司法协助研究》,中国政法大学出版社 1993 年版。

28. 高晓力:《加强民商事国际司法协助 服务国际商事争议解决》,载最高人民法院国际商事法庭网站（https://cicc.court.gov.cn/html/1/218/62/164/2272.html）,访问时间:

2023 年 10 月 2 日。

29. Marike Paulsson, Commentary on New York Convention, Kluwer Law International, 2021.

30. Gary B. Born, International Arbitration Law and Practice, Kluwer Law International, 2nd Edition, 2016.

主题词索引

CFR 38—41,112,117,207—208,520,643
CIF 39—41,590,593—594,643
CIM-SMGS 457
CIP 31,113,643
CPT 31,112
DAP 32,113
DDP 32,113
DPU 32,113
EXW 29,112
FAS 33,113
FCA 27,30,112
FOB 33—36,113,487,643
INCOTERMS 25
UCP 630
WAYBILL 192,194,407,413,472

B

保兑信用证 634,639
保留条款 55,853
保险标的 521,539,552
保险单 539—540,548,575
保险合同格式条款及其解释规则 543
保险价值 554,591
保险金额 39,532,554—555,591
保险利益的识别 518
保险利益原则 515
保险索赔和理赔 587
保险责任 555,577,579—580
保险责任起讫 579
《北京船舶司法出售公约》 732—733

北美公路和铁路提单 194
备用信用证 639
本票 622
便利诉讼原则 669
标准交易条件 70—72,84,491
不承认与执行的例外情形 837
不方便法院原则 669—671,690
不合理绕航义务 326
不可撤销信用证 639
不可转让信用证 639

C

裁决的籍属 760,781,785—786
裁决的效力 800,810,846
仓单 194,500—501,506
仓至仓条款 520,580—582
舱面货 332
《港站经营人责任公约》 496
承兑信用证 639—640,644
承诺 89
承运人单位赔偿责任限额 337
承运人的识别 362
承运人的责任基础 305
承运人的责任期间 305
承运人的责任限制 493
承运人留置权 372
出口信用保险 610
船舶扣押 725
船舶强制拍卖 731
船舶适航 309,324—325,565

D

代位求偿权 598,609
代位求偿权的诉讼时效 609
单独商定条款 76
第三方资助仲裁 821
《电子签名示范法》 280
《电子商务示范法》 277
定期租船合同 363—364,367,374
冻结转租运费或租金 735
独立抽象原则 644
对等原则 667
对交货不符的通知 144
对外贸易 3,266,611
多式联运合同 375,471,473
多式联运经营人 376—378,474,476,478—480
多式联运经营人赔偿责任限额 378,475
多式联运经营人责任限额 476

F

法的渊源 9
法律适用 696,740
非保兑信用证 639
非当地化理论 786,810
非对称管辖协议 677—678
非"控制货物处置权的单据" 194
非内国裁决 787—793,832,850
分段责任制 474
分批交货合同 226,229
风险转移 34,135—136,203
付运地点规则 184—186,189—190
付款时间 187—190,257

G

根本违约 97,216,222,225,253
跟单托收 628
跟单信用证 630

更优权利条款 853
公路或铁路运单托运人联 193
公约的解释 62
公约的适用 44,59
公约效力的减损 79
功能等同原则 277
共同海损 562,568,572,575,722
共同海损分摊 365,610,733
共同海损分摊诉讼时效 610
关贸总协定 4—5
国际多式联运时效期间 388
国际服务贸易 7—8
国际公路运输 460
国际惯例参照适用原则 668
国际海上货物运输 297
国际航空货物运输法 397
国际货物贸易 4
国际货物销售法 23
国际货物运输 295,509,558,858
国际货物运输保险 509
《国际货协》 439,444,451—457
《国际货约》 439—442,463
国际货运代理 407,481—482
国际技术贸易 5—7
国际贸易 3,17,619,663
国际贸易法 9
国际贸易法的渊源 9
国际贸易惯例 10
国际贸易货款结算 619
国际贸易术语解释通则 12
国际贸易统一私法活动 17
国际贸易争议 663
国际民商事司法协助 738
国际民商事诉讼 665
国际民商事诉讼法律适用 696
国际民商事诉讼管辖权 672,685
国际民商事诉讼时效 713

国际民商事争议的和解与调解 847
国际商法 13
国际商会 18
国际商事惯例 10
《国际商事合同通则》 17,92—93,221,268
国际商事仲裁 771
国际商事仲裁的司法监督 822
国际私法 15,19,697
国际条约 10,668
国际条约优先适用原则 431,435
国际调解公约 849
国际铁路运输 436,441,445
国际统一私法协会 17—18
国际习惯 10—11
国家主权原则 666
国内立法 13,498,740,746

H

海关或检疫部门要求的单据 195
《海商法》 376,390
海上保险诉讼时效 608
海事担保 737
海事强制令 735
海事请求保全 723—724
海事证据保全 735
《海牙规则》 298,408,711
海洋运输货物保险附加险 572
海运单 194—196
海运履约方 311,313—316,498
《汉堡规则》 304
航次租船合同 366,368,389
航海过失免责 309,329
航空运单托运人联 192—193,195
合并仲裁程序 818
合同成立和生效 96
合同的形式 43
合同合并条款 75

互惠保留 792
《华沙公约》体系 400
汇票 623
活动物 322
火灾免责 309,332
货代公司单证留置权 489
货代公司的归责原则 490
货代公司身份识别 484
货款支付工具 621
货物的保全 270
货物风险 203
货物风险转移 203
货物权利的瑕疵担保 150

J

机构仲裁 774,792
即期信用证 639—640
记名提单 192,312
加成投保 593
加急仲裁程序 818
检验货物 138
交付货物 109
交货地点 111—113,115
交货时间 117
金康航次租船合同（GENCON 1994） 12
紧急仲裁员 818
进出口贸易 3,506,735
近因原则 529
禁诉令与反禁诉令制度 691
经修正的统一责任制 474
经修正的网状责任制 475
镜像一致原则 648
纠纷先决条款 612—614
救助费用 512,559,568,572,575

K

康金提单（CONGENBILL 1994） 12

可撤销信用证 639
可转让提单 191—192,270,351,471
可转让信用证 636,638—640
控制货物处置权的单据 191
控制权制度 310
口头证据规则 74
扣押船载货物 733—735
跨境电子商务 276

L

类案同判制度 15
利息问题 241
临时仲裁 774,792
《鹿特丹规则》 309,313—314,376,382,475,477,498
履约宽限期 165,202

M

码头收据或大副收据 195
买方的救济方法 158,160
买方付款义务 28,187,216,258
卖方停运权 220,222
美国1893年《哈特法》 298
《蒙特利尔公约》 400
免赔额 593
免责与不可抗力 245
宣告合同无效 222,235,237,252—254,257—258,264
《民用航空法》 19,21,429—430
默示协议管辖 677

N

《纽约公约》 788—790,826,850

P

判例 13
判例法 9,15,63

赔偿金额 591
批量合同 308,313,315—316
平安险 568
普通词义规则 74

Q

欺诈例外的例外 655—657
欺诈例外的例外的例外 655
区际民商事司法合作与互助 754

S

商事保留 792
商业惯例 76—77
商业信用证 639
涉外财产保全 720
涉外行为保全 719
涉外证据保全 719
《时效公约》 714
实际承运人 306,339,412
实际履行 106,161,201
实际托运人 35,341,487—488
市场时价 237—238
数据电文 278—280
水渍险 568
送达主义 96
损失补偿原则 532

T

特别提款权 183,304,415,474—476,621
提单并入条款 369
提单"不知条款" 355—358,360
提单的功能 351
提货单 114,194,501—503,735
同等原则 667
统一运单 457
统一责任制 388,474
投邮主义 96,105

推定全损 595

W

外国法的查明 708—710,739,747
外国法院民商事判决的承认与执行 745
网状责任制 313,475,479
违约损害赔偿 229,233
《维斯比规则》 298,302,470
委付 595
未违约方的减损义务 239
物权凭证 406,457,459,500

X

习惯做法 69,76
喜马拉雅条款 303,493
相符货物 122
《销售合同公约》 7,42,436,714
协会保险条款 558
信用证的种类 639
信用证欺诈例外原则 660
信用证"软条款" 661
《选择法院协议公约》 678,696

Y

延期信用证 639,640,644
严格相符原则 647
要约 83
要约邀请 84
一切险 569
依法仲裁 776
移交单据 109,120
异常条款 75
友好仲裁 776

预期根本违约 222,225
预约保险 541
域外送达 740
域外调查取证 742
域外证据的公证认证 744
运输单证 350,442

Z

争议的可仲裁性 796—797
争议所适用的实体法 809
支票 623
知识产权瑕疵担保 153
中止履行权 219—222
仲裁裁决的不予执行 828
仲裁裁决的撤销 826
仲裁裁决的承认与执行 832
仲裁程序所适用的法律 810
仲裁规则 774—778,783—784,799,800,809—811
仲裁机构 423,616,760,772,774,796—802,804,837
仲裁司法审查案件报核制度 829
仲裁条款的独立性 806
仲裁小额争议程序 818
仲裁协议所适用的法律 803,809
专属管辖 647,682
转移货物所有权 110
准据法与冲突规范 697
自动填补原则 65
最大诚信原则 523
最密切联系原则 706
最小限度网状责任制 313

主要案例索引

(2023)津72民初362号　香港荣程联合贸易公司与堰蜓海运有限公司等海事侵权纠纷案　336

(2023)最高法民辖31号　邓某某、舒某股权转让纠纷民事指定管辖案　685

(2023)浙72民初712号　东营市艾硕国际贸易有限责任公司与宁波鑫鹏供应链管理有限公司海上货运代理合同纠纷案　707

(2023)闽72民初169号　福建华佳彩有限公司与华泰财险营业部海上保险合同纠纷案　596

(2023)津72协外认2号　顺业国际航运有限公司申请承认与执行独任仲裁员Stuart Fitzpatrick作出的最终仲裁裁决案　836

(2023)沪72民初116号　上海团宝智能科技有限公司与赫特国际货运代理(上海)有限公司海上货物运输合同纠纷案　676

(2022)中国贸仲京裁字第1284号　某财险北京分公司与某物流有限公司保险人代位求偿权纠纷案　605,606

(2022)最高法民再15号　上海东和欣实业集团有限公司与青岛汇泉船务公司非法留置船舶损害责任纠纷案　694

(2022)最高法民辖43号　杭锦后旗昌世食品有限公司与广东顺丰电子商务有限公司合同纠纷案　683

(2022)最高法民申150号　黑龙江省远洋国际贸易有限责任公司与中国铁路呼和浩特局集团有限公司等铁路货物运输合同纠纷案　445

(2022)浙72民初951号　温州华宏贸易有限公司与新丝路航运有限公司等海上货物运输合同纠纷案　486

(2022)浙72民初332号　英得尔公司与无忧达(宁波)物流科技有限公司等海上货物运输合同纠纷案　335

(2022)浙72民初1850号　张家港市福百弘贸易有限公司与嘉兴超盛建材股份有限公司仓储合同纠纷案　505

(2022)浙72民初1360号　吉纳物流公司与海陆马士基公司海上货物运输合同纠纷案　335

(2022)粤01民终5586号　埃森斯和佐尼国际运输公司与苏黎世保险(中国)有限公司北京分公司保险人代位求偿权纠纷案　20

(2022)粤01民终5133号　高某某与SIBU-CU360S.L.等国际货物买卖合同纠纷案　46

(2022)闽72民初460号　威加(厦门)航运有限公司与厦门托浦物流有限公司海上货运代理合同纠纷案　484

(2022)闽72民初293号　人保财险无锡市分公司与泉州安通多式联运有限责任公司海上、通海水域货物运输合同纠纷案　382,393

(2022)闽02民终6332号　中经得美国际快运代理有限公司厦门分公司等与人保财险

厦门市分公司保险人代位求偿权纠纷保险人代位求偿权纠纷案 464

(2022)鲁72民初88号 奥诚进出口有限公司与烟台福斯特国际货运代理有限公司海上货运代理合同纠纷案 489

(2022)鲁72民初208号 太平洋财险厦门分公司与上海展旺国际货物运输代理有限公司等保险人代位求偿权纠纷案 380

(2022)辽民终102号 大连海运胜船务工程有限公司与辽宁锦龙超级游艇制造有限公司航次租船合同纠纷案 389

(2022)辽民辖终39号 上海中谷物流股份有限公司与人保财险营口市分公司海上、通海水域货物运输合同纠纷案 602

(2022)辽72民初722号 宇生园菌业食品有限公司与防城港广盛货物代理有限公司等多式联运合同纠纷案 480

(2022)辽72民初1259号 大连华锐国际工程有限公司与大地财险大连分公司等海上、通海水域保险合同纠纷案 588

(2022)京民终8号 Easy Tour Nordic AB 与北京领先国际旅行社有限公司委托合同纠纷案 676

(2022)京74民特4号 柬埔寨光纤通信网络有限公司与国家开发银行申请确认仲裁协议效力案 423

(2022)京04民特368号 董某某等与国银飞机租赁(天津)有限公司申请撤销仲裁裁决案 821

(2022)京02民终1934号 北京神宇环球货运代理有限公司与北京欣欣凌云科技有限公司货运代理合同纠纷案 494

(2022)津0104民初8632号 天津恒康冠耀科技发展有限公司与天津市嘉嘉鑫酒业有限公司仓储合同纠纷案 505

(2022)沪民终702号 太平洋财险上海分公司与上海八面商贸有限公司海上保险合同纠纷案 525,540,542,582

(2022)沪民终440号 原刚国际贸易江苏有限公司与天安财险公司海上保险合同纠纷案 548

(2022)沪民终388号 厦门佳忆进出口贸易有限公司与深圳市鹏城海物流有限公司上海分公司海上货运代理合同纠纷案 490

(2022)沪民终352号 中国外运陆桥运输有限公司与上海上实国际贸易(集团)有限公司等海上货运代理合同纠纷案 490

(2022)沪民终326号 太平洋财险航运保险事业营运中心与江苏爱福物流有限公司海上保险合同纠纷案 576,579

(2022)沪民终146号 太平洋财险北京分公司与快可物流公司、南京远洋公司、NYC航运公司海上货物运输合同纠纷案 333

(2022)沪74民终356号 太平财险上海分公司与太平洋财险上海分公司保险人代位求偿权纠纷案 609

(2022)沪72民初973号 骏逸国际货运代理有限公司与溪冀贸易有限公司海上货运代理合同纠纷案 484

(2022)沪72民初875号 上海齐通国际货物运输代理有限公司与浩友夫(上海)机械有限公司海上货运代理合同纠纷案 487

(2022)沪72民初747号 安达保险有限公司与上海领捷国际物流有限公司海上货运代理合同纠纷案 490

(2022)沪72民初714号 安盛天平财产保险有限公司与上海集航国际货物运输代理有限公司海上货物运输合同纠纷案 319

(2022)沪72民初265号 浙江晶岛实业有限公司与广东意达国际货运有限公司上海分公司等海上货运代理合同纠纷案 488

(2022)沪01民终5792号 中国东方航空公

司与蔡某某等航空旅客运输合同纠纷案 437

（2021）最高法知民终1039号　赫徕森漫游有限公司与深圳市宜联畅游技术有限公司技术合同纠纷案 707

（2021）最高法知民辖终60号　金士顿科技有限公司与赫尔辛基内存技术有限公司等侵害发明专利权纠纷管辖权异议案 671

（2021）最高法民再277号　交通银行信托有限公司与中国国储能源化工集团股份公司合同纠纷案 678

（2021）最高法民再24号　人保财险航运保险运营中心与新华船务（香港）有限公司海上保险合同纠纷案 546

（2021）最高法民辖57号　江阴市同发机械有限公司与武胜县同鑫电子有限公司等买卖合同纠纷指定管辖案 685

（2021）最高法民申5844号　永安财险山西分公司与山西省工业设备安装集团有限公司等保险人代位求偿权纠纷案 600

（2021）最高法民申4号　人保财险航运保险运营中心与青岛金城远洋渔业有限公司海上、通海水域保险合同纠纷案 592

（2021）最高法民申3949号　梅富力航运有限公司与明贤实业（印度）有限公司海上货物运输合同纠纷案 323

（2021）最高法民申3078号　诚泰财产保险公司等与云南红投国际投资开发集团有限公司海上保险合同纠纷案 516

（2021）最高法民申1976号　拉雷多海运公司与山东轻工供销公司海上货物运输合同纠纷案 335

（2021）浙72民初371号　华立公司与中远海运公司等海上货物运输合同纠纷案 338

（2021）浙72民初2106号　福锐特国际物流有限公司与来越船务有限公司海上货运代理合同纠纷案 483

（2021）浙72民初1638号　温州市深源电器有限公司与宁波中锐环球国际货运代理有限公司等多式联运合同纠纷案 377

（2021）浙72民初1030号　青岛万嘉集运物流有限公司上海分公司与宁波利唯进出口有限公司海上货物运输合同纠纷（多式联运合同纠纷）案 380

（2021）浙10民初75号　Danson Decor Inc.与临海市新辉工艺品有限公司等国际货物买卖合同纠纷案 262

（2021）粤民终318号　太平洋财险东莞分公司与人保财险中山市分公司等财产保险合同纠纷案 533

（2021）粤72民初1403号　惠州大鸿贸易有限公司与深圳市星高国际货运代理有限公司海上货物运输合同纠纷案 486

（2021）粤13民终5649号　亚凌（上海）国际货物运输代理有限公司与威海市威广物流有限责任公司等运输合同纠纷案 495

（2021）粤06民终2241号　王某某与许某某买卖合同纠纷案 287

（2021）粤03民终11125号　精英品牌公司与联翔伟业科技有限公司等国际货物买卖合同纠纷案 235

（2021）粤0391民初8154号　广州有片海贸易有限公司、深圳市鸿盛达国际货运代理有限公司等航空货物运输合同纠纷案 415

（2021）粤0391民初213号　阳江市皓德工贸有限公司与MORNINGSTARENTERPRISES(U) LIMITED、第三人太平船务（中国）有限公司深圳分公司国际货物买卖合同纠纷案 629

（2021）粤01民终22171号　李某某、易某某等买卖合同纠纷案 290

（2021）粤01民终20300号　平安财险广东分

公司与广州市晖骏物流有限公司等财产保险合同纠纷案 523

（2021）粤 01 民终 12862 号　中国银行清远分行与中国出口信用保险公司广东分公司等进出口信用保险合同纠纷案 614

（2021）渝民终 220 号　重庆农村商业银行江北支行与中国出口信用保险公司重庆分公司等财产保险合同纠纷案 613

（2021）闽 01 民终 7062 号　吴某、林某某等民间借贷纠纷案 381

（2021）鲁民终 337 号　青岛龙泉石墨有限公司与龙珀立德有限公司国际货物买卖合同纠纷案 182

（2021）鲁民终 1856 号　上海锦澜国际货运代理有限公司与青岛宏巨国际物流有限公司侵权责任纠纷案 489

（2021）鲁民终 1444 号　亚洲水产公司与新华锦公司国际货物买卖合同纠纷案 249

（2021）鲁民终 1431 号　山东宝珠国际贸易有限公司与汇达航运有限公司等海上货物运输合同纠纷案 332

（2021）鲁 72 民初 1929 号　青岛铭航国际物流有限公司与振华物流集团有限公司青岛分公司等多式联运合同纠纷案 481

（2021）鲁 72 民初 1900 号　天津建源公司与中远海运公司海上货物运输合同纠纷案 331,336

（2021）鲁 14 民终 1052 号　杨某某与禹城华禹机械制造有限公司买卖合同纠纷案 52

（2021）鲁 02 协外认 5 号　Louis Dreyfus Company Suisse SA 与青岛保税区棉花交易市场有限公司申请承认与执行外国仲裁裁决案 790

（2021）辽 72 民初 780 号　厦门建发物产有限公司与马士基航运有限公司海上、通海水域货物运输合同纠纷案 362

（2021）辽 72 民初 1283 号　綦某与营口怡海物流有限公司等多式联运合同纠纷案 480

（2021）京民终 204 号　中农众沃生态科技（北京）有限公司与 RANSOMES JACOBSEN LIMITED 国际货物买卖合同纠纷案 715

（2021）京 04 民初 52 号　四川代雅澜贸易有限公司与 HongKong New Wish Electronics Co., Limited 国际货物买卖合同纠纷案 799

（2021）京 0491 民初 44066 号　陈某某与大连瑞恩琪医疗器械有限公司等信息网络买卖合同纠纷案 288,290

（2021）津 03 民终 1419 号　北京康捷空国际货运代理有限公司与三星财产保险（中国）有限公司天津分公司等保险人代位求偿权纠纷案 427

（2021）吉 01 民终 193 号　联邦快递长春分公司与长春比邻国际进出口贸易有限公司运输合同纠纷案 425

（2021）沪民终 419 号　杭州保利佳实业有限公司与新海丰集装箱运输有限公司海上、通海水域货物运输合同纠纷案 341

（2021）沪民终 187 号　富成运输有限公司与人保财险航运保险运营中心等海上保险合同纠纷案 551

（2021）沪民终 1285 号　无锡海华国际货运代理有限公司与扬州根源精机工业有限公司、上海越苒货物运输代理有限公司海上货运代理合同纠纷案 485

（2021）沪 72 民初 732 号　江联重工集团股份有限公司与上海盛世船务代理有限公司货运代理合同纠纷案 334,540

（2021）沪 72 民初 473 号　旺程有限公司与上海招商明华船务有限公司海上货物运输合同纠纷案 363

（2021）沪 72 民初 411 号　金华市曼彩化妆品有限公司与上海欧达国际货运代理有限

公司等海上货物运输合同纠纷管辖权异议案 804

(2021)沪72民初1875号 上海信茂国际货物运输代理有限公司与上海威美国际物流有限公司海上货运代理合同纠纷案 489

(2021)沪72民初1529号 澳亚航运私人有限公司与江苏恒通国际货运有限公司上海分公司航次租船合同纠纷案 368

(2021)沪01民终1618号 泛亚班拿国际运输代理(中国)有限公司与俄罗斯空桥货运航空公司国际航空货物运输合同纠纷案 427

(2021)沪0117民初13437号 SEMITECUSA CORP.与达功(上海)电脑有限公司国际货物买卖合同纠纷案 88,232

(2021)沪0115民初33289号 王某某与中国东方航空公司航空服务合同纠纷案 436

(2021)沪0105民初9427号 周某与OUSU INTERNATINAL TRADE CO., LIMTED等信息网络买卖合同纠纷案 288

(2021)沪0101民初3728号 太平洋财险苏州分公司与敦豪全球货运(中国)有限公司保险人代位求偿权纠纷案 425,436

(2021)桂0602民初314号 广西南宁市汇浚泰贸易有限公司与防城港市景翔物流有限公司、广西防城港中外运东湾仓储物流有限公司仓储合同纠纷案 504

(2021)甘04民终388号 森悦公司与志丰公司买卖合同纠纷案 287

(2021)鄂民终770号 新海丰集装箱运输有限公司与东京海上保险上海分公司海上货物运输合同纠纷案 549

(2021)鄂民终591号 中材节能股份有限公司与太平洋财险苏州分公司海上、通海水域货物运输合同纠纷案 598

(2021)辽72行保16号 大连凯洋食品有限公司与海陆马士基亚洲有限公司海事强制令申请案 735

(2020)最高法商初4号 广州飞机维修工程有限公司与泰国东方航空有限公司留置权纠纷案 798

(2020)最高法民终1262号 大地财险天津分公司与苏黎世财产保险(中国)有限公司财产保险合同纠纷案 583

(2020)最高法民再167号 王某某与泰山财险公司等海上保险合同纠纷案 576

(2020)最高法民辖55号 广州飞机维修工程有限公司与泰国东方航空有限公司留置权纠纷案 681

(2020)最高法民申6937号 长荣公司与华升公司、永航公司海上货物运输合同纠纷案 320

(2020)最高法民申6312号 福建千祥船务有限公司与中意财险上海分公司海上、通海水域货物运输合同纠纷案 601

(2020)最高法民申5911号 天津爱诺国际物流有限公司与友通通程国际货运代理(天津)有限公司货运代理合同纠纷案 495

(2020)最高法民申5517号 青岛中孚英华国际贸易有限公司、上海平帆货运代理有限公司海上、通海水域货物运输合同纠纷再审审查与审判监督案 332

(2020)最高法民申5041号 意大利依玛轴承公司与宁波通利轴承有限公司国际货物买卖合同纠纷再审审查与审判监督案 20

(2020)最高法民申4176号 太平洋财险深圳分公司与东莞市莱钢钢结构有限公司等海上保险合同纠纷案 551

(2020)最高法民申3365号 大亚马逊河航运有限公司与太平洋财险航运保险事业营运中心、大长江航运有限公司等海上货物运输合同纠纷案 331

（2020）最高法民申 2937 号　东亚银行（中国）有限公司上海分行与江苏普华有限公司等信用证欺诈纠纷案　657

（2020）最高法民申 2816 号　成大公司与长进海运国际有限公司海上货物运输合同纠纷案　323

（2020）最高法民申 2316 号　岛永益木业有限公司与华海财险日照中心支公司财产保险合同纠纷案　546

（2020）最高法民申 2156 号　青岛金世纪实业有限公司与华安财险青岛分公司保险代位求偿权纠纷案　607

（2020）最高法民申 2103 号　阳光自豪公司与红蜻蜓油脂公司、人保财险重庆分公司海上货物运输合同纠纷案　331,335

（2020）浙民终 257 号　马士基公司与吴某某海上货物运输合同纠纷案　329

（2020）浙 72 民初 391 号　金华市欣原进出口有限公司与宁波达迅国际货运代理有限公司海上货物运输合同纠纷案　486

（2020）浙 02 民初 1142 号　宁波煜润贸易有限公司与嘉特乐（新加坡）实业有限公司、交通银行宁波分行信用证欺诈纠纷案　21,632,654,720

（2020）粤民终 43 号　中远海运公司与华泰财险北京分公司海上货物运输合同纠纷案　338

（2020）粤民终 2235 号　广州市建功船务有限公司与人保财广州市分公司海上保险合同纠纷案　595

（2020）粤 03 民终 18762 号　深圳市科士友自动化设备有限公司与 MIRTEC Co., Ltd. 国际货物买卖合同纠纷案　143,202

（2020）粤 03 民初 689 号之一　OPPO 广东移动通信有限公司等与夏普株式会社等标准必要专利许可纠纷案　695

（2020）粤 0192 民初 49517 号　朱某某与中国联合通广东省分公司网络购物合同纠纷案　286

（2020）粤 0191 民初 2906 号　Motion Tech Automation, LLC 与广州科升测控设备有限公司国际货物买卖合同纠纷案　88

（2020）豫民终 496 号　阿帕迪斯经贸实业公司与河南浩丰化工有限公司国际货物买卖合同纠纷案　257,258

（2020）豫 01 民初 360 号　赵某某与张某某等委托合同纠纷案　670

（2020）苏民辖终 50 号　文特航运集团与江苏北大荒油脂有限公司海上货物运输合同纠纷案　373

（2020）苏 72 民初 220 号　张家港保税区长江国际港务有限公司与晟方香港发展有限公司港口作业纠纷案　505

（2020）苏 05 民终 8939 号　苏州青年旅行社与徐某跃、徐某旅游合同纠纷案　679

（2020）陕 01 民初 662 号　Steel Trade S.R.L 与西安利通联钢管有限责任公司国际货物买卖合同纠纷案　254

（2020）闽 72 财保 23 号　亚雷海运香港有限公司与山东丰维盈泰进出口有限公司航次租船合同纠纷案　734

（2020）鲁民辖终 30 号　萨森罗特海运有限公司与江苏北大荒油脂有限公司海上、通海水域货物运输合同纠纷案　373

（2020）鲁 72 民初 1947 号　青岛中诺进出口有限公司与太平洋财险青岛分公司海上、通海水域保险合同纠纷案　593

（2020）鲁 06 民辖终 79 号　徐某某与宋某网络购物合同纠纷案　292

（2020）鲁 02 民初 872 号　青岛汇金通电力设备股份有限公司与 HJT 铁塔（北美）有限公司国际货物买卖合同纠纷案　77

(2020)辽民终 114 号　中国平安财险公司与鞍山润德精细化工有限公司等海上保险合同纠纷案　551

(2020)津民辖终 25 号　职业航运公司与中意财产保险有限公司海上、通海水域货物运输合同纠纷管辖权异议案　373,603

(2020)津 72 民初 839 号　杭锦后旗昌世食品有限公司与广东顺丰电子商务有限公司合同纠纷案　683

(2020)沪民终 496 号　宁波天运国际物流有限公司与江苏国泰国华实业有限公司海上货物运输合同纠纷案　346

(2020)沪 74 民终 498 号　太平洋财险航运保险事业营运中心与上海宏邦运输有限公司缔约过失责任纠纷案　522

(2020)沪 72 民初 880 号　天安财险南通中心支公司与凌远航运有限公司等海上货物运输合同纠纷案　548

(2020)沪 72 民初 388 号　苏黎世财产保险上海分公司与以星综合航运有限公司海上货物运输合同纠纷案　337

(2020)沪 03 民终 100 号　夏某某与众馥公司、海仓公司产品责任纠纷案　288

(2020)沪 01 民终 4444 号　安徽安粮国际发展有限公司与汛韩物流(上海)有限公司侵权责任纠纷案　499

(2020)沪 0115 民初 42206 号　大舜食品(上海)有限公司与艾迪尔理德国际有限公司国际货物买卖合同纠纷案　100,108,254,257

(2020)桂民终 1017 号　防城港华联通国际船舶代理有限公司与人保财险南宁市分公司等责任保险合同纠纷案　525

(2020)浙 72 证保 3 号　德尔加督水泥厂等与天津远洋基马克斯国际船舶管理有限公司等合同、因管理、不当得利纠纷证据保全案　736

(2019)最高法商初 4 号　海航金融一期有限公司与方达投资控股有限公司等委托合同纠纷案　681

(2019)最高法民终 592 号　黄某盛与黄某豪、加拿大海外投资管理有限公司等侵权责任纠纷案　670

(2019)最高法民终 299 号　青岛金世纪实业有限公司与华安财险青岛分公司保险人代位求偿权纠纷案　605

(2019)最高法民辖 78 号　长春吉建公司与长春凯旋研究所合同纠纷案　684

(2019)最高法民特 1 号　运裕有限公司与深圳市中苑城商业投资控股有限公司申请确认仲裁协议效力案　806

(2019)最高法民申 906 号　笙华国际物流有限公司与荷兰合作银行有限公司信用证纠纷案　654

(2019)最高法民申 5619 号　太平洋财险宁波东城支公司与宁波恒业再生金属有限公司海上、通海水域保险合同纠纷案　579

(2019)最高法民申 4594 号　人保财险宁波分公司与富森航运有限公司海上货物运输合同纠纷案　325

(2019)最高法民申 4108 号　中节能(天津)投资集团有限公司与津和商事株式会社国际货物买卖合同纠纷案　110

(2019)最高法民申 3708 号　天津浩之航国际货运代理有限公司、天津岩瑞国际货运代理有限公司海上、通海水域货运代理合同纠纷案　342

(2019)最高法民申 3187 号　中国铁路物资哈尔滨有限公司与中化国际(控股)股份有限公司、大连港股份有限公司港口货物保管合同纠纷案　503

(2019)最高法民申 3119 号　中铁物总进出口

有限公司与福州松下码头有限公司等港口作业纠纷案 501

(2019)最高法民申 2021 号 中国外运华东公司与太平财险上海分公司海事海商纠纷案 333

(2019)最高法民申 1543 号 崇州君健塑胶有限公司与成都华铁国际储运有限公司通海水域货物运输合同纠纷案 386

(2019)浙民终 1496 号 青岛道森伟业进出口有限公司、宁波美洋国际物流有限公司海上、通海水域货运代理合同纠纷案 366

(2019)浙民终 1031 号 常州英德索特工业盐进出口有限公司与泰格散货第二有限公司海上、通海水域货物运输合同纠纷案 366

(2019)浙 08 民终 1085 号 郑某某与洪某某网络购物合同纠纷案 287

(2019)浙 01 民初 3232 号 （株）可来运制果与浙江东峻商贸有限公司国际货物买卖合同纠纷案 187

(2019)粤民终 198 号 东莞市莱钢钢结构有限公司等与中国太平洋财险深圳分公司海上保险合同纠纷案 545

(2019)粤民终 1891 号 山海（香港）国际贸易有限公司与塑米科技（广东）有限公司及东亚银行深圳分行申请中止支付信用证项下款项案 720

(2019)粤民辖终 418 号 云安区平安货物搬运服务队与云浮新港港务有限公司等港口作业纠纷案 684

(2019)粤 72 认港 1 号 华夏航运（新加坡）有限公司与东海运输有限公司申请认可和执行香港特别行政区仲裁裁决案 845

(2019)粤 0192 民初 1605 号 隋某某与广州唯品会电子商务有限公司网络购物合同纠纷案 289

(2019)粤 0104 民初 40741 号 中山市畅意汽配有限公司与 CHIOWHUANTONGA-LAN、TRUSTCOMPTE.LTD.国际货物买卖合同纠纷案 56,99,161,242

(2019)苏 06 民初 429 号 西班牙 Exportextil Countertrade SA 公司与南通麦奈特医疗用品有限公司国际货物买卖合同纠纷案 98

(2019)闽民终 578 号 T'S 网络公司与诏安绿源公司国际货物销售合同纠纷案 167,234

(2019)闽民终 212 号 永大公司、宁波远通海外渔业有限公司航次租船合同纠纷案 366

(2019)鲁民终 279 号 世航公司与晨翔公司海上货物运输合同纠纷案 322

(2019)鲁民终 2310 号 马士基航运有限公司与山东金海洋纸业有限公司海上、通海水域货物运输合同纠纷案 361

(2019)鲁民终 2006 号 青岛保税区福莱茵贸易有限公司与人保财险青岛市分公司保险纠纷案 577

(2019)鲁民终 1415 号 库米埃航运私人有限公司与太平洋财险北京分公司海上、通海水域货物运输合同纠纷案 601,603

(2019)京 01 民辖终 22 号 钱某与吴某网络购物合同纠纷案 292

(2019)津民终 90 号 BETA 股份公司与天津鲁冶钢铁贸易有限公司国际货物买卖合同纠纷案 67,73,105,166,203

(2019)津 72 民初 718 号 太平洋财险航运保险事业营运中心与天津永昌国际货运代理有限公司等海上货运代理合同纠纷案 606

(2019)沪民终 211 号 安达保险有限公司与全球国际货运代理重庆分公司等海上保险合同纠纷案 485

(2019)沪 74 民终 594 号　上海华友国际物流有限公司与人保财险连云港市分公司等进出口信用保险合同纠纷案　614,617

(2019)沪 74 民终 1141 号　上海格林福德国际货物运输代理有限公司与被人保财险四川省分公司国际业务营业部保险人代位求偿权纠纷案　605

(2019)沪 74 民初 127 号　恒生银行有限公司与南浦(香港)投资有限公司等金融借款合同纠纷案　677,705

(2019)沪 72 协外认 1 号　VERTEX SHIPPING CO., LTD.申请承认和执行由波罗的海交易所会员兼伦敦海事仲裁委员会仲裁员 Timothy Marshall 和 Ian Guant 组成的临时仲裁庭在英国伦敦作出的仲裁裁决案　844

(2019)沪 72 民初 3082 号　人保财险南京分公司与中远海运公司海上货物运输合同纠纷案　327

(2019)沪 72 民初 1099 号　常州光洋轴承股份有限公司与太平洋财险天津分公司等海上保险合同纠纷案　593,597

(2019)桂 07 民终 223 号　福建宏拓投资有限公司与中国外运广西公司等所有权纠纷案　506

(2019)鄂民终 887 号　大地财险江苏分公司与迪克哈瑞合资公司海上、通海水域保险合同纠纷案　582

(2019)鄂民终 63 号　江苏省农垦麦芽有限公司与平安财险江苏分公司海上、通海水域保险合同纠纷案　591

(2018)最高法民终 1334 号　成道建设(中国)有限公司与现代财产保险(中国)有限公司等保险人代位求偿权纠纷案　607

(2018)最高法民再 457 号　中外运湖北有限责任公司与武汉中远海运集装箱运输有限公司海上、通海水域货物运输合同纠纷案　386

(2018)最高法民再 452 号　乐爱金财产保险(中国)有限公司与南京港龙潭集装箱有限公司港口作业纠纷案　596

(2018)最高法民再 196 号　新加坡长荣海运股份有限公司与第一产物保险股份有限公司、长荣海运股份有限公司国际货物多式联运合同纠纷案　379,388,708

(2018)最高法民辖终 235 号　云南云天化联合商务有限公司等与常州市双志石油化工储运有限公司等仓储合同纠纷案　684

(2018)最高法民申 633 号　上海永道物流有限公司与宁波市鄞州区芙洛特服饰有限公司等海上货物运输合同纠纷案　706

(2018)最高法民申 6289 号　大连丰海远洋渔业有限公司与舟山外代货运有限公司申请海事请求保全损害责任纠纷案　730

(2018)最高法民申 6054 号　哈尔滨空调股份有限公司与太平洋财险黑龙江分公司海上、通海水域保险合同纠纷案　393

(2018)最高法民申 3928 号　江阴市海港国际物流有限公司与建行亚洲公司、华夏银行无锡分行等信用证欺诈纠纷案　634

(2018)最高法民申 3168 号　河北三林管业有限公司与昌保国际货运代理青岛分公司等海上、通海水域货运代理合同纠纷案　489

(2018)最高法民申 3153 号　中远海运物流有限公司与保变电气公司多式联运合同纠纷案　337

(2018)最高法民申 2779 号　潍坊雅翔国际贸易有限公司与韩国中小企业银行首尔分行等信用证纠纷案　654

(2018)浙民终 624 号　中国银行岚山支行与天津西南海运有限公司等海上货物运输

同纠纷案 352

(2018)浙民辖终 268 号 巴西力航运有限公司与上海联油国际贸易有限公司海上货物运输合同纠纷管辖权异议案 726

(2018)粤民终 540 号 中华联合财险公司与厦门建发股份有限公司海上、通海水域保险合同纠纷案 577

(2018)粤民终 1424 号 萨拉平克曼公司与广东劳特斯企业有限公司国际货物买卖合同纠纷案 51,126,234,256

(2018)粤 72 民初 383 号 九江市福星泰贸易有限公司与平安财险广东分公司海上保险合同纠纷案 576

(2018)粤 72 民初 1735 号 东方海外公司与河南外运保税物流有限责任公司、河南省畜产品进出口有限公司海上货物运输合同纠纷案 361

(2018)粤 72 民初 1268 号 深圳市港顺意达物流有限公司与太平洋财险深圳分公司海上保险合同纠纷案 554

(2018)粤 04 民终 454 号 域多利货运有限公司与人保财险广州市分公司保险人代位求偿权纠纷案 431

(2018)粤 0391 民初 5353 号 Atradius Créditoy Caución S.A. de Segurosy Reaseguros 与深圳市盈运达贸易有限公司等保险人代位求偿权纠纷案 715

(2018)粤 0391 民初 2728 号 ST Cyber Link Corporation 与龙人集团有限公司等国际货物买卖合同纠纷案 101,154,205,232

(2018)粤 0304 民初 33153 号 美亚财产保险有限公司航运保险运营中心与联邦快递深圳分公司保险人代位求偿纠纷案 431

(2018)新 71 民终 84 号 新疆通元国际货运代理有限公司与新疆湘海旭工贸有限公司海上货物运输合同纠纷案 447

(2018)皖民终 280 号 合肥龙川化工科技有限公司与拉丁美洲农业科学股份公司国际货物买卖合同纠纷案 273

(2018)闽 72 民初 868 号 福建省外贸家园有限责任公司与展程物流有限公司等海上货物运输合同纠纷案 35

(2018)鲁 11 民终 1037 号 太平财险有限公司日照中心支公司与莒县新百盛汽车运输有限公司保险合同纠纷案 522

(2018)鲁 02 民终 10066 号 青岛瑞洲国际物流有限公司与山东金星水环境科技有限公司等公路货物运输合同纠纷案 521

(2018)辽民终 559 号 哈尔滨空调股份有限公司与太平洋财险黑龙江分公司海上、通海水域保险合同纠纷案 608

(2018)辽 72 民初 758 号 新鑫海航运有限公司与深圳市鑫联升国际物流有限公司等海上货物运输合同纠纷案 703,711

(2018)津民终 54 号 北京欣维尔玻璃仪器有限公司与人保财险北京市分公司海上、通海水域保险合同纠纷案 582

(2018)津 0116 民初 38 号 艾克斯派克出口包装有限公司与天津鑫泽国际贸易有限公司国际货物买卖合同纠纷案 82,227

(2018)沪民终 524 号 深圳市华庭恩国际货运代理有限公司与义乌市鸿丰进出口有限公司海上货物运输合同纠纷案 345

(2018)沪民终 481 号 宿迁市业诚国际贸易有限公司与人保财险上海市分公司海上保险合同纠纷案 578

(2018)沪民终 140 号 三井住友海上火灾保险株式会社与中远海运集装箱运输有限公司多式联运合同纠纷案 441

(2018)沪 72 协外认 1 号 SPAR 航运有限公司诉大新华物流控股(集团)有限公司申

请承认外国法院判决案 667,748

(2018)沪72民初4196号 华狮新材料有限公司与上海优保博国际物流有限公司海上货物运输合同纠纷案 328

(2018)沪72民初4163号 太平洋财险浙江分公司与新海丰集装箱运输公司等海上货物运输合同纠纷案 331,334

(2018)沪72民初2900号 兴亚物流(上海)有限公司连云港分公司与人保财险连云港市分公司海上保险合同纠纷案 584,606

(2018)沪0115民初5179号 中国外运韩国船务有限公司与上海洲州国际物流有限公司航空货物运输合同纠纷案 404

(2018)鄂民终932号 马士基公司与上港集团长江物流湖北有限公司等海上、通海水域货物运输订舱代理合同纠纷案 495

(2018)鄂民终925号 申特钢铁(香港)有限公司与福建省海运集团有限责任公司海上、通海水域货物运输合同纠纷案 354

(2018)鄂民终1378号 株式会社商船三井(mitsuio.s.k.lines, ltd.)与南京海桥实业有限公司等海上货物运输合同纠纷案 715

(2017)最高法民终636号 沈阳神羊游乐园有限公司与马来西亚进出口银行有限公司等金融借款合同纠纷案 712

(2017)最高法民终327号 新加坡星展银行与无锡湖美热能电力工程有限公司信用证纠纷案 651

(2017)最高法民再413号 曲某某与大地财险威海中心支公司等海上保险合同纠纷案 526,531,556

(2017)最高法民再412号 马士基公司与隆达公司海上货物运输合同纠纷案 321

(2017)最高法民再269号 永安财险泰州中心支公司与泰州市长鑫运输有限公司通海水域保险合同纠纷案 557

(2017)最高法民申970号 富源船务有限公司与人保财险上海市分公司海上、通海水域货物运输合同纠纷案 356

(2017)最高法民申4289号 北京恒水远大商贸有限责任公司与全球国际货运代理(中国)有限公司北京分公司海上、通海水域货物运输合同纠纷案 393

(2017)最高法民申2704号 德力西能源私人有限公司与东明中油燃料石化有限公司国际货物买卖合同纠纷案 709

(2017)浙民终789号 宁波市鄞州彬叶国际贸易有限公司与克里斯莉(美国)有限公司国际货物买卖合同纠纷案 118

(2017)浙民终367号 平安财险温州分公司等与温州市洞头东海船务有限公司等通海水域保险合同纠纷案 592

(2017)浙民辖终1号 青岛鑫创大通国际贸易有限公司与弘远控股有限公司等海事海商纠纷案 674

(2017)浙72民初802号 太平洋财险宁波分公司与宁波中甬联航船舶有限公司海上保险合同纠纷案 552

(2017)粤民终822号 中山欧科电子有限公司与深圳市华运国际物流有限公司海上、通海水域货物运输合同纠纷案 345

(2017)粤民申4704号 乔达国际货运深圳分公司与人保财险深圳市分公司保险人代位求偿权纠纷案 463,464

(2017)闽72民初884号 太平洋财险泉州中心支公司与福建安翔船务有限公司海上保险合同纠纷案 552

(2017)闽72民初712号 福建元成豆业有限公司与复兴航运有限公司海上、通海水域货物运输合同纠纷案 359

(2017)辽民终1271号 平安财险锦州中心支公司与辽宁图越物流有限公司海上保险

合同纠纷案 542

(2017)辽02民初583号 胡安等申请承认和执行国际体育仲裁院仲裁裁决案 803,826

(2017)津民终494号 天津市中色国际贸易有限公司与宏达国际贸易有限公司等货物买卖合同纠纷案 803

(2017)津民终357号 杭州湾化纤有限公司与中化天津港石化仓储有限公司等港口货物仓储合同纠纷案 501

(2017)津民终320号 招商局物流集团(天津)有限公司、以星综合航运有限公司海上、通海水域货物运输合同纠纷案 366

(2017)津民终21号 栗村化学(株)与天津高盛科技发展有限公司国际货物买卖合同纠纷案 116

(2017)津72协外认1号 Palmer Maritime Inc.申请承认和执行独任仲裁员Patrick O'Donovan在英国伦敦作出的仲裁裁决案 845

(2017)鄂72民初801号 宁波红光公司与金光航运公司、湖北琴台船务公司海上货物运输合同纠纷案 334

(2017)鄂72行保3号 华泰财产保险深圳分公司与克利伯租船公司海上货物运输提单纠纷案 695

(2016)最高法民再373号 联中企业(资源)有限公司与厦门国贸集团股份有限公司买卖合同纠纷再审案 61

(2016)最高法民申530号 山东翔龙实业集团有限公司与金源海运有限公司海上、通海水域货物运输合同纠纷案 348,354,363—365,371

(2016)最高法民申38号 扬州五洋造船有限公司与永安财险扬州中心支公司海上、通海水域保险合同纠纷案 390

(2016)最高法民申1395号 合顺公司与人保财险秦皇岛分公司船舶保险合同纠纷案 325

(2016)最高法民申1383号 自然环保集团(私人)有限公司等与人保财险上海市分公司海上、通海水域保险合同纠纷案 594

(2016)最高法民申1271号 赫伯罗特股份公司与锦太洋(连云港)新材料有限公司等海上、通海水域货物运输合同纠纷案 350

(2016)最高法民申1109号 鸿一粮油公司与上海时代航运公司海上货物运输合同纠纷案 330,356

(2016)浙民终449号 马士基公司与宁波萌恒工贸有限公司海上货物运输合同纠纷案 328

(2016)浙0784民初8678号 亚玛有限两合公司与永康市康腾影视设备有限公司买卖合同纠纷案 98

(2016)浙0110民初12277号 杭州泰格电子电器有限公司与STARLITECOMPONENTSLTD国际货物买卖合同纠纷案 629

(2016)粤民再69号 江西稀土公司与宏海公司、宏海菲律宾公司、宏海私人公司海上财产损害责任纠纷案 323

(2016)粤民申3270号 兆丰产物保险股份有限公司与深圳市永兴物流有限公司等保险人代位求偿权纠纷案 519,603

(2016)粤72民初39号 上海盈思佳德供应链管理有限公司与广东中泽重工有限公司海上货物运输合同纠纷案 321

(2016)粤72民初311号 江门市浩银贸易有限公司与联泰物流海上货物运输合同纠纷案 391,392

(2016)豫民终466号 河南中宜纺织机械工程有限公司与ATEMSRL国际货物买卖合同纠纷案 58

(2016)苏11民初50号　澳大利亚Parklands动力设备有限公司与江苏沃得植保机械有限公司国际货物买卖合同纠纷案　714

(2016)苏02协外认1号　Bright Morning Limited申请承认和执行新加坡国际仲裁中心仲裁裁决案　841

(2016)苏01认港1号　意艾德建筑师事务所申请执行香港特别行政区中国国际经济贸易仲裁委员会香港仲裁中心作出的仲裁裁决　760,785

(2016)琼72协外认1号之二　大韩海运株式会社申请承认与执行Mr.Timothy Marshall、Mr. Patrick O'Donovan、Mr. David Farrington三位仲裁员组成的仲裁庭作出的最终裁决案　845

(2016)鲁民终517号　太平财险山东分公司与烟台鼎实国际贸易有限公司等海上保险合同纠纷案　516

(2016)京04认港2号　英属盖曼群岛商智龙二基金公司与周某某等申请认可和执行香港国际仲裁中心作出的仲裁裁决案　841

(2016)京04民特13号　东成国际贸易有限公司申请撤销中国国际经济贸易仲裁委员会作出的仲裁裁决案　841

(2016)沪民终37号　MCC运输新加坡有限公司、韩国韩松物流株式会社与三星财保公司等海上货物运输合同纠纷案　340

(2016)沪民终321号　上海新世洋供应链管理股份有限公司与人民财险天津市分公司海上货物运输合同纠纷案　376

(2016)沪民终136号　阿斯旺水泥公司与天安财险海上保险合同纠纷案　584

(2016)沪民终131号　诺翼航空设备(上海)有限公司与上海屹骋国际货物运输代理有限公司海上货物运输合同纠纷案　342

(2016)沪72民初288号　三井住友海上火灾保险株式会社与中远海运集装箱运输有限公司多式联运合同纠纷案　376

(2016)沪02民终1509号　永安财产保险上海分公司与上海信蜀物流有限公司因财产保险合同纠纷案　527,536

(2016)沪01协外认1号　来宝资源国际私人有限公司申请承认和执行新加坡国际仲裁中心作出的仲裁裁决案　842

(2016)沪0106民初14734号　楼某某与俄罗斯航空公司航空旅客运输合同纠纷案　433

(2016)津民终89-91号　保定天威保变电气股份有限公司与中国远洋物流有限公司合同纠纷案　377

(2016)鄂民终862号　人保财险厦门市分公司与普吉湾有限公司海上、通海水域货物运输合同纠纷案　356

(2015)浙商外终字第50号　泰霖公司与DLS公司等国际货物买卖合同纠纷案　239

(2015)浙海终字第240号　人保财险广东省分公司与被晨洲船业集团有限公司等海上保险合同纠纷案　541,552

(2015)粤高法民四终字第129号　潮州市昌隆瓷业有限公司与伟航集运(深圳)有限公司海上、通海水域货物运输合同纠纷案　344

(2015)武海法商字第00282号　中国平安财产保险股份有限公司台州中心支公司与安徽福茂再生资源循环科技有限公司、冈田商事株式会社海上、通海水域货物运输合同纠纷案　341

(2015)穗中法民四初字第62号　布兰特伍德工业有限公司申请承认和执行国际商会国际仲裁院在中国作出的终极裁决案　790

(2015)苏审二商申字第00037号　扬州国泰贸易有限公司与被申请人中外运-敦豪国

际航空快件有限公司扬州分公司运输合同纠纷案　437

(2015)四中民(商)终字第9号　人寿财险北京市分公司与周某某财产损失保险合同纠纷案　526

(2015)琼海法他字第1号　Triton Container International Limited 申请承认与执行在美国国际争议解决中心作出的仲裁裁决案　841

(2015)浦民二(商)初字第S5130号　新时代国际运输服务有限公司上海分公司与National Air Cargo Middle East FZE、National Air Cargo Group, Inc.航空货物运输合同纠纷案　420

(2015)民提字第225号　马士基公司与人保财险沈阳分公司等海上货物运输合同纠纷案　338,604

(2015)民提字第165号　人保财险广东省分公司、太平洋财险广东分公司、平安财险佛山分公司与上海电气集团股份有限公司追偿权纠纷案　602

(2015)民提字第14号　平安财险温岭支公司与中交第二航务工程局有限公司、广西天龙海运有限公司船舶触碰损害责任纠纷案　595

(2015)民提字第126号　中国建设银行股份有限公司广州荔湾支行诉广东蓝粤能源发展有限公司等信用证开证纠纷案　351

(2015)民提字第119号　上海蝉联携运物流有限公司深圳分公司等与马士基公司海上货物运输合同纠纷案　384,386

(2015)民申字第978号　常州新瑞范罗士办公设备有限公司与FellowesInc承揽合同纠纷申请再审案　292

(2015)民申字第496号　宁夏中钢活性炭有限公司与太平洋财险北京分公司保险人代位求偿权纠纷案　538

(2015)民申字第3170号　赛奥尔航运有限公司(SEoIL Shipping Co., Ltd.)申请承认涉外仲裁裁决案　833

(2015)民申字第3077号　中国银行抚州市分行与中国出口信用保险公司南昌营业管理部等借款合同纠纷案　615,617

(2015)民申字第1896号　徐州天业公司与圣克莱蒙特航运公司、东京产业株式会社海上货物运输合同纠纷案　327

(2015)民申字第1337号　裕升国际货运代理宁波分公司等与浙江奋飞橡塑制品有限公司海上货运代理合同纠纷案　483,488

(2015)民二终字第229号　中铁恒丰置业有限公司等与江西银行赣州分行等金融借款合同纠纷案　655

(2015)鲁民四终字第80号　万达运通国际货运代理公司与南洋商贸公司等海上货物运输合同纠纷案　335

(2015)鲁民申字521号　青岛华裕庄园葡萄酒有限公司与李某票据付款请求权纠纷案　623

(2015)辽民三终字第31号　辽源惠达置业房地产开发有限公司与高明建设工程合同纠纷案　342

(2015)津高民四终字第2号　沧州锐天管件制造有限公司与UGRINEKS国内外贸易有限责任公司国际货物买卖合同纠纷案　263

(2015)沪海法商初字第3192号　东方国际集团上海市对外贸易有限公司与太平洋财险航运保险事业营运中心海上保险合同纠纷案　556

(2015)沪海法商初字第237号　大连金阳进出口有限公司与古瑞发林塔斯船务公司、连云港联合船舶代理有限公司海上货物

运输合同纠纷案　370

(2015)沪海法商初字第1849号　上海泰得公司与上海得斯威国际货运公司、得斯威海运公司、中海集运(香港)公司海上货物运输合同纠纷案　329

(2015)沪高民二(商)终字第S3号　上海伽姆普实业有限公司、Walls Industries LLC与奥知商贸(上海)有限公司国际货物买卖合同纠纷案　108,220

(2015)鄂民四终字第00194号　重庆红蜻蜓油脂有限责任公司与白长春花船务公司海上、通海水域货物运输合同纠纷案　373

(2015)鄂民四终字第00132号　咸宁汇美达工贸有限公司与泛太集运有限公司、德迅(中国)货运代理有限公司海上、通海水域货物运输合同纠纷案　35

(2014)浙商外终字第48号　远大物产集团有限公司与世统股份有限公司国际货物买卖合同纠纷上诉案(CISG-online No.3993)　263,274

(2014)甬海法事初字第49号　四季有限公司与昌富利(香港)贸易有限公司诉前海事请求保全损害责任纠纷案　730

(2014)甬海法商初字第730号　金斯顿针纺织公司与商船三井株式会社海上货物运输合同纠纷案　330

(2014)武海法他字第00038号　中远散货运输有限公司与江苏福美特国际贸易有限公司申请承认和执行海事仲裁裁决纠纷案　790

(2014)厦海法商初字第307号　大地财险福建分公司与捷恒船务有限公司海上保险合同纠纷案　551

(2014)厦海法认字第14号　大宇造船海洋株式会社与阿尔法象有限公司等申请承认外国仲裁裁决案　790

(2014)青海法保字第263号　山东金建物流有限公司以与"新安6"轮船舶所有人和或光船承租人海上货物运输合同纠纷案　726

(2014)闽民终字第953号　厦门市铁晟进出口有限公司与韩进海运株式会社海上、通海水域货物运输合同纠纷案　357

(2014)民申字第568号　中谷集团上海粮油有限公司与人保财险大连市分公司等海上保险合同纠纷案　538

(2014)民申字第1188号　泛亚班拿国际运输代理(中国)有限公司与人保财险无锡市分公司海上、通海水域货物运输合同纠纷案　323,379

(2014)津高民再字第0005号　赛奥尔航运有限公司与唐山港陆钢铁有限公司申请海事强制令案　370

(2014)沪海法商初字第620号　东宇鸿翔公司与人保财险连云港分公司海上保险合同纠纷案　326

(2014)沪海法商初字第1509号　大地财险营业部与中海华东物流有限公司海上货物运输合同纠纷案　609

(2014)沪高民四(海)终字第119号　苏黎世财产保险(中国)有限公司等与上海恒鑫航运有限公司等海上货物运输合同纠纷案　330,605

(2014)沪高民四(海)终字第105号　江苏省设备成套有限公司等与新海丰集装箱运输有限公司海上货物运输合同纠纷案　576

(2014)广海法初字第16号　南京新瑞达船务有限公司与宁波翔海燃料有限公司申请诉前财产保全损害责任纠纷案　730

(2014)鄂武汉中立保字第00095号　武汉绿野香笋菜食品有限公司与武汉维尔福生物

科技股份有限公司仲裁纠纷案 718

(2013)民提字第7号 哈池曼海运公司与上海森福公司及日本德宝公司海上货物运输合同货损纠纷案 320,340

(2013)民提字第5号 港捷国际货运有限公司与山西杏花村国际贸易公司海上货物运输合同纠纷案 383

(2013)民四终字第35号 中化国际(新加坡)有限公司与蒂森克虏伯冶金产品有限责任公司国际货物买卖合同纠纷案(最高人民法院第107号指导案例) 231

(2013)民申字第1567号 云南福运物流有限公司与中国人寿财险曲靖中心支公司财产损失保险合同纠纷案 538,540

(2013)民申字第1296号 栖霞市绿源果蔬有限公司与中国银行北京市分行信用证转让纠纷案 646

(2013)民申字第1235号 澳大利亚和新西兰银行(中国)有限公司上海分行与中基宁波集团股份有限公司等信用证欺诈纠纷案 657

(2013)江开法民四初字第17号 开平嘉宇制衣有限公司与 ALLAPPARELLLC 国际货物买卖合同纠纷案 177

(2013)沪海法商初字第1371号 MEP SYSTEMS PTE. LTD.与中国太平洋财险航运保险事业营运中心海上保险合同纠纷案 524

(2013)沪高民四(海)终字第23号 上海安顺航运有限公司与太平洋财险云南分公司海上货物运输合同纠纷案 390

(2013)杭铁民初字第4号 某保险公司与某铁路局保险人代位求偿权纠纷案 454

(2013)杭滨商外初字第2号 JAEDTEX-TILEPTYLTD 与杭州绫杰纺织科技有限公司国际货物买卖合同纠纷案 91

(2013)海民初字第25538号 中博农畜牧科技股份有限公司与 JanAire Inc.国际货物买卖合同纠纷案 86,103,232

(2013)广海法初字第647号 河南中纺棉花进出口有限公司与泰马士贸易(深圳)有限公司海上货物运输合同纠纷案 362

(2012)粤高法民四终字第82、83号 上海爱迅国际货运代理有限公司与三仟公司多式联运合同纠纷案 329

(2012)沪海法商初字第1208号 中联国贸与上海捷喜国际货物运输代理有限公司、上海恒鑫航运有限公司、莫曼斯科航运股份有限公司海上货物运输合同纠纷案 324,325,330

(2012)沪海法商初字第1011号 上海界龙实业集团股份有限公司御天包装印务分公司与北欧亚货柜航运有限公司、南美轮船(中国)船务有限公司海上货物运输合同纠纷案 320

(2012)佛中法民四初字第4、64号 INDECO 股份公司与广东澳美铝业有限公司国际货物买卖合同纠纷案 109

(2012)鄂民四终字第00016号 东京海上日动火灾保险(中国)有限公司与格里戈船务公司与格里戈星航运公司海上货物运输合同纠纷案 358

(2012)东民初字第13663号 华泰财产保险有限公司北京分公司与李某某、天安财险河北省分公司张家口支公司保险人代位求偿权纠纷案 602

(2011)浙商外终字第39号 中基宁波集团股份有限公司、澳大利亚和新西兰银行(中国)有限公司上海分行与香港联创资源有限公司、宁波保税区盛通国际贸易有限公司信用证欺诈纠纷案 655

(2011)浙商外终字第16号 株式会某某与浙

江省某某有限公司国际货物买卖合同纠纷案 173

(2011)民提字第249号 中国太平洋保险（集团）股份有限公司与中国东方资产管理公司青岛办事处等船舶保险合同纠纷案 598

(2011)民提字第238号 陈某某与中人保险阿荣旗支公司财产保险合同纠纷案 532

(2011)民提字第16号 连云港明日国际海运有限公司与艾斯欧洲集团有限公司、上海明日国际船务有限公司航次租船合同纠纷案 368

(2011)民提字第12号 中远公司与太保海南公司、海马销售公司水路货物运输合同货损赔偿纠纷案 318

(2011)民四终字第17号 汕头海洋（集团）公司等与被中国银行（香港）有限公司担保合同纠纷案 701

(2011)民申字第448号 太平海运有限公司与中国平安财险张家港支公司水路货物运输合同纠纷案 520

(2011)民申字第417号 北京和风国际物流有限公司与宜兴市明月建陶有限公司多式联运合同纠纷案 379

(2011)民申字第177号 欧力电器公司与旅运货代公司与旅航物流公司海上货物运输合同纠纷案 319

(2011)民申字第1410号 广东群兴玩具股份有限公司与汕头市航星国际物流有限公司、阳明海运股份有限公司货运代理合同纠纷案 481

(2011)民申字第1084号 太平财险襄樊中心支公司与湖北新火炬科技股份有限公司海上货物运输保险合同纠纷案 590

(2011)昆民六初字第19号 泰尼科园艺（昆明）有限公司与昆明锦宇物流有限公司、港龙航空有限公司财产损害赔偿纠纷案 425

(2011)沪海法商初字第101号 尤迪特包装私人有限公司等大众保险公司海上保险合同纠纷案 516

(2010)津海法确字第6号 韦斯顿瓦克公司与北京中钢天铁钢铁贸易有限公司申请承认和执行外国仲裁裁决案 842

(2010)沪高民四（海）终字第203号 上海安顺航运公司与中铁二局集团有限公司等海上货物运输合同纠纷案 334

(2010)沪高民四（海）终字第18号 上海易程集装罐运输服务有限公司与连云港市康信进出口有限公司运输合同纠纷上诉案 342

(2010)沪高民四（海）终字第120号 中远集装箱运输有限公司与平安财险上海分公司海上货物运输合同纠纷案 339

(2009)浙杭商外初字第38号 盈某某有限公司与浙江某某技术出口有限公司国际货物买卖合同纠纷案 110,171,189

(2009)浙海终字第17号 刘旭电器有限公司与温州港口货运船舶代理有限公司等海上货物运输合同违约赔偿纠纷案 394

(2009)粤高法民四终字第430号 德翔航运公司与厨仕公司等海上货物运输合同货损纠纷案 339

(2009)粤高法民四终字第257号 联德电子（东莞）有限公司与深圳市外代国际货运有限公司运输合同纠纷上诉案 366

(2009)粤高法立民终字第136号 中远航运（香港）投资发展有限公司与埃米欧钢铁公司海上货物运输合同纠纷案 675

(2009)天民二初字第824号 庄某某与人寿保险常州市分公司保险合同纠纷案 532

(2009)鲁民四终字第37号 韩国外换银行株

式会社与青岛银行股份有限公司信用证纠纷案　632,650,655

(2009)沪海法商初字第520号　浙江科宇缝制设备制造有限公司与德国快捷货运远东有限公司运输合同纠纷案　390

(2009)沪高民四(海)终字第207号　上海派高国际贸易有限公司与泛联国际货运代理(上海)有限公司海上、通海水域货物运输合同纠纷案　328

(2008)粤高法民四终字第91号　人保财险深圳市分公司与广深铁路股份有限公司等铁路货物运输合同纠纷案　455

(2008)甬海法舟商初字第103号　浙江省舟山天力化纤有限公司与中国太平洋财险嵊泗支公司水运货物保险纠纷案　543

(2008)甬海法温商初字第8号　陈某某与联航公司海上货物运输合同货损赔偿纠纷案　337

(2008)民二终字第2号　天津一汽进出口有限公司与天津中信昊天资产管理有限公司信用证垫款纠纷案　635

(2008)广海法初字第227号　湛江市启航货运代理有限公司与百事佳电器有限公司等海上货物运输合同纠纷案　35

(2007)沪海法商初字第751号　SHANGOLA-DEDOMINGOSLEITEFERREIRADECEITA与NILEDUTCHAFRICALINEB.V.海上货物运输合同纠纷案　322

(2006)津高民四终字第148号　Teda Enterprises (Canada) Inc.与山西威特食品有限公司国际货物买卖合同纠纷案　91

(2006)沪海法商初字第613号　香港宏盛船务有限公司与酒泉钢铁(集团)有限责任公司海上、通海水域货物运输合同纠纷案　370

(2006)海商初字第101号　广西来宾东糖迁江有限公司诉防城港中海集装箱运输有限公司水路货物运输合同货损纠纷案　393

(2006)高民初字第1575号　中芯国际公司等与台湾积体电路制造股份有限公司不正当竞争、商业诋毁纠纷案　679

(2006)厦海法认字第1号　马绍尔群岛第一投资公司与福建省马尾造船股份有限公司等因船舶建造的选择权协议纠纷案　842

(2005)粤高法民四终字第293号　POSSEHL (HK) LIMITED与中国五金矿产进出口深圳公司买卖合同纠纷案(CISG-online No.1966)　61

(2005)津海法初字第37号　进世贸易公司诉连云港海运公司海上货物运输合同货损赔偿纠纷案　333

(2005)沪海法商初字第495号　中国机械进出口(集团)有限公司与经伟太平洋班轮公司海上货物运输合同货损赔偿纠纷案　333

(2005)广海法初字第211号　广东富虹油品有限公司与平安财险深圳分公司海上货物运输保险合同纠纷案　555,577,593

(2005)沪海法商保字第5号　三善航运公司与北京华夏企业货运有限公司诉前海事请求案　735

(2004)青海法海商初字第245号　深圳市粮食集团有限公司与美景伊恩伊公司海上货物运输合同货损纠纷案　374

(2004)鲁民四终字第44号　挪威皇家极品水产公司与日照吉翔海洋食品有限公司等国际货物买卖合同纠纷案　136,140

(2004)沪海法商保字第14号　中谷粮油集团公司与"光芒"轮(m/v "kwangmyong")船舶所有人海事证据保全申请案　736

(2004)沪高民四(海)终字第151号　康地华美饲料(武汉)有限公司与人保财险江西省分公司保险合同赔偿纠纷案　571

(2004)桂民四终字第10号　港澳(国际)集团有限公司与韩进会社作为"天娜皇后"轮的期租人无正本提单放货纠纷案　395

(2004)大海长商外初字第1号　意大利米兰有限公司与中国冶金进出口大连公司、中海发展股份有限公司货轮公司海运货物欺诈赔偿纠纷案　141

(2003)甬海商初字第333号　新加坡ASP船舶管理有限公司与朝鲜Koryo航运公司船舶买卖代理合同纠纷案　677

(2003)民四提字第5号　海南丰海粮油工业有限公司与中国人民财产保险股份有限公司海南省分公司海上货物运输保险合同纠纷案　514,569

(2003)沪高民四(海)终字第39号　浙江纺织公司与台湾立荣公司海上货物运输合同无单放货纠纷案　354

(2002)宁民商终字第36号　霓虹公司与新生公司国际货物买卖合同纠纷案(CISG-online No.867)　205

(2002)民四提字第9号　青海民和公司与天津外运公司海运合同纠纷案　318,445

(2002)民四提字第5号　中海发展股份有限公司与中国(福建)对外贸易中心集团海上货物运输合同纠纷上诉案　356

(2002)沪高民四(海)终字第110号　中化江苏连云港公司、博联集团公司与被上诉人法国达飞轮船公司等海上货物运输合同无单放货损害赔偿纠纷案　340

(2001)沪海法商初字第466号　江苏省粮油食品进出口集团有限公司与韩国现代商船有限公司等海上货物运输合同纠纷案　337

(2001)沪海法商初字第441号　浙江省纺织品进出口集团公司与立荣海运公司海上货物运输合同纠纷案　336

(2001)海商初字第119号　SINO-ADD (SINGAPORE) PTE. LTD. 与香港KARAWASHA RESOURCES LTD. 国际货物买卖合同纠纷案　152

(2000)武汉法商字第91号　南京物资实业集团总公司与天安保险股份有限公司南京分公司海上运输货物保险合同纠纷案(CISG-online No.1608)　207,209,218

(2000)经终字第155号　韩国新湖商社与四川省欧亚经贸总公司等信用证欺诈纠纷管辖权异议案　654,659

(2000)交提字第6号　富春航业公司与鞍钢公司海上货物运输无单放货纠纷案　339

(1999)经终字第448号　新加坡大光行(私人)有限公司与江苏省机械进出口集团股份有限公司国际货物买卖合同纠纷案(CISG-online No.1635)　251

(1998)经终字第336号　瑞士纽科货物有限责任公司与中国建设银行吉林省珲春市支行信用证项下货款拒付纠纷案　650

(1997)交提字第3号　海柏渔业公司与日本国太海株式会社、上海翔远水产食品公司定期租船合同、海鳗货损纠纷案　333

(1996)二中经初字第471号　深圳高富瑞粮油食品有限公司与德意志银行损失赔偿纠纷案　636

Rodocanachi v. Elliott 案　596

J. Aron and co. v. Miall 案　519

后　　记

本书自2022年年初开始构思写作,历时两年,终于成稿付梓。能把几十年对国际贸易法的研习心得和实务经验汇于一书,以飨读者,倍感欣慰。

本书较详细地阐述了国际贸易法所涉各领域的基本理论和制度,同时注重实务操作。书中所引资料截至2024年5月底,其中有联合国等国际组织网站的最新资料。写作过程中,参考了国内外著名学者的著作、专家意见,引用了大量判例的"辨法析理"部分及其所蕴含的裁判规则。在此,对这些作者、专家和裁判者表示衷心的感谢。

在本书的写作过程中,得到本所合伙人牟欣律师和助理李雨轩律师,以及民生银行王柳女士的帮助,她们工作之余协助我检索了部分案例和规定,并审校了部分稿件。在此,向她们表示感谢。

本书的出版,承蒙北京大学出版社副总编辑蒋浩先生热情鼓励和精心策划,以及责任编辑周子琳、王建君女士对书稿的缜密审校。在此,对他们的辛勤付出表示衷心的感谢。

书中难免谬误之处,恳请学界前辈、实务工作者和广大读者批评指正,以便修改完善。我的邮箱:yingbo.wang@dentons.cn,838202922@qq.com。

王英波

2024年6月3日